U0948928

上海市档案馆藏近代中国金融变迁档案史料汇编

机构卷

中国征信所

（影印版）

庄志龄 编选

上海远东出版社

目录

一、中国征信所概况

二、中国征信所信用调查

三、中国征信所调查报告

一、中国征信所概况

(一) 成立与改组

1. 筹备成立

宣　言

我人生存於世界，一切行爲，全爲經濟的條件所支配。經濟條件支配得當，斯可安居樂業，民生優裕，否則必致變亂相尋，社會秩序，受其危害。故經濟條件支配之得當與否，小則關係民生之否泰，大而影響國運之隆替。此種現象，自工業革命生產集中而愈爲明顯。歐美日本，對於工商業之研求推進，不遺餘力，亦無非欲解決其經濟的條件耳。我國自海通以還，有識之士，鑒於潮流趨向，欲墨守五千年來簡陋之農村經濟，勢所不能；於是相率提倡工商業，壁壘氣象，一唱百和；顧數十年來，僅造成極小之雛型，仍無顯著之進步。推求其故，由於人才缺少，政局不寧者固多，而社會資本用之不得其道，實爲最大之原因。試觀年來工商業因資本薄弱，缺少接濟，以致奄奄一息，難於發展。而內地災害頻仍，盜匪遍野，遂使農村衰落，現金集中都市，金融界存款大爲膨脹，欲思貸放運用，則以市場消息，向多隔閡，工商信用，更欠明瞭，趑趄不前，坐擁巨資，深感無法消納之痛苦，甚或誘致冒險之投機。在此情形之下，工商業與金融業各成畸形之狀態。此無他，兩者之間，缺少溝通之分子而已。上海各銀行有鑒及此，年來均已設立調查部，從事調查工廠商號個人之身家事業財產信用，以定放款之標準。惟向各自爲謀，缺少聯絡，收效未宏。其他稍具規模之獨立信用調查機關，遂爲外人所操縱，中國人自營者竟無有也。仰人鼻息，殊堪慨嘆。丁茲戰事以後，瘡痍滿目，工商凋敝，需要金融界之援助，愈爲殷切，而徵信所之創設，更屬刻不容緩。爰由上海各銀行聯合組織中國興信社，創設本所，專負溝通工商界與金融界之使命，藉供對於調查工商信用，傳佈市場消息，盡其職責，使工商界得有充分之資金接濟，金融界得有穩安之投資機會。其他個人，機關，團體，如感覺對於工商金融有聯絡之需求者，亦得加入本所爲會員。惟徵信事業在我國尚屬草創，各種設施，缺少借鏡，深望　各界予以贊助指導，俾我國徵信事業自本所成立後而稍有成效，豈特本所之幸，亦社會之福也。謹此宣言。

中國徵信所謹啟

所址　上海圓明園路[illegible]號

中華民國二十一年六月

上海著名各銀行合作信用調查機關

中國徵信所

傳佈市場消息 調查工商信用 提倡經濟合作 促進社會繁榮

第 號 第 頁

敬啓者：文安猥以庸愚，竊不自量，居恆念及徵信所事業，幾爲日本人所操縱，屈指上海一隅，有東京興信所、帝國興信所及上海興信所三家之多，其餘亦爲美商所設，而中國人自營者竟無有也。上海各著名銀行當局有見及此，一致認爲切要，力促其成，因特組織中國興信社，擬辦中國徵信所。幸荷各行當局鼎力提攜，誠意合作，草創之始，謬以文安權任經理之職，蓽路藍縷，益以栓材，恐多隕越。茲値開幕，願聆明教，匡所不逮，嗣後并盼隨時賜予贊助，俾利進行，曷勝感幸。并頌

公安！

潘文安仰堯謹啓 二十一年六月一日

中華民國 年 月 日

所址 上海圓明園路一號　電報掛號 國內有綫及無綫 9666 國外"CREDITMEN, SHANGHAI"

業 9-1
6-21-500

中國徵信所文稿

受文者	
地址	浙江實業銀行等
稱名	章乃器等十七人

經理 仰堯　業務部主任　調查部主任

主稿者　會閱者　繕發者

電報　快信　雙掛　單掛　平信　明片　專送　面致

敬啟者本所自籌備以來荷承
執事多方指示現已大致就緒訂於本月六日上
午正式開幕屆時務懇
駕臨主持不勝企幸此致
章乃器先生

名單附後

中華民國二十一年六月一日　發文第二號第 頁

業 14-1
6-21-500

中國徵信所文稿

受文者	
稱名	地址

經理	業務部主任	調查部主任

主稿者	會閱者	繕發者

電報 雙掛 平信 專送 快信 單掛 明片 面致

計開

中國 祝仰辰 二〇八九
文通 陳蘇孫 二三九
通易 金維琴 九〇二一〇
上海 資耀華 12560
新華 孫瑞璜 18109
浙江業 方培壽 18170
浙江興業 章乃器 18050
中孚銀行 胡孟高 陸家棋 一六八七八
中央 陳其鹿 二五七〇
明華 童伯蘅 一八二七五
中國通商 中國墾業 童滌道 一六一三八
中國墾業 鄭德彝 一八七七九
胡孟嘉 貝淞蓀
國華 劉建華 一八七五七
金城 陳之廷 16969
中國企業 范季美 一五二五三

中華民國　年　月　日　發文第　號第　頁

樂 14-1 6-21-500

中國徵信所開幕致詞　　中國興信社同人

中國徵信所開幕矣當茲賓朋畢集賀客盈庭之際吾人對之乃不禁喜懼之交集而不能不有一言

所以喜者則十數年來擬議中之徵信所於此而雛形略具際此發軔伊始同業先進鼓勵有加工商領袖熱烈贊助輿論界尤加勉備至而祝賀聲中又多登門之顧客更足見社會需求之殷於此有可概見者則吾人祇須行日為之業務之飛黃騰達可操券以待則安能不躍然以喜

雖然惟社會需要之熱烈經濟界需求之殷切而吾人乃愈覺所負使命之遠於重大目下金融業之所希望於吾人者為集取消息之責全而一般社會甚且望吾人解決商業之困難於此吾人有所期望者則吾人為保障投資安全溝通經濟界隔閡之二義不過懸為一的而決非策劃所及目下規模粗具吾人不過搜採基本會員銀行原有之紀錄試為基本會員銀行辦理調查事務所得之經驗與技術集中而支配之一面所以謀基本會員銀行互助的自衛而一面以其餘力為一般金融工商業服務吾人敢信現有之能力在徵信事業推之中國決不至亞於他人然欲遽望其充分的為金融界策投資之安全為經濟界謀隔閡之溝通則誠恐始之望之過殷者終或失望愈甚此則又不能不悚然以懼者

吾人於此有敢為我金融工商業告者則調查統計之資料必集中而[illegible]資料之集中則必賴群策群力而後可倘吾金融同業自上及下能以所見所聞所感想所致疑之點一一供諸徵信所則工作於本所者雖僅少數人而實際上將不啻有數千人為徵信所努力倘吾工商業自上及下能以所見所聞所感想所致疑之點一一供諸徵信所則為本所努力者即不啻有數萬人所謂[illegible]之道者或費一人實力而求之者或歷艱苦而不能得一單純之事實一問

短之數字單獨觀之或彙集無價值可言而一經作中肯之評語吾人以重要之
線索而成為極有價值之資料以供吾金融及工商業之稱量以所有資料
供諸徵信所徵信所彙集而整理之分析而判斷之乃能作成正確周密之報告
以獲得放貸之安全亦唯徵信所報告之能正確周密徵信所能取得金融業
極端之信任乃能合於金融業之資金於工商業此所以隨地之徵信所益猶
賴吾金融及工商業認為一己之事業而育而撫守之使之長大健全徵信所乃
能克分副吾金融及工商業者囑望之望也

抑吾人尤不可不知者徵信所為技術機關同志洗[illegible]之上作表而上以[illegible]
調查[illegible]上[illegible]有[illegible]建全之組織[illegible]
結果徵信所然其他技術機關亦然目下[illegible]以下之若干記[illegible]
[illegible]吾人以[illegible]有實質之資料者要不過其[illegible]
相當之組織與倚賴加以不斷的努力則假以時日徵信其必有以貢獻於[illegible]
此則本社及徵信所同人願與吾金融及工商業共勉者

上海晨報社

公用箋

仰堯先生台鑒頃奉
大函祗悉
台端擬辦中國徵信所以應社會之需要
他日工商金融事業必能均蒙其利深為欽
佩茲值
貴所開幕謹以立文報登載廣告壹與敝社
有關之國華廣告社經理吾家廣告服務
忠實敢以紹介如蒙

第　號　第　頁　年　月　日

社址 上海山東路二百八十號　電話 九一四四九　電報掛號 一五五〇

上海晨報社

公用箋

第　號　第　頁

見委經理
貴所所募廣告登載之報事件當為竭
力設勞並懇對于敝報名
賜登載茲派黃佩章君趨前務所
倘賜接洽司殷感荷專此即請
台安
弟 [illegible]

收文第六號

廿一年六月二日

社址 上海山東路二百八十號　電話 一九四九四　電報掛號 一五五〇

中國徵信所文稿

受文者	
名稱	地址
時事新報 申報 民國 新聞報 時報 晨報 [illegible]	

主任 調查部	主任 業務部	經理
繕校者	會閱者	主稿者

電報	快信
雙掛	單掛
平信	明片
專送	面致

敬啟者敝所今日上午正式開幕存荷
貴報特派記者蒞臨指教並任榮幸所有紀事
[illegible]
貴報撥出篇幅所列名單表報刊出為禱
此致
時事新報
民國
新聞報
申報
時報
晨報

中華民國廿一年六月六日

發文第十一號

第　頁

14-1
6-21-500

滬文第二十二號
中華民國廿壹年六月六日 發函

卸堯吾兄大鑒接奉
台柬欣悉
貴徵信所定于月之六日開幕
閣下努力社會服務素著熱忱將來中國
徵信事業自必以
閣下之善籌周至與　貴所之積極前進日
益光明欽仰之餘敬書數行藉申賀忱敝
校商學院并願盡力合作為希

望及為荷專此
籌祺
弟 劉湛恩 謹啓 六月四日

中國徵信所文稿

受文者	
名稱	
地址	

經理	業務部主任	調查部主任

主稿者	會閱者	繕發者

快信	單掛	面致
信報	雙掛	專送
明片	平信	

敬啟者：本所自本月六日開幕以來，備承
台端熱忱指導，愛植有加，感紉莫名。茲訂本月
二十一日（星期三）招待外賓，藉資宣傳，是日下午三
時至五時在銀行公會舉行茶會，五時至六時參
觀本所設計，
台從屆時蒞會主持，無任感幸。謹上
張公權等四十四人

中華民國二十一年六月十八日　發文第三〇號　第　頁

14-1
6-21-500

張公權　貝淞蓀　馮仲卿　祝仰辰　胡孟嘉　梁晨嵐　金侶琴　陳蘊蓀　徐寄廎　徐新六　方椒伯　李馥蓀　陳光甫　章乃器　楊敦甫　楊介眉　趙漢生　趙棣華　蘇筠尚　孫景西　顧季高

陸宗騏　資耀華　王志莘　孫瑞璜　賀友梅　劉倬智　金宗生　郭信　葉扶霄　徐聖禪　王心貫　貝育孫　唐壽民　金宗城　朱膺廷　饒韜叔　崔季剛　范季美　錢新之　陳其康　傅稚董　童伯達

于本椿　吳君聲　胡子謙　鄭筱舟　劉建華　喻元恢　劉寒楓　施博群　王伯衡　趙叔雍　鄒秉文

上海著名各銀行合作信用調查機關

中國徵信所

傳佈市場消息　調查工商信用　提倡經濟合作　促進社會繁榮

第　號　第　頁

敬啟者敝所以提倡社會信義便利工商發展爲宗旨辦理調查工商信用傳佈市場消息等業務近來常有本國及外國廠商銀行等來函詢及貴處之組織內容營業情形及經濟狀況以供日後交易上之參考具徵駿業飛騰聲聞遐邇良深欽佩用特附奉調查表一紙擬懇不吝賜教詳細填註即日擲還如能將上年度營業報告書資產負債表損益計算書及其他書表等檢賜全份尤所欣盼敝所對於貴示各節當嚴守秘密瑣瀆之處感歉靡已此上

經理先生台鑒

中國徵信所謹啟

附調查表一紙回件信封一枚

中華民國　年　月　日

電報掛號　國外無線"CREDITMEN, SHANGHAI"　國內有線及無線 9666　　所址　上海圓明園路一號

壹 13-1
6-21-1000

上海著名各銀行合作信用調查機關

中國徵信所

傳佈市場消息　調查工商信用　提倡經濟合作　促進社會繁榮

第　號　第　頁

敬啟者敝所茲擬調查後開戶名之組織內容營業狀況及信用程度爲特附奉調查表一紙敬懇逐項詳填即日擲還敝所對於貴示各節當嚴守秘密且不使貴處負任何責任瑣瀆之處感歉靡已此上

經理先生台鑒

附調查表一紙回件信封一枚

計開

中國徵信所謹啟

名稱

事業種類

地址

中華民國　年　月　日

電報掛號　國外無線"CREDITMEN, SHANGHAI"　國內有線及無線 9666　　所址　上海圓明園路一號

壹 14-1
6-21-1000

第118號 31年7月18日 收到

仰堯先生大鑒承
囑加入興信社一節自當贊同茲填上入社志願書一紙
即祈
察收至社員應納各項費用應如何計算即請
惠示為荷此頌
台祉
附志願書一紙
弟 王昌林敬啓 七月十八日

郵政儲金匯業局用牋 電報掛號八三二一四

S. F. 21

第 號 第 頁

中國徵信所文稿

受文者	
稱名	郵政儲金匯業局 王昌林
地址	

經理	業務部主任	調查部主任

主稿者	會閱者	繕發者

電報	雙掛	平信	專送
快信	單掛	明片	面致

中華民國卅一年七月廿八日 發
發文第 二 號第 頁

昌林先生大鑒頃奉
大教暨入社志願書一紙均經收悉承
允加入敝社[illegible]為國為[illegible]此後更得常親
教益尤所欣幸至會員應納費用
[illegible]之規定除納入社費二百五十元外
并須繳三個月會費三百元一切由敝社
經濟幹事章乃器先生接洽取事
專此順頌
大安
附送[illegible]書一冊 [illegible]
弟 敬啓

重 14-2 6-21-1000

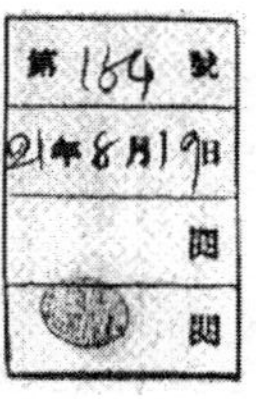

逕啓者關于下列各點請即通告所内職員一體實行

一、在潘經理告假期内所内例行公事由秘書負責管理事務統系及辦事紀律必須嚴格維持

二、職員告假須經由秘書核准除告假外並不得有遲到早退等情

三、工商名錄部在籌備期内所有設計用人經費等重大事宜暫由本社幹事負責會計暫行獨立惟通常人事如簽到告假等並庶務事宜仍暫由秘書負責管理將來或添設主任或變更組織另行定奪

此致

中國徵信所

中國興信社

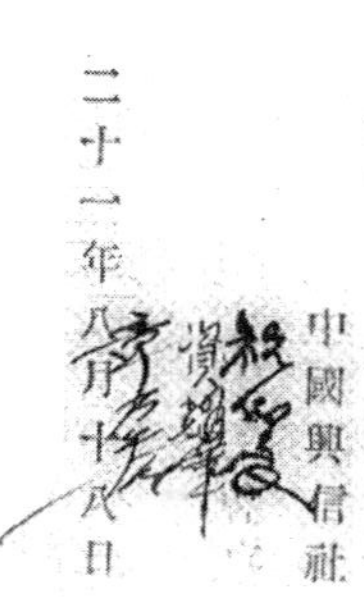

二十一年八月十八日

中國徵信所文稿

受文者	
稱名	[illegible]
地址	

經理	業務部主任	調查部主任

主稿者	會閱者	核發者
[illegible]		

電報	快信
雙掛	單掛
平信	明片
專送	面致

逕啓者，本所各項調查報告，對於被查者[illegible]虛實，自當據實直報，以供貴處之參考，惟事極秘密，苟一經漏洩，每致引起糾紛。近來間外界對於本所報告內容，多有傳說，茲為詳慎起見，自即日起請貴處接到報告書後，即[illegible]收藏，妥為保存，[illegible]之秘密，[illegible]謀業務之進展，應荷贊同，用再函達，敬希察照為荷。

中華民國廿一年十月3日

發文第三一九號

第　頁

第14-1
8.21.500

晨報

公用箋

敬啓者 敝報出版以來素以提倡國貨爲主旨所登廣告多屬國貨廠家而新聞方面常登國貨廠家調查錄足資證明茲屆 敝報創刊週年紀念又適值國貨年特發「上海之國貨事業」一巨冊定四月七日出版專載一國貨團體之歷史二各實業專家撰述事業之經驗談三各實業專家生活之訪問記四參加芝加哥展覽會陳列出品之照片及五各種國貨之詳細統計預備刊登各國貨工廠廣告別出心裁改變體例詳述各廠之內容務使閱者如身歷其境永留印象於腦中[illegible]切關係素仰

第　號　第　頁　年　月　日

社址　上海山東路二百八十號　電話九一一四九四　電報掛號一五五〇

晨報

公用箋

貴處出品精良營業發達對於是項登載廣告必已贊許惟以出版期迫廣告地位有限倘不早事安洽深恐臨時倉卒有誤

台命用特專函奉達並由潘少秋君趨前候

教務請

尊處立時

賜洽俾 敝報 得以與無上之機會爲

貴處少盡微忱藉廣流傳也耑上

仰尧先生

潘公展  謹啓

第　號　第　頁　年　月　日

社址　上海山東路二百八十號　電話九一一四九四　電報掛號一五五〇

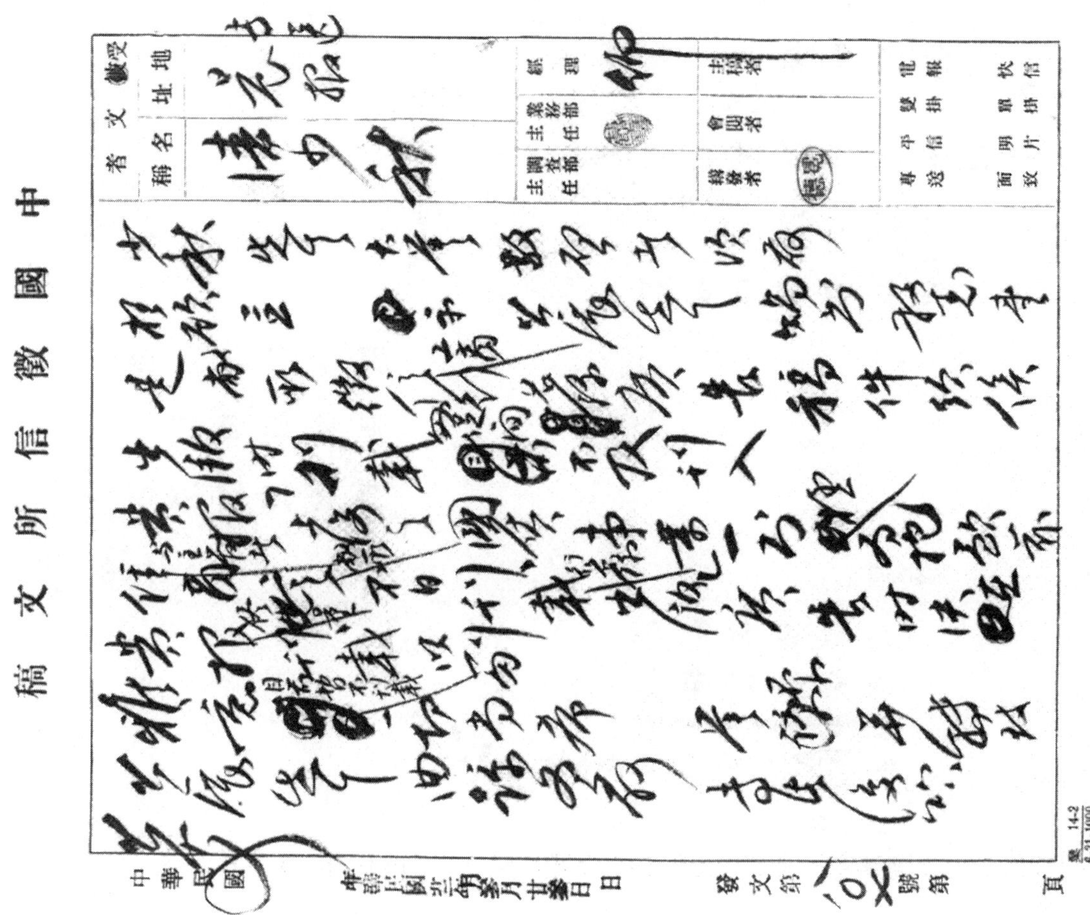

2. 立案与改组

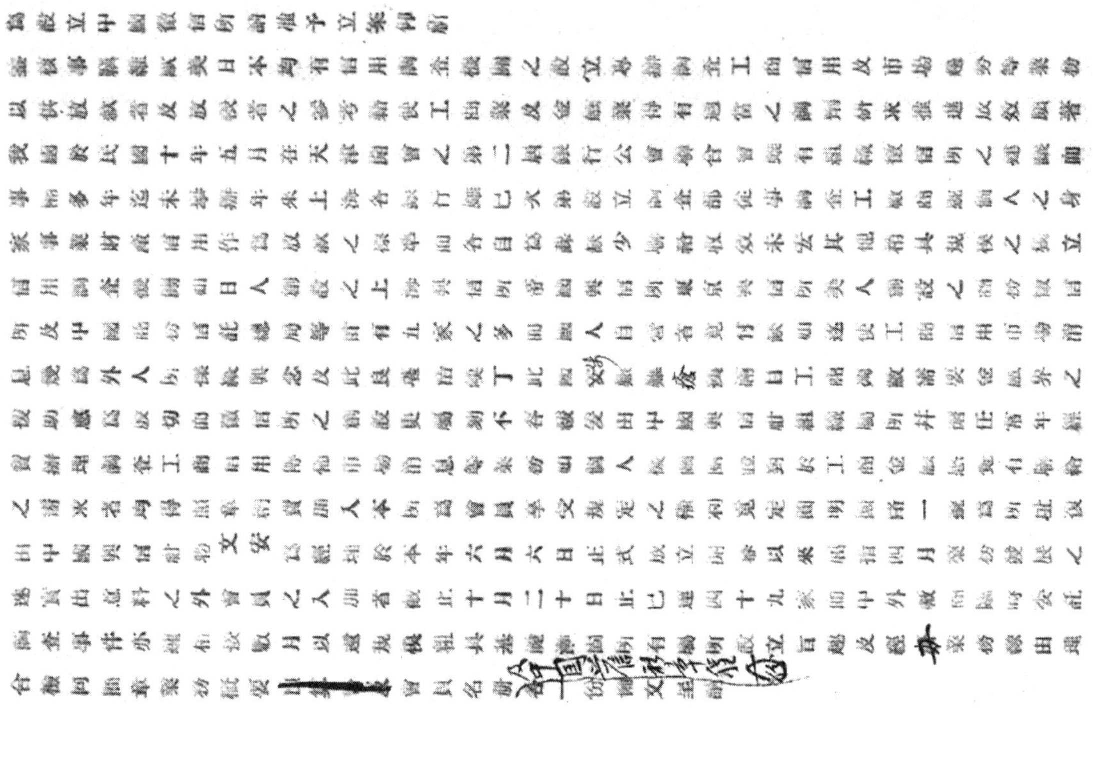

大部
鈞局鑒核仰祈
俯賜備案無任公感謹呈
實業部部長陳
上海市社會局局長吳

圓明園路一號
中國徵信所
經理潘文安謹呈

附呈
會員名冊一份
簡章及業務概要一份
中國徵信社章程一份

中国征信所为立案事致实业部、上海市社会局呈文之二(1932 年 10 月)

為設立中國徵信所請准予立案仰祈鑒核事竊維我人生存於世界一切行為全為經濟條件所支配經濟條件支配得當斯可安居樂業民生優裕否則必致變亂相尋社會秩序受其危害故經濟條件之支配得當與否小則關係民生之否泰大而影響國運之隆替此種現象自工業革命生產集中而益為明顯歐美日本對於工商業之研究推廣不遺餘力亦無非欲解決其經濟之條件耳我國自海通以還有識之士鑒於潮流趨向欲墨守五千年來簡陋之農村經濟勢所不能於是相率提倡工商業聲應氣求一唱百和嶄數十年來僅造成極小之雛型仍無顯著之進步推求其故由於人才缺乏政局不寧者固多而社會資本之用不得其道實為最大之原因比年以來工商因資本薄弱缺少接濟以致奄奄一息難以發展而內地災害頻仍萑苻遍野遂使農村衰落現金集中都市金融存款大為膨脹欲思貸放運用則以市場消息向多隔閡工商信用更欠明瞭趦趄不前坐擁巨資深感無法消納之痛苦甚或誘致冒險之投機在此情形之下工商業與金融業各成畸形之狀態此無他兩者之間缺少溝通之份子而已歐美日本均有信用調查機關之設立專辦調查工商信用及市場趨勢等業務以供放款及放賬者之參考藉使工商金融得有適當之調劑研究推進成效顯著我國於民國十年五月在天津開會之第二屆銀行公會聯合會雖有組織徵信所之建議而事閣經年迄未舉辦年來上海各銀行雖已次第設立調查部從事調查工廠商號個人之身家事業財產信用作為放款之標準而各自為謀缺少聯絡收效未宏其他稍具規模之獨立信用調查機關如日人創設之上海興信所帝國興信所東京興信所美人創設之商務徵信所及中

國商務信託總局等計有五家之多而國人自營者竟付缺如遂使工商信用市場消息幾爲外人所操縱興念及此良堪浩嘆丁此戰事以後瘡痍滿目工商凋敝需要金融界之援助愈爲迫切而敝所之創設更屬刻不容緩爰由中國銀行等發起組織并擔任常年經費負擔通金融界工商界之使命辦理調查工商信用傳佈市場消息等業務如個人機關團體對於工商金融感覺有聯絡之需求者均得照章納費加入本所爲會員享受規定之權利覓定圓明園路一號爲所址聘文安爲經理於本年六月六日正式成立開幕以來屆指四月業務發展之速實出意料之外會員之入加者截止十月二十日止已達四十九家而中外廠商臨時委託調查事件亦多接踵而爭數月以還規模粗具基礎漸固所有敝所設立旨趣及經辦業務檢同簡章業務概要預算書發起人及會員名冊各一份備文呈請

大部（鈞局）鑒核仰祈

俯賜備案無任公感謹呈

實業部部長陳

上海市社會局局長吳

附呈

發起人及會員名冊一份

簡章及業務概要一份

預算書一份

中國徵信所文稿

受文者	名稱	陳公博
	地址	實業部

經理	業務部主任	調查部主任
主稿者	會閱者	繕發者

電報	雙掛	平信	專遞
快信	單掛	明片	面致

中華民國廿一年拾月廿一日

發文第　號

第　頁

14-2
6-21-1000

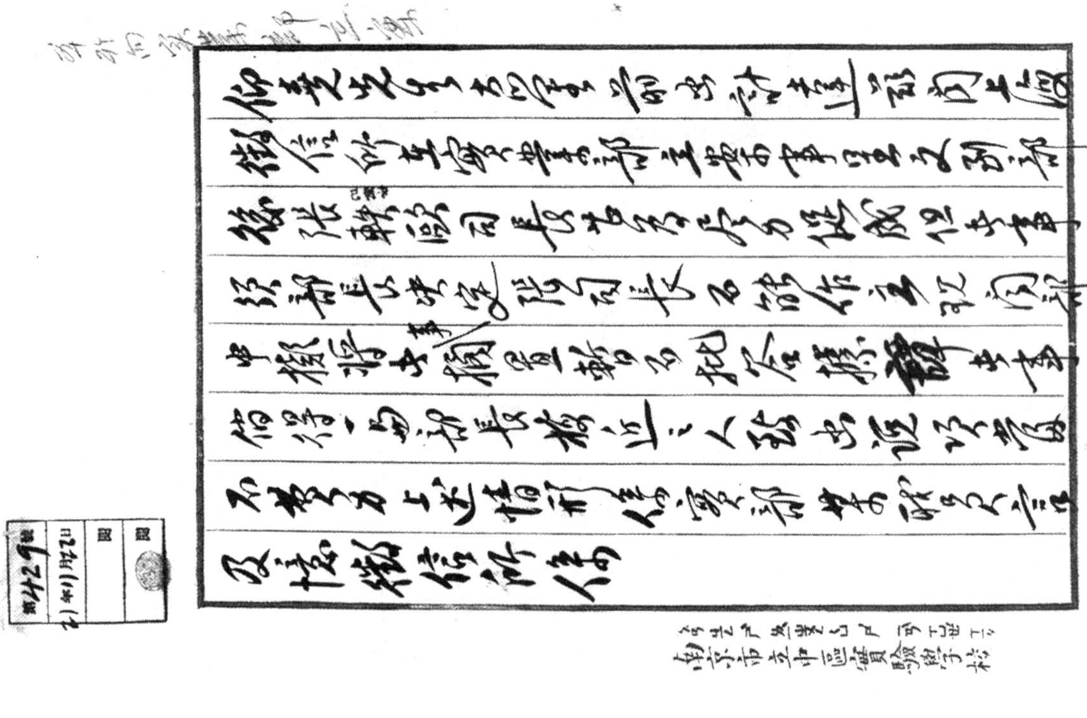

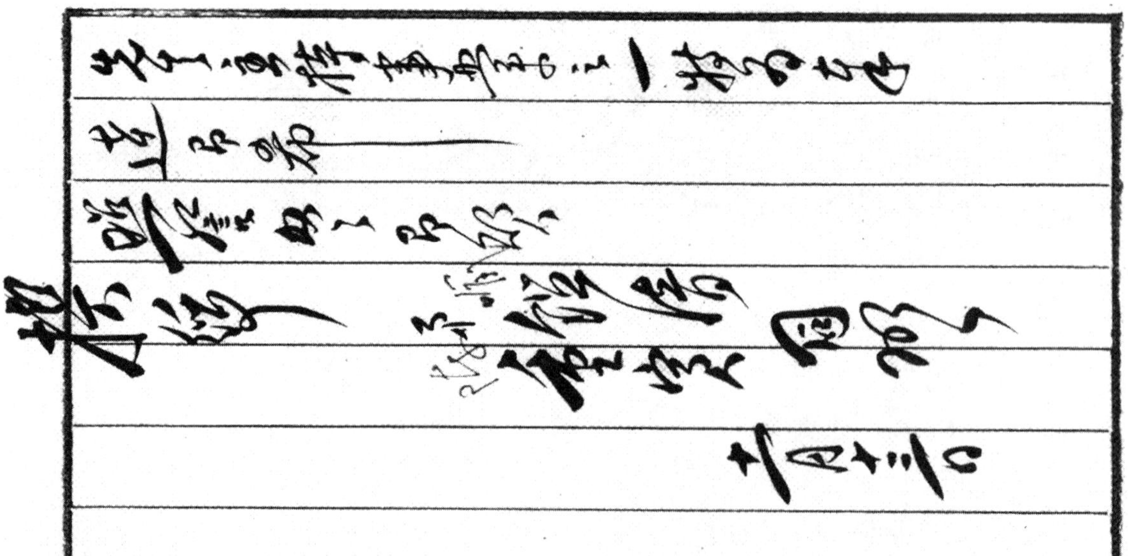

第429號
21年11月22日
閱
閱

本所向實業部立案

仰堯先生大鑒：前函計達，諒閱。上海
衡信所在實業部立案事，呈文到部
後，張軼歐司長昔曾力促成，但此事
須部長決定，張司長不能作主。現聞部
中擬將此事擱置，暫不批答。據譚君云此事
倘得一函部長，擬近之人設法從旁
不難得力。上述情形，係實業部職員之言，
及懷衡信所係

南京市立中區實驗學校

先生主持事業之一，特此奉達，即希
照察為叩。即頌
撰祺
弟 錢 重實 同叩
十一月十三日

唐有壬

南京市立中區實驗學校

實業部批　中國徵信所經理潘文安

事由	據呈為設立中國徵信所請准予備案等情應暫從緩議批仰知照由	附
擬辦		
決定辦法		
備考	本部發文字號　覆文務請註明	

批字第　　號　　年　月　日　時到

收文　字第　號

實業部批

字第15039號

原具呈人中國徵信所經理潘文安

呈一件為設立中國徵信所請准予備案仰祈鑒核由

呈悉查徵信事業為溝通金融與實業之路誠屬市場所需要惟查產生該所之中國興信社尚未備案所有該所請准備案一節自應暫從緩議仰即知照此批

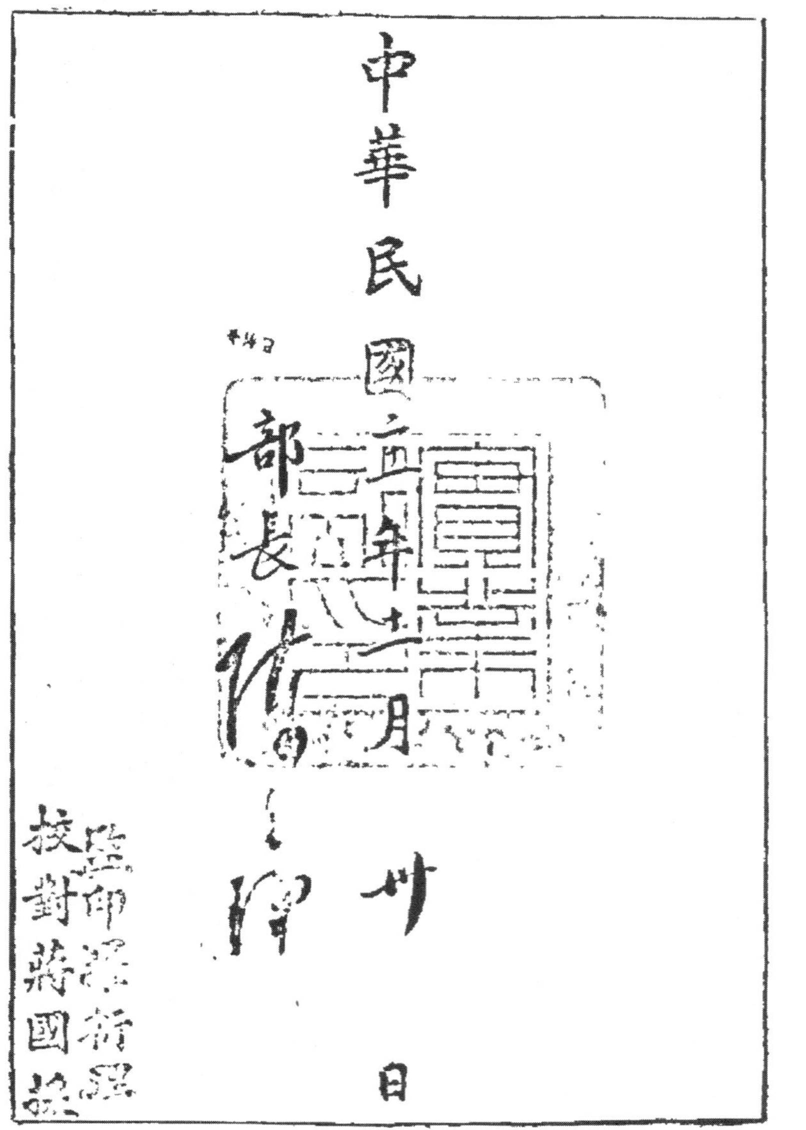

中華民國二十四年十一月卅日

部長 [illegible]

監印 [illegible]

校對 蔣國[illegible]

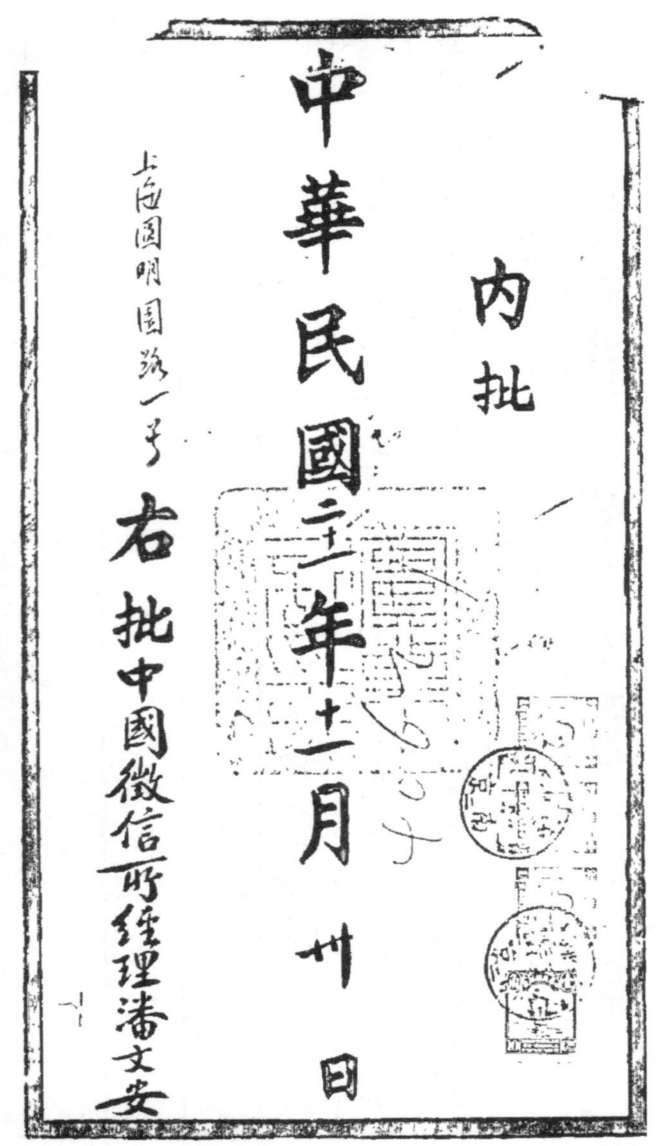

内批

中華民國二十一年十一月卅日

右批中國徵信所經理潘文安

上海圓明園路一号

實業部用箋

公權先生惠鑒：接誦
大函，敬悉種切。查中國徵信所備案一事，前據該
所經理潘文安具呈到部，當經詳為研討，以該
徵信所既為中國興信社所產生，顧根本上中
國興信社尚未備案，則該所之請，自應暫從緩
議。業將此意由部批示矣。知關
廑念，特此奉復，祗頌
台綏

弟陳公博謹啟 十一月六日

中國徵信所文稿

受文者 稱名：吳桓如先生
地址：新生局

桓如我兄大鑒：久未晤
教，至念。
賢勞，弟自莫干返滬，賤軀漸臻頑健，惟
精神方面尚難遽復原狀，已於日前
來此小住（現寓高橋鎮承園），藉換空氣。
茲啟者，敝所創設以來，僅經四月，業務日
見繁劇，為鞏固基礎計，擬于日內
貴局及實業部請准備案，日前曾
由敝所補呈于綏之君面取，盼候
教益，深荷

中華民國廿一年十一月 日
發文第三七二號

上海市社會局批潘文安

事由	擬辦	決定辦法	備考
據呈設立中國徵信所准備案由			
附件			

收文 字第 號

字第 號

年 月 日 時到

中國徵信所文稿

受文者 稱名 地址

指示，至為感幸。蔚再備具正式公文，函請
求備案，尚乞
鼎力主持，早日批復，公私兩感，專此敬
大安
謹啟

經理 業務部主任 調查部主任

主稿者 會閱者 核發者

電報 快信 雙掛 掛號 平信 明片 專送 面致

中華民國 年 月 日 發文第 號 第 頁

14-2 6-21-1000

上海市社會局批　社字第5641號

具呈人潘[illegible]

呈一件　為[illegible]中國[illegible]請予[illegible]由

呈件均悉　准予[illegible]　此批　件存

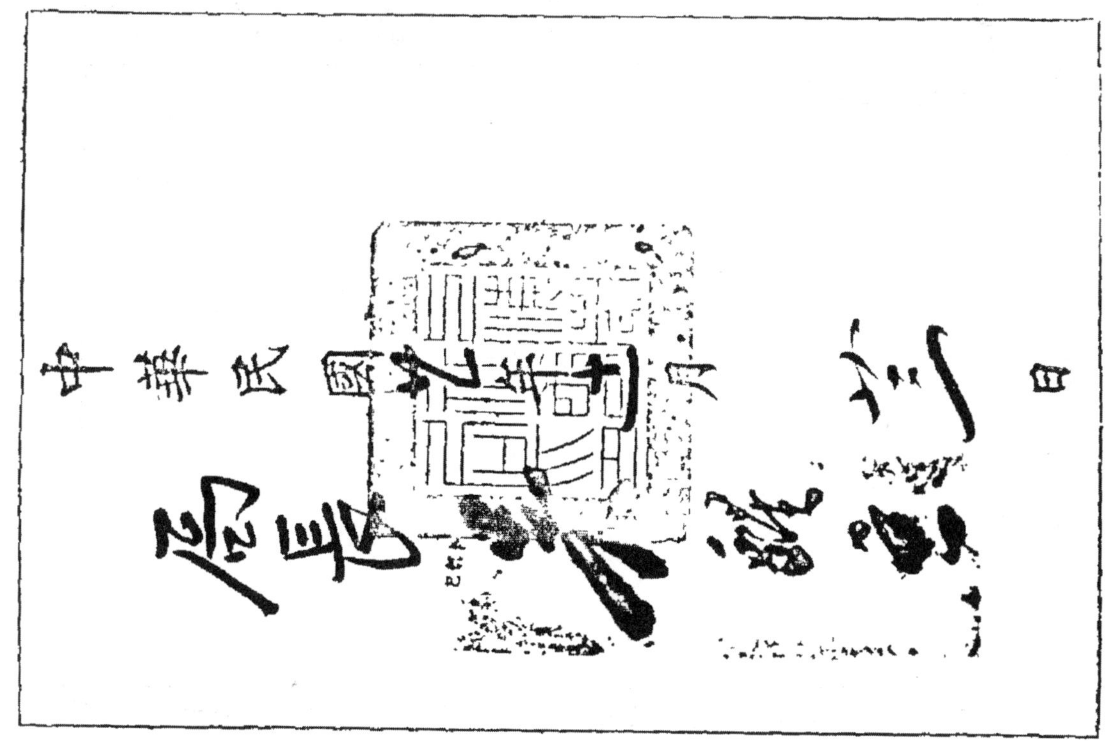

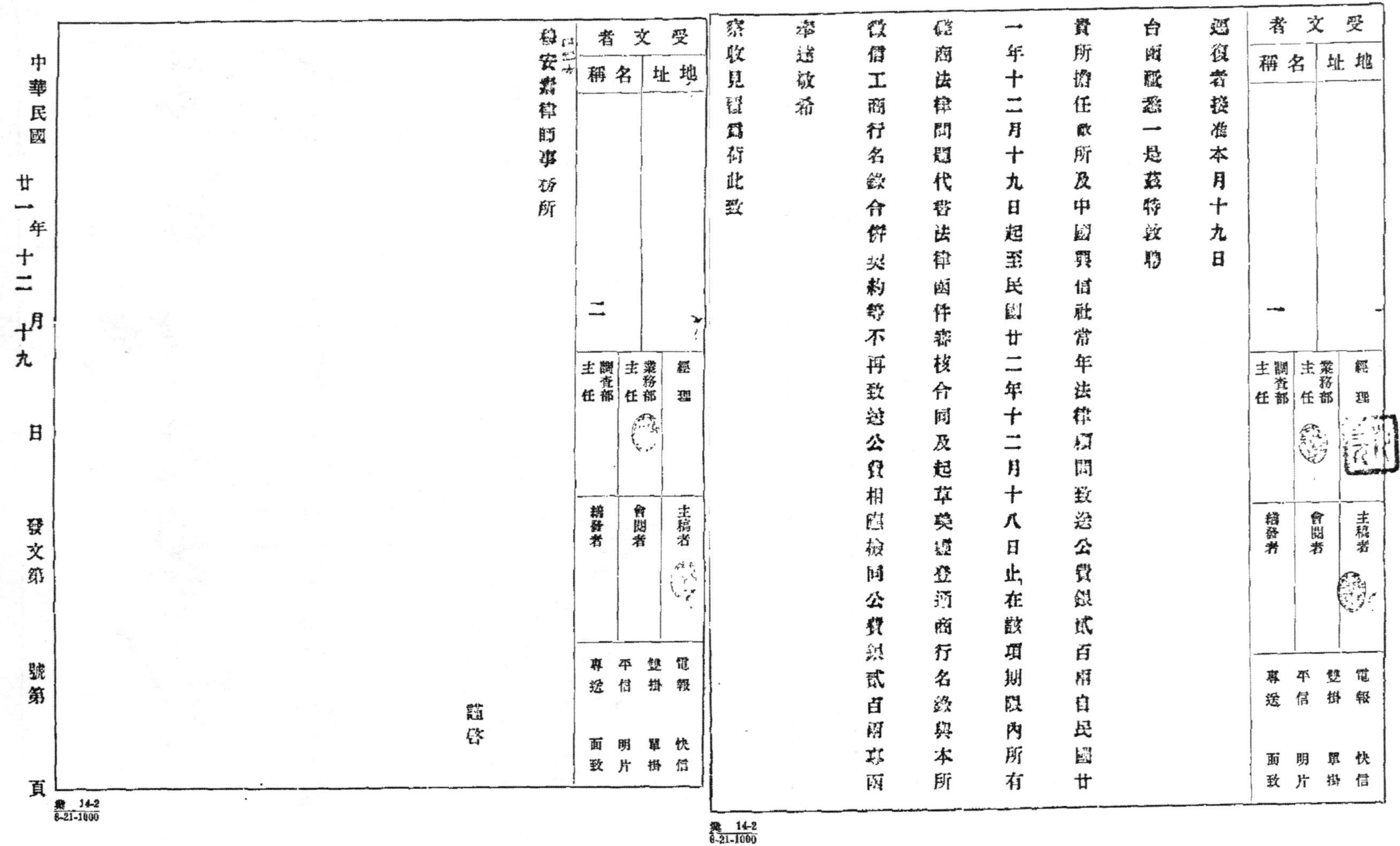

中國徵信所文稿

受文者	
地址	稱名
	一

經理 業務部主任 調查部主任
主稿者 會閱者 繕發者
電報 雙掛 平信 專送 快信 單掛 明片 面致

逕復者接准本月十九日
台函敬悉一是茲特致聘
貴所擔任敝所及中國徵信社常年法律顧問致送公費銀弍百兩自民國廿
一年十二月十九日起至民國廿二年十二月十八日止在該項期限內所有
從商法律問題代替法律函件審核合同及起草契據登記商行名錄與本所
徵信工商行名錄合併契約等不再致送公費相應檢同公費銀弍百兩并函
奉送敬希
察收見覆爲荷此致

衆 14-2 6-21-1000

中國徵信所文稿

受文者	
地址	稱名
	二

經理 業務部主任 調查部主任
主稿者 會閱者 繕發者
電報 雙掛 平信 專送 快信 單掛 明片 面致

穆安素律師事務所

謹啓

中華民國廿一年十二月十九日 發文第 號第 頁

衆 14-2 6-21-1000

中華民國廿三年二月十七日星期五下午三時第三十次所務會議

主席 潘經理 紀錄 石岑如

出席者

毛之芬 聶厚石 張維陽 李宏鐸 黃清娀 王柏芳 唐大剛
成德堯 沈至精 何宿祥 劉慕貞 范洪貞 魏竺銓 周源泉
洪啓英 張獻琛 孫穎川 黃亦傑 王立方 孫允功 陳其琳
袁志誠 徐問梅 李伯年 金慕堯 石岑如 宋澂石 陳允謀
吳先

甲、報告事項

主席報告

一、本星期一與信社舉行代表大會到者甚為踴躍對本所組織多數主張改為有限公司股本有謂五萬元者有謂十萬元者惟本席因現在業務尚無把握恐將來不能發給官利而津貼來源又斷故擬暫緩進行俟將來會員加多業務發達時再行討論決定現並擬添聘各業顧問俾調查簡捷消息靈通

二、本所營業員試辦信用調查諸君如無萬不得已事請按時出席調查員訓練班教授諸君亦希始終如一

三、統計圖表已請唐大剛君調製

四、清理積案辦法實行後報告已見加多諸位辛勤服務殊深感謝

五、李宏鐸女士有意見書交來謂現在打字工作十分緊張如款求速又致錯誤頗難兩全本席意見如必要時當添用書記一人以助李女士及成君之不足待商定後再行核辦

六、襍務生業於今日舉行考試共錄取三人為便於訓管起見似以拜師為宜

乙、討論事項

一、議「現在天氣漸熱窗帘似屬必要應何種格式」案

決議 為便於關窗起見決定製外張窗帘

二、議「銷燬臘紙應如何辦理」案

決議 推洪啓英凌城陳其琳三君討論由洪啓英君起草辦法

三、議「檔案管理辦法應否制定」案

決議 推金秘書宋澂石劉慕貞三君起草辦法

四、議「招用及管理雜務生辦法」案

決議 通過

五、議「行名錄部夜工應否規定終止日期」案

決議 臨時協助人員截至本月底止內部人員仍須延長辦公時間以出版為止

六、議「信用調查員訓練班學員王洪生中途退學應如何處理」案

決議 致函其肄業學校校長追索學費規程中並須加入退學追繳學費一條藉免他人效尤

主席潘仰堯

具呈人中國徵信所經理潘仰堯江蘇嘉定人年四十一歲住上海
香港路四號
代理人立信會計師事務所主任會計師潘序倫住上海寧波路一
九〇號
呈爲呈請著作物註冊事竊　具呈人　現在新編徵信工商行名錄書籍一種定
價國幣六元業經發行茲特依照著作法及同法施行細則之規定繳納
註冊費照原書定價之五倍計國幣三十元並隨送樣本二部（另由郵
寄）請予
審核註冊給照以資保護謹呈
內政部部長
附件
國幣三十元
書樣二部（另寄）
委託書
具呈人中國徵信所經理潘仰堯

立信會計師事務所用箋　第　頁

代理人

中華民國二十二年四月十一日

茲委托

立信會計師事務所

潘序倫會計師為本所呈請著作權註冊之代理人此證

中華民國二十二年四月　日

立委托證　中國徵信所

地　址　上海香港路四號

代表人姓名　潘仰堯

年　歲　四十一歲

籍　貫　江蘇

住　址　尚文路上海縣教育局九號

中國徵信所 SHANGHAI

中國徵信所

調查工商信用　傳佈市場消息　提倡經濟合作　促進社會繁榮

第　號　第一頁

逕啓者敝所改組股份有限公司前承

貴所代擬商章程辦任感紉該項章程業經社員代表大會決議修正通過茲

特檢同原章及營業章程營業計劃書附收支預算等一併送上即煩

督核指正公司章程經社員大會修改後如有抵觸法令之處儘請

卓裁改正並將修改各點見示以便提交下次大會追認發起人名單俟得各

人同意後再行連同資產負債表財產目錄等一併送準再營業章程是否須

一併呈請實業部登記併煩

台核見復為荷此致

中華民國廿二年四月廿五

所址 上海香港路四號　電報掛號 "CREDITMEN, SHANGHAI"

業 7—7
4-22-2000

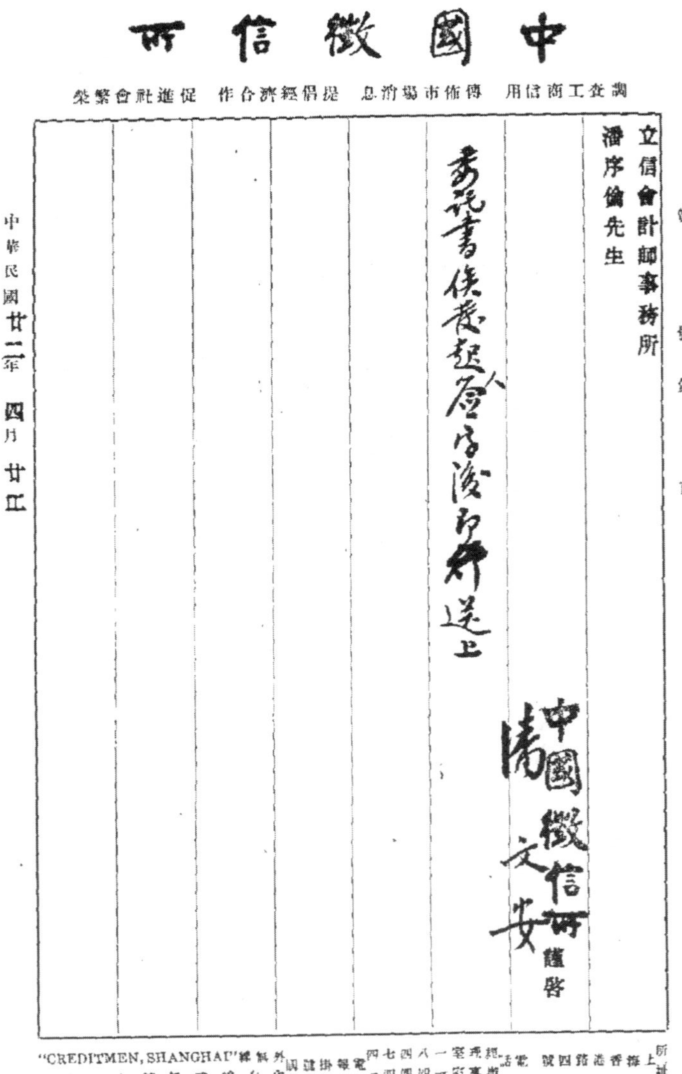

中國徵信所

調查工商信用 傳佈市場消息 提倡經濟合作 促進社會繁榮

第　號　第二頁

立信會計師事務所
潘序倫先生

委託書俟發起人會後即行送上

中國徵信所 謹啓
潘文安

中華民國廿二年四月廿二日

所址 上海香港路四號 電話 經理室一八四七四 事務室一四四一四 電報掛號 國外 "CREDITMEN, SHANGHAI" 國內 六六六九 有線無線

中國徵信所股份有限公司章程「修正案」（立信會計師事務所代修）

要點

第十條 上海「通行之日報」之字刪去

第十八條 原案「本公司設經理一人秘書一人由董事會聘任之其薪水亦由董事會定之其他職員由經理任免之」改為本公司設經理一人秘書一人必要時得添設副經理一人均由董事會聘任之各課主任由經理徵得董事會之同意任用之其他職員由經理任用之

第二十三條 增

修正案全文

第一章 總則

一條 本公司依照公司法股份有限公司之規定組織之定名曰中國徵信所股份有限公司英文名稱為 Bankers' Co-operative Credit Service Ltd

二條　本公司設立總所於上海香港路四號 其他各處得由董事會議決隨時
添設分所或代理處

三條　本公司以提倡社會信義便利工商發展為宗旨所營業務如左

甲，調查工廠商號個人之身家事業財產信用

乙，調查市場狀況

丙，發行信用調查報告書工商行名錄及其他刊物

丁，代收帳款

戊，辦理其他附屬業務

四條　本公司營業年限自呈准登記之日起定為三十年期滿之後得
由股東會依法議決請求主管官署展期

五條　本公司公告以登載上海通行之日報兩種以上或直接通函行之

第二章　股份

六條　本公司資本總額定為國幣二萬元分為二百股每股國幣一百元由全
體發起人全數認足先收半數計一萬元以各項財產抵繳(另附資產負
債表財產目錄)開始營業其餘一萬元隨時由董事會定期催繳之

第七條　股東須將印鑑或簽字式樣交存本公司於行使一切股東權利時均
以為憑

第八條　本公司股票概用記名式由董事五人署名蓋章發行之

第九條　本公司股票如有轉讓繼承抵押以及其他關於取得股份所有權等
情事均須憑印鑑過戶否則無效

第十條　本公司股票如有遺失請求補給時須於上海通行日報公告三日後
如一個月以內無第三者主張異議得邀同保證人請求補給並繳納
手續費國幣一元及應貼之印花稅費

第三章　股東會

第十一條　本公司股東常會於每年結帳後一個月內由董事會召集之董事會

應於開會一個月前通知各股東臨時會遇必要時由董事會於開會十
五日前通知各股東召集之如有股份總數二十分之一以上股東之請求亦得
依法召集股東臨時會

第十二條 本公司股東之表決權以一股為一權但一股東而有十一股以上者其十一股以
上之股份每二股為一權零數不計

第十三條 股東會主席由董事長任之董事長缺席時由常務董事中臨時互推
一人任之

第四章 董事監察人及職員

第十四條 本公司設董事十一人監察人三人由股東互選任之

第十五條 董事任期二年監察人任期一年連選均得連任

第十六條 董事會設常務董事五人由董事互選任之常務董事互推一人為董事
長

第十七條 董事會常會每月召集一次監察人得列席與議但無表決權

何正秀述

第十八條 本公司設經理一人秘書一人必要時得添設副經理一人均由董事會聘
任之各課主任由經理徵得董事會之同意任用之其他職員由經理任
用之

第五章 會計

第十九條 本公司每年於十二月底結算一次由董事會依法造具帳略及各項
表冊在股東常會開會前交監察人查核提出報告

第二十條 本公司每年結算後除一切開支及折舊外如有盈餘先提十分之一
為公積金其餘分配由董事會請提股東常會議決之

第六章 附則

第廿一條 本章程自呈准登記之日起施行日後如有修改之處由股東會依
法議決呈請 主管官署備案

第廿二條 本章程未盡事宜悉照公司法股份有限公司之規定辦理

第廿三條　本公司發起人姓名住址如下

資耀華　上海寧波路五〇号上海商業儲蓄銀行
王昌林　上海福州路五号郵政儲金匯業局
嚴成德　上海北京路九八号中央信託公司
陳其鹿　上海外灘十五号中央銀行
顧季高　上海仁記路二五一七号中孚銀行
范季美　上海四川路六号中國企業銀行
于壽椿　上海外灘七号中國通商銀行
祝仰辰　上海外灘二三号中國銀行
金采生　上海北京路一三〇号中國實業銀行
施博群　上海四川路六九号四行儲蓄會
鄭伯純　上海江西路三七一号江蘇銀行
陳鐵孫　上海外灘十四号交通銀行

繆振董　上海北京路三三〇号明華銀行
王子厚　上海天津路五〇七号東萊銀行
章乃器　上海漢口路十四号浙江實業銀行
方培壽　上海北京路七八号浙江興業銀行
劉建華　上海寧波路一三〇号國華銀行
孫瑞璜　上海江西路三六一号新華信託儲蓄銀行
喻元恢　上海九江路十四号聚興誠銀行
中國興信社代表章乃器
祝仰辰　上海香港路四号

具呈人中國徵信所股份有限公司全體發起人
代理人立信會計師事務所主任會計師潘序倫住上海寗波路一
九〇號

呈為發起設立股份有限公司依法備具文件請求
鈞局核准備案事竊具呈人等擬在上海設立中國徵信所股份有限公
司額定資本國幣貳萬元分為二百股每股國幣壹百元先收半數計國
幣壹萬元所有股款業由具呈人等全數認繳理合依法備具文件懇請
鈞局詧核賜予核准備案寔深公感謹呈
上海市社會局

附件
發起人姓名經歷住址及認股數目清册
營業計劃書
委託書

具呈人 中國徵信所股份有限公司
全體發起人

代理人

中華民國廿二年五月二日

中國徵信所股份有限公司發起人姓名經歷住址及認股數目清冊

姓名	經歷	住址	認股數目
資耀華	上海銀行調查部主任	上海寧波路五〇号上海商業儲蓄銀行	十股
王昌林	上海郵政儲金匯業局經理	上海福州路五号郵政儲金匯業局	十股
嚴成德	中央信托公司經理	上海北京路九八号中央信托公司	十股
陳其鹿	中央銀行業務局文書科主任	上海外灘十五号中央銀行	十股
顧季高	中孚銀行副經理	上海仁記路二五七号中孚銀行	十股
范季美	中國企業銀行經理	上海四川路六号中國企業銀行	十股
于壽椿	中國通商銀行襄理	上海外灘七号中國通商銀行	十股
祝仰辰	中國銀行業務調查課〻長	上海外灘二二号中國銀行	十股
金采生	上海中國實業銀行經理	上海北京路一三〇号中國實業銀行	十股
施博羣	上海四行儲蓄會副經理	上海四川路六九号四行儲蓄會	十股
鄭伯純	江蘇銀行襄理	上海江西路三七一号江蘇銀行	十股
陳蘇孫	交通銀行設計部第三組主任	上海外灘十四号交通銀行	十股
繆根堇	明華銀行襄理	上海北京路三三〇号明華銀行	十股
王子厚	東萊銀行副經理	上海天津路五〇七号東萊銀行	十股
章乃器	浙江實業銀行副經理	上海漢口路十四号浙江實業銀行	十股
方培壽	浙江興業銀行調查處主任	上海北京路七八号浙江興業銀行	十股
劉建華	國華銀行襄理	上海寧波路一三〇号國華銀行	十股
孫瑞璜	新華銀行副經理	上海江西路三六一号新華信托儲蓄銀行	十股

喻元恢	上海聚兴诚银行 經理	上海九江路十四号聚兴诚银行	十	股
中國兴信社	代表章乃器 祁仰農	上海香港路四号	十	股

立信會計師事務所報告書

營業計劃書（草案）

竊查歐美日本均有信用調查機關之設立專辦調查工商信用及市場趨勢等業務以供放款及放帳者之參考藉使工商金融得有適當之調劑研究推進成效頗著我國於民國十年五月在天津開會之第二屆銀行公會聯合會雖有組織徵信所之建議而事隔多年迄未舉辦現查上海稍具規模之信用調查機關如日人創設之上海興信所帝國興信所東京興信所英人創設之商務徵信所及中國商務信託總局等計達五家之多國人自營者竟付缺如遂使工商信用及市場消息之調查機關爲外人所操縱坐以日人所辦之興信所除東京興信所業已收歇外其他各家國人今後亦未便再事信賴而現有各信用調查機關組織上率多因陋就簡對於信用及市場之調查未能發揮其功用發起人等鑒於我國年來經濟衰落資金之供求商品之產銷急需有一機關爲之居間溝通確立信義使供給與需要兩方發生信用上之關係以期工商業得有充分之資金接濟金融業得有穩妥之投資機會一方製造者得以儘量放帳不虞遭受倒欠之損失分配商得以盡力推銷毋慮商品來源缺少之困難爰特發起組織中國徵信所以調查工商信用及市場消息爲主要業務編刊徵信工商行名錄爲附屬業務凡個人機關團體均得照章納費請求調查報告業於上年六月六日正式開幕租具規模爲使組織格外健全計現擬改組爲股份有限公司並將所址遷移至上海香港路四號額定股本銀貳萬元分爲二百股每股壹百元先收半數由發起人等全部認繳議將營業收支撥

立信會計師事務所報告書

具預算仰祈
鑒核

每月收支預算

甲、收入之部

顧問費

甲種四十二家每家每年納費三百元共計銀一萬二千六百元
每月攤算十二分之一計銀一千〇五十元

乙種八家每家每年納費二百元共計銀一千六百元
每月攤算十二分之一計銀一百三十三元

丙種十九家每家每年納費一百元共計銀一千九百元
每月攤算十二分之一計銀一百五十八元

特種二家每家每年納費五十元共計銀一百元
每月攤算十二分之一計銀八元

合計銀一千三百四十九元

報告費

立信會計師事務所報告書

丙種　三百六十元

特種　八十元

合計銀一千四百八十元

總計銀二千八百廿九元

乙、支出之部

業務費

薪工　九百四十二元

膳費　一百二十元

房租　一百七十元

郵電印花稅　五十五元

文具印刷費　三百五十元

書報費　六十元

交際費　四十元

捐稅　廿四元

修繕費　五元

車資　三元

雜費　八十元

合計一千八百四十九元

立信會計師事務所報告書

調查費

薪工	三百二十元
膳費	四十六元
車費	一百八十元
稿費	一百二十元
合計	六百六十六元

總計銀二千五百十五元

每月盈餘三百十四元

茲委託

立信會計師事務所主任會計師潘序倫爲本公司呈請調查之代理人此證

中華民國二十二年四月　日

立委託书 中國徵信所股份有限公司

全體發起人

孫瑞璜 章乃器 祝仰辰 范季美 資耀華 王子厚 金宗城 徐寄廎 郭伯繩 劉建華 陳其鹿 施博群

上海市社會局批 中國徵信所股份有限公司發起人資耀華等代理人潘序倫

第1024號

事由	擬辦	決定辦法	備考
為發起設立股份有限公司依法呈請備案批示照准由			
附件			

字第 號

年 月 日 時到

收文 字第 號

上海市社會局批 社字第一二三〇一號

具呈人中國徵信所股份有限公司發起人資耀華等代理人潘序倫

呈件為發起設立公司依法呈請備案祈鑒核由

呈件均悉。據報營業計劃書等件，查核尚合，所請備案應予照准，仰即知照。此批。件存。

中國興信社

第　號第　頁

敬啓者中國徵信所股份有限公司於五月十六日下午七時舉行創立會

將修正會章追加承認照章選出董事十一人監察三人茲將當選人開呈

如左敬希

詧照爲幸此上

上海　銀行

中國徵信所董事

祝仰辰十六票　章乃器十五票　資耀華十五票　陳羊子十四票

方培壽十四票　孫瑞璜十三票　施博羣十二票　王昌林十票

中國興信社謹啓　五月十[illegible]

中華民國　年　月　日

社址 上海香港路四號　電話 一四四四一 一八四七四　電報掛號 國外無線"CREDITMEN, SHANGHAI" 國內有線及無線 九六六六

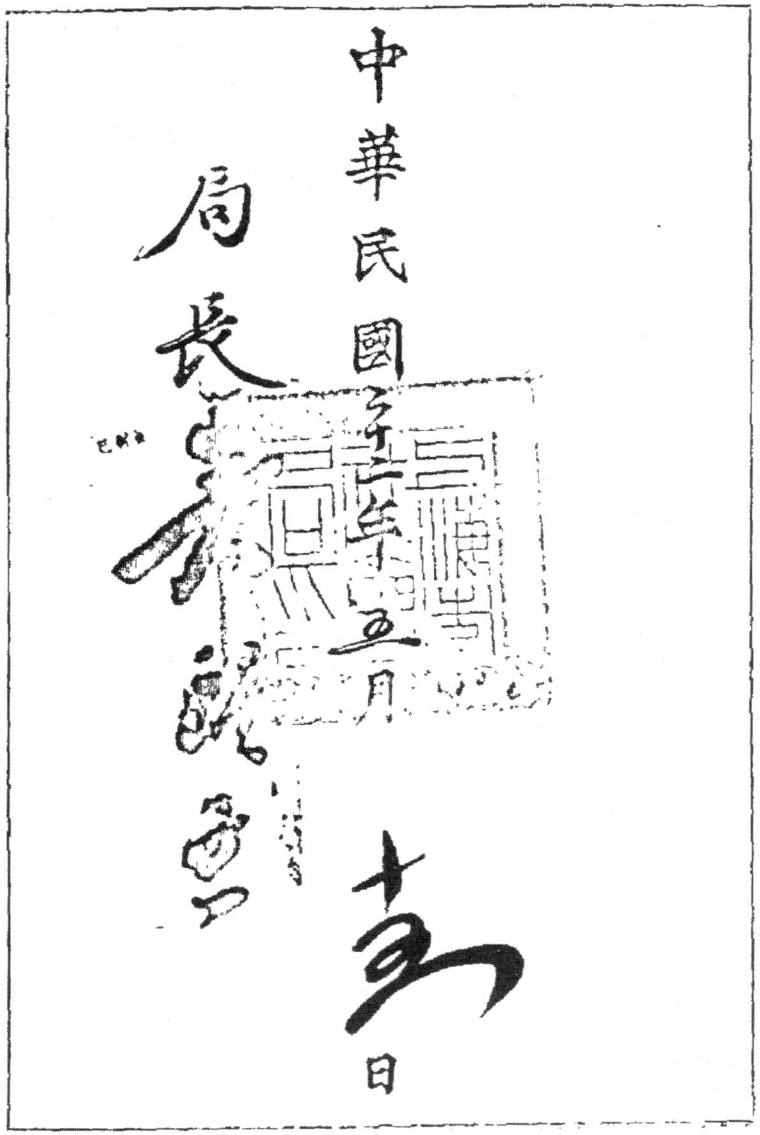

局長 [illegible]

中華民國二十五年五月十[illegible]日

中國興信社

第　　號　　第　　頁

陳蘇孫十票　繆振董十票　顧季高九票

監察名單

嚴成德七票　于壽椿六票　王子厚五票

中華民國　　年　　月　　日

社址 上海香港路四號　電話 一八四七四 一四四四一　電報掛號 國內有線及無線 六六六九 外 "CREDITMEN, SHANGHAI"

具呈人中國徵信所股份有限公司

代理人立信會計師事務所主任會計師潘序倫住上海寧波路一

九〇號

呈為設立有限公司檢具文件及費銀懇請

鈞局轉呈

實業部核准登記發給執照事竊商公司設總所於上海香港路四號資

本總額定為國幣二萬元分為二百股每股國幣一百元由全體發起人

全數認足先收半數計一萬元均以各項財產抵繳開始營業專以提倡

社會信義便利工商發展為宗旨所營業務（甲）調查工廠商號個人

之身家事業財產信用（乙）調查市場狀況（丙）發行信用調查報

告書工商行名錄及其他刊物（丁）代收帳款（戊）辦理其他附屬

業務業於本年五月十六日舉行第一次股東會選舉董事監察人關經

呈請

鈞局派員依法檢查在案茲特檢具文件呈請設立登記並附奉執

照費銀九十元貼照印花稅費銀一元至祈

俟核予以轉呈

實業部核准登記發給執照實深公感謹呈

上海市社會局

計開

商號名稱　中國徵信所股份有限公司

營業種類　專以提倡社會信義便利工商發展為宗旨所營業務（甲）調查工廠商號個人之身家事業財產信用（乙）調查市場狀況（丙）發行信用調查報告書工商行名錄及其他刊物（丁）代收帳款（戊）辦理其他附屬業務

股份總額　國幣二萬元分為二百股

每股銀數　國幣一百元

每股已繳之銀數　先繳半數計一萬元

總事務所所在地　上海香港路四號

公告方法　以登載上海通行之日報兩種以上或直接通函行之

設立年月日　民國二十二年五月十六日

董事監察人姓名住址（另附清冊）

附件

章程

股東名冊

選任董事監察人證明文件

營業概算書

核准備案之證明文件

請求派員查驗之證明文件

資產負債表

董事監察人姓名住址清冊

委託書

國幣九十一元

具呈人中國徵信所股份有限公司

代理人

中華民國二十二年五月二十六日

中國徵信所股份有限公司股東名冊

姓名	所認股數	股銀數	已繳股銀數	住址
資耀華	十股	一千元	五百元	上海寧波路五〇號上海商業儲蓄銀行
王昌林	十股	一千元	五百元	上海福州路五號郵政儲金滙業局
嚴成德	十股	一千元	五百元	上海北京路九八號中央信託公司
陳其鹿	十股	一千元	五百元	上海外灘十五號中央銀行
顧季高	十股	一千元	五百元	上海仁記路二五一七號中孚銀行
范季美	十股	一千元	五百元	上海四川路六號中國企業銀行
于壽椿	十股	一千元	五百元	上海外灘七號中國通商銀行
祝仰辰	十股	一千元	五百元	上海外灘二三號中國銀行

金采生	十股	一千元	五百元	上海北京路一三〇号中國墾業銀行
施博羣	十股	一千元	五百元	上海四川路六九号四行蓄儲會
鄭伯純	十股	一千元	五百元	上海江西路三七一号江蘇銀行
陳蘇孫	十股	一千元	五百元	上海外灘十四号交通銀行
繆根董	十股	一千元	五百元	上海北京路三三〇号明華銀行
王子厚	十股	一千元	五百元	上海天津路五〇七号東萊銀行
章乃器	十股	一千元	五百元	上海漢口路十四号浙江實業銀行
方培壽	十股	一千元	五百元	上海北京路七八号浙江興業銀行
劉建華	十股	一千元	五百元	上海寧波路一三〇号國華銀行
孫瑀璜	十股	一千元	五百元	上海江西路三六一号新華信託儲蓄銀行

喻元恢	十股	一千元	五百元	上海九江路十四号聚兴誠銀行
中國興信社 代表 章[illegible] 祝仰辰	十股	一千元	五百元	上海香港路四号

中國徵信所股份有限公司選任董事監察人証明文件

日期　民國二十二年五月十六日

地址　上海香港路四號本公司

出席股東　計十九人合一百九十權

董事十一人

祝仰辰　得一百六十權

章乃器　得一百五十權

資耀華　得一百五十權

方培壽　得一百四十權

陳其鹿　得一百四十權

孫瑞璜　得一百三十權

施博羣　得一百二十權

陳蘇孫　得一百權

繆振董　得一百權

王昌林　得一百權

顧季高　得九十權

監察人三人

嚴成德　得七十權

于壽椿　得六十權

王子厚　得五十權

六、國徵信託股份有限公司營業預算書

甲、收入之部

一、顧問費

甲種四十二家每家每年納費三百元共計銀一萬二千六百元

乙種八家每家每年納費二百元共計銀一千六百元

丙種十九家每家每年納費一百元共計銀一千九百元

特種二家每家每年納費五十元共計銀一百元

合計收銀一萬六千二百元

一、報告費

甲種每月六百元每年可收七千二百元

乙種每月四百四十元每年可收五千二百八十元

丙種每月三百六十元每年可收四千三百二十元

特種每月八十元每年可收九百六十元

合計收銀一萬七千七百六十元

總計收銀三萬三千九百六十元

乙、支出之部

一、事務費

薪工　支銀一萬三千一元

膳費　支銀一千五百元

房租　支銀二千一元

郵電印花税支銀六百六十元

文具印刷費支銀四千二百元

書報費　支銀七百元

交際費　支銀五百元

捐　税　支銀三百元

修繕費　支銀一百元

車　資　支銀五十元

雜　費　支銀一千元

合計支銀二萬三千〇捨元

一、調查費

薪　工　支銀三千八百元

膳　費　支銀五百五十元

車　費　支銀二千二百元

稿　費　支銀一千五百元

合計支銀八千〇五捨元

總計支銀三萬一千〇六捨元

全年盈餘計銀二乙一九百元

盈餘分配

公積金　洋銀二百九十元

其餘由董事會提請股東常會議決之

中國徵信所文稿

受文者	
稱名	中國興信社
地址	

敬啓者本所成立以還瞬經一載在
貴社指導之下逦勉服務幸免隕越自維對於溝通金融工商確 社會信
義所負使命至為重大用是益自惕勵以期更求進步所發信用及市場報
告力求詳盡確實扼要迅速以承各委託者認為於推廣營業甄別主顧方
面頗有裨益惟徵信事業艱鉅複雜欲期收效之美滿尤賴各 之聯絡現
查上海各大銀行先後加入本所為會員者固已居其大半而 未入會者
亦屬不少值茲第二年度開始之際擬擴展本所服務範圍廣徵會員以期
普及用敢懇請

經理	業務部主任	調查部主任
主稿者	會閱者	繕發者

電報 快信 雙掛 單掛 平信 明片 專送 面致

中華民國廿二年五月廿七日

發文第一〇八號第一頁

14-2 6-21-1000

中國徵信所文稿

受文者	
稱名	
地址	

貴社專函上海市銀行業同業公會分請尚未加入本所之各會員分別加
入為基本會員俾與其他各會員群策群力相互合作確立信義收效較易
本所當益自振奮力盡使命之發揮以副各會員期望之殷切相應檢同已
入會及未入會各銀行名單一紙社所章程各十七份專函奉達敬希
察核辦理無任企幸此致
中國興信社

謹啓

經理	業務部主任	調查部主任
主稿者	會閱者	繕發者

電報 快信 雙掛 單掛 平信 明片 專送 面致

中華民國廿二年五月廿七日

發文第　號第二頁

14-2 6-21-1000

中國徵信所

文稿

受文者	名稱	各基本會員代表
	地址	
主文	稿	
經理	秘書	主稿者
會閱者	繕發者	登記者
電報 快信	雙掛 單掛	平信 明片	專送 面致

逕啓者十一月十二日本社第一次會員大會討論以徵取會員各銀行調查部意見每月能採用詳實資料致所製報告于調查部意見一項擬請統先辦理西業詳錄為應即加以改進期臻完善當經擬定表格一種以資周年調查資料擬託由各基本會員銀行代表設法向各該行調查部擬本所懇以查照速爲代收事關功信之效務請查照適

上海市銀行業同業公會會員名單

甲、已加入徵信所為基本會員者

中國銀行
浙江實業銀行
聚興誠銀行
中國實業銀行
國華銀行

交通銀行
上海銀行
新華銀行
中國通商銀行

浙江興業銀行
中孚銀行
東萊銀行
江蘇銀行

乙、未加入徵信所為基本會員者

鹽業銀行
金城銀行
中南銀行
廣東銀行
中興銀行

四明銀行
大陸銀行
華僑銀行
東亞銀行
通和銀行

中華銀行
永亨銀行
中國墾業銀行
中國農工銀行
香港國民銀行

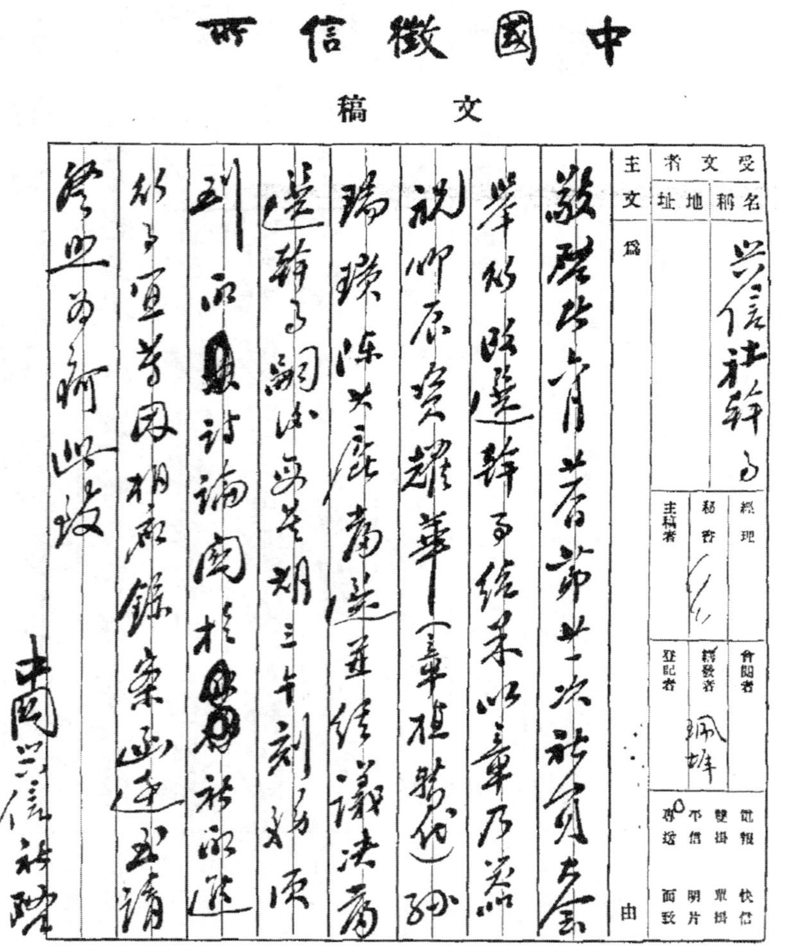

中國徵信所

文稿

受文者	名稱	
	地址	

主文　爲　由

總理　秘書　主稿者

會閱者　繕發者　登記者

電報　快信　雙掛　單掛　平信　明片　專送　面致

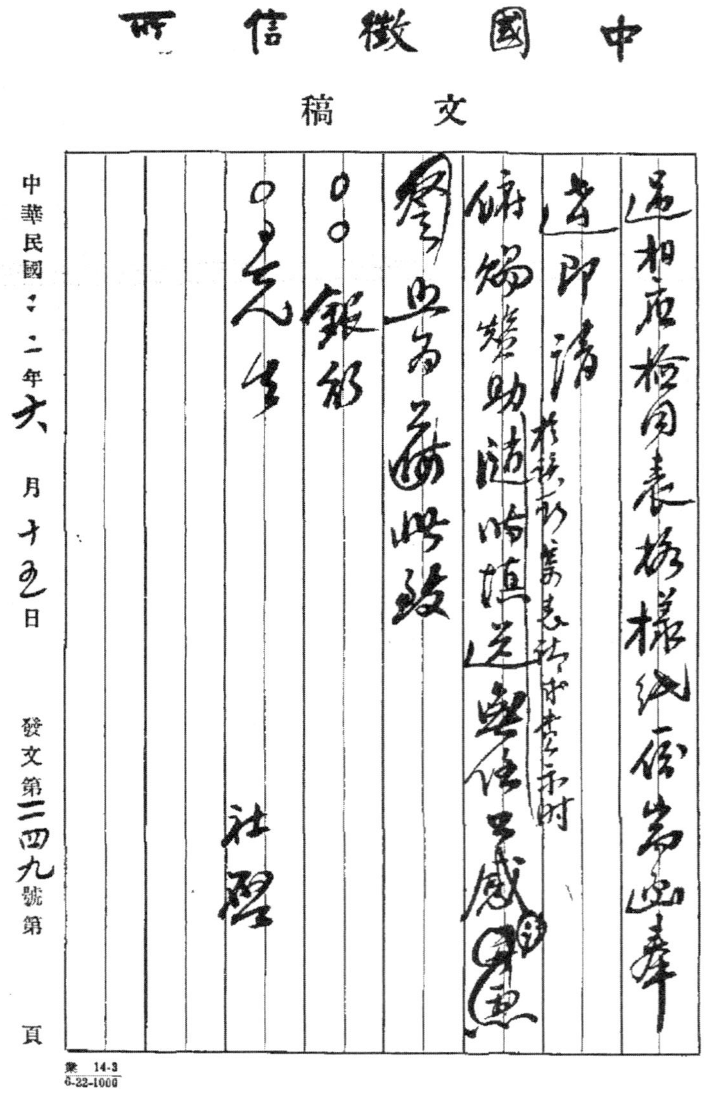

中國徵信所

文稿

中華民國二十二年六月十五日

發文第二四九號第　頁

業 14-3
6-22-1000

內政部批　第二六〇號

具呈人中國徵信所代理人潘序倫

呈一件為呈送著作物徵信工商行名錄上海之部一種代請註冊由

呈及附件均悉查所送著作物徵信工商行名錄上海之部一種核與著作權法尚無不合應准註冊給照執照隨批領發仰即查收轉給存執此批

附發執字第二四三九號執照一紙

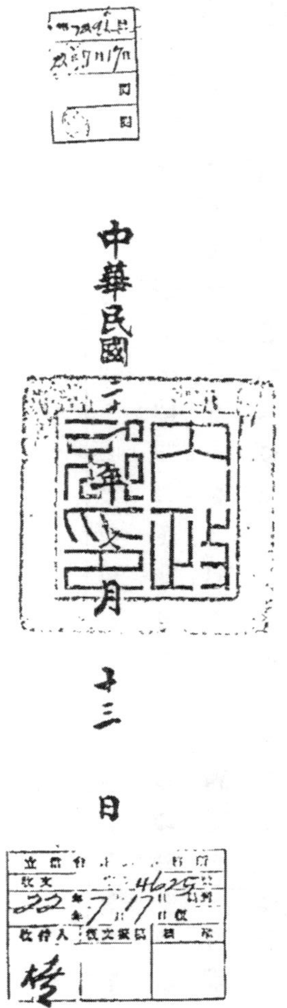

中華民國二[illegible]月十三日

具呈人中國徵信所股份有限公司
代理人立信會計師事務所主任會計師潘序倫住上海寧波路一九〇號

呈為奉令聲復，仰祈轉呈實業部，仍請准予登記事。竊具呈人前經組織成立，依法呈請鈞局轉呈實業部准予登記。茲奉鈞局社字第一四八四二號令開：

為令遵事。案據該公司前請設立登記一案，業經本局轉呈並批示在案。茲奉實業部指令商字第一九四三二號內開，查該公司章程第三條所列業務，均非商業行為，所請設立登記，未便照准。茲將原呈文件費額一併發還，仰即轉給具領，此令。等因，奉此。合行令仰該公司遵照，尅日備具收據，來局領回登記文件費鑒，此令。

等因奉此。竊查公司法第一條規定「本法所稱公司謂以營利為目的而設立之團體」，是即現行法律，祇以設立團體目的之是否為營利，並不以其所業之是否為商行為，為公司成立之條件，藉以明甚。關於此點，更可引用舊公司條例及公司條例施行細則之規定，加以釋詁。查舊公司條例第一條之規定，為「本條例所稱公司，謂以商行為為業而設立之團體」，是明指公司之業務須為商行為。但查公司條例施行細則第一條第二項，又有「以營利事業為目的而組織之團體，準用公司條例」之規定。依此論之，則在舊公司條例本文中，雖有公司業務限於商行為之一語，但在施行細則中，已明白指示凡屬以營利為目的之民事團體，可以準用公司條例。至於現行公司法第一條中，已將舊條例第一條中原文「商行為」等字樣，明白刪除，且立法之意，更為顯著矣。蓋民商原屬一體，界限本難劃分。我國最近立法之例，本採民商合一主義，是以許多商事，均規定於民法債編之中，而不另訂單部商法。至於商人通例第一條所規定之各種營業，並非為設立公司之要件。例如開礦墾植等行為，均不在該條所列舉十七種商業之中，自應認為民事之一種。但其設立團體之目的，特為營利，則自無不准其設立礦業公司墾植公司理也。具呈人所營業務，為（甲）調查工廠商號個人之身家事業財產信用（乙）調查市場狀況（丙）發行信用調查報告書工商行名錄及其他刊物（丁）代收帳款（戊）辦理其他附屬業務。姑不論其中丙款確係屬於出版業務之性質，即云不能作商行為，但具呈人之設立目的，既在營利，則公司法之適用，似屬不成問題。為此依法聲復，務乞

轉呈

實業部，仍請准予登記，是深德便。謹呈

上海市社會局

具呈人中國徵信所股份有限公司

代理人

中華民國廿二年九月廿二日

上海市社會局令　　社字第14842號

令中國紡織行股份有限公司經理人

據呈件備

為令遵事案據該公司前請設立登記
一案業經本局轉呈市政府核示在案茲奉
經濟部三十六年商字第一九四三二號指令開
查該公司章程第二條所列業務均
非商業行為所請設立登記未便照准
茲將原呈文件暨照費一併發回仰即轉飭
遵照此令等因奉此合行令仰該公司遵
照並備具收據來局領回登記文件費
件此令

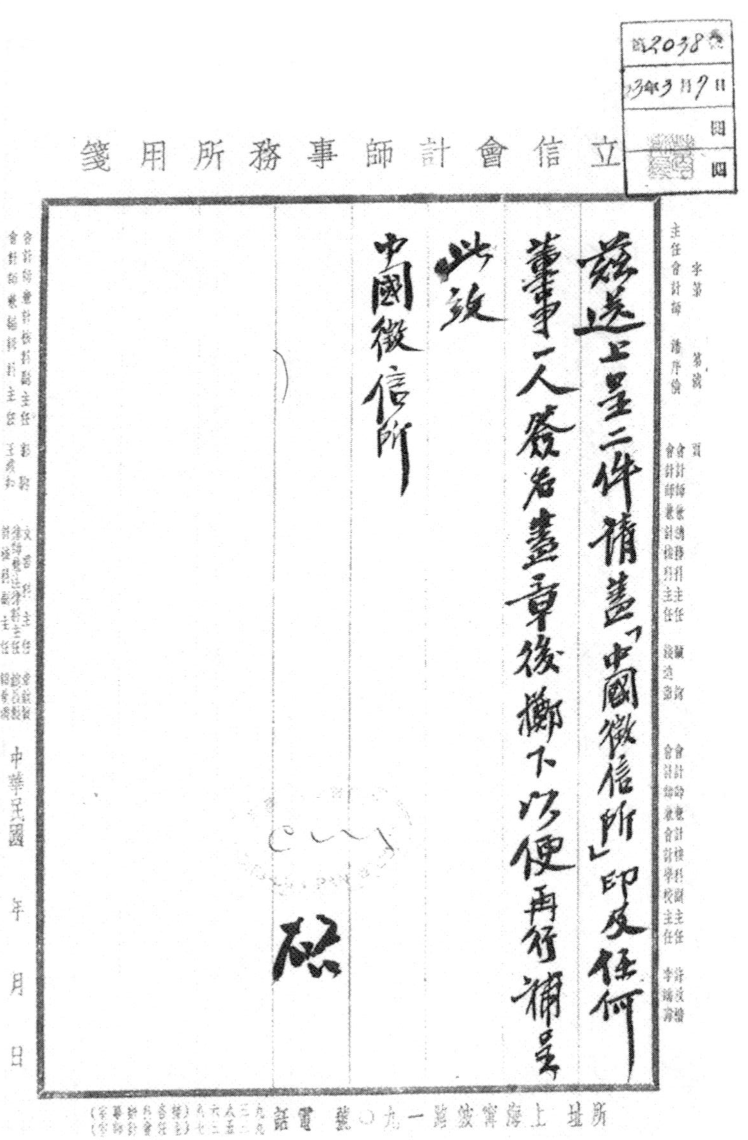

立信會計師事務所箋

茲送上呈二件請蓋「中國徵信所」印及任何
董事一人簽名蓋章後擲下以便再行補呈
此致
中國徵信所
啟

中華民國　　年　　月　　日

所址 上海寧波路一九〇號 電話

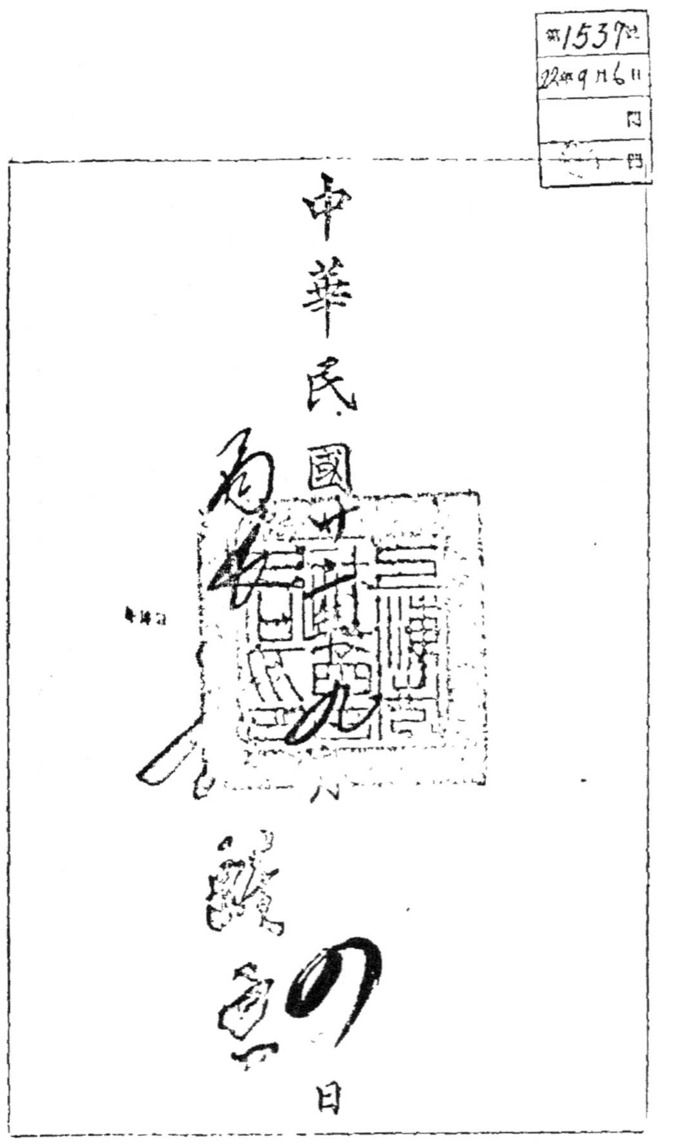

中華民國

日

上海市社會局訓令 會字第9979號

令中國徵信所股份有限公司董事陳其鹿等代理人潘序倫

案查該公司呈請設立登記一案，前據呈催到局，業經本局轉呈並批示令知各在案。茲奉實業部商字第二九〇〇五號指令略開：「該公司所請設立登記一案，茲經查核尚無不合，應予照准。茲填發執照一紙，仰即轉給具領。」等因。奉此，合行令仰該公司遵照，剋日持令過局

上海市社會局訓令董事陳其鹿等代理人潘序倫
中國徵信所股份有限公司

事由	擬辦	決定辦法	備考
據請設立登記，已奉部令核准，飭領照由。			

附 件

收文 字第 號

字第 號 年 月 日 時到

立信會計師事務所
收文 字 5202 號
23年10月27日2時到
收件人

廿三年十月廿九日 發字321

23/10
23/11/1

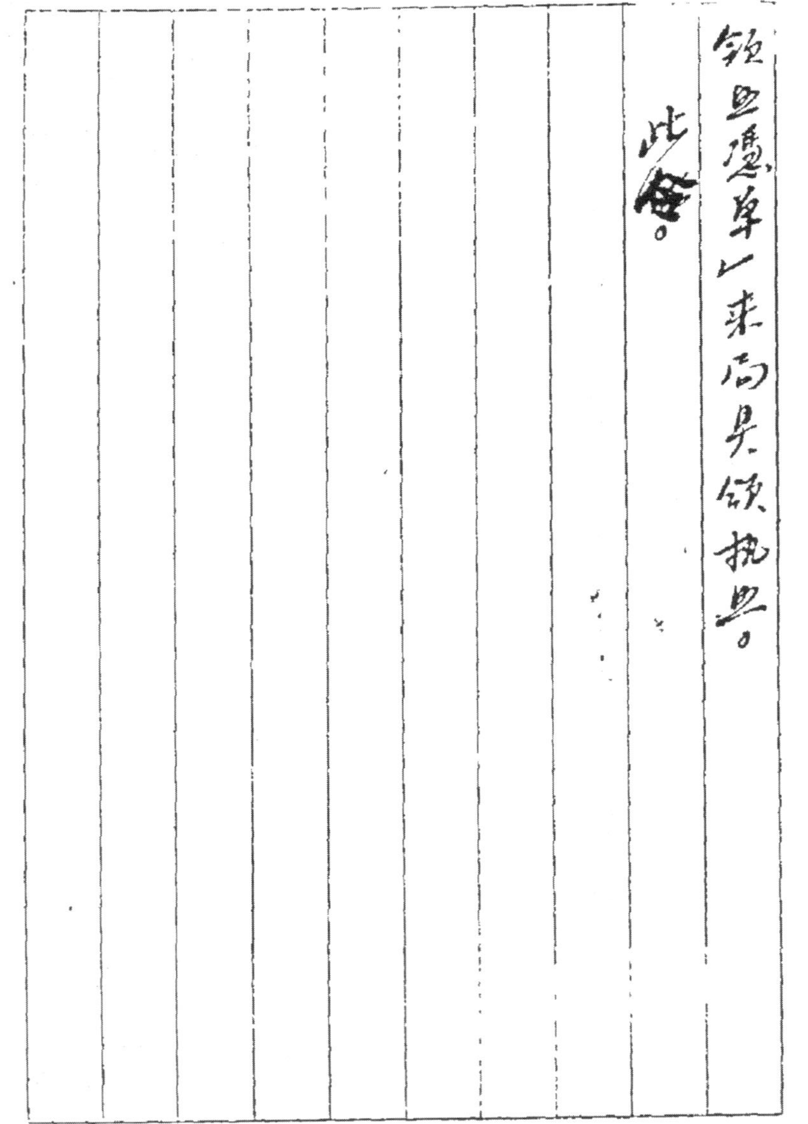
領照憑單一來局具領執照。
此令。

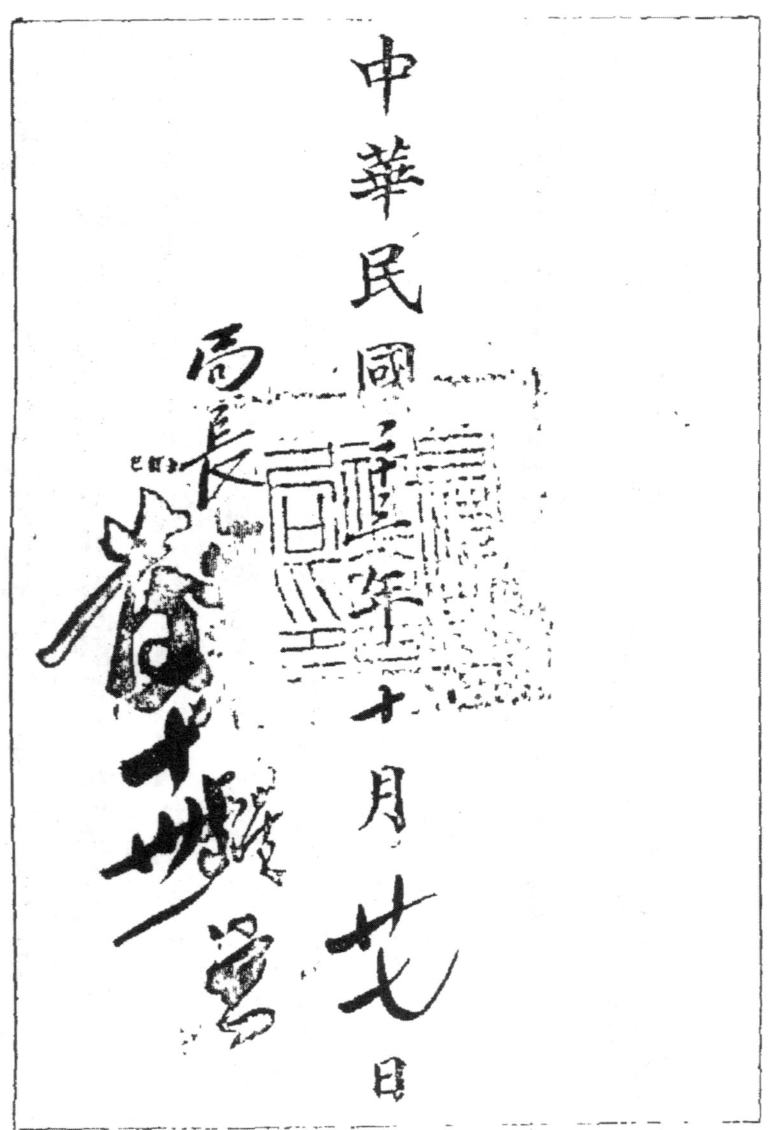
中華民國三十年十月廿七日

局長 [illegible]

3. 与上海银行公会等往来函件

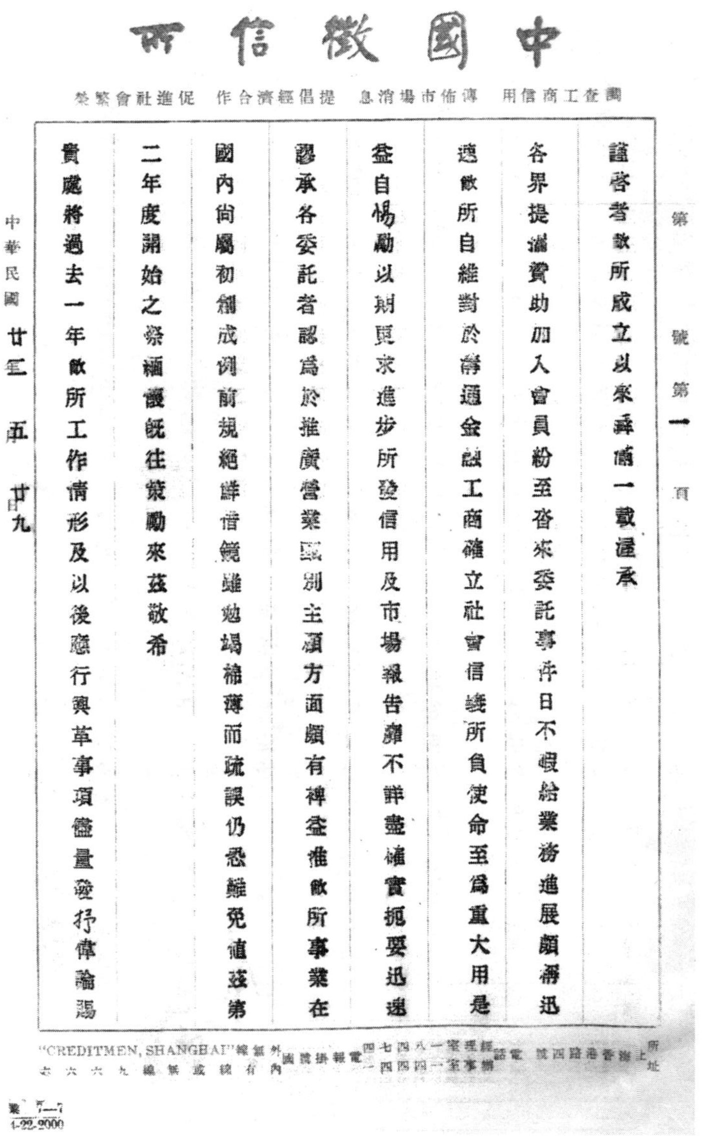

中國徵信所

調查工商信用　傳佈市場消息　提倡經濟合作　促進社會繁榮

第　號　第一頁

謹啓者敝所成立以來彝倘一載蒙承

各界提攜贊助加入會員紛至沓來委託事件日不暇給業務進展頗稱迅

速敝所自維對於溝通金融工商確立社會信用所負使命至爲重大用是

益自惕勵以期更求進步所發信用及市場報告靡不詳盡確實扼要迅速

謬承各委託者認爲於推廣營業區別主顧方面頗有裨益惟敝所事業在

國內尚屬初創成例前規絕鮮借鏡雖勉竭棉薄而疏誤仍恐難免值茲第

二年度開始之際緬懷既往策勵來茲敬希

貴處將過去一年敝所工作情形及以後應行興革事項儘量發抒偉論賜

中華民國廿二年五月廿九日

所址　上海香港路四號　電話　經理室一八四七四　辦事室一四四四一　電報掛號　國外有線"CREDITMEN, SHANGHAI"　國內有線或無綫九六六六

業 7—7 4-22-2000

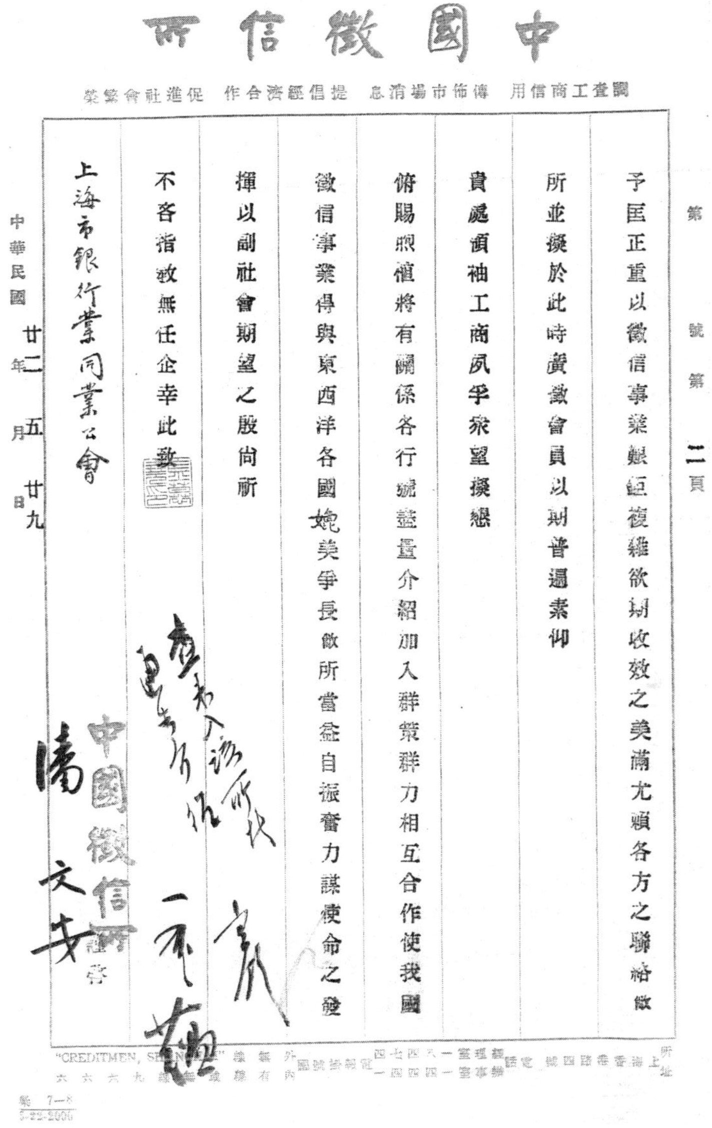

中國徵信所

調查工商信用　傳佈市場消息　提倡經濟合作　促進社會繁榮

第　號　第二頁

予匡正重以徵信事業艱鉅複雜欲期收效之美滿尤賴各方之聯絡敝

所並擬於此時廣徵會員以期普遍素仰

貴處領袖工商夙孚衆望擬懇

俯賜照植將有關係各行號盡量介紹加入群策群力相互合作使我國

徵信事業得與東西洋各國媲美爭長敝所當益自振奮力謀使命之發

揮以副社會期望之殷尚祈

不吝指教無任企幸此致

上海市銀行業同業公會

中國徵信所 謹啓

中華民國廿二年五月廿九日

"CREDITMEN, SHANGHAI"

業 7—8 5-22-2000

中國興信社

第　號　第一頁

敬啓者敝社接准中國徵信所函開本所成立以還瞬經一載在貴社指導之下黽勉服務幸免隕越自維所負使命至爲重大用是益自惕勵以期更求進步所發信用及市場報告力求詳盡確實扼要迅速藉承各委託者認爲於推廣營業甄別主顧方面頗有裨益惟徵信事業艱鉅複雜欲期收效之美滿尤賴各方之聯絡現查上海各大銀行先後加入本所爲會員者固已居其大半而尚未入會者亦屬不少値茲第二年度開始之際擬擴展本所服務範圍廣徵會員以期普及用敢懇請尊處專函上海市銀行業同業公會分請尙未加入本所之各會員分別加入爲基本會員俾與其他各會員群策群力相互合

中華民國廿二年六月七日

社址 上海香港路四號 電話 一八四七四 一四四一一 電報掛號 國外"CREDITMEN, SHANGHAI" 國內有線及無線九六六六

中國興信社

第　號　第二頁

作確立信義收效較易本所當益自振奮力謀使命之發揮以副各會員期望之殷切相應檢同已入會及未入會各銀行名單一紙社所章程各十七份專函奉陳敬希督核辦理等由准此查該所過去一年之工作尙能適應社會之需要顧仍以未得

貴會會員全體加入合作引爲遺憾准函前由相應檢奉名單一紙社所章程各十五份專函奉達敬煩

先生於執行委員會開會時提出討論至紉

公誼此上

中華民國廿二年六月七日

社址 上海香港路四號 電話 一八四七四 一四四一一 電報掛號 國外"CREDITMEN, SHANGHAI" 國內有線及無線九六六六

中國興信社

第　　號　第三頁

上海市銀行業同業公會
李主席馥蓀先生

中國興信社謹啓

逢彥明結　蓀

中華民國廿二年六月七日

社址 上海香港路四號　電話 四七四八一 一四四四一　電報掛號 國內有線及無線九六六六 國外"CREDITMEN, SHANGHAI"

中國興信社

第　　號　第　　頁

敬啓者中國徵信所成立以來爲時雖僅一載而業務頗有進步當初該所經費全由本社補助茲因業務收入日漸增加每月支出由本社補助者亦逐漸減少最近補助之數尚不及實際開支三分之一希望不久該所經濟可以完全獨立現查普通會員已有六十七家倘能再增甲種會員二三十家卽無須本社按月補助是增進該所業務卽係減輕社員負擔尚乞鼎力俯賜贊助廣爲介紹多多益善實紉公誼此致

上海銀行

中國興信社謹啓

附件　最近普通會員名單一份

中華民國廿二年六月二日

社址 上海香港路四號　電話 四七四八一 一四四四一　電報掛號 國內有線及無線九六六六 國外"CREDITMEN, SHANGHAI"

中國徵信所

調查工商信用 傳佈市場消息 提倡經濟合作 促進社會繁榮

第　　號第　　頁

逕啟者查本月十二日敝所第一六六五號中國銀行報告發出日期雖署本月十二日而所敍事實已爲上年度之情形不免有陳舊之處茲該行已於本月八日舉行股東會官股董事陳嘉庚君名額已由財政部改派席德懋君接替本所除先將董監人選於八日報告外復將一切詳情另編新報告日內即可送奉藉供參考相應函達卽希

鑒詧爲荷此致

上海銀行

經理先生

中國徵信所謹啓

中華民國廿二年四月十二日

所址 上海香港路四號 電話 經理室一八四七四 辦事室一四四四一 電報掛號 國內外有線或無線 "CREDITMEN, SHANGHAI" 九六六六

繁 7—7
4-22-2000

中國徵信所普通會員名單

甲種會員（二十四家）

正金銀行	美最時洋行
滙豐銀行	卜內門洋行
麥加利銀行	德信洋行
花旗銀行	寶華洋行
大通銀行	滙衆銀公司
遠東銀行	合中企業公司
美豐銀行	呈祉貿易公司
華義銀行	比利時商會
安達銀行	美國煙葉公會
中國墾業銀行	加拿大商務專使
中法工商銀行	商務印書館
華僑銀行	鐵道部購料委員會

乙種會員（八家）

福家洋行	華嘉洋行
立興洋行	順全隆洋行
維昌洋行	美國建築材料公司
茂隆洋行	孔士洋行

丙種會員（二十家）

德孚洋行	竟成造紙公司
福華洋行	中國營業公司
寶隆洋行	上海印染公司
怡和洋行	上海電力公司
裕興洋行	天福公司
五和織造廠	中法儲蓄會
振興紡織廠	中國化學工業社
震寰織造廠	怡和洋行機器部
康元印刷製罐廠	五洲藥房
美國鋼鐵公司	四明儲蓄會

特種會員（二家）

振華油漆公司	天一味母廠

民國二十二年四月十四日止

第1256號
32年7月6日

仰堯先生大鑒：多日未晤，無任企想。伏惟卯日
動定咸宜，為頌。前承
託為紹介會員，茲已代為介妥南洋兄弟烟草公司為甲種會員，
年納會費三百元，爰將其簽妥之志願書一件附上，請
飭員前往收取會費可也。又弟前允捐助之文人失業救濟金，茲
特送支票式百元，并希
察收，給回收據為荷。專此奉達，祇頌
台祺
任之先生均此道候

計附
會員志願書一件
支票洋式百元

弟 馮炳南 拜啓 七月 日

中國徵信所文稿

受文者 稱名	馮炳南
受文者 地址	[illegible]

炳南先生賜鑒：頃奉
尊函並附南洋兄弟烟草公司甲種會員志願書及捐助文人失業救濟金二百[illegible]
之支票[illegible]
指導贊助，照拂有加，[illegible]業務迭荷
隆情，[illegible]
[illegible]派員[illegible]面洽一切。文人失
業救濟金[illegible]上海職業指導所收
[illegible]
先生[illegible]
先生[illegible]
尊函[illegible]
[illegible]

中華民國三十二年七月六日
發文第一二二號

經理	主任 業務部	主任 調查部
主稿者	會閱者	繕發者
電報 快信	雙掛 單掛	平信 明片
專送 面致		

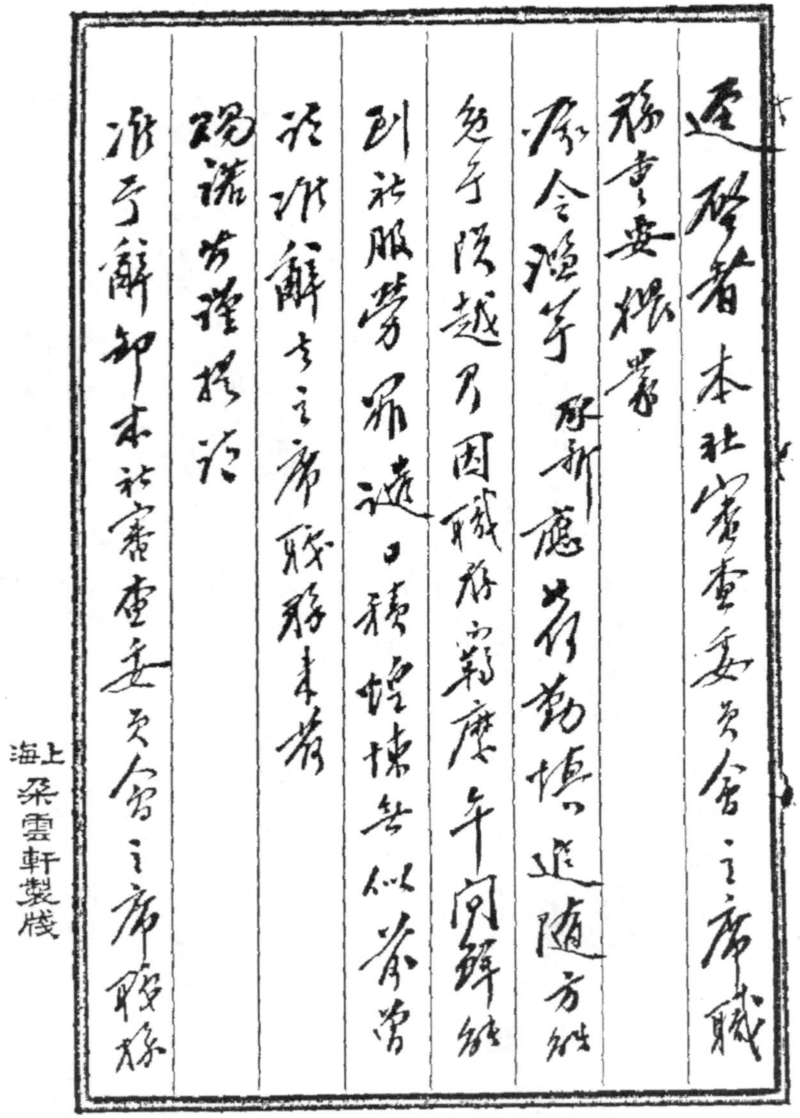

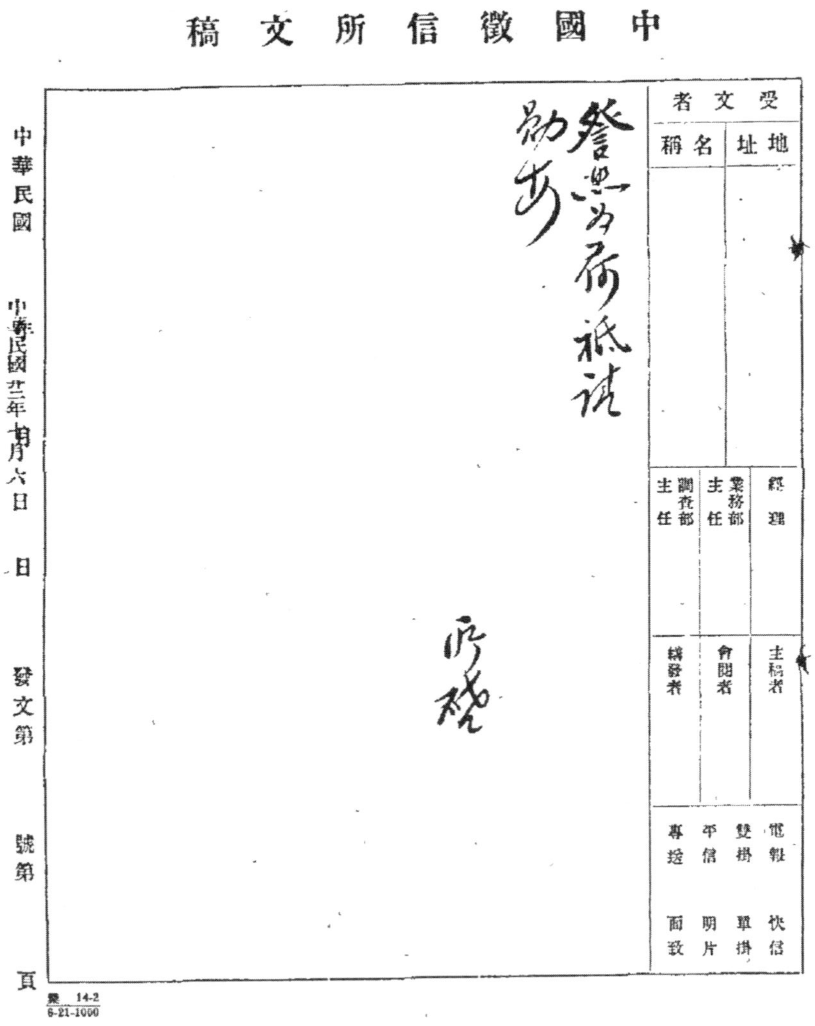

中國徵信所文稿

受文者	
稱名	地址

經理	業務部主任	調查部主任

主稿者	會閱者	繕發者

電報	雙掛	平信	專投
快信	單掛	明片	面致

登照為荷　祇請
勛安

所楨

中華民國
中華民國廿三年十月六日
日
發文第　　號第　　頁

業 14-2
6-21-1000

逕啟者本社董事委員會主席職
務素委推蒙
承令德等所祈應當勤慎進隨方針
急于談越月因職務繁劇年間鮮能
到社服務罪遺日積惶愧無似茲當
於此辭去主席職務未蒙
瑞諾茲謹提於
准予辭卸本社董事委員會主席職務

上海朶雲軒製牋

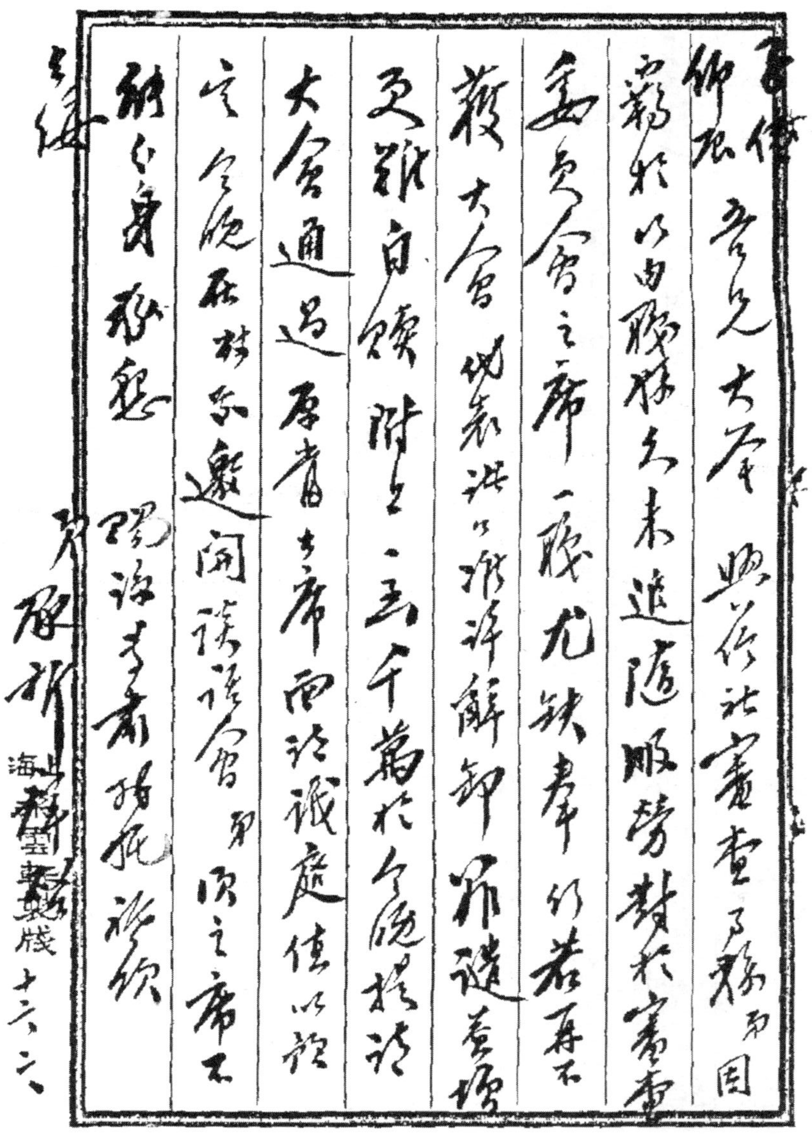

海上朵雲軒製箋

了然
仰恆 先生大鑒：日前辱承
枉顧暢敘，
教益。此悉貴埠擬徵信所為金融業調查所必需，
上海開辦已今成績斐然，
瀟湘同業全體加入，足徵
執事擘畫詳深，同為感佩。至於湘業擬於開徵勸之
再四，殊乏成效，歉以
尚祈各日不稍予照假，藉頌
福祺。同閒 恆懿 連覆

抹雲樓造牋

仰康、鴻勝、聚康、慕大、恆發、廣聯十莊，說通准入，方等
會員請 弟安派人運洪談十餘訂，仍收費的
也。勸勢不周，亟以為歉，專復即叩
台安 弟 秦祖澤 拜啟 六月六日

抹雲樓造牋

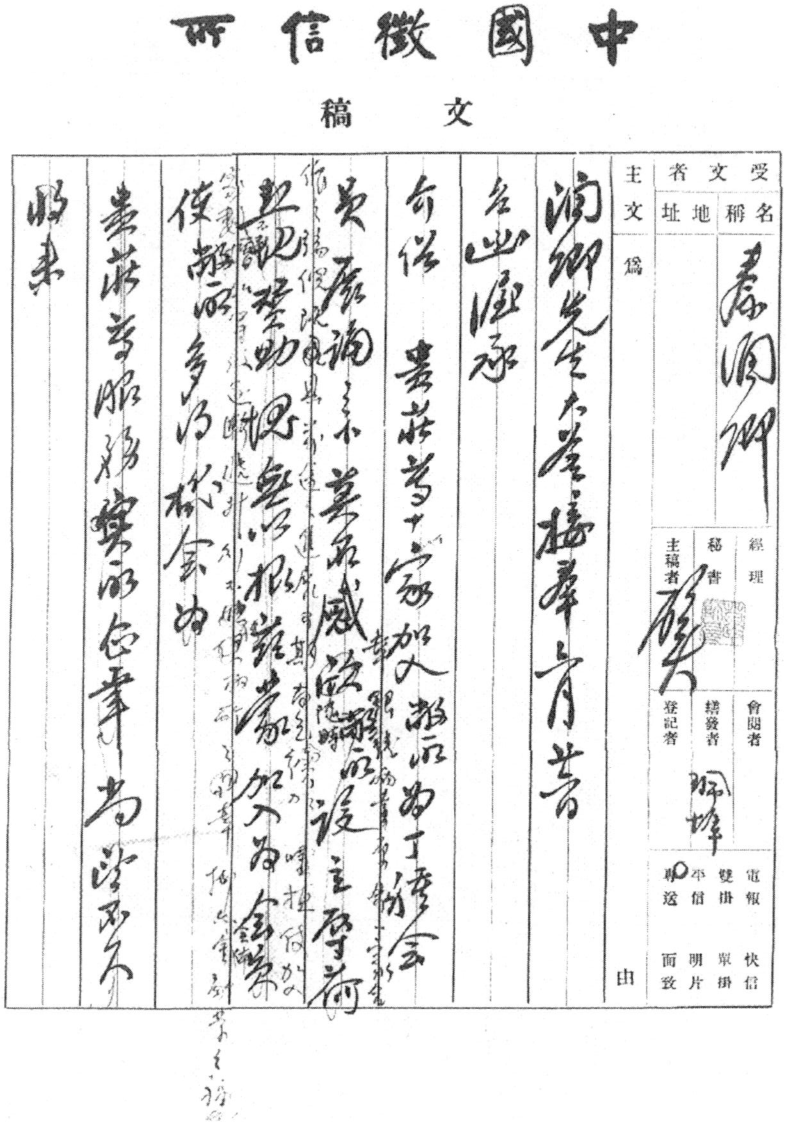

中國徵信所

文稿

受文者 名稱	秦潤卿
受文者 地址	
主文	爲
由	

經理	秘書	主稿者
		[illegible]

會閱者	繕發者	登記者
	[illegible]	

電報　雙掛　平信　專送　快信　單掛　明片　面致

潤卿先生大鑒：[illegible]

[illegible]

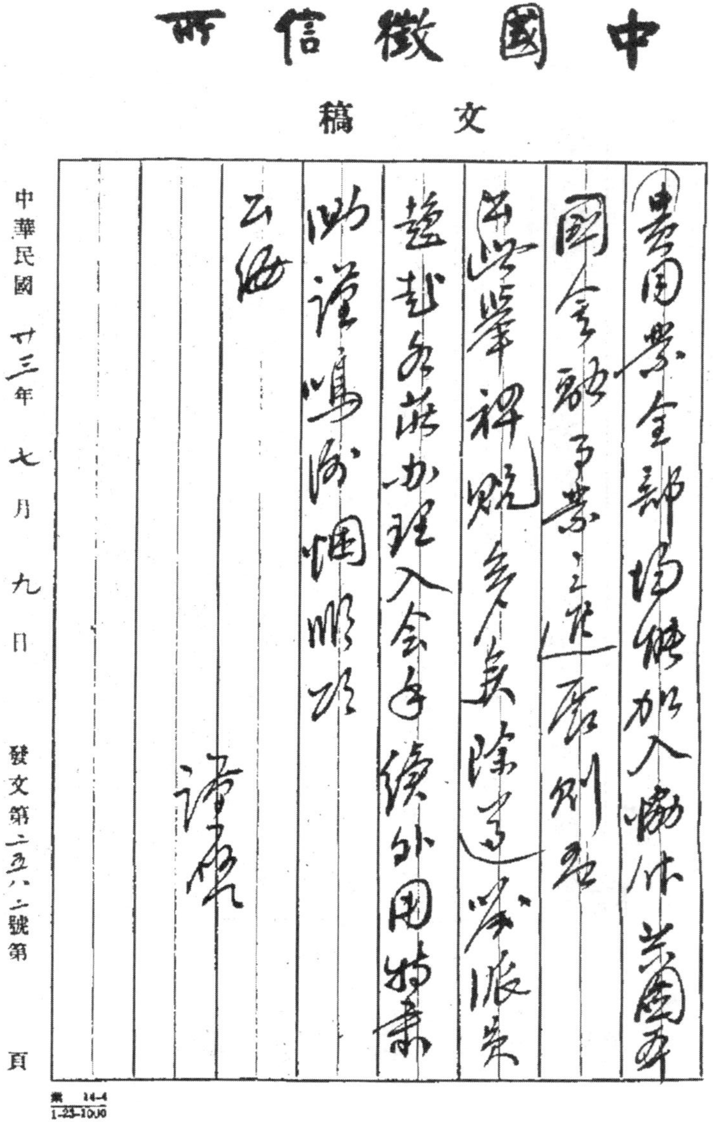

中國徵信所

文稿

[illegible]

中華民國廿三年七月九日

發文第二五八二號第　　頁

中國徵信所

文稿

受文者	
名稱	[illegible]
地址	
主文	爲

總理	秘書	主稿者
		[illegible]

會閱者	繕發者	登記者

電報	雙掛	平信	專送
快信	單掛	明片	面致

由

逕啟者：敝中國徵信所爲辦理調查工商信用，保障市

場消息，用資商界[illegible]參考，而策[illegible]業

[illegible]

加入為會員者[illegible]家

貴業[illegible]

[illegible]

[illegible]

[illegible]

中國徵信所

文稿

受文者	
名稱	[illegible]
地址	
主文	爲[illegible]

總理	秘書	主稿者
		[illegible]

會閱者	繕發者	登記者

電報	雙掛	平信	專送
快信	單掛	明片	面致

由

逕啟者[illegible]

[illegible]

[illegible]

[illegible]

[illegible]

[illegible]

中國徵信所

文稿

逕啟者頃奉

[illegible]

中華民國廿三年七月廿三日

發文第六八七號

頁

第　號

逕啟者。昌林前承　中國興信社推定為值日委員。本應竭誠襄助。惟因職務所羈。未能按期到社。時有缺席。良深抱歉。擬自明年一月起。辭去前項委員職務。以免貽誤務懇照允。為荷。至　中國徵信所本局基本委員之代表。昌林亦因無暇兼顧。自明年一月份起改由本局秘書鄭家騶君為代表。合併附達。並祈

第一頁

[S.F—20]

5,000/12 IX.23

上海郵政儲金匯業總局用牋　電報掛號"DIRPOBANKS"　電話一八七八六八八九號

第　　號　　　　　　　　第二頁

查照。此致

中國與信社
中國徵信所

王昌林　啟 [印]

廿三年十二月十七日

上海郵政儲金匯業總局用箋　電報掛號"DIRPOBANKS"　電話一八八七七八八六至九號

[S F—20]

5,000/12 IX.23

中國徵信所

文稿

受文者	名稱	合代表
	地址	
主文	為	
由		

經理	秘書	主稿者
會閱者	繕發者	登記者
電報 快信	雙掛 單掛	平信 明片	專送 面致

逕啟者本社於七月十日下午八時半假座銀

行公會舉行第二十八次社員大會[illegible]

辦事同時並舉行中國徵信所第一次

股東會修[illegible]章程[illegible]選董監事

[illegible]選者如右

中國興信社辦事

[illegible]

查照

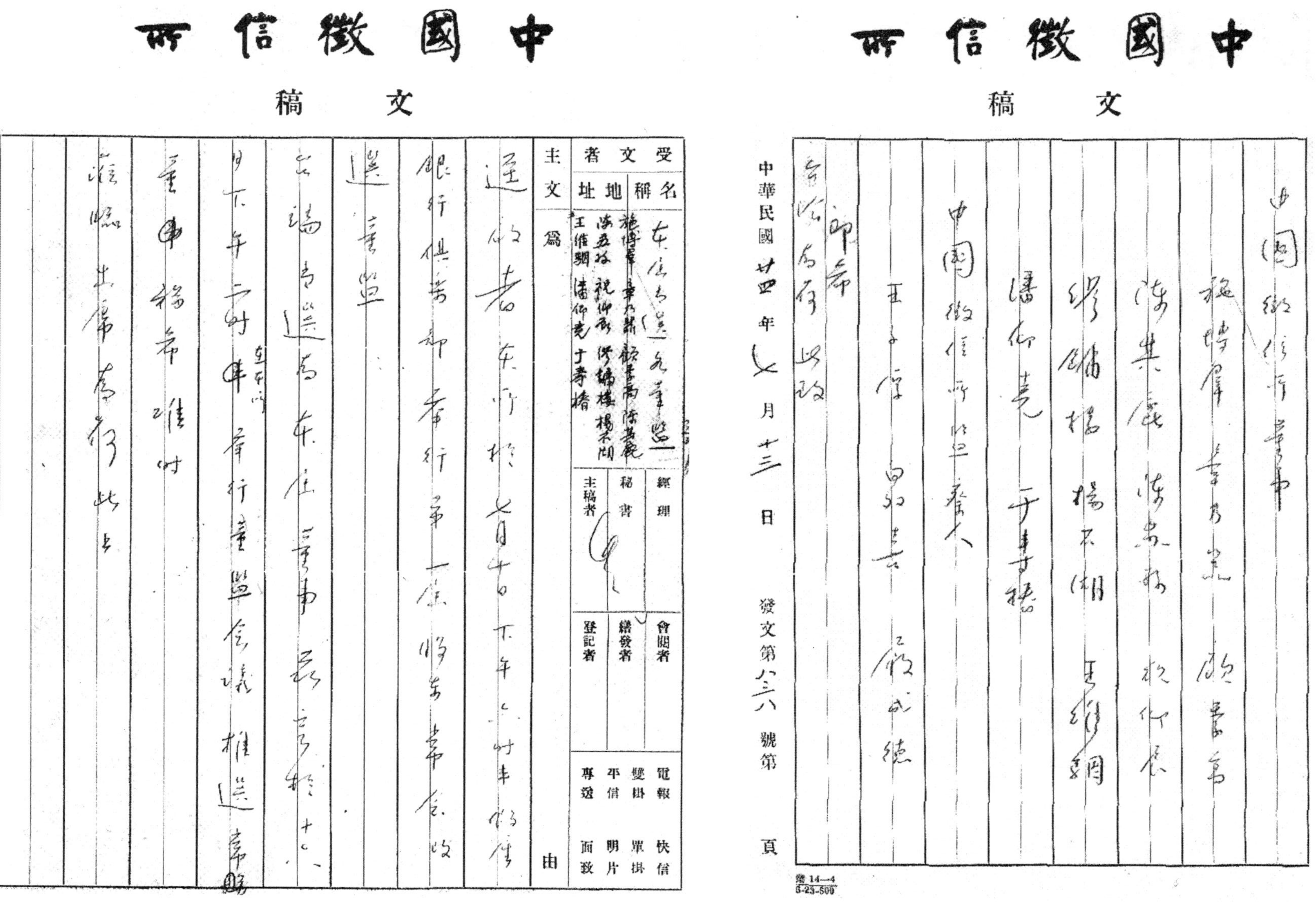

中國徵信所

文稿

受文者名稱地址：[illegible]、施博群、章乃器、顧[illegible]、陳其鹿、潘[illegible]、祝仰辰、傅鑄樓、楊不聞、王維駰、潘仰堯、于孝楷

主文為

逕啟者 本所於七月十日下午四時半假[illegible]銀行俱樂部舉行第一屆股東常會改選董監[illegible]出席者選為本屆董事[illegible]日下午二時舉行董監會議推選常務董事[illegible]准時蒞臨出席為荷 此上

由

經理　秘書　主稿者　會閱者　繕發者　登記者

電報　快信　變掛　單掛　平信　明片　專送　面致

中國徵信所

文稿

中國徵信所董事
施博群　章乃器　顧[illegible]
陳其鹿　[illegible]　祝仰辰
[illegible]　傅鑄樓　楊不聞　王維駰
潘仰堯　于孝楷
中國徵信所監察人
王[illegible]　[illegible]成德
[illegible]

中華民國廿四年七月十三日　發文第八三八號第　頁

發14—4
5-23-500

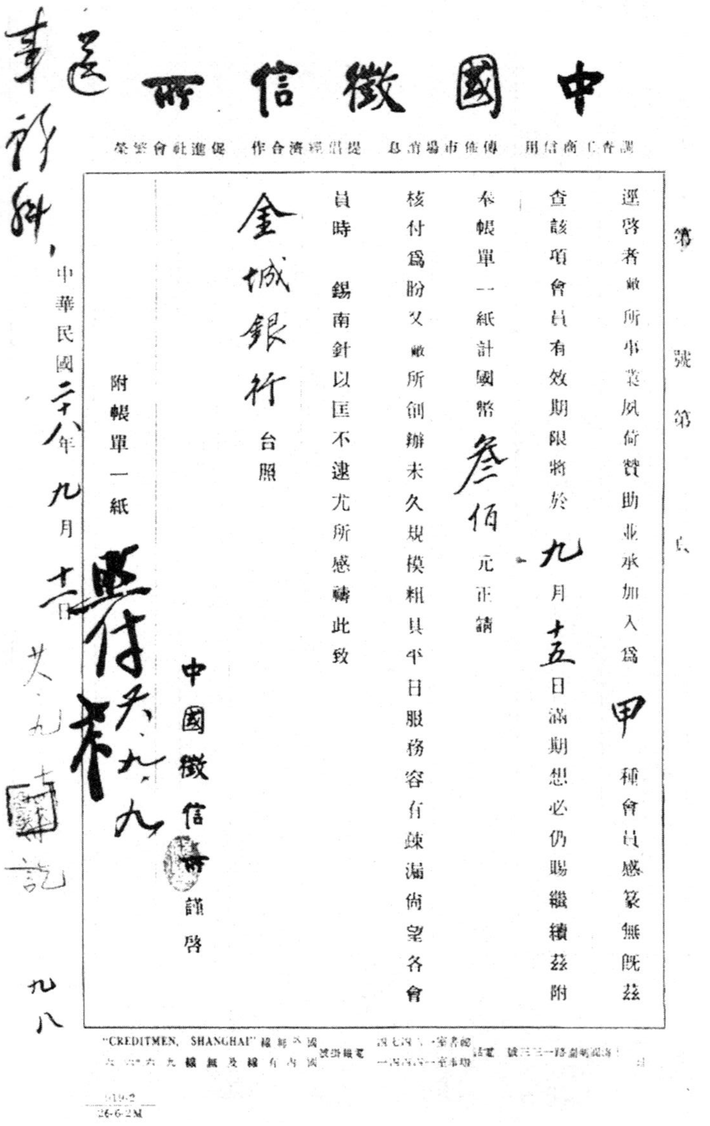

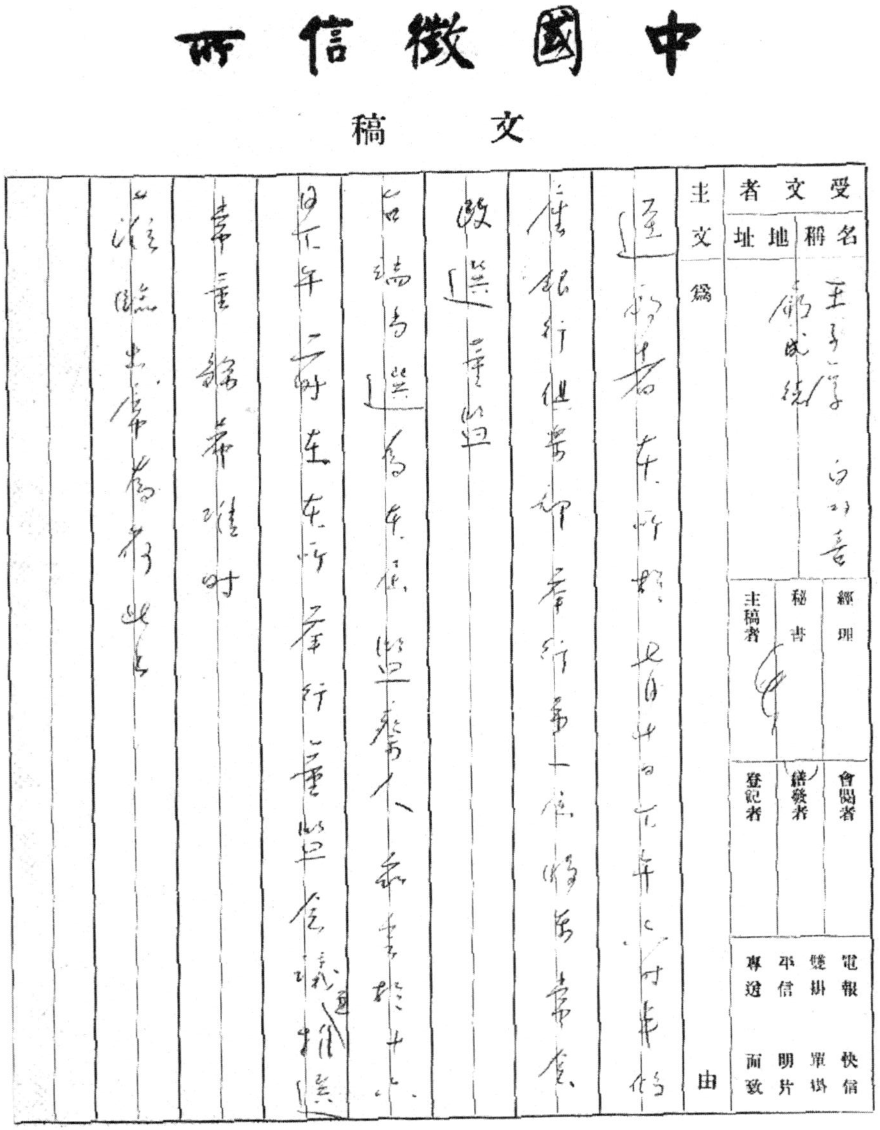

中國徵信所

文稿

受文者	名稱 地址	
主文	爲	
經理	秘書	主稿者
會閱者	繕發者	登記者
電報 快信	雙掛 掛單	平信 明片	專遞 面致
由		

中國徵信所

謀工商信用　傳佈市場消息　提倡經濟合作　促進社會繁榮

第　號　第　頁

逕啓者敝所事業夙荷贊助並承加入爲甲種會員感篆無既茲查該項會員有效期限將於九月五日滿期想必仍賜繼續茲附本帳單一紙計國幣叁佰元正請核付爲盼又敝所創辦未久規模粗具平日服務容有疏漏尚望各會員時錫南針以匡不逮尤所感禱此致

金城銀行 台照

中國徵信所 謹啓

附帳單一紙

中華民國二十八年九月十二日

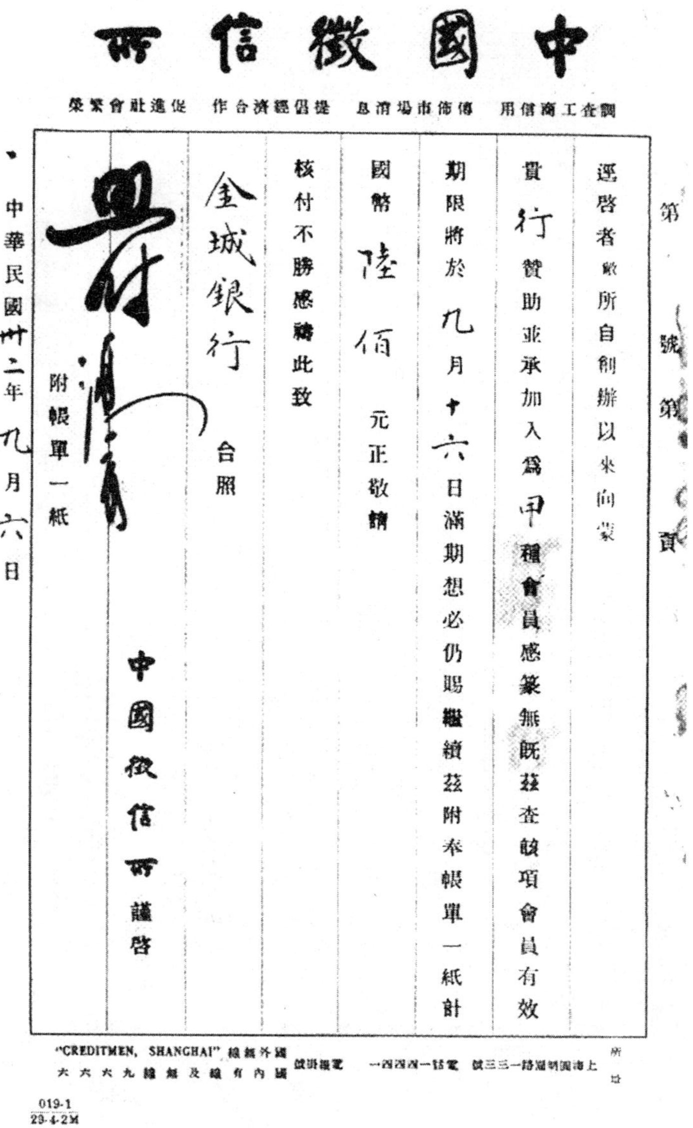

中國徵信所

調查工商信用　傳佈市場消息　提倡經濟合作　促進社會繁榮

第　號第　頁

逕啓者敝所自創辦以來向蒙
貴行贊助並承加入爲甲種會員感篆無既茲查該項會員有效
期限將於九月十六日滿期想必仍賜繼續茲附奉帳單一紙計
國幣陸佰元正敬請
核付不勝感禱此致
金城銀行台照
中國徵信所謹啓
附帳單一紙
中華民國卅二年九月六日

國外無線"CREDITMEN, SHANGHAI"　國內有線及無線九六六六　電報掛號　電話一四四四一　所址上海圓明園路一三三號

019-1
29-4-2M

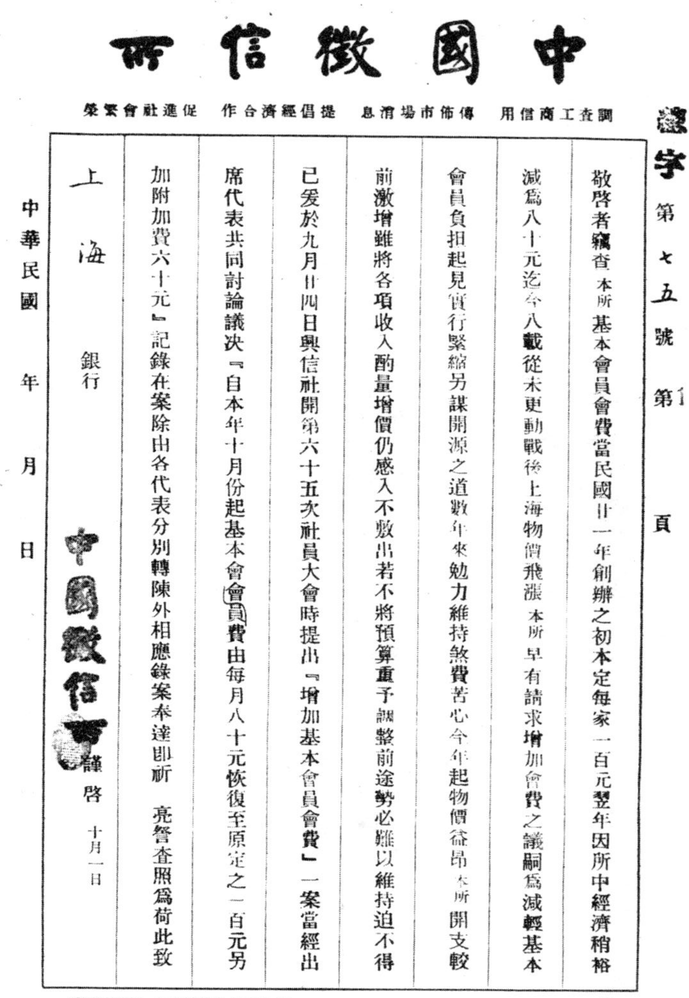

中國徵信所

調查工商信用　傳佈市場消息　提倡經濟合作　促進社會繁榮

字第七五號　第141頁

敬啓者竊查本所基本會員會費當民國廿一年創辦之初本定每家一百元翌年因所中經濟稍裕
減爲八十元迄今八載從未更動戰後上海物價飛漲本所早有請求增加會費之議嗣爲減輕基本
會員負担起見實行緊縮另謀開源之道數年來勉力維持煞費苦心今年起物價益昂本所開支較
前激增雖將各項收入酌量增價仍感入不敷出若不將預算重予調整前途勢必難以維持迫不得
已爰於九月廿四日與信社開第六十五次社員大會時提出『增加基本會員會費』一案當經出
席代表共同討論議決『自本年十月份起基本會會員費由每月八十元恢復至原定之一百元另
加附加費六十元』記錄在案除由各代表分別轉陳外相應錄案奉達即祈
亮詧查照爲荷此致
上海銀行
中國徵信所謹啓
十月一日
中華民國　年　月　日

國外無線"CREDITMEN, SHANGHAI"　國內有線及無線九六六六　電報掛號　電話一四四四一　所址上海圓明園路一三三號

019-1
29-4-2M

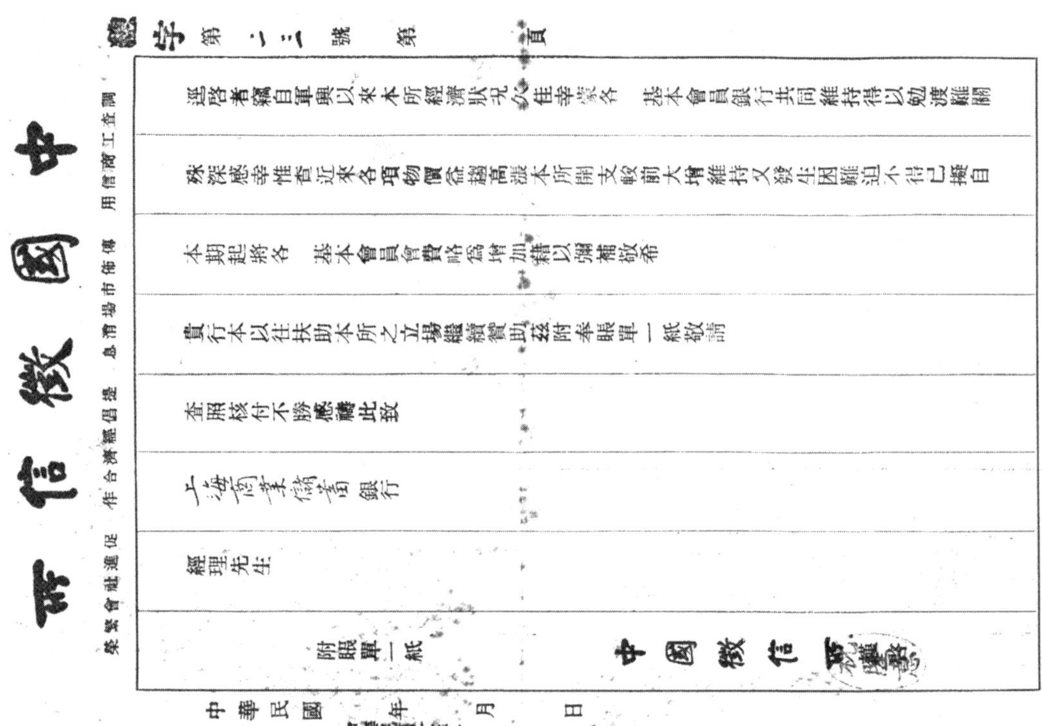

中國徵信所

調查工商信用 傳佈市場消息 提倡經濟合作 促進社會繁榮

總字第一三一號 第 頁

逕啓者竊自軍興以來本所經濟狀況全仗幸蒙各 基本會員銀行共同維持得以勉渡難關殊深感幸惟查近來各項物價益趨高漲本所開支較前大增維持又發生困難迫不得已擬自本期起將各 基本會員會費略爲增加藉以彌補敬希 貴行本以往扶助本所之立場繼續贊助茲附奉賬單一紙敬請 查照核付不勝感禱此致

上海商業儲蓄銀行

經理先生

附賬單一紙

中國徵信所（印）

中華民國 年 月 日

中華民國卅一年七月九日

所址 上海圓明園路一三三號 電話 一四四四一 電報掛號 國內有線及無線九九六六 國外 "CREDITMEN, SHANGHAI"

019-1 29-4-2M

號數……

中國興信社

賬 單

上海商業儲蓄銀行 台核　　　　中華民國 31 年 7 月 9 日

下列賬款如覆核無誤請卽送交浙江實業銀行入敝戶賬

如敝處派人收取所付支票亦請開明浙江實業銀行收入敝戶爲荷

社費 七月份至 九 月份計中儲券陸百元	$600.00

◀收款另有正式收據爲憑▶

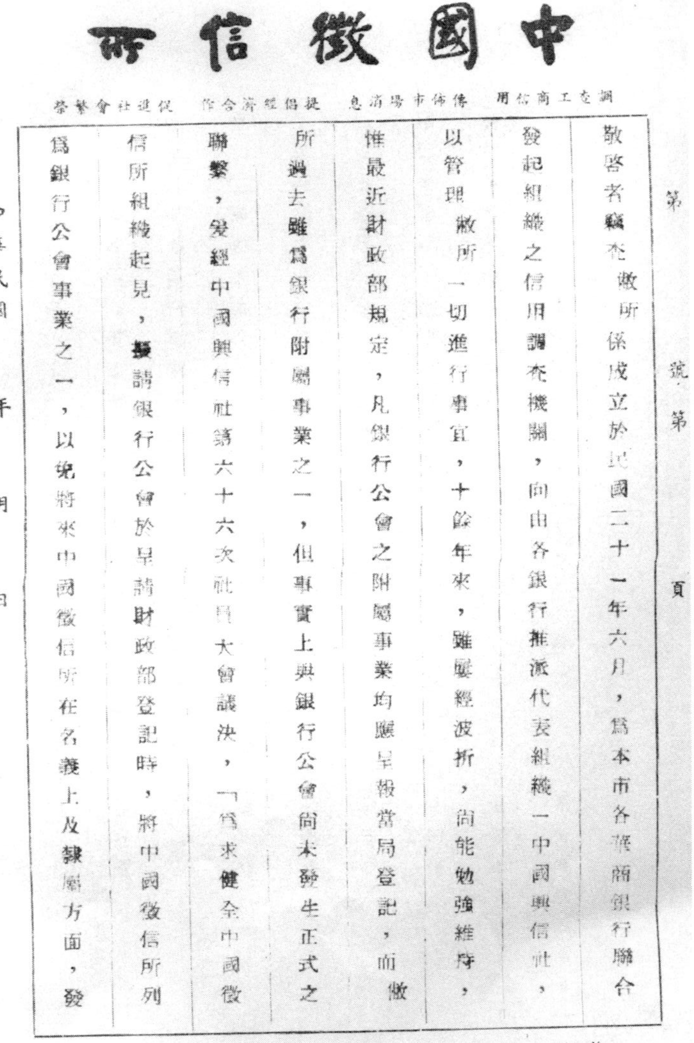

中國徵信所

調查工商信用　傳佈市場消息　提倡經濟合作　促進社會繁榮

第　　號第　　頁

敬啟者：竊查敝所係成立於民國二十一年六月，爲本市各華商銀行聯合發起組織之信用調查機關，向由各銀行推派代表組織一中國興信社，以管理敝所一切進行事宜，十餘年來，雖屢經波折，尚能勉強維持，惟最近財政部規定，凡銀行公會之附屬事業均應呈報當局登記，而敝所過去雖爲銀行附屬事業之一，但事實上與銀行公會尚未發生正式之聯繫，爰經中國興信社第六十六次社員大會議決，「爲求健全中國徵信所組織起見，擬請銀行公會於呈請財政部登記時，將中國徵信所列爲銀行公會事業之一，以免將來中國徵信所在名義上及隸屬方面，發

中華民國　　年　　月　　日

所址：上海圓明園路一三三號　電話一四四四一

002

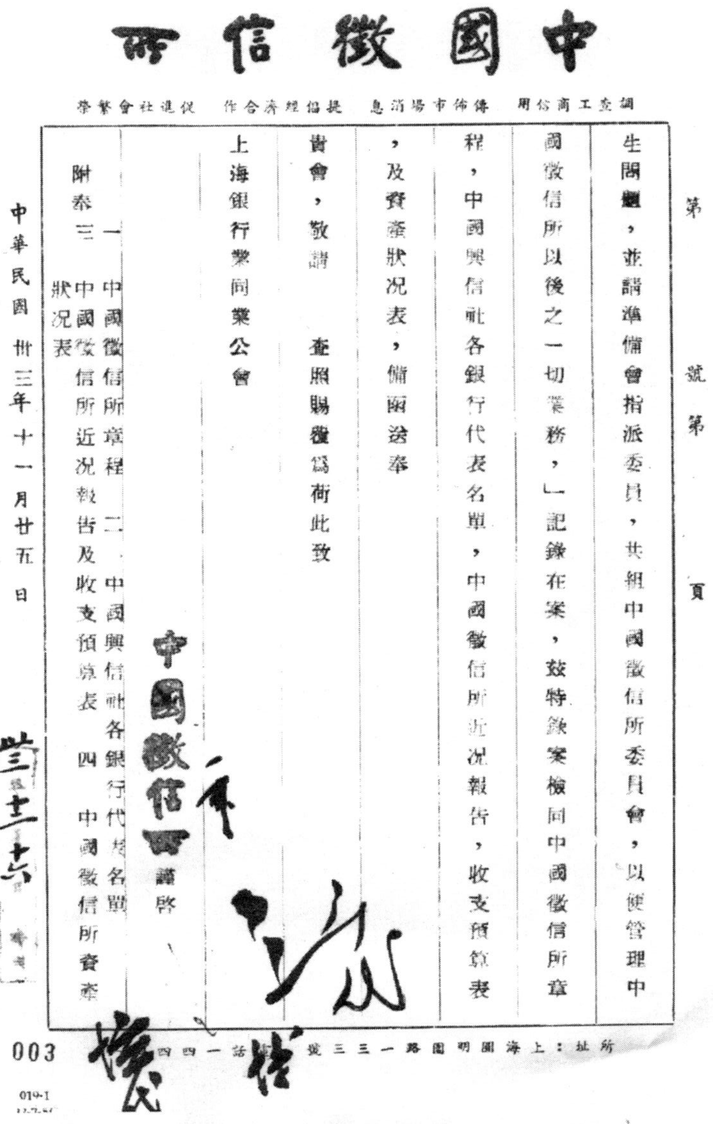

中國徵信所

調查工商信用　傳佈市場消息　提倡經濟合作　促進社會繁榮

第　　號第　　頁

生問題，並請準備會指派委員，共組中國徵信所委員會，以便管理中國徵信所以後之一切業務，」記錄在案，茲特錄案檢同中國徵信所章程，中國興信社各銀行代表名單，中國徵信所近況報告，收支預算表，及資產狀況表，備函送奉

貴會，敬請

查照賜復爲荷此致

上海銀行業同業公會

中國徵信所 謹啟

附奉：一　中國徵信所章程　二　中國興信社各銀行代表名單　三　中國徵信所近況報告及收支預算表　四　中國徵信所資產狀況表

中華民國卅三年十一月廿五日

所址：上海圓明園路一三三號　電話一四四四一

003

中國徵信社第六十六次社員大會報告

中國徵信所近況　民國三十三年十一月二十日報告

一　工作方面　中國徵信所主要工作為調查工廠商號個人之身家事業財產信用編發報告書以供各會員及委託者在營業上作參考之用以前此項工作頗為緊張且徵信所之經常開支亦幾完全依賴會費及信用報告費之收入惟太平洋戰事發生後環境突變各業不振一般經濟漸受統制金融界放款亦逐步緊縮最近尤甚加之因生活困難關係徵信所歷年所培植訓練之調查人才亦逐漸分散以致徵信所最主要之信用調查工作已大為減少目前僅有極少數之個人調查及銀行商店之保單覆查工作略資點綴而已

中國徵信所之次要工作為出版刊物以前曾有中文每日商情報告英文經濟日報徵信工商行名錄人名錄華商股票手冊等

006

之發行關於出版刊物中除中文每日商情報告（現更名「徵信日報」）尚繼續發行外其他均因環境及成本等關係而不得不停刊

發行「徵信日報」在事實上現幾為徵信所之全部工作「徵信日報」之報費及廣告費收入亦幾完全為徵信所全部開支之來源（參閱每月收支預算）「徵信日報」領有宣傳部及本市警察局之登記執照徵信所全部人員均分配於「徵信日報」之採訪編輯排印校對兜攬送報收帳會計事務等工作方面

二　經濟方面　徵信所帳目向係按月結算現一切收付傳票尚待整理經濟情形請參閱每月收支預算所列各項收支與目前實際情形大致相符依照預算本已入不敷出（每月差額為五萬元）惟今年

007

上半年業銀行準備會於去年盈餘項下撥贈本所二十萬元本所除以一部份購買股票（預略有盈餘）外另一部份買進白報紙二十令惟該項報紙已於近數月中陸續貼補用去一大半矣所買進之股票現如售出可得拾萬元再加上銀行存款及本月份應收未收與應付未付款項之差額共約四五萬元以之預購白報紙本所白報紙存貨約可用三四個月惟以後物價仍有繼續上漲可能且本所職工待遇向來微薄人事方面支出備待調整以後徵信所之維持其困難當更甚於今

三 人事方面

徵信所現有秘書一人職員六人練習生一人工役二人印刷工人四人共計十四人平均每人薪津收入每月約七千元在物價高漲聲中職員生活未能安定所中工作效能減低當係事實

四 資產方面

請參閱資產狀況表

008

中國徵信所

資產狀況

民國三十三年十一月二十日編製

鋼箱	四抽屜鋼箱廿七具	
	（每具約值七萬元）	$1,890,000.00
	二抽屜鋼箱十二具	
	（每具約值四萬元）	480,000.00
木箱	四抽屜木箱六具	
	（每具約值壹萬元）	60,000.00
寫字檯椅	十六付	
	（每付約值二萬元）	320,000.00
打字機	中文打字機一部英文打字機六部	100,000.00
電風扇	華生牌檯扇八只	50,000.00
櫥	玻璃櫥二具木櫥二具	50,000.00
鉛字	印刷用鉛字約二千磅	
	（每磅約值陸百元）	1,200,000.00
印刷機	脚踏印刷機二部	150,000.00
銀箱	小型銀箱一具	50,000.00
文具零件等	寫字間應用文具及其他零碎物件	100,000.00
信用報告書		
書籍雜誌等	歷年積存如值以廢紙計值	100,000.00
總值		$4,550,000.00
除折舊	（以三成折舊計算）	1,365,000.00
淨值		$3,185,000.00

009

中國徵信所
每月收支預算
民國三十三年十一月二十日編製

011

收入之部		支出之部	
徵信日報報費	$90,000.00	薪水津貼	$110,000.00
徵信日報廣告費	90,000.00	白報紙	80,000.00
基本及其他會員會費	5,000.00	佣金	20,000.00
差額	50,000.00	房租電燈電話	10,000.00
		零星開支	15,000.00
	$235,000.00		$235,000.00

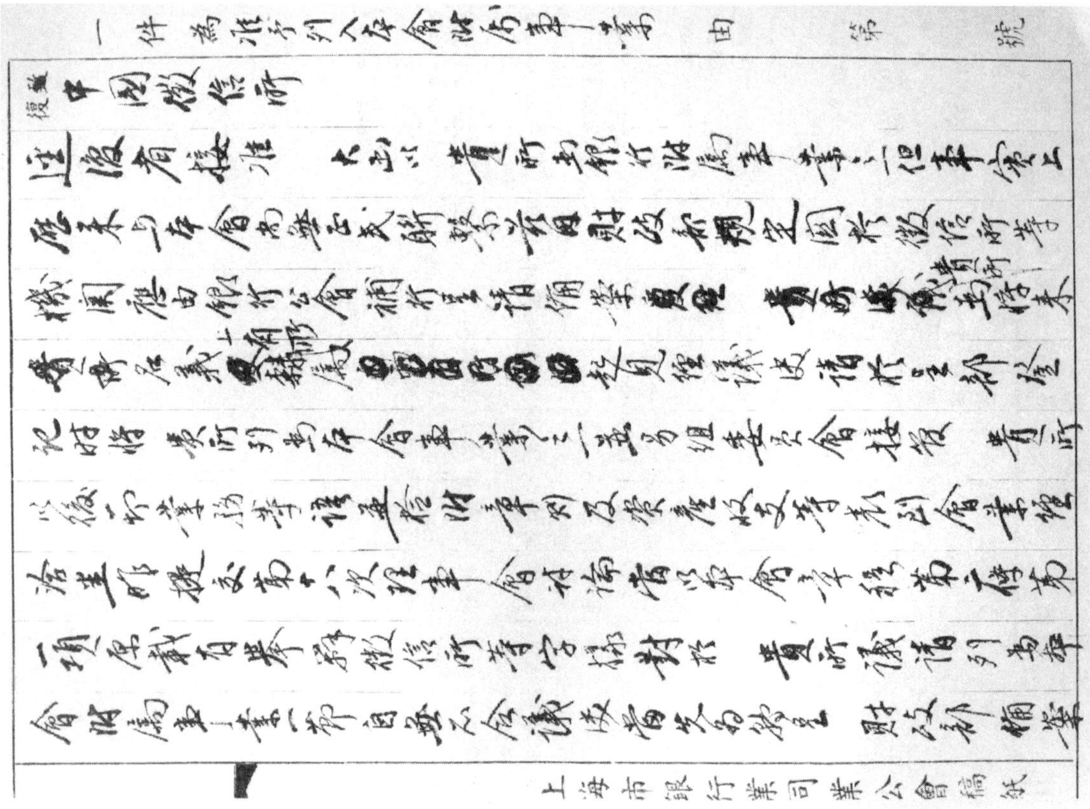

一件 為准予列入本會附屬事業由 第 號

致/復 中國徵信所

逕復者：接准 大函以 貴所由銀行附屬事業之一，但事實上歷來與本會尚無正式聯繫，茲因財政部規定關於徵信所等機關應由銀行公會補行呈請備案，[illegible] 貴所 [illegible] 為將來 貴所名義上有所隸屬 [illegible] 起見，經議決請於呈部登記時將 貴所列為本會事業之一，並另組委員會接管 貴所以後一切業務等語，並檢附章則及資產收支等表到會。業經洽並昨提交第十八次理事會討論，當以本會章程第六條第一項原載有舉辦徵信所等字樣，對於 貴所議請列為本會附屬事業一節，自無不合，議決當先函復呈 財政部備案

上海市銀行業同業公會稿紙

001

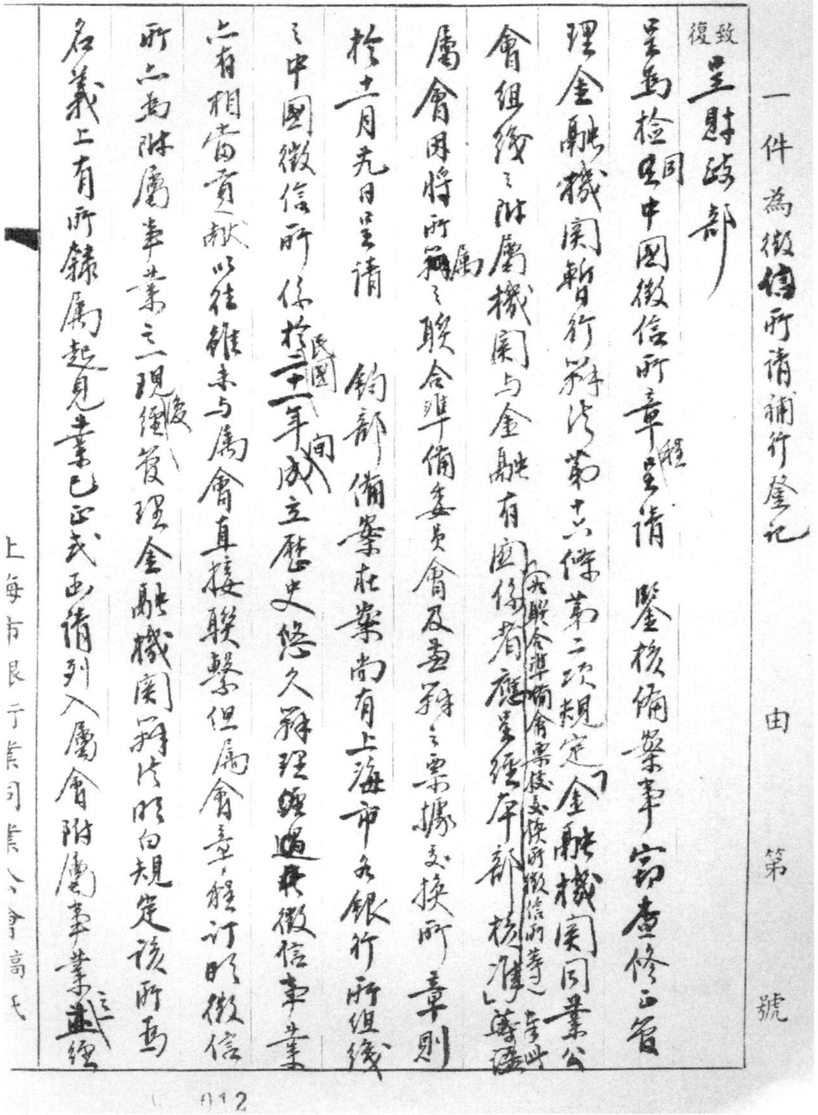

一件為徵信所請補行登記 由 第 號

致 復 呈財政部

呈為檢同中國徵信所章程呈請 鑒核備案事 竊查修正管理金融機關暫行辦法第十六條第二款規定金融機關同業公會組織之附屬機關與金融有關係者（如聯合準備會票據交換所徵信所等）應呈經 鈞部核准等語 屬會因將所屬之聯合準備委員會及票據交換所章則於十月先日呈請 鈞部備案在案 尚有上海市各銀行所組織之中國徵信所 係於民國二十一年成立 歷史悠久 辦理經過徵信事業亦有相當貢獻 以往雖未與屬會直接聯繫 但屬會章程訂明徵信所亦為附屬事業之一 現經復員 理金融機關辦法明白規定該所為名義上有所隸屬起見 業已正式函請列入屬會附屬事業 並經

012

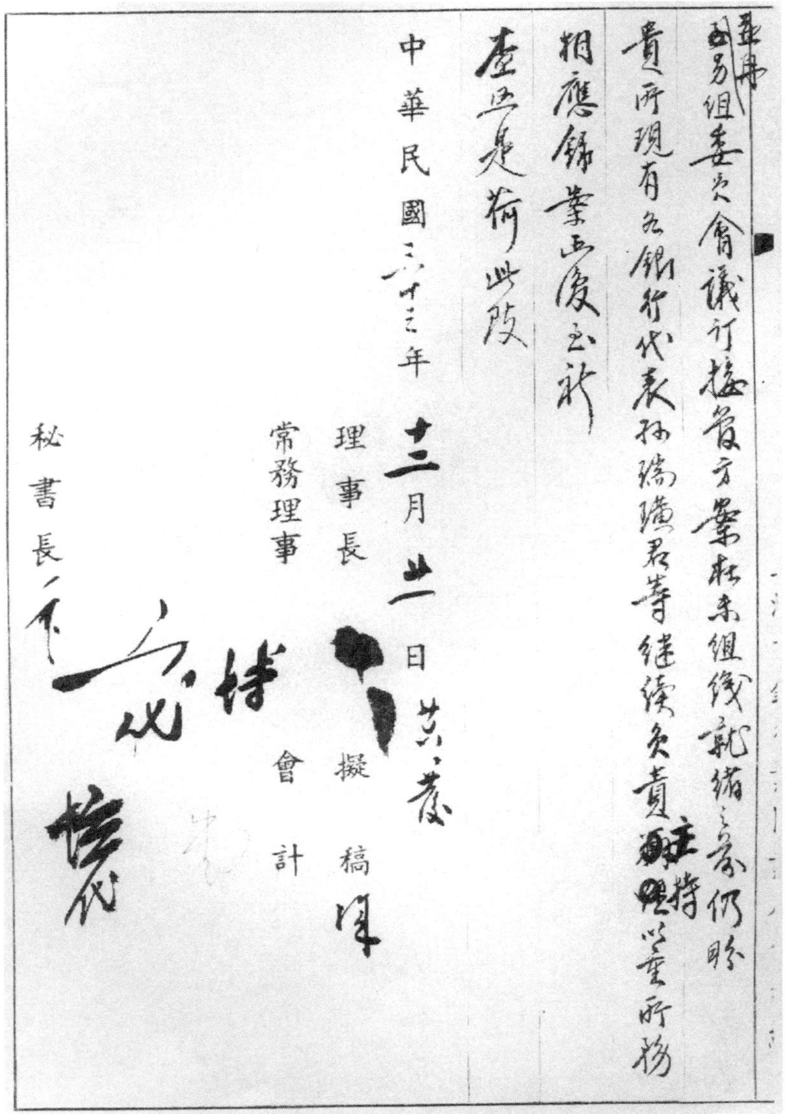

華由另組委員會議訂接管方案推定組織就緒之案 仍盼 貴所現有各銀行代表孫瑞璜君等繼續負責主持以重所務 相應錄案函復至祈

查照是荷 此致

中華民國三十三年 十二月 廿一日 廿八發

理事長 擬稿

常務理事 會計

秘書長

為會理事會通過接受，即將擬訂接管方案為府令飭令先備文呈請（連同該所舊有章程一併）

鈞部鑒核備案，實為公便。謹呈

中華民國三十三年十二月九日　三四、一、四發

理事長　擬稿

常務理事　會計

秘書長

事由	據呈擬接管中國徵信所應准備案仰於接管後將所新訂章程等報核由
擬辦	
決定辦法	
附件	

財政部批　錢四字第　號

文別：批

中華民國三十四年一月廿日

原具呈人上海特别市銀行業同業公會

呈一件，為接管中國徵信所，檢同該所舊有章程，請鑒核備案由。

呈件均悉。據呈擬接管中國徵信所一節，應准

0032

013　收文　字第　號

備案，仰於接管時將該行新訂章程及負責人員姓名分報
責任批報部備核為要！
此批。附件存。
部長 俞鴻鈞

中國興信社社員代表名單

（以筆劃先後爲序）

上海銀行	周伯長			
大陸銀行	袁力侗	陳裕祺	嚴良榮	朱惠圻
中一信託公司	嚴成德	田我醒	陳子緗	
中國企業銀行	劉念仁			
中貿銀行	朱協卿	許公庶		
中國通商銀行	駱清華	江兆虎		
中南銀行	宋秉倫			
四行儲蓄會	施博羣	周德孫	項仲雍	
金城銀行	徐國懋	鄭鴻彥		
浙江實業銀行	孔綬蘅	鄭叔屏		
浙江興業銀行	吳承禧	張　熙		
國華銀行	繆鐘彝	朱翩林	周模寶	
新華銀行	孫瑞璜	陳鳴一	吳中凡	
聚興誠銀行	袁尹邨	吳寶義	楊錫融	曾翰藩
鹽業銀行	陳淼生			

民國三十五年一月廿五日

中國徵信所過去及今後復興計劃

甲、過去概況

查「中國徵信所」係本市各大銀行所發起創辦，成立於民國廿一年夏季，迄今已有十四年歷史。其主要業務為調查各業團體及個人資產信用，以供給各發起人及其他會員作業務上參考之用。其次要業務為出版中英文每日商情報告，以供給工商界及一般經濟消息。並發行中英文行名錄、人名錄、股票手冊等。其他附屬工作為代理發起銀行錢莊公司商店職員保證及代收賬款。八一三戰事發生以前，本所業務頗為發達，收支可以相抵。除基本會員二十餘銀行外，本市中外金融工商團體加入為普通會員者不下一百餘家，每日接受委託調查案件約有一千餘起，發展趨勢亦極迅速，逐日供給各基本會員銀行作為參考及充實信用檔案之用。職工人數約六七十名，並在天津漢口設立分所，在其他各大城市設有特約調查員十餘處，並經常搜集各界團體及個人檔卷約一萬單位。並與國外各大徵信機關取得聯絡，互通消息，相委託調查。此外與美國鄧白徵信所 Dun & Bradstreet, Inc.（全世界最大歷史最久之徵信所）關係尤深，除有通訊及航信往來，除信用調查案件外，尚互相介紹中美兩方面進出口商，以促進其發生貿易關係。

八一三戰事發生後，全國金融工商各業均受打擊，而本行之基礎與工商信用聯絡，本所業務大受影響，收入銳減，迫不得已乃裁減人員，緊縮業務，將大部分辦公房屋退租，維持以最少員工勉強維持，迄至三十年十二月八日太平洋戰爭爆發以後，環境更見惡劣，所方業務不但無法發展，且有朝不保夕之勢。幸賴同人含辛茹苦，不惜薪津收入之低微，只求維持本所機構，以待光明之來臨。值茲勝利實現，河山光復，一切復員工作積極開展，金融工商亦將行籌備復業，而徵信事業之需要亦將日見迫切。爰將恢復中國徵信所工作計劃以供各銀行代表之參考，尚希指正為幸。

乙、今後復興計劃

（一）經濟問題　查勝利來中國徵信所工作之進行中所最感困難者厥為經濟問題。蓋徵信事業並非營利事業，乃為金融工商界服務之機構。凡利用徵信調查報告者，其所得之功效既無形，亦難以數字加以估計。在八一三戰前各基本會員所付本所會費為每月八十元，數目雖不大，然在當時亦足以補助，估計佔本所經常總開支約有百分之六十。最近數年中情形突變，由基本會員方面所得僅佔總開支百分之二，時至今日不進則退，[illegible]，惟有設法能繼續有為工作，得以開展，[illegible]。同人維持已有多年歷史之徵信機構，一旦歇業實屬可惜。究應如何辦法，尚請本所各發起人及贊助人從長計議。（關於經費詳細預算另附預算表）

（二）基金問題——本所最初創辦時原本無基金，亦無所謂實際收足資本，故過去工作進行常感經濟週轉不靈之苦，惟工作效率減低，一切應付困難。如能於此次籌組復興時期籌得一筆基金，以便運用，使之生產，庶幾於萬不得已時可以動用其利金部份。

（三）人事問題——戰前本所人員太多，且過去總數較少，現值復興開始之初，不擬過事鋪張，在總經理[illegible]不用冗員及實際工作需要原則下僱用職工人員，總數最少十人，最多亦不過十五六人。

（四）工作問題——徵信所可做之事甚多，現擬即依照下列數種工作：（一）信用調查（此乃徵信所最主要使命），對於報告書之質與量均力求合當，隨時研求改進，並請各位隨時指教。（二）出版——本所原設有小型印刷所，用以印刷調查報告書及商情日報，均由本所自印，現仍擬利用之，以刊行「徵信所報」日刊一種，以報導每日經濟消息及市場動態。惟日刊印刷紙張成本甚巨，是否可改為三日刊或週刊，尚有研究之必要。「徵信所報」外界知者頗多，繼續出版可與外界保持多年之聯繫。其他刊物如「人名錄」「行名錄」「股票手冊」等將來亦可視事實之需要陸續發行。

（五）國外往來——美國及英國（尤以前者為甚）現急欲向中國發展貿易，而我國之進出口商亦極願與國外發生貿易關係，將來本所調查及介紹業務必日見頻繁。

附「中國徵信所」收支預算表

註：預算表中所列普通會員會費收入目前尚無把握，故希望各基本會員能多負擔一點

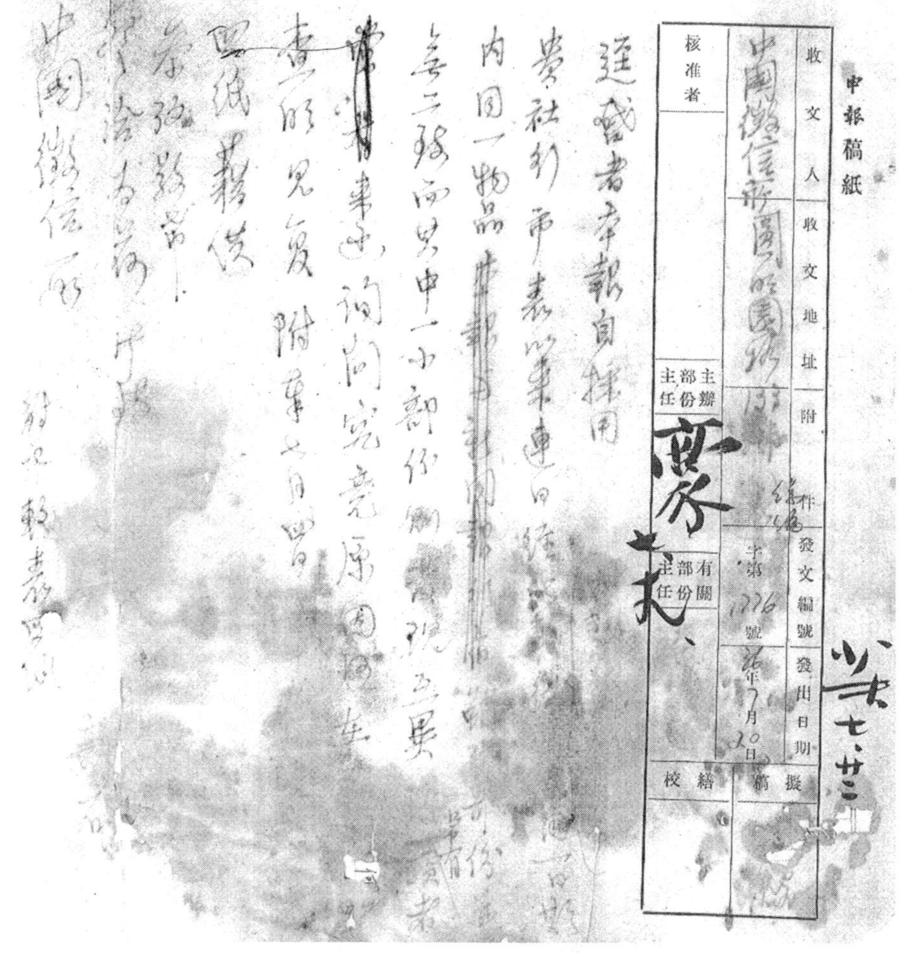

立協定書申報、新聞報、中國徵信所茲經三方面完全同意商定後列條款各應遵守

一、中國徵信所商情稿（所稱商情稿係指刊登於申報之「市價一覽」、新聞報之「商情表」）除供給申報、新聞報外不得再供給其他任何日報晚報或通訊社

二、中國徵信所所有市況與新聞稿件以單獨供給新聞報為限

申報 陳訓畬

新聞報 趙敏恒

中國徵信所

中華民國三十六年八月十五日

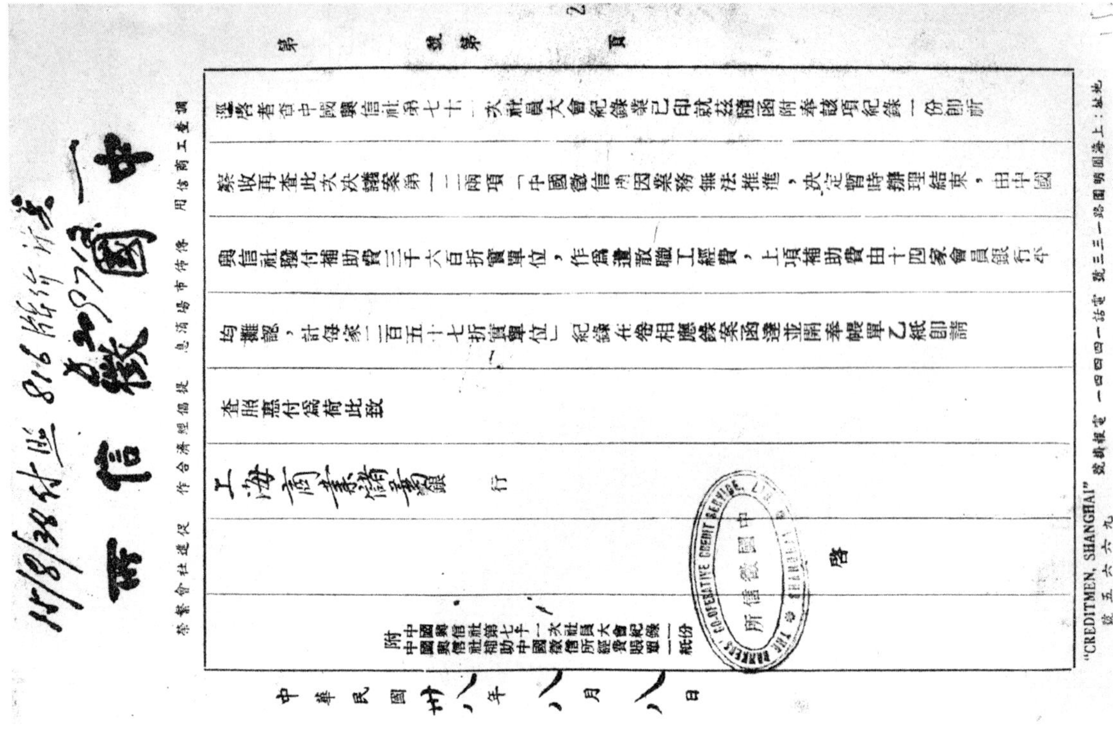

15/8/38付照 816賬付訖

中國徵信所

調查工商信用　傳佈市場消息　提倡經濟合作　促進社會繁榮

第　　號第 2 頁

逕啓者查中國興信社第七十一次社員大會紀錄業已印就茲隨函附奉該項紀錄一份即祈
察收再查此次決議案第一二兩項「中國徵信所因業務無法推進，決定暫時辦理結束，由中國
興信社撥付補助費三千六百折實單位，作爲遣散職工經費，上項補助費由十四家會員銀行平
均攤認，計每家二百五十七折實單位」紀錄在卷相應錄案函達並開奉帳單乙紙即請
查照惠付爲荷此致

上海商業儲蓄銀行

附中國興信社第七十一次社員大會紀錄一份
中國興信社補助中國徵信所經費賬單一紙

中國徵信所　啓

THE BANKERS' CO-OPERATIVE CREDIT SERVICE, SHANGHAI 中國徵信所

中華民國卅八年八月八日

地址：上海圓明園路一三三號　電話一四四四一　電報掛號 "CREDITMEN, SHANGHAI" 九六六五號

（二）章程

SC0322

151

中國興信社簡章

第一條　本社定名爲中國興信社

第二條　本社以融通調查資料提倡社會信義輔助金融業之發展爲宗旨

第三條　本社由各地意氣相投之華商銀行及其他金融機關聯合組織之

第四條　本社社員得派代表一人至四人

第五條　本社爲實現上列宗旨起見得設徵信所

第六條　本社社員應盡下列義務

甲　本社社員應納入社費二百五十元

乙　徵信所創辦之第一年度內每月應繳報告費暫定爲一百元（每三個月預付一次）第二年以後得斟酌減免

丙　本社社員應於可能範圍內儘量供給徵信所種種資料

第七條　本社社員應享下列權利

甲　爲徵信所之基本會員不付常年會費

乙　徵信所每月供給信用調查報告五十份不另取費

丙　如有專託徵信所調查事務每份納費一元並得儘先辦理

丁　徵信所如有出版物時得受優待

戊　社會上如有重大事變得由徵信所隨時報告毋庸事前委託不另取費

第八條　本社社員暫定每日聚餐一次交換意見共策金融事業之進展

第九條　本社由社員代表之中公推幹事三人至五人處理本社一切事務其任期爲一年連舉得連任之

第十條　本社每月得開社員大會一次由幹事召集之

第十一條　本社爲發展社務起見得設設計委員會及審查委員會其細則另訂之

第十二條　本簡章如有未盡事宜得隨時提出由大多數社員之同意修改之

中國徵信所簡章

所址 上海圓明園路一號電話一八四七四
電報掛號 國外無綫"CREDITMEN SHANGHAI" 國內無綫及有綫 九六六六

調查工商信用 傳佈市場消息

提倡經濟合作 促進社會繁榮

中華民國二十一年六月第二次印

中國徵信所簡章

一、本所以提倡社會信義便利工商發展爲宗旨定名爲「中國徵信所」

二、本所由「中國興信社」社員共同組織之

三、本所以調查工廠商號暨個人身家事業之財產信用以及市場消息爲職務并將調查所得之資料加以整理製成報告或其他刊物供給各會員參考并備工廠商號或個人之購閱

四、本所會員分爲甲乙丙三種

甲種會員 每年應納會費三百元「一次繳足」報告書在一百份之內每份取費一元一百份之外每份取費[illegible]元

乙種會員 每年應納會費二百元「一次繳足」報告書在五十份之內每份取費一元五角五十份之外每份取費三元

丙種會員　每年應納會費壹百元「一次繳足」報告書在二十份之內每份取費二元二十份之外每份取費五元

凡須用英文報告者會費及報告費概以規元計算

凡本會會員購買本所出版物均得享受八折優待

非會員　不論工廠商號個人如有正式證明爲正當用途者亦可隨時委託本所代爲調查其費用如左

一　中文報告　每份十元

二　英文報告　每份十兩

五　凡接受本所各項報告者須守絕對秘密不得告知第三者

六　本所報告事項務求確實惟各會員不得專靠本所之報告對於本所報告之的當與否以及公司團體或個人之信用程度等等概由會員自行判斷與本所無涉

七　本所如探知市場上特別變化或商業上有欺詐及危險事項發生之消息當隨時報告本所會員同時各會員如發覺此類事變亦應隨時通知本所以便詳細調查

八　本所對於會員發出報告之後如發覺調查者之內容及信用有新變化時應自動通知該會員不另取費

業務概要

甲　調查工商信用

凡本所會員如欲調查工廠商號及個人身家事業之財產信用應即塡具印就之委查書簽字蓋章送交本所當即派員調查於最短時間內製成報告送交該會員

凡工廠商號或個人如有正式證明爲正當用途者亦得隨時委託本所調查

乙　傳佈市場消息

本所對於市場消息平時注意蒐集材料並隨時派員調查將所得資料互相參証加以整理分析製成報告或出版刊物

本所如遇市場上發生重大變化或探悉有欺詐及危險情事發生之消息立即派員調查並蒐集材料加以整理分析詳究原因影響及救濟方法於最短時間內製成報告分送各會員並供各界之購閱或載入刊物以促各界之注意

本所編製市場消息報告書時除根據蒐集及調查所得之材料外得向熟悉各該業之本所特約顧問及中外經濟學家或學術團體諮詢意見以資參証

凡市場上各業之變動情形經過相當時間本所得編印各該業之出版物作有系統之敘述以供會員及外界之購閱

會員或非會員如對於工商金融有疑難問題時得委託本所代爲研究或代爲諮詢專家意見設法解答

（入會書式）此項書式承索即寄

逕啓者敝處茲加入
貴所爲　種會員附上已經簽署之志願書一份會費銀　元
敬祈察收即將委查書一冊交下以資應用爲荷此致
中國徵信所

入會人
營業種類
地址
代表人
住址
※簽字或圖章式樣

中華民國　年　月　日

※將來委查書上之簽字或圖章須與此項簽字或圖章之式樣符合

（志願書式）此項書式承索即寄

中國徵信所會員志願書第　號

立志願書　（以下簡稱會員）茲加入
貴所爲　種會員對於一切章程及左列條款均已明悉自願遵守此致
中國徵信所
經理先生　台鑒

中華民國　年　月　日立志願書
代表人

計開

一、會員委託本所調查事件必須填具本所印就之委查書方可照辦如遇緊急事件不及填就委查書時得用電報電話或口頭委託本所調查惟隨後仍須補填委查書送交本所

二、會員不得代表第三者或將名號借與第三者委託本所調查事件

三、會員對於應納各種費用應準期繳楚不得延欠如將來中途出會時所有已繳或預繳之會費不得請求退還

四、會員如因違背本所章程洩漏秘密或因他種疏漏或差誤以致本所受損害者應負責賠償

中國徵信所股份有限公司章程

第一章　總則

第一條　本公司依照公司法股份有限公司之規定組織之定名曰中國徵信所股份有限公司英文名稱為BANKERS' CO-OPERATIVE CREDIT SERVICE, LTD.

第二條　本公司設立總所於上海香港路四號其他各處得由董事會議決隨時添設分所或代理處

第三條　本公司以提倡社會信義便利工商發展為宗旨所營業務如左

甲，調查工商業暨個人之身家事業財產信用

乙，調查市場狀況

丙，發行信用調查錄及工商行名錄及其他刊物

丁，代收帳款

戊，辦理其他附屬業務

第四條　本公司營業年限自呈准登記之日起定為三十年期滿之後得由股東會依法議決請求主管官署展期

第五條　本公司公告以登載上海通行之日報兩種以上或直接通函行之

第二章　股份

第六條　本公司資本總額定為國幣二萬元分為二百股每股國幣一百元由全體發起人全數認足先收半數計一萬元以各項財產抵繳（另附資產負債表財產目錄）開始營業其餘一萬元隨時由董事會定期催繳之

第七條　股東須將印鑑或簽字式樣交存本公司於行使一切股東權利時均以為憑

第八條　本公司股票概用記名式由董事五人署名蓋章發行之

第九條　本公司股票如有轉讓繼承抵押以及其他關於股東股份所有權等情事均須憑印鑑過戶否則無效

第十條　本公司股票如有遺失請求補給時須於上海通行日報公告三日後如一個月以內無第三者主張異議後邀同保證人請

求補給並繳納手續費國幣一元及應貼之印花稅費

第三章 股東會

第十一條 本公司股東常會於每年結賬後二個月內由董事會召集之董事會應於開會一個月前通知各股東股東臨時會遇必要時由董事會於開會十五日前通知各股東召集之如有股份總數二十分之一以上股東之請求亦得依法召集股東臨時會

第十二條 本公司股東之表決權以一股為一權但一股東而有十一股以上者其十一股以上之股份每二股為一權零數不計

第十三條 股東會主席由董事長任之董事長缺席時由常務董事中臨時互推一人任之

第四章 董事監察人及職員

第十四條 本公司設董事十一人監察人三人由股東互選任之

第十五條 董事任期二年監察人任期一年連選均得連任

第十六條 董事會設常務董事五人由董事互選任之常務董事互推一人為董事長

第十七條 董事會常會每月召集一次監察人得列席與議但無表決權

第十八條 本公司設經理一人協理一人必要時得添設副經理一人均由董事會聘任之各課主任由經理徵得董事會之同意任用之其他職員由經理任用之

第五章 會計

第十九條 本公司每年於十二月底結算一次由董事會依法造具帳冊及各項表冊在股東常會開會前交監察人查核提出報告

第二十條 本公司每年結算後除一切開支及折舊外如有盈餘先提十分之一為公積金其餘分配由董事會提請股東常會議決之

第六章 附則

第廿一條 本章程自呈准登記之日起施行日後如有修改之處由股

東會依法議決呈請主管官署備案

第廿二條　本章程未盡事宜悉照公司法股份有限公司之規定辦理

第廿三條　本公司發起人姓名住址如下

貢鑄華　上海寧波路五〇號上海商業儲蓄銀行

王昌林　上海福州路五號郵政儲金匯業局

嚴成德　上海北京路九八號中央信託公司

陳其鹿　上海外灘十五號中央銀行

顧季高　上海仁記路二五－七號中孚銀行

范季美　上海四川路六號中國企業銀行

于壽椿　上海外灘七號中國通商銀行

祝仰辰　上海外灘二二號中國銀行

金采生　上海北京路一三〇號中國墾業銀行

施博羣　上海四川路六九號四行儲蓄會

鄔伯純　上海江西路三七一號江蘇銀行

陳蘇孫　上海外灘十四號交通銀行

瞿振華　上海北京路三三〇號明華銀行

王子厚　上海天津路五〇七號東萊銀行

章乃器　上海漢口路十四號浙江實業銀行

方培壽　上海北京路七八號浙江興業銀行

劉建華　上海寧波路一三〇號國華銀行

孫瑞璜　上海江西路三六一號新華信託儲蓄銀行

喻元恢　上海九江路十四號聚興誠銀行

中國徵信社（代表章乃器 祝仰辰）上海香港路四號

中國徵信所營業章程草案

第一條　本所辦理左列各項業務

甲　調查工廠商號個人之身家事業財產信用

乙　調查市場狀況

丙　發行徵信工商行名錄及其他刊物

丁　代收帳款

第二條　本所會員分爲左列四種

甲種　每年繳納會費三百圓報告書在一百份之內每份收費一圓一百份之外每份收費二圓

乙種　每年繳納會費二百圓報告書在五十份之內每份收費一圓五角五十份之外每份收費三圓

丙種　每年繳納會費一百圓報告書在二十份之內每份收費二圓二十份之外每份收費五圓

丁種　每年繳納會費五十圓報告書在十份之內每份收費三圓十份之外每份收費六圓

凡需用英文報告書者應納會費及報告費一律照上開數目加收四成

第三條　非本所會員需要本所報告書者經本所核准亦得照給其應納費用如左

中文報告書　每份銀十圓

英文報告書　每份銀十四圓

第四條　本所會員購買本所出版物得照原價八折優待

第五條　本所對於委託調查事件必要時得拒絕報告或祗用口頭報告其已經發出之報告書仍保留隨時收回之權

第六條　凡接受本所報告書者須守絕對祕密不得告知第三者或書與第三者閱看並不得宣布此項報告書係由本所供給

第七條　本所報告書力求詳確惟接受報告書者對於被調查者之信用程度及報告資料之採用須自加判斷本所不負責任

第八條　本所如察覺市場將別變化或商業上有詐欺及危險情事當隨時報告各會員各會員如得悉此項消息亦應隨時報告本所以便調查

第九條　本所報告書發出後如察覺被調查者之信用有新變化時當自動報告該會員不另收費

第十條　本所代收帳款細則另定之

第十一條　本章程如有未盡事宜得隨時修正之

中國徵信所股份有限公司營業章程

所址 上海圓明園路一三三號（上海香港路四號）電話 一八四四七四 一四四四一號

電報掛號 國外無線 "CREDITMEN SHANGHAI" 國內無線及有線 九六六六

業務概要

調查工商信用

傳佈市場消息

編行工商名錄

代收客戶帳欵

報告書特色

內容——力求詳盡

消息——力求確實

編制——力求扼要

時間——力求迅速

中國徵信所股份有限公司營業章程

第一條 本所辦理左列各項業務

甲、調查工廠商號個人之身家事業財產信用

乙、調查市場狀况

丙 發行信用調查報告書工商行名錄及其他刊物

丁 代收賬欵

戊 辦理其他附屬業務

第二條 本所調查報告書以供給會員應用爲原則凡需要此項報告書者經本所同意均得爲本所會員

第三條 本所會員分爲左列四種

甲種 每年繳納會費三百圓報告書在一百份之內每份收費一圓一百份之外每份收費二圓

乙種 每年繳納會費二百圓報告書在五十份之內每份收

費一圓五角五十份之外每份收費三圓

丙種　每年繳納會費一百圓報告書在二十份之內每份收費二圓二十份之外每份收費五圓

丁種　每年繳納會費五十圓報告書在十份之內每份收費三圓十份之外每份收費六圓

凡需用英文報告書者應納會費及報告費一律照上開數目加收四成

第四條　非本所會員需要本所報告書者經本所同意亦得照給其應納費用如左

中文報告書　每份銀十圓

英文報告書　每份銀十四圓

第五條　本所會員購買本所出版物得照原價八折優待

第六條　本所對於委託調查事件必要時得拒絕報告或祇用口頭報告其已經發出之報告書仍保留隨時收回之權

第七條　凡接受本所報告書者須絕對保守祕密不得告知第三者或借與第三者閱看並不得宣布此項報告書係由本所供給

第八條　本所報告書力求詳確惟接受報告書者對於被調查者之信用程度及報告書資料之採用應自加判斷本所不負責任

第九條　本所如察覺市場特別變化或商業上有詐欺及危險情事當隨時報告各會員各會員如得悉此項消息亦應隨時祕密報告本所以便調查

第十條　本所對於會員發出報告書後如察覺被調查者之信用有新變化時當自動報告該會員不另收費

第十一條　本所代收賬款細則另定之

第十二條　本章程如有未盡事宜得隨時修正之

入會書式（此項書式承索即寄）

逕啓者敝處茲加入
貴所爲　種會員附上已經簽署之志願書一份會費銀　　元
敬祈察收卽將委査書一册交下以資應用爲荷此致
中國徵信所股份有限公司
　　入會人
　　營業種類
　　地址
　　代表人
　　住址
　　*簽字或圖章式樣
中華民國　　年　　月　　日
*將來委査書上之簽字或圖章須與此項簽字或圖章之式樣符合

志願書式（此項書式承索即寄）

中國徵信所股份有限公司會員志願書第　　號
立志願書　　（以下簡稱會員）茲加入
貴所爲　種會員對於一切章程及左列條欵均已明悉自願遵守
此致
中國徵信所股份有限公司
經理　先生　台鑒
中華民國　　年　　月　　日立志願書
　　代表人
計開
一，會員對於應納各種費用應準期繳楚不得延欠如將來中途退出時所有已繳或預繳之會費不得請求退還
二，會員不得代表第三者或將名號借與第三者委託本所調査事件

三、會員委託本所調查事件應填具本所印就之委查書方可照辦如遇緊急事件不及填就委查書時得用電話或口頭委託本所調查惟隨後仍須補填委查書送交本所

四、會員委託本所調查事件所有被調查者之名稱事業種類地址及應查事項等必須於委查書內填寫詳盡以免稽延如因委查書填寫不明以致報告書發生錯誤者本所不負責任

五、會員接受本所報告書後除用作商業上之參考外不得作其他用途

六、會員如因違背本所章程洩漏祕密或因他種疏漏或錯誤以致發生糾紛者除須負責理楚外並賠償本所因此所受之損失

七、本志願書以自會員入會日起一年為有效期間期滿時任何一方如須終止本志願書時應於期滿前六個月通知對方否則繼續有效

中華民國二十二年五月第四次印

五〇〇本

上海競新印書館排印

中國徵信所代收客賬章程草案

洪啓英起草

一、代收客賬爲本所第二種業務

二、凡本所會員皆得委託本所代收賬款其會費並不增加

三、本所代收賬款之範圍列左

甲、本外埠商行賬款及其他非屬個人間借貸之一切貿易往來款項

乙、凡關欵商號，一年以上，及業已入訟之賬款不在本所代收之例

四、會員委託代收賬款其手續如下

甲、簽具委託書

乙、檢送詳細賬目及收據

五、非會員亦得委託本所代收賬款但應給佣金照會員定價加給20%（指賬款之百分）

六、本所派員收取賬款時遇有必須向欠款商號解釋之處得隨時訪問委託者探詢一切

七、本所收取賬款運用書面通告，派員催索電催等種種有效方法務使賬款確實歸還不得已時得因委託者之請求訴諸法律應付訟費由委託者負擔

八、因收賬發生之訟事悉委託本所法律顧問律師辦理但委託者亦得指定

九、會員委託本所代收賬款應給佣金規定如左

一百元以下 15%

一百元以上五百元以下 10%

五百元以上 7%

十、會員委託代收外埠賬款應照規定佣金加給5%（指賬款之百分）

十一、本所派員收取賬款時發覺該賬已經委託者嬲索不還已成呆賬或因其他困難難以收還等情得隨時退還委託因此所耗之費用應由委託者負擔

十二、本所爲便利委託者確定下屆放賬標準起見于解送賬款時附送該欠號最近營業情形及信用程度報告書一份該報告不另取費但非會員不在此例

十三、委託者將全部賬款委託本所代收得照規定佣金減少20%

十四、委託者若同時委託本所代收數筆賬款本所于收得每一筆賬款後先行電知後收齊各款後彙集解送但任何賬款自通知收到至解款不得逾一月委託者在該期限內不得需索利息

十五、委託者已將某項賬款委託本所代收後不得同時委派任何人員往收並不得中途撤回

十六、會員無意繼續委託代收賬款時本不影響其會員資格

十七、凡本所代收事件悉于本所公報上公佈之

十八、本章程有未盡事宜得隨時修正之

中國徵信所非會員與普通會員報告書納費新章程

一、非會員　中文報告書每份三十元
　　英文報告書每份四十元

二、普通會員
　　甲種會員　每年繳納會費三百元報告書在一百份之內每份收費三元一百份之外每份收費五元
　　乙種會員　每年繳納會費二百元報告書在五十份之內每份收費四元五十份之外每份收費七元
　　丙種會員　每年繳納會費一百元報告書在二十五份之內每份收費五元二十五份之外每份收費八元
　　丁種會員　每年繳納會費五十元報告書在十份之內每份收費八元十份之外每份收費十元

三、附　註
　　(一)以上新章程於民國三十年十一月一日起實行
　　(二)凡普通會員需用英文報告書者應納會費及報告費另參閱英文章程
　　(三)普通會員每年繳納會費數額仍照舊章程辦理並未更改

中國徵信所特別會員章程

本所爲增進對於金融業之服務起見特添設特別會員並擬訂章程如左

第一條　特別會員限於華商銀行錢莊信託公司銀公司及保險公司

第二條　特別會員每月納經常費五十元每半年預付一次其委託調查案件每年在一百件以內時每件收費三元超過一百件時其超過件數每件收費五元

第三條　本所所發自動報告書均發給特別會員不另取費但每會員以一份爲限

第四條　特別會員對於所收受之報告書須絕對保守秘密除內部高級人員外不得任人閱覽更不得轉送外人否則如因此發生糾葛及損害均由該會員負責

第五條　特別會員對於本所調查事項須詳細答復充分協助

第六條　特別會員如發見本所報告書內容有誤及有其他意見時應隨時通知本所以便查明更正

第七條　本所營業章程第五條第七條第八條第九條及第十條之規定對於特別會員亦適用之

附　言　本所自開業以來因所發報告書多能揭露工商各界之眞相故會員方面所費無幾而所得保障則甚大特別會員所負經費僅及基本會員四分之一而所享權利則幾與之相等尤屬合算

三十年十一月一日

（三）组织

中国征信所办事组织暂行规则(1933 年 11 月)

中國徵信所辦事組織暫行規則

第一條　本所設總管一人秉承董事會管理所內一切例行事務

第二條　總管以下設置左列各部每部設主任一人負責辦理

（一）調查部

（二）文牘部

（三）事務部

（四）行名錄部

第三條　調查部掌理左列職務

（一）各種信用調查

（二）各種市況調查

（三）情報網之組織及進行

（四）剪報及其他調查資料之收集

第四條　文牘部掌理左列職務

（一）各種調查報告之整理

（二）各種信札及文件之撰擬繕寫

其、調查報告之潤飾及信札之撰擬暫由興信社總管員負責

第五條　事務部掌理左列職務

（一）關於銀錢出納事宜

（二）關於會計及預算決算事宜

（三）關於庶務事宜

（四）關於信件收發事宜

（五）其他不屬各部之事務

第六條　行名錄部掌理左列職務

（一）關於行名錄資料之收集

（二）關於行名錄之編輯

（三）其他與行名錄有關事宜

關於行名錄資料之收集由調查部協助調查員辦理之

第七條　本所發出重要文件及銀錢支票收據等除由總管簽字外另由主管部主任一人副署之

第八條　調查部檔案之保管及整理由總管直接負責另設檔案管理員辦理之檔案管理員直隸於總管

第九條　各部需用檔案參考時須一律開單向總管室調取並須即日交還不得外攜

第十條　事務部收到信件隨手登記於收信簿後一律送交總管開拆

第十一條　文牘部對于遞發信件隨手登記于發信簿後送交事務部發寄其寄送件回單郵局收條及應付郵費逐日每日終互相核對一次

第十二條　委託調查案件其委查者由總管室登記後以證保存另行開單詳記調查標的及期限交調查部辦理

第十三條　往來信札由總管決定應否答覆及答覆大意交文牘部辦理

第十四條　事務部收到銀錢須登記現金收入賬其須發給收條者須連同現金收入賬送總管室簽字
總管對于現金收入賬須每日覆對一次

第十五條　事務部對于應付款項其在預算以內者得開具支票連同單據送總管室簽字其在預算以外者須先經總管核准

第十六條　事務部須將考勤簿于規定時間經過後送交總管室

第十七條 調查案件之是否如期調查完竣及整理翻譯發送有否延遲秘書隨時督察

第十八條 事涉二部以上之事務由關係部主任商同辦理之認他部事務之辦理妨害本部事務之進行者應與該部主任磋商改良方法或建議秘書裁決之

第十九條 本章程試行一個月期滿後酌量修改之

第二十條 本章程于二十二年十一月十八日施行

中國徵信所同人名錄

(甲)信用調查部

職務	姓名	字號	年歲	籍貫	住址
經理	潘文安	仰堯	四一	江蘇嘉定	尚文路縣教育局九號
秘書	金慕堯		二七	江蘇吳江	南市陸家浜中華職業學校、友會轉
調查員	伍楠	天樹	四七	浙江紹縣	西門金家坊一九一弄一號
調查員	王鉉聯	柏芳	四一	上海	南市陸家浜池河頭四五號
調查員	王執中	立方	四二	江蘇鎮江	蓬萊路一德里五號
調查員	于綏之		三四	江蘇泰興	霞飛路尚賢坊二〇號
調查員	郭宜生		三四	浙江杭縣	文廟路雲霞里八號
調查員	魏笠銓		四一	浙江餘姚	新閘大通路斯文里八四號
調查員	潘福申		二五	浙江吳興	南市老白渡裏街五七號
辦事員	唐大剛		二八	江蘇南滙	浦東新場鎮同昇木行
辦事員	凌城	積聲	三〇	江蘇吳江	南市江陰街興安里五號
辦事員	張獻琛		二四	江蘇松江	南市陸家浜中華職業學校
辦事員	沈至精	唯一	二九	湖南常德	霞飛路和合坊四川汽車公司二樓
辦事員	洪啟英		二七	江蘇吳縣	天潼路恒慶里南三弄一八號
辦事員	石岑如	蔚山	二八	江蘇南滙	浦東南滙縣第二區祝家橋鎮
辦事員	林鳳韋		二一	廣東中山	北四川路一〇四號冠美帽廠
辦事員	黃方傑		二四	江蘇松江	極司非而路梅邨三六號
辦事員	陸光謀	大貽	二二	四川成都	新大沽路丁四七八號
辦事員	陳其琳	琅璆	二八	江蘇嘉定	吳淞路重慶坊七八九號
辦事員	成德晁	遜甫	二三	浙江紹縣	九畝地敦順里二號
辦事員	吳炎	焱仲	一九	浙江嘉興	武定路慎餘里一〇七八號

民國二十二年四月

辦事員	李宏鐸	羅瑞	二一	上海	本所轉
辦事員	劉慧貞		二五	浙江鄞縣	狄思威路源茂里四九號
練習生	范淑貞		一九	上海	南市大東門大街弄二三號
練習生	宋浣如	雲錦	二九	江蘇江寧	南市西門外安瀾路三三號
練習生	任禹錫	企劉	二二	江蘇上海	三洋涇橋證券物品交易所四十五號經紀人處
練習生	李伯年		一八	浙江嘉善	本所

(乙) 徵信工商行名錄部

辦事員	徐問梅		三三	江蘇丹徒	南市小西門尚文路一三號
辦事員	張志誠		二七	江蘇吳縣	南市小南門小九華街桂馨里三號
辦事員	孫允功	崇志	二五	上海	南市尚文路尚文坊八號
辦事員	吳潔君		二二	浙江杭縣	新閘路福康里三六號
辦事員	黃清城	庭幹	二三	浙江吳興	大南門俞家弄一五九號
營業員	何增祥	學彬	四三	江蘇嘉定	西門外與當弄六三號
營業員	曾燮卿		二六	上海	南市小西門外大林路六三弄五號
營業員	褚光	耀環	二一	江蘇松江	南市陸家浜中華職業學校友會
營業員	孫韻川		二五	浙江嘉善	勞神父路五豐里四五號
營業員	張維揚		二六	廣東新會	梅白格路新錦里五四八號
營業員	秦光裕		二八	浙江慈谿	阜春街三德里八號
營業員	毛之芬		二四	浙江餘姚	法界菜市街二五六號

仰先先生鈞鑒：拜別以來忽已四日，晚於廿六日赴禾，[illegible]

[illegible]

鈞安

晚 金[illegible] 拜啟

一、[illegible]

二、[illegible]

[illegible]

三、[illegible]

通信處 楓涇鎮南市北橋內葉宅轉

中國徵信所招用及管理雜務生辦法

一、雜務生由本所事務員管理其工作受各辦事員之支配

二、雜務生之收錄條件如左

(甲)年在十五歲至十八歲之間身家清白

(乙)體格健全經本所指定醫院或醫生檢驗及格

(丙)有小學程度經本所試驗及格

(丁)肰貌端正性質靈敏

(戊)有妥實保證

三、雜務生之職務如左

(甲)傳達及招待來賓事務

(乙)油印及裝訂事務

(丙)接聽電話

(丁)協助辦事室內灑掃整理等事務

(戊)傳遞內部文件

(己)駕馭腳踏車傳遞對外函件

(庚)其他一切雜務

四、雜務生錄取後先試辦一個月至二個月期滿合格正式雇用

五、雜務生住宿由本所供給但被褥等由本人自備

六、雜務生得由本所製發制服但內部衣着及鞋襪等由本人自備

七、雜務生暫以與工役同時進膳同處住宿為原則
八、雜務生服務著有成績而能力豐富者本所可酌量情形擢為練習生或辦事員
九、雜務生薪工暫不規定以服務勞績服務能力為增減標準
十、雜務生如資質聰穎可期造就者本所得酌量供給費用令其在晚間受適當之補習教育

中國徵信所組織之經過及現狀

（一）經濟狀況

中國徵信所于去年六月六日開業初時經常費每月付一千餘元全數由基本會員墊款項下支出目下經常費每月三千元之譜內中約有三分之二可由業務收入方面抵解仰給于基本會員之墊款者僅及三分之一矣

（二）組織一斑

創辦之際因覺由銀行直接出面組織諸多不便乃先組織中國興信社爲一研究機關以銀行爲社員再由該社設立徵信所社方事務由幹事會負責所方事務由幹事會聘請經理秘書各一人負責辦理其後復以此項制度仍覺于法無據乃改組有限公司設立董事會但事實上與信社仍處監督之地位因興信社社員即爲有限公司之股東也又所謂基本會員者即爲社方之社員銀行其在所方乃稱爲基本會員耳

（三）業務進展之狀況

徵信所業務之發展有賴于普通會員之增加普通會員增加則業務收入增加基本會員之負擔即可逐漸減輕過去一年數月間加入普通會員已達六十七家平均每月加入者達五家以上如能依此比例前進則半年以後經濟即可自給

（四）基本會員之權利及義務

基本會員納入會費二百五十元第一年每月納經常費一百元第二年已減爲八十元以後希望逐漸減少但在所方經濟可以完全獨立之後仍擬繼續徵收較小之經常費以期本所基礎之鞏固基本會員之權利比較普通會員甚爲優厚因本所所有報告均送交基本會員一份閱讀辦

伊始每月所送者僅數十份以後業務擴展即增至數百份最多時每月所送交於本會員之報告總數達五千五百份目下基本會員所繳經常費與所得報告比較每份僅需費三四角耳

（五）過去經費增加之原因及將來之趨勢

過去經費其所以增加幾及三倍之鉅者實因業務擴展過于迅速如每一普通會員加入往往即有委查事項數十件至百餘件不等爾時案卷無多一切均須臨時調查工作人員迭不能不激增但此種狀態目前已歸寧止經常費自本年起即未增加目下案卷已多調查工作漸趨簡易深信將來即令會員增加一倍經常費之增加必為已無幾徵信事業之狀況大抵如斯也

二[illegible]年之中國徵信所

本所創立於茲二載各界對於本所創設之旨趣組織之經過與夫兩年來內部工作進行之狀況容或尚多隔閡茲值開幕二週之期謹誌鴻爪撮為社會人士告深望各界予以贊助指導俾我國徵信事業日益發揚光大則本所兩年來局促一隅埋頭苦幹為不虛矣

創辦發起

徵信事業在中國尚屬初創往時商家貨款賞放卒憑跑街之意見為取捨標準在昔商務單純時代自可施行無阻海通以還外商群集英與日等國先後有徵信機關之設立坐是彼得洞悉我社會經濟狀況商買貿易情形而對於工商信用之調查尤進行不懈知彼知已發算在內我國商人則仍墨守舊習故步自封于外商情形閡不明瞭即本國商界亦多茫然商戰之劣勢形非偶然一二八滬變之餘商市蕭條不可終日工商界需要金融界之發動[illegible]形迫切而金融界則以鑒于工商信用之發缺鯀趑趄不前結果乃造成金融膨脹工商貧血之畸形狀態推究原因兩者之間缺乏溝通之分子而已上海銀行界感於金融工商之長此猜疑相拒商市無復興之望而外商輸攤擴奪之機會遂先後成立調查部從事調查工商信用用為放款之標準第失之挽於且各自為政收救濟宏要不能擔負此重銀之局面于是有組織聯合調查以關之發起先是中國銀行最為九親倒辰上海銀行資僅華商江寧蘇章乃器浙業銀行系瑣積消江興業方培壽等提議組織中國徵信所其目的在研究信用制查技術亦以信用調查資料為實際上遠目的計覺非設立總國專司其事不為功于是着手進繼本所當經決定加入為基本會員者計上海中國墾啟儲蓄局中央中字中實江蘇交通浙實業興新華聚興誠中央信託中國企業四行儲蓄會明農國華等

第一頁

十七家經一個月短時間之籌備遂於六月一日正式開幕

會員之增加　本所創辦初意原爲本國金融界公共調查之機關將來之能否辦有成效殊不敢預必故慮立之始初未欲普及于一般商家不意開幕後之數日華洋商家之來所接洽要求加入爲會員者踵相接因是決定擴展範圍添設會員普選會員當時洋商一聞風加入者計甲種會員三家丙種會員五家嗣後各項會員月有增加截止廿一年一歲止計基本會員十八家甲種會員廿一家乙種五家丙種十四家廿二年起爲便一般商家易於加入起見添設丁種會員廿二年各項會員復呈激增之勢至年底止計基本廿家甲種廿五家乙種十三家丙種廿七家丁種五家本年起爲期發個金融界加入合計添設特種會員權利與基本會員相若而納費僅半之在各種會員中最爲合算截止現在止計基本廿家特種六家甲種廿三家乙種十六家丙種三十家丁種[illegible]家總計達一百〇二家總自開幕以來會員之加入日在急激增長之中足證是項事業對於工商界有急切需要兩年來負責人慘淡經營之結果雖未能談得經濟之援而觀此誠務之急遇開展要亦足以私心竊慰也矣茲將開幕以來會員逐月增加情形列表如左

廿一年	共計
六月	廿五
七月	卅六
八月	四三
九月	四七
十月	四九
十一月	五四

（基本　特別　甲種　乙種　丙種　丁種　共計）

第二頁

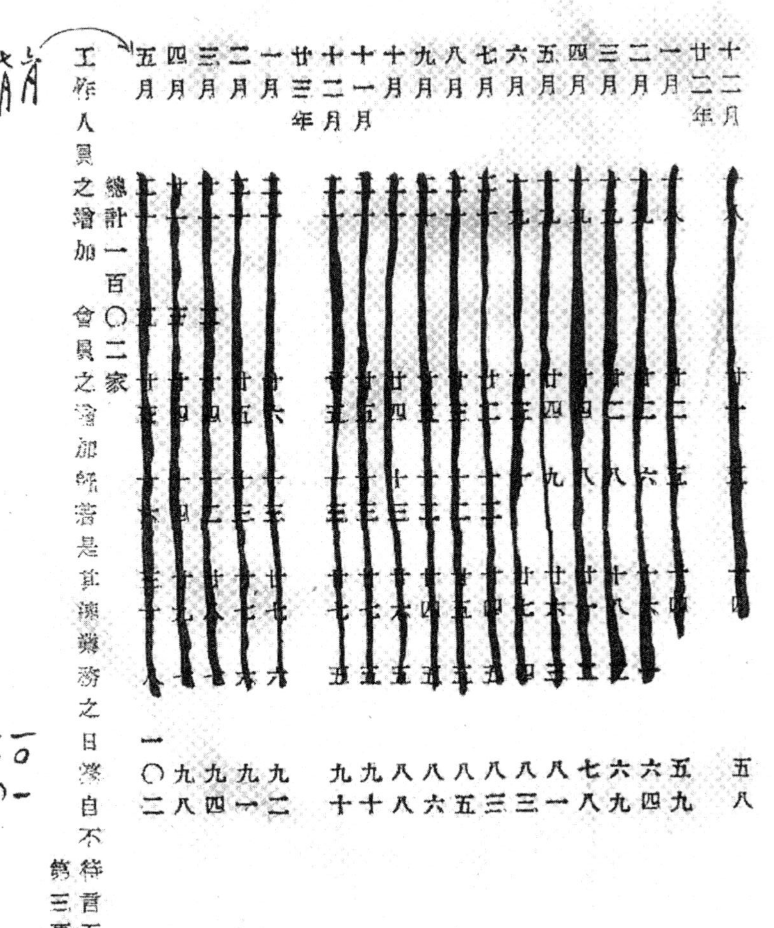

總計一百〇二家

工作人員之增加　會員之增加既若是其速事務之日繁自不待言而工作人

第三頁

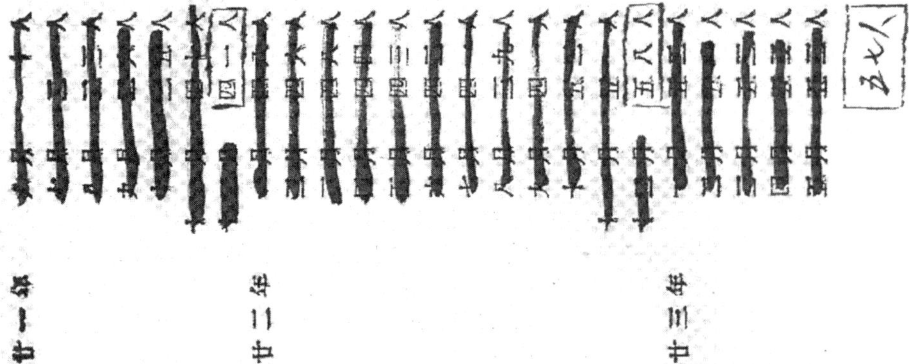

年份	每年本會發出報告書數	每年本會報告書發出份數	每年本會接受報告委託事件
二十一年	2306	78404	1453
二十二年	5707	216866	2823
二十三年（截至九月止）	6647	339230	3892

钱业加入合作　上海银行钱庄以历史及组织上之关系，数十年来各自为政，迄无联络。银钱两业组织虽异，业务则同，值兹外商银行加紧侵略之际，本国金融界亟需合力谋团结，相互提携，庶足以应付此新危环境。离之则败，合之则兴。银钱两业之合作，实为不可或缓之举。本年以来之创设联合准备，于银行方面对于钱业之加入合作有开诚以迎之意，今日乃与时并进，于合作之中往来频繁，[illegible]结果，本埠各人所组之银团福源、同润、恒兴、通和、康鸿、胜源、大恒、资康等十家正式加入为会员，开银业协作先例，实为金融界良好现象，此南京政府所欣悦，亦社会人士所属望者。上海其余百家，庶可加入，信用之中，殊可喜也。此后之合作前途，金融力量之益臻雄厚，尚有待于其他诸家之继起加入也。

每日商情报告　上海为我国金融中心，其市场变化所以影响于内商业者至巨。银行首为地方金融之家，应派专人驻申，报告该埠市场消息。自本年起，兹经统计，略为[illegible]，[illegible]刊布，以资参考。每日商情报告之编制，凡汇兑、纱花、公债、证券、杂粮，以及银、标金、纱布、纱花、杂粮、麸粉等，均详列刊以表，俾得明了社会状况，营业商业之发展，与夫社会经济国计民生，均有不可不述与转告于当地之人，以服务者为多，尤当以视线所及，俾便于商人之[illegible]。

[illegible]撰稿

行名錄發行狀況　上海行名錄之發行有中國商務名錄 Comacrib Directory 一元行名錄 Dollar Directory 字林西報行名錄 North China Hong List 美商[illegible]公司行名錄 Rosenstock Business Directory 支那在留邦人人名錄 Japanese Hong List 上海工商業彙編 Industrial and Commercial Directory of Shanghai. 上海六種行名錄除工商業彙編為國人所自辦外餘均為外人所辦在華商估有

所址變遷　本所初設圓明園路一號數月後業務擴展人員日增原址殊感不敷辦公於廿一年十二月間遷至香港路銀行公會二樓約歷一年工作人員繁複使辦公室不能容納因於本年四月改遷圓明園路一三三號

招考調查員　徵信業務首重調查惟以一般商人不願本身內容之外洩調查工作殊感異常困難非多方設法輾轉探詢不能獲得眞切資料故身為調查員者非兼具口才應變及常識者不可是以對查員之人選須特別慎選[illegible][illegible]人辦其職本所有鑒及此爰於廿二年九月間有登報招考調查員之舉當時應徵者達一千四百餘人經初次面試結果得四百餘人試查成績及格者一百餘人最後口試錄取十人 [illegible]

改組為股份有限公司　近世大企業率採有限公司組織良以此項組織集資[illegible]易責任有限故於事業之進展最屬有利本所係新創事業為謀業務推展實有採取此項組織之必要經社員大會多次討論決定改組為股份有限公司定資本為國幣二萬元分為二百股每股一百元由全體社員全數認足先繳半數其餘半數隨時由董事會定期催繳並決定所有股票由中國徵信社（一切發起人）全部改選董事十一人監察三人名單列下

董事
章乃器（董事長常務董事）　祝仰辰（常務董事）
資耀華（常務董事）　方培壽（常務董事）
孫瑞璜（常務董事）　[illegible]華子
施博群　[illegible][illegible]宣
王[illegible][illegible]　陳[illegible][illegible]
項季高

監察人
[illegible]成[illegible]　于壽椿　王子厚

綴大多數之上海國人自辦之行名錄僅發一種良可慨嘆本所有鑒於此爰有行名錄之發行定名徵信工商行名錄內容不厭求詳文字則中西兼重藉以備正上述六種偏重一國文字之弊並爲使內容常川正確計按季刊行更正表一冊分送聯戶發行之首年其銷數竟超越歷史悠久之外商行名錄殊出初料所及去歲與靈登公司表示願與本所合作將該公司行名錄自動停版專爲本所行名錄任推銷之責本所鑒於合作後可減少競爭當予接受本年行名錄已於二月間出版銷數較前益增當三月間出書方面雖兼做夜工竟不能應付各界多量之需求焉

漢口分所　本所開辦後數月各埠金融界之函詢內幕者日必數起咸以是項事業初不必限於上海一埠當時南京漢口青島香港天津煙台重慶等埠相率派員來滬接洽籌設各該埠分所事宜本所當以本身基礎未固處事有張無補實際卒未敢貿然從事嗣後業務日有進展漸信此項事業對於社會確有相當需要或不致曇花一現卽歸消滅因重行考慮設立外埠分所籌謀於外埠調查上之便利適漢口方面接洽已屆成熟當由本所派員至漢籌備于十月十日正式開幕當經加入爲基本會員者計中國銀行等十六家美商花旗銀行亦卽首先加入一致以來業務進行順利年終決算竟有盈餘至是吾人對於分所之設立所常用惴惴於心者得稍稍樂觀矣

經濟狀況　本所創設之主旨在謀商業之繁榮至本身利益之收獲僅爲次要之目的故初期經濟之能否自給乃未遑顧及要之設本所之工作而能裨益社會時則本所果已獲得相當之收益故本所之使命實有別於專以營利爲目的之商業總觀者雖然承查案件亦有相當進益並業務而急遽進展經濟獨立亦屬易辦之以最近數月之收支情形而明甚查本所籌備時一切開辦費均出之于基本會員共墊七千元弱其後經常開支亦由基本會員按月負擔百元益以普通會員會

第十三頁

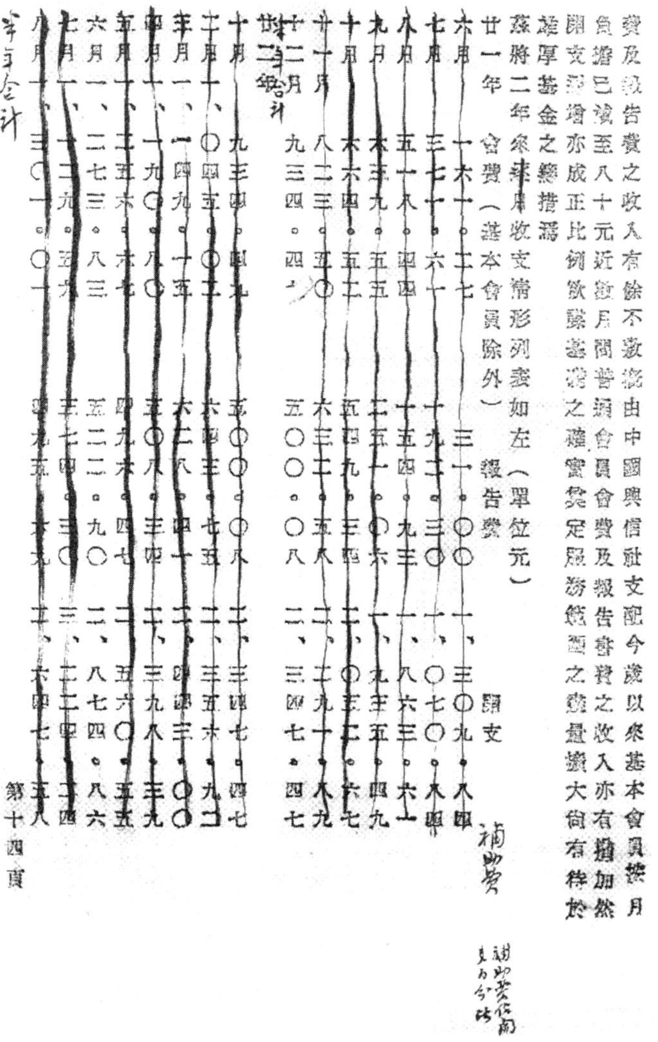
費及報告費之收入有餘不敷概由中國興信社支配今歲以來基本會員按月負擔已減至八十元近數月間普通會員會費及報告費之收入亦有增加然開支逐增亦成正比例欲謀基礎之確實奠定服務範圍之逐量擴大尚有待於雄厚基金之籌措焉

茲將二年來本所收支情形列表如左（單位元）

廿一年	會費（基本會員除外）	報告費	開支	[補助費]
六月	一六一。二七	三一。〇〇	一、三〇九。八四	
七月	三七一。六一	九一。三〇	一、〇七〇。八四	
八月	五一八。四四	一五四。九三	一、八六三。六一	
九月	五三九。五五	二五一。〇六	一、九三五。四九	
十月	六六四。五二	五四九。三四	二、〇三二。六七	
十一月	八二三。五〇	六三二。五八	二、二九一。八九	
十二月	九三四。四	五〇〇。〇八	二、三四七。四七	
[廿一年合計]				
廿二年一月	九三四。四九	五〇〇。〇八	二、三四七。四七	
二月	一、〇四五。〇二	六四二。七五	二、二五六。九二	
三月	一、一四九。一五	六二八。四一	二、四三三。〇〇	
四月	一、一九〇。八〇	五〇八。二四	二、三九八。二九	
五月	一、二五六。六七	四九六。四七	二、五六〇。二五	
六月	一、二七三。八三	五二二。九〇	二、八七四。八六	
七月	一、二二九。五九	三七四。三〇	三、二二四。二四	
八月	一、三〇一。〇一	四九五。六九	二、六四七。二八	
[半年合計]				

第十四頁

	會費收入	報告費收入	補助費收入	開支	補助費佔開支百分比
21年					
6月份	161.27	31.00	1,076.66	1,309.84	82%
12月份	934.49	500.08	880.02	2,347.47	37%
12月底	3952.11	2280.29	6,851.50	12,871.81	53%
22年					
6月份	1273.83	522.90	1,050.37	2,874.86	36%
6月底	6,849.96	3,299.95	5,413.76	14,981.19	36%
12月份	1,263.13	1,206.52	895.08	3,392.29	26%
12月底 (7月至12月)	7444.41	4,864.47	5,384.97	17,744.23	30%
23年					
6月份	1,648.11	604.70	—	3,556.47	—
6月底	8,507.74	4,202.50	9,068.90	23,815.73	38%
9月份	1,219.69	851.84	902.10	3,645.08	24%
9月底 (7月至12月)	5,100.84	2,491.97	2,234.60	11,208.02	19%

九月 十、[illegible] 九〇九・八九 二、三九七・一六
十月 十、[illegible]〇・六十 九[illegible]五・七五 二、六九一・[illegible]二
十一月 十、[illegible]八六・七五 九四[illegible]・[illegible] 三、三九一・[illegible]四
十二月 廿三年 一、二六三・一三 一、二〇六・五二 三、三九二・二九
一月 十、二四三・八十 五二四・〇〇 四、六七七・八〇
二月 十、[illegible]四[illegible]・八五 五[illegible]〇・〇〇 四、〇七八・[illegible]
三月 一、[illegible]・[illegible]八 一、〇[illegible]七・[illegible]四 三、七八八・[illegible]三
四月 一、四十四・六九 八五八・五一 三、八五三・九十
表內本會收入[illegible]六〇〇元此表未列

過去感想　本所創立固未用絲毫猶豫節關察後對於調查工作之應如何進行則處當時蹤我國商民既不明徵信之作何解釋更不欲本身內容之外洩變是最初數月中調查之成績殊有足以使人氣餒者然而徵信事業固重在調查關於之無術安望其業務之發展因困難而推源而設例而選擇而解答經多次之研究與討論遂感下列改進方案一、每週必須舉行例會議一次從事交換調查技術討論改進方法二、舉辦調查員訓練班從事調查員之訓練三、聘請專業及專家顧問俾便調查員於必要時訪問四、調查員除直接觀察外應多向同業方面訪問以期徵得眞切資料五、訪問銀行錢莊時探往來情形六、調查員應認定業別承查俾專責任而期多得發現七、調查員於接到調查單後應先探聽線索俾從迅捷之徑上述方案實行後調查工作總有顯著進步向之認爲無法調查者今則頗覺輕車熟道咄嗟立辦與今後努力之重心當在調查範圍若何領之擴大以待服務社會之本旨耳

第十五頁

未來瞻望　吾人茲已確認徵信事業之需要于社會前途荊棘已由本所之成立
斬除淨盡今後努力當在服務範圍之拓展至立足點之能否穩定可無用其總總
過慮矣查本所工作之已行有端緒者如信用及市況調查與行名錄之發行擬行
舉辦而[illegible]實行者凡四事一日商品調查　我國商人經商恆以
主觀之臆測爲標準至商品之供求情形率多不顧夫理想之推測固非絕不足取
第無客觀的調查事實以爲佐證則所測每致失敗要不足以謀事業之擴展與成
功況乎晚近商務錯綜繁複範圍廣泛實際交易狀況有非週密調查不能洞悉究
竟者本所以調查爲業務商品調查責無旁貸以往雖亦承接此項調查然皆出于
會員委託而非由本所自動此後擬計劃自動調查各項商品之產銷情形製造方
法供求實況以及最近交易狀況並陳列其樣品俾資參考如是各界創辦事業開
設商號本所可隨時供給資料一篇在手瞭如指掌憑此進行縱不能必其成功要
足以減少無謂之損失也二日經濟調查　吾人生存社會無非圖謀取得物質
上之幸福故人群生活常在向前發展之中　易言之吾人常在設法改善經濟環境
以期臻進幸福雖然不明現時所處社會經濟狀況安從得改善之策是**調查工作**
尚矣本所以服務社會爲宗旨經濟調查自亦本所分內之工作年來不景氣潮流
泛濫世界農村經濟瀕於破產第地位有不同程度亦互異何處需要金融界之援
助最切何處較弛須賴週密之調查農村足則社會經濟充裕　人群幸福可期故本
所認爲當務之急厥爲農村經濟之調查三日情報網之擴大　商人經商全恃
消息之敏捷本所有鑒及此曾有情報網之組織第以人員不敷分配計劃僅成具
文徵信機關而不能舉辦情報工作其效力亦僅矣此本所二年來所常用內疚者
茲擬於最短期間添聘各業情報特約人員厚其薪給專其責任切實舉辦俾使商
場發生任何變化悉有迅捷之報告焉

第十六頁

四　四、信款代收　考[illegible]擬[illegible]之主要業務凡二一為信用調
查一即代收信款[illegible]
將時間經濟兩者于信用調查[illegible]
商號之[illegible]
業已[illegible]

中國徵信所創立及改組之經過

第一頁

徵信所設立之倡議、遠在民國十年五月第二屆銀行公會聯合會在天津舉行之際、議決由各地自行舉辦、津會依據議決案通知各分會、十年間因政治社會種種關係、迄未實行、廿一年三月、上海中國銀行、上海銀行、浙江興業銀行及浙江實業銀行主持調查事務人員、聯絡其他各行、發起組織中國興信社、爲一學術團體、以研究徵信問題及信用調查方法爲主、嗣乃進而以研究所得、施諸實用、設立中國徵信所、採用會員制度、以基本會員爲中心、一時滬上主要華商銀行、廿九加入爲基本會員、其他中外銀行及公司商號、亦紛紛加入、廿一年六月六日正式開幕、在中國興信社指導之下、爲各方服務、數月以後、感于各基本會員本身均爲股份有限公司組織、對徵信所須負無限責任、似欠安善、乃由中國興信社社員持議、將徵信所改組爲股份有限公司、幾經討論、經二十三年一月十一日中國興信社第六次社員大會通過改組原則、二月十三日第七次社員大會通過實行、額定資本國幣二萬元、先收二分之一、全部由中國興信社籌擬、委託立信會計師事務所辦理公司登記事宜、五月十六日興信社舉行第十次社員大會、亦即爲中國徵信所股份有限公司之創立會、選舉董監、計當選董事祝仰辰、章乃器、資耀華、方培壽、陳萃子、孫瑞璜、施博群、陳蘇孫、繆振董、王昌林、顧季高等十一人、監察人嚴成德、于壽椿、王子厚等三人、六月十三日奉上海市社會局批准查驗股銀無誤、十月九日奉實業部頒給股份有限公司設字第八二一號執照、廿

第二頁

四年七月十日舉行第一屆股東常會、改選施博群、章乃器、顧季高、陳萃子、陳蘇孫、祝仰辰、繆振董、楊石湖、王維駰、潘仰堯、于壽椿等爲董事、嚴成德、王子厚、白學喜等爲監察人、復經董事會推定章乃器、祝仰辰、陳萃子、施博群、楊石湖爲常務董事、章乃器爲董事長、任期二年、尚未滿期、二十五年三月十九日舉行第二屆股東常會、改選嚴成德、白學喜、陳棠叔爲監察人云、

徵信所（上）

（版權所有 禁止轉載）

一・徵信所之意義

徵信所，亦名「信用調查局」，英名為 Credit Information House，或 Mercantile agency，日名「興信所」，為調查工商界資產多寡，營業狀況，及信用程度，以供[illegible]之機關。以溝通金融界與工商界，發展工商業，扶助金融界為目的。此種事業，頗為重要。在歐美諸國，均已有相當之歷史，而在我國，則尚屬創舉。

二・徵信所之起源

各國自產業革命以後，推展海外市場，經濟上之變動，遂較頻繁，商務往還，亦較複雜，於是信用制度，隨之發展。自是各國因深感徵信事業對於工商業關係之重要。一八七六年，英國倫敦，遂創有徵信機關。十八世紀中葉，美法德奧諸國，亦先後設立徵信機關。日本徵信所，創設較遲，在明治二十五年舉辦，其制度大致摹仿歐美。我國徵信事業，雖往昔錢莊早已有此種工作，然無獨立之組織。本國各銀行，組織上雖亦有調查一科，辦理信用調查，但亦各自為謀，成效極少。民國二十一年，上海銀行界，鑒於社會信用調查之切要，聯合組織中國徵信所，是為國人自辦徵信所之嚆矢。

三・徵信所之重要

我國自對外通商以來，雖竭力提倡實業，然迄今數十年，頗少進步。大半產業，均仍仰外人之鼻息，其不發達之原因固多，而金融界與工商界之隔閡，以及信用制度之尚未十分發達，實至少可視為最大原因之一。工商業因感借款之匪易，難以發展，銀行界因處理放款，每感困難，不得不將過剩之現金，對其他方面，為畸形之發展。今既有徵信所之創設，則金融界與工商業，得協力合作，工商業由此可得充分資金之供給，而營業可以發展，銀行界亦有穩妥正當之投資，而資金不患無去路，誠一舉兩得之道也。

四・徵信所之功效

徵信所之主要業務，為調查信用，傳佈商情。代委託者，調查工商界之信用，及市場之狀況，使各方有互相瞭解之機會。吾國過去之徵信事業，範圍不廣，每以一銀行或一公司為單位，其目的在求放款之穩妥。然欲獲得正確之資料，極非易事。今有徵信所之設，當銀錢業放款工商業時，即可委託徵信所調查借主之信用，關於資本之虛實，業務之盛衰，經理之信用，以及組織之內容等，銀錢業均可得一根據，以定放款業務之取捨。徵信所調查所得之是否正確，雖不能為絕對之肯定，然在誠實而有責任心之徵信所詳密調查之下，消息自可較為可靠。銀錢業之放款，既得安全，且可間接獲其他種種之利益：如㈠節省開支，銀行因有徵信所之便利，所設之調查科一部份人員，可以減少。㈡增進營業，在今日商業競爭熱烈之時，如有一殷實之商號，擬借款發展營業，銀行得此消息，即可委託徵信所前往調查，認為可靠，即可得一穩健之放款。故徵信所對於金融界與工商界，誠有莫大之輔助。

五・中國徵信所概況

（一）中國徵信所之起源　徵信所之倡議，實遠在民國十年五月間，當時第二屆銀行公會聯合會，在天津舉行，議決先由各地自行創辦。該案即由津會，依據聯合會議決，通知各分會，表示提倡。但十餘年來，政局不寧，社會不安，迄未舉辦。民國二十一年三月間，由上海中國銀行，上海銀行，浙江興業銀行，浙江實業銀行等發起組織一中國興信社。該社原為一學術團體，以研究徵信問題，與信用調查之方法為主要目的。嗣後，該社鑒於年來經濟之恐慌，信用制度之動搖，工商金融兩業畸形之狀態，遂積極組織合作信用調查機關，專辦調查工商界之信用，及傳佈市場消息等業務，定名為「中國徵信所」，首創國人自辦之信用調查機關。（陳廣舒）

三 徵信所（中）三 [illegible]

（二）中國徵信所之組織　該所……以基本會員為中心。此項會員，共十九家（以筆劃多寡為序），為：上海商業儲蓄銀行，上海綢業商業儲蓄銀行，中一信託公司，中央銀行，中孚銀行，中國企業銀行，中國通商銀行，中國銀行，中國實業銀行，四明銀行，[illegible]，金城銀行，交通銀行，四行儲蓄會，浙江實業銀行，浙江興業銀行，國華銀行，新華信託儲蓄銀行，及鹽業銀行。

該所基本會員，即中國徵信所會員。中國徵信所一切進行事務，由[illegible]委員會產生之。其中設董事會[illegible]及總[illegible]一人，綜理該所日常事務。前乃有組織設計委員會，及董事委員會。設計委員會……[illegible]計事務。董事委員會，……及一切[illegible]。[illegible]設總事務所，……以[illegible]日常……人員……十三年九月間，改[illegible]事務。目前[illegible]以下，分設(1)文書，(2)[illegible]，(3)[illegible]，(4)[illegible]……(5)[illegible]，關於[illegible]上商界之信用，及市場商情等；(6)[illegible]，關於[illegible]，法律，及交際等事宜；(7)[illegible]，關於[illegible]上[illegible]之[illegible]，及出版發行等事……。[illegible]各股設主任一人，主持各該股之工作。去年[illegible]……有限公司，……以[illegible]，即為有限公司之組織矣。

該所設總所於上海，並於天津，漢口，[illegible]設分所，……一切[illegible]。漢口分所，……[illegible]天津分所，……[illegible]十七家，……[illegible]，可[illegible]。[illegible]……[illegible]一[illegible]……

（三）中國徵信所之會員　該所除基本會員外，並設有甲，乙，丙，丁四種普通會員，及特別會員一種。截至二十四年十二月止，共計會員一百五十四家。

茲將甲，乙，丙，丁四種普通會員，應納之入會費，及享受權利之多寡，分別列表如下：

會員種類	年納會費	調查次數	超過次數每次報告費	國外每次報告費
甲種	三百元	一百次	一元	二元
乙種	二百元	五十次	一元五角	三元
丙種	一百元	二十次	二元	五元
丁種	五十元	十次	三元	六元

凡需用英文報告者，應納會費及報告費，一律照上開費目另收四成。非該所會員，調查[illegible]報告者，須[illegible]，亦須[illegible]其[illegible]：中文報告者，每份收國幣十元；英文報告者，每份收國幣十四元。

（四）中國徵信所之業務　該所之業務，[illegible]，計分下列五項：(1)調查工廠，商號，個人之信用，事業，財產，經歷等；(2)調查市場狀況，(3)[illegible]，工商行名錄，及其他刊物；(4)代收賬款；(5)辦理其他有關事務：如[illegible]……[illegible]，或[illegible]，則可委託該所調查。[illegible]……乃[illegible]……[illegible]……又如銀行[illegible]……[illegible]之[illegible]，[illegible]，則亦可委託[illegible]代為調查，以資[illegible]。(五)[illegible]……亦可委託[illegible]調查，以定[illegible]之[illegible]。[illegible]工商行名錄，[illegible]……[illegible]，市場[illegible]之[illegible]，[illegible]之[illegible]，[illegible]之[illegible]，以及[illegible]，[illegible]，[illegible]之[illegible]，均[illegible]。凡此皆[illegible]工商及金融界之需要，[illegible]也。

（五）中國徵信所之報告　中國徵信所之調查報告，[illegible]六種，為①[illegible]，②[illegible]，③[illegible]，④[illegible]，⑤[illegible]，⑥[illegible]。

……報告之格式，大致分為下列五項：

（甲）[illegible]　[illegible]（[illegible]）[illegible]，以[illegible]。

（乙）[illegible]　[illegible]，[illegible]，[illegible]之[illegible]，以[illegible]。

（丙）[illegible]　[illegible]，[illegible]年月，[illegible]（[illegible]公司[illegible]，[illegible]），[illegible]名稱，[illegible]，[illegible]（[illegible]）

（丁）[illegible]　[illegible]（[illegible]，[illegible]，[illegible]，及[illegible]）[illegible]中之[illegible]，[illegible]，[illegible]，[illegible]。

（戊）其他事項　[illegible]，[illegible]，以及不屬于上列各項之記載。

該所[illegible]……約在八九百件左右。自[illegible]，[illegible]，已約在三萬[illegible]

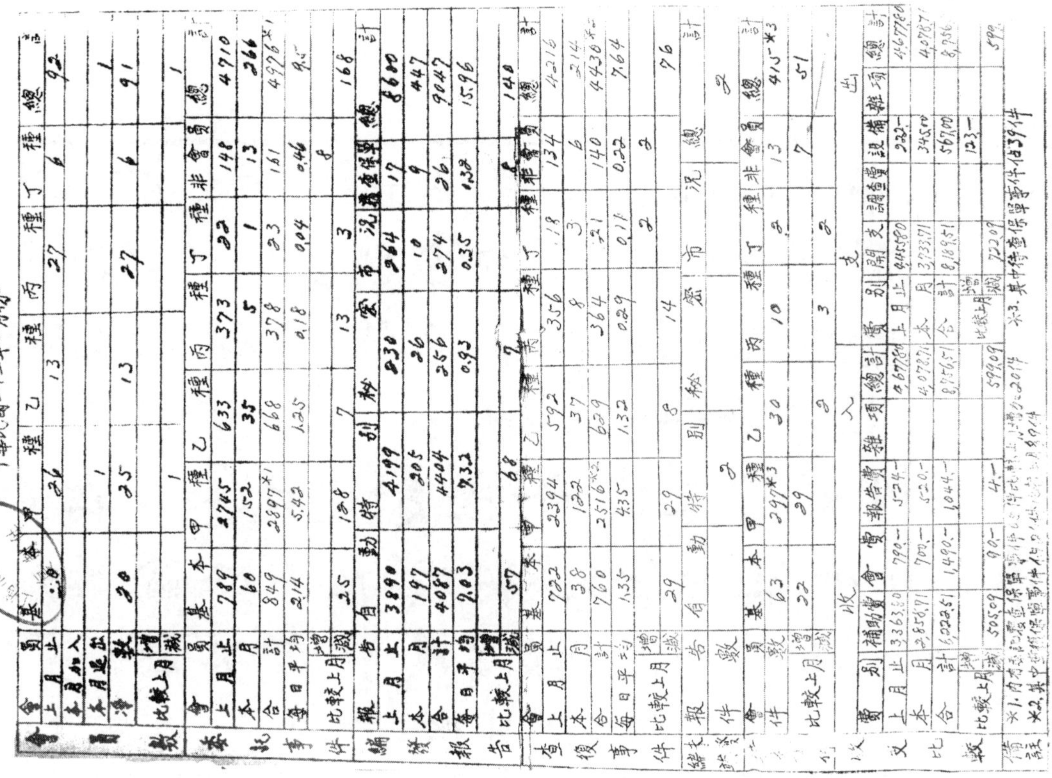

業務統計

中華民國二十三年二月份

會員數	會員		基本	甲種	乙種	丙種	丁種	總計
	上月止		20	26	13	27	6	92
	本月加入							
	本月退出			1				1
	淨數		20	25	13	27	6	91
	比較上月	增						
		減		1				1

委託事件	會員		基本	甲種	乙種	丙種	丁種	非會員	總計
	上月止		789	2745	633	373	22	148	4710
	本月		60	152	35	5	1	13	266
	合計		849	2897※1	668	378	23	161	4926※1
	每日平均		2.14	5.42	1.25	0.18	0.04	0.46	9.5
	比較上月	增						8	
		減	25	128	7	13	3		168

編發報告	報告		自動	特別	秘密	市況	覆查保單	總計
	上月止		3890	4199	230	264	17	8600
	本月		197	205	26	10	9	447
	合計		4087	4404	256	274	26	9047
	每日平均		7.03	7.32	0.93	0.35	0.38	15.96
	比較上月	增						
		減	57	68	7		8	140

查復事件	會員		基本	甲種	乙種	丙種	丁種	非會員	總計
	上月止		722	2394	592	356	18	134	4216
	本月		38	122	37	8	3	6	214
	合計		760	2516※2	629	364	21	140	4430※2
	每日平均		1.35	4.35	1.32	0.29	0.11	0.22	7.64
	比較上月	增					2	2	
		減	29	29	8	14			76

[illegible]	報告	自動	特別	秘密	市況	總計
	件數		2			2

[illegible]	會員		基本	甲種	乙種	丙種	丁種	非會員	總計
	件數		63	297※3	30	10	2	13	415※3
	比較上月	增	22	29				7	51
		減			2	3	2		

收支比較	收入						支出						
	費別		補助費	會費	報告費	雜項	總計	費別	開支	調查費	設備	雜項	總計
	上月止		3,363.80	790.—	524.—		4,677.80	上月止	4,445.80		232.—		4,677.80
	本月		2,858.71	700.—	520.—		4,078.71	本月	3,733.71		345.00		4,078.71
	合計		6,222.51	1,490.—	1,044.—		8,756.51	合計	8,189.51		567.00		8,756.51
	比較上月	增						比較上月 增			123.—		
		減	505.09	90.—	4.—		599.09	減	722.09				599.[illegible]

備註：※1.內有未記覆查保單事件[illegible]件比較上月增加20件 ※3.其中待查保單事件佔39件
※2.其中[illegible]保單事件佔[illegible]件比較上月[illegible]件

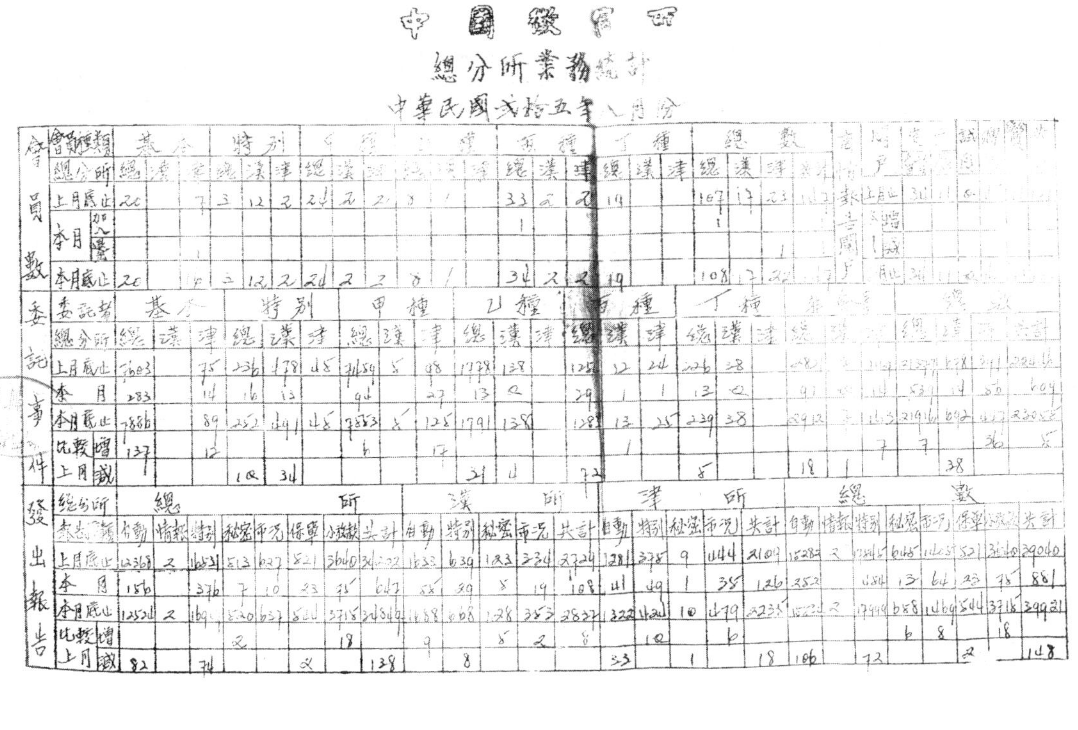

中國徵信所

總分所業務統計

中華民國貳拾五年八月份

會員數	會別種類	基本			特別			甲種			乙種			丙種			丁種			總數			[illegible]
	總分所	總	漢	津	總	漢	津	總	漢	津	總	漢	津	總	漢	津	總	漢	津	總	漢	津	[illegible]
	上月底止	20		7	3	12	2	24	2	2	8		1	33	2	2	14			107	17	23	[illegible]
	本月 加入													1						1			[illegible]
	本月 退出																					1	[illegible]
	本月底止	20		7	3	12	2	24	2	2	8		1	34	2	2	19			108	17	22	[illegible]

委託事件	委託者	基本			特別			甲種			乙種			丙種			丁種			非會員			總數			
	總分所	總	漢	津	總	漢	津	總	漢	津	總	漢	津	總	漢	津	總	漢	津	總	漢	津	總	漢	津	共計
	上月底止	2603		75	236	178	48	3459	5	98	1778	138		1252	12	24	226	38		[illegible]		[illegible]	21947	688	341	22816
	本月	283		14	16	13		94		27	13	2		29	1	1	13	2		91		14	531	14	56	604
	本月底止	2886		89	252	191	48	3553	5	125	1791	138		1281	13	25	239	38		2912	7	113	21916	692	427	23025
	比較上月 增	137		12				6		17						1						7	7		36	5
	比較上月 減				10	34					31	11		72			5			18	1			38		

發出報告	總分所	總所								漢所					津所					總數							
	報告種類	自動	情報	特別	秘密	市況	保單	小款報	共計	自動	特別	秘密	市況	共計	自動	特別	秘密	市況	共計	自動	情報	特別	秘密	市況	保單	小款報	共計
	上月底止	12368	2	1653	813	627	821	3640	34022	1833	639	183	334	3324	1281	338	9	144	2109	15282	2	17451	665	1163	821	3640	39040
	本月	156		376	7	10	33	35	647	55	29	8	19	108	41	49	1	35	126	252		484	13	64	33	35	881
	本月底止	12524	2	1691	820	637	854	3715	34849	1888	668	128	353	2832	1322	1420	10	179	2235	15534	2	17949	688	1469	854	3715	39921
	比較上月 增				2			18		9		8	2	8		10		6					6	8		18	
	比較上月 減	82		74			2		138		8				33		1		18	106		72			2		148

（四）各地分所

1. 汉口分所

[illegible]大鑒：
昨承寄來徵信所致此間各行信及[illegible]所之報告均已收悉，茲將此間情形奉告於左：
一、為徵信所事，漢[illegible]銀行公會已於今本[illegible]出討論，於是原則上多數贊同。
二、已表示決意加入，若計此項[illegible]
交通、上海、[illegible]行、金城、中國八家

漢口中國銀行

三、今日開會提出之（甲）業公所某本年之[illegible]
負[illegible]（丙）何種地位[illegible]所
為有限公司（乙）業所之盈虧歸誰
負責乎，以為（甲）所同業會員地位一
與以 subscription Member 者之（乙）業
會員既為 subscription banks，則（乙）業之
盈虧[illegible]歸[illegible]所負責乎，[illegible]則有人
以為該項事業係有盈，不[illegible]放出之

漢口中國銀行

此問題

四、其他問題待上列兩題接到指示後於下禮拜三開會再行討論請於即班航寄 賜示以便轉達

五、關于興信社一点此間開會未曾提及，原以為徵信所之組織該点最為重要若當地多行無有認真負責客觀求進之人則不特不能設計

漢口中國銀行

指導負責處理反而阻礙一切統所成立一年而有若是之成績及精神 先生等主持於上此其證也漢埠銀行界方面除上海之鍾先生中國之戴蔭珊先生原係信孚以負責主持外他行人材不甚相熟此子擬請 先生等設法提出庭將來漢所可成立一實際的興信社為

漢口中國銀行

兄等經嚴格考慮之後認為漢所興信
社不易成立，則弟尚有一建議，請
從所聘請漢行中一二人為漢所之
指導幹事，作為負責看華英報告
者，以及設計其他所務諸點。
賜覆時請另用私函寄弟。以漢所
成立與否，成立後能否順利進行，
漢社之關係至大也。

漢口中國銀行

弟待下星期之開會後即行赴上。
創辦新事業，處處須從新計
劃。弟深盼　志感兄能來漢一
次，則基礎可以建立。蓋弟恐
若無人從進行，偶一發生何種障
礙，則以後再難創始。中國貨品
質不一，上海能行使者未必能完全
施用之於其他地點也。匆匆，請台安。

弟張禹九頓首　十八日

漢口中國銀行

第1456號
22年8月15日

再者尚有七家亦請支出（附樣）

中央　中國實業　四明

廣東　匯業局　廣東

中央信托

又及

漢口中國銀行

中國徵信所

文稿

受文者	名稱	張禹九
	地址	
主文	為	

經理	秘書	主稿者

會閱者	核校者	登記者

電報　快信　雙掛　單掛　平信　明片　專送　面致

由

禹九先生大鑒接奉十二日
台函祇悉種切承
示各點極佩
卓見業與 敝社各幹事磋商一過除已另函
奉答以便轉達外關於分社一點此間各幹事
意見最好加以組織人的方面此間絕無成見亦
不能作任何具体的建議但陳宗塾二君外浦王
周諸君似須請其領導 敝社章鄭二君人甚热心

中國徵信所

文稿

但事務較忙實際工作或須宗甄二君（多多偏勞耳）如不願
組織興信社則可設一指導（多多偏勞耳）委
員會或監督委員會委員由本所董事會聘
請
乃器一時不能來漢如必須有人前來或可請
仰長一行會聘請弟以塵羈一時恐不能來漢追
隨進行至為悵結如必要時或擬請仰長兄
來漢一行中央華北行公函並由倫祉連同中

中華民國　年　月　日　發文第　號第　頁

㊣ 14-3 6-22-1000

中國徵信所

文稿

受文者	名稱	
	地址	

主文：爲

經理	會閱者
秘書	結發者
主稿者	登記者

電報　快信　雙掛　取掛　平信　明片　專送　面致

由

行原函一併附上敬希
台詧賜轉無任企幸專覆祗請
公安
章乃器謹啓

二十二年八月十八

第1484號
22年8月22日

仰辰我兄大鑒：禹九兄于十
四晚乘輪赴渝
尊航函已代為轉寄。徵信
所事，漢口銀行公會尚有
數點提出，將以公函致總所
示復：
(一)既為徵信所漢口分所，無組
織興信社之必要，至于入會

漢口中國銀行

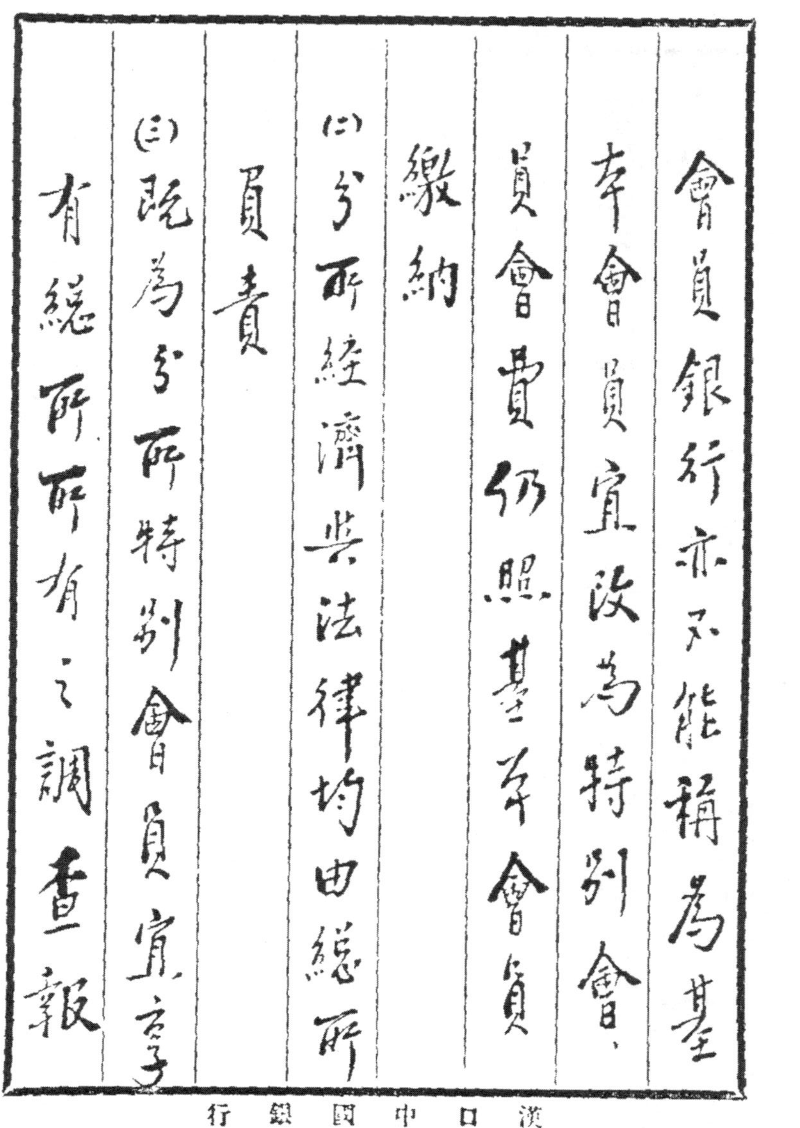

會員銀行亦不能稱為基
本會員，宜改為特別會，
員會費仍照基本會員
繳納；
(二)分所經濟與法律均由總所
負責；
(三)既為分所特別會員，宜享
有總所所有之調查報

漢口中國銀行

告權利
（四）先以一年為度如成績良
美願繼續為會員
對于徵信所觀念數行已
能瞭解尚有數行因需要
三不同尚未表示現俟贊
同數行志願書（字句稍為變通）填
就後即可組織最好

我兄或乃燊兄等來漢、
行指導一切漢口分所組
織既屬于興信社管轄
一切責任當由興信社負
擔至于在漢指導事宜
興信社可設法委託在漢
三五人相助但大都行事
冗忙無暇兼顧一方面

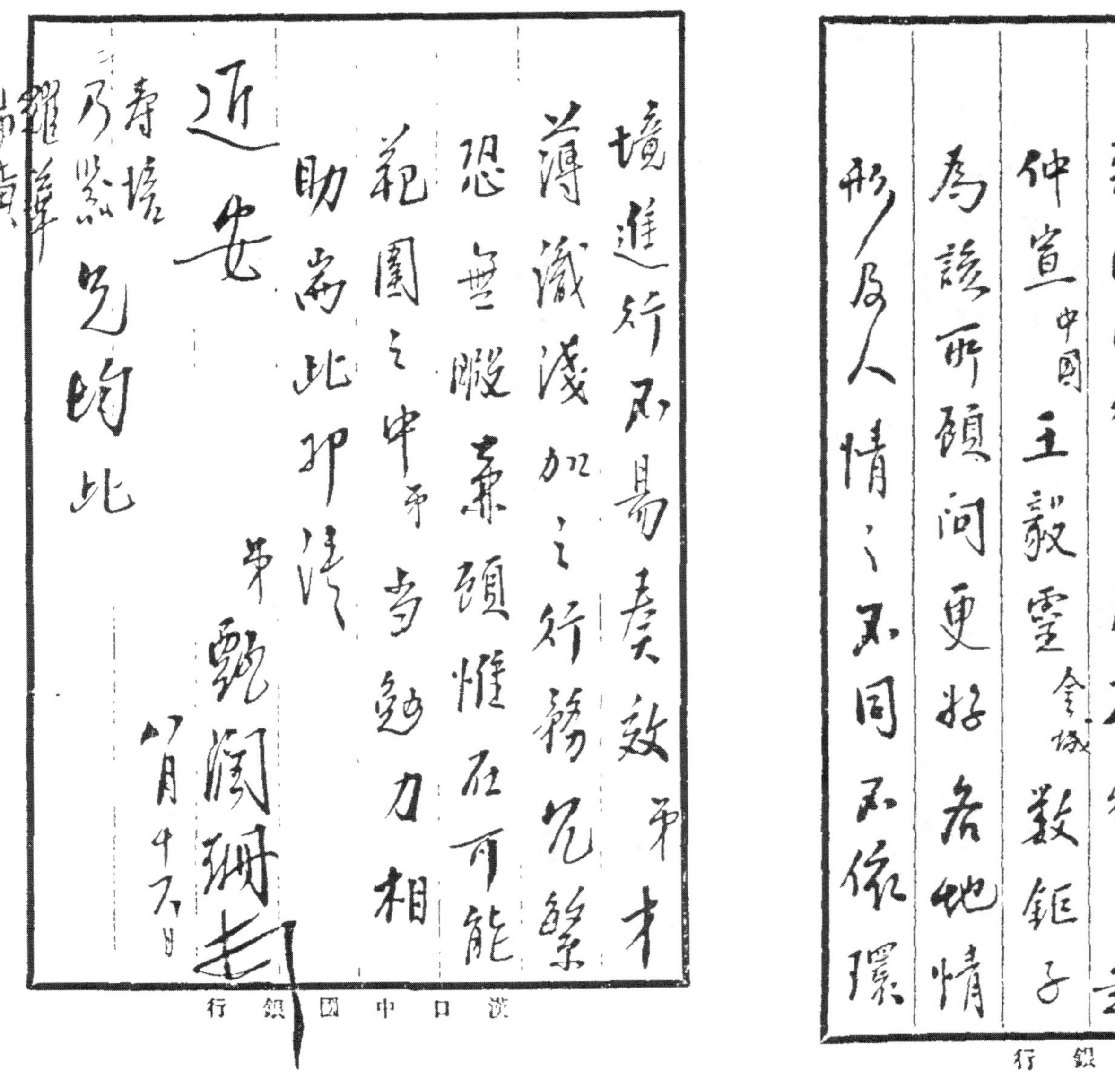

弟設法與之疏通請為幫
忙一方面最好上海請公致
函其漢行請派之負責人
辦理該事上海總所能聘
到浦心雅（交通）周蒼柏（上海）趙
仲宣（中國）王毅靈（金城）數鉅子
為該所顧問更好各地情
形及人情之不同不依環

境進行不易奏效弟才
薄識淺加之行務冗繁
恐無暇兼顧惟在可能
範圍之中弟當勉力相
助尚此即請
近安
弟甄潤珊 十月十六日

壽墉 乃驍 耀羣 瑞璜 兄均此

漢口中國銀行

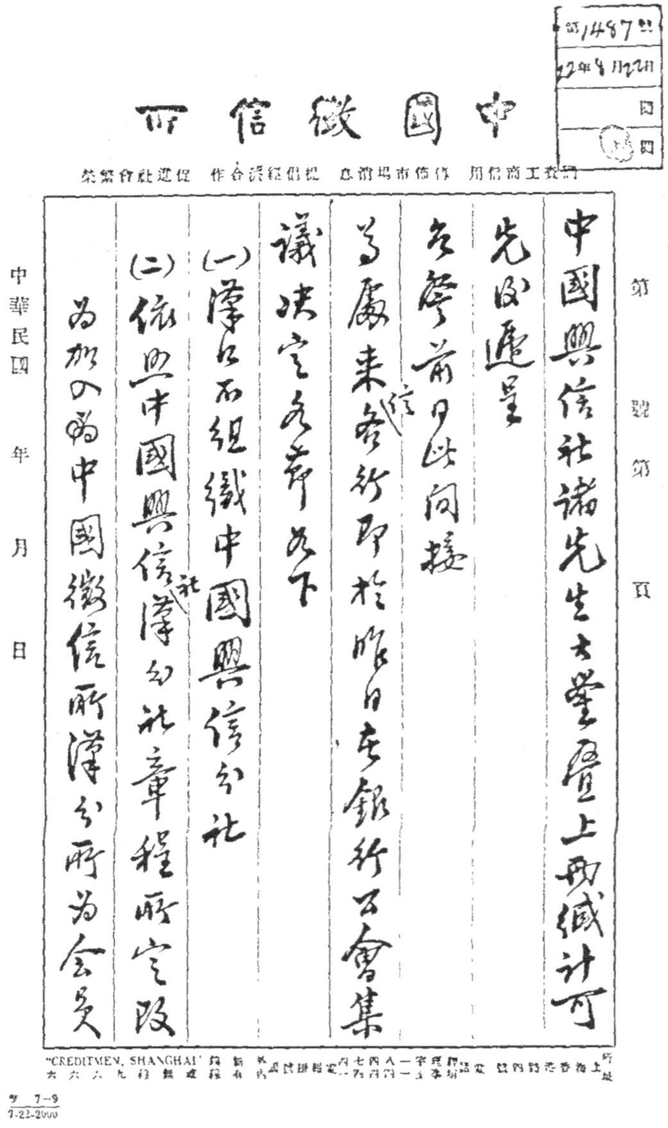

118

中國徵信所

調查工商信用　傳佈市場消息　提倡經濟合作　促進社會繁榮

第　號第　頁

中國興信社諸先生大鑒 昨上函諒計可

先此遞呈

茲啓前日以同接

貴處來信函所訂於昨日在銀行公會集

議決定各節如下

(一)滬方組織中國興信分社

(二)依照中國興信社滬分社章程所定改

為加入為中國徵信所滬分所為會員

中華民國　年　月　日

"CREDITMEN, SHANGHAI"

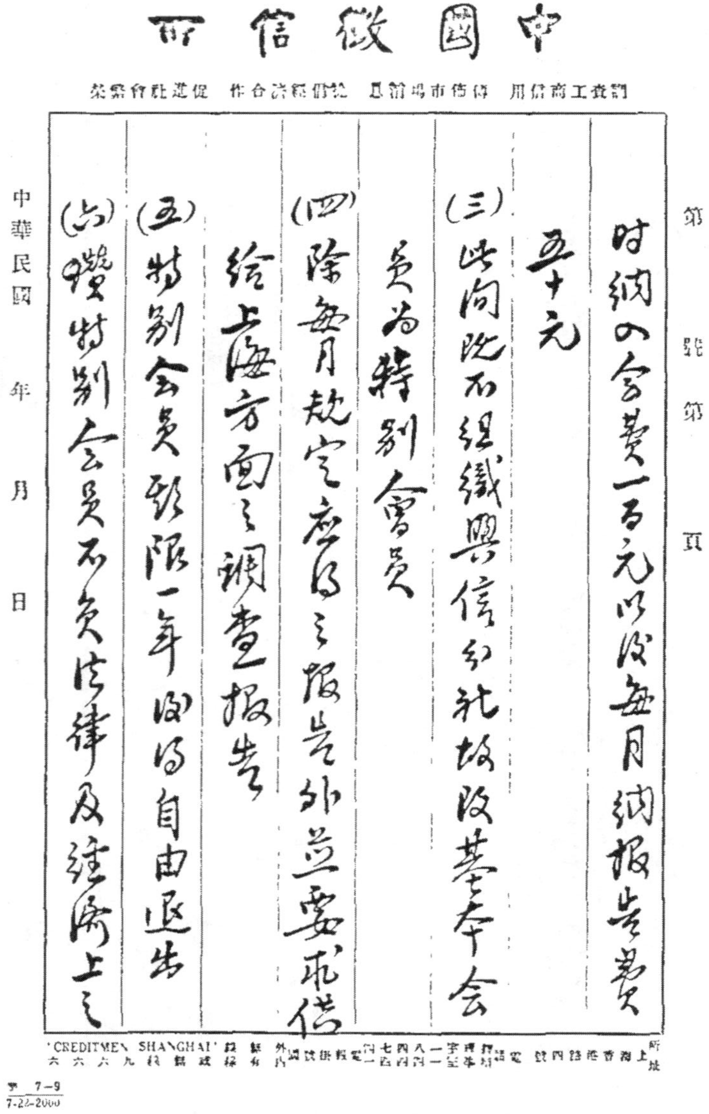

1487 號　年9月22日

中國徵信所

調查工商信用　傳佈市場消息　提倡經濟合作　促進社會繁榮

第　號第　頁

時繳納會費一百元以後每月繳報告費

五十元

(三)此間既已組織興信分社故原基本會

員為特別會員

(四)除每月規定應得之報告外並要求供

給上海方面之調查報告

(五)特別會員期限一年期滿自由退出

(六)權利特別會員不負法律及經濟上之

中華民國　年　月　日

"CREDITMEN, SHANGHAI"

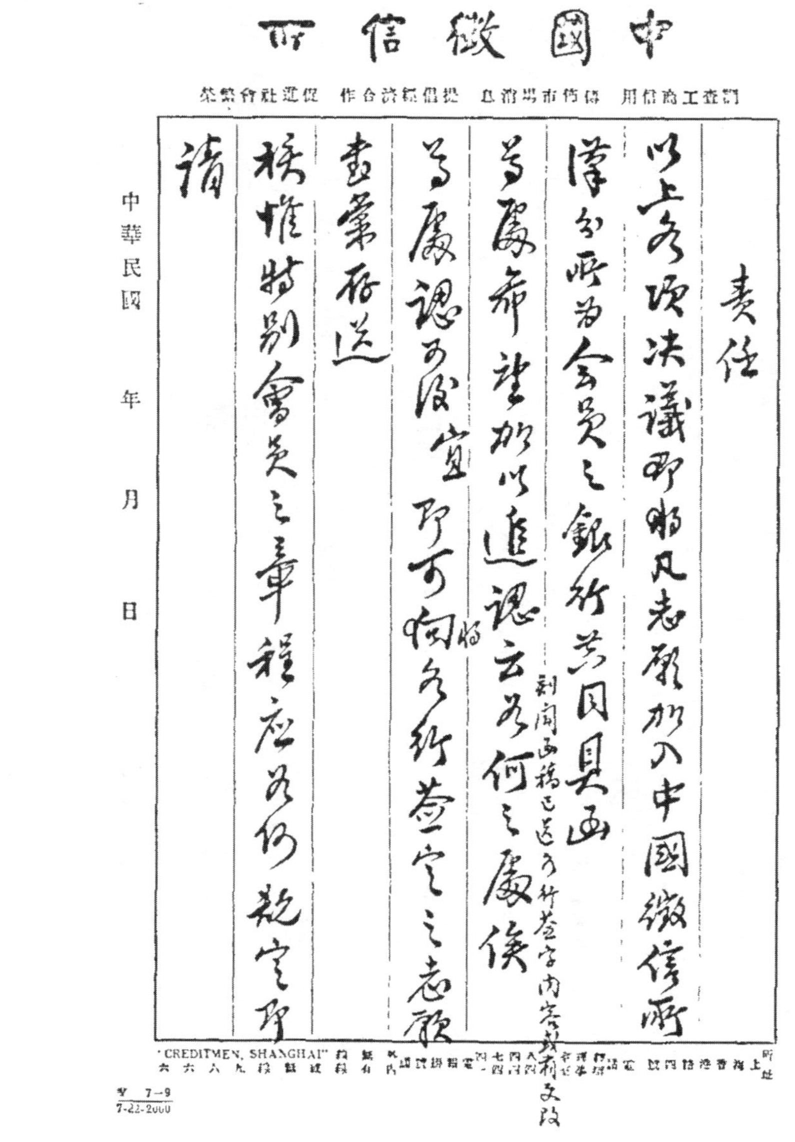
中國徵信所

調查工商信用 傳佈市場消息 提倡信託合作 促進社會繁榮

第　號第　頁

責任

以上各項決議，即將凡志願加入中國徵信所

業務所為會員之銀行并因具函

為屬本會並加以追認云。為何之處，俟（刻閱函稿已送本行簽字內容或有改）

為屬認可，殷望即可約各行簽字之志願

書，業存送

核准，特別會員之章程應如何規定，即

請

中華民國　年　月　日

"CREDITMEN, SHANGHAI"

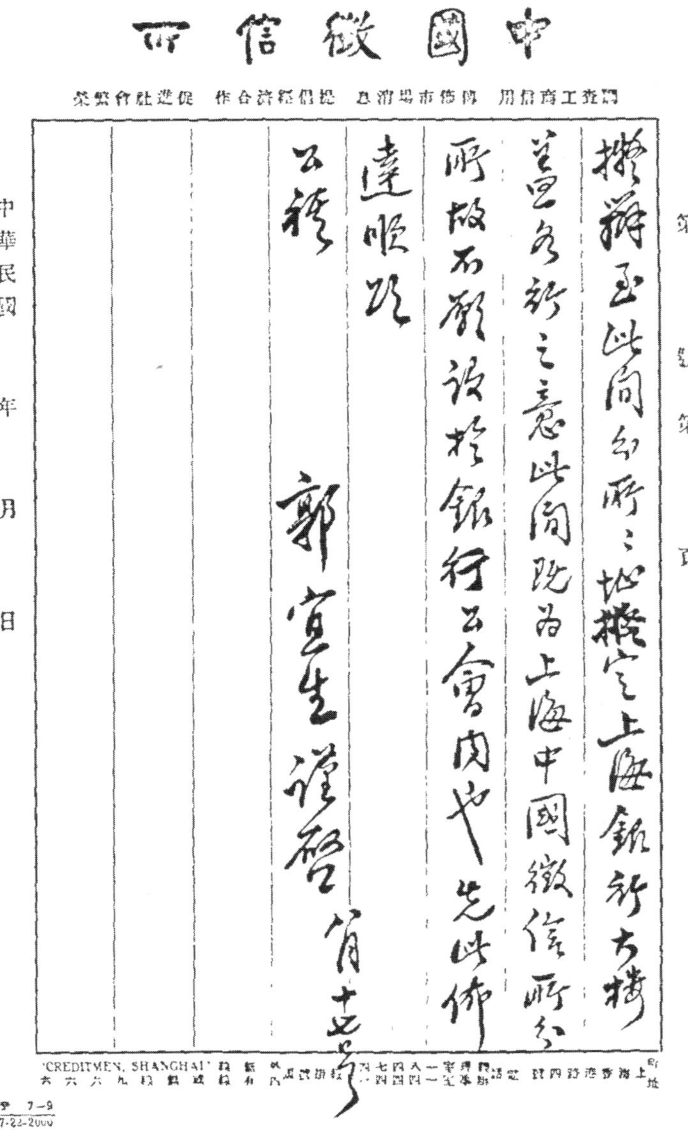
中國徵信所

調查工商信用 傳佈市場消息 提倡信託合作 促進社會繁榮

第　號第　頁

撥辦，並以同人所以地址確定上海銀行大樓

並已各行之意，以同既為上海中國徵信所分

所，故不願設於銀行公會內也。先此佈

達，順頌

公綏

鄭宜生謹啟　八月十七日

中華民國　年　月　日

"CREDITMEN, SHANGHAI"

中國徵信所文稿

受文者稱名　地址

一

宜生先生大鑒接奉本月十八日
手教拜悉一是吾
兄在漢籌備分所賢勞備至無任感仰承
示各節業經董事會分別核議除俟各行公函到滬後再行正式函復外茲謹
將議復要點先行錄請
台詧關於籌備及指導事宜擬由總所務請漢口各銀行經理為指導委員組
織指導委員會另聘各行高級職員為籌備委員組織籌備委員會（開業後
或再改為審核委員會）至該兩會詳細章程可由各該會開會時自行擬定

經理　業務部主任　調查部主任　主稿者　會閱者　繕發者　電報　雙掛　平信　專送　快信　單掛　明片　面致

中華民國廿二年八月廿二日　發文第一三三一號第　頁

中國徵信所文稿

受文者稱名　地址

二

並分別推定主席或召集人惟第一次會議似可由
兄以類似秘書之地位先行召集以利進行附上致漢地有關係各方證明函
一件暨籌備委員聘函八件并祈
檢存再 Hankow Herald 報記者聶世璋君曾寄來一函茲亦抄請
台閱相機接洽一切進行情形仍盼
時賜見示為幸專復即頌
旅安

章乃器　啓

經理　業務部主任　調查部主任　主稿者　會閱者　繕發者　電報　雙掛　平信　專送　快信　單掛　明片　面致

中華民國廿二年八月廿二日　發文第　號第　頁

張禹九致浦拯東等函（為漢口徵信所事）

耀華吾兄：此次兄等來川遊歷，未能招待，深為抱歉。賤恙愈後，電囑弟東下，故弟已於十三日來此，家兄亦擬于十九日來漢。定于今晚與貴省遊歷團于漢口設立徵信所，此地服行之會曾經提出討論，並擬進行，亦理。唯弟以為中國之公會及商會等均非事的機關，而乃人的機關，加以弟等在滬組織之徵信所理應逐漸普各大商埠依次設立，不宜以各地之公會與上海公會非屬一家，而徵信所亦隨之而不統一。未識尊意以為如何。鄙意以為漢口設立徵信所應仍由吾人負責發起，其方法不外乎（一）為滬所之支所，或經理所；（二）為滬所之連所，或代理所。如實現（一），則收支一切均由滬所負責，由有紙須滬所遣派一人來漢暫駐貴行或敝行，均專管本務，室內一切工作，紙有收集材料等，則暫利用行外人員。如實現（二），則收支暫由漢所負責，其他亦法則如（一）同。以前觀察漢口方面對于斯項工作有認識而願合作者，或祇有貴行、浙江興業及浙行三家。如漢所不論依（一）亦或依（二），於成立之後，其他各行必欲加入，如他行加入，則關支方面之負担必可減輕；又一方面，如以此事作為吾人之責任，則職其他各行不加入，其費用負担決不甚大，何況以備預測。如貴行及浙江興業及敝行發起組織，其他各行將來必欲加入此事。前遇陳旭祖兄，曾提出請伊向漢貴行調查，並會人徵求意見，並向蒼伯、雲表先生提出，亦以蒼伯兄昨方由宜昌歸，云表兄尚未返漢，深願得知吾兄高見，以便去滬時與仰充兄洽商辛也。亦知為盼，即此即請旅安。

中國徵信所

調查工商信用 傳佈市場消息 提倡信託合作 促進社會繁榮

□1502
22年8月25日

第　號　第　頁

中國興信社諸先生大鑒：前由學銀行公
會交下一函，特附奉
台覽。頃據中行甄閣珊先生謂，此間各行議
決各項，於敝所沪方報告一層，認為一主要條件。
又聞實行黃先生亦謂各行對於此層頗示
堅決，並不因沪方報告發有問題，其理由蓋
因此間商家與沪方商家關係極多，宜必需
以沪方報告未必全與此間有關，借以沪方事

"CREDITMEN, SHANGHAI"

中華民國　年　月　日

中國徵信所

調查工商信用 傳佈市場消息 提倡信託合作 促進社會繁榮

著速覆，抄回信所，七、折以覆，但仿會形，斟酌以合

第　號　第　頁

件相託，自可代為調查之意言之，但各行所謂
雖有與此間無關者，並亦可得為參考也。現
此間錢業界亦有加入為會員之意，無奈均以
會費過鉅為慎，故錢業公會擬加入為會
員，宜以為本所章程訂定甲乙丙等各種會
員，可由其任意加入，但甄先生謂此項團體加
入為會員，或不適於普通會員之規定，是否
需要另訂團体會員章程，又謂各此間以

"CREDITMEN, SHANGHAI"

中華民國　年　月　日

中國徵信所

調查工商信用　傳佈市場消息　提倡經濟合作　促進社會繁榮

沪事託查報告費應予酌加查章程上並
無外埠事件加收報告費之規定是否仍須
裁示再此間上海銀行董先生詢對於外商
普通會員須繳若干報告費因先此草創之際洋
件又不易調查無充實之材料不足以應彼等
急切之需要宜殊不能明瞭主張究應如何
尚祈
賜示俾此間能與中國興信社之收費則[illegible]

所址上海香港路四號　電話 [illegible]　電報掛號 國外 "CREDITMEN, SHANGHAI"

業 7-9
7-22-2000

中國徵信所

調查工商信用　傳佈市場消息　提倡經濟合作　促進社會繁榮

此間事務進行之手續以及組織系統遇有
所示俾有循遵專此敬頌
公綏
郭宜生謹啟 [illegible]廿二日

所址上海香港路四號　電話 [illegible]　電報掛號 國外 "CREDITMEN, SHANGHAI"

業 7-9
7-22-2000

中國徵信所文稿

受文者	
稱名	
地址	

宜生先生大鑒頃准廿三日
大函暨漢口各銀行來函祇悉關於總所分發報告一節業經廿二日函
達計邀
鑒及除將各銀行來函另行備就公函核復外茲將
尊示各點分別奉答如左
一、普通會員會費擬照總所所定各級普通會員會費七折計算錢莊
界如願加入甚爲歡迎惟團體會員暫緩收受
二、凡外埠委託總所調查報告費不另加價
三、漢所創設伊始設備未周資料尤少故外商如自願入會者可予收
受但暫時不必急於招攬
四、分所在籌備期間日常事務可秉承籌備委員會辦理
以上各點敬希
台核照此進行一切情形并祈
隨時見告漢各行經副理名單一併抄示附奉致各行公函一封即希
督轉爲荷此致
謹啓

經理	主稿者	電報	快信
業務部主任	會閱者	雙掛	單掛
調查部主任	繕發者	平信	明片
		專送	面致

中華民國廿二年八月廿五日　發文第三〇二號第全頁

業 14-2
6-21-1000

中國徵信所文稿

受文者	
稱名	
地址	

逕復者接准八月廿一日
貴行等聯名來函對敝所漢口分所之原則辦法四項會同決定計（一）
漢口決定暫不組織興信分社自無基本會員之規定（二）各行爲力予
贊助起見承認對於漢分所以特別會員名義居於贊助地位并依照中國
興信社原定漢口基本會員納費辦法各繳付入會費一百元每月繳付經
常費五十元但不居基本會員名義（三）前項月納經費暫以一年度爲
限嗣後期滿繼續繳認與否由各行隨時函定（四）各行享受權利應與
上海基本會員同等待遇即所有上海漢口各地報告無論委託與否均應
按時照寄否則臨時停付月費等因查
貴行等該項決議敝所甯准駐漢籌備員郭宜生君函告前來當以大致均
無問題惟第四點關於發送報告書一節略有意見（一）查上海總所所
編發之外埠行家信用調查報告書因上海銀行界需用之處尚少故並不
分送各基本會員總所日常編發之信用調查報告書以調查上海行家者
爲主如每份均須分送漢地各特別會員恐用途甚少而郵資極貴擬將
上海總所所發之商家異動報告書暨市況報告書及其他與漢口有關係
之信用調查報告書分送漢口各特別會員（二）上海總所逐日分送與
基本會員之信用調查報告書可分寄漢所一份存案備查如各特別會員
需要參考時儘可自行前往借閱或抄錄或逕與漢所商洽臨時翻印分送
該項報告書並可由漢分所另印目錄分寄各特別會員（三）漢所各特

經理	主稿者	電報	快信
業務部主任	會閱者	雙掛	單掛
調查部主任	繕發者	平信	明片
		專送	面致

中華民國廿二年八月廿五日　發文第　號第一頁

業 14-2
6-21-1000

中國徵信所

收1513號
22年8月29日

促進社會繁榮 提倡經濟合作 傳佈市場消息 調查工商信用

第　號第　頁

乃器先生大鑒昨奉本月廿五日
瑤函敬悉一一財政觀先生旁將函件均已
照收容當發報自由西報專刊君曾一度晤
談所對於君原函所述各節有相需之處
與接洽可也
本問於漢方營業多點與各行聯絡頗
及均覺滿意弟於最近報告一節頗有雜
有不同之處然望弟知上海各方多大出入想

中華民國　年　月　日

"CREDITMEN, SHANGHAI"

燮 7-9
7-22-2000

中國徵信所文稿

受文者	
稱名	
地址	

經理	業務部主任	調查部主任
主稿者	會閱者	繕發者

電報　雙掛　平信　專送
快信　單掛　明片　面致

測會員如有特別委託調查事件擬亦照上海總所例每份收費一元但
漢所就地所製之調查報告書應一律自動分送各特別會員各一份等
語兩復在案准
兩前由當經重加複議認為將總所所發報告書分送漢口各特別會員
一節可以照辦惟郵資一項敝所祗能負擔以平信彙寄至漢所再由漢
所分送為度如需用航郵分別遞寄則此項須外郵費敝所擬於經費應
由
貴行等自行擔任至各特別會員委託調查案件不論本埠或外埠每件
援一律收費銀一元諒荷
贊同以後一切進行事宜仍盼
鼎力倡導俾早實現相應函復請煩
查照辦理并祈
見復實紉
公誼此致

謹啓

中華民國廿二年八月廿五日
發文第　號第二頁

燮 14-2
6-21-1000

中國徵信所

調查工商信用　傳佈市場消息　提倡經濟合作　促進社會繁榮

第　號　第　頁

閱悉。中外銀行經理名單一紙抄奉

台覽，候

貴處正式函聘各行後，即可函聘各該經理担

任指導，明年招集會議，以及進行情形，

自當隨時奉達也。

台祺

郭宣生啓　八月廿七

中華民國　年　月　日

"CREDITMEN, SHANGHAI"

癸 7-9 7-22-2000

中國徵信所

調查工商信用　傳佈市場消息　提倡經濟合作　促進社會繁榮

第　號　第　頁

華商銀行公會會員銀行經理名單

中國　趙祖武字仲宣　交通　浦拯東字心雅

浙江興業　王文達字穉坪　浙江實業　黃徵藻字卓如

上海　周蒼伯　中國農工　呂志琨字澤雲

聚興誠　楊季謙　金城　王錫文字毅靈

鹽業　吳鼎元字新銘　大陸　俞紀琦字仲韓

中南　錢乃崍字琳錚　中國實業　李得庸字敬思

四明　陳愷字子翔　通商　王蕙卿

廣東　蘇仲思

中華民國　年　月　日

"CREDITMEN, SHANGHAI"

癸 7-9 7-22-2000

中國徵信所

調查工商信用　傳佈市場消息　提倡經濟合作　促進社會繁榮

第　　號　第　　頁

漢口市銀行公會之負責銀行經理名單

中央　徐繼莊字子青

湖北省銀行　現由財政廳長賈士毅字果伯暫兼

鄂豫皖贛四省農民銀行　郭外峰

郵儲匯業局　陳秋山

四行儲蓄會　劉冀字重元

中央信託公司　胡芹生

中華民國　　年　　月　　日

"CREDITMEN, SHANGHAI"

中國徵信所

調查工商信用　傳佈市場消息　提倡經濟合作　促進社會繁榮

第　　號　第　　頁

慕堯先生大鑒：此間情形想於致興信社

各函中

至及到漢匯用人員問題尚未決定，他事

亦已在進行聯絡中。三一九〇、三一九五、三二〇七調查

通知單到，已查得部份先將寄出，尚有中

原交各件如於所發出再查復後即行

郵寄。至誤本所中職員進所服務時應

填之各種表及保單，或有其他需用印刷

中華民國　　年　　月　　日

"CREDITMEN, SHANGHAI"

中國徵信所文稿

受文者	
稱名	郭宜生
地址	

經理	業務部主任	調查部主任
	蔡(?)	

主稿者	會閱者	繕發者
秦(?)		鴻(?)

電報	雙掛	平信	專送
快信	掛號	明片	面致

宜生先生大鑒：接奉久未晤
教，遙想
旅祉佳吉為頌。本年八月二十九日
華翰並附調查報告書二件，均悉。一集遠南有中案(?)
一份得便再寄。
近總經理表示後，或稍事總所職員志願書及保證書
式各一紙即奉
參入接洽與閣自應從理據辭後將所務暫由各常務
一切照常進行
請轉閩收啟
時綏
金〇〇拜啟

中華民國卅二年八月卅壹日

發文第一三五五號 第 頁

14-1 8-21-500

中國徵信所

調查工商信用　傳佈市場消息　提倡經濟合作　促進社會繁榮

文件祈為
檢賜一份以備參考上述
為要
弟 郭宜生
八月(?)
附函請轉致同人先生
諸同仁前並候之

中華民國　年　月　日

第　號　第　頁

"CREDITMEN, SHANGHAI" 電報掛號 國外 國內 ... 上海 ... 所址

7-9 7-22-2000

中國徵信所

稿　文

受文者	
稱名	郭宜生
地址	漢口

主文	爲渝分行對第○項報告之改進事項可以照辦並請迅速進行以資備	由

經理	秘書	主稿者	會閱者	繕發者	登記者
	蔡承[illegible]	蔡承[illegible]			

電報　雙掛　平信　專送　快信　單掛　明片　面致

宜生先生大鑒：接奉手函

大教，祇領種切。承

[illegible]

[illegible]

[illegible]

[illegible]

[illegible]

[illegible]

中國徵信所文稿

受文者	
稱名	
地址	

經理	業務部主任	調查部主任	主稿者	會閱者	繕校者

電報　雙掛　平信　專送　快信　單掛　明片　面致

宜生先生大鑒：接奉八月二十九日

華翰，祇悉一是。[illegible]

[illegible]

中華民國廿三年八月卅壹日

發文第一三五六號

頁

14-1 6-21-500

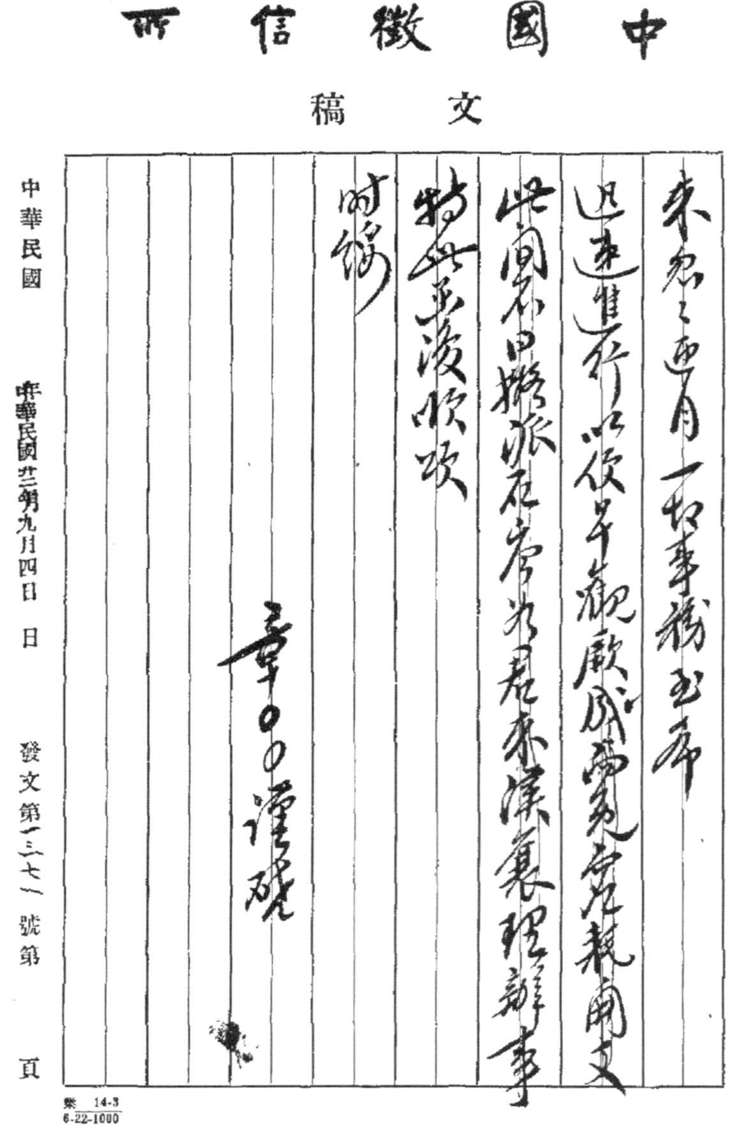
中國徵信所

文稿

來示已悉一切事務至希

迅速進行以便早觀厥成為荷至報用文

件則前日撥派在本所君泰處襄理辦事

特此並復順頌

時綏

章〇〇謹啟

中華民國卅二年九月四日 日

發文第一三七一號第 頁

紫 14-3
6-22-1000

第1543號
收 9.17

中國徵信所

聯查工商信用 傳佈市場消息 提倡經濟合作 促進社會繁榮

第 號第 頁

乃器先生大鑒本月六日寄上一緘諒可先邀

台覽昨與中行趙先生談及此間會員問題想已

不至再生枝節對於寄發基本會員報告其郵費

亦由本行自動担認此層想亦同

貴處接洽實施也現弟即擬着手進行籌備

事務惟前撥人員五月

尊處關於籌備及指導事宜擬由總所聘請

漢分行經理為指導委員組織指導委

中華民國 年 月 日

所址上海香港路四號 電話一三一四四 八一八四四七 電報掛號 外國"CREDITMEN, SHANGHAI" 本國六六六九

紫 7-9
7-22-2000

中國徵信所

調查工商信用　傳佈市場消息　提倡經濟合作　促進社會繁榮

第　　號　第　　頁

會商聘各行高級職員為籌備委員組織籌
備委員會開業後或再改為董事會但據
各方意見謂此間情形略有不同因各行不能以
銀行名義組織徵信事業故亦不欲担任徵信
所何項名義且籌備委員或董事長未能着
及各行恐將牽他行訴病但於組織事務由中國
上海徵信所另約行從旁協助自無不可故前
寄下公函未得諸先生之同意前尚未能一一封發

中華民國　　年　　月　　日

所址上海香港路四號　電話 總經理室 一八四七四 事務室 一四四四一　電報掛號 國外有線無線 "CREDITMEN, SHANGHAI" 國內 六六六九

棠 7—9
7-22-2000

中國徵信所

調查工商信用　傳佈市場消息　提倡經濟合作　促進社會繁榮

第　　號　第　　頁

函之籌備委員會亦無從召集現聞中行趙先生
不日來滬此中情形趙先生當能道及也再弟
意對於籌備事務首當確定該所進行
一切方有標準因此現狀之下草擬開辦費及經
常費預算殊無一得可循
核奪示復以便遵照為荷此致
公祺
弟 郭寰生 頓 九月四日

中華民國　　年　　月　　日

所址上海香港路四號　電話 總經理室 一八四七四 事務室 一四四四一　電報掛號 國外有線無線 "CREDITMEN, SHANGHAI" 國內 六六六九

棠 7—9
7-22-2000

案 8—4
1-21-1000

Bankers' Co-operative Credit Service

Mercantile Agency operated under the auspices of
Credit Men's Association of China
4 HONGKONG ROAD
SHANGHAI, CHINA.
TELEGRAPHIC ADDRESS:
"CREDITMEN SHANGHAI"
OR 9666
TELEPHONE 18474, 14441

Charter Members:—
Bank of China
Bank of Communications
Central Bank of China
Central Trust Company, Ltd.
Chekiang Industrial Bank, Ltd.
China Development Bank, Ltd.
China State Bank, Ltd.
Chung Foo Union Bank, Ltd.
Commercial Bank of China, Ltd.
Joint Savings Society of Yienyieh,
Kincheng, Continental and China
& South Sea Banks

Charter Members:—
Kiangsu Bank
Ming Hwa Commercial & Savings Bank, Ltd.
National Commercial Bank, Ltd.
National Industrial Bank of China
Postal Remittance & Savings Bank
Shanghai Commercial & Savings Bank Ltd.
Sin Hua Trust & Savings Bank, Ltd.
Young Brothers Banking Corporation

REF. NO.

以会员十五行每月担费收入$750— 以$500—为标准编造月支经常费预算如下

1. 薪资 …… $280—
   调查员二人 事务员二人 帮助调查员二人
   工役信差各一人 (经理薪水由银行支给)
2. 膳费 …… $50—
3. 租金 …… $50—
4. 邮电费 …… $20—
5. 水,电,电话 …… $20—
6. 杂志,报章 …… $20—
7. 车资 …… $15—
8. 文具纸张 …… $20—
9. 杂支 …… $15—
10. 未列入预算费用 …… $10—

合计 $500—

案 8—4
1-21-1000

Bankers' Co-operative Credit Service

Mercantile Agency operated under the auspices of
Credit Men's Association of China
4 HONGKONG ROAD
SHANGHAI, CHINA.
TELEGRAPHIC ADDRESS:
"CREDITMEN SHANGHAI"
OR 9666
TELEPHONE 18474, 14441

Charter Members:—
Bank of China
Bank of Communications
Central Bank of China
Central Trust Company, Ltd.
Chekiang Industrial Bank, Ltd.
China Development Bank, Ltd.
China State Bank, Ltd.
Chung Foo Union Bank, Ltd.
Commercial Bank of China, Ltd.
Joint Savings Society of Yienyieh,
Kincheng, Continental and China
& South Sea Banks

Charter Members:—
Kiangsu Bank
Ming Hwa Commercial & Savings Bank, Ltd.
National Commercial Bank, Ltd.
National Industrial Bank of China
Postal Remittance & Savings Bank
Shanghai Commercial & Savings Bank Ltd.
Sin Hua Trust & Savings Bank, Ltd.
Young Brothers Banking Corporation

REF. NO.

以会员十五行入会费$1,500— 以$800—编造开办费预算表如下

1. 装修 …… $100—
2. 卷箱(三只) …… $90—
3. 文件抽屉橱(一只) …… $30—
4. 书橱(一只) …… $20—
5. 写字台(五只) …… $75—
6. 椅子(五张) …… $20—
7. 马鞍椅(二只) …… $10—
8. 凳子(五只) …… $6—
9. 茶几(一只) …… $4—
10. 圆棹或方棹(一只) …… $8—
11. 沙发(二只) …… $30—
12. 铁箱(一只) …… $30—
13. 电线押柜及装费 …… $80—
14. 钟(一只) …… $10—
15. 账簿,文具,印刷 …… $100—
16. 油印机 …… $20—
17. 参考用书籍 …… $30—
18. 杂项 …… $20—
19. 开幕日费用 …… $100—
12. 未列入预算内费用 …… $37—

合计 $800—

第1561號
24年9月11

中國徵信所

調查工商信用 傳佈市場消息 提倡經濟合作 促進社會繁榮

乃器先生大鑒：昨奉本月四日
來示敬悉種切。昨日本行對於
尊處前函再行討論，均無問題。關於寄發
滬方何項報告，應用何種郵遞，均已議定。惟
尊處擬定之條目，本行特別會員志願書，多
數並無意見，但有須志願書應改為會員者所
訂條款第六節，略有異辭，並須會員須依
照此間銀行公會前卅日致

第　號　第　頁

中華民國　年　月　日

所址：上海香港路四號　電話：一八四四一　四七四四一　電報掛號：外國 "CREDITMEN, SHANGHAI" 內國 有線 無線 六六六九

業 7—9
7-22-2000

中國徵信所

調查工商信用 傳佈市場消息 提倡經濟合作 促進社會繁榮

尊處前函第六節尊處規定會員問題，現已由南銀
行公會解決，當亦不致有不容納各方意見，現並因
法定之故。
尊處一函已請貴社同日內即可寄上。公會中每星期敘
會一次，作事又延迴曲折，致多稽延。現第為
從速進行起見，擬於次日（星期六敘會之時）即函
公會各行進行商訂會員事，其內容均照
前卅日公函及參酌

第　號　第　頁

中華民國　年　月　日

所址：上海香港路四號　電話：一八四四一　四七四四一　電報掛號：外國 "CREDITMEN, SHANGHAI" 內國 有線 無線 六六六九

業 7—9
7-22-2000

中國徵信所

調查工商信用　傳佈市場消息　提倡經濟合作　促進社會繁榮

第　　號第　　頁

合同

立合同事現撥洋□0000銀行為贊助徵信事業起

見自中華民國　年　月　日起加入為中國徵信

所股份有限公司洋以分所為特別會員對於左開各

條均經雙方同意並願共遵守此據

計開

一、特別會員於入會時繳入會費國幣壹百元並每月

繳納報告費國幣五十元每三個月預付一次

中華民國　年　月　日

所址上海香港路四號　電報掛號 國外 "CREDITMEN, SHANGHAI" 國內 有線 無線

業 7—9
7-22-2000

中國徵信所

調查工商信用　傳佈市場消息　提倡經濟合作　促進社會繁榮

第　　號第　　頁

貴處所擬特別會員志願書擬就簽附上

一併存核

各種處時為何法定者另函奉達專此祗頌

台祺

弟郭宜生謹啟　九月廿日

中華民國　年　月　日

所址上海香港路四號　電報掛號 國外 "CREDITMEN, SHANGHAI" 國內 有線 無線

業 7—9
7-22-2000

中國徵信所

調查工商信用　傳佈市場消息　提倡經濟合作　促進社會繁榮

第　　號第　　頁

二、前項月納報告費暫以一年爲限
三、特別會員除委託本所調查之事件無須繳納報告費國幣一元外埠一元五角外凡本所日常自動分送之各項市況或信用調查報告書不另收費
四、本所之各項市況報告書及信用調查報告書及上海總所分送各埠本會員之各項報告書全係總所隨時分送與特別會員不另取費但郵寄上海總所之各項報告書其郵費由特別會員自理

中華民國　　年　　月　　日

所址上海香港路四號　電話　經理室一八四七四　辦事室一四四四一　電報掛號國內外有線無線"CREDITMEN, SHANGHAI"或六六六九

棨 7-9 7-22-2000

中國徵信所

調查工商信用　傳佈市場消息　提倡經濟合作　促進社會繁榮

第　　號第　　頁

五、本所遇必要時得請求各特別會員供給關於市況及商家信用程度之消息
六、特別會員接受本所報告書後除用作商業上之參考外不得作其他用途
七、特別會員對各項報告書之內容應嚴守秘密●●●●●●
八、本合同自簽字之日起一年以內爲有效期間期滿時本合同中任何一方如須終止本合同時應於

中華民國　　年　　月　　日

所址上海香港路四號　電話　經理室一八四七四　辦事室一四四四一　電報掛號國內外有線無線"CREDITMEN, SHANGHAI"或六六六九

棨 7-9 7-22-2000

中國徵信所

文稿

受文者 名稱	郭宜生
受文者 地址	
主文	爲
由	

經理	會閱者	電報	快信
秘書	繕發者	雙掛	單掛
主稿者	登記者	平信	明片
		專送	面致

宜生先生大鑒：接展七月廿九日

手書，均經詳悉。漢口分行可照常於十一月一日開行，承

示特別會員合同章程，經本處審核，尚無不合之處，

可即照辦。附(修)訂之條文中本所授權

執事代表簽訂，茲附上委任書及(淡)函各一

並另一件，並希

察收。分別存轉。現定七月一日開幕，甚佳。此

間已擬派(?)者若來漢襄助一切……

中國徵信所

調查工商信用　傳佈市場消息　提倡經濟合作　促進社會繁榮

第　　號第　　頁

期滿前三個月通知對方，否則繼續有效。

立合同人　中國徵信所股份有限公司　代表人

附中國徵信所股份有限公司保證……

中華民國　　年　　月　　日

所址 上海香港路四號　電話 總經理室 一八四四七四 秘書室 一一四四四一　電報掛號 國內外 有線 無線 "CREDITMEN, SHANGHAI" 六六六九

粲 7—9
7-22-2000

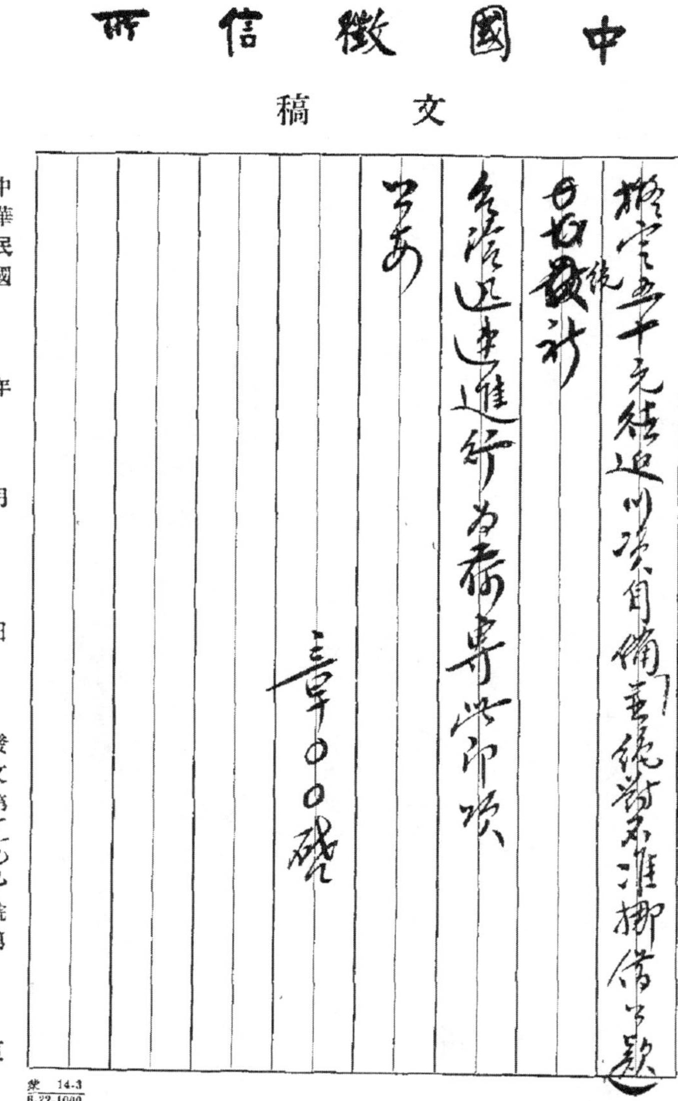

中國徵信所

文稿

擬定每十元結匯川資自備，再統計不准挪借公款

日后（後）發行

急速進行為荷專此即頌

公安

章〇〇啟

中華民國卅三年九月拾貳日

發文第一三九九號第　頁

中國徵信所文稿

受文者	
地址	
名稱	

經理	業務部主任	調查部主任

主稿者	會閱者	繕發者

電報	雙掛	平信	專送
快信	單掛	明片	面致

茲任

郭宜生君為本所漢口分所秘書並規定職權如左

一、對內主持分所一切事務遇有重大事宜隨時申請總所核示

二、對外代表本所簽訂關於本所營業章程所列各種通常營業之契約合同

三、收受並簽發各種關於業務之信札文件

四、任免分所職員但須即時陳報總所備案職位較重者並須先請總所裁奪

中華民國　年　月　日

發文第　號第　頁

中國徵信所文稿

受文者	
稱名	
地址	

二

經理	主任業務部	主任調查部
主稿者	會閱者	繕發者

電報	雙掛	平信	專送
快信	單掛	明片	面致

五、不得以本所名義對外擔保及爲本所營業範圍以外之任何負擔

六、在報紙刊物發表關於本所業務之稿件須先經總所核准

七、訴訟事宜須先經總所核准

右交郭宜生君收執

常務董事

中華民國二十二年九月十一日

中華民國　年　月　日　發文第　號第　頁

業 14-2
6-21-1000

立合同漢口　　爲贊助徵信事業起見茲加入中國徵信所股份有限公司漢口分所爲特別會員經雙方同意簽訂左列條款相約遵守恐後無憑立此合同存照

計開

一、特別會員於入會時繳納入會費國幣一百元並每月繳納報告費國幣拾元每三個月預付一次

二、特別會員除委託徵信所調查之事件每份繳納報告費國幣一元外單一元五角外凡徵信所日常自動分送之各項市況或信用調查報告書不另收費

三、徵信所上海總所分送各基本會員之報告書應隨時送與特別會員不另收費但自上海寄至漢口之郵費由特別會員自行負擔

四、徵信所遇必要時得請求各特別會員供給關於市況及商家信用程度之消息

五、特別會員接受徵信所報告書後除用作商業上之參考外不得作其他用途

六、特別會員對各項報告書之內容應嚴守秘密

七、本合同成自雙方簽定之日起一年爲有效期間期滿時本合同中任何一方如欲終止本合同時應於期滿前三個月通知對方否則認爲繼續有效

代表人

中國徵信所股份有限公司漢口分所

立合同

代表人

見議

中華民國　年　月　日

附中國徵信所股份有限公司漢口分所營業章程一份

逕復者接准八月三十一日

貴所復函以前次敝行等所提對漢分所原則辦法四項均可照辦惟

關於第四項發送報告書一節

尊提意見三項微有不同茲經敝行等磋商認為上海基本會員所享

權利對於漢地特別會員仍以同等待遇為原則若因逐日分寄報

告郵資極貴閱題則此項郵費可由漢地特別會員担任為靈通

消息凡除週刊所見所有上海基本會員日常所得報告務希一律

直接分寄特別會員不必由漢分所刻印具郵寄方法暫時定為

下列三種(一)商界異動報告及緊急市況報告均用飛機快寄(二)日

常市況報告照平常信件寄(三)普通信用報告照新聞紙類寄倘將

來有須變更郵寄方式時由各行隨時通知

貴所協定至 尊函所謂特別委託調查事件照例發於非漢會員

凡有應遵辦准函當即相應函復即希

貴所查照酌定見復是所至盼再者顧書手續擬請改為另定合同其

條文即照彼此往來函內所舉辦法分條列入另希

洽照此致

中國徵信所

中國銀行　交通銀行

浙江興業銀行　聚興誠銀行

鹽業銀行　金城銀行

四明銀行　上海銀行

浙江實業銀行　中國實業銀行

大陸銀行　廣東銀行

中南銀行　中國農工銀行

中國通商銀行

中華民國二十二年九月八日

中國徵信所

文稿

受文者	名稱	公函
	地址	漢口

主稿者	秘書	經理
登記者	繕發者	會閱者

電報 快信 雙掛 單掛 平信 明片 專送 面致

主文 為 由

逕啟者據本年本月八日
名平喉將上海某某公司日常所得報告一律分寄
特別會員其郵寄方法務宜以商家要動報告
及臨蔡市況報告均用飛機快寄(二)日常市況報告
與平常信件寄(三)普通信用報告與新聞紙類
寄(四)特別委託調查事件每份收費一元者應書
掛號郵寄不用其保含巾照對與特某事內所華
辦法各條列入寄時其徵

中國徵信所

文稿

[illegible]

中華民國廿三年捌月拾貳日 發文第一四〇二號第 頁

14-3 6-22-1000

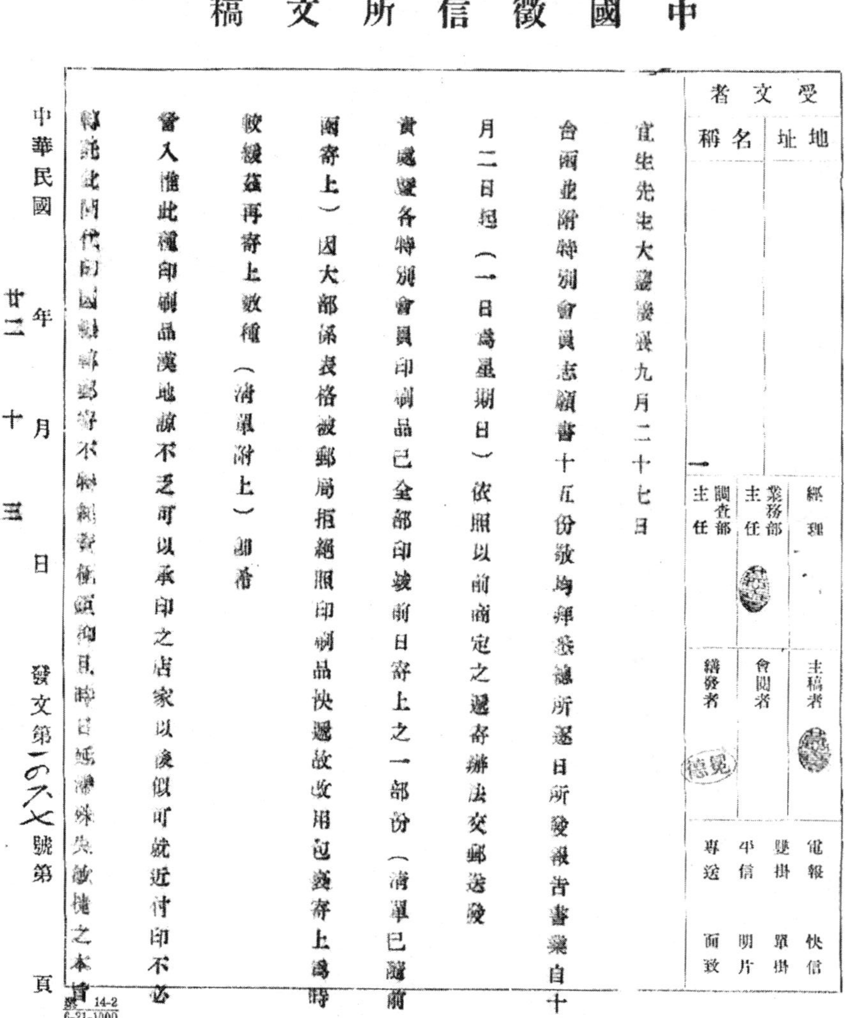

中國徵信所文稿

受文者	
稱名	
地址	

經理	業務部主任	調查部主任
主稿者	會閱者	繕發者

電報	雙掛	平信	專送
快信	單掛	明片	面致

宜生先生大鑒逕啓者九月二十七日

合兩並附特別會員志願書十五份敬爲拜悉總所逐日所發報告書彙自十

月二日起（一日爲星期日）依照以前商定之遞寄辦法交郵送發

貴處營各特別會員印刷品已全部印竣前日寄上之一部份（清單已隨前

函寄上）因大部係表格被郵局拒絕照印刷品快遞故改用包裹寄上爲時

較緩茲再寄上數種（清單附上）即希

詧入惟此種印刷品漢地諒不乏可以承印之店家以後似可就近付印不必

轉託北間代印因郵寄[illegible]不輕[illegible]且時日延滯殊失敏捷之本旨

中華民國廿二年十月三日 發文第一〇八七號第 頁

14-2 6-21-1000

中國徵信所文稿

受文者
稱名　二
地址

經理　業務部主任　調查部主任
主稿者　會閱者　繕發者
電報　快信　雙掛　單掛　平信　明片　專送　面致

計荷

貴閣正式調查究定何日現下籌備進行者何一切統祈

詳賜示知爲荷順頌

公安

金○○ 敬啓

中華民國廿二年十月三日　發文第　號第　頁

14-2
6-21-1000

寄發漢所印刷品清單

中文章程	二百本
海關進出口貿易報告	二本
統計表	四種
工廠英文調查表	一百份
商號英文調查表	一百份
販售商號調查表	一百份
製造工廠調查表	五百份
個人詳細調查表	五百份

乃器先生台鑒上月廿七日寄上合同十五份諒必早邀
台核前
尊處致各行公函請推舉數人審核報告一節未能
同意聞各行已決定由公會逕復
尊處矣此間各行對於徵信事業雖不乏熱心者
扶助但多數均抱洽觀態度甚或譏諷挑剔弟亦
惟有抱定宗旨不計成敗與諸同事共同戮力而矣
目下所最感困難者即調查員對於採訪消息素

無經驗所編報告是否確實均須從旁再加探詢
廢時實多現分所已於一號成立並已送發報告今日
即向各特別會員收取入會費及報告費開幕日期
及進行事務已於上月廿七日晚邀集趙、黄、甄、沈、董、
汪、鄭、宗、諸君一度叙餐報告一切並決定於雙十節正
式開幕又請諸君代為聘請各業顧問現內部事
務均已佈置妥當各人員履歷及分配工作已另函
呈達總所惟叔屏兄介紹之鄭維理君未列入預算

之内此層前曾呈達
左右不知能否
核准以事務而論弟因對外事務較繁勢不能專做
内部工作人手亦覺缺乏各特别會員除十五行外
郵滙局已經函邀入會合同亦已送去據謂俟批准後
再行接洽他如中央銀行省銀行四省農民銀行等均
已接洽中央或能加入為會員也聶世璋君弟原擬
請其担任特約調查及書譯英文信札報告之職目

下尚無外國會員故亦未有英文文件往還擬暫先
請其担任洋行方面調查並旋言現在初創之際開
支極儉月僅致送車馬費念元聶君謂祗廿元耶勿
乃太耗我之光陰也弟以其欲望過奢無法延攬聞
其在自由西報月薪伯元此外尚有上海時事新報
通信兼職至聶君性情似覺稍為暴躁耳專此祗
請
台安

弟郭宜[illegible]啟　十月五日

石岑兄囑筆道候

第1652號
[illegible]年10月7日

慕堯先生大鑒：九月廿七日奉上華札及合同十五紙，諒邀台詧。印刷品照收無誤。此外並收到錢業月報、銀行週報各一期，中國實業誌一冊，海關貿易統計（中文章程二十五本，統計表中權子商半月刊兩冊）進出口各一冊。此間遵中行趙經理意旨，定十月十日開幕，但自一日起已正式開始辦公，報告亦經開始編發。各會員入會費及報告費尚未繳來，日内即擬前往收取。職員除弟與石君外，尚有三人，另雇勤務兩名。聶世璋君因希望過奢，未能妥洽。茲將本職員履歷及職務分配單一份，即祈台詧。關於以後辦事方針，尚乞隨時指示，俾資遵循而圖進展，無任企幸。專頌

公綏

弟 郭宜生 謹啟

十月五日

附職員履歷及職務分配單一份

此函擬寄交時，適十月三日尊示遞到，已敬悉。

郭宜生　秘書

石岑如　担任文書編繕校對經費報告編管檔卷收發登錄各項簿籍開單（如委查事件通知單收費通知單等）及其他襍務（如編器物目錄保管文具書籍等）

鄭維理　字調青年卅三歲浙江人浙江森林學校畢業曾在商界服務十年
担任會計及彙編經濟新聞（浙實鄭介紹）

調查員

姚次安　湖北漢陽人年卅六歲武昌商業專門學校畢業曾充湖北省營業稅局調查員暨工廠管理員等職務（上海銀行董介紹）

林守寬　湖北漢陽人年卅歲曾充恒益錢莊上街漢陽萬春和萬春盛萬春昌等上街（上海銀行宗介紹）

特約調查員

俞志俠　現任新德錢莊副理（中行介紹）

胡硯農　現任公論日報經濟新聞編輯（上海銀行董宗及中國農工銀行胡介紹）

勤務

黎範九　送信

周吉臣　印刷

受文者	稱名	地址
	郭宜生	

經理	業務部主任	調查部主任
	秦[illegible]	秦[illegible]

主稿者	會閱者	繕發者
		[illegible]

電報	雙掛	平信	專送
快信	單掛	明片	面致

宜生先生大鑒：[illegible]十月[illegible]
[illegible]及所附業務分配表一紙，祇悉種切。
所已開始辦之[illegible]
業務[illegible]書副本[illegible]
[illegible]
[illegible]商[illegible]
[illegible]
及[illegible]
所以[illegible]
新
[illegible]
[illegible]

中華民國　年　月　日
中華民國廿三年　月七日
發文第一四七三號
頁

中國徵信所文稿

受文者	稱名	地址

經理	業務部主任	調查部主任

主稿者	會閱者	繕發者

電報	雙掛	平信	專送
快信	單掛	明片	面致

尚須添人，[illegible]以前辦信用調查[illegible]陳[illegible]吳羅
銳君有意來漢襄助調查事務，羅君[illegible]人對
漢口情形尚稱熟悉，[illegible]予以試用，並祈
[illegible]
察酌。又承[illegible]
囑[illegible]特別會員十五家[illegible]
其他會員[illegible]
[illegible]漢口商家[illegible]
書[illegible]十日開幕[illegible]
一併詳[illegible]
[illegible]
[illegible]事均[illegible]
弟 金〇〇拜啟

中華民國　年　月　日
中華民國廿三年　月七日
發文第　號
頁

中國徵信所漢口分所

調查工商信用 傳佈市場消息 提倡經濟合作 促進社會繁榮

第　號第　頁

慕堯先生大鑒本月七日
大函及代付款項清單均已收到敬悉種切此間業於
國慶日正式開幕事先由所柬邀市商会各委員各銀
行各同業公會主席及新聞界蒞臨參觀是日來賓到
有市商會主席暨三委員及各行代表約五六十人由所備
茶點款客羅疑君既有意來漢極佳惟目下人手暫可
敷用如以後事務稍繁當於必要時再行奉邀至於徵求
洋商會員及普通公員一節一俟辦有成績當即着手

中華民國　年　月　日

所址中國銀行二樓 電話三二九四 電報掛號國內有線及無線一〇一〇

中國徵信所漢口分所

調查工商信用 傳佈市場消息 提倡經濟合作 促進社會繁榮

第　號第　頁

進行鄭維理君確有需要擬即正式聘用薪水若干尚祈
酌示聶君希望太奢且極愛惜光陰如託其出外接洽而
無成效則所中礙難給酬彼必怨懟缺望似非妥善辦法
容俟此間事務稍暇與之商量後再行奉告此間各會
員對於所中編發之報告頗為滿意委託調查事件已有
十數起關於推派代表審閱報告一節已有復函遲到託
為轉寄茲將該函及此間開幕廣告等一併奉上即祈
台察此間報告擬每星期六寄奉一次以節郵資關於此

中華民國　年　月　日

所址中國銀行二樓 電話三二九四 電報掛號國內有線及無線一〇一〇

中國徵信所漢口分所

調查工商信用 傳佈市場消息 提倡經濟合作 促進社會繁榮

第　號第　頁

商資產負債賬目當遵照於每月五日以前製表報告

備此奉聞 專頌

公綏

弟 郭宜生 謹啟

中華民國廿三年拾月拾貳日

所址中國銀行二樓 電話三二九四 電報掛號國內有線及無線一〇一〇

漢口新聞報

中國徵信所漢口分所開幕通告

敬啓者敝所以提倡經濟合作促進社會繁榮爲宗旨辦理經濟及工商信用調查傳佈市場消息等業務總所設於上海服務社會頗著成效茲爲推廣徵信事業起見爰在漢口設立分所業經籌備就緒定於十月十日正式開幕敬希蒞臨指導曷勝感荷特此通告 中國徵信所漢口分所謹啓 所址保華街中國銀行二樓 電話三二九四 電報掛號國內有線及無線一〇一〇

中國徵信所漢口分所開幕通告

敬啓者敝所以提倡經濟合作促進社會繁榮爲宗旨辦理經濟及工商信用調查傳佈市場消息等業務總所設於上海服務社會頗著成效茲爲推廣徵信事業起見爰在漢口設立分所業經籌備就緒定於十月十日正式開幕敬承光臨指導曷勝感荷特此通告 中國徵信所漢口分所謹啓 所址保華街中國銀行二樓 電話三二九四 電報掛號國內有線及無線一〇一〇

中國徵信所漢口分所開幕通告

敬啓者敝所以提倡經濟合作促進社會繁榮爲宗旨辦理經濟及工商信用調查傳佈市場消息等業務總所設於上海服務社會頗著成效茲爲推廣徵信事業起見爰在漢口設立分所業經籌備就緒定於十月十日正式開幕敬希蒞臨指導曷勝感荷特此通告 中國徵信所漢口分所謹啓 所址保華街中國銀行二樓 電話三二九四 電報掛號國內有線及無線一〇一〇

中國徵信所漢口分所敬謝來賓啟事

前日敝所開幕猥荷 高軒蒞止不吝 指教並賜厚貺珠玉繽紛隆情稠疊感謝莫名誠恐招待未周尚希原諒用伸謝悃恕不另柬

中國徵信所漢口分所

調查工商信用　傳佈市場消息　提倡經濟合作　促進社會繁榮

第　　號　第　　頁

[illegible]學長兄台鑒：昨由樹屏兄交下
手示，敬悉一一。倬雲兄在蓉時與弟同班，現已
多年不見，如能來此幫忙，極為歡迎，
即請就道可耳。此間調查人員，前由鄭
興誠銀行友人介紹胡君，談已安妥，擔任
內外部工作，月薪數十元，胡君留日習
商科多年，嘗在報界及機關任職，但其外
勤工作，亦未見滿意。調查人材，才殊難物色

中華民國　　年　　月　　日

所址中國銀行二樓　電話三二九四　電報掛號國內有線及無線一〇一〇

中國徵信所漢口分所

調查工商信用　傳佈市場消息　提倡經濟合作　促進社會繁榮

第　　號　第　　頁

也。正此間會員，除國貨銀行已加入為特別
會員外，中央銀行已加入為普通甲種會員，鹽業
新華銀行已加入為丁種會員，現尚有大中銀行
已經談數次，大概亦可加入為甲種會員，花旗銀
行繼續會同已經答應，但正會員銀行經
六个月期滿後不欲，尚有問題。前仰屬先生
來漢時談及黃蔚文兄具函即請業務，以謀自
立之途，意正美善，弟亦已通。總行文具備

中華民國　　年　　月　　日

所址中國銀行二樓　電話三二九四　電報掛號國內有線及無線一〇一〇

中國徵信所漢口分所

調查工商信用　傳佈市場消息　提倡經濟合作　促進社會繁榮

第　　號第　　頁

費數目大概每年均在千元左右總計數款
之多印刷業務紛繁殊當先有精確計
劃方可着手
弟意以爲可否請與仰辰先生一談此間所
辦行名錄既已付印下月可出書惟本年
所刊調查編輯均欠完善銷行亦無把
握現設定刊印五百本廣告價目則因市面關係
定價極低已規定廣告七百餘元大約可達

中華民國　　年　　月　　日

所址中國銀行二樓　電話三二九四　電報掛號國內有線及無線一〇一〇

中國徵信所漢口分所

調查工商信用　傳佈市場消息　提倡經濟合作　促進社會繁榮

第　　號第　　頁

八百元之數封面全面請乙百五十元之廣告費
自今年交全戶可講實在定價每本貳元
一元但印數過少成本每冊約在一元六角左右
發行收支可能相抵難有盈餘也第五此
一切辦事經費
爲愛事來漢業誠幸頓以未能多
得兄會晤之指導辦事實有孤掌難
鳴之概也弟

中華民國　　年　　月　　日

所址中國銀行二樓　電話三二九四　電報掛號國內有線及無線一〇一〇

中國徵信所漢口分所

調查工商信用 傳佈市場消息 提倡經濟合作 促進社會繁榮

第　號第　頁

時綏。敬並候有道編壽餘祺。行

大安

弟郭宣生啓 十二月十九日

中華民國　年　月　日

所址中國銀行二樓 電話三二九四 電報掛號國內有線及無線一〇一〇

炳若吾兄長先生：日前奉上一函，諒

已函備悉一一。偉雲兄長於文辭，頭腦亦尚清楚，惟

作事遲緩，外部工作因其雜學稍久，情形較為生疏，

據其自稱最好擔任編訂工作，故編製定期商情

報告，相託每星期一次，材料由所中報告及新聞紙

等蒐搜集，尚有不易所需之稿案工作，以由偉雲兄

負責，月薪五十元，為數雖非厚，然所中待遇本較高，若

已屬較高，薪水尚須有調整，成績使人心服，不然則

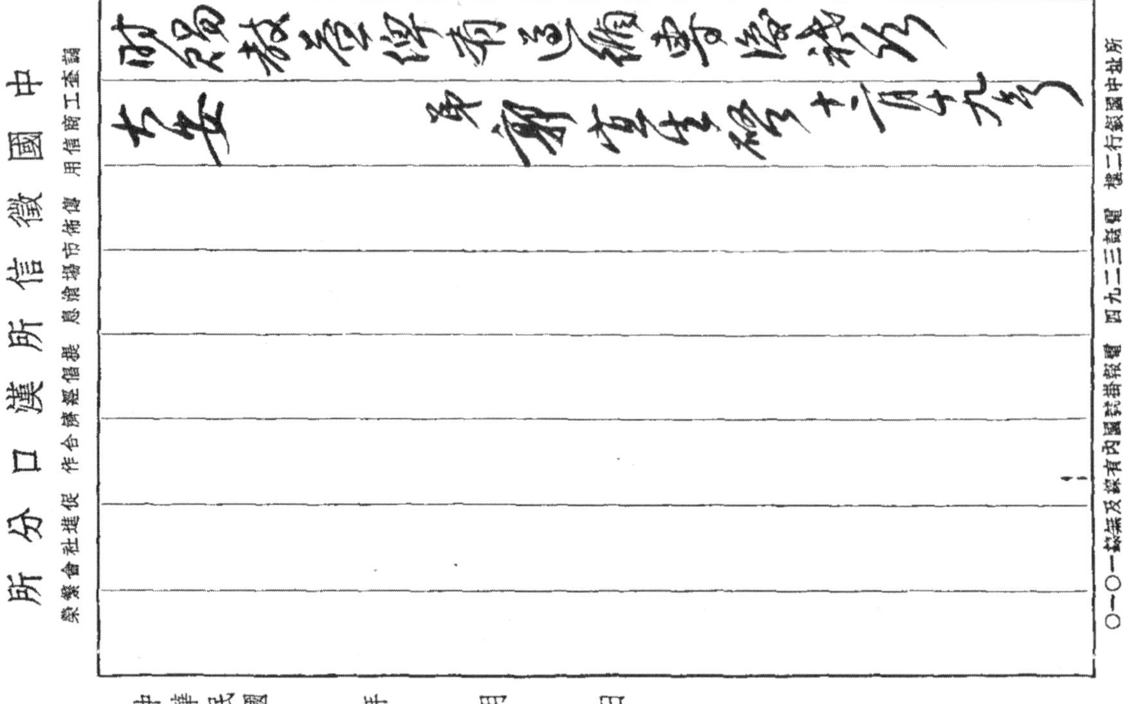

遺人語物嘗其來譯之稿弟已言之焉
兄所說五年計人之意亦覺不宜而今並無旅資一層
並未向其提過惟石君對之言曰當其來譯時川資由
所中支給廿元等語傅雲兄不明實情貿然要求
弟已復稱王牡濤君亦係經學來譯所中並未支給
川資故不能例外然其過實完於石君之多言也焉
傅雲兄來所石君實善妒之一例耳其失所可使為
毋恐去而代之之剩余請要求加薪殊不知此中種

種全屬錯覺傅雲於其來後並嫌其疑故請校中
事試問其每日應辦之事是否每日清了焉
兄所言自工余遺材識卻實謀弟不敢自詡良工
惟願能隨吾
兄之役仍當努力所之務不負吾
兄愛我之厚石君雖辦事能力甚佳故弟極願
其所長惟彼恩相不正錯覺太多此次以加薪之
函相示見其態度已趨形極積矣在弟平心而

論所中調查致能實鮮進步，推其因或缺乏
外勤人材，難於勤勉，弟曰前此一次欲覓一較為滿意
者，嘗託多數銀錢界友人因所介紹數人均未能滿
意，而後之與調查之事，弟覺中外均少合材，我有
此種缺點，慨商情者，或比較於腦清楚者，取而用之
此間會員增加不多，委託事件亦少，人材未能儘
量收羅，故一時難見殊效，又以為徵信事業之進
步，應側重方法，儘量收集資料，方能逐漸臻

於完善精確之境，當地社會知識低者，徵信所之
資料，對之於此種社會滿意之資料，何能立時而得，故
前年銀行公會議訂合同時，須繼續六个月之時間，而
能有若何滿意之效果，恐非易舉，更知徵信為業
萬難急就，經王毅齋主席即謂所訂六个月合
同意此期，行文章請約告費，擔所為，係們不難，我
們銀行何須顧之而遽希望難得有進步耶？但六
个月滿之情形如何，各行均未有何表示，現聞甚

毅翁先生行将调往天津，此间金城经理一席将
由沪行李副理继任，昨来公会主席，当面介绍，彼
为行甚有心雅，或不致有麻烦也。此间工作，计
划对于调查方面拟多用专业的调查统报
告，多寡而定报酬，如此或可多得报告数量
充实档案材料，如欲求得万能人材已属失败之
试验，现在已想发展多方专报告者及商会
优成为数量统计，现经本年一月份起又拟每星
期编制商情报告一种（即停出亮报任之工作），新名
简单经济统计印出，印刷所订定合同于一月十五日交
出，现已延迟两星期，尚未出版，再催多次，印刷所亦
无办法可想之。现据所闻，所答每日商情一部份报
纸尚属欢迎，大陆更为兴趣，兹言不要另寄像
敬颂
年禧
弟郭宝生谨启

2. 天津分所

逕覆者，十月廿八日大函敬悉。關於津地
貴所擬籌備分處一事，此間各行事先並未接
洽，嗣華因來津未久，行中諸事甚忙，本擬
稍暇當就緒後再進行津所事務，待有相當
程度時再專函
尊處，派人前來洽辦，乃日前潘君提先莅至
華始，並邀中行卞行長並在上星期六天津銀
行公會票發會，初次提出討論，華堅決主張採

天津上海商業儲蓄銀行（一）

用基本會員方式，現經卞君熱心介紹之結果，
基本會員已有十四家，會員銀行無全體加入
之可能，而經費多寡亦須待明日（星期一）再經
一度票發會議，始可解決，想以後不致更有何
問題，恐勞
注念，特此先述。再者，此事並非潘君措置失當，實
以事先缺乏布置，故未免臨時疏通耳。此致
中國徵信所

資耀華上

天津上海商業儲蓄銀行

天津上海商業儲蓄銀行

THE SHANGHAI COMMERCIAL & SAVINGS BANK, LTD.

TIENTSIN BRANCH.

100 RUE PASTEUR, FRENCH CONCESSION.

CABLE ADDRESS: "COMSAVBANK"

TELEPHONES: 31449, 32044, 33432

CODE USED: BENTLEY'S, PETERSON'S, A. B. C. 5 LETTER

TIENTSIN.

第3078號 12月13日

子偉
仰長
瑞璜 三兄 均鑒：

徵信所事，昨日已開成立大會，表面上似乎毫無問題，但將來成績如何，則難預料。此地與上海不同，未好開誠合作，因此形成都要管而都不管之局面。此種情形，若徵信所所長能負責做事，不存上海初辦時有利用該機關之野心，則將來或無問題；否則恐不能無問題也。蓋現在銀行紙負出資之責，一切專任徵信所自由辦理，萬一他日[illegible]人則[illegible]聞，信不可不反省也。草此敬問

台安

弟 華拜上 十二月七日

鄙意如能請加入發信

津徵信所事，請攬華先[illegible]

為指導所方針，今後力求稍有成效，[illegible]

知之。前所辦所創設之有此種情形

想所總知，滬上今人必為津所

[illegible]

瑞璜

159

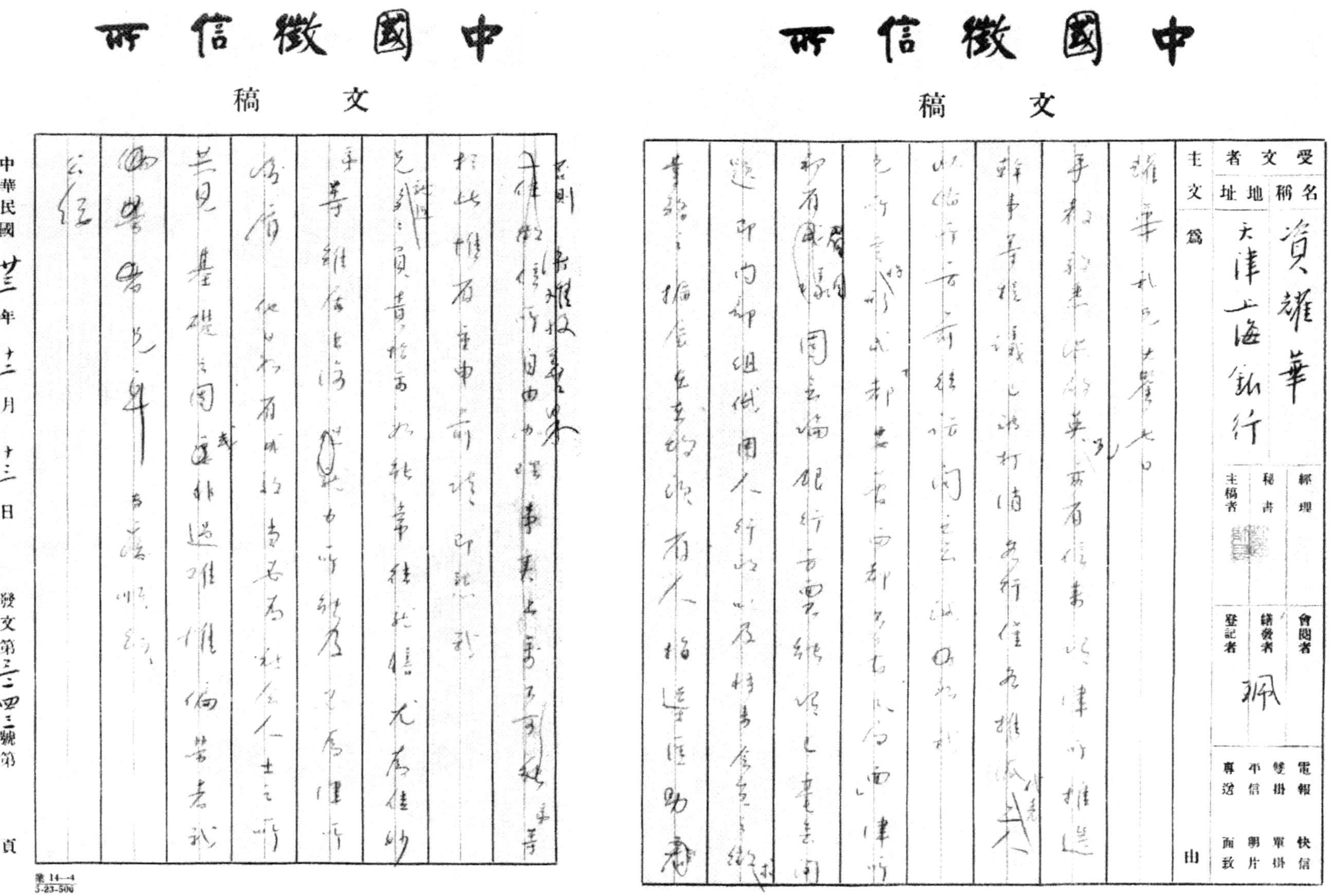

中國徵信所

文稿

受文者	名稱	資耀華
	地址	天津上海銀行

主文為

經理　秘書　主稿者

會閱者　繕發者　登記者

電報　快信　雙掛　單掛　平信　明片　專送　面致

由

中國徵信所

文稿

中華民國廿三年十二月十三日

發文第三三四三號第　頁

業14—4
5-23-500

中國徵信所天津分所

第3054號
33年11月27日

乃器、仰岳先生大鑒：今日公會敘餐，出席銀行十二家（按公會會員共十七家），當由卞主席提出籌設天津中國徵信分所案，少數會員對於此事似為有未前知者，其意以總所組織業務暨會員之事情形，予解釋討論，結果以為會員均欣商之，為該分所尚未有若何具

中國徵信所天津分所

體決定。大勢所趨，或須仿照上海之分所方式，惟名義則改係基本會員。下週一起，其將分訪各行當局徵求同意，前途若何，尚難把握，接洽結果容再陳，端肅

敬頌

公綏

萬祀、叔光均此道候

弟 洪啟大 拜上

十一月廿四日

中國徵信所

文　稿

受文者名稱	受文者地址
[illegible]	天津[illegible]

經理	秘書	主稿者
		[illegible]

會閱者	繕發者	登記者
	[illegible]	

電報　雙掛　平信　專送

快信　單掛　明片　面致

主文

爲

由

[illegible]

中國徵信所

文　稿

[illegible]

中華民國廿三年十一月廿八日

發文第三一五八號第　頁

津一

聚14—4
5-23-500

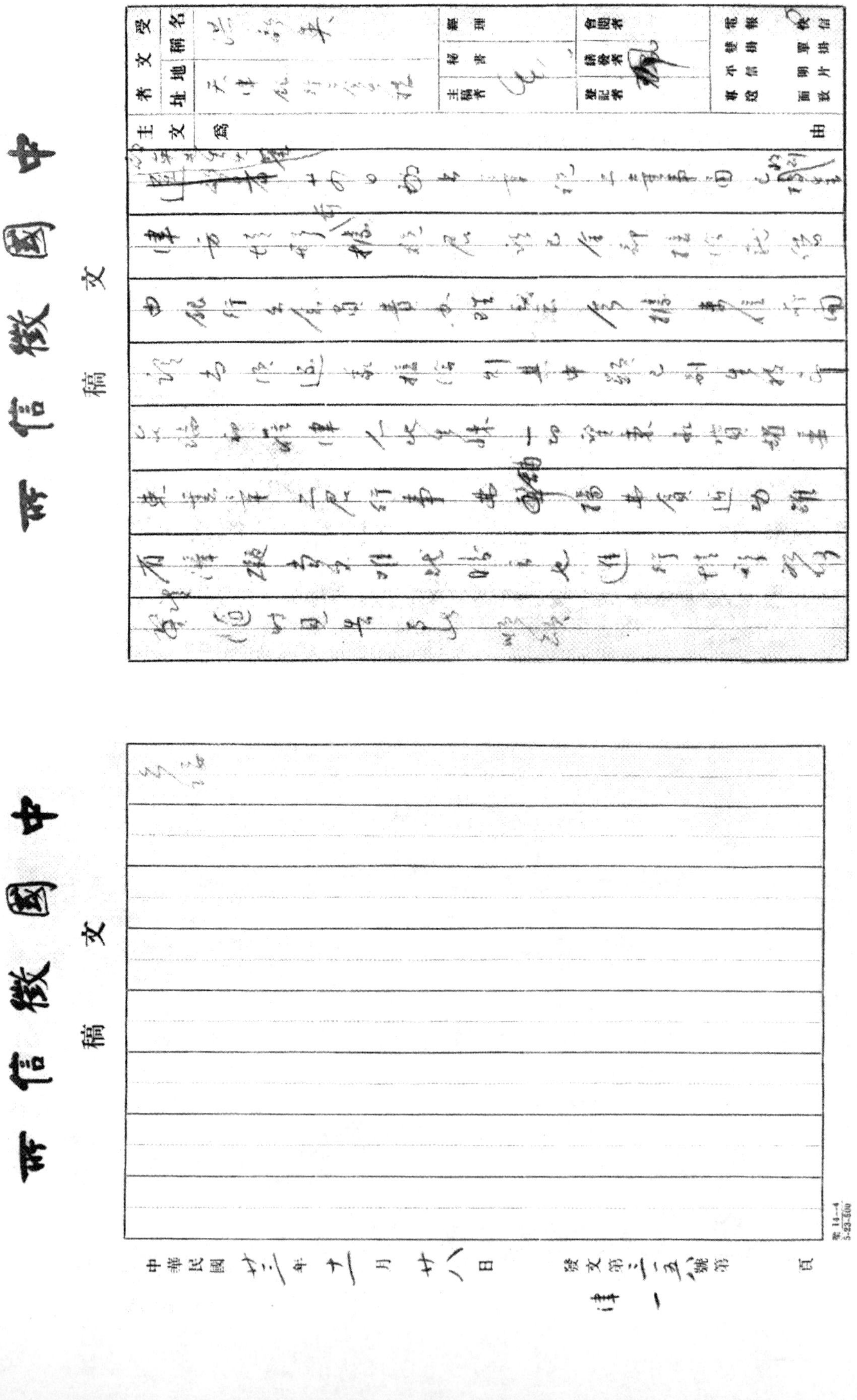

中國徵信所天津分所　3055

調查工商信用　報告市場消息　提倡經濟合作　促進社會繁榮　37 11 28

第一號第一頁

師亮吾兄大鑒：刺誦

惠函，敬悉種切。來津亦為中徵

訪卞滄飛先生，藉悉此間籌設

分所，並允由銀行公會負責，仍須

仿照滬、漢辦法，向各行徵求加入為

特別會員。今日公會聚餐席

間討論，以各代表向先未有所

知，並無何具體決定，下星期

中華民國　年　月　日

中國徵信所天津分所

調查工商信用　報告市場消息　提倡經濟合作　促進社會繁榮

第一號第二頁

英當分訪各行當局，邀請加入。前

途若何，尚無把握。　滄先生

云此次籌設津所，以為先來向各行

接洽，途徑或須延緩，若待至明春

籌子則可。當局亦但現已成騎

虎，惟有努力幹去，搞來宣之耳。

則苦現為未出窮困時期，將來自

當有。　卞滄飛先生要為商酌和

中華民國　年　月　日

中國徵信所天津分所

調查工商信用　集合市場消息　溝通經濟合作　促進社會發展

第一號之三

奉派來津總所精神寄於一身
一切措置當以審慎出之謀坐律
實當前問題癥結所在使其行
均能加入是為津所之生命線惟
而解決一切聯務次第進行收支
預算當俟會員問題告一段落
方能奉日前示奉　　卞君審閱之
每月經常開支預算或須稍有變

中華民國　年　月　日

中國徵信所天津分所

調查工商信用　集合市場消息　溝通經濟合作　促進社會發展

第一號之四

更加皆時能奉上本來津之先
所懷疑於經費一層茲今采成一問
題但為主人為困難終須解決之
今後采如何安頓奉告此間
頗具信價並期之五日可以奉送乎
日將以快信報告迅捷
各地於二十二日發出僅廿四日晚九時
方能遞到矣為未照顧

中華民國　年　月　日

弟　啓天　拜上

又經

中國徵信所天津分所

調查工商信用　傳佈市場消息　提倡經濟合作　促進社會繁榮

第　號　第 一 頁

航六[illegible]日開放寄件信

乃器先生大鑒：梅福
賜書敬悉。經切實查名單，以此向
中西報載公佈宣傳者，胡之為
此。又查精費時日經向國際商會
訪問僑務人：蔣夢麟、胡
適之、梅貽琦、顧毓琇、鄧慶瀾、
李[illegible]（津市社會局科長）、時子周（河
北省黨委）、張伯苓、楊[illegible]周（津

中華民國　年　月　日

電話三三一八二一九　電報掛號一七九四　國內有線及無線

中國徵信所天津分所

調查工商信用　傳佈市場消息　提倡經濟合作　促進社會繁榮

第　號　第 二 頁

商學院院長）、李金棨（平市教育局科
長）、李蒸、[illegible]、周炳琳、張
奚若、傅斯年、胡[illegible]之等。此
間曾[illegible]報載名單上總數本人一百
三十人（[illegible]）[illegible]日本津
市華商情形正形紛亂，甚至意
[illegible]學[illegible]人（[illegible]出席）動某方
[illegible]業[illegible]乃係人，[illegible]

中華民國　年　月　日

電話三三一八二一九　電報掛號一七九四　國內有線及無線

中國徵信所天津分所

調查工商信用　傳佈市場消息　提倡經濟合作　促進社會繁榮

第　號　第四頁

下津市上五日概歸日軍翻翻人
以致形勢緊張前途危殆
運料新華大樓自南滿鐵路
今移租入段以後方不得絕續
流奇槓租以維威不及日
來常有武裝日軍從出經
新華南局交涉以免安寧
恐不再撤入　二十三日　謹祈二葉

電報掛號　國內有線及無線　一七九四

中華民國　年　月　日

電話　三一一八一一九

所址天津法中街新華大樓四樓

中國徵信所天津分所

調查工商信用　傳佈市場消息　提倡經濟合作　促進社會繁榮

第　號　第三頁

服從以武器日後翻令至兩晚
後匪黨暴動南局自觀情形
被俘擔防守之不敢抗拒一
人現狀大致安靜但局前形勢
昨日自稱開南津日軍七百人
開意不明路局所有車輛亦為
日軍監視者計有同數軍
輛自南開來時不復開動南

電報掛號　國內有線及無線　一七九四

中華民國　年　月　日

電話　三一一八一一九

所址天津法中街新華大樓四樓

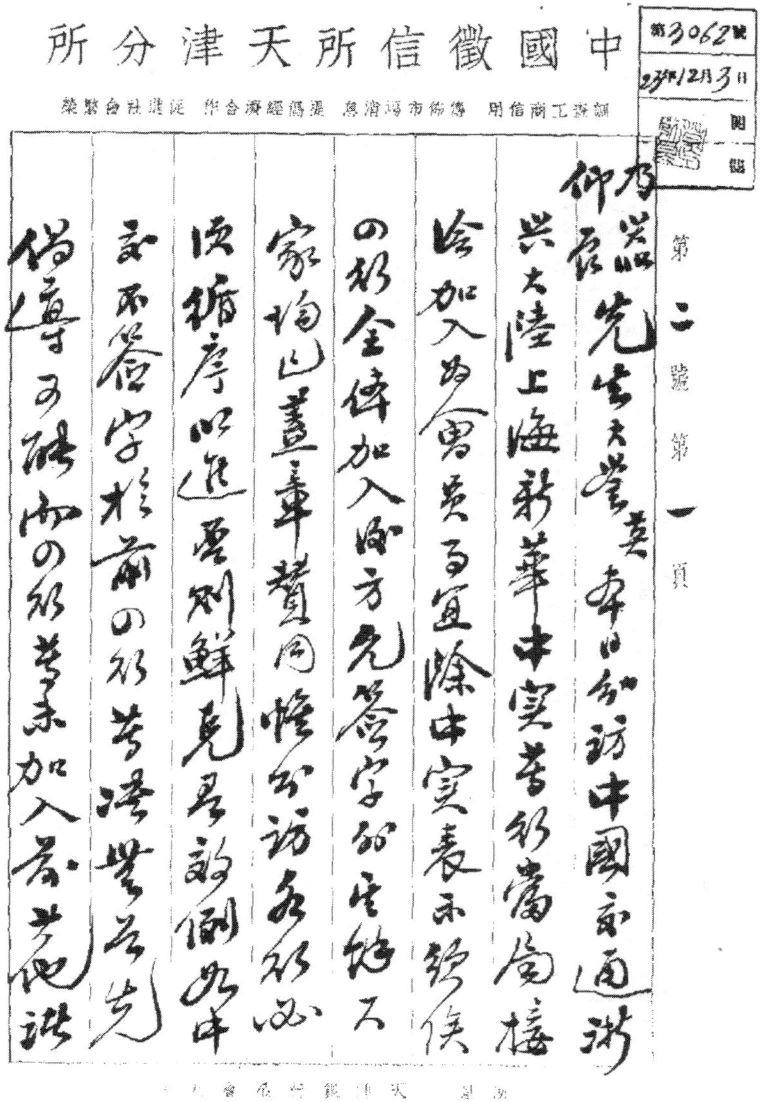

中國徵信所天津分所

調查工商信用　傳佈市場消息　提倡經濟合作　促進社會繁榮

第3062號
23年12月3日
閱
復

第 二 號 第 一 頁

仰巖先生大鑒：茲本日分訪中國、交通、浙興、大陸、上海、新華、中實等行當局，接洽加入為會員事宜，除中實表示俟他行全體加入始可允簽字外，餘九家均已蓋章贊同。惟分訪各行必須循序以進，選別鮮見，君故倒如中交不簽字於前，他行等諸觀望於先，備函介紹他行等來加入前先說

中華民國　年　月　日

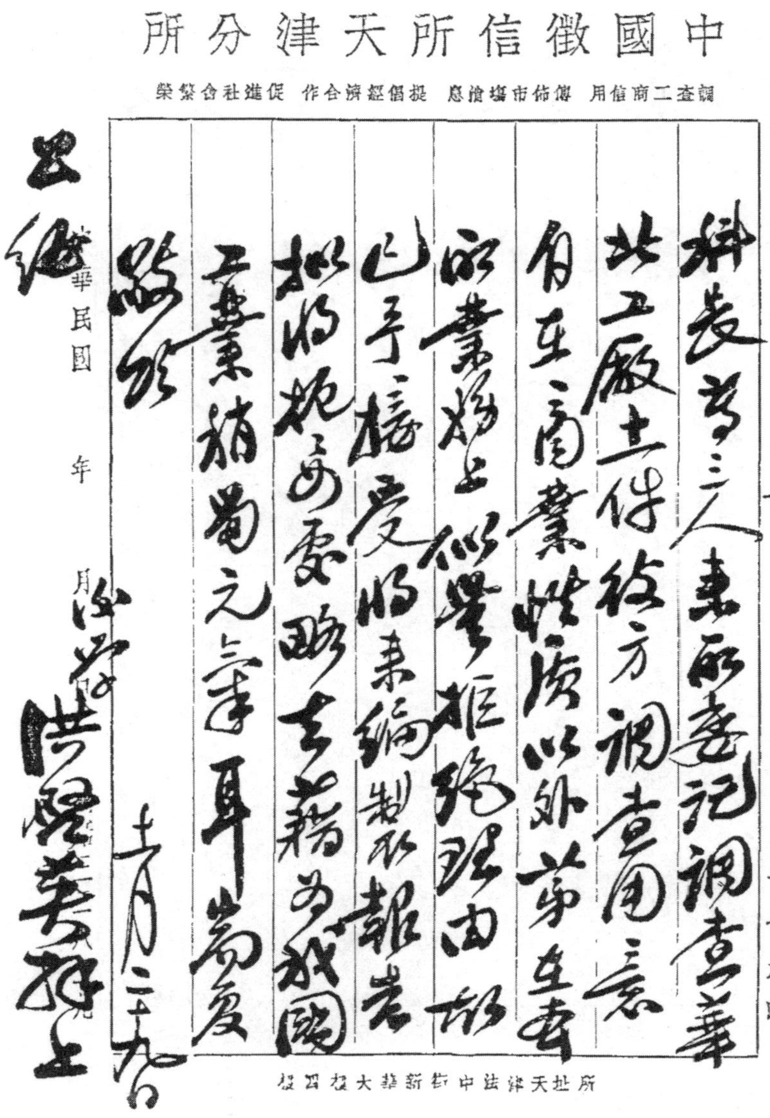

中國徵信所天津分所

調查工商信用　傳佈市場消息　提倡經濟合作　促進社會繁榮

第 號 第 七 頁

電報掛號 一七九四 國內有線改用

科長等三人來所委託調查華北工廠五件，彼方調查用意自在商業性質以外，弟未能以業務上關係拒絕，理由擬已予接受，將來編製報告擬將施以處理，務為我國工業稍盡之責耳。

此頌

公綏

拜上

十一月二十九

中華民國　年　月　日

所址天津法中街新華大樓四樓

中國徵信所天津分所

調查工商信用　傳佈市場消息　提倡經濟合作　促進社會繁榮

第二號第二頁

[illegible]

中華民國　年　月　日

中國徵信所天津分所

調查工商信用　傳佈市場消息　提倡經濟合作　促進社會繁榮

第二號第三頁

[illegible]

中華民國　年　月　日

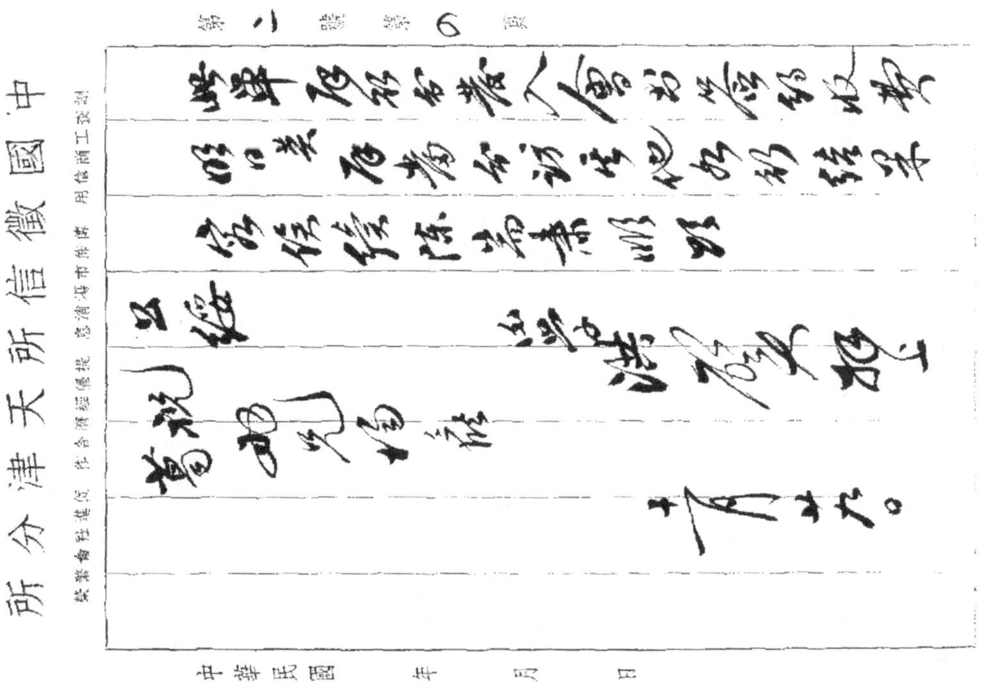

中國徵信所天津分所

中國徵信所天津分所基本會員入會志願書

立志願書　　銀行今贊同中國徵信所天津分所宗旨照章加入爲基本會員所有應盡義務應享權利俱如本志願書背面所印簡章之規定

此証

基本會員

代　表

中華民國二十三年　月　日

中國徵信所天津分所基本會員簡章

第一條　基本會員限於華商金融機關

第二條　基本會員於入會時應納入會費一百元並每月報告費五十元每三個月付款一次

第三條　基本會員應享下列權利

甲．徵信所所有逐日發出報告書均須分送基本會員不另取費

乙．基本會員得隨時調閱徵信所檔案材料不另取費

丙．基本會員專託徵信所調查事件每份僅納手續費一元並得儘先辦理

丁．徵信所如有出版物如統計專刊等均須分送基本會員不另取費

戊．關於商行倒閉新創改組消息及商品市況徵信所應隨時報告基本會員不另取費

己．基本會員得免費索取上海方面信用調查報告書

庚．基本會員訂購上海總所每日商情報告及工商行名錄得享五折優待

第四條　基本會員應于可能範圍內儘量供給徵信所以各項資料

第五條　各基本會員銀行應推定重要職員二人爲出席徵信所代表各該行經理爲當然代表

第六條　基本會員規定每週聚餐一次交換意見共策徵信所業務之發展

第七條　基本會員代表每月舉行常會一次

第八條　本簡章如有未盡事宜得提出常會由大多數會員之同意修改之

中國徵信所天津分所

調查工商信用 傳佈市場消息 提倡經濟合作 促進社會繁榮

第3068

27年12月5日

第 號第 頁

乃器
仰臣 先生大鑒：今日接洽會外銀行八家，計簽字加入為基本會員者中央、國華、中國國貨、河北省銀行等四家，明華俟經理批准大致不成問題，中墾、四行準備庫、邊業在考慮中，並將業經簽字者列左：

中國　交通　新華　鹽業

金城　北洋保商　浙興　中孚

中華民國 年 月 日

所址 天津銀行公會大樓

中國徵信所天津分所

調查工商信用 傳佈市場消息 提倡經濟合作 促進社會繁榮

第 號第 頁

大陸　中實　中墾

中央　中國國貨　國華　河北省

上海　中南（以上經理離津尚未簽字但該行不成問題）

以上共計十八家（可有十九或二十家之希望）

明日下午舉行基本會員大會討論章程等問題並一切措置了，前均商之中行爲襄理友梅（以來雲章先生出務殊忙由卞經理指定爲君參加）

中華民國 年 月 日

所址 天津銀行公會大樓

中國徵信所天津分所

調查工商信用　集佈市場消息　提倡經濟合作　促進社會繁榮

3109號　23.12.1

第三號第一頁

仰蘧 乃器 先生大鑒：今日與約簽字

加入者計金城、北洋、保商、中孚、

中國實業、中國墾業、大中、中南

六家，連昨日簽字六家，共十二

家，尚有鹽業及中南二家，以

結匯辦法需時尚難解決，

但預料可不成問題。連前全

中華民國　年　月　日

所址　天津銀行公會大樓

中國徵信所天津分所

調查工商信用　集佈市場消息　提倡經濟合作　促進社會繁榮

第6號第　頁

等後達兩行已通過。及璞先生謂新

華會結果甚屬圓滿。

專此　順頌

公綏

弟 洪[illegible] 拜上

祝[illegible]如兄均此

總行公函及商情報告此間有一般好評，將來或可推銷。又上

中華民國廿三年十一月三十日

所址　天津銀行公會大樓

中國徵信所天津分所

調査工商信用　溝通市場消息　促進經濟合作　繁榮社會經濟

第 三 號 第 二 頁

計十〇家已入會之員共十九家除十
〇家已營向外尚有東萊
大生殖業等三家東萊表
示考慮大生感無希望殖
業則以範圍過小為實上努力
多加會外銀行計有中央の
行儲蓄會中國之實邊業

中華民國　年　月　日

中國徵信所天津分所

調査工商信用　溝通市場消息　促進經濟合作　繁榮社會經濟

第 三 號 第 三 頁

河北中國農工國華明華等八
家明於明日前往接洽預計
至少尚有三家可以加入舉
期六下午擬召集基本會員
大會明章程付眾表決舉
會結果容再函陳此間去日前
定之外溫度在零度下庸人驟
來此地相殊若之現只寫看

中華民國　年　月　日

中國徵信所天津分所

調查工商信用 報導市場消息 倡導經濟合作 促進社會繁榮

第3110號
35年12月14日收

乃器、仰辰先生大鑒：本月四日華北第一次基本會員大會出席代表二十人（代表十六家，本日中南已簽字）。中紡朱經理以之缺席，由紡織經理主席，當將基本會員簡章付眾討論，中實提議第二條所載基本會員應納每月報告費五十元，明未應過。謝佩少、國華提議第三條內所載

中華民國　年　月　日

中國徵信所天津分所

調查工商信用 報導市場消息 倡導經濟合作 促進社會繁榮

第二號 第〇頁

會員向聯絡洽收入之一，應出席並勸其在即時函徵求陳光謀君意見，陳君初談甚為稱許，繼辭矣，意懇應之，故請君出席等勸導（待通知擬十元），務須以出席為主，勉成應行候矣。星期一（十二月三日）航空信機沙函附呈東北報航道出版社稿，當素順頌公綏

小學 洪啟大 拜上

中華民國　年　月　日

所址 天津銀行公會大樓

中國徵信所天津分所

調查工商信用 傳佈市場消息 提倡經濟合作 促進社會繁榮

基本会員当施徵信所調查多件細
手續費之應予取消 討論結果
歸以同业一二事由當費孔殷
法照原章办理 將來視經濟情
形再行斟酌修改簡章 宜請
無異議通過 並通過 提出總
所設有轉帳設計及審查委員
會 津分所似應做照办理案 乡

中華民國　　年　　月　　日

中國徵信所天津分所

調查工商信用 傳佈市場消息 提倡經濟合作 促進社會繁榮

數表示贊同 當以時間已晏 擬俟
本星期三（五日）舉行第一次常會
時 從長討論 至徵求基本會
員 並趕出告示 應 當前急務
厥為同部籌備工作 助手人員 並
感急需（學會以津字當日為分所服主
期一月下為開幕期） 英 前函懇派
陳光謀來津襄助 並望即日

中華民國　　年　　月　　日

中國徵信所天津分所

榮繁會社進促　作合濟經謀　傳宣市商滬　用信商工資融

第3119號　廿五年12月15日

第　八　號第　一　頁

师良先生大鉴敬启者

大函均已拜悉先此函覆兹分陈如下

一总所垫款自当归还惟此次会员甚叢之津

所开办经济方面总所亦应负担少许此款尽偿

阅总所业务之发展而未知经济情形之尚未许

十分乐观所拨为避免虚縻计　意可挂用

分期归还如依每月归还三百元则尚须五月可完

共六月底当可偿清不误　尊意以为何如

中華民國　年　月　日

所址　天津銀行公會大樓

中國徵信所天津分所

榮繁會社進促　作合濟經謀　傳宣市商滬　用信商工資融

就道此外同时印及理订报告书等（以二三日内即可由各会员签约收费）

需聘工役一名（总所之役为最好能调来

来津路道旅费约八元）此间之会方面

已约定一名当值佣送报告书但

西部之役要高薪于兹将津所

每月经常开支及开办费预算

附单尊阅为荷耑此

大綏

[illegible]

学生　[illegible]上

十二月二十八日

所址　天津銀行公會大樓

中國徵信所天津分所

二、華文打字機總廠周學昭吳君帶來
該所若干商標本月底一次償還
三、工役洪祥準即湯出來津
四、仰原先生所藉舒君何日來津，祈示
五、總所原有報告書可隨時補寄來俟後之附
商店函告，條今函並日前所發報告書及商情
報告，茲定日寄來一份，存津所備查，各會
員調閱

中國徵信所天津分所

六、會商情報告商情閱第幾函內所云會員
攙質者立付時　　業先生前云分所暨
本会員定閱概從五元（每月）是否聯定，
祈示
此外有關　　各端陳述者如下：
一、津所內部工作人員除吳舒二君外，此間約方小有三人
二、調查員擬就總所登報招請應徵人中
遴選來此面談，應徵人之試驗一併寄下

中國徵信所天津分所

調查工商信用 傳佈市場消息 提倡經濟合作 促進社會繁榮

第八號第七頁

係實情，若龍此情景恐遷延生變，擬決不結
吳君未律，惟昨日分詢各行收費結果，除
中國實業銀行、河北省銀行稍用辟費外，為
本埠錢業數收進，當即籌款存入中行
根現剩基本会員僅十九家，尚有明華
銀行去過之次，均以經理赴滬，未得要領
不過此事可能補足十八家之數耳
（按：下主席所以提出兩清算了，乃由委員会

中華民國　年　月　日

所址　天津銀行公會大樓

中國徵信所天津分所

調查工商信用 傳佈市場消息 提倡經濟合作 促進社會繁榮

第八號第八頁

以憑甄核
三、津所基本會員前已徵得十八家，惟日前第
一次常会，下主席宣佈所清算了，及由委員会改
由有數家銀行異議，但當場並未發言之席
散後有表示退出者，昨日國貨銀行電話
據美以總行來函，該詳所議，分行未能加入
津分行未經報異，當即退出，若以了出會章
與北糧實商請該行經理照該之下落

中華民國　年　月　日

所址　天津銀行公會大樓

中國徵信所天津分所

調查工商信用 服務市場消息 提倡經濟合作 促進社會繁榮

第 八 號 第 六 頁

然以風聞有數家銀行對於思芸招待之席恐
以徵信所同仁均列於各行競爭對象者也）
之基礎第三點因此而甚至會員者不敢以為可
以久情形而來惟有努力徵求普通會員庶幾
可以奠定津所基礎，因于此層者有請求者即
凡上海各銀行之津分行關於者託上海總行委
託總所調查津商號而由根據書信由津
分所直接寄遞該津行於必要時由門市部行得此項

中華民國 年 月 日

所址 天津銀行公會大樓

中國徵信所天津分所

調查工商信用 籌備市場消息 提倡經濟合作 促進社會繁榮

第 八 號 第 七 頁

函關係緊要經所切勿處之至於則津地各銀行概
可不必加入津所為會員僅由滬總行與總所之函
知津所派人調查津商號之同時對津
分所説明至津徵求津商會員藉以奠定其基
礎此層尚乞卓裁但為該銀行調查津商號而
號而相互書信由總所遞送該行者也
此處查外埠商號彙集自不在此例
特陳縷陳尚祈

祝以
公綏
光安

弟 上
十二月九日

中華民國 年 月 日

所址 天津銀行公會大樓

中國徵信所天津分所

調查工商信用　宣佈市場消息　提倡經濟合作　促進社會繁榮

第一八八號　第一頁

師良兄：

接奉津字四十三及四十四號

大函敬悉一是　尊處普字報告一部份僅存原稿

達二千餘號若重行繕打時間人事兩不經濟茲已與此間

會員談過俟將來需要時隨時函索可也

六月底決算報告書一俟接奉詳細辦法當即

遵辦

商情報告郵費　敝處係按每日一角七分計算於

收文第27號　廿四年六月廿九日收到　覆文第　號

中華民國　年　月　日

電話三三一八一一九

所址　天津英界十一號路一五三號鹽行公會大樓

中國徵信所天津分所

調查工商信用　宣佈市場消息　提倡經濟合作　促進社會繁榮

第　號　第二頁

月終向各戶收取與　尊處結單相較約有數分之

差以後商情報告郵費至請每月開單一次藉便核對

總分所往來帳清單嗣後當按月寄奉

每月業務統計及每日業務統計俟印就表格後

當即遵辦按期寄奉

此間現以每日需用臘紙較多嗣後擬請每月增

贈一匣共計七匣

函示嗣後津漢滬三埠市場發生變化均用電

中華民國　年　月　日

電話三三一八一一九

所址　天津英界十一號路一五三號鹽行公會大樓

中國徵信所天津分所

調查工商信用 溝通市場消息 提倡經濟合作 促進社會繁榮

第　號第三頁

報通知敝處自當遵辦現已向電報局舉行掛號一俟
辦該當將號碼函告以便通報
華北局勢在一週前頗有一觸即發之勢華界日
有日軍巡行示威省府及公安局且被自由闖入偵察旋因
我方委屈求全承認彼方所提要求而告無事計已履行
者如撤消河北省全省各地黨部撤銷政整會政訓處
停閉保定軍官學校撤換河北省主席及天津市長撤
退五十一軍取消藍衣社取締反日運動等最近復以

中華民國　年　月　日　電話三一一八一九

所址 天津英界十一號路一五三號鹽行公會大樓

中國徵信所天津分所

調查工商信用 溝通市場消息 提倡經濟合作 促進社會繁榮

第　號第四頁

察哈爾事件又告緊張宋哲元因而去職秦德純繼任代
主席甫四日即上辭呈前途能否圓滿解決亦屬疑問
聞日人所提要求尚有撤消北平軍政分會取締抗日教育
要求華北各大學聘請日人為顧問駐校監察週前平
津各大學校長連袂赴京即為此事向教部請示結果
未有所聞惟南開大學有不久贈由政府接辦之說現北平
軍分會主席何應欽南下有日勢已不再北來其眷
屬行李亦已掛車南運據聞日軍司令訪何交涉時

中華民國　年　月　日　電話三一一八一九

所址 天津英界十一號路一五三號鹽行公會大樓

中國徵信所天津分所

調查工商信用　審備市場消息　提倡經濟合作　促進社會繁榮

第　號　第五頁

曾擊桌指斥何氏至此殆已不得不去商業方面以受
市面蕭條及時局恐慌兩重影響萬分凋敝實力不濟
者紛紛倒閉內容充實者亦皆力事收縮不敢擴張華
商然洋商亦然津所普通會員不能常有增加斯為
主因欲求業務之長足發展恐尚須視大局為定耳
特此函達順頌
公綏

附奉　日計表乙件　仝人月薪表乙件　商情報告空白乙件
會員表乙件　聯貫結單乙件

第洪啟美　謹啟

中華民國廿四年六月廿五日

電話三一一八一一九

所址　天津英界十一號路一五三號銀行公會大樓

中國徵信所天津分所成立一年半之業務概況

民國二十五年十月五日

中國徵信所天津分所成立一年半來之業務概況

成立經過

上海中國徵信所創立之四年而有設立天津分所之議，先是上海中國銀行祝仰辰君乘北來視察之便，以徵信所董事名義，向天津銀行界接洽籌設本市分所事宜，此間銀行多數表示贊助，祝君南返後，即與徵信所全體董事商議，決即進行，當派由滬所副秘書洪歐英君來津籌備，分頭接洽，歷時一月，計加入爲基本會員者有中央·中國·交通·大陸·金城·中南·鹽業·浙江興業·中國實業·國華·上海·中國墾業·河北省·大中·中孚·新華·北洋保商等十七家銀行，十二月一日假銀行公會舉行基本會員大會，計出席基本會員代表十七人，分所秘書一人，當通過基本會員章程，並決議以十二月一日爲徵信所成立期，一月一日爲開幕期，自十二月一日起，從事內部籌備，若工作人員之招聘，各項設備之置辦，工作計劃之擬訂，各業機關之聯絡等，至一月一日正式開幕·

招考調查員

信用調查事業在我國尚屬初創，故擔任此項工作之人才，殆無內行可資招聘，適當人才，實雖其選，蓋調查人員必須具備下列條件，一·商業經驗，二·流利口才·三·誠摯態度，四·機變能力，五，耐苦精神，六·商事常識，此六者缺其一，不得謂爲能勝調查之任，本所爲選拔眞才計，于十二月十五日登報招考調查員，二十日舉行考試，計應考者一百五十餘人，二十四日舉行口試，與試者五十餘人，經評判結果，正取三人，備取三人焉·

聘請顧問及通訊員

以天津區域之廣，各業商行之多，欲就三數調查員求其收獲之圓滿，自是雖事，蓋一調查機闕，尤其信用調查機闕。工作之得有良好成績，除內部工作人員及基本外勤人員之務力外，必有願於外界之援助，及多畫外勤人員之協作，本所有鑒於此，故於關幕後二月內，先後聘定各業名譽顧問五十餘人，用資調查員隨時訪問，及過有疑雖案件時之請益，所聘舉爲社會有釐人物，彼鑒與各業關係至廣，足爲本所助也，此外商號創歉市場情形職息千變，其仮關工商信用至讓且鉅，任信用調查工作者，自屬分內之事，第新非業外人所能勝其任，基本調查員縱欲設法採訪，將終日弃走，輾轉剩探，充其畫日能調查二三業，所獲消息亦祇皮表事實，欲圖類括各業消息。各號內幕變化，自非求之業中人不爲功，本所有鑒于此，因有招請各業兼繳特約通訊員之舉，計先後登報六次，錄取人員六十餘人，自是情報工作稍具基鍵矣，

工作概況

信用調查主要之點，厥爲對方營業盈虧，經濟情形與乎主體人之能力及行爲，設此數項而無法獲得眞切消息，則所變報告，將失却其全部價値，第徵信所：必欲採知之點，適爲對方最所忌諱之點，故從事探訪，其迂折艱雖識實有甚于報館訪員之探訪新聞者，蓋現時一般商號對于徵信所之認慮尙淺，調查員招其拒阻，自意中事，故本所成立初期常倫倫以偏，不工作之不能順利進行也，雖然舉辨一事，挫折爲必經之階，吾人自不敢自甘暴棄，以暨其業，惟有埋頭苦幹而已，初期工作所遭遂之困雖，適如上逃，追半戲後，各方認識漸清，被查商號一反拒絕故態，祉會一般亦滅先前懷疑心理，迄茲一年有牛，前逐進行暴尙有頗于繼續努力，而觀于今日各方對于本所態度之

第二頁

好轉，要足便吾人稍稍自慰也，現本所工作可別爲七，一。各業商號調查，二。各種工廠調查，三。市況調查，四。工商情報訪問，五。每月工商業與勤調查，六。各業個人調查，七。各種保單調查，自成立迄今一年半中，計發出工商調查報告書一千三百八十三件，特別報告書三百九十二件，市況報告書五百零四件，英文報告書二百件，發出份數共計四萬一千五百份，茲將發出工商調查報告書按照業別分列如左：

金融	一九八件
綢緞	七七件
皮毛革	五六件
紗花	三一件
進出口	九六件
雜貨	二八件
灰煤棧	一四件
米麵莊	五〇件
釀造	一六件
茶莊	八一件
酒菜館	五件
茶食糖菓	四件
飲料	二件
乾鮮果	五件
煙草	一五件
五金玻璃	四九件
鐘錶眼鏡	九件
顏料油漆	四三件
醫藥	四六件
書籍文具	二四件
紙莊	三三件
印刷	一二件
百貨商店	三件
洋廣貨	三五件
鞋帽	一二件
電料	一五件
樂器行	九件
照像	五件
服裝	二件
押當	九件
金銀店	一一件
珠寶古玩	一件
木行	八件
車行	三七件
貨棧	五〇件
轉運	一九件
報關	一件
旅館	二件
橡膠	三件
煤油	九件
麻袋	[illegible]六件
棉毛織物	二五件
針織	八件
染織	二件
洗染	二件

第三頁

保險 一四件
居間承攬 八件
承攬工程 五件
重工業 二四件
輕工業 一八件
工業原料 三件
紡織 二五件
麵粉廠 六件
銅鐵機器 一三件
造紙 一九件
磁瓷 一四件
房地產 五件
打包業 一件
公用事業 八件
娛樂場 三件
雜類 四九件

信桑材料　調查報告書之內容，果有待乎外勤人員之努力，第既得材料之分類編目，歸儲保藏，尤將重要，蓋一調查機關創辦之始，一切材料均須作原始之調查，追夫數載乃至數十載後，材料愈集愈多，冊頁愈積愈繁，設不條分纏析，採用科學編目方法，分頒保藏，則必至散亂如字麓，賓貴資料，將無從利用，是過去工作，將等處鄉，而此設調雖虛數十年後，且永無基礎可言，故歐美各國徵信機關，對于賓料之保管，特設專部，擇頭腦清晰辦事稍細者使主其事，且遂久不易其機，具重視可知矣，本所成立甫一載有半，備桀材料雖尚不能如頑開之理富，第調查所得材料，徵至現在止，已有工商行號二千餘件，報紙材料四十餘冊，分類歸儲工作，已日臻緊直，本所鑒于書法部首檢字，手續至繁，耗時亦久，故採用商務印書館王雲五氏發明四角號碼檢字法，每一報告書編成一號，取標題首字四角為分子，次字二角及次字以下各字一角台併為分母，例如中國徵信所，其首字四角號碼為5000，次字左上角及右上角為8，第三字左上角為2，第四字左上角為2，第五字左上角為7，其全部號碼為 $\frac{5000}{6022.7}$，如是則報告書縱多至數十萬份，同號碼者亦

第四頁

將淝畔，而做閱材料，尤稱迅捷焉。

會員　本所基本會員有中央。中國。交通等十七家銀行，已詳前節，此外工商界加入為普通會員者亦選十家，值茲本所草創伊始，服務尚未普徧，一方國內信用制度，尚在幼稚之際，吾人對此二十七家會員，不敢謂為過少，要之徵信事業為促進工商業繁榮機能之一，而工商業繁榮亦為徵信業務推展之因，二者實相互為因，徵信所業務推展之遲緩，自無用其過慮，吾人深冀津市商業由本所之成立，而漸臻繁榮，而本所前途亦因工商業之繁榮，而發揚光大也。

過去感想　本所一年來經過，所常私心竊慮者，實為社會一般對于本所之懷疑，本所進行調查，遂感受重大困難，實則外界之疑均屬過慮，蓋一商號之信用其決定標準凡有三義，一資力Capital二能力Capacity三行為Character所謂三0主義者是也，設一商號資力殊充實而主體人經商能力及行為至低劣，則其營業之失敗，無待蓍龜·故資力雖厚者，其信用未必即高，反之設一商號資力殊薄弱而主體人經商能力及行為為人稱道，則人無不業予通融往來，其營業發展為必然之結果，故資力薄弱者，其信用未必即低，明乎此，則商號對於本身內容，非特無用其守秘，實有欲使社會適曉之必要，徵信所乃為唯一觸通破鬩，各商號尤宜款迎之不還，復何懷疑之足有設，

未來展望　在現在信用制度未臻完備之我國，欲求徵信事業之急數進展，自屬雖事，雖然自去年以來，商業祟猿已在盛倡，收府須佈常制改革命令，金融組織益增健全，信用制度之漸趨進步。可期而待，徵信所在現時雖不能充分表現其效能，而來日需要，實未可限

第五頁

量，證之歐美徵信事業發達之現狀而明甚，啟後吾人欲為各界告者，工商界放款貸貨，對于對方之償債能力，必先有充分之認識，庶免不致蒙受無謂損失，雖然商事錯綜繁復。僅緊事態之一面而忽其全面。則徒易為事態所矇蔽，設有一商號焉，其資產總值為四萬元，向某銀行透支二萬元，向某工廠賒貨值一萬五千元，向某批發家賒貨值一萬五千元，該商號負債總額已逾其清償能力矣，而在各家以缺之互通聲氣之故，猶深信其貨款之安全，無疑，一旦該號發生變化，各家咸蒙其害，故工商界欲謀貸款之安全，相互聯絡，實甚必要，然而各家在營業競爭上，對同業有未能一一公開者，且各家往來戶多自數十家至數百家，一一偏詢，事實有所難能，徵信所為專司調查機關，地位超然，各家向之委查，自較便利，在營業進展上，實有甚大裨益也。（完）

第六頁

(五)中国兴信社会议记录

中國興信社第五十二次社員大會記錄

時間　二十七年七月二十九日下午六時半

地點　銀行公會銀行俱樂部

出席者

陳蘇孫(交通)　繆鏞權(國華)　王家棟(中實)　章午雲(上海)

曾之屏(浙江地方)　韓聞痌(江蘇)　孫瑞璜(新華)　施博羣(四行)

楊彭年(浙實)　酈象彝(中央信託)孫代

主　席　孫瑞璜　　記　錄　吳中凡

一、開會

二、主席報告

諸位代表、今天本席所報告的事項、簡單的分三點報告於次、(一)經濟方面、六月份興信社及徵信所經濟情形、請各位參閱興信社及徵信所各項概略、徵信所六月份收入、計普通會員會費七百三十元、報告費三百三十餘元、連興信社撥付補助費千元、共收入二千餘元、而本月份開支、雖為二千五百餘元、但除去臨時獎勵金及預付警捐外、實數較上月無大增減、興信社六月份收入、僅基本會員會費二百四十元、因是項會費、係每三月一收、故本月收入不多、至是月支出、仍為撥付徵信所補助費一千元而已、(二)工作方面、徵信所最近調查工作、已較前增多、除基本會員及各洋行繼續委託調查外、最近銀行復以存戶遺失存單之保人、委託本所調查、是以調查事件日多、本所發出之報告亦逐見增加、(三)職員方面、最近所中同事、因生活程度日高、低微收入、不足維持生活、曾數請所方予以補救、查本所同事薪給、戰前原為二十餘元至一百元不等、戰後因所方緊縮、遂一律改為二十，三十，四十，五十，四級、當時各同事以時值非常、咸能諒解、最近始以生活程度高漲、同事生活日趨困難、不得已請求補救、所請亦係實情、至言所中經濟情形、尚稱不惡、但董事方面意見、總希在此時期、所中能多積聚資金、基礎卽愈能鞏固、同事生活亦愈有保障、惟為顧及目前同事生活、而同時又顧及所方基礎起見、最好決定一兩全辦法、請諸位發表高見、付諸討論、

三、決議

每月發給同事生活津貼、其數目酌量情形規定、

四、散會

中國興信社第五十六次社員大會記錄

日　期　二十八年四月二十八日（星期五）下午六時半、

地　點　銀行俱樂部、

出席者

王勗甫（郵匯局）　鄺象春（中央信託）勗代　孫瑞璜（新華）　王家棟（中實）

曾之屏（浙江地方）　楊彭年（浙實）　呂惠宗（交通）　韓開瑀（江蘇）

周伯長（上海）　陳子繩（中一）　趙叔馨（交通）呂代　宋作楠（新華）

孔綬蘅（浙實）

主　席　孔綬蘅　　記　錄　吳中凡

一、開　會

二、秘書報告　諸位代表、過去二月來本所情形、一仍其舊、並無特殊事件發生、故今天報告的非常簡單、一，關於業務方面、近來委託調查案件逐漸增多、每日平均約有十二三件、內以基本會員及洋商委託居多、惟基本會員委託事件、大半係調查保人、本所之保人報告、向例祇發委查、不發基本、故每廿本所發出報告甚多、而各基本會員所得之報告、並無顯著增加、工作因亦未能全部表現、二，關於經濟方面、與信社二三月份收入會費、共一千二百元、支出徵信所補助費、共二千八百餘元、銀行存款、有一萬〇五百餘元、徵信所二三月份收入、因發行經濟日報、報告費增加二五百元、二三月份開支亦各增一四百元、每月收支、尚能平衡、三，關於分所方面、重慶分所早經成立、其組織系統、現經董事會決定、隸屬於總所之下、惟為便於監督及管理起見、將請重慶各銀行代表組織一指導監督團體、就近代為辦理、

三、散　會

（附收支報告）

中國興信社第五十七次社員大會紀錄

日　期　二十八年六月二十三日（星期五）下午六時半

地　點　銀行俱樂部

出　席　者

周伯長（上海）　王家棟（中實）　祝文華（中實）　曾之屏（浙江地方）　袁景儀（交通）　陳子繩（中一）

孫瑞璜（新華）　施博羣（四行）　潘仰堯（四行）　宋作楠（新華）　高子久（中國）

列　席　者　祝隆意　吳中凡

主　席　王家棟　紀　錄　吳中凡

一、開　會　主席宣告開會、請祝秘書報告所務情形、

二、秘書報告　諸位代表、半年來本所業務情形、大體言之、較去年同期頗有進展、（一）會員方面、去年普通會員退出者多、加入者絕無、但今年會員、加入者則比退出者為多、故普通會員總數、較之去年頗有增加、（二）工作方面、本所戰前所有工作、除行名錄外、現已次弟恢復、而職員戰前原為五六十人、現祇二十餘人、故工作較為繁重、最近本所復適應工商界人士之需要、及推進職員工作起見、擬籌備恢復徵信工商行名錄、該書在戰前每年出版一次、成績尚佳、以後繼續出版、營業當有把握、惟近以外匯關係、紙價飛漲、成本或須提高、（三）經濟方面、請各位參閱收支報告、興信社四五兩月收入社費、共四千餘元、支出補助費二千九百餘元、五月底銀行結存共一萬一千六百餘元、徵信所收支情形、四月份收入一千四百餘元、五月份收入二千餘元、內普通會費一項、五月份較四月份約增加一倍之多、四月份開支為二千三百餘元、五月份因有營捐紙張文具等支出、開支增至二千六百九十餘元、此係一次支出、下月開支當可減少、（四）分所方面、重慶分所、業已成立數月、本可順利進行、惟自重慶屢遭轟炸後、市面冷落、分所業務、遂亦暫告停頓、以上係本所業務報告、此外本所職工、因最近物價高漲、生活維艱、懇請救濟、又籌備復刊之徵信工商行名錄、如何進行、統請各位討論、

三、決　議

（一）每月薪金總額增加一百元、視薪給低微辦事勤勞者分別加薪、

（二）六月底提出一千元為職員臨時補助費、視職員工作效能之高低分別發給、

（三）徵信工商行名錄進行方針、交由常務董事會討論、

四、散　會

附收支報告

中國興信社第五十八次社員大會記錄

日期　二十八年八月二十五日(星期五)下午六時半、

地點　銀行俱樂部、

出席者　祝文華、(中實)　繆鏞樓、(國華)　楊彭年、(浙實)　唐仁育、(國華)
施博羣、(四行)　潘仰堯、(四行)　曾之屏、(浙地方)　陳子繩、(中一)
呂惠宗、(交通)　袁景儀、(交通)　高子久、(中國)

列席者　祝隱意、　吳中凡、

主席　繆鏞樓、　記錄　吳中凡、

一，開會　主席宣告開會、請祝秘書報告、

二，秘書報告　諸位代表、兩月來本所情形、無大變動、茲簡單報告於下、(一)經濟方面、請各位參閱六七兩月收支報告、興信社六月份社費、已在四月間收清、故是月並無社費收入、支出方面、僅徵信所補助費一項、共九百五十八元、七月份社費收入、有三千八百四十元、支出除補助徵信所一千四百餘元外、並墊付一九四〇年行名錄印刷費二千元、徵信所六月份收入、計會費報告費等共一千一百餘元、各項開支、有三千六百四十三元、內有職員臨時津貼一千元係在本月支出、故開支較上月為多、七月份收入共二千二百另四元、因普通會員會費在本月到期者較多、有一千三百四十元、收入總數、遂較上月增加、支出方面、普通開支與上月無異、約二千餘元、另有一九四〇年行名錄墊款一百六十三元、係墊付行名錄文具印刷等費用、再徵信所資產負債表內、資產項下有渝所往來一項、計二千一百四十一元、係墊付重慶分所籌備及開辦費用、損益表內利益類下有英文經濟日報費一項、共二千四百二十六元、係自本年二月起至六月底止共收之報費、查該報發行迄今、方五閱月、照目前報費收入計算、每月平均可有五百元收入、(二)工作方面、本所調查工作、照常進行、惟自八月一日起、因開始編印一九四〇年行名錄一書、故對於該書廣告及編輯事宜、亦同時積極進行、中經二十五日之努力、至八月廿五日止、廣告收入、共五千一百另三元七角五分、內應收未收款項四千八百九十七元七角半、已收款項二百零六元、書款收入、共二千一百零一元、內應收未收款項六百七十四元、已收款項一千四百二十七元、總共營業收入計七千二百零四元七角五分、目前離出版時期尚有三四月之久、照現在成績觀之、達到預定一萬五千元至二萬元廣告之標準、並非難事、此次本所徵求廣告、多承各代表熱心幫助、至為感激、今後仍希望各位繼續介紹、以利進行、(三)分所方面、重慶分所、因最近重慶屢遭轟炸、調查無法進行、業經分所幹事會決定、並呈准總所暫停營業、俟將來該地市面恢復、再行復業、目前分所秘書、業已辭職、現僅留職員一人、保管分所一切財產、以上各項報告、諸位如有意見、請提出指正、

三，散會

附收支報告

中國興信社第五十九次社員大會記錄

日期　二十八年十二月二十二日(星期五)下午六時半、

地點　銀行俱樂部、

出席者　周伯長、(上海)　施博羣、(四行)　趙叔馨、(交通)　潘仰堯、(四行)
曾之屏、(浙地方)　唐仁育、(國華)　楊彭年、(浙實)　宋作楠、(新華)
祝文華、(中實)

列席者　祝隱意、　吳中凡、

主席　施博羣、　記錄　吳中凡、

一，開會

二，主席致辭　諸位代表、本社董事、孫瑞璜先生、此次因病未能出席、本社應請祝秘書代表全體社員備函慰問、關於最近徵信所情形、現在請祝秘書報告、

三，秘書報告　各位代表、本社已四月未曾開會、四月來徵信所情形、可分經濟工作兩方面報告、(一)經濟方面、本所經濟情形、尚屬良好、各位可參閱各月收支報告、八月份收入、普通會費報告費等、約二千一百餘元、收興信社補助費約二千四百餘元、開支為二千五百餘元、此外墊付一九四〇年行名錄印刷文具等費用、約二千三百七十餘元、九月份因普通會員到期者多、故連其他報告費收入、約有二千六百九十元、開支方面、因有預付警捐紙費及薪調貼水等、較上月增加四百餘元、為二千九百餘元、因本月份銀行有存款、故未支用補助費、十月份收入平平、收入為一千一百餘元、支用補助費一千四百六十元、開支約為二千八百元、十一月份收入、增至一千八百餘元、支出約二千七百元、亦因銀行結存、未用興信社之補助費、(二)工作方面、信用調查及中英文商情日報、仍舊繼續進行、一九四〇年行名錄、亦在加緊編輯之中、行名錄營業收入、包括廣告費及預約書價等、截至目前止、已達一萬二千四百五十四元八角五分、預計在出版前可達到一萬五千元之數、至行名錄開支、印刷費約八千元、佣金約三四千元、編輯費約數百元、照目前情形、收支相平、出版後、部份書價收入、即係本所盈利、故此次辦行名錄成績、實較往年為佳、以上報告、各位如有疑問、請提出討論、

四，決議

1.基本會員會費及各項報告費、概收法幣、

2.普通會員報告費增加百分之四五十、詳細辦法、另行決定、

3.撥給年終獎勵金二千元、視職員薪額及考績、決定多寡、

4.自明年一月起、員工一律加給生活津貼二成半、

五，散會

附收支報告

中國興信社第六十次社員大會記錄

日　期　二十九年四月廿六日（星期五）下午六時半

地　點　銀行俱樂部

出席者　楊彭年（浙實）　孔經衡（浙實）　陳子繩（中一）　陳莘子（中央）
鄺象春（中信）　錢起鳳（中信）　高子久（中國）　繆鏞樓（國華）
祝文華（中實）　王宗培（浙興）　周伯長（上海）　施博羣（四行）

列席者　祝隆意　吳中凡

主　席　施博羣　記　錄　吳中凡

一、開會　主席宣佈開會、請祝秘書報告、

二、秘書報告　諸位代表、最近本所業務情形、現分三方面報告、（一）工作方面、調查案件仍較戰前減少、平均每日十件左右、內以洋商委託較多、華商較少、國外如英美德等國、亦有委查、但件數不多、（二）經濟方面、去年十二月至本年三月收支情形、請諸位參閱各月收支報告、內中應特別說明者、即十二月及一二兩月開支、均較平常增加、蓋十二月份有職員獎勵金之支出、一月份有職員升工及生活津貼之支給、二月份又有添購五百元報紙費用、實際除去此項特別支出外、開支與以前仍不相上下、目前經濟情形、截至二十五日止、徵信所存銀行四，四五一·七〇元、興信社定期存款有一〇，八一六元、活期有四，六八·三九元、總共存銀行有一萬九千餘元、經濟尚稱寬裕、（三）行名錄方面、徵信工商行名錄業於三月底出版、廣告成績、甚爲滿意、營業收入、總共一六，八三二·四五元、截至昨日止、除已收一三，九七九·八五元外、尚有未收二，八五二·六〇元、開支數目、印刷費爲七千元、已付出五千元、佣金薪金等共三，二五〇·七七元、總共已付開支八，二五〇·七七元、照目前收支情形觀之、可淨餘五，七二八·〇八元、尚有未付印刷費一千元、將來可以未收廣告費二千餘元抵付、目前行名錄又已竣事、以後開支毫無、尚有存書八百本、如能陸續售出、書價收入、即可全數作爲盈餘、以上報告完畢、此外附帶有兩點希望、（一）目前物價高漲、影響開支甚大、本所開支、已減至最低限度、此後惟有發展業務、以謀開源之道、希望各代表以後能多多指教、（二）今年紙價飛漲、印刷成本加重、明年行名錄出版、必生困難、深望各代表早爲策劃、俾明年可以提前出版、

三、散會

附收支報告

中國興信社第六十一次社員大會紀錄

日　期　民國廿九年六月廿八日（星期五）下午七時

地　點　銀行俱樂部

出席者　孫瑞璜（新華）　施博羣（四行）　繆鏞樓（國華）　周伯長（上海）　曾之屏（浙地方）

列席者　祝隆意　蔣立羣

主　席　孫瑞璜　紀　錄　蔣立羣

一、開　會　主席宣布開會、請祝秘書報告、

二、祝秘書報告　諸位代表、最近二個月本所情形、可簡單的分三方面報告如下、

甲、營業方面　歐戰擴大以後、本所營業影響尚微、洋商委查未減、工作進行照常、且因德國領事署及花旗銀行委查特種事件、報告費收入有增無減、倫敦徵信所委託代收賬款、亦有相當佣金收入、

乙、收支方面　關於本所最近經濟情形、請參閱收支報告、四月份收支均見增加、收入總數約一萬二千餘元、內報告費一千一百餘元、會費七百元、經濟日報二百餘元、行名錄廣告費八千餘元、行名錄書價二千一百餘元、開支因有特種稿費、亦增至三千七百餘元、五月份收入較四月份大減、總數約三千餘元、蓋行名錄廣告費大都收完、僅有一千二百餘元、行名錄書價二百二十九元、會費到期較少、計四百八十元、報告費約近五百元、經濟日報四百餘元、開支方面因有添製工役號衣購買紙張及增加同人生活津貼百分之十五、故未見減少、仍約三千七百餘元、大致四五兩月份經常收支、相差不多、表面觀之、本所最近經常收支、似不適合、但事實上因有種種原因、如有臨時特種調查費之收入、出版行名錄之盈餘、及下半年會費收入較多等等、每能酌盈補虛、使收支平衡、觀乎四五兩月份經常收支相差甚巨、而絲毫未受興信社之補助費、可爲明證、至本月廿七日爲止、興信社存銀行定期一萬餘元、活期三千餘元、徵信所存銀行一千二百餘元、共計一萬五千餘元、經濟狀況尚稱良好、惟以後開支、因紙張工資等費用增加、有節節上升趨勢、例如最近接房東通知、七月底租約到期、加租百分之五十、（由每月一三四元加至二百元）、冬天另加煤費五十元、現正在交涉酌減中、

丙、行名錄方面　本屆行名錄成績較歷年爲佳、共計收入廣告費及書費一萬六千餘元、除去印刷費及其他必要開支外、目前已盈餘五千餘元、未售完之書尚有六七百本、如全部售完、均屬盈餘、最近數月、所中收入不敷支出、幸有行名錄方面盈餘、彌補不少、惟下屆行名錄印刷費、因紙價騰貴、較去年增加殊多、最近由美靈登估價、印刷二千本須二萬六千餘元、一千五百本須二萬一千餘元、去年印刷二千本僅七千元、下屆幾增三

倍之巨、此外編輯等費用尙未列入、雖謂成本增加、廣告費及書價均可隨之增高、但廣告費書價過份增高、對於兜攬廣告及推銷書籍、較爲困難、故下屆行名錄之宜否繼續出版、實一問題、請諸位代表多多發表意見、

三、決議事項

甲、下屆行名錄暫停出版、努力推銷未售完書籍、並籌備出版中文本上海工商業彙編、

乙、追認孫董事長核准所中同人請求、自五月份起增加生活津貼一成半、連前共計四成、

丙、生活程度日高、所中開支隨之增加、對於基本會員會費及報告費、應否酌量要求增加、請祝秘書加以研究、

丁、撥給所中同人半年特別獎勵金一千五百元、分配辦法以薪額及考績爲標準、

四、散　會

附四五月份收支報告

中國興信社第六十二次社員大會紀錄

日　　期　民國廿九年十月四日(星期五)下午七時

地　　點　銀行俱樂部

出 席 者　王晶甫(郵滙局)　孫瑞璜(新華)　楊彭年(浙實)　陳子繩(中一)　曾之屏(浙地方)
袁景儀(交通)　唐仁育(國華)　韓文瀛(江蘇)　陳鳴一(新華)　吳中凡(新華)
高子久(中國)　章鏡明(中信局)　凌召明(中信局)　周伯長(上海)

列 席 者　祝隆意　蔣立羣

主　　席　周伯長　紀　錄　蔣立羣

一、開　會　主席宣佈開會、先請祝秘書報告最近所務情形、

二、祝秘書報告　諸位代表、最近數個月所中情形、可分數方面報告於下、

甲、收支概況——六七八三個月收支概況、請閱收支報告、六月份收入總數爲四千七百餘元、經常收入計二千八百二十餘元、內會費三百七十元、報告費二千一百餘元、經濟日報約一百元、本月份較五月份經常收入增加一千四百餘元、原因有一筆外國委託調査費收入、臨時收入有行名錄廣告費及書價約四百元、與信社補助費一千四百四十二元、開支總數爲四千餘元、較五月份約增一百餘元、內除薪水津貼二千六百元、房租電話電燈費三百元、印刷費二百八十五元、白報紙二百五十五元、倉租八十五元、同事張君逝世卹金一百元外、其餘爲零星開支、七月份收入總數爲四千八百餘元、內經常收入佔二千七百餘元、與六月份相仿、惟本月份會費收入、因逢收費時期、增至一千三百元、與信社又補助一千九百餘元、開支總數爲五千二百餘元、較六月份約增一千二百元、此蓋有發給職工半年獎勵金一千五百元之故、八月份收入總數爲八千三百餘元、內經常收入佔二千三百餘元、經濟日報激增至九百五十餘元、會費續收到一千餘元、與信社補助費五千九百餘元、內四千餘元係預付印刷一九四一年行名錄之用、開支總數爲一千七百餘元、內臨時開支多付巡捕捐一百十六元八角、其餘均爲經常支出、

乙、出版情形——去年行名錄總收入共一萬七千餘元、除開支外、約盈餘五六千元、今年(一九四一年版)繼續出版、印刷費增至九千元、現正在積極籌備中、自九月一日起至九月三十日止、廣告已兜到五千餘元、書款已收二千餘元、未收九百元、總計收入已有八千餘元、與去年同期相仿、惟今年因一切開支增加、預料成績恐不及去年耳、

本所今年除行名錄外、又決定新出版「華商股票手冊」一書、此事係由孫董事長主動、經信託同人聯歡會通過、委託本所編輯發行、將來華商股票市場成立後、該書需要必旺、該書內容包括各公司名稱地址營業性質註册機關日期簡史股份數額歷年市價近年派息情形及發行公司債券等項、現亦在積極籌備中、大約二個

月內卽可出版、每冊定價八元、預約五元、惟該書最宜在六月底或七月初出版、今年時間較晚、其中是否應予補充之處(如附錄各公司董事監察人名單及決算表)、請各位代表多多指教、

三、孫董事長報告　頃聞祝秘書報告、本人有數點應加補充、

甲、上次大會議決下屆行名錄暫停出版、蓋當時鑒於下屆行名錄印刷費激增、爲避免冒險、故有是項決議、嗣由美靈登數次減低估價、經祝秘書與本人考慮以後、始決定繼續出版、應請大會追認、

乙、信託同人聯歡會、鑒於華商股票、近年漸被人所注意、將來爲互通聲氣、及提倡華商股票交易起見、有推進委員會之設立、惟事前須搜集各公司資料、以供參考、本人當卽提議、謂搜集股票資料一事、如委託本所辦理、可收事半功倍之效、當由該會接受、決議委託本所編輯「華商股票手冊」一書、此爲本所籌備出版該書之緣起、亦請大會予以追認、余意該書資料寶貴、定價不妨稍昂、惟對於信託同人聯歡會會員、或可給予優待折扣、再該書同時難免他人亦有出版、本所宜先人一着、庶幾將來銷路較有把握也、

丙、頃聞收支報告、目前本所收支尙能適合、六月底興信社存銀行一萬三千餘元、徵信所存銀行二千餘元、共計一萬六千餘元、八月底興信社存銀行九千餘元、徵信所存銀行二千餘元、共計一萬一千餘元、表面上似較六月份減少四千餘元、惟其中有下屆行名錄墊款四千餘元、將來營業收入、可以收回、故本所一萬五千元之基金、未有移動、所中、項經常收入、併有上落、平均每月普通會員會費九百餘元、報告費一千餘元、經濟日報五百七十餘元、共計二千餘元、其他臨時收入不計、開支項下、六七八三個月共計一萬三千餘元、除去七月份臨時發給職工半年獎勵金一千五百元外、平均每月開支爲三千八百餘元、除經常收入二千餘元、每月欠一千七百餘元、不敷之數、除由興信社在基本會員會費收入項下、每月平均補助一千五百元外、每月尙短少二百餘元、此數乃將所中臨時收入彌補、至於近數個月所中開支所以增加、乃因職工增發生活津貼及房租電費捐稅紙張等種種開支增加之故、今後希望在可能範圍內、儘量節省開支、更希望今年出版之行名錄及華商股票手册收入良好、則本所經濟狀況漸佳、對於職工待遇亦可逐漸改進也、

四、決議事項

甲、追認出版一九四一年徵信工商行名錄及華商股票手冊二書、

乙、近來米價高漲、所中職工生活困苦、自十月份起每人增加飯貼六元(連前共計十六元)、惟以三個月爲期、

丙、華商股票手冊中附錄各公司董監事名單、因目前環境關係、暫緩加入、

五、散　會

附六七八月份收支報告

中國興信社第六十三次社員大會紀錄

日　期　民國廿九年十二月廿六日(星期四)下午六時半

地　點　銀行俱樂部

出席者　袁景儀(交通)　孫瑞璜(新華)　吳中凡(新華)　高子久(中國)
王宗培(浙興)　繆鍾樓(國華)　陳其鹿(中央)　曾之屏(浙地方)
孔經蘅(浙實)　周伯長(上海)　韓聞猗(江蘇)　王勗甫(郵匯局)
陳之纙(中一)

列席者　祝隆意　蔣立摹

主　席　王宗培　紀　錄　蔣立摹

一、開　會　主席宣佈開會、請祝秘書報告、

二、祝秘書報告

甲、收支狀況——九月份三種經常收入(會費報告費經濟日報)共計一千七百餘元、臨時收入(一九四〇年與一九四一年行名錄廣告費及書價)共計二千九百餘元、經常開支三千五百餘元、本月份因現金較多、興信社未撥補助費、十月份經常收入增至二千餘元、臨時收入有興信社補助費一千四百四十一元、雜收益九百餘元、開支爲四千二百餘元、內多付房租(冬天煤費)五十元、報紙三百七十四元、印刷費二百三十一元、故較九月份增加、十一月份收入減少、計經常收入一千八百餘元、臨時收入有興信社補助費一千四百〇九元六角、雜收益六百餘元、開支爲四千五百餘元、較十月份約增加三百元、內多付報紙三百餘元、檔案費三百六十元、巡捕捐一百五十餘元、截至十一月底止、徵信所存銀行一千四百餘元、興信社存銀行一萬〇八百餘元、兩共一萬二千餘元、以上九、十、十一叁個月每月經常收入平均約一千九百元、開支約四千一百元(全年平均每月開支約三千二百元)不敷之數、以臨時收入彌補、

乙、出版情形A.一九四一年版行名錄——今年收支均較去年增加、截至十二月十四日爲止、廣告收入項下、應收未收款項爲一萬〇一百八十四元七角五分、已收款項爲二百六十七元、合計一萬〇五百五十一元七角五分、書款收入項下、應收未收款項一千六百廿三元、已收款項三千四百〇八元、合計五千〇三十一元、總共收入一萬五千五百八十二元七角五分、預料出版後連銷書在內、約有二萬元收入、開支項下、計印刷費九千元、(未付尙有五千)、連佣金及其他必要開支、所有廣告費及預約書價、足以相抵、將來出版後書價收入、全屬純益、預計約有五六千元、B.華商股票手冊——已於本月十六日出版、廣告費及書價收入、已有二千餘元、開支不到一千元、(印刷費六百餘元)、目下已餘一千元、餘書二百多本、如能售完、則盈餘總數可達二千餘元、

以上收支報告、諸位代表如有問題、請予指教、現再將戰前後本所工作及經濟情形　試作比較　戰前每天發普字報告多至三四十份、戰後因委查減少、遂見激減、惟其他工作依然進行、出版物除商情報告及行名錄仍繼續外　又多出英文經濟日報及華商股票手册兩種、戰前每月開支約四千五百元、現約四千元、收入則戰後較增、

上次大會議決、職工每月增加飯貼六元(由十元加至十六元)、以三個月爲期、今已到期、應否繼續、請再討論、

三、決議事項

甲、職工飯貼增加六元、再繼續六個月、

乙、今後努力使本所商業化、一切以贏利爲目的、希望全體同人積極開源、於本所及個人謀一經濟出路、年終所獲盈餘、當酌成分派各同事、以爲鼓勵、至其詳細辦法、請祝秘書擬就、提交下次大會討論、

丙、職工年終獎勵金、根據各人月薪及津貼、發給一個月、

丁、自明年一月份起、每月提出二百五十元作爲加薪與津貼、其分配辦法以勞績爲標準、

四、散會

中國興信社第六十四次社員大會記錄

(因人數不足改開談話會)

日　期　三十年八月十九日(星期二)下午六時半

地　址　銀行俱樂部

出席者　孫瑞璜(新華)周伯長(上海)羅郁銘(浙興)
王宗培(浙興)曾之屏(浙地方)高子久(中國)

列席者　祝隆意、蔣立峯、

主　席　孫瑞璜、記錄　蔣立峯、

一、開會　主席宣佈、今日天雨、各代表出席不多、不能正式開會、故改開談話會、現請祝秘書報告所中情形、

二、祝秘書報告

甲、工作方面　一切照常進行、一九四一年行名錄已於今年二月底出版、共盈餘三千餘元、華商股票手册早於去年十二月出版、共盈餘一千餘元、兩項盈餘均以貼補開支、今年因紙張昂貴、行名錄印刷估價、竟超過去年總收入、在目前所中經濟不寬裕之環境下、實難繼續出版、所中收入不敷、須另謀開源之道、

乙、收支方面　自去年十二月至本年六月、所中收支狀況、請諸位參閱收支報告、平均每月經常收入約二千元、經常開支約四千五百元、不敷之數、除以基本會員會費一千二百餘元、及雜收益一二百元抵沖外、每月須短少一千餘元、至於現金狀況、去年十二月底、徵信所及興信社銀行存款與現金共結存一萬〇五百餘元、本年六月底共結存九千四百餘元、兩相比較、計缺少約一千餘元、如無行名錄與股票手册盈餘貼補、現金短少當不止此、據目前情形而論、所中每月開支至少尚缺一千餘元、以所有現金結存、僅能維持八九個月之久、際此物價步高之時、所中今後開支、當有增無減、既不能節流、似須另籌開源之法、此點務請各位代表多多指教、

收支報告分析(略)、

三、討論

甲、物價高漲、所中收支不敷、基本會員會費似有增加之必要、此點留待下次社員大會討論、

乙、下次開會時、請祝秘書擬就所中收支預算、

中國興信社第六十五次社員大會記錄

日　　期　民國三十年九月廿四日(星期三)下午六時半

地　　址　銀行俱樂部

出 席 者　王宗培(浙興)　周伯長(上海)陳其鹿(中央)晉之屏(地方)劉念孝(企業)　鄭宜振(企業)朱鶴峯(企業)

袁景儀(交通)吳中凡(新華)孫瑞璜(新華)呂惠宗(交通)繆鏞樓(國華)　孔綬蘅(浙實)　朱協卿(中貿)

高子久(中國)祝文華(中實)陳子繩(中一)

列 席 者　祝隆意　蔣立峯

主　　席　孫瑞璜　記　錄　蔣立峯

一　宣佈開會

二　主席致辭　諸位代表、上次會議因逢天雨、代表出席不多、臨改開談話會、此次特提早舉行、首先應向諸位報告者、即今日開會、有兩家新會員參加、一爲中國企業銀行、代表爲劉念孝鄭宜振朱鶴峯三先生、一爲中貿銀行、代表爲朱協卿先生、本席樂爲介紹、並表示非常歡迎、茲因新會員代表初次出席、謹將本會性質略加說明、查興信社社員大會、即爲基本會員代表大會、基本會員均屬華商銀行、不管爲中國徵信所之股東、基本會員入會以後、每家得派代表一人或數人、出席社員大會、最近規定每逢二個月開會一次、如臨時有事、得開臨時會議、本會爲徵信所之最高組織、後者之一切進行、皆由本會決定、其職權如同董事會、今天討論事項、有增加基本會員會費問題、增加職工待遇問題、及改進徵信所工作問題等、茲先請祝秘書報告、然後再付討論、

三　祝秘書報告　諸位代表、今天有新會員代表首次參加、本人願將徵信所所做工作、略加說明、本所辦理以下業務：(一)供給信用報告——接受會員及非會員之委託、調查工廠商號個人之身家事業財產信用、委查者如係華商、則發中文報告、如係洋商、則發英文報告、此項信用報告(個人報告除外)、每日發於基本會員、會費與報告費爲本所之經常收入　(二)商品價格調查　(三)市場情形調查(四)出版刊物、如中文商情報告、英文經濟日報、行名錄、人名錄、華商股票手冊等、(五)其他附屬業務、如代收賬款、介紹國內外廠商等、本所目前因受戰事影響、範圍較前緊縮、但各項工作仍照常進行、今後業務之發展、尙有待諸位代表之扶助與指導、

至於本所經濟狀况、最近二個月收支報告及每月收支預算、業已印發各代表、請予參閱、上次開會時、曾報告本所經濟狀况欠佳、今觀七八兩月份收入報告、似乎差強人意、現金且較前增加、考其原因、蓋本所乃成立於下半年、其時普通會員入會較衆、收入亦較多、故七八兩月份之收入、僅能表示該兩月之情形、不能作爲全年之標準、上次開會時、承囑本人草擬收支預算、現已擬就、請各代表參閱討論、目下本所已入不敷出、將來如物價續增、困難當更甚於前、再本所職工待遇微薄　無法維持生活、本人敬建議社員大會、於討論預算案時、乘機予以調整焉、

四　討論事項

甲　增加基本會員會費案

議決、自本年十月份起、基本會員會費由每月八十元恢復至原定之一百元、再加「附加費」六十元、

乙　調查報告費應否同時增加案

議決、酌量增加、至應加多少、請祝秘書草擬辦法、交常務董事會討論決定、

丙　改善職工待遇案

議決、交常務董事會討論決定、

丁　如何增加信用報告案

議決、除請祝秘書通知調查部職員努力工作外、恢復調查會議、並推舉周伯長王宗培祝文華陳子繩四先生隨時出席指導、

戊　本屆行名錄應否繼續出版案

議決、請祝秘書於最短期內草擬預算、交常務董事會討論決定、

己　徵求新會員案

議決、新興銀行衆多、儘量徵求基本會員及普通會員、對於金融業尤可徵求爲特別普通會員、酌收費用、供給信用報告、

庚　常務董事施博羣先生缺席、添請周伯長先生參加常務董事會議案

議決、通過、

五　散會

附七八兩月份收支報告及每月收支預算、

中國興信社第六十六次社員大會記錄

日期　民國三十三年十一月二十二日（星期三）下午四時

地點　銀行俱樂部

出席者　羅郁銘（浙興）　張良棟（中國棉業）　周伯長（上海）

陳子鏞（中一）　繆鏞樞（國華）　孔綬衡（浙實）

孫瑞璜（新華）　高子久（中國）　潘仰堯（四行）

祝文華（中實）

列席者　祝隆意　記錄　祝隆意

主席　孫瑞璜

一　宣佈開會

二　主席報告

諸位代表本會已多時未開今天又得與諸位在此聚會心中非常高興徵信所處目前之戰事環境中因各方面之需要減少及調查手續進行之困難關係致編發信用報告工作已大為減少且最近物價高漲不已開支逐月增加如欲整頓工作必須一筆經費目前徵信所之維持全賴所出版之「徵信日報」之廣告及報費收入其他一切情形再請祝秘書詳細報告現在所要與諸君討論解決者即以後中國徵信所之隸屬問題因中國徵信所過去在名義上雖為銀行附屬事業之一在事實上與銀行公會尚未發生正式之聯繫關於此點敝人曾與銀行公會及銀行準備會當局會商原則上表示贊同且最近財政部有公文到會規定凡銀行公會之附屬事業均應呈報當局登記是故徵信所擬函請銀行準備會於呈請財政部登記時將中國徵信所列為準備會事業之一同時並請準備會指派委員共組中國徵信所委員會以便管理中國徵信所以後之一切業務依此辦法則中國徵信所之隸屬及組織問題均得解決矣

三　祝秘書報告

甲　工作方面

中國徵信所主要工作為調查工廠商號個人之身家事業財產信用編發報告書以供各會員及委託者在營業上作參考之用以前此項工作頗為緊張且徵信所之經常開支亦完全靠會費及信用報告費之收入惟太平洋戰事發生後環境突變各業不振一般經濟漸受統制金融業放款亦逐步緊縮最近尤甚加之因生活困難關係徵信所歷年所培植訓練之調查人才亦逐漸分散以致徵信所最主要之信用調查工作已大為減少目前僅有極少數之個人調查及銀行商店之保單覆查工作略資點綴而已

中國徵信所之次要工作為出版刊物以前曾有中文日商情報告英文經濟日報徵信工商行名錄人名錄華商股票手冊等之發行關於出版刊物中除中文每日商情報告（現更名「徵信日報」）尚繼續發行外其他均因環境及成本等關係而不得不停刊

發行「徵信日報」在事實上現幾爲徵信所之全部工作
「徵信日報」之報費及廣告費收入亦幾完全爲徵信所
全部開支之來源（參閱每月收支預算）「徵信日報」
領有宜傳部及本市警察局之登記執照徵信所之全部人
員均分配於「徵信日報」之採訪編輯排印校對兜攬送
報收帳會計事務等工作方面

乙　經濟方面

徵信所帳目向係每月結算現一切收付傳票等倘待整理所中經濟情形請參閱每月收支預算表所列各項收支與目前實際情形大致相符依照預算本已入不敷出（每月差額爲五萬元）惟今年上半年蒙銀行準備會於去年盈餘項下撥贈本所二十萬元本所除以一部份購買股票（現略有盈餘）外另一部份買進白報紙二十令惟該項報紙存貨已於最近數月中陸續貼補用去一大半矣所買進之股票現如售出約可得拾萬元再加上銀行存款及本月份應收未收與應付未付款項之差額共約四五萬元以之購買白報紙本所白報紙存貨約可用三四個月惟以後物價仍有繼續上漲可能且本所職工待遇向來微薄人事方面支出倘待調整以後徵信所之維持其困難當更甚於今

丙　人事方面

徵信所現有祕書一人職員六人練習生一人工役二人印刷工人四人共計十四人平均每人每月薪津總收入七千元在物價高漲聲中職工生活未能安定工作效能因[illegible][illegible]之減低係難免之事實

丁　資產方面

中國徵信所之資產情形請參閱資產狀況表

四　討論事項

甲　爲求健全中國徵信所組織起見擬請銀行準備會於呈請財政部登記時將中國徵信所列爲準備會事業之一以免將來中國徵信所在名義上及隸屬方面發生問題並請準備會指派委員共組中國徵信所委員會以便管理中國徵信所以後之一切業務

議決通過

乙　徵信所基本會員會費原係每月二百元按此尚係三年前之收費辦法迄今仍收此數爲求彌補徵信所開支起見現擬自本年十月份起將基本會員會費增加爲每月一千元仍按向例由浙江實業銀行於每三月代收一次所有本年十十一及十二月份會費除去已收之陸百元外再補收二千四百元

議決通過

五　散會

附　一　中國徵信所資產狀況表

二　中國徵信所每月收支預算表

中國興信社第六十七次社員大會紀錄

日　期　民國三十五年一月廿五日（星期五）下午二時

地　點　銀行俱樂部

出席者　朱[illegible]（中南）陳鑅生（鹽業）周[illegible]孫（四行儲蓄會）[illegible]（[illegible]）吳[illegible]（浙興）張[illegible]（浙興）[illegible]（國華）周[illegible]（國華）[illegible]（大陸）[illegible]（金城）[illegible]（浙實）[illegible]（大陸）[illegible]（中[illegible]）許[illegible]（中[illegible]）孔[illegible]（[illegible]）[illegible]（商業）[illegible]（中國企業）[illegible]（通商）[illegible]（通商）吳[illegible]（[illegible]）

列席者　[illegible]

主　席　[illegible]　　紀錄　[illegible]

一、宣佈開會

二、主席致辭　諸位代表，本社曾於本年十二月[illegible]日開談話會，討論本社及中國徵信所進行事宜，原則上已一致贊成繼續進行，今日特舉行各銀行代表大會，正式討論通過。惟今日出席各代表中，有少數係初次出席，對於本社及中國徵信所之組織歷史，容或不甚明瞭，茲再略加敍述。在一二八戰後，本市各大銀行鑒於信用調查工作之重要，他方面並為各銀行建設上之結合起見，由十家銀行推派代表一人至四人，共同組織中國興信社，隨時研討關於信用調查方面之各項問題，復為對外推展營業[illegible]，乃於民國廿一年六月成立中國徵信所，故中國興信社含有研究性質，中國徵信所則含有實施及營業性質，中國興信社設有幹事數人，中國徵信所設有董事及監察各數人，均由中國興信社社員代表大會產生。抗戰發生以後，迄未改選，至於中國徵信所業務除[illegible]信用調查及出版事業外，並與世界各國著名徵信所相聯絡[illegible]因環境關係，本所調查工作進行困難，收入銳減，於是實行緊縮，雖平素由所中同人全力維持，勉強保存原有規模，但幾有十五年歷史之中國徵信所，不致中斷，亦為不易。茲為工商業[illegible]，徵信所[illegible]愛國本社於上次談話會，加以討論，當時均贊成將中國徵信所恢復原狀，並力圖擴充事業，尚請今日出席各代表，多多發表意見，並不吝加以指教。

三、報告事項

甲、中國徵信所過去概況

中國徵信所為本市各大中外銀行所發起組織成立於民國廿一年，自成立迄今已有十四年，歷年以主要業務為調查各業團體及個人資產信用狀況供給各會員及其他會員作業務上參考之用，其次要業務為出版中英文年報日報等報告以報導市場及一般經濟消息，並發行中英文行名錄人名錄及[illegible]手冊等，其他附屬工作為代理[illegible]及代收帳款等，八一三戰事發生以前本所業務頗為發達收支可以相抵，除基本會員二十餘銀行外，本市中外各商工商團體加入為普通會員者不下一百餘家，每日接受委託調查案件約百十餘起，每年[illegible]亦能出版，逐日供給各基本會員銀行作為參考之充實信用業務之用，職工人數約六七十名，並在天津漢口設立分所，在其他各大城市設有特約調查員十餘年，並聘有各[illegible]團體及個人為[illegible]約[illegible]，尚常與國外各大徵信機關取得聯絡，如美國著名之[illegible]徵信所 Dun & Bradstreet, Inc.（全世界規模最大歷史最久之徵信所）關係尤深，時有[illegible]及[illegible]往來，除信用調查案件外，尚互相介紹中美兩方面進出口商，以促進並發生貿易關係。

八一三戰事發生後，全國金融工商各業均受打擊，而本市尤甚，致使工商信用[illegible]，本所業務大受影響，收入驟減，迫不得已乃採取緊縮政策，裁員減薪，並將一部分辦公處所退租，藉以減少負擔，勉強維持，迄至三十年十二月八日太平洋戰爭爆發以後，環境更見惡劣，所方業務不但無法發展，且有朝不保夕之勢，幸賴同人合作[illegible]，在[illegible]收入之[illegible]，只求維持本所機構，以待光明之來臨，從[illegible]勝利實現，[illegible]，一切[illegible]工作[illegible]，各[illegible]金融工商各業，將亟須[illegible]徵信事業之需要，亦將日見迫切，爰將[illegible]提復興中國徵信所工作計劃，以供各[illegible]代表之參考，尚希指正為荷。

乙、中國徵信所今後復興計劃

（一）經費問題　查戰事以來中國徵信所工作之進行中所最感困難者厥為經常開支[illegible]，徵信事業非營利事業，乃為金融工商業服務之機構，凡利用徵信調查報告者其所得之功效殊難以數字加以估計，在八一三戰事以前各基本會員所付本所會費每月八十元，[illegible]，條件當時亦甚廉，如[illegible]估計，由本所經常總開支約有百分之六十，最近數年中情形[illegible]，由基本會員方面所得收入僅有百分之三，時至今日不但[illegible]，設法[illegible]工作將以[illegible]，即將[illegible]，[illegible]同人雖已有多年歷史之徵信機構，[illegible]，且[illegible]如何維持，尚請本所各發起人及[illegible]人[illegible]討論（關於[illegible]，[illegible]）

（二）[illegible]問題——本所[illegible]本[illegible]，[illegible]過去工作進行[illegible]，致[illegible]，一切[illegible]，如能於此次整理[illegible]，[illegible]不[illegible]，[illegible]

（三）人事問題——戰前本所人員太多，[illegible]，復興開始之初不擬過事鋪張，[illegible]，[illegible]職工人員總數減少[illegible]人[illegible]

（四）工作問題——徵信所可做之事甚多，現在即擬恢復下列數種工作：（一）信用調查，此乃徵信所最主要使命，對於[illegible]方面[illegible]，此點尚請各位隨時指教；（二）出版——本所原設有小型印刷所，[illegible]調查報告[illegible]及[illegible]

中國興信社第六十八次社員大會記錄

日　期　民國三十五年六月十二日(星期三)下午四時、

地　點　銀行俱樂部

出席者　宋乘倫(中南)　陳森生(鹽業)　朱祖林(國華)　周伯長(上海)　張　熙(浙興)　嚴揭謙(大陸)
　　　　周德孫(四行)　曹翰蕃(聚興誠)　孫瑞璜(新華)　吳中凡(新華)　鄭叔屏(浙實)　鄭鴻達(金城)

主　席　孫瑞璜　　　紀　錄　蔣立羣

一、宣佈開會

二、主席致辭、諸位代表、中國興信社自今年一月廿五日開會以來、迄今已四月有餘、今日與中國徵信所董事會合併開會、擬將中國徵信所最近工作狀況作一報告、並商討今後進行計劃、查中國徵信所自經上次社員大會決定恢復業務後、即遵照社員大會指示方針、努力推進工作、現在業務方面、偏重於徵信所報晨午兩刊之發行、至於信用調查工作、則因限於人力物力、尚未積極推進、以後當設法注重信用調查、庶與徵信所之宗旨相合、玆閱徵信所五個月來之收支報告、經濟情形已較前大見改善、暫時可不必再加重各銀行之負担、此實爲一可喜之現象、惟今後關於徵信所工作應如何推動、尚請諸位代表不吝指教、提出討論、玆再請祝秘書報告所中詳細情形、

三、祝秘書報告　諸位代表、中國徵信所自本年初復興以來、迄今已五個月、一月份辦理籌備裝修及整理事宜、實際工作乃自二月份開始、信用調查逐漸推動、數月間接受國內外函詢及委託調查案件甚多、不下數百件、均陸續次第查覆、委託本所調查者尤以美國鄧白徵信所(Dun & Bradstreet)最多、時有函電往返、詢問及答覆關於國內進出口商行業務資本信譽等事項、至於會員銀行方面委託者、以調查個人案件居多、想係保人關係、依照今年新規定、凡會員銀行委查案件、每月在十件以下者、並不收費、惟以後調查案件、勢必逐漸增加、人手有感覺不夠分配之苦、故在經濟可能範圍內、擬添請調查人員、以資應付、在出版方面、「徵信所報」午刊於二月十一日起開始發行、每日中午報導當日上午各種重要商情、因係創舉、外界定閱尚見踴躍、三月五日起又恢復出版「徵信所報」晨刊、晨刊之特點在工商消息方面、內中包括徵信資料、可供各方面參考、所有晨午兩刊、均照送各基本會員銀行代表、不另收費、所方調查之關於個人報告及各工商單位之信用報告、未便在所報上發表者、均歸檔以供參考、總之、徵信所之主要工作爲信用調查、純以服務爲目的、出版係附屬事業、現因有利可圖、姑且辦之、惟本所所辦之出版事業、對於徵信業務亦有密切之關係、與一般通訊社性質不同、至於本所經濟方面、目前每月開支不到五百萬元、收入除基本會員會費一百四十萬元外、其餘三百餘萬元、大部份爲報費及廣告費、本所現有職工共十七人、應做事務甚多、且永遠做不了、以後欲求擴充、勢非添人不可、蓋一切事在人爲也、關於今後所方進行方針、尚請各位研究指教、

四、討論事項

(甲)今後信用調查、應求質與量同時改進、

(乙)所中調查員過少、應相機物色是項人才、

(丙)爲增加本所各方面力量、似可徵求新會員、

附中國徵信所一至五月份收支報告

中國興信社第六十九次社員大會紀錄

日　期　民國三十六年四月十四日(星期一)下午三時

地　點　銀行俱樂部

出席者　繆鏞樓(國華)孫瑞璜(新華)張　熙(浙興)宋乘倫(中南)袁同人(大陸)陳子繩(中一)
　　　　陳森生(鹽業)周德孫(四行)吳中凡(新華)周伯長(上海)鄭叔屏(浙實)

主　席　孫瑞璜　　紀錄　蔣立羣

一・宣佈開會

二・主席致詞　諸位代表、中國興信社自去年六月十二日開會以來、已有十個月未開會、去年底擬召開會議、因其時徵信所工作繁忙、結算賬目不及、故遲至今日始能實行、在戰事期間、徵信所因環境所限、業務未能發展、幸賴同人之努力、勉予維持、頗不容易、一年以來、一切工作已上軌道、而外界對於徵信所之需要亦漸見殷切、惟本所目前基礎尚未十分鞏固、今後欲求發揚光大、與人競爭、尚須加倍努力、玆請祝秘書報告所中情形、再討論其他問題、

三・祝秘書報告　諸位代表：本所自戰後復員以來、已有年餘、各方面工作進行、尚稱順利、外界對於徵信事業、興趣亦較戰前濃厚、將來發展、希望無窮、堪以告慰、本所經濟素不寬裕、職員待遇向極菲薄、且去年下半年一度受市面不景氣影響、收入減少、經濟發生恐慌、今年工商略見起色、雖闖渡過、目前收入逐漸增加、經濟比較寬裕、惟仍不可視爲根基已臻穩固、基金無着、以後難免有危機發生、且欲加強工作、擴大事業範圍、處處需要雄厚之資金、本所已有十五年歷史、檔案豐富、主要經濟基礎立定、以後可作之事甚多、事業發展不成問題、玆就目前情況及將來計劃略爲報告、並加說明：

甲、　目前情況

(一)人事方面——本所現有工作人員、共計職員十二名、練習生一名、印刷工人四名、茶役兼信差報差四名、共二十一人、應付目前工作、頗爲勉強、回憶八一三戰前、本所有職工總數七十人左右、可知目今各職工事務相當繁重、以後工作逐漸展開、添聘人員、實屬急不容緩、

(二)工作方面——現信用調查工作及出版工作已次第擴大、每月發出委託調查報告一百餘件、委託調查漸見踴躍、調查人員尚感不夠應付、添加人員以調查員最爲急迫、採訪、編輯、出版工作較忙、大部份職工、每天須做日夜工、方可應付、

(三)收支方面——近月來收支已大見好轉、每月徵信所報晨刊報費收入約六百萬元、徵信午報報費收入亦約六百萬元、兩種刊物廣告費收入共有五百萬元、再加普通會員會費、報告費、基本會員會費、共二百餘萬元、合計每月收入約二千萬元、以之應付目前一切開支、尚有餘裕、惟以後情形如何、難以預測、支出中以人事方面開支最大、每月日夜工薪津、車資、佣金、稿費、伙食費、佔全部支出約百分之九十、其他開支有限、

(四)會員方面——證券交易所於去年九月起加入本所爲會員、該所對於職工保單及申請上市各公司、均委託本所調查、又中國工商協會最近亦加入本所爲會員、該會係孔祥熙先生所主辦、秘書長爲中國實業銀行經理王祖廉先生、該會專從事工商業之研究調查統計出版等工作、因知本所資料豐富、故與本所接洽妥當、隨時利用本所資料供其參考、每月津貼本所二百萬元、

乙、將來計劃

(一)行名簿——戰前本所年出中英文行名簿一册、定名徵信工商行名錄、頗受各界贊許、收益亦佳、年有盈餘、對於所方經濟不無小補、今日印刷工資紙張費用異常浩大、估計一切成本、非有雄厚現金墊款、風險過大、不敢嘗試、惟外界頗有向本所問詢出版行名簿事、足證戰後工商業變動極多、行名簿實有極大需要、茲作簡略預算、以資參考、是否可辦、將完全視墊款有無着落而定、

A支出方面：排印工及紙張——七千萬元
調查編輯費用——三千萬元
零星印刷品郵票文具雜費等——一千萬元
墊款利息——四千萬元
共計一萬五千萬元

B收入方面：銷售——一萬萬元(有把握)
廣告——一萬萬元(無把握)
共計二萬萬元
淨益五千萬元

(二)華股手册——稿件現已交付印刷所、原擬本月內出版、現因廣告不多、出版或稍遲緩、

(三)信用調查——最近即擬添聘調查員二位、以資應付各方委託調查事件、正在物色人材中、

(四)徵信所報晨刊午刊——擬發動推銷、增加定戶及廣告、以裕收入、

(五)基本會費——本所經多年之維持、已具相當根基、以後應做工作甚多、唯一缺點即在經濟力量薄弱、目前所入可敷支出、已頗不易、今後希望各基本會員加強協助、則本所當可依照預定計劃、逐步推進工作、按自去年一月復員以來、每家基本會員銀行月付會費十萬元、當時對於所務進行、確有極大幫助、惟十餘月來、物價生活指數增加何止十倍、目前基本會費每月仍爲十萬元、而本所所有出版物、按日奉送各基本會員銀行四份、不另取費、且各基本會員每月得免費委託調查報告十件、現本所對外報費晨午刊均爲每月三萬元、外界委託調查每報告亦收費三萬元、以後尚須增加、依此計算、若基本會員盡量利用本所服務、則每月十萬元之總代價、似極低微、擬請酌量增加、俾充實本所經濟基礎、

四、討論事項

(一)推進本所調查工作案

議決：目前各銀行委查日多、所中調查員實嫌太少、應添請調查員若干人、加緊信用調查工作、用以符合徵信所應負之使命、

(二)籌備出版一九四八年行名簿案、

議決：通過、請祝秘書計劃辦理、

(三)出版華股手册案

議決：設法提早出版

(四)恢復組織調查審查委員會案

議決：通過、推選周伯長、孔綬蘅、宋秉倫、吳中凡、王恭琰、張熙六位先生爲委員、每日輪流至所中指導、並推周伯長先生爲召集人、

(五)增加基本會員會費案

議決：自本年三月份起、每家基本會員銀行會費、由每月十萬元增至三十萬元、

(六)改選中國興信社幹事及中國徵信所董事監察人案

甲、推選孫瑞璜(新華)周德孫(四行)孔綬蘅(浙實)周伯長(上海)袁同人(大陸)五人爲中國興信社幹事、

乙、推選周伯長(上海)袁同人(大陸)陳子纙(中一)宋秉倫(中南)周德孫(四行)徐國懋(金城)孔綬蘅(浙實)吳承禧(浙興)孫瑞璜(新華)袁尹村(聚興誠)陳森生(鹽業)等十一人爲中國徵信所董事、並互推周伯長、袁同人、周德孫、孔綬蘅、孫瑞璜五人爲常務董事、孫瑞璜兼任董事長、

丙、推選劉念仁(中國企業)朱協卿(中貿)繆鏞權(國華)三人爲中國徵信所監察人、

中國興信社第七十次社員大會記錄

日　期　民國卅七年五月十日（星期一）下午四時

地　點　銀行俱樂部

出席者　繆鍾樓（國華）周伯長（上海）陳楙生（鹽業）鄒敬湛（浙興）周德孫（四行）孫瑞璜（新華）袁同人（大陸）謝伯棠（浙實）宋秉倫（中南）陳鳴一（新華）吳中凡（新華）陳子綱（中一）徐國懋邢代（金城）

主　席　孫瑞璜　　記錄　蔣立華

一、宣佈開會

二、主席致詞　諸位代表：中國興信社自去年四月間開會以來，迄已年餘，今天召開社員大會，擬將過去一年中工作概況作一報告，過去一年中，因時局依然不安，貨幣一再貶值，物價節節高漲，外界對於徵信所信用調查，需要不廣，徵信所工作，偏重出版徵信所報晨午兩刊，信用調查反居次要地位，前者與調查工作不無聯帶關係，幸賴此大宗收入，維持所中一切開支，惟徵信所乃以辦理信用調查爲主要業務，目前雖受時局影響，不能依照既定方針，發展本身業務，但今後仍希在可能範圍內，儘量爲銀行服務，一俟時局好轉，再行加緊推進信用調查工作，各位代表如有高見，請予賜教，今天開會所欲討論之問題，除檢討徵信所業務方針外，尚有二點，一爲基本會員會費，自去年一月起調整爲每月三十萬元後，至年底爲止，未有調整，今因物價已漲多倍，似有討論調整之必要，二爲徵信所監察人任期已滿，照章應行改選，茲請祝秘書報告所中過去及最近情形，

三、祝秘書報告主席、諸位代表、關於徵信所一年來經濟情形，請參閱各月收支報告，惟其中所列每月收入與支出帳目，僅能表示過去情形，目前進出數額較大，以四月份狀況爲標準，本所各項收入與開支，大致如下，收入方面，晨刊報費每月約一億一千萬元，午刊報費約一億五千萬元，廣告費晨刊約九千五百萬元，午刊約八千五百萬元，其他收入不多，總共每月收入約四億四五千萬元，開支方面，最大項目爲職工薪津，月約二億餘元，其次爲午晚膳費，約七千萬元，再次爲紙張，約五千萬元，其他爲廣告佣金四千萬元，房租水電一千五百萬元，電話二千五百萬元，車貲二千萬元，雜項開支二千萬元，收支兩項尚能相抵，五月份預算，可能照以上平均增加三成左右，以上係本所經濟情形之大概，在工作方面，目前因環境關係，無疑的已以出版報導業務爲主體，信用調查工作反不能發展，各方委託調查案件，爲數不多，銀行及證交方面時有委託，工商界委查事件甚少，律師方面頗希望本所能儘量供給調查報告，但所託事件恆超出信用調查範圍以外，且律師於接受本所報告後，屢用作法律上之證件，一方面雖可討好於人，另一方面亦易開罪於人，故本所對於此種委託案件，不得不謹愼從事，在不超出信用調查範圍以外，方始接受調查，再關於經濟情形，附帶報告一事，即截至去年底爲止，基本會員會費每月爲三十萬元，前爲十萬元，戰後僅調整一次，本年一月份迄今，基本會費尚未收取，目前物價高昂，生活指數按月上漲，希望各位代表考慮調整基本會費，本所現有職工廿一名，按照薪津支出總數，平均每人每月所得僅爲一千萬元，似嫌太少，希望基本會費增加以後，同人待遇亦可稍予調整，間接可以提高工作效率，以上爲本所過去及現在大概情形，請各位代表對於發展本所業務及服務範圍，多多指教，

四、討論事項

（一）關於中國徵信所今後業務方針案

決議：暫時維持現狀，俟時局好轉後再圖發展，

（二）增加基本會員會費案，

決議：自本年一月份起至六月份止，每家基本會員會費由每月三十萬元增至一百萬元，自七月份起至十二月份止，每月增至二百萬元，一年會費一次支付，用以購買白報紙，

（三）改選中國徵信所監察人案，

決議：仍推劉念仁（中國企業）朱協卿（中實）繆鍾樓（國華）三人連任，

中國興信社第七十一次社員大會紀錄

日期　民國卅八年八月二日（星期二）下午四時
地點　銀行俱樂部
出席者　孔紹衡（浙一）周伯長（上海）周德孫（聯合）袁同人（大陸）袁尹邨（聚興誠）張熙（浙興）繆鍾秧（國華）
陳子繩（中一）陳森生（鹽業）周德孫代
列席者　祝隆意　蔣立羣
主席　周德孫　紀錄　蔣立羣

一、宣佈開會　董事長孫瑞璜先生因事未克出席、公推周德孫先生爲主席、

二、主席致詞　諸位代表先生：今天中國興信社舉行第七十一次社員大會、除報告中國徵信所過去一年中營業情形及服務外、並討論決定中國徵信所在目前情勢下如何處置辦法、根據祝秘書的報告、和默察當前的環境、欲希望中國徵信所繼續推進業務、非常困難、故勢非被迫暫時停頓不可、但如何辦理結束工作、諸如遣散職工、保管所中現有資產等問題、有待本會今日決定、個具體辦法、各位代表先生和祝秘書如有高見、請提出共同討論

三、祝秘書報告　主席、各位代表先生：上海自解放以來、已有二個多月、中國徵信所自五月廿六日起、即因當時戰事影響、業務陷於停頓、六月初本市局勢漸趨安定、於是準備復業、但因軍管會命令所有出版刊物、須一律辦理登記、本所原有發行徵信所報晨午兩刊、乃遵照當局規定、塡表申請登記、但迄今已屆二月、文管會登記證尚未發下、因此勝利以後視爲本所主要經濟來源之出版工作、迄今未能恢復、自六月份起、本所即無業務收入、同人薪給亦告斷絕、依照情形觀察、出版登記證似無發下希望、即能發下、將來業務收入、亦難維持開支、至於信用調查工作、勝利以後久已形同停頓、今後恐更無法推動進行、回溯中國徵信所由銀行界熱心人士發起組織以來、已有十七年歷史、自八一三抗戰開始至勝利以後、其間歷經艱難困苦、幸有孫董事長及各位熱心的銀行代表先生贊助指導、和同人的努力擁護、終於能夠克服困難、而維持到目前爲止、但現在社會環境已經轉變、一切進入新的階段、本所又面臨前所未有的難關、依照目前的事實而論、上海金融工商各業普遍發生困難、而本所又無業務上的收入、欲求本所繼續維持下去、頗爲困難、惟對於本所的今後方針、須有待我基本會員銀行代表共同商討決定、所中職工共有十八人、上月本人曾接到同人方面來信、備述本所停業以來生活困難情形、請求所方設法救濟、本人曾將此意轉達孫董事長、孫先生表示十分同情、故今日召開銀行代表大會、請各位代表先生多多幫忙、若本所不得已而必須辦理結束、遣散職工、則請各銀行在可能範圍內、在經濟方面多多協助、俾所中同人藉此維持若干時期、同人當然感激不盡、順便聲明一點、基本會員會費、本年份尚未收過、如承各銀行發給補助費、或仍以收取會費方式、或用其他名義、均無不可、請各代表討論決定、又去年三月至今年六月止所中賬目、業已印就、請各代表審閱、

四、討論事項

㊀中國徵信所因業務無法推進、應否暫時辦理結束案、
決議：即日起辦理結束、俟將來環境許可時、再行設法恢復、

㊁規定補助中國徵信所經費案、
決議：由本會撥付中國徵信所補助費三千六百折實單位、作爲遣散職工經費、上項補助費由十四家會員銀行平均攤認、計每家二百五十七折實單位、

㊂如何保管中國徵信所資產案、
決議：除將一部份資產變值撥還上項遣散職工經費外、其餘資產請祝秘書編造資產目錄、再行決定保管辦法

（附）民國卅七年三月份至卅八年六月份中國徵信所收支報告

二、中国征信所信用调查

（一）征信调查方法

推進調查工作方案

二十二年二月六日幹事會提出全案函密關於指示調查員各端由本所摘錄通知之

第一章　關於充實及改革報告書內容者

一、初步報告書之作成應有左列兩種資料

甲、特派調查員之報告

乙、向特約顧問探訪所得之意見

二、最後報告書須再加入左列兩種資料

甲、售貨及往來商號對於被調查者之意見

乙、銀行錢莊之意見

三、特約顧問擬儘量擴充以期普及于主要各業

四、報告書內之商品來源一項須加填對于被調查者售貨之廠號名稱以便作成第二條甲項之意見其廠號名稱對外不必發表

五、商號條所述廠號名稱及往來銀行錢莊名稱特派調查員須于作報告書以前儘先報告俾可及早派員探訪第二條甲乙兩項之意見

六、報告書內之組織一項如係公司組織必須註明何種公司及註册年月日

七、設立年月不可寫幾年以前須寫某年某月不確定者可于其上加大約二字

八、股東及職員之年齡最好改爲生于何年否則第二次重編報告時必須注意于原調查年月加以修改

第二章　關於策進服務之迅速者

一、市場消息瞬息萬變商業應付首貴敏捷故迅速二字必須努力促成茲暫定標準如左

甲、急要委查事項須于五日內答復

乙、普通委查事項須于十日內答復

丙、延遲委查事項須于廿日內答復

二、普通委查事項調查員須于七日內作成報告書其認爲無法調查者須于三日內聲明理由交還原件以便分配于其他調查員

三、報告書審查及編發除有特種情形外不得逾三日

四、關於被調查者貨款往來及銀錢業往來之意見應由調查員在五日內先將往來戶名單交出以便派員儘先探訪

五、會員一次送來委查事件過多者應作函詢問何家應儘先調查其復函聲明須儘先調查之各件列入普通委查事項其餘列入延遲委查事項委查書已註明「急要」字樣者列入急要委查事項

六、對於現在積壓之委查事件應根據上述順序定期清理

第三章　關於組織情報網者

一、情報網之組織分爲地段與分業之兩方面

二、地段之情報網擬將本市分爲若干區每區由調查員一人負責

三、分業情報網以各業特約顧問及特約調查員組織之對于特約顧問不須作定期報告者派員按期訪問以便取得需要之資料

四、情報之內容以左列各點爲主體

甲、新開之工廠商號

乙、歇閉之工廠商號

丙、改組之工廠商號

丁、工廠商號之遷移

戊、工廠商號之失火

己、工廠商號房屋之建築

庚、各業重要人物之升調疾病死亡及破產
申、其他重要事項

五、情報暫定每星期收集一次重大事宜隨時報告

六、將來調查員有餘閑時應由書卷員將日久未有續報之檔案列舉商號及地址分發各調查員按期複查以期檔案資料之新詳

逕啓者查本所組織情報網辦法前經第三十九次所務會議議決通過茲定於本月十五日起施行抄奉該辦法及各調查員承查業別及邦別表等以後關於已經認定之各業及各邦應由各該調查員負責承查報告特函查照辦理為荷此致

先生

潘文安謹啓　五月十日

中國徵信所組織情報網辦法　民國廿二年四月廿二日第三十九次所務會議通過

一、本所為求明悉商界變動靈通市場消息起見組織情報網

二、情報網由本所各常任調查員及特約調查員組織之

三、各調查員應認定各業中之一業或數業其已經認定之各該業中如有變遷情形應由各該調查員負責查訪報告

四、情報範圍暫定如左

(一)各業之近況

(二)各業中各家內部之糾紛

(三)各業中各家重要人員之升遷疾病及死亡

(四)各種商品市況及價格升降之變遷

(五)各業中各家之盈虧及信用變遷情形

(六)各業中各家之創立改組合併及解散

(七)各業中各家之股東會議情形

(八)其他事項

五、本所為便利調查起見就各業中富有經驗及熟悉情形者酌聘特約顧問一人或數人

六、各調查員對於認定之各業情形除自行查訪外應常川往訪各該業之特約顧問探訪消息

七、每一行業經調查員一人以上認定查訪者關於該業之情形由該調查員等共同負責調查

八、各調查員對於並非自己認定之行業如探悉重要情報時亦應報告

九、各調查員認定承查之行業本所平時分配調查案件時亦得酌量以之為標準

每月統計調查業別支配表　二十二年九月五日調查各該區域

任天樹	1.西藥	2.毛巾	3.洋紙	4.眼鏡鐘表業	
王立方	1.茶葉	2.華洋雜貨	3.百貨	4.糖	
	5.南北貨海味				
潘經芳	1.綢緞業	2.銅鐵業	3.燃料	4.顏料	5.絲廠
褚光	1.鐵器	2.磚瓦	3.毛織	4.針織	
王炳芳	1.豆米雜糧	2.棉布紗莊	3.銀行		
趙芝葊	1.北市錢莊				
潘鳳川	1.紙業	2.印刷所	3.書店		
秦光裕	1.保險	2.進出口	3.織布廠		
曹燮卿	1.藥材	2.皮革			
張維謙	1.五金				
徐振生(特約)	1.捲煙廠	2.金銀飾件及鐘表舖			
謝郁亭(仝上)	1.麵粉廠				
顧兆林(仝上)	1.紗廠	2.紡織			

提綱及調查每月商家變遷狀況統計辦法　　廿二年十月修正

一、本所為求明瞭各業異動盛衰市場消長起見調查每月商家變遷狀況統計

二、統計範圍包括商家之新設改組及閉歇等三項

三、新設商家之統計內容應包括左列各點

(一)店號
(二)地址
(三)開業日期
(四)營業種類
(五)資本
(六)組織
(七)主要人員

四、改組商家之統計內容應包括左列各點

(一)改組前名稱
(二)改組後名稱
(三)地址
(四)改組日期
(五)營業種類
(六)改組後之資本
(七)前後之主要人員
(八)改組原因
(九)改組情形

五、調查廠家之統計內容應包括左列各點

（一）廠名

（二）地址

（三）營業種類

（四）開設日期

（五）主要人員

（六）開設原因

（七）辦理情形

六、統計資料除本所內部隨時由報章雜誌及其他刊物蒐集外由各常任調查員及特約調查員按照認定之行業分別采訪之

七、日報每日剪後凡有關該項統計之資料應由剪報員彙交主管員該閱情錄後分別歸卷其他刊物資料由主管員隨時蒐集之

八、各調查員就各自認定之行業隨時采訪資料依照印就表格逐項填註交由主管員彙存

九、調查員應將統計資料於次月五日前交齊

十、每月統計應於次月十日發表

商業團體股東會情形調查報告書程式（第十三次調查會議通過）

股東會次數（第某次股東會及常會或臨時會等）

日期（開會之年　月　日）

地點（開會場所）

出席股東數（人數及代表股權數）

主席（開會時推何人為主席）

報告（去年營業經過情形盈虧狀況及其他重要事實）

決議案（重要決議案之摘要）

選舉結果（董事及監察人改選後之名單及各人之個人調查）

決算表（資產負債表損益計算書盈餘分配案等）

備攷（不屬於上述各項之事項）

調查報告書注意事項

中華民國二十二年十月修正

一、行名　調查員應根據行名簿電話簿及調查時訪問或目覩所得之商行名稱書明報告書上尤須寫出其營業之名稱如商務印書館股份有限公司須完全寫出股份有限等字不可遺漏

二、地址　須書明門牌號數及路名如在弄堂內須查明弄堂及店面門牌號數如有分號支店工廠及分辦事處等亦須分別查明

三、註冊　股份有限公司法律規定須向實業部及地方主管機關註冊調查報告書上應註明其註冊之機關日期及資本

四、重要人員　凡獨資商號之店主及經協理合夥商號之股東及經協理有限公司之大股東董事監察人及經協理廠家之廠長工程師及各部主任等應查明其姓氏及簡史

五、履歷　凡商行廠家之重要人員應查明其任職年月過去略歷尤須注意其所辦事業兼任職務財產之方式及數額信譽至有限公司之普通股東則不必敘入凡行廠重要人員人數過多者其履歷應另立重要人員簡史一項附于篇末

六、專名　凡人或地之有特定英文名稱（如 Sincere Co.,Ltd.）者應于該名下註明以便翻譯時有所依據

七、簡史　敘述簡史應查明其最初在何時為何人所創辦曾否改組推盤讓渡合併遷移更名等情

八、盈濟　敘述商業行號之盈濟應比較其最近五年之盈濟狀況如能根據該行之營業報告書作成詳表更佳

九、消息來源　調查員于編製報告書時對於所得各項資料應註明其消息來源關於信用優劣一點尤須註明如據銀行錢莊意見廠家意見同業意見等

十、數量單位　報告書中如有關於某種數字之記述應將其單位註明如「兩」「元」「擔」等

十一、復查報告　編製復查報告時應參閱檔案內舊報告按照報告書程式將所得新資料逐項記入所有舊報告原有之資料不必再敘精節編寫時間如發覺與舊報告有矛盾之處應立即重查以昭核實如發現舊報告資料有錯誤時應於復查報告書上指出更正

十二、商家與行莊往來之存欠數目調查員應查明其確數

十三、商家及行莊往來之存欠數目編寫員應依照下列各點書寫

甲、百位書作三位數字千為四位萬為五位

乙、數目之大小分為高中低等三檔一二三為低檔四五六為中檔七八九為高檔

舉例　某號與某行往來可欠二萬五千元應書作可欠低檔五位元數

調查員服務指導

一、調查員之工作分經常調查與特派調查兩種經常調查由各調查員先認定各業中之一業或數業隨時報告消息特派調查由秘書處臨時指派之

二、經常調查範圍如左

（甲）該業近況

（乙）該業中各商家之內部糾紛情形

（丙）該業中各商家重要人員之升遷疾病及死亡

（丁）該業中各廠商品之進出口數量及市價升降之原因

（戊）該業中各商家之盈虧狀況及信用變遷

（己）該業中遇有創立合併改組或解散之商家

（庚）該業中各商家之股東會議情形

（辛）其他事項

三、經常調查資料之來源除調查員另有門徑外應於左列各方面採訪之

（甲）特約專業顧問

（乙）特約專家顧問

（丙）同業公會

（丁）該業商家

（戊）政府機關及公共團體（附錄五）

（己）報章雜誌

（庚）其他方面

四、調查員將經常報告書繳後應隨時送交秘書核發津貼第二條己項之資料得由調查員隨時蒐集後於下月五日以前彙交秘書核發

五、特派調查範圍如左

甲、商家信用

（子）初次調查　初次調查範圍依照附錄一至四之規定

（丑）覆查　補充初次調查所遺漏之點並增入初次調查後新發生之事實

乙、市場消息

（子）過去回顧

（丑）現在情形

（寅）未來展望

（卯）特殊變化之因果

（辰）其他

丙、商品產銷

（子）種類

（丑）用途

（寅）市價

（卯）產地及產量

（辰）製造情形

（己）消費區域及狀況

（午）銷售方法
（未）運輸情形
（申）主要市場
（酉）經銷商家
（戌）國內外貿易
（亥）其他

六、特派調查之資料除調查員另有門徑外應於左列各方面採訪之

甲、商家信用

一、間接的

（子）特約專業顧問
（丑）同業公會
（寅）往來商家
（卯）往來行莊
（辰）同業商家
（巳）其他方面

二、直接的

（子）直接訪問
（丑）營業報告及其他刊物
（寅）其他方面

乙、市場消息

（子）特約專家顧問
（丑）特約專業顧問
（寅）同業公會
（卯）各業領袖
（辰）政府機關及公共團體
（巳）報章雜誌及其他經濟刊物
（午）其他方面

丙、商品產銷

（子）特約專業顧問
（丑）特約專家顧問
（寅）同業公會
（卯）政府機關及公共團體
（辰）製造商家
（巳）經售商家
（午）交易所
（未）報章雜誌及其他經濟刊物
（申）其他方面

七、特派調查案件應於左列限期內編就報告書送交秘書核發

甲、緊要案件三日內
乙、普通案件七日內
丙、特殊案件十五日內

八、調查員對於特派調查案件如認為進行困難或無從進行者應於接到調查事件通知單後三日內將不能進行調查之理由用書面報告秘書以便另行派員調查

九、調查員如遇複雜案件預計不能如期調查完竣者應於限期內先作簡單報告嗣後仍於最短期間內補繕詳細報告書

十、調查員對於指派調查工作如不能依限辦竣而事前並未聲述理由者當由秘書處報常務會核辦處分

各調查員承查業別及幫別表

姓名	承查業別	承查幫別
任天樹	鐘表 眼鏡 呢絨 棉布 洋紙 海味 西藥 銀行 進口 毛冷 五金 銅錫 紗廠 火柴 電料 文具 顏料 玻璃 磚灰 珠寶 皮革 搪瓷 鐵 外國 木器 綢緞 建築 紙煙廠 百貨公司 本地產 工業原料 湖州幫電織	
王立方	糖 華洋雜貨 錢行 顏料 電料 五金 茶葉 西藥 工業原料	山東幫及各路客幫
潘經芳	西藥 顏料 煤 熱水瓶 草帽 保險 牛乳 絲繭 建築 湖州幫綢緞	
郭宜生	出版 印刷 食物五金	
褚光	針織 駝絨 機器 毛織 公用 製帽 搪瓷	
潘福中	麻袋 油墨 雜糧 油漆 橡膠 茶 製罐	
秦光裕	棉布 呢絨疋頭 大小五金 雜糧 錢莊 銅鐵器 進出口 印刷 木材 保險 水鮮	
王柏芳	錢莊 雜糧(南市) 木行(南市) 麵粉 蛋 棉花(南市) 交易所	
孫穎川	絲廠 糖果 肥皂	
張維陽	皮貨 鐘表 捲煙 糖果 紙盒	
魏竺鎣	錢莊	絲幫
謝鄂常	荳米行 麵粉廠 雜糧油餅 內地麵粉廠	
顧兆林	紗廠 紗號	
曹燮卿	人造絲 紗線 皮革 木 鐘表 汽車零件 膠夾製品 玻璃料器 化粧品	

中國徵信所編製

事業職業分類表

甲、特種事業

一、金融：1銀行 2銀公司 3信託公司 4儲蓄會 5錢莊 6匯兌號 7典當 8交易所 9其他

二、交通運輸：1鐵道 2航運 3船舶出租 4航空 5旅行社 6報關 7轉運 8搬運 9驛郵 10打包 11汽車出租 12人力車出租 13其他

三、公用：1電氣 2自來水 3煤氣 4電話 5電車 6公共汽車 7其他

四、倉庫：1碼頭 2堆棧 3關棧 4冷藏 5其他

五、保險：1水火意外 2人壽 3信用 4其他

六、地產建築：1地產 2營造 3經租 4鑿井 5衛生裝置 6裝璜 7其他

七、居間承攬：1交易所經紀人 2拍賣行 3船舶經紀 4掮客牙佣 5打樁 6廣告 7其他 （報關、轉運及營造廠局承攬業務因已列入上文二、六、兩項故此處從略）

八、自由職業：1律師 2會計師 3醫師 4化驗師 5工程師 6估價專家 7公證人 8其他

九、旅館樂場：1旅館 2飲食店 3舞場 4狗馬競賽 5俱樂部 6戲館 7電影院 8其他

十、清潔洗滌：1清潔 2消毒 3洗染 4洗衣 5浴室 6理髮店 7其他

乙、製造工業

一、鋼鐵機器：1煉鋼 2造船 3機器 4鐵工 5翻砂 6其他

二、化學：1造酸 2造鹼 3塊礦 4肥皂 5洋燭 6火柴 7火酒 8製藥 9油漆 10化粧品 11印染 12其他

三、織徵：1棉紗 2棉織 3繅絲 4絲織 5毛紡毛織 6製麻 7人造絲 8造紙 9其他

四、飲食品：1碾米 2麵粉 3麵包 4釀酒 5汽水果露 6餅乾罐頭 7捲菸 8醬油 9調味品 10製蛋 11其他

五、建築材料：1水泥 2玻璃片 3鋼窗 4磚瓦 5其他

六、電氣材料：1燈泡 2開關 3燈頭 4電線 5電木 6電筒 7電池 8年紅燈 9無線電用具 10其他

七、家具器皿：1木器 2藤竹器 3鍋碗 4鋼鐵床 5陶瓷器 6玻璃器 7搪瓷 8銅精器皿 9銅錫器 10鐘錶 11眼鏡 12金銀首飾 13賽璐珞 14毛刷 15梳篦 16席 17傘 18刀剪 19熱水瓶 20燈 21儀器文具 22醫藥用品 23運動器具 24玩具 25唱機 26樂器 27鏡框 28金木 29漆 30旗幟 31其他

八、衣着：1成衣 2軍服 3製帽 4靴鞋 5衫襪 6領帶 7鈕扣 8花邊 9髮網 10其他

九、印刷出版：1新聞雜誌 2印刷鑄字 3油墨 4釘書 5照相 6影片 7[illegible] 8其他

十、雜工業：1豬鬃製染 2製革 3製腸 4橡膠製品 5榨油 6電鍍 7製罐 8坩鍋 9煤球 10線繩 11紙匣紙袋 12其他

丙、販賣商業

一、國際貿易：1進出口行 2其他

二、國內貿易：1客幫 2坐莊 3水客 4山客 5其他

三、批發：1豆米行 2雜糧行 3糖行 4油行 5酒行 6蛋行 7魚行 8冰鮮行 9地貨水菓行 10藥行 11山貨行 12茶棧 13鹽棧 14醃臘 15牛羊豬 16紙行 17煤炭行 18菸葉行 19工業原料 20顏料 21花紗 22木行 23鐵行 24五金 25磚瓦 26礦灰 27黃沙石子 28蒲包麻袋 29其他

四、零售：1百貨店 2南北貨 3洋廣雜貨 4糧食 5外國伙食 6糖食 7茶葉 8綢緞 9呢絨布疋 10鞋帽 11衫襪 12女鞋 13估衣 14鐘錶眼鏡 15柴炭 16板木 17磚灰 18文具書籍 19筆墨 20紙張箋扇 21汽車零件 22五金 23玻璃 24料器 25運動器具 26古董 27香燭 28煙絲 29香粉 30絨線 31中藥 32參燕 33唱機唱片 34電料 35其他

丁、農礦牧畜

一、種植：1花園 2菜園 3農場 4苗圃 5其他

二、飼養：1牛奶棚 2雞場 3豬場 4養蜂場 5蠶種場 6其他

三、採礦：1煤 2鐵 3錫 4鎢 5錳 6其他

之 55-1
22-10-200

中國徵信所編製
中華民國廿二年十月

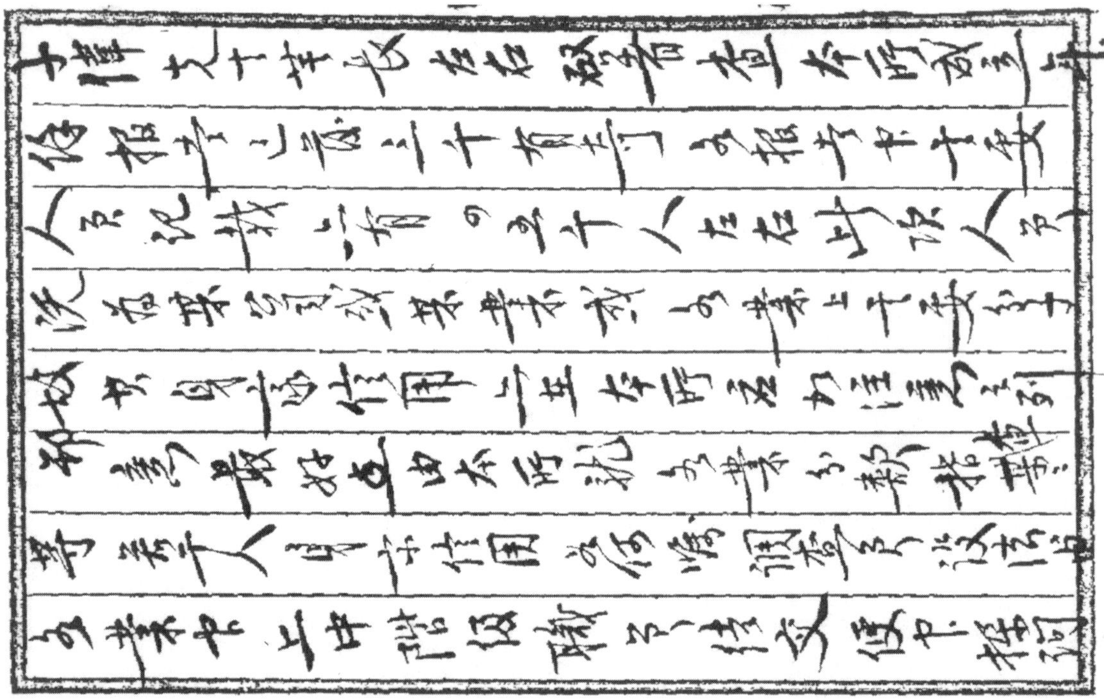

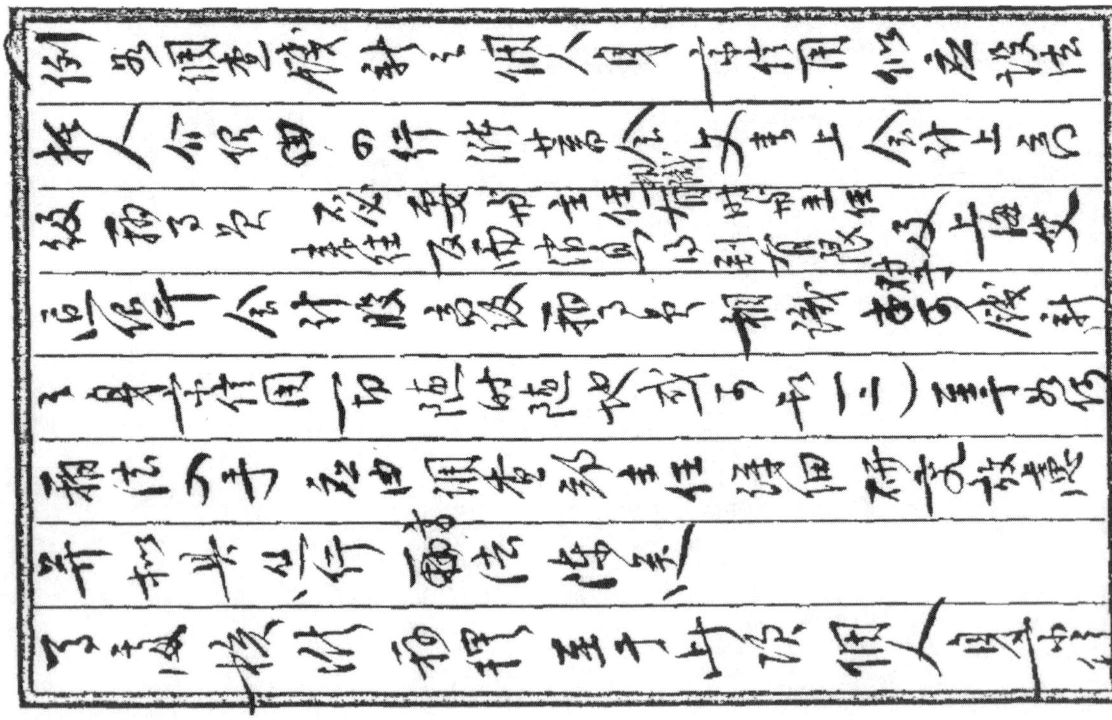

十偉之十年長左右，經者查本所或三年
修報告之意三千有奇之報告中之要
人員記載之有の五千人左右此項人員
從前某公司或某業或之某業上之要分子
故其身家信用之在本所應加注意之列
那意最好直由本所就之某分款指導之
等若干人身家信用之何時調查之設法
之業中上中階級職之信交便中探詢

例如調查錢莊之個人身家信用似應設法
托人介紹由同行莊董會文書上會計上高
級職員不必要為主任有時為主任未往反而消息仍到有限及上海交
通銀行會計股高級職員相識者可識新
之身家信用一切隨時隨地或可知一二）至于如何
稍法入手應由調查部主任詳細研究考慮
并擬其進行辦法陳送
又于彼核對稍理至于此項個人身家中信

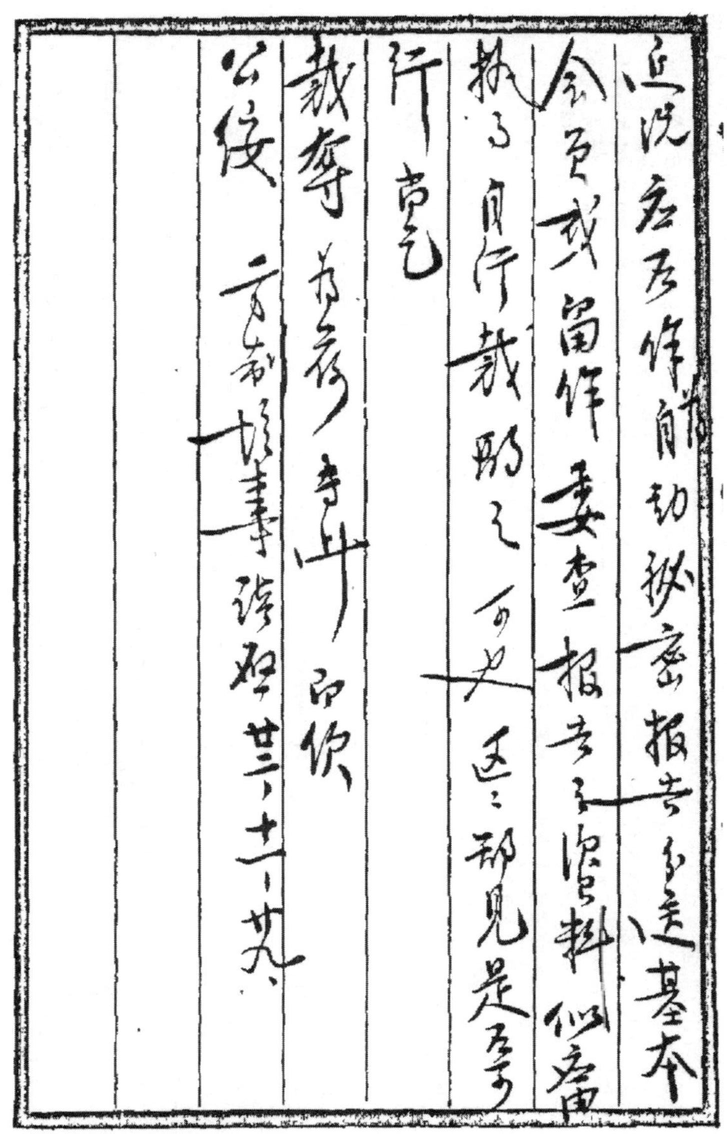

實施情報辦法

民國二十三年四月十四日

一、本所為使會員易於明瞭商界變動及市場消息起見舉辦情報

二、情報調查責成常任及特約調查員進行之

三、各調查員應就各業中認定數業凡該數業中如發生變遷情形應負責查訪隨時報告

四、情報之範圍規定如左

（一）各商家內部新發生之糾紛

（二）各商家重要人員之升遷及死亡

（三）各商號之新創改組及閉歇

五、情報報告書依照委查事件記分即每情報一份作算三分

六、調查員訪得消息後應立即用書面或電話報告秘書

七、秘書接到此項報告認為有採用價值後應責成內部人員于二小時內完成一切編繕工作隨即分送各會員

八、各調查員對於非本人認定之行業如探得重要消息亦應立即報告

九、凡一人以上同時查得同樣消息其先繳到者得儘先採用但後繳到者亦得酌予給分

十、各調查員對於認定之各業情形除隨時自行查訪外應常川往訪各業特約顧問探訪消息

十一、情報規定專送基本會員及特別會員但若所報商號先前曾經普通會員或非會員委查者該委查人亦應致送一份

十二、情報消息除編發臨時報告外仍須編入每月異動統計

十三、本辦法如有未盡事宜得隨時修正之

（一）編製信用調查報告書程式

名　　稱

提　　要　（包括營業種類（說明營業之性質如製造或販賣某種商品等），設立年月、註册年月，資本數額、事業現值，組織（如獨資、合夥或各種公司組織等）主要人員姓名（合夥股東應全列）營業及盈虧大略、財政狀況大略及信譽，）

地　　址　發行所　總店

分店　（註明某埠地段及門牌號數）

製造廠　總廠

分廠

各種公積

店主股東或董事監察人姓名及略歷　（店主及合夥股東之財產數額，應詳細查明，）

總　　理　（姓名及略歷）

副 總 理　（姓名及略歷）

簡　　史　（將沿革作概括之敍述）

設　　備　（如基地房屋機器等之數量、價值、折舊準備，保險，及職員工人之數額，）

原料來源　（或商品來源）（進貨行家之名稱）

商品銷路　（其貨品之運銷地點，或銷售於何種客幫等等，）

營業及盈虧　（如銷售方法、近三年營業額及盈虧狀況，）

財政狀況　（說明存貨、外存、應收賬款、應付賬款、借入款項、借出款項，平時週轉情形等，如屬公司組織，又應查明股份之數目、種類、每股金額、最近市價、近三年發給官紅利情形，如發行公司債者，應查明其總額、實際發行額、利息、及現負額、能索附營業報告書最佳，）

往來行莊

行莊意見

商家意見

備　　考　（不屬於上述各項之情事）

（二）編製個人信用調查報告書程式

姓　　名

提　　要　（包括年齡、籍貫、現任主要職務、現有財產、信譽，）

住　　址

履　　歷　（敍明學歷及歷任職務）

品　　性　（敍明其大性之愚智、舉動之靜躁、魄力之穩健或保守等，）

主要職業　（敍明其現在日常所經營之主要事業名稱、或所任主要職務等）

關係事業　（敍明其次要事業之名稱、或所任次要職務等，）

親族關係　（如為何人之親戚、何人之子姪等，將較為著名之親族略敍數人，）

家庭情形　（敍明其家庭之人數及父母子女輩之簡單情況等）

生活狀況　（敍明其衣食住行以及交遊之情形）

每年進益

每年開支

現有財產　（應詳細查明其動產不動產之方式及地點，估計其價值，並查明負債之多寡，）

信　　譽　（社會上之信用及名譽）

往來行莊　（與其有往來之銀行錢莊名稱）

行莊意見　（往來行莊對渠之意見）

備　　註　（不屬於上述各項之情事）

（三）編製銀行調查報告書程式

一、名稱

二、提要　（包括成立年月，註册年月及機關，股本總額、實收數，股份數目，每股金額、董事長經理姓名、營業及盈虧大略、財政大略、信譽，）

三、地址

甲　總行或總管理處

乙　分行

四、公積及準備

甲　法定公積

乙　普通公積

丙　各項準備

五、盈餘滾存

六、主要人員姓名、年歲、籍貫及履歷

甲　董事

乙　監察人

丙　經副理

七、簡史

八、設備

甲　地基畝數及購進價格

乙　房屋造價及折舊後價格

丙　生財買價及折舊後價格

丁　職員人數

九、營業政策　（最近吸收存款之方法、放款之途徑、及其將來之方針等，）

一〇、營業情形　（最近營業情形及近三年來之比較）

甲　最近三年來存款總數之比較及活期定期所佔之百分率

乙　最近三年來放款總數之比較及信用抵押所佔之百分率

丙　最近三年來儲蓄業務之消長

丁　最近三年來其他業務之營業情形

一一、盈虧狀況　（最近盈虧狀況及近三年來之比較）

甲　最近三年中利息收入之比較

乙　最近三年中利息支出之比較

丙　最近三年中各項開支之比較

丁　最近三年中淨利或淨損之比較

戊　最近三年中發給官紅利情形

一二、財政狀況　（應索附近三年之營業報告書）

一三、同業意見

一四、備考

廿六年六月一日修正

行員保證書調查表

此項調查表須粘附于各該員保證書之上以備查考（臨時請勿用鉛筆）

保證人 姓名	保證人 住址	保證人 職業	註明財產若干

註明信用聲譽若何	是否有担保資格	餘錄

調查須知

一 上列各欄除保證人一欄由總務處人事組填入外其餘各欄應由調查員填入務求詳細不能用龍統字樣

一 保證人資格以商界有信用者個人之有財產者及殷實商號為合格

一 調查員調查保証書時如所調查之保証人確有擔保資格者先請保證人在原保證書上註明『照驗無訛』四字並簽蓋與保證書相同印章於四字之下

一 保證人職業如係公司經理或錢莊營事商號股東及其在公司行號擔任重要職務者并須調查其所服務之公司行號營業狀況盈虧如何詳填餘錄欄內

一 調查員不拘何人均可由總務處人事組隨時託其調查

一 調查妥洽後將此項表紙送交總務處人事組

一 保證人在他埠者得由總務處人事組委託分支行或代理處代為調查

調查員簽字蓋章處		經理核准	

中國徵信所調查行莊意見單

第　　號

逕啓者本所茲擬編製左列戶名之信用報告書因悉該戶與
貴處有往來爲特懇請　俯賜將往來情形查明填示當代守祕密此致

先生

中國徵信所謹啓　年　月　日

戶名 中文		營業種類		地址	
戶名 英文					

存款戶

開戶年月	介紹人	通常存數	進出繁簡	有無空頭支票	備註

欠款戶

開戶年月	介紹人	抵押或保證信用	最高限額	最近欠數	還款是否準期	進出繁簡	備註

中華民國　年　月　日　填表者

查 6—2
7-23-1000

保證人調查報告書

保證人姓名（如係商號應填主東或經理姓名）

營業所在地址及電話號碼

執業商號之名稱

商業組織

所執何種營業

經營之商號營業概況

保證人之資產約值若干

保證人之信用如何

保證人之營業名譽如何

保證人之營業所在設備如何

保證人是否與被保人聯號

保證人所執業之商號約有幾年

保證人與銀行錢莊往來情形如何

依調查者之觀察該保證人之信用程度可列入甲乙丙丁種

附記

年　　月　　日調查

覆查保單報告書

第　　號

年　月　日調覆

年　月　日發出

一　保證人名稱或姓名

二　營業地址

三　住址

四　執業商號名稱

五　所執何種營業

六　資產約值幾何

七　信譽如何

八　執此業務之年數

九　與何銀行往來

十　備註

▲如係舖保三四兩項不填惟第一項下加註經理姓名

往來客戶調查報告書

客戶名稱
主東或經理姓名
客戶組織是否獨資或合夥抑股份有限公司或無限公司
營業所在地址及電話號碼所執何種營業
客戶營業概況
客戶之營業名譽如何
主東或經理之信用如何
客戶之資產負債狀況如何
客戶與銀行錢莊往來情形如何
客戶營業所在之設備如何
客戶業務創設有幾年
依調查者之觀察該客戶之信用程度可列入甲乙丙丁種
附記

調查案件限期及記分辦法

廿四年十一月一日訂

調查員工作，通常分爲二種，卽信用調查及工商業情報，信用調查分爲特委（初查），覆查，保單覆查，信用小放款，股東會，自動，六種限期及記分辦法如左，

種類	急件限期	普通案件限期	計分	查無着落案件	遼遠地帶查無着落案件（註）
特委（初查）	三天	七天	三分	半分	一分
覆查		三天	二分	半分	一分
保單覆查		三天	二分	半分	一分
信用小放款		三天	一分半	半分	一分
股東會		三天	一分半	半分	一分
自動			一分半	半分	一分

爲鼓勵調查員工作及防案件積壓計，訂加分及扣分辦法如左，

（一）加分

種類	急件（一日內查竣）	普通案件（三日內查竣）	遼遠地帶（註一）	遼遠地帶（註二）
特委（初查）	一分	一分	半分	一分
覆查	一分	一分	半分	一分
保單覆查	一分		半分	一分
信用小放款	半分		半分	一分
股東會			半分	一分

『註一』 靜安寺路或善鐘路以西，陸家浜以南，茂海路以東，閘北，

『註二』 大上海，浦東，

（二）扣分

調查員因不得已事故，不能將案件如期完卷者，須先聲明理由，否則一律扣分，

種類	每逾期三日	每逾期六日
急件	一分半	三分半
普通案件	一分	二分半

『附錄』 1. 特殊案件，其性質不在上開範圍以內者，或材料特別豐富者，記分辦法由秘書臨時決定之，

2. 本辦法實行後，所有以前辦法，卽行取消，

3. 本辦法有未妥處，隨時修改，

自印

調查部調查案件限期記分車資辦法

民國廿七年四月八日修訂

（一）限期　調查員調查案件，須照通知單上規定日期製就報告，如遇有特殊事故，不能如期完卷，應事先以書面聲敘理由，否則一律作過期論，各項限期辦法列後，

種類	急件限期	普通案件限期
初查	三日	七日
覆查	二日	三日
保單覆查	一日	三日
信用小放款	一日	三日
股東會		
自動		
市況		

（二）記分　調查員所查報告，一律記分，藉資鼓勵，辦法列下，

種類	記分	查無着落案件
初查	三分	半分
覆查	二分	半分
保單覆查	一分	半分
信用小放款	一分	半分
股東會	一分	半分
自動	二分	
市況	六分	

以上記分辦法，係以按期完卷及報告內容充實者為標準，如調查特別迅速，或異常艱慢者，定有加分及扣分辦法，如報告材料豐富，或不盡不實者，另有批分辦法，分列於後，

1. 加分　調查報告在限期前完卷者，照下表加分，

種類	急件（一日內查竣）	普通案件（三日前查竣）
初查	一分	一分
覆查	一分	一分

2. 扣分　調查報告在限期後完卷者，照下表扣分，

種類	每過期三日	每過期六日
急件	二分	三分
普通案件	一分	二分

3. 批分　報告內容特別豐富，或異常簡陋者，一律不照前表記分，須由秘書審閱後，視報告之質量，批予相當分數，

（三）車資　調查車資，依照分數計算，每滿十二分給國幣一元，不足者照比例計算，

注意：

1. 調查報告如須重查者，其再查之報告不計分數，
2. 自動市況等報告，須經審查後方始記分，
3. 調查如有困難，應事先書面聲明，如擱置過期，則照過期辦法扣分，
4. 調查員如互轉調查通知單，應事先書面聲明，另定完稿期限，
5. 本辦法實行後，所有以前辦法，即行取消，

英國徵信所致各代理調查机關通函節錄

本所為便各代理机關徹底了解調查業務及使此項業務能順利進行而不需本所時加解釋起見，特將新進修改之報告式樣，附奉一份，藉作　貴處疑難時之參考。

貴處編製報告時，務請注意以下各點：

一、報告書內容，不應僅根據銀行方面之資料。而應為自己調查之結果及為自己對于被調查者之審慎考慮後之意見。報告書應盡量詳細並應將委查者所需之資料包括在內。在可能時，應將被調查者之信用程度，加以主觀而正確之估計，或僅回答委查者關于此點之問題。

二、調查者不得雜以私見以損其報告書之價值。

三、所有被調查廠商之名稱、地址及負責人員等，不得列入報告書內，而應以另紙附之。

四、委查書共計五份，會員委查時，須將被調查者之名稱、地址在五份內照樣填入，但委查者之資字，則僅限第一份。委查者將此委查書保存一份以備參考，其餘四份連資字者在內，則送交本所。第一份資字之委查書歸本所保存。其餘三份，則轉送代理調查机關。該机關調查完竣後，保存一份，其餘二份則送回本所。本所送給委查會員一份，保存一份。因此報告書之排列繕寫均須清楚明晰，文字尤須優美，否則，本所即須將整個報告書重新起草及繕寫也。

第二頁

五、此種報告書份數既多，故用複寫紙時，極須注意，因其易于上下不一致也。

六、凡代理机關遇有可疑性質或特別秘密性質之消息，認為須報告本所，但未審應否報告委查會員時，該代理机關可將此項消息用普通信紙繕寫，送交本所。

七、凡代理机關編製報告時，關于被調查者之經濟地位，務請避免含混語句。蓋本所報告書之價值，即在不用此等含混語句也。凡『殷實』或『資產極少』等評語均應絕對避免。此種語句為銀行所用，以代表一定之數額，而且各銀行中亦各不同也。故報告書內除具作證據外，不應加入含混之評語云。

萬國徵信所信用調查及代收賬款收費一覽表

國別	信用調查報告費	代收賬款手續費
英國	二先令（每份報告）	百分之五
美國	七先令六便士	詳另表
坎拿大	與美國同	與美國同
南非洲	七先令	百分之十五
澳洲 紐西蘭	八先令	百分之十五
南美洲	十先令六便士	百分之二十
東非洲	九先令	百分之二十
西非洲	七先令	百分之二十
北非洲	在阿及斯、摩洛哥、翠普尼及太斯尼者收四先令六便士，在埃及者收四先令，在蘇丹者收六先令。	百分之十五

萬國徵信所代收美國賬款收費一覽表

賬款數額	手續費
五百元以內者	百分之十五
五百元以上一千元以內者	百分之十
一千元以上者	百分之五
附註	本所代收賬款收託後之最低手續費為一鎊十五先令，在某幾種區域，凡委託代收賬款之數額，在十五元以內者，本所得增收手續費，凡遇此種情形，上述之最低手續費得酌量減少之。

（二）特约顾问与特约调查员

1. 特约顾问

中國徵信所文稿

受文者稱名：各專家顧問

敬啓者本所開辦伊始諸事艸創並以徵信事業在我國以前尚無大規模之興办各項設施尤少借鏡欲求收效之美滿端賴各界之贊助指導素仰
執事對於徵信事業研究有素爲特敦聘
先生擔任本所專家顧問以後尚乞
時錫南針俾資遵循不勝感幸此致

1 朱羲農　2 李權時　3 金侶琴　4 徐玉書　5 陸致百　6 郭秉文　7 盛灼三　8 潘序倫　9 劉大鈞　10 戴藹廬　11 錢劍秋

先生

所謹啓

中國徵信所文稿

受文者稱名：各顧問

敬啓者本所開辦伊始諸事草創並以徵信事業在我國以前尚無大規模之興办各項設施尤少借鏡欲求收效之美滿端賴各界之贊助指導素仰
執事對於徵信事業研究有素爲特敦聘
先生擔任顧問以後尚乞
時錫南針俾資遵循不勝感幸此致

鄭澄清　聞伯方　嚴諤聲　王漢強

先生

所謹啓

中華民國二十一年六月九日　發文第十九號

中國徵信所文稿

受文者 稱名：各社員銀行經理先生
地址：

經理　業務部主任　調查部主任　主稿者　會閱者　繕發者　電報　快信　雙掛　單掛　平信　明片　專送　面致

逕啟者案查二月十二日第七次社員大會章乃器先生提議
本所為求消息靈敏起見採用分段採訪兩項辦法
分段由各調查員分派認定地段分業方面擬再添聘各
業顧問以資普遍案決議由本所特定行聘請顧問之
各業開單分函各社員請介紹相當人才分別充任等
語紀錄在卷相應檢同尚待聘請顧問之各業名單
錄案函達即煩
察照辦理為荷 此致
各 銀行 經理先生
社啟

中華民國二十二年二月十八日
發文第七〇二號第　頁

14-2 6-21-1000

中國徵信所文稿

受文者 稱名：陳松源 棉布　王性堯 火柴　方液仙 化學工業
地址：

經理　業務部主任　調查部主任　主稿者　會閱者　繕發者　電報　快信　雙掛　單掛　平信　明片　專送　面致

敬啟者 敝所事業在我國以前尚少興辦各項設施
絕鮮借鏡欣承收效之美滿端賴賢哲之贊助指
導 素仰
執事對於棉業火柴業化學工業業研究有素徵信事業亦夙承
關心倡導特敦聘
執事担任該業顧問以後對於該業市況尚乞隨時賜
示俾資參證不勝感幸 此致
陳松源
王性堯 先生
方液仙
所啟

中華民國二二年二月二〇日
發文第七二六號第　頁

14-2 6-21-1000

尚待聘請顧問之各業

茶業　五金業　鑄業　毛冷業

南貨業　轉運業　出版業　印刷業

綢緞業　顏料業　火柴業　紙業

木器業　保險業　木材業　電料業

建築業　搪瓷業　蛋業　毛織業

油墨業　製帽業　鋼鐵業　橡膠業

古玩業　機器業　皮革業　醬業

鹽業　酒業　西藥業　國藥業

糖果業　牛乳業　酒菜館業　鐘表業

廣告業

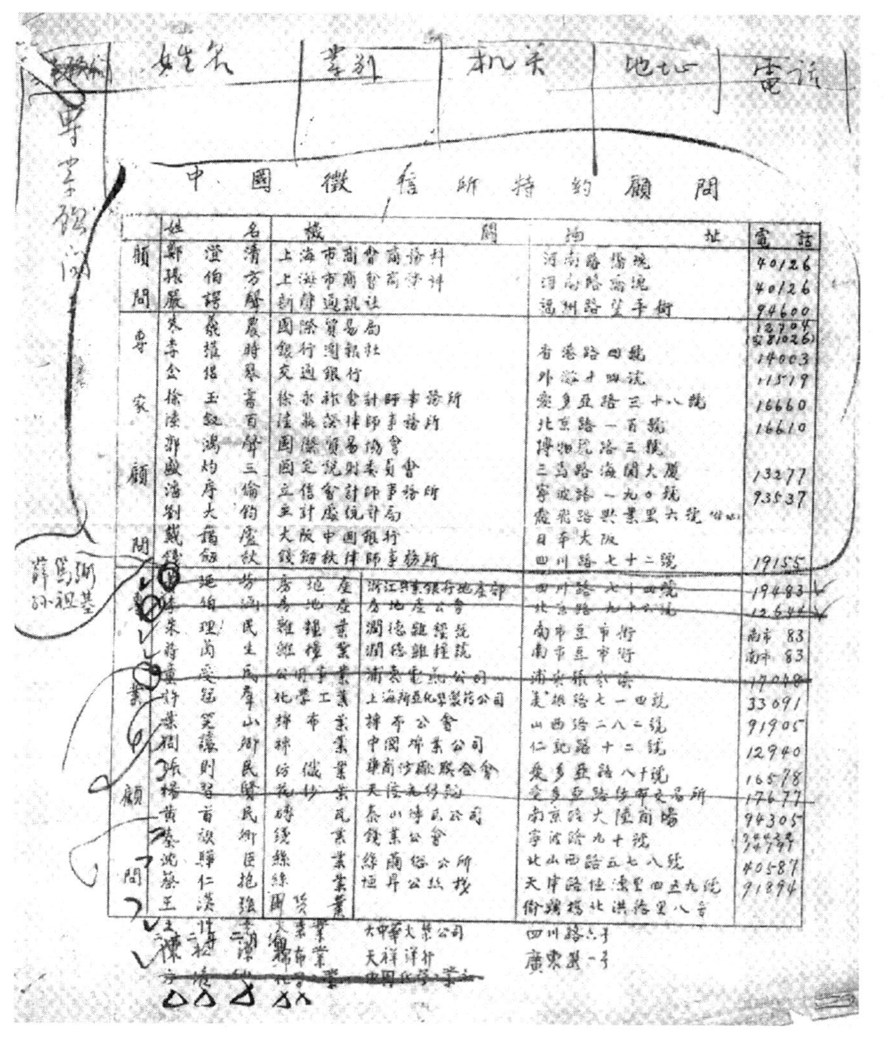

姓名　業別　机关　地址　電話

中國徵信所特約顧問

	姓名	機關		地址	電話
顧問	鄭澄清	上海市商會商務科		河南路[illegible]	40126
	張伯方	上海市商會商務科		河南路[illegible]	40126
	嚴諤聲	新聲通訊社		福州路望平街	94600
專家顧問	朱義農	國際貿易局			12704 (8)1026)
	李權時	銀行週報社		香港路四號	14003
	金國寶	交通銀行		外灘十四號	11519
	徐玉書	徐永祚會計師事務所		愛多亞路三十八號	16660
	陸紹百	陸鼎揆律師事務所		北京路一百號	16610
	郭鴻聲	國際貿易協會		博物院路三號	
	盛灼三	國定稅則委員會		三馬路海關大廈	13277
	潘序倫	立信會計師事務所		寧波路一九〇號	93537
	劉大鈞	主計處統計局		霞飛路興業里六號	
	戴藹廬	大阪中國銀行		日本大阪	
	錢劍秋	錢劍秋律師事務所		四川路七十二號	19155
業務顧問	[illegible]延芳	房地產	浙江興業銀行地產部	四川路七十四號	19483
	[illegible]伯涵	房地產	房地產公會	北京路九十六號	12644
	朱理民	雜糧業	潤德雜糧號	南市豆市街	南市 83
	蔣尚生	雜糧業	潤德雜糧號	南市豆市街	南市 83
	童受民	公用事業	浦東電氣公司	浦東張家濱	17048
	許冠羣	化學工業	上海新亞化學製藥公司	美租路七一四號	33091
	葉笑山	棉布業	棉布公會	山西路二八二號	91905
	胡蘊卿	棉業	中國棉業公司	仁記路十二號	12940
	張則民	紡織業	華商紗廠聯合會	愛多亞路八十號	16578
	楊習賢	花紗業	天隆花紗號	愛多亞路紗布交易所	17677
	黃首民	磚瓦業	泰山磚瓦公司	南京路大陸商場	94305
	秦潤卿	錢業	錢業公會	寧波路九十號	[illegible]
	沈驊臣	絲業	絲繭總公所	北山西路五七八號	40587
	蔡仁抱	綢業	恒昇公綢棧	天津路[illegible]里四五九號	91894
	王漢強	國貨業		[illegible]橋北洪福里八號	
	[illegible]	火柴業	大中華火柴公司	四川路[illegible]	
	陳松源	綢布業	天祥洋行	廣東路一號	
	方液仙	化學工業	中國化學工業社		

事業顧問一覽表

業別	姓名	事業	地址	電話
房地產業	黃延芳	浙江興業銀行地產部	四川路七十四號	一九四八三
仝	李佑涵	房地產公會	北京路九六號	一二六四四
仝	張效良	久記木材公司 同記東棧	[illegible]	[illegible]
建築業	陳曉安	安記營造廠	梅白格路九七弄六十號	三三五〇五九
[illegible]	童秀民	浦東電氣公司	浦東張家濱	一七〇四八
木器業	沈竹林	沈金泰木器號	北四川路一三〇一號	四一五三七
木材業	魏善甫	道爾祥行	外灘[illegible]行	一七七〇九
仝	馬伯中	南市[illegible]泰昌木行	[illegible]	[illegible]
保險業	秦工[illegible]	[illegible]保險公司	天潼路五〇七弄[illegible]	一三六二九
仝	潘學安	[illegible]保險公司	[illegible]	一三二七三
仝	朱如堂	[illegible]保險公司	上海[illegible]大樓	[illegible]
電料業	胡西園	亞浦耳電器廠	遼陽路	四〇三三六
仝	李[illegible]才	華生電器廠	南京路[illegible]	九二六九六
化學工業	許冠群	新亞化學製藥公司	[illegible]七二四號	[illegible]
顏料業	朱潤生	德孚洋行	四川路六八弄	[illegible]
仝	謝[illegible]	仝上	仝上	仝上
仝	周宗良	德孚洋行	仝	仝上
[illegible]	黃首民	泰山磚瓦公司	南京路大陸商場	九四三〇五
化學工業	吳蘊初	天原電化廠	[illegible]	[illegible]
[illegible]	[illegible]	中國[illegible]	[illegible]	一二七二七
仝	方劍閣	中華琺瑯廠	老北門大新街[illegible]	[illegible]
西藥業	[illegible]	華美藥房	南京路四〇[illegible]號	[illegible]
仝	唐[illegible]	集成藥房	南京路	[illegible]
[illegible]	[illegible]	潤德[illegible]	南市[illegible]	南市八三
仝	蔣[illegible]	仝	仝上	仝上
仝	楊[illegible]	萬[illegible]	[illegible]	[illegible]
糧業	鄒[illegible]南	[illegible]	[illegible]	[illegible]
棉布業	[illegible]	棉布公會	山西路二八二號	九一九〇五
仝	陳[illegible]	[illegible]	[illegible]	[illegible]
紙業	[illegible]	江南造紙公司	[illegible]	[illegible]
仝	[illegible]	大中華造紙公司	大陸商場	[illegible]
捲煙業	[illegible]	華成煙公司	[illegible]	[illegible]
[illegible]	[illegible]	[illegible]	[illegible]二〇二號	[illegible]
仝	[illegible]	[illegible]	四川路二六〇號	九〇〇八〇
絹綢業	[illegible]	[illegible]	[illegible]	[illegible]
仝	蔡聲白	美亞綢廠[illegible]	[illegible]	[illegible]
火柴業	[illegible]	大中華火柴公司	四川路[illegible]	[illegible]
仝	[illegible]	大中華火柴公司	仝上	仝上
印刷業	[illegible]	亞洲[illegible]	[illegible]	[illegible]
仝	[illegible]	[illegible]印刷公司經理	大通路[illegible]	三一七七三
[illegible]	[illegible]	[illegible]	[illegible]	[illegible]
[illegible]	[illegible]	[illegible]	[illegible]	[illegible]

上海市棉布業同業公會用箋

逕啓者：接奉
大函，承以棉布業顧問一席
見屬，自維駑鈍，深虞有負
寵命，祇以事關桑梓商業，既荷
不棄，敢不勉效馳驅，以期稍盡棉薄。所有棉布市況，擬請
即將表件惠擲，以便轉托市場同人按欄填送。
台詧。匆此函復，餘容晤陳。此致
中國徵信所
潘仰堯先生

葉笑山謹啓 六月十三

山西路二八二號 電話九二九〇五號

請[illegible]一謝函

64號 21年6月13日

中國徵信所文稿

受文者	
名稱	葉笑山
地址	

經理	仰堯	主稿者	
業務部主任		會閱者	
調查部主任		繕發者	德晃

電報 快信 雙掛 單掛 平信 明片 專送 面致

笑山先生大鑒：接奉[illegible]
尊著棉布同業之新創收歇改組及同業中重要人員之更迭
規模較大同業之盈虧等報告，均經收悉，無任感佩。以
後尚乞
將棉布業市況消息，繼續儘先見
示，俾供參證，而增敝所報告之價值，至深企幸。專
復謝，祇頌
台綏

所啟
二月廿五

中華民國廿二年二月二五日

發文第七二九號

頁

中國徵信所文稿

受文者	
稱名	葉笑山
地址	山西路棉布公會

笑山先生大鑒：日前承於電話中
賜教，適值午膳，[illegible]因未知，致失未接談為悵
歉。頃奉四日
手教，並附二月份本廠棉布行市表一份，拜誦之
餘，[illegible]（具徵照植之熱忱）此項材料對於棉布行市至為重
要，[illegible]足珍貴。惟敝所[illegible]
[illegible]
[illegible]
[illegible]
寄至[illegible]所需用。[illegible]

經理　業務部主任　調查部主任

主稿者　會閱者　校對者

電報　快信　雙掛　單掛　平信　明片　專送　面致

中華民國卅三年叁月四日

發文第七四七號

頁

14-1 6-21-500

上海市棉布業同業公會用箋

敬啓者：日前曾通電話，適值
台端午餐，致未接譚為悵。茲附奉二月份本廠棉
布行市表二紙，至希
詧閱。此種行市逐日均有紀載，倘
台端認為需要，擬請
賜示，當於下星期一上午十時起　前面洽。至於前蒙
開示之四項，現擬每月報告一次或兩次，未稔　尊意以為如何。此致
中國徵信所
金秘書
潘公均此致候，恕不另啟

葉笑山謹啓　三月四日

山西路二八一號　電話九二九〇五號

上海市棉布業同業公會用箋

敬啟者頃承
惠致半馬費洋叁拾元，祗領之餘，感愧交縈。竊意
貴所為吾國新興之事業，負有繁榮社會、發展工商及其他重大
之使命，弟得參預微末，並獲交於
先生，已為無上之榮幸，而自受任
顧問以來，既未稍効奔走，復鮮芘毫裨補，彌懷
高誼，方深歉疚。對此
寵錫，焉難拜受。茲謹隨函奉璧，至希

山西路一八二號　電話九一六〇五號

中國徵信所文稿

受文者	
稱名	
地址	

賜函一次[illegible]奐[illegible]如何[illegible]駕臨尤所歡迎[illegible]以仰望[illegible]
祈[illegible]錢[illegible]彌[illegible]寄此錢[illegible]請
鑒[illegible]
仰先先生[illegible]筆[illegible]
弟金[illegible]拜啟

經理　業務部主任　調查部主任　主稿者　會閱者　繕發者
電報　快信　雙掛　單掛　平信　明片　專送　面交

中華民國　年　月　日　發文第　號第　頁

14-I 6-21-500

上海市棉布業同業公會用箋

俯鑒微忱

准予收回廻何此致

中國徵信所

潘仰堯先生

金泰堯先生

附洋念元

葉笑山謹啓 三月十七日

山西路二八一號 電話九二九〇五號

上海市棉布業同業公會用箋

已復

敬啓者前承

任君天樹向索振泰紗廠卅一年度營業報告茲經代爲

覓得送請

台察又附奉天一味毋廠利泰紡織公司上海建於交易

所寧波實業銀行等報告五冊並希

檢存俾備參考此致

中國徵信所

潘金兩先生均鑒

葉笑山啓 三月廿一日

山西路二八一號 電話九二九〇五號

中國徵信所文稿

受文者	
稱名	葉笑山
地址	山西路二八二号 棉布公会

經理	業務部主任	調查部主任
主稿者	會閱者	繕發者

電報 快信 雙掛 單掛 平信 明片 專遞 面致

笑山先生台鉴：接奉本月廿一日
大函并棉布公会等民国廿一年度营业报告五册，附经（此项材料补充后，聘贵总会费）
相惠，（补充业具征，具见热植之热忱）
备荷厚谊，铭感[illegible]什袭珍藏，借先[illegible]以外，特函奉
出申谢，即祈
亮察为荷。此颂
大安

所启

中華民國二二年三月一〇日

發文第八一〇號

頁

14-2 6-21-1000

中國徵信所文稿

受文者	
稱名	葉笑山
地址	棉布業同業公会

經理	業務部主任	調查部主任
主稿者	會閱者	繕發者

電報 快信 雙掛 單掛 平信 明片 專遞 面致

笑山先生大鉴：接奉
大作「四月份棉布概况」及「棉布业南京分会动怀所」二
文，取材核确，立论高超，拜诵之余，至佩仰究。
关热忱提携，供献所得，有今日之成绩，
高谊云情，何似罔报。读阅后仍恳续
赐宏文，俾得此备登申谢，敬希
誉照为荷，此致

中華民國廿二年六月　日

發文第一〇九〇號

頁

14-2 6-21-1000

中國徵信所

文稿

受文者	名稱	葉笑山
	地址	

經理	秘書	主稿者
會閱者	核發者	登記者

電報 快信 雙掛 單掛 平信 明片 專送 面致

由

笑山先生台鑒：逕啟者 [illegible]

[illegible]

上海市棉布業同業公會用牋

逕啟者：六月份假會之新張及開

敬悉業札，日前經

貴所 任天樑君查明轉報本會棉布

附奉棉布概況報告書一份，至祈

查照為荷 此致

中國徵信所

何堯先先生

蔡[illegible]先生

葉笑山 謹啟 [illegible]

山西路一八二號 電話九一九〇五號

中國徵信所

文稿

第　號　頁

上海市棉布業同業公會用箋

敬復者昨奉四日

大函並附下調查表卅紙均照領悉山因前曾抱病旬

日迨病愈又值會中舉行會員大會例須編製全年會

務報告撰擬各項提案並草訂本業之規等以致工作

較忙久未具報良深歉疚迩來棉布一業因銷路日滯

市價步跌各商號莫不虧折累之故最近兩月中殊

鮮新創者其變動情形亦甚微尠一俟將會後各

事辦竣即當查報呈

山西路一八一號　電話九一九〇五號

上海市棉布業同業公會用牋

核諸布

亮豫為幸前日 貴所褚君妻查永盛棉布號情形除

已托任天樹君轉達外茲復查得該號之股東為徐賢昌

(即大成水菓行之主)張雲卿兩人均台州籍又任君妻查之安裕

棉布號之經查略如下「經理沐星庵即該號獨資之股東雖為沐

浩然之子但因頻年折耗現已縮小規模形同掮客其信譽亦較前大減

云云均祈分別 轉達是荷此致

中國徵信所

潘仰堯先生

葉笑山謹啓 九月日

山西路二八二號半電話九一九〇五號

中國徵信所

文稿

受文者	名稱	葉笑山
	地址	山西路棉布公會
主文		

經理	秘書	主稿者

會閱者	繕校者	登記者

電報	雙掛	平信	專送
快信	單掛	明片	面致

由

笑山先生大鑒接奉本月八日

尊函以勝仰先生名函稱來

執事前日俯托清查各家行號

之務謹蒙惠函以瑣事奉瀆尤感歉疚承示

安裕二家情形(棉布業同業公會)經編入檔案

詳之允當備仰判斷後計並承

允隨時資料見示仰隨時續示

亦以貴所材料為後申謝順頌

中國徵信所

稿文

中華民國　年　月　日

發文第　號第　頁

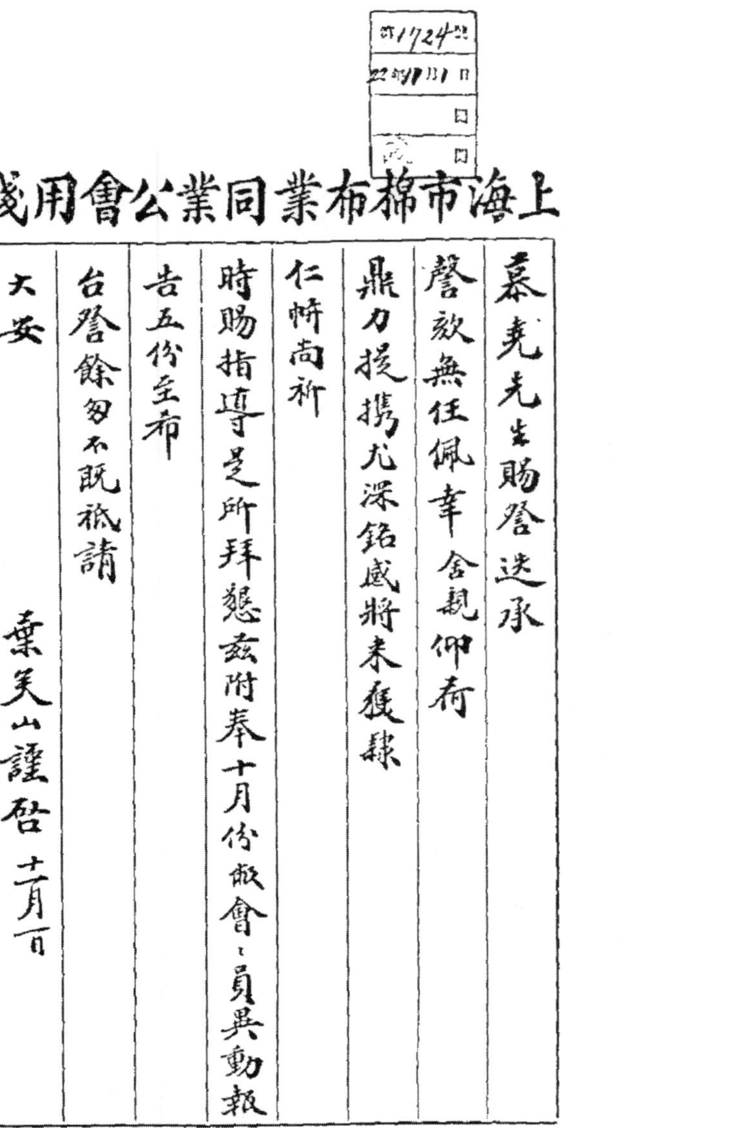
上海市棉布業同業公會用箋

慕堯先生賜鑒：迭承
謦欬，無任佩韋。舍親仰荷
鼎力提携，尤深銘感，將來獲隸
仁帡，尚祈
時賜指導，是所拜懇。茲附奉十月份敝會會員異動報
告五份，至希
台鑒。餘勿不既，祗請
大安
葉笑山謹啓 十一月一日

山西路二八二號半 電話九一九〇五號

中國徵信所

文稿

受文者名稱	葉笑山
受文者地址	
主文	
經理	
秘書	
主稿者	
會閱者	
核稿者	
登記者	
電報 快信 雙掛 限掛 平信 明片 專送 面致	
由	

笑山先生大鑒:敬啟者前承

駕臨暢談

教益佩甚。茲有一事

奉商,並承允將報告本所擬定

高誼隆情至為感荷,謹此申謝。仝感者

君現擬請與先行來所試用之保證人(擬於本月廿日起)

奉上所需書表保證書及報告表各一份,務請

賜填並請於本月四日以前

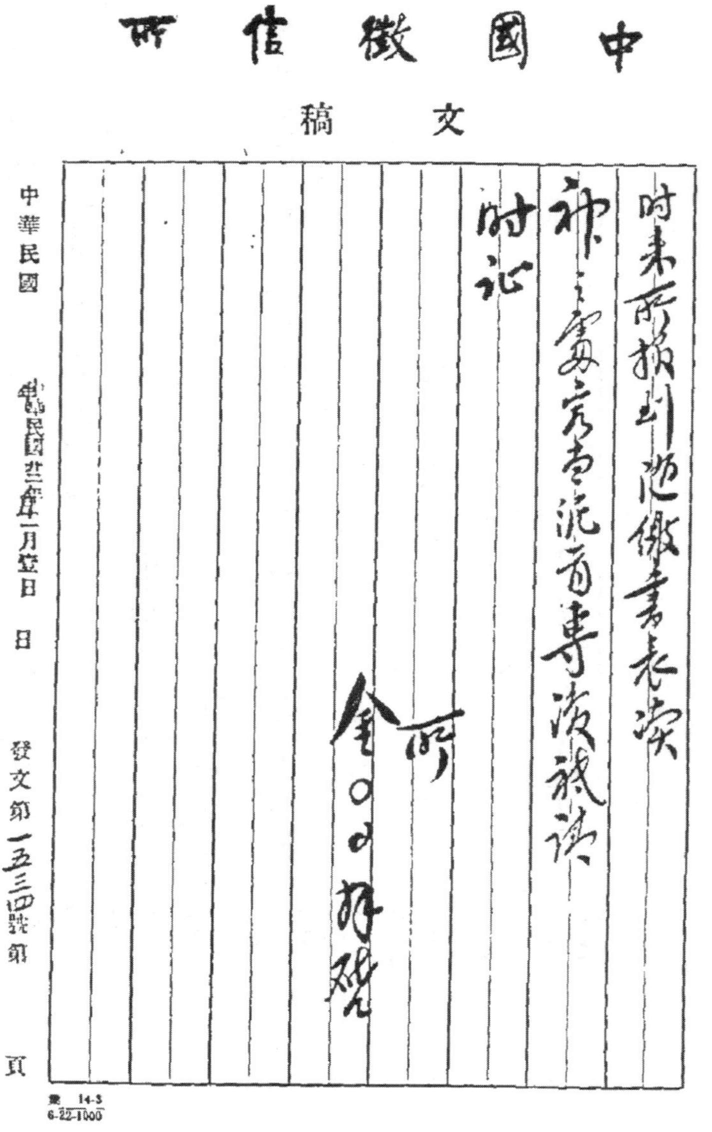

中國徵信所

文稿

時未荷撥冗,即將原書表送

祈宥為荷,專此敬頌

時祉

所 金○○拜啟

中華民國卅二年一月廿日

發文第一五三四號

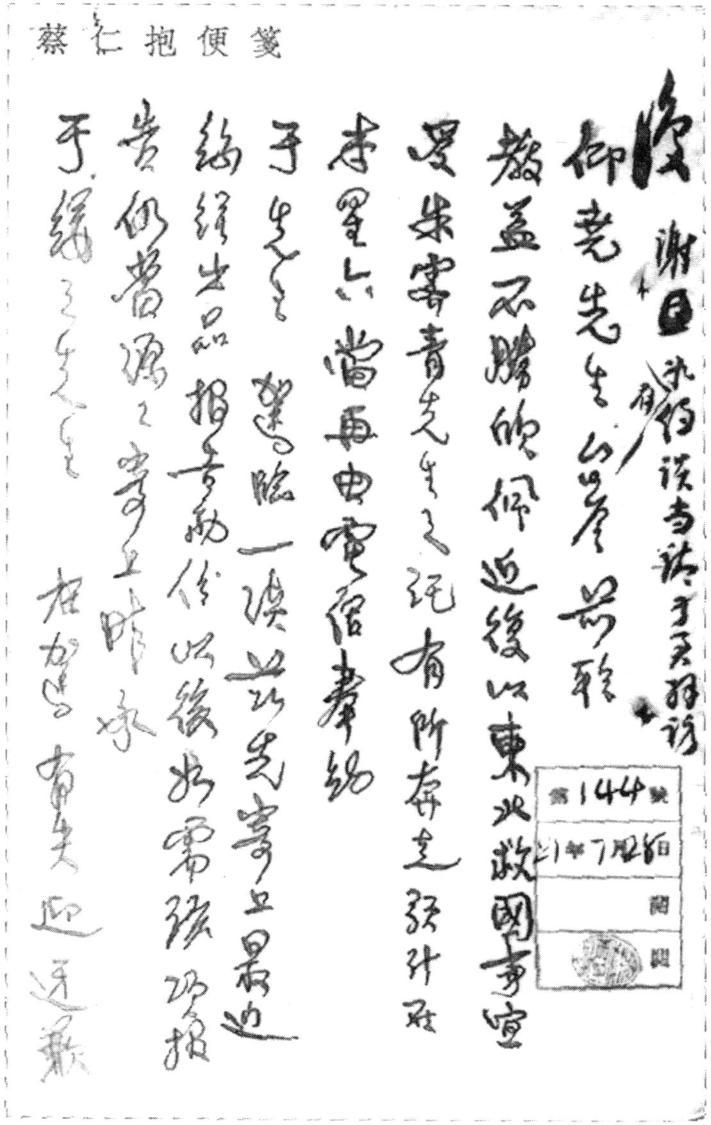

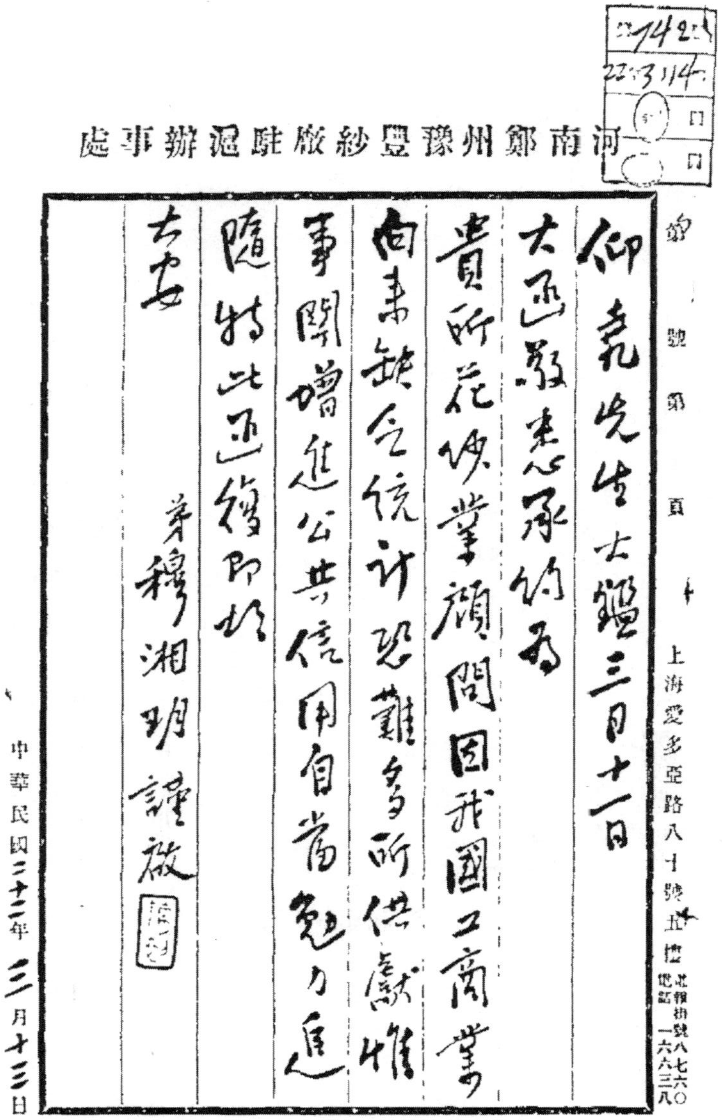

河南鄭州豫豐紗廠駐滬辦事處

仰堯先生大鑒：三月十一日
大函敬悉。承詢
貴所花紗業顧問，因我國工商業
向來缺乏統計，恐難多所供獻。惟
事關增進公共信用，自當勉力追
隨。特此函復，即頌
大安

弟穆湘玥謹啟

中華民國二十二年三月十三日

上海愛多亞路八十號五樓

蔡仁抱便箋

復　謝　日

仰堯先生台鑒：前承
教益，不勝欣佩。返滬以來，救國事宜
受朱寄青先生之託，有所存之研討，承
[illegible]，當再由電信奉約
子[illegible]先生[illegible]謹臨一談，並祈先寄上最近
統計出品，相寄為荷。以後如需[illegible]報
貴所當隨時寄上。此承
手綏

[illegible]

第144號

上海生絲出口包數

（中華民國式拾年七月一日——中華民國式拾壹年六月三十日）

月份	白廠絲 歐洲	白廠絲 美國	白廠絲 其他	黃廠絲 歐洲	黃廠絲 美國	黃廠絲 其他	白輯里	黃絲	總計
式拾年七月	1,322	85	42	393	70	34	385	121	2,452
八月	986	785	25	602	170	4	595	160	3,327
九月	1,000	2,710	1	473	575	63	513	158	5,493
十月	501	2,243	5	50	300	10	115	44	3,268
十一月	134	465	41		40	52	61	45	838
十二月	204	735	42	10	240	91	122	58	1,502
式拾壹年一月	226	435	60	20	50	101	188	13	1,093
二月	244	165		295		76	123	52	955
三月	160	125	60	110	284	2	214	90	1,045
四月	245	95	5	140		152	50	102	789
五月	152	25		228		94	117	64	680
六月	1,234	65	56	85		108	202	43	1,793
總計	6408	7,933	337	2,406	1,729	787	2,685	950	23,235

蔡仁抱呈

蔡仁抱賀箋

甚喜甫印候

暑安

綴之

立方

天樹

三先生均此候

蔡仁抱上 廿一年八月

中國徵信所文稿

受文者	稱名	蔡仁抱先生
	地址	

仁抱先生大鑒：敬啟者，昨奉
惠書，欣悉
公為東北問題，宣勞
黨國，至深佩仰，并蒙
惠賜[illegible]出口報表及
撥冗約談干君，尤為感謝，一俟有期，當
請干君趨前面聆
教益也。專此奉達，祗頌
大安

敬覆

中華民國　年　月　日　發文第一三二號

經理	業務部主任	調查部主任
主稿者	會閱者	繕發者

電報　雙掛　平信　專送　快信　單掛　明片　面致

第　頁

發 14-1 6-21-500

第　頁
22年1月17日

560號 22年1月17日

仰[illegible]先生大鑒：[illegible]久未趨候，系念良殷。頃接
大札，拜悉種種。業務上之發展，極欲且能仿友誼
之作風，
貴所賜以[illegible]，[illegible]特此達謝，希
亮察，日內當再趨訪也。專此即請
大安

蔡仁抱

蔡仁抱用箋
通訊上海信箱六七八號

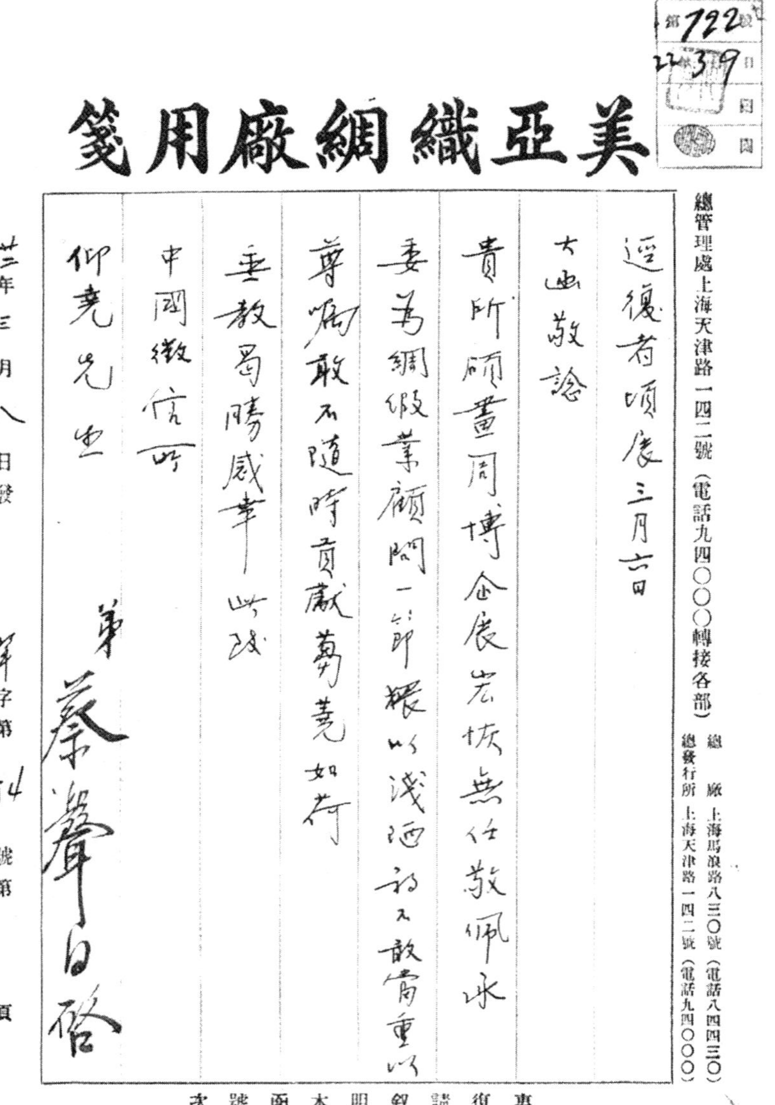

第722號 22.3.9

美亞織綢廠用箋

總管理處上海天津路一四二號（電話九四〇〇〇轉接各部） 總廠 上海馬浪路八三〇號（電話八四四三〇） 總發行所 上海天津路一四二號（電話九四〇〇〇）

逕復者頃展三月六日
大函敬諗
貴所碩畫周博企展宏恢無任敬佩承
委為綢緞業顧問一節猥以淺陋詞不敢當重以
尊囑敢不隨時貢獻芻蕘如荷
垂教曷勝感幸此致
中國徵信所
仰堯先生
弟蔡聲白啓

廿二年三月八日發 革字第54號第 頁

惠復請叙明本函號次

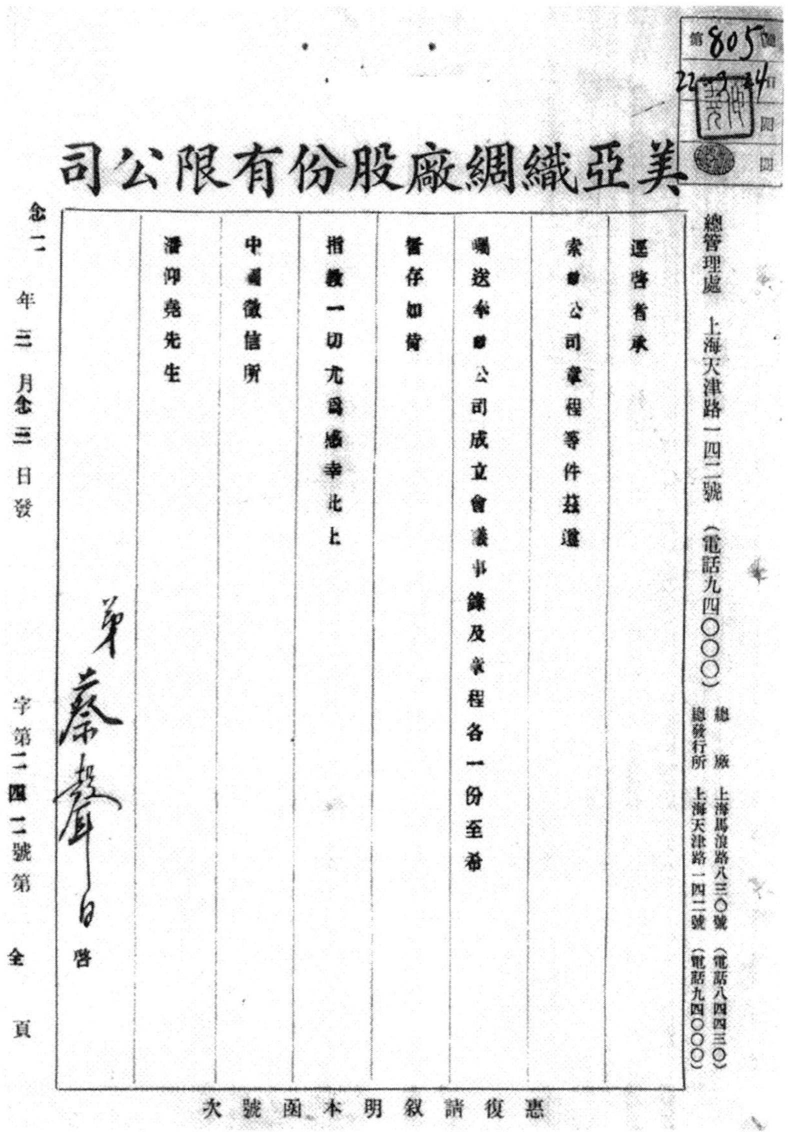

第805號 22.3.24

美亞織綢廠股份有限公司

總管理處 上海天津路一四二號（電話九四〇〇〇） 總廠 上海馬浪路八三〇號（電話八四四三〇） 總發行所 上海天津路一四二號（電話九四〇〇〇）

逕啓者承
索敝公司章程等件茲遵
囑送奉敝公司成立會議事錄及章程各一份至希
督存如荷
指教一切尤爲感幸此上
中國徵信所
潘仰堯先生
弟蔡聲白啓

念二年三月念三日發 字第二四二號第 全 頁

惠復請叙明本函號次

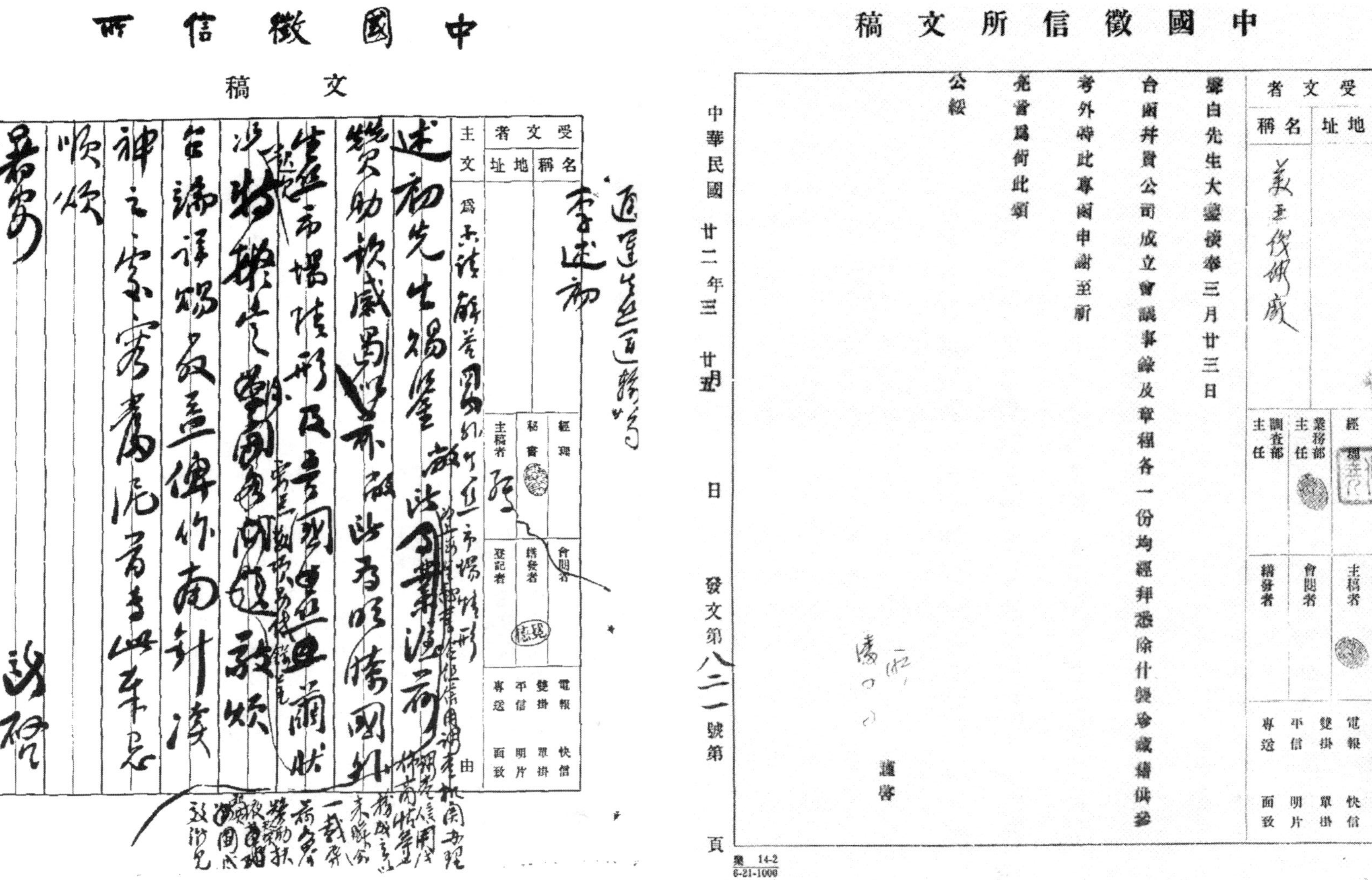

中國徵信所

稿文

受文者	
名稱	
地址	

主文

由

中國徵信所文稿

受文者	
稱名	
地址	

譯自先生大鑒接奉三月廿三日

合函并貴公司成立會議事錄及章程各一份均經拜悉除什襲珍藏藉供參

考外特此奉函申謝至祈

亮詧爲荷此頌

公綏

謹啓

中華民國廿二年三月廿五日

發文第八二一號

生絲市況調查要點

一、美法兩國去年全年及今年每月生絲銷額

二、我國黃白絲在美法絲市之地位若何及合其銷市應具備之品質條件若何

三、日本去年及今年每月生絲生產額與蠶繭收獲情況

四、日本生絲最近在國際市場之推銷方法

五、江浙今年蠶繭之收獲情況及每擔絲之成本預計數字

六、近來日美生絲市場漲價原因及以後市價之推測

2. 特约调查员

約言

一 特約調查員每日應於一定時間內到所接洽如不能每日到所時得由本所將託查事件隨時送請調查但每星期至少須到所接洽二次

二 特約調查員除本所託查事件外對於市場消息及工商信用有自動報告之義務

三 特約調查員對外不得用本所名義

四 特約調查員不得收受不當之利得

五 特約調查員應將調查事件內容據實報告不得徇私偏袒

六 特約調查員調查報告採用與否由本所酌定之

七 特約調查員對於調查事件應保守秘密

八 特約調查員每月報告事件不得少於十件但長篇報告得酌量核減

九 特約調查員除每月由本所致送車馬費外所有調查報告之稿費視報告書內容優劣酌定之

十 特約調查員任期暫不規定但任何一方欲終止本聘約時應於二星期前通知對方

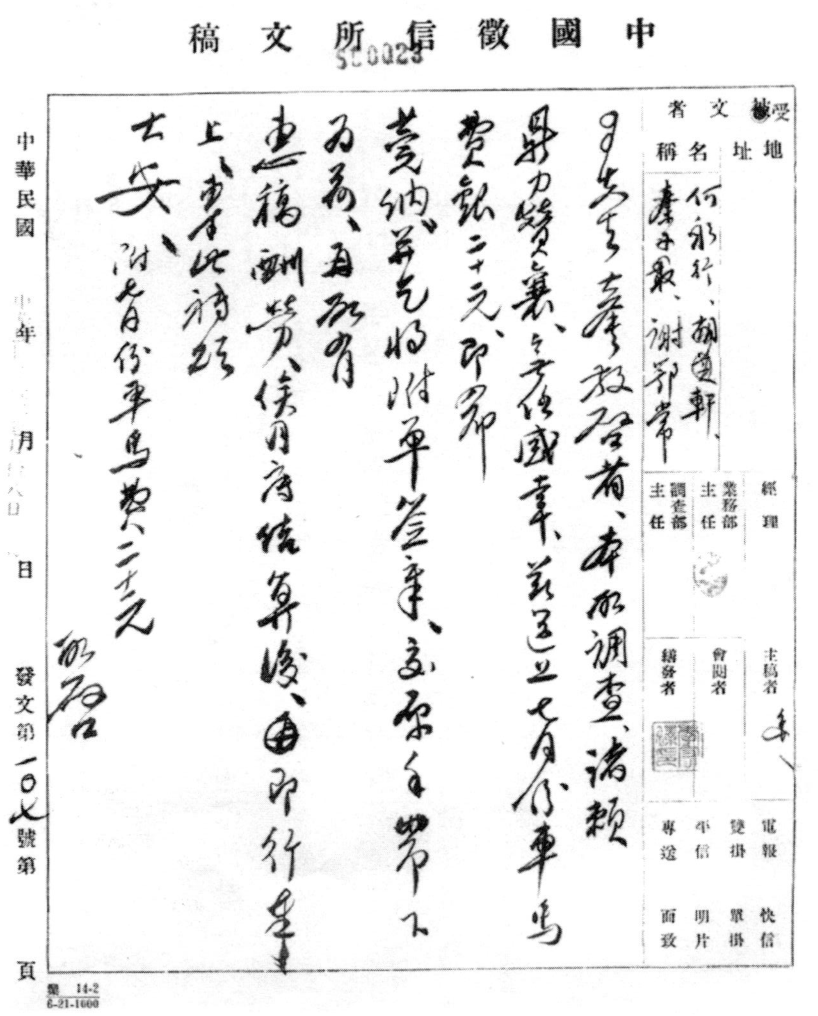

中國徵信所文稿 SC0023

受文者 稱名 地址

經理 業務部主任 調查部主任

主稿者 會閱者 繕發者

電報 快信 雙掛 單掛 平信 明片 專送 面致

中華民國 年 月 日 發文第一〇七號第 頁

應聘書 第 號

茲允任

貴所特約調查員職務并願履行約言所開各條此致

中國徵信所

經理先生

中華民國二十一年 八 月 十九 日

已辭職

應聘書　　第二號

茲允任

貴所特約調查員職務并遵履行約書所開各條此致

中國徵信所

經理先生

中華民國二十一年八月十九日

何躬行 具

已辭職

應聘書　　第三號

茲允任

貴所特約調查員職務并遵履行約書所開各條此致

中國徵信所

經理先生

中華民國二十一年八月十九日

蔣聯鏸 具

已辭職

應聘書　　第四號

茲允任

貴所特約調查員職務并願履行約言所開各條此致

中國徵信所

經理先生

中華民國二十一年八月十九日　陳偉美　具

已辭職

應聘書　　第五號

茲允任

貴所特約調查員職務并願履行約言所開各條此致

中國徵信所

經理先生

中華民國二十一年八月十九日　沈文凱　具

已辭職

應聘書　第六號

茲允任

貴所特約調查員職務并願履行左開約言各條此致

中國徵信所

經理先生

中華民國二十一年九月二十日

具

特約調查員服務約言

一。特約調查員承認定各業中之一業或數業負調查各該業中商家信用及市場消息之責任

二。特約調查員每日應於一定時間內到所接洽如不能每日到所者得由本所將托查事件隨時送請調查但每星期至少須到所接洽二次

三。特約調查員之工作分經常與托查兩種經常調查由各調查員就其認查各業中將有消息隨時報告本所委托調查由本所隨時指定之

四。特約調查員經常調查之範圍如左

甲。該業近況

乙。該業中各商家內部糾紛之情形

丙。該業中各商家重要人員之升遷疾病及死亡

丁。該業中各種商品之進出口數量及市價升降之原因

戊。該業中各商家之盈虧狀況及信用變遷

己。該業中各商家逐月創立合併或組成解散之統計

庚。該業中各商家之最近會議情形

辛。其他事件

五。特約調查員委托調查之範圍如左

甲。商家信用

（子）初次調查　其調查範圍另訂附錄

（丑）覆查　補充初次調查所遺漏之點並增入上次調查後新發生之事實

乙、市場消息

（子）過去趨勢

（丑）現在情形

（寅）未來展望

（卯）特殊變化之因果

（辰）其他

丙、商品產銷

（子）種類

（丑）用途

（寅）市價

（卯）產地及產量

（辰）製造情形

（巳）消費區域及數量

（午）銷售方法

（未）運輸情形

（申）主要市場

（酉）經銷商家

（戌）國內外貿易

（亥）其他

六、特約調查員對外不得用本所名義

七、特約調查員不得收受不當之利得

八、特約調查員應將調查事件內容據實報告不得徇私偏袒

九、特約調查員對於調查事件應絕對保守秘密

十、特約調查員調查報告書之採用與否由本所酌定之

十一、特約調查員之經常報告事件除第四條已須之資料得隨時蒐集後於下月五日以前彙交本所外其他各項應隨時隨就報告書送交本所每月總計不得少於十件但篇幅過長者得酌量核減

十二、特約調查員對於本所托查事件應於左列期限內隨就報告書送交本所

甲、緊要事件三日

乙、普通事件七日

丙、特殊事件十五日

十三、特約調查員除每月由本所致送車馬費二十元作為經常調查之津貼外所有托查事件之調查費由本所視其報告書內容之優劣酌定之

十四、特約調查員之任期暫不規定但任何一方欲終止本特約時應於二星期前通知對方

調查事件通知單第　號

常任調查員成績評語

吳雲謀人調查技術尚有成績，但缺乏計畫，且經驗未富

汪叔騫人資格經驗均屬上乘，但經驗未富，且經驗態度亦均佳

宋崇實人承辦要件編製報告未見特色，且調查手腕兼不高超，報告於

相當時期未能有兩方面太少，於報告所需資料缺乏，有編制不良，尤不合本局規程

施東華人擘畫之功能有不足，見佳，且態度帶惰性，事務從事文牘

稍差精神者也

倪同甲人調查案件無成績之可言者，勤多態度不佳

錢國譜人態度尚不佳，人為忠實，且為勤懇，惟能力不足，且缺乏認真、

方堪造就

陳基影人失之拘謹，且缺少經驗，且報告欠簡

考核者　徐硯業　金蔡交　金鑄麒

中華民國卅二年十月廿五日　第　頁　附件

消息來源

經理　秘書　調查　編審　繕譯　繕寫　校對　經發　審登

調查事件通知單第　號

特約調查員成績評語

015 陳鳳雲人成績不佳，亦不知有何成績（洋行、印刷、上海銀行職員者）

祁宗謀人尚可為勤懇（印刷公司兼職者）

張曉昇能有才幹，且能自找門徑（錢業公會兼職者）

朱仲康尚可勤懇，惟所從事者未見中肯（郵局、紗廠兼職者）

楊繼忠人報告頗多失實，且頭腦不清，其氣量不廣（職務有所依調查員全存考）

葉履博人乏素，成績理解欠缺（呢絨西服業公會兼職者）

014 許□□人報告尚優，頗得實而少多之成績者好（律師甚熟悉□□□□）

儲全椿人精明書，態度人頗勤，但亦成績者好（銀行週報兼職者）

李夢蘇人人甚好，但亦成績者好（記者兼職者）

秦自誠人報告尚實，但亦成績甚佳，理論亦佳（會計師）

中華民國　年　月　日　第　頁　附件

消息來源

經理　秘書　調查　編審　繕譯　繕寫　校對　經發　審登

本所新聘各常任及特約調查員試用將及
半月除將各人工作情形分別編審報
告書人員之意見略加考核另繕附
報於所有試用期滿後應予任免各點
謹陳管見如左

葉瘦梅（特約）此人能力尚差頭腦不清
十月份起應予解約

楊德惠（特約）此人供給資料諸多偏次
十月份起應予解約所有之全部

查其可由練習員等分別兼在
任天樹君指導下承辦

胡溶中陳慕毅（常任）對於其未經指定
各案之查案能對排絕承辦在本
所現有人員經濟情形之下似有困
難除已嚴令見習員試辦如長此
故步自封以應嚴加懲處

張文麟（特約）因能力不勝自請辭約應
原缺俟補各人中遴員接充該候

核示

金泰光簽呈

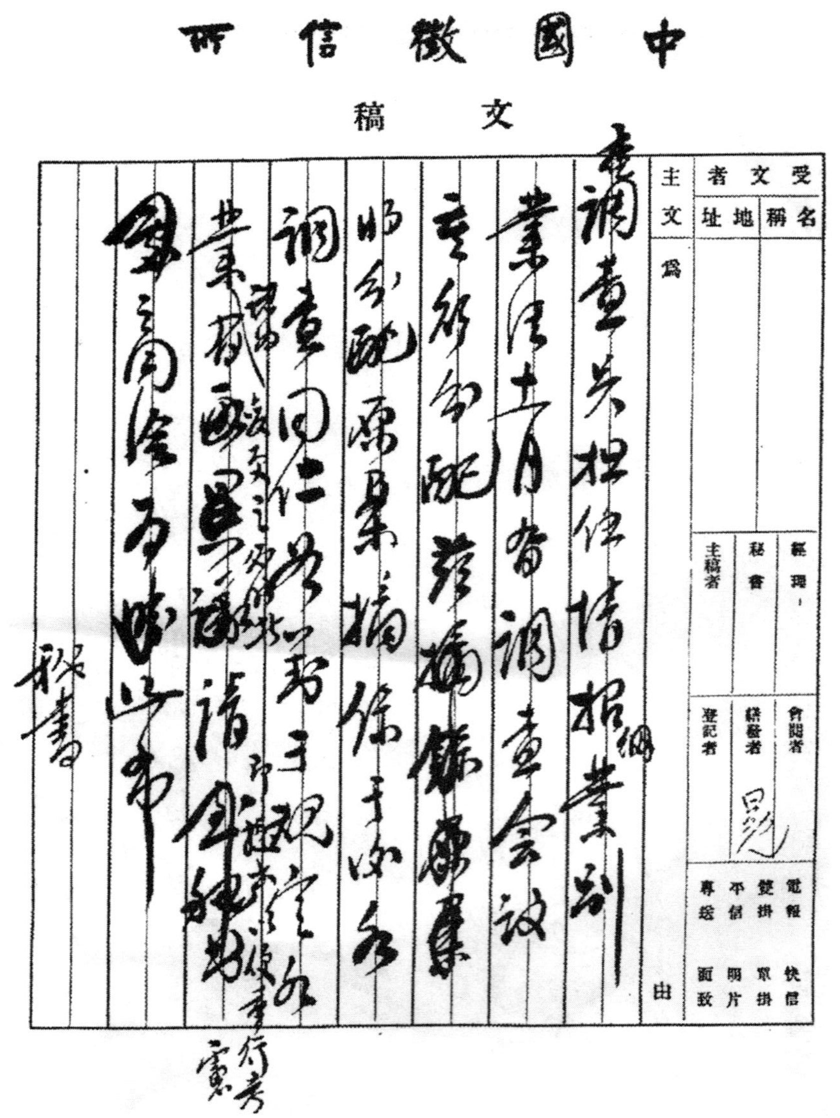

中國徵信所

文稿

受文者	名稱	
	地址	
主文	為	

經理	秘書	主稿者
會閱者	繕發者	登記者

電報 快信 雙掛 單掛 平信 明片 專送 面致

由

35

計開

任天樹　毛冷號　紙廠　紙號　顏料號　木器號　鐘表眼鏡號

王立方　綢行　百貨商店　南北貨及海味號　工業原料號　茶棧及茶號　報關行

潘經芳　製帽　營造廠　熱水瓶廠　牛奶棚　進出口行

褚　光　針織廠　公用事業　礦業　煤號

樓焞春　書局　印刷店

龔光裕　水絆行　保險　進出口行

王伯芳　銀行　錢莊　儲蓄會　蛋行　木行

曹燮卿　製革廠　化粧品廠

孫頌川　罐頭食物

魏竺銓　錢莊

胡治中　棉布號　呢絨號　漢口幫　長沙幫　天津幫　四川幫　北幫

汪耐寒　花號　紗號　進出口行　棉織廠

宋渠賓　報館　進出口行

吳公謀　保險行　儲蓄會　進出口行

中國徵信所

調查工商信用　傳佈市場消息　提倡經濟合作　促進社會繁榮

第　號　第　頁

乃翁董事長台鑒：敬陳者，職以庸才濫竽本所兩月於茲，已往之成績自有報告可以察核，但以職性愚鈍，有負厚望。又推原定月薪為數微薄，蓋職司調查交際既不可少，而食指累多，開支更難節約，務乞俯念下情，自明年一月份起將職之薪水酌量提高，俾資調劑，無任感荷。專此懇請

年安

職胡治中拜啟　十二月廿日

何翁、雨翁及董事會諸公均此

中華民國　年　月　日

所址 上海香港路四號　"CREDITMEN, SHANGHAI"

繁 7—12
11-22-2000

施秉堃　保險行　進出口行

倪同甲　糖菓餅乾店　進出口行

錢國謙　呢絨號　西服店

陳蕃彰　花號　紗號

茅壽康　棉布號　五金號

中國徵信所

調查工商信用 傳佈市場消息 提倡經濟合作 促進社會繁榮

第　號第　頁

服務以來之感言

職自參加調查工作瞬屆八載雖甚努力終覺無裨於實際當時入社之初滿擬克盡厥職無奈調查資料尚未確切而限日完稿勢難延挨矣故以報告書多至七八拾份但究其內容不過半數可靠耳職僭斯言不敢自欺之人至於其他調查諸君未敢妄加臆測無求消息準確者未必俱有良以職在商場追逐念載閱時

中華民國　年　月　日

"CREDITMEN, SHANGHAI"

7—12 11-22-2000

中國徵信所

調查工商信用 傳佈市場消息 提倡經濟合作 促進社會繁榮

第　號第　頁

既久交游亦多欲探詳確消息原易如[illegible]特因時日短促難免錯誤耳今則本所規定每日須有九拾份方為及格職儘量於時於員實因此莫不窮思極想藉以塞責加之規定分數知委查三分填表六分處查九分自動一分半實則自動之報告最為可靠處查之報告調查殊難職以為長此以往報告書之內容可以不問而知矣現在本所調查員已有十七八

中華民國　年　月　日

"CREDITMEN, SHANGHAI"

7—12 11-22-2000

中國徵信所

調查工商信用　傳佈市場消息　提倡經濟合作　促進社會繁榮

第　號第　頁

人（特約尚不在內），儘可另人派定數業，庶務事不致棘手。所聞得有路可以專心採詢，不到東奔西波，徒作敷衍之文章也。職素業樣，即使派定數業，何敢推諉。再如報告書之分數，最好以甲乙丙丁評定之。言多意長，然難盡述。冒昧上陳，諸祈鑒察是感。下屆調查會議更之討論為盼。敬上

乃翁及諸公均鑒

職胡佩再啟

中華民國　年　月　日　十二月若

所址：上海香港路四號　電話　電報掛號 "CREDITMEN, SHANGHAI"

業 7—12 11-22-2000

中國徵信所

文稿

受文者	
名稱	中國銀行國內匯兌處
地址	

經理	會閱者	電報 快信
秘書	繕發者 珮華	雙掛 單掛
主稿者	登記者	平信 明片 專送 面致

主文：為　　由

逕啟者：茲附上大洋拾元五角，係上月份本所外埠通信員稿費之匯，附信分匯為荷。此上

謹啟

九江甘棠南路三高院
王志恒先生 一元五角

寧波鼓樓前禮門
陳懿德先生 三元

無錫城中周巷士院
蔣炳文先生 四元

寧波日新街郵局
唐衡甫先生 弍元

Telephone No. 91494 / 92610

晨 報

THE CHEN PAO

(THE SHANGHAI MORNING POST)

MIRROR OF CHINESE PUBLIC OPINION

280 Shantung Road,

Telegraphic address: "CHENPAO" C. P. O. Box No. 2015

第127號

Shanghai, 194 2/

御堯先生尊鑒：前七遊謁
崇階，備承
教益，榮幸奚似。廷對于調查各業狀況，詳
命之餘，奔走已達半月，即日起可繼續編成報告，
由郵寄奉。本埠工商界方面，就个人聞見，計及對
貴所已發生良好印象，惟調查上情形，除市況外，
秘信兩項消息，每不易探索，勢非旁敲側擊，不
足以收大效也。廷深感徵信事業之興味，頗以樗才
追隨
吾公之後，并極十二分之力，注重斯項工作，尚祈以餘
暇多作文稿，為 貴所宣傳。此請
道安

教晚 沈廷凱 拜啓

（通信處 晨報館）

已復

前面談担任之各業：
烟草 橡膠 染織 棉織 搪瓷 紬緞 調味品 五織
火柴 化粧品 毛織 玻璃 電扇及電池 地產

Telephone No. 91494 / 92610　　報　晨　Telegraphic address: "CHENPAO" C. P. O. Box No. 2045

THE CHEN PAO

(THE SHANGHAI MORNING POST)

MIRROR OF CHINESE PUBLIC OPINION

280 Shantung Road.

Shanghai,

仰尧先生大鉴：

兹寄送还调查书两份、乞赐察收、上星期趙访、知

贵体违和、近谅早已痊可矣、

廷因被奸人假借报馆名义、向外诈欺取财、初如堕五里雾中、莫名究竟、至本月七日下午三时十分、而事已水落石出、因廷对于

贵所既担任调查工作、故除由报馆登报证实被人假冒外、并由经手人胡西园先生来此

先生、证实一切、刻下冒名人、已由报捕缉拿、由报馆提刑事诉讼、一方面廷自己聘任律师

Telephone No. 91494 / 92610　　報　晨

THE CHEN PAO

(THE SHANGHAI MORNING

MIRROR OF CHINESE PUBLIC OPINI

280 Shantung Road.

Shangha

再者、廷拟自下月份起、遵照

先生所规定时间（下午一时半至二时）于每日到　贵所接洽一次、除自动报告于外、倘有指定调查之点、可照办、此请

仰翁先生　再安

廷又顿

关于地产消息、颇有重要讨论之点、故须有调查、但廷不便报告、需晤　教之后、再编制是也、特闻

Telephone No. {91494 / 92610}　　報　晨　　Telegraphic address: "CHENPAO" C. P. O. Box No. 2045

THE CHEN PAO
(THE SHANGHAI MORNING POST)
MIRROR OF CHINESE PUBLIC OPINION
280 Shantung Road.

Shanghai, 193

宣告一切，一方面报馆会同廷凯登报公告，大约奸人就逮，即可见诸于报端也（尤恐先登为奸人闻风逃避）。兹事之经过，足见上海社会之万恶，先生闻之，当亦同声一叹乎。廷对于贵所职务亦有小小部见陈述：

如果调查员有不称职，不尽瘁事，为所中最严厉之处分；如果调查员洁身自好，就事论事，有闻有报，一方面已为称职之人员，而一方面对于被调查者，当然引起恶感，致结恨破坏，或诬告入狱，则不知贵所有何种办法，可以保障之。

（别会根据廷一事已谋保障职员办法）

匆匆未尽欲言，余容面罄，即颂

道安

晚 沈廷凯 上

[illegible]

Telephone No. {91494 / 92610}　　報　晨　　Telegraphic address: "CHENPAO" C. P. O. Box No. 2045

THE CHEN PAO
(THE SHANGHAI MORNING POST)
MIRROR OF CHINESE PUBLIC OPINION
280 Shantung Road.

第167號
年8月16日

Shanghai, 193

仰尧先生大鉴：承约十二日上午来所候教，以京函甫至，十三日阅及，致劳空待，歉仄万分。顷送呈秘讯一则，並祈察。鉴廷前被无耻之徒窃用名义，向外招摇撞骗，一事经捕房破案之后，业已告一结束。今有报纸广告三则，剪奉並祈台阅。又何西亚主笔有函转致，今亦附呈。廷稍暇即当面谒崇阶，畅陈一切。专覆，复元不宣，临颖企念，尚颂

道安

晚 沈廷凯 上

八·十五

附何君函一件、剪报广告一条、秘讯一纸

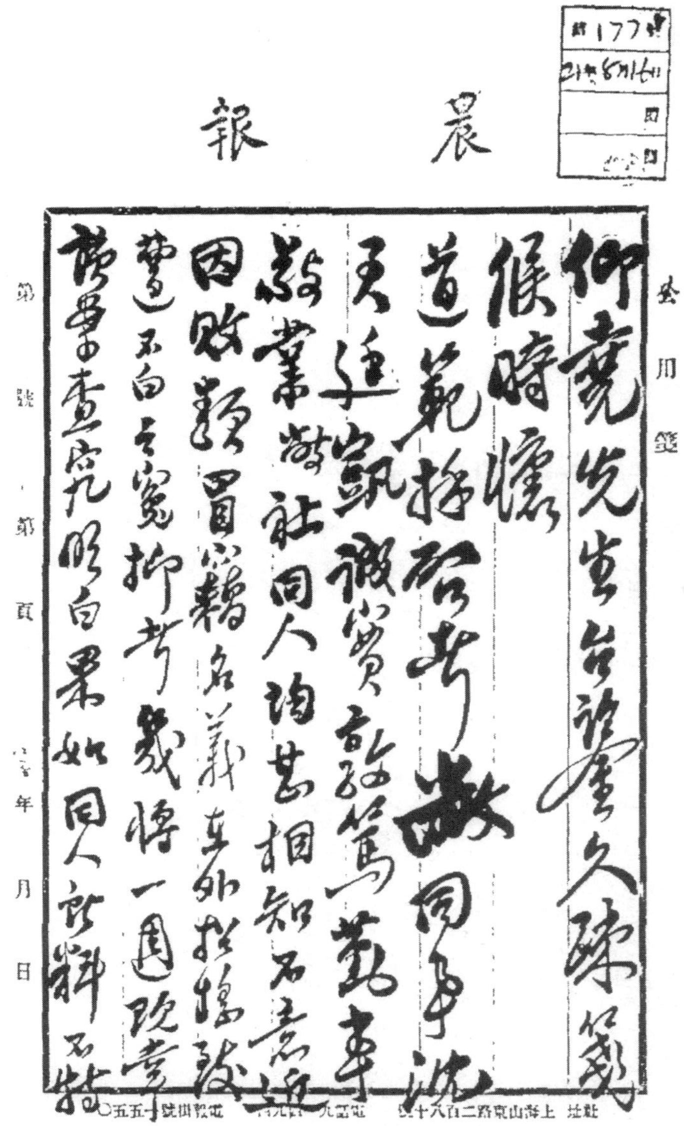

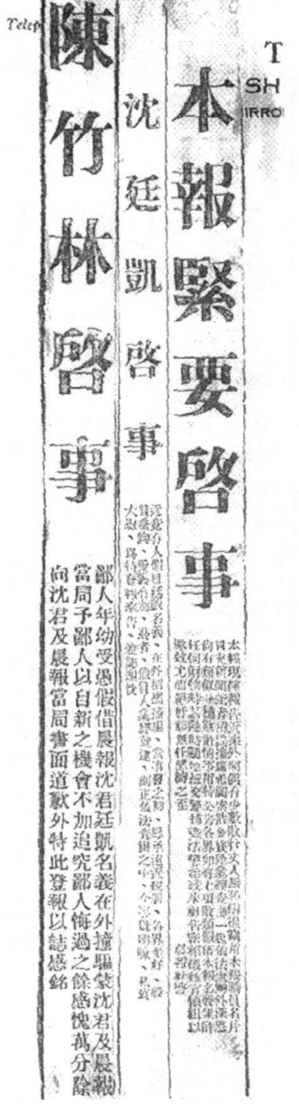

本報緊要啓事

沈廷凱啓事

陳竹林啓事

鄙人年幼受愚假借晨報沈君廷凱名義在外撞騙蒙沈君及晨報當局予鄙人以自新之機會不加追究鄙人悔過之餘感愧萬分除向沈君及晨報當局事面道歉外特此登報以誌感銘

中國徵信所文稿

受文者	
稱名	晨報 何西亞
地址	

西亞先生大鑒：久未候
教，至念。
賢勞，頃奉
惠書，敬悉一是。沈君廷凱，服務社会，頗著
熱忱，最近因妓女案，幸賴
先生明察，得以恢復聲譽，此间對於
沈君，亦極諒解，經此挫折，益可証明沈
君之襟懷純潔也。事此奉復，祇頌
大安

弟 [illegible] 拜

經理　業務部主任　調查部主任　主稿者　會閱者　繕發者

電報　雙掛　平信　專送　快信　單掛　明片　面致

中華民國　中華民國［　］年八月初六日　日

發文第 一八四 號　第　頁

樂 14-1
6-21-500

晨報

尚沈君全不相涉，抑且從積極方面
並足證明沈君之守信譽，始終因
親辦此事，故對沈君愈加贊許。
惟自經此案件，總須沈君在會守職
者，不便敷辭之苦衷，本明知其情
因職務上代為證明，除將事已登報
外，復自擬事詳函報告，此事達
[illegible]一切緣由，全賴康們
無任感荷

敬覆 弟 何西亞 拜啟 十二月 十二日

第　號　第　頁　年　月　日

社址 上海山東路二百八十號 電話[illegible] 電報掛號一五五〇

8

Telephone No. 91494 / 92610

晨報

THE CHEN PAO

(THE SHANGHAI MORNING POST)

MIRROR OF CHINESE PUBLIC OPINION

280 Shantung Road.

Telegraphic address: "CHENPAO" C. P. O. Box No. 2045

第185號 21年5月19日

Shanghai, 193

慕尧先生大鉴：日前接

手书，适因报务忙迫异常，而乔廷特至，

贵行签订借约一节，自当遵

命，准在今日午后五时（我明日上午十时）趋

前候

教是也。

又美商匯众银公司（统一银公司）之（华人）副总经理对于

贵行工作，颇为赞许，他曾有事作奉访，

请将来访（华人）程（宾谓另一人係）备好，日来时带（去）

示，即颂

秋安

弟 沈廷凯 手上

廿日

9

Telephone No. 91494 / 92610

晨報

THE CHEN PAO

(THE SHANGHAI MORNING POST)

MIRROR OF CHINESE PUBLIC OPINION

280 Shantung Road.

Telegraphic address: "CHENPAO" C. P. O. Box No. 2045

第201號 21年5月26日

Shanghai, 193

慕尧先生大鉴：昨晚趋访，因采南上海印染

公司章程初已由戎由董事会允许停职新经理

之经产生，商会对该公司有相缘之可能，故专诚

报告曾在所之书一件，（报告请先阅之）

览矣。

顷将统勤纺织公司调查事复

命，至祈（午收）今天下午我再来

前尚领

秋安

弟 沈廷凯 手上

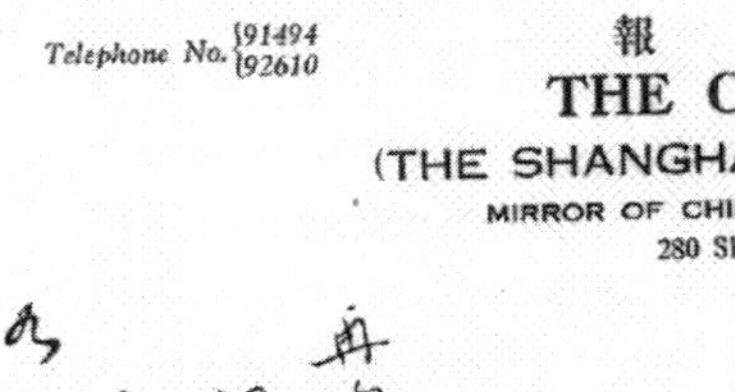

再：日前所仰公接洽之各业今再抄给如下

烟叶 橡胶 染织 棉织 搪瓷 油漆 调味 丝织

火柴 化妆品 玻璃 电池 化妆品

另：意有增删，要设示知

249

恭希先生閣下：日前肅函，已蒙察及，未及遂訪。前

命查各件，已有十五件查訖（餘七件未查），

即日製成報告書奉上，是也。

以各營業情形一項，自當格外詳（忠）明白，

三義味中所藏之營業情形，亦已復

查訖矣。故請將前項之兩調查書

抄還，俾抄寫後送奉。尚有七件，

俟三四天亦完全可報

命矣。

對於調查報告書（謬誤）請

指示，或有不合，修請　賜以糾正。

賢勞仍乞念之。即頌

大安

弟　沈廷玘上

九月九日

前件希在下午四時前飭

送到報館，俾得抄寫一份為荷

再上

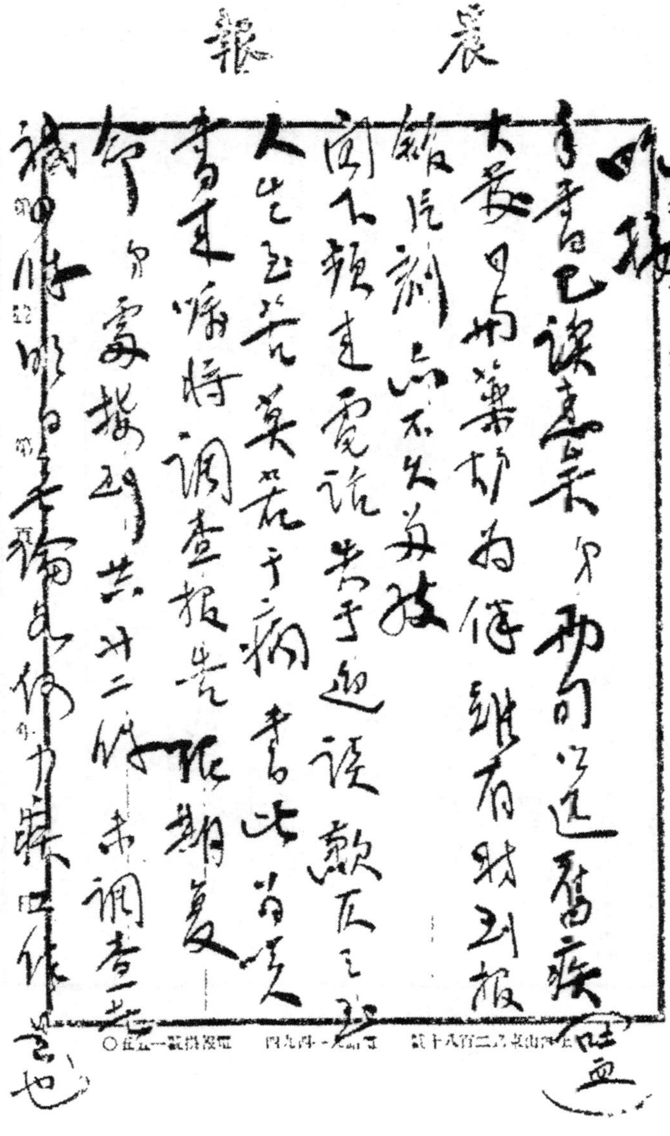

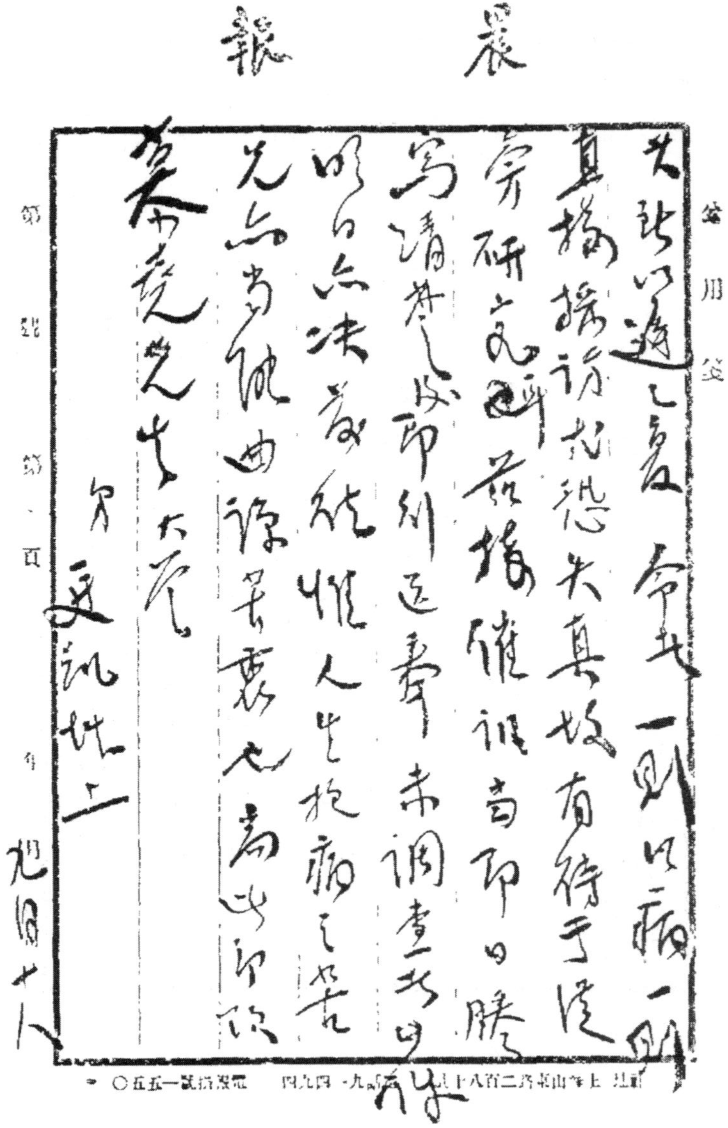

晨報　公用箋

第　號　第　頁

慕尧先生左右：
弟前日出中、训下生舍调说，上月病势甚
危，每日吐血一痰盂之多，幸在杭州得一
良医急救，始能重生人间，盖五月前十天
看来已不自知能重返上海矣。对于
贵处调查各件，中心抱愧万分，盖五一方
面贻误先除，而弟一方面正在半途之间。
弟返申之后，立整理各稿，今先缮呈数

年　月　日

社址　上海山東路二百八十號　電話一九四一四　晨報掛號一五五〇

晨報　公用箋

第　號　第　頁

份。乞收行
登阅为祷。
弟出申后，报馆尚未销假，大约还有十天。
坟前　尊处已将向除不通音问矣。
刻暂寓派克路梅福里七百十七号中。
如有　赐示，请寄该处为荷。
余稿决当于病体整理抄奉，不误。
刻病已略好，血亦渐停，惟大病之后，

年　月　日

社址　上海山東路二百八十號　電話一九四一四　晨報掛號一五五〇

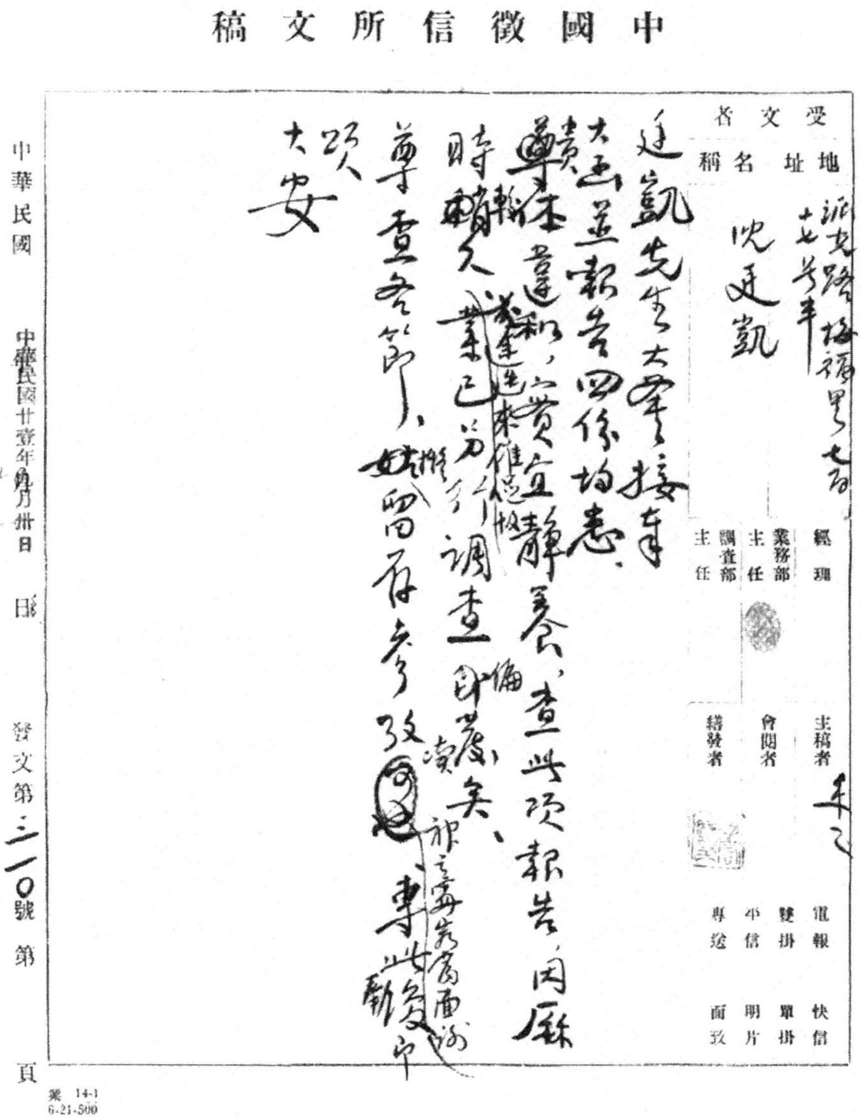

晨報

元氣大丧矣。對于因病而適延調查報告。實

以情形上甚不得已。未識能邀

開示諒蒙垂察。此係身體太壞。再

者如功續派。即頌

大安

沈廷凱 啟

隨後一月。如音訊不通。此係

再在晨報

需於三十天內寄 派克路梅福里七百十七號 可也

○五五一號 許可證　電話 九一四九四

中國徵信所文稿

受文者	地址	派克路梅福里七百十七號
	稱名	沈廷凱

經理	業務部主任	調查部主任
主稿者	會閱者	繕發者
電報	雙掛	平信	專送
快信	單掛	明片	面致

廷凱先生大鑒：接奉

大函並報告四份均悉。

尊體違和，賞宜靜養。查此項報告，因麻

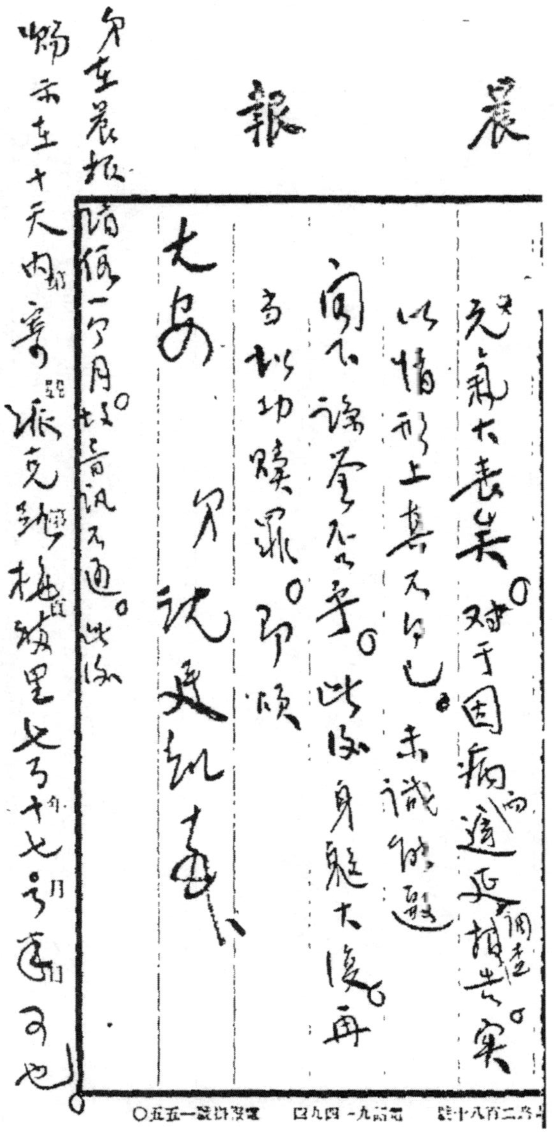

時續交，業已另行調查，即備

尊查參考，

此覆 順頌

大安

中華民國廿壹年八月卅日

發文第三一〇號 第 頁

上海市搪瓷業同業公會

會址：愛多亞路三十八號四樓四百二十號

收327號　21年10月15日

字第　號第　頁

承詢大同資本額須訪該廠朱良甫
經理據云定額銀十萬兩云云查該
廠未入公會資本全名人之說且又未
呈部註冊故亦未能証實鄙人前次报告
二萬兩者係根據橡膠業執行委員毛雨
亭君所說鄙人調查向分三種手續一
詢諸公会一詢諸該廠同人親友一实地
赴廠調查上海各項公司十九未復行註冊

年　月　日　電話一〇五四一

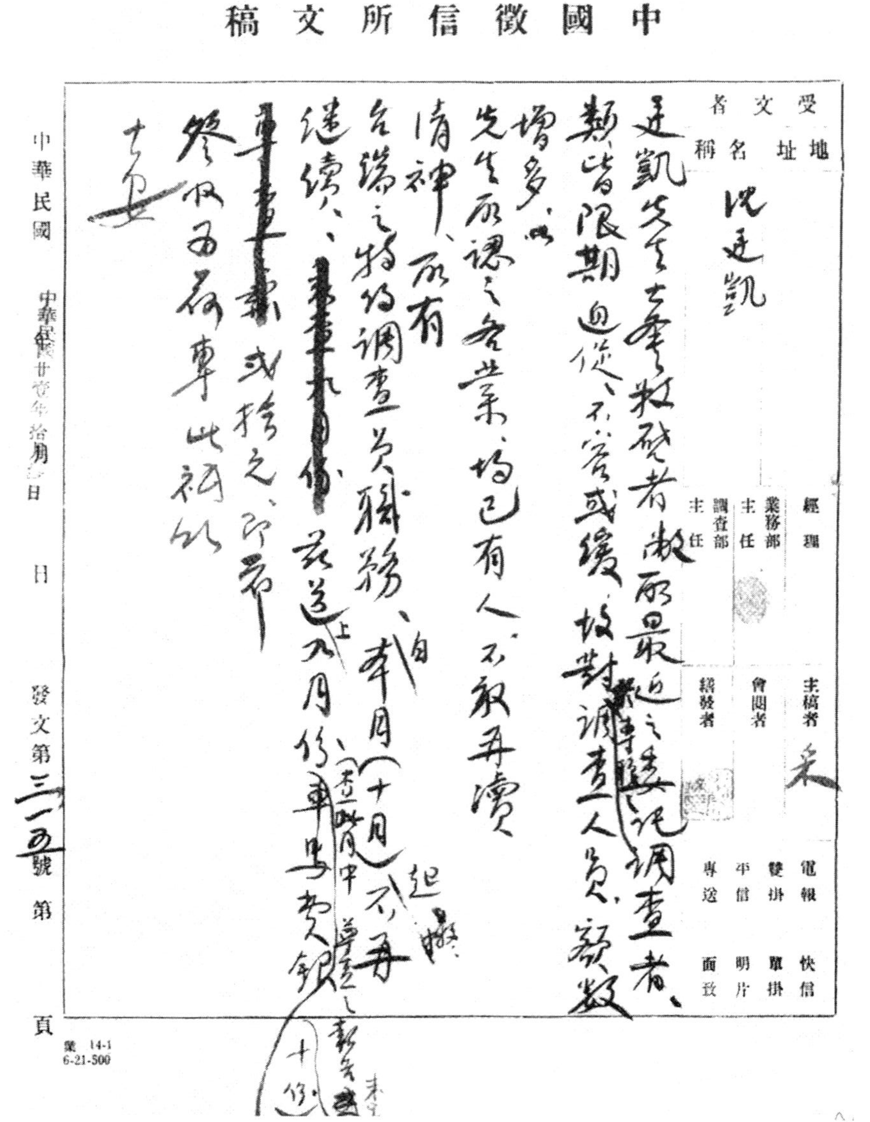

中國徵信所文稿

受文者　稱名　地址　沈廷凱

經理　業務部主任　調查部主任　主稿者　會閱者　繕發者

電報　快信　雙掛　單掛　平信　明片　專送　面致

廷凱先生大鑒敬啟者敝所最近之調查者、類皆限期迫促、不容或緩、故對調查人員、額數增多、
先生所課之各業、均已有人、不敢再瀆
清神、所有
台端之特約調查員職務、自本月(十月)起不再繼續、兹送上九月份車馬費……
……或稍之即希
詧收為荷專此祗頌
大安

中華民國廿一年十月　日

發文第三一五號　第　頁

業 14-1 6-21-500

上海市搪瓷業同業公會

愛多亞路三十八號四樓四百二十號

字第　號第　頁

囑查六廠機械數和生產力查各廠機械數尚不難知其數額惟主要機附屬機未卜要否同查今姑且一并摘奉請參酌則於可也至各機生產力實難詳確曾迭次走訪專家僉謂不易調查不但事關工作秘密即當局者亦難指定某機有若干能力也因工作物有單複馬達有快慢以去參觀外商織物機器圖樣或有標準

年　月　日　電話一〇五四一

上海市搪瓷業同業公會

愛多亞路三十八號四樓四百二十號

字第　號第　頁

手續對於資本亦難詳確惟該廠雖係新廠設備甚整齊廠屋機器以前視察所及估計亦不過值二萬兩左右或者該廠雖定資本額元十萬兩未必繳足好在外面知其負無限責任故十萬二萬尚無問題至三華公司與該廠一而二二而一也三華即大同大同股東大同股東即三華職員也此覆

金慕堯先生

何縣謹上

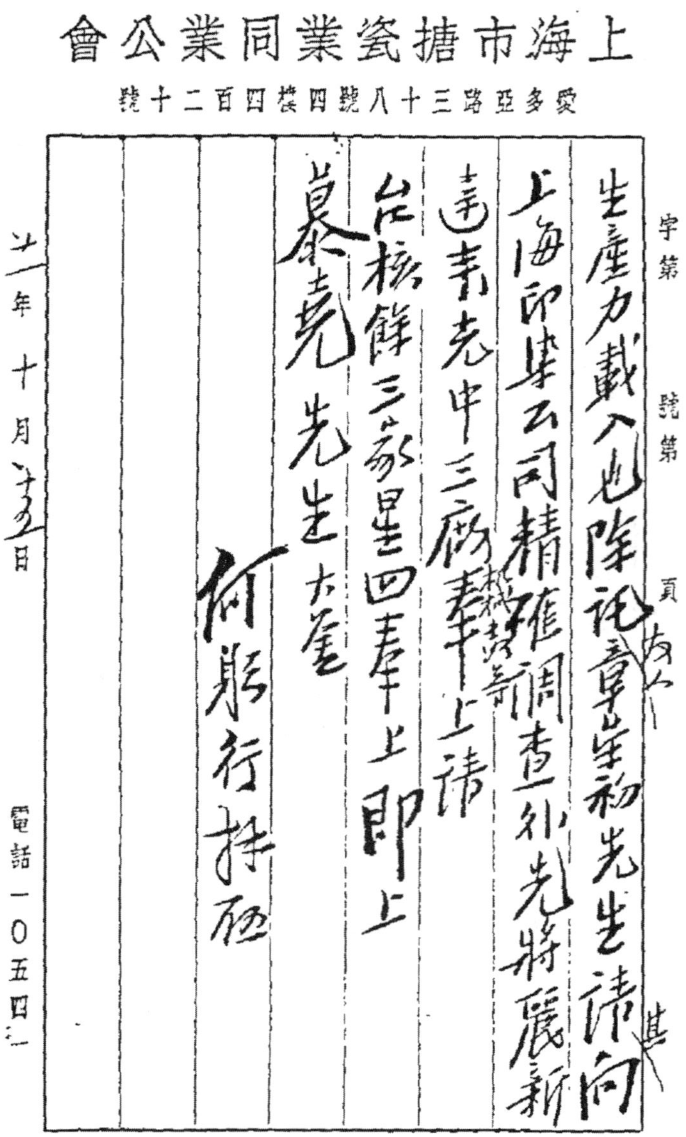
上海市搪瓷業同業公會

愛多亞路三十八號四樓四百二十號

生產力載入也陳記章宗初先生請向
上海印染公司精雅新調查補充將嚴新
達豐先中三廠奉上請
台核餘三家呈四奉上即上
慕堯先生大鑒
何躬行拜啓

廿一年十月廿五日

電話一〇五四三

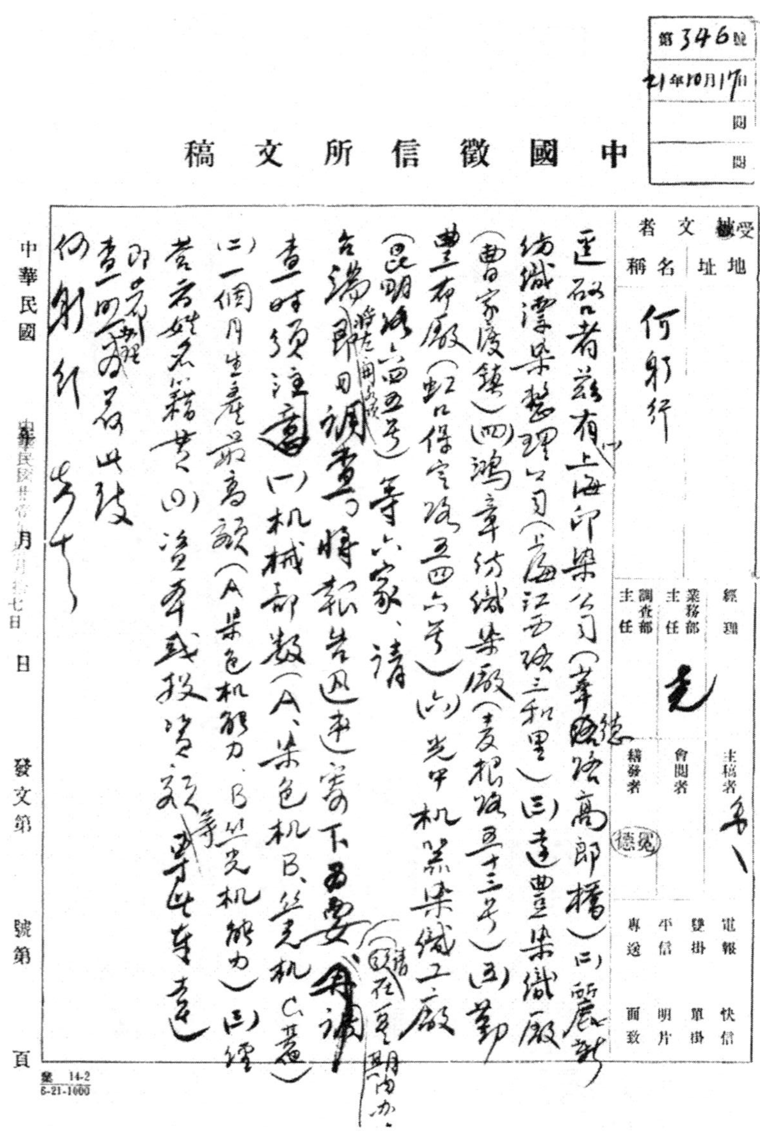
中國徵信所文稿

第346號
21年10月17日

受文者	地址	
	稱名	何躬行

經理
業務部主任
調查部主任 毛
主稿者
會閱者
繕發者

逕啟者：茲有(一)上海印染公司（華德路高郎橋）(二)嚴新紡織漂染整理公司（滬江西路三和里）(三)達豐染織廠（曹家渡鎮）(四)鴻章紡織染廠（麥根路五十三號）(五)勤豐布廠（虹口保定路五四六號）(六)光中機器染織工廠（昆明路六百五號）等六家，請
台端調查，將報告送來，當下要調查時須注意(一)機械部數（A、染色機 B、整光機 C、蒸）(二)一個月生產最高額（A染色機能力 B整光機能力）(三)經營者姓名籍貫(四)資本或投資額等事
查明函覆為此致
何躬行
先生

中華民國　年　月　日
發文第　號
第　頁

第363號
21年10月20日

中國徵信所文稿

受文者	
稱名	何駒行
地址	

駒行先生大鑒：前由尊處送下之惠民奶粉公司報告，業已收悉。惟查原委託調查者，須明悉李鼎士個人之一切情形。用再函達，即希台端速行調查，示覆為荷。專此順頌

大安

啟

中華民國廿一年十月二十日

發文第二二號 第 頁

中國徵信所文稿

受文者	
稱名	何駒行
地址	

駒行先生大鑒：謹啟者，前日奉託台端調查商業印刷廠狀況一則，嗣接大函，暨惠地址名稱不符，無從調查。謝謝。當向前途詢問，兹據復稱，名稱為華商印刷公司，地址在岳州路同春里丁上四號，敬請台端按照速查，早日惠復，至深企盼。此頌

公綏

啟

中華民國廿二年壹月廿六日

發文第五四七號 第 頁

上海市搪瓷業同業公會

愛多亞路三十八號四樓四百二十號

字第　號第　頁

大中國備致一節雖無大關係請守秘為是往
者搪瓷業一役和丰銀行等　貴所報告特
以詢諸前途致義生交涉在徵信所立場毫不錯
誤惟和丰此種舉動似乎太不妥貼蓋凡知個
中內幕者必係丕勲人必此公開宣傳若必義生調
查表對人惡感故深望　仰公日后設法矯正
為要（重）日兩雪丕難堯老三年度搪瓷状况
正在彙集編輯一俟正確即可奉呈歲暮

年　月　日

電話一〇五四一

上海市搪瓷業同業公會

愛多亞路三十八號四樓四百二十號

字第　號第　頁

諸事蝟集未獲親領
教益無任惶悚專上
慕堯先生大鑒
仰公前乞代道候
何服行拜啓
一、三一、

年　月　日

電話一〇五四一

中國徵信所文稿

受文者	
地址	
名稱	何彬行

逕啟者 敝所事業依存
贊助無任感紉 惟近來公只中委查一標準機關業
尚甚艱且
執事公務繁冗 一百七十七 [illegible]
下月起 [illegible] 聘仍 [illegible] 再行 [illegible] 存
同意捐五出達即煩 [illegible]
[illegible] 此致

許啟

經理	業務部主任	調查部主任
	光	

主稿者	會閱者	繕發者

電報	雙掛	平信	專送
快信	單掛	明片	面致

中華民國 年 二 月 二十三 日 發文第 七一七 號第 頁

14-2
6-21-1000

仰光先生大鑒 手示未曉 殊深 [illegible]
今年在
春來 [illegible] 稿二件 [illegible]
已由 [illegible]
一件 [illegible]
[illegible]
他方 [illegible] 相混 [illegible]
[illegible]

逕啓者：記者報告往往與各銀行高級職員直接發生連帶關係，毀譽之處在所難免，而鄙人又與銀界人員頗多相熟，如果逕以實在名字

担任

貴所調查員職務，於前途發展上似多障礙，茲擬自即日起另換「公甫」兩字為鄙人在

貴所之調查員名字，務請即刻通知本所同

係為部函保守秘密，不勝企禱之至。此致

葛秘書 大鑒

弟 李夢熊 札

六月廿六

中國徵信所

文稿

受文者	名稱地址	李孚般
主文		為北方中政來及各方聘員請加注意由

經理		會閱者		電報	快信
秘書		繕發者	孫苹	雙掛	單掛
主稿者		登記者		平信	明片
				專送	面致

逕啟者前查
執事寄來調查報告於股
東及重要職員之履歷往往
略而不書致於編審工作上感
受種種之困難嗣後對於此點
務祈
留意即不能求其詳贍但
亦須加注其歷以備審查之

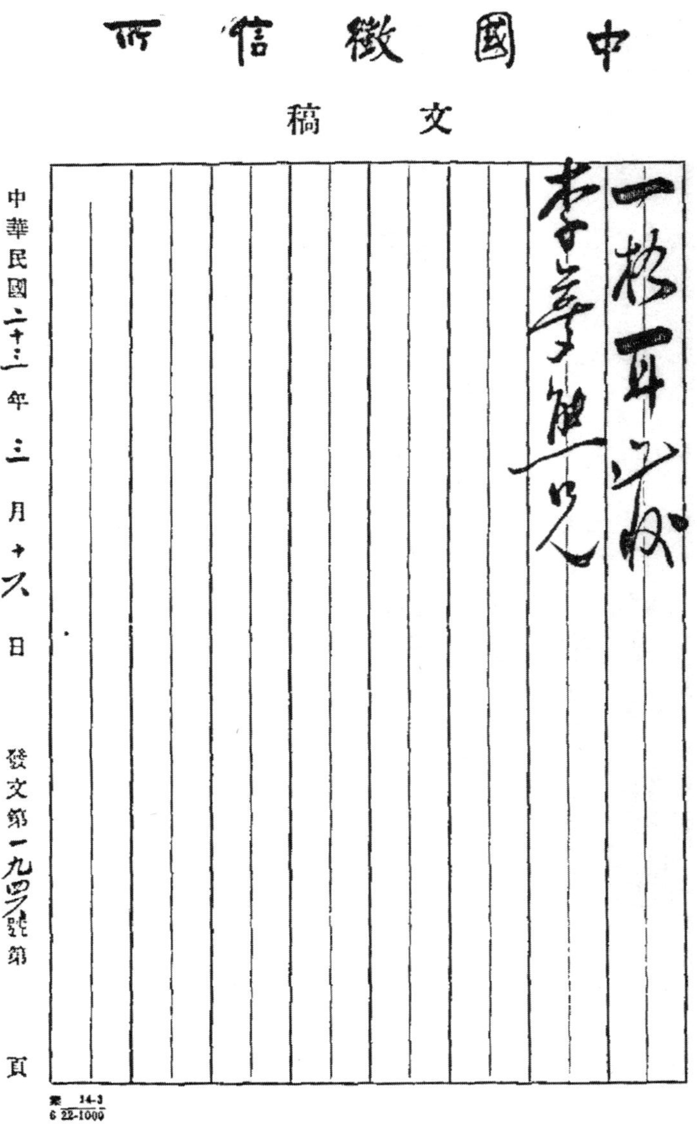

中國徵信所

文稿

一致再此啟
李孚般先生

中華民國二十三年三月十八日

發文第一九四號第　頁

中國徵信所

文稿

受文者名稱	金[illegible]徵信調查[illegible]
受文者地址	[illegible]
經理	
秘書	秦[illegible]
主稿者	[illegible]
會閱者	
繕發者	
登記者	
電報 快信 雙掛 單掛 平信 明片 專送 面致	
主文由	為函送志願書[illegible]請簽字送回

逕啓者[illegible]請

[illegible]

[illegible]

[illegible]

[illegible]

[illegible]

[illegible]

[illegible]

[illegible]

中國徵信所

文稿

[illegible]

[illegible]

件[illegible]相應函達即希

查照[illegible]為荷此致

金[illegible]

中華民國卅三年[illegible]月廿七日

發文第一五二三號第　頁

14-3
6-22-1000

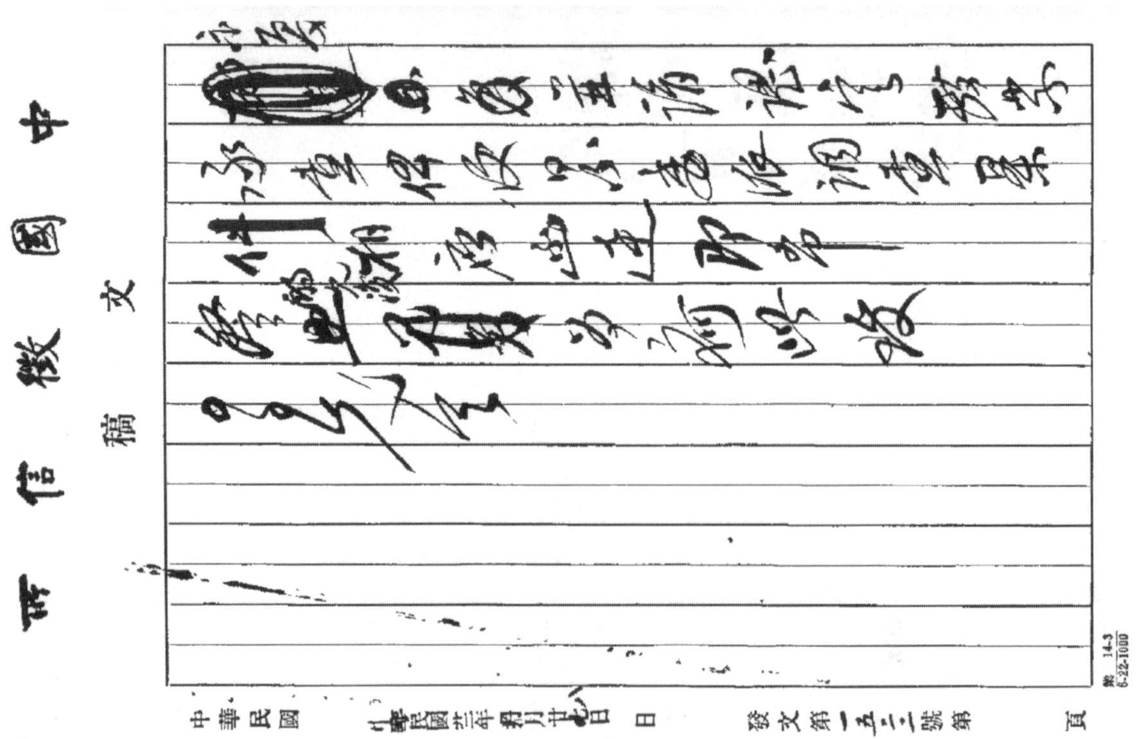

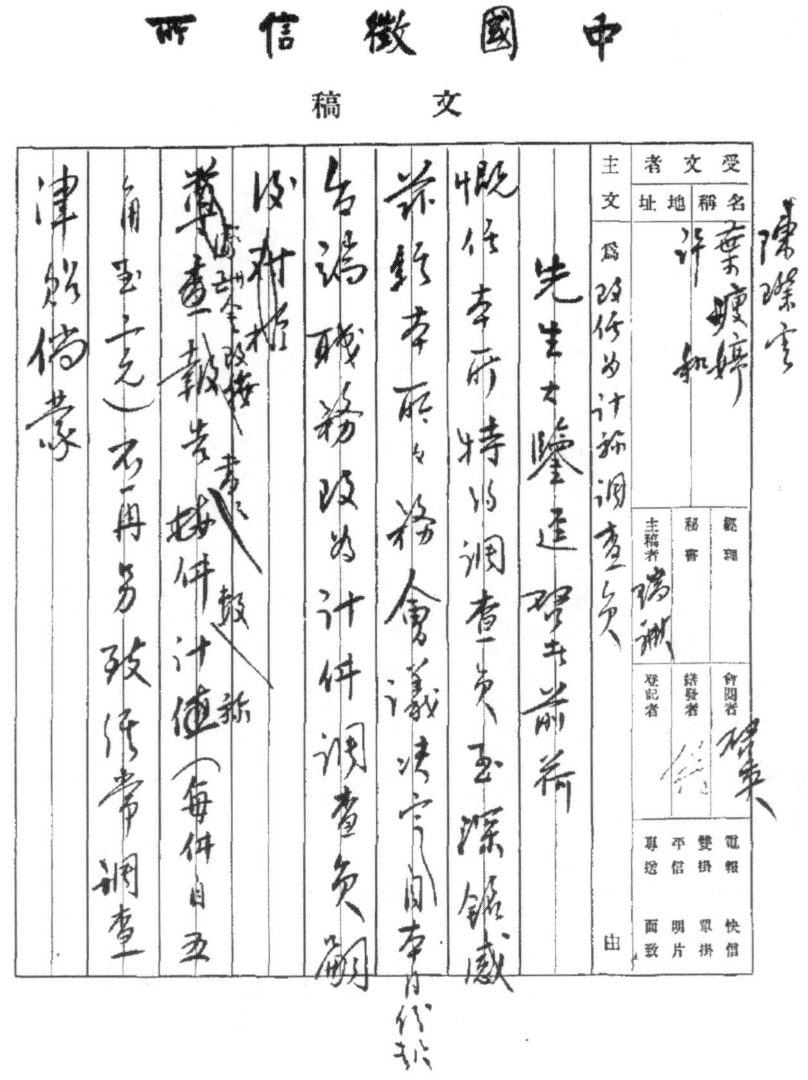

中國徵信所
文稿

受文者	
名稱	
地址	

主文

事由

經理 秘書 主稿者 會閱者 繕發者 登記者

電報 快信 雙掛 單掛 平信 明片 專送 面致

先生大鑒 逕啓者 前蒙
概允任本所特約調查員 至深銘感
茲經本所各務會議決定自本月份起
各調職務改為計件調查員 酬

角至一元）不再另致經常調查
津貼

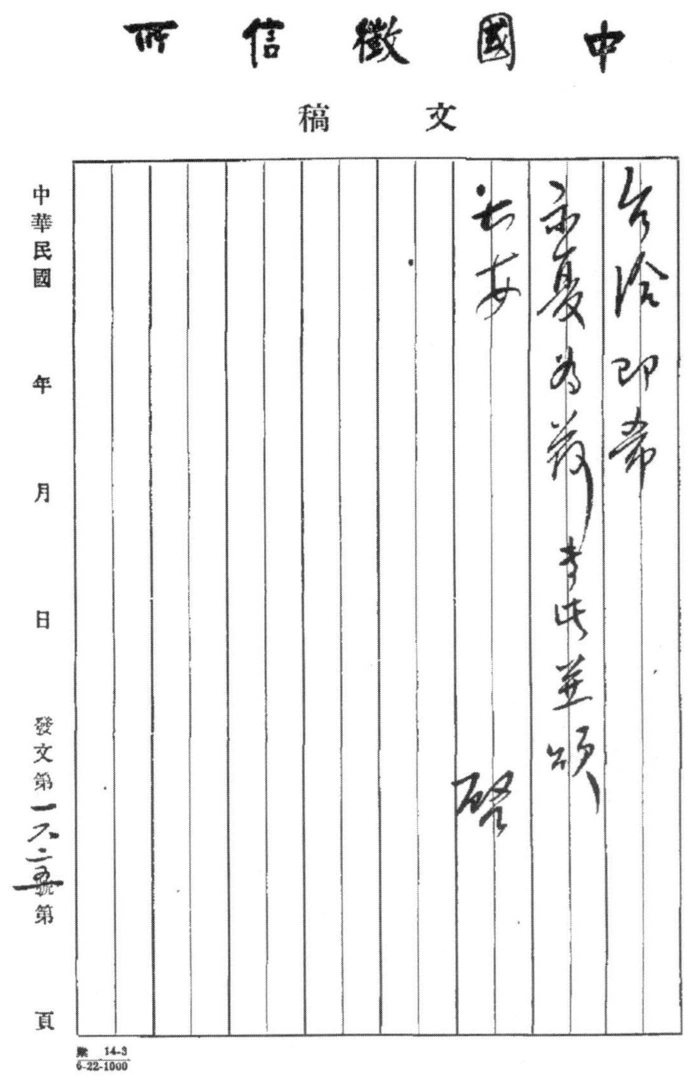

中國徵信所
文稿

台綏 即希
惠予為荷
公安

中華民國 年 月 日 發文第 號 第 頁

14-3
6-22-1000

中國照相版印刷公司
CHINA ROTOGRAVURE COMPANY
SPECIALISTS IN PHOTOGRAVURE, ROTARY-PHOTOGRAVURE, FINE ART PHOTO, MECHANICAL ETCHERS. COLOUR WORK.

WORKS: 472 BAIKAL ROAD. TEL: 50512
OFFICE: 446 HAINING ROAD. TEL: 40969
CABLE: "ROTOGRAVUR" P. O. BOX 1534, SHANGHAI

廠址：塘山路四七二號 電話五〇五一二
寫字間：北四川路海甯路口四四六號三樓 電話四〇九六九
上海郵政信箱第一五三四號

第1731號 22年11月4日

秘書處執事先生台鑒 敬者 三日接調查事件通知單第3651号
四日從事進行 該處無文安地產公司 按塘山路809号乃景餘里
里內有房子四十三幢 里門口懸牌者有 上海大東公司籌備處
(Geosuft & Company) 國醫西秦永康診所及協記成衣舖三家而已 後又從
隣近及里內多方探詢 亦不得要領 經過情形已由電話中報告
金夢熊先生請示 囑將通知單第3651号退回 茲特退上 祈查收 此請
台安
許和 十一月四日下午

附調查事件通知單一紙

NEW CHINA PUBLISHING COMPANY
PUBLISHER OF "THE CHINA PICTORIAL"
THE MOST POPULAR ROTOGRAVURE PICTORIAL IN CHINA
TEL 40969 P. O. BOX 1534
B25 HAINING ROAD, SHANGHAI CHINA

新中華圖書公司

上海海甯路B金徳號 電話四〇九六九號 郵政信箱一五三四號

第1775號 22年11月16日

秘書處執事先生台鑒 敬者 調查事件通知單第3690号
進行情形業已面呈 辱承 金夢熊先生允許將原件退回 祈特
送上該通知單 文安地產公司來函註明地址在
塘山路八〇九号弄內 當即再往調查 結果同前 該處實無文安地產公司
之存在 耑此即請
日祉
許和 十一月十四日

上海市華洋雜貨業同業公會用箋

逕啟者本月二十日接准第三七五七號調查事件通知單後當

即按照服務指導第六條規定之各方面採訪詎至今日仍無

絲毫成績殊覺愧忸茲將經過情形以及進行困難理由詳述

於后

一、不悉該業特約顧問、

二、曾向（華洋雜貨業同業公會 華洋雜貨商店 [illegible]）業同業公會等團體調查、因皆不入會、無從採取資料

三、曾向數推銷華洋雜貨者（即手雜貨跑街）探問、亦無任何消息探得

四、因不明其內部略情、更難着手、向其往來商家、往來行莊、同業商家等處

上海市華洋雜貨業同業公會用箋

主席程毓傑　執行委員　施静濤　汪平遠　方曉之　程毓傑　朱景玉　彭炳華　曹鑑豐　張和順　嚴曉殷

進行採訪、雖經向彼迭翻屢探問、毫無確實消息、

其通知單上尚未註明其主要人員姓名、恐能直接訪問、然亦一度前去錯

果茫於零、

因有上述困難、實無能力進行、不得已惟有請求另行推派賢能調

查外、一方仍由鄙人共同負責進行所有資料隨時奉告之外、必須俟

鄙人調查者剩請指示其他門徑及寬限日期再當遵行也希准

務指導第八條之規定理合聲叙理由備函奉達即希

查照為荷此致

總務顧問余功甫　秘書符可銘　法律顧問陸惠民大律師　會計顧問何元明會計師

上海市華洋雜貨業同業公會用箋

主席程毓傑 執行委員 施靜詩 程毓傑 曹鎰豐 汪平遠 朱玖玉 張和順 方驍之 彭炳華 龔曉巖

中國徵信所秘書處

逕啟者：敝會擔任之「華洋雜貨」業，係以整賣華洋雜貨業者爲主，非如「大豐」等之零賣百貨業，今特附上名單乙份存查。

[illegible] 啟

中華民國卅二年十二月廿[illegible]日

總務顧問余功甫 秘書符可銘 法律會計顧問 陸惠民大律師 何元明會計師

會址 法租界康悌路明月坊二號 電話 八〇四六六號

印—822 2000

商號名稱	通訊處
仁大昌號	公館馬路十〇號
新泰昌號	公館馬路[illegible]街口
德豐昌號	公館馬路[illegible]
大豐昌號	公館馬路六二號
巨成祖號	公館馬路[illegible]街西
王大昌號	公館馬路六六號
恒興號	公館馬路一九九號
源豐號	吉祥街五七號
怡源號	公館馬路[illegible]
永泰昌號	公館馬路[illegible]
協成昌號	公館馬路一四九號
德康興號	公館馬路[illegible]東
同五泰號	公館馬路[illegible]
德泰祥號	大境路[illegible]里四號
同德昌號	興聖街五五號
正和號	吉祥街三三號
公昌泰號	邑廟內[illegible]號
豐泰昌號	福佑路三三七號
合昌祥號	方浜路一八四號
同泰昌號	福佑路四八號
振大昌號	方浜路一五號
錦秀齋號	福佑路二三四號
益昌號	南市[illegible]路三二一號
合興號	方浜路[illegible]
老永順號	邑廟內四十號
新永順號	邑廟[illegible]
天隆號	邑廟文昌路三十號
聞仁記號	邑廟內三三號
義康號	福佑路二六〇號
源記號	邑廟路三九號
協成號	新北門內[illegible]號
許洪泰號	福佑路二四七號
廣泰號	城內安仁街[illegible]號

調查事件通知單第 四三 號

敬啓者：頃自上月接到四六三號調查事件通知單，上開奉華百老滙路一二九號興隆洋行，且未註明英文名稱，當即調查，前往接詢，遍覓不得。又同路門牌九十六號有一興隆西飯店，亦係西人所設，奇且規模頗大，其經來銀行如花旗、麥加利等。惟恐錯誤，未敢貿然撰稿。如果確係該飯店，則內部情形均已查得，不難另請而明詳細地址及門牌號數西文名稱，以便覆查而利進行。爲特遵奉部服務指導第五條規定，將調查遇及困難之處，備累略告，希轉告秀於者並行台端爲荷。專此，即請

舊秘書 公綏

胡偉 [illegible]

中華民國廿三年四月十六日

第　　頁

附件

消息來源

經理　秘書　調查　編審　總譯　繕寫　校對　發稿　審查

No.　　年　月　日

敬啓者：昨晚奉

惠書，藉悉一一。承詢兩事，敬復如左：

一、日商日信洋行每月編製上海中英日所存花調查，最早於下月九日發表，早遲至下月十五日發表，時以上海每日新聞爲公佈機關。華人方面消息均由該日文報轉錄。此項調查，日所由日廠日人鄭重調查，中英所由我國各廠晚街分散調查，而以汪鴻生主其成，另有在上海中所之楊長庚輔之。英所中怡和廠出品，則由敝處無錫人張光華任之。

二、十月期上海存所積已集而尚未發表，總數

第3103號 25年2月13日

約七萬四千九百餘包，比前月情形，大約中國紗
少五千包，日紗增一千包。
㈢棉業聯合會調查上海存棉，確係星期六
編成，而於星期日中國報紙發表，有時該
會編印，須遲至星期六下午九時左右纔將
印刷品送到，則發表於報章，不得不遲一日，但
共材料均為本星期六之最新穎者，可無
疑。有時日本報紙，並轉錄該會報告，以後
此項報告早到（六時為準）則星期六到入信中，
遲到則次星期一到入。
專複 順頌
撰安
高根陸鞠躬 十二月十二日

中國徵信所

文稿

受文者 名稱	劉鳳笙
受文者 地址	
發翔	
秘書	
主稿者	甲
會閱者	
繕發者	
登記者	
電報 快信 雙掛 單掛 平信 明片 專送 面致	
主文 由	為補充鴻昌隆虎記報告事材料

逕啟者，前接鴻昌隆虎記報告
書，並將[illegible]前[illegible]
云云，爰述如左：
一、股東 本稿僅王劉兩家
前為[illegible]名字，履歷多寡[illegible]
用查明
二、組織 本稿作「合資無限」[illegible]
可查我們[illegible]

中國徵信所

文稿

中華民國　年　月　日　發文第　號第　頁

組織是否即係合夥組織負
有無限責任之意
3. 營業及盈虧　此項目甚報
告書中作絕對要緊之點
本稿僅以兩行務請查本所
其近三年來之每年營
業額及盈虧額並述明
其營業之方式及狀況

業 14-4
1-23-1000

中國徵信所

文稿

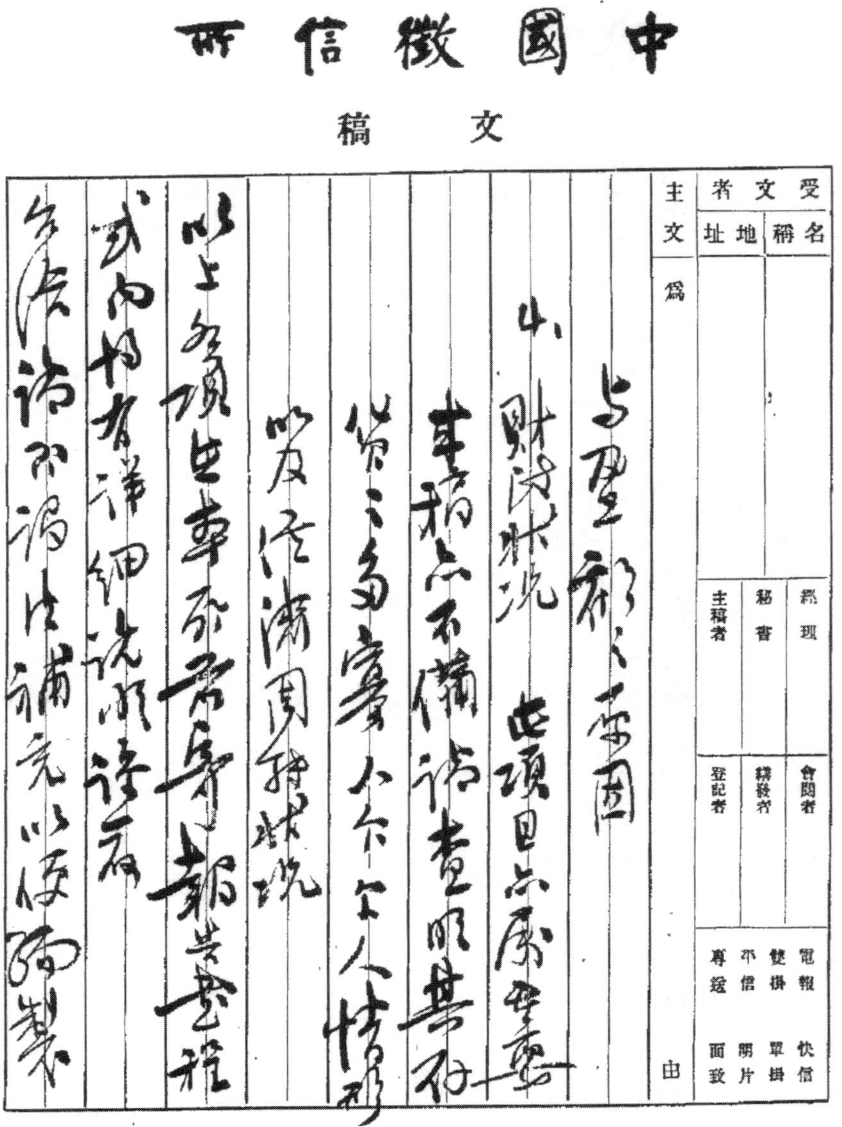

受文者	
名稱	
地址	

擬辦	秘書	主稿者
會閱者	繕發者	登記者

電報　快信　雙掛　單掛　平信　明片　專送　面致

主文　爲　　　　由

與盈虧之關係
4. 財務狀況　此項目亦屬要點
本稿亦不備請查明其存
貸之多寡及欠人人欠情形
以及經濟周轉狀況
以上各項爲本所最重要之報告程
式内均有詳細說明詳看
本件請即補充以便編製

中國徵信所

文稿

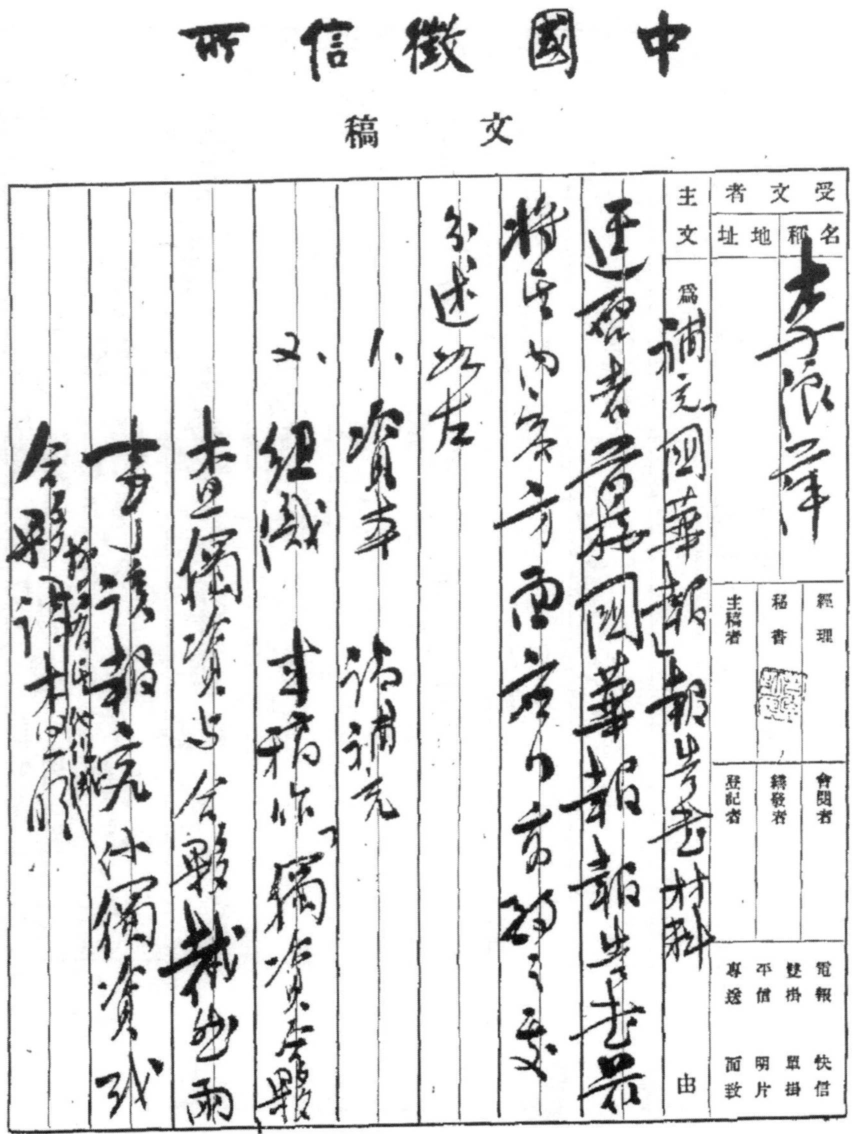

受文者	名稱地址	李浩洋
主文	為補充國華報告材料	

經理 秘書 主稿者 會閱者 繕發者 登記者

電報 快信 雙掛 單掛 平信 明片 專送 面致

由

逕啟者茲擬國華報告書

將以下所開各方面分別查考為要

分述如左

一、資本 請補充

又、組織 本稿所稱獨資與合夥

查獨資與合夥截然兩

事，請補充何獨資或

合夥詳情

中國徵信所

文稿

完全報告，另候核示

800先生

中華民國卅四年一月九日

發文第三十號

頁

第14-4 1-23-1000

中國徵信所

文稿

3. 各主腦并各項組織查明
之姓名[illegible]偽職[illegible]將來之
之特長、履歷及其作用查明
列入如何[illegible]對方[illegible]列入
腦案之各項查其[illegible]備
項內有[illegible]事長[illegible]
後者之組織狀況及備資
料[illegible]黨務內[illegible]組

中華民國　年　月　日　發文第　號第　頁

第 14-4
1-23-1000

中國徵信所

文稿

受文者	名稱	
	地址	
主文	為	由

經理	秘書	主稿者
會閱者	繕發者	登記者
電報	雙掛	平信
專送	快信	單掛
明片	面致	

織則和業務事項之各項均須[illegible]
查明
4. 營業及歷年[illegible]　請查明其
每月經費[illegible]
總額一共若干[illegible]大大[illegible]
是否可出[illegible]廣告費
又[illegible]人[illegible]列入其稿
[illegible]

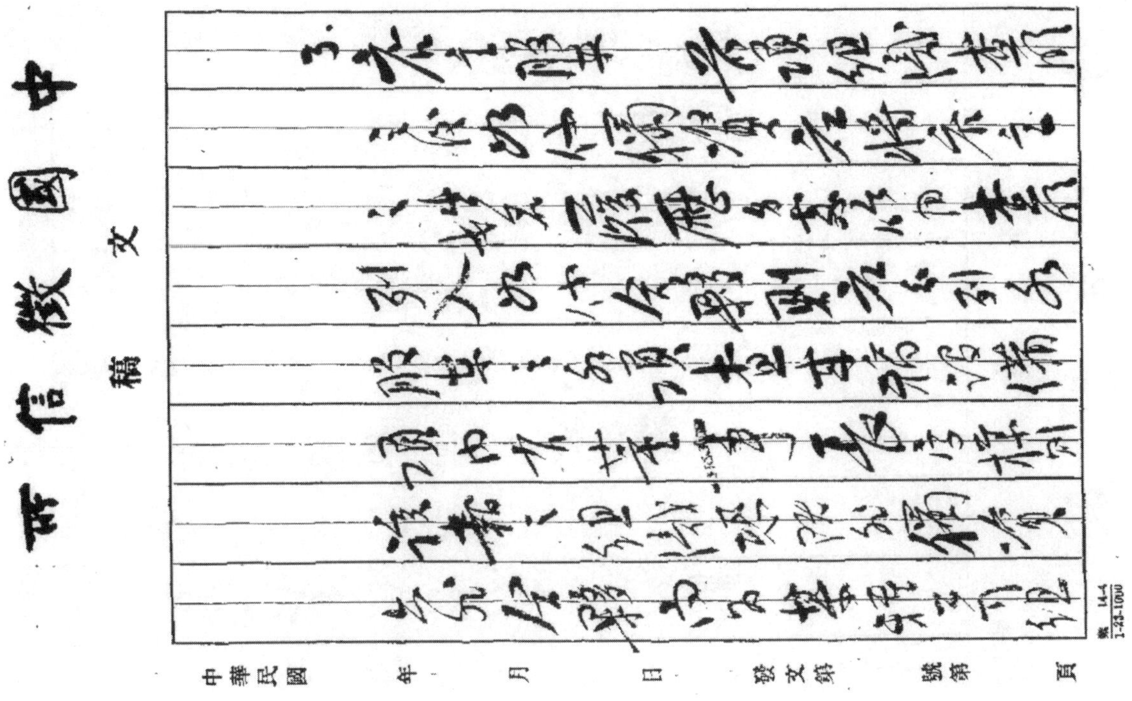

中國徵信所

文稿

中華民國　年　月　日　發文第　號第　頁

銷之本國貨

5. 原料　其餘如紙張亦用

外貨，現因溫州造紙廠未成，

以本所所知實業部新築

辦之溫州造紙廠有年半

之尚未完工，此項亦請寬

查

6. 設備　請查前帶國內之設

中國徵信所

文稿

受文者	名稱		經理	會閱者	電報	快信
	地址		秘書	繕發者	雙掛	單掛
			主稿者	登記者	平信	明片
					專送	面致

主文　為　　由

計第四頁

以上各項請分別補充證明資

料暨完全報告先行鑒定合格

〇〇〇先生

3. 招聘调查员

中國徵信所招用調查員

中國徵信所、近以業務日繁、並在漢口特設分所、定於下月初開幕、天津香港等處、亦擬陸續設立分所、需用調查工作人員、現特公開徵求、凡有志徵信事業者應具之條件如下、甲•資格（一）身體健康品貌端正口齒清晰性情和藹（二）年在二十歲以上四十歲以下（三）國文通順能操本地方言善英文者尤佳（四）有商業或調查經驗乙•待遇 月薪自三十元至八十元供給午膳丙•手續 已有工作者[illegible]亦可兼職待遇另議 凡有意者、可函明履歷作一簡短之自薦書、能英語者並將該自薦書譯成英文、投函香港路四號該所、合則邀約面談、不合恕不作覆、來函絕對代守秘密云、

中國徵信所文稿

受文者	
稱名	[illegible]
地址	

經理	業務部主任	調查部主任

主稿者	會閱者	繕發者
[illegible]		

電報 快信 雙掛 單掛 平信 明片 專送 面致

逕啟者敝所現擬開辦信用調查訓練班
專以訓練調查人才服務社會為宗旨
茲第一屆招生擬於本月二十日舉行
貴行如有相當人才保薦前來請即
知照並于二十日前携帶四寸半身照片
及履歷單一紙並加蓋圖章前來敝所報
名相應函達即希
查照為荷此致

附簡章一份 報名單十份

啟

中華民國廿五年壹月拾壹日

發文第五五八號 第 頁

業 14-1
6-21-500

中匯徵信所信用調查員訓練班章程

第一條　信用調查員訓練班以教授信用調查之智識技能養成信用調查之人材為宗旨

第二條　學員名額暫定十二人

第三條　凡年在三十歲以下身家清白絕無嗜好並照本所規定之手續具有左列資格之一者得為學員

（一）本所職員

（二）曾在中等商業學校畢業或有同等學力者

（三）本所各處本會員保送者

第四條　凡志願加入訓練班之學員經本所考試及格後並覓妥保方准入學

第五條　學員於入學前應繳納學費銀十元中途退學者概不發還

第六條　本訓練班除本所職員擔任講授外另請信用調查專家定期到所講演

第七條　訓練期限暫定三個月遇必要時得延長或縮短之

第八條　訓練時間暫定每日下午五時至七時星期日除外遇必要時得隨時變更之

第九條　課程暫定如左

（一）商法（二）決算表研究（三）商業常識（四）調查技術（五）報告編製法（六）英文會話（七）調查實錄（八）專家講演

第十條　前條所列各款其時間支配如左

（一）第一月（一）至（六）

（二）第二月（一）至（六）占三分之二（七）占三分之一

（三）第三月（一）至（六）占三分之一（七）占三分之二

第十一條　學員訓練期滿學分及格者由本所發給證明書

第十二條　學員訓練期滿成績優良者得由本所錄用或代為介紹相當職務

第十三條　本章程經所務會議議決定施行如有未盡事宜得隨時提出修正之

中國徵信所文稿

受文者	
稱名	[illegible]
地址	

經理	業務部主任	調查部主任

主稿者	會閱者	繕發者

電報　快信　雙掛　單掛　平信　明片　專送　面致

[illegible]

中華民國二二年一月十七日

發文第五八五號第　頁

中國徵信所招考調查員訓練班學員

(一)資格　高中或舊制中學畢業男性年齡在三十以下有相當介紹(二)考試……國文、英文、算學、常識(三)待遇　訓練期內月給津貼廿元膳宿自理……(四)報名　九月七日起十二日止每日上午九……

九月十三日上午九時起在圓明園路二百零九號滬江商學院舉行筆試錄取者當於三日內通知定期舉行口試不錄取者不覆(六)訓練期間暫定四個月期滿擇尤酌量錄用

中國徵信所招攷調查員訓練班學員規則

一　投攷資格　投攷者須具備左列資格

（一）年齡在三十以下（二）男性（三）高級中學或舊制中學畢業

（四）身體康健口齒清晰態度溫和（五）有相當介紹人

二　報名手續　應試者須於每日上午九時至十二時（星期日除外）親至上海香港路五十九號二樓銀行學會填具報名書並領取投攷證

填具報名書時須附最近四寸半身照片一幀並呈驗畢業證書與證明文件

報名日期自民國廿三年九月七日起至九月十二日止

三　攷試科目與日期　攷試分筆試口試二種筆試及格者當於三日內通知再定期舉行

口試不及格者恕不作覆

筆試科目　國文・英文・算術・常識

日期　九月十三日上午九時起　地點圓明園路二百零九號滬江商學院

四　待遇及工作　錄取後月給津貼二十元膳宿自理每日授課三小時餘時在本所實習

中國徵信所調查員訓練班學員考試報名書（須由報名人親筆填寫）

逕啟者茲因　　先生之介紹應

貴所訓練班學員考試特填具報名書如左

一　姓名	字
二　年齡	
三　籍貫	
四　學歷（在何校畢業或肄業年數）	
五　經歷（[illegible]）	
六　在校時對於何種學科最感興趣	
七　能操何種方言	
八　家中所經營之事業	
九　曾否結婚	
十　家中共有幾人	
十一　須擔負家庭費用若干	
十二　親友中何人最契	
十三　最近通信處	

此致

中國徵信所

中華民國　　年　　月　　日　報名人　介紹人

中國徵信所
調查員訓練班

姓名

投考證

考試地址　滬江大學商學院

考試日期　九月十三日下午一時半至四時半

第 351 號

考試規則

一 考試時監試員有執行考試規則之全權

一 應試者須將考證置於桌上以備察驗

一 監試員得隨時察核考證

一 監試員對於試題概不答問

一 考試前十分鐘應試者一律入場

一 座位應照考證之號數

一 中西筆墨均歸應試者自備

一 試卷及稿紙由本所發給應試者不得自備

一 各科試題謄正時試卷上除國文外一律勿寫題目但於答案前寫（一）（二）（三）（四）以表之

一 考生如有夾帶搶替剿竊交談等事察覺後其考卷作廢

一 考試時不得出外

一 交卷時須將考卷稿紙考證及號牌交與監試員即行出場

一 考試將終前十分鐘由監試員知照即可預備結束聞鐘聲將考卷即交監試員一律出場遲滯者考卷作為無效

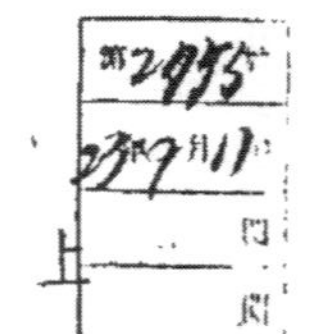

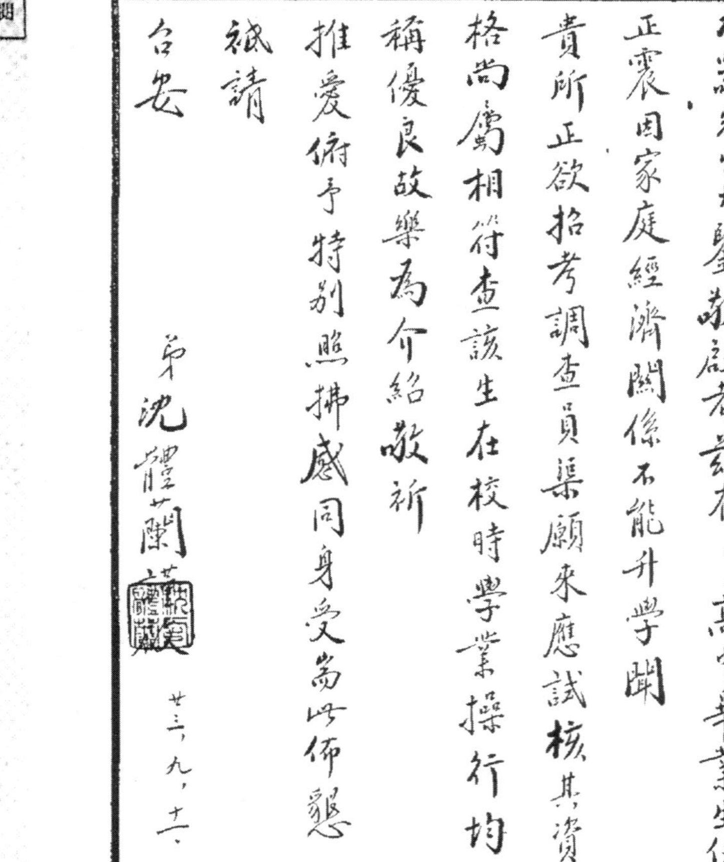

上海市私立麥倫中學

乃器先生大鑒：敬啟者，茲有敝校高中畢業生任正震，因家庭經濟關係不能升學，聞貴所正欲招考調查員，渠願來應試。核其資格尚屬相符，查該生在校時學業操行均稱優良，故樂為介紹。敬祈推愛俯予特別照拂，感同身受，爲此佈懇，祗請台安。

弟沈體蘭　廿三，九，十一

【上海虹口岳州路口兆豐路　電話五一七六七號】

第2956號　23年9月12日

執事先生台鑒：敬啟者，承囑敝部代為物色調查員人才，茲有敝校商學院同學俞君翰君尚堪勝任，用特備函介紹趨謁台端，敬祈接見面談，是為至荷。此請台祺

上海滬江大學職業指導部　九月十日

Bureau Of Vocational Guidance University Of Shanghai 上海滬江大學職業指導部

執事先生台鑒敬啟者承
囑敝部代為物色調查員人才茲有敝校商學院
同學曹開武君尚堪勝任用特備函介紹趨謁
台端敬祈
接見面談是為至荷此請
台祺

上海滬江大學職業指導部 九月十日

中國徵信所誠招外埠特約通訊員

本所現聘用（1）北平（2）天津（3）青島（4）南京（5）杭州（6）蘇州（7）各 [illegible]

中國日日新聞南京社用箋

第　號

逕啟者。閱報悉 貴所近擬招請外埠特約通訊員多位，担任各該埠信用調查事宜；鄙人自信對於該項事宜，確有担任之能力與把握。鄙人現年廿八，籍福建閩侯，前北洋商業專門學校畢業，先後任職平閩各地商會秘書工作，對於工商界情形，頗有經驗，年前延中國日日新聞社聘為該社南京總社常

中華民國　年　月　日

中國日日新聞南京社用箋

第　號

務記者，二載於茲，日常與京中工商界人物接觸，凡關於首都工商各項事宜，採息均詳；至於當地工商界情形，尤為熟悉。且敝社素為首都並國內新聞界，諸共認為詳實，不有力量者；故鄙人凡對於京中該項事宜，當時得悉後，均能以極詳實之材料，用極迅速之方法，奉達 貴所，當不稍延也！

中華民國　年　月　日

中國日日新聞南京社用箋

第　號

何佑樞謹啟　十一月三日

覆示請寄南京豐富路六十三號

中國日日新聞南京總社轉人收。

付上拙作南京商業概況一篇，祈察收！

中華民國　年　月　日

中國日日新聞南京社用箋　（一）

第　號

南京商業概況

何佑樞

溯自吾國廿年秋間以來，天災流行，人禍不息，復以內地經濟破產，人民購買力減退，九一八、一二八變起，東北淪亡，國內市場日形縮小，國內商業，極形凋敝，南京為我國首都，影響所及，首當其衝，年來京中商店倒閉者，比比皆是，其勉強維持者，營業亦多不逮往年六成至八成之數，首都商業衰落，實所未有者也，茲為明瞭各業概況計，特將京中各業年來盛衰之趨勢，略述如下：

一、銀行業。自國府奠都南京以還，京華官宦雲集，凡稍有擁資財者，咸樂於置房產，或出租，或自居，其利益遠於銀行，且年來政府當道，為繁榮首都市政計，大興土木，舉凡市內外之空餘地段，幾全部建築，故大部分資金，多投於此，惟此間銀行營業，因歷年首都內外各縣農村凋敝，人民購買力大減，世界經濟衰落甚，因錢故多行穩健主義，未敢為投機事業，對於放款生意，又多方顧慮，故絕少成交，中行大部營業，半為代理中央行政財政及稅

中華民國　年　月　日

(二)

中國日日新聞南京社用箋

收機關存款，中、交、通、實業，上海各行，較往年相差不遠，惟各行均積極充實業務，得以吸收大量之存款，而社會投資業亦獲利也。

（二）錢業。京市錢業，因受社會不景氣影響，營業日衰，情淡。錢業之盛衰，實與其他各業有密切關係，他業衰落，亦係錢業當然難於發展也。

（三）銀樓業。京市銀樓業，大小共十數家，大者資本約有三十萬，小者亦有數萬，其唯一之營業為兌換首飾，但社會經濟如此凋敝之時，則兌換首飾，安能望其興旺，故營業亦甚清淡，各銀樓多為整飭，然極為少數云。

（四）五金業。京市五金業，向不興旺，年來因積極建築，發展實業，工廠相繼設立，其機件原料等，亦互相須要，銅、鐵、鋁、錫，因此五金營業，日增興盛，營該業者，亦隨時之需要，而漸增，目下首都營該業者，已將及百家，資本大者，有一二十萬，少者亦有數千元，其主要營業為政界，建築帮，實業，廠校，機件等，該業惟因匯票不定，定貨成本，毫無把握，使營該業者，

中華民國　　年　　月　　日　　第　　號

(三)

中國日日新聞南京社用箋

難於週轉，故除資力稍厚，尚可稍沾盈利外，僅敷開銷而已。

（五）綢緞業。京市綢緞業，年來雖見增加，然其中能以獲利者，百不得一二。推其主因，當為社會經濟破產所致。該業有鑒於此，不得不將各貨削本出售，聊資維持，故自秋季以後，各商店之大減價，殆無限不絕於耳，稍有資本者，雖虧折，尚暫可維持現狀，然少本者經營之，至年終，因不能維持，惟以盤倒閉耳。

（六）棉織業。京市棉織業，開設經營者，計有五六家，資本約共百數十萬，然近年來因市面洋貨充斥，且洋貨傾銷之程度，常達百分之十以上，致使本京產品大受影響，現各廠率多減工，暫自維持。

（七）百貨業。京市百貨業，據日前統計，大小已有五百餘家，資本大者多在十萬，小者一二千，該業營業方法，概以向國內各行廠莊號批發現貨，轉售顧客，並百貨商店之營業，全視國民之購買力為轉移，以社會經濟凋敝如此，則國民購買力當為薄弱，因之營業遂不如前。

（八）麵粉業。年來首都麵粉業，因價格低賤，與棉紗業

中華民國　　年　　月　　日　　第　　號

（四）

中國日日新聞南京社用箋

因綠衰落，近來又因日俄從事兼價傾銷，勢難立即恢復，銷路遲滯，致存貨堆積，現各該項商業寥寥云。

九、書業：京市書業約有七十餘家，多集於花牌樓一帶，海上各大書局均有分店於此，中除商務、中華、正中、開明、世界等稍能盈利外，餘均勉強出入相敷，暫自維持。

十、航業：首都航業，前自滬戰影響，近復因水旱災亂，農村經濟破產，故各輪輸運貨物，大為減少，水腳暴跌，是以各公司均遭重大之損失，致營業日益困難云。

第　號

中華民國　年　月　日

第2771號
23年11月12日

敬啟者：惠琳曾任浙江商報記者有年，對于杭市工商情形素所熟悉。去年應中國銀行杭州分行之聘，担任調查工作，與工商界頗多接近。頃閱滬杭各報載有

貴所招請杭州等埠特約通訊員數人，担任各該埠信用調查事宜廣告一則，閱悉之餘，不勝雀躍。鄙人極願於公餘之暇，兼任此項工作，用特撰就杭市各業概況一篇附請

杭州中國銀行信箋

指正尚祈
示復為幸此致
中國徵信所台鑒

樓惠琳謹啟 十一月十二日

通訊處杭州中國銀行

杭市各業概況

杭州為吾國東南一大都會近來建設猛進水陸交通均甚便利錢江上游金衢嚴各屬物產均匯集於此即西鄰贛皖二省之土產亦以杭市為散集地浙省絲茶產量素豐占出口之大宗故杭市又為絲茶市場之中心而西湖名勝甲於全國中外遊客絡繹不絕此亦頗能促進杭市之繁榮惜年來農村破產工業不振社會經濟日趨枯竭商市受其影響頗

有蕭索之感茲將杭市重要各業實況分別概述於后

金融業　杭市金融業本年新設者有上海絹業銀行分行大滬銀行通易信託公司（兼營銀行業）增資擴充者有儲豐銀行此外浙皖銀行四省農民銀行江海銀行等亦將有在杭州設立分行之說故從表面觀之頗有蓬勃之象而實際上各銀行之經營均感有困難蓋內地匪禍災歉相繼頻仍農村金錢流入都會致都市銀行遊資充斥值此時局不靖農村破產百業蕭條之際意欲投資實業難得安全保障故各趨於投資公債證券及地方政府借款惟上項投資於實業前途殊少裨益況杭市照目前商業市況實無再設銀行之必要至於錢業年來受各業倒閉之影響損失不資今年放款特別審慎營業範圍較前縮小雖目前市面尚佳然其經營不易亦與銀行有同感也

信託及地產事業　杭市信託事業有杭州中國銀行浙江建業銀行浙江地方銀行兼營之信託部及本年新設通易信託公司經理證券買賣不動產買賣及經租以及一切保管事業並收信託存款等其經營地產事業者除上述外近來並有專營地產之浙江新民地產公司江浙長興地產公司公平產業公司正大產業公司惟因杭市舊有之不動產掮客(即俗稱瓦搖頭)潛勢力甚大致公司方面業務不易儘量推廣故杭市地產事業尚在新興時期未達全盛時代也

典當業　典當為平民之唯一借貸機關年來社會經濟枯窘取贖者少滿當貨多服裝式樣又競尚時新過時無法變賣變賣亦每多虧本去年全市十七家典當幾無一不受虧折損失之數自四千元至壹萬元不等下城忠清大街裕興當因損失過巨不能維持於上月宣告清理裕通典亦因虧耗頗多於上月請求停

業因有關杭市貧民金融當局未予所請現仍暫維

現狀

絲業　杭市絲業可分三類述之A繅絲廠業在市區範圍以內現計共有四家(1)杭州繅絲廠(2)慶成繅絲廠(3)開源繅絲廠(4)惠綸製絲所各廠因絲價步跌每年倍受虧耗今年春繭雖賤所繅之絲因絲價每跌僅須虧本故多數尚未出售自建設廳實行秋繭統制各廠均不得自由收買鮮繭除慶成現已停工外其餘三廠將開工代(建設廳)繅製B土絲行業該行全以販買土絲為業近因人造絲充斥市上絲廠市價步下熟貨綢緞完全採用人造絲及廠絲生貨羅紡銷路微薄土絲需要大減當局為統制蠶絲事業有禁繅土絲禁收土絲之通令因致杭市百餘家絲行(民國十年時)倒閉殆盡其中雖有少數改營廠絲然亦不易獲利且資本充足之機戶與綢廠現均直接向上海及絲廠購買已無須經過絲行之手綜上述原因該業恐不久

全部消滅也 C 人造絲業起於民國十六七年現在經營

人造絲者共有三十五家之多以興業公司為最大每年

營業額達八千餘萬元以下總額次之約七十萬元其餘自

三萬元至四十萬元不等惟其中以人造絲為專營業者

者約佔三分之一同業均有盈餘照目前情況該業前

未能充分發展亦不致如何衰落當可平穩過去也

綢業　杭市綢業自綢業價格市場成立以來一般機

戶與綢莊感到價收穩之便利均先後開工復業半

年以來市價平穩銷路活動最近因時屆秋冬旺銷之

期市面益形活躍場內成交數每日在一千疋以上恒豐

綢莊與悅昌文信生倒閉影為綢業中之大不幸而於

同業中影響尚不甚大故今年綢業景況不若去年之

暢旺也

布業　該業因農村衰落人民購買力薄弱批發減少同

業今秋浙東皖南一帶放賬難收自南星橋永裕信吉

清理後開全市之閉歇布莊亦於上月裕吉倒閉關閉

設數十年之宏裕亦告清理大豐九華大同三布廠亦因市價低落出品難銷於今春先後停業由此可見布業衰落之一斑也

米業　杭市米業近年來因米價步低無不遭受損失統計去年杭市米店原有一百七十四家本年新設者三十二家閉歇者約計十四家現共有一百九十二家去年盈餘者五十一家虧耗者有九十八家無盈虧者四十三家本年各地亢旱成災米源缺乏米價步漲存米較多者無不獲利

茶業　杭市茶業計分茶行茶莊二種茶行業因本年氣候關係茶葉出產量較去年減少百分之二十論其品質最高貨不及去年之中等貨營業頗為遜色茶莊因本年香市冷落門莊營業亦甚為清淡

橡皮五金業　杭市為浙江交通之中心區汽車胎及五金材料需要甚鉅杭市業此者現有大同汽車材料商行赫金公司南洋改組之南揚公司浙江橡皮公司乾泰五

全號泰記興裕生公司等十餘家業務尚稱發達惟橡皮車胎種類頗多價格不一因競爭關係取利微薄對於汽車五金較為有利可獲惟有公路局所需汽車胎及其材料多數由建設廳購料委員會向上海吉普公司採辦該業亦不無影響現市面有組織完備資本充實之汽車公司賬款收取不易亦經營該業之苦衷也

其他如廣貨業飲食業等無不因人民購買力薄弱受其影響如新設之乾元商場新新國貨商場以及大中華國貨商場均以提倡國貨為號召而營業不見若何暢旺現國貨公司正在積極籌劃規模較大或能別開生面也

（三）调查业务往来函

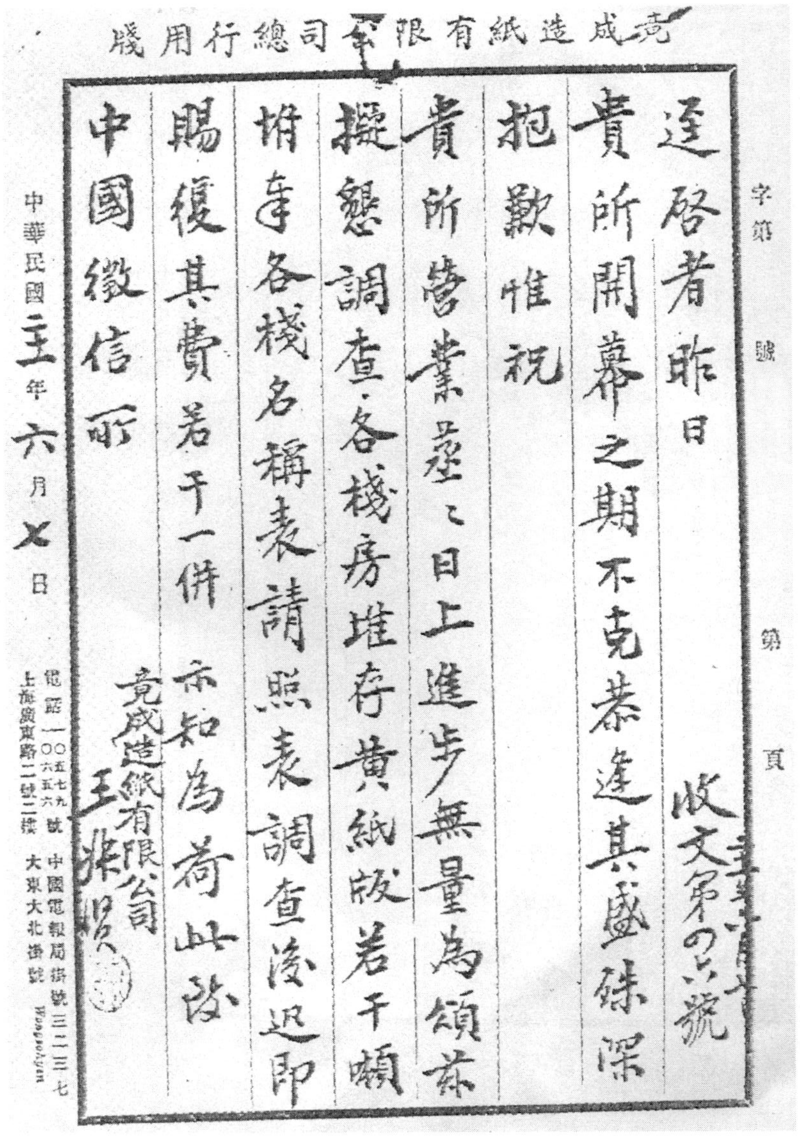

竟成造紙有限公司總行用牋

字第　號　第　頁

收文第〇六號

逕啓者昨日

貴所開幕之期不克恭逢其盛殊深

抱歉惟祝

貴所營業蒸蒸日上進步無量為頌茲

擬懇調查各棧房堆存黄紙版若干噸

并各棧名稱表請照表調查後迅即

賜復其費若干一併示知為荷此致

中國徵信所

竟成造紙有限公司　王兆根

中華民國廿一年六月[illegible]日

電話一〇五七九 一〇六五六號　上海廣東路二號二樓　中國電報局掛號三三二七　大東大北掛號 Wongsohyan

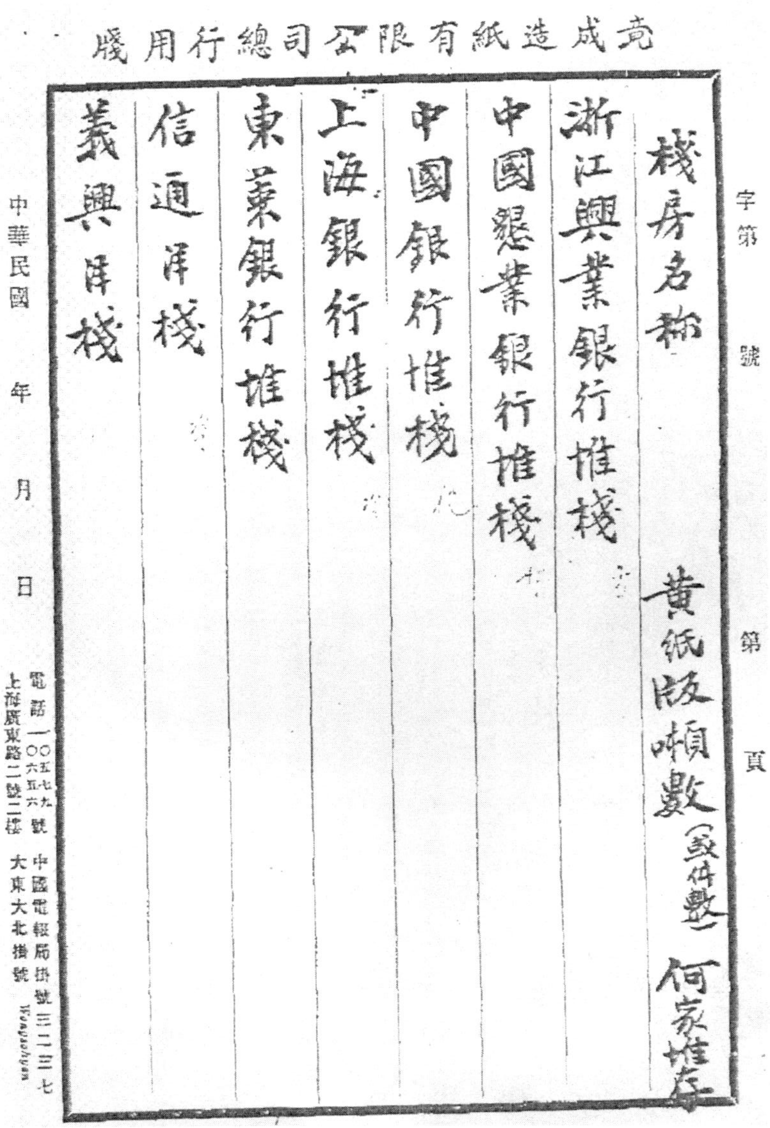

竟成造紙有限公司總行用牋

字第　號　第　頁

棧房名稱	黄紙版噸數（或件數）	何家堆存
浙江興業銀行堆棧		
中國墾業銀行堆棧		
中國銀行堆棧		
上海銀行堆棧		
東萊銀行堆棧		
信通洋棧		
義興洋棧		

中華民國　年　月　日

電話一〇五七九 一〇六五六號　上海廣東路二號二樓　中國電報局掛號三三二七　大東大北掛號 Wongsohyan

竟成造紙有限公司總行用牋

字第 號 第 頁

華豐造紙公司堆棧

民豐造紙公司堆棧（前紗布交易所棧房）（新閘橋境）

大華堆棧

大陸銀行堆棧

其他堆棧

中華民國 年 月 日

電話一〇五七九 一〇六五六號 上海廣東路二號二樓 中國電報局掛號三一三七 大東大北掛號 Wongsohyen

中國徵信所文稿

受文者	
地址	
名稱	竟成造紙公司 王林吳先生

經理	業務部主任	調查部主任
主稿者	會閱者	撰發者 胡
電報 快信	雙掛 單掛	平信 明片	專送 面致

逕復者接奉本月七日

台函讀悉種切承

委一節業經派員詳查蒙就報告一份奉函送上即希

察收存為荷專此

竟成造紙公司

王林吳先生

中華民國二十一年六月十五日 發文第三十號第 頁

中國徵信所文稿

受文者	
名稱	竟成造紙公司 王林賢先生
地址	

逕啓者據奉

貴公司請送兩種全年入會書及志願書各一份無任歡迎

除將今年會費一百元由敝所繕具收據[illegible]

各查書一冊函奉外相應先行奉複即希

察照為荷此致

竟成造紙公司

王林賢先生

經理	業務部主任	調查部主任
主稿者	會閱者	繕發者 胡

電報 快信 雙掛 單掛 平信 明片 專送 面致

中華民國廿一年六月十五日 發文第三十一號 第 頁

上海竟成造紙有限公司用牋

第309號 21年10月8日

字第 號 第 頁

逕啓者頃接調查黃紙版存棧報告書

業經閱悉惟每棧結存時期相差太遠

以致統計確數頗難符合亦因重要

關係不得不再請

貴所派員調查以九月底至今調查日

止詢問各堆棧確實數目并希

迅速辦理是所至託此致

上海徵信所

上海竟成造紙有限公司 王林賢

中華民國廿一年十月七日

竟成造紙有限公司總行用箋

第350
21年10月21日

天樹先生大鑒：許久未晤，渴念之至。啟者，前托
貴所調查黃紙版存棧若干，曾蒙
報告，因調查存棧日期相差太遠，
以致不得要領，當已函詢再行覆
查，迄今多日未見報告，特再專函，
即希 迅速辦理為盼。專上，即請
台安。

弟 王詠賢 啟

中華民國廿一年十月廿日

中國徵信所文稿

受文者 名稱	竟成造紙公司 王叔賢
地址	

叔賢先生大鑒：敬啟者，前承
委查黃紙版存數，前經覆查完竣，特將報
告檢奉，即希
察收為荷。惟此項調查頗需手續，且被查者往往
頓詢，易滋疑竇，以為別有用意，此後恐不易
再查矣。專此奉達，順頌
大安
附報告一份

中華民國二一年十月廿一日

發文第三六五號

中國徵信所文稿

受文者	稱名	中國國貨銀行
	地址	

敬啟者敝所為參考起見請
貴行惠賜民國十九二十兩年度營業報告書暨
行員錄各一份，相應函達，即希
察酌賜寄為荷此致
中國國貨銀行

擬

總理	業務部主任	調查部主任
主稿者	會閱者	繕發者

電報 雙掛 平信 專送 快信 單掛 明片 面致

中華民國　年　月　日　發文第三五八號

第354號
21年10月22日

中國國貨銀行總行公函用箋

逕啟者接十月十九日
台函承
索敝行十九二十兩年度營業報告書暨行員錄各
一份祇悉茲附上十九二十年度營業報告書各一份
至希
詧收敝行行員錄正在編訂之中容後補奉可也此復
中國徵信所
附件
中國國貨銀行總行啟

中華民國二十一年十月二十日　字第　號　頁

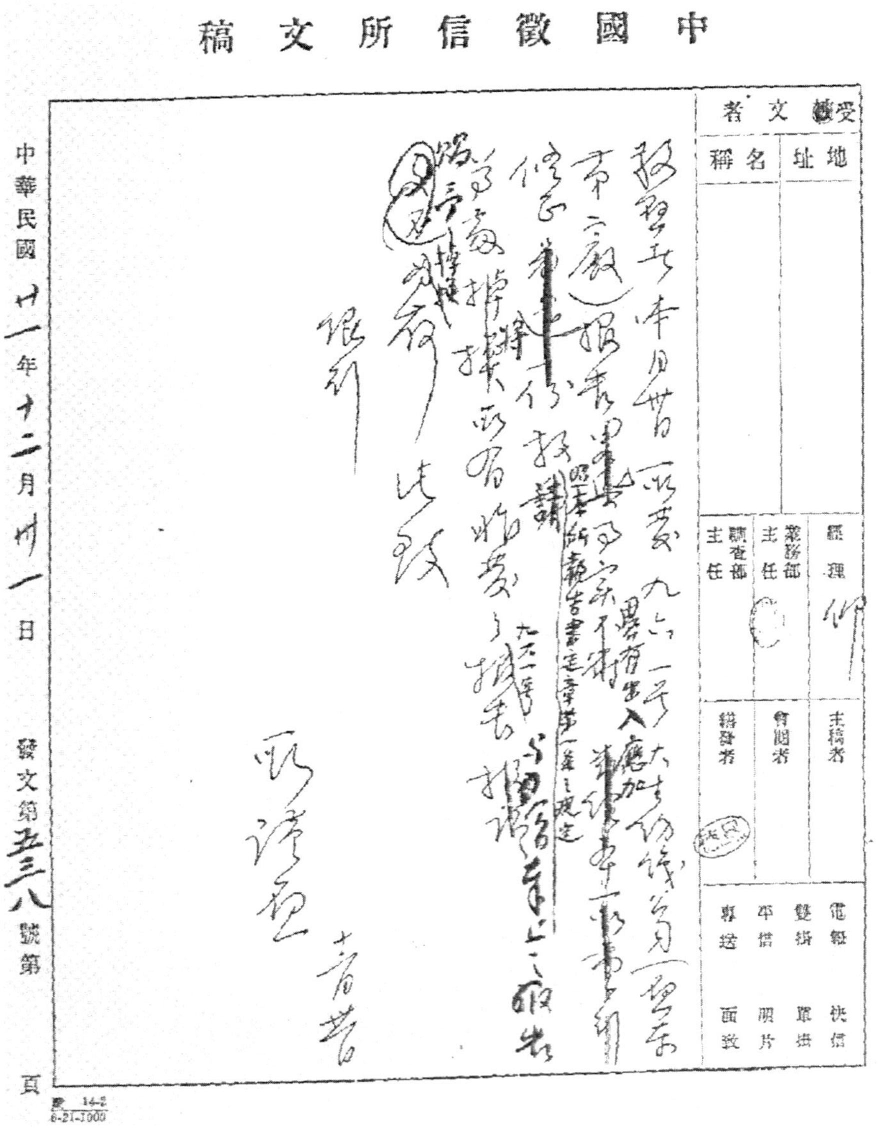

第168
21年8月12日

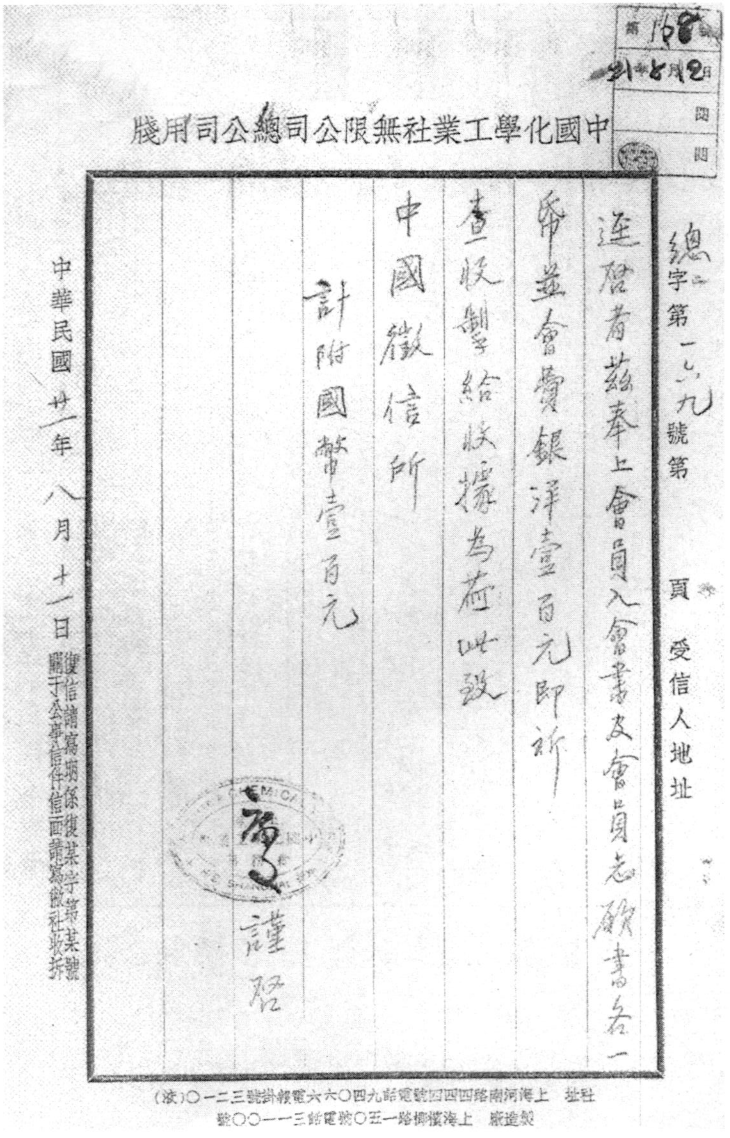

中國化學工業社無限公司總公司用箋

總字第一六九號
頁　受信人地址

逕啟者茲奉上會員入會書及會員志願書各一
份並會費銀洋壹百元即祈
查收掣給收據為荷此致
中國徵信所
計附國幣壹百元
謹啓

中華民國廿一年八月十一日　覆信請寫明係覆某字第某號　關于公事信件信面請寫敝社收拆

社址　上海河南路四四四號　電話九四〇六六　電報掛號三二〇一(澳)
製造廠　上海楊樹浦路一五〇號　電話三一一〇〇

中國徵信所文稿

受文者	
稱名	
地址	

經理	業務部主任	調查部主任
主稿者	會閱者	繕發者

電報　雙掛　平信　專送
快信　單掛　明片　面致

[illegible]

中華民國廿一年十二月卅一日
發文第五三八號
頁

中國徵信所文稿

受文者稱名：中國化學工業社

滄仙先生大鑒：敬啓者，頃奉
貴社大函，并入會志願書暨會費壹百元，均
經照收無誤，深荷
盛意加入敝所，至以欣感，此後敬乞
時錫箴言，藉匡不逮，茲謹上會費收據
一紙，委查書一冊（自一〇五至一二〇號）即希
檢收，委查書收據簽章擲下為荷。
專此，順頌
大安
附送會費收據一紙、委查書一冊

弟　敬啓

中華民國廿一年八月十二日
發文第一六五號

中國徵信所文稿

受文者稱名：李祖範先生
地址：河南路一五〇號 中國化學工業社

祖範先生大鑒：敬啓者，前承
惠賜化粧品調查表一紙，至任感謝。現敝所擬將
表列各家之地址門牌（及電話）號數等逐項查明，惟中
有美星公司、濟生工業社、東方化學工業社、華
星公司、中國兄弟工業社等五家，尚未查得
開明地址，致煩
先生賜代查，即日
示知，尤深感幸。屢瀆
大神，統容面謝，專此，祗頌
台綏

弟　敬啓

中華民國廿一年十月十三日
發文第三三五號

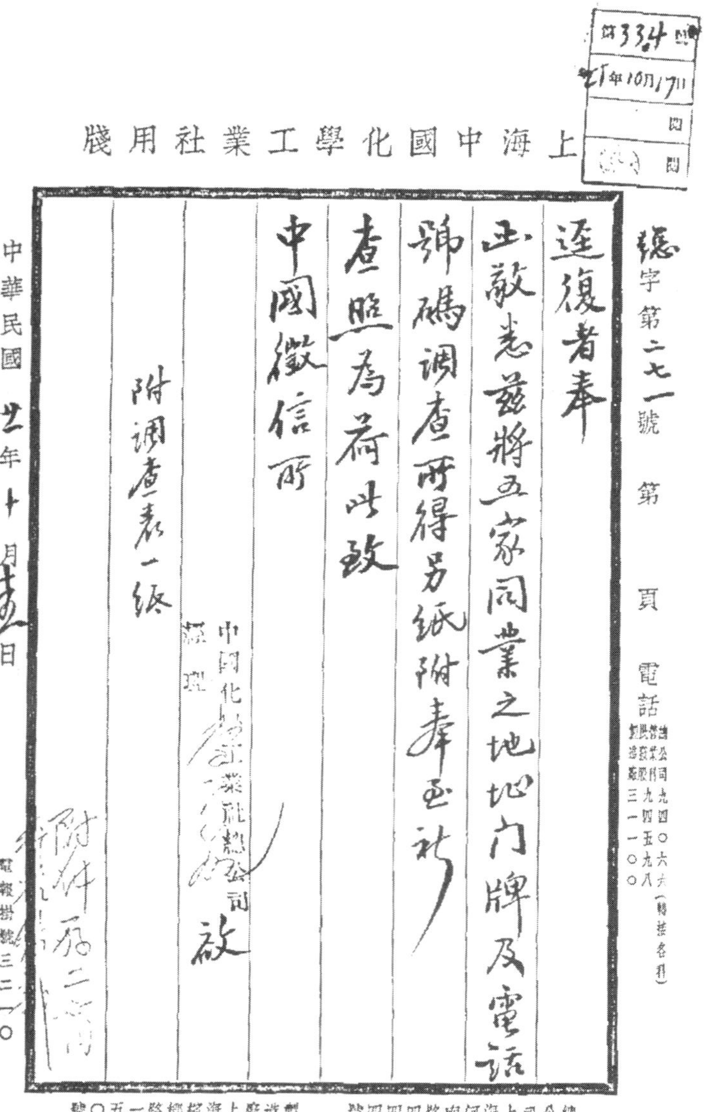
上海中國化學工業社用牋

第334號　21年10月17日

總字第二七一號　第　頁

逕復者奉
函敬悉茲將五家同業之地址門牌及電話號碼調查所得另紙附奉函祈
查照為荷此致
中國徵信所
中國化學工業社總公司　啟
附調查表一紙

中華民國廿一年十月十五日

電報掛號三二一〇

總公司上海河南路四四四號　製造廠上海檳榔路一五〇號

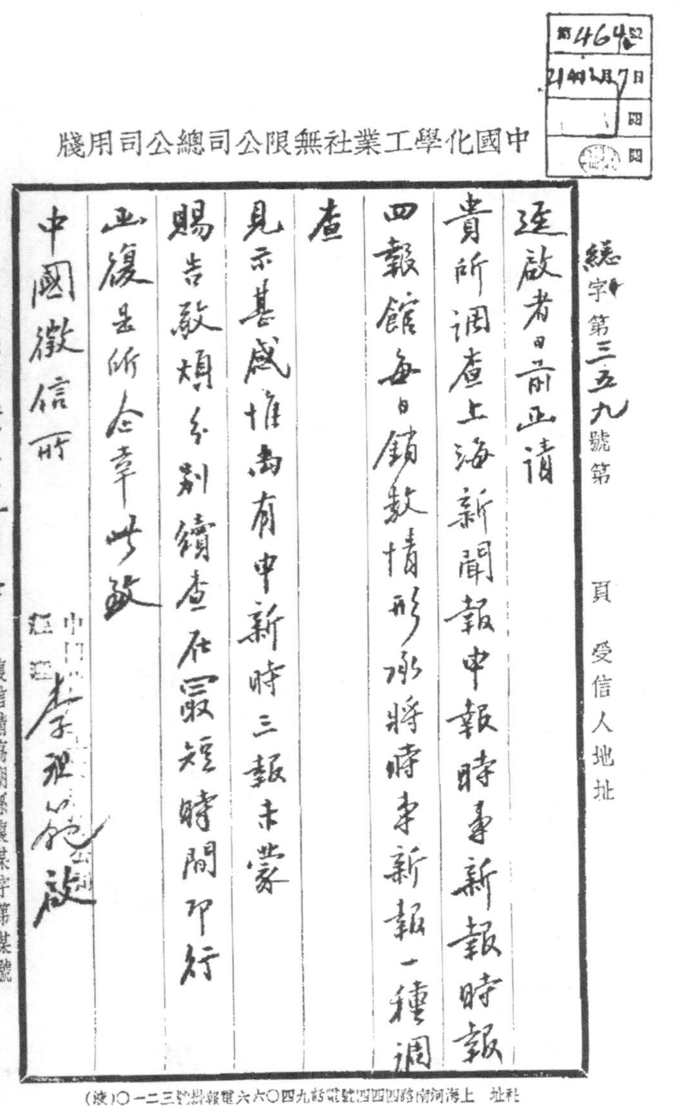
中國化學工業社無限公司總公司用牋

第464號　21年12月7日

總字第三五九號　第　頁　受信人地址

逕啟者日前函請
貴所調查上海新聞報申報時事新報時報四報館每日銷數情形承將時事新報一種調查
見示甚感惟尚有申新時三報未蒙
賜告敬煩分別續查在最短時間印行
函復是所企幸此致
中國徵信所
中國化學工業社　李祖範　啟

中華民國廿一年十二月六日

覆信請寫明係復某字第某號　關于公事信件信面請寫敝社收拆

社址　上海河南路四四四號　電話九四〇六〇　電報掛號三二一〇（陳）
製造廠　上海檳榔路一五〇號　電話三一一〇〇號

華安保險公司
泰山保險公司

第637號

敬啓者敝所以提倡社會信義便利工商鼓勵商人志辦理調查工商信用傳佈市場消息等業務業於上年六月六日正式開幕辱荷各銀行廠商行號等熱忱贊助紛紛加入爲會員對於敝所所供各項信用及經濟備金報告頗蒙嘉許認爲正確翔實於推展營業開拓主顧頗有裨益久仰

貴公司扶植工商造福社會素具熱忱籌於保戶狀況及市場消息或有感覺必須詳加調查之處如將敝所報告作爲參考則俾益營業當非淺鮮茲附上簡章及業務概要及入會書志願書各一份敬希

賞存指正倘蒙 加入爲會員無任歡迎此上

廿二 二 六

謹啓

(一)

中華民國廿二年三月廿七日星期　第　號

仰堯先生大鑒送承

大函附報告書二份簡章及特種會員暫行辦法會員入會書志願書各一份均收悉此種徵信辦法在外國雖屬早已舉行且極普遍而在吾

國則

貴所以前及以外尚未有創辦者今得

先生主持其事俾吾國商民此後信任不至誤於趨向市場消息靈通可除去一切經濟合作困難之弊國貨前途自必蒸蒸日上有裨吾國實業良非淺鮮欽佩之至所附報告書二份謹還

International Dispensary Co., Ltd. SHANGHAI.

中國徵信所文稿

受文者	
稱名	華安水火保險公司 傅其霖
地址	

經理	業務部主任	調查部主任
主稿者	會簽者	繕發者
電報 快信	雙掛 單掛	平信 明片	專送 面致

中華民國 二十□年 □月 廿七日 一日

發文第七三〇號第 頁

其霖先生大鑒：[illegible]

[illegible] 所有[illegible]書[illegible] 備[illegible] 送奉 [illegible] 拜啟

[illegible] 尤為欣幸

貴公司入會事前蒙派令[illegible]君趨謁並蒙賜簡

章程書等[illegible] 擬改為[illegible]填就擲下無

任感盼[illegible]

公安

中華民國 年 月 日 星期 第 號

台命嚴守秘密，將來関于一切報告，自當照章辦理。茲照丙種會員

填就入會志願兩書，連同年費壹百元，送請

查收，希

劝掣給收據並委查書，擲交來人帶下為荷。耑此，敬頌

時祺

項隆勳拜啟

附入會書、志願書各壹紙，會費壹百元

中國徵信所文稿

受文者	
稱名	傅其霖
地址	華安水火保險公司

其霖先生大鑒 久未承教 至念賢勞 敝所事業屢荷贊助 至感高誼 關於 貴公司入會事 前派金某竟未趕前請示 殊深歉疚 茲奉上簡章志願書等 請荷察及此係時 志願書入會書等簽署之後 別交敝所同事一併携交 於 貴公司營業務前途 當亦有相當禅益也 專此佈達 即頌
公綏

所長○○敬啓

經理	業務部主任	調查部主任

主稿者	會閱者	繕發者

電報	雙掛	平信	專送
快信	單掛	明片	面致

中華民國 年 九月 一九 日 發文第九一七號第 頁

業 14-2 6-21-1000

華安水火保險股份有限公司用箋

942號 32年4月22日

中華民國卅二年四月廿一日 字第 號第 頁

中國徵信所
文安先生台鑒 接奉
台函 為第一號
貴所為社會服務熱忱毅力至所欽佩 惟
各界委託調查事項其調查報告是否普遍
公開 抑限於會員 非會員是否有索閱各
項調查報告之權利 請即
查復 俾可考慮是否入會 再以奉復為荷
此請
台安

傅其霖

上海英租界黃浦灘七號

電話 總經理室一九八〇六號 總寫字間一六〇八〇號

電報掛號四四零六

3000.3.22.

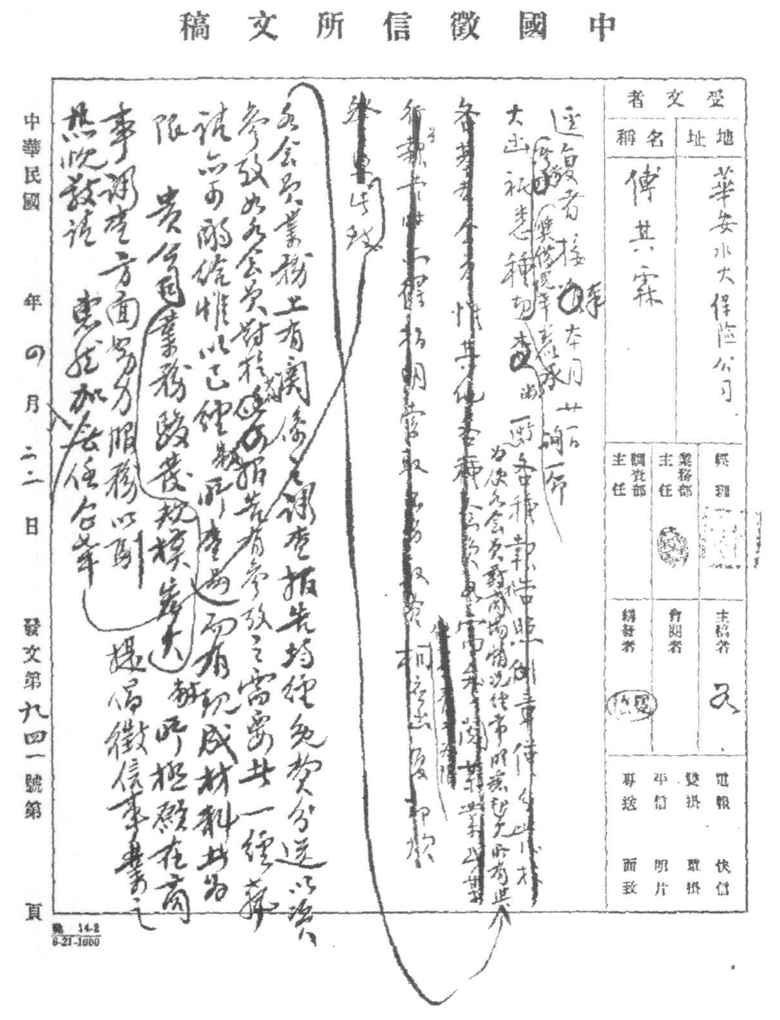
中國徵信所文稿

受文者	
稱名	傅其霖
地址	華安水火保險公司

中華民國 年 四 月 二一 日

發文第九四一號

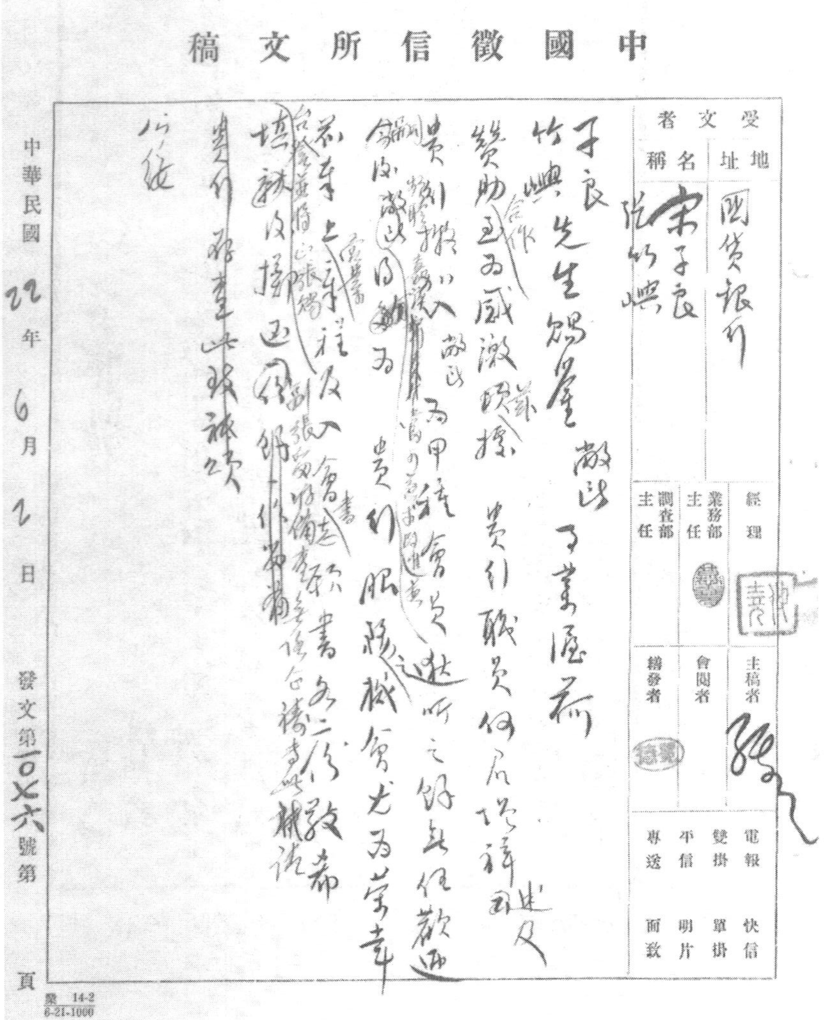
中國徵信所文稿

受文者	
稱名	宋子良 竹嶼
地址	國貨銀行

中華民國 22 年 6 月 2 日

發文第一〇七六號

子良 竹嶼 先生鈞鑒

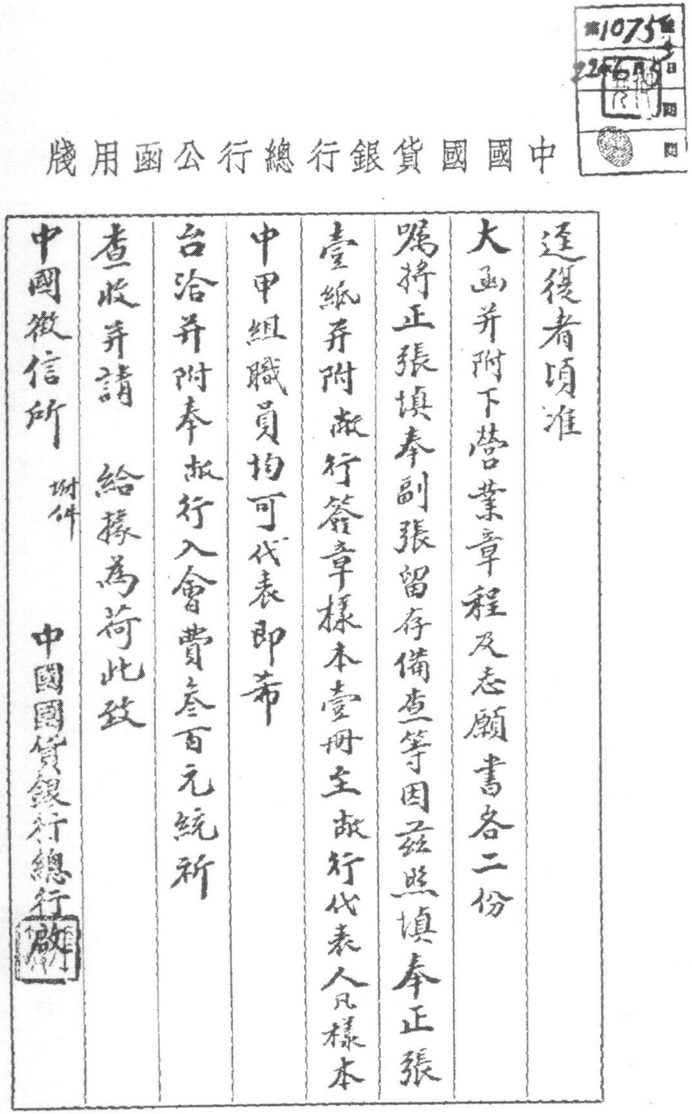

中國國貨銀行總行公函用牋

逕復者頃准

大函并附下營業章程及志願書各二份

囑將正張填奉副張留存備查等因茲照填奉正張

壹紙并附敝行簽章樣本壹冊至敝行代表人凡樣本

中甲組職員均可代表即希

台洽并附奉敝行入會費叁百元統祈

查收并請

給據為荷此致

中國徵信所　附件　中國國貨銀行總行啟

中華民國二十二年六月五日　字第　號　頁

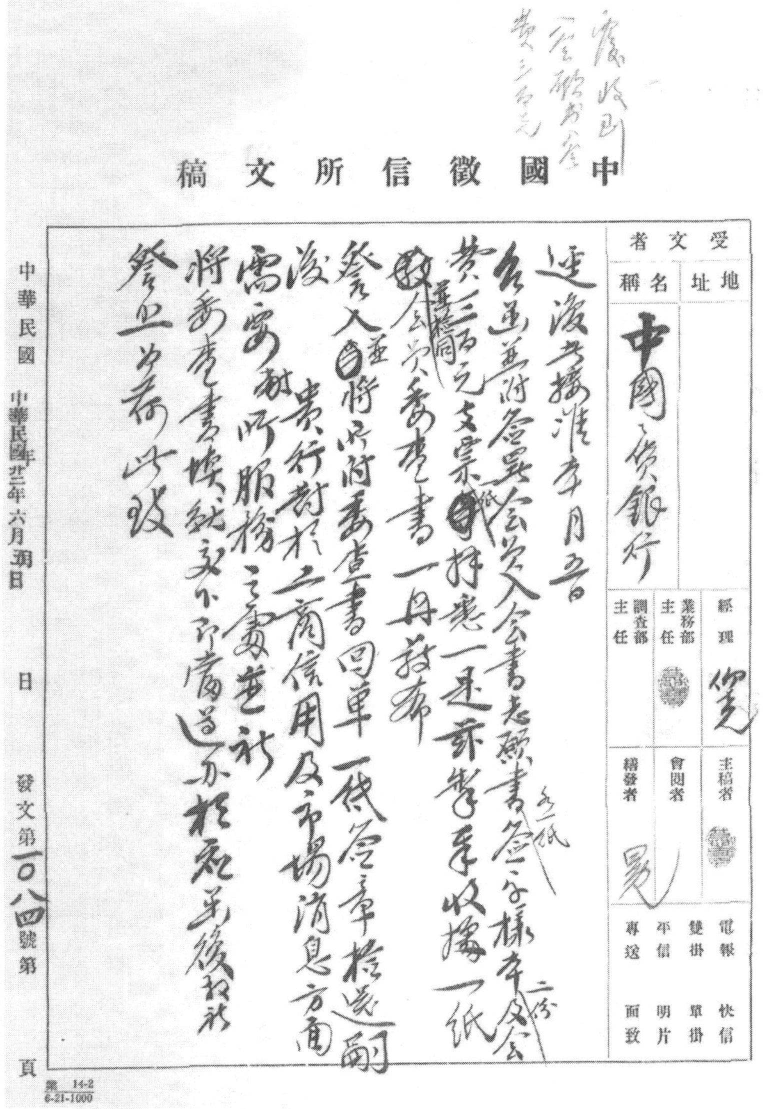

中國徵信所文稿

處收訖 公函存入 費三百元

受文者	
稱名	中國國貨銀行
地址	

經理	業務部主任	調查部主任
主稿者	會閱者	繕發者

電報　快信　雙掛　單掛　平信　明片　專送　面致

逕復者接准本月五日

大函並附簽具入會書志願書簽字樣本二份及會員

費三百元支票壹紙持悉一一承寄收據一紙

敝會[illegible]書一再聲布

登入並將所附委查書回單一紙簽章擲還副

後　貴行對於工商信用及市場消息方面

需要敝所服務之處甚祈

將委查書填就交下即當遵辦並祈

登照為荷此致

中華民國二十二年六月　日　發文第一〇八四號　頁

中國徵信所報告書批評意見表

第1629號 22年9月29日 閱 閱

本所創立伊始規模粗具編發報告書容有疏漏端賴各界先進時予糾正俾臻完善茲特擬就左列表式一種敬希 執事於瀏覽本所報告書時如發現錯誤或應加改進之處隨時塡就擲下俾便遵循感紉無已

中國徵信所啓

名稱	報告書號數
應行改正之點	
應行覆查之點	
應行補充之點	[illegible]
文字斟酌之點	[illegible]
其他	

中華民國廿二年九月廿八日

[illegible]

中國徵信所 文稿

受文者	名稱	王維駰
	地址	

經理	秘書	主稿者	會閱者	校對者	登記者
	[illegible]	[illegible]		[illegible]	

電報 快信 掛號 雙掛 限時 平信 明片 專送 面致

主文：[illegible] 由

[illegible]

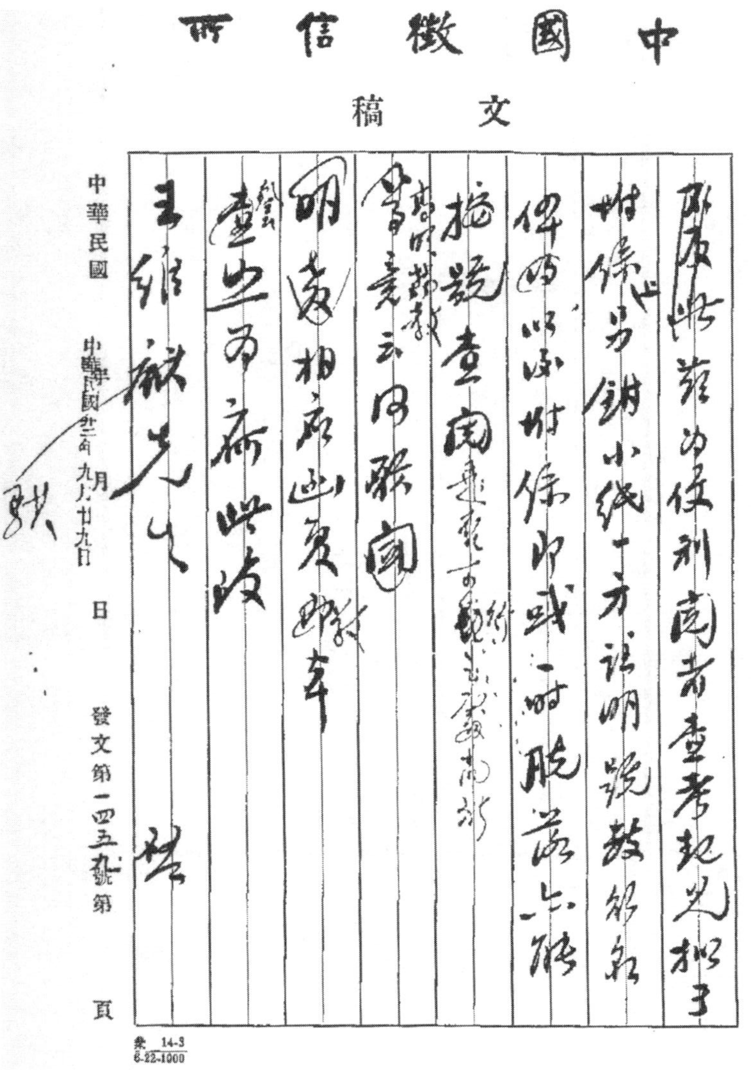

中國徵信所

文稿

中華民國卅二年九月廿九日

發文第一四五九號第　頁

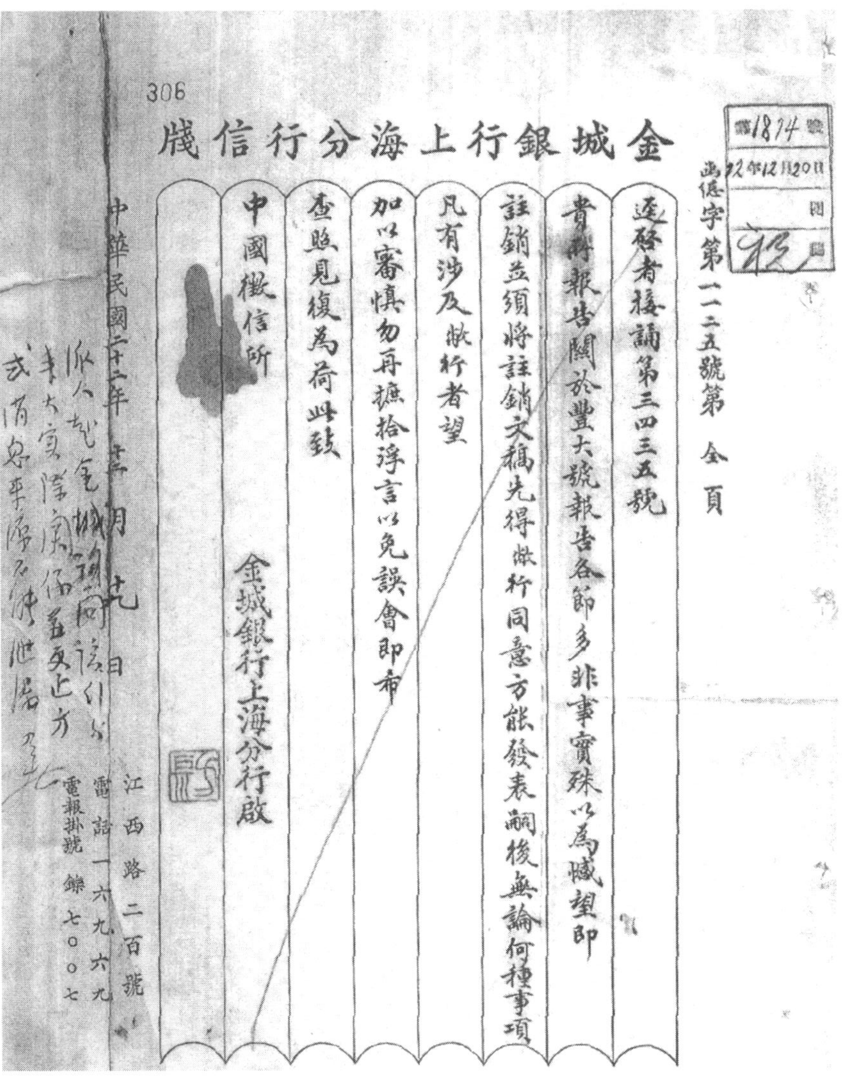

306

金城銀行上海分行信箋

滬倭字第一一二五號第　全　頁

逕啓者接誦第三四三五號
貴所報告關於豐大號報告各節多非事實殊以為憾望即
註銷並須將註銷文稿先得敝行同意方能發表嗣後無論何種事項
凡有涉及敝行者望
加以審慎勿再摭拾浮言以免誤會即希
查照見復為荷此致
中國徵信所

金城銀行上海分行啟

中華民國三十二年九月廿九日

江西路二百號
電話一六九六九
電報掛號　錄七〇〇七

中國銀行總管理處
上海仁記路外灘
電報掛號『銀』二九八六
"CENTROHEAD" SHANGHAI
電話總機一一〇八九

收1965號 23年1月31日

中華民國 年 月 日 第 頁

逕復者准一月四日
大函託查顧客信用茲就敝處調查所得另紙開列附請
台察惟此項材料僅爲聯絡感情提供參考之用敝處不敢以爲正確更不
使擔負任何交易上或法律上之責任應請保守絕對秘密爲要此致
中國徵信所 台鑒
中國銀行總管理處業務調查課 謹啓 廿三年一月卅日

(文三三一一四)

中國徵信所
文稿

受文者	
名稱	中國銀行總管理處業務調查課
地址	

經理	秘書	主稿者	會閱者	繕發者	登記者
		珮峰		珮峰	

電報 快信 雙掛 單掛 平信 明片 專送 面致

主文 爲 由

逕復者頃奉
來示藉悉前請轉托調查之蘇州趙子
青君個人信用狀況因地址不詳未從調查
茲悉該趙君係在蘇州養育巷救國
里居住用特專函奉告敬懇
貴行迅予轉函該地分行從速查復
無任感荷此上

中國徵信所

文稿

受文者	
名稱	中行總處 華[illegible]調查課
地址	上海

主文：爲調查[illegible]興隆洋行[illegible]

經理　秘書　主稿者　會閱者　繕發者　登記者

電報　快信　雙掛　單掛　平信　明片　專送　面致

由

敬啓者前接[illegible]所調查[illegible]

[illegible]

貴行於一月二十日

委查之百老匯路興隆

行一件業經敝處按址往查

遍覓不得僅有[illegible]路九十六號

興隆西飯店一家不識是否

即係興隆洋行之誤等因

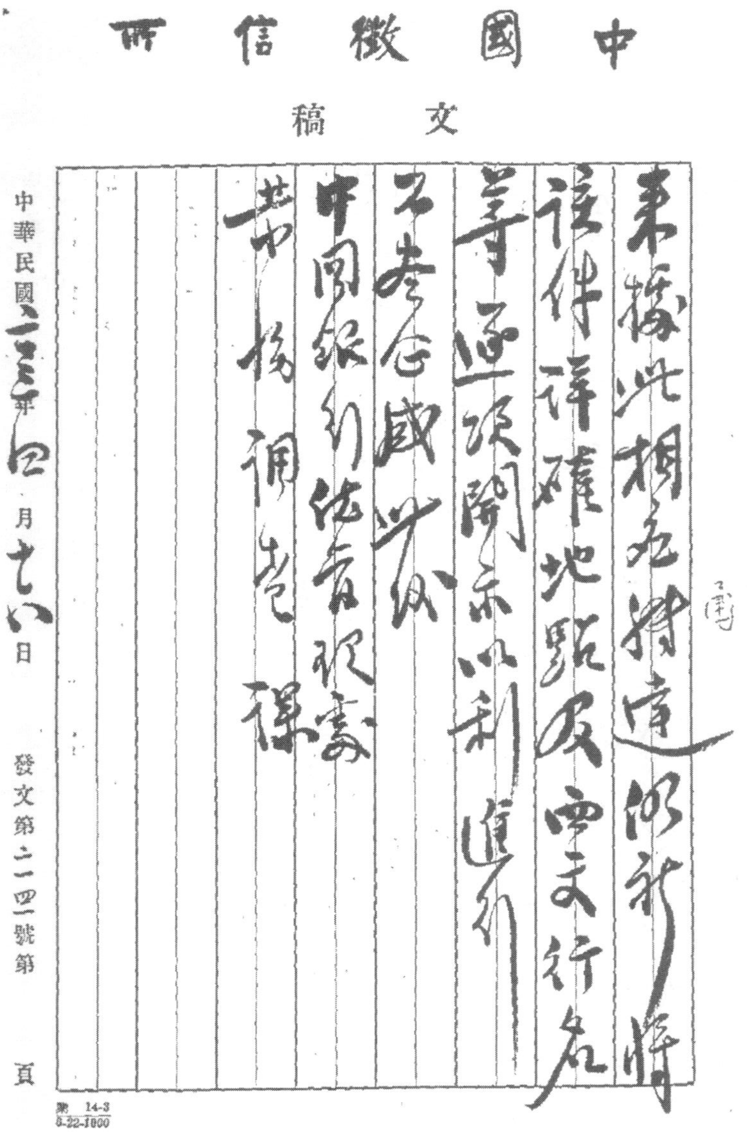

中國徵信所

文稿

[illegible]

該件詳確地點及西文行名

等逕函[illegible]示以利進行

不[illegible]感盼

中國銀行總[illegible]處

華[illegible]調查課

中華民國[illegible]年四月[illegible]日

發文第二一四一號第　頁

民生實業股份有限公司上海辦事處信箋

仰堯先生閣：

貴所有一煤炭情況最熟之人員，敝公司擬選購各輪需要之煤炭，擬請派情況最熟者蒞商辦法，至感。敬祝

健康

弟盧作孚

第179號 八月十六日

中華民國　年八月十六日　字第　號第　頁

中國徵信所文稿

受文者	
稱名	地址
盧作孚先生	

經理　業務部主任　調查部主任　主稿者　會閱者　核發者

作孚先生大鑒：頃讀

尊致敝所溝經理函，敬悉一是。溝經理最近一星期來因病請假，迄今尚未到所。承囑委派熟悉煤業者趨前候教，惟現在此君亦因病請假，一俟到所，當囑其即行前來謁談也。專此奉覆，順頌

台安

中華民國　年八月十六日

發文第一七九號第　頁

民生實業股份有限公司上海辦事處信箋

逕覆者：市銀錢業調查員請於明日上午十鐘到十二鐘蒞敝公司一談（順請轉告）為感。致祝

健康

弟 盧作孚

八月廿三日已遣蔣聯繫往見

中國徵信所台鑒：謹啟者，茲不揣冒昧，擬向

貴所詢問後列兩種股票近來行市，備蒙

賜知，不勝感荷。至再市上如無此種股票行情，則請作罷可也。

計開

（一）中國銀行股票（以拾股計）

（二）上海印染公司股票（以拾股計）

再者，是項詢問想

貴所不致向鄙人收取費用，但如需費，請先將數目通知為荷。

尚此即頌

公安

鄙人 杜昌祥 謹啟

上海蘇州路七號

三十二年一月十九日

中國徵信所文稿

受文者	
稱名	杜昌祥
地址	蘇州路十號

經理	業務部主任	調查部主任
主稿者	會閱者	繕發者
電報 快信	雙掛 單掛	平信 明片	專送 面致

逕復者：接展

大函，聆悉種切。關於查一事件，當可遵辦，惟須依據

敝所規定手續，先將委託調查書簽記署，連同調查費於之，存

惠下後方能著手進行，相應函

復，即煩

察照辦理為荷。此致

杜昌祥先生

附委託調查簽記表一紙

啟

中華民國廿二年一月二十日　發文第五九二號

註：查萬國儲蓄會等事

逕啟者：久仰

貴所信用素著，調查確實，無任欽佩。鄙人在萬國儲蓄會儲蓄已有七年之久，每月儲款卅元。近閱報載行政院所佈有獎儲蓄該會結束在即，不知確否，相傳

貴所調查，並祈速復為荷。

一、請調查政府有無所佈萬國儲蓄會決心（報載消息是否確實）

一、又政府所佈有獎儲蓄該會為何結束儲

上海雲南路門牌一號

附匯案十之

户蒙損失否

一、各府所寄函件該會之意説該會前途

何有無危險

一、該會收據左角印有印花税已經繳納之字樣

本月忽將左角截去不知何故此節請示

查明 示知為要 此致

鄙人對于 貴局素重 嚴守秘密

中國徵信所

姜國梁謹啓

賜函逕寄河南新鄉小東街印刷所歸劉

逕啓者：茲敝會與興業建築公司訂立工程合同，該公司提出武昌路四四六號仁信銀號為保證人。按照合同規定，該保證人應具資本叁拾萬元以上，內部殷實、信用昭著者方為合格。不識該仁信銀號是否具上項資格，用特專函奉詢，至希賜覆指示為荷。此致

中國徵信所

實業部上海魚市場籌備委員會啓 十一月五日

逕啟者敝會籌備之上海魚市場房屋工程係由新昌泰營造廠承造並訂契約由承造人提出保證人以保證在建築中承造人一切經濟上工程上之責任及工程完工後三年之保固該承造人提出牛莊路七三七號勤裕五金號（經理丁漢全電話九三六九八號）為保證人據稱該號設於民國十四年資本十二萬元

實業部上海魚市場籌備委員會用箋

一切款項與中匯及明華銀行往來於日暉港徐家匯路潘家木橋設有貨棧等語該勤裕號是否有資本十二萬元內部是否殷實　敝會雖曾派員調查惟未確悉內容用特送上手續費叁元請煩

貴所代為仔細調查並希於兩日內

賜復　示知為荷　此致

地址 上海四川路三十三號四樓四百〇一號 電話一四七二六

實業部上海魚市場籌備委員會用箋

中國徵信所

實業部上海魚市場籌備委員會謹啓

十二月十三日

地址 上海四川路三十三號四樓四百〇一號 電話一四七二八

實業部上海魚市場籌備委員會用箋

[illegible]124號

[illegible]12月18日

逕啓者：昨奉特字第七四九八號大函，祗悉。茲再送上調查費叁元，請煩調查後開沈生記資產信用之實況，并乞於兩日內賜示爲荷。此致

中國徵信所

實業部上海魚市場籌備委員會謹啓

十二月十四日

地址 上海四川路三十三號四樓四百〇一號 電話一四七二八

實業部上海魚市場籌備委員會用箋

沈生記 打樁包頭

楊樹浦路怡和紗廠對面一八〇號

電話五〇五〇五號

據稱該號自備打樁架及發動機

四千餘全套价值二十餘萬元云

(注)該號係新昌泰營造廠提出保証

人之一

地址 上海四川路三十三號四樓四百〇一號 電話一四七二八

上海印染股份有限公司

總公司 天津路五福弄隆安里五六號

廠址 華德路高郎橋壹叁捌貳號

啟者仰慕

貴所誠海上之唯一別無可得者也茲因敝

公司款與上海仁記路二五號之漢中公司訂

購斯可達廠水管式鍋爐壹座其總價計

美金壹萬九千叁百五拾元照合同內載在訂合同

應由敝公司付彼定銀二成計應付美金四千

元左右該機爐須在七个月後方可到申

在該公司由濟業銀公司向敝處擔保該定

中華民國 年 月 日

上海印染股份有限公司

銀之負責但敝公司因不明瞭漢中公司張
祖蔭君及濟業銀公司之信譽如何用特
函陳務乞依據
貴所定章代為詳細調查希在再短期
內賜覆乃荷該項調查手續需費幾
何亦乞同時知照為盼專此即請
中國徵信所台鑒　上海印染公司謹啓

中華民國三十六年　月　日

86 1624 21

中國徵信所文稿

受文者	
稱名	上海印染公司
地址	

經理	業務部主任	調查部主任	主稿者	會閱者	繕發者
			石		

電報 快信 雙掛 單掛 平信 明片 專送 面致

逕啟者日前承 函開 [illegible] 依文料更述入
貴公司需要有關紡織業之報告茲特檢[illegible]
即煩察存藉作參考並希 察守秘密以後如需參考[illegible]
閱業業報告附請即開示 敝當檢奉一切之函送即
希 察照為荷此致

附報告清單一紙
報告[illegible]件
四十四二

中華民國 年 四 月 二十一 日

發文第九三文號第 頁

大豐慶記紗廠
武昌裕華紡織股份有限公司
光達呢絨紡織廠
廣勤紡織股份有限公司
大生紡織公司（啓東第二廠）
寶興紡織股份有限公司
恒豐紡織新局
[illegible]和紡織廠
[illegible]中之人余紡織廠
振新紡織股份有限公司
達豐紡織股份有限公司
湖南第一紡織廠
和豐紡織股份有限公司
永安紡織股份有限公司
[illegible]豐紡織廠[illegible]
利泰紡織股份有限公司
永豫和記紡織股份有限公司
復興紡織公司
沙市紡織股份有限公司
永豫紗廠決定退出
富安紡織公司[illegible]立會
大通紡織公司

恒大新記紗廠
緯通合記股份有限公司
振華利記紡織股份有限公司
大生紡織公司（南通第一廠）
大生紡織公司（海門第三廠）
豐田紡織廠
中新紡織公司
[illegible]紡織有限公司
[illegible]濟紗廠有由函覆
溥益紗廠
振泰紡織股份有限公司
大成紡織染股份有限公司
協豐盛記紡織股份有限公司
勤豐紡織廠
裕中紡織公司覆表
永豫和記紡織股份有限公司停工
民豐紗廠股份公司
裕中盛記紡織公司
日華紡織株式會社
通和織布廠
富安紡織公司[illegible]

中國徵信所文稿

受文者	
稱名	
地址	

經理	業務部主任	調查部主任

主稿者	會閱者	繕發者

電報	掛號	平信	專送
快信	單張	明片	面致

敬啓者茲查

貴處前欠丙種會員年費係自上年六月四日起至本年六月三日止所有第

二年度會費計銀一百元擬請

請賜惠下無任企禱此致

上海印染公司

謹啓

中華民國卅二年六月卅日　發文第二九九號第　頁

費 14-2 6-21-1000

中國徵信所

文稿

受文者稱	上海防衛司令部
受文者地址	
主文	爲續寄去本年遠東兩種報告由
主稿者	寶
秘書	
經理	
登記者	
繕發者	
會閱者	
電報	快信
雙掛	單掛
平信	明片
專送	面致

敬啓者：接奉本日

大函備悉一一，茲將

貴司令部需編之四四九三及四

四五四號報告各一份，隨函附

奉，至祈

察存並嚴守秘密為禱。此致

右

本所內一所列之四三八、四六號報

中國徵信所

文稿

告係國際報告所述內容各節

屬於

貴司之內容衛以會員不

詳所編本身報告之成例

礙難遵辦，惟如

貴司令欲知該報告之內

容者，不妨

派員來所加以閱覽，此固

中華民國　年　月　日　發文第　號第　頁

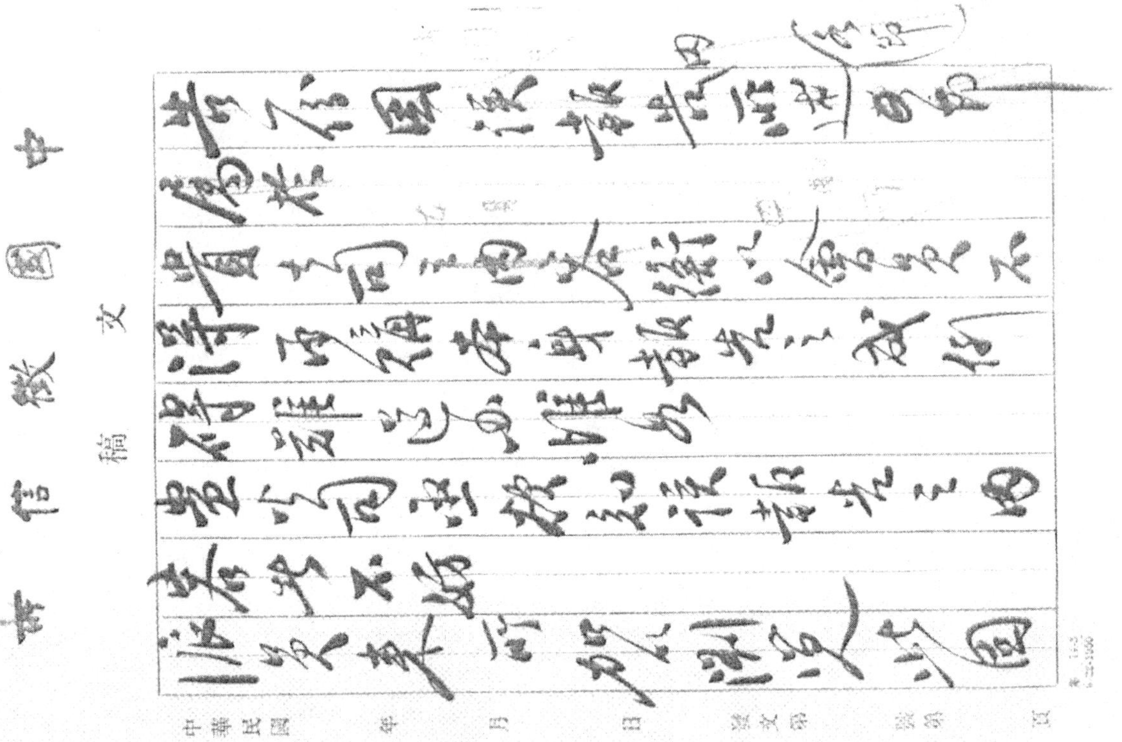

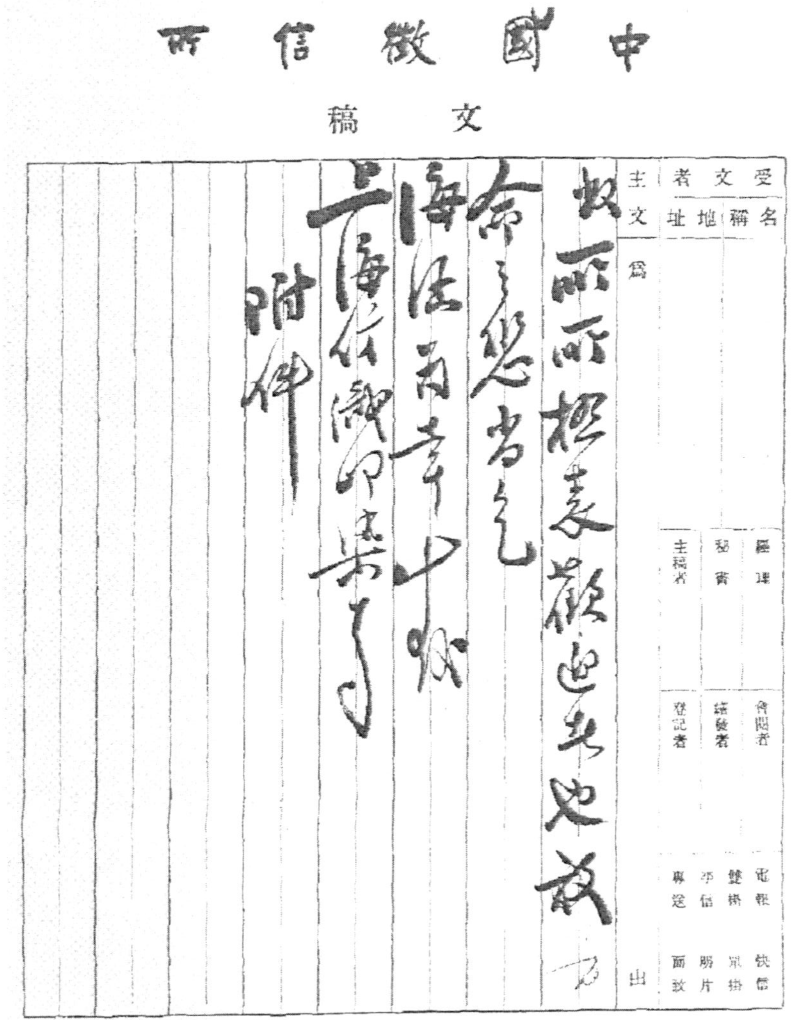

中國徵信所

文稿

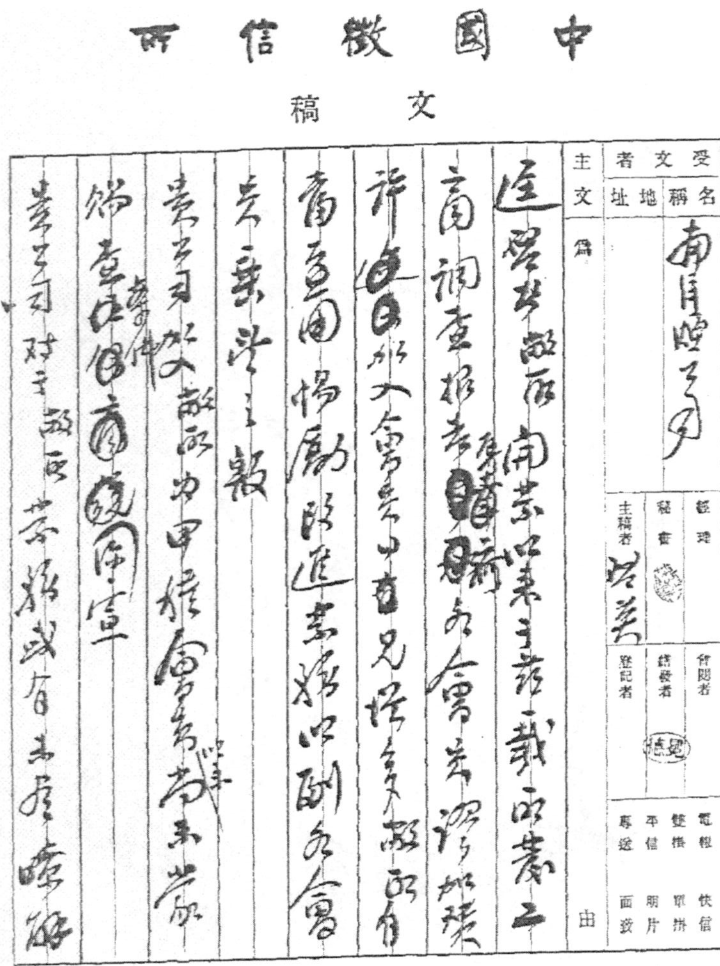

中國徵信所

文稿

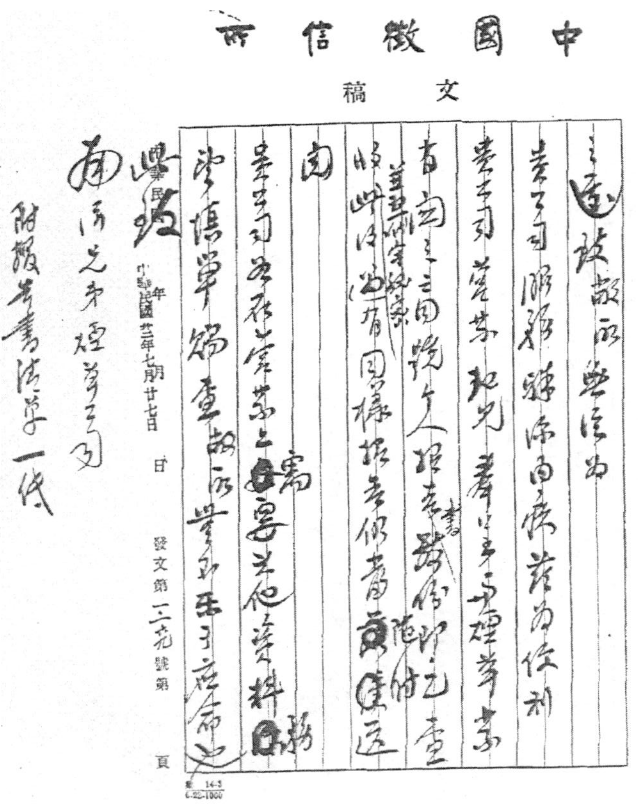
中國徵信所
文稿
民國三十三年七月廿七日
發文第一二九號

報告書清單

山東煙草股份有限公司
健身煙公司
蘇裕康皮絲煙廠
中國崑崙煙草股份有限公司
大達煙草股份有限公司
福新煙草公司
中和煙草公司
毓成煙公司
華孚煙草公司
金沙泰記煙草公司
美華煙業公司
美星明記煙公司
振成煙草公司
太平煙草公司
寧紹煙草公司
中國安利絲贊記煙廠
華興煙草公司
昌明煙草股份有限公司
華品煙草公司
滬東煙草公司
健華煙公司
華成煙草公司
中國克雷煙草股份有限公司

第130號
41年7月25日

第　號

仰堯先生台鑒：敝局應納與信社各項會費業已照數送上，諒荷台洽。敝局承寄各項報告計有二份：前一份係自第十二號起，市字自第一號起，密字自第十五號起；後一份係自第六十七號起，市字自第六號起，密字自第十五號起。除前存市字外，擬請各自第一號起分別補齊

第　頁

上海郵政儲金滙業局用牋

中國徵信所文稿

受文者	
稱名	上海郵政儲金匯業局 王昌林
地址	

昌林先生大鑒：頃奉

大函，敬悉一是。

貴局擬加入敝所會員事，承

垂詢查新泰豐等七家，敬當遵

命辦理，於最短期內將報告奉上也。再，閱

貴局各項報告，

囑加寄一份，照辦四份，事屬特殊，印本

台營為荷。耑此，祇頌

大安

啓

中華民國　年　月　日

發文第九二號　第　頁

上海郵政儲金

經理	業務部主任	調查部主任	主稿者	會閱者	繕發者

電報　快信　雙掛　掛號　平信　明片　專送　面致

擲下，俾可首尾銜接，彙訂成冊。再前存之中尚缺廿六十號一份，并希補下為荷。此致

印歐台綏

弟王昌林敬啓
月廿三日

第　號　第　頁

中國徵信所文稿

受文者	
名稱	王昌林
地址	上海郵政信箱[illegible]號

經理：何
業務部主任：
調查部主任：
主稿者：
會閱者：
繕發者：

電報　雙掛　平信　專送　快信　單掛　明片　面致

昌林先生台鑒：敬覆者，頃奉
大函，敬悉一是。承
囑補寄各項報告，茲謹檢齊全份，一併
奉上，即希
察收為荷。專此敬頌
大安

敬啓

附奉：普通報告自一號至十三號各一份，自十二號至六十六號各一份
密字報告自一號至十三號各一份

中華民國　年七月廿五日
發文第一三九號第　頁

中國徵信所

文稿

受文者	
名稱	新政偵[illegible]
地址	
主文	
為	
由	
經理	
秘書	
主稿者	[illegible]
會閱者	
繕校者	珮[illegible]
登記者	
電報 快信 雙掛 單掛 平信 明片 專送 面致	

敬啓者敝所前受上海商務印
書館之委託覆查該館往來
戶[illegible]館保人吳[illegible]
之信用經歷及現在財產狀況
特檢同原保單及覆查[illegible]
保單抄告書[illegible]隨出[illegible]奉
[illegible]
轉托

中國徵信所

文稿

貴局[illegible]查覆[illegible]
抄告書中[illegible]一項[illegible]保由[illegible]
[illegible]親自[illegible]查以[illegible]
[illegible]要
請[illegible]此上
[illegible]

附[illegible]保單及空白覆查[illegible]抄告書[illegible]一紙

中華民國 廿三 年 一 月 十六 日 發文第一七四九號第 頁

14-3 6 22-1000

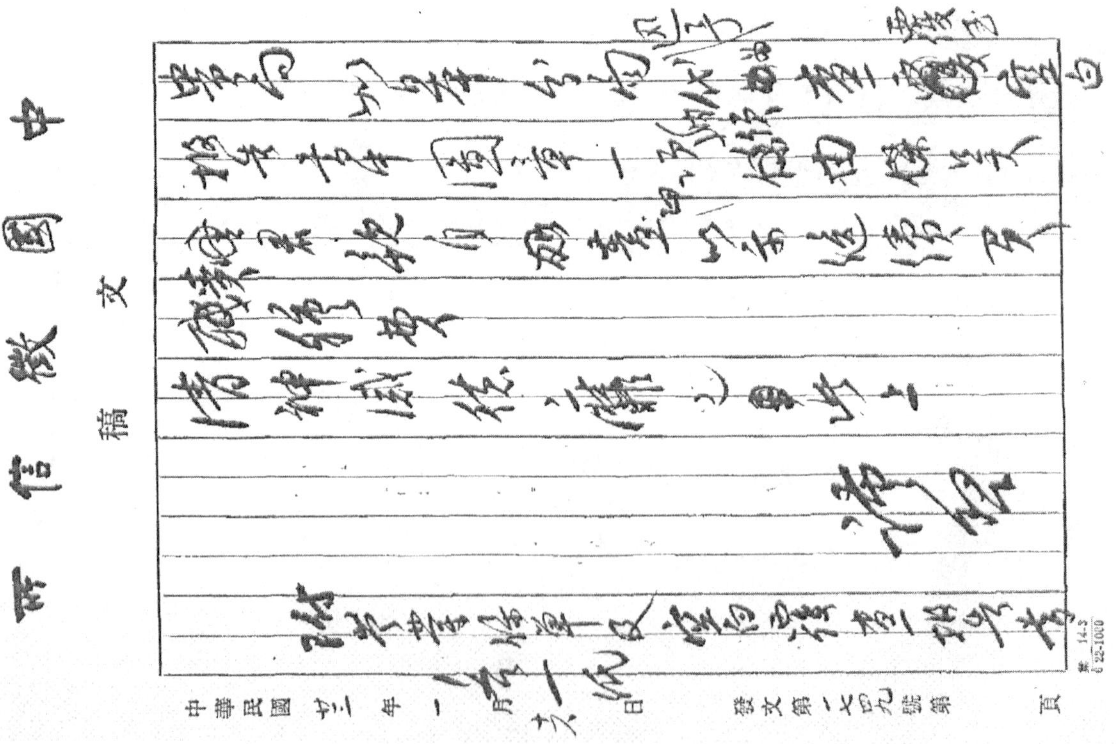

中國徵信所

文稿

受文者	
名稱	上海郵政儲金滙業局 王昌林
地址	
主文	為請轉托該局各分局調查同心莊等七商號信用狀況由
經理	
秘書	
主稿者	珮璋
會閱者	
繕發者	珮璋
登記者	
電報 快信 雙掛 單掛 平信 明片 專送 面交	

逕啟者敝所茲擬調查附單所開各商號之營業狀況及信用程度用特檢奉調查表七紙敬懇

貴局轉函該地各分局迅賜查填早日

惠下無任企盼屢禱

清神感歉實深此上

謹啟

[SF-20]

1996
23.2.19

第196號　第一頁

前承

函囑代為調查潮州 The central Agency Company 之營業情形，並附調查表一紙到局。當經轉飭調查去後。茲據復稱，「查潮州 The Central Agency Company 規模甚小，在潮安市面，極不著名，僅由其英文字面探悉係為聯商公司。現經詳詢該公司店夥，據謂該處營業，係屬股份生意，並無額定資本，僅代人售物而已。前總經理況

2000(13123)

[S F—19]

第2100號
33年3月24日

第297號

第一頁

案准
貴所函託代為調查永康榮泰豫等三家
營業狀況、並附調查表三紙到局。當經轉行
調查去後。茲據永康郵局復稱、遵經持表
親往各該商店調查。乃該商店等初則藉口
調查原因未明、不願接受調查。嗣則自稱前
曾代本城公太福號向卜內門公司(上海)担保、
去年公太福關閉、虧欠卜內門一萬四千餘元、

上海郵政儲金匯業總局用牋

[SF—20]

第　號

第二頁

瑞美、早已辭退他就、近由余天民繼任、但余總
經理身受數職、常不在店。現在營業祇有牛乳
及視兩項、別無大宗貨品」等語。茲將奉發調查
表繳還、另造調查表一紙呈復鑒核」等語前來。
用將所造調查表及原表各一紙、備函送請
察核。此致
中國徵信所
附二件
郵政儲金匯業總局營業處 啓

上海郵政儲金匯業總局用牋

由卜內門派員向該三家鋪保交涉，即由公
太福及該三家(保)共賠一萬一千四百元了事。惟
保單迄未取回，緣恐卜內門事後翻悔，故
認此項調查為含有惡意的作用，終不允
調查。嗣經再三磋商，始允先由彼等自行
致函中國徵信所詢明調查原因，並另函託
商調查中國徵信所組織及調查目的後，再
行答復。自是以一再遷延，遲至數月。現悉

滬商已有函復該商店，告以調查並無惡
意，而中國徵信所今函示已經函解釋調查
原因，故該號等始允接受調查。惟因又動
搖，號等一再遷延，以致遲之又久。現該項調
查表既已由各該商店先後自行填妥交來，
呈請查收為禱，並附表三件到局。因將調
查表三紙，呈請
查收。此致

第　號　　第四頁

中國徵信所

郵政儲金匯業總局儲業處啟

三月二十三日

上海郵政儲金匯業總局用牋　電報掛號"DIRPOBANKS"　電話一八七八六至一八七八九號

[5 P.—29]

第1048號　　第一頁

棠准

貴所函托代為調查、宜都福星玉廣集成、
楊長發等商號信用程度、並附調查表三
紙到局。當經轉行調查去後。茲據湖北郵政
管理局轉據宜都郵局復稱、「遵往該三家
商號調查、乃各該商號不允答覆、隨將調查
表留各號研究自填、雖閱看數日、仍不允填
寫。推其拒絕原故、乃因內地匪患未息、均不

上海郵政儲金匯業總局用牋　電報掛號"DIRPOBANKS"　電話一八七八六至一八七八九號

[SF—20]　5,000/12 廿三

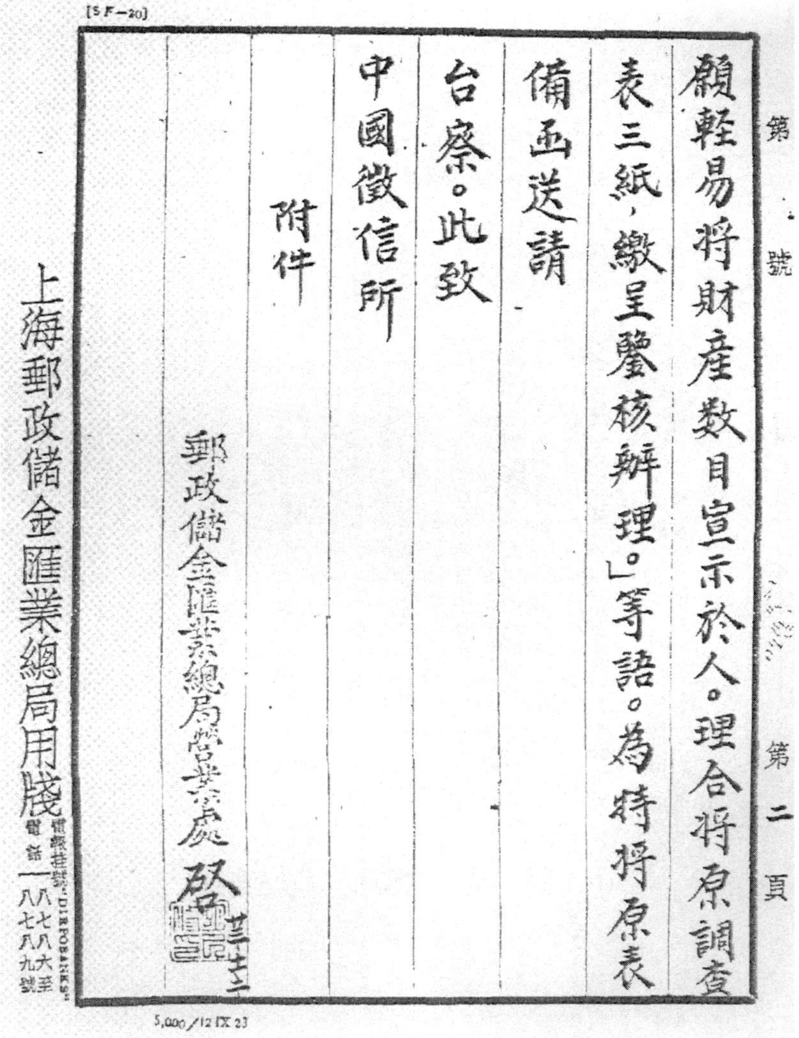

中國徵信所文稿 176

受文者	
稱名	祝仰辰
地址	

經理	主任業務部	主任調查部

主稿者	會閱者	繕校者

電報	雙掛	平信	專送
快信	單掛	明片	面致

中華民國 年 月 日

中華民國廿壹年六月廿五日

發文第 號 第 頁

第 號 第二頁

顧輕易將財産數目宣示於人。理合將原調查表三紙，繳呈鑒核辦理。」等語。爲特將原表備函送請

台察。此致

中國徵信所

附件

郵政儲金匯業總局營業處 啓

[S F—20]

上海郵政儲金匯業總局用箋 電報掛號"DIRPOBANKS" 電話一八七八八 一八七八九

5,000/12 IX 23

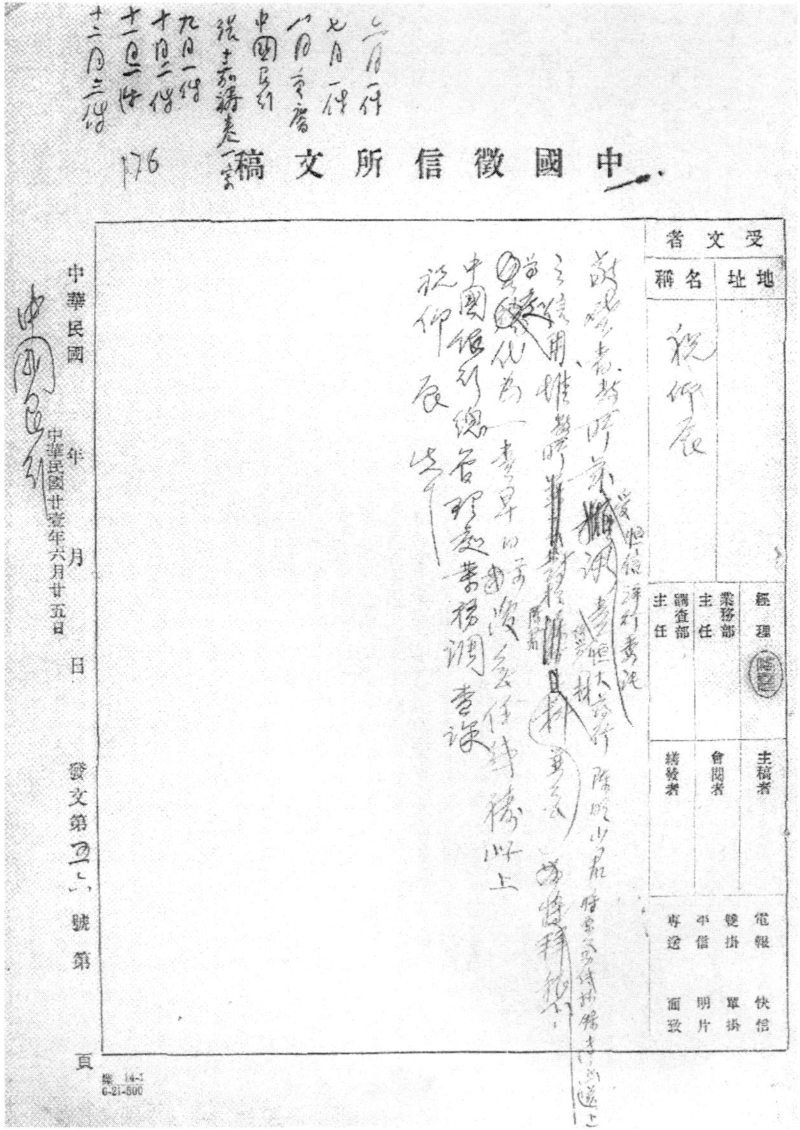

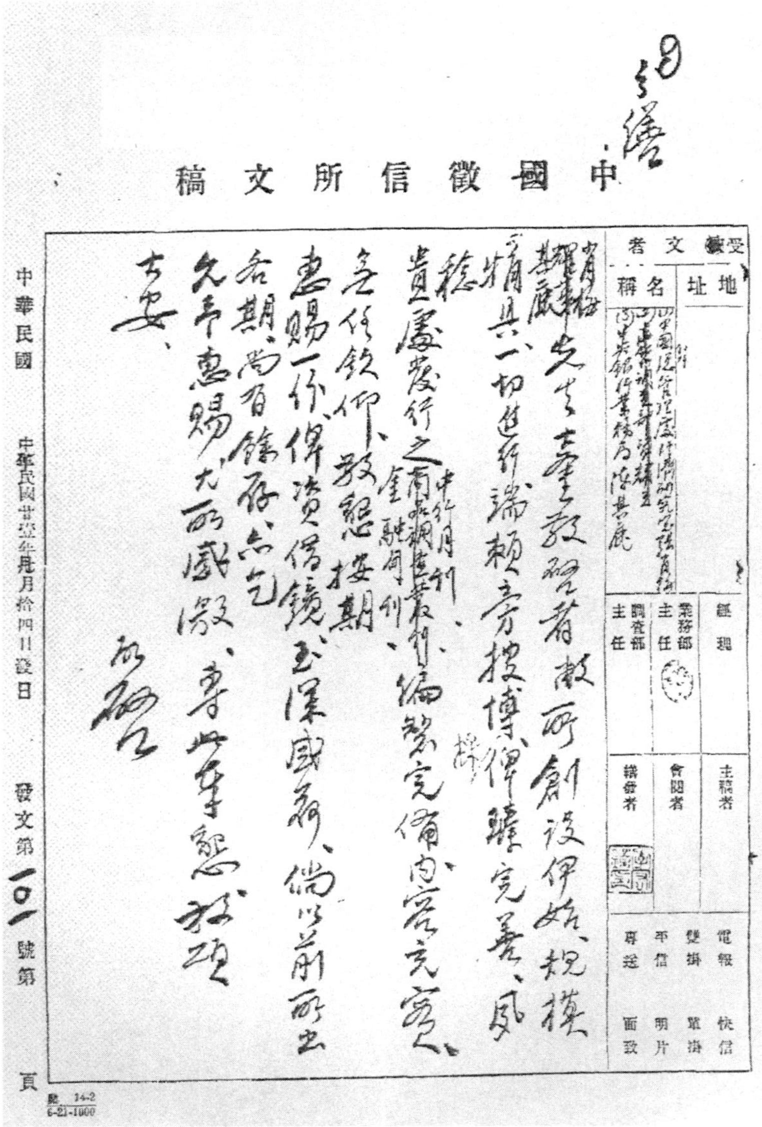
中國徵信所文稿
受文者
稱名
地址
經理
業務部主任
調查部主任
主稿者
會閱者
繕發者
電報 雙掛 平信 專送
快信 單掛 明片 面致
中華民國
日
發文第一〇一號第
頁

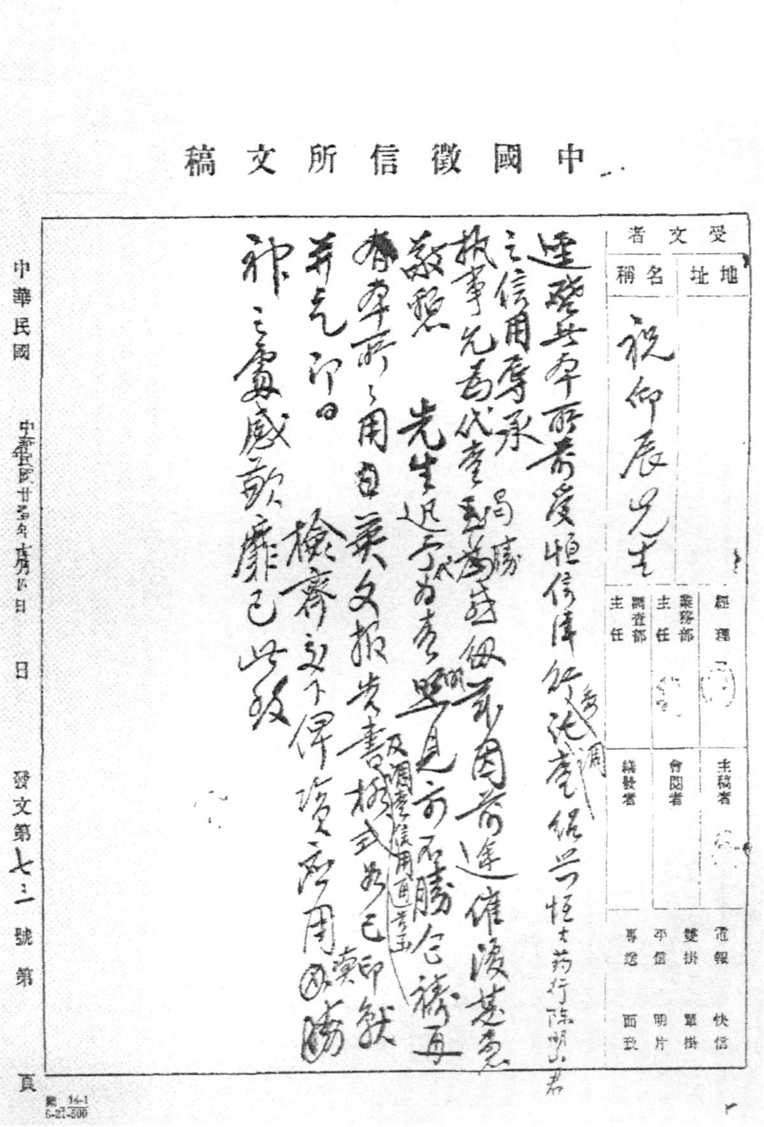
中國徵信所文稿
受文者
稱名
地址
經理
業務部主任
調查部主任
主稿者
會閱者
繕發者
電報 雙掛 平信 專送
快信 單掛 明片 面致
中華民國
日
發文第七三號第
頁

第247號
年9月9日

第一頁　　　　　上海中國銀行

逕啓者接奉
台函示
貴行現擬調查滬上各堆棧所存黃紙版實況，囑將敝堆
棧內所存黃紙版噸數、件數及堆存貨主查明奉告
等語。查敝棧現存黃紙版計民豐存貳千貳百七十七
件，華豐存壹千六百五十二件，益豐存七十件，共存敝處
堆棧叁千九百九十九件，合計九百九十九噸七五。承
詢特復即希

中華民國卅年　九月　八日

第　頁　　　　　上海中國銀行

台洽　此致 [illegible]
中國徵信所
上海中國銀行啓

中華民國卅年　九月　八日

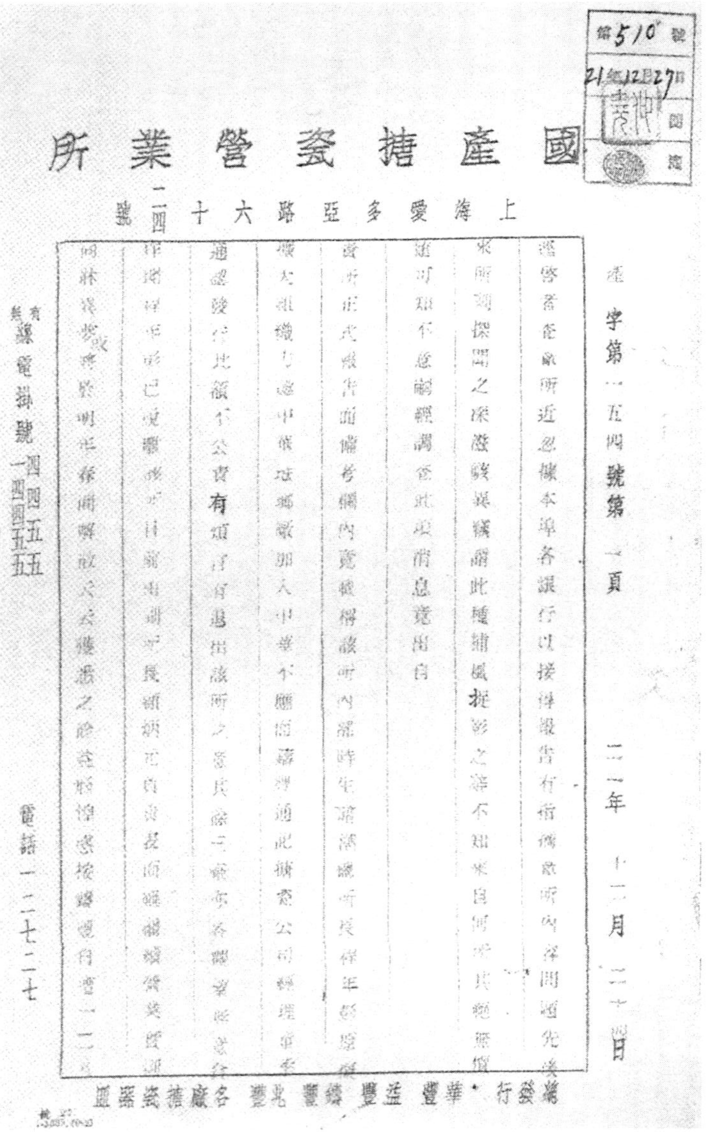

國產搪瓷營業所

上海愛多亞路一四二六十號

字第一五四號第一頁　二一年　十二月　二十四日

電報掛號 一四四五五

電話一二七二七

發行 華豐 益豐 鑄豐 兆豐 名廠搪瓷器皿

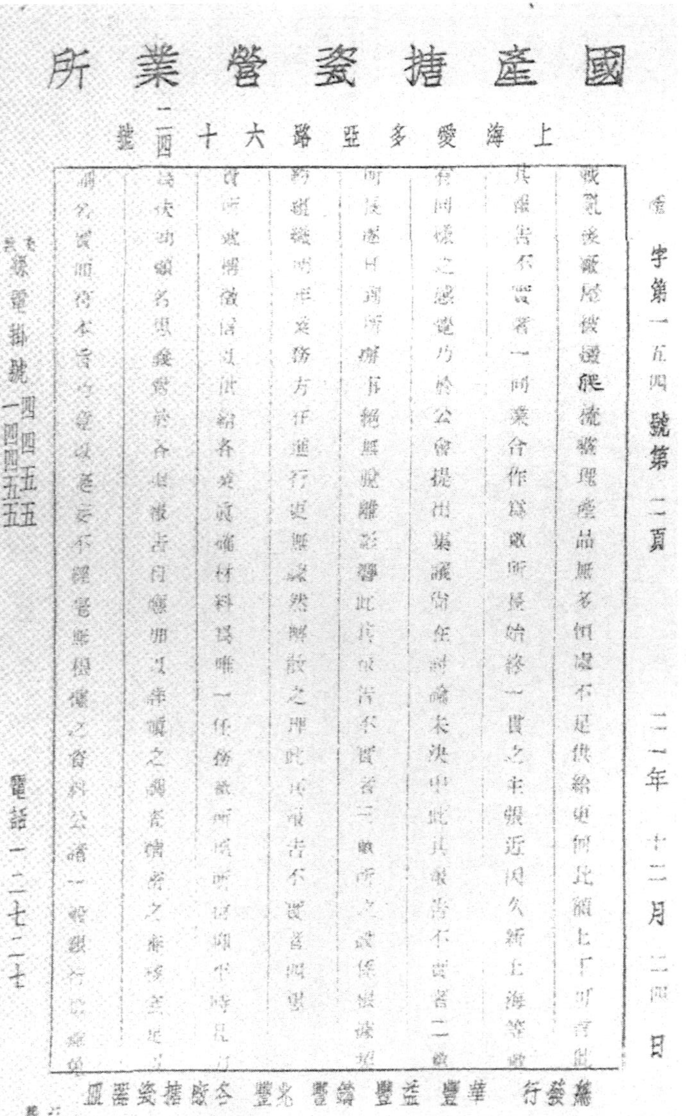

國產搪瓷營業所

上海愛多亞路一四二六十號

字第一五四號第二頁　二一年　十二月　二四日

電報掛號 一四四五五

電話一二七二七

發行 華豐 益豐 鑄豐 兆豐 名廠搪瓷器皿

國產搪瓷營業所

上海愛多亞路六十二四號

產字第一五四號第 三頁

受人利用故作片面宣傳構圖破壞之重大嫌疑為此專函佈達務希
查照究竟該項報告是何根據迅即徹查明確剋實答復一面並迅飭更正
免淆聽聞所有敝所因此所受之損害應予保留行將聲明此致
中國徵信所

國產搪瓷營業所
所長

二一年十二月二四日

電報掛號 一四四五五

電話 一二七二七

總發行 華豐 益豐 鑄豐 兆豐 各廠搪瓷器皿

竹兄先生有道：屢事羈絆，不
獲時接
清誨，為憾。昨奉
手翰，袛聆一一。我
公襟期磊落，早所欽式，此次不
幸事件，亦無足異。同
人輪舉，兄未遑寓目，所致有無
疑義，即所由煩，元轉詳顛末。

國產搪瓷營業所用牋

中國徵信所

文稿

受文者	名稱	商務印書館
	地址	
主文	稿	
經理	秘書	主稿者 珮峰
會辦者	繕發者	登記者 珮峰
電報	雙掛	平信
郵遞	快信	單掛
明片	面致	
由		

逕啟者 前承
貴館委查西復弘道書館全漢三保人
清江醫院夏漢儒之營業保單當經
轉代查該項報告單早已填就
惟該保人之圖章當直接函請夏君
簽印雖屢經函促但迄未見復并因
為日已久除再去函催[illegible]外特將該報
告單先行送奉

國產搪瓷營業所用箋

益用釋然 惟以彼此地位關係
不得不函請 貴處免予發表
心固極為諒解 用此佈臆 尚希
鑒裁乃幸 專此 順頌
時綏
弟 程 啟 十一月六日

二（三） 调查业务往来函

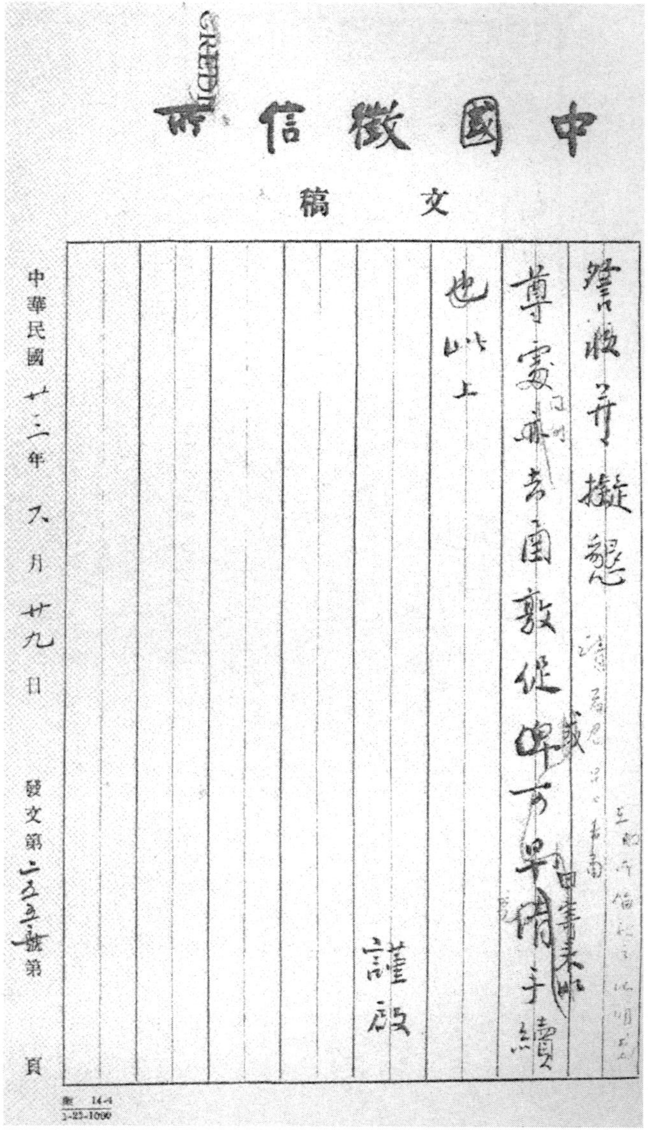

中國徵信所
CREDIT

文稿

警收并擬懇
尊處飭吉園敦促俾可早備手續
也此上

謹啟

中華民國廿三年八月廿九日

發文第二五三號第 頁

上海商務印書館啟事用箋

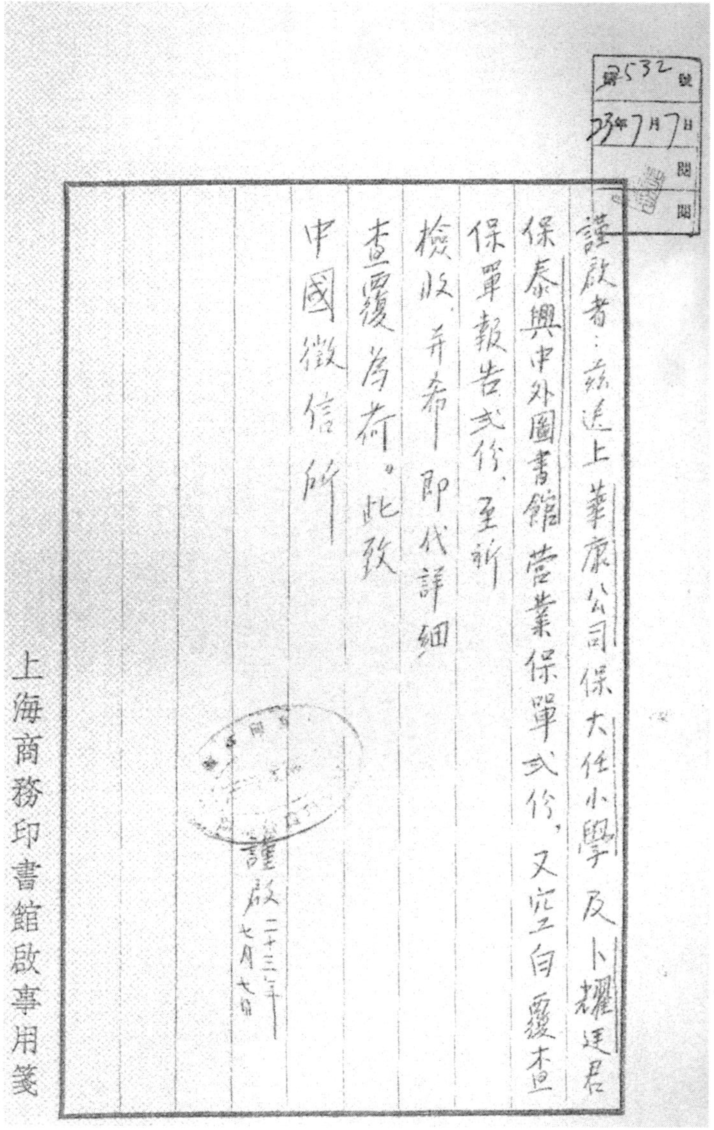

第532號
23年7月7日

謹啟者：茲送上華康公司保大任小學及卜耀廷君
保泰興中外圖書館營業保單式份，又空白覆查
保單報告式份，至祈
檢收，并希即代詳細
查覆為荷。此致
中國徵信所

謹啟 二十三年七月七日

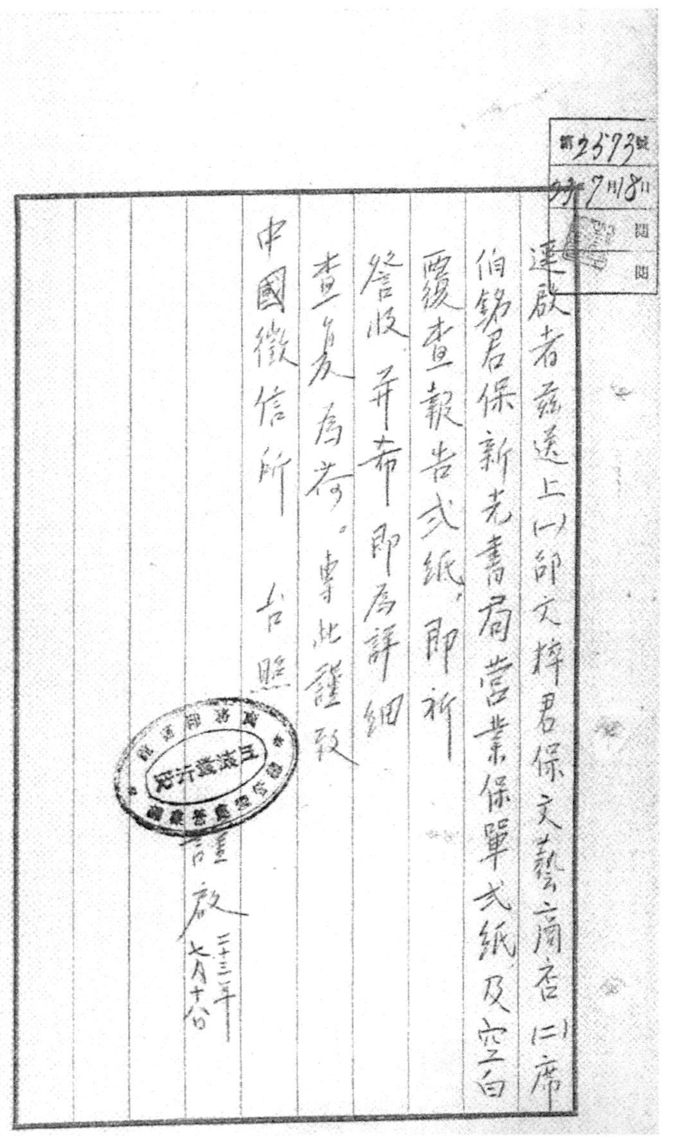

第2573號
33年7月18日

逕啟者茲送上(一)印文梓君保文藝商店(二)席伯銘君保新光書局營業保單式紙及空白覆查報告式紙，即祈簽收，並希即為詳細查復為荷。專此謹致

中國徵信所　台照

謹啟　三十三年七月十八日

上海商務印書館啟事用箋

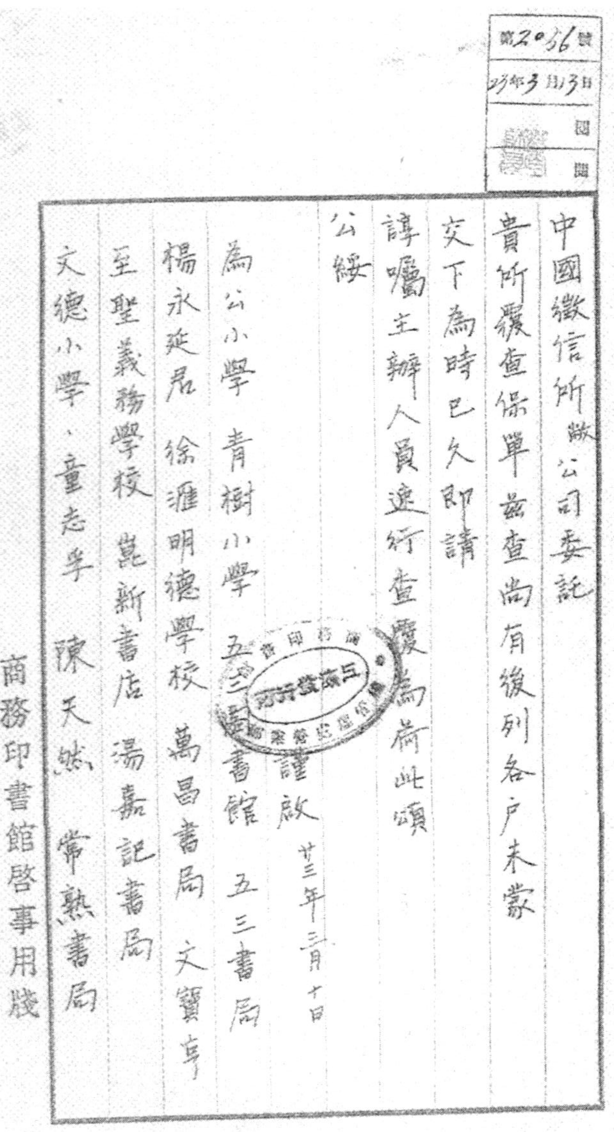

第2036號
33年3月13日

中國徵信所　敝公司委託

貴所覆查保單茲查尚有後列各戶未蒙

交下為時已久即請

諄囑主辦人員速行查覆為荷此頌

公綏

謹啟　三十三年三月十日

為公小學　青樹小學　五[illegible]書館　五三書局

楊永延君　徐滙明德學校　萬昌書局　文寶亭

至聖義務學校　崑新書店　湯嘉記書局

文德小學、童志季　陳天然　常熟書局

商務印書館啟事用牋

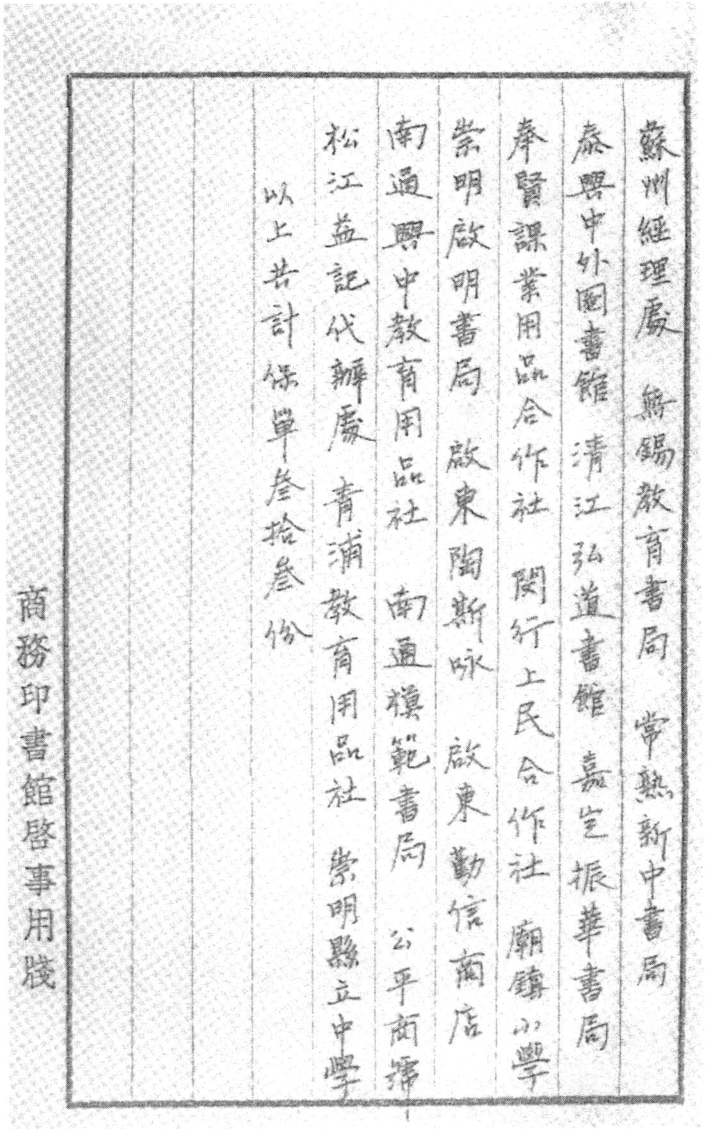

蘇州經理處　無錫教育書局　常熟新中書局
泰興中外圖書館　清江弘道書館　嘉定振華書局
奉賢課業用品合作社　閔行上民合作社　廟鎮小學
崇明啟明書局　啟東陶斯咏　啟東勤信商店
南通興中教育用品社　南通模範書局　公平商號
松江益記代辦處　青浦教育用品社　崇明縣立中學
以上共計保單叁拾叁份

商務印書館啓事用牋

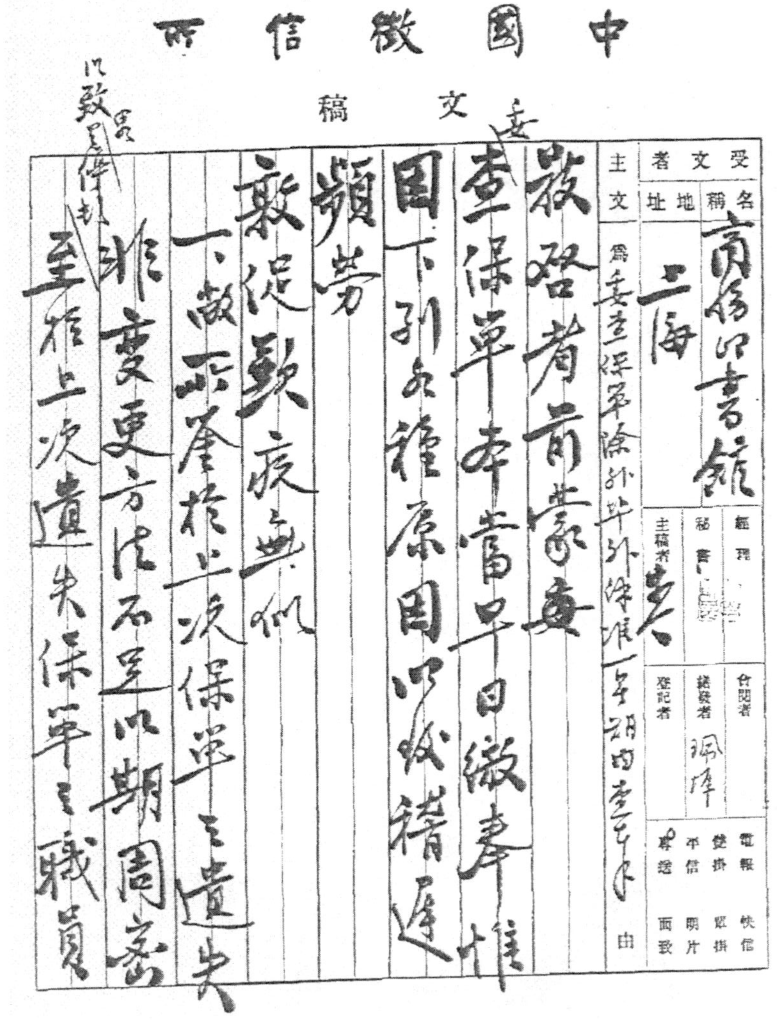

中國徵信所

文稿

受文者	名稱	商務印書館
	地址	上海
主文		爲妥查保單除外埠外均准一年期內查竣由

經理　秘書　主稿者　會閱者　繕發者　登記者　電報　快信　雙掛　單掛　平信　明片　專送　面致

敬啓者前蒙委妥
查保單本當早日繳奉　惟
因下列各種原因以致稽遲
以致貴館
頻勞
敦促歉疚無似
一、敝所奉托上次保單之遺失
非變更方法不足以期周密
至於上次遺失保單之職員

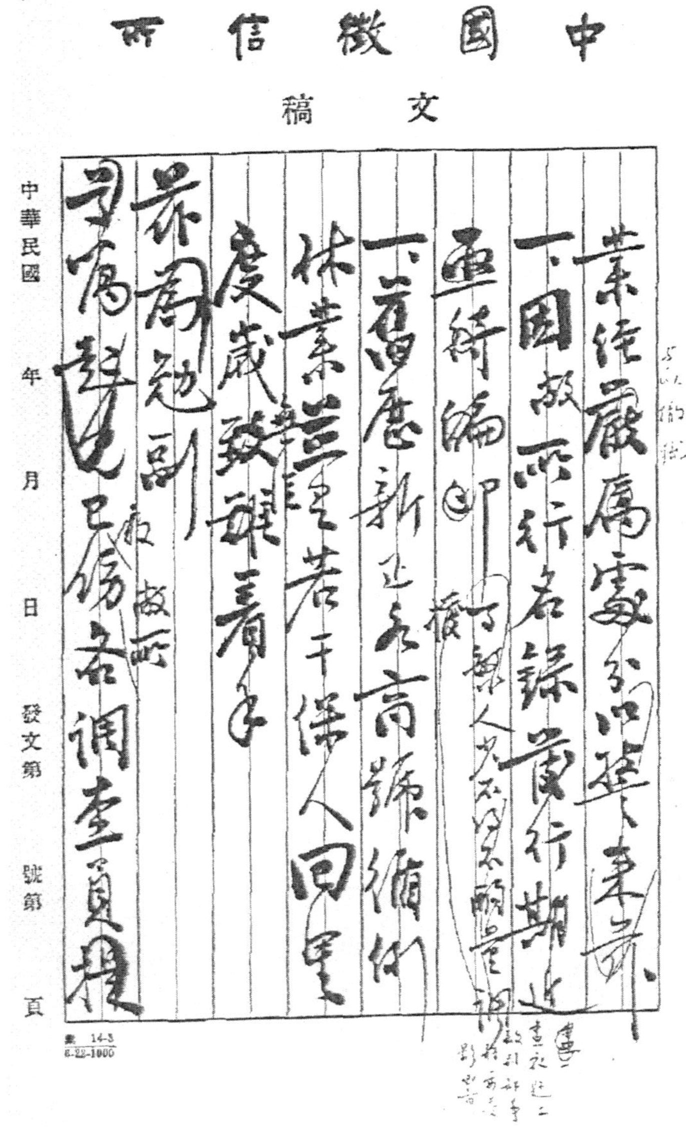

中國徵信所

文稿

業經嚴屬家勿延擱，來示
一一因敝所行名錄發行期近
亟待編印，
一有應新近來商號補例
休業並若干保人同意
慶歲發難著手
界局勉副
司高誼 已飭各調查員

中華民國　年　月　日　發文第　號第　頁

業 14-3
6-22-1000

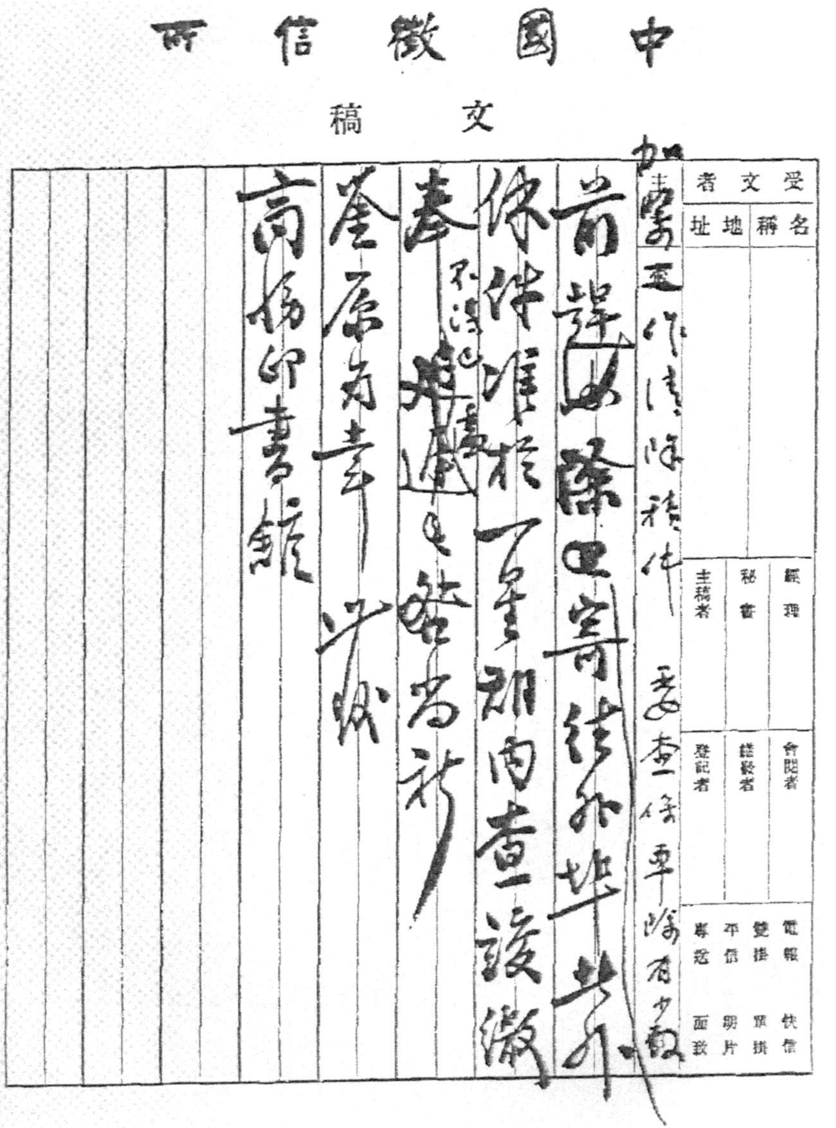

中國徵信所

文稿

受文者	
名稱	
地址	

經理	秘書	主稿者
會閱者	核發者	登記者
電報 快信	雙掛 單掛	平信 明片
專送 面致		

加 主案 查 作復 修 核 件 ... 查係平時有少數
前與函陳四寄往來埠莊
係將准於下星期內查詳徵
奉 准送至為荷
荃展方幸 此頌
商務印書館

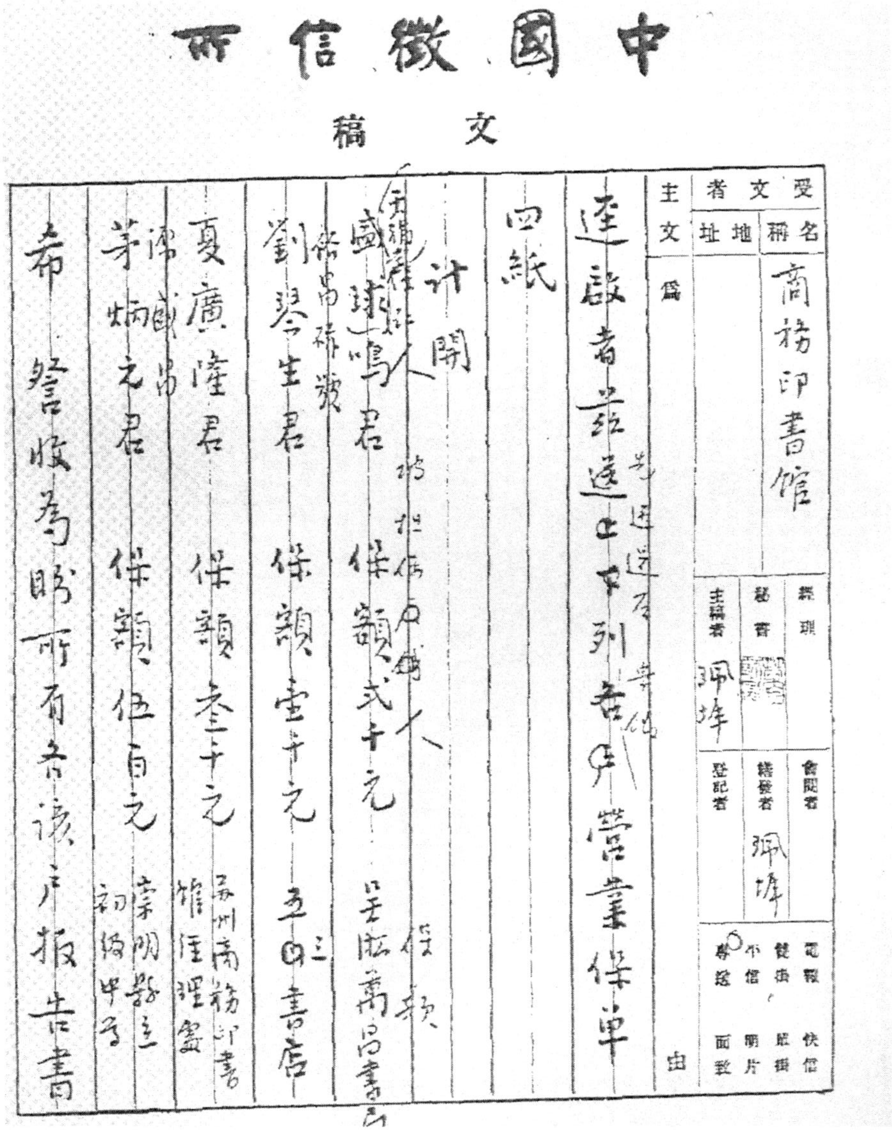

中國徵信所
文稿

受文者	名稱	商務印書館
	地址	
主文	為	

逕啟者茲送上下列各户營業保單（並送去其他）

回紙

計開

國球鳴君　保額貳千元

劉琴生君　保額壹千元　五四書店

夏廣隆君　保額叁千元　泉州商務印書館經理處

茅炳之君　保額伍百元　崇明縣立初級中學

希　簽收為盼　所有各該户報告書

擬辦　秘書　主稿者 珮埠　會閱者　繕發者 珮埠　登記者

電報　快信　挂號　限掛　平信　明片　專送　面致

由

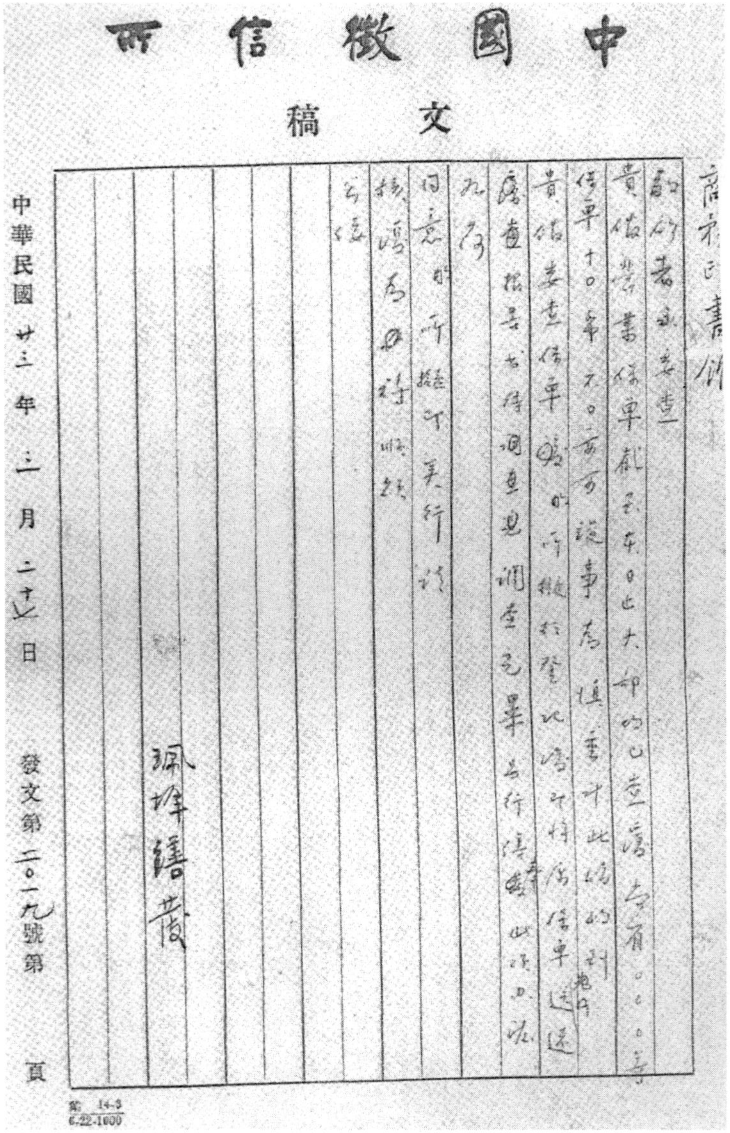

中國徵信所
文稿

商務印書館

[illegible]

珮埠繕發

中華民國卅三年三月二十七日　發文第二〇二九號第　頁

中國徵信所

稿　文

一俟查詢當即奉上　此致

謹啟

中華民國廿三年四月十二日　發文第二一一〇號第　頁

第2167號　23年4月14日

中國徵信所大鑒：茲託

貴社覆查敝館下列各户營業保單：

北新書局，四寶齋。

以上共計保單貳份，附上空白報告貳張，即請

察收，請

神詳細覆查為荷，此頌

公綏

謹啟

廿三年四月十三日

商務印書館啓事用牋

第2134號
35年4月14日

中國徵信所

傳佈市場消息 提倡經濟合作 促進社會繁榮

計開

保證人	被担保人	保額
四寶齋 杭權樹	盧鴻儒	式千元
北新書局	民光中學	四百元
商務印書館（稿貝二二〇號）		

中華民國　年　月　日

"CREDITMEN, SHANGHAI"

第2194號
35年4月12日收

逕啟者：茲託

貴社覆查敝館客户營業保單（户名詳列另表）計

叁拾份，附上空白報告單叁拾張，即請

詧收，渎

神覆查為荷，此致

中國徵信所

敬啟　卅三年四月十三日

商務印書館啓事用牋

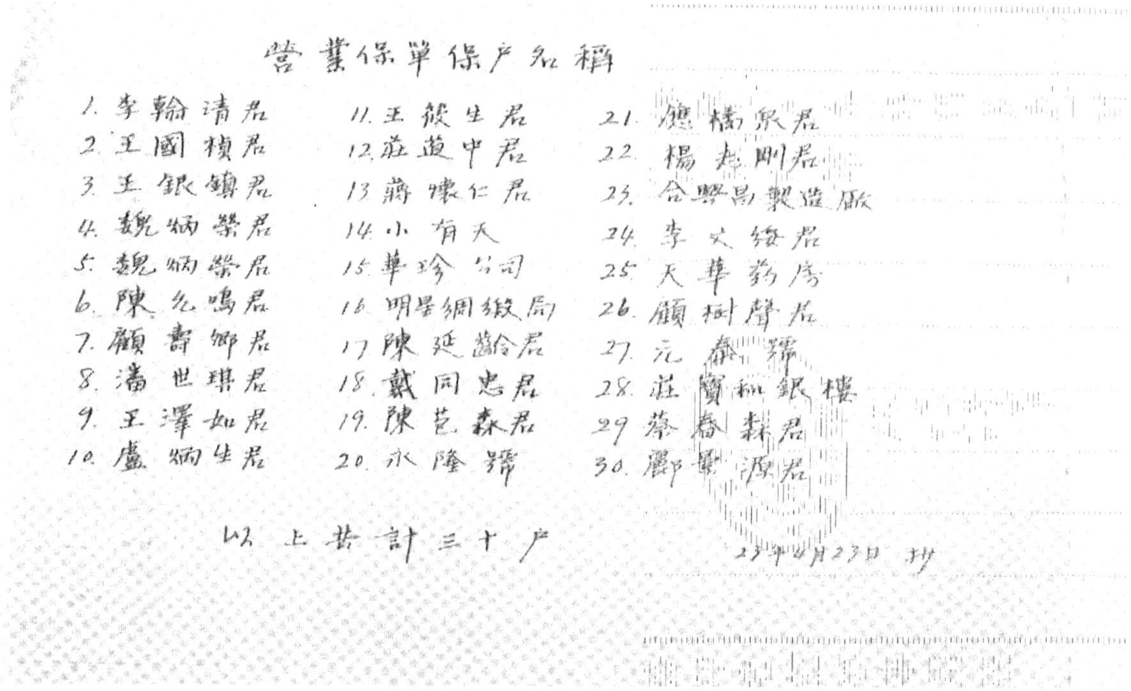

營業保單保户名稱

1. 李輸清君	11. 王筱生君	21. 熊橘泉君
2. 王國楨君	12. 莊道中君	22. 楊杏剛君
3. 王銀鏞君	13. 蔣懷仁君	23. 合群昌製造廠
4. 魏炳榮君	14. 小有天	24. 李文銓君
5. 魏炳榮君	15. 華珍公司	25. 天華藥房
6. 陳幺鳴君	16. 明星綢緞局	26. 顧樹聲君
7. 顧壽卿君	17. 陳延齡君	27. 元泰號
8. 潘世琪君	18. 戴同忠君	28. 莊寶和銀樓
9. 王澤如君	19. 陳芑森君	29. 蔡春林君
10. 盧炳生君	20. 永隆號	30. 鄺量源君

以上共計三十户

23年4月23日 抄

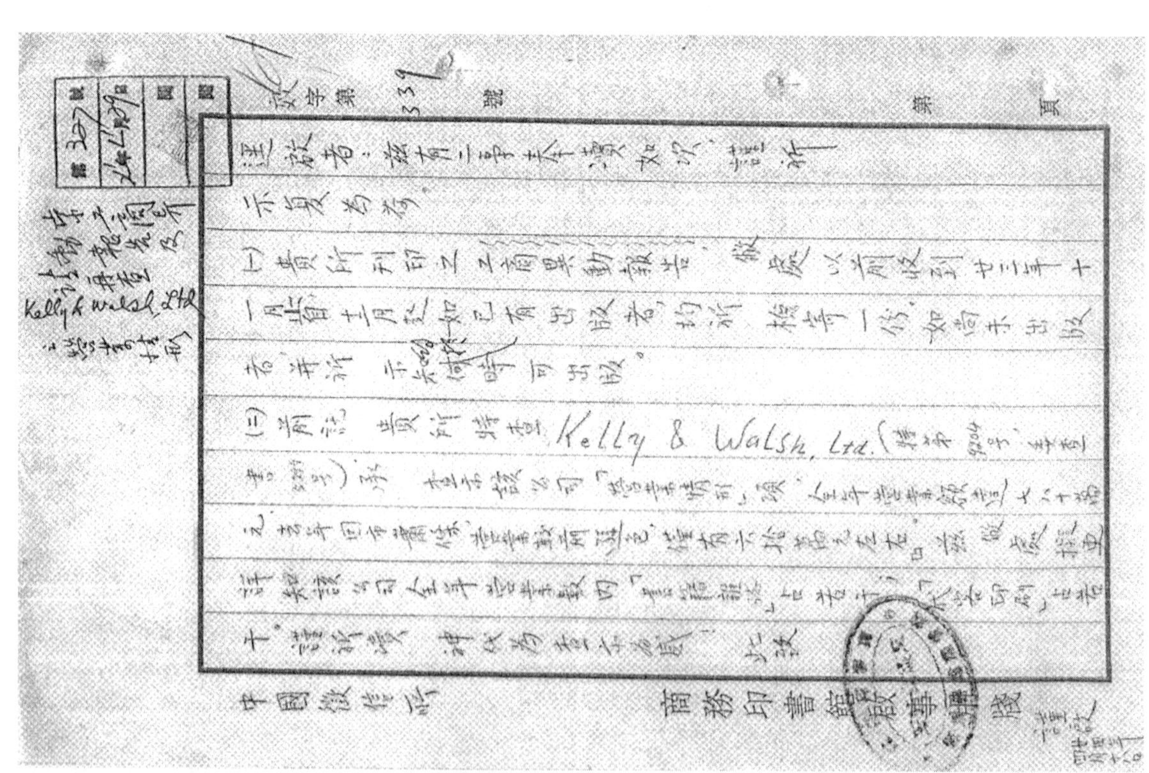

啟字第 339 號 第 頁

逕啟者：茲有二事奉懇如次，請祈

示覆為荷。

(一)貴所刊印之工商界動態表，敝處以前收到廿三年十

一月止，自十二月起即已有出版否，均祈檢寄一份，如尚未出版

者，并祈示知何時可出版。

(二)前託貴所轉寄 Kelly & Walsh, Ltd.（[illegible]）承 [illegible] 公司「[illegible]」[illegible]

[illegible]

[illegible]

十，請祈[illegible]，此致

中國徵信所

商務印書館總務處 謹啟

中國徵信所

文稿

受文者 名稱	商務印書館
受文者 地址	
主文	爲覆致字三三九号

逕啓者 接奉致字三三九号

大函敬悉 敝所刊行之三十二開異動報

告廿三年十二月份者 不日當可奉上 因本年五月

份者 已在研究改進中 一俟整理刊印就緒

即行奉上也

委託覆查之大中書局 情形 已在覆

查 本月當可送上 該公司之條報 相應

函覆 即希

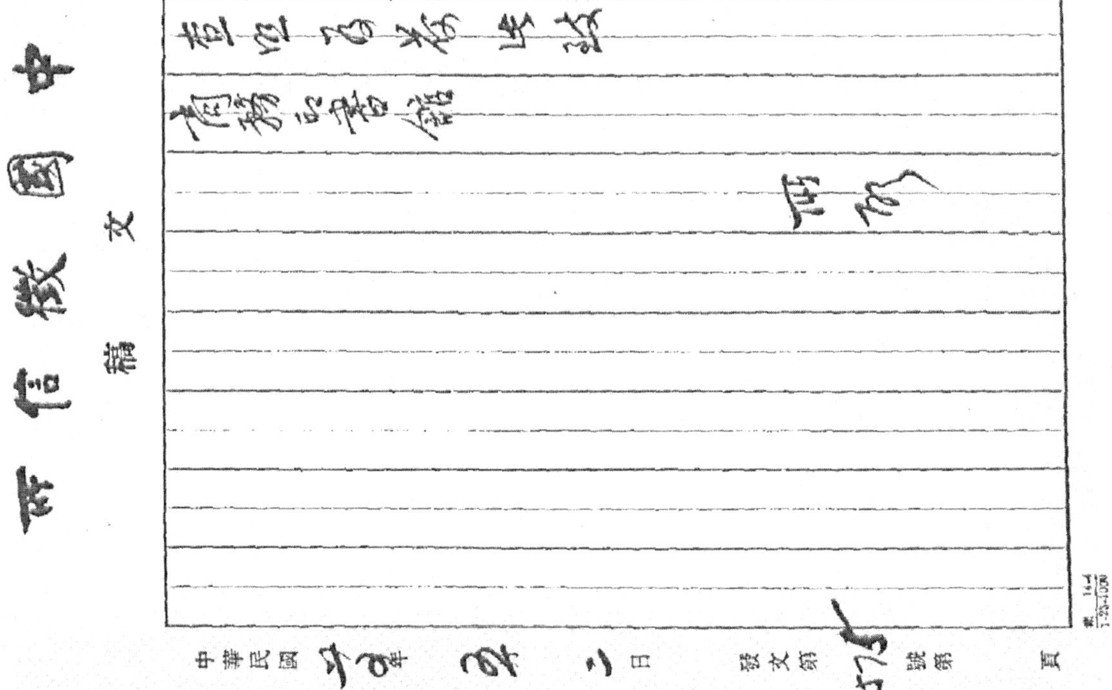

中國徵信所

文稿

查照爲荷 此致

商務印書館

所啓

中華民國 廿四年 五月 二 日 發文第 575 號第 頁

中國徵信所

文稿

受文者	名稱	商務書館	經理		會閱者		電報	快信
	地址		秘書		核稿者		雙掛	單掛
			主稿者		登記者		平信	明片
							專送	面致
主文	為宋仰蘇往松江查記[illegible]保書附件(還)							由

逕啟者 奉示

貴館[illegible] 委查松江查記教育用品社

宋仰蘇 [illegible]

[illegible]

[illegible]

[illegible]

[illegible]

[illegible]

啟字第 603 號　　第　頁

435號　24.6.15 日

逕啟者，茲送奉(一)上海南市義昌歸保松江查記教育用品社(二)魯振新保

松江查記教育用品社營業保單式份，并附空白報告書式份，敝處因急於

明瞭該社信用起見，謹請 從速代為調查後賜行

示，是為至荷。再，敝處前於去年十月廿四日委託

貴處調查「正心工藝社保南通模範書局」報告一份，敝館曾先後兩

次函詢，但迄今未蒙 提及，價目字據以為憑，亦祈即為

查明示覆為盼。此致

中國徵信所

謹啟 廿四年六月十五日

商務印書館啟事用箋

上海市銅錫同業公會用箋

逕啓者接奉

大函囑查本業生銅塊產銷狀況,擬問

三點,兹已查有眉目,特將三点答復如下

1. 本年上海每公噸平均賣出價格若干?

答 本年每公噸平均價格為叁百捨元

2. 全年每年能供給若干公噸?

答 每年約可供給四百公噸至五百公噸

3. 平均品質若何?

國貿調查三、六表

中國電信局

文稿

[illegible]此致

商務印書館

附信稿一件

中華民國卅年八月廿九日

發文第七九〇號第 頁

14-4 3-25-1000

上海市銅錫同業公會用箋

茶係舊銅及錫銅化合而成，至於成分須經化驗後方得詳確之標準（本會或於手續上便請自行化驗可也）

貴所所詢之各節已照答詰

查核是盼此致

中國徵信所

上海市銅錫業公會啓 三月廿九

上海裕濟號用牋

第1920號 年1月15日

逕啓者 刻據瞿頌嘉先生函稱

貴所之調查報告內載有瞿頌嘉係敝號股東查

與事實不符且閱彼此信譽應請向該所聲明更

正以明真相等云竊當敝號創立之初所做證單

因循舊俗起見曾請瞿頌嘉華齋先生為

見證誤因此而發生誤會以調查報告中載有經理

石居係股東之一亦屬不確而股東陳蔭璜沈玉剛

（前者延齡小主）而居反不見列入應請補加為荷再

上海裕濟號用箋

調查報告中所載 敝號
經理及資本亦有出入 敝號
本號係業萬元經理由周鄰明君兼任所營商易
與中國銀行方面祇略做套頭而小公司亦無日昇
胖號者現係入者計正華一家至 敝號往來之竹莊
實不祇此家也上列各點尚希
貴所分別勘誤免滋訛傳實感公誼此請
中國徵信所台鑒　　裕濟號啟

一月十三日

地址漢口路安仁里三一二號
電話 本號九四一七〇四 市塲九〇一〇二四
電報掛號九一三三

順豐號通用信箋

第2020號
第　號第　頁

逕啟者二十二日午後三時
貴所潘君經芳忽然降臨詢問是否知
道外間對於順豐號不利之謠傳初聞
之下茫然不解繼知
貴所曾以懸空之詞有寄報各銀行之
情形曷勝詫異查敝號開辦有年
信用昭著營業發達上年
佳馬用改組年終存放各銀行尚欠款

寓三馬路同安里十一號
電話九三九二九號

中國電報掛號三九九五
無線電掛號三九九五
大北電報掛號〇〇六五

順豐號通用信牋

第　號第　頁

為數甚鉅更安用維持乃
貴所竟以毫無影響之詞不加調查
任肆妨害他人信譽查
貴所為銀行調查徵信之所顧名思
義徵信二字責任何等重要尚非
報館有聞必錄之可比妨害人名譽
信用律有專條報館亦不
即妥加登載今

寓三馬路同安里十一號
電話九三九二九號

中國無線電報掛號三九九五
大北電報掛號〇〇六五

順豐號通用信牋

第　號第　頁

貴所員調查徵信之重任商業影響
極為重大乃僅以憑空之言不事調查
遽以報告於徵信二字何解對於銀
行妄託調查責任上又何解不調查
於報告之先而詢問於報告之後又屬
何解
貴所之報告究屬根據何
抑係受人利用有心妨害應請

寓三馬路同安里十一號
電話九三九二九號

中國無線電報掛號三九九五
大北電報掛號〇〇六五

順豐號通用信箋

第　號第　頁

明白否復為盼此致

中國徵信所

順豐謹壽號啓

二月二十四日

寓三馬路同安里十一號 電話九三九二九號

中國電報掛號三九九五
無線電掛號三九九五
大北電報掛號○○六五

星洲日報館用箋

SIN CHEW JIT POH, LIMITED

Nos. 59-61 ROBINSON ROAD, SINGAPORE

第　號第　頁　電報掛號"STARNEWS"

乃器先生：

百樂門別後之第三日弟即乘日郵輪靖國丸於十四日抵星洲翌日即返館復工弟以離星日久一旦抵來未免百務叢集且因充同先生適請例假編輯事務益覺冗繁遂致遲遲作書殊深抱歉上海徵信所託弟南來之書籍業經交由廣告發行二部代為推銷大約不至絕無希望也至代為調查事因弟來宣傳品過少無從進行以弟之意此事在星為一初創事業非有宣傳當無成績也

新嘉坡羅敏申律五九號六一號　電話三二八三

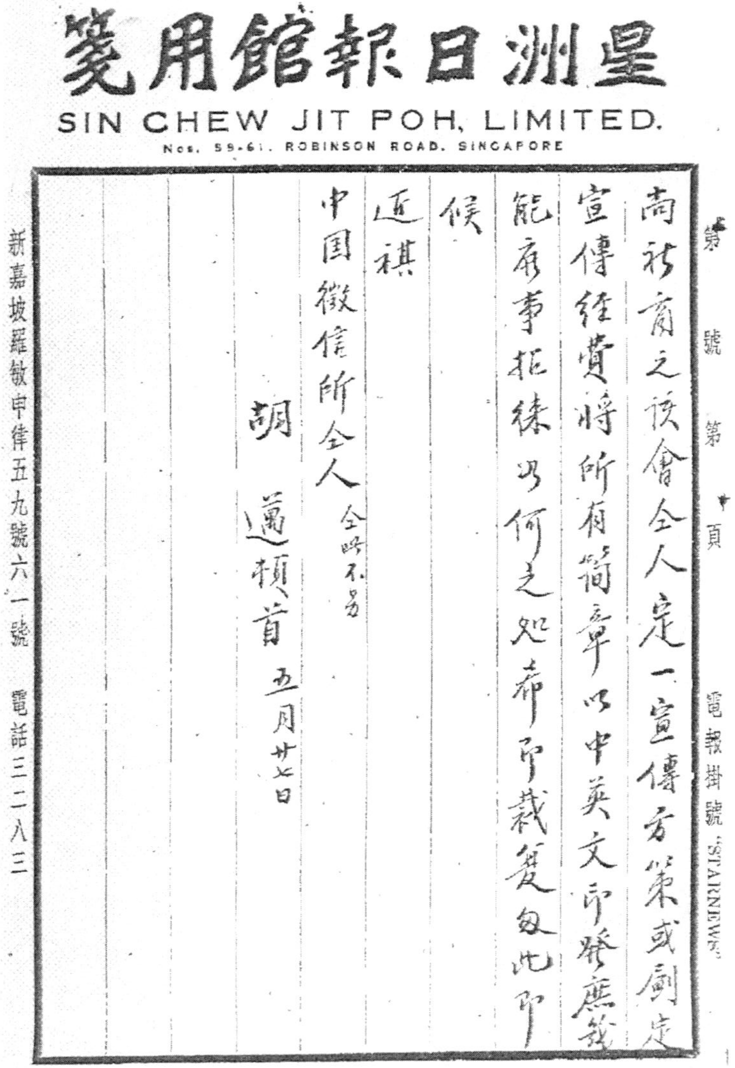

星洲日報館用箋

SIN CHEW JIT POH, LIMITED.

Nos. 59-61, ROBINSON ROAD, SINGAPORE

第　號　第　頁　電報掛號 "STARNEWS"

尚祈商之該會全人，定一宣傳方策，或創定宣傳經費，將所有簡章以中英文印發，庶能廣事招徠。以何之處，希即裁复。為此即候

近祺

中國徵信所全人　全晤不另

胡邁頓首　五月廿七日

新嘉坡羅敏申律五九號六一號　電話三二八三

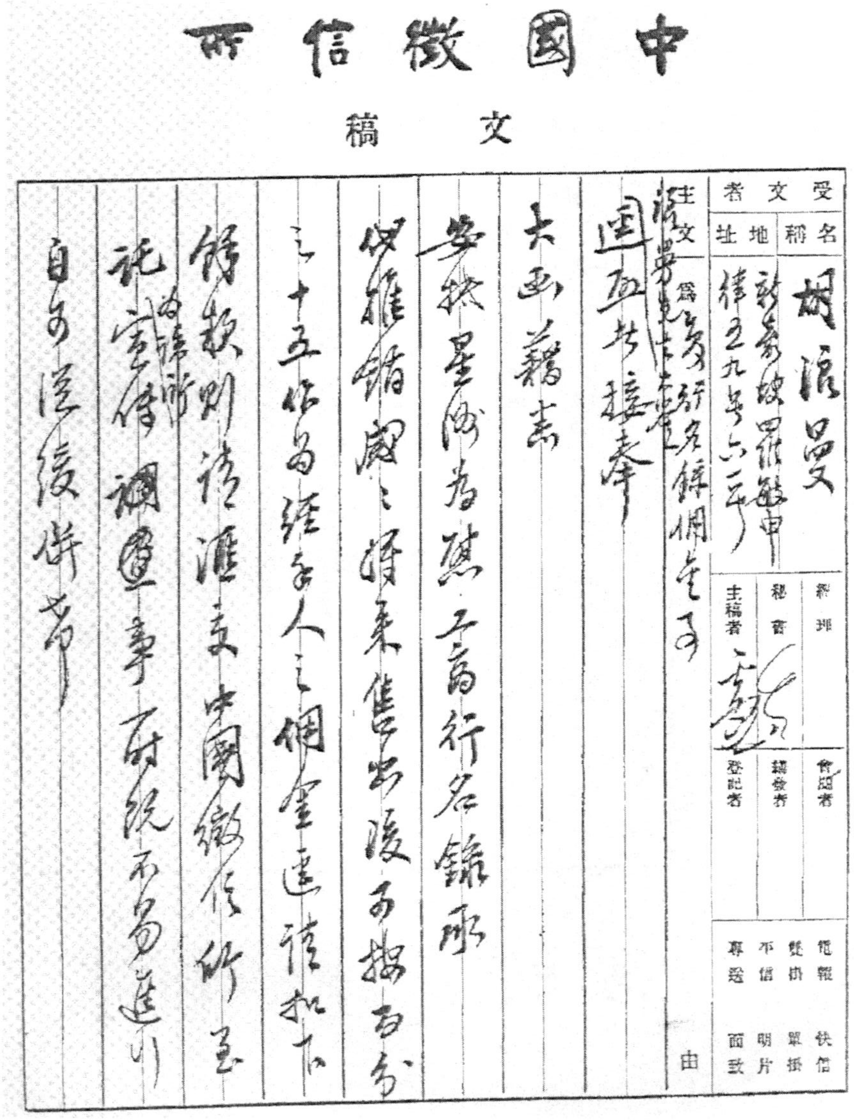

中國徵信所

文稿

受文者	
名稱	胡邁叟
地址	新嘉坡羅敏申律五九至六一號

主稿者　秘書　科理　登記者　繕發者　會辦者

電報　快信　雙掛　單掛　平信　明片　專送　面致

主文：[illegible]

由

逕覆者：奉

大函，藉悉

貴擬星洲為謀工商行名錄

以推銷廣告，將來售出後所得百分

之二十五作為經手人之佣金，速請批示

錢款則請匯交中國徵信所至

託（如辦理）宣傳調查事，有紀不易進行

自可從緩，特覆

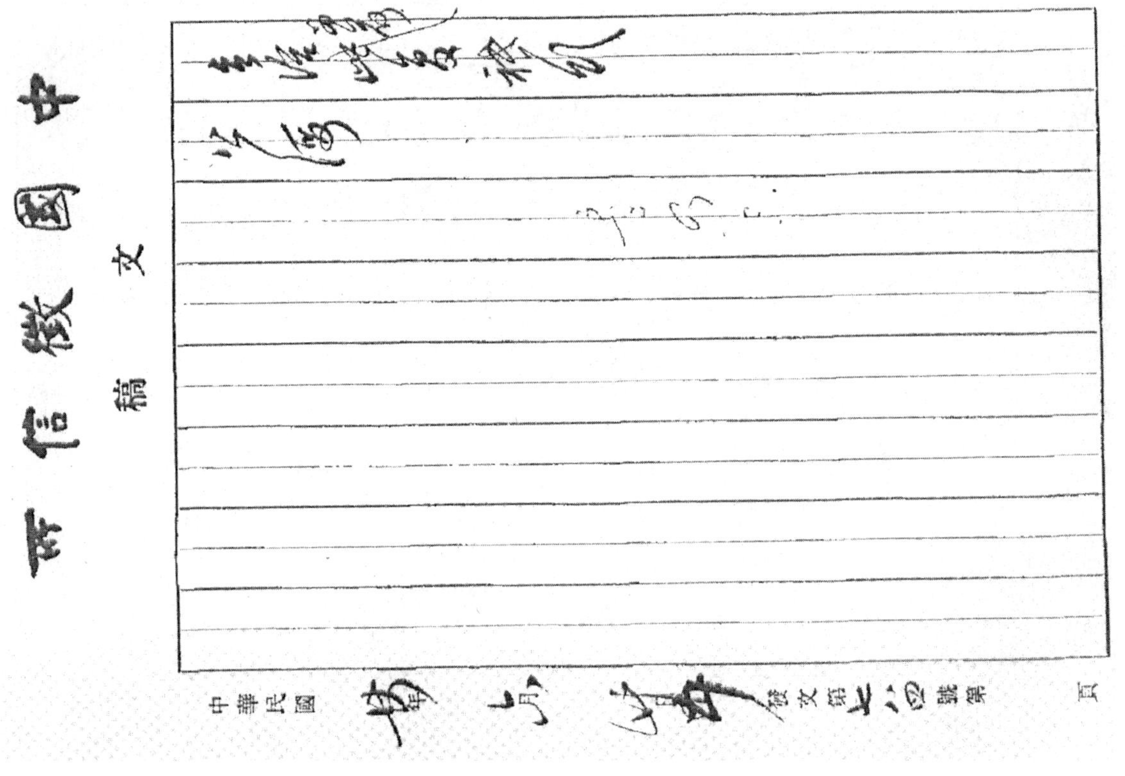

收文第567號
24年6月21日收到
24年6月21日覆
覆文第773號

上海科學儀器館總館用箋

師良先生：前開謝筱初君調查報
告內有數點據另一方面知稍有不同，茲略
舉如下：謝君今年三十二歲，原籍廣東
梅縣，曾在日本早稻田大學讀書，嗣隨
張詠霓君辦理財政事務，曾任清江（[illegible]）
及吳江青浦松江兩局長，及法租界路名稽
財政視察員，又謝君之父謝度初曾任僑務委
員[illegible]，謝君現在開設造船公司營業經理

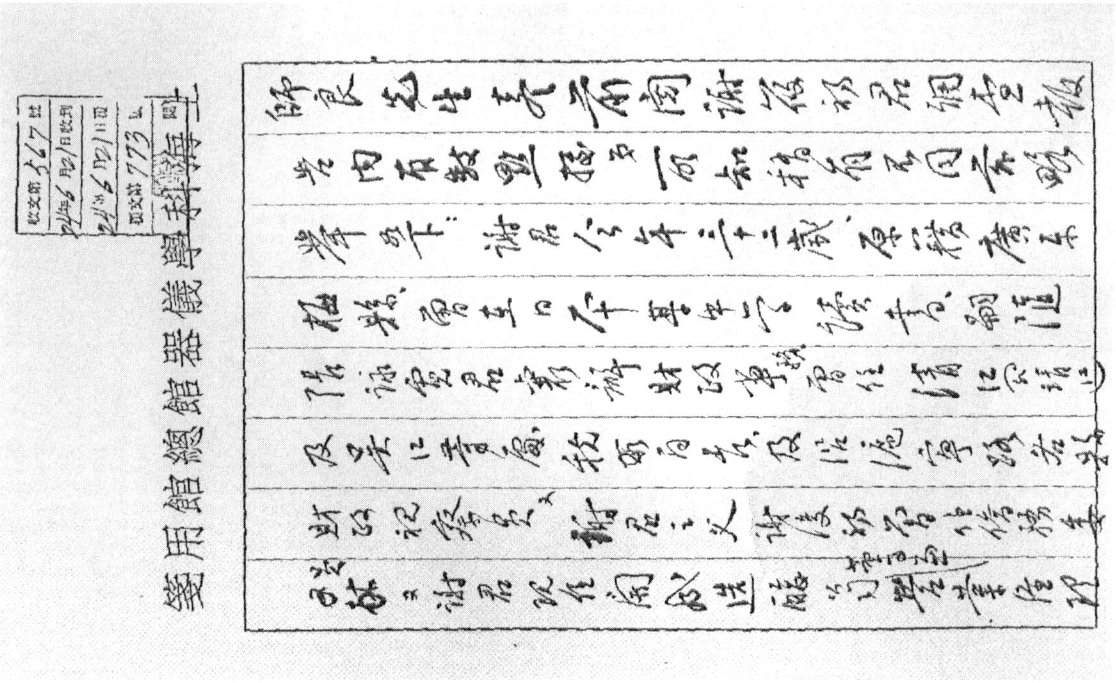

中國徵信所
文稿

上海
[illegible]

中華民國廿四年六月廿一日發文第七八四號第　頁

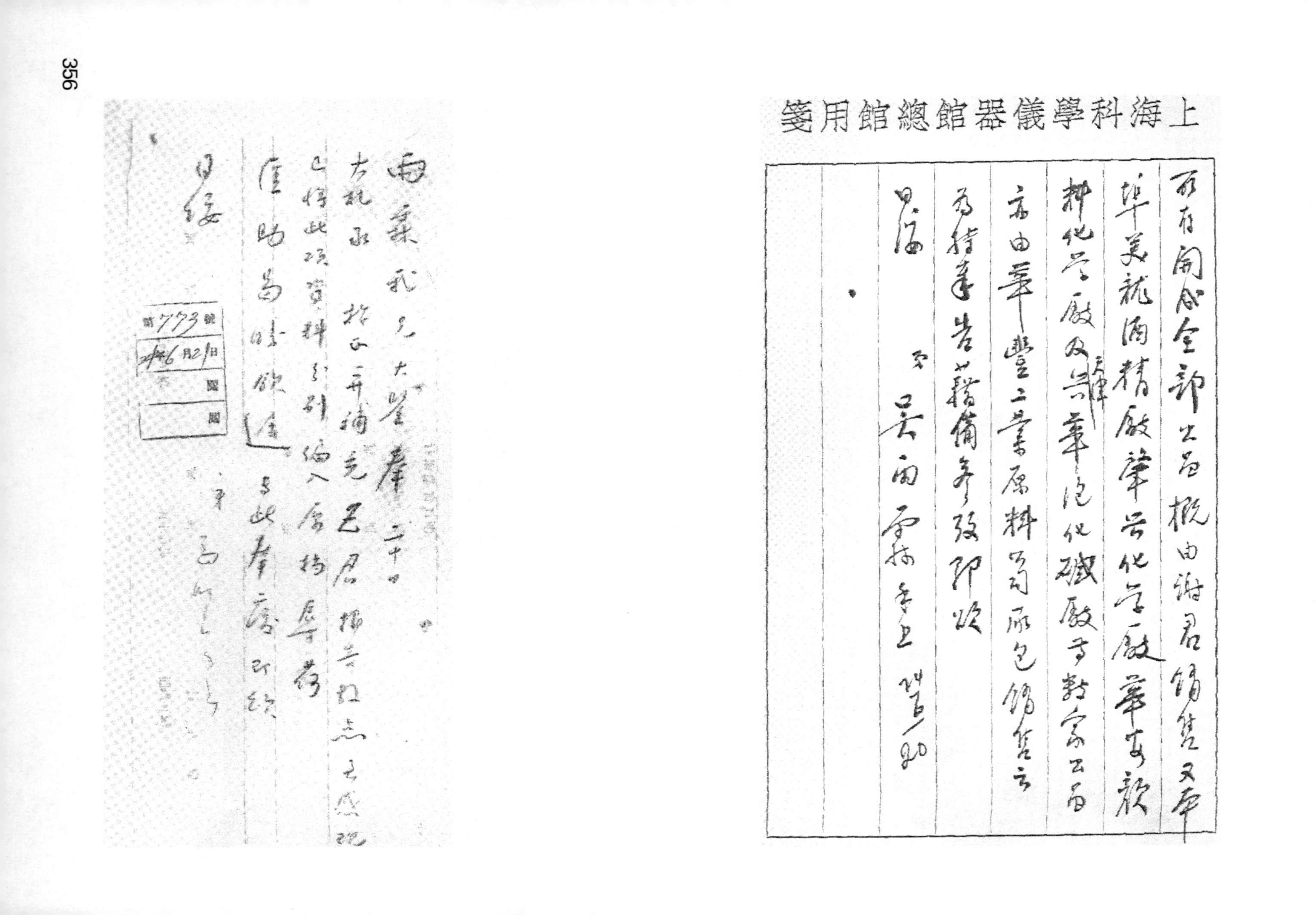

上海科學儀器館總館用箋

所有閣下全部出品概由尊君銷售又本埠美龍酒精廠華昌化學廠華安顏料化學廠及天津華北化礦廠等數家出品亦由華豐工業原料商行所包銷售云為特奉告藉備參考即頌

第773號

處理蔡仁茂玻璃號報告書交涉案之經過

八月廿六日僞昌洋行西人名F. [illegible]者來所詢問本所業務情形及入會條件等由金發堯君接見雙方談話頗爲投近[illegible]存入會之用意先試查數家等語翌日有[illegible]者來所自稱係僞昌洋行保險部代表欲加入本所爲會員惟須先試查數家方可決定當即金發堯君告以非會員委託調查按照本所章程須用書面聲請方可照辦翌日據[illegible]君來函聲請調查蔡仁茂玻璃號內容本所接函後翌日即據[illegible]君電話催送報告由金發堯君告以來函未經僞昌洋行蓋章未便照辦[illegible]君答以可俟報告送來時補蓋本所信以爲真即經着手調查發放報告書照非會員待遇特准辦理事屬陳其林君於九月二日下午二時將報告書送交[illegible]君並將原函補蓋僞昌洋行圖章以昭鄭重乃陳君到該行時[illegible]君本人不在值其弟[illegible]代可由其代簽乃兄並照辦手續陳君不加懷疑將報告書件全數交付[illegible]君本人亦至陳君與之共爭四川路橋附近之華茶公司[illegible]打電話報告本所乃照[illegible]君電話方始接通[illegible]君即聲明簡略談話後即告陳君云因蓋證書已告遺失[illegible]得本所許可准予免行簽給收據一紙證明收到報告一份返還用白紙蓋一收據由[illegible]君具名並同意報告費十元交付陳君陳君不得要領即返所九月[illegible]日[illegible]

[illegible]九月十二日又接沈起律師代表蔡仁茂玻璃號來函謂報告書之[illegible]又因該報告內容述及蔡仁茂[illegible]九月十三日又接該行來函[illegible]

提出條件三項(一)由本所說明報告之根據(二)[illegible]報告所據稿子[illegible]更正報告(三)去函道歉云

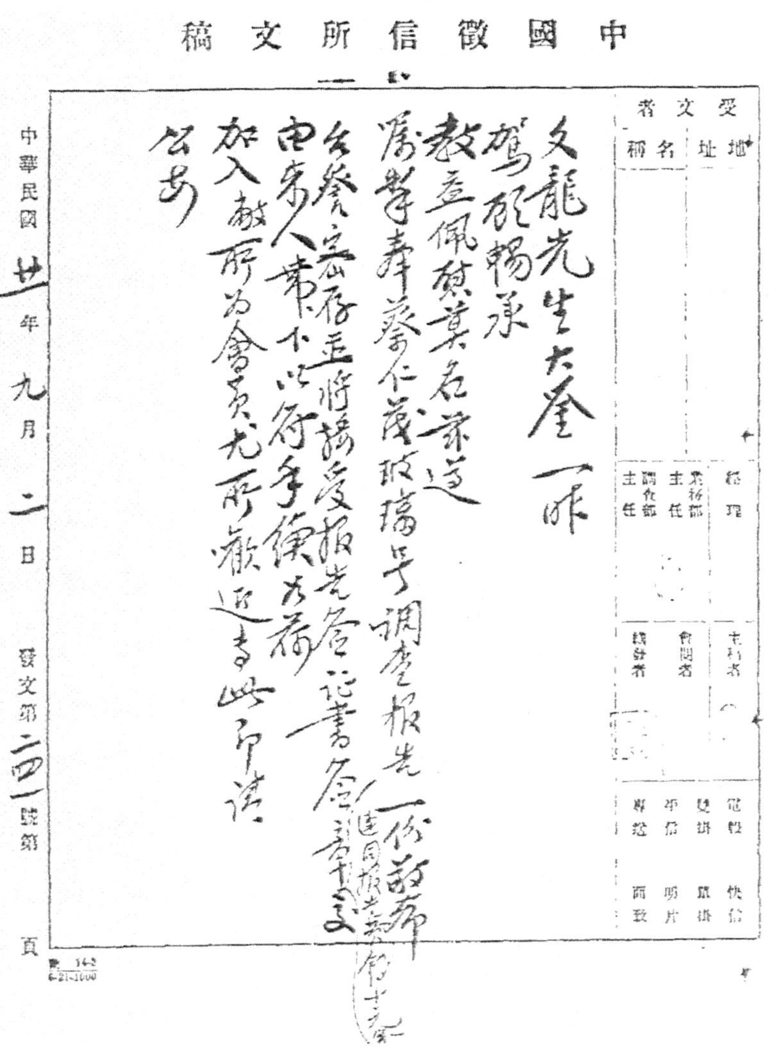
中國徵信所文稿

受文者	
稱名	
地址	

文龍先生大鑒一昨
駕臨暢承
教益佩荷莫名茲送
蔡仁茂玻璃號調查報告一份請
台[illegible]將[illegible]報告書簽名蓋章
由本人帶下以符手續爲荷
加入敝所爲會員尤所歡迎專此即請
台安

經理 主任 業務部主任 調查部主任 主稿者 會閱者 核發者 電報 快信 掛號 平信 明片 專送 面致

中華民國 廿 年 九 月 二 日　發文第 二四一 號第　頁

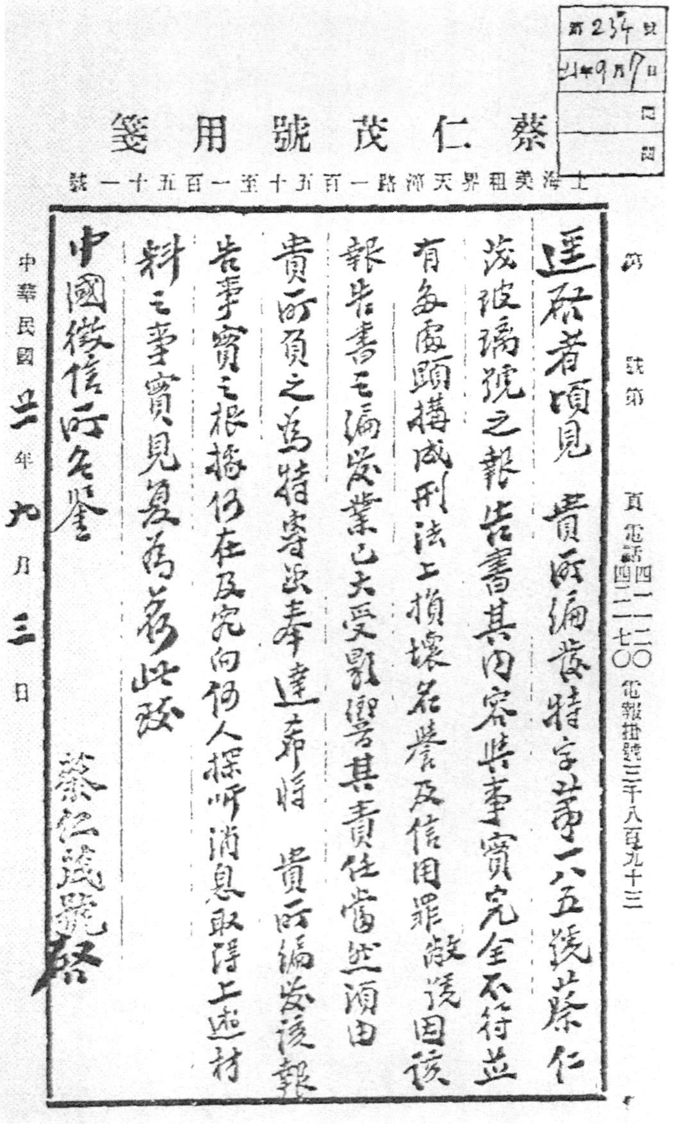

蔡仁茂號用箋

上海美租界天潼路一百五十至一百五十一號

電話四二一二〇 四二二一七〇 電報掛號三千八百九十三

第234號 21年9月7日

逕啟者頃見 貴所編發特字第一八五號蔡仁

茂玻璃號之報告書其內容與事實完全不符並

有多處顛構成刑法上損壞名譽及信用罪 敝號因該

報告書之編發業已大受影響其責任當然須由

貴所負之為特函奉達希將 貴所編發該報

告事實之根據何在及究向何人探聽消息取得上述材

料之事實見復為荷此致

中國徵信所名鑒

蔡仁茂號啟

中華民國廿一年九月三日

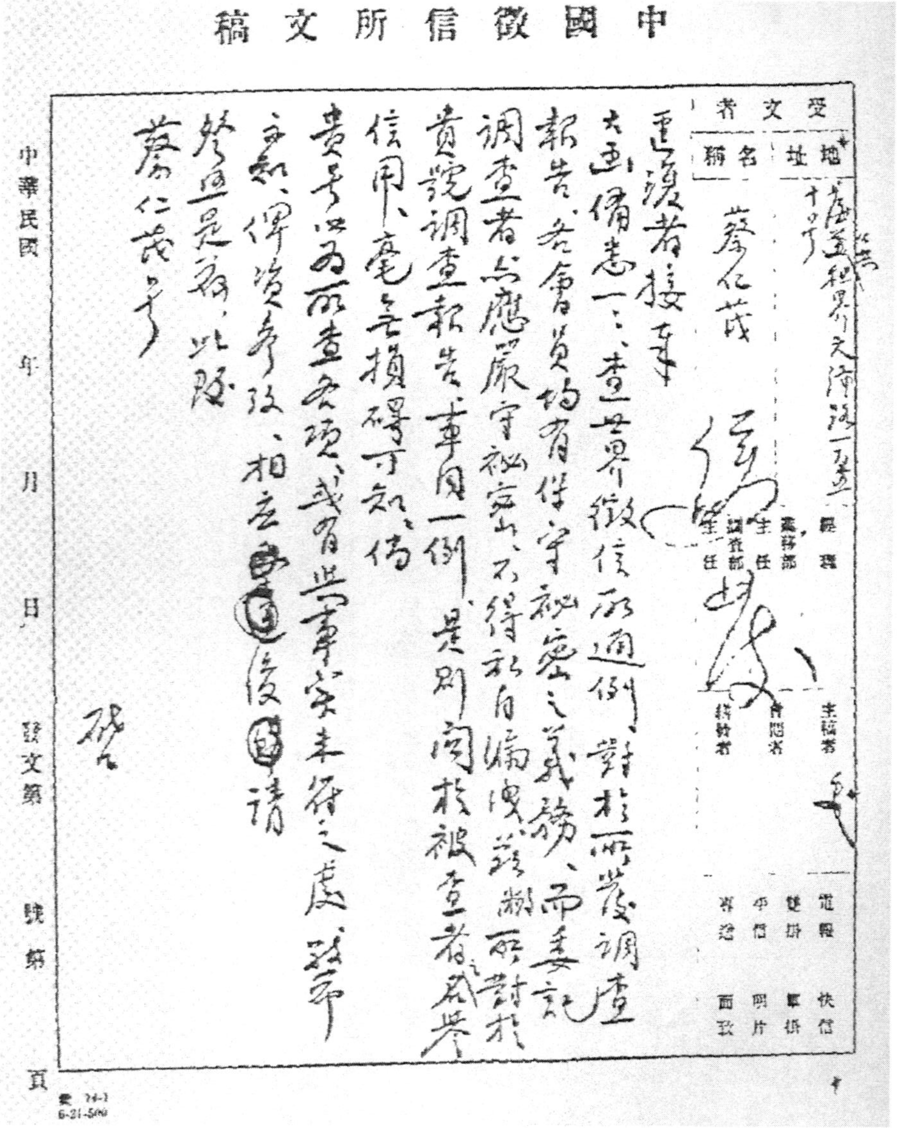

中國徵信所文稿

受文者 名稱：蔡仁茂 地址：上海美租界天潼路一百五十一號

經理 業務部主任 調查部主任 主稿者 會閱者 核對者

電報 快信 雙掛 掛號 平信 明片 寄遞 面致

逕復者接奉

大函備悉一一，查世界徵信所通例，對於所發調查

報告，各會員均有保守秘密之義務，而委託

調查者亦應嚴守秘密，不得私自編傳，茲敝所對於

貴號調查報告事同一例，是則詢於被查者之名譽

信用，毫無損礙可知，倘

貴號以為所查各項，或有與事實未符之處，務希

示知，俾資參攷，相應函復，請

煩照是荷，此致

蔡仁茂號

中華民國 年 月 日 發文第 號 頁

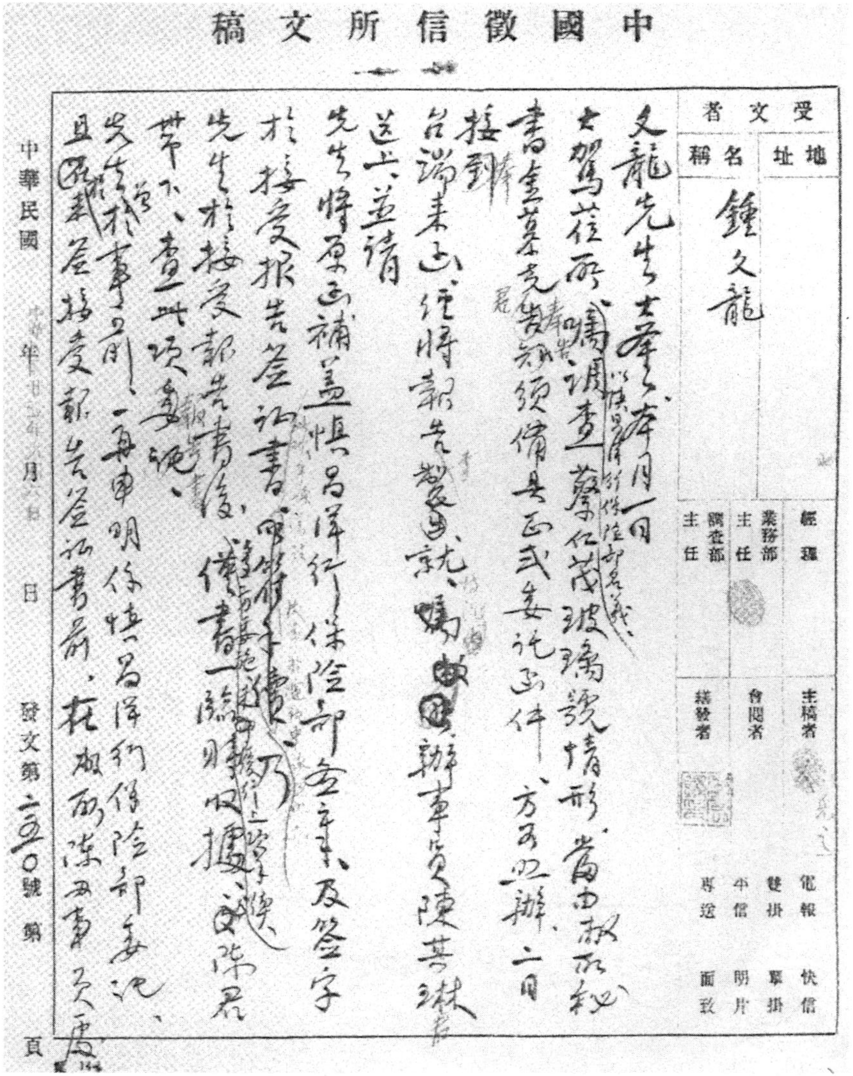

中國徵信所文稿

受文者	
稱名	鍾文龍
地址	

經理　業務部主任　調查部主任

主稿者　會閱者　繕發者

電報　快信　雙掛　單掛　平信　明片　專送　面致

文龍先生大鑒：本年八月一日
大駕蒞所，囑調查蔡仁茂玻璃號情形，當由敝所秘
書查某先生答稱須備具正式委託函件，方可照辦。二日
接到
台端來函，經將報告稿送就，囑敝所辦事員陳蕙琳君
送上，並請
先生將原函補蓋恆昌洋行保險部圖章及簽字
於接受報告簽証書。
先生於接受報告書後，備書一紙收據，交陳君
帶下。查此項手續，
先生於事前一再申明係恆昌洋行保險部委託，
且既已簽接受報告簽証書前，[illegible]

中華民國　年　月　日

發文第二五〇號　第　頁

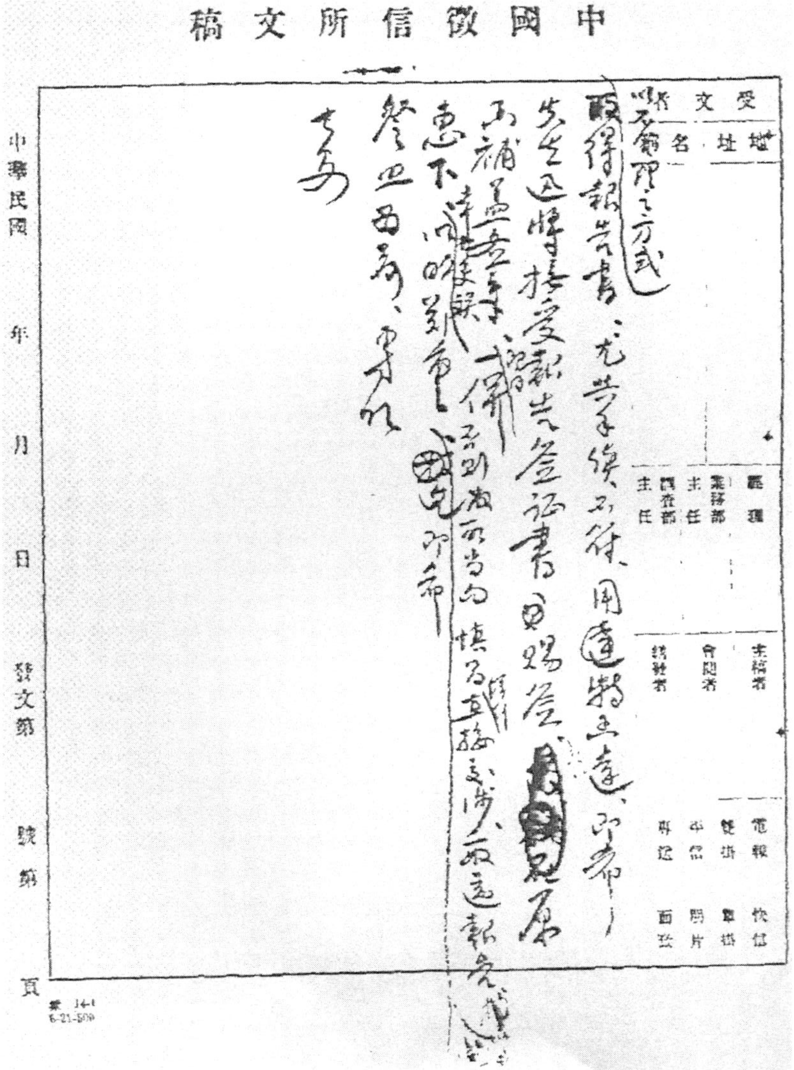

中國徵信所文稿

受文者	
稱名	
地址	

經理　業務部主任　調查部主任

主稿者　會閱者　繕發者

電報　快信　雙掛　單掛　平信　明片　專送　面致

[illegible]

中華民國　年　月　日

發文第　號　第　頁

第354號
21年9/14

惇敘商業儲蓄銀行用箋

第　頁

逕啓者頃見
貴所編發特字第一八五號蔡仁茂玻璃號之報告
書其内容與事實完全不符並牽涉敝行顯構
成刑法上損壞名譽及信用罪敝行因該報告
書之編發業已大受影響其責任當然須由
貴所負之爲特專函奉達希將
貴所編發該報告事實之根據何在及究向
何人探聽消息取得上述材料之事實即日

行址　天潼路乍浦路轉角

惇敘商業儲蓄銀行用箋

第　頁

見復爲荷此致
中國徵信所
惇敘商業儲蓄銀行啓
廿一年九月十三日

行址　天潼路乍浦路轉角

第259號
21年9月17日

惇叙商業儲蓄銀行用箋

第　頁

逕啓者茲奉敝行歷年營業報告十一份及章程

一份至祈

查照為荷

此致

中國徵信所

惇叙商業儲蓄銀行啟

二十一年九月十七日

行址　天潼路乍浦路轉角

中國徵信所文稿

受文者	
名稱	惇叙商業儲蓄銀行
地址	

經理　業務部主任　調查部主任　主稿者　會同者　繕發者　電報　快信　掛號　雙掛　平信　明片　專送　面致

逕復者接准本月十四日

台函並附第一屆至第十一屆營業報告書暨章

程各一份[illegible]業經照收即存卷以備編製報

告書時之參考於茲應備函申謝敬希

察照為荷　此致

中華民國　年　月　日

發文第二八(?)號第　頁

江蘇上海第二特區地方法院 公函 字第一七四九號

逕啓者查本院受理天福公司與贛豐商行爲欠租訴訟一案業
經判決確定執行在案茲因鄧蘊山堅執非贛豐商行之股東或經理祗
僅受該商行經理鄧煥章之委任曾代理該案訴訟而已但據天福公
司則稱該商行鄧煥章名下之股份已歸併於鄧蘊山所有繼續主持
該商行者亦爲鄧蘊山云云兩造各執究竟該鄧蘊山是否爲商行
之股東或經理非切實查明難以確認查
貴所爲商業調查機關對於該贛豐商行鄧蘊山是否股東或經
理自能洞悉相應函請
貴所查照希即據實見覆以憑核办至紉公誼此致
中國徵信所

院長 應時

中國徵信所文稿

受文者	稱名	江西高等第二分院
	地址	

總經理	仰光
業務部主任	
調查部主任	

主稿者	
會閱者	
核發者	

電報	快信
雙掛	單掛
平信	明片
郵遞	面致

逕啟者：准
貴院第一七〇九號函，為鄭蘊山與龔豐商行之
糾紛等因，當經派員調查去後，茲據復稱：查鄭
蘊山即鄭燦章，係江西撫州人，于民國十九年在
福建鍾商徒，係與鄭君族，據鄭蘊山開設
商行，資本為國幣二千元，鄭君佔二分之二分，
甚為鄭君所投資，所分股份，係將鄭君名義，
章程不分股份，嗣中已歸併其鄭蘊山，鄭君
業經撤資，並與房主交涉，該商行
院鄭蘊山遂將該商行債務等事結束，
亨房屋為龔豐商行出售，而據鄭蘊

中華民國二十二年四月十日　發文第八八五號第　頁

中華民國二十二年四月八日

中國徵信所文稿

山號為㊞宜稱贛豐商行完全為鄧燦章經理
彼代理該行以來曉墊款千元尚無着落又據另
一消息贛豐商行初為何股東走了任乃夫因被
此發生意見有一部份股東將股份拆出另設贛
滬商行㊞另有一部份設立協豐商行於是
鄧氏將…最多數鄧燦章至福建股
其股份大約已歸併其他部至其他股東
多係寧…且早已卸清
究竟內容如何尚難記實奇情據此查報所求
本商事調查傳據採訪所得製成報告藉供貴
託共之參考至所報告是否完全實在則又能負
確定准
逕啓者…所得消息據實…

中華民國　年　月　日　發文第　號第　頁

中國徵信所文稿

聊供
貴院密…之參考
參以為荷此呈
江蘇上海第二特區地方法院

中華民國　年　月　日　發文第　號第　頁

鄺蓁奎律師用箋

第2062號 第一頁

逕啟者 頃據鄧蘊山君來所聲稱查鄧人曾充贛
豐商行職友並非經理亦非股東蓋該行經理係
鄧悰章有案可稽不意天福公司誤認鄧人為該
行股東遂以莫須有之詞妄行羅織朦函向中國
徵信所調查該所未查確証竟貿然覆函指鄧人為該
行股東空中樓閣得為駭異應請代為函達中國徵
信所尅日提出確証否則應聲明得之傳聞蓋此等關
係鄧人利害甚大斷不能僅憑空言逕令鄧人受無

中華民國 年 月 日

事務所上海白克路四七六號 電話三五八三〇號

鄺蓁奎律師用箋

第 號 第二頁

辜之累也等語相應函達即希
示復為荷此致
中國徵信所

律師鄺[illegible]

中華民國叁拾叁年陸月念柒日

事務所上海白克路四七六號 電話三五八三〇號

中國徵信所

文稿

受文者	名稱	上海白克路の七六号
	地址	鄒鏡然律師
主文		函復范山與競豐商行之關係尚未能確定由

經理	秘書	主稿者	會閱者	校對者	登記者
仲					

電報　快信　雙掛　限掛　平信　明片　專送　面致

逕復者：接准本年六月廿七日

台函略開：據鄧范山君稱前與競豐商行爲

友並非該行股東，查該行經理係鄧紫章

有案可稽，大福[illegible]誤認鄧人爲該行股東

函請貴院向中國徵信所調查，該所曾據鄧

人爲該行股東，承認代爲函送中國徵信所提

提出確認[illegible]

[illegible]

中國徵信所

文稿

[illegible]

[illegible]

[illegible]

[illegible]

[illegible]

[illegible]

[illegible]

中華民國　年　月　日

發文第　號第　頁

江蘇高等法院第三分院書記室公函　字第5127號

本院受理鄭蓀山與天福公司因欠租涉訟事件，據天

福公司代理人陳稱：

貴府曾於二十二年三月十四日，代鄭榮章調查穀豐商行大概告去

内載：穀豐商行主办者為鄭燦章，副理福建，後有繼續主持者為

鄭君蓀姪鄭蓀山，鄭燦章名下股份，歸中郎併於鄭蓀山，因欠

房租，乃租安宏餘坊二弄之房屋，另立穀東商行，等情，查其所訴，

有無相當根據，相應函請

查復過院，以資參考為荷。

中華民國廿三年五月七日

2256號　23年5月1日

中國徵信所

文稿

受文者	名稱	
	地址	
主文		
由		

總理	秘書	主稿者
會閱者	繕發者	登記者

電報	雙掛	平信	專送
快信	單掛	明片	面致

三、中国征信所调查报告

(一) 中国征信所信用调查报告书(第 1～45 号)

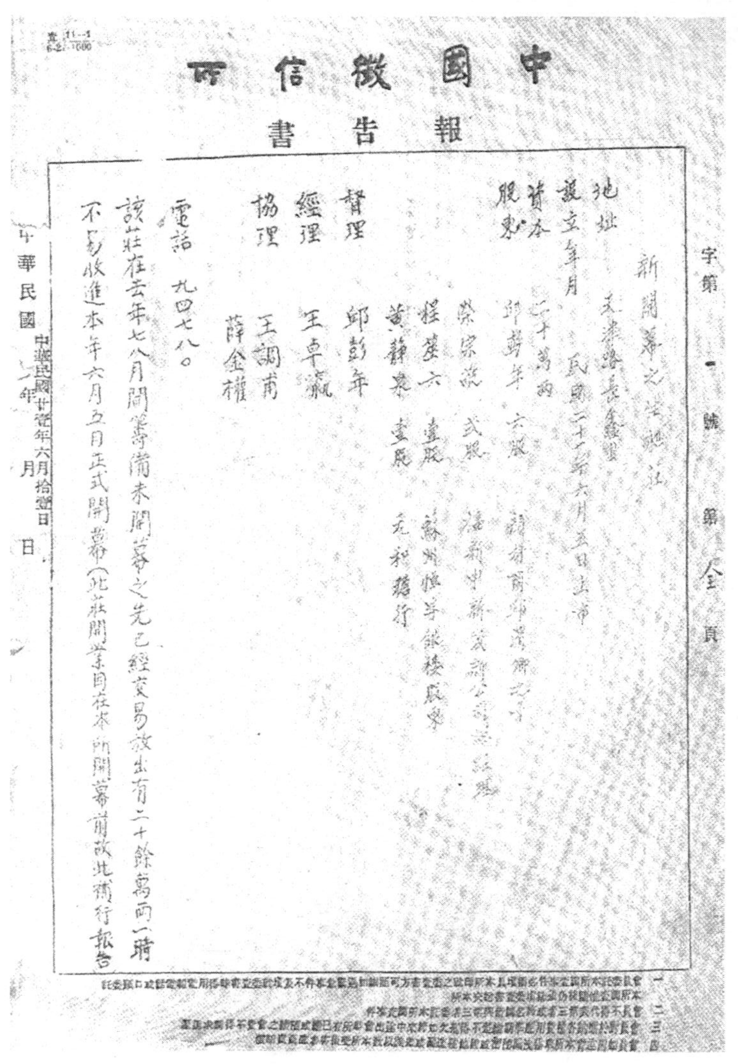

中國徵信所

報告書

字第一號 第壹頁

新開幕之[illegible]

地址 天津路長鑫里

設立年月 民國二十六年六月五日出市

資本 二十萬兩

股東 鄔彭年 六股 [illegible]

蔡宗[illegible] 弍股 [illegible]

程[illegible]六 壹股 蘇州[illegible]

黃靜泉 壹股 元和錢行

督理 鄔彭年

經理 王卓飛

協理 王調甫 薛金權

電話 九四七八〇

該莊在去年七八月間籌備未開幕之先已經交易放出有二十餘萬兩一時不易收進本年六月五日正式開幕(此莊開幕因在本所開幕前故此補行報告

中華民國二十六年六月拾壹日

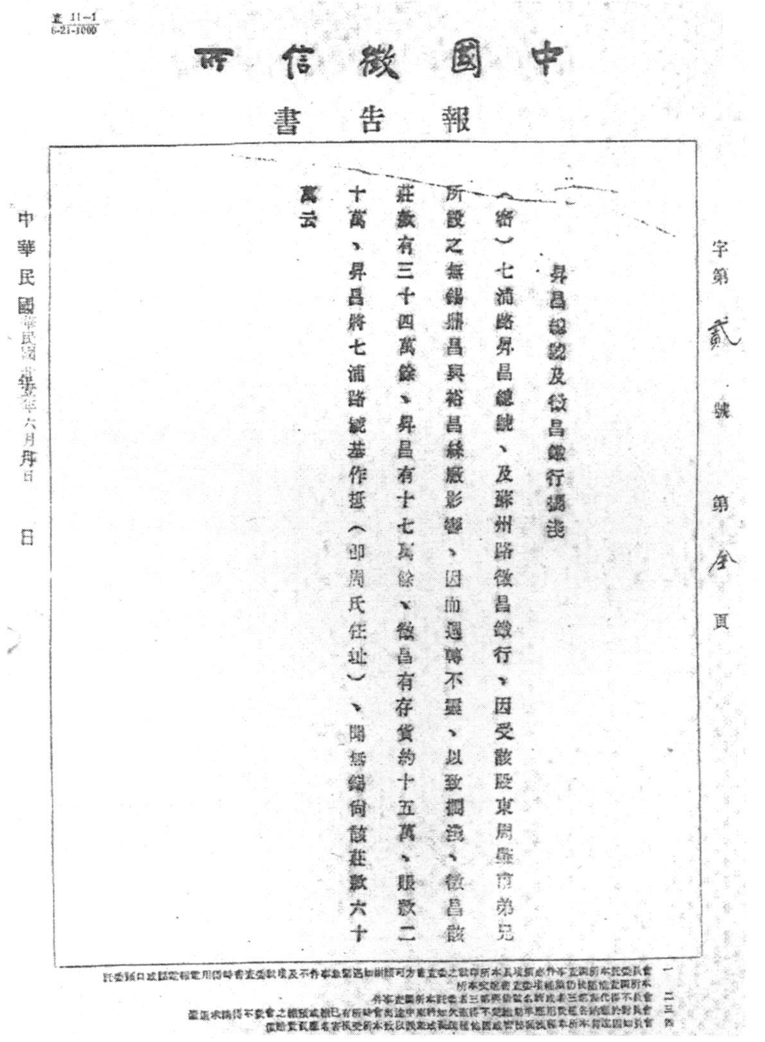

中國徵信所

報告書

字第貳號 第叁頁

昇昌總號及裕昌錢行調查

(略)七浦路昇昌總號、及蘇州路裕昌錢行，因受該股東周姓兄弟所設之無錫鼎昌與裕昌絲廠影響，因而週轉不靈，以致擱淺，裕昌該莊款有三十四萬餘，昇昌有十七萬餘，裕昌有存貨約十五萬，艮款二十萬，昇昌將七浦路總基作抵(即周氏住址)，聞無錫尚該莊款六十萬云

中華民國二十六年六月廿日

產 11-1
6-21-1000

中國徵信所

報告書

字第叁號第全頁

一

頃茲有陳二臣（「萬興中學」）與人合股開設洋紙門市店之說，與調查[illegible]

乃係元記紙號股東，經理為王國楨，資本約在一萬二三千兩云。

二

蕪湖客商胡仲記申莊，今年起營洋紙生意，代蕪湖客商在上海購辦洋紙，不料上月間倒閉虧空洋紙同業[illegible]昌興記等貨款共一萬三四千兩，上海紙商債權方面，急派人往蕪湖辦理，昨日洋紙公會，接得蕪湖來信，蕪湖紙商，均已將貨款付清，惟有[illegible]一千餘元貨款，未被胡仲生取去，此外則江西南昌或尚有未付貨款，據紙商云，將來債權方面至多能同半數而已。

三

王子文潘正義二人合股開設志記洋紙號，店址在天津路南香粉弄，傳說資本一千元，其實祇有六百元，營業範圍不大，似屬掮客性質。

中華民國廿壹年六月九日

產 11-1
6-21-1000

中國徵信所

報告書

字第肆號第全頁

呢絨市況

近來呢絨市況，殊為清淡，價格日見低落，最近所售貨價，較未加關稅以前更廉，其最大原因，在市面不佳，銷路滯鈍所致。

市上夏貨均已陸續到齊，惟府綢因來貨擁擠，市價大跌，跟原價幾跌去三分之一云。

在最近期間內，市上最缺之貨，為華達呢及大衣呢二種，華達因貝商定貨過多，呢絨商會大受損失，故不敢再定，且致有缺貨之虞，大衣呢市上存底極少，據云今年下半年將發大衣呢之價格，或將增長云。

中華民國廿壹年六月七日

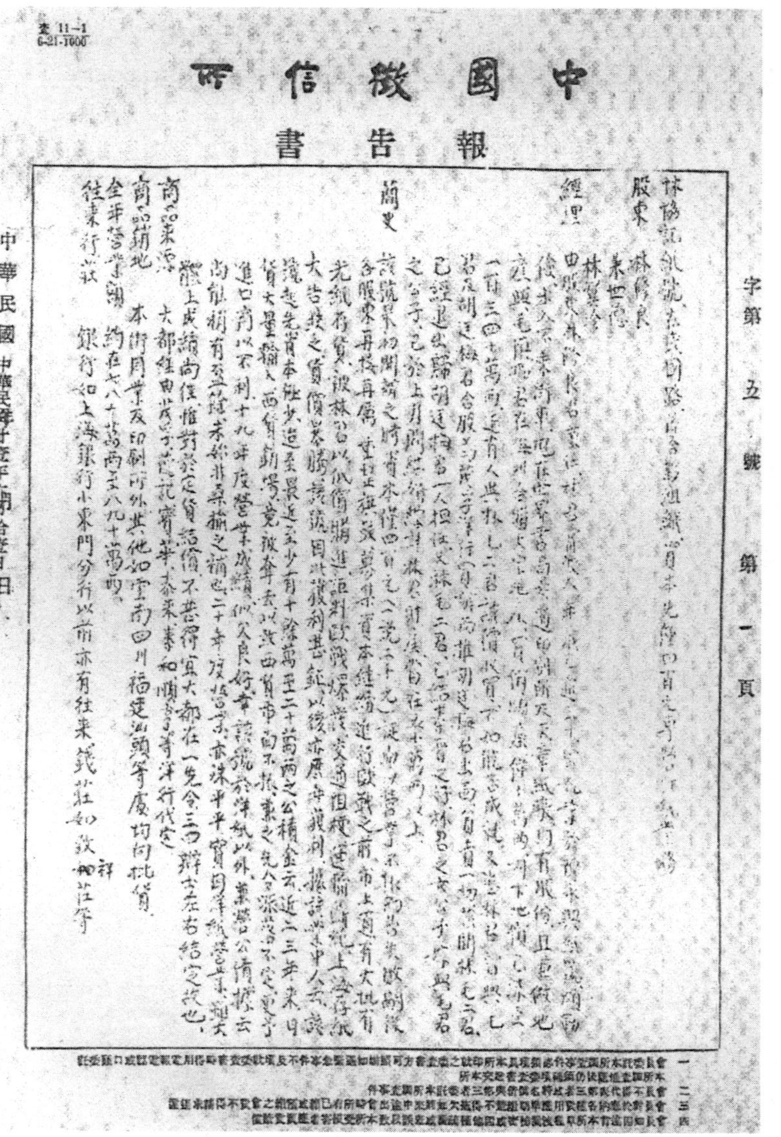

中國徵信所

報告書

字第五號第一頁

中華民國二十一年六月拾壹日

中國徵信所

報告書

字第五號第二頁

信用 平

地位 上等

附錄 又悉該號在前年因做公債而獲利，故去年仍續做，適值公債慘跌，該號不免稍受影響，損失不小，故其內容是否殷實尚待確探云。

中華民國二十一年六月拾壹日

中國徵信所

報告書

字第　　號　第　　頁

永豫紗廠決定出盤

六月十日下午、永豫和記紗廠股份有限公司、開股東大會、董事長徐寄廎主席、報告副總經理顧子言及常務董事劉夔若違法經營美棉投機、擅用公款及擅發溢額股票、致公司損失達三十萬兩以上、因之金融界紛紛停止通融、且通令歸還欠款、目下維持營業、甚屬不易、嗣由總經理呂葆之陳述目下負債過重、支付利息、月需萬兩、設欲成本輪為即能勉強支持、前途亦甚黯淡、當經決議、由董事會負責將廠盤出售同時並指定徐寄廎呂葆之及吳起潛三董事專任接洽出售事宜云、

中華民國　年　月　日

中華民國廿壹年六月拾參日

中國徵信所

報告書

字第柒號　第[illegible]頁

元康紙號　在山東路源泰里、設立已經四年、資本五千元、係合夥組織、專營粗細洋紙等業務、

股東　李鴻基　在南市開設同昌餘棉布號、在市內亦有不動產、全部財產、約值五萬至十萬元、

宋浩然　鎮江人、在鎮江開設鹽號、亦有財產若干、

陸鍾儀　見下

蔡文清　前在久記紙號服務、因與王寶賓君發生意見、乃集陸鍾儀君集股開設元康紙號、由陸君介紹李鴻基、蔡君介紹李浩然、共同入股、

經理　即股東陸鍾儀君兼任、陸君上海人、年在二十以上、少年老成而又節儉、除嗜好麻將外、並無其他惡習、在引翔港公安局分所對門、有祖遺房地產、向業洋紙、曾在慶成紙號習業、後在樹記[illegible]紙號

中華民國　年　月　日

中華民國廿壹年六月拾參日

中國徵信所

報告書

字第　號　第貳頁

款後，改任久記紙號經理，在元大紙號，亦有股份，去年起，在順亨洋行爲式老夫。

簡史　該號開設至今，歷經四年，而歷年均能獲利，良以營業方法，尚稱穩健，近二年來，專注重經營日貨，與日商大同洋行，頗多往來，濟變以後，乃改定西洋貨。

民國十九年，以販賣日貨，因此獲利一萬餘兩，二十年上半年，三四月間，紙市大見起色，貨價飛漲，該號因隔年所進廉價貨物不少，故獲利頗多，下半年抵貨潮起，經理陸鍾儀君向順亨洋行定購報紙約有二百件，每令定價三兩餘，到貨時，適值上海紙業缺少西洋貨，價格上騰，至每令六兩，迨定貨售罄，獲利已達數千兩，該號所定西洋貨，其先令結價，又均在一先令八九便士左右，於滙價上亦沾利不少，

中華民國廿壹年六月拾叁日

中國徵信所

報告書

字第　號　第叁頁

民國二十年度，營業亦稱順利，比較上年大有進步，所獲利益，頗有增加，

商品來源　向洋行定貨，順亨，継昌，泰和，裕豐，瀛洲，謙記，泰來，德記，美最時及大同等洋行，均有往來，

商品銷地　廈門，汕頭，溫州，徐州，開封，蕪湖，長沙，杭州，蘇州等埠，

全年營業額　去年約八九十萬兩，

營業狀況　去年獲利約二萬兩，

往來行莊　錢莊如嚴康，順康，泰元，生大等，

信用　頗好，

地位　上中，

中華民國廿壹年六月拾叁日

中國徵信所

報告書

字第 劉 號 第 壹 頁

大旅行

地址 四川路五十三號

設立年月 民國十九年下半年

資本 二萬兩（未收足）

組織 合夥

股東 嚴登錫 顧季高 汪雨蒸 吳倬雲

經理 嚴登錫、寧波人、年三十左右、其父嚴兆基、向在安利洋行爲

式老夫、又開設蔡與洋雜貨號、在河南路華康呢絨號亦有股份、以前

尚有與人合股開設之商店、近年因時局不靖、已經轉辭出、

弟兄三人、爲嚴登錫、嚴登賢、嚴登卿、嚴登[illegible]在安利洋行服務、嚴登賢

在華康呢絨號服務、近二年來已經分產、

嚴兆基大約有十餘萬至二十萬財產、又有地皮房屋等不動產、

營業種類 進口 該行專做進口生意、現在以呢絨綢布爲主要貨品、

以前尚兼做雜貨、人造絲、毛冷等一切貨物、[illegible]以後、不[illegible]再做、

貨品來源 該行直接向外國定貨、其中以英德等國爲最多、

中華民國 中華民國廿叁年六月拾肆日

中國徵信所

報告書

字第 [illegible] 號 第 貳 頁

貨品銷地 該行營業、大概代客定貨、而取手續費、自己不做現貨、

並無貨物存貯、

該行所有主顧、如河南路一帶做門市之呢絨店、其中以華康爲大主顧

此外如小東門信大祥、協大祥等門市店、所有主顧、均照應實、惟有

陶朱里（九江路）寶華祥呢絨棉布號、定有府綢多件、不料因時局不

靖、又受松江銀行倒閉影響、（松江銀行經理爲該號大股東）不得已

經理沈志超、於上月底、逃遁、客家向該行所定貨色、亦未照出、該

行因此損二千餘兩、

營業情形 該行前年開辦、但至十月方做生意、去年時局不靖、市面

沉寂、故生意亦殊清淡、祇有十餘萬兩而已、

營業狀況 前年開辦第一年、但其營業狀況、亦殊平平而過、少有餘

利、

去年狀況、仍屬平平、但該行開支倘省、每月僅需五百兩左右、故去

年營業雖小、結果仍有盈利、但亦祇二三千兩而已、

自一二八事變起後、所有客家定貨、均未照出、甚至稅餉亦未繳付、

因此使該行十分困難、近數月內、將一切開支收縮、雇員薪金、亦照

中華民國 中華民國廿叁年六月拾叁日

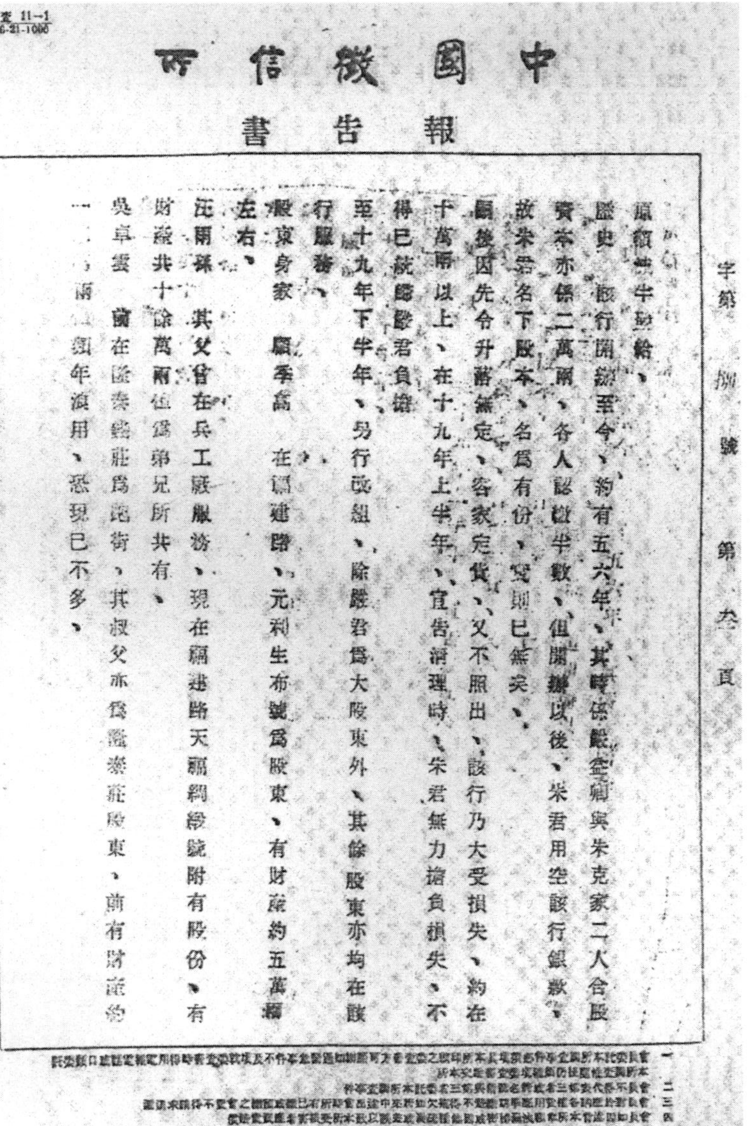
查 11-1
6-21-1000

中國徵信所
報告書

字第　捌　號　第　叁　頁

原額卅半般餘、
歷史　該行開辦至今、約有五六年、其時係殷奎甫與朱克家二人合股
資本亦係二萬兩、各人認做半數、但開辦以後、朱君用空該行銀款、
故朱君名下股本、名爲有份、實則已無矣、
嗣後因先令升落無定、客家定貨、又不照出、該行乃大受損失、約在
十萬兩以上、在十九年上半年、宣告清理時、朱君無力擔負損失、不
得已就歸殷君負擔、
至十九年下半年、另行改組、除殷君爲大股東外、其餘股東亦均在該
行服務、
股東身家　殷奎甫　在福建路、元利生布號爲股東、有財產約五萬兩
左右、
汪爾孫　其父曾在兵工廠服務、現在福建路天福綢緞號附有股份、有
財產共十餘萬兩、係渠弟兄所共有、
吳卓雲　曾在盛泰錢莊爲跑街、其叔父亦爲盛泰莊股東、前有財產約
一二萬兩、頻年浪用、恐現已不多、

中華民國　廿壹年　月　拾叁日

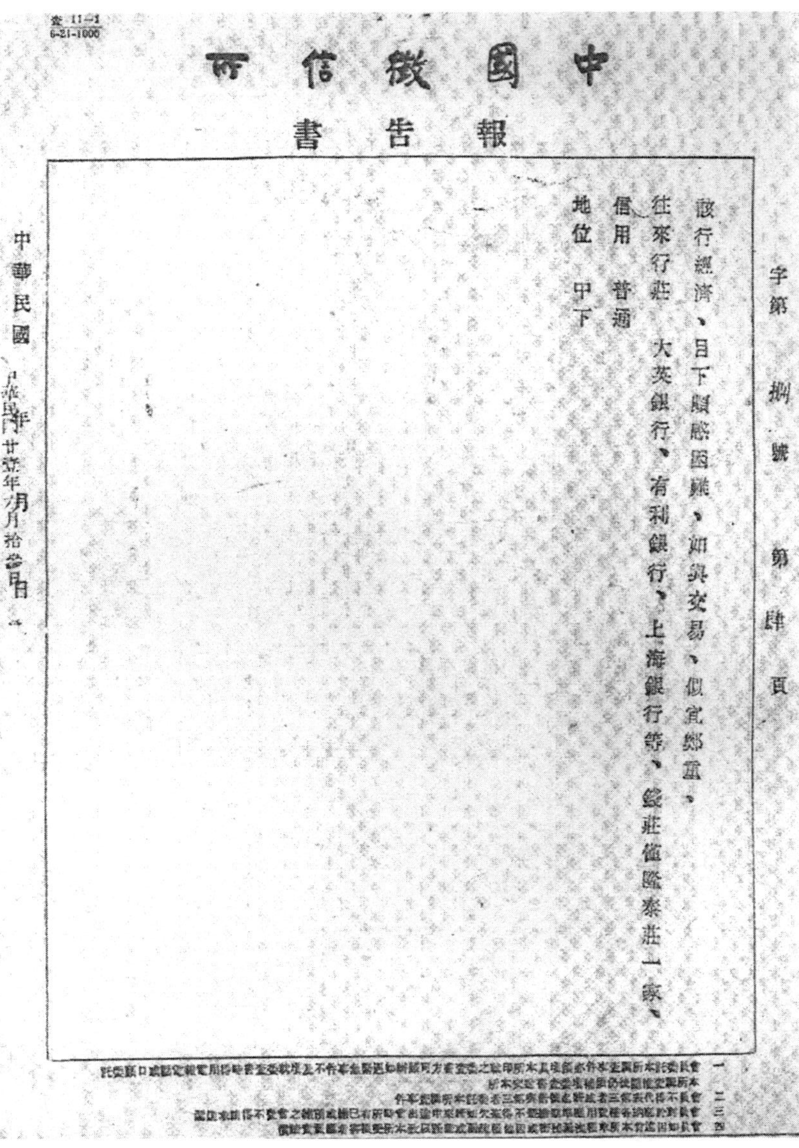
查 11-1
6-21-1000

中國徵信所
報告書

字第　捌　號　第　肆　頁

該行經濟、目下頗感困難、如與交易、似宜鄭重、
往來行莊　大英銀行、有利銀行、上海銀行等、錢莊僅盛泰莊一家、
信用　普通
地位　中下

中華民國　廿壹年　月　拾叁日

查 9-1
6-21-5000

中國徵信所
報告書

字第 玖 號 第 壹 頁

上海玻璃業之現狀

在上海之玻璃廠以前大小共有四十餘家，唯日商所出玻璃廠營業最為發達，自去年九一八後，華商一致不用該廠貨品，以致無形停頓。迨一二八滬變起，後因所有玻璃工廠大概在閘北戰線以內，被日本飛機擲彈炸毀者甚多，因此上海各工廠（如化妝品、藥房、調味粉及其他工廠等）乃有玻璃缺乏之虞。現悉在公共租界內之玻璃廠規模較大者凡三，茲摘要分述如下：

（一）晶明玻璃廠　廠址在膠州路，開設已有一年以上，即係中國化學工業社所分設，資本並無定額，廠內有爐子二座，工人二百餘名。

（二）益利玻璃廠　廠址在華德路，開設已有二年左右，係益利汽水公司許廷佐君所創辦，內有爐子三四座，工人約三百餘名。

（三）中漢玻璃廠　方於今年創辦，廠址在臨山路、有恒路之間，即係廠主鄭忠漢君住宅，鄰近占地四畝半，初辦時僅有爐子一座，將來擬再擴充至四五座，資本暫定五萬元，其出品擬先造粗貨云。

中華民國（中華民國廿壹年六月拾四日）日

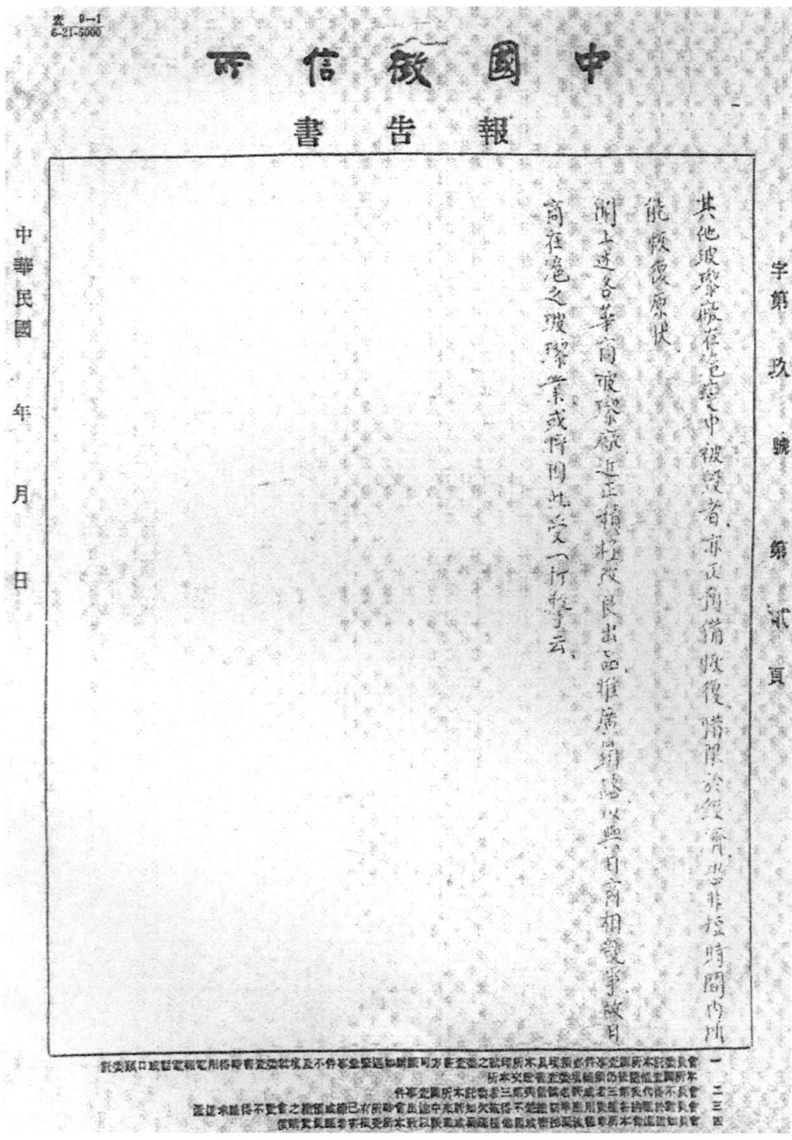

中國徵信所
報告書

字第 玖 號 第 貳 頁

其他玻璃廠在滬變中被毀者，亦已籌備恢復，惟限於經濟，並非短時間內所能恢復原狀。

聞上述各華商玻璃廠近正積極改良出品，推廣銷路，以與日商相競爭，故日商在滬之玻璃業或將因此受一打擊云。

中華民國　年　月　日

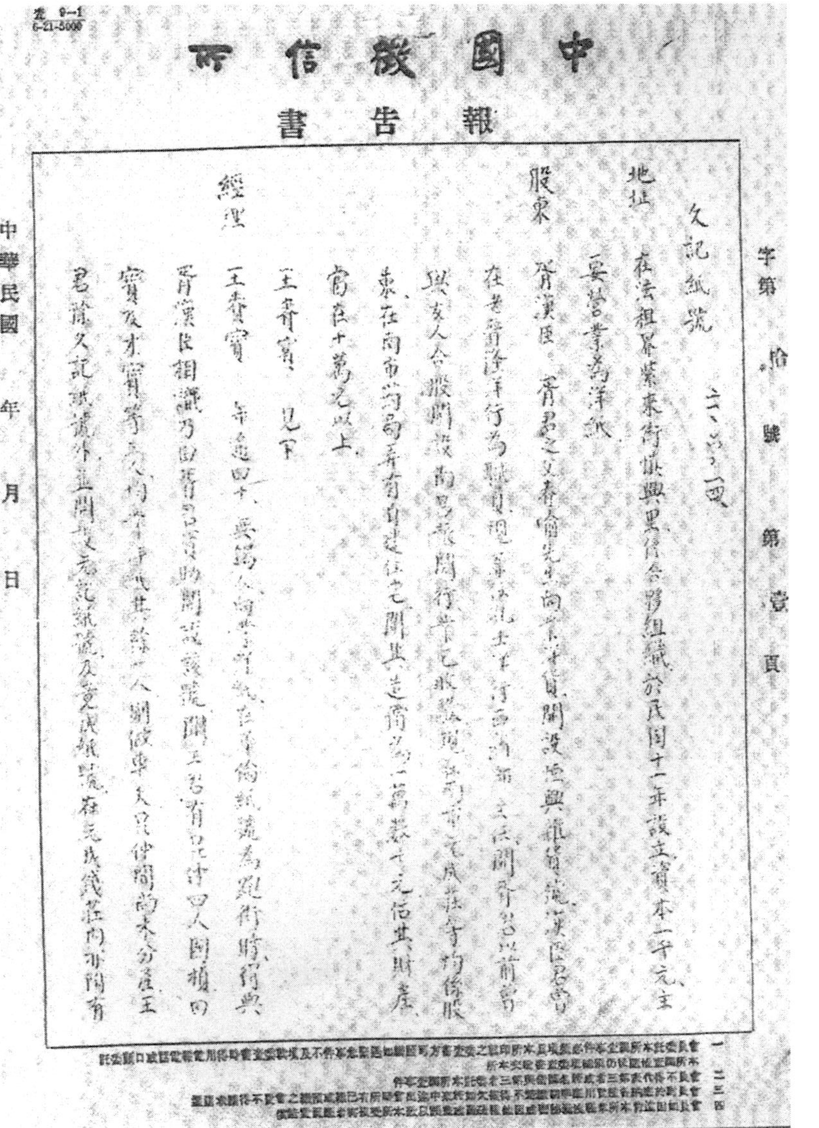

中國徵信所

報告書

字第　拾　號　第　壹　頁

久記紙號　二六六四

地址　在法租界紫來街慎興里，係合夥組織，於民國十一年設立，資本一千元，主要營業為洋紙。

股東　胥演臣　胥君之父春甫，先在南市[illegible]開設恒興祥紙號，演臣另曾在老晉隆洋行為職員，現[illegible]年[illegible]，以前曾與友人合股開設高昌紙行，[illegible]已收歇，[illegible]均係股東，在南市[illegible]有自建住宅，聞其造價為一萬數千元，估其財產當在十萬元以上。

王青寶　見下

經理　王青寶　年逾四十，要[illegible]在[illegible]倫紙號為跑街，時與胥演臣相識，乃由胥君出資，助開該號，聞王君有[illegible]四人，因[illegible]寶及才寶等[illegible]，君[illegible]久記紙號外，並開設元記紙號及元成紙號，在元成錢莊內亦開有

中華民國　　年　　月　　日

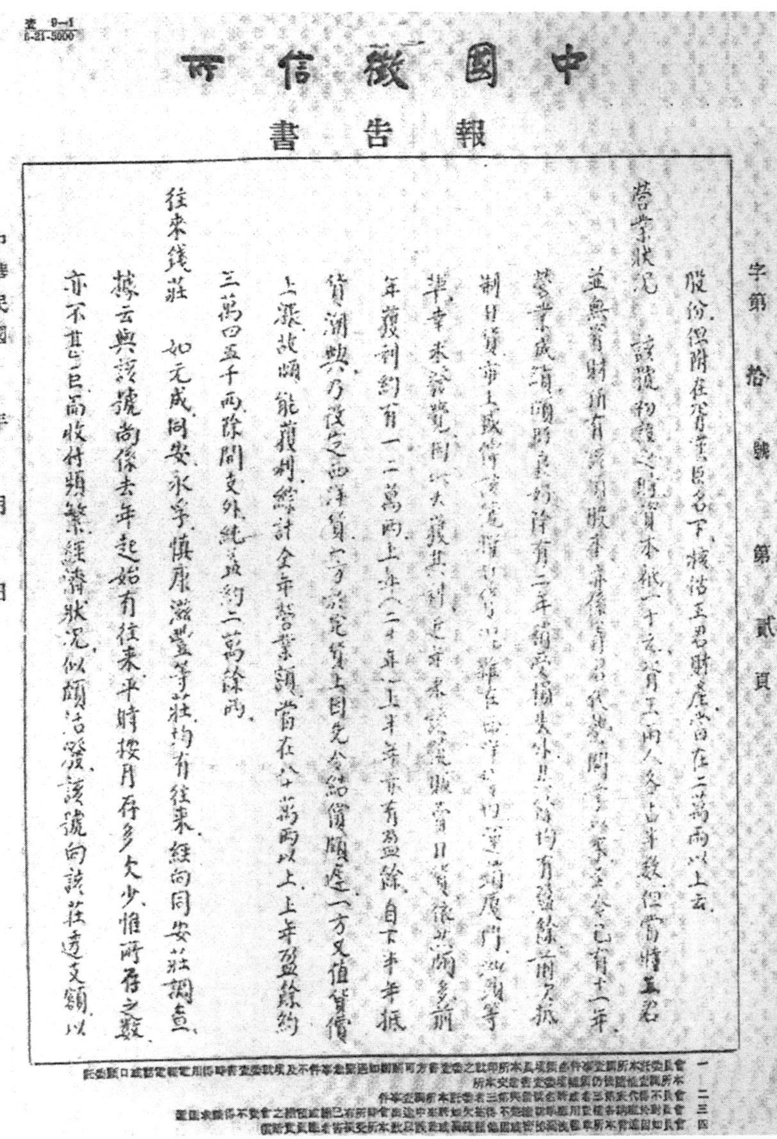

中國徵信所

報告書

字第　拾　號　第　貳　頁

股份，但附在胥君臣名下，據[illegible]王君財產，當在二萬兩以上云。

營業狀況　該號初設之時，資本祇一千元，胥、王兩人各占半數，但當時王君並無資財，所有[illegible]股本，亦係[illegible]，該號開業至今已有十一年，營業成績頗[illegible]，除前二年稍受損失外，其[illegible]均有盈餘，前又抵制日貨，市上[illegible]，[illegible]洋[illegible]等洋紙[illegible]，年獲利約有一二萬兩，上年（二十年）上半年市有盈餘，自下半年抵貨潮興，乃改定西洋貨，[illegible]因元全結價頗遲，一方又值貨價上漲，故頗能獲利，總計全年營業額，當在八十萬兩以上，上年盈餘約三萬四五千兩，除開支外，純益約二萬餘兩。

往來錢莊　如元成、同安、永享、慎康、滋豐等莊，均有往來，經向同安莊調查，據云與該號尚係去年起始有往來，平時按月存多欠少，惟所存之數亦不甚巨，而收付頗繁，經濟狀況，似頗活潑，該號向該莊透支額，以

中華民國　　年　　月　　日

壹 9-1
6-21-5000

中國徵信所

報告書

字第 拾壹 號　第 壹 頁

雜糧業最近市況　　中華民國二十一年六月十五日

雜糧一業、在滬市昔稱手屈一指、而南市豆市街一帶、尤爲號家最多之區、近年以來、洋米洋麥銷行、各號交易愈促、而危險愈多、茲就最近市況、及[illegible]業中盈虧情形、略爲報告、

米市　米價最近所以日呆、原因在洋米存額甚多、統計全市所存洋米、有一百五六十萬、七月份尚有續到西貢小絞四五十萬、轉瞬大熟、長江邊秈即須上市、此項秈米一到、米市之下落、自在意中、

麥市　滬市麥價、幾全隨洋麥爲轉移、華麥瓦居附庸之列、故近內地新麥上市、各路銷胃極呆、貨品延者在三月以內、幾致無人過問普通價格、大抵在三兩一錢之譜、此後各處續到新貨正多、價格悉須看軟、但產額已低、較之米價相差倘遠、故據一般人觀察、此後

中華民國　年　月　日

壹 9-1
6-21-5000

中國徵信所

報告書

字第 拾 號　第 叁 頁

地位　乙等

二三千兩爲限云、

中華民國　年　月　日

中國徵信所
報告書

字第　號　第貳頁

麥價之跌勢、似屬甚輕、

各號現況　雖鑑業中、營業獲利者固屬不少、但虧耗者亦多、其原因不外三種、（一）在交易所中失敗、（二）遭受倒賬、（三）受時局影響、茲述如下、

1、源興、經理顧某臣、資本二萬兩、開營業所耗、共有四萬兩巳於夏歷端節前停頓、

2、德泰興、經理傅昌裕、資本二萬五千兩、連年盈利、已達十萬兩、去年經營小麥、及爲漢口股東楊某（開祇一股）所累、倒賬八萬兩、最近又爲永源倒賬六萬兩、受虧過鉅、不易支持、聞係經理尚在漢口索賬、患病甚劇、各股東爲維持營業計、有墊款十萬兩、另換經理（前協理宋審璵有爲經理之說）重振旗

中華民國　年　月　日

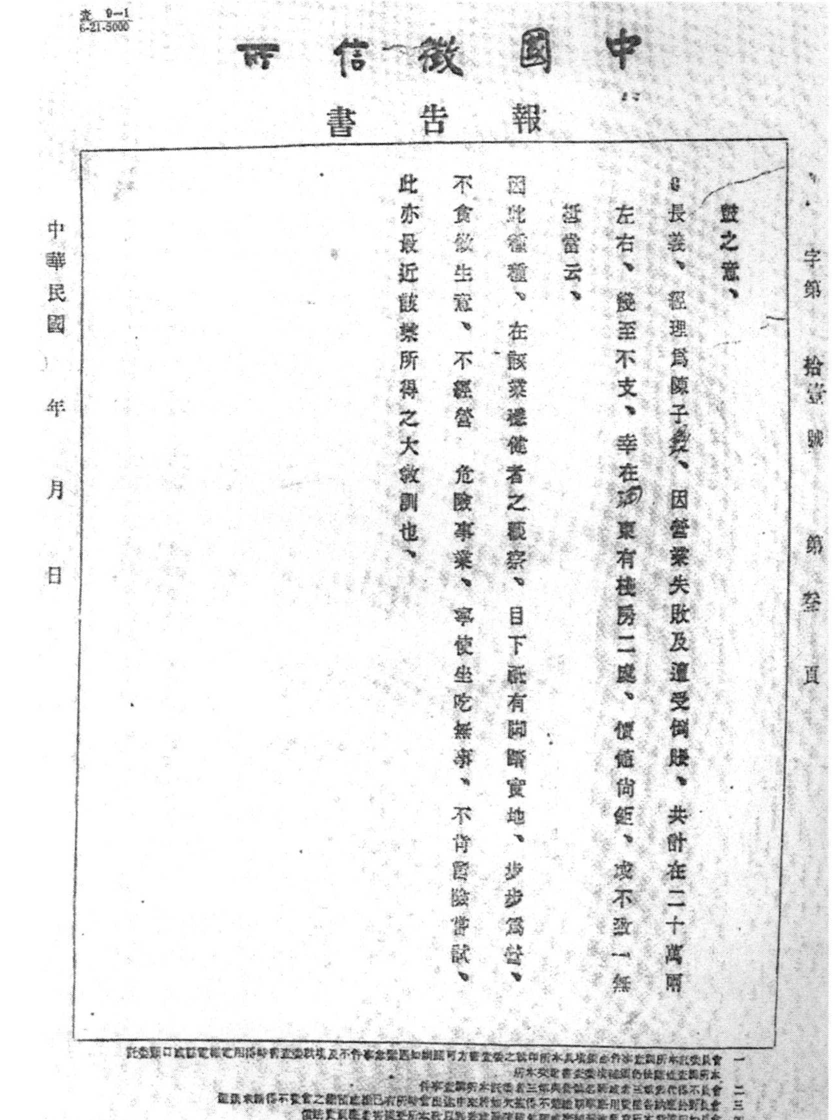

中國徵信所
報告書

字第拾壹號　第叁頁

鼓之意、

3長義、經理爲陳子彝、因營業失敗及遭受倒賬、共計在二十萬兩左右、幾至不支、幸在漢東有棧房二處、價值尚鉅、或不致一蹶經營云、

因此種種、在該業老年者之觀察、目下祇有腳踏實地、步步爲營、不貪做生意、不經營　危險事業、寧使坐吃無事、不肯冒險嘗試、此亦最近該業所得之大教訓也、

中華民國　年　月　日

堂 11-1 6-21-1000

中國徵信所

報告書

字第 拾貳 號 第 頁

地產市況　中華民國二十一年六月十五日

一二八滬變發生後、上海地產市場十分沉寂、但在近來、已稍活動

而以西區交易較多、茲將在該區近日所成就之地產交易、探錄如下

（一）有洪某者在大西路買進空地二畝七分、共計銀二萬兩、其價似比前稍跌、

（二）法租界巡捕房督察長沈德福、在大西路附近、買進空地五畝、每畝價七千兩、

（三）有一西人、在憶定盤路買進地皮七畝半（上有房屋）每畝價一萬四千兩、據云該價較以前略漲、

（四）王琴孫、係上海著名之建築家、新近在惇信路買進地產十餘畝、每畝價格、自七千兩至八千兩云、

中華民國　年　月　日

堂 9-1 6-21-5000

中國徵信所

報告書

字第 拾叁 號 第 壹 頁

上海銀行

棉布市況　屯熊甫

二十一年六月十六日

滬案發生以後、國人提倡日貨甚烈、因此日貨幾將絕跡、吾國棉布、因乃紛紛定購西洋貨、英國棉布來滬輸入甚多、爲數年來少有之機會云、

自停戰協定簽字以來、日貨暗中漸形活動、尤以棉布輸入爲最多、所有輸入日本棉布、大概改換商標、冒充西洋貨、棉布商固能鑒別其真偽、然售價較西洋貨爲廉、易於獲利、故亦樂於販賣也、

棉布近來市面殊不見佳、各埠銷路呆滯、貨價又復步跌、比較以前已跌落百分之三十、本街門戶貪其價廉、稍有買進、以待日後漲價時賣出、然其數亦不甚多、

近來市上日貨充斥、各種貨物、均有現貨存貯棧內、且價格低廉、非西洋貨所可與之競爭、故西洋貨一時不能有興盛之望、屢向各進口商行探詢、據云近來華商向歐美商行定貨者、殊爲寥寥、

呢絨因無日貨競爭、其情況比棉布略佳、但因銀根緊急、各地銷路呆滯、

中華民國　年　月　日

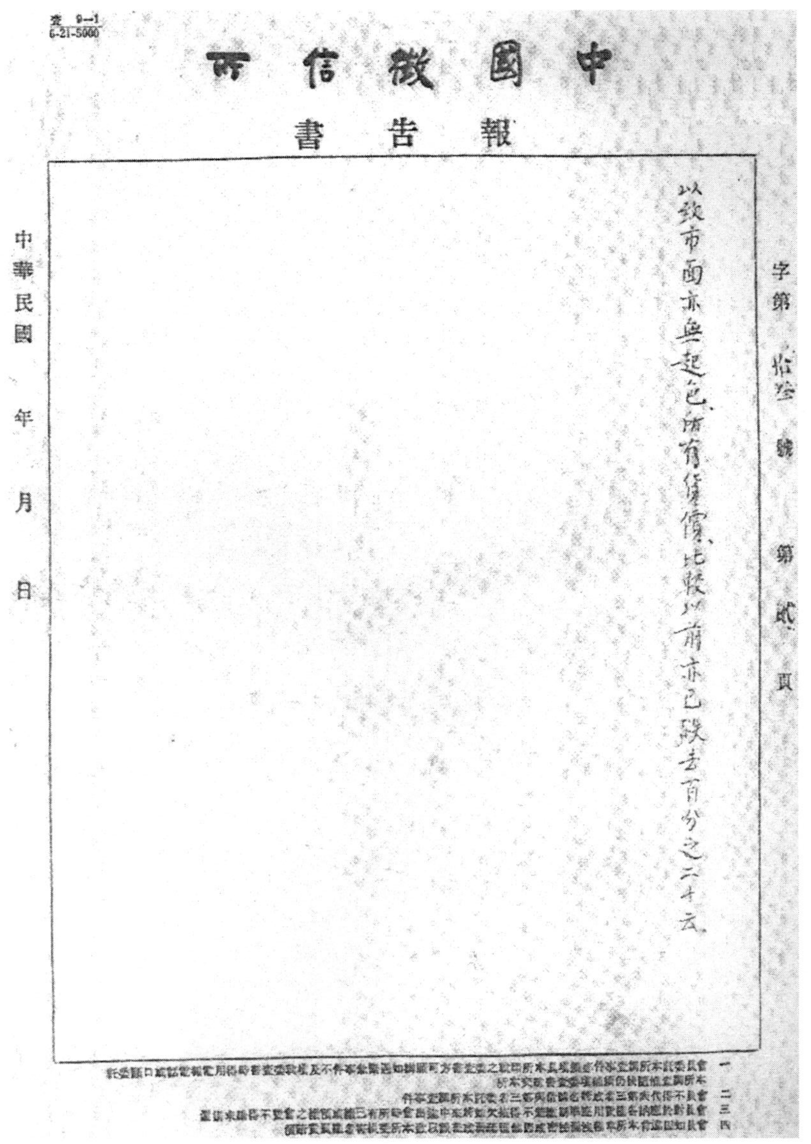

壹 9—1
6-21-5000

中國徵信所

報告書

字第拾叁號　第貳頁

以致市面亦無起色，所有貨價，比較以前亦已跌去百分之二十云。

中華民國　年　月　日

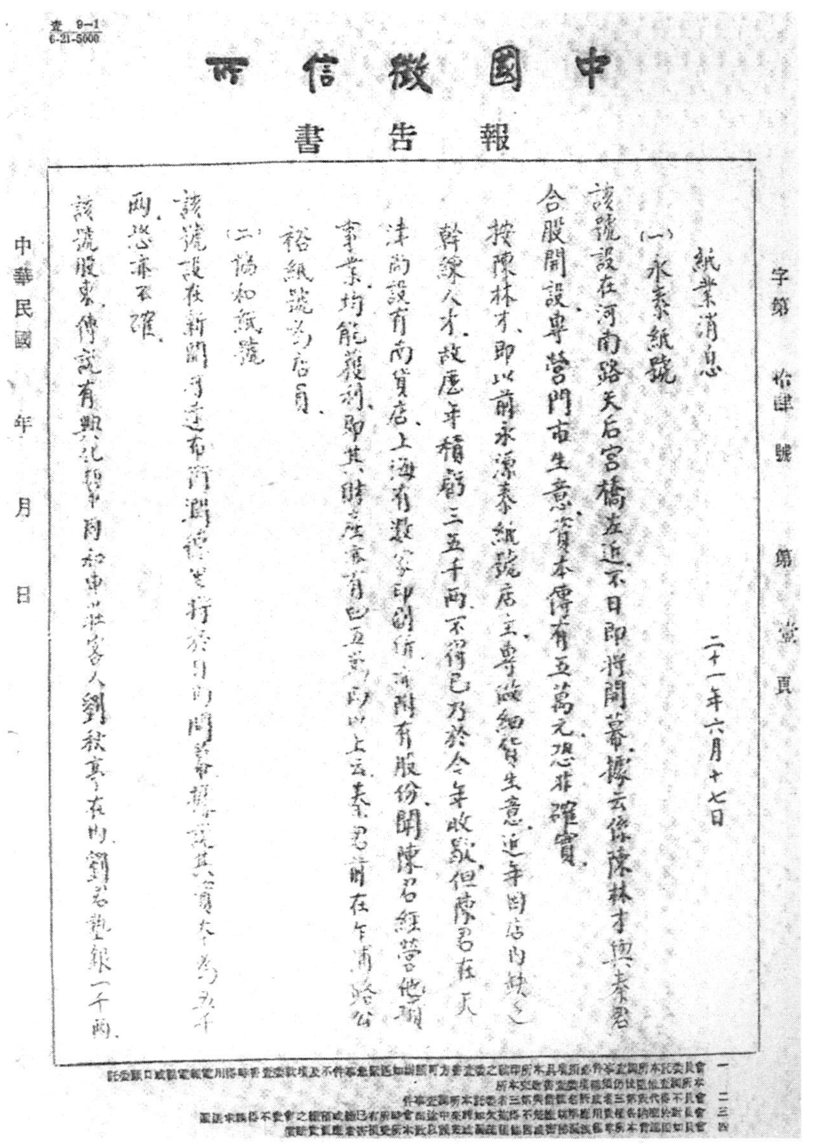

壹 9—1
6-21-5000

中國徵信所

報告書

字第拾肆號　第壹頁

紙業消息　　　　二十一年六月十七日

(一)永泰紙號

該號設在河南路天后宮橋左近，不日即將開幕，據云係陳林才與秦君合股開設，專營門市生意，資本傳有五萬元，恐非確實。

按陳林才，即以前永源泰紙號店主，專做細貨生意，近年因店內缺乏幹練人才，故歷年積虧三五千兩，不得已乃於今年收歇，但陳君在天津尚設有南貨店，上海有數家印刷所，亦附有股份，聞陳君經營他項事業均能獲利，即其財產亦有四五萬，所以上云。秦君前在牛莊路公裕紙號為店員。

(二)協和紙號

該號設在新閘[illegible]布[illegible]潤德里，將於日內開幕，據云其資本為五千兩，恐亦不確。

該號股東，傳說有興記紙號、同和東莊客人劉秋亭在內，劉君墊銀一千兩。

中華民國　年　月　日

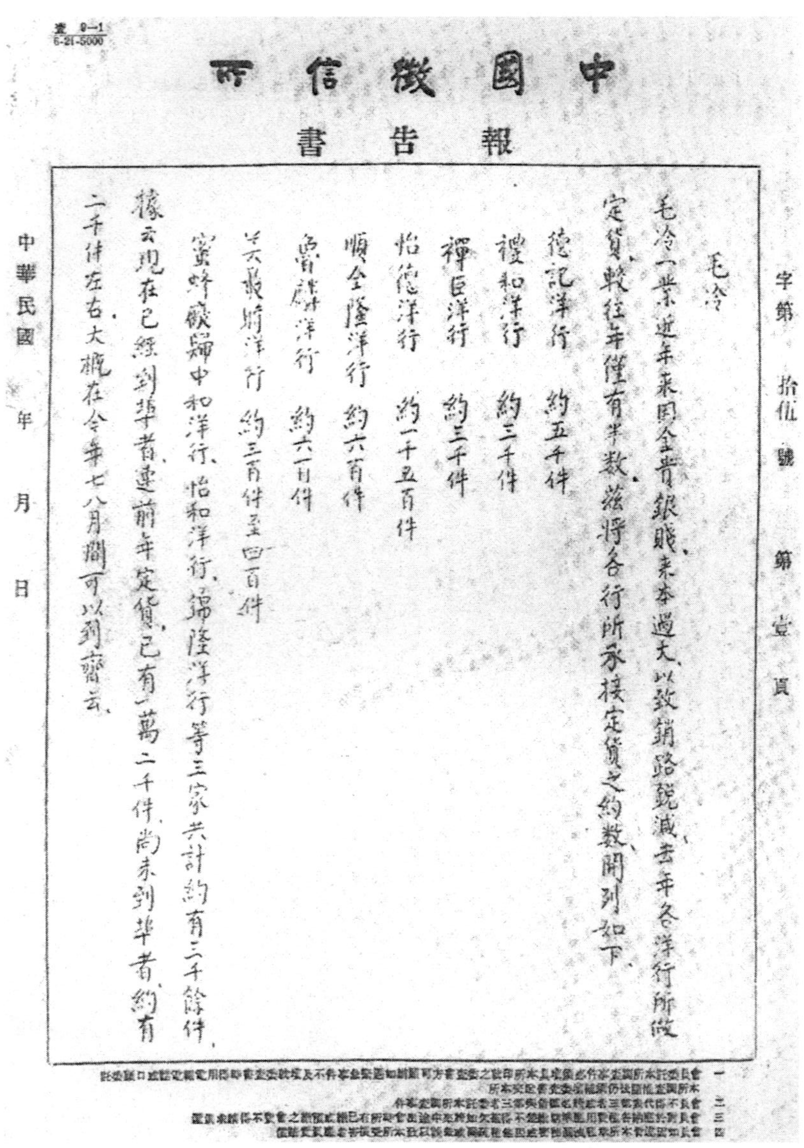

中國徵信所

報告書

字第 拾伍 號 第 壹 頁

毛冷

毛冷一業近年來因金貴銀賤，來本過大，以致銷路銳減。去年各洋行所做定貨，較往年僅有半數，茲將各行所承接定貨之約數開列如下：

德記洋行 約五千件

禮和洋行 約三千件

禪臣洋行 約三千件

怡德洋行 約一千五百件

順全隆洋行 約六百件

魯麟洋行 約六一百件

美最時洋行 約三百件至四百件

蜜蜂牌歸中和洋行、怡和洋行、錦隆洋行等三家共計約有二千餘件。

據云現在已經到華者，連前年定貨已有一萬二千件，尚未到華者，約有二千件左右，大概在今年七八月間可以到齊云。

中華民國 年 月 日

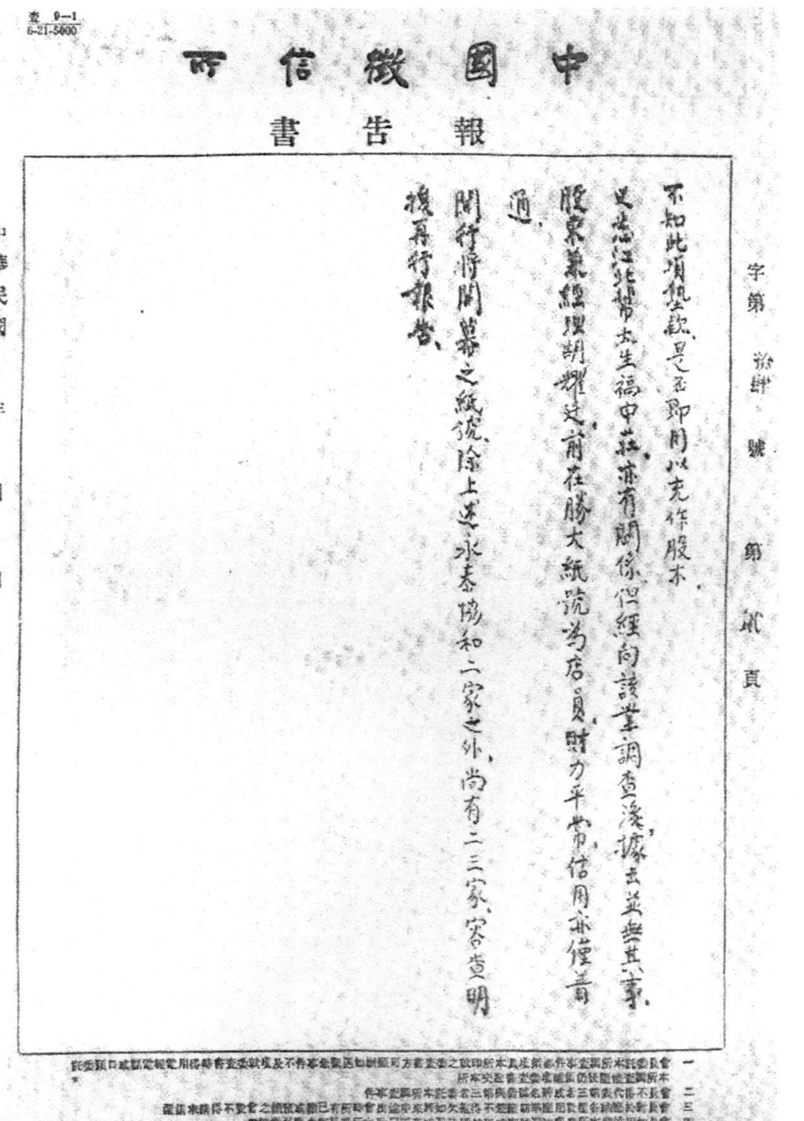

中國徵信所

報告書

字第 拾肆 號 第 貳 頁

不知此項墊款，是否即用以充作股本。

又志江號帶太生福中莊亦有關係，但經向該業調查後，據云並無其事。

股東兼經理胡耀廷，前在勝大紙號為店員，財力平常，信用亦僅普通。

聞行將開幕之紙號，除上述永泰協和二家之外，尚有二三家，容查明後再行報告。

中華民國 年 月 日

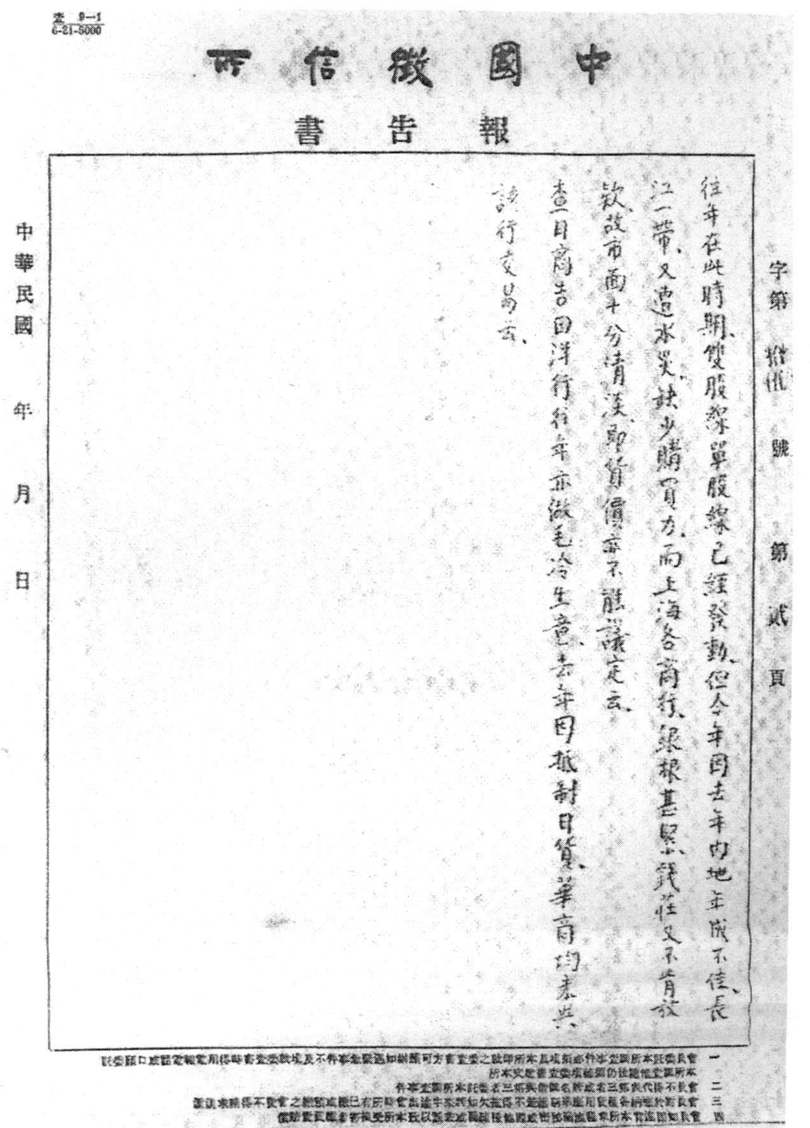

中國徵信所

報告書

字第 拾伍 號 第 貳 頁

往年在此時期，雙股線單股線已經發動，但今年因去年內地年成不佳，長江一帶，又遭水災，缺少購買力，而上海各商行，銀根甚緊，錢莊又不肯放款，故市面十分清淡，即貨價亦不能議定云。

查日商吉田洋行於本年亦做毛冷生意，去年因抵制日貨，華商均未與該行交易云。

中華民國 年 月 日

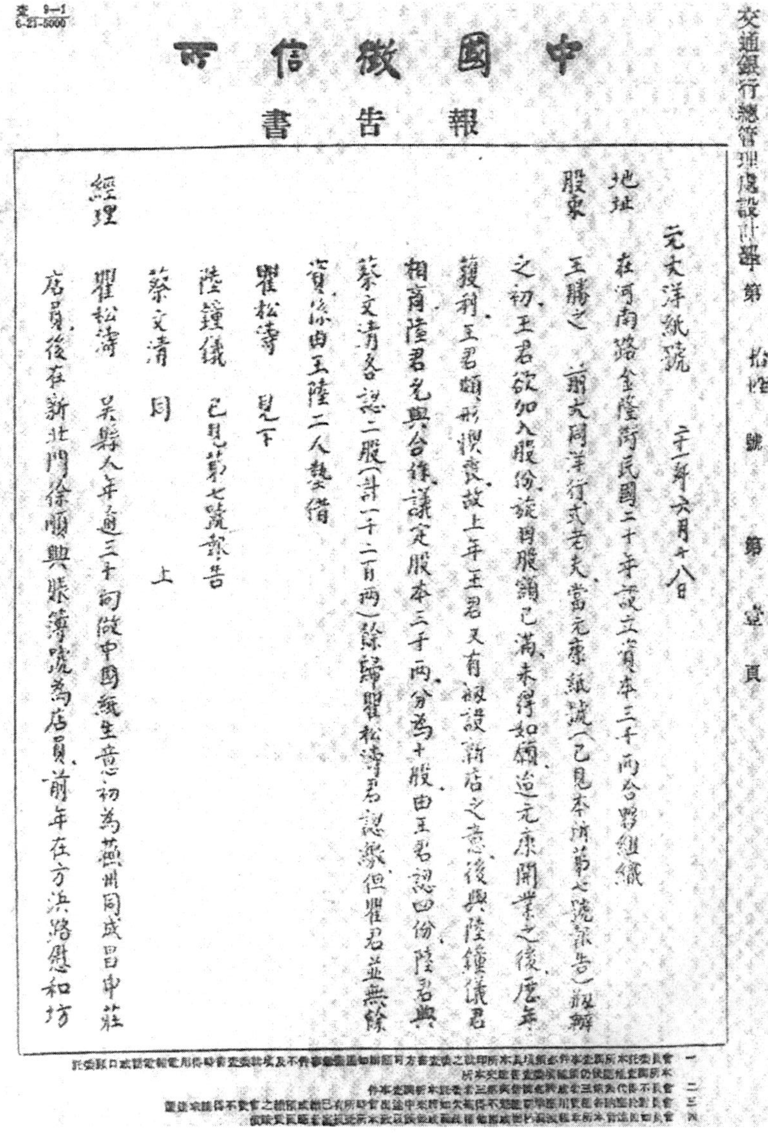

中國徵信所

報告書

交通銀行總管理處設計部 第 拾陸 號 第 壹 頁

元大洋紙號 二十一年六月十八日

地址 在河南路金陵路 民國二十年設立 資本三千兩 合夥組織

股東 王勝之 前大同洋行式老夫當元康紙號（已見本所第七號報告）歇辦之初，王君欲加入股份，旋因股額已滿，未得如願。迨元康開業之後，屢年獲利，王君頗形懊喪，故上年王君又有擬設新店之意，後與陸鐘儀君相商，陸君允與合作，議定股本三千兩，分為十股，由王君認四份，陸君與蔡文清各認二股（計一千二百兩），餘歸瞿松濤君認繳，但瞿君並無餘資，係由王陸二人墊備

瞿松濤 見下

陸鐘儀 已見第七號報告

蔡文清 同 上

經理 瞿松濤 吳縣人，年逾三十，向做中國紙生意，初為燕州同成昌申莊店員，後在新北門徐順興賬簿號為店員，前年在方浜路慰和坊

中華民國 年 月 日

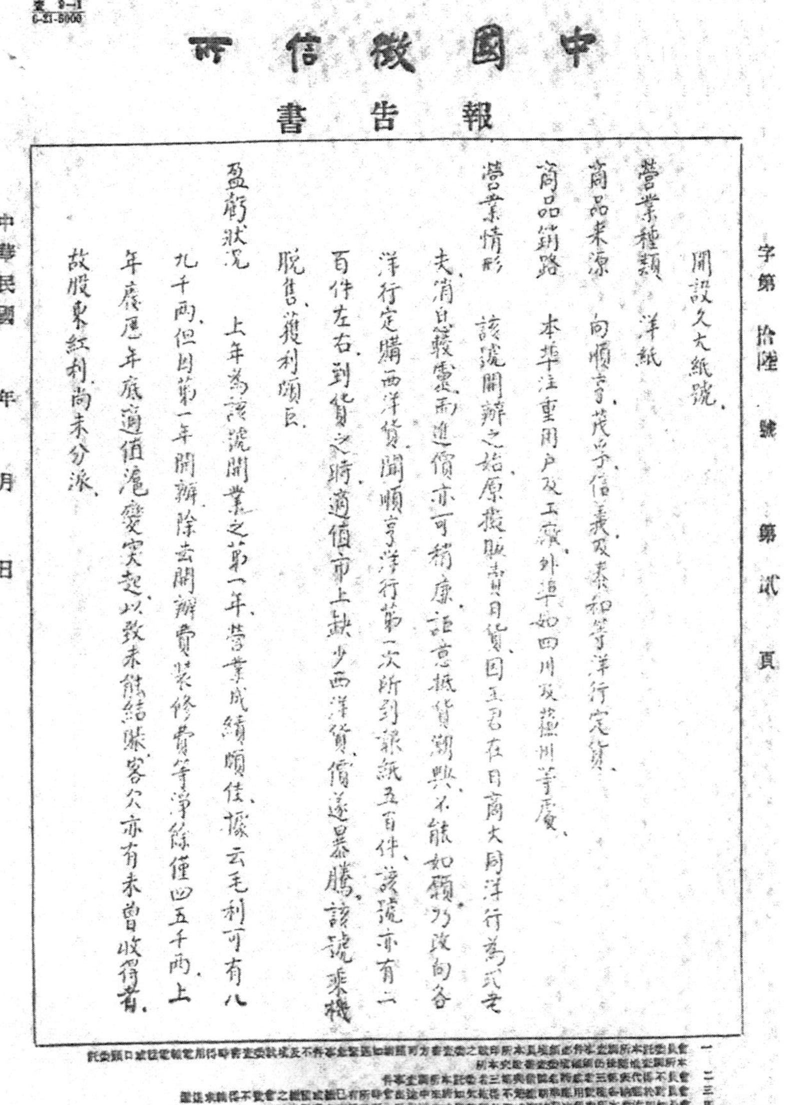

表 9-1
6-21-5000

中國徵信所
報告書

字第 拾陸 號　第 貳 頁

開設久大紙號。

營業種類　洋紙

商品來源　向順亨、茂孚、信義及秉和等洋行定貨。

商品銷路　本埠注重用户及工廠，外埠如四川及蘇州等處。

營業情形　該號開辦之始，原擬販賣日貨，因王君在日商大同洋行為式老夫，消息較靈，而進價亦可稍廉，詎意抵貨潮熾，不能如願，乃改向各洋行定購西洋貨。聞順亨洋行第一次所到報紙五百件，該號亦有二百件左右，到貨之時適值市上缺少西洋貨，價遂暴騰，該號乘機脫售，獲利頗巨。

盈虧狀況　上年為該號開業之第一年，營業成績頗佳，據云毛利可有八九千兩，但因第一年開辦，除去開辦費、裝修費等淨餘僅四五千兩。上年度歷年底適值滬變突起，以致未能結賬，客欠亦有未曾收得者，故股東紅利尚未分派。

中華民國　年　月　日

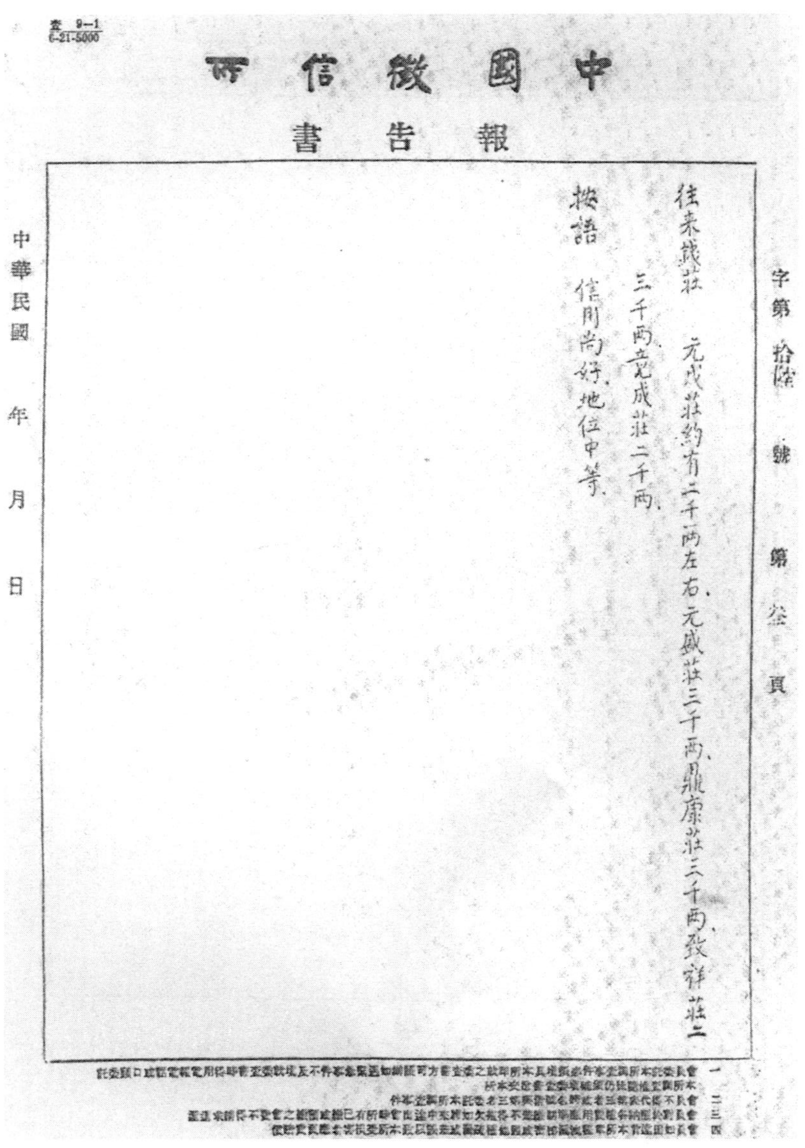

表 9-1
6-21-5000

中國徵信所
報告書

字第 拾陸 號　第 叁 頁

往來錢莊　元成莊約有二千兩左右，元盛莊三千兩，鼎康莊三千兩，致祥莊二三千兩，竟成莊二千兩。

按語　信用尚好，地位中等。

中華民國　年　月　日

案 9—1
6-21-5000

中國徵信所
報告書

字第 拾柒 號　第壹頁

中華商業公司　　六月十八日

地址　四川路四八號（以前在四川路六十六號去年遷至現址）

設立年月　民國十九年

資本　定額拾萬元　實收三萬元

股東　王閣臣　張之江　張蟾芬　徐維繪　沈錫三　李汝儉
　　　李文翰　項繩武

組織　股份有限公司

董事　王閣臣　中華銅品公司股東兼經理
　　　張蟾芬　商務印書館收付發字處々長浦東電氣公司董事兼副經理
　　　李汝儉　兆福公司股東兼經理
　　　張之江　江蘇綏靖督辦
　　　徐維繪　律師

中華民國　年　月　日

案 9—1
6-21-5000

中國徵信所
報告書

字第 拾柒 號　第貳頁

經理　李文翰，甯波人，年逾四十，對於進口生意經驗頗足，以前曾在和記洋行、福中公司、維新洋行等處為買辦，頗有幹才，人亦精明。

呢絨棉布部主任　謝振甫，甯波人，年五十左右，向業棉布，以前在華嘉洋行為足頭部主任，亦有數年之久，又與其友人合股在北香粉弄開設仁昶永記棉布號，經驗亦富，才幹頗好。

營業種類　進口

該公司專做進口生意[illegible]物，為雜貨、洋紙、呢絨、棉布、文具、食物、工業原料等，最先僅做雜貨、洋紙、食物等貨品，呢絨棉布係在後來加入者，今年起又添做工業原料。

商品來源　該公司一切貨物均直接向歐美各國定購，茲分別錄之如左。

呢絨棉布——英國

洋雜貨——德國

洋紙——瑞典、脳威、德國、美國。

中華民國　年　月　日

查 9—1
6-21-5000

中國徵信所

報告書

字第 拾柒 號 第叁頁

文具——德國

食物——美國

工業原料——德國

商品銷路　該公司營業完全係代客定貨而取佣金，自己不備現貨出售，惟對於所有主顧選擇頗嚴，故均係殷實商號。

對於洋紙生意，粗細貨均做，其主顧又注重工廠及印刷所，以前與商務印書館亦有交易。

營業情形　該公司營業注重呢絨棉布洋紙及文具等貨物，洋雜貨因選擇主顧頗嚴，故營業未能充分推廣，食物則以新到貨物牌子未曾售出，故其生意亦殊微細，茲將去年所做各項貨物之營業額探錄之如左。

呢絨棉布——約二十萬兩

洋紙——約二十萬兩

洋雜貨——約十萬兩

中華民國　年　月　日

查 9—1
6-21-5000

中國徵信所

報告書

字第 拾柒 號 第肆頁

文具——約十萬兩

食物——三四萬兩

總計約六十萬兩

前年營業額約六七十萬兩，去年因上海市面不佳，先令漲落不定，不敢放膽多做，故去年營業額似較前年略少云。

營業狀況　該公司開辦未久，但因經理李文翰君經驗充足，手腕敏捷，故其營業狀況尚稱良好，年年略可獲利，茲將近二年來盈餘探錄如左。

民國十九年一千餘兩

民國二十年約三千兩

往來行莊　如中法、和豐、上海等銀行均有往來，以前與大英銀行亦有往來。

錢莊　股東之中，與信康莊有往來，該公司直接與錢莊往來

備考　該公司與中華銅品公司有密切關係，因該公司之股東多數即係

中華民國　年　月　日

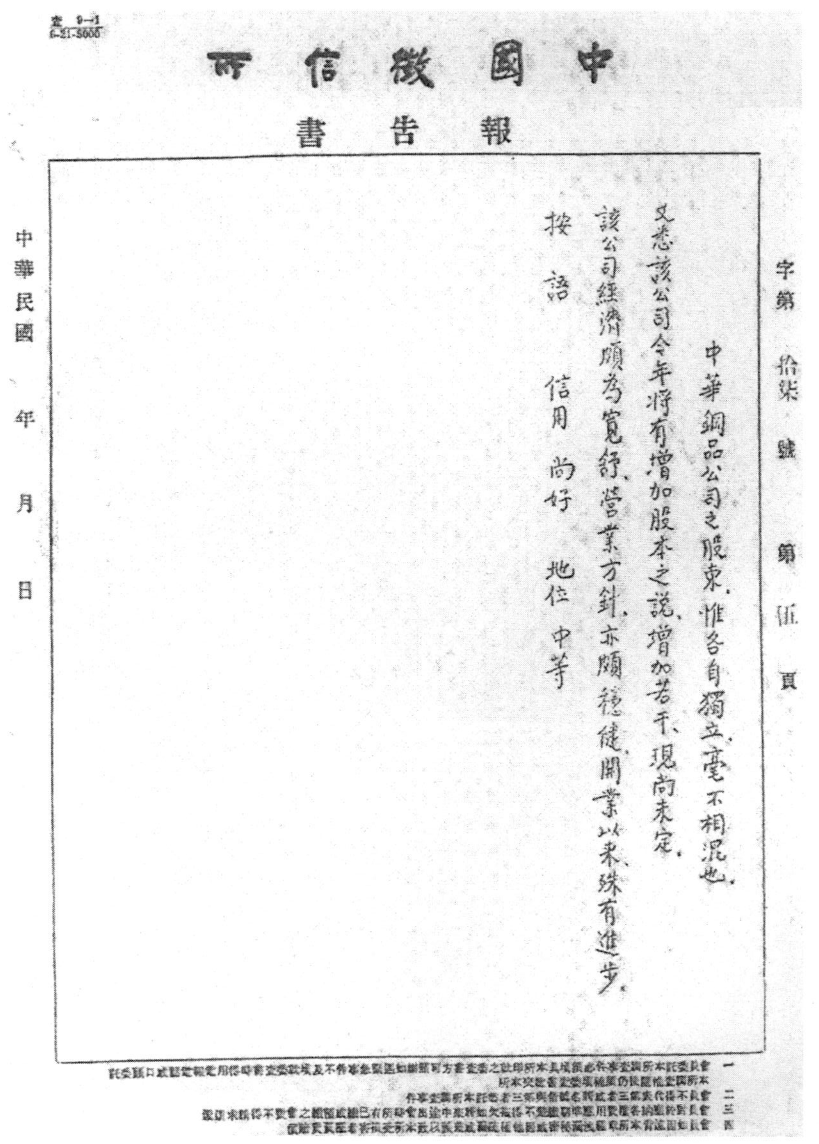

中國徵信所

報告書

字第拾柒號　第伍頁

中華鋼品公司之股東，惟各自獨立，毫不相混也。

又悉該公司今年將有增加股本之說，增加若干，現尚未定。

該公司經濟頗為寬舒，營業方針，亦頗穩健，開業以來，殊有進步。

按語　信用　尚好　地位　中等

中華民國　年　月　日

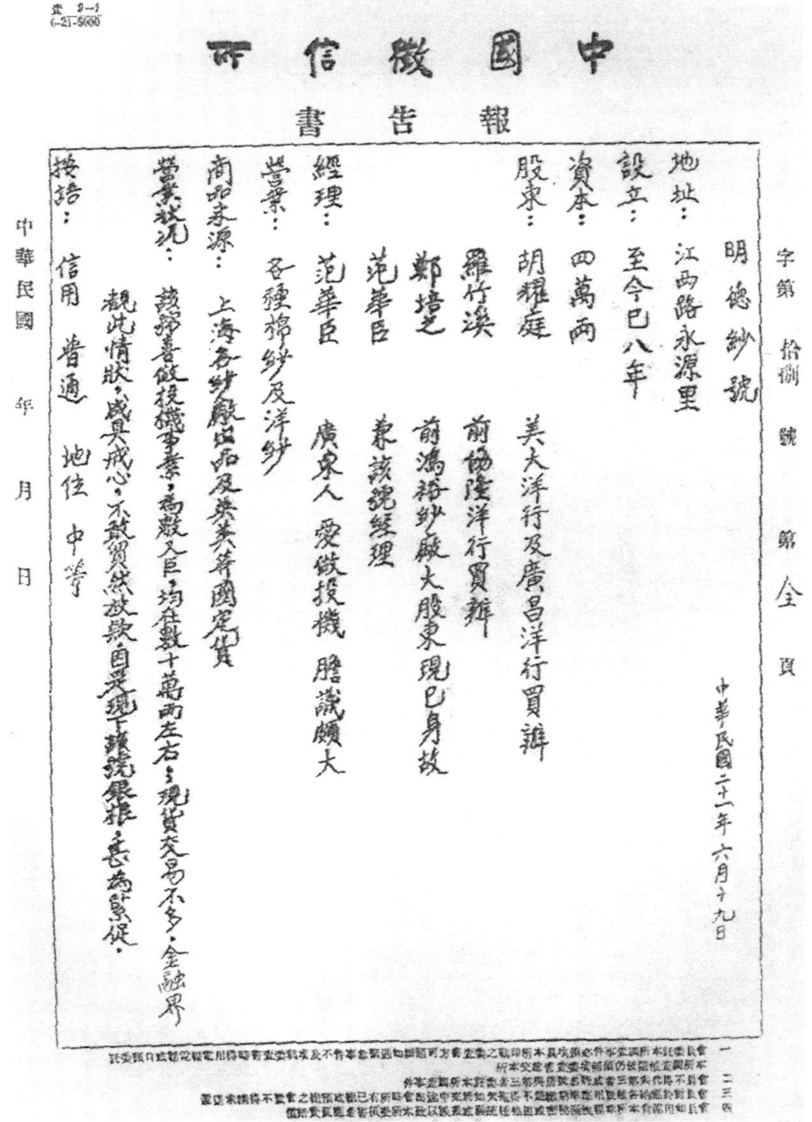

中國徵信所

報告書

字第拾捌號　第全頁

明德紗號

地址：江西路永源里

設立：至今已八年

資本：四萬兩

股東：胡耀庭　美大洋行及廣昌洋行買辦

羅竹溪　前協隆洋行買辦

鄭墇之　前鴻裕紗廠大股東，現已身故

范華臣　兼該號經理

經理：范華臣　廣東人　愛做投機　膽識頗大

營業：各種棉紗及洋紗

商品來源：上海各紗廠出品及英美等國定貨

營業狀況：該號喜做投機事業，而數又巨，均在數十萬兩左右，現貨交易不多，金融界觀此情狀，咸具戒心，不敢貿然放款，因是現下該號銀根甚為緊促。

按語：信用　普通　地位　中等

中華民國二十一年六月十九日

中華民國　年　月　日

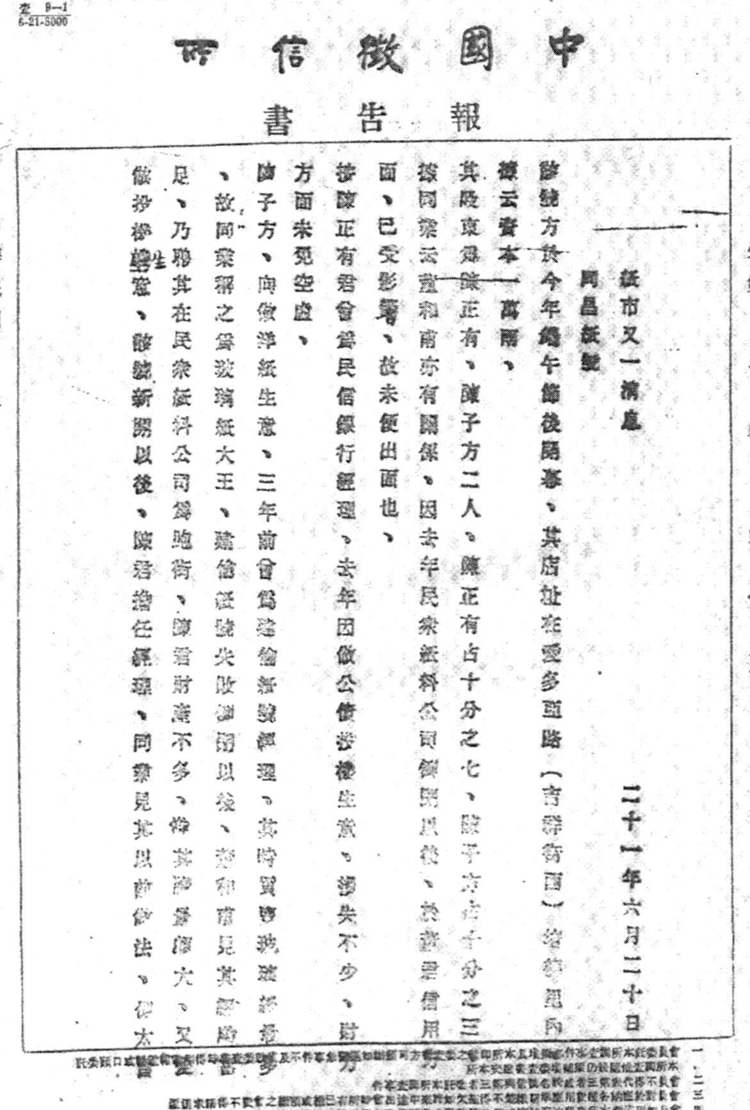

中國徵信所

報告書

字第拾玖號　第壹頁

紙市又一消息

同昌紙號

該號方於今年端午節後開業、其店址在愛多亞路（吉祥街西）培福里內

據云資本一萬兩、

其股東爲陳正有、陳子方二人、陳正有占十分之七、陳子方占十分之三

據同業云、查和南市有關係、因去年民衆紙料公司倒閉以後、於該號信用

面、已受影響、故未便出面也、

按陳正有君曾爲民信銀行經理、去年因做公債投機生意、損失不少、財力

方面未免空虛、

陳子方、向做淨紙生意、三年前曾爲達綸紙號經理、其時買賣[illegible]洪瑞紙[illegible]

、故同業稱之爲洪瑞紙大王、建綸紙號失敗倒閉以後、[illegible]和庸見其經[illegible]

足、乃聘其在民衆紙料公司爲跑街、陳君財產不多、惟其[illegible][illegible]大、又

做投機生意、該號新開以後、陳君擔任經理、同業見其以前做法、似太

二十一年六月二十日

中華民國　年　月　日

中國徵信所

報告書

字第拾玖號　第貳頁

險、未能十分信任、

去年民衆紙料公司倒閉以後、尚有多數押款未曾了理、現在該號新開以

、第一步先將民衆紙料公司所押貨物逐步出售、據陳子方向某同業云、

擬於其售去押款貨物、已獲利五六千兩、未免言過其實、

按語、據該業中人評判該號經理陳子方君、魄力太大、有冒險可能(?)、如

輕舉妄動、難免仍蹈前車之轍、姑誌之、以觀其後、

中華民國　年　月　日

中國徵信所

報告書

字第　號　第壹頁

章華毛絨紡織股份有限公司

地址　製造廠浦東周家渡

發行所　上海四川路六號

設立年月　民國十八年十月

註冊日期　民國十九年四月十日

資本　八十萬元已收足

組織　股份有限公司

董事　劉鴻生　劉吉生　華潤泉　陳蘭蓀　鄭着先

總經理　劉鴻生君，定海人，年四十五，曾在聖約翰書院畢業，後在開灤煤礦公司為職員，現為開灤售品處經理。

劉君係現代大實業家，其所辦事業頗多，茲特採錄如下：

一　上海水泥公司

二　中華碼頭公司

廿一年六月二十日

中華民國　年　月　日

中國徵信所

報告書

字第　號　第貳頁

三　大中華火柴公司

四　中國企業銀行

五　鴻生火柴公司　裕生火柴公司（以上二家，一在蘇州，一在九江，近來已併入大中華火柴公司內）

六　華豐搪磁公司

七　中華煤球公司

八　元泰煤號

以上各公司均由劉君發起創辦，且為大股東，兼任董事。

此外如柳江煤礦公司、華東煤礦公司（前賈汪煤礦公司）、舟山輪船公司、舟山電燈公司，均附有股份。劉君非但為一大實業家，服務社會亦頗熱心，而對於桑梓建設，關心尤切，在其定海原籍，將前清參將衙署購買，設立定海中學，所有經常費亦由劉君一人担任云。

劉君所辦事業甚多，其大概情形已如上述，但仍不免掛一漏萬耳。

劉君今年又連任上海公共租界工部局華董，聲譽甚佳，至於劉君資產，究

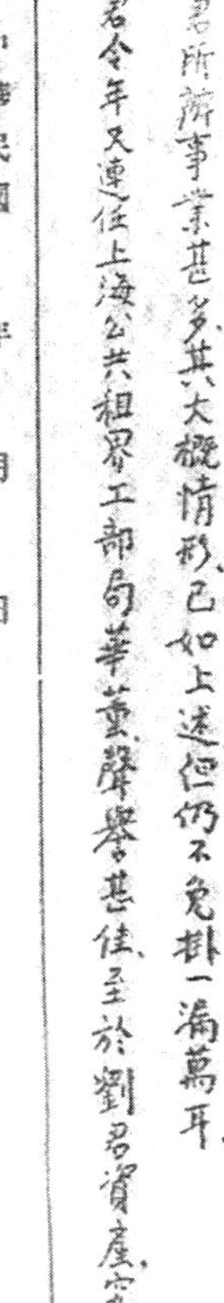

中華民國　年　月　日

查 9-1
6-21-5000

中國徵信所
報告書

有若干非外人所能明瞭，其不動產已購置不少，在四川路六號新建之大廈，值價最大，連地基房屋約值一百餘萬兩，劉君原有住宅早經讓渡，現正在杜司非而路起構新廈，劉君才具頗佳，信用亦好。

經理　陳松源君，甯波人，年四十左右，向做棉布生意，現在天祥洋行為買辦，又開設豐大洋布號，在棉布業中聲望頗好，又為上海市商會執行委員，據云陳君財產亦有三四十萬兩，信用頗好。

以前該公司經理為李耘蓀君，於去年告退。

協理　王建訓君，甯波人，年三十外，曾在美國留學，回國後在上海水泥公司為營業科副主任兼書記，去年調任該公司協理，才學均優，人亦誠實，信用亦尚好。

營業種類　各種毛紗及毛織品

該公司出品，如軍衣呢、嗶嘰、毛冷紗、毛毯等，凡係毛織品，應有盡有，但以軍衣呢占大多數云。

中華民國　年　月　日

中國徵信所
報告書

廠　該公司廠內有紡機五座，織機五十座。

所有機器大部份即係以前日暉港第一毛絨廠舊貨（原係官辦紡織毛貨，因營業不佳乃即停辦，後來租與鄭健侯開設第一毛線廠紡織毛線）。該廠以營業未見起色，遂將基地及機器等一併出售與劉鴻生君，據云當時售價僅有四十餘萬兩，劉君後來售去，得價九十餘萬兩，此係劉君個人之事，與該公司無涉也。

因舊有機器不敷應用，乃又向比國購買新機，聞此項新機耗資約二十餘萬兩云。

原料來源　該公司所用原料，大概在中國各處收買，尤以蘭州、山東、湖南等處較多，每月耗用羊毛約二千担。

出品　每日可出毛紗一千磅，呢絨約一千碼左右。

員工　廠內工人約有三百人，職員約有五十人。

貨品銷路　該公司所有出品，銷售中國境內各地，上海、天津、河南路大綸呢絨

中華民國　年　月　日

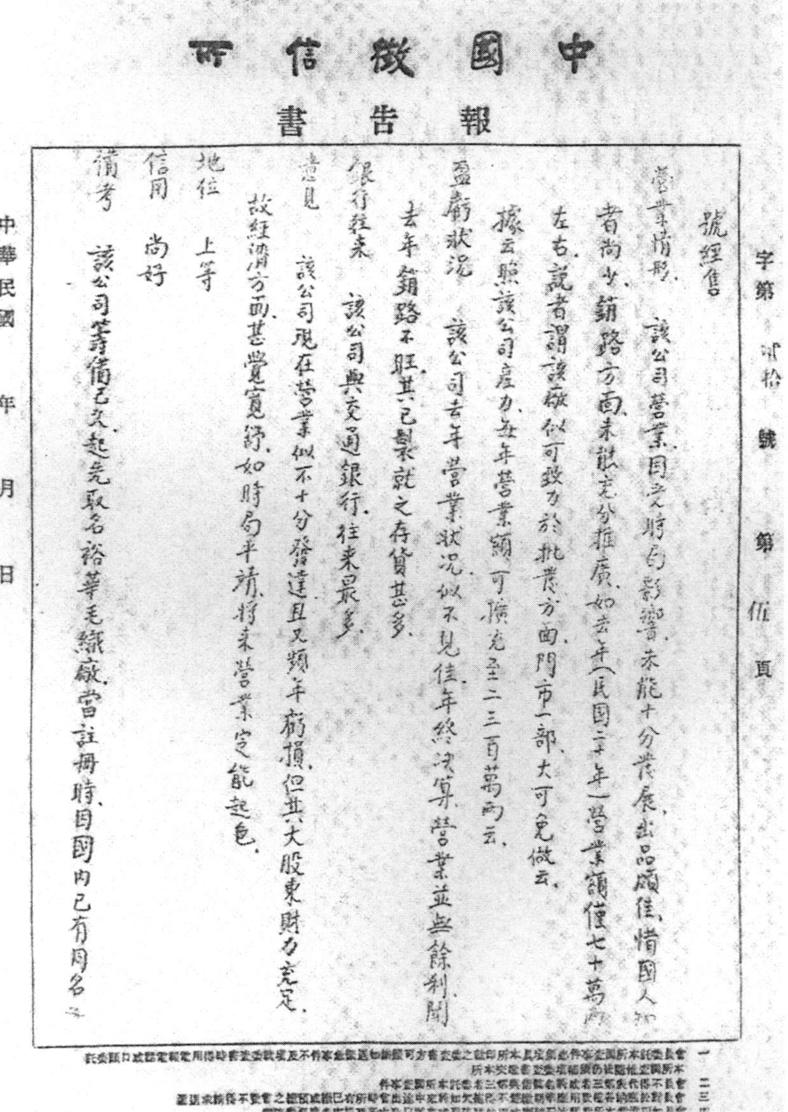

字第 貳拾 號 第 伍 頁

中國徵信所
報告書

號經售

營業情形　該公司營業因受時局影響，未能十分發展，出品頗佳，惜國人知者尚少，銷路方面未敢定分推廣，如去年（民國二十年）營業額僅七十萬兩左右，識者謂該廠似可致力於批發方面，門市一部，大可免做云。

據云，照該公司產力，每年營業額可擴充至二三百萬兩云。

盈虧狀況　該公司去年營業狀況似不見佳，年終決算營業並無餘利，聞去年銷路不旺，其已製就之存貨甚多。

銀行往來　該公司與交通銀行往來最多。

意見　該公司現在營業似不十分發達，且又頻年虧損，但其大股東財力充足，故經濟方面甚覺寬舒，如時局平靖，將來營業定能起色。

地位　上等

信用　尚好

備考　該公司籌備之初，起先取名裕華毛織廠，當註冊時，因國內已有同名之

中華民國　年　月　日

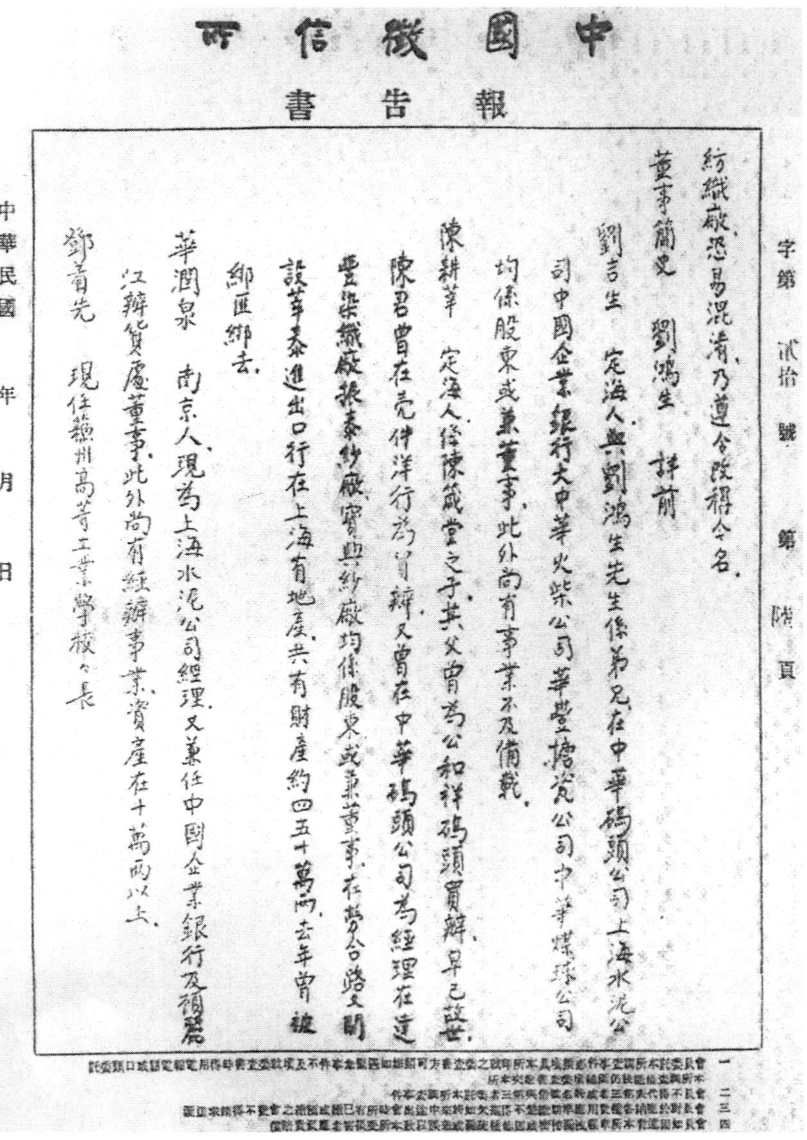

字第 貳拾 號 第 陸 頁

中國徵信所
報告書

紡織廠恐易混淆，乃遵令改稱今名。

董事簡史　劉鴻生　許前

劉吉生　定海人，與劉鴻生先生係弟兄，在中華碼頭公司、上海水泥公司、中國企業銀行、大中華火柴公司、華豐搪瓷公司、中華煤球公司均係股東或兼董事，此外尚有事業不及備載。

陳耕莘　定海人，係陳箴堂之子，其父曾為公和祥碼頭買辦，早已去世。陳君曾在元(?)仲洋行為買辦，又曾在中華碼頭公司為經理，在達豐染織廠、振泰紗廠、寶興紗廠均係股東或兼董事，在勞合路又開設華泰進出口行，在上海有地產，共有財產約四五十萬兩，去年曾被綁匪綁去。

華潤泉　南京人，現為上海水泥公司經理，又兼任中國企業銀行及福麗(?)江辦貨處董事，此外尚有經辦事業，資產在十萬兩以上。

鄧蕃先　現任蘇州高等工業學校校長

中華民國　年　月　日

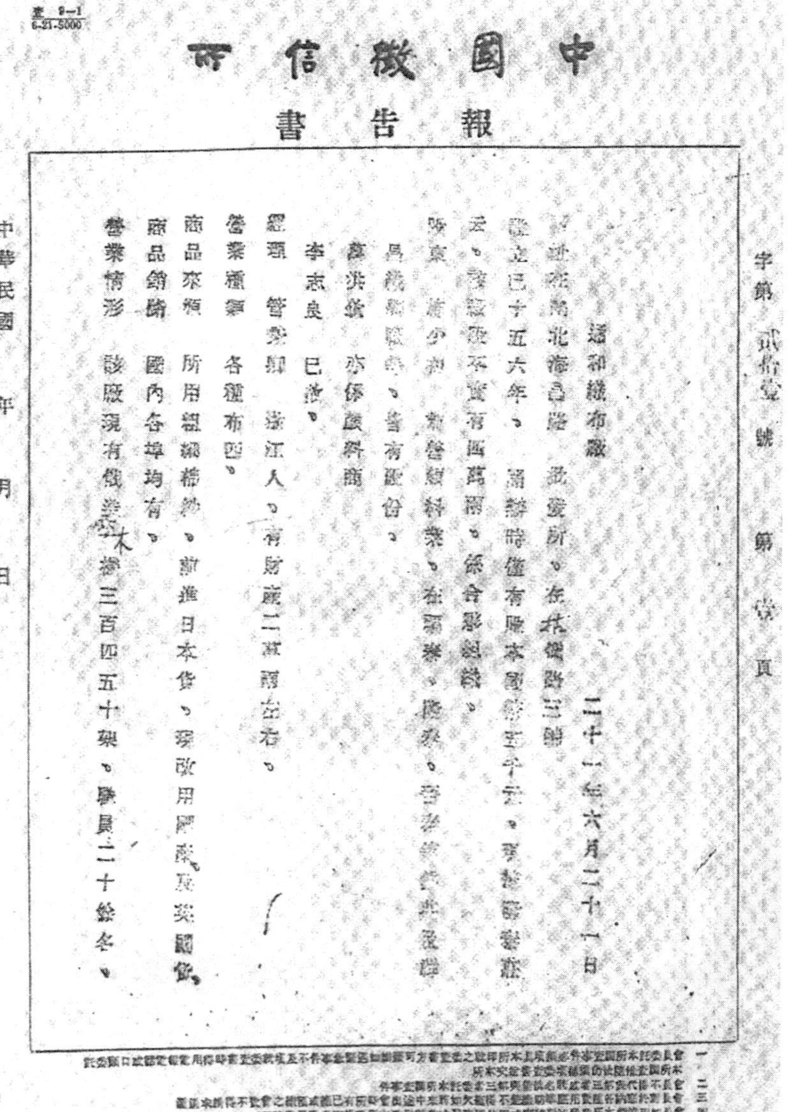

查 9-1
6-21-5000

中國徵信所

報告書

字第 貳零壹號 第 壹 頁

達和織布廠　　二十一年六月二十一日

該廠在閘北海昌路　武進所，在林德路三號

設立已十五六年，開辦時僅有股本國幣五千元，嗣經營發達

後，該廠現在實有資本四萬兩，係合夥組織。

股東　蔣少卿　前營顏料業，在滬業已數十年，殷實，亦有股份

具體數字不詳，皆有股份。

蔣洪欽　亦係顏料商

李志良　已故。

經理　管崇卿　浙江人，有財產二萬兩左右。

營業種類　各種布匹。

商品來源　所用紗線棉紗，前進日本貨，現改用國產及英國貨。

商品銷路　國內各埠均有。

營業情形　該廠現有機器木機三百四五十架，職員二十餘名，

中華民國　年　月　日

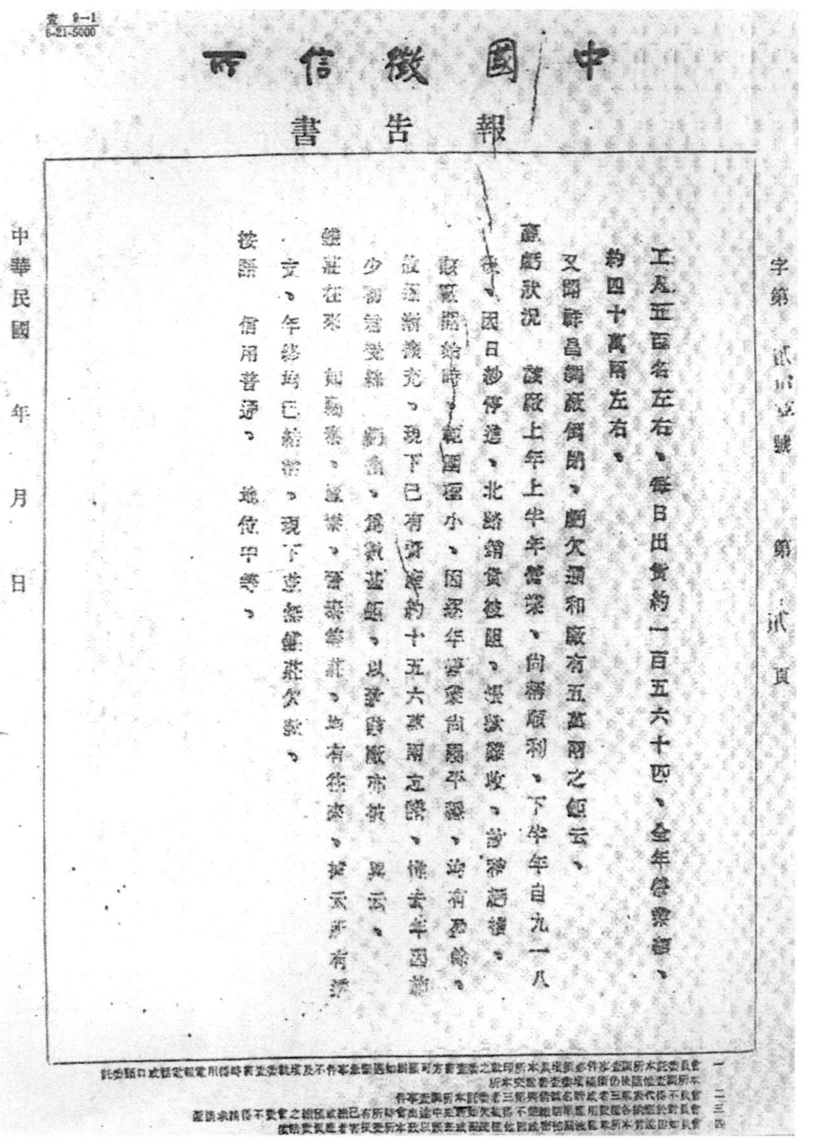

查 9-1
6-21-5000

中國徵信所

報告書

字第 貳零壹號 第 貳 頁

工人五百名左右，每日出貨約一百五六十匹，全年營業額，

約四十萬兩左右。

又聞該廠與鋼廠偶聯，與大通和廠有五萬兩之借款云。

盈虧狀況　該廠上年上半年營業，尚稱順利，下半年自九一八

後，因日紗停進，北路銷貨梗阻，張家營業，尚稱過得。

該廠開始時，範圍極小，因歷年營業尚屬平穩，均有盈餘，

故逐漸擴充，現下已有資產約十五六萬兩之譜，惟去年因滬

少滬變發生，銷貨停滯，以致該廠布莊，虧云。

往來莊　銀行錢莊，往來營業，均有往來，據云所有存

支，年終均已結清，現下並無鉅欠款。

按語　信用普通。　地位中等。

中華民國　年　月　日

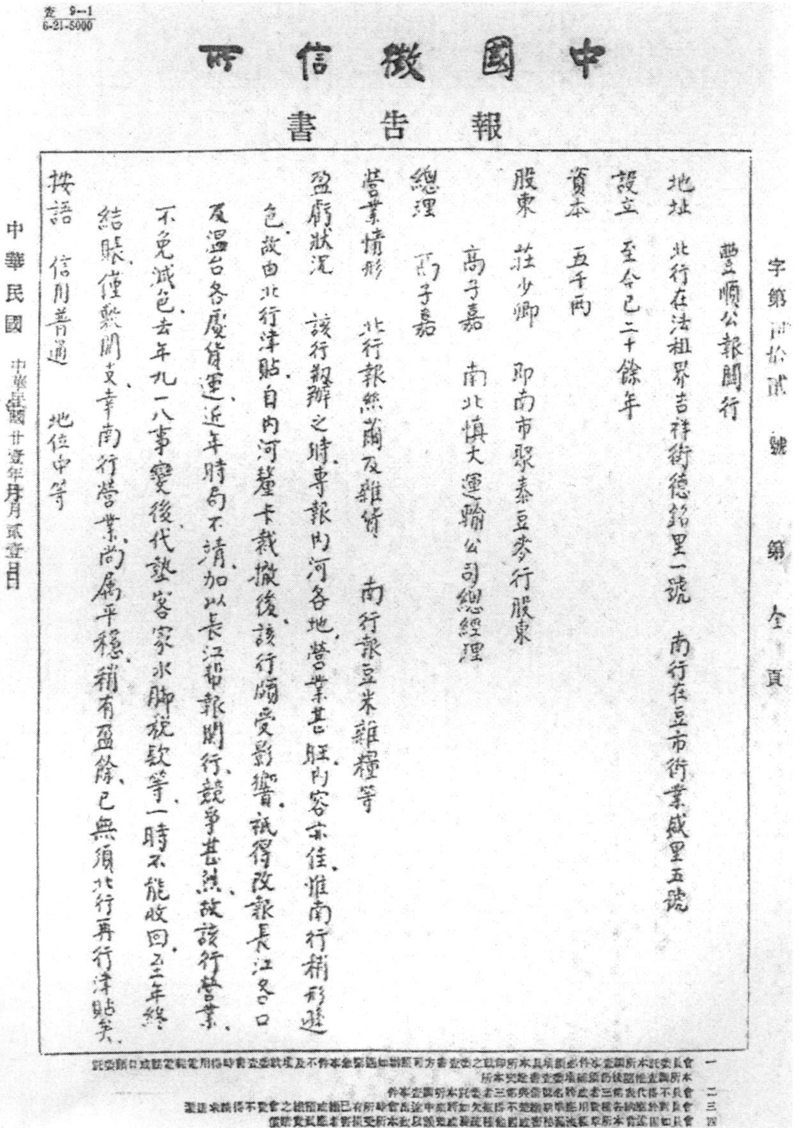

查 9—1
6-21-5000

中國徵信所
報告書

字第 [illegible]拾貳 號　第 全 頁

豐順公報關行

地址　北行在法租界吉祥街德銘里一號　南行在豆市街業成里五號

設立　至今已二十餘年

資本　五千兩

股東　莊少卿　即南市聚泰豆麥行股東

高子嘉　南北慎大運輸公司總經理

總理　高子嘉

營業情形　北行報絲繭及雜貨　南行報豆米雜糧等

盈虧狀況　該行創辦之時，專報內河各地，營業甚旺，內容亦佳，惟南行稍形遜色，故由北行津貼。自內河釐卡裁撤後，該行頗受影響，祇得改報長江各口及溫台各處貨運，近年時局不靖，加以長江帮報關行競爭甚烈，故該行營業不免減色，去年九一八事變後，代墊客家水腳稅款等一時不能收回，至二年終結賬，僅敷開支，幸南行營業尚屬平穩，稍有盈餘，已無須北行再行津貼矣。

按語　信用普通　地位中等

中華民國廿壹年肆月貳壹日

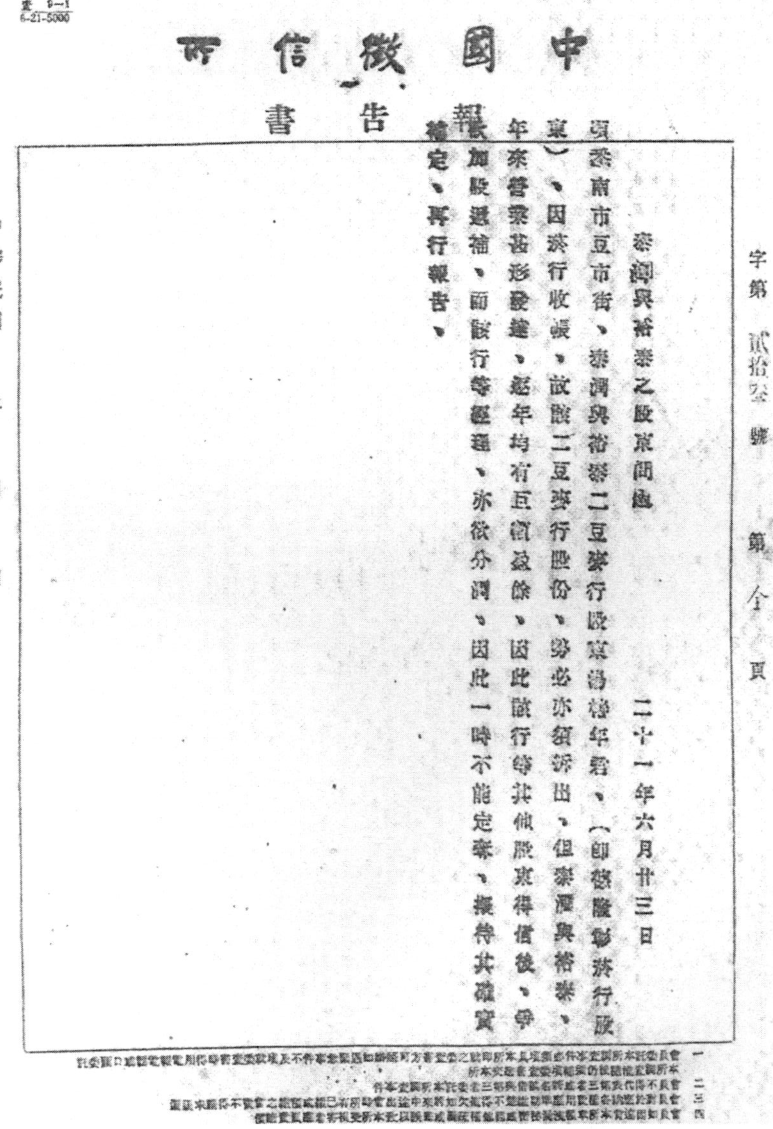

查 9—1
6-21-5000

中國徵信所
報告書

字第 貳拾叁 號　第 全 頁

泰潤興裕泰之股東問題　　二十一年六月廿三日

頃悉南市豆市街、泰潤興裕泰二豆麥行股東葛錫年君、（即德隆豫濟行股東）、因該行收歇、該號二豆麥行股份、勢必亦須拆出、但泰潤與裕泰、年來營業甚形發達、歷年均有巨額盈餘、因此該行等其他股東得信後、爭欲加股遞補、而該行等經理、亦欲分潤、因此一時不能定奪、擬俟其確實決定、再行報告、

中華民國　年　月　日

中國徵信所

報告書

查 9—1
6-21-5000

字第 貳拾肆 號　第 壹 頁

合中企業公司 United China Syndicate Ltd. 二一·六·二一

地址　博物院路三號

設立年月　民國二十年

資本　二十萬元已經收足

組織　股份有限公司（二十年十二月改組）

董事　朱吟江　顧吉生　施博羣　張頌周　陳華琳

經理　朱文熊，嘉定人，年二十九歲，係朱吟江先生之子，曾往歐美各國游歷，以前在怡和洋行木材部為職員，襄理乃父。吟江先生富有財產，信用頗好，現因年老，將怡和洋行職務讓與朱君管理云。

營業種類　進出口

該公司營業進出口均做，大概現下以進口貨較多云。

進口貨為機器、洋參、五金、木材、染料、棉布等，其中以機器、洋參為多，其次則為木材，至五金、染料、棉布等營業則正在試辦耳。

中華民國　年　月　日

中國徵信所

報告書

查 9—1
6-21-5000

字第 貳拾肆 號　第 貳 頁

出口貨為茶葉、生絲、紙煙，惟聞現下僅有茶葉正在試辦，紙煙、生絲尚未開始營業。

商品來源　機器自瑞典國定來，洋參向奧斯達利亞、加拿大定購，木材則自俄與二國定購，五金、染料向德國定購。

商品銷路　該公司營業大概係代客定貨，而取佣金，如洋參多數代福新、阜豐、祥新等麵粉廠定購，機器注重紡織方面，如申新等紗廠，亦有委託該公司定貨，木材則久記木行、匯泰木行等，均有交易云。

茶葉擬銷往美國、英國，但現今尚未正式交易。

營業情形　該公司開辦未久，去年新張，僅做半年生意，據云去年以洋參生意為大宗，曾有三大輪船裝來，每船裝載洋參約值五十萬兩，三船合計約在一百五十萬兩，此外連機器、木材一共在內共有二百萬兩左右云。

盈虧狀況　該公司營業頗為發達，去年營業結果僅有薄利而已，今年時局如能平靖，其營業當更有進步也。

中華民國　年　月　日

中國徵信所

報告書

往來銀行　中國、通和、匯豐等銀行、均有往來。

備考　據云該公司初創時係試辦性質、範圍亦小、旋因朱吟江先生加入股本、
被舉為董事長、資本乃改為二十萬元、如數收足云。
先是該公司係合資組織、股東為朱文熊、吳達模、蔡鴻三、蔡偉仁、張禹九、
祝仰辰諸君、共有十人、至民國二十年十二月一日改為有限公司、據云張禹
九、祝仰辰二君已經將股本拆出云。
朱吟江先生係該公司大股東、此外如蔡宗敬、吳達模等、均有股份在內、故
蔡宗敬之侄蔡禮馨與吳達模二君均在該公司機器部為職員云。
該公司所用職員約二三十人、每月房租約一百七八十兩。

意見　該公司財力充足、所有董事均係殷實商人、辦事甚有毅力、營業
前途定能發達。

附錄該公司董事名單

董事長朱吟江　嘉定人、為久記木行、中國水泥公司、大通紗廠等股東、通和銀

中華民國　年　月　日

中國徵信所

報告書

行及上海華商電氣公司董事、兼任怡和洋行木材部買辦、以前曾為
南市商會會長。

張頌周　嘉定人、其父經營雜糧事業、張君曾在南洋公學肄業、後在
華比銀行為學徒、數年後在華俄道勝銀行為跑樓、迨該行收歇後、又
在上海商業儲蓄銀行為職員、但供職不久、即入友華銀行、約有二三年
左右、該行旋亦停辦、張君乃就大通銀行之聘、担任買辦、以迄於今、約
三四年前張君又兼任華大銀行經理、張君對於銀行事業經驗甚
足、精明強幹、頗有才具、在鴻昇碼頭新新街有住宅一所、真茹暨南
新村有二十畝之花園一所。

施博庠　江蘇人、清華學校出身、係美國留學生、返國後曾在中南銀
行服務、現任四行儲蓄會協理。

顧吉生　嘉定人、向業棉布、以前開設協興棉布號、現已停辦、曾為協
隆洋行買辦、現為茂隆洋行買辦。

中華民國　年　月　日

壹 9-1
6-21-5000

中國徵信所
報告書

字第 貳拾肆 號 第 伍 頁

陳箰琳 青年行主人，又為仁亨錢莊股東，股份計一股半，現兼任國民政府建設委員會購料委員會主任。

中華民國 年 月 日

壹 9-1
6-21-5000

中國徵信所
報告書

字第 貳拾伍 號 第 壹 頁

余洪記營造廠 二十一年六月廿三日

地址 廣東路三號

設立年月 至今已有三四十年、惟在近年來重行改組

資本 不詳

組織 合夥

股東 余松奎 弟兄三四人、松奎居長、仍繼續經營營造事業、

其第二弟 聞在銀行中服務、第三弟年幼在某營造廠學業、

其住宅在山海關路、新閘路附近及大通路、仍有地產、一部

其祖上所遺下云、

張繼光 寧波人、向做營造生意、在寧波帶建築業中、頗

有聲望、亦有頗鉅資產、但在該廠內並不出面云、

唐君 未詳

孫德水 見下

經理 孫德水、紹興人、年在四十左右、向做營造生意、係該廠

學徒出身、後升任職員、人極誠實、對其廠主、尤具忠心

、即其經驗、亦頗充足、有財產、在戈登路等處、尚有地

皮、惟其財產究有若干、外人不易明瞭、據該業中人云、

孫君財產當在五萬至十二萬兩左右、孫君信用頗佳、

營業種類 營造業、

中華民國 年 月 日

查 9—1
6-21-5000

中國徵信所

報告書

營業情形

該廠開設至今、約有三四十年、據云尚係現在歷業余崧壑之祖父所創設、死後傳與其子余積臣經營、其時營業逐漸發達、獲利甚鉅、在最旺之時、積資曾達三四十萬兩之譜、於是余君又兼營他業、如經木行錢莊等、均附入股份、詎為人忠厚、故易受人欺、旋即被累、損失數十萬兩、即其附股之錢莊、亦失敗收歇、幸其資產、足以抵償債務、然實一生心血所換來之金錢、從將盡付東流、因是余君不免憂悶不樂、積久成疾、於二三年前逝世、

余積臣君故世後、其家道已漸見式微、經理孫德水君、眷念舊主、不忍將其主人歷盡艱苦所創辦之事業、中途而廢、乃由孫君招股改組、孫君亦附入股份、繼續擔任經理職務、

該廠以前承造之房屋頗多、難以計算、但其較大之工程、如北四川路之郵政局、南京之金陵大學、及鐵路花旗銀行等、均甚著名者也、

該廠營業方針、頗為穩健、選擇主顧、亦慎重、除所有老主顧外、對於新主顧、非確有把握可以發利者、不肯輕易承接也、故近數年來、其營業額並不甚大、去年承造狄思威路公共租界工部局所建創之宰牲場、工程浩大、建築費亦有七八十萬兩、

中華民國　　年　　月　　日

查 9—1
6-21-5000

中國徵信所

報告書

自去年開工以來、至今尚未竣事、聞該廠與工部局向係第一次交易、乃由該廠東唐君所介紹也、

所用原料如鋼條等物、有向洋行定貨、如泰康行、慎昌洋行、均有交易、水泥則向工部局購買、木料大概向祥泰木行協生木行等購辦、已交往甚久矣、

往來行莊

該廠往來銀行、以四明銀行往來最多、據云、滙豐銀行、亦有交易、至於往來錢莊、如永豐信裕等莊、共有十餘家云、

意見

該號已經改組、現下余氏財力不及往年、但股東衆遴選孫德水君、才具甚好、人又誠實適當、據同業評判、有孫君經理業務、頗有希望、

中華民國　　年　　月　　日

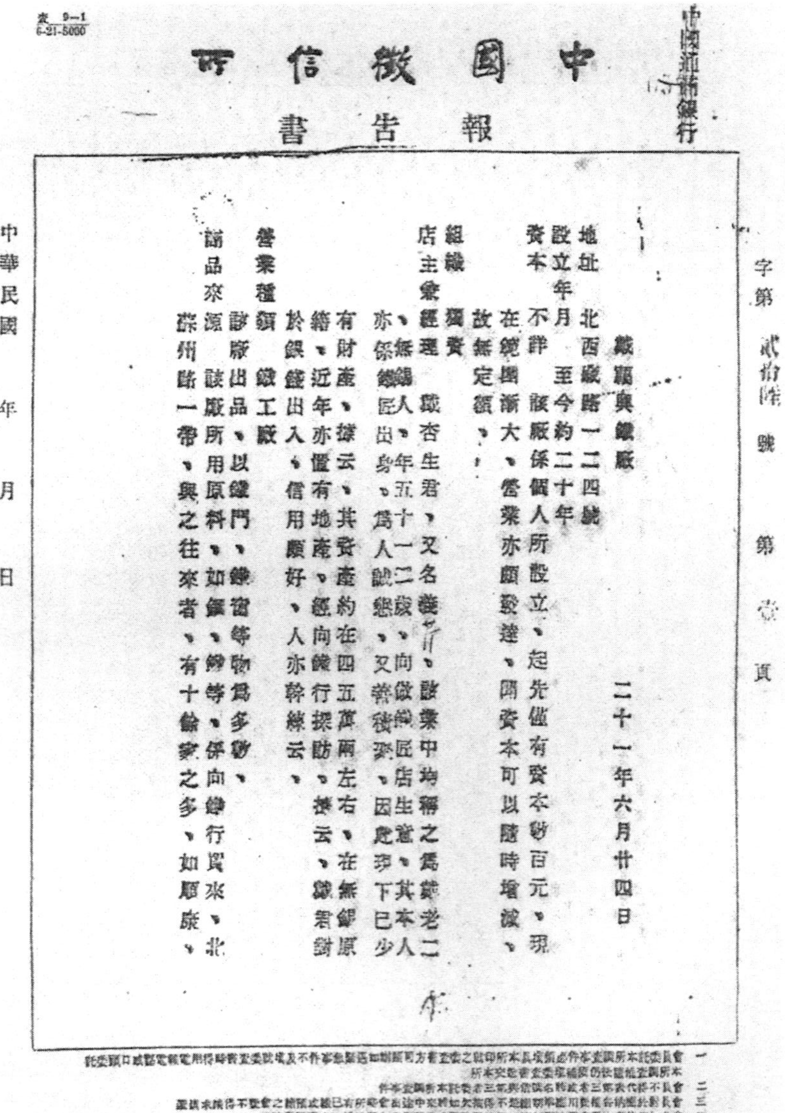

表 9—1
6-21-5000

中國徵信所

報告書

字第 貳拾陸 號　第 壹 頁

中國通商銀行

鐵窟興鐵廠

地址　北西藏路一二四號

設立年月　至今約二十年

資本　不詳　該廠係個人所設立、起先僅有資本數百元、現在總額漸大、營業亦頗發達、開資本可以隨時增減、故無定額、

組織　獨資

店主兼經理　錢杏生君、又名錢廿、該業中均稱之為錢老二、無錫人、年五十一二歲、向做鐵匠店生意、其本人亦係鐵匠出身、為人誠懇、又[illegible]、因此[illegible]下已少、有財產、據云、其資產約在四五萬兩左右、云、在無錫原締、近年亦僅有地產、經向錢行探訪、據云、該君對於銀錢出入、信用頗好、人亦幹練云、

營業種類　鐵工廠　該廠出品、以鐵門、鐵窗等物為多數、

諸品來源　該廠所用原料、如鋼條、鐵等、係向鐵行買來、北蘇州路一帶、與之往來者、有十餘家之多、如順康、

二十一年六月廿四日

中華民國　年　月　日

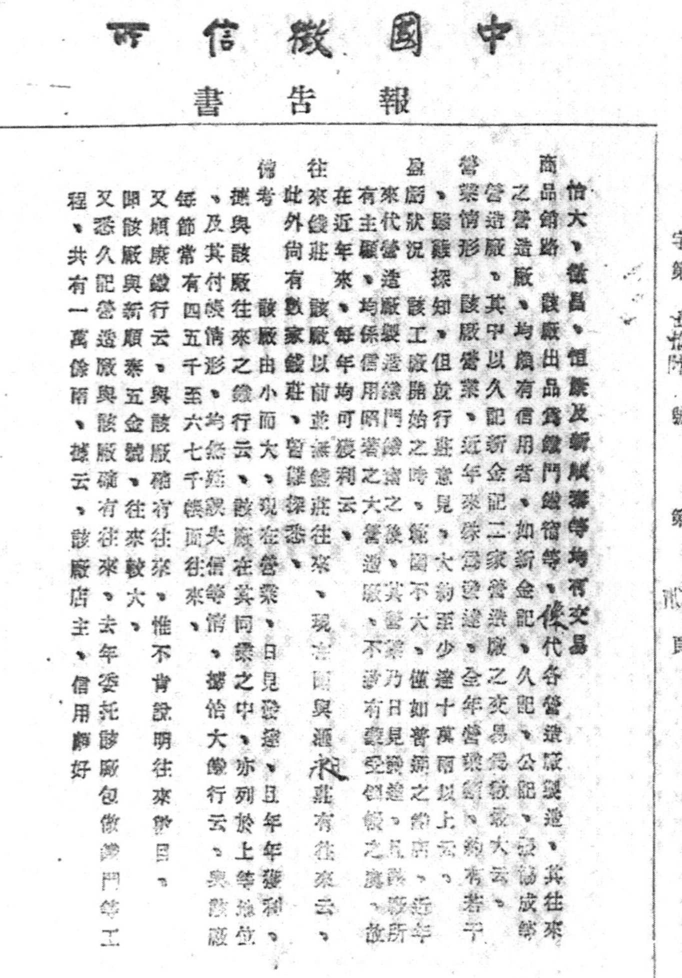

表 9—1
6-21-5000

中國徵信所

報告書

字第 貳拾陸 號　第 貳 頁

商品銷路　恰大、德昌、恒康及新順泰等均有交易、代各營造廠製造、其往來之營造廠、均爲有信用者、如新金記、久記、公記、協成等營造廠、其中以久記新金記二家營造廠之交易最大、約有若干

營業情形　該廠營業、近年來係為發達、該廠全年營業額約有十[illegible]

盈虧狀況　採知該工廠但放行之時意見、據大約至少達十萬兩以上云、近年來代營造廠製造鐵門之後、因大不景氣、營業乃日見[illegible]、有主顧均係信用昭著之大營造廠、不景氣[illegible]、故所在近年來、每年均可獲利云、

往來錢莊　該廠以前並無錢莊往來、現在因與滙[illegible]莊有往來云、此外尚有數家錢莊、皆謹慎恐、

徵信考據　該廠由小而大、現在營業日見發達、且年年獲利、與該廠往來之鐵行云、該廠在實業同業之中、亦列於上等地位、及其付帳情形、均照規矩往來、據云、恰大鐵行云、與該廠節常有四五千至六七千兩往來等情、又順康鐵行云、與該廠確有往來、惟不肯說明往來數目、又該廠與新順泰五金號、往來較大、即該廠與該廠確有往來、去年委託該廠包做鐵門等工程、又悉久記營造廠與該廠確有往來、共有一萬餘兩、據云、該廠店主、信用頗好

中華民國　年　月　日

產 9—1
6-21-5000

中國徵信所

報告書

字第 試拾柒 號 第壹頁

地址　南京路望平街口

設立年月　民國十二年

資本　不詳

組織　獨資

店主　李學楊

萬源祥棉布呢絨號

李學楊　寧波人、向業棉布、在上海河南路、創設萬成永呢絨綢布號、在陝川路開設萬成祥綢布號、在寧波路鹽慶里開設萬源綢布號、閉、以前南京路萬成綢布號、亦係李君與其弟只李永錫合設立、後來營業不善、虧蝕甚巨、李君憑藉、累、乃請其弟出面、在三四年前、虧蝕、因參爭失敗、除損失五六萬兩外、尚且不敷、洋行方面所有定貨、尚未出清、李永錫君爲之憂急而死、其時大康行與該號亦有交易、該行股東及經理、當時參與調停、覺得證據、向李君交涉、李君不便推諉、當即卸責了理、李君深悉再有他家學步歸君、乃與歸君訂約、不許對外涉、如將此事轉告他人、當由歸君負責賠償損失、訂約時、由律師作證云、

二十一年六月廿四日

中華民國　年　月　日

產 9—1
6-21-5000

中國徵信所

報告書

字第 試拾柒 號 第貳頁

李君現已富有財產、據云、約在五六十萬兩左右云、在上海城內九畝田及蘇樂德路、曾置地產、在寧波原籍、近年來新造住宅、耗資一萬餘兩、其對外信用頗好、

經理　孫鑑甫

營業種類　棉布、呢絨、

該號營業、以棉布爲主、兼做呢絨及女人所用花色貨品、但以少數、不顧西洋貨、東洋貨、日貨及國貨、均有、在去年未抵制日貨以前、該號以販賣日貨爲大宗、迄抵貨潮興、不能再做、乃注重西洋貨、兼做國產貨品云、

商品來源　該號所有貨物、大概向各洋行、或其同業買來、因該號財力充足、乃以現金收買現貨、價格稍廉、非但易於獲利、且可以少擔風險也、開大中華股份有限公司經售之俄羅斯花露、轉托裕泰、源茂盛、元泰及該號等四家、代爲分售云、

商品銷路　該號營業、注重門市、據見旺時、每日可售至一千餘元、在平時日有一二千元生意、如遇近日減價時期、每日可售云、

營業情形　照該號營業情形、其門市一項、每年可做到五六十萬元生意、其內莊亦做本街及外埠批發、每年亦有一百餘萬兩生意、但批發一項、不由該號出面、統歸萬成永綢售、在該號內、即有萬成永之市招、

營業狀況　該號營業狀況、素來頗佳、因其做法穩健、而門

中華民國　年　月　日

中國徵信所

報告書

字第　　號　第　頁

地址	愛多亞路吉祥街口　元泰棉布呢絨號
設立年月	五十二三年
資本	不詳　傳說當在十萬兩以上
組織	獨資
店主	王晉鏞
經理	王晉昹

二十一年六月廿五日

王君寧波人，年近五十左右，向業呢絨棉布，王君在該號服務甚久，自幼即在該號學徒，從王晉元君爲師，前經理死君故世以後，乃升任經理，而以其師弟鄒步梅君爲協理，鄒君後因另有高就，（與人合股開設中和呢絨棉布店，鄒君爲該股東兼經理）乃即告退，該號遂未另覓他人繼任。河南路東棋盤街華康呢絨號，亦爲股東，又在永和進口行亦有股份附入。在法租界貝勒路，有自建之住宅一所，價值二三萬兩，又在同孚路等處，亦有地產，乃係近年所購置者。王君忠厚殷實，才具亦佳，生平無嗜好，而係事儉，向未經營投機事業，皆在同業及金融界方面，信用素

中華民國　年　月　日

中國徵信所

報告書

字第　　號　第　頁

市生意，利益又較豐厚，過去數年間，大致可有盈餘，據年該號因抵制日貨，亦稍受影響，

往來銀行　該號與上海商業儲蓄、交通、寧波等銀行，均有往來，

往來錢莊　往來錢莊頗多，如同泰、同春、信裕、滋康、永豐、信康等莊，均有交易，聞共有十餘家云，

備考　該號以前店名爲大源祥棉布號，亦係門市生意，在十二年以前，因營業失敗，乃將店基及其存貨讓與李學梅君，店名乃即改爲萬源祥云，

李學梅君，年幼時亦係貧苦，據云，亦係做縫紉出身，當其開設萬成永時代，總團極小，資本不滿二百元，店內僅有縫衣機一二架，代人縫製衣服，後來兼做棉布生意，範圍漸大，且能年年獲利，聞李君第一次所購棉布，係某年李君購進多量黃斜紋布，市上適有大宗軍裝生意，係少此項斜紋布，李君遂得善價售出，獲利頗多，後來又注意日貨，販賣日貨頗多，每逢抵制日貨之時，李君時中即更多，日貨故以前數項抵制，均係造就李君發財之機會云，

中華民國　年　月　日

中國徵信所

報告書

字第　　號　　第貳頁

好、毛致其財產、大約在十萬兩左右云、

營業種類　呢絨、布疋、

該號初做時乃一呢絨西裝之成衣店、向來注重西裝生意、

後來又加入上等呢絨及婦女所用一切雜物、自改組以後、

乃注重布疋營業云、

商品來源　該號所有貨物、除向洋行定購外、多係自[illegible]貿易貨

、[illegible]云、近年來呢絨布市面、均稍蕭條、如有現金收買

、隨時可以購得價廉貨物、

彩、綢緞、又經售大中華[illegible]有限公司所售之伊麗斯花標、（綢

元泰、源茂盛等、裕泰有[illegible]、四家經理、）至於呢絨、

如[illegible]、[illegible]除本埠門市外、又[illegible]各處、以其餘門市

商品銷路　該號出品、除本埠門市外、京滬杭各埠亦有批發、[illegible]

業、近年來營業已有三年之[illegible]、生意[illegible]店[illegible]、[illegible]王[illegible]之[illegible]

營業情形　以改組以來、方針已定、有重[illegible]三[illegible]以[illegible]、少[illegible]以[illegible]、[illegible]、[illegible]

二年以後、營業日見發達、[illegible]一[illegible]二三十[illegible]、[illegible]以[illegible]、[illegible]、[illegible]之[illegible]

伊麗斯花標、每年[illegible]、[illegible]百[illegible]三[illegible]十七八十[illegible]、即[illegible]其[illegible]

拆[illegible]係[illegible]十一年老店、[illegible]年[illegible]以前[illegible]十年、[illegible]、[illegible]、[illegible]、[illegible]

三[illegible]少[illegible]之[illegible]年改組、[illegible]未改[illegible]以[illegible]、[illegible]、[illegible]、大[illegible]年[illegible]

業[illegible]四至十五萬兩以上、共計[illegible]、[illegible]年

[illegible]況　百[illegible]在近二三年來、[illegible]、[illegible]、如[illegible]年年

中華民國　　年　　月　　日

中國徵信所

報告書

字第　　號　　第叁頁

結算、約可有二三萬兩之利益云、

往來銀行　該號與中國墾業、上海商業儲蓄、女子商業儲蓄等

往來錢莊　該號與[illegible]裕、承裕、安康、恆裕、志裕等莊

備考　該號云共有十五家、

（即[illegible]係該號原名啓元、創辦時、[illegible]君定海人、向業紅幫裁縫

、除[illegible]在西服以外、[illegible]老店也、[illegible]在[illegible]、[illegible]、百元而

小、但其時西服店家極少、所謂其資本與[illegible]、[illegible]、凡西人

已者、均在[illegible]門前[illegible]、而故[illegible]主[illegible]多[illegible]人、以法

來[illegible]、云[illegible]、西裝成衣過、、利[illegible]厚、[illegible]、西[illegible]、[illegible]、[illegible]、[illegible]二

人[illegible]尤[illegible]、[illegible]況、[illegible]一[illegible]、早[illegible]、[illegible]五十年在今日、、[illegible]有[illegible]同

三分[illegible]之[illegible]厚[illegible]工、及一切[illegible]支[illegible]、[illegible]、[illegible]、十[illegible]年、[illegible]、[illegible]

業之[illegible]、[illegible]而[illegible]、[illegible]、[illegible]又[illegible]、更[illegible]五、[illegible]以[illegible]、[illegible]、[illegible]

利、在前[illegible]子年[illegible]各[illegible]軍[illegible]、[illegible]、多[illegible]、[illegible]利[illegible]因[illegible]、[illegible]生[illegible]

不少、乃大[illegible]其利云、[illegible]

旋[illegible]做呢絨及女人所用、雜貨等生意、花色、因之[illegible]、[illegible]式[illegible]、

凡變學時髦之富家女眷、[illegible]不[illegible]之[illegible]、[illegible]、[illegible]之[illegible]、

老店主啓元君故世後、遺產在十萬兩以上、由其子[illegible]君

承受、[illegible]延聘會在中法學校畢業、又操法語、與法人[illegible]

經理、同邑朱[illegible]三君之[illegible]女[illegible]、因此、[illegible]法[illegible]故、法[illegible]多[illegible]

租界工部局華董、及[illegible]司令、[illegible]法[illegible]、[illegible]有勢力、[illegible]任[illegible]法[illegible]

事又曾任之、[illegible]

中華民國　　年　　月　　日

表 9—1
6-21-5000

中國徵信所

報告書

上海綢業銀行近訊　二十一年六月二十五日

上海綢業銀行，於去年九月一日先行交易，原定資本額一百萬元，現祇招足六十萬元，行址設在寧波路，

該行董事為

王延松　市商會執行委員　大新綢緞局經理

潘公展　前社會局長　現晨報經理

俞國珍　前上寶銀行經理　現任寧波實業銀行常務董事

馮仲卿　中國銀行副理

陳子明　玉器商　華盛永號

張澹如　浙江興業銀行東南信託公司及通易銀行董事

姜麟書　大盛綢緞局經理

魯正炳　悅昌文杭綢莊股東　兼經理泰昌莊股東

裴雲卿　同春莊經理

胡熙生　怡大莊經理　永盛莊股東

沈琴齋　悅生綢莊

中華民國　年　月　日

表 9—1
6-21-5000

中國徵信所

報告書

後因其店址被交易所拖去，不得已，乃遷至吉祥街口，舊址適西，不甚相宜，且南京路先施永安新新等百貨商店，亦[illegible]開設，向來營業主顧，均就百貨商店購買，不復再來，因是營受打擊，而其營業，總又中落矣，

三四年前，被趙榮君借去，後由匯[illegible]出，然對於其所經辦事業，不免灰心，遂將該號讓渡與其經理王季賓君，謂其資本營業，外間傳說，謂若仍有關係，實則已完全脫離矣，據云，該號於未改組前，因歷年營業欠佳，前店主趙廷榮君店虧甚鉅，約有十七八萬，所之館，迨讓渡後，王君將該款結清了理清楚，

以上所述，乃係該號開辦以來所經過之情形，自改組以後，將其營業方針，略予變更，故其狀況，亦日有進作，但營以前更覺後良，據該號中人云，該號財力不足，店內存貨，常在二十萬兩以上云。

又據傳說，趙廷榮君在該號內，仍有關係，因趙君有些，常來吵鬧，向該號索取銀錢，趙君不得已，乃囑王季賓君出面耳，究竟內幕如何，十分秘密，非外人所能明瞭，

中華民國　年　月　日

查 9-1
6-21-5000

中國徵信所

報告書

字第 □□ 號 第壹頁

王興昌綢緞號 二十一年六月廿五日

地址 老店前在南京路，因翻造房屋，乃遷至牛莊路，即侯南京路新廈完工後，仍將遷回，其支店在北四川路。

設立年月 至今約有二十餘年，

資本 不詳

組織 合資

股東 王和興、王和生，

經理 王和興

王和生

王和興與王和生二君，係弟兄，王和興年四十左右，王和生年逾三十，奉化人，（王氏共兄三人，長兄與和興和生是也，瑞興已故世）北京路九六號友誼公司，係王君與孫余中合股設立，資本二萬兩，二人各占半數云，近年來在其奉化原籍，購置田地約百畝，奉化田價廉，每畝僅值約十元而已，王氏弟兄，尚未分產，近年來因營業發達，獲利亦更豐足，據云，大約有三四十萬元，營業經驗豐富，才具亦佳

中華民國 年 月 日

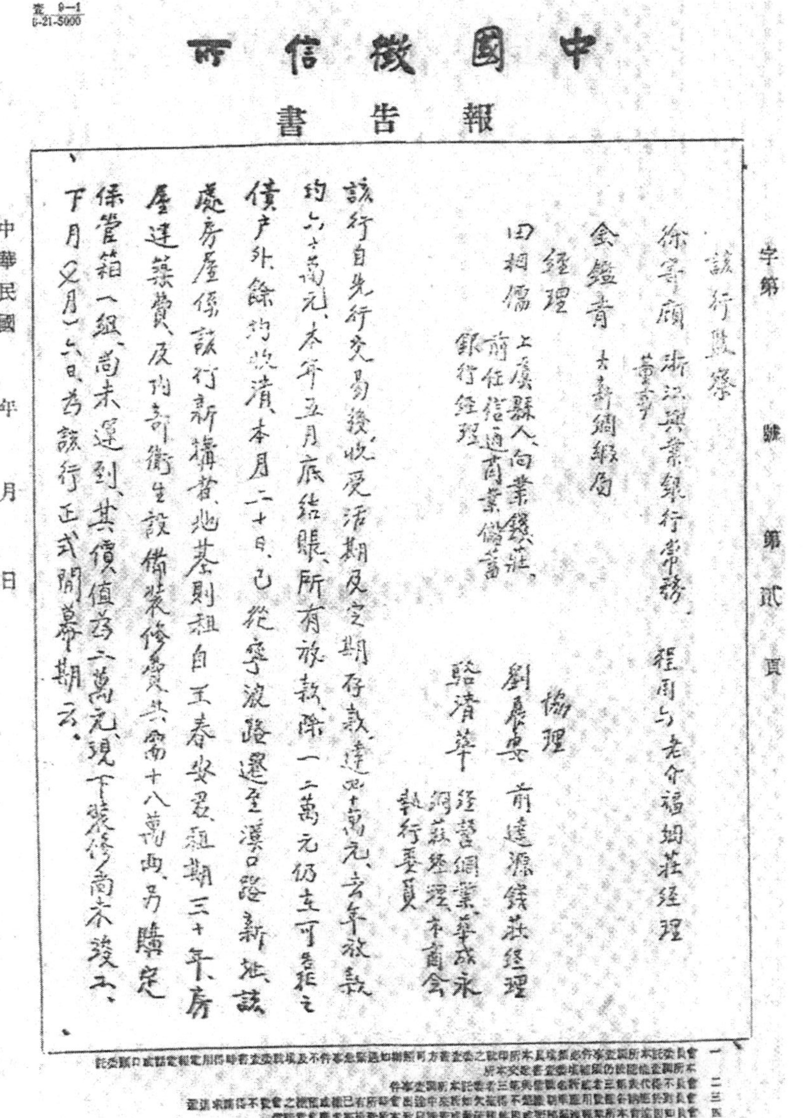

查 9-1
6-21-5000

中國徵信所

報告書

字第 號 第貳頁

該行監察

徐寄廎 浙江興業銀行常務董事 程同與 老介福綢莊經理

金鑑青 大新綢緞局

經理

田相儒 上虞縣人，向業錢莊，前任信通商業儲蓄銀行經理

協理

劉展安 前達源錢莊經理

駱清華 經營綢業，華成永綢莊經理，本商會執行委員

該行自先行交易後，收受活期及定期存款，達四十萬元，去年放款均六十萬元，本年五月底結賬，所有放款除一二萬元仍在可靠往來債戶外，餘均收清，本月二十日，已從寧波路遷至漢口路新址，該處房屋係該行新構者，地基則租自王春安君，租期三十年，房屋建築費及內部衛生設備裝修費共需十八萬兩，另購定保管箱一組，尚未運到，其價值為六萬元，現下裝修尚未竣工，下月（七月）六日，為該行正式開幕期云。

中華民國 年 月 日

查 9-1
6-21-5000

中國徵信所

報告書

字第 叁佰 號 第 叁 頁

備考 該號開設至今，已逾二十年，當初由王瑞興創辦，王君出身負責，向業紅幫裁縫（即本幫西裝衣服也）起先[illegible]不大，資本亦微，王君誠樸勤勞，業務日有起色，迨該號稍露頭角，不幸王君即因病去世，所遺職務，遂歸和興、同生二人主持。歸後營業日見發達，而在近四五年來，更為興盛，自國民政府成立後，路主席係孝化人，引用之同鄉甚多，軍需部，而包號即東王氏昆仲，以鄉誼關係，與要人往來密切，遂得承包辦大宗軍裝生意，據云在二年前乃為最盛時代，每年承接、可達一百餘萬之鉅，即在近年亦常有五六十萬至六七十萬云、推云，該號係東王氏昆仲所做軍裝生意，並非用王興昌名義出面，係另設於號，向政府承攬，但為接洽便利起見，乃在南京添設支店，其店名則仍用王興昌云。承做軍裝，利息極厚，據云該號在二三年前，獲利甚鉅，每年可盈餘十餘萬兩，至少亦有六七萬兩云。在裕泰錢莊（元字地位資本十萬兩）內，王氏昆仲亦係股東，不幸在前年倒閉，結果王氏昆仲賠出七萬兩，其時生意正在興盛之時，即賠出鉅款，於該號可不發生任何影響，該號股東王氏昆仲，又與泰昌木器公司經理[illegible]孫君合資，該泰昌木器公司餘屋，添設門市部，資本十萬元，與樂君各認半數，其門市營業亦頗茂盛云、

意見 該號由小而大，現在財力充足，營業日見發達，業氏本

中華民國　年　月　日

查 9-1
6-21-5000

中國徵信所

報告書

字第 叁[illegible] 號 第 肆 頁

、而信用亦好，惟王氏弟兄，早係西衣成衣匠出身，歸宇不多、智識有限、王和生君性情亦殊粗魯云、

營業種類 呢絨、西服、

該號營業，起先注重西服，代客縫製，近來注重花色嗶嘰、而對於西服一項，反不如以前注重矣、北四川路營業西服生意亦復不少云、

商品來源 所有貨物、大概向洋行定購，除多數向[illegible]之友誼公司定進外，其他如寶克、天佑、味地、公平、孔士、美最時、天豐等洋行、均有交易、大概有十餘家、

商品銷路 該號營業、除做門市外、兼做批發、南京路總店、門市與批發、均做、門市營業、並不甚大、至於批發營業、大概另為批售、與本街同業及裁縫店居多、至於外埠批發並不甚大、

營業情形 該號營業、在經年來頗見發達、南京路總店、營業範圍頗大、全年營業額、可達三四十萬兩、去年比往年略見減少、大約有三十萬兩左右云、北四川路支店、只做門市、全年營業不大、僅有十萬兩左右而已、

盈虧狀況 該號係一老店、最初所辦以後、營業興旺、然不及近年為佳、在近五六年來、營業愈見發達、年有盈餘、去年云在前二三年、營業成績尚佳、可有十萬左右之盈餘、年決算、結果亦佳、

往來行莊 該號與上海銀行有往來、錢莊如安裕亦有往來、

中華民國　年　月　日

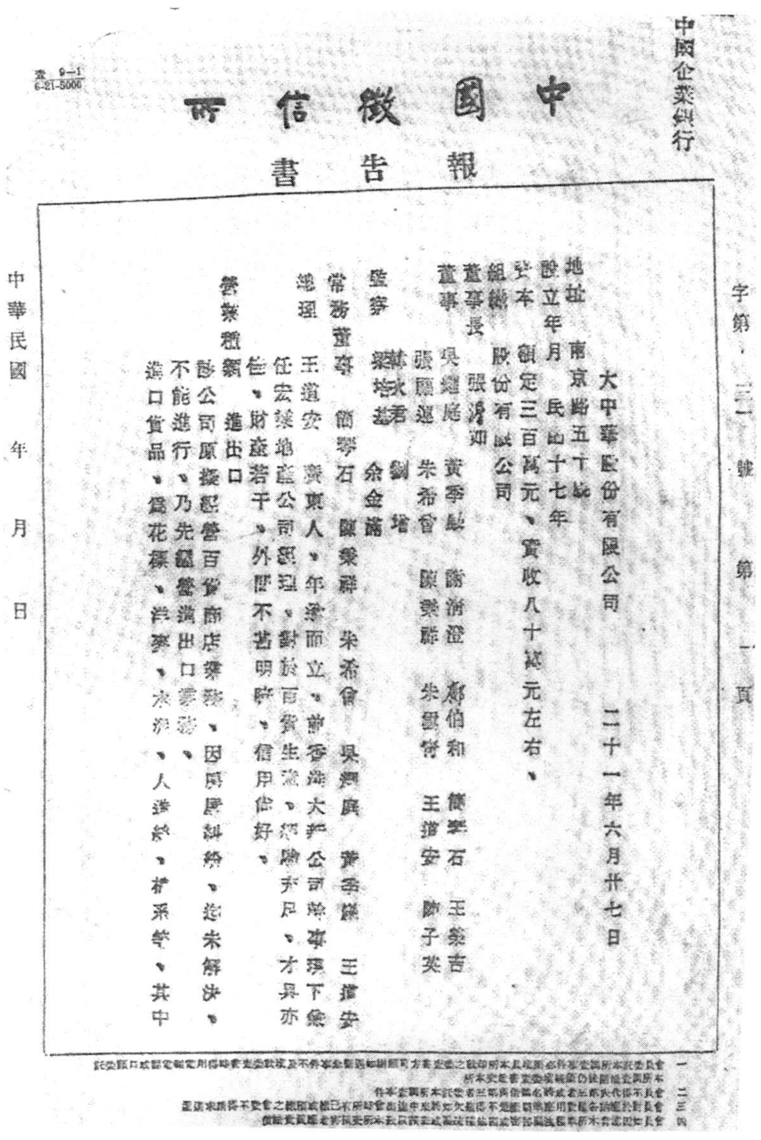

中國企業銀行

字第三二一號　第一頁

中國徵信所

報告書

大中華股份有限公司　　二十一年六月廿七日

地址　南京路五十號

設立年月　民國十七年

資本　額定三百萬元、實收八十萬元左右、

組織　股份有限公司

董事長　張潤如

董事　吳耀庭　黃季超　陳濟澄　鄭伯和　蕭學石　王榮吉

　　　張顯運　朱希曾　陳榮彬　朱墨樵　王搢安　陳子英

監察　鍾秋岩　劉增

　　　梁培基　余金蘭

常務董事　蕭學石　陳榮彬　朱希曾　吳興廣　黃季超　王搢安

總理　王道安　廣東人、年壯而立、曾管香港大新公司總事務下兼任宏業鼎盛公司經理、對於百貨生意、經驗老練、才具亦佳、財產若干、外間不甚明晰、信用尚好、

營業概況　進出口

該公司原操經營百貨商店業務、因商股糾紛、迄未解決、不能進行、乃先經營進出口事務、進口貨品、爲花標、洋參、水泥、人造絲、香水等、其中

中華民國　年　月　日

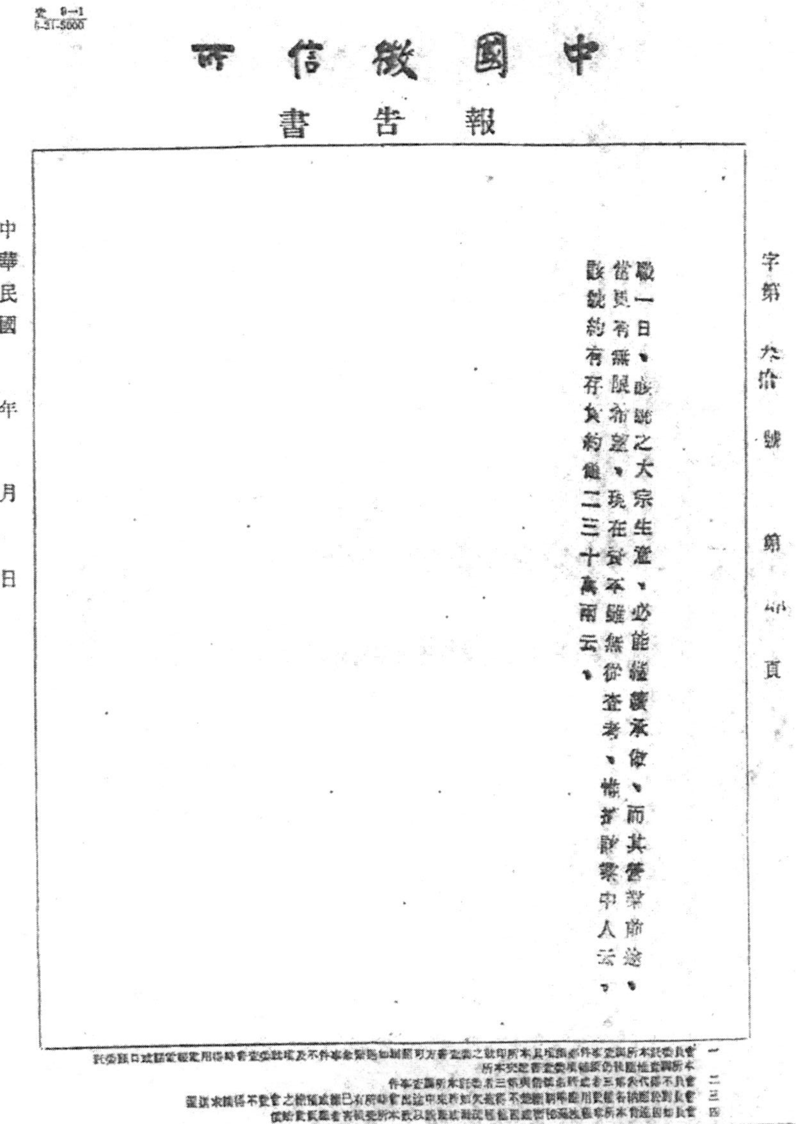

中國徵信所

報告書

字第　號　第　頁

職一日、該號之大宗生意、必能繼續承做、而其營業前途、
當更有無限希望、現在資本雖無從查考、惟據該業中人云、
該號約有存貨約值二三十萬兩云、

中華民國　年　月　日

中國徵信所

報告書

字第　號　第貳頁

以花樣為大宗、至於其他貨物、為數甚少、
出口貨品為蛋黃、蛋白、豬鬃、桐油、絲綢等物、又象牙編
、及花生、胡桃等物、但仍在總備期間、

商品來源　該公司所有貨物、如花標等、大概採自俄國、至於洋麥、俄與美各國均有定貨、其他雜貨、如洋酒、人造絲、毛冷、鋼、水泥等物、有從英德俄等國定來者、總之、其商品多數從俄國販運來華、

商品銷路　出口之蛋黃、蛋白、豬鬃、桐油等物、大概就上海販賣、

該公司營業、有代客定貨、而取佣金者、亦有自備出售者、
其經售貨物、以俄國花標為大宗、此項花標、除托源茂盛、裕泰、萬源祥、元泰、四家綢布店代為經售外、並委托外埠及市洋布商代售、
至於出口貨物、多直接輸往與英各國云、

營業情形　該公司自前年起、已營進出口業務、去年營業、較前年更有進步、據云、自民國二十年七月、至民國廿一年六月止、其營業額達八百萬兩左右、其中以進口貨占大多數、而出口營業、不過十餘萬兩而已、

盈虧狀況　該公司營業、狀況優待、開辦以來、歷年獲利、前屆結算、（民國十九年七月至二十年六月底止）共獲利二十萬兩左右云、上屆營業比前屆更佳、盈餘當在三十萬兩左右、

往來銀行　該公司往來銀行、為中國、中興、麥加利、匯豐、浙江實業、交通等銀行、

中華民國　年　月　日

中國徵信所

報告書

字第　號　第參頁

備考　該公司於民國十七年籌辦、當時即有創設百貨商店之意、乃覓得南京路福建路口之地基、（該處地產即係該公司董事長張澹如先生之產業）房屋圖樣、已經繪成、正在籌備建築時、不料為該處房客、中國內衣公司、華英藥房等阻止、不肯退租出屋、雙方涉訟數年、以致延誤、不能進行、殊為可惜、

該處地基、現在已有解決辦法、至民國廿四年即能收回、建造房屋、據云、在該處之基地、已由該公司售去、另由該公司向其訂約、永遠租與該公司云、

該公司之總店、將設在南京路福建路口、此外在北四川路、崇明路口及愛多亞路大世界對面、又擬添設分公司、在北四川路崇明路口之地基、已於去年由該公司出價一百二三十萬兩買進、至於愛多亞路大世界對面之地基、共計七畝左右、由該公司出面承租九十九年云、

該公司在南京路總店房屋、一時不能[illegible]、擬先設支店着手、愛多亞路租定之房屋、不日即將動工建築云、

該公司現下資本僅收到八十萬元、將來擬招足三百萬元、並有招至五百萬元之說、近來上海市面、殊為遲滯、如欲招集鉅額股款、恐非一時所能辦到耳、

董事歷史

董事長　張澹如、南潯人、係前浙江省主席、張靜江先生之姪、向來經營典業、現在張君兼辦事業頗多、茲採錄如下、

董事　浙江興業銀行股東兼董事、

中華民國　年　月　日

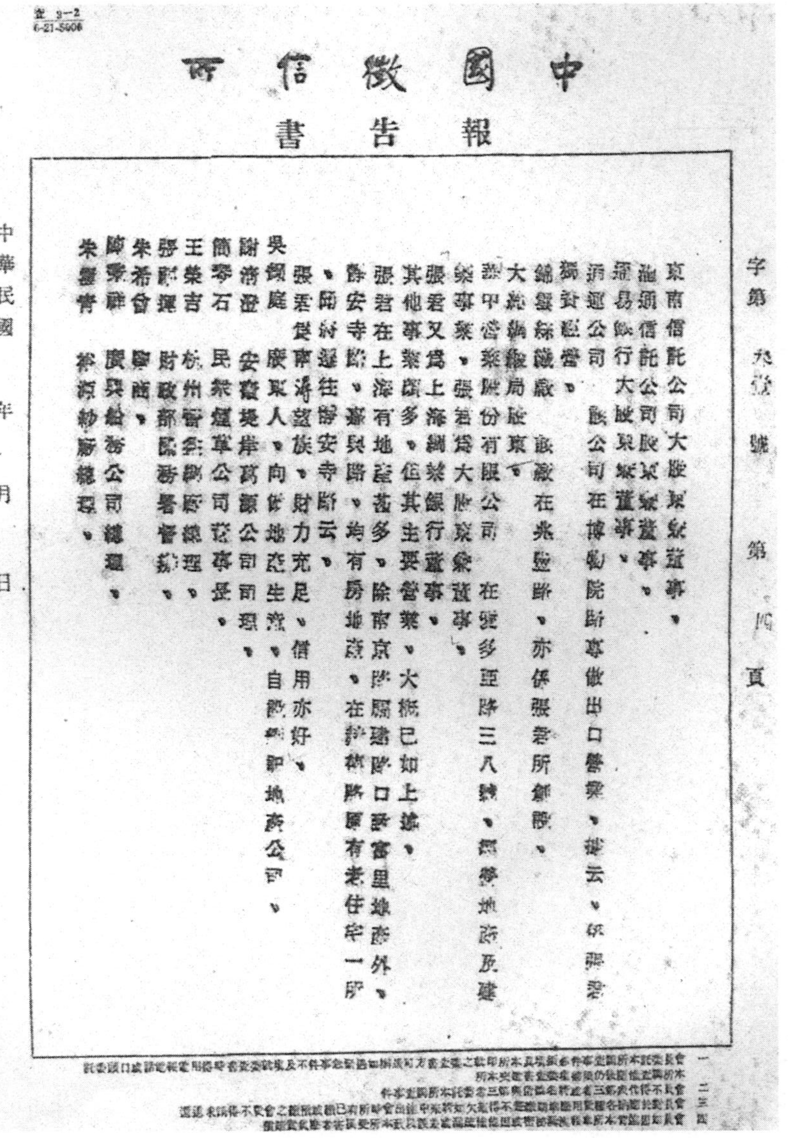

中國徵信所

報告書

字第　　號　第四頁

東南信託公司大股東兼董事，
滙通信託公司股東兼董事，
通易信託行大股東兼董事，
滙通公司　大股公司在博物院路專做出口營業，據云，係張君[illegible]
錦興營造廠，
錦綸綵織廠　廠在泉盛路，亦係張君所創辦，
大陸絲織局股東，
浙中實業股份有限公司　在愛多亞路三八號，經營地產及建
築事業，張君為大股東兼董事，
張君又為上海綢業銀行董事，
其他事業甚多，但其主要營業，大概已如上述，
張君在上海有地產甚多，除南京路、關路口安富里地產外，
靜安寺路、麥與路，均有房地產，在滬西路原有老住宅一所，
、開封路往靜安寺路云，
張君[illegible]，財力充足，信用亦好，
吳頌庭　康取人，向作地產生意，自設[illegible]地產公司，
謝濟澄　安徽蕪湖萬源公司司理，
簡零石　民新煙草公司董事長，
王榮吉　杭州市財政局總理，
勞詠揮　財政部區稅局督察，
朱希曾　醫師，
陳案竹　廣興紗號公司總理，
朱靈青　[illegible]源紗廠總理，

中華民國　　年　　月　　日

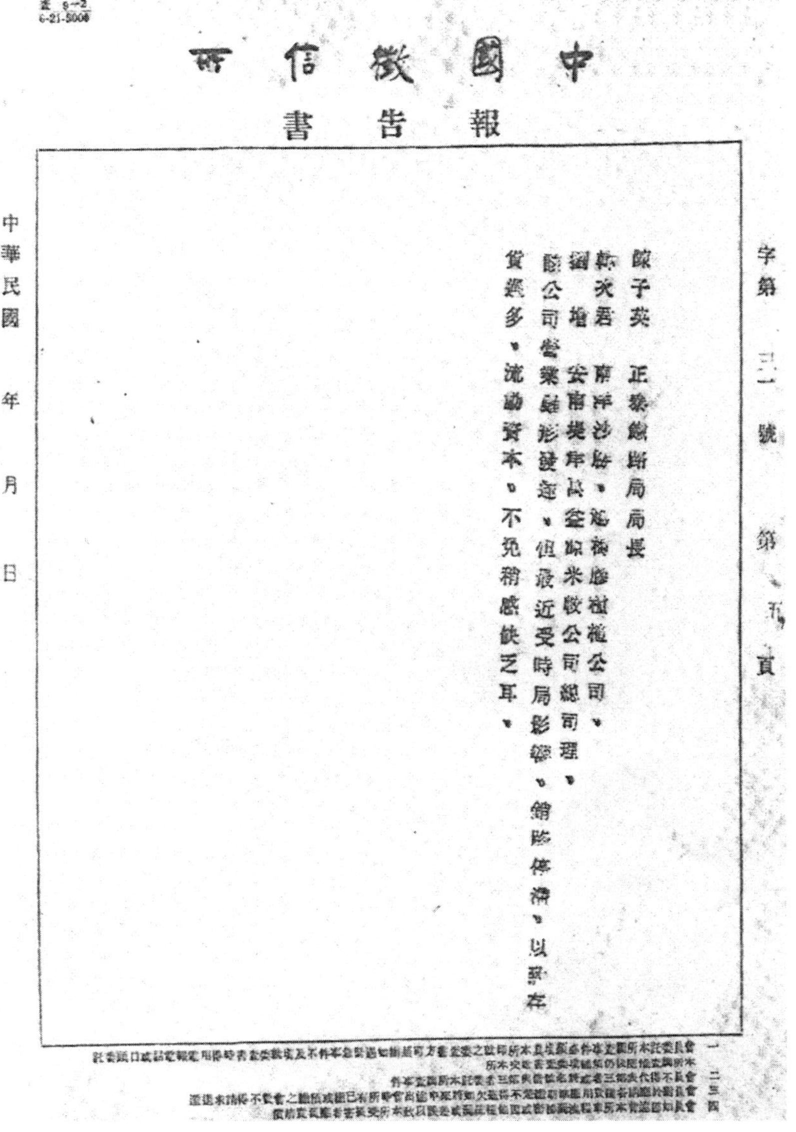

中國徵信所

報告書

字第三號　第五頁

陳子英　正泰[illegible]局局長
蘇炎君　南洋公司，馮橋紗廠公司，
劉增　安南堤岸以至新加坡公司總司理，
該公司營業頗形發達，但最近受時局影響，館旅停滯，以致在
貨甚多，流動資本，不免稍感缺乏耳，

中華民國　　年　　月　　日

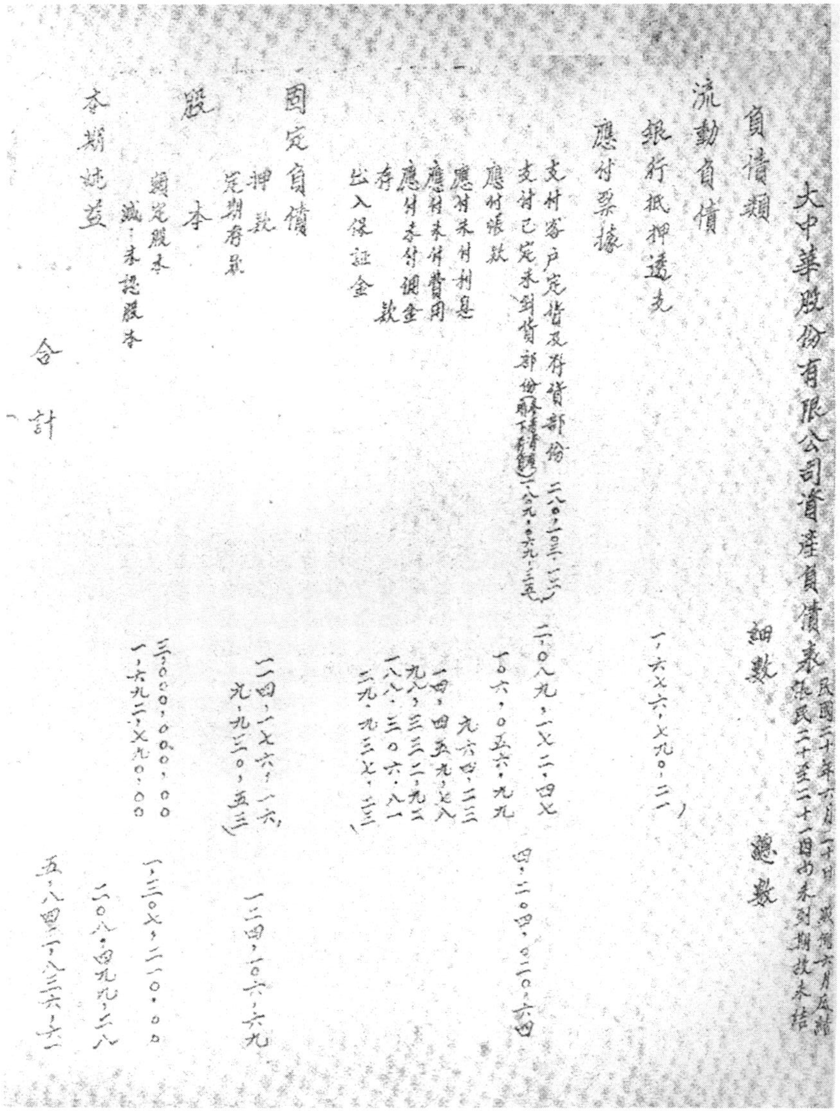

大中華股份有限公司資產負債表 民國二十年六月三十日 照章六月底結 依民二十至二十一自由未到期故未結

負債類	細數	總數
流動負債		
銀行抵押透支	一,六七六,七九〇.二一	
應付票據		四,二〇四,〇二〇.六四
支付客户定貨及存貨部份 二,八〇一,〇三五.一三 支付已定未到貨部份(除下淨餘額)一,八〇九,〇六九.三五	二,〇八九,一七二.四七	
應付帳款	一〇六,〇五六.九九	
應付未付利息	九六四.二三	
應付未付費用	一四,四五九.七八	
應付未付紅金	九八,三三二.九二	
存款	一八八,三〇六.八一	
出入保証金	二九,九三七.三三	
固定負債		一二四,一〇六.六九
押款	一一四,一七六.一六	
定期存款	九,九三〇.五三	
股本		一,三〇七,二一〇.〇〇
額定股本	三,〇〇〇,〇〇〇.〇〇	
減：未認股本	一,六九二,七九〇.〇〇	
本期純益		二〇八,四九九.二八
合計		五,八四三,八三六.六一

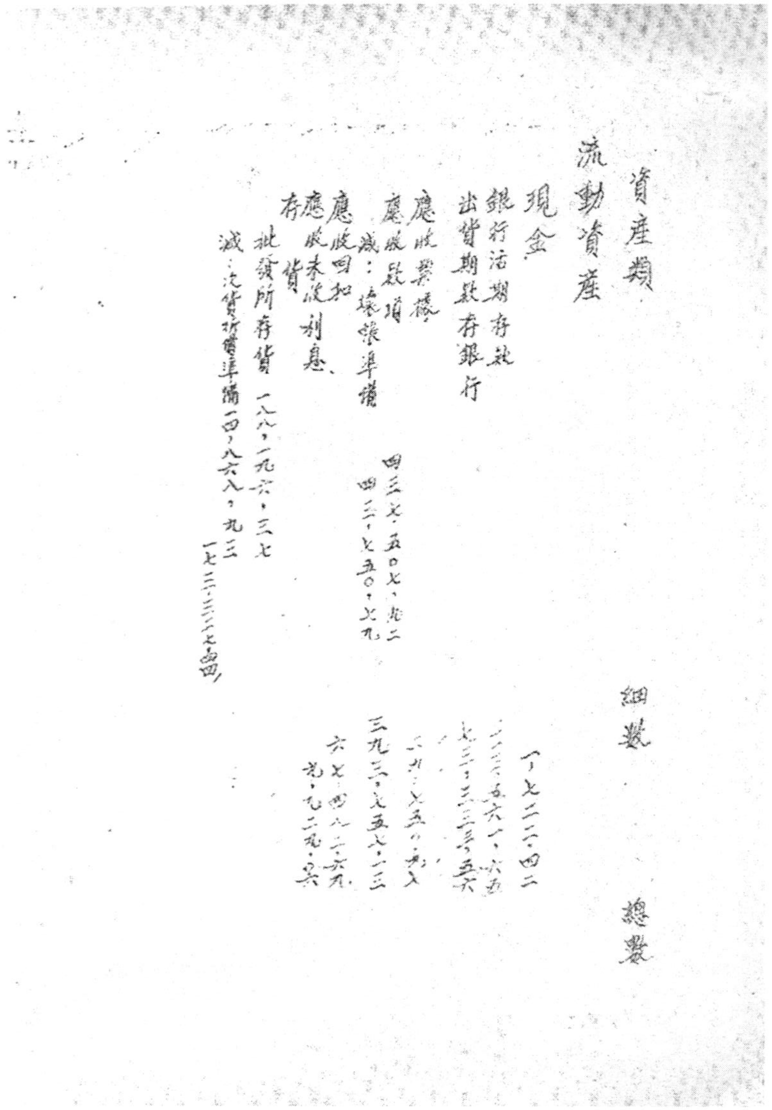

資產類		細數	總數
流動資產			
現金		一,七二二.四二	
銀行活期存款		二二二,五六一.六五	
出貨期款存銀行		七三二,三二三.五六	
應收票據		二九,七五〇.九八	
應收款項	四三七,五〇七.九二		
減：壞帳準備	四三,七五〇.七九	三九三,七五七.一三	
應收回扣		六七,四八二.六九	
應收未收利息		九,九二九.六六	
存貨			
批發所存貨	一,八八一,一九六.三七		
減：存貨折舊準備	一四八,六八九.九三	一,七三二,[illegible].四四	

已定未到存货（参看负债项下应付票据）一八〇，九〇八，九三五 二，三三一，八六五，三三

香港分行存货

代销品 三，二一九，一八一，三六

样品盈存 八，三七〇，七二

减：百分之五十摊提 四，一八五，三六 四，一八五，三六

香港分行往来 九八二，二九九，九八

批发所往来 一，三八九，〇九

暂记欠款 五，七七一，〇一

暂借代销品关税 四，〇〇七，八〇

代付关税 一四七，五六三，六二一

四，七三七，六〇六一

递延资产

预付保险费 一，三六五，八七

开办费 二七，九七〇，三〇

减：百分之五十摊提 一三，九八五，一五

一五，三五一，〇二

固定资产

银行定期存款 三六七，一五六，九〇

地产 一八四，六一三，七九

生财 一〇，二二二，六七

减：折旧准备（百分之五）五，五五五，九二 七，六六七，七五

装修 五，二六八，二五

减：折旧准备（百分之二五）二，一六三，四一 三，一〇四，一三

批发所生财装修 八，八七五，六二

减：百分之五十折旧 四，四三七，八一 四，四三七，八一

存出押柜 三六四，六〇 五六六，八七四，九

其他资产

应收股款 [illegible] 五二四，〇〇〇，〇〇

合计 五，八四五，八三六，六

大中华股份有限公司损益计算书

——民国十九年七月一日起至二十年六月三十日止——

收益类

余额由营业账转来 一九八，八一三，〇八九

利息收入 八七，四〇八，八三九

兑换盈余 四，二八四，〇七九

杂项收入 九，六七，六八九

共计 二九一，四八三，六五

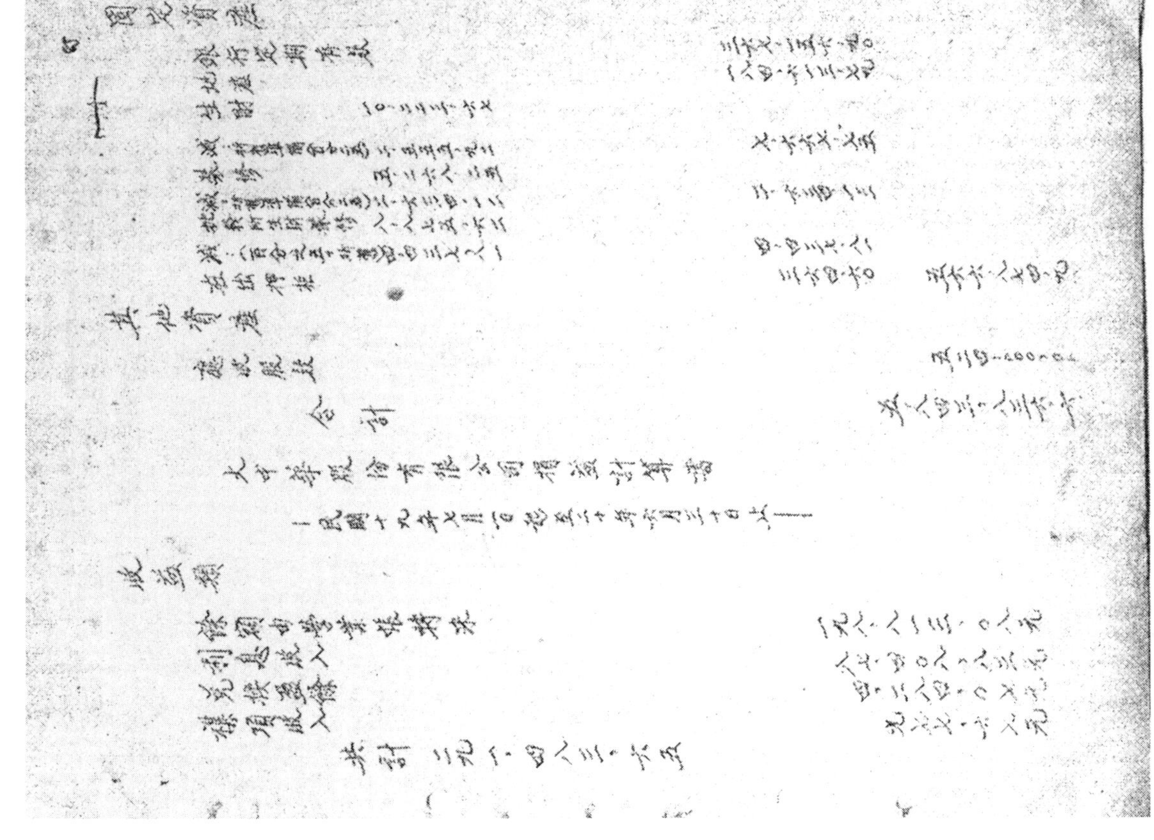

中國徵信所

報告書

字第 32 號 第 頁

第 卷 第 冊 第 壹 頁

光中機器染織工廠 二十一年六月廿八日

地址 民明路六四五號

設立年月 民國十九年。

資本 銀九萬兩

組織 股份有限公司

董事 黃植甫（廣東人） 歐元英（同上） 陳滄來（潮官人）經理 國梁（上海人）

協理 嚴逸生（上海人） 英國留學生，羽紗絲織廠染部主任。

營業種類 染織業

出品商標 松鶴、立鳳、光中。

營業情形 該廠房屋，係歸自有，保有火險銀四十五萬兩。此次滬案突起，當無直接損失，惟營業滯滯，迄未恢復。該廠雖名染織工廠，實即兼染不織，所有布疋，係滬人於江陰一帶，收買而來，月計二萬疋以上，運銷浙江一帶，及四川各埠，本埠並無發行所及經銷所等之設立，其推銷貨品之方法，專恃一般掮客，用十天或半月期票出貨，並無拖欠，去年營業額達三百萬兩左右，席中勤

中華民國貳拾一年 月 日

一、損失類

利息開支 六四四九九·二二

董事車馬費 四·五〇〇·〇〇

律師聘請費 一三·九八五·一五

本期純益 二〇八四九九·二八

共計 二九一·四八三·六五

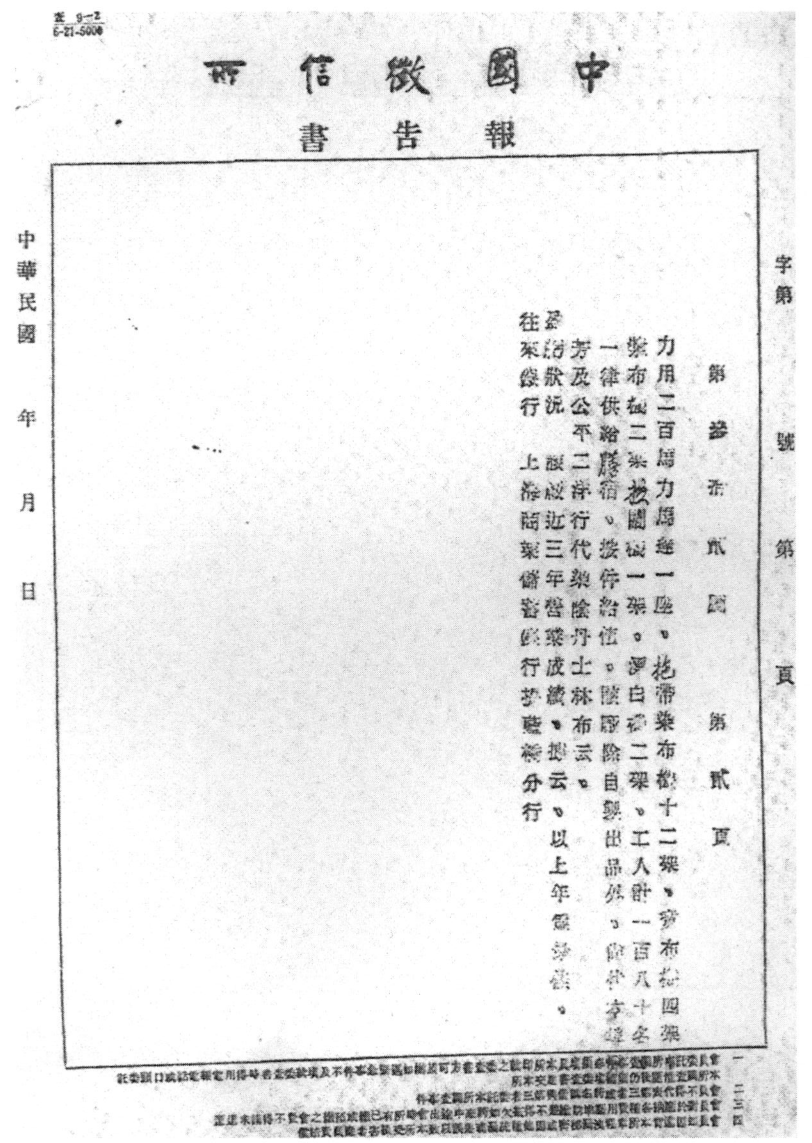

中國徵信所

報告書

字第　號　第　頁

第叁拾叁號　第貳頁

力用二百匹馬力引擎一座，拖帶染布機十二架，軋布機四架，染布機二架，捲筒機一架，漂白機二架，工人計一百八十餘，一律供給膳宿，按件給值，除自製出品外，兼代客染芳及公平二洋行代染陰丹士林布云。

營業狀況　據近三年營業成績，據云，以上年為最佳。

往來銀行　上海商業儲蓄銀行[illegible]分行

中華民國　年　月　日

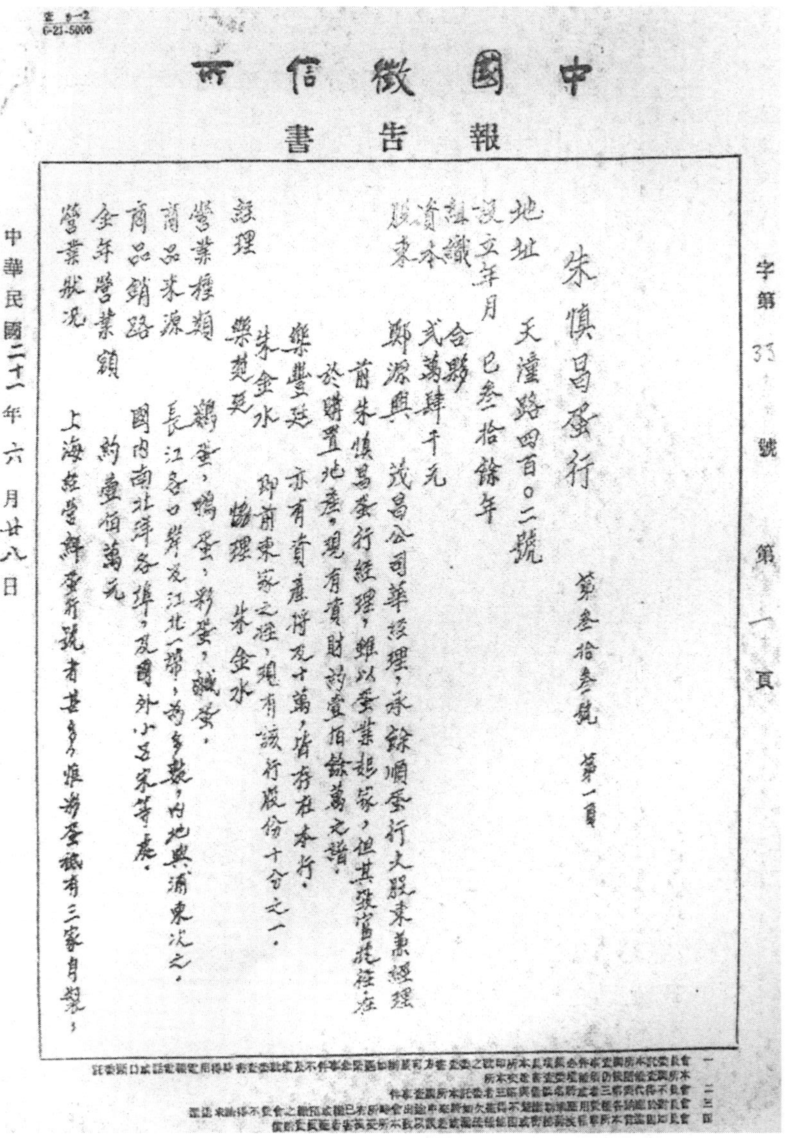

中國徵信所

報告書

字第 33 號　第 一 頁

朱慎昌蛋行　　第叁拾叁號　第一頁

地址　天潼路四百〇二號

設立年月　已叁拾餘年

組織　合夥

資本　貳萬肆千元

股東　鄭源興　茂昌公司華經理，承餘順蛋行大股東兼經理，前朱慎昌蛋行經理，雖以蛋業起家，但其發富於購置地產，現有資財約值百餘萬之譜。

樂豐延　亦有資產將及十萬，皆存在本行。

朱金水　即前東家之侄，現有該行股份十分之一。

經理　樂楚延　協理　朱金水

營業種類　雞蛋、鴨蛋、彩蛋、鹹蛋。

商品來源　長江各口岸及江北一帶，為多數，內地與浦東次之。

商品銷路　國內南北洋各埠，及國外小呂宋等處。

全年營業額　約壹佰萬元

營業狀況　上海經營斯業行號者甚多，惟斯業祇有三家自製，

中華民國二十一年六月廿八日

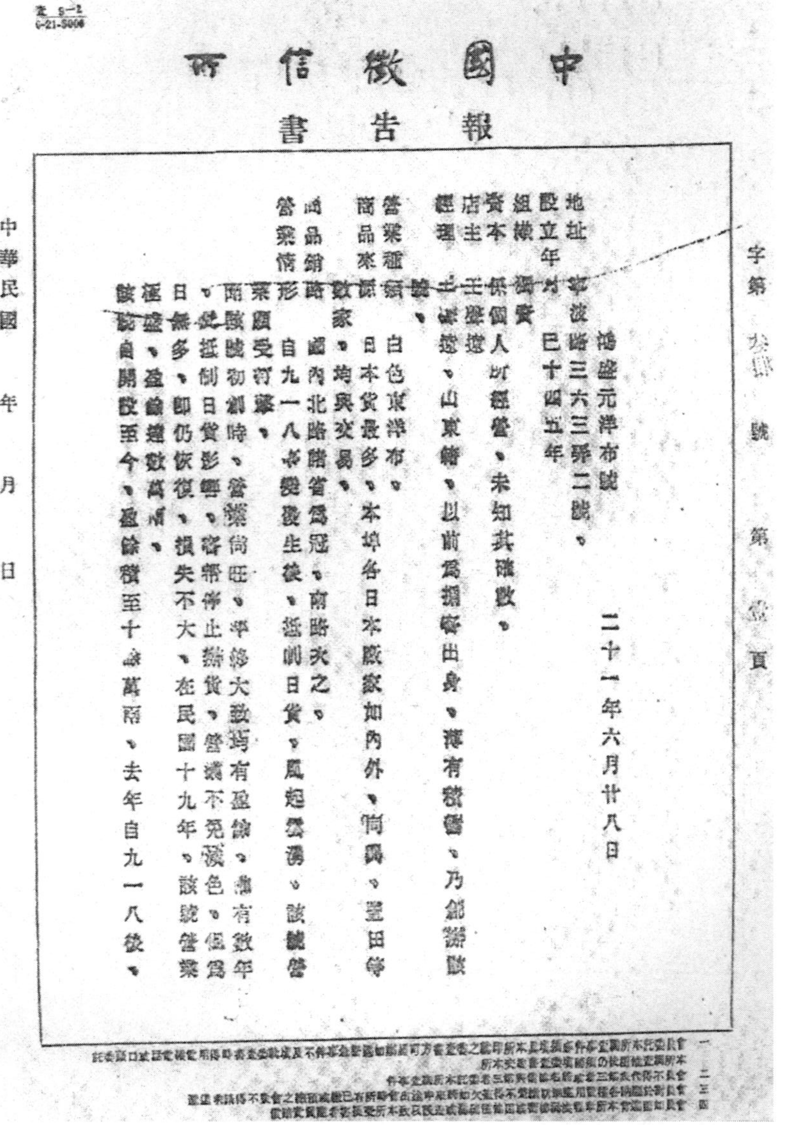

業 9-2
6-21-5000

中國徵信所

報告書

字第　號　第壹頁

地址　寧波路三六三弄二號。鴻盛元洋布號

設立年月　已十四五年

組織　獨資

資本　係個人所經營，未知其確數。

店主　王繼德

經理　王繼德，山東籍，以前爲捐客出身，薄有積蓄，乃創辦該號。

營業種類　白色東洋布。

商品來源　日本貨最多，本埠各日本廠家如內外、同興、豐田等數家，均與交易。

商品銷路　國內北路諸省爲冠，南路次之。

營業情形　自九一八事變發生後，抵制日貨，風起雲湧，該號營業頗受打擊，兩該號初創時，營業尚旺，平均大致均有盈餘，惟有數年，與抵制日貨影響，營帶停止辦貨，營業不免減色，但爲日無多，即仍恢復，損失不大，在民國十九年，該號營業極盛，盈餘達數萬兩，該號自開設至今，盈餘積至十餘萬兩，去年自九一八後，

二十一年六月廿八日

中華民國　年　月　日

業 9-2
6-21-5000

中國徵信所

報告書

字第三十三號　第二頁

因進貨後，須經過百日，方可銷出貨，故非有實力，充巨大房屋堆藏，不易業此，職是之故，該行營業甚為發達。

歷史

該行初創時，係朱氏獨資經營，營業頗盛，在民國十三年，朱氏身故，因無親子，乃由拆單承繼，不數月即起糾紛，因此停業改組，由鄭、樂等集資重開，至今已有七年，營業非常發達，據云進貨在五十萬元內，可以不需借用莊款，實力頗稱雄厚云。

往來錢莊　有鴻勝、鴻祥、順康等三十餘家錢莊往來

往來銀行　如浙江興業、中國實業、上海、永亨、勸工、中和等十餘家銀行均有往來云。

中華民國　年　月　日

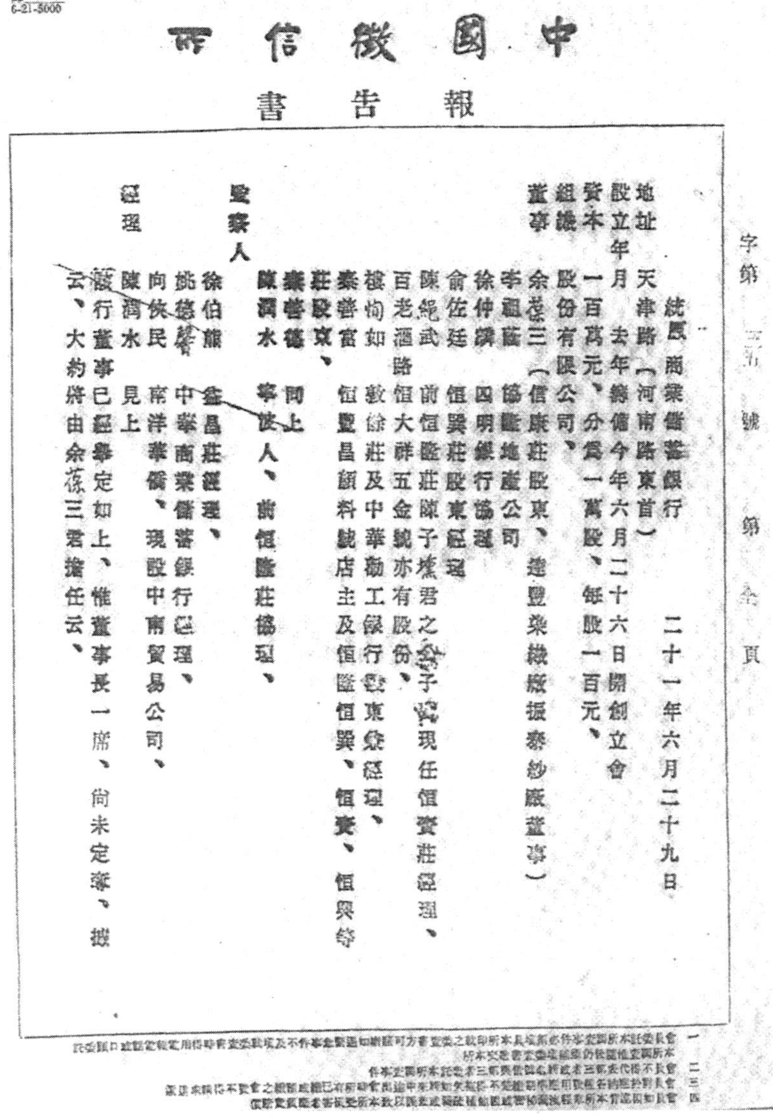

壹 9-1
6-21-5000

中國徵信所

報告書

字第　三五　號　第　全　頁

統原商業儲蓄銀行　　二十一年六月二十九日

地址　天津路（河南路東首）

設立年月　去年籌備今年六月二十六日開創立會

資本　一百萬元、分為一萬股、每股一百元、

組織　股份有限公司、

董事　余葆三（信康莊股東、達豐染織廠振泰紗廠董事）

李組臨　協鑑地產公司

徐仲讓　四明銀行協理

俞佐廷　恒巽莊股東經理

陳純武　前恒隆莊陳子壎君之公子、現任恒賚莊經理、

百老滙路　恒大祥五金號亦有股份、

樓恂如　敦餘莊及中華勸工銀行股東兼經理、

秦善富　恒豐昌顏料號店主及恒隆恒巽、恒賚、恒興等

莊股東、

秦善德　同上

陳潤水　事（？）人、前恒隆莊協理、

監察人

徐伯熊　鑫昌莊經理、

姚慈馨　中華商業儲蓄銀行經理、

向侠民　南洋華僑、現設中南貿易公司、

經理

陳潤水　見上

該行董事已經舉定如上、惟董事長一席、尚未定奪、據

云、大約將由余葆三君擔任云、

中華民國　年　月　日

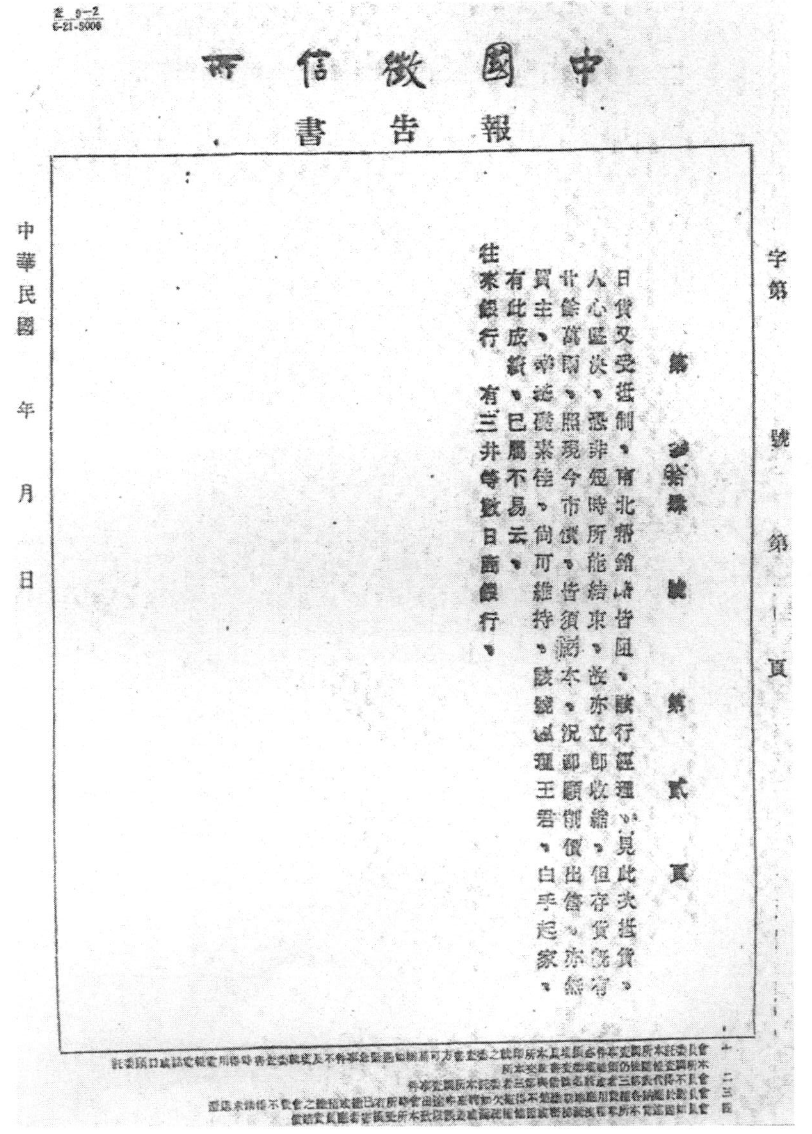

壹 9-2
6-21-5000

中國徵信所

報告書

字第　號　第　二　頁

第　號　第　貳　頁

日貨又受抵制、南北帮銷路皆阻、該行經理以見此次抵貨、

人心堅决、恐非短時所能結束、故亦立即收縮、但存貨既有

廿餘萬兩、照現今市價、皆須虧本、况即願削價出售、亦無

買主、幸該號素佳、尚可維持、該號經理王君、白手起家、

有此成績、已屬不易云、

往來銀行　有三井等數日商銀行、

中華民國　年　月　日

表 9—1
6-21-5000

中國徵信所

報告書

[illegible] 叁拾捌 號 集 叁 頁

邵萬生南貨號　　二十一年六月二十九日

[illegible][illegible]路邵萬生南貨號、開設已久、營業向來甚佳、去年為房屋
問題、用去小租核費等約達數萬兩、該號[illegible]係邵氏同族所共有
、近年來邵氏家道已漸中落、在原籍尚有田產數百畝、但所值
不多云、
現在店基房屋、係紹興許氏之產業、前者許氏亦加入股份、恐
即係將小租等費劃作股本者、
近因時局不濟、市面欠佳、該號所存貨物過多、（有一百萬兩
左右）一時不易銷售、因此於經濟方面、頗感困難、以致市上
有邵萬生不穩之傳說、或係此故、
據云日前（本月二十六日）該號經理邀集債權人談話、凡與該
號有往來之錢莊、均派代表前往列席、據該號經理報告、該號
虧空共有十餘萬兩、許氏既係股東、亦應共同負責、如許氏不
願繼續擔任、則所遵股份、可另招他人附入、惟該號所欠各款
、應請債權人維持、寬以時日、陸續歸還、聞往來錢莊之中、
以寶永雖被欠最鉅、約有一萬餘兩、該莊對已派人往紹興向許
氏股東接洽云、

中華民國　年　月　日

字第　號　第　頁

表 9—2
6-21-5000

中國徵信所

報告書

源茂盛綢布呢絨號

廿一年六月廿九日

第三十七號第一頁

地址　南京路

設立年月　改組以來約已五年

資本　未詳

組織　合夥

股東　沈翰卿　寧波人，向業棉布，歷年曾在增泰棉布號
為店員，後在台灣路福壽坊正大棉布號為股東兼經理，
近年亦已改組，店名更改，現在北京路許泰洋行為買辦
，資產甚厚，亦係股東，（資本十一股占十一分之一）沈
原籍在寧波，擁有田地房屋等產業外，在虹口閔行路勸
路左近、另有住宅及出租房屋、其財產已達二三十萬元
云、

中華民國　年　月　日

字第　號　第　頁

中國徵信所

報告書

字第　號第　頁

第三十七號第二頁

周氏、即周藍齋君之子、藍齋向業棉布、以後遺産約有三四十萬兩、傳與四子承繼、條見後、

蔣蘭生　見下

經理

蔣蘭生　寧波人、年五十左右、向業棉布、其最早歷史、因日久已不能探悉、

蔣君前在德新祥棉布號爲經理、該號因股東稍有更動、乃即改名源茂盛、蔣君仍爲經理、

蔣君在該號亦附入少許股份、其才具頗佳、人亦誠實穩健、現下亦稍有財産、至多數萬兩而已、僱用尚好、

營業

營業種類　棉布、呢絨、

該號營業向來注重棉布、以前僅做西洋貨、後因市上盛行東洋貨、乃亦兼做、去年抵制日貨後、東洋貨不復再做、故現又注重西洋貨及國産棉布、

商品來源　該號因財力充足、除多數向其同業買入現貨外、與各洋行亦有交易、尤以祥泰洋行爲數多、其他開以前定購東洋貨頗多、如阿部市、江商、東棉等洋行均有交易、自抵制以後即未再定云、

商品銷路　門市營業、並批發

該號門市營業並不甚大、每日最好可售至一千餘元、少則六七百元、但其主要營業、以批發爲主、杭嘉湖一帶、生意頗多、此外本街同業、亦有交易、其營業佳、

營業情形　該號雖設立不久、但實則年代甚久、不過現下名義

中華民國　年　月　日

中國徵信所

報告書

字第　號第三頁

改變耳、其營業仍頗發達、與以德新祥時代並無遜色、據云、該號全年營業、約達二百萬兩、或且超過此數、今年滬變起後、商店罷市、在二三兩月、門市營業、完全停頓、四月一日開市後、因初經兵災、元氣鈔傷、內地又因去年農事歉收、銀根緊急、因之購買力大減、以致上海市面、十分枯寂、該號營業、因之亦大爲減色、開今年上半年營業、僅有三四十萬兩、較諸往年、相差百分之五十至六十云、

附號只搭蓼、元發、[illegible]祥等、經營大中華公司之發兩花標、營業亦頗發達、並開該號自己亦有棧房云、

盈虧狀況　該號營業狀況、向頗良好、故能年有盈餘、惟去年決算、似不甚佳、據該業中人云、去年上半年殊佳、與往年相仿、下半年抵制日貨以後、該號所存日貨頗多、不能脫售、因之所損不少、聞其損失之數、達十餘萬兩、但該號財力充足、蕩發察因、即有所損、於該號前途、不致發生影響、且其所損之說、亦屬傳聞、在去年市面不景氣之時、無論何種商店、決難有美滿結果、意者、該號亦適池魚之殃耳、

歷史　該號即自以前德新祥棉布號所改組、德新祥棉布號開設已數十年、乃周藍齋君所創設、周君謝世後、傳與其兒子四人、周潛與沈轄卿君爲親戚、故沈君在該號內、亦附入股本、悉係後來加入者、德新祥布號舊經理、原爲羅潤伯、因羅君服務年代甚久、後亦列入股東、羅君年老病故、所遺股份、由其子繼承、而經理一職、則由蔣蘭生君接充云、在四五年前、該號之大股東周氏家庭、忽生變故、周藍齋君

中華民國　年　月　日

中國徵信所
報告書

字第三八號 第一頁

志誠永雜糧號

地址 法租界天主堂街興業里十一號

設立年月 已四年

組織 合夥

資本 弍萬兩

股東 張頌周 前華大銀行經理，現任美商大通銀行買辦，

沈受天 嘉定人，年四十左右，向做雜糧生意，曾任立大麵粉公司買貨員，因前經理張一涛君故世，乃由沈君繼任經理，現下亦已少有財產，約達二三萬兩，經驗富足，信用尚好，

蔣夢熊 嘉興王穗豐雜糧行股東兼經理

趙獻之 西門天豐米店股東，中大麵粉廠職員

中華民國 中華民國廿[illegible]年[illegible]月廿九日

中國徵信所
報告書

字第 號 第 頁

第三十七號第四頁

之長子、亦因病去世、其妻不願繼續、擬將股本拆出、因此內部發生變化、遂即另行改組、將德新祥名義取消、改取今名、至於改組以後、所有股東、亦僅大同小異、除沈韞卿樂蔚生二君及羅氏外、周氏方面、惟二三兩房、仍有關係云、開啟號財力充足、平日自己備有現金、可無須用莊款云、

往來錢莊 如寅泰、信康、同泰等莊、均有往來、

中華民國 年 月 日

查 9—2
6-21-5000

中國徵信所
報告書

字第三八號 第二頁

于志剛 嘉興人，年逾而立，曾任立大麵粉公司司賬，約有七八年之久，後因立大麵粉公司出租于君即告退，現已少有財產，但為數不大，在該號亦為股東，僅占一股，即此一股，據云尚有他人附入云。

張一濤 前承大雜糧行司賬，前任該號經理，於本年五月間在店中得病身故，遺有資產二三萬兩云。

經理 沈受夫 見上

協理 于志剛 見上

營業種類 米、麥、豆、油、雜糧等。

商品來源 本國各產區及西貢、安南、大連等埠。

商品銷路 本埠及內地與南北各省。

全年營業額 約壹百萬兩左右。

營業情形 現在該號與雜糧交易所三十六號元發永，及麵粉交易所三十一號壽記永，有連帶關係，故營業可望蒸蒸日上，兼以經理沈君在該業中有悠久

中華民國二十年六月廿九日

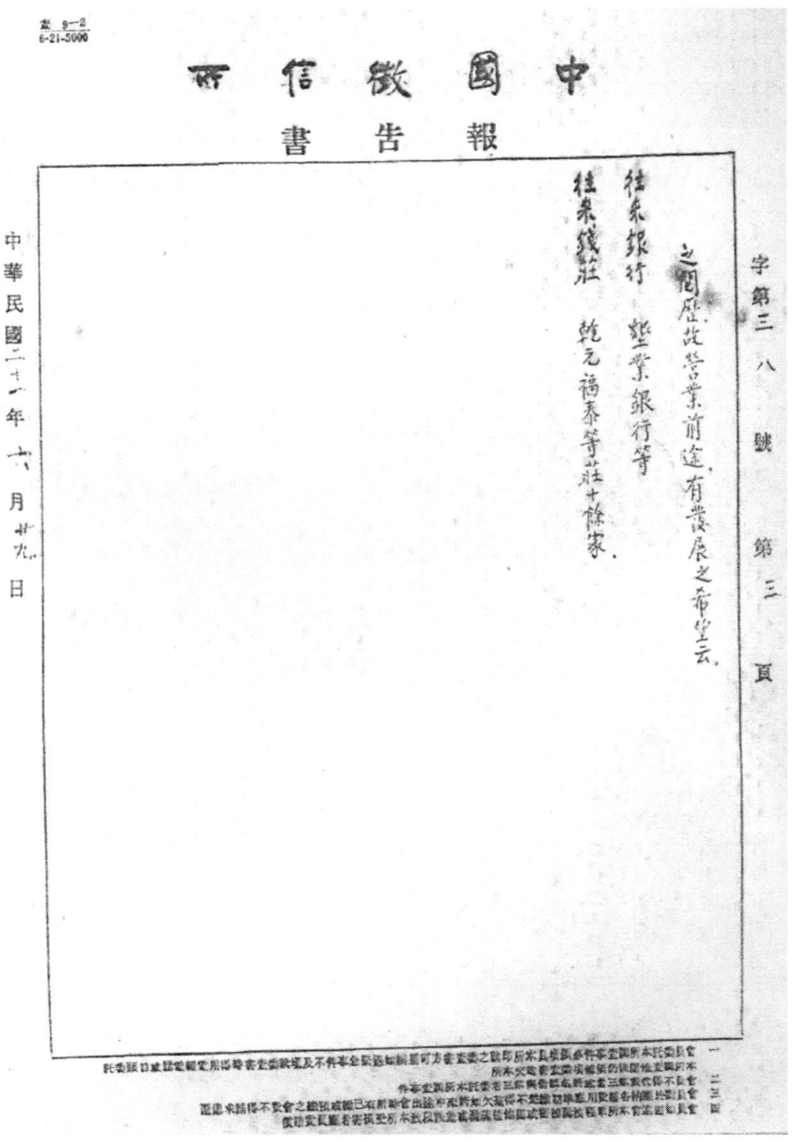

查 9—2
6-21-5000

中國徵信所
報告書

字第三八號 第三頁

之歷史，故營業前途，有發展之希望云。

往來銀行 墾業銀行等

往來錢莊 乾元、福泰等莊十餘家。

中華民國二十一年六月廿九日

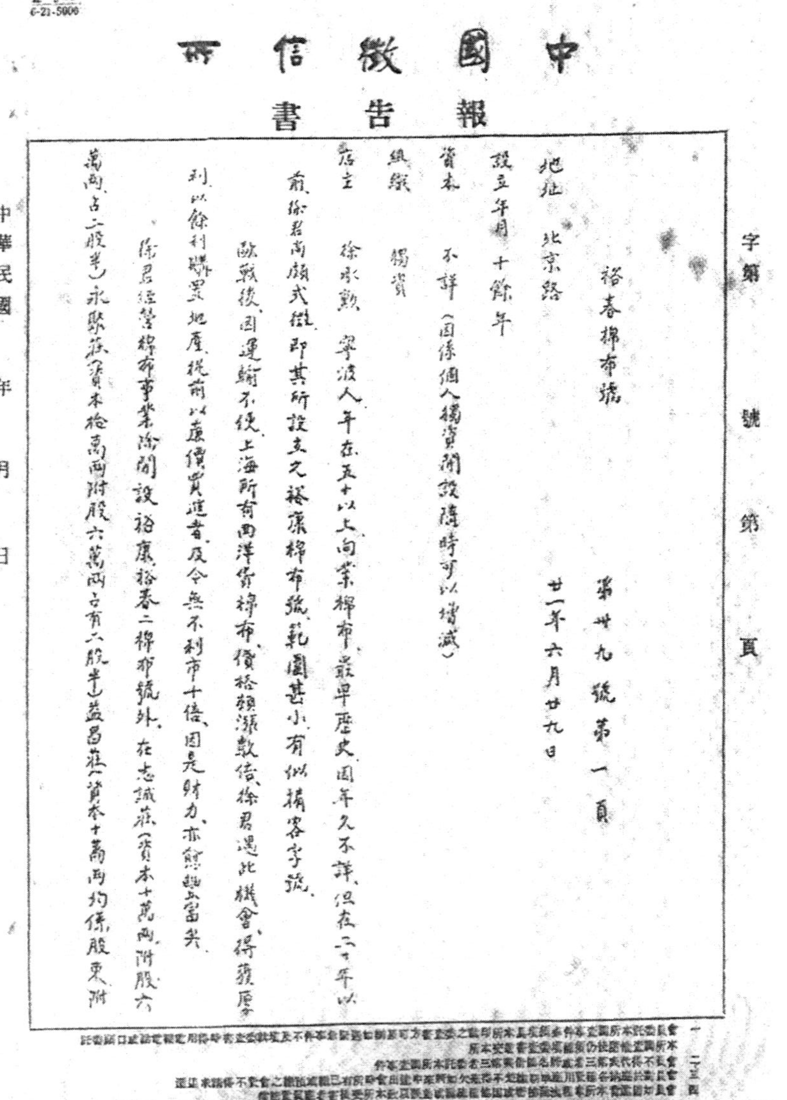

業 9-2
6-21-5000

中國徵信所
報告書

字第　號第　頁

裕春棉布號

第卅九號第一頁

廿一年六月廿九日

地址　北京路

設立年月　十餘年

資本　不詳（因係個人獨資開設隨時可以增減）

組織　獨資

店主　徐永欽　寧波人，年在五十以上，向業棉布，最早歷史因年久不詳，但在二十年以前，徐君尚顧式灶，即其所設立之裕豐棉布號，範圍甚小，有似構客字號，

歐戰後，因運輸不便，上海所有西洋貨棉布價格頓漲數倍，徐君遇此機會，得獲厚利，以餘利購置地產，從前以廉價買進者，及今無不利市十倍，因是財力亦頗雄當矣

徐君經營棉布事業，除開設裕康、裕春二棉布號外，在志誠莊（資本十萬兩，附股六萬兩，占二股半）、永聚莊（資本拾萬兩，附股六萬兩，占有六股半）、益昌莊（資本十萬兩，均係股東附

中華民國　年　月　日

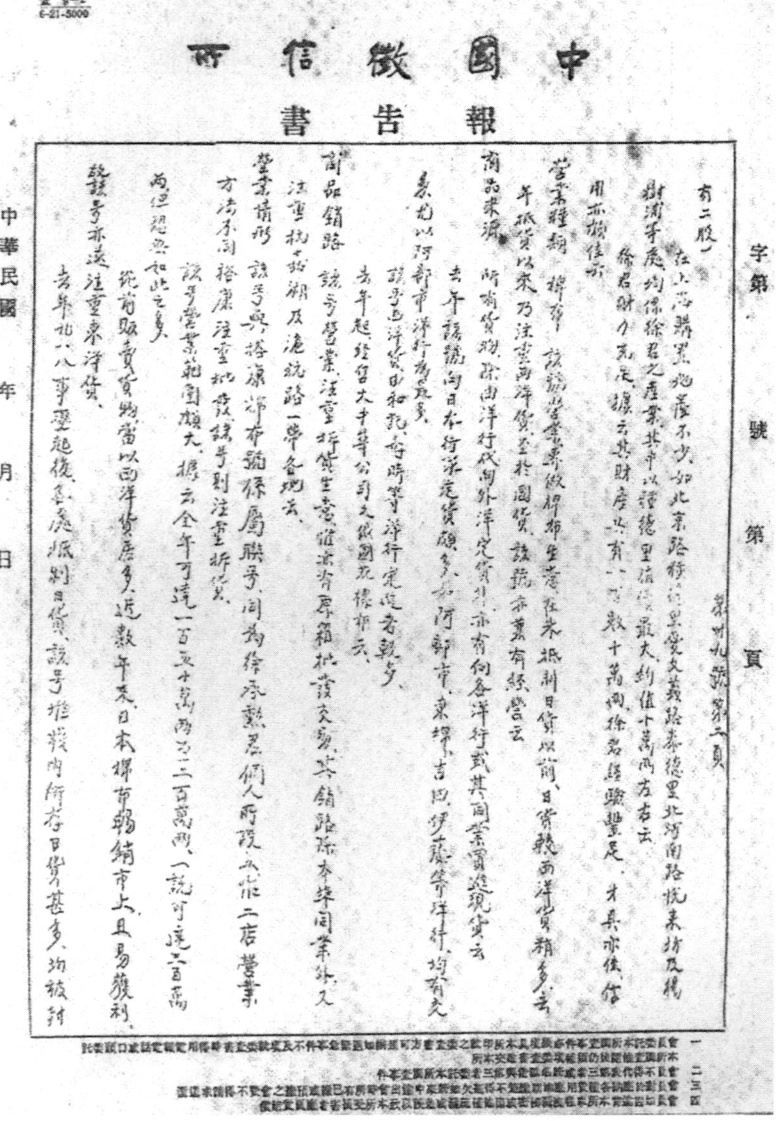

業 9-2
6-21-5000

中國徵信所
報告書

字第　號第　頁

第卅九號第二頁

有二股）

在上海購置地產不少，如北京路寧波路與愛文義路泰德里北河南路恍来坊及總榮沈等處，均係徐君之產業，其中以泰德里估值最大，約值十萬兩左右云

徐君財力充足，據云其財產共有一二百數十萬兩，徐君經驗豐足，才具亦佳，信用亦極佳好

營業種類　棉布　該號營業係以棉布為主，惟在未抵制日貨以前，日貨較西洋貨稍多，去年抵貨以來，乃注重西洋貨，至於國貨，該號亦兼有經營云

商品來源　所有貨物係由洋行代向外洋定貨外，亦有向各洋行或其同業買進現貨云

去年該號向日本行家定貨頗多，如阿部市、東棉、吉田、伊藤等洋行，均有來往，以阿部市洋行為最多

該號西洋貨由和記、安時等洋行定進者較多

去年起經營大中華公司之紗國花標布云

商品銷路　該號營業注重[illegible]生意，[illegible]，其銷路除本埠同業外，又注重杭州湖州及滬杭路一帶各地云

營業情形　該號與裕康棉布號係屬聯號，同為徐永欽君個人所設，而此二店營業方法不同，裕康注重批發，該號則注重拆貨

該號營業範圍頗大，據云全年可達一百五十萬兩至二百萬兩（一說可達二百萬兩，但恐無如此之多）

從前販賣貨物，當以西洋貨居多，近數年來，日本棉布暢銷市上，且易獲利，該號亦遂注重東洋貨

去年九一八事變起後，各處抵制日貨，該號推[illegible]所存日貨甚多，均被封

中華民國　年　月　日

表 9-1
6-21-5000

中國徵信所

報告書

字第　號　第　頁

第卅九號第六頁

存不絀出售，約共計達數十萬兩云。

旋離該做西洋貨，但今年上海戰事以後，元氣大傷，以致市面十分蕭條，外埠生意亦不能包，今年營業亦殊平常，較諸往年，僅三分之一至四分之一云。

最前狀況　該號店主財力充足，營業向來發達，且年有盈餘，去年瀋案發生後，國人抵制日貨，風起雲湧，積存日貨，均不能販賣，因此大受影響，據該業中人云，該號去年下半年，虧先達二十萬兩，一說損失數十萬兩，但該號所存日貨，迄今未曾任意銷售，將來究竟是虧，尚難臆測，惟觀察江浙之省及華南各地抵貨仍甚烈，無論如何虧損恐必難免，所幸店主財力充足，即有虧損，尚不致發生困難。

往來錢莊　該號與志誠、永聚、益昌、安康等莊均有往來。

歷史　該號開設已久，至今約有二十年，當時因係徐永數個人創辦，範圍不大，有似摘客字號，後遇歐戰突起，西洋貨運輸不便，價格高漲，該號得以乘機獲利，然其時所得盈餘至多亦不過十萬至二十萬兩而已，徐君斯在盈餘項下撥款在上海購買地產，當時以產價買進，近來無不漲價，利市數倍，因此徐君資產，亦愈積愈厚云。

中華民國　年　月　日

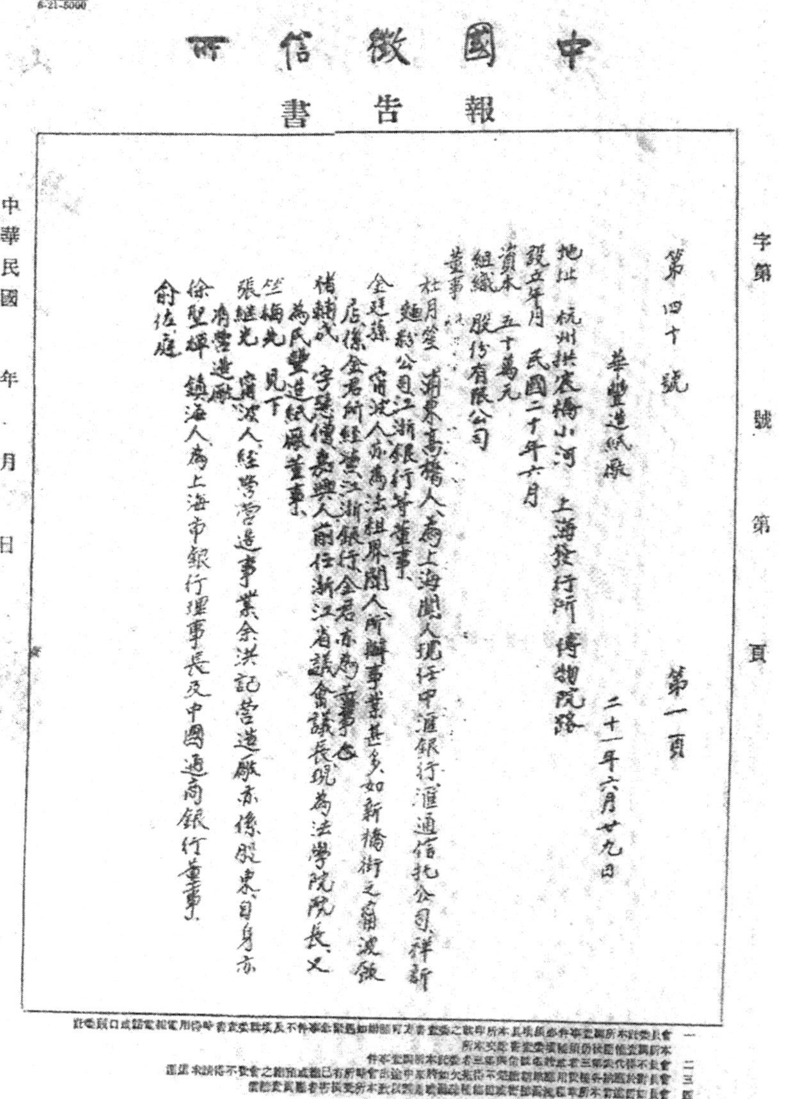

表 9-2
6-21-5000

中國徵信所

報告書

字第　號　第　頁

第四十號　　第一頁

華豐造紙廠　　二十一年六月廿九日

地址　杭州拱宸橋小河　上海發行所　博物院路

設立年月　民國二十年六月

資本　五十萬元

組織　股份有限公司

董事

杜月笙　浦東高橋人，為上海聞人，現任中匯銀行、通惠信托公司、祥新麵粉公司、江浙銀行等董事。

金廷蓀　寧波人，亦為法租界聞人，所辦事業甚多，如新橋街之寧波飯店，係金君所經營，江浙銀行，金君亦為董事之一。

褚輔成　字慧僧，嘉興人，前任浙江省議會議長，現為法學院院長，又為民豐造紙廠董事。

竺梅先　見下

張繼光　寧波人，經營營造事業，余洪記營造廠亦係股東，自身亦有營造廠。

徐聖禪　鎮海人，為上海市銀行理事長及中國通商銀行董事。

俞佐庭

中華民國　年　月　日

書 9—2
6-21-5000

中國徵信所

報告書

字第　號　第　頁

第四十號　第二頁

葉蔭三　上海金城葉鴻英君之幼子，現為正大銀行經理，又為啟大華行昧中惠豳民生造紙廠等之股東，或兼任董事，蘇州滸墅關之大華造紙公司葉君亦為大股東云。

金潤庠　見下

經理　竺梅先，寧波人，年逾四十，曾在山東辦理軍需事務，現任大來商業儲蓄銀行及民豐造紙董事兼經理，殊有財產，信用尚好。

協理　金潤庠，兼任民豐造紙公司協理。

營業種類　紙版　該廠自造黃紙版與灰紙版二種，惟以黃紙版為較多云。

設備　該廠有九十八寸圓網機全部一架，該機係購自美國某紙廠拆下之舊機云。廠內基地共計一百十八畝，廠屋亦係自有。廠內工人計二百四五十名。

原料　該廠出品以黃紙版居多數，其原料多係稻草，即在產地收買。至於灰紙版所用舊紙原料，大多數在杭州收買云。

出品　該廠出品為黃板紙與灰紙板二種，因該廠尚有某種糾葛未註冊，其出品則用「船」為記號，與民豐造紙廠所用者相同云。

產額　該廠產額平均每日可達二十四噸至二十六噸。

銷路　該廠出品除杭州外，滬、甬、杭、嘉各地均有銷路，在上海銷路亦屬不少云。

中華民國　年　月　日

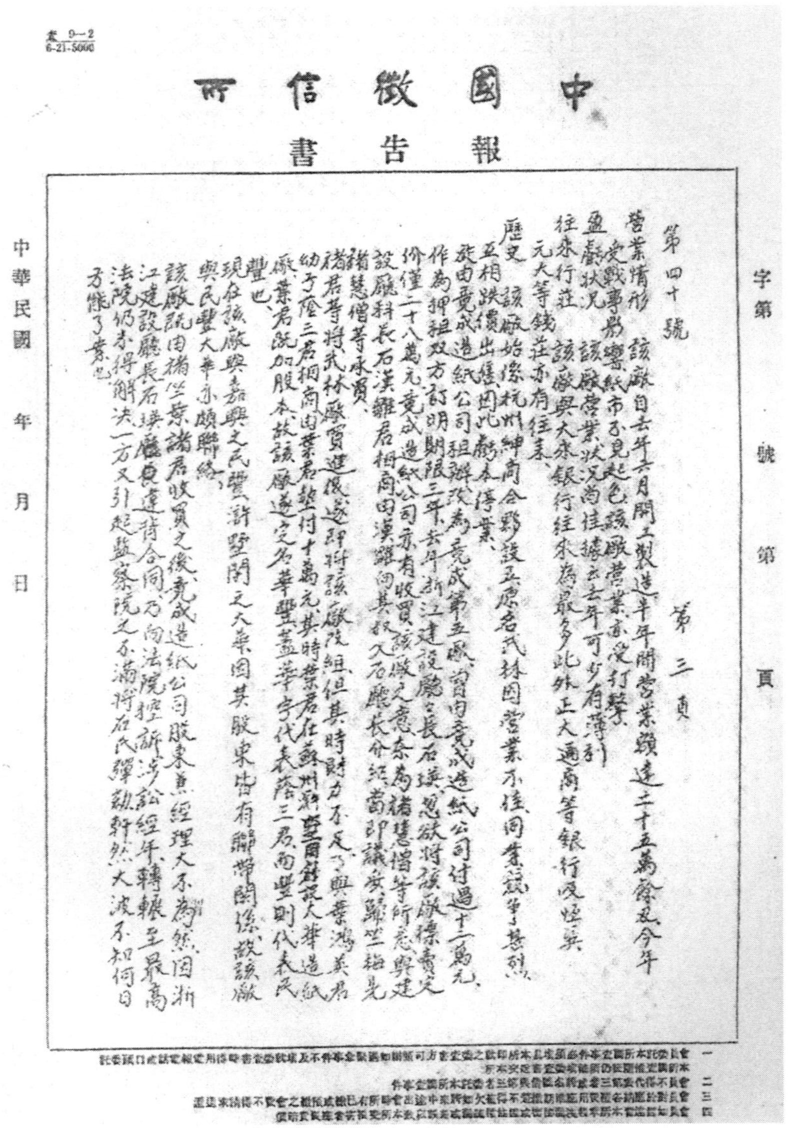

書 9—2
6-21-5000

中國徵信所

報告書

字第　號　第　頁

第四十號　第三頁

營業情形　該廠自去年六月開工製造，半年間營業額達二十五萬餘元，今年受戰事影響，紙市不見起色，該廠營業亦受打擊。

盈虧狀況　該廠營業狀況尚佳，據云去年可少有薄利。

往來行莊　該廠與大來銀行往來為最多，此外正大、通商等銀行及恆異元、大等錢莊亦有往來。

歷史　該廠始係杭州紳商合夥設立，原名武林，因營業不佳，同業競爭甚烈，互相跌價出售，因此虧本停業。旋由竟成造紙公司租辦，改為竟成第五廠，曾由竟成造紙公司付過十二萬元作為押租，雙方訂明期限三年。去年浙江建設廳長石瑛，思欲將該廠標賣，定價僅二十八萬元，竟成造紙公司亦有收買該廠之意，奈為褚慧僧等所惡，與建設廳科長石漢雛君相商，由漢雛向其叔父石廳長介紹，當即議妥，歸竺梅先、褚慧僧等承買。

褚君等將武林廠買進後，即將該廠改組，但其時財力不足，乃與葉鴻英君幼子蔭三君相商，由葉君墊付十萬元，其時葉君在蘇州滸墅關創設大華造紙廠，葉君既加股本，故該廠遂定名華豐，蓋華字代表蔭三君，而豐則代表民豐也。

現在該廠與嘉興之民豐、滸墅關之大華，因其股東皆有聯帶關係，故該廠與民豐、大華亦頗聯絡。

該廠既因褚、竺、葉諸君收買之後，竟成造紙公司股東兼經理大不為然，因浙江建設廳長石瑛嚴重違背合同，乃向法院控訴，涉訟經年，轉輾至最高法院，仍未得解決，一方又引起監察院之不滿，將石氏彈劾，軒然大波，不知何日方能了結也。

中華民國　年　月　日

盒9—2
6-21-5000

中國徵信所

報告書

字第　號第　頁

第四十號　第四頁

該廠因訟事未了，至今尚未註冊，故其出品仍用民豐牌商標，其資本號稱為五十萬元云。

滬變以後，實業界元氣大傷，紙市奄奄無生氣，該廠產額雖多，惜乎未能傾銷，據云在上海中國銀行與中國墾業銀行棧內，所堆存貨尚有不少，而在杭州廠內，恐亦有貨船存貯云。

紙市不振，銷路呆滯，該廠今年營業不免甚受影響。

中華民國　年　月　日

盒9—2
6-21-5000

中國徵信所

報告書

字第　號第　頁

第四十一號　第一頁

廿一年六月廿九日

地址　上海印染公司　工廠　華德路高郎橋　發行所　天潼路五福弄建安里

設立年月　民國十八年

資本　六十萬元

組織　股份有限公司

董事長　郁震東，浙江人，江南銀行董事，又為永興錢莊股東（股本二十萬兩，郁君佔一股，該莊去年新開，即信成莊改組），郁君獨資設立震興公司，經營地產事業，財產在一百萬兩以上。

董事　蔣發卿，寧波人，向做五金生意，以前開設蔚康五金號，前年創設興業國貨號，訂約承銷該公司出品，現已積資不少，約有二三十萬兩云。

全有成，向業洋紙印刷，為大同源紙號大一印刷公司股東，及華成烟公司股東與華安裝金廠亦有關係，現有財產二十萬兩以上，此外聞尚有其他事業。

陳芝眉，前在老介福綢緞局為洋貨部主任，現在該公司任協理兼營業科主任云。

陳小蝶，杭州人，為父陳蝶仙君，別署天虛我生，現為家庭工業社及利用造紙廠之股東，此外尚有事業，陳君在家庭工業社為重要職員。

中華民國　年　月　日

查 9—2
6-21-5000

中國徵信所
報告書

字第　號　第　頁

第四十一號　第二頁

楊清磬　為一有名之畫家、

田鶴祥　紹興人、向做銅錫生意、為裕祥隆銅錫號股東兼經理、但財產不多
約在二三萬兩之下云、

周智卿　寧波人、向做五金生意、在華豐五金號為大股東、

章榮初　湖州人、詳後、

陳永祥　向做雜貨生意、現任該公司協理

沈仲毅　浙江人、前任招商局營業科主任、現任漢口招商局局長、在閘北又創設
一家製造双宮繭之絲廠云、

監察人

林修良　寧波人、向業洋紙、為林協記紙號股東兼經理、在世界書局、亦入通
印刷所、天章紙廠均係股東、

董壽滄　寧波人、向業五金、在老順記五金號服務甚久、前年升任該號經理、

沈楚臣　湖州人、在廣東路開設棧房、在該公司有六萬元股份云、

經理

章榮初　湖州人、年逾四十、向業棉布、前在五福弄開設華豐祥棉布號、與天
津路之鴻豐棉布號、亦有關係、據說以前在湖州双林等處、章君附入股份
或獨資開設之棉布號、亦有七八家、民國十九年間營業失敗、虧欠巨款、遂致
倒閉、章君亦暫時走避、後向債權團磋商、籌還二成、料理清楚、至去年三月
間復任該公司經理、(該公司開辦時章君原任經理、因華豐祥失敗告退)以
前亦有財產、約在十萬兩左右、現下不詳、經驗甚足、人亦幹練、信用尚好、

營業種類　印染　該公司以前僅做印染布疋生意、今年擬加擴充、自行織布云、

中華民國　年　月　日

查 9—2
6-21-5000

中國徵信所
報告書

字第　號　第　頁

第四十一號　第三頁

設備　該公司原有主體印花機器二部、(一部係八色單面印花機、一部係四色双面印
花機、均係日本高田廠製造)連其他附屬之瓦斯燒毛機、吹風機、絲光水洗機、捲
乾機、漂白乾燥機、闊幅機、三槽染色乾燥機、熱風乾燥機、裝銅模機、酸化機、
煮漿蒸透機、伸機、四尺拉幅機、大輪水洗機、上漿機、噴霧機、軋光機、碼疊機、
捲布機、打印機、印花試驗機、縮小機、軋模機、硬刻機、塗膠機、斜紋機、單噴機、
製造機等、其他附屬之小機器共有六七十部、多數向日本高田廠定造、亦有向
慎昌洋行、華泰公司、益康等處買來、或委託上海源興昌、上海機器廠定造者、
時所買進機器及鍋爐馬達等件、共計資達日金二十六萬餘元、其時日金每元值
七錢零、故所付之價與上海銀元相等、

後來染工場方面、又添購機器、付銀十七萬零、

今年擬加擴充、添買印花機器一部、約須一萬一千三四百元、不日即將運到、

現在預備添設紡織部、自行織布、擬添購布機五百架、其中三百架為舊機、
二百架為新機、係英國製造、需資約二十八萬左右云、

近日內又已買定上漿機一部、約需日金一萬九千元

現在又擬向漢中公司定購美國新可達廠水管式鍋爐一度、共計美金一萬九
千二百五十元

基地　該公司在華德路自購基地、共有十五畝九分九厘三毛、買進時、地價尚廉
僅八萬六千六百餘兩、近年東區地價大漲、如照時價計算、或將比以前增加二倍以
上、近和又擬收買鄰近之方草地五畝四五分、該公司已願出價一萬二千五百元、

中華民國　年　月　日

表9—2
6-21-5000

中國徵信所
報告書

字第　號　第　頁

第四十一號　　第四頁

尚未成交，但相差不遠，不日當可實現。

房屋　該公司廠屋以平房居多，有向鈴木盤造者，亦有委託沈森泰、明鏡記、鍾意記營造廠承造者，房屋方面共值六萬九千餘兩。

該廠現因擴充紡織部，又在添造廠房，已托戴泉記營造廠承造，已經動工，約須建築費五萬九千兩云。

工人　現在常有男女工人六百名，將來添設紡織部後，工人將加至一千名以上。

原料　所有坯料向天祥、和記、德記等洋行，及申新紗廠、達華公司等定購，以前所有日貨，頗多現已不進。

銷路　該公司所有貨物，除銷售與本街各棉布店外，至於外埠，如長江北方內地及南洋各地，均有銷售云。

營業情形　該公司去年營業因本廠經濟不足，財力薄弱，不能自買坯布染印，乃由該公司股東傅籛卿君另組興業國貨號，墊本收買坯布，委託該公司代為印染，自民國十九年六月起至二十年六月止，該公司工價收入僅有四十二萬零五百五十兩，連他項收入一萬九千五百餘兩，共計四十四萬零五十八兩。

該公司與興業公司訂立合同，以一年為期，自民國十九年十一月起至二十年十一月底止，訂明印工工資每疋七錢，而原料及顏料等物，因金價騰貴，無不大漲，該公司成本每疋須在九錢左右，故每疋須虧損二錢左右，無奈為合同訂定，不能增加，惟有忍痛賠貼，至去年六月底結賬，該公司虧損達五萬三千二百餘兩，至去年十一月底期滿，該公司董事即將該合同取消，另組振泰

中華民國　年　月　日

表9—2
6-21-5000

中國徵信所
報告書

字第　號　第　頁

第四十一號　　第五頁

公司，集股五十萬兩，在該公司之內，以便自買坯布云。

據云振泰公司所集資本五十萬兩，其中[illegible]十萬兩由各股東湊出不足之數，將該公司之基地、機器等抵押與振泰公司，再由振泰公司將其自己之不動產向人押款，本擬向上海商業儲蓄銀行抵押，後因條件未曾談妥，不克成就，乃再向順康錢莊抵押，僅押到二十五萬兩，故振泰公司所集資本雖為五十萬兩，而實數僅有四十五萬兩也。

據云振泰公司之大股東，即係前所云傅君，傅君曾以其住宅向人抵押款項云。

自去年十一月起收回自辦之後，營業日見發達，且較月有盈餘，茲將十二月以後該公司營業額及其盈餘數，照錄如左：

月份	營業額	盈餘
二十年 十一月	約七萬左右	約一萬六千兩
十二月	約二十萬兩	約五萬零五百兩
二十一年 一月	約四十三萬兩	約六萬七千兩
二月	約五十三萬兩	約八萬一千兩
四月	約四十八萬兩	約五萬一千兩
五月	約四十五萬兩	約五萬九千兩

綜觀上表，該公司近來之營業情形，頗為發達，且能月有餘利，前途未可限量。

去年興業國貨號承包之時，在合同有效期內，其機會甚好，因前年下半年以後，金價步漲，關稅增加，所有洋貨無不暴騰，每疋自三兩九錢竟漲

中華民國　年　月　日

表 9—2
6-21-5000

中國徵信所

報告書

字第　　號　第　　頁

第四十二號　第六頁

至五兩二錢半，因此興業關貨號獲利甚多，共有五十萬兩左右。經理該號之人應振祿，以為所訂合同可以展期，該公司決定無力可以收回自辦，表面上雖現願補助期取消合同，而暗中仍大進其貨，自十一月份買進直至今年五月止，但其所進之貨均係高價，不料受滬變影響，貨價逐步跌落，以致大受損失，其結果僅餘二十萬兩左右之淨利，未免美中不足耳。

歷史　該公司于民國十七年間由章榮初君發起籌備，至翌年春成立，當時所集資本僅二十五萬元，創辦發起人劉韜培、何耿星、金有成、洪滄亭、劉虎臣、劉稻春、王應冬、陳永祥、章榮初等諸君為董事，以章君為經理，即在華德路購地建屋，又向日本定購機器，至十一月即行試車，然區區二十五萬元早已用罄，流動資金已無着落矣。

當時章榮初君自設華豐祥棉布號，專運舶來品貨物，營業頗佳，章君因該公司缺少資本，乃以華豐祥綢布號代為墊款，向原豐紡織公司定購坯布，而華豐祥棉布號亦由做東西洋棉布而改做國產布元矣。

詎料其時市上存疋充足，日貨八千餘箱，猶昌亦有八千餘箱，連該公司存貨合計達二十餘萬箱（每箱六十疋），而市上需要不多，供過於求，貨價步跌，每疋由四兩跌至三兩四錢，相差六錢左右（該公司存有八千箱左右），於是章榮初君大受影響，虧損過巨，不能維持其經營之華豐祥棉布號，遂即倒閉。鶴大仁、章志裕等錢莊欠款，章君不得已避走他方，而該公司間接亦受影響，甚至停工二月，幸有股東楊清馨君介紹鄭震東、沈倬

中華民國　　年　　月　　日

表 9—2
6-21-5000

中國徵信所

報告書

字第　　號　第　　頁

第四十一號　第七頁

雲、陳小蝶等諸君加入新股，所有資本亦由二十五萬元擴充至六十萬元，重整旗鼓，繼續營業。

章榮初君對于棉布生意富有經驗，人又幹練，為該公司之重心所寄，章君既失信權，因我經商，信權方面始允照，又願付還之成了結，直至去年春季方將債務料理清楚，於三月章君復職，仍任經理。

去年因其財力不足，不能購買坯料，不得已與興業關貨號訂立合同，由興業關貨號收買坯料，投與該公司染印，故在去年該公司營業僅代人印染而取印染費，範圍既小，又無特殊成績，不料承包之興業關貨號于去年獲利，而該公司反受損失，因此一俟合同期滿，決定取消，嗣後營業頗見發達，並能獲利，聞該公司董事因其財力不甚豐足，在現下市面衰落之時，如欲添招新股，又頗為難，照各董事意見，擬將其所得利益暫時不予分派，留作擴充之準備云。

往來行莊　該公司與上海、永亨等二銀行及春元、大德、晉和、順康等錢莊往來。

備考　據金融界觀察，近來印染事業頗為發達，該公司狀況已較以前頗有進步云。

中華民國　　年　　月　　日

中國徵信所

報告書

字第　號第　頁

駿泰公司　第四十二號第一頁　中華民國二十一年七月四日

地址　江西路三六八號上海銀行大廈三樓

分店　浙江海門　寧波　餘姚

設立年月　一九二八年　至民國二十年春季改組

資本　二萬五千兩

組織　獨資

店主　周楚善

經理　周楚善，寧波人，年三十左右，其父在寧波方面頗有勢力。

周君以前在上海紗布交易所為第十六號經紀人，至民國十八年改營進出口生意，在同一地址又開設鼎豐字號，其營業與駿泰相同，亦做草帽生意。

據說周君之父家道殷實，至少有二十萬以上財產，周君人頗勤懇誠實，惜其經驗與才具似嫌不足，信用尚好。

營業種類　進出口

該行現在專做出口生意，出口貨物為草帽、草蓆、鋼器、藤器、腸等，進口僅金絲草一種。

商品來源　金絲草向小呂宋定購

出口之草帽由該行往海門、寧波、餘姚等各產地收買，該行自己亦分設莊口，聞該行亦有向上海草帽掮客買進者。

中華民國　年　月　日

中國徵信所

報告書

字第　號第　頁

第四十二號　第二頁

商品銷路　金絲草售與海門、寧波、餘姚織帽之女工，及該處草帽商，亦有織該行自買者。

該行所收買之草帽，由該行直接銷往英美法德各國，而以英美為多云。

營業情形　該公司進口及出口過去方面營業當用時注重，綠表均向獨士也來，因營業不甚發達，至去年已經停止、

去年又經營汽車上所用車墊、車毯及書面紙等貨物，該公司直接向美國定來者若干，但去年進口生意亦不發達，今年營業僅十萬兩左右，其無條約至今尚有存貨未曾售去、

該公司因此注重草帽出口生意，去年草帽市面十分衰落，價格大跌，去年今年草帽營業額亦僅二千餘萬兩而已、

今年狀況　今年擬營草帽生意，將來還有機緣，再做進口云、

營業狀況　該號營業狀況，似不甚佳，開張以來至今僅有四年，據云以前經營進口貨時，因市面與金價上落關係，恐亦無利可圖、

去年營業狀況，因草帽市面衰敗，價格甚低，其結果如何亦不能確，該公司雖有未賣不多，故其所受影響尚小，可不致受大損失也、

今年草帽市面一時難望起色，惟該公司開支甚省，店主又極勤懇，目下雖不能獲利，大約可以平平而過云、

往來銀行　祇交通銀行一家、聞上海花旗等銀行與該號有時亦有往來、

往來錢莊　現下有恒豐一家、

歷史　該公司在民國十七年開辦，其時係合夥組織，股東為周楚善、陳宗之、楊文林等（陳嘉伯即四明銀行陳仰和之子，現在寧波四明銀行任職，張中之係周楚善之太親翁，以前曾為銀行經理），該行已改組，僅任寧波月餘會重要職員，在寧波同鄉中頗有聲望。

楊文林向做棉布、棉紗生意，本北京路六十四號開設匯泰行，至二十年春季改組，陳嘉伯、張中之、楊文林均將股份拆出，歸併與周君獨資，在海門、餘姚、寧波收買貨物，另又可以隨時參考，今該業中人根據該公司營業雖不發展，但店主周君……

中華民國　年　月　日

產 9-2
6-21-5000

中國徵信所

報告書

字第　號　第　頁

林奎爵　第四十三號第一頁

籍貫　寧波

年歲　五十左右

職業　洋酒食物

林君向做洋酒食物生意，在亞爾培路之萬興外國食物號及法租界之三興外國食物號均係大股東。

萬興、三興二家外國食物號開設年代已久，其營業範圍頗廣，除大多數做本華西人住宅生意外，又兼做本行同業及係華批發，每家全年均有五六十萬兩以上之營業，一號可做至近百萬元。

林君在江西路華大洋行（Oriental Product Trading Co.）亦為大股東之一，該行完全華股，專做進口生意，而尤注重外國食品。

民國廿一年七月四日

中華民國　年　月　日

產 9-2
6-21-5000

中國徵信所

報告書

字第　號　第　頁

第四十三號　第二頁

在二三年前林君又在寗波路四十號獨資開設大通行 Lincon & Co. 專做進口生意，而尤注重外國食品。去年因時局不清，市面不佳，故其營業亦不十分起色。

林君又在法租界天文台路開設天星糖菓廠，雇用工人製造巧克力糖，起先資本亦有五萬元，第一年營業未見盛旺，且稍受損失。

林君又用自己名義兼做地產生意，以前買賣亦不甚多，據云現因時局關係，業已停止營業。在法租界亞爾培路亦有地產，開萬興食物店之房屋，及在東有恒路之住宅，亦係自己產業云。

以前林君與浙江實業銀行無往來，浙江興業等銀行則均有往來。

林君現已富有財產，大約有二三十萬兩之財產。

林君為人誠實，在同業中有相當之聲譽云。

中華民國　年　月　日

中國徵信所

報告書

字第　號　第　頁

第肆拾肆號　第壹頁　二一年七月四日

振興毛織廠

地址　廠址徐家滙路打浦橋、發行所牛莊路一號半、

設立年月　民國十九年籌備、二十年四月成立、七月開工、

資本　二十萬兩

組織　合夥性質、惟聞股東中意見未孚、至今議單尚未做好云、

股東、朱葆元向做茶葉生意、開設震和茶棧、又爲睿元莊之股東（資本二十萬兩朱君占一股）現有財產約七八十萬兩以上、

顧錫元　見下

李慶祿　向辦捐稅事務、現在該廠服務、

朱顧二君各出股本九萬兩、李君出資二萬兩云、

經理　顧錫元、上海人、年近四十、以前在博物院路永興洋行進口部爲職員、據云顧君在該行服務甚久、自小即在該處學徒、去年該廠開辦後、因事務忙碌、不及兼顧、乃即告退、人頗精練、富有思想、信用尚好、

營業種類　毛織物

該廠去年開工後、即紡四股毛絨線及駱駝絨紗、

今年一二月間又新發明一種雪花呢、惟出品不多、

商品來源　該廠去年紡四股毛絨線及駝絨紗、其所用原料、國貨與舶品均有、因國產之羊毛質地太硬、製成毛線、常欠柔軟、

中華民國　年　月　日

中國徵信所

報告書

字第　號　第　頁

第肆拾肆號　第貳頁

故用舶品居多、舶來品羊毛、由永興洋行向外洋定來、至國產羊毛、不論山東四川潮州各地所產者均用、其貨物向本地羊毛商買進、

商品銷路　該廠紡成四股毛絨線等物、除銷售本街外、又銷往天津及南洋等處、本埠去年托三友實業社代銷、與聖街各毛帝店、僅恒泰牌會代爲經銷、但爲數不多、

設備　廠內有總車四部、鋼絲車十二部、共計梳子三千二百六十支、係由永興洋行介紹從德國買來、此外又在上海機器廠定造搖毛機等附屬品、機械方面共耗費十七萬兩左右、該廠基地計四畝等、係向人租來、上建水泥鋼骨廠房、建築費共計七萬兩左右云、

工人　去年約有一百六七十至二百名、現下不過七八十名、

產品與產額　該廠去年僅有四股毛絨線及駱駝絨紗、因開工已週、而其時滬案已經發生、上海市面、蕭瀟冷落、故不敢多有出品、據云去年開工後、僅有四五萬磅出品而已、

營業情形　該廠去年開工已遲、而其四股毛絨線物質、雖不能與西洋貨媲美、然初做之時、有此成績、已屬不易、但吾國國民、向來歡迎舶來品、國貨雖佳、而其關筋中常不十分滿意、故該廠所紡毛絨線、當去年新張、牌子未曾做出之時、當然不易推銷、據云外埠如天津及南洋方面、銷路比較尚佳、去年開工後至年底止數個月內僅做十萬餘兩生意云、

今年營業之狀況　毛絨線銷路須在下半年方有起色、如現在多做存貨、又非預備鉅額資本不可、故就餘暇之時、用潮州所產之[illegible]

中華民國　年　月　日

中國徵信所

報告書

大昌毛冷號　第四五號第一頁　民國廿一年七月五日

地址　前在法租界興聖街，今年二三月間遷至紫來街。

設立年月　民國十八年

資本　二萬兩

股東　向該業採訪，均云不知，或因該號收歇之後，代守秘密，不肯宣佈。茲鄭重起見，當再詳細調查，容後再行報告。

經理　程瑞霖，江蘇洞庭山人，年四十外，向業毛冷，以前曾在隆興昌毛冷號為店員，後在興聖街自設瑞昌祥毛冷號，營業平常，乃讓渡與張昌霖君，由張君另行合股改組。程君又在天利、瑞康、榮康等洋行為式老夫，自己並無財產，至多數千兩而已，信用普通。

字第　號　第　頁

中華民國　年　月　日

中國徵信所

報告書

絲陶，再和紗線紡成一種夾絲紗線，委托滬洲織造廠代織一種雲花呢，與三友實業社所出二十一號相仿，可以製成制服袍服等，現在滬洲織造廠可織成雲花呢四十疋，聞第一批出品已為中國銀行同人團體消費合作社悉數買去，該項雲花呢，色價頗廉，便利平民，而其物質與色彩均佳，定能受人歡迎，因滬洲廠限於產力，不能多造，故該廠將另托他廠製造，擬每日產額加至八九十疋云。

盈虧狀況　去年開工之後，貨物銷路不旺，市面又甚衰落，故其營業亦無起色，又據該業中人云，該廠於其所進原料方面，價格稍昂，故其營業成績，似不甚佳，虧蝕一萬餘兩云。

往來銀行　該廠與中國及上海二銀行，均有往來。

往來錢莊　該廠與春元及元大二家錢莊有往來。

該廠資本僅二十萬兩，而開辦時購買機械，建築廠屋，所費已多，至於流動資本，已感缺乏，不得已乃由股東朱顧二君代墊云。

去年該廠因財力不足，營業不能發展，擬將廠基房屋機器等，向上海商業儲蓄銀行抵押十萬元，除十萬元押款外，又往來二十萬元，乃為股東朱君不願，朱君在春元莊亦有股份，情願由春元莊隨時代墊，不料自中日戰爭發生以後，上海市面更見衰落，春元錢莊因時局關係，無意再墊，該廠經過頗貧，擬將廠基房屋機器等物，向中國銀行抵押五萬兩，後因種種關係，未成事實，茲在股東朱顧二君，雖已陸續墊款，但其經濟方面，目下似頗困難云。

又據他方意見，如時局平靖，市面興盛，該廠營業，定能有發達希望。

字第　號　第　頁

中華民國　年　月　日

中國徵信所 報告書

第四五號 第二頁

營業種類 毛冷

該號專做各種毛冷及毛綫線生意。

商品來源 該號所有貨物，係向洋行定貨，與其往來之行家，共有十家左右，如天利、天成、寶華、美晨時、茂隆、德記、順金隆、怡和、中和、禮和、聯和等洋行，均有定貨，據該業中人云，該號向各洋行所定毛冷，共有一千餘件，茲採錄如下：

洋行	件數	洋行	件數
德記洋行	二百五十件左右	寶華洋行	二百件左右
瑞康洋行	三百件左右	茂隆洋行	二百件左右
聯和洋行	一百二三十件	美晨時洋行	三四十件
順金隆洋行	三四十件	怡和洋行	三四十件
中和洋行	三四十件		

商品銷路 該號營業，門市批發均做，門市營業不大，故以批發為主，至批發方面，注重長江各地，如漢口、長沙、四川等處，銷路均大

中華民國 年 月 日

中國徵信所 報告書

第四五號 第三頁

此外如北方及內地本街工廠，均有交易云。

營業情形 該號營業與隆興昌相彷，其銷路亦同，因該號經理程瑞霖，即係隆興昌毛冷號出身，故其做法相彷。

據云該號開張不久，營業範圍頗大，全年總額可達一百餘萬兩，雖較隆興昌毛冷號稍遜，然在同業中亦在上等之列。

盈虧狀況 該號營業，狀況欠佳，自開辦以後，毛冷市面，即形萎落，而此令又漲落不定，因此大受影響，當開設時，市面上雖無暴漲暴跌，然其內容早已不佳，據云開張以來，歷年虧空，資本早已缺完，去年下半年，已呈外強中乾之象，惟同業鑒於該號股東均係殷實商人，故不疑其即有變故發生。

滬變以後，經濟更形窘迫，而該號所放出之帳，約有二三萬兩，無法收取，因此於今年二三月間，將與聖街所設之商店收歇，遷至紫來街，改為字號，縮小範圍，節省開支，不料仍無辦

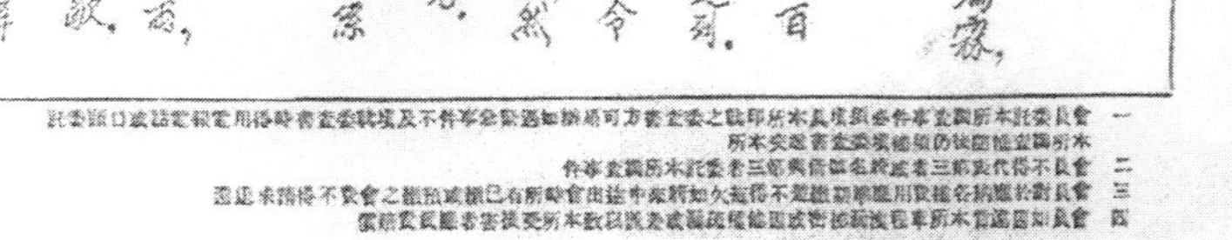

中華民國 年 月 日

滬 9-2
6-21-5006

中國徵信所
報告書

字第 號 第 頁

往來行莊

備考

第四六號

法，股東亦不願再參款項，不過已乃於上月間收歇。

據云該號虧空有十餘萬兩之多，錢莊方面所有往來款項，及常期借款，約有六七萬兩，存款亦有四五萬兩，至於洋行方面定貨，均未了理，恐將發生訟事，亦未可知。

錢莊往來頗多，其中尤以寶大裕及慶大二莊往來數目最大。

該號收歇，實因營業不佳，歷年虧空所致，並無欺詐行為，

至於股東問題，該業中有人云，寶大裕錢莊經理[illegible]，為股東，另一說云葛君確係無份，言人人殊，難以確定，亦為鄭重起見，擬再設法詳細調查，俟查明後再行報告。

一說信康莊之職員，亦有關係，但無從查考。

中華民國 年 月 日

(二) 中国征信所密字调查报告书(第1~48号)

郎萬生及德隆彰不穩說之由來

市上近有郎萬生及德隆彰兩家[illegible]不穩之風傳，茲經本所調查，雖不無原因，但根本素稱殷實，大體尚不致發生變化，姑就所聞撮述之。

(一) 郎萬生南貨號

南京路郎萬生南貨號開設已久，向來營業頗稱發達，惟近年來同業競爭甚烈，營業不及以前順利，該號大股東許氏（係紹興富室）有一百餘萬財產，聞說現在由許氏女主人掌管，有鑒於此，擬將所有股份抽出，因此前日有該號發生不穩之風傳，目下不過變化或可設法維持下去。

(二) 德隆彰烟號

南市外鹹瓜街太平弄口德隆彰水烟號開設已久，其水烟銷路之大，為同業之冠，在以前每年所做生意，當在一百萬元以上，近來紙烟風行，水烟銷路大受打擊，且中日戰後市面不振，所放賬面有二十餘萬兩，未能悉數收取，因此亦有不穩之風傳，據云該號有存貨水烟三百餘箱，而該號大股東湯[illegible]，又富有財產，或不致發生任何危險也。

中華民國[illegible]年六月[illegible]日

浙江實業銀行

(三四)頃悉上海聞人黄金榮君近在病中,風聞於昨日請金煜律師證明經立遺囑

附錄黄金榮先生經辦之事業

(1)大世界

(2)温泉浴室

(3)大舞台戲院(現已易人)

(4)天蟾舞台戲院

(5)黄金大戲院

(6)廣東大戲院

(7)杭州飯莊

以上各家黄君均有股份在内

(1)在上海國民商業銀行乃係大股東,據云有股本五六萬元

(2)在九福公司中法藥房均有股份

(3)此外在中滙銀行所占股份極少,乃係杜月笙面子關係

黄君之房地產

辣斐德路源成里有弄堂五條

藍維藹路鈞福里及黄金大戲院附近房屋

漕河涇黄氏宗祠及花園

霞飛路住宅

中華民國廿壹年六月拾壹日

浙江實業銀行

經理先生

日本人着手擴充紗廠第二步計劃

(三五)日本人在吾國擴充棉織事業,近年來陸續開設紗廠不少,第一步已告成功,現在亟欲擴充第二步計劃,將從事於染色及印花事業。聞說內外棉紗廠 Naigai-wata Kaisha 及豐田紡織廠 Toyoda Cotton Spinning & Weaving Co., Ltd. 已準備各添加資本六百萬元,就原有廠址餘地建造廠屋,增設印染事業,恐實行之期當不在遠也。

中華民國廿壹年六月拾壹日

浙江實業銀行

市場消息

中華民國廿[illegible]年六月[illegible]日

（密）

華嘉洋行 Siber Hegner & Co.

地址　圓明[illegible]路[illegible]豐銀行房子

總行　Zurich

支行　Yokohama, Kobe, Tokio, Osaka, shanghai

開辦年月　上海支行已有十七八年

上海經理　Eagle Ed.

營業種類　進口

該行營業，以前範圍頗大，但在近年來，因市面不佳，已經縮小如在去年情形，祇做棉布，呢絨，人造絲，機器，雜貨，鐘表等其中以機器人造絲占大多數，（機器約有五十萬左右生意，人造

浙江實業銀行

中華民國[illegible]

絲約四五十萬，棉布呢絨約二十萬兩，雜貨十餘萬兩，鐘表祗有五六萬兩，）去年全年共做一百餘萬兩，生意云已較往年減少，今年中日開戰以後，上海市面十分沉寂，該行營業乃大受打擊云，

並云該行在大阪 Osaka 支行，去年亦受損失，現今正在清理中，

頃據該行內部職員傳出消息，該行於近日內接到總行電報，有命上海支行停業之說，但未正式宣布，

照該行現在每月開支，約須六七千兩，（房租七百兩在內）開支頗大，去年營業結果，亦殊平常，僅能敷衍而已，

該行設立已久，即其經濟狀況，亦勝充足，萬一實行停業，對於外界當不致發生重大關係，

浙江實業銀行

最近滬市黃金條之存數　　　中華民國二十一年六月十五日

（密）

中國銀行地總共存黃金條九百五十四條，

內計民豐廠存二千五百十五件計六百二十八條七[illegible]五折

華豐廠存一千二百三十一件計三百〇七條七[illegible]五折

益豐廠存七十件計十七條半

浙江興業銀行地總共存黃金條三百三十八條又三件計一千三百五十五件，

又　　　　地存黃金條一百二十二條計四百八十八件，

內計交通存黃金條五十三條一件，計二百十三件，

又　　黃金條一百二十二條，計四百八十八件，

新華地存黃金條二百七十一條〇二件計一千〇八十六件，

[illegible]帶存黃金條十四條計五十六件

又一家名云[illegible]銀行地總存[illegible]及大條黃金條一千二百七十件，

上海銀行地總共存黃金條四百六十八件[illegible]民豐廠進存，

中國墾業銀行地總共存黃金條五百件，華豐廠進存，

東萊銀行地總共存黃金條七十件，大豐廠進存，

金城銀行地總共存黃金條八十件，大華廠進存，

信通洋行地總存黃金條一千件

內計華豐廠存六百件，

民豐廠存四百件，

又一家名云民豐廠總存八百五十件，

德國洋行總存黃金條五千件，

內計華豐廠存三千件，民豐廠存二千件，

浙江實業銀行

[illegible]林君逝世　　中華民國二十一年六月十四日

（甯）[illegible]錫[illegible]，年六十歲，廣東人，於本月十日病故，茲將其[illegible]身家[illegible]，[illegible]如左，

[illegible]以前在[illegible]路有住宅一所，約值二三萬兩，惟因該處年[illegible]鄉[illegible]，[illegible]，乃將該住宅[illegible]，[illegible]大西路，其[illegible]。

[illegible]公司[illegible]，約[illegible]五[illegible]元，但現下[illegible]，[illegible]，在[illegible]公司內，亦有[illegible]，[illegible]少，

[illegible]公司，[illegible]，因[illegible]公司[illegible]，[illegible]管，[illegible]，[illegible]，[illegible]內，[illegible]日亦[illegible]一[illegible]元，[illegible]，[illegible]公司[illegible]，[illegible]之故，[illegible]六[illegible]云，

浙江實業銀行

（一）金融界消息　　中華民國廿一年六月拾四日

（甬）頃自錢業中探詢關於商業之種種訊[illegible]，雖實[illegible]，[illegible]不可知，[illegible]之[illegible]者，

一[illegible]，[illegible]三[illegible]，[illegible]，約有二千[illegible]左右，[illegible]在[illegible]十[illegible]，現在已有一[illegible]，[illegible]，大家不[illegible]，

二[illegible]二[illegible]，[illegible]五六十[illegible]去，大[illegible]，[illegible]停[illegible]亦未可知，

三[illegible]有[illegible]之[illegible]，[illegible]東[illegible]未定局，

四[illegible]東[illegible]有[illegible]入二[illegible]之說，

第[illegible]號

浙江實業銀行

鼎泰承泰新長泰新三北貨行宣告清理之內幕

二十一年六月廿二日

（略）鼎泰北貨行、昨日起與承泰新北貨行、長泰新北貨行、同時在各報發表宣告清理廣告、計該行等欠莊款約三十萬兩、欠存項款約五十餘萬兩、傳說該行等在南京有放帳四十餘萬兩、一時不易收回、與此次宣告清理、頗有關係、

聞承泰新長泰新、均就鼎泰盈餘項下、撥款設立、故連帶發生影響、其往來錢莊、以致祥為首、數約三萬兩、次為均昌[illegible]乾元等、惟該三行股東兼經理凌礪成君處祇有不動產五六萬兩、恐須短少云、

附三行股東名單及股數

（一）鼎泰

東公記　三股	張蘭記　二股	姚紫記　二股
凌源記　二股	凌祿記　一股	

（二）長泰新

凌礪記　三股	姚紫記　二股	王樂記　一股
孫吉記　二股	凌錦記　一股	東公記　一股

（三）承泰新

凌礪記　四股	王樂記　一股	長泰新　三股
凌梅記　一股	姚紫記　一股	

備考：傳聞厚德、益昌、厚生、成字等、四家北貨行、凌礪記亦有股份。

附三行存欠清單（單位兩）

（一）鼎泰

行莊欠款

甲、定欠

致祥　伍千	[illegible]勝　叁千	[illegible]　叁千	浙江典業　貳千	[illegible]　伍千
[illegible]豐　肆千	寅泰　貳千	乾元　伍千	恒孚　伍千	何記　伍千
火源　貳千	[illegible]康　叁千	同泰　伍千	鼎信　叁千	[illegible]源　伍千
恒[illegible]　叁千	元亨　伍千	[illegible]裕　貳千	[illegible]吉　叁千	[illegible]源　肆千
[illegible]豐　伍千	[illegible]記　壹萬	正[illegible]　叁千	[illegible]泰記　貳千	[illegible]記　壹萬
[illegible]記　貳千	[illegible]　伍千	承泰新　壹萬		

共計銀拾貳萬壹千兩

乙、活期

乾元 肆千壹百陸拾柒兩 貳千捌百念　均昌 壹千捌百玖拾陸兩 貳千捌百陸拾

華通 陸百　各戶往來 伍萬

共計銀陸萬貳千參百參拾兩

存項 銀捌萬陸千兩 洋拾萬零貳千元

合計 銀貳拾陸萬玖千參百參拾兩 洋拾萬零貳千元

(二) 長泰新

行莊欠款

甲、定期

滋康 參千玖百　滋豐 參千　通商 肆千肆百　華源 伍千柒百

乾元 參千　衡通 伍千柒百　致祥 柒千捌百

鴻勝 參千　松江典業 參千　中孚業 參千

恆利 貳千肆百　鑫豐 壹千捌百　上海 壹千捌百

均昌 參千　鳳祥 參千　瑞康 貳千　鼎恒 參千

正豐 貳千　華懋汽壹萬　奏泰 貳千　源源 貳千

寶源 參千　鄒昇記貳千

共計銀捌萬零伍百兩

存項 銀捌萬壹千兩 洋伍萬伍千元

合計 銀拾陸萬壹千伍百兩 洋伍萬伍千元

(三) 承泰新

行莊欠款

甲、定期

豐記 伍千　鳳祥 貳千　寶源 參千　森記 參千　瑞康 貳千

福昌 參千　滋豐 參千　大德 貳千　滋康 參千　源吉 參千

鼎恒 參千　衡通 伍千　華通 伍千　乾元 伍千　致祥 伍千

共計銀伍萬貳千兩

乙、活期

致祥 參千捌百伍拾　通商 貳千零陸拾陸　乾元 陸千玖百參拾陸

均昌 貳千肆百捌拾柒、忠陸　參千肆百拾玖　上海 貳千貳百柒拾捌

華通 參千柒百伍拾參兩嘉泰新壹百拾肆　衡群 壹千壹百玖拾陸

中匯 伍兩

浙江實業銀行

童涵春藥號改組之由來　　　中華民國二十一年六月十六日

市上近傳童涵春藥號有改組之說，茲經調查，該號設在小東門內，係一百餘年老店，營業向稱發達，且能年年盈利，前該號股東[illegible][illegible]經光甫，近因做標金受虧，損失甚鉅，在五月底結賬以前，已難支持，惟所欠莊款，爲數不大，幸有四明銀行與嘉興[illegible][illegible]擔保，特以暫時渡過難關，現聞有改組消息，新股本有六十萬兩，除四明銀行總理孫衡甫君及大英銀行買辦徐慶雲君加入外，其餘股東，尚係藥業多該業中人云，又悉該號牌子，以年有十萬元之盈利，故可估價四十萬元，傳聞如是，以後如有所得，當續行報告。

浙江實業銀行

大昌毛冷號有清理說　　　中華民國二十一年六月十五日

（訊）聞南京路興聖街大昌毛冷號，因開張以來，營業不振，歷年虧蝕，近來又受時局影響，不能支持，有將該號清理之說，惟尚未正式宣佈，共欠二十餘萬兩，其中莊款有十萬兩以上，多數係屬甬幫，詳情當再續報。

浙江實業銀行

密字十一號　民國廿一年七月五日

(密)頃聞福建路永新利布號擱淺，欠銀行錢莊款，有二十萬兩左右，存項有念餘萬兩，其詳細數目，容再續告，據云，擱少初係該號大股東云。

浙江實業銀行

密第十二號　第全頁　廿一年七月十二日

金業消息

森昌永金號　一〇三號經紀人　資本二萬二千兩

股東　寶埜　四股，寧波源源錢莊股東，

馮孟蘭　三股，馮存仁藥店店主，

陳子勤　一股，前恒隆莊股東經理，

王溯埜　三股，前在寧波錢莊服務，

經理　王溯埜，

該金號營業除代客交易外自己所做交易亦多，據云有一千條左右，均係空頭，現今金價日漲，因此虧損有十萬兩左右，

據云該號不日將改組消息，該號與恒隆恒興等錢莊往來，

將來改組於錢莊方面，不生問題，

經理王溯埜，自己亦有二三十萬金財力云，

恒興金號　一[illegible]二〇號經紀人，

股東　林炳炎　二股，盛家懷　二股，俞襄澄　四股，張滄如　一股，李鼎波　一股，

資本二萬兩

經理盛審霖

該號除代客外，自己條子亦有不少，在金業交易所內，共有三千餘條，均是空頭，現今金價漸漲，因之亦虧損十萬兩左右，但該號股東，均頗殷實，不致有意外之虞。

浙江實業銀行

密第十三號　第全頁　廿一年七月十三日

前日（十日）常州、有一油車坊名寶興泰者、忽告倒閉、欠當地錢莊及豆麥行款、共十餘萬兩、申地亦有廿萬兩左右、係所買豆麥行之豆、及菜子等款、被欠行家、聞有十餘家之多、如裕泰豆麥行四萬兩、新昌豆麥行二萬七千兩、泰潤豆麥行五千餘兩、其他如鼎泰德等數行、皆被拖欠、惟數目不詳、但以上數家豆麥行、信譽素孚、不致發生若何影響、

浙江實業銀行

密第十四號　第全頁　廿一年七月十三日

華嘉洋行追報

該行因總行斷本、有將遲行收款之說、已見前次報告、據該行職員云、該行貨物賬款、由總行清理、嗣後事宜將待至本月十五日以後定局、將來必有一番變化、或由該行大班自己經營、將其範圍縮小云、

發字第十五號　第一頁　民國三十年七月廿一日

天華潤「毛冷真人造絲字號」

浙江實業銀行

該號以前設在城內九畝地、舊倉街，原係孫志榮所設，專做洋雜貨
在二三年前收買興聖街震泰毛冷號之店基（即[illegible]）遷往該處營業，
自遷至興聖街後，另行改組，為合夥性質，其股東除孫志榮外，有王老
天（即泰昌服裝[illegible]又做標金生意）前者泰昌什貨號之賬房，其君及
在寧波開設銀樓，又在陶朱里開設金綱鑽字號之某君，均富有立議
單時有程瑞齋為見議云。王老天股份已於去年折出云。
該號營業注重毛冷及人造絲二項，民國十九年之底，因增加人造絲
貨價大漲，該號適有存貨不少，因之獲利甚鉅，據云有十餘萬兩之
多，去年營業結果亦佳，可盈利一二萬兩云。
該號曾向德記、和記、禮和、禪臣等洋行定購毛冷，約有一二千件
左右，其中尤以德記、和記二家為最多，已有一千件交，目下毛冷市
面不佳，貨價月跌，如該號待貨到後將開栈繳付，或將定貨出清，
則必大受損失，或致將近年來所獲之利益悉行虧蝕，且恐或不敷云。
該號在今年五月底結賬時，對於往來之錢莊[illegible]
忽一變而為欠賬，其中必有變故[illegible]
續提去，設存在他家，聞說以前該莊[illegible]
款三萬餘兩，即此一端，使人更多[illegible]
該號往來之錢莊為均泰、信康、永豐、[illegible]順康、怡大等，其
中以均泰、永豐二莊往來較大，信康莊[illegible]已久，恐亦不少，此外如
恒利銀行，亦有往來云。

發字第十五號　第二頁

聞說該號欠均泰莊往來款項，而另托他人為之担保，此舉使人疑慮，當即由均
泰莊經理拒絕，此外尚有一事，該號付與毛冷字號（為防同業[illegible]存公會銀
若干，以備將來違背同業公議規則，私自跌價者，將由同業[illegible]罰）之罰繳三百兩
款銀三百兩，給以恒利銀行七日期支票，不料該號至四日忽與恒利銀行將賬
結清，嗎成公會到期往收，因係空頭支票，未曾收到，此事傳與同業知
悉，信用方面，遂大受影響。
該號股東兼經理孫志榮，目下到處向同業聲稱，被錢莊逼迫，因此經濟殊
感困難，數日前，又向同業[illegible]其代為幫忙。
據同業觀測，該號經理孫志榮，深恐將來定貨到埠，須受虧損，則二年
來所得餘利，盡付東流，故詐稱被錢莊逼迫，以致不能維持，將來須備傳
業或一走了事耳。
該號目下雖尚未停歇，但據同業觀測，恐不久必有變化，此事內容頗多
黑幕，務時近來經過狀況揭曉，以告與該號之有關係者，貴須先留意
為佳也。

浙江實業銀行

密第十六號　　第全頁　　廿一年七月廿二日

久成志記出口部

該號設在皮市街路，係施竹卿個人所設立，施君向做府綢生意，前在久成府綢號（福州路中和里）爲股東，因與其他股東發生意見，乃退出股份，自設此店，專做府綢生意，直接轉往外口，

在以前營業盛旺之時，每年亦有近百萬兩生意，去年因下半年市面不佳，營業減少，僅二三十萬兩生意而已，因此不免虧損也，

施君之子施潤之，又名元海，去年做綢絲生意，投機不利，損失至二十萬兩以上云，

該號又有存貨若干，目下市面呆滯，貨價跌去百分之十五至二十，故對於存貨方面，又不免損失，

因有以上種種原因，目下經濟狀況，頗爲困難，

在皮市街路之住宅，已經抵押八萬兩，在小西門出租之房屋，亦已抵去，

現在該號信用日壞，上星期向某處購買某項貨物十箱，而售主不能信任，欲其提供擔保云，

該號與信康、滋豐等莊往來，

與中國、上海二銀行亦有往來，聞說並無信用放款云，

據其同業云，該號狀況頗爲危險，恐有不穩之虞，

浙江實業銀行

密第十七號　　第一頁　　廿一年七月廿七日

天華綢　續報

該號專營毛葛及人造絲二種，去年向各洋行定購毛葛，計有一千五六百件，人造絲約有六七百箱，

其往來做定貨之行家共計十家，如慕來、禮與、中和、恰和、寶臣、德和、和記、德記、安利等，其中與和記德記二家交易爲最大，次之則爲德和約有二百數十件定貨，恰和共有六十件，而中和則僅三十件而已，

現在市況衰疲，貨價低落，該號因之大受影響，損失頗大，其他姑不論，如所定貨物到埠以後，繳付關稅，即須款十餘萬兩云，

該號股東經理孫志榮，有鑒於此，目下十分憂急，據云孫君擬與和記德記二行西人磋商，凡該號所有定貨，到埠之後，應繳關稅，先由各洋行墊付，以待將來該號辦理延，兩和記洋行西人，或可暫允通融辦理云，

該號現正準備宣告清理，萬一各洋行不能通融，不願墊付關稅，則該號財力薄弱，難以擔負，最後一着，惟有宣告清理，準備收歇而已，據其同業云，該號之經濟狀況如下，

（一）現在往來錢莊如均泰，永豐，順康，滋豐等，該號共欠莊款約有三四萬兩，

（二）又欠存項約有三四萬両

至於該號之存貨，約有二三萬兩，但其中已有一部份抵押在外，此外人欠該號賬款亦僅一萬餘兩，萬一該號收歇，宣告清理時，恐其存貨與賬款，不能相抵，所虧尚多云，

現在該號在同業中信用已失、外面謠言頗多、而該號股東兼經理孫志榮、平素行爲欠佳、對外更無交情、故益使人懷疑也、

據其同業云、該號初營業時、僅有三千元、因買賣人造絲獲利、當遷往興聖街之前一年、已獲利有二萬餘兩、而在前年年底、因增加關稅、以致貨價大漲、每箱竟漲起一百餘兩、該號適有大宗存貨、乃更大獲其利、約有十余萬兩、後來雖由各股東、將其應得利益分去、然在孫君名下、仍係富有、如該號將來果有收歇之事、然孫君自已私蓄、定有不少云、

浙江實業銀行　密字第十八號　第全頁　廿二年八月十五日

新近逝世之商界要人

(一)樓恂如鄞縣人、四十七歲、於半年前忽患肺炎症、歷經中西名醫診治無效、於八月十一日逝世、茲探錄樓君略歷及經辦事業如下、

樓君向做錢莊生意、以前在裕大錢莊為店員、後任薛文泰先生所設立之益泰花廠賬房、不久乃合資創設敦餘錢莊、先係元字地位、在七八年前改為匯劃、樓君自任經理、

樓君又創辦中華勸工銀行、初為經理、後升任總理、今年新開之統原銀行、樓君亦被舉為董事、

此外尚有共人合股開設之商店、均係情面關係、附入少許股份、

至樓君之財產、其不動產僅有上海孟納蘭路住宅一所(該屋係三上三下樓房、連地基估值七八萬兩)、近年來在甯波原籍大校場附近新置住宅一所、估值達二三萬兩、此外財產、多係股票、在勸工銀行附入股本一萬元、至於現金、則殊不多云、

樓君有子三人、肯哉、肯之、肯堂、肯哉居長、年約二十歲、現任浙江興業銀行行員、次子三子尚在學校讀書、

樓君逝世後、所遺敦餘莊經理職務、將由協理姚松源升任、至於中華勸工銀行總理職務、暫時虛懸、一時無人繼任云、

(二)胡訪鏞前次人向在法工部局為買辦、又為江南銀行董事、此外尚有合股開設之商店及其他事業甚多、又胡君於本月初逝世、身後虧空有三四十萬兩、聞其生前曾在某人壽保險公司保有壽險十五萬兩、又法工部局例有撫卹金六七萬元、如將以上款項抵補欠款、恐尚不敷云、

所遺法工部局買辦職務、因其子年幼、法人不能信任、乃由胡君之弟胡訪鳴繼任、對於所屬職員、概不更動、

浙江實業銀行 密字第一九號 第全頁 廿一年八月十七日

湖州錢業近訊

湖州錢業，自前年發生大變動後，倒閉頗多，名譽掃地，二十年春，蘇州錢業公會公然以呈皇文章遍登廣告，與湖州錢業永遠斷絕往來，至今猶引為同行之鼓勵，而感情依然未復也。

近聞老同行正和、德成莊有搖動訊，新同行（十九年上市）信大亦被牽連，並連累及本埠後馬路隆慶里勤益綢莊云。德成莊經理岑榮光為湖州錢業領袖，信大協理岑受榮，為岑榮光之子，所有詳細情形，俟探明後續報。

浙江實業銀行 密第二〇號 第全頁 廿一年八月十七日

頤陶孫大維宗瑞及源盛綢緞號均告倒閉。該二號之大股東為吳之君，該莊款計為數一萬五六千兩，怡大八千兩（聞怡大與吳君往來，本屬透進透出，乃因誤於做押，以訛傳訛，並其為欠）尚有其他各莊，為數甚巨，但其莊名未詳。聞吳君在源泰及裕昌兩洋貨行均附有股份各二成云。

浙江實業銀行

密第二一號　　第一頁　　廿一年九月十三日

清算中之大達銀業儲蓄銀行

本埠大達銀行於昨日突然宣告停業，頗引起社會之注意，茲將經過事實及清算情形，探述如左，

地址　公共租界北京路一()四號

設立　民國廿年三月九日

資本　洋五十萬元

組織　股份有限公司

董事長　劉暐之　中國實業銀行總經理

董事　唐壽民　國華銀行經理

劉廷棨　中法銀公司總經理

王志遠　鹽昌錢莊經理

顧直卿　東方匯理銀行買辦

汪資訓　裕興錢莊協理

資季岩　大中華股份有限公司董事又經營地產營造生意

潘寶詔　常熟大興銀行

丁介侯　已故

吳繼宏　許少榮

董事兼經理　黃明道　前新華銀行經理

董事兼協理　唐海珊　前係錢業出身，前任工商銀行出納主任，

監察　胡子興　英商電車公司買辦

饒韜叔　國華銀行協理

營業種類　普通商業銀行業務，兼辦儲蓄

簡史　該行資本原定一百萬元，但因時局關係，未能招足，實收僅五十萬元，後因與部章抵觸，乃改爲額定資本五十萬元云，

營業情形　該行創立後，在去年六月間，營業頗爲發達，據云營業額達六百萬元，不料九一八滬變突然發生，滬埠銀根非常緊急，並以各種公債市價暴落，該行因商同業領用鈔票關係，皆以公債票充作準備金，此中損失，據云達六七十萬元之譜，又被董事毆人欠巨額款項，至今尚未歸還，故經濟方面尚能維持，該，在今年八月初旬，被某銀莊退回劃條四萬兩，後由唐壽民君出來維持，起，劃條仍由銀莊解記，但信用已受影響，實難繼續營業，遂於昨日（十二日）宣告清理，該行收受儲蓄存款，報載僅七萬餘元，該行清算人謝霖會計師，亦云此數，但據熟悉內容者云，此數絕對不確，總數當達十八萬餘元，因儲蓄部係獨立，法律限制甚嚴，故除由該董事長墊款二萬元外，其餘十六萬元由各董事監事等負責償還，業經委託正則會計師事務所通告各存戶，自九月十三日起上午十時至十二時各携存摺赴南京路大陸商場四四號正則會計師事務所支取，可無問題，該行信用往來及存項最多時約達三四百萬元，現尚有一百廿萬元左右，須待清理後，方有眉目，據外間評論，祗有一二成收回云，

盈虧狀況　該行創立未滿一年，即受公債市價低降，虧損達六七十萬元，又有各董事拖欠之呆帳，計四十餘萬元，連同開辦費房屋押費及生財傢俱等，總共耗費達十五六萬元云，

浙江實業銀行

密字第二二號　第全頁　廿一年九月十六日

興盛泰米行將告擱淺（參閱市字第九二號報告）

閘北米行，因受滬戰及洋米狂跌影響，大露窘狀，如萬餘、大有恒、萬盛興等，相繼擱淺，前已報告，茲又有興盛泰米行，亦告擱淺。按興盛泰之擱淺，市上尚未聲揚，即其自己股東，亦未完全明瞭其狀況，惟該行經理飽衡，曹已不常到市，多數同業米行，均不敢與其往來，（現款出貨者別論）即各河埠新到米船，後經售人亦不到該行出樣，同業中咸有表示不信任之狀態，該行內容，已早虧累殆盡，行號催出成定抵押各貨，亦均延宕數行，表面上雖未停頓，而內情則已呈擱淺之狀，即存款於該行者，亦不能提取也，惟股東方面，大半為米行同業與商界中富有資財名譽之人物，倘能出而墊款維持，或可繼續營業也，但據接近該行股東者云，因目下時勢不佳，均無斯意，若然則其正式停業之期，當亦不遠矣。

附該行概況如次

興盛泰米行　閘北新閘橋堍

資本　原額壹萬兩，公積及未派盈餘等二萬兩以上。

營業　錢米（近年兼洋米期現貨買賣）

經理　朱鑫榮君　號耀文，米業出身。

股東　嚴筱泉　萬興豫股東，兼經理，又南幫米商公所代表，又祥泰木行之副經理，此外股東尚有雜糧業江西幫協大亨號某君等。

失敗原因　經營洋米，及滬戰影響。

浙江實業銀行

密字第二三號　第全頁　廿一年九月十六日

邵萬生南貨號續報（見前密字第一號及普字第三六號兩次報告）

該號所欠莊欵，共有十三四萬兩左右，股東俗與許氏現經人前去疏通，已允將虧空欵項，照數攤派，并將應付半數付出，而邵氏股東，亦與錢莊方面商妥，將欠款陸續撥還，此事已可告一段落，云惟將來許氏股份，是否繼續，乃一問題，據云該號盤價約值十萬元，而該號招牌名義，約可值四五萬元云。

浙江實業銀行

密字第二四號　第全頁　廿一年九月十六日

隆泰莊發現偽票交涉

本月十二日，中法工商銀行向北京路清遠里隆泰莊收該莊九月十日期莊票一紙，計洋八萬元，經該莊核對，並無此票，惟該偽票背章及形式，均頗逼真（年庚簽印及鋼版硬印，與原極相同，惟隆泰莊簽印及騎縫照票對同等印，稍有不符），該莊經理應當以此事關係重大，即親往中法查詢，據云係美珍珠寶號存入款項，並未取去，再至美珍查詢，則云並無此事，應君乃與錢業領袖一度商議後，即往法租界霞飛路捕房存案，同時該偽票由中法、隆泰二家共同保管，此為當日情形也。翌日由中法要求將該偽票退還原主，隆泰莊乃將該偽票之票面上批明「此係偽票」數行，并允其所謂將該偽票交付中法（按該莊恐多事[illegible]後，於信譽有關），不料下午四時後，有江一平律師代表當事人美珍號致函隆泰莊，略云，目中法退下之貴莊莊票，票面上竟有此係偽票數行字樣，殊屬何所指，請速答覆，否則依法起訴云云。此

按錢業界之偽莊票問題，以前亦曾發現，惟當局者每以習慣與事實解決之，未涉及於法律問題也，此次情形，尚屬創聞，將來此事如何解決，容後續報。

浙江實業銀行

密第二五號　第全頁　廿一年九月十七日

同德紙號（啟佩珍紙號）歇業（見本所首字第二七六號報告）

據云該號店主張佩珍，因在美商時洋行為式老夫，故向該洋行定貨獨多。

以前專做紙貨，自前年起，又添做報紙有光紙。去年及最近，所定有光紙約有七八百件，向未出去，日今紙價步跌，除將關稅付過外，每件又須虧損三十兩左右，該號當然不能再向洋行出貨，係號有光紙向美商時定來為最多云。

此外又有小貨光紙一百餘箱，亦未出去，每箱須虧損三十兩云。

在最近期內，該號將各票向洋行出貨，爲美商時洋行西人拒絕，益使該號迭受困難矣。

張君個人用途頗大，性喜闊綽，去年曾為其父慶壽，邀請串客俱樂部票友常會演劇，耗去五六千元，當時即遭其同業評論，并云張君既有如許閑款，任意揮霍，何不將其所集之單刀會會款從速歸[illegible][illegible]。

張君與寶記紙號主人李鑫東頗友善，或能予以金錢上之援助云。

浙江實業銀行

密第二六號　　第一頁　　廿一年九月十九日

中國信託海陸空運輸公司

地址　總店上海南京路一七二號（山東路新新里）

設立　民國廿年

資本　額定一萬元　已收　五千元

組織　股份有限公司

職員　經理周雪秀，字少堂，浙江象山縣人，年廿四歲。十五歲時，在定海習魚鯗業，念歲設立信託轉運公司。

董事　周菊香　周雪秀之胞妹
　　　鮑惠馨　周雪秀之妻
　　　周開元　周開亭　周開利　周開貞

營業種類　海陸空代客運輸

歷史　周氏初設信託轉運公司於定海，溫州，寧波等處，民國廿年始設總公司於上海寧波路順餘里六號，該號序備會計師為其註冊，改稱有限公司，開上海市社會局登記手續已完，南京實業部公文尚未發下，嗣奉令調派代各辦理註冊手續，並不於先詢查其內容之虛實與否，亦不代負法律責任，該公司遂至南京路中國興業銀行樓上，改稱為中國信託海陸空運輸公司，溫州，寧波，仍有信託轉運公司，不久均須改稱中國信託海陸空運輸公司，定海，南京，安慶，九江，漢口，沙市，宜昌，鄭縣，重慶各地，已派員籌備分公司，南昌尚未成立。該公司雖為有限公司，然實為上海局少數個人經營，其董事除要職外，並從定同族兄弟，如元亭利貞，但亦無其人，周氏個人歸屬年歷，而頗溫和將縣，家道小康。

發展　目前總公司之寫字間頗寬暢，職工僅二三人，月俸八十兩左右，定海等分公司開支不大，各地設立分局尚未確定，一切正在籌備中云。

密第二六號　　第二頁

營業情形　該公司過去及最近之營運，雖有成績，如溫州運往之各種貨物，定海運往之魚鯗貨及上海運往定海寧波溫州各地之肥皂，橡皮及其他各貨，每年代客發貨水腳費，亦有五萬元左右，其每月營業，從前在內五百噸之間，而三公司及三北等輪，並無往來，僅南市安輪公司各輪，空運方始運行，亦未代發貨品，但周氏對於空運，頗極籌劃，不稍懈怠云。

空運狀況　周氏在溫州所經營之信託公司，年有相當利益，但均供其發展事業之用，最近各項開支，已日漸擴大，空運事業能否如願，尚未可知云。

往來行莊　中國興業銀行及四明銀行（均有人介紹云）

浙江實業銀行

滬第二七號　與成永　孫全貞　廿一年九月十九日

該號設在山祖界與盛街、係新近設立、據云即係以前天華綢毛布人造絲號之變相。

天華綢毛布人造絲號、乃係孫志榮開設（先有王老天股份後已退出）在前二年獲利頗多、前年年底[illegible]歇時、該號適有多數人造絲與毛布、後因價格高漲、大獲其利、但今年毛布市面不佳、貨價甚跌、該號適向洋行定貨頗多、孫志榮若照貨結案、乃將天華綢停業、而與成永適於此時開設、又在同一地址、故同業中對於與成永新店、頗多懷疑、乃有即係天華綢變相之稱傳云、

此種事件旋成普通習慣、吾華商人每多不顧信用、皆外人輕視、即此故耳、

浙江實業銀行

滬字第二八號　第一頁　廿一年九月二十日

璉璋金銀首飾號 Lain Chong & Co

地址　上海河南路三三五號、（舊门牌七号）

設立　八年前、

資本　銀三萬元正

組織　合夥、

股東兼經理　靈量波　廣東新會人、年三十餘歲、前在時和金銀首飾号服務、

股東兼副經理　何守儀　廣東新會人、年三十餘歲、

營業種類　自製金銀首飾、販賣珠鑽、

簡史　該号主辦人為靈量波、何守儀二氏、其他股東、係一般職工、今年因內容空虛、不易支持、由何守儀拉攏昔法租界寶裕里利生著名賭博公司林氏墊款六萬元、或云林氏加入為股東、該号對外極守秘密、利生公司股東林姓、有弟兄三四人、不知究係何人、其極有勢力資財者、為林少逸民、何守儀拉攏之林氏、或即此君云

商品來源　向各金銀号、及一般洋商定購、

商品銷路　其銷路以各公館為大宗、

營業情形　該号開業後之四五年中、經營頗稱發展、一般達官貴婦、頗樂就該号購買珍貴物品、但在民國十八、十九、二十、三年內、各職工均以股

寍字第二八號　第二頁

東貨搭自由行動、挪空款項、其最著者、為一董姓影友、除挪用本店貸款外、且騙取南京路實業分貸款後、要刑事處分、脫離該号、同時將其他不良份子、大都裁汰云、

盈虧狀況　以前頗有純益、最近三年內、虧損甚巨、尤以民國十九年為最、自前內部雖加整理、但以時局不靖、營業淡清、一時恐不易恢復云、

按來銀行　為中國農工銀行、

浙江實業銀行

滬第二九號　第全頁　廿一年九月廿六日

上海將發現鉅額押款

近聞實業界巨子榮宗敬、將所屬之各麵粉廠、紗廠及各銀行暨實業公司之股票、并自置之不動產等、抵押於吳縣資本家、計銀二千萬兩（由花旗銀行出面）此事即可早日成議、旋被財政部所悉、以茲事關國權、因加阻止、乃由榮氏親赴首都、央人疏說、以求諒解、據云現已商妥成熟、並將押款增為三千萬兩、不久即可簽訂合同、其押款利息據云祗週年七釐、期訂為五年云、據云榮氏之各項抵押資產、總值約在四千萬兩左右云、

浙江實業銀行

第五三〔?〕號　第全頁　廿一年九月廿七日

停記甲乙與盤裝米行股東會議（參看香字第二二號報告）

南市停記裕新益及其協新原因，前經詳報，茲據該行股東來者云，該行在昨日（廿二日）停行股東會議及査賬，其情形與上次報告略有出入，茲擇要錄報於下，以供參考。

與盤裝米行之股東，共計十八人（分十股），每股原定股額規元一千五百兩，（後因款數目不一）但出面股東僅六人，乃皆係殷實有名望之股東者也。所有股東，均為上海商界及本業內殷有聲望與資力者，故均有維持之能，此次股東會之召集，亦不此意。

該股之後，其欠洋行與錢莊兩業存款及一切房屋等共計七萬兩，以後為簡便欠債，三萬兩以上，如繼續營業，每人須再墊款一萬兩，共計十萬兩，以七萬兩清償欠人各款（人欠項下股之資本，倘不再繼續，每人亦須墊出七千兩，以償還欠人各款，與收回市面除虧賬外），其可以收回者，已經明瞭總額之外），但各股東因時局與市面之惡劣，多主不再繼續經營，但亦未決定，須再開一度會議，始可解決。及至查賬後發覺經理未曾與股東商量，擅自挪用墊款，因發見虛設欠戶賬款，房屋器着落之經各欠賬，又有其他商事，及頭寸空款，與投機買空等情，賬房來者為經理之弟，一主買空全係，一負擔全責，且其平日行為，頗有嫖賭嗜好，因發又查賬甲最為股東不滿意者，數為十九年份之結彩雜書據（俗稱紅賬），因出各股東之結彩報告，均有統數近萬兩之多，而賬內實情，則反有虧折，出入至為數千兩，股東乃據以為欺偽捏飾之證據，而據經理與賬房云，因結年未曾洋米與其他存貨等之作價，因當時市價較高，乃按市作價，且又恐各股東失其心營業，乃故為許好地步，並希望股東繼下年繼承營業云。各股東因此頗多責難，而股東會議之結果，亦因此不歡而散云。

以上所云乃該行股東片面之言，是否實在未能證實，但其同業均以此為欺助，其他股東對此停記亦不否認云。

浙江實業銀行

第三一號　第全頁　廿一年十月一日

火柴業之虧損（參閱第十號報告）

據說今年四月以前，營業尚好，約有二三千兩之利益，但此後狀況不佳，每月至少損失二千餘兩，迄今已損失一萬餘兩云。

其損失之理由，因向洋行定貨太多，共有十餘萬兩。近數月來市面不佳，價格步跌，因此該號遂受影響。據云最感痛苦者為有光紙與小蜡光二種。有光紙於舊時每件損失十餘兩，小蜡光每件約損失三十兩左右。有光紙定貨，約有四五百件，小蜡光亦有八九十件。其定貨向茂宇洋行與裕豐義易公司二家為最多。

該號開支每月須一千三百兩左右，房館開廠每月僅有九十兩，職員亦僅十餘人云。

該號往來錢莊為致餘、眷元、汝泰、同安、元盛、永孚等莊。（元盛莊王寶貴亦有附股一千兩，附入眷名下，故其往來無須擔保。此外如安康同安錢莊，亦無人擔保，惟致餘莊乃係劉頌齋擔保，眷元莊由胡筱梅擔保云）

浙江實業銀行

密第三二號　第金貞　廿一年十月一日

鹽業銀行僞票交涉續聞（參照密第二四號報告）

不所九月十六日報告鹽業漢記莊僞莊票一紙洋八千元經与交涉一案，茲今
已近二旬，似有以不了了之之勢，緣鹽業莊爲息事寧人計，備具法律意見（同
仁法律事務所）從事調停，並願收回該僞票以不事追究爲條件。（吳澄溪寶韞
除浙江一平衡兼代表外，尚將該僞票交與渭回春（按渭回春於民國十三年
曾任上海縣知事，亦爲上海如杜月笙等台人之一）因該僞票上所蓋重要圖章，
與簽者並無差異之處，其硬印與紙張更無僞之可辨，故此案尚在交涉中云。

浙江實業銀行

密第三五號　第金貞　廿一年十月四日

鹽與成米行有不穩之謠傳

一　總行設在豆市街
二　分行在閘北，地址在南會館，兼營碾米，營業甚大，運銷於新昌米廠。
三　分行在蘇州並在蘇家浜設分店，專營洋廠米，設有谷米店。
四　資本額爲二萬兩，嗣乃增加至十萬兩以上，歷年盈餘甚鉅，公司營業已經十
　　萬兩，爲南市米行中有實際之一。
五　股東中重要者（一）股份最大者　爲興米行股東兼經理
　　　　　　　　（二）朱餅生者　大成米行股東兼經理
六　經理火群文君，浦東人，由本業出身，有幹才。
七　往來行莊共有卅多家，南市各分行各銀莊均有往來，北市著稱者亦有往來。
　　目下共欠莊款約在卅萬兩以上，今年洋米爲多，內容不免有疑。
八　現在該行向存洋米約卅萬包（一說卅萬以上）但其中多數早經抽出。
九　該行曾與樂洽英等，股份該新洋行，專營洋米，向產地購買來申，並代揚合
　　洋行洋米經理事，近被洋行之逼出，及有存款之提取，因未能盡如人意，故
　　有此論。
十　該行欠債除洋商外，以行莊爲最多，現行莊方面因已聯合議決加以援助云。

浙江實業銀行

密第三四號　邵全貞　廿一年十月十二日

毓源百記錢莊昨日宣告停業

南市吉祥街元字號毓源百記莊，於昨晚因周轉不靈，致期莊票二萬餘兩，不能照付，即宣告停業。查該莊開設，已經廿餘年，平時放款，約六七十萬兩。該經理吳芝芬，一名芝香，鄞縣人，年五十左右，人頗篤實，有志振興實業，曾辦紗布廠一所。既經虧蝕，達五六萬兩，後股東來者，不甚踴躍，乃於前年（十九年）讓出股份。該莊乃另招股東，并加吉記。九一八事變後，倒賬有十餘萬兩之多，今年五月底大結束，已屬勉強營業。近因各方紛紛提款，以致不能維持。現在存款方面，約有十數萬兩，其所欠總數約二十餘萬云。

浙江實業銀行

密字第三五號　第一頁　廿一年十月十八日

中原火油公司

地址　上海四川路七二號

設立　民國廿一年（尚未正式開幕）

資本　據云額定資本百萬兩，但實收無幾

組織　有限公司

股東　許亮臣之名良丞　福建人，年四十左右，係海軍部海軍司長許繼祥之胞弟，許氏在福建亦係望族，許君生長美國，在美留學，專攻地質學，據云曾得博士學位，學問頗好，中文亦有根底，曾在星加坡為官吏，許君以前曾應四川楊森之聘，建造成渝鐵路，不久楊氏失敗，路亦停築，後曾與招商局李仲公接洽借款之事，但未有結果，滄石鐵道由喻雲帆等介紹，本擬由許君招股開辦，因政局變化，未成事實，許君以前曾有數次，為政府或要人與華僑接洽招集股本，說辭實業，均因政變而止，故社會上均不知其姓氏云，據云最近由王正廷介紹，又有備款開築某處鐵路之說，此事或者眉目，可望成就云，以上各節，得諸傳聞，無從証實，恐向和豐、廈门商業、中興等銀行一面籍銀行）調查，均謂不知許君之歷史，且無往來云。

蘇字第三五號　第二頁

嚴松濤　寧波人，年五十左右，以前曾為官吏，曾任江西南潯鐵路工務局長，及北京官銀局督辦，後因政局不靖，乃改營進口業，在四川路七十二號，開設松記洋行，至今距營業，但主意不大，嚴君與日人頗多接洽，相識之日友頗多，與大亞通商有限公司（日人所設）亦有關係，

嚴君以前好為大言，有為大事業之志趣，但少成功，資產無多，現福興路九一一號之住所，亦係租借云，

喻雪帆　江西人，年五十八歲，向在政界服務，當高恩洪為交通部總長時，曾任該部諸役科々長，民國十六年，由北京回南，曾為江蘇硝磺局々長，

喻君有官僚習氣，喜住西政，交游頗廣，又善落衣相，將性財力恐亦平常，而存於世，故其國貨神氣，滋性言表，現在住許亮臣住宅內，並未租借房屋云，

該公司並非許亮臣自己出資，實云許君曾在南洋群島為官吏，與南洋華僑頗多熟識，可由許君介紹華僑入股，

至於該公司股東，現在究係何人，不能詳悉，現由許亮臣與嚴松濤二人出面，

經理　許亮臣（詳前）

協理　嚴松濤（詳前）

營業主任　喻雪帆（詳前）

滬湖分主任　張葵實，寧波人，年五十左右，據云，最早係西崽出身，在日商行做事，後以前曾任南潯鐵路為工頭，與嚴松濤相熟，此次

蘇字第三五號　第三頁

入股公司服務，亦係嚴君介紹云，又曾在泰和洋行、吉洋行、松記洋行服務，並曾做棉布生意，自設振泰棉布號（以滿客經營），最近又經營永昌油泥公司，帳責日本糖蜜公司，其經濟方面，似亦薄弱，

營業種類　經營火油、汽油，以火油為主，

貨品來源　據云，該公司之火油、汽油，係向美國買來，此項火油，以前即售與光華火油公司，現因光華火油公司已經售止，即由該公司繼續經銷，惟將來關於汽油，尚不確定此說云，

運送　現在係經銷而來，聞在下月中，可有三百萬加侖，由美國用油輪運來，

貨品銷路　此項火油，擬銷至中國內地各處，現已招請外埠經理，此事即由喻雪帆經營云，

進行狀況　據云，該公司現在浦東高橋沙，擬租地二百畝，建造油池，租價每畝每年銀一百二十五兩，十年後再續租，惟租金須照此數增加一倍，目下正與地主討論，尚未簽實，

在油池未造成以前，擬運之火油，擬用箱裝來，將油池造成後，則改用散裝，據云，由美國運來之火油，須由該公司先付押租銀二百萬元，該公司是否有此能力，可付二百萬元押租，並能否租借地基，建造油池，現均不能證實，因該公司之組織，頗為秘密，不願將其實在內容宣告他人，因之不免令人有懷疑之處云，

如該公司之組織，果能如其所宣而告成功，則當然係一大公司，但雖大之資本，決非短期所易籌備，似亦難樂觀云，

最使人懷疑者，該公司已擬據其說明，已於今年九月二十一日，在上海日本領署註冊，既云與美國商，何以不在美領署註冊，而必欲在日本領署註冊，所見至足以，同許、嚴二人，何以全由嚴君一人出面，

密字第三五號　第四頁

據該公司云，與滙豐、德華、上海等銀行均有往来，惟向滙豐、德華調查，均否認其事，與上海銀行則僅有一度押滙往来，数目極小，且屬現金交易云。

該公司未曾正式開幕，火油亦無定期到埠，而事前已刊印招請外埠經銷火油章程，廣招外埠經理，授立銷油一萬箱，須付押櫃銀四萬兩，現已洪動外埠商家，頗多來滬與該公司接洽者，蓋外埠商家不知上海情形，易被誘惑云。

據火油業中人云，彼公司中亦曾聞有此事，除中原之外，尚有一家亦在進行，但開設火油公司第一須先有油池，現今上海適宜造油池之處頗少，恐中原公司亦不易覓得相當地点云。

浙江實業銀行

滬第三六號　第全頁　廿一年十月廿二日

匯豐銀行偽匯票交涉案結束（參照滬第三二號報告）

本所前報匯豐銀行發現偽匯票八萬元交涉一案，聞已於杜月笙從中和解，由匯豐銀行給洋五千元，向對方收回偽票，故此案業已了結云。

浙江實業銀行

密第三七號　第一頁　廿一年十月廿二日

隆茂紗廠及天隆紗花號調查記

隆茂紗廠及天隆紗花號、自昨日（廿一日）傳出擱淺消息以來、輿論譁然、有謂虧空過鉅者、有謂營業不佳者、有謂奸人造謠佈圖中傷者、衆口紛紜、莫衷一是、茲經探訪所得、誌之如下、以供參考、

查隆茂紗廠開設於華德路一八四〇號、民國十八年一月九日開幕、為股份有限公司、股本銀廿五萬兩、每股一百兩、一次收足、董事為樓靖初、沈夢蓮、陳竹亭、隆子鏞、隆志乾、楊智賢、張聚鈞等、而經理一職由楊智賢君擔任、於同年十二月廿七日、經工商部註冊、廠中現有粗細紗錠共一萬三千枚、每日出十六支及二十支紗、共廿八包、歷年營業向稱不惡、惟資本不為鉅、週轉欠靈、遂所欠如花衣號之款項、為數頗鉅、因此花衣號中、為催索欠款、而起糾葛、遂有擱淺之傳說、又據另一消息、隆茂紗廠已於十月二十日擱淺、廿一日晚、債權人方面、在蓮東做店開會、商議辦法、爲該廠所欠外款、除中國與勸工銀行兩家有道契生財抵押確實擔保外、其他如中南金城實業大裕花號等欠款、共有三十萬元、無法清償云、

又查天隆紗花號、開設於愛多亞路華商紗布交易所三樓、為該所廿六號經紀人係無限性質、經理由楊智賢君擔任、據交易所方面傳說、「天隆因市面不寧、而擱淺、惟未宣告停業」、一說「天隆及隆茂、最近因營業狀況不佳、虧空鉅款項不少」、詢諸天隆職員某君、「據稱「現天隆與隆茂、均照常營業、總欲設廠亦不能告知任何人」、又據楊智賢君自稱、「隆茂紗廠開設於華德路一八四〇號、業已四年、近因花款周轉、略有糾葛、現已接洽就緒、照常開工營業、天隆亦仍繼續營業云、

密第三七號　第二頁

備考

（一）隆茂紗廠房屋及機器、係向日本勝賞、惟機器不甚適用、

（二）楊智賢君精明幹練、樓靖初君極器重之、

（三）隆茂廠及天隆號、現尚照常營業、楊君本人、於該號開方、均親自主持、外間傳其避匿、不確、

浙江實業銀行

函第三八號　　第金貞

福慶和久記錢莊宣告清理

本埠南京路三九〇號福慶和久記錢莊，於十月廿七日突然宣告清理，承辦清理事務者，爲四川路四十八號江爲平會計師及江一平律師，聞負債總額約達銀三十萬兩，所欠莊款，計志誠錢莊一萬三千餘兩，新康錢莊二錢莊較少，向有其他一二家錢莊，未詳其名，總計約四五萬兩，其餘均爲存戶款項，聞該錢莊全部資產後計不滿十萬兩，其股東大股東爲沈問劍君，其他股東，目前均無資產，故資產負債相抵，大約債權者方面，僅可攤還三成，至其開業原因，由於民國十六年，金價暴漲至八百兩，故近仍七百五十兩左右，而沈問劍氏心目中，誤認金價必須回跌，是以要做空頭，屢遭失敗，故該錢莊積有理亦可謂沈氏個人成見有以致之云。

浙江實業銀行

函第三九號　　第金貞　　廿一年十一月七日

瑞倫顏料號

瑞倫顏料號、開設已有十餘年、係浙人合資開設、浙西人散立、收初營業不佳、經致不能維持、其時該號欠款向債甚巨、行將大宗顏料、惟須負債七萬兩、矣治力[illegible]之內幕、[illegible]諸且應付計、其處設法、[illegible]參行業總理係、[illegible]人據其係、[illegible]矣若又不能[illegible]經過情形也、[illegible]股東顏料四日已負月不足、[illegible]失若[illegible]承六股、[illegible]除之力但、[illegible]當時負本一[illegible]指二之一、[illegible]已足、[illegible]去年矣、[illegible]一股之第一[illegible]溥臨矣、[illegible]新年日行[illegible]失敗處、在江[illegible]刑事[illegible]、現在同業中信用更爲[illegible]云。

浙江實業銀行

滬第四〇號　　第全頁　　廿一年十一月八日

大昌毛冷號破產（參閱本所當第四五號報告）

前與盈衡大昌毛冷號、因歷年虧蝕達十餘萬兩、不能維持、乃於今夏四月間破產、其股東陸家桑湯福慶等、圖卸責、不再認有股東關係、而茂隆洋行因該號定貨不遂出、向特區第一法院控訴、須分證稿等股東、擔負賠償所有損失、陸湯等股東延不出之不理、乃延請律師辯護、不料第一審判決大昌股訴、該號不服、又延請律師在高等分院上訴、至上月廿六日由庭長胡詒穀傳集人證、到案審訊、該號經理及股東等仍不到案、胡庭長察知實係情虛、故意規避、當即判決、着大昌毛冷號賠償茂隆洋行所追一切損失云、

該案將來如再上訴、爭最高法院、大昌毛冷號恐亦無勝訴之望、一旦執行時、恐慎華及顧全盛洋行等、亦將相繼訴追、但陸家桑近年來經營之營業、無不消極、恐難監譴七八十萬兩、現在僅有訴訟之不動產、尚未變賣、由其叔毋執營、陸君無權顧問、故亦外強中乾、徒有虛名、至於福慶經濟狀況亦不甚佳、恐亦不能擔負賠償之責任云、

浙江實業銀行

滬第四一號　　第一頁　　廿一年十一月十日

江浙絲織股份有限公司

地址　總公司　上海曹家渡洪北光復路

　　　分廠　[illegible]

　　　事務所　上海愛多亞路三八號

設立　民國十四年

註冊　民國十五年十月十六日北京農商部核准註冊

　　　民國十六年十一月廿五日上海特別市農工商局核准註冊

　　　民國十七年二月二十日全國註冊局註冊

資本　定額一百萬元，已收四十萬元，

組織　有限公司

董事　吳緒庭　吳縣人，向來經營標金，在南京路集益里設開裕豐永金號，自為經理，歷年已久，因經營順利，年獲厚利，以前吳君股款之金號頗多，但近年來已逐漸停業，吳君又為上海證券物品交易所董事，正金銀行買辦，去年因滬變以後，曾經辭職，並[illegible]（資本十六萬兩佔三股半）福泰（資本廿萬兩佔三股半）等錢莊股東，在東南信託公司亦有關係，

吳君近年注重地產事業，自設地產公司，

虞洽卿　鎮海人，最初在滬瑞康顏料號為學徒，與貝潤生同事，但不久即告退，

虞君當荷蘭銀行買辦甚久，

虞君後會合股創辦中華勸業銀行，不幸失敗停業，

虞君創辦三北輪埠公司，繼任總經理，又合股創辦上海證券物品交易所，而為董事長，

歷任上海總商會會長，淞滬商埠督辦，上海公共租界華人納稅會主席，上海

總商會執行委員、現任中央銀行監事、上海特別市市政府參議、在閘北寶山
路口之升順里、乃係吳君之產業、
孫洪分　曾留學美國、為本矢希尼大學工學碩士、東南大學文理科主任、
北平文化基金董事會董事、曾在該廠為工務主任、孫君才學頗優、惟財產不
張禮臣　向在日本經營顏料生意、返國後、乃經營交易所事業、在上海證
券物品交易所為職員、在該公司又擔任協理職務、
監察人　陳日平　以前曾在日本經商、現在上海為會計師
郭外峰　向在日本經商、回國後、在上海證券物品交易所為理事、又
曾任招商局總辦、最近由蔣總司令招往湖北、委為農村救濟處處長、
董事兼經理　鄭蘇芝　廣東人、年逾四十、初為土商、後由人介紹、往東三省軍
界服務、諸任副官職務、後得資財頗多、於是商近、經商、並交易所經營投機
事業、因營遂迎、乃與吳燿庭、虞洽卿、郭外峰等相識、遂集合股份、設立此公
司、鄭君對於造紙、向無經驗、才具亦屬平常、現有資產三四十萬兩、據云
大總係做標金投機所得云、
鄭君有弟兄數人、有鄭壽仁者現任香港中國銀行行長、其他諸弟有在江南造
紙廠內服務云、鄭君岳家頗殷實、其妻亦賢淑、因鄭君另有外遇、乃與之反
目、幸經親友調解、得未離婚、現住福熙路明德里、該屋係吳燿庭所有云、
營業種類　製造中國紙如連史、毛邊、海月等、
營業史　該公司於民國十四年創辦、其時範圍並不甚大、廠內有造紙機二部、係
向日本購買之舊貨、頗不適用、當開辦後、適值國人趨側日貨、確為推銷國貨
之機會、但該廠機器因係舊機、不時停頓、未能如期出貨、不得已乃又購辦
新機、惟新機裝就後、抵制風潮已經平靜、因此錯過機會云、
該公司開辦後歷年虧蝕、據該公司自稱第一年損失六萬餘元、第二年損失九

萬餘元、實則其所由之致、尚不止此、據云其資本早已蝕盡、且又向人告貸、將
該廠地基機器等抵押、其數頗大、恐一時不能清了云、
董事長吳燿庭為該公司墊款頗多、微聞吳君所墊之款、在百萬兩以外、或云不
啻六七十萬兩、後吳君因墊款過巨、不願再墊、故在去年春夏之季、其狀況甚
為危險、經理鄭蘇芝雖已富有、然利己心太重、竟置不顧、而董事兼協理張禮
臣不忍坐視其敗、乃稍墊若干、以資補救、然張君自己財力、亦殊有限、固無
力多墊云、
去年抵制日貨後、其營業雖見起色、每月可有二萬元之利益、但此係偶然之機
會云、
設備（一）地基　在上海曹家渡之工廠、所購基地計十八畝四分三釐、原價五萬
九千元、現今市面縮、地價日跌、每畝約值六千元以上、
國貨分廠基地一百餘畝、又在增隆洲買進蘆灘洲地四千餘畝、價值約七萬元、
當時擴充廠基、約費五千元左右、物料倉庫一幢、
（二）房屋　三層辦公室一幢、物料倉庫一幢、選料間二、剔剖間一、潔料
間一、打漿間一、製紙間二、切斷整理間二、打包間一、製品倉庫一幢、蒸汽
動力間一、器用淨鉛白鐵建造、此外又有儲水池、總水塔、漂粉解化池、鐵工
室、木工室、電汽發電室、電汽開關室、工人食堂、門衛室、又一百十三尺之
水泥煙囪一座、國貨分廠內除鍋爐間外、有廠屋七座、亦以鉛白鐵造成、殊
為壯固云、廠屋建築費約十四萬一千七百餘元、國貨分廠房屋約值二萬五千
元云、
（三）機器　廠內主要造紙機器、現有一百吋圓網踢克式機器一部、又六十
五吋圓網踢克二部、十二吋徑高壓蒸料球二座、荷蘭式打漿機八具、三十呎長
蘭開休鋼爐二只、奇異西屋及德法名廠製造電汽馬達十六部、共計四百四匹馬力

冷却式大松器一部、計一百五十匹馬力（又有小機一部、乃係試驗樣品所用現在用以製造紙）又十二吋半口徑五百呎深度之大自流井一、裝設高壓冷氣抽水機一部、每日出水一百萬加倫以上、

又有十六呎車床一部、八呎車床一部、十二呎鉋床一部、鑽床、甘床等種種工具、升降機三座、又有小鐵道一千五百尺、以備裝運貨物云、

高貲分廠內裝有廿八呎長藍開休鍋爐一只、五千瓦特發電機一部、四十八匹馬力蒸汽引擎一部、十二呎徑高壓煮料球三座、漂白機一部、圓旋鋸斷機一部、四道軋漿機一部、剪斷機一部、篩斗滌理機一部、皮帶運送機二部、斗式運輸機一部、水壓盧漿機二部、水壓打包機一部、

該公司之廠屋機均係日本舊貨、價值頗廉、其上海總廠之機器價值、約值廿五萬七千六百餘元、裝機工程約需費十三萬二千三百餘元、高貲分廠機器具共值三萬二千元左右云、

（四）工人　上海總廠共有工人三百餘名

原料來源　其製紙原料現由該公司發明、用蘆葦所製成之蘆漿、故在高貲增課洲、購地四千餘畝、種植蘆葦、製成蘆漿、每日可用蘆漿三百擔、該公司發明蘆漿、已向國民政府工商部呈請專利、已於十八年發給專利執照、專利十年云、

該公司蘆漿不敷製造時、亦向禪德公司、茂宇洋行等定購外國木漿云、

出品銷路　該公司出品、以連史、毛邊、海月等紙為最多、其質物品質頗為精良、除銷於本埠各紙店外、又銷往長江及北方各處云、

營業力　該公司之高貲分廠、專製蘆漿、製成後運至上海總廠、以供製紙之用、然每日所出蘆漿、尚不敷應用云、

以日出品尚未有大宗、將所有機器輪流開動、每日出品不及二萬張、至多不過二十餘令而已、

自去年九一八事變以來、國人抵制日貨、該廠連史毛邊、銷路大旺、每日出品竟增至二三十令、（每令值銀七八十兩至一百兩）

該廠所出之紙、以三環為商標、各種連史毛邊海月等紙、以關祿為商標云、

營業情形　該廠出品富為精良、可與日貨頡頏、行銷區域西達成都、北達遼海、南至百粵、東遍三吳、其銷路之廣、故勝龍章紙廠、又因原料問題、關係甚要經數年之研究、發明用蘆葦製成蘆漿、廢物利用、厥功甚偉云、

該廠開辦以後、營業未能發展、全年所做生意、不過一百萬兩左右云、

自去年事變發生以後、國人竭力抵貨、當時日貨竟完全絕跡、該廠所產連史毛邊等、由各紙商紛紛定購、以當日貨之代用品、因此該廠出品、日見增加、所有機器、完全開用、每日出數竟由三四十件而增至二百件、然仍有不敷分配之勢、其盛況為向所未有、惟恐日貨一旦銷售、渠用傾銷政策、廉價出售、以相競爭、則國貨工廠又將大受打擊云、

自抵制日貨後、非特銷路大增、即其貨價、亦逐步增漲、自每令三兩六七錢漲至四兩八九錢及五兩、至今迄未稍跌云、

去年營業額共計七八十萬兩左右、較往年稍有增加、今年狀況更較去年稍優、或能做至百萬元生意云、

盈虧狀況　該廠於民國十六年開辦、其時雖有機器二部、但因營業未見發展、僅開機器一部、出貨不多、故第一年虧耗九萬餘元、第二年又虧耗六萬餘元、據云去年營業上半年亦殊平常、下半年抵制日貨以後、乃有起色、且能獲利、

自抵貨以後、每日出品增加、價格亦昂、每月可獲利二萬兩云、

商會討論定二月間開股東會，今年營業甚發達，届時未能開會，據云或須延至明年上半年招集云。

該公司營業不能以發達稱之，固爲重大原因，而其用人失當，關係亦大，如以前管理部甚爲擴充，營私舞弊，凡購辦原料，或出售貨物，均須進利云。該公司在去年開會後，營業雖有進步，但因歷年虧耗甚巨，恐其所得利益仍不足以補以前之損失云。

擴充計劃　該公司因歷年虧本，不甚思補救之策，乃於十七年第三屆股東會決議，增加資本，分爲二期，第一期增加洋一百萬元，第二期加洋二百萬元，其預備辦法如左：

（一）第一期增加資本六十萬元，連原有資本四十萬元，合成一百萬元，擴充後，擬在上海總廠，增添六十五吋製紙機一部，仍仿製西式連史毛邊等紙，在高資分廠增設蒸料球三座，製漿機二部，用以製造厲紙，又擬在高資添購蘆洲一萬畝，以便多產蘆葦。

（二）第二期添招一百萬元，合成二百萬元，擬在高資分廠，添裝新式製紙機器二部，及電汽動力設備，以製造粉板有光紙道令紙及包紙等。

（三）該紙原料所用之苛性曹達及漂白粉等，多係舶來品，將來擬在高資附近廟港口，設立製藥工廠云。

該公司擴充計劃，由各董事議決後，外界贊成者亦復不少，如貝淞蓀、范問春、盛午衡、盧介繁、劉敏齋、林修良、張芹伯、徐永祚、陳蘊誠、王敬亭等，均係上海聞人，但以時局不靖，市況衰疲，招集股本頗不易易，據云第一步添招之六十萬元，現僅招足十餘萬元而已。

現今該公司資本約有五十餘萬元，但其註册之數目，未曾更改，仍爲四十

萬元云。

往來行莊　該公司與上海商業儲蓄銀行，通易銀行及振泰莊錦成莊等往來。

浙江實業銀行

密第四二號　第全頁　廿一年十一月廿五日

經緯紗廠有限調訊

該廠設在上海岳州路三一號、民國十三年開辦、因營業不佳、於民國十八年六月、由合記公司租辦、內有紗錠五千一百支、專紡廢花、範圍不大、據云該廠現將售與外人、售價爲銀一百萬元、但截至現在止、尚未簽訂合同云。

浙江實業銀行

密第四三號　第一頁　廿一年十一月廿六日

中外浩記藥房 Foreign Chinese Dispensary

地址　上海廣東路六九至七〇號、

設立　宣統元年、

資本　最初弍千元、

組織　獨資、

店主　瞿展堂　浙東人、年六十餘歲、前曾在小呂宋全球藥房服務、其子瞿永浩年三十左右、自學校畢業後入咪吔洋行充寫字之職、已歷八年、

營業種類　西藥及化粧品業、

簡史　該藥房主辦人爲瞿鳳堦氏、初設於福州路神仙世界對面、後遷至廣東路、已歷十餘年、目前由瞿永浩出面、故另加浩記云、

商品來源　向咪吔等洋行購買、

商品銷路　銷於京滬路各埠藥房、

營業情形　該藥房向以經營配合戒烟丸藥料爲主、尤以嗎啡等毒物爲大宗、但嗎啡爲違禁品、而瞿鳳堦善於積營當務公務人員、偶過意外、受法律制裁、則以金錢運動、頗能化險爲夷、詎料民國廿年該藥房存儲嗎啡之所在地、忽走漏風聲、將其違禁品悉數充公、瞿鳳堦被拘、多方運動、未能達的、後判徒刑三年、須至民國二十二年後刑期方滿、該藥房乃由

家第四三號　第二頁

瞿永治主持，不再經營嗎啡，及其他違禁品等，專注意各種西藥及化粧品，昔時每年營業額，平均在二十萬元左右，今年受時局影響，祇有十分之七，其平時存貨，約估銀二三萬元，放出貨款，在目前未能收回者，亦有二三萬元云，

盈虧狀況　該藥房因素營嗎啡，歷年獲利甚豐，滬東方面，置有地產甚多，目前在法界蒲石路，瞿氏有自建住宅，除本店資產外，凡京滬路各埠大小藥房，瞿氏均有投資據云，瞿氏共有資產，約在十萬兩以上，今年該藥房恐須虧蝕云，

往來行莊　為恒隆錢莊及信原銀行，聞恒隆有保證放款限額銀五千兩云，

浙江實業銀行

[illegible]四四號　第全頁　廿一年十一月廿八日

南洋兄弟煙草公司近況

該公司自[illegible]，營業日見衰退，[illegible]一[illegible]，由其弟簡玉階君[illegible]任，[illegible]孔[illegible]，但[illegible]已[illegible]，不[illegible]任，乃又告退，[illegible]

[illegible]公司[illegible]，大[illegible]，用[illegible]公司[illegible]八[illegible]，其[illegible]十五[illegible]，[illegible]其中[illegible]，但[illegible]公司[illegible]之[illegible]，此[illegible]公司[illegible]，[illegible]失實，

簡玉階君[illegible]，大[illegible]，其[illegible]上[illegible]事，大[illegible]公司[illegible]公司之[illegible]，[illegible]公司，[illegible]內部[illegible]，[illegible]（[illegible]天人）[illegible]，[illegible]一[illegible]，[illegible]內[illegible]，[illegible]一[illegible]，不[illegible]一[illegible]云，

浙江實業銀行

簡報四五號　第一頁　廿一年十一月廿九日

晉臣公司

地址　上海南京路石路西

設立　民國十七八年間

資本　起初美金三十萬元（按當時價值約合華幣十五萬元）現時不詳

組織　股份有限公司

經理　黃鳴岐　廣東人　履歷不詳

營業種類　製造化粧品，販賣毛織品

沿革　該公司係美國舊金山華僑鄭藻森一手創設，鄭君粵人，僑美已久，先在舊金山開設晉臣公司，歷時四年，因營業不振，復歸國內化粧品事業，初在遷於民國七八年間，遷至上海光復路，民九設發行所於南京路，同年復在閘北香山路建築製造廠，資本初爲美金三十萬元，當時約合華幣十五萬元，因虧區遠年虧絀，於民國十二年改組，推陳錫周爲總經理，仍因營業不振，由陳君商請本埠某化學專家維持或合辦，但未成事實，陳君引退後，由華人李瞬彤繼任，聞刻又在改組中，新經理爲黃鳴岐云。

設備　該公司發行所，門面一大間，一邊陳列化粧品，一邊陳列毛織品，樓上爲辦事處，製造廠於今年滬戰時，燬於火。

商品來源　化粧品在一二八事變以前，全係自造，近因廠被焚，所[illegible]之香雪及花露水，毛織品如衛生衫、襪、手套等，係向大豐[illegible]

商品銷路　僅限於門售，並無批發

營業情形　該公司因出品不受社會歡迎，營業毫無起色，雖之鄭君在外多年，

簡報四五號　第二頁

對於國內風土人情，尤多隔膜，雖改革有心，而經營之術，陳君係茶商出身，在廣東開設忠信昌茶號，繼任經理後，因對於化粧品事業，隔無經驗，故當業非特無進步，且每況愈下，該公司出品不精，而售價過昂，除如意霜一種，比較有銷路，每年有二萬元之營業額外，其餘各品，在市場上毫無地位，每年營業總額僅十五萬元，尚不敷成本，聞該公司出品貨雖不佳，而成本極昂，大都耗於廣告，極力鋪張，誇張說目，一經購用，即令人失望，以是銷路不暢，該公司因化粧品營業，不見起色，年有虧損，於是兼營毛織品，以資挹注，但毛織品營業復限於季節，過此即無交易，目下雖兩者兼營，而該公司毛織品爲主，陳僑啓者云，

五　困難狀況　該公司因連年虧絀，原有資本不敷週轉，曾由陳錫周君借款接濟，爲數甚鉅，無如江河日下，挽回匪易，今年一二八事變發生，香山路製造廠遂成灰燼，損失約二十萬元，更新該公司根基，完全崩潰，隨現已陷於無可挽救之境，然猶欲極力掙扎，另於本地設一小規模製造廠，專製純化粧品，如香雪、花露水等，以維持發行所之門面，現該公司資現極微，據悉大小股員，均緘口如瓶，往往內幕告訴，該公司目前資本，僅三四萬元，倘無新資本加入，依然周內，恐將收歇云。

備考　查該公司失敗原因（一）經理不得其人（二）出品謝路不暢（三）成本過重，而此次股遭廠被焚，則益深陷困境之絕境云。

浙江實業銀行

更正

本所昨（廿九日）發密第四五號香亞公司報告設立年月誤爲民國十七八年間應改民國七八年間合亟更正

浙江實業銀行

密第四六號　　第全頁　　廿一年十二月五日

春和永呢絨號內部糾紛之傳說

河南路春和永呢絨號、係譚景波洪輔元陳國廷等合夥設立、起先資本殊小、但其時同業不多、營業逐漸發達、現竟居同業首席、不料近來內部發生暗潮、經理洪君與協理陳君、意見甚深、互相傾軋、陳君不能安於其位、已向該號提出拆股、并擬辭職云、

該號開辦迄今、歷年獲利甚豐、但待遇店員殊爲苛刻、據云從未分得紅利、因此引起風潮、聞該號店員陳祈某已請吳凱聲蔡曉白二律師與該號交涉、請求分派歷年紅利、此等表面上由店員出面、然暗中另有他人指使、恐將來難免涉訟云、

浙江實業銀行

密第四七號　　第全頁　　廿一年十二月十二日

洋紙業近況

（一）志豐號

本埠浙江路協濟志豐號，係王鴻發開設，經營洋紙批發，兼顧五金生意，範圍向來不大，所有洋紙大概向同業批進，該號因營業不佳，已於旬日前倒閉，所欠同業往來貨款，計廿四家，共銀一萬三四千兩，其中以德泰豐紙號爲最大，計銀一千餘兩，洋一千元，此外如豫泰豐，生源永，久記，益記，立成，同德，永新，協興，協成昌，元康等號亦均有欠款云，

該號於倒閉前數日，向同業賒取大宗貨物，因此其同業對於該號，深爲疑慮，惑係故意欺騙，現該號請律師，與該號交涉云，

（二）合記號

本埠金隆街合記紙號，係葛裕甫、吳鶴首、吳栄某（在交通部爲職員）等合股開設，爲薛長生爲經理，營業範圍不大，所有貨物向同業批購居多，狀況與楊蓉字號相彷，自志豐號倒閉後，同業對於該號較小者更加留意，該號營業向來不佳，受市面影響，虧蝕難持，不得已亦即倒閉，欠同業貨款僅有四千餘兩，爲數不大（計元康一千四百兩，生源永七百兩，永和五百兩，益記四百兩，協成豐三百兩，協興二百兩左右），尚有其他零星欠款，

該號倒閉後，原擬將股東名姓隱匿，但股東中之葛裕甫，以損失不大，不願再名譽用，乃與債權人商議，由另股東先認六成半現款，其餘三成半由經理薛長生擔立與借票，以待日後償還，聞此事已經議妥云，

據云今年紙業市況不佳，大概虧蝕者居多，恐怕年關以前，尚有其他變化，如達康，同德，立成等紙號，狀況亦不甚佳，難保無變化發生云，

浙江實業銀行

密第四八號　　第全頁　　廿一年十二月十三日

裕新煙草股份有限公司宣告清理

本埠法租界平濟利路裕新煙草股份有限公司，開設已有三四年，所出軍令牌香煙，行銷外埠尚廣，營業頗爲發達，不料近年營業漸見衰落，衛豐銀莊倒閉時，又被其倒欠不少，因此不能維持，乃請金經律師宣告清理，據云欠人之款，約有三十萬兩以上，而人欠之款，僅有十餘萬兩，相差所差尚多，日前有人往金律師處願出資一萬兩，購買軍令牌商標，因出價太低，未曾允洽云，

（三）中国征信所市况报告书（第1～50号）

中國徵信所
報告書

字第　號　第　頁

浙江[illegible]銀行

市字第一號　上海雜糧市近訊　第一頁　廿一年七月七日

近來上海雜糧市價，漸趨下落，米、麥、豆、豆餅、高粱等類，均有跌無已，大有江河日下之勢，揆厥原因，約有二種，（一）國內農產物產量逐年減少（二）外國糧食輸入過多，自表面觀之，此兩種原因，適足以互相調劑，萬無影響於市價之升降，而不知其另有故也，茲分晰言之，國內農產物產量減少，其故甚多，如匪氛遍地，連年災害，尚有一部份土著，改種鴉片，又如吾國農民，保守性成，不知改良方法，及交通不便，官廳不加扶植，以上諸端，在在足以使產量減少，而所以致此之由，歸根溯底，不能不歸咎於政治不良，蓋政治不良，危及農村，使之瀕臨破產，農民購買力，日趨薄弱，遂使都市平日囤積者，無從銷售，不得不遞於跌價者一也，次言外國糧食輸入過多，夫本國糧食既感缺乏，外國糧食，能於此時源源輸入，以供我國之不足，其價格自必日益增高，乃適得其反者，豈非矛盾之現象乎，但稍加研究，即明癥結，蓋我國農村，已臻破產，農民奄奄一息，在事實上需要糧食之接濟，至爲迫切，奈無此購買力何，現在都市囤積糧食既多，而外洋仍源源運來，此不得不趨於跌落者又一也，有此兩種原因，遂使各種糧食，價格日趨下落，而銷路呆滯如故，於是一跌再跌，本年以來，上海各雜糧行之營業，頗覺清淡，茲就米、麥、豆、以及豆餅，雜糧等營業情形，擇錄如左，

（一）米，在本年三四月間，從遞觀將告結束之際，各米商均尚厚，惟近兩三月內，洋米跌價一元二三角，瞻望前途，一時[illegible]，至最近兩三週內現存洋米，尚有一百五十萬包，正在路中，

中華民國　年　月　日

表 9-1
6-21-5000

中國徵信所
報告書

字第　號　第　頁

市字第一號　第二頁

不日運到，各家原有積存，又均不在少數，即以宏興一家而言，已有二十萬包之多，由此以觀，恐以前之所得，不能償未來之所虧，本市經營糧食之行號，以萬興、大成、協昌德、宏興、鼎盛等號爲數較多，此數家，幸信用尚好，即使受損，亦無大礙，

（二）麥，麥自價格步跌以來，因內地農戶，鑒於價格跌落過甚，不敷成本，大都不肯賤賣，故近日有轉定之勢，

（三）豆，現存大豆近千車，（每車三百五十二包）計司秤四百九十五擔）較諸去年二三[illegible]，亦因內地無購買力，而上海行家不肯放賬，於內地油坊，而此項存貨，擁在大連幫客家手中者居多，申地行家，尚屬有限云，

（四）豆餅，豆餅一項，向爲我國農民肥田之用，年來既受肥田粉輸入之影響，近來又因雨水過多，不能應用，而農民又多無力購買，致銷路大呆，目下市價每片[illegible]外，[illegible]以每片價格已在二元以內，惟近週以來，大連有西商[illegible]豆，兼以大連海關，有被偽國劫奪之說，萬一成爲事實，則各貨出口勢必增加稅率，一般販商中之神經過敏者，乃搶先爭還整市價，故前見升，

（五）高粱，現高粱市價，較之頂好時已大去五錢之譜，前途尚不見好，原因亦係存積過多，銷路不暢，例如向以關東著稱之泰興源，每年必向上海採購大批高粱，而近來亦因銷路呆滯之故，用當地出產之小麥，因此，申地高粱銷路大呆，而市價不得不跌落也，現存積[illegible]，約五百車，申地行家及大連客[illegible]各佔半數，歷來[illegible]在二兩九錢以上，現[illegible]二兩四錢，計每車須虧二百五十兩[illegible]，

中華民國　年　月　日

表 9-1
6-21-5000

中國徵信所
報告書

浙江實業銀行

市字第二號 第一頁

本市豆米雜糧油餅業之厄運與現狀 十月九日

查本市豆米業雜糧油餅業，在我國過去之商業地位，占有重要地位，載
籍後各商業之中，年前營業[illegible]（[illegible]）[illegible]
際施注，[illegible]近二[illegible]年[illegible]
戰以來，乃[illegible]有一[illegible]之象，其[illegible]要原因，有下列數端：
（一）歷年來水旱為風等災，[illegible]
產品經年減少，例如湖南之[illegible]
收年份亦有五十萬石以上，江西安徽亦有[illegible]多至二百萬石，[illegible]
[illegible]路沿途各埠，[illegible]口（京滬路貨均由[illegible]口）九江[illegible]安
慶，蕪湖等埠之大豆，雜豆，小麥，芝麻及雜糧等，例有大[illegible]
面也，最近一月中，[illegible]完全斷絕，雖有少數雜糧上市，也不足[illegible]
（二）匯兌[illegible]
（三）東北事變後，在該處設有分莊者，均有若干損失，又被[illegible]
帶有均受其害，[illegible]
捐及限制輸出（按該日貨者，貨到上海無人接受，外輸[illegible]
華輸及自該處輸往東北販運者，又被僞國與日軍留難，一等[illegible]
以成本過大，致受損失，
（四）滬戰發生後，金融阻滯，資本低薄而無後援之行號，[illegible]
，而[illegible]上之市之存底，至去年受災區域中缺乏糧食之接濟，[illegible]
總[illegible]之損失實屬不少，[illegible]
居下[illegible]上海各糧存底，大約有下列之數，

中華民國　年　月　日

中國徵信所
報告書

市字第二號 第二頁

大豆（黃豆、青豆、綠豆在內）一千萬擔（每車三百五十二包），大連豆占
半數以上。
洋米，一百七十萬石，（暹羅之小絞米占十分之八以上）
各路豆餅，十餘萬片（目下豆餅在季節之旺令中，（俗稱大餅汛）
往年市上絕少存貨，悉調隨消，至秋始已，（全滬及附近油廠出
貨，不在此數中）
油，八千簍，油以豆油為主（此數尚須一度調查，因與菜油生油
麻油混和之故。）
麩皮，七百萬包（連兩洋麥在內）
以上各種主要貨品，其他如紅綠雜豆粗糧雜糧等數亦不少，
有比值存貨，而不易銷消，受害於供過於求之價跌外，其他間接
開支之各貨，亦不細，但損害緊，致雜業中致無生氣矣，
豆米一業，現已陷於困頓之狀態，究其癥結，除上述各項外，尚有
下列各路亦足疑告，
甲，閘北虹口吳淞嘉定瀏河各戰區中之同業及米店與零戶等，凡
戶拖欠行號之銀貨客已無力償還，即未遭毀燬之戶，亦以被戰區客
戶拖欠，為避不肯清償帳款，會再三籌議，但至今依然無善法解決，第
一次同業公會因收賬問題，不能實行，又改於二月五日，又改二月十日，
後經市商會調停，改定一月底結賬，又改舊曆端午節，後
延至六月卅日，不料仍無辦法，屆期前日，總決議於七月十日一律收清，
收不到之各戶，登報聲明，通告同業，與之斷絕交易，但據一般人觀
察，屆時如仍無良法結束，必須再延云，
在目前戰局發生之初，該業目睹危機，即經謀種種辦法，以資救濟，如

中華民國　年　月　日

中國徵信所
報告書

字第 叁 號 第 全 頁

紙業近況

一

順泰有啟二發〔向業中醫〕與人合股開設洋紙門市店之說，其間拉攏者乃係元記紙號股東、經理爲王國楨，資本約在一萬二三千兩云。

二

燕湖客商胡仲記申莊，今年起做洋紙生意，代燕湖客商在上海購辦洋紙，不料上月間倒閉虧空洋紙同業久記元記裕昇昌興記等貨款共一萬三四千兩，上海紙商債權方面，急派人往燕湖料理，昨日洋紙公會，從得燕湖來信，燕湖紙商，均已將貨款付清，惟有錢一千餘元貨款，未經胡仲生取去，此外則江西南昌或尚有未付貨款，據紙商云，將來債權方面至多收回半數而已。

三

王子文潘正義二人合股開設志記洋紙號，店址在天津路南香粉弄傳說資本一千元，其實祇有六百元，營業範圍不大，似屬掮客性質。

中華民國　年　月　日

中國徵信所
報告書

字第　號第　頁

市字第二號　第三頁

自做押匯押款之規定外，並有代同業向銀行押款之議，略有成效。惟大勢所趨，不能完全挽回其頹勢。近聞各府有特種營業稅之徵收，其辦法似將已征款去之釐卡復活，名目繁多，於該業所營油豆餅三種均謀以苛細之徵稅，且圖對於洋米洋粉以及其他各貨亦將進一步而徵收之，豆油餅所加稅額如下。

油每担加特稅四角

豆每包加特稅八分

餅每斤加特稅二分

（已見本月五日本所第四十八號報告）

中華民國　年　月　日

中國徵信所

報告書

字第肆號 第全頁

呢絨市況

近來呢絨市況、殊爲清淡、價格日見低落、最近所售貨價、較未加關稅以前更廉、其最大原因、在市面不佳、銷路滯鈍所致、市上夏貨均已陸續到齊、惟府綢因來貨擁擠、市價大跌、照原價幾跌去三分之一云、在最近期間內、市上最缺之貨、爲嗶嘰與大衣呢二種、嗶嘰因以前定貨過多、呢絨商會大受損失、故不敢再定、以致有缺貨之虞、大衣呢市上存底極少、據云今年下半年嗶嘰大衣呢之價格、或將增長云、

中華民國二十年六月 日

中國徵信所

報告書

浙江實業銀行

市字第[illegible]號 第一頁 六月九日

煤市通訊

柳江頭號塊煤每噸售拾五兩貳錢半 內地各埠及本埠茶館等用

開平煙煤塊每噸售八兩伍錢 爐灶同業去路

開平屑每噸售七兩 輪船廠家需用

京津煤每噸售拾壹兩 [illegible]

北票塊煤每噸售拾叁兩 同業去路

北票屑每噸售九兩五錢 銷輪船及廠家

博山塊煤每噸售九兩五錢 銷輪船及廠家

大同塊煤每噸售拾四兩 銷兵艦

克林子煙煤每噸售拾兩（[illegible]） 本埠同業去路

松浦塊煤每噸售九兩貳錢半（[illegible]） 本埠同業江北外埠同業去路

[illegible]煙煤每噸售[illegible]兩五錢（[illegible]） 本埠同業[illegible]去路

中華民國 年 月 日

表 9-1
6-21-5000

中國徵信所
報告書

字第　號　第　頁

市字第四號　第二頁　七月九日

煤市近訊

松浦屑每噸售七兩（日貨）　小輪船小廠家等用

山西煤每噸售拾陸兩五錢（國貨）　茶館大爐酒館等用

海豐煤每噸售拾陸兩貳錢半（國貨）　茶館大爐酒館等用

目前銷路頗淡，每日統共出數，不過千噸左右、

各煤棧存數約拾餘萬噸，國貨居多數，日本貨無多、

中華民國　年　月　日

表 9-3
7-21-5000

中國徵信所
報告書

市字第六號　第一頁

上海商辦公用事業之近況

上海之公用事業、可分爲自來水、電氣、電車、電話、公共汽車、長途汽車及輪渡等數種、其中有官辦者、亦有商辦者、茲將商辦各公司、最近概況、探述如左

一、自來水　上海之自來水廠、除公共租界及法租界各一家外、華商經營者、計有二家、一爲閘北水電公司、一爲內地自來水公司、

（一）內地自來水公司

地址　水廠　事務所　半淞園路

資本　一百六十一萬

經理　姚慕蓮

營業區域　滬南區

（二）閘北水電公司

地址　水廠　殷行區剪淞橋　事務所　北四川路阿瑞里

資本　六百萬（水電兩項）

辦事董事　朱薔丞　陸伯鴻

營業區域　閘北及江灣區

以上二家水廠、開辦迄今、均無盈餘、雖由技術營業兩項、猶理未盡完善所致、而實以（一）設備繁複、成本極重、（二）定價太低、收入過少、（三）用戶尚未普裝水表、浪費甚多、爲最大之原因、將來續可設法補救、但獲利總難期優厚耳、

二、電氣　上海之電氣公司、其售電種類、大致均分爲燈、力、熱三項、其中除公共租界及法租界各有一家外、華商經營者、計閘北水電公司、華商電氣公司、浦東電氣公司、翔華電氣公司、寶明電氣公司、及眞如電氣公司等六家、茲將其最近營業情形及前途推斷、分述如左、

（一）閘北水電公司

地址、資本、經理、營業區域等項、見自來水項、

該公司以江灣、彭浦、閘北、引翔四區、及殷行區內張華浜以南之區域、與滬淞區內蘇州河以北、陳家渡以東之區域爲營業區域、故供電範圍、至爲廣大、益以水有揚子江、蘇州河、陸有京滬、滬杭二鐵道、交通之便、無與倫比、在地理上復佔優勢、比年以來「閘北工廠林立、市面日趨繁盛、該公司營業、因亦年有進展、將來大上海之中心區、即在於此、於建設完成、水電需要更多、公司前途、尤有無窮希望、該公司在軍工路剪淞橋、自建二萬基羅瓦特發電廠一所、規模宏大、設備完善、爲國人自辦電廠中之巨擘、惜管理不得其法、辦事缺欠認眞、負債六七百萬、週轉頗感困難、此次復慘遭兵燹、損失七八十萬、偷繁閘之市區、悉變丘墟之場、營業上犧牲尤大、近有利用外資、與上海電力公司合作之說、聞經官廳防阻、各方反對、恐難成爲事實云、

（二）華商電氣公司

中華民國廿一年七月十二日

地　址　發電所　南市車站前路
　　　　事務所　同　上　（電標列在閔民路）
資　本　四百萬元
經　理　陸伯鴻
營業區域　滬南區

該公司資本原爲三百萬元，於去年擴招一百萬元，現計實收四百萬元，其營業區域內，市面繁盛，各戶用電甚多，尤以電器占其大宗，原有機器，已不敷供給，於去年新添鍋爐數台，營業頗佳，年有巨額之盈餘（廿年度盈餘七十九萬餘元），此次日寇侵滬，該公司財產，均告無恙，惟因滬南一帶，居戶遷避，十室九空，營業損失，閉達三四十萬元，該公司基礎素固，可無大礙，惜管理陳舊，工潮迭起，誠非佳兆云，

（三）浦東電氣公司

地　址　發電所　浦東張家浜
　　　　事務所
資　本　五十萬元
經　理　童季通
營業區域　高橋、高行、陸行、洋涇、塘橋、楊思等六區

該公司營業區域，因有黃浦之隔，交通不便，市面未興，故目下營業，雖期迅速發展，惟將來希望甚大，蓋因（一）區域安全，地理上非兵家必爭之地，匪患事小，未遭兵燹，滬地變亂戰亂，浦東從未波及，（二）與浦西交通雖覺不便，而活潑較多，匪徒潛居便捷，（三）地價低廉，容易吸引市民商住購地建築，（四）民風純篤，設廠於此，工潮當可減少，故浦東實爲天然之工業區域，易於助長電氣事業之發展也，再就該公司內部而論，規模雖不十分宏大，而管理得法，設備周全，辦事頗有精神，在各市電廠中，可謂首屈一指，近年來營業日盛，獲利漸多，公司基礎，頗爲鞏固，中央建設委員會考核民營各電廠成績，認該公司經理最爲優良，特頒給第一號獎狀，以示鼓勵，現以機器不敷應用，向華商電氣公司購電補充，將來擬再向閘北水電公司購電，以期電量加多，成本減輕，愈可吸收用戶，推廣營業云，

（四）翔華電氣公司

地　址　發電所　物華路
　　　　事務所
資　本　二十五萬元
經　理　陳[illegible]
營業區域　引翔區及特區一部份

該公司營業區域，係租自閘北水電公司，現下係向閘北水電公司購電轉給，並不自行發電，範圍較小，幸區域內市面繁盛，小工廠極多，故歷年營業，尚能獲利，惟恐僅能固守現狀，再欲發展，殊非易事云，

（五）真茹電氣公司

地　址　發電所　真茹鎮
　　　　事務所
資　本　三萬元
經　理　[illegible]

中華民國廿一年七月十二日

營業區域　真如區

該公司規模甚小，區域內人口稀少，用戶之最大者爲暨南大學一家，滬變時，遭大損失甚重，聞將影響於該公司之前途頗大，欲求發展，殊非易易，據專家評論，該公司及真茹電氣公司，最好均與閘北水電公司磋商合併，如獨立經營，前途殊難樂觀云，

（六）寶明電氣公司

地　址　事務所　吳淞鎮
　　　　發電所
資　本　十三萬三千六百六十元
經　理　陸伯鴻
營業區域　吳淞區

該公司所處區域蕭條，市面冷落，雖有數家大規模之工廠，惟以該公司規模狹小，無力供電，故皆自行備機發電，且地當淞滬要衝，爲長江門戶，兵家必爭之地，一旦發生戰事，即受重大影響，今日軍事機關，竄毀甚多，無法搭救，損失甚重，已屬難於維持，更以此次日寇侵滬，受創尤巨，已瀕破產，現有華商電氣公司經理陸伯鴻集資復興之說，進行如何，未得其詳，

三、電車　電車一項華商經營者，僅南市華商電氣公司一家，行駛南市一帶，歷年營業，雖不蝕本，而獲利亦至微薄，良以成本過重，難期獲獲厚利耳，

四、汽車　公用事業中之汽車一項，可分公共及長途二種，分述如左，

（甲）公共汽車　公共汽車公司，除外商經營者外，華商所辦者，計有二家，一爲華商公共汽車公司，一爲滬南公共汽車公司，

（一）華商公共汽車公司

地　址　事務所　寶山路交通路八百十八弄一號
資　本　十萬元
經　理　常兆麟
行駛路綫　閘北及江灣

（二）滬南公共汽車公司

地　址　事務所　西門泰亨里
資　本　十萬元
經　理　彭[illegible]
行駛路綫　滬南滬華一帶

以上二公司，因（一）成本過大，（二）係捐費及汽油之消耗太鉅，故開辦以來，均虧損甚鉅，聞華商公共汽車公司，係華僑投資創設，滬南公共汽車公司，則稅總再及屈文六等，均係大股東云，

（乙）長途汽車　長途汽車公司，市內共有四家，爲上南長途汽車公司，滬太長途汽車公司，上川交通公司，及滬閔南柘長途汽車公司，

（一）上南長途汽車公司

地　址　事務所　浦東周家渡
資　本　二十一萬餘元

中華民國廿一年七月十二日

中國徵信所

報告書

市字第六號　第四頁

（二）滬太長途汽車公司
經理　殷恕再
行駛路線　楊思區至南匯縣城、
地址　事務所　大通路底
資本　四十餘萬元
總理　朱傲儒
行駛路線　上海至太倉縣城

（三）上川交通公司
地址　事務所　浦東高廟
資本　四十萬元
經理　顧伯威
行駛路線　陸行至川沙縣城

（四）滬閔南柘長途汽車公司
地址　事務所　滬市國貨路
資本　七萬七千餘元
經理　高恩洪
行駛路線　上海至閔行

以上各公司，年來營業成績，均不甚佳，除有如公共汽車公司同樣之原因外，尚有其他困難，如租路費及養路費負担過重，故殊難獲利，閘北、滬閔二家所築者爲煤屑路，時有損壞，當須修理，且所燃汽油，富貴極昂，開辦以來，僅能收支相抵，滬變之際，滬太除供運兵差外，更被日兵劫去車輛甚多，所有站台，被燬殆盡，故求恢復，殊非易易，至上川上南二家，尙可獲利，蓋一因所築路基，較有經驗，不易損壞，養路費用，可以節省，二因車輛用柴油機，推力較強，可以任重致遠，較爲經濟云。

五、電話　現歸交通部直轄辦理，內容容再調查報告。

六、輪渡　現歸市公用局經營，頗爲得法，年有盈餘，詳情容調查後，再作報告。

備考　我國凡百事業，百孔千瘡，急起直追，努力建設，祇有賴於國內擁有資金者之投資，惟投資於公用事業，較爲穩妥而可靠，良以其供給公衆日常生活所需，不可一日或缺，無資富之分，無階級之別，而其消費則一，且其需要，隨市面之興盛，人口之加多，常有增而無減，近年以來，內地災害頻仍，盜匪遍地，人民不能安居樂業，稍有資産者，相率遷居都市，故都市之公用事業，尤易日臻發展，此外尙有二大特點，足使公用事業，易於發育滋長，日臻繁榮，即（一）營業範圍，限於一地，受外界之影響甚少，（二）有獨占性質，可免同業之競爭，故經營公用事業而不幸失敗者，要非事業本身難於措手，而多在管理之不得其法，晉國辦公用事業者，尤以電氣事業爲可靠，因其成本較自來水及電車汽車等爲輕，而利益反較優厚也。

公用事業與金融界之關係，亦有特殊之觀點，撮要説明於下，（一）公用事業之資產，用之於固定資產者多，其事業又隨社會繁盛與公衆需要而擴展，苟經營得法，較易業務，故投資較爲安全，（二）公用事業，受政府監督與取締，其營業年限及區域，一經核准，不得輕易變更，對於投資之安全，尤可多一保障，（三）公用事業之資本，用於固定者既多，金融界貸款之期限，可以較長，

中華民國廿一年七月十二日

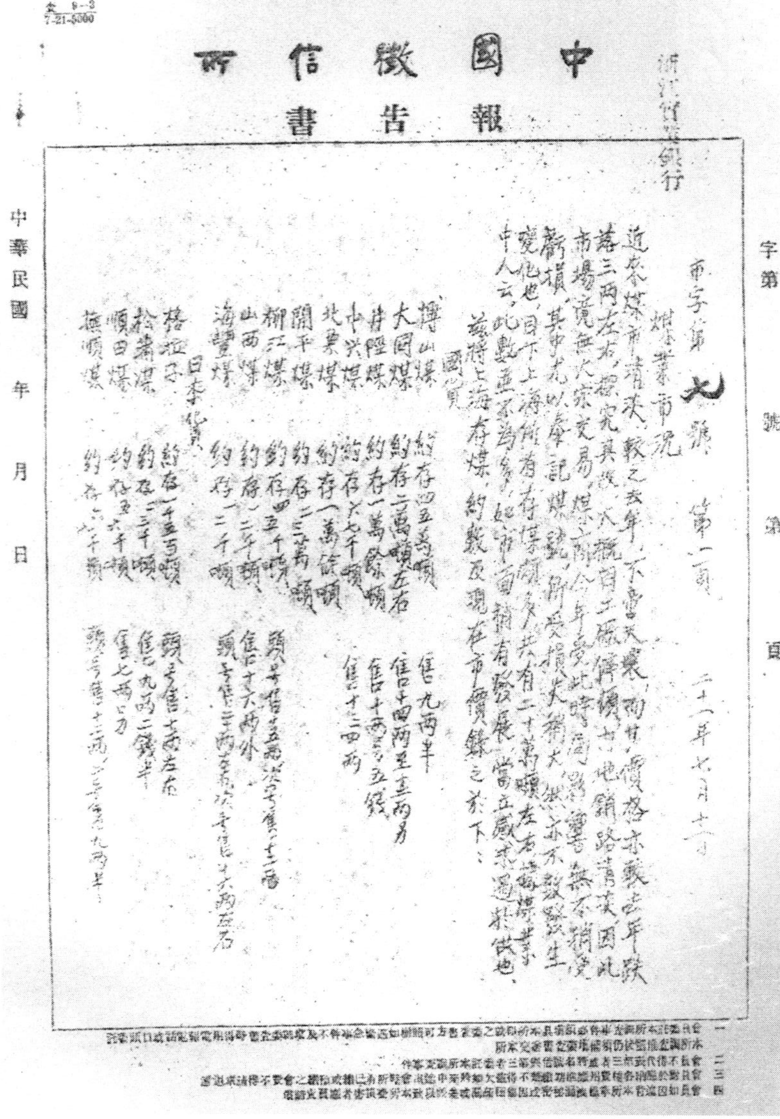
中國徵信所

報告書

浙江實業銀行

市字第七號　第一頁　二十一年七月十八日

煤業市況

近來煤市情形，較之去年，下落更大，而其價格亦較去年跌落三兩左右，探究其致此之原因，一則爲各工廠停頓，二則爲各地銷路滯塞，因此市場竟無大宗交易，煤商今年受此時局影響，無不銷受虧損，其中尤以奉記煤號所受損失爲大，然亦不致發生變化也，目下上海所有存煤，據熟悉人云，共有二十萬噸左右，據煤業中人云，此數並不爲多，如市面稍有發展，當立感求過於供也，茲將上海存煤約數及現在市價錄之於下：

國貨

博山煤	約存四五萬噸	售九兩半
大同煤	約存二萬噸左右	售十四兩至十五兩另
井陘煤	約存一萬餘噸	售十兩至十一兩五錢
中興煤	約存六七千噸	售十三四兩
北票煤	約存一萬餘噸	
開平煤	約存二三萬噸	頭號售十五兩、次號售十二兩
柳江煤	約存四五千噸	售十六兩外
山西煤	約存二千噸	頭號售二十兩、末號售十六兩左右
海豐煤	約存二千噸	

日本貨

梧桐子	約存一千五百噸	頭號售十五兩左右
撫順煤	約存二三千噸	售九兩二錢半
順田煤	約存五六千噸	售七兩□力
撫順塊	約存六千噸	頭號售十二兩、二號售九兩半

中華民國　年　月　日

查 9—1 6-21-5000

中國徵信所
報告書

字第 玖號 第 壹 頁

上海玻璃業之現狀

在上海之玻璃廠，以前大小共有四十餘家，惟日商寶山玻璃廠營業最為發達，自去年九一八後，華商一致不用該廠貨品，以致無形停頓，迨一二八滬變起後，因所有玻璃工廠大概在閘北戰線以內，被日本飛機擲彈炸毀者甚多，因此上海各工廠如化妝品、藥房、調味粉及其他工廠等，乃有玻璃缺乏之虞，現悉在公共租界內之玻璃廠，規模較大者凡三，茲摘要分述如下，

(一)晶明玻璃廠　廠址在膠州路，開設已有一年以上，即係中國化學工業社所分設，資本並無定額，廠內有爐子二座，工人二百餘名，

(二)益利玻璃廠　廠址在華德路，開設已有二年左右，係益利汽水公司許廷佐君所創辦，內有爐子三四座，工人約三百餘名，

(三)中漢玻璃廠　方於今年創辦，廠址在塘山路有恒路之間，即係廠主鄭忠漢君住宅，佔地四畝半，初辦時僅有爐子一座，將來擬再擴充至四五座，資本暫定五萬元，其出品擬先造粗貨云，

中華民國　年　月　日

查 9—3 31-5000

中國徵信所
報告書

字第 號 第 頁

市字第 柒號 第二頁

目下以北票與開平二種，銷路為最大，凡輪船火車工廠，及窯戶，均行樂用，博山煤大概備作熔爐之用，現今熔廠停工，故無大宗銷路，大同煤大概備火爐所用，現亦無大宗銷路，井陘煤與中興煤銷路亦少，淄豐二煤與山西煤大概為大爐燃料，惟淄豐二煤又銷與茶館，係銷路不動，淄豐煤用時稍大，但無大宗銷路，柳江煤銷售與茶館麵館等處，現有存貨四五千噸，尚在滬某某手內，銷路尚好，

凡其大略情形，目下價值比較以前已略跌落，設無日貨大宗運來，尚能支持現狀，

據云，日貨福島煤，約有三千噸，不日將到供，到時約售二十一兩左右，又據人云，撫順煤，將有大批到埠，自八萬噸存棧壟斷，故意抑價出售，如果有大批日煤運來，將來國煤銷路，必大受影響，其價格亦大受打擊也，

但據煤商預測，目下日貨，不致有大宗運滬，但日貨進口，與國煤之消長關係，為時勢所必然，不能免避，如果日貨源源輸入，恐國煤之價，將更見低落，約降至五六錢至一兩左右為度云，

日貨現在上海，備有存貨，然多易受潮，銷售與附貨店、路堂、製燭工場、糟坊、茶館等處而已，至於內地銷路，仍無活動現象，因內地對於抵貨運動，仍未停止，暫時尚不能暢銷也，

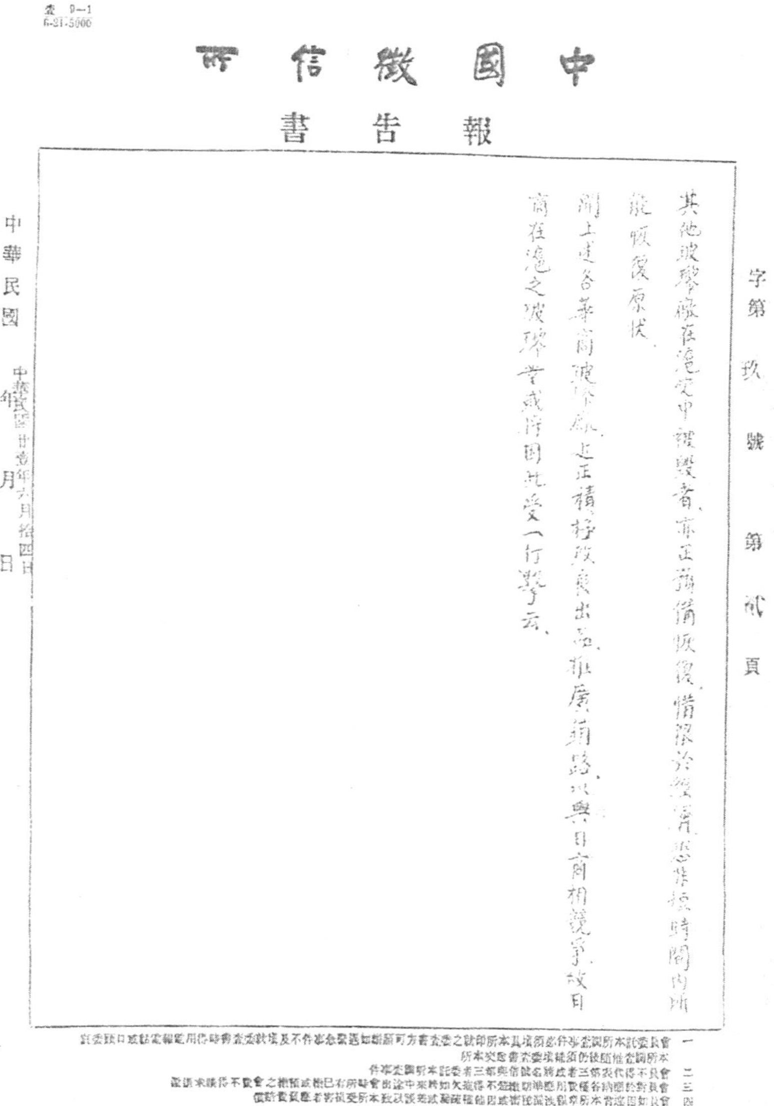

中國徵信所
報告書

字第玖號 第貳頁

其他玻璃廠在滬受中[illegible]毀者，亦正籌備恢復，惜限於經濟，恐非短時間內所能恢復原狀。

聞上述各華商玻璃廠，近正積極改良出品，推廣銷路，以與日商相競爭，故日商在滬之玻璃業或將因此受一打擊云。

中華民國廿壹年六月拾四日

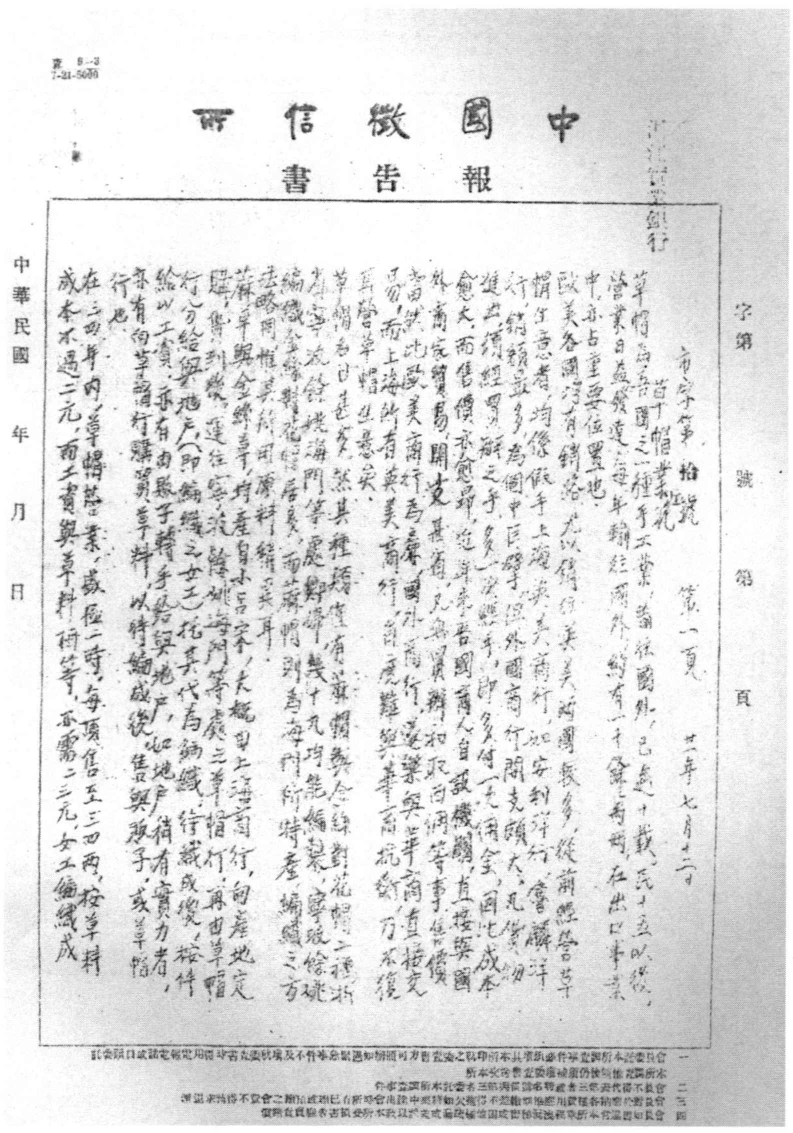

中國徵信所
報告書

市字第拾號 草帽業況　第一頁　廿一年七月十二日

草帽為吾國之一種手工業，當往國外，已逾十載，民十五以後，營業日益發達，每年輸往國外，約有一千餘萬兩，在出口事業中，亦占重要位置也。

歐美各國均有銷路，尤以銷往英美兩國最多，從前經營草帽出口業者，均係假手上海洋莊商行，如安利洋行、會隆洋行，銷額最多，為個中巨擘，但外國商行開支頗大，凡貨物經其手，須經買辦之手，多一次經手，即多付一分佣金，因此成本愈大，而售價亦愈昂，近年來吾國商人自設機關，直接與國外商家貿易，開支甚省，凡與買辦和取回佣等事，售價當然比歐美商行為廉，國外商行，遂樂與華商直接交易，而上海所有英美商行，竟處難與華商抗衡，乃不復再營草帽出口意矣。

草帽名目甚多，然其種類僅有蔴草帽與金絲草花帽二種，浙省寧波、餘姚、海門等處，鄉婦幾十九均能編製，寧波、餘姚編織金絲草花帽居多，而蔴草帽則為海門所特產，編織之方法略同，惟其所用原料稍異耳。

蔴草與金絲草，均產自小呂宋，大概由上海商行，向產地定購，然後運往寧波、餘姚、海門等處之草帽行，再由草帽行分給與地戶（即編織之女工）代其代為編織，待織成後，按件給以工資，亦有由縣子轉手給與地戶，如地戶稍有資力者，亦有向草蓆行購買草料，以待編成後售與販子，或草帽行也。

在三四年內，草帽營業，盛極一時，每頂售至三四兩，按草料成本不過二元，而工資與草料兩等，亦需二三元，女工編織成

中華民國　年　月　日

公 9-1
C-21-5000

中國徵信所

報告書

字第　　號　第　　頁

（第二頁）

帽子行業亦不同，且較便者，至多每年能織成一帽，約十[illegible]

六七角之工資，在鄉僻之區，竟有如許高價之工資，當然較為

特別，[illegible]故[illegible]餘姚澤門等處婦女，平常均以

編織草帽為一種副業也。

織成之帽以後，即有販子前來收買，或由地户直接售與當地之

草帽行，再由販子或草帽行運寧上海，向上海之草帽商兜售，

在滬草帽商，自無在寧波餘姚產地，自己設立草帽工場，此係

諺謂門面之說，求其事實，其中較有資力者，僅在產地設

立莊口收買耳。

草帽一向專銷與國外商行業者，每年只有半年生意，十月

以後開始營業，至翌年四月止，四月以後，須兼他業，如當時國外

有急需要，然亦購買物，則亦為偶然之事，數量有限，且亦不

能得善價也。

自民國十三年以後，草帽營業，日盛一日，凡經營草帽出口之

商家，無不大獲其利，但盛極必衰，去年草帽生意，竟一落

千丈，售價亦日漸跌落，金絲草帽每頂自三兩外，逐步

跌落，直跌至一兩二三錢，目下當令之時，價格更跌，後跌至一兩

左右，而萊陽麥帽價目，每頂自二兩左右，跌至一兩左右，現在

又跌進一兩大關，僅值七八錢而已，跌價如此之速，殊為罕見也。

據草帽商云，去年草帽營業之衰落，蓋亦有故，第一因外國失

業人數之增多，社會經濟之恐慌，對于購買此項奢侈品之

力求節省，因此草帽銷路，不免呆滯，然國內存貨，則又甚多，

自上海草帽商起，至產地之地户，無不均有存貨，供過於求，

價當然低落，吾國經營草帽者，乃大起恐慌，存貨愈多者，希

望其存貨早日脫售，乃不得不貶價出售，以濟需要，至斯

中華民國　　年　　月　　日

公 9-3
C-21-5000

中國徵信所

報告書

字第　　號　第　　頁

（第三頁）

草帽營業之衰落，幾於不可收拾，如餘姚草帽公司，已虧三[illegible]，傳

去年同業之中，尚有其[illegible]者，如[illegible]

繼良，其實力向不充足，但仍採用一種貶跌方法，一面提高

價格，向販子或地户收買，而給以半月或一月之長票，一面向

國外商行拋售，又故意抑價，售出時外國商行收取之貨

款，以付還販子或地户之借欠，往往草帽方面興盛之時，尚

未暴露其不良行為，然在本年市面衰落之時，遂致窮

乏見，至去年十一月間，乃即倒閉，傳其亦逃往[illegible]，據說倒

欠有二十餘萬兩之鉅，全賴京以前[illegible]興盛，無從探

其內容之虛實，以再[illegible]較其[illegible]者，頗多云云。

餘姚草帽公司，既已倒閉，然同業中之其[illegible]焉，尚未受波及，據

其同業云，華利達出口行，內容亦不能實，如有與該行往

來者，宜稍留心為佳。

照目下草帽之市價，目西已跌至最小限度，即以蓆帽而

論，市價僅售一元，除去首料成本六角外，所餘僅有四角，

如女工編織，四日能成一帽，平均每日所得工資，只有一角而已，

不如用當地所產之蓆草編織較粗之草帽，則草料成本

僅有銅元二枚，每織一頂，可得銅元十八枚，如織此種粗貨，

每日編成四五頂，亦不費力，故該處之女工，現在均改

編粗貨，而向來所織之蓆帽金絲帽，均已無人編織矣。

草帽自去年起，既逐步跌價，而製帽所用之金絲草等原料，

亦因之而逐漸減跌，如在以前每公斤（約重二磅二）值洋六元

左右，去年起，逐步跌價，到現在竟跌至一元五六角，據云照

目前價格，僅敷工人之工資，[illegible]已跌至最低限度，如再往下

跌落，實可[illegible]，亦不願再加[illegible]而餘生[illegible]矣。

中華民國　　年　　月　　日

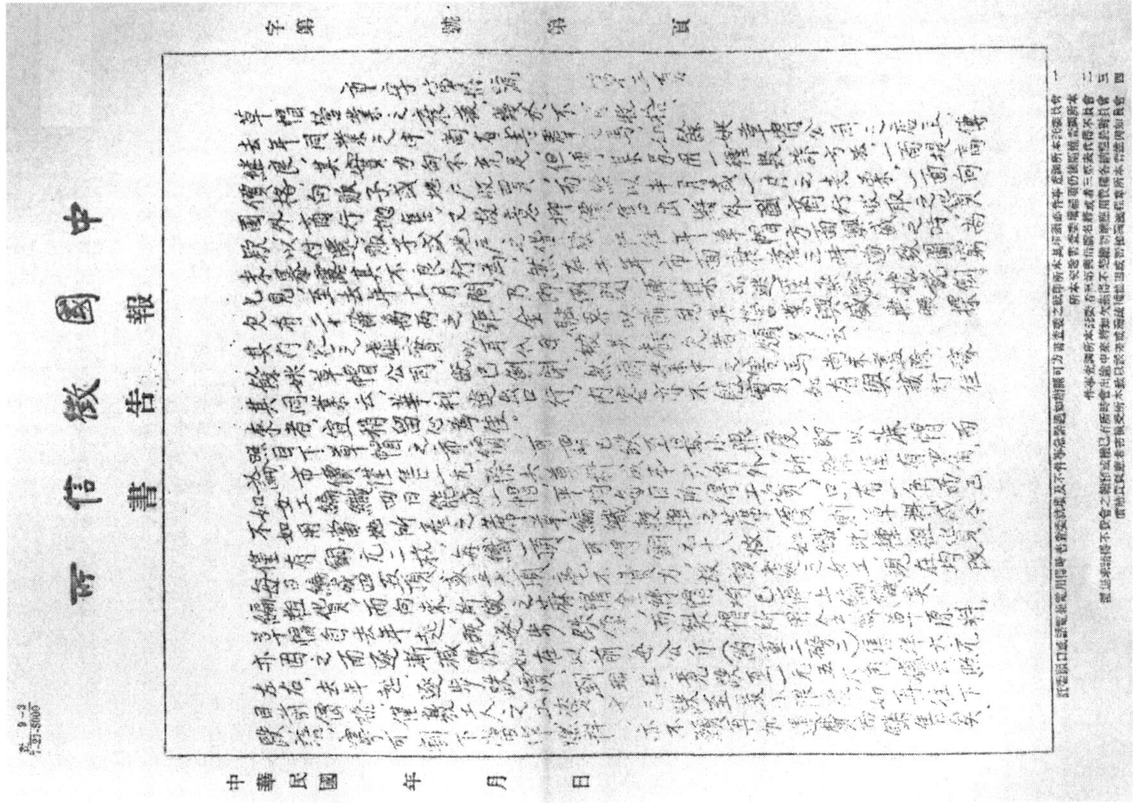

查 9—3
7-21-5000

中國徵信所

報告書

浙江實業銀行

市第拾壹號　　第一頁　　廿一年七月十三日

毛冷業狀況

毛冷市面、近況殊不見佳、經營毛冷者、大為注重外埠批發、其中向以天津、北平、遼寧、四川、等處為最大、其次則為漢口、廈門、汕頭、綏遠、南昌、洛陽、及浙江之杭嘉湖各處、往年此時、遠處如四川、遼寧、天津等處、已將開始採辦、但今年市面慘敗、毫無生色、[illegible]自滬變以來、懾於日人勢力之下、市面衰落、迄未恢復、去年天津方面、以一百數十碼買去貨物、尚有大多數積存、現因市價低跌、不得不忍痛出售、恐一時尚無添辦新貨之意、惟內地成都方面、稍有銷路、然其數目有限、恐不及往年半數、照向來習慣、如成交之後、大概給以二個月到期、在今年經濟緊急之時、非有實力之商店、莫[illegible]不敢賒賬也、漢口、廈門、汕頭等處、距離上海較近、故銷貨時間、亦略見遲緩、廈門、汕頭至早尚須在二個月以後、往來訂貨、今年共產黨占據漳州、蘇浙地方、影響[illegible]門市面甚大、恐[illegible]門一廠生意、亦不及往年之盛況、至於本街生意、向來銷與毛織物工廠為多、近來貨本雄厚之大工廠、富有實力、可以直接向洋行定貨、固[illegible]須轉向毛冷商轉買[illegible]、如該小工廠、日下款況甚[illegible]、[illegible]、亦係購買能力、因小工廠出品、專托[illegible]貨字號銷售、而[illegible]貨商[illegible]資本有限、向以錢莊放款為後援、今年因銀根奇緊、錢莊不肯調融放款、以致[illegible]資方面、[illegible]受困難、殊

（下接第二頁）

中華民國　年　月　日　　字第　號　第　頁

查 9—3
7-21-5000

中國徵信所

報告書

市字第拾號　　第四頁

近來小呂宋方面，聞說所有存貨，已經出清，而吾國餘姚、寧波等處女工，又不願再編織草帽，將來存貨，定感缺乏，至下半年草帽上市時，其價格或能回高，故已將所有菲草金絲草一切貨價提高，近日來已比較以前漲起二三角（每打之價），據草帽商觀察，去年經營草帽者，可謂最蕭條之時代，其營業額比較往年大減，然雖其輸出草帽之數額，則較往年並無出入，自草帽行起，直至產地之地户止，所有存貨，都已經（在上海）售罄，而市價亦已跌至無可再跌之最小限度，今年下半年草帽市面，是否可以恢復至以前狀況，或因缺貨，而反變為極盛旺之現象，現在不能預料，但各草帽商去年經受極大打擊之後，無不十分謹慎從事，將來營業，定能平穩，過去决不至再有如去年之風浪也。

照目前經營草帽之商行，為數不多，茲擇列如下：

名稱	地址	經理	以前營業額	去年營業額
坤和		不詳	不詳	
盈豐行	福州路九號	馬仲達	一百數十萬	六七十萬兩
滙利公司	江西路	武五候	一百萬兩	六七十萬兩
滙泰行	北京路七四號	楊文林	一百數十萬	七十萬兩左右
聯和行			不詳	

以上數家，其營業範圍較大，且其資力亦頗充足。

中華民國　年　月　日　　字第　號　第　頁

中國徵信所

報告書

字第　號第　頁

滬錢業、蠶絲業狀況

第一頁　廿一年七月十三日

據稱、錢業、手工業、蠶絲業為發達貨物必需之品、絲用係繅絲、銷路亦廣、上海一埠、全年究有若干生意、無確實統計、推以同業觀察、至少當在五六百萬兩以上、或至一千萬兩不足也、上海錢業、所有大小商店、共計二百餘家、亦有大同行小同行之區別、凡有實力能向絲行定貨、或直接與行家交易者、乃為大同行、除其他不多、茲開列於下、

永昌泰　恆盛泰　順泰　成泰　協與太　祥源　盛泰　協興永　協裕泰

大成泰　恆豐泰　合興　協成泰　祥和泰

至於小同行、僅為其營業、圖其大營業、範圍不大、僅能向內地行家收買、而營業同行而已、其範圍較大者、所費資本、亟少、須二三萬兩、與絲字號行之資本相等、而小同行則其所需資本亟不一、如係修理蠶繭之小店、其所需資本、僅須數百元而已、

為錢業亦有公共所設立之公所、其公所在大東門育材學校隔壁弄內、成立年代已久、而在各店服務之工友、另有團體組織、即永錦會是也、現今已有會員、領袖者乃順泰成店主席子功、協裕泰主人顧友君二人、總工人所訂行規、乃限制收領學徒、及限制自十三歲至十八歲為止、如有違反定章者、處罰云、

蠶絲種類不一、分絲線、鹽線、白絲、斜紋等、以絲線為最佳、售價

中華民國　年　月　日

中國徵信所

報告書

字第　號第　頁

第二頁

無力量繼續貨物、不得已、擬將其存貨出售、而外埠銷路、又不暢動、因此團貨字號營業、十分清淡、間接影響及於小工業甚大、戚小工廠停業者、現已不少云、

毛冷商目擊市面日漸衰落、紛紛恐慌、凡有存貨者、急欲脫售出、故毛冷在貨價、比去年已跌去百分之十至百分之二十、殷在一二月以內、各路市面、再不活動、貨價將愈見低落、去年向各絲行所做定貨、雖比往年減少、但在七八月間之定貨陸續可以到埠、將來市上存貨愈多、貨價將更見低落、毛冷商將大受影響云、

據云、吾國毛冷商所定貨物、恐下半年市面一不起色、紛紛定貨、行家要求將去年所定貨物、本年內交一半、來年再交一半、至明年再裝、而外國毛冷商、因時局所定貨、已約不及、已由工部局裝半數、亦有已經裝船運來、如欲定裝半數、已到埠者、可以繳決、所有定貨照其所訂合同、全數運華、貨物、亦可以繳、半數貨物報關繳付關稅、當時華商關稅漲、不料貨到以後、至今多數均未報關、繳納稅云、

中華民國　年　月　日

表 9-3
7-21-5000

中國徵信所

報告書

字第　　號　第　　頁

第二頁

亦較大、而各種蔴袋之中、又有新舊區別、舊袋分一號二號三號三種、其等級乃視所用之次數而定、如係用過一次、蔴袋上已印過一次嘜頭、故又名單嘜、第二次將蔴袋反轉、在其背面又蓋印一次嘜頭、乃又取名雙嘜、倘用過一二次、則其物質、似稍疲軟、同業中即列爲三號、其別名乃稱中關袋、

蔴袋均產於印度喀而喀太、袋商如欲定購新貨、大概向洋行購買、然上海洋行經營蔴袋生意者、寥寥無幾、僅安利泰豐德威等數行而已、此外亦有向上海日人所設立蔴袋廠購買、同業中稱之爲本廠貨者、其所用原料、仍係向印度買來、因印度所產之蔴、非其他所能及、據云、以前吾國曾向印度購種子、試種、所產之蔴、仍不適用、因印度與吾國氣候不同、故此項蔴種、不適宜於吾國各地也、

至於蔴袋之銷路、不論本街內地香港汕頭及長江各地、均有收買、現在市上所用之蔴袋、當以糖居多數、而新疆僅占全數所用四分之一耳、凡用蔴袋之貨品甚多、如什糧鹽水泥糖及水菓蔬菜等什貨是也、其中尤以糧食與鹽二項、需要之數尤多、當蔬菜運時、需用何種蔴袋、當視所裝載之貨物及路程之遠近而定、亦不能預定也、如鹽與糖所裝、均須一號袋、路程較近者即用二號、三號亦不妨、總之銷路、以北方爲最大、如青島大連營口等處、所需蔴袋甚多、故其需用從前以北方廣、但近來北方銷路已被日商三井洋行一家壟斷、故洋行直接向香港定購之後、即裝船運往北方各埠、因之蔴袋商大受打擊、現在北方蔴袋有時亦來上海採辦、但係另星少數交易、若與以前比較、不啻有天壤之別矣、

中華民國　　年　　月　　日

表 9-3
7-21-5000

中國徵信所

報告書

字第　　號　第　　頁

第三頁

現今銷路、除本街糧食商水泥廠之外、又銷往外埠漢口南京高郵海州及津浦線徐州開封等處、其採辦貨色、種類各不相同、須視各地之需要、而有區別、但近年營業、已不及往年盛旺、今年受戰事影響、百業停頓、糧食市面又極消淡、因之上海市上蔴袋、存貨堆積、而其價格亦逐步跌落、茲將現今市價與去年所售價格比較如下、

新貨

綠線、每只重二磅　去年售每千只六百五十兩現在無市

藍線、每只重二磅二五　無市

白線、每只重二磅二五　無市

斜紋、每只重二磅七五　無市

舊貨（一號單嘜即標準）

綠線、去年每千售三百九十兩　現跌至二百五十兩

藍線、去年每千售二百四十兩　現跌至一百四十兩

白線、去年每千售二百四十兩　現跌至一百五十兩

斜紋、去年每千售三百九十兩　現跌至二百四五十兩

照上表而論、目下貨價、比去年跌落三分之一、且無大宗生意、蔴袋業狀況、十分消淡、與前二年比較、大不相同矣、

蔴袋業中、實力最大者、如下列數家、

永昌泰、二十萬兩左右　協興泰、五萬兩左右　合興、五萬以下

恆隆泰、十萬兩左右　協裕泰、七八萬兩左右

今年因受戰事影響、周轉不靈、因而停業者、有恆豐、祥和泰二家、但收歇以後、對於上項均已還清、並無拖欠云、

據蔴業中人云、近來生意、比較以前簡陋、從前向廠家收貨時、（廠家即縫袋商碾米廠油漆等處）以廠家對於蔴袋情形、不甚明瞭、往往將各貨、混在一處、且袋價亦殊便宜、但現在已甚明瞭、蔴袋商難以對付、且近年來洋米輸入、日見增加、將來銷

中華民國　　年　　月　　日

書 9-3
7-21-5000

中國徵信所

報告書

市字第 十五 號 第 頁

上海市典業狀況　第 號　第一頁　廿一年七月十五日

查典業定章、凡典當、在未開設以前、須有三家以上同業聯保、方可開設、上海全市當舖、共計有七百家之多、具有上項資格者計一百另二家、其業名曰當、次則押店耳、此一百另二家中、又有新老商行之分、所謂老同行者、計有五十餘家、皆遵照合法手續、向官廳登記、擔負一切繳納稅率、統加入上海市當業同業公會、取得會員資格、新同行者、則多開設於租界、向工部局登記納捐、未經向內地官廳辦有登記手續、因此未得同業公會會員資格、於是乃自行組織當業公會、為同業辦事總機關、現請上海市當業同業公會主席、總傅佐衡君（本幫）當業公會主席為歸仲蘇君、（福裕）其他若周瑞芝、駱耀奎、胡泰生、濮儀三等、均係該業中著有聲望之人也、上海市社會局規定典當登記法、分甲、乙、丙、丁、四種、以資本額之大小為標準、凡資本額在二十萬圓以上者為甲種、十萬圓以上者為乙種、五萬元以上者為丙種、三萬元以上者為丁種、登記後、給予登記證、該項證書可適用至廿年、其登記費之征收、亦分四百元、三百元、二百五十元、二百元四等、現在上海當舖資本、無論新老同行、皆在十萬圓左右、然其呈報官廳登記時、大都填報資本額五六萬或三四萬、然登記之後、必須繳納當業捐、此項營業捐數目之大小、亦以資本額之大小為標準、（今之當業捐即往日之典稅、日後營業稅實行、此項營業捐取消）、大致丙等典商年納一百廿元、丁等年納一百元、現減為八成、甲乙丙等當照此遞加、而地居租界者、遂從租界工部局當濟營從徐、其稅率以當出經萬圓、月納廿圓、無論新老同行、共遵定章、一律以十八個月為滿贖期、月放五天、月取利息一分八釐、至一分

中華民國　年　月　日

書 9-3
7-21-5000

中國徵信所

報告書

字第 號 第 頁

第 號　第四頁

去之後、所有當贖錢、積聚更多、而其銷路反不通暢、供過於求、故其市面、乃愈見衰落也、

中華民國　年　月　日

中國徵信所

報告書

字第　　號　　第　　頁

第　　號　　第二頁

六釐、往昔凡屬當舖、均係二分起息、自國民黨主政後、黨綱載明、息金一項、不得超過百分之二、於是當息多改爲一分八釐矣、此年以來、又以同業競爭激烈、凡當戶合件滿洋百圓以上者、可要求減低息金、殊屬競爭營業計、非此不足廣招徠也、五十年前、上海浙典業者、各當所用須所獨佔、近來則按照（亦名山帶一福帶、事（俗稱押店）物本微、亦各有其相當地位矣、今之所謂新同行者、潮帮實居領袖地位、現查上海當舖之獨資開設者、十不得一、惟貝勒路口之永達、綜州貝、雖所謂潮州路之源來、首推北泮路之著康、開、此外竟不多覯、老西門之金、其中資本較大、營業較盛者、首推、其餘本資在二十萬圓以上、僅均係合股關設云、較以上海當業、現在之當件而論、以衣服居第一、首飾次之、用具本器又次之、金屬器物、年來典質甚多、自金價貴後、物繁雜人持往與質矣、然舊式當舖、年來營業、似非昔比、往時當鋪主人、資本不但須具有殷實資產、尚須有相當聲望、故凡開張之時、須官廳存案、當之一業、原爲濟貧之用、非專爲牟利計也、先前有十萬以上、若干當舖爲公款之一、此款本屬全上海當舖公款、自甲子年江浙齊盧交戰、若干當舖均分之、此款名義暫蘇省籌款條、自甲子年始、當籌公款此、民國元年至十三年、上海當業與盛時代、此小當押店相繼開設、物件有資、至十三年、上海當舖中之消減公款、遇此往往會當而押、因此典業存歇、其業時局較長、平民感其便利、往往會當押、鳳鶴頻驚、此戰爭迭起、國內戰爭迭起、

中華民國　　年　　月　　日

字第　　號　　第　　頁

第　　號　　第三頁

加以匪徒盜竊、工潮擾亂、而盜劫綁票、復層出不窮、當舖主者、本懾守舊一派、經此紛擾、益不心存畏懼、若非爲維繫鄉友生計、開辦關係、早已相繼閉歇矣、當舖當件、既以衣服爲最多、此年八民服裝、日新月異、而上海尤甚、時尚一遷、往往十不值二三、年來當舖當期之貨、多被低本、且不若押店之較能繼也、激押店當期十八個月、衣服等類、雖有六個月時期、尚不致十分過時、且取息較大、營業自由、當舖不能安枕矣、取締押店之議、迄未實行、有此種種原因、已足使典商不能安枕矣、細察當與內容、當業收入、止一分八釐、而其中須付去捐稅二釐、營業開支、約計當四釐、除支定準歸另款取一月存放、五天約年餘、房金保險費、新本合計開支約六釐、如放有存戶者、該存款即使按月六釐起息、合計更從一分九釐矣、且上海當舖中、當舖現金收存款、千元爲限、此項息金、保屬史實、有往時來存儲行、十九家收存、年息大都六釐、人民儲金、往往以存入當舖爲可靠、上海當舖中存戶最多者、額有至一二十萬圓、少者亦有十萬八萬不等、故上海市之典商、用鉅額金錢往往以存入當舖、即有往來存戶、而非欠戶、此上海一般金融家所深知也、

中華民國　　年　　月　　日

480

中國徵信所

報告書

市字第　拾陸　號　第　一　頁

上海棉布業狀況

[illegible]

茲將該業營業狀況分別探誌於左

中華民國　年　月　日

中國徵信所

報告書

字第　號　第　頁

市字第十六號　第二頁

上海棉布商號約有下列數種

一、精客字號 [illegible]

(二)定貨字號 [illegible]

中華民國　年　月　日

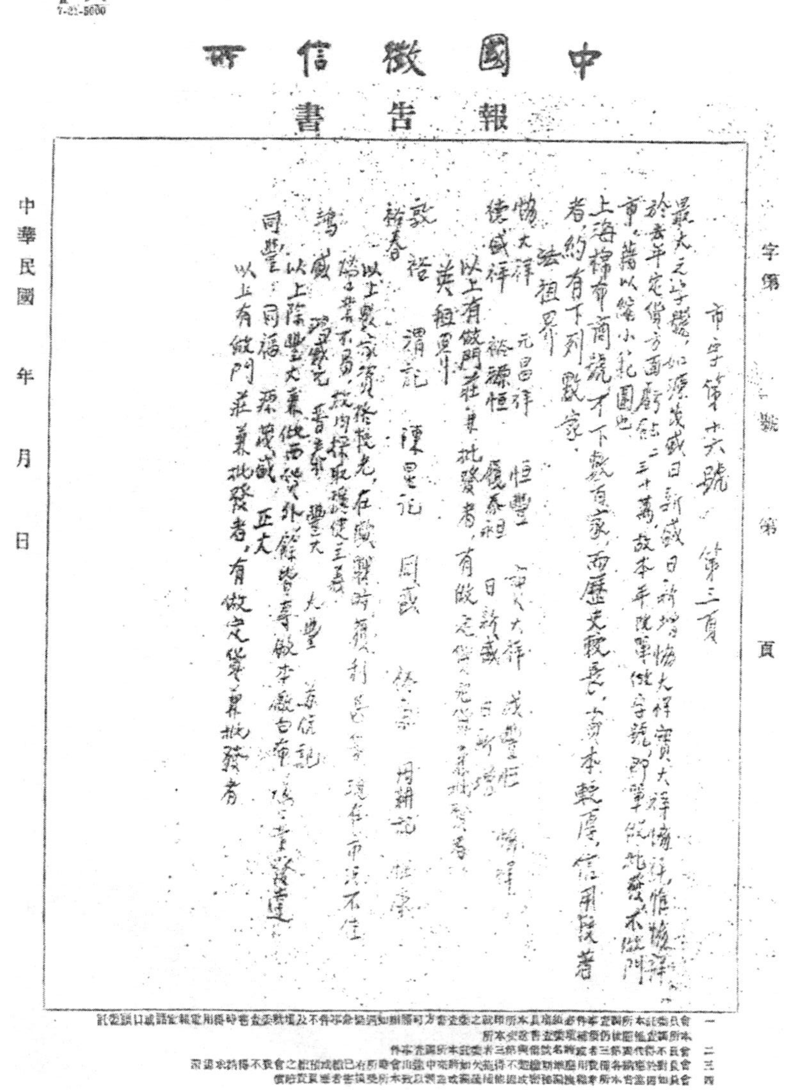
中國徵信所
報告書
字第　號　第　頁

市字第十六號　第三頁

最大之字號，如源茂盛、鼎日新、鼎日新增、協大祥、寶大祥、協祥，惟協祥於去年定貨方面虧蝕二三十萬，故本年改單做字號，即單做批發，不做門市，當以縮小範圍也。

上海棉布商號不下數百家，而歷史較長，資本較厚，信用頗著者，約有下列數家：

法租界

協大祥　元昌祥　恒豐　寶大祥　成豐恒

德盛祥　裕源恒　嚴泰和　日新盛　日新增　協祥

以上有做門莊兼批發者，有做定貨兼批發者。

英租界

敦裕　裕春　謂記　陳星記　同茂　[illegible]　丹耕記　[illegible]

以上數家資格較老，在從前戰時獲利甚[illegible]，現在市況不佳，[illegible]業不景，故均採取積極[illegible]主義。

鴻盛　瑞豐元　晋泰　豐大　大豐　華信記

以上除豐大兼做西貨外，餘皆專做本廠白布，[illegible]

同豐　同福　源盛　正大

以上有做門莊兼批發者，有做定貨兼批發者

中華民國　年　月　日

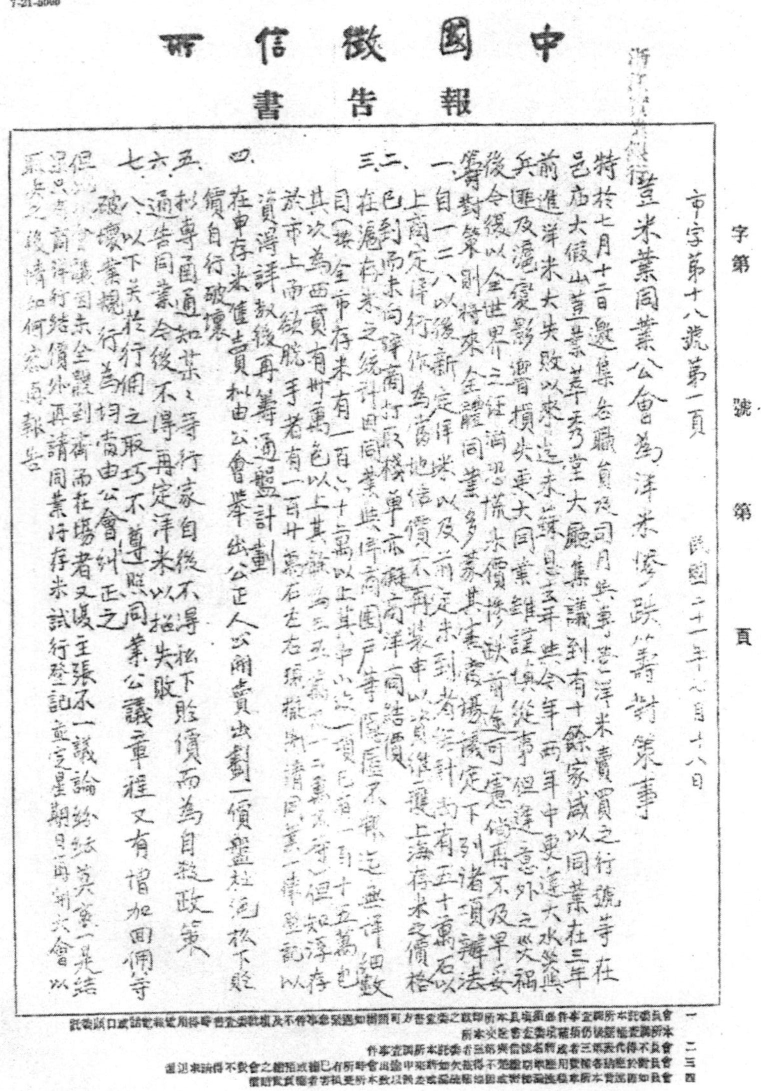
中國徵信所
報告書
字第　號　第　頁

市字第十八號第一頁　民國二十一年七月十八日

豈米業同業公會為洋米慘跌籌對策事

特於七月十二日邀集各職員及同業共籌善後。洋米賣買之行號等在邑廟大假山萃秀堂大廳集議，到有十餘家，咸以同業在三年前進洋米大失敗以來，迄未蘇息。去年與今年兩年中更遭大水災與兵匪及滬變影響，損失更大。同業雖謹慎從事，但遭意外之巨大禍後，令後以全世界之經濟恐慌，米價慘跌，前途可慮，倘再不及早妥籌對策，則將來全體同業多蒙其害。當場議定下列諸項辦法：

一、自一二八以後，新定洋米以及前定未到者，統計尚有五十萬石，以上商定洋行作為當地信價，不再裝申，以資維護上海存米之價格。

二、已到而未向洋商打取棧單，亦擬向洋商同結價。

三、在滬存米之統計，由同業與洋商團戶等隱匿不報，迄無詳細數目（據全市存米有一百六十萬以上，其中小洋米一項已有一百十五萬包）。其次為西貢有卅萬包以上，其餘為三亞、暹羅等一二萬包。但知浮存於市上而欲脫手者有一百廿萬石左右，擬請同業一律登記，以資得詳數後，再籌通盤計劃。

四、在申存米，進貨貴賤，由公會舉出公正人，公開貴賤劃一價盤，杜絕私下貶價，自行破壞。

五、私尊面通知業業等行家，自後不得私下貶價而為自殺政策。

六、通告同業，今後不得再定洋米，以招失敗。

七、八以下共於行佣之取巧，不遵照同業公議章程，又有增加回佣等破壞業規行為，均當由公會糾正之。

但[illegible]會議因未全體到齊，而在場者又復主張不一，議論紛紜，莫衷一是，結果只與商洋行結價外，再請同業將存米試行登記，並定星期日再開大會，以取決之。後情如何，容再報告。

中華民國　年　月　日

書 9—3
7-21-5000

中國徵信所
報告書

字第　　號第　　頁

市字第十八號第二頁

按自世界經濟發生恐慌以來我國感受痛苦尤甚昨今兩年之災亂幾使全國工商界實業界以及農村教育瀕於破產且有一部份竟達於萬劫不復之境上海糧業歷史悠久百數十年來從無如目下之困頓今觀該業同業集議情形已可窺其大概景況之艱說去年水災暴發投機者以為米價必將大漲於是紛紛向外洋定貨而後來出於彼等意料之外米價並未上漲而反跌落米商曾一度由社會局出面與金融界接洽商做押款以維持米之信用惟此種空米雖以米商出面而內中頗有投機者附入故商做押款事未有結果云云

中華民國　　年　　月　　日

叢 9—4
7-21-5000

中國徵信所
報告書

浙江實業銀行

字第　　號第　　頁

市字第廿一號　　　第全頁　　　廿一年七月十九日

洋米市面轉變之由來

今日洋米旺銷三萬餘包、滬戰後以來少見之市況、其原因實係行情狂跌後、引起南北滬濮及附近各客幫之競辦、消化一旺、市面立現反動現象、

豆米業昨日在萃秀堂集議後、仍繼續統籌計劃、祗決議向市政府社會局等各機關請願救濟、對於內部決定厲行登記、穀業領袖顧馨一氏、為洋米救濟事、曾向市府當局建議由積穀倉庫出資購買洋米二十萬包、他日以平價售出、其所耗運補金則由米業在米糧上每包派洋五分、俟市價高昂而售得有盈餘時、則此盈餘之款、儲備救荒之需、此議已得各方贊同、不日即有實行說、

中華民國　　年　　月　　日

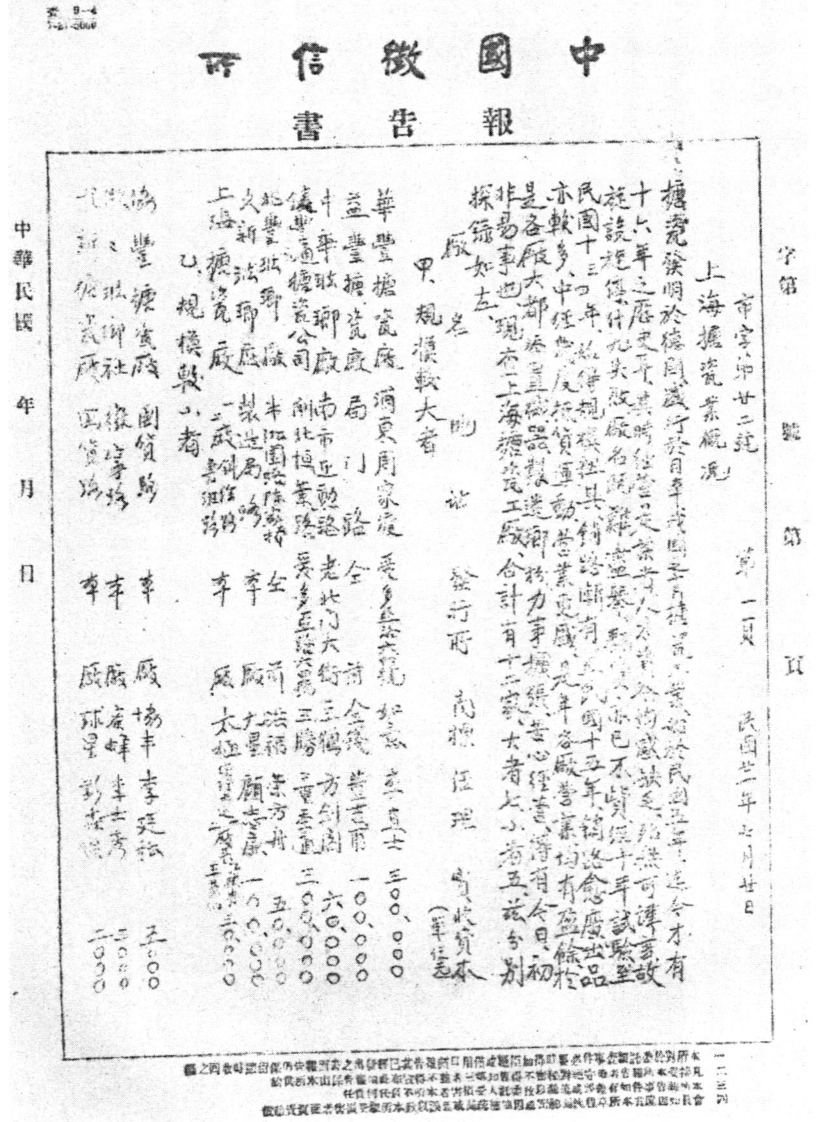

中國徵信所

報告書

上海搪瓷業概況

第一頁

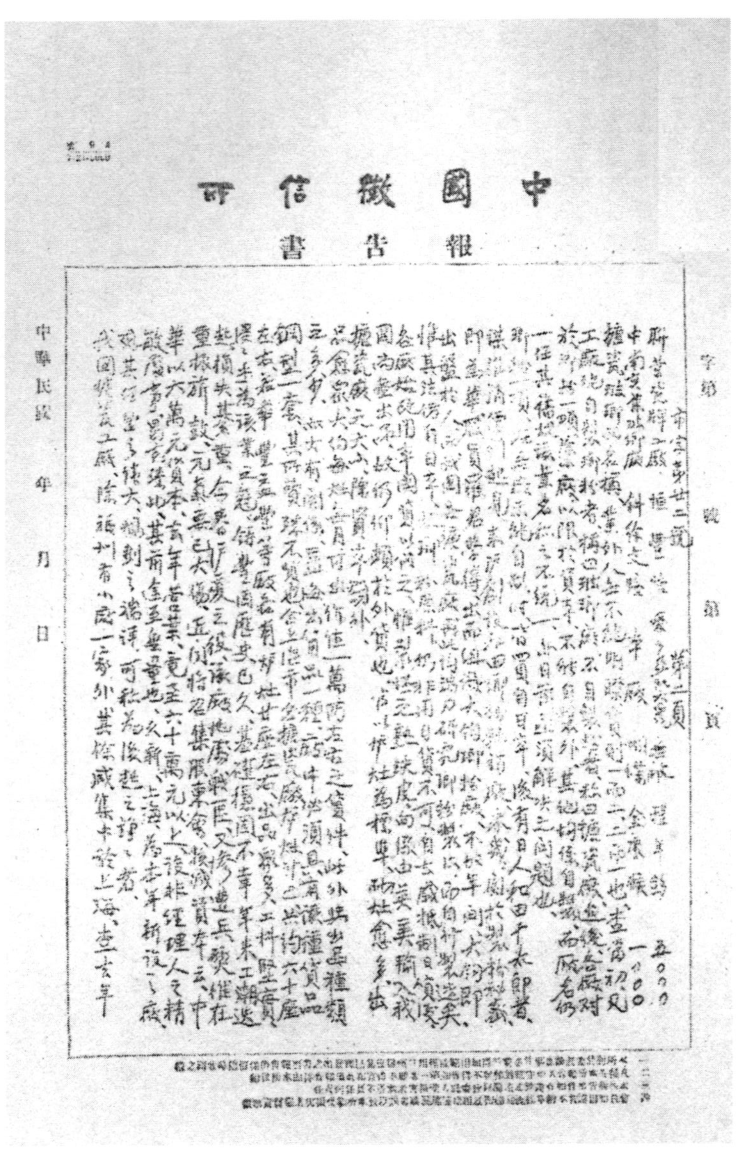

中國徵信所

報告書

第二頁

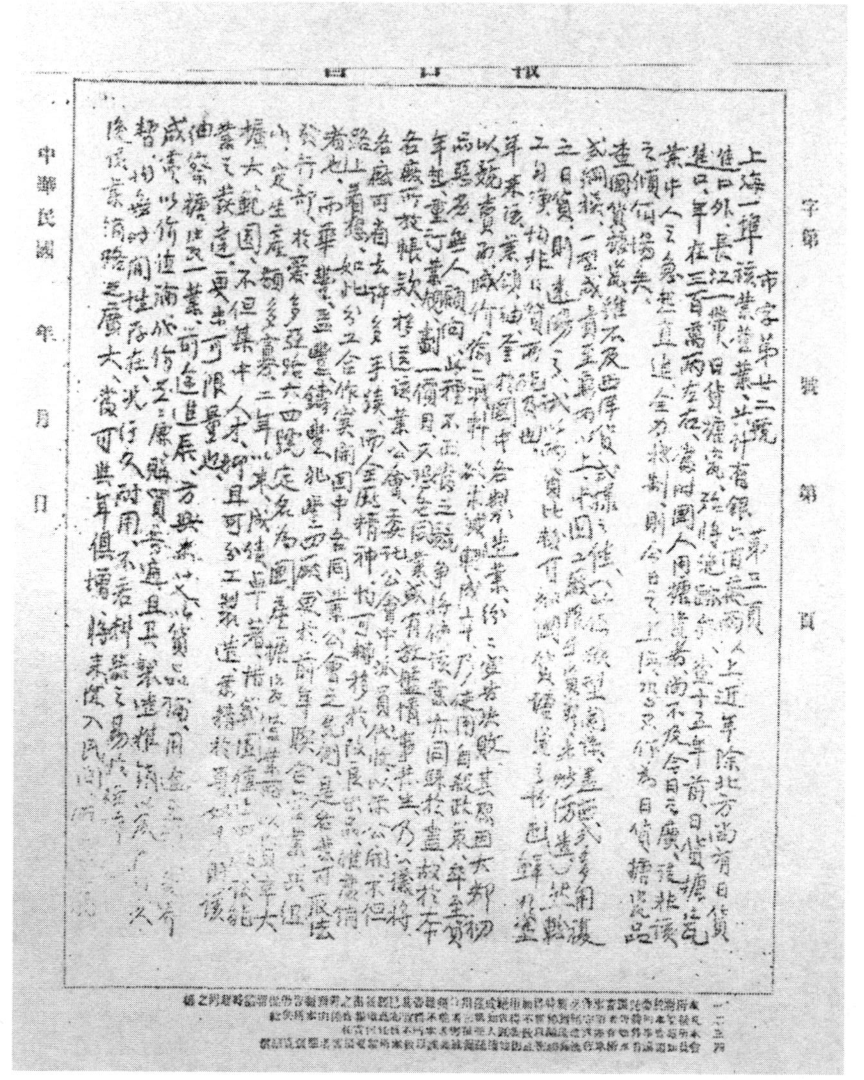
報告書
字第 號 第 頁
中華民國 年 月 日

中國徵信所
報告書
字第 號 第 頁
中華民國 年 月 日

中國徵信所

報告書

市字第廿四號　第一頁　廿二年十一月十一日

美國麥價慘落之面觀，與我國粉麥市況之預測

今年麵粉市價，自降至二兩以內，逐步狂跌，竟小至一兩八錢以內，而新小麥售價，自上月初出新以來，亦無三兩之價格（京滬一帶而言，外埠如無錫等處，則貴不過，見較高之價格也），最高時，復為二兩九錢八分，繼次身骨之船貨，在裏竟小至二兩五錢左右，此種價格，在社會生活程度日高之時，實屬罕見也。查一兩七錢幾分之粉價，為近十餘年所未見，而三兩以內之高牡麥，為亦十五年來所僅見（至於二兩半之麥價，竟為民國紀元以來所未有，聞光緒末年間曾有此價格，距今已逾卅年矣）。

市價慘落之原因甚多，但最重要者，為美麥之跌，與世界經濟不景氣，及國內災亂，與洋粉麥之充塞，均為其主因也。

美麥之慘跌，尤甚於我國。查上月廿五日支加哥電報，近期之麥七月份價四角七分又八分之三（美麥以一英斛為單位，合中國二十五斤，英衡六十磅，價值以美金計），九月份為五角（現在亦見電傳，照例此期貨為低，大約祇在四角四五分間），較之以前紀錄，僅一千八百九十六年春夏間美麥因該國政治財政發生[illegible]

中華民國　年　月　日

中國徵信所

報告書

市字第廿四號　第二頁

情形，價只四角四分，至今已卅七八年，未有此[illegible]之跌矣。

美麥慘落之原因，除一千九百二十九年十一月前後時，歐戰未停，各國均缺糧之故，美麥[illegible]，照刻下低價，乃跌小七分之六，其原因除受世界經濟不景氣之影響外，又為該國及加拿大澳洲存麥太多，消費減少，過剩量之數字增加，有以致之也。（去年世界剩餘小麥之數字為四三、二〇〇、〇〇〇卡脫）

我國粉麥市價已如上述，而美國市況亦復如此，且以世界剩餘小麥數額之鉅，可以預測今年粉麥市況，必無佳況，最低限度可說在最近三個月內，必難有起色（意外之事除外），因今年美麥收穫，[illegible]世界各產麥國收穫，雖一部分經濟學家之推測，以為藏積[illegible]，[illegible]期以事實証之也。但我則以我國內之情況，則[illegible]樂觀，因各銷費區均被洋麵充塞，而洋麥洋粉因世界之過剩，洋商竭其全力而跌價拋賣，日本商人為挽[illegible]其不景氣，更致力於此，試觀近日來華北各區，尤其是天津及東北，遂有洋粉進口，外復有新定大批洋粉，東北與津魯廠家復有洋麥定買，即

中華民國　年　月　日

中國徵信所

報告書

字第　號　第　頁

第三頁

上海各廠所存大批洋麦存在[illegible]新定大幅[illegible]、
中國之粉[illegible]、市場自逐年内戰造成之[illegible]已
特卅多年來[illegible]經營之穩固地盤[illegible]動[illegible]市
價上落必須聽命美坎、販運經營又須仰[illegible]鼻息
民食均仰於廠家原料無[illegible]亦不可[illegible]再如是延長若干
年、則必前功盡棄、或致一敗塗地、言之甚覺悚然不安、
今年因受了戰影響、各業均少生氣、製粉業與[illegible]
當然不能倖免、以目下各廠商情況而論、均無蘇象、其中
根基穩固與特重及[illegible]有特種機會者、均可免於失敗、其
他多少要吃虧一些也、

中華民國　年　月　日

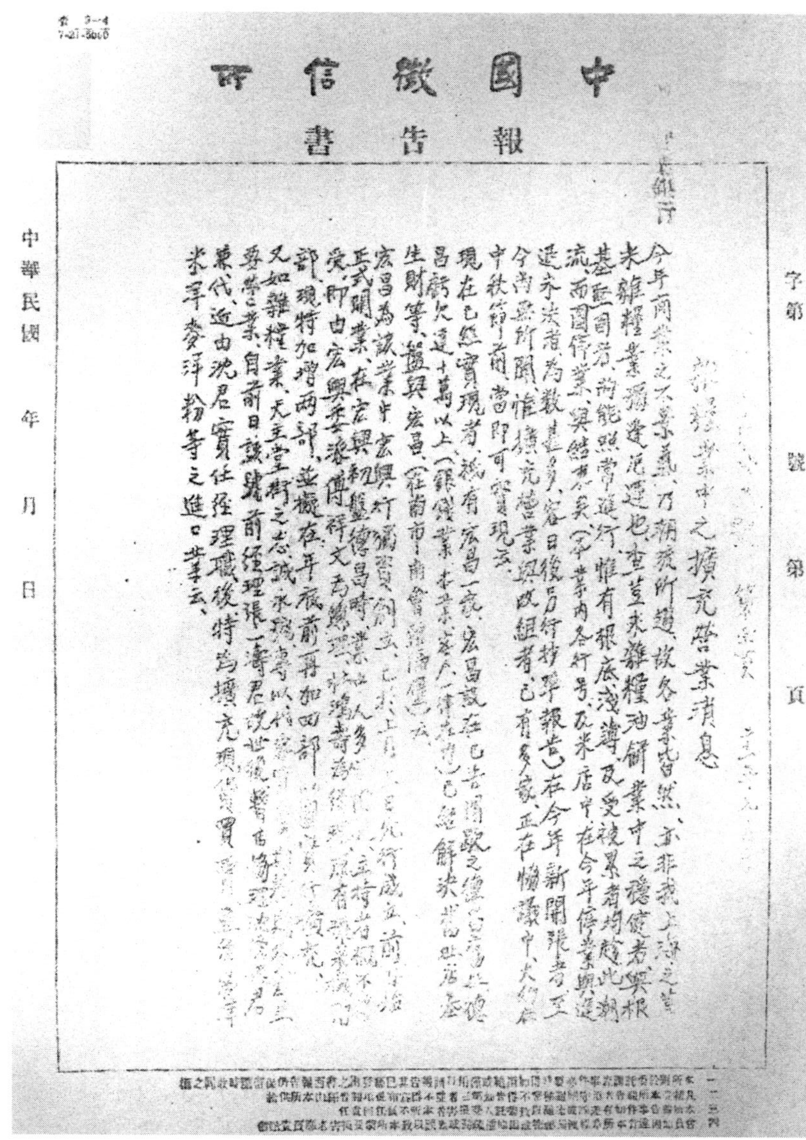

中國徵信所

報告書

字第　號　第　頁

[illegible]銀行

粉[illegible]業中之擴充營業消息

今年因[illegible]之不景氣、乃稍有所遭、故各業皆然、亦非粉[illegible]之[illegible]
米雜糧業獨逢厄運也、查米雜糧油餅業中之穩健者與根
基鞏固者、尚能照常進行、惟有根底淺薄及受積累者均趨此潮
流、而同行業與結束亦多（本業内各行号及米店中在今年停業與遷
進而決者為數甚多、容日後另行抄錄報告）在今年新聞報考至
今所聞、惟擴充營業與改組者已有多家、正在醞釀中、大約於
中秋節前當即可實現云、
現在已經實現者、祇有宏昌一家、宏昌設在[illegible]
昌號欠達十萬以上（銀錢業、本業、客人一律在内）已經解決[illegible]
生財等、盤與宏昌、（在南市[illegible]會館[illegible]）云
宏昌為該業中宏興行獨資開設、已於[illegible]
正式開業、在宏興[illegible]
受、即由宏興委派傅得文為經理[illegible]
部、現特加增兩部、並擬在年底前再加四部[illegible]
又如雜糧業、大豐堂街之志誠永[illegible]
要業、自前日該號前經理張一濤君[illegible]
東代、近由沈君實任經理職後、特為擴充[illegible]
米、洋粉等之進口生意云、

中華民國　年　月　日

中國徵信所 報告書

字第　號　第　頁

市字第二十九號　　第一頁

上海全市洋米存底統計

按三日前本市各報本埠新聞，有「米價步跌之原因」一節，內云「刻下洋米各棧存底有一百五十萬包之多」，又云「小絞米中次者已至九元數角」等情。茲經派員切實調查，結果與事實不符，查洋米自上月下旬步跌以來，雖有一蹶不振之勢，上週跌勢更甚，小絞特別高貨跌至九元，中次者跌至八元七角，此尚係公開價格，至於暗盤，竟有將中次小絞售至八元半左右，此與報載當有一元之差別。

上海洋米存底向無精確之統計，前因該業為維持價格、救濟同業破產起見，一方面向市當局請求收買（即本所報告第十三號所述由市倉收買二三十萬包之舉）一方面著同業試行登記，並由公會中職員與米商代表先至各棧房調查目下之實在存數，此事已於二十日午後調查完畢，但該公會與同業並不宣布其存數，故各報亦不登載，茲經多方探詢，將存底確數，列表如左：

義泰興棧	三一五、四二六包	隆茂棧	二九五、二〇七包
旗昌棧	一一六、七五〇包	招商中棧	八〇、四四四包

中華民國　年　月　日

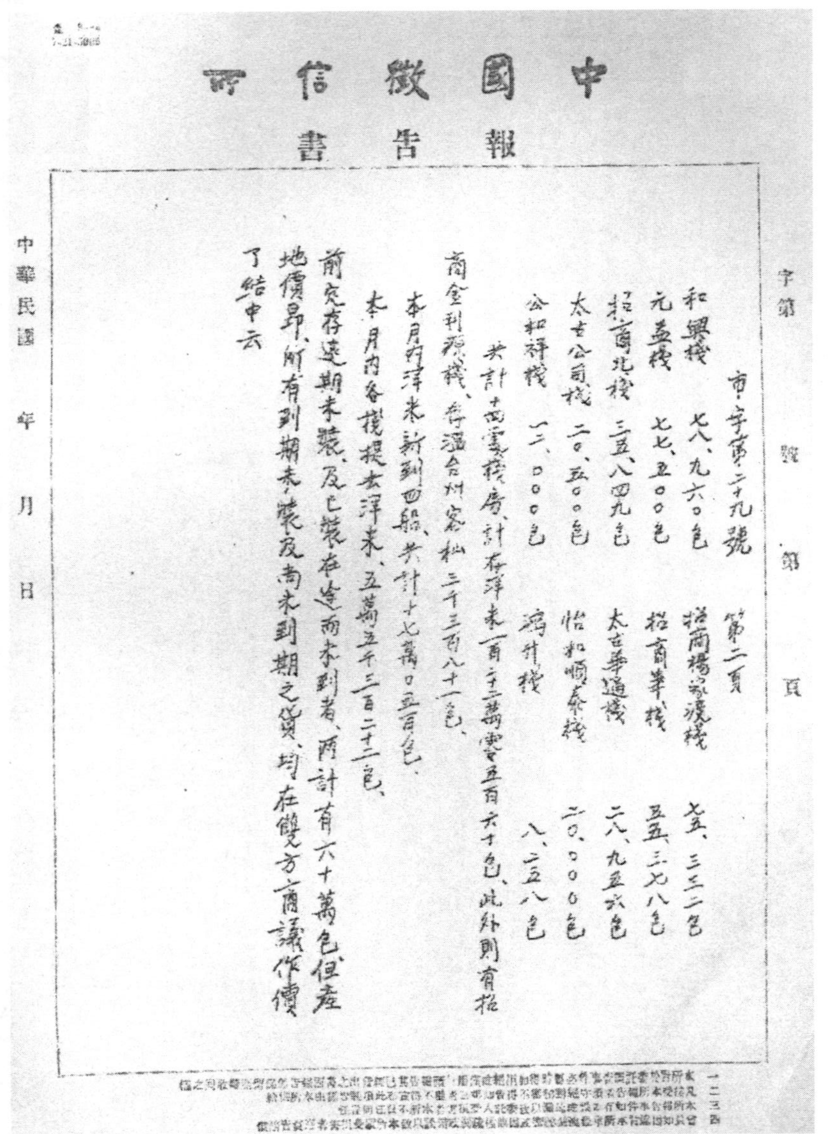

中國徵信所 報告書

字第　號　第　頁

市字第二十九號　　第二頁

和興棧	七八、九六〇包	招商楊家渡棧	七五、三三二包
元益棧	七七、五〇〇包	招商華棧	五五、三七八包
招商北棧	三五、八四九包	太古華通棧	二八、九五六包
太古公司棧	二〇、五〇〇包	怡和順泰棧	二〇、〇〇〇包
公和祥棧	一二、〇〇〇包	鴻升棧	八、二五八包

共計十四處棧房，計存洋米一百十三萬零五百六十包，此外則有招商金利源棧，存滬合州客秈三千三百八十一包。

本月內洋米新到四船，共計十七萬〇五百包。

本月內各棧提去洋米，五萬五千三百二十三包。

前定存遠期米裝，及已裝在途而未到者，兩計有六十萬包，但產地價昂，所有到期未裝及尚未到期之貨，均在雙方商議作價了結中云

中華民國　年　月　日

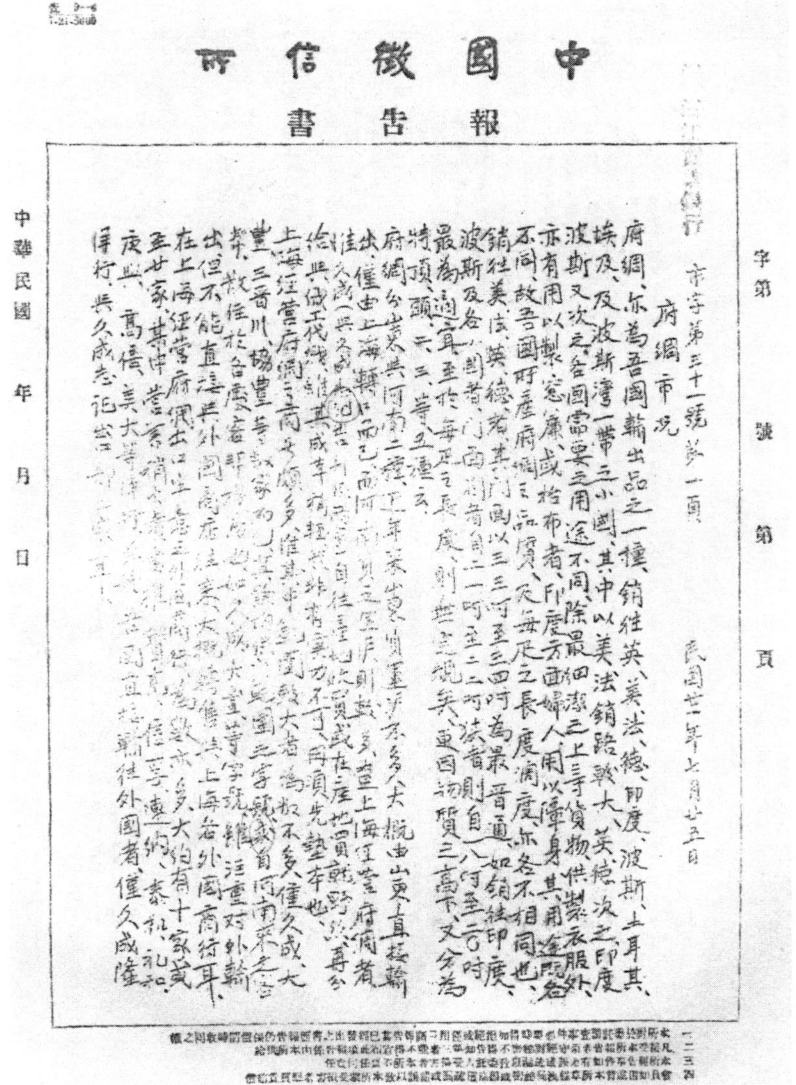

中國徵信所

報告書

字第　　號　第　　頁

市字第三十一號第一頁　　民國廿一年七月廿五日

府綢市況

府綢亦為吾國輸出品之一種，銷往英、美、法、德、印度、波斯、土耳其、埃及、及波斯灣一帶之小國，其中以美法銷路較大，英德次之，印度波斯又次之。各國需要之用途不同，除最細潔之上等貨物供製衣服外，亦有用以製窗簾或枱布者，印度方面婦人用以纏身，其用途既各不同，故吾國所產府綢之品質，及每疋之長度闊度，亦各不相同也。銷往美、法、英、德者，其闊度以三三吋至三四吋為最普通，如銷往印度、波斯及各小國者，闊者自二一吋至二二吋，狹者則自一八吋至二〇吋，最為適宜。至於每疋之長度，則無一定規矣。又因物質之高下，又分為特頂、頭、二、三等五種云。

府綢分山東與河南二種，[illegible]年來山東[illegible]不多，大概由山東直接輸出，僅由上海轉口而已。而河南[illegible]則[illegible]數，查上海經營府綢者往久成（與久成[illegible]）[illegible]自往[illegible]收買，或在產地[illegible]貨[illegible]，然再分給與織工代織，[illegible]成本稍輕，此外有[illegible]力不足，再須先墊本也。上海經營府綢之商號頗多，僅其中[illegible]數大者為數不多，[illegible]僅久成、大豐、三晉川、協豐等數家而已。[illegible]商號首河南來之幫，散住於各處客[illegible]，[illegible]注重對外輸出，但不能直接與外國商店往來，大概[illegible]上海各外國商行耳。在上海經營府綢出口生意之外國商行[illegible]數亦多，大約有十家或至廿家，其中營業[illegible]者，[illegible]連納、泰記、禮和、慶興、高信、美大等洋行，[illegible]輸往外國者，僅久成、隆洋行、與久成[illegible]。

中華民國　　年　　月　　日

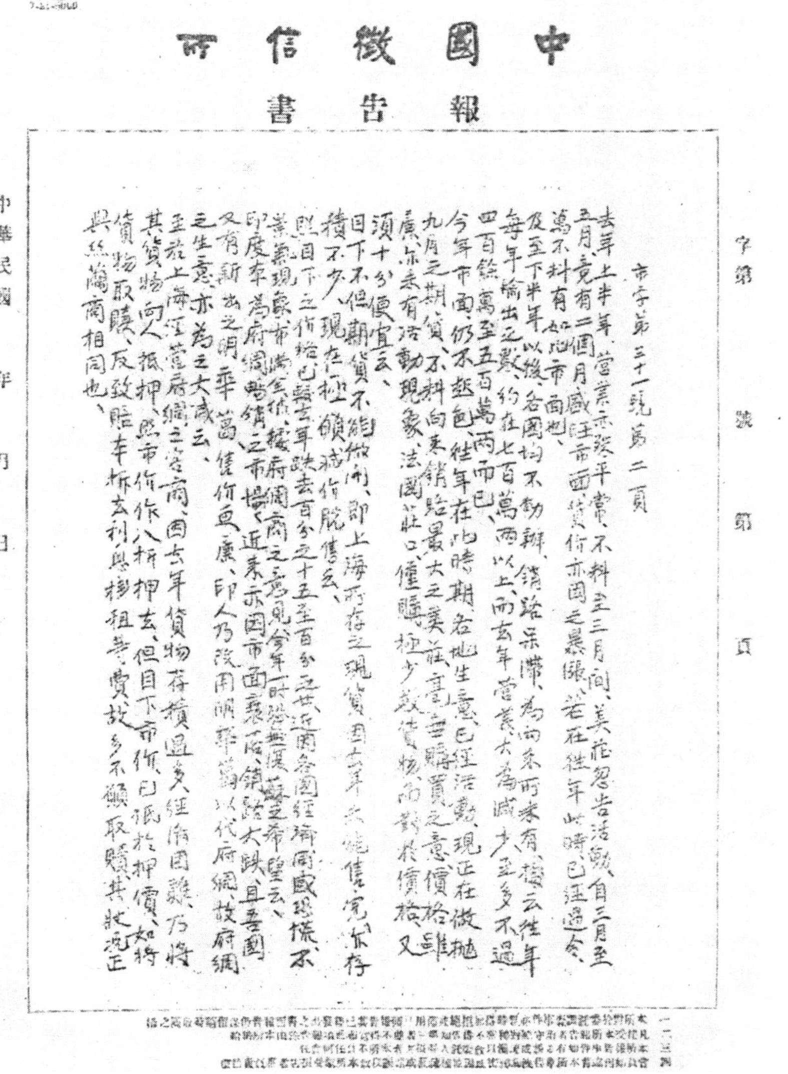

中國徵信所

報告書

字第　　號　第　　頁

市字第三十一號第二頁

去年上半年營業尚屬平常，不料至三月間，美莊忽告活動，自三月至五月竟有二個月盛旺，市面貨價亦因之暴漲，若在往年此時，已經過令，萬不料有如此之市面也。及至下半年以後，各國均不動辦，銷路呆滯，為向來所未有，據云往年每年輸出之數，約在七百萬兩以上，而去年當較大為減少，至多不過四百餘萬至五百萬兩而已。今年市面仍不甚好，往年在此時期，各地生意已經活動，現正在做九月之期貨，不料向來銷路最大之美莊，毫無購買之意，價格雖廉，亦未有活動現象，法國莊口，僅購極少數貨物，而對於價格又須十分便宜云。目下不但期貨不能做開，即上海所存之現貨，因去年未能售完，亦存積不少，現在極願減價脫售云。照目下之價格，已較去年跌去百分之十五至百分之廿，近因各國經濟恐慌，不景氣現象，市場[illegible]，據府綢商之意見，今年一時恐無復蘇之希望云。印度本為府綢暢銷之市場，近來亦因市面蕭條，銷路大跌，且吾國又有新出之明華葛，售價更廉，印人乃改用明華葛以代府綢，故府綢之生意亦為之大減云。至於上海經營府綢之字商，因去年貨物存積過多，經濟困難，乃將其貨物向人抵押，照市價作八折押去，但目下市價已低於押價，如將貨物取贖，反致賠本，折去利息棧租等費，故多不願取贖，其狀況正與絲繭商相同也。

中華民國　　年　　月　　日

中國徵信所

報告書

外商競爭下之我國棉織業市場

英國向以出產棉布稱雄著稱，從前運銷吾國為多，自歐戰以後，因運輸不便，大受影響，其對華貿易額，遂漸次減少，

英國棉布之勁敵厥為日本，因日本距吾國甚近，運費較省，工價又廉，尤非英國所能及，凡英國所有貨物，日本無不仿造，以備在吾國市場爭雄，雖其物質尚不能及英貨之精美，然售價低廉，為吾國人民所歡迎，而販賣商向英商訂定貨，須五六月到貨，日期遙遠，往往到貨之時，市價已有變更，且交易概以金價為準，漲落無定，投機性尤大，如向日商定購貨物，則至遲二三星期，即能到埠，且在上海之日商，又常備足現貨，以銀盤出售，一經購定，當日即校出貨，其便利決非西洋貨所能及，日人又在上海設立調查吾國商情之機關（如內外棉之大阪貿易調查所）刺探吾國商場之狀況，偵吾國商店，向英商定購時新花樣，一經日人探悉，彼即照樣仿織，而貨尚未織就到埠，而日貨早已運華推銷矣，

近十年來，日本棉布，輸入吾國之數量，逐益增加，若非數度之排貨運動，則輸入之數，當更足驚人，據棉布商人云，近年來吾國所有棉布生意，日貨幾占百分之七十，已將西洋貨完全打倒，而向以棉布稱雄於吾國市場之英商，至斯已受莫大打擊，

去年九一八瀋案發生以後，吾國抵制日貨甚烈，而堅持日久，尤出乎日人意料之外，茲據日人報告昭和六年所輸出之棉織物，祇五六四九五〇〇〇元，與昭和五年輸出數八八八九四〇〇〇元，相差已有三千二百萬元，照百分數比較，減少百分之三十六強，而今年上海停戰以後，雖源源輸入，然無大宗貨物，故現在日商均竭力以抵制為可慮也，

在上海之三井洋行，營業素稱發達，惟自抵制日貨以後，大有門前車馬冷落之概，據在該行服務之華人云，「該有二三月未曾做絲毫生意，在去年十二月初旬，該行棉布部職員，向棉布商云，「即令抵貨運動，於此時停止，尚有值二百餘萬兩之花剪絨，因時令已過，只得存棧耳，待至明年銷售，即此一項損失，已有如此之鉅，由是可知日貨在吾國推銷勢力矣，」調在去年陰曆十二月間，有吾國奸商，將上海日商所存各種棉布，買進不少，約値數百萬兩云，售價甚廉，即著名之神直貢，每碼僅售一錢七八分，大概出售者，均係中下等日本商行，至大商行則未曾售去，當交易時，十分秘密，購定之貨，仍貯原棧，故外人均不知曉也，

去年抵制日貨以後，棉布商乃紛紛向西洋商行定貨，因此上海英商又得乘機活躍，承接華商定貨極多，惜吾國商人不重紙約，究有定貨若干，無從查考，惟英貨營業發達，為近年來所罕見云，

所有各種棉布定貨，已陸續到滬，迨上海一二八事件發生以後，商界金融停市罷市，外埠各處，或因隔年農收減色，或因水災，內地缺少購買力，故上海市面，十分清淡，春貨棉布走銷不旺，據云僅當去十分之五六，如以今時而論，則上海西洋貨存底，尚不為多，定能如數銷去也，

停戰協定簽字以後，金融恢然停滯，往日財力不甚充足者，至此大感困難，因此市面一時不能有恢復之望，

至於日貨，現已漸呈活動之象，在小東門及法租界，虹口一帶之兩街棉布店，現已將去年封存之日貨出售，惟在英租界之大商店，因欲顧全體面，尚不敢公然出售，若以外埠而論，華北在日人勢力範圍以內，已不復抵制，長江各埠，如漢口，九江等處，抵制已弛，推華南及江浙二省，抵制之烈，迄未稍衰也，

據棉布商云，「棉布一項，抵制恐難持久，吾國雖有產品，但物質粗劣，較舶來品遜矣，而產額又少，決不敷用，故國人仍須仰給舶

中華民國廿一年七月廿六日

中國徵信所

報告書

來品，西洋貨，物質雖佳，但價格太貴，斷非國人購買力之所能及，不得已，而求其次，則日貨尚已，去年抵制日貨，殊為劇烈，但在最近期間，日貨已漸見活動，其輸入之數，亦漸見增加云，」

日人狡猾，每將其日貨商標，改換英貨，德貨，在市上混充求售，據云，現在已有此種舉動，在綿布商明知其為日貨冒充，然貪其價廉易銷，亦樂為販賣云，

據棉布商云，現在吾國最流行之棉貨，乃為印花棉布，西洋貨或比日貨優美，然西人工資甚貴，成本較大，而日貨印花美麗，能迎合華人之所好，故日本之印花棉布，尤為我國人所歡迎，去年抵制日貨之後，棉布商不得已，在上海聯絡綸昌廠與上海印染公司之出品，其售價尚廉，與日貨相仿，故其營業亦殊發達，但上海綸昌與上海印染公司二家，出品有限，決難供全國之需要也，

茲將西洋貨日貨，及上海貨各種印花棉布之價格，探錄比較如下，　西洋貨　售四錢另　日貨售二錢另　上海貨售二錢另日貨與西洋貨比較相差幾及百分之五十，

上半年既已過去，冬季貨轉瞬即將上市，但冬季貨以印花棉布銷路為最廣，而英國棉織品僅有嗶嘰，泰西緞等數種老牌貨，其銷路可以保持原狀，至於印花棉布，則以價昂恐難與日貨抗衡也，

英國向以棉毛織品著名，因受日貨打擊，棉織品大受影響，銷貨大減，去年下半年，雖曾一度興奮，乃係偶然之機會，受抵制日貨所賜耳，照現狀觀察，抵貨舉動，如不能持久，則在極短時期內，日貨必將逐漸發現，恢復以前之原狀，但此種現象，決非西洋貨之福，現在棉布商，均惴惴不安，深恐一旦取消抵制後，西洋貨定將受日貨影響，而價格大跌，故不敢再向西洋商行定購貨品，現在棉布方面，亦十分萎靡，

我國棉織業市場，除英日二國，互相爭長而外，尚有俄貨乘間活躍，查前一年，中俄二國，因中東路問題發生交涉，彼此斷絕往來，然歷時不久，俄國花標，乘機輸入不少，

俄國輸入花標，就經俄國協助會運來，從前綿布商，均向向該會訂購，自民國十九年下半年起，大中華股份有限公司，與該會訂定合同，凡俄國花標，統歸該公司經銷，是年輸入不多，至翌年而大增，竟達一萬餘包，（每包三十疋）據云俄國花標分十一磅與十三磅二種，十一磅十三磅各種貨物內，又各有五種號碼，即布身之厚薄以區別之，每疋長度不定，尺碼不一，故其價格亦無定額，大約平均每包售價三百兩左右云，

俄國花標，除大中華公司經售，該公司分售與本外埠布棉商，本埠分銷者，計有　元泰，萬源祥，源茂隆，裕泰，元大等五家，該公司除託以上五家代銷外，自己亦再銷往各處云，

俄國花標售價，比英美貨為廉，大約相差百分之二五，故現在英美棉布市面，已受極大打擊，將來恐更無立足之地，俄國花標因為英美棉布已將打倒，無意與之競爭，其第一勁敵，乃係日貨，日貨雖比俄貨售價稍廉，然俄貨物質堅韌，遠過日貨，目下花標一項，俄貨與日貨之競爭，已屆短兵相接時間，將來鹿死誰手，正難逆料也，

據大中華股份有限公司重要職員意見，「俄國花標，去年由該公司經銷者，已達一萬一二千包，今年與去年相仿，將來恐有加無已，但觀察近年吾國市面不佳，民窮財盡，不景氣現象，早已顯露，將來俄國花標輸入雖多，然亦不能十分擴張，至多亦不過自一萬二千包至一萬五千包為止耳，」云云，

中華民國廿一年七月廿六日

中國徵信所

報告書

字第 號 第 頁

市字第卅三號

上海之毛冷存底

第一頁　廿一年七月廿七日

本市毛冷存貨、現在究有若干、其實數殊難明瞭、茲據各方面所得消息、彙錄如下、

（一）據洋商毛冷公會、在今年三月底之報告、錄之如下、

甲、上海所有之存貨（連前年去年所到之貨、不論存在洋行或在華商各家店內者、均包括計算）

子、單股雙股　計一千八百八十一件

丑、粗中四股　計二千三百〇一件

寅、毛冷　計七百四十八件

卯、拉毛　計一千九百十四件

辰、夫紗雙股　計四百七十五件

（注）粗中四股、乃係二種貨物、粗者物質較佳、爲上等貨物、中者即係較次貨物耳、大約上等好貨、僅占十成之二三、其餘均係中等貨物也、

拉毛、即係織造絨線之原料、

乙、去年下半年、向各洋行所定之貨、而在三月底以前未到者

子、單股雙股　計一千九百九十件

中華民國　年　月　日

中國徵信所

報告書

字第 號 第 頁

市字第卅三號　第二頁

丑、粗中四股　計一萬七千八百卅五件

寅、毛冷　計一千一百廿件

卯、拉毛　計三千三百三十件

辰、夫紗雙股　計九百卅六件

自三月底以後、華商因時令已過、遂未再向各洋行定貨、自今年四月底以後、市面更爲枯寂、

自四月以後、直至今日爲止、絡續到貨不少、據說照所定數目、已有三分之一到埠、但爲市面不景氣關係、華商店家均未能如約出貨、甚至貨到以後、稅餉亦未繳付、此種情形之商家、恐亦不少云、

去年因市況衰落、華商向各洋行所做定貨不多、總計僅有二萬五千餘包、如在往年、當較此數增加一倍或三分之一云、

（二）據毛冷商云、在興聖街各毛冷店、所有四股線、不論在店內之存貨、或向洋行定貨而向未出貨者、其大概情形如左（至於實在存貨數目、則無人可以明瞭其中正確內容也）

隆興昌　約有五六百包、最多至六七百包、

滙源祥　約有三四百包、據說已賣出一二百包、

興申泰　約有二百包左右

瑞昌祥　約有一百數十包

榮茂昌　約有三四百包

天華禪　約有四五百包、該號恐有變化、

信泰祥　約有一二百包

裕泰隆　約有一百包左右

中華民國　年　月　日

中國徵信所

報告書

市字第卅貳號　第一頁　廿一年七月廿九日

調味粉業之近況

從前調味粉，均來自日本，日商如太洋行之味の素，行銷吾國，每年有二百萬兩之貿易，而近數年來，西產調味粉急起直追，出品日良，幾將日貨打倒，[illegible]往年日本經無貨時，劣貨調味粉之每年營業額，亦僅五六十萬兩而已。

吾國調味粉，以天廚之味精，發明最早，且其物質純美，色露潔白，自非其他調味粉所能比擬，故在近五六年來，營業日見發達，每年營業額可遞增二十萬兩云。

此外如天一味母廠之味母，後泰廠之和合粉，中國化學工業社之觀音粉，均已開設有年，營業亦復不惡，而天一味母紀進銷得法，營業日有進步，惟於出品方面，尚欠研究，如遇營業盛旺之時，求過於供，不及出貨，每將原料偷減，以求多發利益，至於觀音粉及和合粉，向來銷路，並不甚廣也。

去年六月底以前，因銷路活躍遞高，其時天廚廠之味精，每磅售價需六十元，（精內所裝瓶數不同，有裝六十瓶者，有裝百廿瓶者，有裝二百四十瓶者，有裝三百六十瓶者，有裝四百八十瓶者，視瓶之大小而定）其他各廠如天一，根泰，及中國化學工業社，其定價

字第　號　第　頁

中華民國　年　月　日

中國徵信所

報告書

市字第卅三號　第三頁

[illegible]　聯　約有一百餘包

義生[illegible]　約有一二百包

[illegible]茂永　約有一二百包

[illegible][illegible]茂　約有一二百包

字第　號　第　頁

中華民國　年　月　日

中國徵信所

報告書

字第　號　第　頁

市字第卅叁號　第二頁

與天廚廠相同、而對於顧客特別優待、每箱另有回扣、大約比天廚廠售價相差在四元左右、根泰廠之回扣、恐尚不止此數云、自去年七月以後、因市面清淡、不得已貶價求售、乃跌至五十二元、各廠均以天廚廠為標準、亦相率跌價、

近來吾國調味粉工廠、日益增多、市面雜牌調味粉亦漸衆、而其售價又參差不一、而天廚廠鑒於天一、根泰、中國化學工業社等之出品資力、均非其敵、不必與之競爭、而各小廠之雜牌調味粉於該廠營業、頗受影響、故在最近期間、已將價格減低至四十四元、照此價目、雖屬無利可圖、然亦不致虧本、惟雜牌調味粉售價、倘能專任於跌價、則其所受影響頗大、(益)天廚廠此次跌價、雖半因市面清淡、利用跌價、以廣銷路、而半亦擬將小廠一律打倒耳、

中華民國　年　月　日

中國徵信所

報告書

字第　號　第　頁

市字第四○號　西商將加收華商定銀　第全頁　廿一年七月卅日

在上海之西商、自一二八沪變以後、因市面蕭條、華商購買力大減、深恐定貨以後華商不能履行其所訂之合同、以致發生糾紛、乃在和明商會集議、嗣後華商如有定貨、須與其所定之數目、先付定銀百分之廿、後因有人反對、乃改為百分之十、經多數贊成通過、但其規則尚未議妥、是否實行、現尚未定、華商得此消息、殊為疑訝、如將來實行後、經濟上將更見緊促、對于營業前途、必多影響、日商現令深感華商抵貨之苦、非特將其價格減低、而又予華商以種種便利、以便推廣銷路、如西商定欲先收一成定銀、華商定將改買日貨、故此項辦法、不啻為日人製造機會、有識者識為西人之自殺政策云、

中華民國　年　月　日

中國徵信所 報告書

浙江實業銀行

字第　號　第　頁

市字第四一号　共全頁　民國廿一年七月卅日

最近一週間之生絲市價（自七月廿五至卅日）

我國各種絲經，自一二八事變後，㬥跌情形，日甚一日，至最近一週中，始見起色，其原因：確因美國存底薄弱，及各種實業股份市價續漲，頗有續進華絲趨向，故市價日有起色，在此一週中，上海白廠經A字為六百兩，B字由五百兩至五百四十兩，C字由四百四十兩至四百七十兩，上海及內地綢廠近日買進白廠之條份，大都均為廿分至廿二分者，價在四百廿兩至五百兩云、

又訊，日本生絲在年二月前，每担祇值日金四百五十元，最近已漲至五百五十元，今日（卅日）每担驟漲至日金六百元，數日之間，驟漲四十五元之多，由此更知美國需要之迫切也、

中華民國　年　月　日

中國徵信所 報告書

浙江實業銀行

字第　號　第　頁

市字第四三號　第一頁　廿一年八月二日

日貨最近之狀況

吾國抵制日貨，前後已經九度，因為時甚短，日人譏謂五分鐘熱度，去年落案發生，國人受此刺激，抵貨運動，熱度頗高，且歷久不衰，其日人意料所不及，故現在、滬日商無不以抵制為可憲，每與國人相見，第一即欲探向抵貨之狀況，其盼望取消抵制之意，不時流露於其言語間也、

至於吾國現在抵制日貨之情形，其熱度似已低落，日人採取傾銷政策，將其貨物運往華北銷售，〻價既廉，又可賒賬，予華商以種〻便利，故日貨之棉紗、麵粉、水泥等物，竟在華北暢銷，使吾國〻貨不能再有立足機會，其銷數之大，或竟超過未抵制之前也、長江方面，情形不同，如漢口已不抵制，而長沙則抵制仍烈，四川則日貨已[illegible]充斥，他如蕪湖、南京、鎮江等處，則仍難銷售，以最近之情形而論，僅江浙二省之內地各處，抗日運動似仍未懈意也、

據云、近一二月來，日貨輸入之數，日見增加，其中以棉布為最多，次之為糖、煤、水泥、洋紙等，至於海味乾貝等之進口數目，則尚不甚多云、

華商棉布業雖不敢公然購買日貨，然暗中則甚為活動，其購買方法頗為巧妙，凡華商買進貨物後，仍付以錢莊莊票，但日商恐損，大都轉託外籍銀行向錢莊收取，以掩人耳目，故難以揭穿其內幕也、

毛貨，日商亦有細嗶嘰輸入，但售價頗廉，如與西洋貨比較，相差有三分之一，即每碼較西洋貨約低一兩左右，據云所有日貨多數在滬戰時由其兵艦運來，偷免關稅，云本自減低廉，故目下日貨所售之價，與西洋貨其相差之數，適與其應繳關稅之數目相同也、

去年抵貨時，封存日貨之中，當以洋紙為最少，僅值價五六萬兩，如照現在市價計算，則又減為五六萬元而已，洋紙同業互相監察甚嚴，故現在該業中仍不敢有私買日貨之事，惟日本紙商雇用華人跑街，往印刷所兜售，故

中華民國　年　月　日

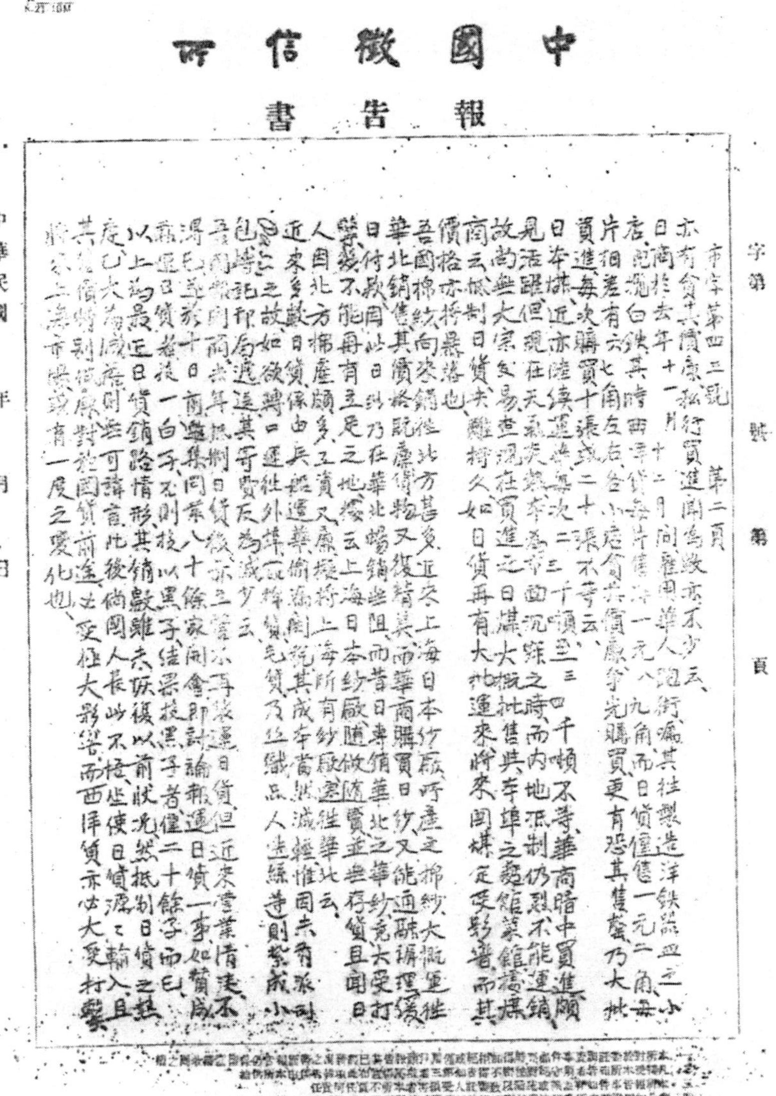

中國徵信所

報告書

市字第四三號　第二頁

亦有貪其價廉私行買進、聞爲數亦不少云、

日商於去年十一月十二月間雇用華人跑街、煽其在製造洋鉄器皿之小店、此項白鉄其時每箱價洋一元八九角、而日貨僅售一元二角、每片相差有六七角左右、各小店貪其價廉、爭先購買、更有恐其售罄、乃大批買進、每次購買十張或二十張不等云、

日本煤近亦陸續運滬、每次二三千噸至三四千噸不等、華商暗中買進頗見活躍、但現在天氣炎熱、本爲市面沉寂之時、而內地抵制仍烈、不能運銷、故尚無大宗交易、查現在買進之日煤大概批售與本埠之菸館菜館、據煤商云、抵制日貨未能持久、如日貨再有大批運來、將來國煤定受影響、而其價格亦將暴落也、

吾國棉紡向來銷往北方甚多、近來上海日本紗廠所產之棉紗、大概運往華北銷售、其價格既廉、貨物又復精美、而華商購買日紗、又能通融、大稱理緩、日貨付款因以日計、乃在華北暢銷無阻、而昔日專銷華北之華紗、竟大受打擊、不能再有立足之地、據云上海日本紗廠隨做隨賣、並無存貨、且聞日人因北方棉產頗多、工資又廉、擬將上海所有紗廠遷往華北云、

近來多數日貨係由兵艦運華、偷漏關稅、其成本當然減輕、惟同業則[illegible]包之故、如欲購口運往外埠、[illegible]貨及織品人造絲等則繫成小到、

[illegible]商報告十一月間日貨、[illegible]不再裝運日貨、但近來營業情形、不

[illegible]日貨[illegible]到一萬、[illegible]集同業八十餘家開會、即討論報運日貨一事、如蘭

以上爲最近日貨若干、白子、黑子、結果議決以黑子者僅二十餘字而已、

度已大爲減落、則無銷路可言、此後銷數雖未恢復以前狀況、然抵制日貨之甚

其[illegible]價[illegible]剩[illegible]廠對於國貨前途、尚有人長此不振、使日貨源源輸入、且

[illegible]上海市場或有一度之變化也、去受極大影響、而西洋貨亦必大受打擊

中華民國　年　月　日

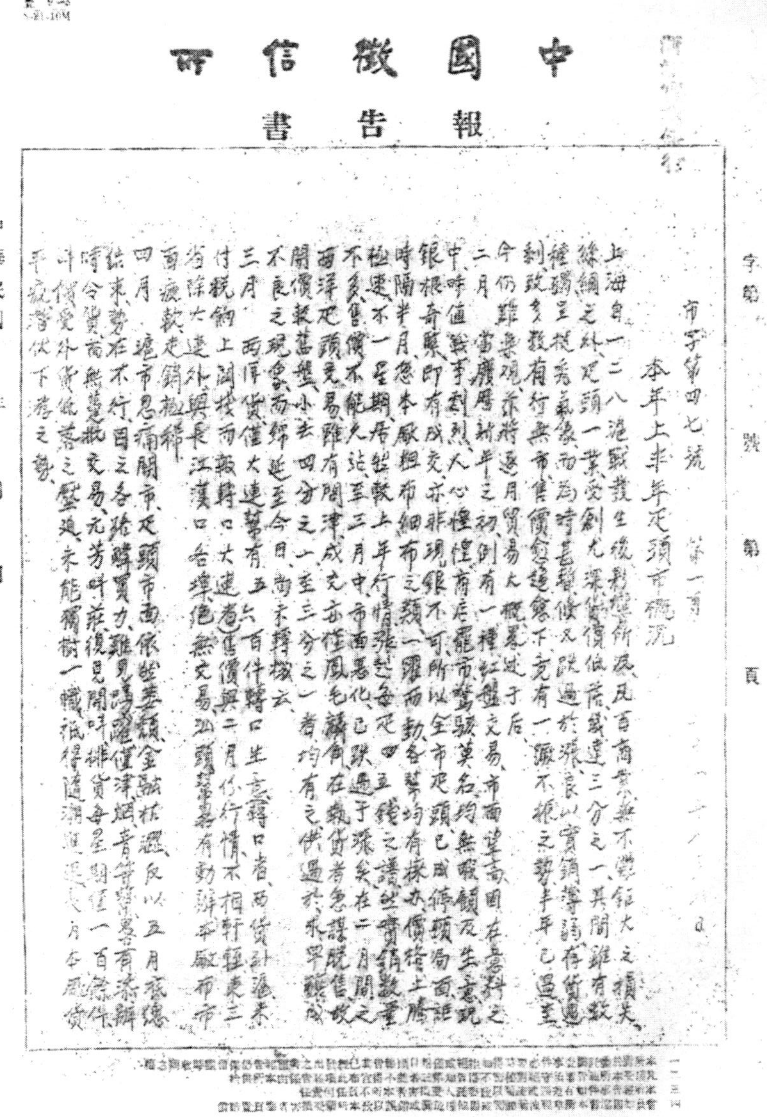

中國徵信所

報告書

市字第四七號　第一頁

本年上半年疋頭市況

上海自一二八滬戰發生後、製造所[illegible]及百商業無不蒙鉅大之損失、絲綢之外、疋頭一業受創尤深、價值低落、較遭三分之一、其間雖有數種稍見起色、而爲時甚暫、嗣又跌落、良以實銷滯鈍、存貨過剩、致多數有行無市、售價愈趨愈下、竟有一瀉不振之勢、半年已過、至今仍難樂觀、茲將逐月貿易大概略述于后、

二月　當滬局緊張之初、則有一種紅盤交易、市面望商因在意料之中、時值戰事劇烈、人心惶惶、有居罷市者、驟莫名其妙、無暇顧及生意、既銀根奇緊、即有成交、亦非現銀不可、所以全市疋頭已成停頓、而面組時隔半月、忽本廠粗布細布之類一躍而動、各貨均有接办、價格上騰極速、不一星期、售貨較上半年行情增至每疋四五錢之譜、然實銷數量不多、售價不能久站、至三月中、市面惡化、已跌過于漲矣、在二月間之西洋疋頭亮貨、雖有開津成交、而市價風毛麟角、在執貨者急謀脫售、吃不良之現象、而得延至今日、尚未轉機云、

三月　西洋貨僅大連帶有五六百件轉口生意、轉口者、西貨計添來付稅的、上海打將、而報轉口大連者、售價與二月份行情不相軒輊、東三省除大連外、與長江漢口各埠絕無交易、出頭者等幕有動、本廠布市面疲軟、走銷柳滯、

四月　滬市恩痛開市、疋頭市面依然萎頓、金融枯澀、良以五月底總結束、勢在不行、因之各路購買力、雖見踴躍、僅津烟靑等略有添辦時令貨、而無整批交易、元芳呼聲後見開呼、排貨每星期僅一百餘件、斗價雖外貨說落之壓迫、未能獨樹一幟、祇得隨潮低迷、迨月本國貨平於滯伏下落之勢、

中華民國　年　月　日

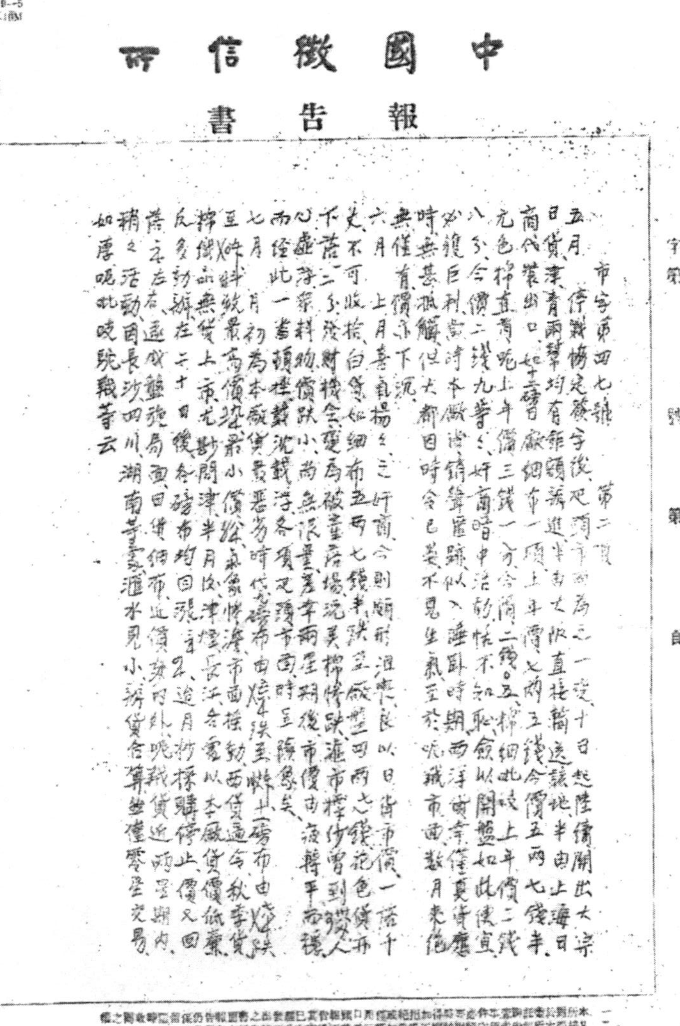

中國徵信所

報告書

市字第四七號 第二頁

五月 停戰協定簽字後，又因市面為之一變，十日起陸續開出大宗日貨，津、青兩埠均有錄頭源進，半由直接輸運該地，半由上海日商代裝出口，如十磅日廠細布一項上半價七兩五錢，今價五兩七錢半，元色棉直貢呢上半價三錢一分，今價二錢○五，棉細此時上半價二錢八分，今價二錢九厘。奸商暗中活動，恬不知恥，愈以開盤如此便宜，必獲巨利，當時本廠貨銷路頓似入睡眠時期，西洋貨僅真貨應時無甚抵觸，但大都因時令已過，不見生氣，至於呢絨市面數月來絕無僅有，價亦下沉。

六月 上月喜氣揚揚之奸商，今則頹形沮喪，良以日貨市價一落千丈，不可收拾，白貨如細布五兩七錢半，跌至廠盤四兩七錢，花色貨亦下落二分，發財機會變為破產局場，況美棉惨跌，滬市標紗曾到八人心虛浮，原料物價跌小，尚無限量，差幸兩星期後市價由疲轉平而穩。而經此一番頓挫，熱沉載浮，各貨疋頭市面時至頹象矣。

七月 初為本廠貨最惡劣時代，粗布由跌至，細布由跌至，計跌最高價，最小價，氣象惨淡，市面松動，西貨通令秋季貨棉織品無從上市，尤以開津半月後，津埠、長江各處以本廠貨價低棄之多，動輒在二十日後，各路布均回漲，迄月初採購停止，價又回落，本廠、本省遂成藝莊局面，日貨絲布近價暢內外，呢絨貨近兩星期內稍之活動，因長沙、四川、湖南等處匯水見小，洋貨合算，無僅零星交易，如嗶嘰、嗶嘰、職業等云。

中華民國　年　月　日

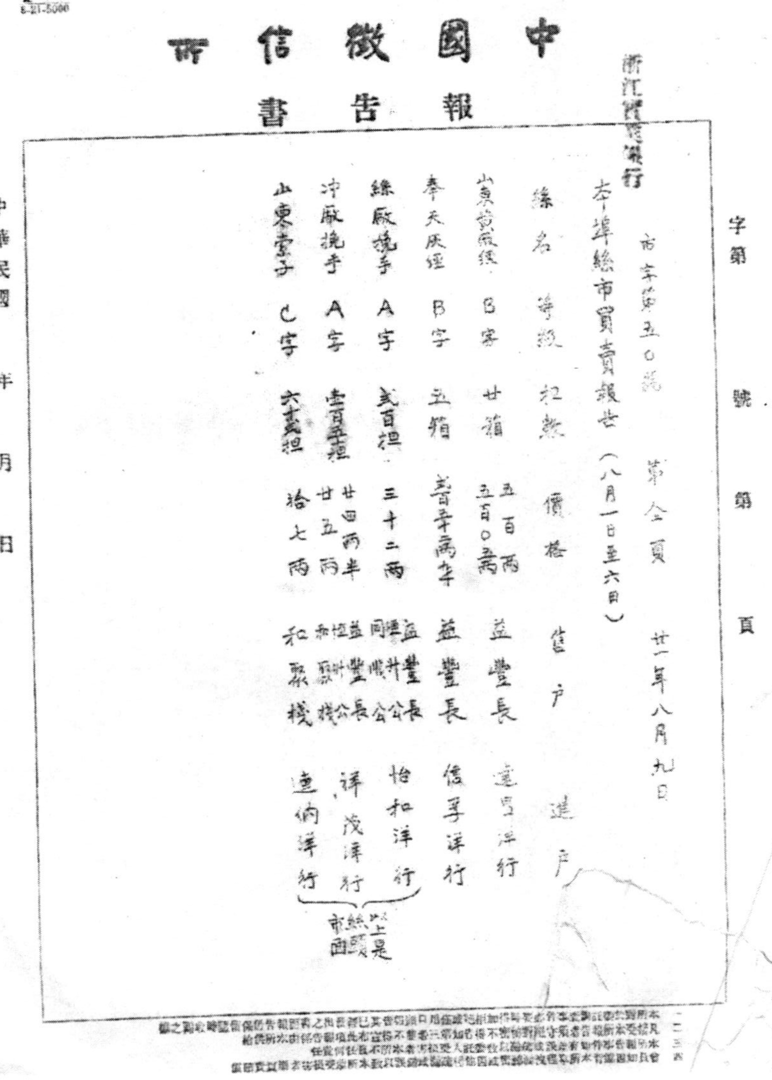

中國徵信所

報告書

浙江實業銀行

市字第五○號 第全頁 廿一年八月九日

本埠絲市買賣報告（八月一日至六日）

絲名	等級	扎數	價格	售戶	進戶
山東黄廠經	B字	廿箱	五百兩 / 五百○五兩	益豐長	達昌洋行
奉天灰經	B字	五箱	四百卅兩半	益豐長	信孚洋行
絲廠挽手	A字	弍百担	三十二兩	益豐長公、同興升公	怡和洋行
沖廠挽手	A字	壹百五十担	廿四兩半 / 廿五兩	益豐長公、和恒昇棧	祥茂洋行
山東壹子	C字	六十五担	拾七兩	和聚棧	逵納洋行

以上是絲頭市面

中華民國　年　月　日

上海市档案馆藏近代中国金融变迁档案史料汇编

机构卷

中国征信所

庄志龄 编选

上海远东出版社

图书在版编目(CIP)数据

中国征信所/庄志龄编选.—上海：上海远东出版社，2016
(上海市档案馆藏近代中国金融变迁档案史料汇编)
ISBN 978-7-5476-1191-3

Ⅰ.①中… Ⅱ.①庄… Ⅲ.①信用—金融机构—史料—中国—近代
Ⅳ.①F832.95

中国版本图书馆CIP数据核字(2016)第242999号

本书入选“十二五”国家重点图书出版规划项目
本书由国家出版基金资助出版

中国征信所·机构卷
庄志龄 编选
策划/陈占宏
责任编辑/陈占宏 装帧设计/张晶灵

出版：上海世纪出版股份有限公司远东出版社
地址：中国上海市钦州南路81号
邮编：200235
网址：www.ydbook.com
发行：新华书店 上海远东出版社
　　　上海世纪出版股份有限公司发行中心
制版：南京前锦排版服务有限公司
印刷：上海文艺大一印刷有限公司
装订：上海文艺大一印刷有限公司

开本：787×1092 1/16 印张：52 插页：8 字数：1198千字
2016年10月第1版 2016年10月第1次印刷

ISBN 978-7-5476-1191-3/F·592
定价：268.00元

上海市档案馆藏近代中国金融变迁档案史料汇编

编辑委员会

总序

吴景平　邢建榕

目前付梓的《上海市档案馆藏近代中国金融变迁档案史料汇编》，作为国家社科基金重点项目的结项成果，是在充分借鉴了多种国内已刊行的金融史资料集的基础上，经过上海市档案馆与复旦大学中国金融史研究中心十余年通力合作而完成的。

中国金融领域的变迁有着悠久的历史和丰富的内容。尤其是近代以来，金融对于促进社会经济诸领域的发展、维系财税体制的正常运作，起着不可替代的重要作用；与社会的方方面面乃至每个社会成员，有着越来越密切的联系。对于金融史的学习和研究，不仅成为历史学、经济学和金融学等学科的组成部分，还成为诸多工商实业界人士和政府公务人员的必需。正因为如此，整理编辑近代中国金融变迁的史料，历来受到有关研究者的重视。在金融系统供职的前辈与国家级档案机构共同合作，很早便开始了对于近代金融史料的整理选编工作。如20世纪60年代初问世的《中国近代货币史资料·第一辑·清政府统治时期》（中国人民银行总行参事室编选，中华书局1964年版），主要来源为中国第一历史档案馆藏清代币制档案文献，以及部分晚清官修文献及报刊资料，涉及晚清币制领域主要的演变、初创阶段的官办新式银行业和银行法规的基本内容。20世纪80年代以来，关于民国时期的金融史料的整理研究成果陆续问世。列为"中华民国史资料丛稿"之一的《中国农民银行》（中国财政经济出版社1980年版），由中国人民银行总行金融研究所编，选自中国第二历史档案馆部分藏档、有关口述回忆资料和其他资料。由中国人民银行总行参事室编的《中华民国货币史资料》（第一、二辑，上海人民出版社1986、1991年版），收录了中国第二历史档案馆藏1912～1949年间币制档案文献和其他资料。此后陆续问世的以中国第二历史档案馆藏档为主要来源的金融史专题资料有：中国第二历史档案馆、中国人民银行江苏分行等合编的《中华民国金融法规档案资料选编》（上下卷，档案出版社1990年版）；中国银行总行、中国第二历史档案馆合编的《中国银行行史资料汇编（1912～1949）》（档案出版社1991年版）；交通银行总行、中国第二历史档案馆合编的《交通银行史料（1907～1949）》（中国金融出版社1995年版），以及洪葭管主编的《中央银行史料（1928.11～1949.5）》（中国金融出版社2005年版）。

上述以中国第一、第二历史档案馆所藏档案为主体的史料整理成果，是研究近代中国中央政府的金融方针政策及其实施、政府官办银行的组织机构及其运作等问题的基础性资料书。而有关民营金融机构、金融市场的史料集，最早问世的当数由中国人民银行上海市分行编的《上海钱庄史料》(上海人民出版社1960年版)。该书以档案史料为主,兼及口述史料、报刊史料,是嗣后数十年时间里近代上海钱业研究者最主要的资料书。有关民营商业银行的史料集,较早的有中国人民银行上海市分行金融研究所编的《金城银行史料》(上海人民出版社1983年版)和《上海商业储蓄银行史料(1915～1937)》(上海人民出版社1990年版),这两种行史资料都选入了上海市档案馆所藏这两家银行的部分档案。此外,上海市档案馆编的《一九二七年的上海商业联合会》(上海人民出版社1983年版)选入了少量该馆所藏上海银行公会、钱业公会档案。至于谢俊美编的《盛宣怀档案资料选辑之五·中国通商银行》(上海人民出版社2000年版)则选自上海图书馆藏盛宣怀档案而非上海市档案馆藏中国通商银行档案。2010年起,天津市档案馆与天津财经大学等单位合作推出了"近代天津金融档案系列丛书",迄今已出版的有《大陆银行档案史料选编》(天津人民出版社2010年版)、《金城银行档案史料选编》(天津人民出版社2010年版)和《盐业银行档案史料选编》(天津人民出版社2012年版)等。

上海曾汇聚数以百计的中外大商业银行、钱庄,以及诸多的证券公司、保险公司、信托公司、交易所、票据交换所、储蓄会等非银钱业金融机构,十来个金融业同业组织和中介机构,留存下来数量浩繁、内容丰富、极有价值的金融史档案史料,其中绝大部分较完好地保存在上海市档案馆。这些档案史料既是关于近代上海金融,也是关于整个近代中国金融业、金融市场变迁的最主要的与代表性的史料文献;既直接反映了金融业和工商经济的兴衰,也从特殊视角体现了上海城区布局演变以及城市功能发展的进程。上海无疑是近代中国最重要且国际化程度最高的金融中心,然而这一中心地位有着形成、发展、演变的过程,其功能的发挥也颇多曲折,其中的历史经验有待全面客观地总结。多年以来,上海市档案馆典藏的金融档案史料或被选入若干专题史料集,或选登于上海市档案馆所办之《档案与历史》《档案与史学》和《上海档案史料研究》等刊物,对于金融史的研究起到了十分重要的作用。

复旦大学中国金融史研究中心致力于中国金融历史变迁的研究、相应专业人才的培养和学术交流,多年来以金融档案史料的收集整理为各项工作的基础,尤其与上海市档案馆合作开展馆藏金融档案史料的全面而系统的整理研究,已经持续十余年。目前面世的这套资料集是在"近代中国金融变迁"的主题之下,按专题分卷册选编上海市档案馆典藏金融档案史料。其中有独立经营的各著名银行(包括政府银行和商业银行),也有整个行业状况的反映(钱庄业);有上海银行公会这样重要的同业组织,也有证券、信托、保险等非银钱业金融行业组织机构,以及票据交换所、联合准备委员会、征信所等专门性机构;同时也有若干著名金融家的专卷。除了专题卷册之外,另按照时序围绕近代中国金融演变的基本历程和重大事件设综合卷。无论专题类还是综合类档案的选编过程中,在具体案卷和文本的比较、取舍、考订、校注、编目等环节，都将努力体现与吸收多年来中国近现代史、金融史、上海史、城市史研究和相应史料整理的前沿成果，通过不同金融档案史料之间的联系，揭示近代中国金融变迁的历史进程中，各代表性金融实体的经营管理、金融人物的作为和金融市场的运作。

鉴于近代中国金融档案数量繁多、内容繁杂的特点，无论综合类还是专题类，都先确立章节结构，作为选择案卷的主要依据；在各案卷内容的取舍时，努力兼顾全局性、整体性，既有体制机制、组织人事等较常态的部分，也有业务经营管理、市场运作、客户往来等较动态的部分。鉴于专业知识和能力的局限，目前的选编和校注难免存在不当和差错，我们诚恳地期待着专家学者和读者同仁的批评指正。

2014 年 10 月

凡例

一、上海市档案馆保存的金融业历史档案卷帙浩繁、内容丰富，是其馆藏的一大特色。为了全面反映近代中国金融变迁的历史全貌，为现今中国金融业的改革发展提供有益的借鉴，现分辑汇编出版《上海市档案馆藏近代中国金融变迁档案史料汇编》，所选档案史料均系上海市档案馆馆藏。

二、所选档案，根据内容、形式、数量，按单位、专题、事件等分辑汇编，每辑档案史料，一般按文件形成的时间顺次编排。无具文时间者，则以收文、拟稿、阅批等时间为序；无收文、拟稿、阅批等时间者，则推定大致时间，加注说明。

三、所选档案，一个文件或一组文件拟写一个标题。原标题一般仍予保留，原文无标题者，根据内容拟写标题；原文标题不妥者，另拟标题。

四、所选档案，为保持原貌，一般原文照录。原文无标点、不分段者，均分段、加标点；原文用外文书写者，则在编注时译成中文。

五、所选档案，凡需更正原文中的显著错、别、衍字，以〔〕标明；增补显著漏字，以【 】标明；字迹模糊难以辨认或有漏缺者，以□代之；保留原文中删改、批注的字句或标记者，以[ ]标明；删节内容重复或与选题无关的段落字句，以〈略〉标明；对原文中需要说明的问题，以注释①②……标明；难以查考者存疑，以〔?〕标明。对于档案中时人特定行文不同于当今规范的字词，并不属于错别字，均不作改动。

章乃器（1897—1977）

目录

一、中国征信所概况

二、中国征信所信用调查

三、中国征信所调查报告

编选说明

信用是经济往来的重要基础，近代早期的银钱业的经济往来，向以“信用”为标准，对不明底细存户一般不予受理，其贷放款也主要是根据对方的信用度而定，对熟悉的信用客户则贷，不熟悉者不贷。因此经营范围狭窄，规模不大。但上海开埠以后，外资银行大量涌入，这种近乎封闭的信贷模式遭遇了严重危机。要么抱残守缺，要么改弦易辙，亟谋改革，中国银钱业选择了后者。在向近代金融体系的转轨过程中，华商银行界开始逐渐将传统与近代结合起来，将贷款形式由信贷向多元化方向拓展，并借鉴西方国家已经成熟的信用调查方式，尝试建立起中国的信用调查体系，以适应日益发展的经济需求。

一

近代以来，欧美诸国为维护经济活动秩序，先后建立了信用调查机构，专门从事企业及个人的资产及信用调查。20 世纪初，上海市场已具有相当规模，资信问题愈益成为决定经济往来的关键。中国银行界开始仿效欧美做法，发展信用调查业务，以保障贷放款的安全。

最早开展信用调查业务的是上海商业储蓄银行。1918 年，该行考虑到当时“业务日渐扩充，而商场信用已不如昔”的现状①，决定从年终结算赢余项下提出一笔专项经费，用于信用调查。但当时并未设立专门机构，所进行的调查，也仅为“关于押汇客户的信用调查，及答复外界询问关于信用的函件”。② 规模和调查范围都很小。但是，上海作为全国最大的经济中心城市，工商各业均十分发达，经济成分活跃且始终处于不断的活跃状态之中，要对如此之多的工商百业进行信用调查，绝非一家银行或几个调查人员可以承担起来的，因此上海银行业公会在 1921 年全国银行公会第二届联合会上，就提出了设立专业征信所的提案③。全国银行公会联合会决议由各地银行公会先自行组织调查机构，以作为建立全国性信用调查机构的准备。并通告各地银行公会，催促建立相应机构。但因当时条件尚不成熟，各地创办征信机构之事遂不了了之。

随着社会上对信用调查的要求日益增多，上海银行加强了信用调查工作。

---

① 中国人民银行上海分行金融研究所编：《上海商业储蓄银行史料》，上海人民出版社 1990 年版，第 741 页。

② 《上海商业储蓄银行二十年史初稿》，载《档案与史学》2001 年第 2 期。

③ 上海市档案馆藏档：《上海银行公会事业史》第 133 页，档号 S173－1－2。

1928 年 12 月，该行正式设立调查部，由资耀华主持该部事务，集中力量展开信用调查，建立客户信用档案。上海银行的信用调查主要针对的是与本行在业务上有关系的客户的委托调查，或为公司商号的营业状况，或为个人资产信用状况，也有少数接受外来委托，代为调查的。上海银行在发放质押贷款前，都要对质押品的品性、价格进行调查，以规避贷款风险。上海银行的信用调查工作成效显著，减少了经营中的盲目性和被动性，有利于银行业务的开展。上海的其他几家较大的银行也成立了类似的调查机构，从事信用调查和市场调查。但这一时期上海的经济发展势头迅猛，经济活动异常活跃，由此而产生的信用问题也日益严重，亟需有专业性的信用调查机构来承担相应的调查任务。

此时，上海已有数家外资信用调查机构，如日本人办的上海兴信社、东京兴信所上海支所、美国人办的商务征信所等，但尚无一家国人自办的信用调查机构。因此，1932 年初，上海银行、浙江实业银行的几位长期从事信用调查的人，如资耀华、章乃器等在一起合议，决意集沪上银行界之力，组建一个独立的信用调查机构。考虑到此类机构不宜由银行直接出面组织，故决定先成立一个研究信用问题的学术团体，并在此基础上联合其他华商银行，设立征信所，推动中国征信事业的发展。

1932 年 3 月，中国兴信社成立，其章程称“本社由各地意气相投之华商银行及其他金融机关联合组织之，以融通调查资料提倡社会信义辅助金融业之发展为宗旨”，中国兴信社最初设干事三人，分别由上海银行资耀华、中国银行祝仰辰、浙江实业银行章乃器担任。社员包括中国银行、交通银行、上海银行、浙江实业银行、浙江兴业银行、四行储蓄会、中央银行等 7 家银行。后来沪上各大华商银行如国华银行、新华银行、中孚银行、东莱银行、华侨银行、邮政储金汇业局、中一信托公司、中国通商银行等相继加入，中国兴信社社员总数达 19 家。

中国兴信社成立后，即决定成立中国征信所，以实现其融通金融调查资料，沟通金融与工商业联系之目的。规定其业务为：调查信用，传布商情。代委托者调查工商界之信用及市场之状况，沟通金融界与工商界之联系，增进相互了解，扶助金融，发展工商。[①] 兴信社干事会为之起草制定了中国征信所章则、组织办法等。1932 年 6 月 6 日，中国第一个信用调查机构——中国征信所正式开幕。

中国征信所采取会员制，分基本会员和普通会员：中国兴信社社员，即为中国征信所的基本会员，其他银行、钱庄或金融机构可以申请加入中国征信所作为普通会员。参与发起出资的基本会员，可享受免费提供的各种调查报告。普通会员按每年缴纳的会费额分为甲、乙、丙、丁四种，甲种会员每年缴纳会费 300 元，可委托调查 100 次，限度内每次调查费 1 元；乙种会员每年缴纳会费 200 元，

① 《征信所》，《新闻报》1936 年 5 月 15 日。

可委托调查50次，限度内每次调查费1.5元；丙种会员年会费为100元，可委托调查20次，调查费2元；丁种会员缴纳会费50元，可委托调查10次，调查费3元。需要英文报告书的会员，其所缴会费及调查费在原数额基础上加收四成，各类会员在限度以外的调查费均加倍收取。非会员需要该所报告书者，经该所同意后，中文报告书每份收费10元，英文报告书每份收费14元。

中国征信所的业务，由兴信社干事会负责实施指导和监督。干事会聘请潘仰尧为征信所经理，负责办理日常事务。另外组织设计委员会及审查委员会，设计委员会负责对征信所业务的计划与指导，审查委员会负责审查征信所的调查报告书及所有往来账目。1934年9月，中国征信所扩大机构，分设四部——调查部：负责调查工商企业之信用及市场消息，组织情报网络，收集调查资料等；文牍部：负责整理调查报告，办理文书、卷宗等事项；事务部：负责会计出纳、预决算事宜，及一般庶务、交际等事项；行名录部：负责搜集整理工商行名录资料，编制工商行名录及出版发行之事。四部均设有主任一人主持工作。

为促进征信所业务的发展，中国兴信社提议，将中国征信所改组为股份制公司。1934年1月，中国兴信社第六次社员大会通过决议，决定改组，随后通过改组章程，规定额定资本为2万元，先收二分之一，全部由中国兴信社筹拨。[①] 5月15日，召开了中国征信所股份有限公司成立大会，经选举产生的董事会成员有祝仰辰（中国银行）、章乃器（浙江实业银行）、资耀华（上海银行）、方培寿（浙江兴业银行）、陈其鹿（中央银行）、孙瑞璜（新华银行）、施博群（四行储蓄会）、陈苏荪（交通银行）、缪振堇（明华银行）、王昌林（邮政储金汇业局）、顾季高（中孚银行）等11人。当选为监事的有严成德（中一信托公司）、王寿椿（中国通商银行）、王子厚（东莱银行）等三人。1935年7月，在中国征信所第一届股东常会上，章乃器被推选为公司董事长。中国征信所改制以后，中国兴信社继续以股东身份对其实施指导监督。

中国征信所成立后不久，就遇到了邵万生事件。征信所在调查中了解到邵万生商号在经营中出现亏空隐患，该号在上海银行等数家行庄均有透支，征信所及时把有关情况通报会员银行，由于采取了适当的防范措施，减少了损失。这一事件转变了社会上对征信所的消极态度，申请加入征信所为普通会员的金融或工商企业大为增加。截至1935年11月底，中国征信所已有会员154家[②]，其中包括30余家外国银行及洋行[③]。成为征信所会员的外商银行和洋行有正金银行、花旗银行、远东银行、汇丰银行、中法工商银行、恒信洋行、卜内门洋行、比利时商会、加拿大商务专使馆等。征信所的业务量也迅速增长，每天所发的调查报

① 上海市档案馆藏档：《中国征信所创立及改组之经过》，档号Q320-1-1434。

② 吴嘉年：《中国征信所始末》，载《上海文史资料》第六十辑《旧上海的金融界》，上海人民出版社1988年版，第349页。

③ 《上海商业储蓄银行史料》，第748页。

告有20～30份，最高达50份，平均每月所发调查报告在800～900份以上，至1936年8月底，已发出调查报告书34 800余份。除了本所会员的委托调查案外，非会员的委托调查案件也逐渐增加，1936年8月的统计显示，该月征信所接受的委托调查案计539件，其中非会员委托案91件①，约占总数的21%。这表明中国征信所的信用调查工作已经得到社会上越来越多人的肯定和重视。

二

根据中国征信所营业章程，其业务主要有：1. 调查工厂、商号、个人之身家事业财产信用；2. 调查市场状况；3. 发行信用调查报告书，工商行名录及其他刊物；4. 代收账款；5. 办理其他附属业务。② 由此可知，中国征信所的主要业务是信用调查，其次是市场状况调查。信用调查是指接受委托人委托，调查工商企业或个人的基本资讯、信用状况，编制调查报告，供委托人在经济活动中参考。如银行在拟发放贷款时，需要了解贷方信用程度或抵押物品的估价等情况，可委托征信所进行调查；生产厂家对产品经销商、批发商对零售商之间有放账业务时，亦可委托征信所进行信用调查。市场状况等经济信息情况是决定银行业贷放款和工商企业经济活动的重要因素，也是建立社会信用体系的基本要素之一，征信所根据需要，逐日或逐月对市场金融行情、商品行情、交易状况等进行分类调查统计，出版《每日商情报告》，“专载市场之变迁，如外汇标金之涨落，内国公债之买卖，又以纱花、杂粮、面粉等之交易情形”，③并在调查的基础上编制出版各类工商、金融行名录、人名录等资料。

征信所的信用调查业务主要通过专职调查员来进行，征信所根据调查员的经历和社会关系，分别划定调查范围和联系方向。各调查员负责调查不同的行业及客帮，但有时也互有交叉。从1933年2月编制的《各调查员承查业别及帮别表》中可知，当时所内有11名专职调查员，每人负责几个甚至是十数个行业的调查任务，如任天树，负责钟表、眼镜、呢绒、棉布、洋纸、海味、西药、银行、进口、五金、纱厂、火柴、百货公司、纸烟厂、房地产、工业原料、建筑，以及湖州帮电织厂等的调查；王立方，负责糖、华洋杂货、铁行、颜料、煤、热水瓶、电料，以及山东帮及各路客帮的调查；潘经芳，负责西药、草帽、保险、牛乳、丝茧、建筑，以及湖州帮绸缎业的调查；郭宜生，负责出版、印刷等行业的调查；褚光，负责针织、驼绒、机器、毛织、公用等方面的调查等。④ 征信所除聘有专职调查员外，还聘用了一些资深业内人士担任特约调查员，分别负责对几个重要行业的专项调查。

但是，面对上海数以万计、行业各异的工商企业及其经营者，仅靠十数名专

① 上海市档案馆藏档：《中国征信所总分所业务统计》，档号Q275-1-2059。

② 上海市档案馆藏档：《中国征信所股份有限公司营业章程》，档号Q320-1-1434。

③ 《征信所》，《新闻报》1936年3月15日。

④ 上海市档案馆馆藏档：《各调查员承查业别及帮别表》，档号Q320-1-1434。

职调查员和特约调查员，显然不能满足需求，为弥补调查人力的不足，征信所开始聘任行业顾问。1933 年 5 月，中国征信所向上海各同业公会负责人发出呼吁，称："敝所创办未久，规模粗具，益以征信事业在我国以前尚少，兴办既无成例可援，闭门恐难合辙，端赖硕彦之助。"诚邀其担任该业特聘顾问，"嗣后关于该业情形当随时派员趋聆嘉谟"①，云云。中国征信所聘请的顾问，如棉布业的叶笑山，绸缎业的蔡声白，搪瓷业的顾炳元，钟表眼镜业的余寿佛，营造业的辛继修，洋杂货纸张等业的李文翰，广告业的王梓濂，火柴业的王性尧，保险业的傅生林，房产业的李伯涵，杂粮业的周之缜，电料业的胡西周，化学业的许冠群，进出口业的陈制松，毛纺织业的程年彭，花纱业的穆湘玥，生丝贸易业的蔡仁抱，新闻报业的潘公展等 50 余人，都是各同业中的代表人物。

随着业务的开展，调查委托与日俱增，为开拓外埠信息来源，加强外埠与上海间的经济联系，扩大经济交往，中国征信所又在天津、汉口开设分所，将信用调查业务拓展至上述两大重要经济城市。同时，为加强对外埠经济信息及工商企业的信用调查力度，1933 年 10 月 21 日，中国征信所在《申报》、《中央日报》、香港《循环日报》等刊登广告，在北平、天津、青岛、南京、杭州、广州、香港等地召聘特约通讯员，凡"文笔清通，熟悉各该地工商情形者"，均可试用。应聘者不仅有各大报馆的经济新闻记者、政府机关人员，还有工商企业人士等。

中国征信所接受的委托案件，由调查员调查完竣后，编制成调查报告，送达委托人。调查报告书主要有两种，一为企业信用调查报告书，一为个人信用调查报告书。企业信用调查书的内容有：(1)基本信息：包括厂名或商号名，地址，经营范围，经理人姓名、籍贯等；(2)经济状况：资本额，营业种类，营业方针等；(3)现在营业情况：原料来源、生产能力、产品销路、每年产量或营业额、历年盈亏状况等；(4)历史情况：企业历史、开设年月，内部组织、合伙人姓名、董监事名称、注册情况、职工人数等；(5)信用程度：经理人简历，在同业中的地位，社会评论，同业意见，往来银行钱庄及客户意见等。征信所要求调查员必须对上述五方面内容作周密细致的调查，不可缺漏，且所作调查报告须真实可靠，内容丰富。但在实际调查过程中，一般是根据不同情况或不同的委托调查要求对调查内容有所侧重。如中国征信所对上海四大公司之一新新公司的调查报告书称：

> 新新股份有限公司　地址：南京路五七〇号；设立至今七年；资本：三百二十万元，已收足，又招新股十三万五千元。董事、经理简史：董事陈翊周，广东人，做茶叶生意，为忠信昌茶栈店主，现任市商会执行委员。董事黄鸣岐……经理李敏周，广东人，年约三十余岁，曾任香港昭信公司职员，经验不差，信用尚好。营业种类：以百货商场为主，兼营旅馆、游戏场、舞场、酒

① 上海市档案馆馆藏档：《中国征信所致各同业公会函》，档号 Q320-1-867。

楼等，与先施、永安公司相同。商品来源：商场所有货物或向上海洋行定货，或直接向中国商店批发购进。营业主要靠门市生意，外埠生意向来不做。营业情形：该公司因缺少流动资本，所进货物种类、花色不能齐全，因此营业额日渐减少，平时门市营业额仅在三四千元左右。盈亏状况：该公司自开办以后，营业未见发达，股东之中，党派纠纷严重。三年前该公司发生罢工事件，打击甚大。经济方面愈感困难，而其营业亦一蹶不振，股东数年未得派息，且短期内不能有发达希望。往来行庄：银行有广东银行、上海银行、汇丰银行等，钱庄有义生钱庄、同泰钱庄。[①]

调查报告反映了新新公司经营状况及存在的问题。

中国征信所的个人信用调查报告内容包括：(1)个人简况：姓名、年龄、籍贯、现任主要职务、履历(学历及历任职务)、品性(资质聪慧或愚钝、性格沉静或暴躁、性情急进或保守等)、主要职业及关系事业(现从事的主要、次要事业名称、职务等)。(2)家庭状况及社会关系，包括亲族关系，家庭成员情况，生活状况(衣食住行及社交情况)，收入及开支状况，现有财产(动产、不动产的方式及地点、估计价值、负债情况等)。(3)社会评价，个人信誉度(社会信誉评价)，往来银行钱庄及客户意见等。

个人信用调查除对委托调查对象的个人经历、资产状况、家庭状况等进行调查外，还要对其社会信誉度进行调查与评估。评估等级分：卓著、颇佳、良好、尚佳、普通、欠佳六等。对少数难于做出评判者，则客观地介绍情况，供客户参考。如中国征信所第9001号调查报告书称：

何麟，广东中山人，毕业于美国哈佛大学，返国后在新丰洋行任经理，历时三载……品性：干练和蔼，操英语颇流利，但不善华语。亲戚关系：……任香港永安人寿保险公司总经理。家庭状况：已婚，一子尚幼。租借静安寺路西式楼房一幢，月租70元。有自备车一部。收支情况：每年进益约六七千元，每年支出约四五千元。无投资项目。个人在永安人寿公司投保四万元。信誉颇佳。

而另一份报告书则反映了被调查者的一些问题，提醒委托人注意。

蒲生观，四川人，现为大同汽水厂股东，旅沪十余年，初为川帮庄客，因亏用帐款被辞。无固定职业，无固定收入。品性：温和沉默，精细干练。家庭状况：多年未返原籍，家庭情形不详。信誉欠佳。[②]

---

① 上海市档案馆藏档：《中国征信所第151号报告》，档号Q320-1-866。

② 上海市档案馆藏档：《中国征信所调查报告书》，档号Q320-1-902。

中国征信所出具的企业信用调查报告书或个人信用调查报告书，都是根据直接或间接调查所得材料，综合成文，其评价或结论具有一定的客观性，对于银行贷放款和工商业间的业务往来，具有一定的参考价值。

三

作为第一家独立的信用调查机构，中国征信所建立健全了一整套较为规范的信用调查制度和行之有效的调查方法，初步构建起了具有近代意义上的中国信用调查体系。

近代以来，欧美等国为适应经济发展和金融运作的需要建立起各种形式的信用调查机构，如英国的信用调查局、巴黎银行调查局、正金银行调查部等，其运作模式或以商业银行为基础，偏重于贷放款的安全，而致力于信用调查；或以国家银行为基础，注重把握经济情况及市场动态，而重视经济情报的调查。中国征信所在创办时，基本会员中既有商业银行也有国家银行，因此，其宗旨即规定为调查工商企业信用及市场信息，沟通金融界与工商界，发展工商业，扶助金融界。所以，中国征信所的业务是以信用调查为主，市场调查为辅，两者相辅相成，缺一不可。信用调查包括工商企业或个人信用调查、保单复查、小额放款调查、秘密调查、特别调查等数项；市场调查则包括市况调查、每日商情报告、企业股东会情况调查、商家变迁状况统计、工商企业行名录等等。对信用调查与市场调查的同等重视，不仅可以为银行界提供迅捷的经济信息和信用信息，也为工商业者及时了解市场动态，把握市场变化提供了可资参考的重要信息。如 1934 年上海发生地产风潮，美商美丰洋行因经营地产失败而倒闭，其他华商经营地产者也倒闭不少。中国征信所及时提供了有关地产商的经营情况和信用资料，对银行界及时采取对策减少倒闭起到一定作用。又如 1935 年，邬文记洋行（外国纸商的代理人，垄断进口洋纸）投机失败，亏空甚多，一面大量接受商号订货收取定洋，一面还向银行借款，中国征信所调查了解到该号拖欠款达 40 余万元的事实后，立刻发出调查报告，引起各纸商的警惕，银行界也有了戒心，从而降低了经营风险。因此，中国征信所将信用调查与市场调查功能兼容于一体的做法，既符合当时的国情要求，也符合大多数会员的实际需要。

中国征信所的信用调查标准，沿袭了西方国家所提倡的“三 C”的标准，即 Capital、Capability 和 Character，也就是资产、能力和人格。他们认为“有资产而无人格者，债权债务之收支决不爽直；有人格能力而无资产，亦致心有余而力不足；有人格资产而无能力，事业亦终归失败。”①因此，“信用调查主要之点，厥为对方营业盈亏、经济情形与乎主体人之能力及行为，设此数项而无法获得真切消息，则所制报告，将失却其全部价值。”②银行家陈光甫也认为，对放款对象进行严格的信用调查是降低银行放款风险的首要保证。在调查中，对放款对象的资力、经营能力的调查固然重要，但其个人品质、家庭和社会关系对他所经营的企业影响极大，同样不可小视。一个典型的例子是，北京政府段祺瑞的女婿奚东曙，在天津生意做得很大，许多银行都认为他很有实力，纷纷予以贷款。上海银行调查部调查发现，此人主要是从事投机业

① 《上海商业储蓄银行史料》，第 751 页。

② 上海市档案馆藏档：《中国征信所来往文件》档号，Q320－1－866。

务，风险系数不小，信用度不高。后奚某因经营失败，逃之夭夭，许多大银行遭遇巨额坏账，损失惨重，而上海银行因及时掌握了有关情况，规避了经营风险。因此，中国征信所在评定企业或个人信用度时，把资产、能力及经营者的人品这三要素作为重要的参考依据，并贯穿于具体的评价标准之中。如在个人信用调查报告中，规定调查员必须详细调查填具的内容有：过去经历——调查个人姓名简历及现任职务、履历、品性、家庭状况等，以分析其可信赖程度；经营态度——根据其现在经营之主要事业、所任职务、交易情况、金融情况、同业评价等，考察其工作能力及经营态度；资产状况——调查其财产状况、主要资产、收益与支出状况等，以估价其资产状况，评判其可信誉度。只有从这三方面进行了周密的考察之后，做出的判断才具有一定的可信度，较为切合实际。

为保证调查业务的正常开展，中国征信所建立了规范的委托调查制度。中国征信所接受委托调查，并就委托人指定的调查事项提供调查报告。考虑到信用调查牵涉面较广，不是涉及商业秘密，就是涉及个人资财状况或个人能力、信用情况等，这些都是被调查者视为禁忌之事，因此，不仅调查本身不易开展，而且一旦有关的调查报告被公开后，又极易引发纠纷。因此，为保证调查工作的有序进行，中国征信所规定，委托人委托信用调查时必须填具《工商事业调查委托书》或正式函件申请办理。《工商事业调查委托书》要求填写的内容包括：(1)托查事业(名称、经营业务、经理人等)；(2)调查事项，委托人指定的调查内容，如某项业务经营状况、盈亏情况或往来客户等；(3)调查用途，委托人对此项调查用途的说明；(4)保密保证，委托人须签字承诺对征信所提交的调查报告保守秘密，不得供第三者阅看使用，更不得向第三者告知此项报告系由征信所提供等。此外，中国征信所还规定：非会员委托调查时，必须向征信所提供正当用途的证明；委托人对于调查报告书如有疑义，应随时通知征信所以便解答或复查；征信所不接受个人委托的对工商企业经营者的个人信用调查；征信所对委托调查事件在必要时可予以拒绝或只出具口头报告；对于已发出的调查报告书，征信所保留随时收回的权利等等。为防止会员滥用身份代人委托调查事件，征信所要求申请参加征信所为普通会员者须填具《会员入会书》，规定入会者除遵守征信所章程，按时缴纳会费外，还特别规定会员"不得代表第三者或将名号借与第三者委托调查事件"，①并承诺对调查报告书仅用于商业用途，会员如因违背章程泄露秘密或因错误而引发纠纷时，必须担负全部后果。

中国征信所还建立了完善的用人制度，以保证信用调查业务的顺利开展。征信所的业务主要靠调查员来完成，征信所要求调查员必须具备：商业经验、流利口才、诚挚态度、机变能力、耐苦精神、商事常识等六项条件，缺一不可。中国征信所天津分所成立后，曾按此条件招考调查员，在应征报名考试的150余人中，有50余人获准进入第二轮口试，口试结果，只有3人合格，可见其对调查员的考核极其严格。

中国征信所规定调查员调查案件必须按规定程序进行，调查报告书必须按规定的程式和内容调查、填写。不同的委托调查，其报告书的程式、内容均不相同。为提高调查工作时效，保证调查报告书的质量，征信所将所有调查项目按调查内容和先后次序，分为特委(初查)、复查、

---

① 上海市档案馆藏档：《中国征信所股份有限公司会员入会书》，档号Q320-1-1434。

保单复查、信用小放款、股东会、自动和市况调查等七类，并根据每项调查的难易程度，定出不同的调查期限及计分标准，作为调查员的考核标准。如“特委”（初查）即特别委托调查，因为是对某企业、团体或个人的初次信用调查，调查内容除该企业的基本信息外，还包括资本运作情况、业主信用度、资金流动情况、企业盈亏状况、往来银行钱庄等等，需费时较多，故规定限期七天，特急案件规定三天内查竣回复。“复查”，即对已有备案的客户的有关增资、改组等情况的调查，只需重点查清需要了解的情况即可，故限期三天。“信用小放款”为小额信用贷款调查。当银行钱庄向商号店铺发放小额信用贷款前，要求征信所对借贷户的还贷能力进行调查，以减少信贷风险。一般限期三天。“股东会”的情况调查为征信所接受银行或投资人委托，针对股份有限公司的股东会议进行的调查，了解股东会议内容，及时掌握该公司增资、派股、红利等变动情况。限期三天。“自动”调查，要求调查员根据自己所掌握的工商企业情况及市场动态，及时向征信所提供调查报告，不限时日。此外征信所还要求调查员对本人调查范围之内的市场状况随时随地进行调查，如新创、改组、闭歇商号的调查统计，市场外汇、内外国债、纱花米粮等市价情况的统计分析等，也不限时日。每类调查的计分标准不同，提前完成者可以获得加分奖励。

中国征信所的信用调查范围较为全面系统。根据金融业服务的对象，中国征信所把社会组织划分为特种事业、制造工业、贩卖商业、农矿渔牧四个大类，每类中再分若干细目，作为其开展信用调查、建立档案分类及组织情报网络的依据。其具体分类为：（一）特种事业，包括金融（有银行钱庄、信托公司、典当、交易所等）、保险、社团机关、公用、交通堆栈、建筑、旅馆卫生、居间及其他（有标金证券、各业经纪、广告报关、报馆新闻社、征信所、侦查所等）。（二）制造工业，包括纺织工业、金属工业、化学工业、饮食品工业、教育文化用品工业、日用品工业、杂工业等。（三）贩卖商业，包括纺织品、金属品、化学制品、饮食品、教育文化用品、日用品、其他商品及进出口商品等。（四）农矿渔牧，包括种植、矿产、畜牧及渔猎等各业。这些类别基本上囊括了当时社会经济生活的方方面面，全方位多层次地构建了社会征信体系。

欧美各国的征信机构，都十分重视对信用档案资料的搜集和管理，并设有专职部门，选派得力人员负责。中国征信所成立后，也十分重视有关资料的搜集、整理和保管工作，并建立了一整套完备的信用档案归档制度。征信所规定，所有调查材料或调查报告均应一式两份，一份送交事务部打印送达委托人或基本会员参阅，一份送交秘书室存档。秘密报告委托书则由秘书室登记后特别保管，然后另外填具秘密报告调查单，交调查部调查，调查报告必须立即归档。档案由专职档案员负责整理、分类、保管。每一份调查报告均有编号，如普字号、审字号、特字号、密字号等。工厂商号及企业团体情况的调查材料则按照行业分类依次编排，并制作了人名卡、各业分类索引、调查报告书分类索引等，因此，检索起来十分方便。至 1934 年 2 月，中国征信所成立不到二年时间，已经积累了近万份调查报告和各类资料 40 余册。初步建立起信用档案资料库。征信所规定卷宗管理人员必须定期通报长期没有更新内容的档案的所属企业商号名称，使调查员可以及时复查充实或订正有关内容，保证信用档案库资料的不断充实和内容更新。

建立健全情报网络也是信用调查业务能够得以顺利开展的重要保证，中国征信所根据其调查范围的分类标准，组织情报网，搜集和整理情报资料。中国征信所的情报网分地区情报网和行业情报网两种，地区情报网是将全市划分为若干个区域，每区由调查员一人或数人负责；分业情报网则由各业特约顾问及特约调查员组成。情报搜集内容有：新开之工厂商号，歇闭之工厂商号，改组之工厂商号，工厂商号之迁移，工厂商号之失火，工厂商号房屋之建筑，各业重要人物之升调疾病死亡及破产，其他重要事项等。征信所规定，上述情报需每星期搜集一次，遇有重大事件应随时报告。

在规范严格的管理以及完善的制度保障下，中国征信所发布的调查报告，不仅内容充实具有很高的参考价值，其所作的信用评价也大多具有客观、公允的特点。如在新新公司的报告中，对其存在的问题——缺少流动资金，所进货色种类不能齐全，营业额日渐减少；公司开办以来，营业未见发达，股东之中，党派纠纷严重等，一一予以揭示，实事求是，毫无隐讳。因此，中国征信所的信用调查报告深受客户欢迎，委托调查案件也迅速增加，最初征信所每月送给基本会员的报告仅几十份，后迅即增加到几百份，最多时达 5 500 余份。社会上对信用问题“认识渐清，被查商号一改拒绝故态，社会一般亦减先前怀疑心理”[①]，开始理解“征信”事业，并逐渐学会借助信用调查，减少经营风险，保障其经济运营秩序的良性循环。

正当中国征信所的信用调查事业蓬勃发展之际，1937 年抗日战争全面爆发，使中国征信所的业务受到严重影响。孤岛时期，中国征信所靠减薪裁员，撙节用度，利用孤岛畸形繁荣所带来的一些业务，努力维持着征信事业不致中辍。这一时期，中国征信所的华商委托案件减少，外商委托调查案件有所上升，内容多为调查日商在沪资产情况。太平洋战争爆发后，中国征信所的业务来源基本断绝，只有少数个人调查案件及银行商店的保单复查工作，仅靠出版《征信日报》勉强维持。战后，中国征信所曾信心十足地拟定了复兴计划，准备重振旗鼓。1946 年 2 月至 5 月间，中国征信所接受的委托调查案件已有数百件，在此后的一年内，“外界对于征信事业，兴趣亦较战前浓厚”，征信所平均每月发出的调查报告在 100 余件左右[②]。但是，好景不长，受内战及恶性通货膨胀的影响，投机之风盛行，正常经济秩序无法维持，社会对信用调查的需求急剧减少，中国征信所又陷入进退维谷的境地，勉强支撑。1949 年 8 月，中国征信所办理结束。

四

上海市档案馆收藏的中国征信所档案全宗数量可观，主要集中在 Q320 中国征信所档案全宗内，其内容主要有：中国征信所来往业务文件；中国征信所对各行业的调查资料；中国征信所对各业行情的调查资料；中国征信所对个人的调查资料；中国征信所对外汇标金的调查资料；中国征信所对外汇金币的调查资料；中国征信所对公债市况的调查资料；中国征信所对各业市况市讯的调查资料；中国征信所对丝业市况的调查资料；中国征信所对纱花市况的调查资料；中国征信所对麦粉市况的调查资料；中国征信所对杂粮市况的调查资料；中国征信所对粮

① 上海市档案馆藏档：《上海商业银行有关征信机关调查资料》，档号 Q275－1－2059。

② 上海市档案馆藏档：《中国兴信社第六十九次大会纪录》，档号 Q275－1－2059。

食市况的调查资料；中国征信所对五金市况的调查资料；中国征信所《商情报告》；中国征信所《征信所报》；中国征信所《经济译萃》；中国征信所对各业专案调查资料；中国征信所对个人调查资料卡；中国征信所对外国个人调查资料卡；中国征信所调查报告书（1～20 910 号）；中国征信所调查报告书汉口分所（501～2 356 号）；中国征信所调查报告书汉口分所密；中国征信所调查报告书天津分所（823～2 032 号）；中国征信所《征信日报》、《征信午报》；中国征信所标金、公债、银钱、纱花、什粮、麦粉市况（1934～1937）；中国征信所市况报告书（1～900 号，有缺期）；中国征信所团体组织调查及商品产销调查；中国征信所工商异动报告等。

在馆藏档案的其他档案全宗内，如上海商业储蓄银行、浙江第一商业银行、盐业银行、金城银行、中国银行、上海银行同业公会、上海钱业公会档案中，也有关于中国征信所的档案内容，尤其是浙江第一商业银行副经理章乃器、上海商业储蓄银行经理陈光甫、资耀华，作为中国兴信社和中国征信所的发起人、创办人，在该银行档案中，保存了许多关于中国征信所的有关档案，是研究中国征信所早期筹备、运作的重要史料。

本史料汇编全部选自上海市档案馆馆藏档案，分为中国征信所概况、中国征信所信用调查、中国征信所信用调查报告等三部分。第一部分概况类，编入有关中国征信所成立与改组、章程、组织、各地分所，以及中国兴信社历次会议记录等史料；第二部分的信用调查，主要收录中国征信所信用调查方法，聘请特约顾问、特约调查员，招考培训调查员，以及关于调查业务的往来函件等史料；第三部分为中国征信所信用调查报告，有信用调查报告、密字号调查报告以及市况报告等，因限于篇幅，仅选录早期的部分调查报告，借以略窥中国征信所调查报告之大概情形。至于个人调查报告、商情报告、各业调查报告、《征信日报》等，限于篇幅，均未能编入。中国征信所档案史料尤其是其信用调查报告或可视为研究当时经济纷繁万象的不可或缺的重要资料。

一、中国征信所概况

（一）成立与改组

1. 筹备成立

中国征信所成立宣言(1932年6月)

宣言

我人生存于世界，一切行为全为经济的条件所支配；经济条件支配得当，斯可安居乐业，民生优裕，否则必致变乱相寻，社会秩序受其危害。故经济条件支配之得当与否，小则关系民生之否泰，大而影响国运之隆替。此种现象，自工业革命生产集中而愈为明显。欧美日本对于工商业之研求推广，不遗余力，亦无非欲解决其经济的条件耳。我国自海通以还，有识之士鉴于潮流趋向，欲墨守五千年来简陋之农村经济，势所不能，于是相率提倡工商业，声应气求，一唱百和。顾数十年来，仅造成极小之雏型，仍无显著之进步。推求其故，由于人才缺少，政局不宁者固多，而社会资本用之不得其道，实为最大之原因。试观年来工商业因资本薄弱，缺少接济，以致奄奄一息，难于发展。而内地灾害频仍，萑苻遍野，遂使农村衰落，现金集中都市，金融界存款大为膨胀，欲思贷放运用，则以市场消息尚多隔阂，工商信用更欠明瞭，趑趄不前，坐拥巨资，深感无法消纳之痛苦，甚或诱致冒险之投机。在此情形之下，工商业与金融业各成畸形之状态。此无他，两者之间缺少沟通之分子而已。上海各银行有鉴及此，年来均已设立调查部，从事调查工厂商号个人之身家事业财产信用，以定放款之标准。惟尚各自为谋，缺少联络，收效未宏，其他稍具规模之独立信用调查机关，几为外人所操纵，中国人自营者竟无有也。仰人鼻息，殊甚慨叹。丁兹战事以后，疮痍满目，工商凋敝，需要金融界之援助愈为殷切，而征信所之创设更属刻不容缓。爰由上海各银行联合组织中国兴信社，创设本所，专负沟通工商界与金融界之使命，借冀对于调查工商信用，传布市场消息，尽其棉薄，使工商界得有充分之资金接济，金融界得有稳妥之投资机会。其他个人、机关、团体，如感觉对于工商金融，有联络之需求者，亦得加入本所为会员。惟征信事业在我国尚属草创，各种设施颇少借镜，深望各界予以赞助指导，俾我国征信事业，自本所成立后而稍有成效，岂特本所之幸，亦社会之福也。谨此宣言。

中国征信所谨启
所址　上海圆明园路一号
中华民国二十一年六月

中国征信所关于开幕事宜致各银行会员函(1932年6月1日)

敬启者：文安猥以庸愚，窃不自量，居恒念及征信所事业几为日本人所操纵，屈指上海一隅，有东京兴信所、帝国兴信所及上海兴信所三家之多，其余亦为美商所设，而中国人自营者竟无有也。上海各著名银行当局有见及此，一致认为切要，力促其成。因特组织中国兴信社，创办中国征信所。幸荷各行当局鼎力提携，诚意合作。草创之始，谬以文安权任经理之职，荜路蓝缕，益以铨材，忝多陨越。兹值开幕，愿聆明教，匡所不逮，嗣后并盼随时赐予赞助，俾利进行，曷胜感幸。并颂

公安

潘文安　仰尧　谨启

二十一年六月一日

中国征信所为开幕事致浙江实业银行章乃器等函稿(1932年6月1日)

敬启者，本所自筹备以来，荷承执事多方指示，现已大致就绪。订于本月六日上午正式开幕。届时务恳驾临主持。不胜企幸。此致

章乃器先生

名单附后

中华民国二十一年六月一日　发文第二号

计开：

中国　祝仰辰	中央　陈其鹿
交通　陈苏孙	明华　童伯蘧
通易　金维琴	中国通商　于寿椿
上海　资耀华	中国实业　金采生、郑玉书、胡子谦、贝露孙
新华　孙瑞璜	国华　刘建华
浙江兴业　方培寿	浙江实业　章乃器
金城　陈立廷	中孚银行　顾季高　陆襄琪
中国企业　范季美	

中国征信所开幕致词(1932年6月)

中国征信所开幕致词

——中国兴信社同人

中国征信所开幕矣！当兹宾朋毕集，宾客盈庭之际，吾人对之乃不禁喜惧之交集而不能不有一言。

所以喜者，则十数年来拟议中之征信所于此而雏形略具，际此发轫伊始，同业先进鼓励有加，工商领袖热烈赞助，舆论界尤嘉勉备至。而祝贺声中，又多登门之顾客，更足见社会需求之殷，于此有可概见者，则吾人只须好自为之，业务之飞皇腾达，可操券以待，则安能不□然以喜？

虽然惟社会赞助之热烈，经济界需求之殷切，而吾人乃愈觉所负使命之过于重大。目下金融业之所希冀于吾人者，为策放资之安全，而一般社会甚且望吾人解工商业之倒悬，于此吾人有须即说者，则吾人独保障放资安全，沟通经济界隔阂之二义，不过悬为一的，而决非崇朝可以立致。目下规模粗具，吾人不过搜采基本会员银行原有之纪录，就基本会员银行近年办理调查事务，所得之经验与技术，集中而支配之。一面所以谋基本会员银行互助的自卫，而一面以其余力为一般金融工商业服务。吾人敢信现有之能力，在征信事业幼稚之中国，决不至亚于他人。然欲遽望其充分的为金融界筹放资之安全，为经济界谋隔阂之沟通，则诚恐始之望之过殷者，终或失望愈甚。此则又不能不悚然以惧者。

吾人于此有敢为我金融工商业告者，则调查统计之资料，必集中而头绪始巨，而资料之集中，则必赖群策群力而后可。倘吾金融同业自上及下，能以所见所闻所感想所致疑之点，一一供诸征信所，则工作于本所者，虽只少数人而实际上将不啻有数千人为征信所努力，倘吾工商业自上及下能以所见所闻所感所致疑之点，一一供诸征信所，则为本所努力者，即不啻有数万人，片鳞只语各□者，或毫不费力而求之者，或历艰苦而不能得一单纯之事实，一简短之数字，单独置之，或毫无价值可言，而一经集中，则或将俾吾人以重要之线索，而成为极有价值之资料。以故吾金融及工商业必须尽量以所有资料供诸征信所，征信所汇集而整理之，分析而判断之，乃能作成正确周密之报告，以获得放资之安全。亦惟征信所报告之能正确周密，征信所能取得金融业之极端信任，乃能介绍金融业之资金于工商业。此呱呱堕地之征信所，盖犹当吾金融及工商业认为一己之事业，饲育而抚字之，使之长大健全，征信所乃能充分副吾金融及工商业者喁喁之望也。

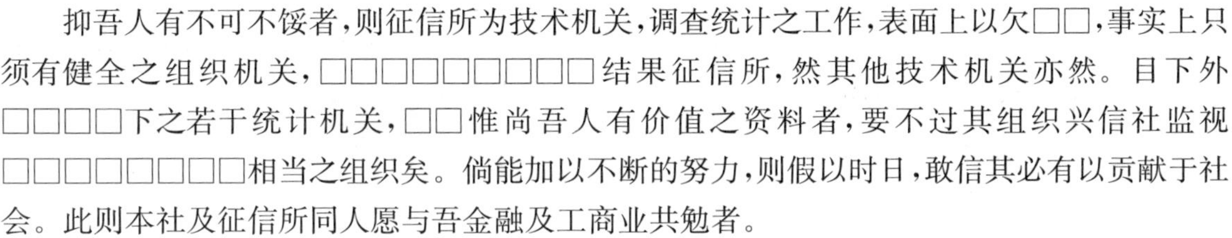
抑吾人有不可不馁者，则征信所为技术机关，调查统计之工作，表面上以欠□□，事实上只须有健全之组织机关，□□□□□□□□□结果征信所，然其他技术机关亦然。目下外□□□□下之若干统计机关，□□惟尚吾人有价值之资料者，要不过其组织兴信社监视□□□□□□□□□相当之组织矣。倘能加以不断的努力，则假以时日，敢信其必有以贡献于社会。此则本社及征信所同人愿与吾金融及工商业共勉者。

上海晨报社为承揽广告事致中国征信所函（1932年6月2日）

仰尧先生台鉴：

顷奉大函，祇悉台端创办中国征信所，以应社会之需要，他日工商金融事业必能均蒙其利，深为钦佩。兹值贵所开幕，谅必在各报登载广告。查与敝社有关之国华广告社经理各家广告，服务忠实，敢以绍介。如蒙见委经理贵所开幕广告登载各报事件，当为竭力效劳，并恳对于敝报亦赐登载。兹派黄佩章君趋前，务祈俯赐接洽，何胜感荷。专此。即请

台安

弟　潘公展　敬启

廿一年六月二日

中国征信所致《时事新报》等社函稿（1932年6月6日）

敬启者，敝所今日上午正式开幕，辱荷贵报特派记者惠临指教，无任荣幸。所有记事稿件

已送请新声通讯社分送各报发表。惟来宾均属各界闻人，务祈贵报按照原稿所列名单悉数刊出，不胜企幸。此致

时事新报　民报　新闻报　申报　时报　晨报

中华民国廿一年六月六日

沪江大学校长刘湛恩致中国征信所函(1932 年 6 月 4 日)

仰尧吾兄大鉴：

接奉台柬，欣悉贵征信所定于月之六日开幕，阁下努力社会，服务素著热忱，将来中国征信事业，自必如阁下之善筹用至，与贵所之积极前迈，日益光明。钦仰之余，敬书数行，借申贺忱。敝校商学院并愿尽力合作，当希鉴及为荷。专颂

筹祺

弟　刘湛恩　谨启

六月四日

中国征信所为招待茶会事致张公权等函稿(1932 年 6 月 18 日)

敬启者，本所自本月六日开幕以来，备承台端热忱指导，嘘植有加，感纫莫名。兹订本月二十一日(星期二)招待外宾，借资宣传。是日下午三时至五时在银行公会举行茶会，五时至六时参观本所，敬祈台从届时莅会主持，无任感幸。谨上

张公权等五十四人。

中华民国二十一年六月十八日

张公权　陆襄琪　于寿椿

贝淞孙　资耀华　吴君肇

冯仲卿　王志莘　胡子谦

祝仰辰　孙瑞璜　郑筱舟

胡孟嘉　贺友梅　刘建华

梁晨岚　刘体智　喻元恢

金侣琴　金采生　刘寒枫

陈苏孙　叶晋藩　施博群

徐寄庼　徐圣禅　王伯衡

徐新六　王心贯　赵师复

方培寿　贝露孙　邹秉文

李馥荪　唐寿民　陈朵如

金宗城　章乃器　朱飏廷

杨敦甫　饶韬叔　杨介眉

瞿季刚　赵汉生　范季美

赵叔馨　钱新之　聂管臣

陈其鹿　孙景西　缪振董
顾季高　童伯蘧

中国征信所为发送信用调查表致各银行会员函(1932年6月)

敬启者,敝所兹拟调查后开户名之组织内容、营业状况及信用程度,为特附奉调查表一纸,敬恳逐项详填,即日掷还。敝所对于尊示各节,当严守秘密,且不使尊处负任何责任,琐渎之处,感歉靡已。此上

经理先生台鉴

中国征信所谨启

附调查表一纸,回件信封一枚。

计开:

名称　　事业种类　　地址

中国征信所为发送调查表事致各厂商函(1932年6月)

敬启者,敝所以提倡社会信义,便利工商发展为宗旨,办理调查工商信用,传布市场消息等业务。近来常有本国及外国厂商银行等来函询及尊处之组织内容、营业情形及经济状况,以供日后交易上之参考。具征骏业飞腾,声闻遐迩,良深钦佩,用特附奉调查表一纸,拟恳不吝赐教,详细填注,即日掷还。如能将上年度营业报告书、资产负债表、损益计算书及其他书表等,检赐全份,尤所欣盼。敝所对于尊示各节,当严守秘密,琐渎之处,感歉靡已。此上

经理先生台鉴

中国征信所谨启

附调查表一纸,回件信封一枚

上海邮政储蓄汇业局致中国兴信社函(1932年7月18日)

仰尧先生大鉴:

承嘱加入兴信社一节,自当赞同。兹填上入社志愿书一纸。即祈察收。至社员应纳各项费用应如何计算,即请惠示为荷。此颂

台祉

附志愿书一纸

弟　王昌林敬启

七月十八日

中国兴信社复上海邮政储蓄汇业局函稿(1932年7月18日)

昌林先生大鉴:

敬启者,顷奉大教暨入社志愿书一纸,均谨收悉。承允加入敝所为基本会员,至为感荷。此后更得常亲教益,尤所欣幸。至会员应纳费用,依照兴信社章程第六条之规定,除纳入社费

二百五十元外，并预缴三个月会费三百元，一切已通知由敝社经济干事章乃器先生接洽收取。专此奉复。顺颂

大安

附送委查书一册自四〇一号至四二〇号

敬启

中华民国廿壹年七月拾八日

中国兴信社通知(1932年8月18日)

迳启者，关于下列各点请即通告所内职员一体实行：

一、在潘经理告假期内，所内例行公事由秘书负责，管理事务统系及办事纪律必须严格维持。

二、职员告假暂经由秘书核准，除告假外，并不得有迟到早退等情。

三、工商名录部在筹备期内，所有设计、用人、经费等重大事宜暂由本社干事负责，会计暂行独立，惟通常人事如签到告假等并庶务事宜，仍暂由秘书负责管理。将来或添设主任，或变更组织，另行定夺。此致

中国征信所

中国兴信社　祝仰辰

资耀华

章乃器

二十一年八月十八日

中国征信所为请保密事致各基本会员函稿(1932年10月5日)

各基本会员：

迳启者，本所各项调查报告对于被查者之盈亏虚实，自当据实查报，以供贵处之参考。惟事极秘密，恐一经漏泄，每致引起纠纷。近闻外界对于本所报告内容，多有传说。兹为谨慎起见，嗣后请贵处接到报告书后，即行严密收藏，妥予保存。凡类关系之人员，均请勿予阅看，以昭郑重，庶几本所得以畅所欲言，无所顾忌，以谋业务之进展。庶荷赞同，用再函达，敬希察照为荷。此致

所启

中华民国廿一年十月五日

上海晨报社致中国征信所函(1933年3月23日)

敬启者，敝报出版以来，素以提倡国货为主旨，所登广告多属国货厂家，而新闻方面常登国货厂家调查录，足资证明。兹届敝报创刊周年纪念，又适值国货年，特编《上海之国货事业》一巨册，定四月七日出版。专载：一、国货团体之历史，二、各实业专家办理事业之经验谈，三、各实业专家生活之访问记，四、参加芝加哥展览会陈列出品之照片及，五、各种国货之详细统计。预备刊登名国货工厂广告，别出心裁，改变体例，详述各厂之内容，务使阅者如身置其境，永留

印象于脑中，发生密切关系。素仰贵处出品精良，营业发达，对于具编登载广告必已赞许。惟以出版期迫，广告地位有限，倘不早事妥洽，深恐临时仓卒，有辜台命。用特专函奉达，并由潘少秋君趋前候教，务请尊处立时赐洽，俾敝报得以此无上之机会为贵处少竭微忱，借襄鸿业也。专上

仰尧先生

潘公展　谨启

三月廿三日

中国征信所复上海晨报社函稿(1933年3月23日)

专送晨报潘少秋

少秋先生大鉴：

敬启者，顷荷枉顾并示公展先生赐书，敬念壹是。敝所征信工商行名录广告稿件，须俟出版时刊载，匆促间不及刊入贵报《上海之国货事业》一书，极为抱歉。兹经与主管者商定，敝所不日刊载行名录出版广告时，决在贵报尽量刊载，以副雅意。目前暂不刊载一切，尚希鉴谅，并转致公展先生曲谅为荷。专此。复请

公安

经理　仰

中华民国廿三年叁月廿叁日

2. 立案与改组

中国征信所为立案事致实业部、上海社会局呈(1932年10月25日)

为设立中国征信所，请准予立案仰祈鉴核事。

窃惟欧美日本均有信用调查机关之设立，专门调查工商信用及市场趋势等业务，以供放款者及放账者之参考。借使工商业及金融业得有适当之调剂，研求推进，成效颇著。

我国于民国十年五月在天津开会之第二届银行公会联合会，虽有组织征信所之建议，而事隔多年，迄未举办。年来上海各银行虽已次第设立调查部，从事调查工厂、商号、个人之身家事业、财产信用作为放款之依据，而各自为政，缺少联络，收效未宏。其他稍具规模之独立所，如日人创设之上海兴信所、帝国兴信所、东京兴信所，美人创设之商务征信及中国商务信托总局等计有五家之多，而国人自营者竟付阙如，遂使工商信用市场消息，几为外人所操纵。每念及此，良勘浩叹。丁此国步艰难，疮夷满目，工商凋敝，需要金融界之援助愈为殷切，而征信所之创设，更属刻不容缓。爰由中国兴信社组织属所，并担任常年经费，办理调查工商信用，传布市场消息等业务，如个人机关团体对于工商金融感觉有联络之需求者，均得照章纳费加入为会员，享受规定之权利。

觅定圆明园路一号为所址，且由中国兴信社聘文安为经理，于本年六月六日正式成立，开幕以来，屈指四月，业务发展之速，实出意料之外。会员之入加者，截止十月二十日止，已达四

十九家，而中外厂商临时委托调查事件，亦踵相接。数月以还，规模粗具，基础渐固。所有属所设立旨趣及经办业务缘由，理合检同简章、业务概要、会员名册及中国兴信社章程各一份，备文呈请大部/钧局鉴核。仰祈俯赐备案，无任公感。谨呈

实业部部长陈

上海市社会局局长吴

圆明园路一号

中国征信所经理　潘文安　谨呈

附呈：

会员名册一份

简章及业务概要一份

中国兴信社章程一份

中国征信所为立案事致实业部、上海市社会局呈文之二(1932年10月)

为设立中国征信所请准予立案仰祈鉴核事。

窃维我人生存于世界，一切行为全为经济条件所支配，经济条件支配得当，斯可安居乐业，民生富裕，否则必致变乱相寻，社会秩序受其危害。故经济条件之支配得当与否，小则关系民生之否泰，大而影响国运之隆替。此种现象自工业革命生产集中而益为明显。欧美日本对于工商业之研究推广不遗余力，亦无非欲解决其经济之条件耳。我国自海通以还，有识之士，鉴于潮流走向，欲墨守五千年来简陋之农村经济，势所不能，于是相率提倡工商业，声应气求，一唱百和。顾数十年来仅造成极小之雏形，仍无显著之进步。推求其故，由于人才缺乏，政局不宁者固多，而社会资本之用不得其道，实为最大之原因。比年以来，工商业资本薄弱，缺少接济，以致奄奄一息，难以发展，而内地危害频仍，萑苻遍野，遂使农村衰落，现金集中，都市金融存款大为膨胀，欲思贷放运用，则以市场消息稍多隔阂，工商信用更欠明了，赵趄不前，坐拥巨资，深感无法消纳之痛苦，甚或诱致冒险之投机。在此情形之下，工商业与金融业各成畸形之状态，此无他，两者之间缺少沟通之分子而已。欧美日本均有信用调查机关之设立，专办调查工商信用及市场趋势等业务，以供放款及放账者之参考，借使工商金融得有适当之调剂，研究推进成效颇著。

我国于民国十年五月在天津开会之第二届银行公会联合会，虽有组织征信所之建议，而事隔经年，迄未举办。年来上海各银行虽已次第设立调查部，从事调查工厂商号个人之身家事业财产信用作为放款之标准，而各自为谋，缺少联络，收效未宏。其他稍具规模之独立信用调查机关，如日人创设之上海兴信所、帝国兴信所、东京兴信所，美人创设之商务征信所及中国商务信托总局等，计有五家之多，而国人自营者竟付缺如，遂使工商信用市场消息几为外人所操纵，每念及此，良堪浩叹！丁此国步艰难，疮痍满目，工商凋敝，需要金融界之援助愈为殷切，而属所之创设更属刻不容缓。爰由中国银行等发起组织，并担任常年经费，负沟通金融界工商界之使命，办理调查工商信用，传布市场消息等业务。如个人机关团体对于工商金融感觉有联络之需求者，均得照章纳费，加入本所为会员，享受规定之权利。

觅定圆明园路一号为所址，聘文安为经理，于本年六月六日正式成立。开幕以来屈指四

月，业务发展之速，实出意料之外。会员之入加者，截止十月二十日止已达四十九家，而中外厂商临时委托调查事件，亦多接踵而至，数月以还，规模粗具，基础渐固。所有属所设立旨趣及经办业务缘由，理合检同简章、业务概要、预算书、发起人及会员名册各一份，备文呈请大部钧局鉴核，仰祈俯赐备案。无任公感。谨呈

实业部部长陈

上海市社会局局长吴

具呈人　潘文安

附呈　发起人及会员名册一份

简章及业务概要一份

预算书一份

章乃器为中国征信所立案事致实业部部长陈公博函(1932年10月25日)

公博部长先生钧鉴：

久疏尘教，时切依驰，近维政躬，履绥康和，公私通吉，玉以为颂。谨肃者，敝行等前为研求我国征信事业起见，组织中国兴信社并设立中国征信所，办理调查工商信用，传递市场消息等业务，开幕迄今，届指四月有余。业务发达，规模粗具。惟为确立基础起见，拟向大部备案。兹谨备具呈文，敬祈俯赐成全，早日批准，不胜感幸。专此布臆。祗请

大安

章乃器　谨启

中华民国廿壹年拾月廿五日

实业部俞鉴清等为中国征信所立案事致潘仰尧函(1932年11月23日)

仰尧先生大鉴：

前函计达。兹阅上海征信所在实业部立案事呈文到部后，张轶欧司长甚为尽力促成，但此事须部长决定，张司长不能作主。现闻部中拟将此事搁置，暂不批答。据谭[谈]此事倘得一与部长接近之人致函说项，当不费力。上述情形，系实部某职员言及。忆征信所系先生主持事业之一，特为奉达。即希照察。匆匆。即颂

撰绥

弟　俞鉴清　陈重实　同启

十一月十三日

实业部关于中国征信所呈请立案的批(1932年11月30日)

事由：据情为设立中国征信所请准予备案等情应暂从缓议批仰祈知照由

实业部批　商字第15039号

原具呈人：中国征信所经理潘文安，呈一件，为设立中国征信所请准予备案仰祈鉴核由。

呈悉。查征信事业为沟通金融与实业之路，诚属市场所需要。惟查产生该所之中国兴信

社尚未备案。所有该所请准备案一节，自应暂从缓议。仰即知照。

此批。

部长　陈公博

中华民国二十一年十一月卅日

内批

中华民国二十一年十一月卅日　上海圆明园路一号

右批　中国征信所潘文安

实业部部长陈公博为中国征信所立案事致张公权函（1932年12月6日）

公权先生惠鉴：

接诵大函，敬悉种切。查中国征信所备案一事，前据该所经理潘文安具呈到部，当经详为研讨，以该征信所既为中国兴信社所产生，顾根本上中国兴信社尚未备案，则该所之请，自应暂从缓议。业将此意由部批示矣。知关廑念，特此奉复。祇颂

台绥

弟　陈公博　谨启

十二月六日

中国征信所致上海市社会局局长吴醒亚函稿（1932年10月25日）

社会局吴恒如先生

桓如我兄大鉴：

久未晤教，甚念贤劳。弟自莫干返沪，贱躯渐臻顽健，惟精神方面尚未恢复原状。已于日前来此小住（现寓高桥镇承园），借换空气。兹启者，敝所创设以来，倏经四月，业务日见繁剧，为巩固基础计，拟分呈贵局及实业部，请准备案。日前曾由敝所职员于绥之君，趋候教益，渥荷指示，至为感幸。兹再备具正式公文，请求备案。尚乞鼎力主持，早日批竣，公私俱感。专此。祇颂

大安

谨启

中华民国廿壹年拾月式五日

上海市社会局准予中国征信所备案的批文（1932年11月23日）

事由：据呈设立中国征信所准备案由

上海市社会局批　社字第5641号

具呈人：潘文安。呈一件，为设立中国征信所请求鉴核准予备案由。

呈件均悉，准予备案。

此批。件存。

局长　吴醒亚

中华民国二十一年十一月二十三日

中国征信所致穆安肃律师事务所函(1932年12月19日)

迳复者,接准本月十九日台函,祗悉一是。兹特敦聘贵所担任敝所及中国兴信社常年法律顾问,致送公费银贰百两。自民国廿一年十二月十九日起,至民国廿二年十二月十八日止,在该项期限内,所有磋商法律问题、代书法律函件、审核合同及起草美灵登通商行名录与本所征信工商行名录、合并契约等,不再致送公费。相应检同公费银贰百两专函奉达,敬希查收见复为荷。此致

穆安肃律师事务所

中华民国廿一年十二月十九日

中国征信所第三十次所务会议(1933年2月17日)

中华民国廿二年二月十七日星期五下午三时第三十次所务会议

主席:潘经理　纪录:石岑如

出席者:毛之芬　成德冕　洪启英　张志诚　吴炎　聂厚石　沈至精　张献琛　徐问梅　张维阳　何增祥　孙颖川　李伯年　李宏铎　刘慕贞　黄方杰　金慕尧　黄清娥　范淑贞　王立方　石岑如　王柏芳　魏竺铨　孙允功　宋漱石　唐大刚　周源泉　陈其琳　陈光谋

甲、报告事项

主席报告

一、本星期一兴信社举行代表大会,到者甚为踊跃,对本所组织多数主张改为有限公司,股本有谓五万元者,有谓十万元者,惟本席因现在业务尚无把握,恐将来不能发给官利,而津贴来源反断,故拟暂缓进行。俟将来会员加多,业务发达时再行讨论决定。现并拟添聘各业顾问,俾调查简捷,消息灵通。

二、本所营业员、试办信用调查诸君,如无万不得已事,请按时出席调查员训练班教授,诸君亦希始终如一。

三、统计图表已请唐大刚君调制。

四、清理积案办法实行后,报告已见加多,诸位辛勤服务,殊深感谢。

五、李宏铎女士有意见书交来,谓现在打字工作十分紧张,如欲求速反致错误,颇难两全。本席意见,如必要时当添用书记一人,以助李女士及成君之不足。待商定后再行核办。

六、杂务生业于今日举行考试,共录取三人,为便于训管起见,似以拜师为宜。

乙、讨论事项

一、议“现在天气渐热窗帘似属必要应何种格式”案

决议:为便于开窗起见决定制外张窗帘。

二、议“销毁腊纸应如何办理”案

决议:推洪启英、凌城、陈其琳三君讨论,由洪启英君起办法。

三、议“档案管理办法应否制定”案

决议:推金秘书、宋漱石、刘慕贞三君起草办法。

四、议“招用及管理杂务生办法”案

决议：通过。

五、议“行名录部夜工应否规定终止日期”案

决议：临时协助人员截至本月底止，内部人员仍须延长办公时间，以出版为止。

六、议“信用调查员训练班学员王洪生中途退学应如何处理”案

决议：致函其肄业学校校长追索，学员规程中并须加入退学追缴学费一条，借免他人效尤。

主席　潘仰尧

立信会计师事务所代理中国征信所申请著作权注册呈(1933年4月11日)

具呈人：中国征信所经理潘仰尧，江苏嘉定人，年四十一岁，住上海香港路四号。

代理人：立信会计师事务所主任会计师潘序伦，住上海宁波路一九〇号。

呈为呈请著作物注册事。

窃具呈人现在新编《征信工商行名录》书籍一种，定价国币六元，业经发行。兹特依照著作法及同法施行细则之规定，缴纳注册费，照原书定价之五倍，计国币三十元，并随送样本二部(另由邮寄)请予察核注册给照，以资保护。谨呈

内政部部长

附件

国币三十元、书样二部(另寄)、委托书

具呈人　中国征信所经理潘仰尧

代理人

中华民国二十二年四月十一日

兹委托

立信会计师事务所潘序伦会计师为本所呈请著作权注册之代理人。

此证。

中华民国二十二年四月　日

立委托证：中国征信所

地址：上海香港路四号

代表人姓名：潘仰尧

年岁：四十一岁

籍贯：江苏

住址：尚文路上海县教育局九号

中国征信所关于呈请实业部登记事致立信会计师事务所函(1933年4月22日)

迳启者，敝所改组股份有限公司，前承贵所代拟订章程，无任感纫。该项章程业经社员代表大会决议修正通过，兹特检同原章及营业章程、营业计划书附收支预算等一并送上，即烦察

核指正。公司章程经社员大会修改后，如有抵触法令之处，尽请卓裁改正，并将修改各点见示，以便提交下次大会追认。发起人名单俟得各人同意后，再行连同资产负债表、财产目录等一并送奉。再，营业章程是否须一并呈请实业部登记，并烦台核见复为荷。此致

立信会计师事务所

潘序伦先生

委托书俟发起人签字后即行送上。

中国征信所　潘文安谨启

中华民国廿二年四月廿二

中国征信所股份有限公司章程“修正案”

（立信会计师事务所代修）

要点

第十条　上海“通行之日报”“之”字删去。

第十八条　原案“本公司设经理一人、秘书一人，由董事会聘任之，其薪水亦由董事会定之，其他职员由经理任免之”改为“本公司设经理一人、秘书一人，必要时得添设副经理一人，均由董事会聘任之，各课主任由经理征得董事会之同意任用之，其他职员由经理任用之”。

第二十三条　增。

修正案全文

第一章　总则

第一条　本公司依照公司法股份有限公司之规定组织之，定名曰“中国征信所股份有限公司”，英文名称为“Bankers'co-opeative credit service Ltd”。

第二条　本公司设立总所于上海香港路四号，其他各处得由董事会议决，随时添设分所或代理处。

第三条　本公司以“提倡社会信义，便利工商发展”为宗旨，所营业务如左：

甲、调查工厂、商号、个人之身家、事业财产信用；

乙、调查市场状况；

丙、发行信用调查报告书、工商行名录及其他刊物；

丁、代收帐款；

戊、办理其他附属业务。

第四条　本公司营业年限自呈准登记之日起，定为三十年，期满之后，得由股东会依法议决，请求主管官署展期。

第五条　本公司公告以登载上海通行之日报两种以上，或直接通函行之。

第二章　股份

第六条　本公司资本总额定为国币二万元，分为二百股，每股国币一百元，由全体发起人全数认足，先收半数，计一万元，以各项财产抵缴（另附资产负债表、财产目录）开始营业，

其余一万元随时由董事会定期催缴之。

第七条　股东须将印鉴或签字式样交存，本公司于行使一切股东权利时，均以为凭。

第八条　本公司股票概用记名式，由董事五人署名、盖章发行之。

第九条　本公司股票如有转让、继承、抵押，以及其他关于取得股份所有权等情事，均须凭印鉴过户，否则无效。

第十条　本公司股票如有遗失，请求补给时，须于上海通行日报公告三日后，如一个月以内无第三者主张异议，得邀同保证人请求补给，并缴纳手续费国币一元及应贴之印花税费。

第三章　股东会

第十一条　本公司股东常会于每年结帐后二个月内，由董事会召集之，董事会应于开会一个月前通知各股东，临时会遇必要时，由董事会于开会十五日前通知各股东召集之，如有股份总数二十分之一以上股东之请求，亦得依法召集股东临时会。

第十二条　本公司股东之表决权以一股为一权，但一股东而有十一股以上者，其十一股以上之股份，每二股为一权，零数不计。

第十三条　股东会主席由董事长任之，董事长缺席时由常务董事中临时互推一人任之。

第四章　董事监察人及职员

第十四条　本公司设董事十一人，监察人三人，由股东互选任之。

第十五条　董事任期二年，监察人任期一年，连选均得连任。

第十六条　董事会设常务董事五人，由董事互选任之，常务董事互推一人为董事长。

第十七条　董事会常会每月召集一次，监察人得列席与议，但无表决权。

修正案追认

第十八条　本公司设经理一人、秘书一人，必要时得添设副经理一人，均由董事会聘任之，各课主任由经理征得董事会之同意任用之，其他职员由经理任用之。

第五章　会计

第十九条　本公司每年于十二月底结算一次，由董事会依法造具帐略及各项表册，在股东常会开会前交监察人查核，提出报告。

第二十条　本公司每年结算后，除一切开支及折旧外，如有盈余，先提十分之一为公积金，其余分配，由董事会请提股东常会议决之。

第六章　附则

第廿一条　本章程自呈准登记之日起施行，日后如有修改之处，由股东会依法议决呈请主管官署备案。

第廿二条　本章程未尽事宜，悉照公司法股份有限公司之规定办理。

第廿三条　本公司发起人姓名住址如下：

资耀华　上海宁波路五〇号上海商业储蓄银行

王昌林　上海福州路五号邮政储蓄汇业局

严成德　上海北京路九八号中央信托公司

陈其鹿　上海外滩十五号中央银行

顾季高　上海仁记路二五一七号中孚银行

范季美　上海四川路六号中国企业银行

于寿椿　上海外滩七号中国通商银行

祝仰辰　上海外滩二二号中国银行

金采生　上海北京路一三〇号中国实业银行

施博群　上海四川路六九号四行储蓄会

郑伯纯　上海江西路三七一号江苏银行

陈苏孙　上海外滩十四号交通银行

缪振堇　上海北京路三三〇号明华银行

王子厚　上海天津路五〇七号东莱银行

章乃器　上海汉口路十四号浙江实业银行

方培寿　上海北京路七八号浙江兴业银行

刘建华　上海宁波路一三〇号国华银行

孙瑞璜　上海江西路三六一号新华信托储蓄银行

喻元恢　上海九江路十四号聚兴诚银行

中国兴信社代表章乃器、祝仰辰　上海香港路四号

立信会计师事务所代理中国征信所申请备案致上海社会局呈(1933年5月2日)

具呈人：中国征信所股份有限公司全体发起人

代理人：立信会计师事务所，主任会计师潘序伦，住上海宁波路一九〇号

呈为发起设立股份有限公司依法备具文件请求钧局核准备案事。

窃具呈人等拟在上海设立中国征信所股份有限公司，额定为资本国币贰万元，分为二百股，每股国币壹百元，先收半数，计国币壹万元，所有股款业由具呈人等全数认缴，理合依法备具文件，恳请钧局察核，赐予核准备案，实深公感。谨呈

上海市社会局

附　件

发起人姓名、经历、住址及认股数目清册

营业计划书

委托书

具呈人　中国征信所股份有限公司全体发起人

代理人

中华民国二十二年五月二日

中国征信所股份有限公司发起人姓名、经历、住址及认股数目清册

姓名	经历	住址	认股数目
资耀华	上海银行调查部主任	上海宁波路五〇号上海商业储蓄银行	十股
王昌林	上海邮政储金汇业局经理	上海福州路五号邮政储蓄汇业局	十股
严成德	中央信托公司经理	上海北京路九八号中央信托公司	十股
陈其鹿	中央银行业务局文书课主任	上海外滩十五号中央银行	十股
顾季高	中孚银行副经理	上海仁记路二五一七号中孚银行	十股
范季美	中国企业银行经理	上海四川路六号中国企业银行	十股
于寿椿	中国通商银行襄理	上海外滩七号中国通商银行	十股
祝仰辰	中国银行业务调查课课长	上海外滩二二号中国银行	十股
金采生	上海中国实业银行经理	上海北京路一三〇号中国实业银行	十股
施博群	上海四行储蓄会副理	上海四川路六九号四行储蓄会	十股
郑伯纯	江苏银行襄理	上海江西路三七一号江苏银行	十股
陈苏孙	交通银行设计部第三组主任	上海外滩十四号交通银行	十股
缪振董	明华银行襄理	上海北京路三三〇号明华银行	十股
王子厚	东莱银行副经理	上海天津路五〇七号东莱银行	十股
章乃器	浙江实业银行副经理	上海汉口路十四号浙江实业银行	十股
方培寿	浙江兴业银行调查处主任	上海北京路七八号浙江兴业银行	十股
刘建华	国华银行襄理	上海宁波路一三〇号国华银行	十股
孙瑞璜	新华银行副经理	上海江西路三六一号新华信托储蓄银行	十股
喻元恢	上海聚兴诚银行经理	上海九江路十四号聚兴诚银行	十股
中国兴信社代表章乃器 祝仰辰		上海香港路四号	十股

立信会计师事务所报告书

营业计划书(草案)

窃查欧、美、日本均有信用调查机关之设立,专办调查工商信用及市场趋势等业务,以供放款及放帐者之参考,借使工、商、金融得有适当之调剂,研究推进成效颇著。我国于民国十年五月在天津开会之第二届银行公会联合会,虽有组织征信所之建议,而事隔多年,迄未举办。现查上海稍具规模之信用调查机关,如日人创设之上海兴信所、帝国兴信所、东京兴信所,美人创设之商务征信所及中国商务信托总局等计达五家之多,国人自营者,竟付缺如。遂使工商信用及市场消息之调查几为外人所操纵,益以日人所办之兴信所,除东京兴信所业已收歇外,其他各家，国人今后亦未便再事信赖。而现有各信用调查机关，组织上率多因陋就简，对于信用及市场之调查，未能发挥其功用。发起人等鉴于我国年来经济衰落，资金之供求，商品之产销，急需有一机关为之居间沟通，确立信义，使供给与需要两方发生信用上之关系，以期工商业得有充分之资金接济，金融业得有稳妥之投资机会，一方制造者得以尽量放帐，不虞遭受倒欠之损失，分配商得以尽力推销，毋虑商品来源缺少之困难。爰特发起组织中国征信所，以调查工商信用及市场消息为主要业务，编刊征信工商行名录为附属业务，凡个人机关、团体均得照章纳费，请求调查报告。业于上年六月六日正式开幕，粗具规模。为使组织格外健全计，现拟改组为股份有限公司，并将所址迁移至上海香港路四号，额定股本银贰万元，分为二百股，每股壹百元，先收半数，由发起人等全部认缴。谨将营业收支拟具预算，仰祈鉴核。

每月收支预算

甲、收入之部

顾问费：

甲种：四十二家，每家每年纳费三百元，共计银一万二千六百元

每月摊算十二分之一，计银一千〇五十元

乙种：八家，每家每年纳费二百元，共计银一千六百元

每月摊算十二分之一，计银一百三十三元

丙种：十九家，每家每年纳费一百元，共计银一千九百元

每月摊算十二分之一，计银一百五十八元

特种：二家，每家每年纳费五十元，共计银一百元

每月摊算十二分之一，计银八元

合计银：一千三百四十九元

报告费：

甲种　六百元

乙种　四百四十元

丙种　三百六十元

特种　八十元

合计银：一千四百八十元

总计银：二千八百廿九元

乙、支出之部

业务费：

薪工　九百四十二元

膳费　一百二十元

房租　一百七十元

邮电印花税　五十五元

文具印刷费　三百五十元

书报费　六十元

交际费　　　　四十元
捐税　　　　　廿四元
修缮费　　　　五元
车费　　　　　三元
杂费　　　　　八十元
合计：一千八百四十九元
调查费：
薪工　　　　　三百二十元
膳费　　　　　四十六元
车费　　　　　一百八十元
稿费　　　　　一百二十元
合计　　　　　六百六十六元
总计银：二千五百十五元
每月盈余：三百十四元

兹委托立信会计师事务所主任会计师潘序伦，为本公司呈请备案之代理人。此托。

中华民国二十二年四月日

立委托书：中国征信所股份有限公司

全体发起人(签字)：

孙瑞璜　缪振堇　顾季高(襄琪代)　章乃器　刘建华　严成德　祝仰辰　范季美(静民代)　陈苏孙　资耀华　喻元恢(寒枫代)王子厚　施博群　金采生　王昌林　方培寿　于寿椿　郑伯纯　陈其鹿

上海市社会局准予中国征信所股份有限公司备案的批(1933年5月15日)

事由：为发起设立股份有限公司依法呈请备案批示照准由

上海市社会局批　社字第一一三〇一号

具呈人中国征信所股份有限公司发起人资耀华等、代理人潘序伦呈一件，为发起设立公司依法呈请备案祈鉴核由。

呈件均悉。

据报营业计划书等件查核尚合，所请备案应予照准，仰即知照。此批。件存。

局长　吴醒亚

中华民国二十二年五月十五日

中国兴信社关于中国征信所改组事致上海银行函(1933年5月18日)

敬启者，中国征信所股份有限公司于五月十六日下午七时举行创立会，将修正会章，追加承认。照章选出董事十一人，监察三人。兹将当选人开呈如左，敬希察照为幸。此上

上海银行

中国兴信社谨启

五月十八日

中国征信所董事

祝仰辰十六票　章乃器十五票　资耀华十五票　陈苹子十四票

方培寿十四票　孙瑞璜十三票　施博群十二票　王昌林十票

陈苏孙十票　缪振堇十票　顾季高九票

监察名单

严成德七票　于寿椿六票　王子厚五票

立信会计师事务所代理中国征信所申请登记致上海社会局呈(1933年5月26日)

具呈人：中国征信所股份有限公司

代理人：立信会计师事务所主任会计师潘序伦，住上海宁波路一九〇号

呈为设立有限公司检具文件及费银恳请钧局转呈实业部核准登记发给执照事。

窃商公司设总所于上海香港路四号，资本总额定为国币二万元，分为二百股，每股国币一百元，由全体发起人全数认足，先收半数，计一万元，均以各项财产抵缴，开始营业。专以“提倡社会信义，便利工商发展”为宗旨。所营业务：(甲)调查工厂、商号、个人之身家、事业财产信用；(乙)调查市场状况；(丙)发行信用调查报告书、工商行名录及其他刊物；(丁)代收帐款；(戊)办理其他附属业务。业于本年五月十六日举行第一次股东会选举董事、监察人。嗣经呈请钧局选派专员依法检查在案。兹特检具文件呈请设立登记，并附奉执照费九十元、贴照印花税费银一元，至祈督核，予以转呈实业部核准登记，发给执照，实深公感。谨呈

上海市社会局

计　开

商号名称：中国征信所股份有限公司

营业种类：专以“提倡社会信义，便利工商发展”为宗旨，所营业务：(甲)调查工厂、商号、个人之身家、事业财产信用；(乙)调查市场状况；(丙)发行信用调查报告书、工商行名录及其他刊物；(丁)代收帐款；(戊)办理其他附属业务。

股份总银数：国币二万元，分为二百股。

每股银数：国币一百元

每股已缴之银数：先缴半数，计一万元。

总事务所所在地：上海香港路四号

公告方法：以登载上海通行之日报两种以上，或直接通函行之。

设立年月日：民国二十二年五月十六日

董事监察人姓名住址：(另附清册)

附　件

章程
股东名册
选任董事监察人证明文件
营业概算书
核准备案之证明文件
请求派员查验之证明文件
资产负债表
董事监察人姓名、住址清册
委托书
国币九十一元

具呈人：中国征信所股份有限公司
代理人
中华民国二十二年五月二十六日

中国征信所股份有限公司股东名册

姓名	所认股数	股银数	已缴股银数	住　址
资耀华	十股	一千元	五百元	上海宁波路五〇号上海商业储蓄银行
王昌林	十股	一千元	五百元	上海福州路五号邮政储金汇业局
严成德	十股	一千元	五百元	上海北京路九八号中央信托公司
陈其鹿	十股	一千元	五百元	上海外滩十五号中央银行
顾季高	十股	一千元	五百元	上海仁记路二五——七号中孚银行
范季美	十股	一千元	五百元	上海四川路六号中国企业银行
于寿椿	十股	一千元	五百元	上海外滩七号中国通商银行
祝仰辰	十股	一千元	五百元	上海外滩二二号中国银行
金采生	十股	一千元	五百元	上海北京路一三〇号中国实业银行
施博群	十股	一千元	五百元	上海四川路六九号四行储蓄会
郑伯纯	十股	一千元	五百元	上海江西路三七一号江苏银行
陈苏孙	十股	一千元	五百元	上海外滩十四号交通银行
缪振堇	十股	一千元	五百元	上海北京路三三〇号明华银行
王子厚	十股	一千元	五百元	上海天津路五〇七号东莱银行
章乃器	十股	一千元	五百元	上海汉口路十四号浙江实业银行
方培寿	十股	一千元	五百元	上海北京路七八号浙江兴业银行
刘建华	十股	一千元	五百元	上海宁波路一三〇号国华银行
孙瑞璜	十股	一千元	五百元	上海江西路三六一号新华信托储蓄银行
喻元恢	十股	一千元	五百元	上海九江路十四号聚兴诚银行
中国兴信社代表 章乃器、祝仰辰	十股	一千元	五百元	上海香港路四号

中国征信所股份有限公司选任董事监察人证明文件

日期　民国二十二年五月十六日

地址　上海香港路四号本公司

出席股东　计十九人，合一百九十权

董事十一人

祝仰辰　得一百六十权

章乃器　得一百五十权

资耀华　得一百五十权

方培寿　得一百四十权

陈其鹿　得一百四十权

孙瑞璜　得一百三十权

施博群　得一百二十权

陈苏孙　得一百权

缪振堇　得一百权

王昌林　得一百权

顾季高　得九十权

监察人三人

严成德　得七十权

于寿椿　得六十权

王子厚　得五十权

中国征信所股份有限公司营业概算书

甲、收入之部

一、顾问费

甲种，四十二家，每家每年纳费三百元，共计银一万二千六百元

乙种，八家，每家每年纳费二百元，共计银一千六百元

丙种，十九家，每家每年纳费一百元，共计银一千九百元

特种，二家，每家每年纳费五十元，共计银一百元

合计收银：一万六千二百元

一、报告费

甲种，每月六百元，每年可收七千二百元

乙种，每月四百四十元，每年可收五千二百八十元

丙种，每月三百六十元，每年可收四千三百二十元

特种，每月八十元，每年可收九百六十元

合计收银：一万七千七百六十元

总计收银：三万三千九百六十元

乙、支出之部

一、业务费

薪　工　　支银一万二千元

膳　费　　支银一千五百元

房　租　　支银二千元

邮电印花税支银六百六十元

文具印刷费支银四千二百元

书报费　　支银七百元

交际费　　支银五百元

捐　税　　支银三百元

修缮费　　支银一百元

车　资　　支银五十元

杂　费　　支银一千元

合计支银：二万三千〇拾元

一、调查费

薪　工　　支银三千八百元

膳　费　　支银五百五十元

车　费　　支银二千二百元

稿　费　　支银一千五百元

合计支银：八千〇五拾元

总计支银：三万一千〇六拾元

每年盈余计银：二千九百元

盈余分配：

公积金　得银二百九十元

其余由董事会提请股东常会议决之

中国征信所致中国兴信社函(1933年5月27日)

敬启者，本所成立以还，转瞬经一载，在贵社指导之下，黾勉服务，幸免陨越。自维对于沟通金融工商，确立社会信义所负使命至为重大，用是益自惕励，以期更求进步。所发信用及市场报告，力求详尽确实扼要迅速。谬承各委托者认为于推广营业，甄别主顾方面，颇有裨益。惟征信事业艰巨复杂，欲期收效之美满，尤赖各方之联络。现查上海各大银行，先后加入本所为会员者，固已居其大半，而尚未入会者亦属不少。值兹第二年度开始之际，拟扩展本所服务范围，广征会员，以期普及。用敢恳请贵社专函上海市银行业同业公会，分请尚未加入本所之各会员，分别加入为基本会员，俾与其他各会员群策群力，相互合作，确立信义，收效较易。本所当益自振奋，力谋使命之发挥，以副各会员期望之殷切。相应检同已入会及未入会各银行名单一纸，

社所章程各十七份，专函奉陈，敬希察核办理。无任企幸。此致
中国兴信社

中国征信所　谨启
中华民国廿二年五月廿七日

上海市银行业同业公会会员名单

甲、已加入征信所为基本会员者

中国银行	交通银行	浙江兴业银行
浙江实业银行	上海银行	中孚银行
聚兴诚银行	新华银行	东莱银行
中国实业银行	中国通商银行	江苏银行
国华银行		

乙、未加入征信所为基本会员者

盐业银行	四明银行	中华银行
金城银行	大陆银行	永亨银行
中南银行	华侨银行	中国垦业银行
广东银行	东亚银行	中国农工银行
中兴银行	通和银行	香港国民银行

中国兴信社致各基本会员函稿(1933年6月15日)

各基本会员代表

迳启者，六月十二日本社社员大会讨论以征信所派员至各银行调查行庄意见，每不能采得详实资料，致所制报告于行庄意见一项，类皆笼统，其辞略而不详，认为应即加以改进，期臻完善。当经拟定表格一种，此后关于该项资料，拟托由各基本会员银行代表设法向各本行接洽查明，以冀迅速而收事半功倍之效。当经决议通过，相应检同表格样纸一份，专函奉达，即请俯赐赞助，于该所寄表请求查示时随时填送。无任公感。此致
〇〇银行　〇〇先生

社启
中华民国二二年六月十五日

中国兴信社致各干事函稿(1933年6月22日)

敬启者，六月廿一日第廿一次社员大会举行改选干事，结果以章乃器、祝仰辰、资耀华(章植暂代)、孙瑞璜、陈其鹿当选，并经议决，当选干事嗣后每星期三午刻务须到所讨论关于社所进行事宜等因，相应录案函达，至请察照为荷。此致
兴信社干事

中国兴信社启

内政部关于《征信工商行名录上海之部》准予注册的批(1933年7月13日)

内政部批　第二八〇号

具呈人中国征信所代理人潘序伦呈一件，为呈送著作物《征信工商行名录上海之部》一种代请注册由。

呈及附件均悉。查所送著作物《征信工商行名录上海之部》一种，核与著作权法尚无不合，应准注册给照。执照随批颁发，仰即查收，转给存执。此批。

附发警字第二四二九号执照一纸。

内政部(印)

中华民国二十二年七月十三日

中国征信所股份有限公司呈请立案(1933年9月22日)

具呈人：中国征信所股份有限公司

代理人：立信会计师事务所主任会计师潘序伦住上海宁波路一九〇号

呈为奉令声复仰祈转呈实业部仍请准予登记事。

窃具呈人前经组织成立，依法呈请钧局转呈实业部准予登记，兹奉钧局社字第一四八四二号令开：为令遵事，案据该公司前请设立登记一案，业经本局转呈并批示在案。兹奉实业部指令商字第一九四三二号内开：查该公司章程第三条所列业务，均非商业行为，所请设立登记，未便照准。兹将原呈文件费银一并发还，仰即转给具领，此令。等因，奉此，合行令仰该公司遵照，克日备具收据，来局领回登记文件费银。此令。等因，奉此。窃查公司法第一条规定"本法所称公司谓以营利为目的而设立之团体"，是则现行法律，只以设立团体目的之是否为营利，并不以其所业之是否为商行为，为公司成立之条件，彰彰明甚。关于此点，更可引用旧公司条例及公司条例施行细则之规定，加以释证。查旧公司条例第一条之规定，为"本条例所称公司，谓以商行为为业而设立之团体"，是明指公司之业务须为商行为。但查公司条例施行细则第一条第二项，又有"以营利事业为目的而组织之团体准用公司条例"之规定，依此论之，则在旧公司条例本文中，虽有公司业务限于商行为之一语，但在施行细则中，已明白指示凡属以营利为目的之民事团体，可以准用公司条例。至于现行公司法第一条中，已将旧条例第一条中原文"商行为"字样，明白删除，即立法之意，更为显著矣。盖民商原属一体，界限本难划分，我国最近立法之例，本采民商合一主义，是以许多商事，均规定于民法债编之中，而不另订整部商法。至于商人通例第一条所规定之各种营业，并非为设立公司之要件，例如开矿垦殖等行为，均不在该条所列举十七种商业之中，自应各认为民事之一种，但其设立团体之目的，苟为营利，则自无不准其设立矿业公司垦殖公司理也。

具呈人所营业务，为(甲)调查工厂、商号、个人之身家事业、财产信用；(乙)调查市场状况；(丙)发行信用调查报告书、工商行名录及其他刊物；(丁)代收账款；(戊)办理其他附属业务。姑不论其中丙款确系属于出版业务之性质，即云不能作商行为，但具呈人之设立目的，既在营利，则公司法之适用，似属不成问题。为此依法声复，务乞转呈实业部，仍请准予登记，是深德

便。谨呈

上海市社会局

具呈人
代理人　中国征信所股份有限公司

中华民国廿二年九月廿二日

上海市社会局令(1933年9月4日)

上海市社会局令　社字第14842号

令中国征信所股份有限公司代理人潘序伦

为令遵事

案据该公司前请设立登记一案，业经本局转呈并批示在案。兹奉实业部指令商字第一九四三二号内开：查该公司章程第三条所列业务均非商业行为，所请设立登记未便照准。兹将原呈文件费一并发回。仰即转给具领。此令。等因奉此，合行令仰该公司遵照，克日备具收据，来局领回登记文件费银。

此令。

局长　吴醒亚

中华民国廿二年九月四日

立信会计师事务所致中国征信所函(1934年3月9日)

兹送上呈二件，请盖"中国征信所"印及任何董事一人签名盖章后掷下，以便再行补呈。此致

中国征信所

立信会计师事务所(印)启

上海市社会局训令(1934年10月27日)

事由：据请设立登记已奉部令核准饬领照由

上海市社会局训令　会字第9949号

令中国征信所股份有限公司董事陈其鹿等、代理人潘序伦：

案查该公司呈请设立登记一案，前据呈催到局，业经本局转呈并批示令知各在案。兹奉实业部商字第二九四〇七号指令略开：该公司所请设立登记一案，业经查核，尚无不合，应予照准。兹填发执照一纸，仰即转给具领。等因。奉此，合行令仰该公司遵照，克日持令随带领照凭单来局具领执照。

此令。

局长　吴醒亚

中华民国二十三年十月廿七日

3. 与上海银行公会等往来函件

中国征信所为推广会员事致上海银行公会函(1933 年 5 月 29 日)

谨启者,敝所成立以来,瞬满一载,渥承各界提携赞助,加入会员纷至沓来。委托事件日不暇给。业务进展颇称迅速。敝所自维对于沟通金融工商,确立社会信义所负使命,至为重大,用是益自惕励,以期更求进步。所发信用及市场报告,靡不详尽确实,扼要迅速。谬承各委托者认为于推广营业、甄别主顾方面,颇有裨益。惟敝所事业在国内尚属初创,成例前规绝鲜借镜,虽勉竭棉薄,而疏误仍恐难免。值兹第二年度开始之际,缅怀既往,策励[将]来。兹敬希贵处将过去一年敝所工作情形及以后应行兴革事项,尽量发抒伟论,赐予匡正。重以征信事业艰巨复杂,欲期收效之美满,尤赖各方之联络。敝所并拟于此时广征会员,以期普遍。素仰贵处领袖工商,夙孚众望,拟恳俯赐煦植,将有关系各行号尽量介绍加入,群策群力,相互合作,使我国征信事业,得与东西洋各国媲美争长。敝所当益自振奋,力谋使命之发挥,以副社会期望之殷。尚祈不吝指教。无任企幸。此致

上海市银行业同业公会

中国征信所　潘文安　谨启

中华民国廿二年五月廿九日

中国兴信社为请介绍银行会员加入事致上海银行公会函(1933 年 6 月 7 日)

敬启者,敝社接准中国征信所函开:本所成立以还,瞬经一载,在贵社指导之下,黾勉服务,幸免陨落。自维所负使命至为重大,用是益自惕励,以期更求进步。所发信用及市场报告,力求详尽确实、扼要迅速,谬承各委托者认为于推广营业、甄别主顾方面,颇有裨益。惟征信事业,艰巨复杂,欲期收效之美满,尤赖各方之联络。现查上海各大银行先后加入本所为会员者,固已居其大半,而尚未入会者,亦属不少。值兹第二年度开始之际,拟扩展本所服务范围,广征会员,以期普及。用敢恳请尊处专函上海市银行业同业公会,分请尚未加入本所之各会员分别加入为基本会员,俾与其他各会员群策群力,相互合作,确立信义,收效较易。本所当益自振奋,力谋使命之发挥,以副各会员期望之殷切。相应检同已入会及未入会各银行名单一纸,社所章程各十七份,专函奉陈。敬希查核办理等由。准此。查该所过去一年之工作,尚能适应社会之需要,顾仍以未得贵会会员全体加入合作,引为遗憾。准函前由,相应检奉名单一纸,社所章程各十五份,专函奉达,敬烦先生于执行委员会开会时提出讨论。至纫公谊。此上

上海市银行业同业公会

李主席馥荪先生

中国兴信社　谨启

中华民国廿二年六月七日

中国兴信社致上海银行函(1933 年 8 月 2 日)

敬启者,中国征信所成立以来,为时虽仅一载,而业务颇有进步。当初该所经费全由本社

补助，兹因业务收入日渐增加，每月支出由本社补助者亦逐渐减少，最近补助之数尚不及实际开支三分之一，希望不久该所经济可以完全独立。现查普通会员已有六十七家，倘能再增甲种会员二三十家，即无须本社按月补助，是增进该所业务即减轻社员负担，尚乞尊处俯赐赞助，广为介绍，多多益善，实纫公谊。此致

上海银行

附件　最近普通会员名单一份

中国兴信社　谨启

中华民国廿二年八月二日

中国征信所普通会员名单

甲种会员（二十四家）

正金银行	美最时洋行
汇丰银行	卜内门洋行
麦加利银行	恒信洋行
花旗银行	宝华洋行
大通银行	汇众银公司
远东银行	合中企业公司
美丰银行	呈祉贸易公司
华义银行	比利时商会
安达银行	美国烟业公会
中国垦业银行	加拿大商务专使
中法工商银行	商务印书馆
华侨银行	铁道部购料委员会

乙种会员（八家）

福家洋行	华嘉洋行
立兴洋行	顺全隆洋行
维昌洋行	美国建筑材料公司
茂隆洋行	孔士洋行

丙种会员（二十家）

德孚洋行	竟成造纸公司
福华洋行	中国营业公司
宝隆洋行	上海印染公司

（续表）

怡和洋行	上海电力公司
裕兴洋行	天福公司
五和织造厂	中法储蓄会
振兴纺织厂	中国化学工业社
震寰织造厂	怡和洋行机器部
康元印刷制罐厂	五洲药房
美国钢铁公司	四明储蓄会

特种会员（二家）

振华油漆公司	天一味母厂

（民国二十二年四月十四日止）

中国征信所致上海银行函(1933年4月12日)

敬启者，查本月十二日敝所第一六六五号中国银行报告发出日期虽署本月十二日，而所叙事实已为上年度之情形，不免有陈旧之处，兹该行已于本月八日举行股东会，官股董事陈嘉庚君名额已由财政部改派席德懋君接替，本所除先将董监人选于八日报告外，复将一切详情另编新报告，日内即可送奉，续供参考。相应函达。即希鉴察为荷。此致

上海银行经理先生

中国征信所　谨启

中华民国廿二年四月十二日

南洋烟公司冯炳南致中国征信所函(1933年7月6日)

仰尧先生大鉴：

多日未晤，无任企想，伏惟即日动定咸宜为颂，前承托为绍介会员，兹已代为介妥南洋兄弟烟草公司为甲种会员，年纳会费三百元。爰将其签妥之志愿书一件附上，请饬员前往收取会费可也。又弟前允捐助之文人失业救济金，兹特送支票弍百元，并希察收给回收据为荷。专此奉达。祇颂

台祺

任之先生均此道候

弟　冯炳南　拜启

七月

计附：会员志愿书一件

支票洋弍百元

中国征信所致南洋烟公司冯炳南函(1933年7月6日)

专送同孚路冯炳南

炳南先生赐鉴：

顷奉尊致潘仰尧先生台函，并附南洋兄弟烟草公司甲种会员志愿书及捐助文人失业救济金二百元支票各一纸，谨均拜悉。敝所业务迭荷指导赞助，煦植有加，拜惠隆情，宁有涯涘。业经遵嘱派员迳往该公司面洽一切。文人失业救济金二百元亦经转交上海职业指导所收存，除由该所掣拿收据外，嗣后如遇困顿之失业人员，该所当仰体先生恤贫之美意，相机救济，可纾廑念。仰尧先生因事于本月四日赴青岛一行，约本月二十日即可返沪，除将尊函转致外，特此具函申谢，敬希察照为荷。祇请

勋安

所启

中华民国廿二年七月六日

蔡承新致中国征信所函(1933年12月2日)

迳启者，本社审查委员会主席职务重要，猥蒙嘱令滥竽，承新应荷勤慎追随，方能勉予陨越。乃因职务羁縻，午间鲜能到社服务，罪谴日积，惶悚无似。前曾请准解去主席职务，未荷赐诺。公谨提请准予辞卸本社审查委员会主席职务，借免贻误。至纫感荷。敬上

兴信社社员大会诸公

蔡承新　谨启

廿二年十二月弌日

蔡承新致中国征信所函(1933年12月2日)

子伟、仰辰吾兄大鉴：

兴信社审查事务，弟因羁于行内职务，久未追随服劳，对于审查委员会主席一职，尤缺奉行。若再不获大会代表诸公准许辞卸，罪谴益增，更难自赎。附上一函，千万于今晚提请大会通过。原当出席，面请议处。值以预定今晚在敝处邀开谈话会，弟须主席，不能分身，盼恳赐谅。专肃拜托。祇颂

公绥

弟承新　拜启

十二、二

钱业公会秦润卿为介绍会员事致中国征信所函(1934年6月26日)

乃器、仰辰先生大鉴：

日前辱荷枉顾，畅聆教益，快慰无极。征信所为金融业调查所必需，尊处开办至今，成绩斐然。蒙嘱敝同业全体加入，足征挚爱谊深，同为感佩。无如敝业狃于开缴，劝之再四，殊无成

效。重以尊[遵]命不得不稍事点缀，兹与福源、同润、恒巽、惠丰、顺康、鸿胜、聚康、益大、恒赉、赓裕十庄说通，准入丁等会员。请尊处派人迳与该十庄订约收费可也。效劳不周，至以为歉。专复。即敂

台安

弟　秦祖泽　拜启

六月廿六日

中国征信所致钱业公会秦润卿函(1934年7月9日)

润卿先生大鉴：

接奉六月廿六日台函，渥承介绍贵庄等十家加入敝所为丁种会员，展诵之下，莫名感欣。银钱两业，原属一家，合作之端倪既具前途，进展可期，尚乞随时续加嘘植，旁加指导，使加入家数不断增加，等级逐渐递升，则不仅敝所之幸，抑亦全体金融业之福。尚望不久将来，贵同业全部均能加入协作，共图本国金融事业之进展，则吾公此举，裨贻多矣。除遵嘱派员趋赴各庄办理入会手续外，用特肃泐，谨鸣谢悃。顺颂

公绥

谨启

中华民国廿三年七月九日

中国征信所致福源等钱庄函稿(1934年7月12日)

福源等十庄

为请付会费由

迳启者，承秦润卿先生介绍，蒙加入为敝所丁种会员，曷胜感幸。兹附奉入会书一份、复查书一册，及会费收据一纸。希即将入会书签盖后，连同会费五十元一并掷下为荷。此上

〇〇庄

中国征信所致钱业会员函稿(1934年7月23日)

敬启者，中国征信所旨在调查工商信用，供给市场消息，用资商行营业参考。开幕以还，业逾两载，办理成绩，殊餍人望，华洋商家之加入为会员者，多达百数十家。贵业福源等十家亦已于日前加入该所为会员，第其余诸家或因对于该所尚多隔阂，或因缺乏介绍，致未能相继加入，引为憾事。银钱两业，义属一家，合作之先河既开，整个之联络自易。用敢专诚介绍贵庄加入该所为会员，在调查方面当致称便，于该所前途亦所利赖。倘承台洽，至深感纫。除将该所章程一纸附送察收外，相应函达，请烦察照为荷。此致

中华民国廿三年七月廿三日

上海邮政储蓄汇业局王昌林致中国征信所函(1934年12月17日)

迳启者，昌林前承中国兴信社推定为值日委员，本应竭诚襄助，惟因职务所羁，未能按期到

社，时有缺席，良深抱歉。拟自明年一月起，辞去前项委员职务，以免贻务。务恳照允为荷。至中国征信所本局基本委员之代表，昌林亦因无暇兼顾，自明年一月份起，改由本局秘书郑家驹君为代表，合并附达，并祈查照。此致

中国兴信社

中国征信所

王昌林启

廿三年十二月十七日

中国征信所致各银行会员代表函稿(1935年7月13日)

各代表

迳启者，本社于七月十日下午六时半假座银行公会俱乐部举行第二十八次社员大会，改选干事，同时并举行中国征信所第一次股东常会，报告上年度帐略，改选董监。新当选者如左：

中国兴信社干事：祝仰辰　章乃器　孙瑞璜　章植　王宗培

中国征信所董事：施博群　章乃器　顾季高　陈其鹿　陈苏孙

祝仰辰　缪镛楼　杨石湖　王维骃　潘仰尧　于寿椿

中国征信所监察人：王子厚　白双喜　严成德

即希台洽为荷。此致

廿四年七月十三日

中国征信所致各董监事函稿(1935年7月13日)

本届各当选董监事施博群、章乃器、顾季高、陈其鹿、陈苏孙、祝仰辰、缪镛楼、杨石湖、王维骃、潘仰尧、于寿椿：

迳启者，本所于七月十日下午六时半假座银行俱乐部举行第一届股东常会，改选董监，台端当选为本届董事，本会于十六日下午二时在本所举行董监会议，推选常董，务希准时莅临出席为荷。此上

中国征信所致各监察人函稿(1935年7月13日)

王子厚、白双喜、严成德：

迳启者，本所于七月十日下午六时半假座银行俱乐部举行第一届股东常会，改选董监，台端当选为本届监察人，兹定于十六日下午二时在本所举行董监会议，并推选常董，务希准时莅临出席为荷。此上

中国征信所致金城银行函(1939年9月11日)

迳启者，敝所事业夙荷赞助，并承加入为甲种会员，感篆无既。兹查该项会员有效期限将于九月十五日满期，想必仍赐继续。兹附奉账单一纸，计国币叁佰元正。请核付为盼。

又敝所创办未久，规模粗具，平日服务容有疏漏，尚望各会员时赐南针，以匡不逮，尤所感祷。此致

金城银行台照

中国征信所　谨启

附账单一纸

中华民国二十八年九月十一日

照付。作民　廿八、九、九

廿八年九、十一付讫(印)。

中国征信所致金城银行函(1943年9月6日)

迳启者，敝所自创办以来，向蒙贵行赞助，并承加入为甲种会员，感篆无既。兹查该项会员有效期限将于九月十六日满期，想必仍赐继续。兹附奉账单一纸，计国币陆佰元正。敬请核付为盼。不胜感祷。此致

金城银行台照

中国征信所　谨启

附账单一纸

中华民国卅二年九月六日

照付。

中国征信所致上海银行函(1941年10月1日)

敬启者，窃查本所基本会员会费，当民国廿一年创办之初，本定每家一百元。翌年因所中经济稍裕减为八十元。迄今八载，从未更动。战后上海物价稍涨，本所早有请求增加会费之议。嗣为减轻基本会员负担起见，实行紧缩，另谋开源之道。数年来，勉力维持，煞费苦心。今年起物价益昂，本所开支较前激增，虽将各项收入酌量增价，仍感入不敷出。若不将预算重予调整，前途势必难以维持。迫不得已，爰于九月四日兴信社第六十五次社员大会时，提出"增加基本会员会费"一案，当经出席代表共同讨论议决"自本年十月份起，基本会员会费由每月八十元恢复至原定之一百元，另加附加费六十元"记录在案。除由各代表分别转陈外，相应录案奉达，即祈亮察查照为荷。此致

上海银行

中国征信所　谨启

十月一日

中国征信所致上海银行函(1942年7月9日)

迳启者，窃自军兴以来，本所经济状况欠佳，幸蒙各基本会员银行共同维持，得以勉渡难关，殊深感幸。惟查近来各项物价益趋高涨，本所开支较前大增，维持又发生困难，迫不得已，拟自本期起将各基本会员会费略为增加，借以弥补。敬希贵行本以往扶助本所之立场，继续赞

助。兹附奉账单一纸，敬请查照核付。不胜感祷。此致

上海商业储蓄银行经理先生

附账单一纸

中国征信所谨启

中华民国卅一年七月九日

中国兴信社账单

上海商业储蓄银行台核　　　　中华民国 31 年 7 月 9 日

下列账款如复核无误请即送交浙江实业银行入敝户账。

如敝处派人收取所付支票亦请开明浙江实业银行收入敝户为荷。

社费	七月份至九月份	计	中储券	陆百元	¥600.00
（收款另有正式收据为凭）					

中国征信所致上海银行业同业公会函(1944 年 11 月 25 日)

敬启者，窃查敝所系成立于民国二十一年六月，为本市各华商银行联合发起组织之信用调查机关，向由各银行推派代表组织一中国兴信社，以管理敝所一切进行事宜。十余年来，虽屡经波折，尚能勉强维持。惟最近财政部规定，凡银行公会之附属事业均应呈报当局登记，而敝所过去虽为银行附属事业之一，但事实上与银行公会尚未发生正式之联系。爰经中国兴信社第六十六次社员大会议决，“为求健全中国征信所组织起见，拟请银行公会于呈请财政部登记时，将中国征信所列为银行公会事业之一，以免将来中国征信所在名义上及隶属方面发生问题。并请准备会指派委员共组中国征信所委员会，以便管理中国征信所以后之一切业务”记录在案。兹特录案检同中国征信所章程、中国兴信社各银行代表名单、中国征信所近况报告、收支预算表及资产状况表，备函送奉贵会，敬请查照赐复为荷。此致

上海银行业同业公会

附奉：一、中国征信所章程

二、中国兴信社各银行代表名单

三、中国征信所近况报告及收支预算表

四、中国征信所资产状况表

中国征信所　谨启

中华民国卅三年十一月二十五日

附件 3：中国兴信社第六十六次社员大会报告

中国征信所近况(民国三十三年十一月二十日报告)

一、工作方面

中国征信所主要工作为调查工厂、商号、个人之身家、事业、财产、信用，编发报告书，以供

各会员及委托者在营业上作参考之用。以前此项工作颇为紧张，且征信所之经常开支亦几完全依赖会费及信用报告费之收入。惟太平洋战事发生后，环境突发，各业不振，一般经济渐受统制，金融界放款亦逐步紧缩，最近尤为甚。加之，因生活困难，关系征信所历年所培植训练之调查人才亦逐渐分散，以致征信所最主要之信用调查工作已大为减少。目前，仅有少数之个人调查及银行商店之保单复查工作，略资点缀而已。

中国征信所之次要工作为出版刊物。以前曾有中文每日商情报告、英文经济日报、征信工商行名录、人名录、华商股票手册等之发行。关于出版刊物中，除中文每日商情报告（现更名《征信日报》）尚继续发行外，其他均因环境及成本等关系而不得不停刊。

发行《征信日报》，在事实上现几为征信所之全部工作。《征信日报》之报费及广告费收入，亦几完全为征信所全部开支之来源（参阅每月收支预算）。《征信日报》领有宣传部及本市警察局之登记执照，征信所全部人员均分配于《征信日报》之采访、编辑、排印、校对、兜揽、送报、收账、会计事务等工作方面。

二、经济方面

征信所账目向系按月结算，现一切收付传票尚待整理。经济情形请参阅每月收支预算，所列各项收支与目前实际情形大致相符，依照预算本已入不敷出（每月差额为五万元）。惟今年上半年，蒙银行准备会于去年盈余项下拨赠本所二十万元。本所除以一部分购买股票（现略有盈余）外，另一部分买进白报纸二十令。惟该项报纸已于近数月中陆续贴补，用去一大半矣。所买进之股票，现如售出，可得拾万元，再加上银行存款及本月份应收未收与应付未付款项之差额，共约四五万元，以之预购白报纸，本所白报纸存货约可用三四个月。惟以后物价仍有继续上涨可能，且本所职工待遇向来微薄，人事方面支出尚待调整，以后征信所之维持，其困难当更甚于今。

三、人事方面

征信所现有秘书一人，职员六人，练习生一人，工役二人，印刷工人四人，共计十四人。平均每人薪津收入，每月约七千元。在物价高涨声中，职员生活未能安定，所中工作效能减低当系事实。

四、资产方面

请参阅资产状况表。

附件 4：中国征信所资产状况表（中华民国三十三年十一月二十日编制）

名称	数量及单价	总价值
钢箱	四抽屉钢箱二十七具 （每具约值七万元）	\$1,890,000.00
	二抽屉钢箱十二具 （每具约值四万元）	480,000.00

（续表）

名称	数量及单价	总价值
木箱	四抽屉木箱六具 （每具约值一万元）	60,000.00
写字台椅	十六付 （每付约值二万元）	320,000.00
打字机	中文打字机一部英文打字机六部	100,000.00
电风扇	华生牌台扇八只	50,000.00
橱	玻璃橱二具 木橱二具	50,000.00
铅字	印刷用铅字约二千磅 （每磅约值六百元）	1,200,000.00
印刷机	脚踏印刷机二部	150,000.00
银箱	小型银箱一具	50,000.00
文具零件等	写字间应用文具及其他零碎物件	100,000.00
信用报告书籍、杂志等	历年积存如仅以废纸计值	100,000.00
总值		$4,550,000.00
除折旧	（以三成折旧计算）	1,365,000.00
净值		$3,165,000.00

中国征信社每月收支预算（中华民国三十三年十一月二十日编制）

收入之部		支出之部	
征信日报报费	$90,000.00	薪水津贴	$110,000.00
征信日报广告费	90,000.00	白报纸	80,000.00
基本及其他会员会费	5,000.00	佣金	20,000.00
差额	50,000.00	房租电灯电话	10,000.00
		零星开支	15,000.00
	$235,000.00		$235,000.00

上海银行业同业公会关于中国征信所请列入该会附属事业的批复（1944年12月26日）

迳复者，接准大函，以贵所为银行附属事业之一，但事实上历来与本会尚无正式联系，兹因财政部规定，关于征信所等机关应由银行公会补行呈请备案，贵所为将来名义上有所隶属起见，经议决请于呈部登记时，将贵所列为本会事业之一，并另组委员会接管贵所以后一切业务等语，并检附章则及资产收支等表到会。业经洽悉，昨提交第十八次理事会讨论，当以本会章程第二条第一项原载有举办征信所等字样，对于贵所议请列为本会附属事业一节，自无不合。议决当先为转呈财政部备案，并再另组委员会议订接管方案。在未组织就绪之前，仍盼贵所现有各银行代表孙瑞璜君等继续负责主持，以重所务。相应录案函复，至祈查照是荷。此致

中国征信所

上海银行业同业公会

中华民国三十三年十二月二十六日

上海银行业同业公会致财政部呈(1945年1月4日)

呈为检同中国征信所章程呈请鉴核备案事。

窃查《修正管理金融机关暂行办法》第十六条第二项规定："金融机关同业公会组织之附属机关与金融有关系者，如联合准备会、票据交换所、征信所等，应呈经本部核准"等，奉此，属会因将所属之联合准备委员会及筹办之票据交换所章则，于十一月二十九日呈请钧部备案在案。尚有上海市各银行所组织之中国征信所，系于民国二十一年间成立，历史悠久，办理征信事业上有相当贡献，以往虽未与属会直接联系，但属会章程订明征信所亦为附属事业之一，现复经《管理金融机关办法》明白规定，该所为名义上有所隶属起见，业已正式函请列入属会附属事业之一，并经属会理事会通过接受，即将拟订接管方案。为符合法令，合先备文连同该所旧有章程一件，呈请钧部鉴核备案，实为公便。谨呈

财政部

上海银行业同业公会

中华民国三十四年一月四日

财政部关于上海银行业同业公会接管中国征信所的批(1945年1月17日)

据呈拟接管中国征信所应准予备案仰于接管后将该所新订章程等报核由。

财政部批　钱四字第0082号　　中华民国三十四年一月十七日

原具呈人上海特别市银行业同业公会呈一件，为接管中国征信所检同该所旧有章程，请鉴核备案由。呈件均悉。据呈拟接管中国征信所一节，应准备案，仰于接管后将该所新订章程及负责人员姓名、籍贯、住址报部备核为要。

此批。件存。

部长　周佛海〈印〉

中华民国三十四年一月十七日

中国兴信社社员代表名单(1946年1月25日)

中国兴信社社员代表名单(以笔划先后为序)

上海银行　　周伯长

大陆银行　　袁力侗　陈裕祺　严良荣　朱惠圻

中一信托公司　严成德　田我醒　陈子绳

中国企业银行　刘念仁
中实银行　朱协卿　许公庶
中国通商银行　骆清华　江兆虎
中国银行　宋秉伦
四行储蓄会　施博群　周德孙　项仲雍
金城银行　徐国懋　郑鸿彦
浙江实业银行　孔绶蘅　郑叔屏
浙江兴业银行　吴承禧　张熙
国华银行　缪镛楼　朱祖林　周朴□
新华银行　孙瑞璜　陈鸣一　吴中凡
聚兴诚银行　袁尹邨　吴宝义　杨锡融　曹翰藩
盐业银行　陈森生

民国三十五年一月廿五日

中国征信所过去及今后复兴计划(1946年)[①]

中国征信所过去及今后复兴计划

甲、过去概况

查“中国征信所”为本市各大华商银行所发起创办，成立于民国廿一年夏季，迄今已有十四年历史，其主要业务为调查各业团体及个人资产信用，以供给各发起人及其他会员作业务上参考之用，其次要业务为出版中英文每日商情报告，以报导市场及一般经济消息，并发行中英文行名录、人名录、股票手册等其他附属工作，为代理复查银行、钱庄、公司、商店职员保单，及代收账款。八一三战事发生以前，本所业务颇为发达，收支可以相抵，除基本会员二十余银行外，本市中外金融工商团体加入为普通会员者不下一百余家，每日接受委托调查案件约五十余起，查复报告亦尽量逐日供给各基本会员银行作为参考及充实信用档案之用。职工人数约六七十名，并在天津、汉口设立分所，在其他各大城市设有特约调查员。十余年来积聚各业团体及个人档卷约五万单位，并与国外各大征信机关取得联络，互通音信，互相委托调查，其中与美国邓白征信所 Dun & Bradstreet，lnc.（全世界最大历史最久之征信所）关系尤深，时有电报及航信往来，除信用调查案件外，尚互相介绍中美两方面进出口商，以促进其发生贸易关系。

八一三战事发生后，全国金融工商各业均受打击，而本市尤甚，银钱工商信用紧缩，本所业务大受影响，收入顿减，迫不得已，乃采取紧缩政策，裁员减薪，并将大部分办公房屋退租，借以减少负担，勉强维持。迨至三十年十二月八日太平洋战事爆发以后，环境更见恶劣，所方业务不但无法发展，且有朝不保夕之势，幸赖同人含辛茹苦，不惜薪津收入之低微，只求维持本所机

① 原件无日期，此系编者据卷内档案拟定。供参考。

构以待光明之来临。值兹胜利实现，河山光复，一切复员工作正在积极开展，金融工商事业行将重复旧观，而征信事业之需要亦将日见迫切，爰特草拟复兴中国征信所工作计划，以供各银行代表之参考，尚希指正为荷。

乙、今后复兴计划

（一）经费问题　查历年来中国征信所工作之进行中所最感困难者，厥为经费问题，征信事业并非营利事业，乃为金融工商界服务之机构，凡利用征信调查报告者，其所得之功效或无形代价，实无法以币值数字加以估计。在八一三事变前，各基本会员所付本所会费为每月八十元，数目虽不大，然在当时亦为极大补助，估计占本所经费总开支约有百分之五十。最近数年中情形突变，由基本会员方面所得仅占总开支百分之三。时至今日，不进则退，进则应积极设法使经费有着，工作得以开展，退则即将资产变卖，遣散同人，惟已有多年历史之征信机构，一旦解散，实深可惜，究应如何办法，尚请本所各发起人及赞助人郑重讨论（关于经费需要参阅预算表）。

（二）基金问题　本所最初创办时期本无基金，亦无所谓实际收足资本，故过去工作进行，常感经济周转不灵之苦，使工作效率减低，一切应付困难，如能于此次整理复兴时期，筹得一笔基金，以便运用使之生产，庶几于万不得已时，可以动用其利益部分。

（三）人事问题　战前本所人员太多，目前又感觉嫌少，现值复兴开始之初，不拟过事铺张，在尽量节流不用冗员，及实际工作需要等原则下，拟聘用职工人员总数最少十人，最多亦不过十五六人。

（四）工作问题　征信所可做之事甚多，现拟即恢复下列数种工作：（一）信用调查（此乃征信所最主要使命），对于报告书之质与量的方面，当随时研求改进，此点尚请各位随时指教。（二）出版：本所原置有小型印刷所一间，以前调查报告书及商情日报均由本所自印，现仍拟利用之，以刊印《征信所报》日刊一种，以报导每日经济消息及市场动态，惟日刊印刷纸张成本甚巨，是否可改为三日刊或周刊，尚有研究之必要。《征信所报》外界知者颇多，继续出版可与外界保持多年之联系，其他刊物如《人名录》、《行名录》、《股票手册》等将来亦可视事实之需要陆续发行。

（五）国外往来　美国及英国（尤以前者为甚）现急欲向华发展贸易，而我国之进出口商亦极愿与国外发生贸易关系，将来本所调查及介绍业务必较战前为多。

附：中国征信所收支预算表

注：预算表中所列普通会员会费收入，目前尚无绝对把握，故希望各基本会员能多负担一点。

《申报》社致中国征信所函（1947 年 7 月 20 日）

迳启者，本报自采用贵社行市表以来，连日经所制征信□□同一日期内同一物品虽□份并无二致，而其中一小部分则发现互异，致常有读者来函询问究竟原因何在，即希□□查明见复。附奉七月四日□□□□四纸借供参考。敬希察洽为荷。此致

中国征信所

谨启

附比较表四纸

中国征信所与《申报》、《新闻报》协定书(1947年8月15日)

立协定书 《申报》《新闻报》中国征信所 兹经三方完全同意商定后列条款各愿愿守:

一、中国征信所商情稿(所称商情稿系指刊登于《申报》之“市价一览”、《新闻报》之“商情表”)除供给《申报》、《新闻报》外,不得再供给其他任何日报、晚报或通讯社。

二、中国征信所所有市况与新闻稿件以单独供给《新闻报》为限。

《申报》 陈训金(印)
《新闻报》 赵敏恒(印)
中国征信所 中国征信所(印)(祝仰辰章)
中华民国三十六年八月十五日

中国征信所致上海商业储蓄银行函(1949年8月8日)

迳启者,查中国兴信社第七十一次社员大会记录业已印就,兹随函附奉该项记录一份,即祈察收。再,查此次决议案第一二两项“中国征信所因业务无法推进,决定暂时办理结束,由中国兴信社拨付补助费三千六百折实单位,作为遣散职工经费。上项补助费由十四家会员银行平均摊认,计每家二百五十七折实单位”记录在卷,相应录案函达,并开奉账单乙纸,即请查照惠付为荷。此致

上海商业储蓄银行

附 中国兴信社第七十一次社员大会记录一份
中国兴信社补助中国征信所经费账单一纸

中国征信所启
中华民国卅八年八月八日

(二)章程

中国兴信社简章(1932年)

中国兴信社简章

第一条 本社定名为中国兴信社。

第二条 本社以融通调查资料,提倡社会信义,辅助金融业之发展为宗旨。

第三条 本社由各地意气相投之华商银行及其他金融机关联合组织之。

第四条 本社社员得派代表一人至四人。

第五条　本社为实现上列宗旨起见得设征信所。

第六条　本社社员应尽下列义务：

甲、本社社员应纳入社费二百五十元；

乙、征信所创办之第一年内，每月应缴报告费暂定为一百元（每三个月预付一次），第二年以后得斟酌减免：

丙、本社社员应于可能范围内尽量供给征信所种种资料；

第七条　本社社员应享下列权利：

甲、为征信所之基本会员不付常年会费；

乙、征信所每月供给信用调查报告五十份不另取费；

丙、如有专托征信所调查事务，每份纳费一元，并得优先办理；

丁、征信所如有出版物时得受优待；

戊、社员上如有重大事变得由征信所随时报告，毋庸事前委托，不另取费。

第八条　本社社员暂定每日聚餐一次交换意见共策金融事业之进展。

第九条　本社由社员代表之中公推干事三人至五人处理本社一切事务，其任期为一年，连举得选任之。

第十条　本社每月得开社员大会一次，由干事召集之。

第十一条　本社为发展社务起见，得设设计委员会及审查委员会，其细则另订之。

第十二条　本简章如有未尽事宜得随时提出，由大多数社员之同意修改之。

中国征信所简章(1932年6月)

中国征信所简章

所址：上海圆明园路一号　电话一八四七四

电报挂号：国外无线“CREDITMEN SHANGHAI”

国内无线及有线九六六六

中华民国二十年六月第二次印

调查工商信用，传布市场消息；提倡经济合作，促进社会繁荣。

中国征信所简章

一、本所以提倡社会信义，便利工商发展为宗旨，定名为“中国征信所”。

二、本所由中国兴信社社员共同组织之。

三、本所以调查工厂、商号暨个人身家事业之财产信用以及市场消息为职务。并将调查所得之资料加以整理，制成报告或其他刊物，供给各会员参考，并备工厂、商号或个人之购阅。

四、本所会员分为甲、乙、丙三种。

甲种会员　每年应纳会费三百元（一次缴足），报告书在一百份之内，每份取费一元，一百份之外，每份取费二元。

乙种会员　每年应纳会费二百元（一次缴足），报告书在五十份之内，每份取费一元五角，五十份之外，每份取费三元。

丙种会员　每年应纳会费壹百元（一次缴足），报告书在二十份之内，每份取费二元，二十份之外，每份取费五元。

凡须用英文报告者，会费及报告费概以规元计算。

凡本会会员购买本所出版物，均得享受八折优待。

非会员　不论工厂、商号、个人，如有正式证明为正当用途者，亦可随时委托本所代为调查，其费用如左：

（一）中文报告　每份十元；

（二）英文报告　每份十两。

五、凡接受本所各项报告者，须守绝对秘密，不得告知第三者。

六、本所报告事项，务求确实，惟各会员不得专靠本所之报告，对于本所报告之的当与否，以及公司团体或个人之信用程度等等，概由会员自行判断，与本所无涉。

七、本所如探知市场上特别变化，或商业上有欺诈及危险事项发生之消息，当随时报告本所会员，同时各会员如发觉此类事变，亦应随时通知本所，以便详细调查。

八、本所对于会员发出报告之后，如发觉调查者之内容及信用有新变化，应自动通知该会员，不另取费。

业务概要

甲、调查工商信用。

凡本所会员如欲调查工厂、商号及个人身家事业之财产信用，应即填具印就之委查书，签字盖章，送交本所，当即派员调查，于最短时间内制成报告，送交该会员。

凡工厂、商号或个人如有正式证明为正当用途者，亦得随时委托本所调查。

乙、传布市场消息。

本所对于市场消息平时注意汇集材料，并随时派员调查将所得资料互相参证，加以整理分析，制成报告或出版刊物。

本所如遇市场上发生重大变化，或探悉有欺诈及危险情事发生之消息，立即派员调查，并汇集材料加以整理分析，详究原因、影响及救济方法，于最短时间内制成报告，分送各会员，并供各界之购阅，或载入刊物，以促各界之注意。

本所编制市场消息报告书时，除根据汇集及调查所得之材料外，得向熟悉各该业之本所特约顾问及中外经济学家或学术团体咨询意见，以资参证。

凡市场上各业之变动情形，经过相当时间，本所得编印各该业之出版物，作有系统之叙述，以供会员及外界之购阅。

会员或非会员如对于工商金融有疑难问题时，得委托本所代为研究，或代为咨询专家意见，设法解答。

入会书式(此项书式承索即寄)

迳启者,

敝处兹加入贵所为　种会员,附上已经签署之志愿书一份,会费银　　元,敬祈察收,即将委查书一册交下,以资应用为荷。此致

中国征信所

入会人:

营业种类:

地址:

代表人:

住址:

*签字或图章式样

中华民国　　年　月　日

(*将来委查书上之签字或图章须与此项签字或图章之式样符合)

志愿书式(此项书式承索即寄)

中国征信所会员志愿书　第　号

立志愿书　　(以下简称会员)

兹加入贵所为________种会员,对于一切章程及左列条款均已明悉,自愿遵守。此致

中国征信所经理先生台鉴

中华民国　　年　月　日立志愿书

代表人

计开:

一、会员委托本所调查事件必须填具本所印就之委查书方可照办,如遇紧急事件不及填就委查书时,得用电报电话或口头委托本所调查,惟随后仍须补填委查书送交本所。

二、会员不得代表第三者或将名号借与第三者委托本所调查事件。

三、会员对于应纳各种费用应准期缴楚,不得延欠,如将来中途出会时,所有已缴或预缴之会费不得请求退还。

四、会员如因违背本所章程泄漏秘密,或因他种疏漏或差误以致本所受损害者,应负责赔偿。

中国征信所股份有限公司章程(1933 年)

中国征信所股份有限公司章程

第一章　总则

第一条　本公司依照公司法股份有限公司之规定组织之,定名曰"中国征信所股份有限公司";英文名称为"BANKERS' CO - OPEATIVE CREDIT SERVICE. LTD."。

第二条　本公司设立总所于上海香港路四号,其他各处得由董事会议决,随时添设分所或代理处。

第三条　本公司以"提倡社会信义,便利工商发展"为宗旨,所营业务如左:

甲、调查工厂、商号、个人之身家、事业财产信用;

乙、调查市场状况;

丙、发行信用调查报告书、工商行名录及其他刊物;

丁、代收帐款;

戊、办理其他附属业务。

第四条　本公司营业年限自呈准登记之日起,定为三十年,期满之后得由股东会依法议决,请求主管官署展期。

第五条　本公司公告以登载上海通行之日报两种以上,或直接通函行之。

第二章　股份

第六条　本公司资本总额定为国币二万元,分为二百股,每股国币一百元,由全体发起人全数认足,先收半数,计一万元,以各项财产抵缴(另附资产负债表、财产目录)开始营业,其余一万元随时由董事会定期催缴之。

第七条　股东须将印鉴或签字式样交存,本公司于行使一切股东权利时,均以为凭。

第八条　本公司股票概用记名式,由董事五人署名、盖章发行之。

第九条　本公司股票如有转让、继承、抵押,以及其他关于取得股份所有权等情事,均须凭印鉴过户,否则无效。

第十条　本公司股票如有遗失,请求补给时,须于上海通行日报公告三日后,如一个月内无第三者主张异议,得邀同保证人请求补给,并缴纳手续费国币一元及应贴之印花税费。

第三章　股东会

第十一条　本公司股东常会于每年结帐后二个月内,由董事会召集之;董事会应于开会一个月前通知各股东,股东临时会遇必要时,由董事会于开会十五日前通知各股东召集之;如有股份总数二十分之一以上股东之请求,亦得依法召集股东临时会。

第十二条　本公司股东之表决权以一股为一权,但一股东而有十一股以上者,其十一股以上之股份,每二股为一权,零数不计。

第十三条　股东会主席由董事长任之,董事长缺席时由常务董事中临时互推一人任之。

第四章　董事监察人及职员

第十四条　本公司设董事十一人，监察人三人，由股东互选任之。

第十五条　董事任期二年，监察人任期一年，连选均得连任。

第十六条　董事会设常务董事五人，由董事互选任之，常务董事互推一人为董事长。

第十七条　董事会常会每月召集一次，监察人得列席与议，但无表决权；

第十八条　本公司设经理一人、秘书一人，必要时得添设副经理一人，均由董事会聘任之，各课主任由经理征得董事会之同意任用之，其他职员由经理任用之。

第五章　会计

第十九条　本公司每年于十二月底结算一次，由董事会依法造具帐略及各项表册，在股东常会开会前交监察人查核，提出报告。

第二十条　本公司每年结算后，除一切开支及折旧外，如有盈余，先提十分之一为公积金，其余分配，由董事会提请股东常会议决之。

第六章　附则

第廿一条　本章程自呈准登记之日起施行，日后如有修改之处，由股东会依法议决呈请主管官署备案。

第廿二条　本章程未尽事宜，悉照公司法，股份有限公司之规定办理。

第廿三条　本公司发起人姓名住址如下：

资耀华　上海宁波路五〇号上海商业储蓄银行
王昌林　上海福州路五号邮政储金汇业局
严成德　上海北京路九八号中央信托公司
陈其鹿　上海外滩十五号中央银行
顾季高　上海仁记路二五一七号中孚银行
范季美　上海四川路六号中国企业银行
于寿椿　上海外滩七号中国通商银行
祝仰辰　上海外滩二二号中国银行
金采生　上海北京路一三〇号中国实业银行
施博群　上海四川路六九号四行储蓄会
郑伯纯　上海江西路三七一号江苏银行
陈苏孙　上海外滩十四号交通银行
缪振堇　上海北京路三三〇号明华银行
王子厚　上海天津路五〇七号东莱银行
章乃器　上海汉口路十四号浙江实业银行
方培寿　上海北京路七八号浙江兴业银行
刘建华　上海宁波路一三〇号国华银行
孙瑞璜　上海江西路三六一号新华信托储蓄银行
喻元恢　上海九江路十四号聚兴诚银行

中国兴信社代表　章乃器　上海香港路四号
祝仰辰

中国征信所营业章程草案(1933年)

中国征信所股份有限公司营业章程

第一条　本所办理左列各项业务：

甲、调查工厂商号个人之身家事业财产信用。

乙、调查市场状况。

丙、发行征信工商行名录及其他刊物。

丁、代收帐款。

第二条　本所会员分为左列四种：

甲种，每年缴纳会费三百圆。报告书在一百份之内。每份收费一圆，一百份之外每份收费二圆。

乙种，每年缴纳会费二百圆，报告书在五十份之内，每份收费一圆五角，五十份之外，每份收费三圆。

丙种，每年缴纳会费一百圆，报告书在二十份之内，每份收费二圆，二十份之外每份收费五圆。

丁种，每年缴纳会费五十圆，报告书在十份之内，每份收费三圆，十份之外每份收费六圆。

凡需用英文报告书者应纳会费，报告费一律照上开数目加收四成。

第三条　非本所会员需要本所报告书，经本所核准亦得照给，其应纳费用如左：

中文报告书每份银十圆。

英文报告书每份银十四圆。

第四条　本所会员购买本所出版物得照原价八折优待。

第五条　本所对于委托调查事件必要时得拒绝报告，或只用口头报告，其已经发出之报告书，仍保留随时收回之权。

第六条　凡接受本所报告书者，须守绝对秘密不得告知第三者，或借与第三者阅看，并不得宣布此项报告书系由本所供给。

第七条　本所报告书力求详确，惟接受报告书者对于被调查者之信用程度及报告资料之采用，应自加判断，本所不负责任。

第八条　本所如察觉市场特别变化，或商业上有诈欺及危险情事，当随时报告各会员，各会员如得悉此项消息，亦应随时报告本所，以便调查。

第九条　本所对报告书发出后，如察觉被调查者之信用有新变化时，当自动报告该会员，不另收费。

第十条　本所代收账款细则另定之。

第十一条　本章程如有未尽事宜得随时修正之。

中国征信所股份有限公司营业章程(1933年5月)

中国征信所股份有限公司营业章程

所址：上海圆明园路一三三号

电话：一八四七四、一四四四一号

电报挂号：国外无线“CREDITMEN SHANGHAI”

国内无线及有线九六六六

业务概要：

调查工商信用，传布市场消息；编行工商名录，代收客户帐款。

报告书特色：

内容——力求详尽

消息——力求确实

编制——力求扼要

时间——力求迅速

中国征信所股份有限公司营业章程

第一条　本所办理左列各项业务：

甲、调查工厂、商号、个人之身家事业财产信用；

乙、调查市场状况；

丙、发行信用调查报告书、工商行名录及其他刊物；

丁、代收账款；

戊、办理其他附属业务。

第二条　本所调查报告书以供给会员应用为原则，凡需要此项报告书者，经本所同意均得为本所会员。

第三条　本所会员分为左列四种：

甲种，每年缴纳会费三百元，报告书在一百份之内，每份收费一元，一百份之外每份收费二元；

乙种，每年缴纳会费二百元，报告书在五十份之内，每份收费一元五角，五十份之外每份收费三元；

丙种，每年缴纳会费一百元，报告书在二十份之内，每份收费二元，二十份之外每份收费五元；

丁种，每年缴纳会费五十元，报告书在十份之内，每份收费三元，十份之外每份收费六元。

凡需用英文报告书者应纳会费及报告费，一律照上开数目加收四成。

第四条　非本所会员需要本所报告书者，经本所同意亦得照给，其应纳费用如左：

中文报告书，每份银十元；英文报告书，每份银十四元。

第五条　本所会员购买本所出版物得照原价八折优待。

第六条　本所对于委托调查事件必要时得拒绝报告，或只用口头报告，其已经发出之报告书，仍保留随时收回之权。

第七条　凡接受本所报告书者，须绝对保守秘密，不得告知第三者，或借与第三者阅看，并不得宣布此项报告书系由本所供给。

第八条　本所报告书力求详确，惟接受报告书者，对于被调查者之信用程度及报告书资料之采用，应自加判断，本所不负责任。

第九条　本所如察觉市场特别变化，或商业上有诈欺及危险情事，当随时报告各会员，各会员如得悉此项消息，亦应随时秘密报告本所，以便调查。

第十条　本所对于会员发出报告书后，如察觉被调查者之信用有新变化时，当自动报告该会员，不另收费。

第十一条　本所代收账款细则另定之。

第十二条　本章程如有未尽事宜得随时修正之。

入会书式（此项书式承索即寄）

迳启者，敝处兹加入贵所为　种会员，附上已经签署之志愿书一份，会费银　　元，敬祈察收，即将委查书一册交下，以资应用为荷。此致

中国征信所股份有限公司

入会人

营业种类

地址

代表人

住址

＊签字或图章式样

中华民国　　年　月　日

志愿书式（此项书式承索即寄）

中国征信所股份有限公司会员志愿书　第　号

立志愿书　　（以下简称会员）兹加入贵所为　种会员，对于一切单程及左列条款均已明悉，自愿遵守。此致

中国征信所股份有限公司经理先生　台鉴

中华民国　　年　月　日　立志愿书　代表人

计开：

一、会员对于应纳各种费用应准期缴楚，不得延欠，如将来中途退出时，所有已缴或预缴之会费不得请求退还。

二、会员不得代表第三者或将名号借与第三者委托本所调查事件。

三、会员委托本所调查事件，应填具本所印就之委查书方可照办，如遇紧急事件不及填就委查书时，得用电报电话或口头委托本所调查，惟随后仍须补填委查书送交本所。

四、会员委托本所调查事件，所有被调查者之名称事业、种类、地址及应查事项等必须于委查书内填写详尽，以免稽延，如因委查书填写不明以致报告书发生错误者，本所不负责任。

五、会员接受本所报告书后。除用作商业上之参考外。不得作其他用途。

六、会员如因违背本所章程，泄露秘密，或因他种疏漏或错误以致发生纠纷者，除须负责理楚外，并赔偿本所因此所受之损失。

七、本志愿书以自会员入会日起一年为有效期间，期满时任何一方如须终止本志愿书时，应于期满前六个月通知对方，否则继续有效。

中华民国二十二年五月第四次印　五〇〇本　上海竞新印书馆排印

中国征信所代收客账章程草案(1933年)

中国征信所代收客账章程草案　洪启英起草

一、代收客账为本所第二种业务。

二、凡本所会员皆得委托本所代收账款，其会费并不增加。

三、本所代收账款之范围列左：

甲、本外埠商行账款，及其他非属个人间借贷之一切贸易往来款项；

乙、凡闭歇商号一年以上，及业已入讼之账款不在本所代收之例。

四、会员委托代收账款其手续如下：

甲、签具委托书；

乙、检送详细账目及收据。

五、非会员亦得委托本所代收账款，但应给佣金，照会员定价加给20%(指账款之百分)。

六、本所派员收取款时，遇有必须向欠款商号解释之处，得随时访问委托者探询一切。

七、本所收取账款运用书面通告，派员催索，电催等种种有效方法，务使账款确实归还，不得已时得因委托者之请求，诉诸法律，应付讼费由委托者负担。

八、因收账发生之讼事，悉委托本所法律顾问办理，但委托者亦得指定律师办理。

九、会员委托本所代收账款，应给佣金规定如左：

一百元以下 15%

一百元以上五百元以下 10%

五百元以上 7%

十、会员委托代收外埠账款照规定佣金加给 5%(指账款之百分)。

十一、本所派员收取账款时,发觉该账已经委托者屡索不还,已成呆账,或因其他困难难以收还等情,得随时退还委托,因此所耗之费用,应由委托者负担。

十二、本所为便利委托者确定下届放账标准起见,于解送账款时附送该欠号最近营业情形及信用程度报告书一份,该报告不另取资,但非会员不在此例。

十三、委托者若将全部账款委托本所代收,得照规定佣金减少 20%。

十四、委托者若同时委托本所代收数笔账款,本所于收得每一笔账款后先行电知,俟收齐各款后汇集解送。但任何账款自通知收到至解款不得逾一月,委托者在该期限内不得需索利息。

十五、委托者已将某账项委托本所代收后,不得同时委派任何人员往收,并不得中途撤回。

十六、会员无意继续委托代收账款时,不影响其会员资格。

十七、凡本所代收事件,悉于本所公报上公布之。

十八、本章程有未尽事宜得随时修正之。

中国征信所非会员与普通会员报告书纳费新章程(1941 年 11 月 1 日)

一、非会员

中文报告书每份三十元

英文报告书每份四十元

二、普通会员

甲种会员　每年缴纳会费三百元,报告书在一百份之内,每份收费三元,一百份之外每份收费五元。

乙种会员　每年缴纳会费二百元,报告书在五十份之内,每份收费四元,五十份之外每份收费七元。

丙种会员　每年缴纳会费一百元,报告书在二十五份之内,每份收费五元,二十五份之外每份收费八元。

丁种会员　每年缴纳会费五十元,报告书在十份之内,每份收费八元,十份之外每份收费十元。

三、附注

(一) 以上新章程于民国三十年十一月一日起实行。

(二) 凡普通会员需用英文报告书者应纳会费及报告费,另参阅英文章程。

(三) 普通会员每年缴纳会费数额仍照旧章程办理并未更改。

中国征信所特别会员章程(1941 年 11 月 1 日)

本所为增进对于金融业之服务起见，特添设特别会员，并拟定章程如左：

第一条　特别会员限于华商银行、钱庄、信托公司银公司及保险公司。

第二条　特别会员每月纳经常费五十元，每半年预付一次，其委托调查案件每年在一百件以内时，每件收费三元，超过一百件时其超过件数每件收费五元。

第三条　本所所发自动报告书均发给特别会员，不另取费，但每会员以一份为限。

第四条　特别会员对于所收受之报告书，须绝对保守秘密，除内部高级人员外不得任人阅览，更不得转送外人，否则如因此发生纠葛及损害，均由该会员负责。

第五条　特别会员对于本所调查事项须详细答复充分协助。

第六条　特别会员如发现本所报告书内容有误及有其他意见时，应随时通知本所，以便查明更正。

第七条　本所营业章程第五条、第七条、第八条、第九条及第十条之规定对于特别会员亦适用之。

附言：本所自开业以来，因所发报告书多能揭露工商各界之真相，故会员方面所费无几而所得保障则甚大，特别会员所负经费仅及基本会员四分之一，而所享权利则几与之相等，尤属合算。

三十年十一月一日

(三) 组织

中国征信所办事组织暂行规则(1933 年 11 月)

中国征信所办事组织暂行规则

第一条　本所设秘书一人，秉承董事会管理所内一切例行事务。

第二条　秘书以下设置左列各部。每部设主任一人负责办理。

(一) 调查部

(二) 文牍部

(三) 事务部

(四) 行名录部

第三条　调查部掌握左列职务：

(一) 各种信用调查。

(二) 各种市况调查。

(三) 情报网之组织及进行。

(四) 剪报及其他调查资料之收集。

第四条　文牍部掌握左列职务：

（一）各种调查报告之整理。

（二）各种信札及文件之拟稿缮写。

英文调查报告之编制，及信札之拟稿暂由兴信社秘书负责。

第五条　事务部掌理左列职务：

（一）关于银钱出纳事宜。

（二）关于会计及预算决算事宜。

（三）关于庶务事宜。

（四）关于信件收发事宜。

（五）其他不属各部之事务。

第六条　行名录部掌理左列职务：

（一）关于行名录资料之收集。

（二）关于行名录之编辑。

（三）与行名录有关事宜。

关于行名录资料之收集由调查部酌拨调查员办理之。

第七条　本所发出重要文件及银钱支票收据事，除由秘书签字外，另由主管部主任一人副署之。

第八条　关于档案之保管及整理由秘书直接负责，另设档案管理员办理之，档案管理员直接隶属秘书。

第九条　各部需用档案参考时，须一律开单向秘书室调取，并须即日交还，不得外携。

第十条　事务部收到信件应予编号，登录收信簿后一律送交秘书开拆。

第十一条　文牍部对于应发信件应予缄封编号，登录发信簿后汇交事务部发送，其送件回单、邮局收条及应付邮费数目，每日终互相核对一次。

第十二条　委托调查案件，其委查书由秘书室登册后秘密保存，另行开单详记调查标的及期限，交调查部办理。

第十三条　往来信札由秘书决定应否答复及拟稿大意，交文牍部办理。

第十四条　事务部收到银钱须登记现金收入账，其须签名收条者，须连同现金收入账送秘书室签字。

秘书对于现金收入账须每日阅对一次。

第十五条　事务部对于应付款项其在预算以内者，得开就支票连同单据送秘书室签字，其在预算以外者须先经秘书核准

第十六条　事务部须将考勤簿于规定时间经过后，送交秘书室。

第十七条　调查案件之是否如期，调查完竣及整理翻译，发送有否延迟，秘书应随时督察。

第十八条　牵涉二部以上之事务，由关系部主任商同办理之，认他部事务之办理妨害本部事务之进行者，应与该部主任磋商改良方法，或建议秘书裁决之。

第十九条　本章程试行一个月期满后酌量修改之。

第二十条　本章程于二十二年十一月十八日施行。

中国征信所同人名录(1933年4月)

中国征信所同人名录

(甲)信用调查部

职务	姓名	字号	年岁	籍贯	住址
经理	潘文安	仰尧	四一	江苏嘉定	尚文路县教育局九号
秘书	金慕尧		二七	江苏吴江	南市陆家浜 中华职业学校校友会转
调查员	任榆	天树	四七	浙江绍县	西门金家坊一九一弄一号
调查员	王铉联	柏芳	四一	上海	南市陆家浜池河头四五号
调查员	王执中	立方	四二	江苏镇江	蓬莱路一德里五号
调查员	郭宜生		三四	浙江杭县	文庙路云霞里八号
调查员	魏竺铨		四一	浙江余姚	新闸大通路斯文里八四号
调查员	潘福申		二五	浙江吴兴	南市老白渡里街五七号
办事员	唐大刚		二八	江苏南汇	浦东新场镇同昇木行
办事员	凌城	积声	三〇	江苏吴江	南市江阴街兴安里五号
办事员	张献琛		二四	江苏松江	南市陆家浜中华职业学校
办事员	沈至精	唯一	二九	湖南常德	霞飞路和合坊四川汽车公司二楼
办事员	洪启英		二七	江苏吴县	天潼路恒庆里南三弄一八号
办事员	石岑如	蔚山	二八	江苏南汇	浦东南汇县第二区祝家桥镇
办事员	林凤群		二一	广东中山	北四川路一〇四号冠美帽厂
办事员	黄方杰		二四	江苏松江	极司非而路梅郫三六号
办事员	陈光谋	大贻	二一	四川成都	新大沽路J四七八号
办事员	陈其琳	琅嵺	二八	江苏嘉定	吴淞路重庆坊七八九号
办事员	成德冕	冠甫	二三	浙江绍县	九亩地敦顺里二号
办事员	吴炎	焱仲	一九	浙江嘉兴	武定路慎余里一〇七八号
办事员	李宏铎	罗瑞	二一	上海	本所转
办事员	刘慕贞		二五	浙江鄞县	狄思威路源茂里四九号
练习生	范椒贞		一九	上海	南市大东门火腿弄二三号
练习生	宋浣如	云锦	二九	江苏江宁	南市西门外安澜路二三号
练习生	任禹锡	企刘	二二	江苏上海	二洋泾桥证券物品交易所四十五号经纪人转
练习生	李伯年		一八	浙江嘉善	本所

民国二十二年四月

（乙）征信工商行名录部

办事员	徐问梅		三三	江苏丹徒	南市小西门尚文路一三号
办事员	张志诚		二七	江苏吴县	南市小南门小九华街桂馨里
办事员	张允功	崇志	二五	上海	南市尚文路尚文坊八号
办事员	吴洁君		二二	浙江杭县	新闸路福康里三六号
办事员	黄清娥	庭幹	二三	浙江吴兴	大南门俞家弄一五九号
营业员	何增祥	学彬	四三	江苏嘉定	古门外典当弄六三号
营业员	曹燮清		二六	上海	南市小西门外大林路六三弄五号
营业员	褚光	耀环	二一	江苏松江	南市陆家浜中华职业学校校友会
营业员	孙颖川		二五	浙江嘉善	劳神父路五丰里四五号
营业员	张继扬		二六	广东新会	梅白格路新余里五四八号
营业员	秦光裕		二八	浙江慈溪	阜春街三德里八号
营业员	毛之芬		二四	浙江余姚	法界菜市街二五六号

中国征信所金慕尧致潘仰尧函(1933年3月30日)

仰尧先生赐鉴：拜别以来忽忽四日，晚于上上日赴禾佐理至戚喜事，路上遇雨，衣履尽湿，抵埠即觉微有不适，当夜而寒热大作，乃于廿八日专返枫泾岳家调治，荏苒数日，仍未复原。因念之□假期已告届满，未能即日到所服务，中心焦焖莫可言宣，迫不获已，惟有拜恳俯赐续假数日，一俟稍痊，当即返沪不误。恐劳垂注，特此驰函奉闻一切。偏劳先生与大刘兄及诸同事，心中至感不安。再，尚有数事恐贤劳遗忘，爰特另纸录呈，敬祈转告大刘兄一办为幸。专此，祇请

钧安

诸同事均此代候

晚　金慕尧　拜启

附纸

一、四月一日兴信社设计委员会议通告请陈其霖兄于即日发出。

二、星四星五训练班功课乙小时乞大刘兄偏劳一代。

三、二月份分类报告书索引乞催吴焱兄即日发出。

四、四月份训练班课程表应于月底修订。

五、特约调查员稿如晚能于一日赶回则仍当承办，如不能赶回，敬乞偏劳一回。

通讯处：枫泾镇南市虹桥内叶宅转。

中国征信所招用及管理杂务生办法(1934年)

中国征信所招用及管理杂务生办法

一、杂务生由本所事务员管理，其工作受各办事员之支配。

二、杂务生之收录条件如左：

(甲)年在十五岁至十八岁之间，身家清白；

(乙)体格健全，经本所指定医院或医生检验及格；

(丙)有小学程度经本所试验及格；

(丁)状貌端正灵敏；

(戊)有妥实保证。

三、杂务生之职务如左：

(甲)传达及招待来宾事务；

(乙)油印及装订事务；

(丙)接听电话；

(丁)协助办事室内洒扫整理等事务；

(戊)传递内部文件；

(己)驾驶脚踏车传递对外函件；

(庚)其他一切杂务。

四、杂务生录取后，先试办一个月至三个月，期满合格正式雇用。

五、杂务生住宿由本所供给，但被褥等由本人自备。

六、杂务生得由本所制发制服，但内部衣着及鞋袜等由本人自备。

七、杂务生暂以与工役同时进膳同处住宿为原则。

八、杂务生服务著有成绩，而能力丰厚者，本所可酌量情形擢为练习生或办事员。

九、杂务生薪工暂不规定，以服务劳绩服务能力为增减标准。

十、杂务生如资质聪颖可期造就者，本所得酌量供给费用，令其在晚间受适当之补习教育。

中国征信所组织经过及现状(1933年)

中国征信所组织之经过及现状

(一)经济状况

中国征信所于去年六月六日开业，初时经常费每月付一千余元，全数由基本会员垫款项下支出。目下经常费每月达三千元之谱，内中约有三分之二可由业务收入方面抵解，仰给于基本会员之垫款者仅三分之一矣。

(二)组织一斑

创办之际，因觉由银行直接出面组织诸多不便，乃先组织中国兴信社为一研究机关，以银行为社员，再由该社设立征信所，社方事务由干事会负责，所方事务由干事会聘请经理、秘书各一人负责办理。其后复以此项制度仍觉于法无据，乃改组有限公司，设立董事会。但事实上兴信社仍处监督之地位，因兴信社社员即为有限公司之股东也，又所谓基本会员者，即为社方之社员，银行其在所方乃称为基本会员耳。

（三）业务进展之状况

征信所业务之发展有赖于普通会员之增加，普通会员增加，则业务收入增加，基本会员之负担即可逐渐减轻。过去一年，数月间加入普通会员已达六十七家，平均每月加入者达五家以上，如能依此比例前进，则半年以后经济即可自给。

（四）基本会员之权利及义务

基本会员纳入会费二百五十元，第一年纳经常费一百元，第二年已减为八十元，以后希望逐渐减少。但在所方经济可以完全独立之后，仍拟继续征收较少之经常费，以期本所基础之巩固。基本会员之权利比较普通会员甚为优厚，因本所所有报告均送交基本会员一份，开办伊始，每月所送者仅数十份，以后业务扩展即增至数百份，最多时每月送交基本会员之报告总数达五千五百份，目下基本会员所缴经常费与所得报告比较，每份仅需费三四角耳。

（五）过去经费增加之原因及将来之趋势

过去经费其所以增加几及三倍之巨者，实因业务扩展过于迅速，如每一普通会员加入，往往即有委查事项数十件至百余件不等，尔时案卷无多，一切均须临时调查，工作人员遂不能不激急增加，但此种状态目前已归宁止。经常费自本年起即未增加，目下案卷已多，调查工作渐趋简易，深信将来即令会员增加一倍，经常费之增加必属无几。征信事业之状况大抵如斯也。

中国征信所开幕二周年报告书（草稿）（1934年9月）[①]

二周年之中国征信所（草稿）

本所创立倏逮二载，各界对于本所创设之旨趣、组织之经过与夫两年来内部工作进行之状况，容或尚多隔阂。兹值开幕二周之期，谨述梗概，为社会人士告，深望各界予以赞助指导，俾我国征信事业日趋发扬光大，则本所两年来局促一隅，埋头苦干为不虚矣。

创办缘起

征信事业在中国尚属初创。往时商家货款贷放，率凭跑街之意见为取舍标准。在昔商务单纯时代，自可施行无阻。海通以还，外商群集，英美日等国先后有征信机关之设立，若东京兴信所、帝国兴信所、商务征信所、上海兴信所、美国信查所等，坐是彼得洞悉我社会经济状况，商贾贸易情形，而对于工商信用之调查，尤进行不懈。知彼知己，胜算在胸。我国商人则仍墨守素习，故步自封，于外商情形，固不明了，于本国商界，亦多茫然。商战之劣败，要非偶然。一二八锋镝之余，一方内地金融集中上海地方，他方商市萧条不可终日，工商界需要金融界之援助，殊形迫切。而金融界则以昧于工商信用，心怀觳觫，趑趄不前，结果乃造成金融膨胀，工商贫血之畸形状态。揆厥原因，两者之间缺乏沟通之分子而已。上海银行界感于金融工商之长此猜疑相拒，商市无复兴之望，而外商转获攫夺之机会，遂先后成立调查部从事调查工商信用，用为放款之标准，第失之浅狭，且各自为政，收效难宏，要不能挽救此垂毙之局面，于是有组织联合

---

① 注：原件无日期，约为1934年9月成稿。

调查机关之发起。先是中国银行张禹九、祝仰辰，上海银行资耀华，浙江实业银行章乃器，新华银行孙瑞璜，浙江兴业方培寿等提议组织中国兴信社，其目的在研究信用调查技术，交换信用调查资料。为实践上述目的计，觉非设立机关专司其事不为功。于是着手组织本所。当经决定加入为基本会员者，计上海、中国、邮政储汇局、中央、中孚、中实、江苏、交通、浙实、浙兴、新华、聚兴诚、中央信托、中国企业、四行储蓄会、明华、国华等十七家，聘潘仰尧为经理，金慕尧为秘书，经一个月短时间之筹备，遂于六月一日正式开幕。

会员之增加

本所创办时，初意为本国金融界公共调查之机关，将来之能否办有成效，殊不敢预必。故成立之始初，未欲普及于一般商家。不意开幕后数日，华洋商家之来所接洽要求加入为会员者踵相接，因是决定扩展范围，添设普通会员。当时洋商闻风加入者，计甲种会员三家，丙种会员五家。嗣后各项会员月有增加，截止廿一年年底，计基本会员十八家，甲种廿一家，乙种五家，丙种十四家。廿二年起为便一般商家易于加入起见，添设丁种会员。廿二年各类会员呈激增之势，至年底止，计基本廿家，甲种廿五家，乙种十三家，丙种廿七家，丁种五家。本年起为期整个金融界加入合作计，添设特种会员，权利与基本会员相若，而捐费仅半之，在各种会员中最为合算。截止现在止，计基本廿一家，特种六家，甲种廿二家，乙种十六家，丙种三十一家，丁种廿四家，总计达一百二十家。综观自开幕以来，会员之加入，日在急速增长之中，足证是项事业，对于工商界实有急切需要。两年来负责人惨淡经营之结果纵未能谋得经济之盈益，而观此业务之急遽开展，要亦足以私心窃慰也矣。兹将开幕以来会员逐月增加情形列表如左：

廿一年	基本	特别	甲种	乙种	丙种	丁种	共计
六月	十七		三		五		廿五
七月	十八		七	一	十		卅六
八月	十八		十	二	十三		四三
九月	十八		十三	三	十三		四七
十月	十八		十五	三	十三		四九
十一月	十八		十八	四	十四		五四
十二月	十八		廿一	五	十四		五八
廿二年							
一月	十八		廿二	五	十四		五九
二月	十九		廿二	六	十六	一	六四
三月	十九		廿二	八	十八	三	六九
四月	十九		廿四	八	廿一	三	七八
五月	十九		廿四	九	廿六	三	八一
六月	十九		廿三	十	廿七	四	八三

（续表）

廿一年	基本	特别	甲种	乙种	丙种	丁种	共计
七月	二一		廿二	十二	廿四	五	八三
八月	二一		廿三	十二	廿五	五	八五
九月	二一		廿四	十二	廿四	五	八六
十月	二一		廿五	十三	廿六	五	八八
十一月	二一		廿五	十三	廿七	五	九十
十二月	二一		廿五	十三	廿七	五	九十
廿三年							
一月	二一		廿六	一三	廿七	六	九二
二月	二一		廿五	一二	廿七	六	九一
三月	廿一	三	廿四	一二	廿八	七	九四
四月	廿一	三	廿四	一四	廿九	七	九八
五月	廿一	三	廿五	一六	三十	八	一〇二
六月*							一〇一*
七月*							一一四*
八月*							一一八*
九月*							一二〇*
总计：一百〇二家							

（*注：六、七、八、九各月数字为后来添加）

工作人员之增加

会员之增加即若是，其□业务之日繁自不待言，而工作人员之增加，亦成正比例。初创时全部调查报告书限于基本会员，故率用中文，其后洋商会员纷纷加入，报告书遂须译成英文。于是翻译打字校对人员陆续添聘。后以发行名录故，复添聘编辑调查校对等人员。截止现在止，全部职员共达五十三人。兹将开幕以来，逐月增加情形比较如左：

廿一年　四一人

廿二年　五八人

廿三年　五七人

调查报告书

本所调查报告书别为四种，即特别、自动、秘密、市况等是。报告书之经会员或非会员委查者，称特别报告书，内容之不利于被查商号或个人信用者称秘密。本所自行调查报告会员及送发基本会员者，称自动。关于各业及商品交易情形者称市况。开幕以来，每日发出报告书已由五六份增加三十余份。兹将两年来每月发出各种报告书增加情形比较如左：

年份	每年发出报告书总号数	每年报告书发出份数	每年接受报告委托事件
二十一年	2 306	78 404	1 453
二十二年	5 707	216 866	2 823
二十三年(截止九月止)	6 647	339 230	3 892

钱业加入合作

上海银行钱庄,以历史及组织上之关系,数十年来各自为政,迄无联络。第考实际银钱两业组织纵异,业务则同。值兹外商银行加紧侵略之际,本国金融界要当力谋团结,相互提携,庶足以应付此难危环境,离之则败,合之则兴,银钱两业之合作,实为不可或变之原则。本所之创设虽发轫于银行,而对于钱业之加入合作,自开业以迄今日,无时不在热烈企望之中。经年余奔走磋商,结果本如吾人所愿,于廿三年七月间,福源、同润、恒巽、惠丰、顺康、鸿盛、聚康、益大、恒实、康裕等十家正式加入为会员,开银钱协作先河,实为金融界良好现象。此当不仅本所应欣悦,即亦社会人士所乐睹致矣。上海钱庄无虑百家,兹所加入仅及十一,要尚不足以为整个之合作。欲期力量之益臻雄厚,尚有待于其他诸家之总数加入也。

每日商情报告

上海为我国金融中心,其市场变化所以影响内地商业界至巨。往昔各地商会号家每派代表驻申,报告沪埠市场消息,每年所耗不赀,而结果殊未惬人意。本所因势利导,遂有每日商情报告之编行,冀以低廉代价供给较优消息,内容包括银钱、标金、证券、纱花、杂粮、面粉等六种。创刊以来,颇能博得社会好评。第商业包蕴至广,其攸关社会经济国计民生,在自不止上述六种,是有待于吾人之服务者尚多。谅当视能力经济之所□,以谋尽量之扩充也。

行名录发行状况

上海行名录之发行有中国商务名录 Comacrib Directory、一元行名录 Dollar Directory、字林西报行名录 North China Hong List、美灵登公司行名录 Rosenstock Business Directory、支那在贸邦人人名录 Japanese Hong List、上海工商业汇编 Industrial and Commercial Directory of Shanghai,上述六种行名录,除工商业汇编为国人所自办外,余均为外人所办。在华商占有绝大多数之上海,国人自办之行名录仅获一种,良可慨叹。本所有鉴于此,爰有行名录之发行,定名征信工商行名录,内容不厌求详,文字则中西兼重,借以矫正上述六种偏重一国文字之弊,并为使内容常川正确计,按季刊行更正表一册,分送购户。发行首年,其销数竟超越历史悠久之外商行名录,殊出初料所及。去岁美灵登公司表示,愿与本所合作,将该公司行名录自动停版,专为本所行名录任推销之责。本所鉴于合作后可减少竞争,当予接受。本年行名录已于二月间出版,销数较前益增。三月间出书方面虽兼做夜工,竟不能应付各界多量之需求焉。

所址迁移

本所初设圆明园路一号,数月后业务渐繁,人员日增,原址遽感不敷办公,于廿一年十二月间,迁至番禺路银行公会二楼,约历一周,工作人员激增,复使办公室不能容纳。因于本年四月改迁圆明园路一三三号。

招考调查员

征信业务，首重调查。惟以一般商人不愿本身内容之外泄，调查工作颇感异常困难，非多方设法辗转探询，每不能获得真切资料。故身为调查员者，非兼具口才态度机变常识特长不可。是调查员之选用须审慎遴择，俾使人称其职。本所有鉴于此，爰于廿二年九月间，有登报招考调查员之举。当时应征者达一千四百余人，经初次甄别，结果得四百余人，试查成绩，及格者一百余人，最后口试结果，录取十人。廿三年七月举行第二次调查考试，录用者亦十人。

改组为股份有限公司

近世大企业率采有限公司组织，良以此项组织集资易而责任轻，故于事业之进展，最属有利。本所系新创事业，为期业务进展，责任减轻计，觉有采取此项组织必要。经社员大会多次讨论，决定依法改组为股份有限公司，定资本为国币二万元，分为二百股，每股一百元。由全体发起人全数认足，先收半数，其余半数随时由董事会定期催缴。并决定所有股票由中国兴信社（原发起人）全部收买。选出董事十一人，监察三人，名单列下：

董事：章乃器（董事长常务干事）

祝仰辰（常务董事）

资耀华（常务董事）

方培寿（常务董事）

孙瑞璜（常务董事）

陈苹子　施博群　缪振堇　王昌林　陈苏荪　顾季高

监察人：严成德　于寿椿　王子厚

汉口分所

本所开办后数月，各埠金融界之函询内幕者，日必数起。咸以是项专业初不限于上海一埠，当时南京、汉口、青岛、香港、天津、烟台、重庆等埠，相率派员来沪接洽，筹设各该埠分所事宜。本所当以本身基础未固，虚事铺张，无补实际，卒未敢贸然从事。嗣后业务日有进展，渐信此项事业对于社会确有相当需要，或不致昙花一现，即尔陨灭。因重行考虑设立外埠分所，借谋外埠调查上之便利。适汉口方面接洽已届成熟，当由本所派员至汉筹备，于十月十日正式开幕。当经加入为基本会员者，计中国银行等十六家，美商花旗洋行亦即首先加入。一载以来，业务进行顺利，年终决算，竟有盈余。至是吾人对于分所之设立所常用惴惴之心者，得稍稍乐观矣。

经济状况

本所创设之主旨，在谋商业之繁荣，至本身利益之收获，仅为次要之目的。故初期经济之能否自给，乃未遑顾及。要之，设立本所之工作而能裨益社会时，则本所果已获得相当之收益。故本所之使命实有别于专以营利为目的之商业机关者。虽然承查案件亦有相当进益，使业务而急遽进展，经济独立，亦属易易。证之以最近数月之收支情形而明甚。查本所筹备时，一切开办费均出之于基本会员，共达七千元弱，其后经常开支亦由基本会员按月负担百元，益以普通会员会费及报告费之收入，有余不敷概由中国兴信社支配。今岁以来基本会员按月负担，已减至八十元。近数月间普通会员会费及报告书费之收入，亦有增加。然开支递增亦成正比例。欲谋基础之确实奠定，服务范围之尽量扩大，尚有待于雄厚基金之筹措焉。

兹将二年来收支情形列表如左：

	会费收入	报告费收入	补助费收入	开支	补助费占开支百分比
21年6月份	161.27	31.00	1,076.66	1,309.84	82%
12月份	934.49	500.08	880.07	2,347.47	37%
12月底	3,952.11	2,780.29	6,851.50	12,871.81	53%
22年6月份	1,773.83	522.90	1,050.37	2,874.86	36%
6月底	6,849.96	3,299.95	5,413.76	14,981.19	36%
12月份	1,263.13	1,206.52	895.08	3,392.29	26%
12月底（7月至12月）	74,444.41	4,864.47	5,384.97	17,744.13	30%
23年6月份	1,648.11	604.70		3,556.47	
6月底	8,507.74	4,202.50	9,068.90	23,815.73	38%
9月份	1,219.69	851.84	902.10	3,645.08	24%
9月底（7月至10月）	5,100.84	2,491.97	2,234.60	11,208.22	19%

过去感想

本所创立固未用丝毫犹豫，第开幕后，对于调查工作之应如何进行，则颇费踌躇。我国商民既不明征信之作何解释，更不欲本身内容之外泄。□是最初数月中调查之成绩，殊有足以使人气馁者。然而征信事业固重在调查，调查之无术，安望其业务之发展。因困难而推源而设例而选择而解答，经多次之研究与讨论，遂成下列改进方案：一、每周必须举行调查会议一次，从事交换调查技术，讨论改进方法；二、举办调查员训练班，从事调查员之训练；三、聘请专业及专家顾问，俾便调查员于必要时访问；四、调查员除直接观察外，应多向同业方面访问，以期获得真切资料；五、访问银行钱庄往来情形；六、调查员应认定业别承查，俾专责任而期多得经验；七、调查员于接到调查单后，应先探寻线索，俾获迅捷之径。上述方案实行后，调查工作迭有显著进步。向之认为无法调查者，今则转觉轻车熟道，咄嗟立办矣。今后努力之重心，当在调查范围若何使之扩大，以符服务社会之本旨耳。

未来瞻望

吾人已确认征信事业之需要于社会前途，荆棘已由本所之成立斩除净尽。今后努力当在服务范围之拓展，至立足点之能否稳定，可无用其鳃鳃过虑矣。查本所工作之已行有端绪者，如信用及市况调查，与行名录之发行，拟行举办，除已在进行中者，凡四事：

一曰商品调查。我国商人经商恒以主观之臆测为标准，至商品之供求情形，率多不顾，夫理想之推测，固非绝不足取，第无客观的调查事实以为佐证。则所测每致失败，要不足以谋事业之扩展与成功，况乎晚近商务错综复杂，范围广泛，实际交易状况有非周密调查不能洞悉究竟者，本所以调查为业务，商品调查责无旁贷。以往虽亦承接此项调查，第皆出于会员委托，而非由本所自动，此后拟计划自动调查各项商品之产销情形，制造方法，供求实况，以及最近交易状况，并陈列其样品，俾资参考。如是各界创办事业开设商号，本所可随时供给资料，一篇在手，了如指掌。凭此进行，纵不能必其成功，要足以减少无谓之损失也。

二曰经济调查。吾人生存社会，无非图谋取得物质上之幸福，故人群生活常在向前发展之中，易言之，吾人常在设法改善经济环境，以期臻进幸福，虽然不明现时所处社会经济状况安从得改善之策，是调查工作尚矣。本所以服务社会为宗旨，经济调查自亦本所分内之工作。年来不景气潮流泛滥，世界农村经济濒于破产，第地位有不同，程度亦互异，何处需要金融界之援助最切，何处较弛，胥赖周密之调查。农村足则社会经济充裕，人群幸福可期。故本所认为当务之急，厥为农村经济之调查。

三曰情报网之扩大。商人经商全恃消息之敏捷，本所有鉴于此，曾有情报网之组织，第以人员不敷分配，计划仅成具文。征信机关而不能举办情报工作，其效力亦仅矣。此本所二年来所常用内疚者。兹拟于最短期间，添聘各业情报特约人员，厚其薪给，专其责任，切实举办，俾使商场发生任何变化，悉有迅速之报告焉。

四曰账款回收。考欧美信用调查机关之主要业务凡二，一为信用调查，一即代收账款。本所章程虽亦列有该项业务，第以创办伊始，时间经济所耗于信用调查者已多，致无余力及此。最近国内外商行之函电接洽代收账款事宜者颇不乏人，本所鉴于时势之需要，已进行厘订章程，不久将来当可实行举办也。

中国征信所创立及改组之经过(1936年)

中国征信所创立及改组之经过

征信所设立之倡议，远在民国十年五月第二届银行公会联合会在天津举行之际，议决由各地自行举办，津会依据议决案通知各分会。十年间因政治社会种种关系，迄未实行。廿一年三月，上海中国银行、上海银行、浙江兴业银行及浙江实业银行主持调查事务人员，联络其他各行，发起组织中国兴信社，为一学术团体，以研究征信问题及信用调查方法为主，嗣乃进而以研究所得，施诸实用。设立中国征信所，采用会员制度，以基本会员为中心，一时沪上主要华商银行，什九加入为基本会员，其他中外银行及公司商号，亦纷纷加入。廿一年六月六日正式开幕，在中国兴信社指导之下，为各方服务，数月以后，感于各基本会员本身均为股份有限公司组织，对征信所须负无限责任，似欠妥善，乃由中国兴信社社员提议，将征信所改组为股份有限公司。几经讨论，经二十三年一月十一日中国兴信社第六次社员大会通过改组原则，二月十三日第七次社员大会通过实行，额定资本国币二万元，先收二分之一，全部由中国兴信社筹措，委托立信会计师事务所办理公司登记事宜。五月十六日兴信社举行第十次社员大会，亦即为中国征信所股份有限公司之创立会，选举董监，计当选董事祝仰辰、章乃器、资耀华、方培寿、陈苹子、孙瑞璜、施博群、陈苏孙、缪振堇、王昌林、顾季高等十一人，监察人严成德、于寿椿、王子厚等三人，六月十三日奉上海市社会局批准查验股银无误，十月九日奉实业部颁给股份有限公司设字第八二一号执照，廿四年七月十日举行第一届股东常会，改选施博群，章乃器，顾季高、陈苹子、陈苏孙、祝仰辰，缪振堇，杨石湖，王维骃，潘仰尧，于寿椿等为董事，严成德，王子厚，白燮喜等为监察人，复经董事会推定章乃器为董事长，任期二年，尚未满期。二十五年三月十九日举行第二届股东常会，改选严成德，白燮喜，陆梁叔为监察人云。

中国征信所(剪报)(《新闻报》1936年3月15～16日)

征信所(上)(1936年3月15日)

一、征信所之意义

征信所，亦名“信用调查局”，英名为“Ctedit Information House”，或“Mercan lile agency”，日名“兴信所”，为调查工商界资产多寡，营业状况，及信用程度，并传布市场消息之机关。以沟通金融界与工商界，发展工商业，扶助金融界为目的。此种事业，颇为重要。在欧美诸国，均已有相当之历史，而在我国，则尚属创举。

二、征信所之起源

各国自产业革命以后，推展海外市场，经济上之变动，逐渐频繁，商务往来，亦较复杂，于是信用制度，随之发展。自是各国因深感征信事业对于工商业关系之重要，一八七六年，英国伦敦，逐创有征信机关。十八世纪中叶，美法德奥诸国，亦先后设立征信机关。日本征信所，创设较迟，在明治二十五年举办，其制度大致摹仿欧美。我国征信事业，虽往日钱庄早已有此种工作，然无独立之组织。本国各银行，组织上虽亦有调查一科，办理信用调查，但亦各自为谋，成效极少。民国二十一年，上海银行界，鉴于社会信用调查之切要，联合组织中国征信所，是为国人自办征信所之嚆矢。

三、征信所之重要

我国自对外通商以来，虽竭力提倡实业，然迄今数十年，颇少进步。大半产业，均仍仰外人之鼻息，其不发达之原因固多，而金融界与工商界之隔阂，以及信用制度之尚未十分发达，实至少可视为最大原因之一。工商业因感借款之匪易，难以发展，银行界因处理放款，每感困难，不得不将过剩之现金，对其他方面，为畸形之发展。今既有征信所之创设，则金融界与工商业，得协力合作，工商业由此可得充分资金之接济，而营业可以发展，银行界亦有稳妥正当之投资，而资金不患无去路，诚一举两得之道也。

四、征信所之功效

征信所之主要业务，为调查信用，传布商情。代委托者，调查工商界之信用，及市场之状况，使各方有互相了解机会。吾国过去之征信事业，范围不广，每以一银行或一公司为单位，其目的在求放款之稳妥。然须获得正确之资料，极非易事。今有征信所之设，当银钱业放款工商业时，即可委托征信所调查借主之信用，关于资本之虚实，业务盛衰，经理之信用，以及组织之内容等，银钱业均可得一根据，以定放款业务之取舍。征信所调查所得之是否正确，虽不能为绝对之肯定，然在诚实而有责任心之征信所详密调查之下，消息自可较为可靠。银钱业之放款，即得安全，且可间接获其他种种之利益：如一节省开支，银行因有征信所之便利，所设之调查科一部分人员，可以减少；二增进营业，在今日商业竞争热烈之时，如有一般实之商号，拟借款发展营业，银行得此消息，即可委托征信所前往调查，认为可靠，即可得一稳健之放款。故征信所对于金融界与工商界，诚有莫大之辅助。

五、中国征信所概况

（一）中国征信所之起源　征信所之倡议，实远在民国十年五月间，当时第二届银行公会联合会在天津举行，议决先由各地自行创办。该案即由津会，依据联合会议议决，通知各分会，表示提倡。但十余年来，政局不实，社会不安，迄未举办。民国二十一年三月间，由上海中国银行，上海银行，浙江兴业银行，浙江实业银行等发起组织一中国兴信社。该社原为一学术团体，以研究征信问题，与信用调查之方法为主要目的。此后，该社鉴于年来经济之恐慌，信用制度之动摇，工商金融两业畸形之状态，逐积极组织合作信用调查机关，专办调查工商界之信用，主传布市场消息等事务，定名为“中国征信所”。首创国人自办之信用调查机关。（应广铨）

中国征信所(下)(1936年3月16日)

（二）中国征信所之组织

该所□□以基本会员为中心，此类会员有十九家(以笔划多寡为序)为：上海商业储蓄银行、上海邮政标金汇业局、中一信托公司、中央银行、中孚银行，中国企业银行，中国通商银行、中国银行、中国实业银行、四行储蓄会、江苏银行、交通银行，明华银行，东来银行，浙江实业银行，浙江兴业银行，国华银行，新华信托储蓄银行，及聚兴诚银行。

该所基本会员，即中国兴信社社员。中国征信所一切进行事务，由社方干事会担任之，并由干事会聘请经理及秘书各一人，负责办理日常事务。社方另组织设计委员会，及审查员会。设计委员会，担任征信所设计事务，审查委员会，审查调查报告书，及一切账目等。初为混合办事制，而后，因业务日紧，人员增加，于廿三年九月间，改为分部办事制。自秘书以下，分设(一)文牍，办理文书，管卷，及会计等事项；二调查，关于调查工商界之信用及市场消息等；(三)事务，关于庶务，宣传，及交际等事项；(四)行名录，关于该所工商行名录之编制，及出版发行等事项。四部均设有主任一人，主持各该部之工作。去年该所依法改组为股份有限公司，设立董事会，但事实上兴信社仍处监督地位：因兴信社社员，即为有限公司之股东也。

该所原仅上海一家，近因天津、汉口市场之需求，均设立分所，办理一切征信事务。汉口分所，无基本会员。天津分所，有基本会员十七家，营业颇为发达，每月用费，可无须总所补助。总所社址，原在圆明园路一号，年来业务渐繁，人员增加，改选圆明园路一三三号办公室。

（三）中国征信所之会员　征信所除基本会员外，并设有甲、乙、丙丁四种普通会员，及特种会员一种。截至二十四年十一月止，共计会员一百五十四家。

兹将甲、乙、丙、丁四种普通会员，应纳之人会费，及委托事件之多寡，分别列表如下：

会员种类	年纳会费	调查次数	限度内每次报告费	限度外每次报告费
甲种	三百元	一百次	一元	二元
乙种	二百元	五十次	一元五角	三元
丙种	一百元	二十次	二元	五元
丁种	五十元	十次	三元	六元

凡需用英文报告书者，应纳会费及报告费，一律照上开数目加收四成。非该所会员，需要该所报告书者，经该所同意，亦得照给其应纳费用：中文报告书，每份收国币十元，英文报告书，每份收国币十四元。

（四）中国征信所之业务　该所之业务，据其章程所载，计分下列五项：一调查工厂，商号，个人之身家，事业，财产，信用；二调查市场状况；三发行信用调查报告书，工商行名录，及其他刊物；四代收账款，办理其他会属业务，如（子）银行拟放款一信用借户，而不明了该信用程度，或内部情形时，即可委托征信所调查。征信所接受委托后，乃详密调查，将实情报告银行。又如银行拟放款一押品借户，但所押之商品，估价难以确定，则亦可委托征信所代为调查，以定取舍。（丑）制造商对于批发商，或批发商对于零售商放账时，亦可委托征信所调查，以定放账之标准。他如编印工商行名录，便利各商号查考，发行商情报告，专载市场之变化，如外汇标金之涨落，内国公债之买卖，以及纱花、杂粮、面粉等之交易情形，均极关重要。凡此皆能适应工商及金融界之需要，其发展有由来也。

（五）中国征信所之报告　中国征信所之调查报告，照现状计有六种，为：一所方自动发出者，二特别报告书，三秘密报告书，四市况报告，五保单调查，六信用小放款调查。

至报告之格式，大致分为下列五项：

（甲）经济状况　关于资本额（定额若干收足若干），营业种类，以及营业方针。

（乙）营业情形　商品来源，商品销路，每年营业额之多少，以及盈亏数目。

（丙）过去概况　商号历史，开设年月，内部组织（有限公司抑无限公司、独资抑合伙），董事名称，职业，注册（曾否注册，及注册日期）。

（丁）信用程度　经理（经理姓名、籍贯，简史，及信用程度）在同业中之地位，社会评论，同业意见，往来行庄等。

（戊）其他事项　商号地址，习惯，以及不属于上列各项之记述。

该所每月所发各种报告，约在八九百件左右。自创办迄今，发行报告，已约在三万号左[右]。①

① 原件以下缺。

中国征信所业务统计表(1934年2月)

业务统计　　中华民国二十三年二月份

	会员	基本	甲种	乙种	丙种	丁种	总计
会员数	上月止	20	26	13	27	6	92
	本月加入						
	本月退出		1				1
	净数	20	25	13	27	6	91
	比较上月增						
	减						1

	会员	基本	甲种	乙种	丙种	丁种	非会员	总计
委托事件	上月止	789	2 745	633	373	22	148	4 710
	本月	60	152	35	5	1	13	266
	合计	849	2 897[*1]	688	378	23	161	4 976[*1]
	每日平均	2.14	5.42	1.25	0.18	0.04	0.46	9.5
	比较上月增							
	减	25	128	7	13	3		168

	报告	自动	特别	秘密	市况	复查保单	总计
编发报告	上月止	3 890	4 199	230	264	17	8 600
	本月	197	205	26	10	9	447
	合计	4 087	4 404	256	274	26	9 047
	每日平均	7.03	7.32	0.93	0.35	0.32	15.96
	比较上月增						
	减	57	68	7		8	140

	会员	基本	甲种	乙种	丙种	丁种	非会员	总计
查复事件	上月止	722	2 394	592	356	18	134	4 216
	本月	38	122	37	8	3	6	214
	合计	760	2 516[*2]	629	364	21	140	4 430[*2]
	第日平均	1.35	4.35	1.32	0.29	0.11	0.22	7.64
	比较上月增							
	减	29	29	8	14			76

	报告	自动	特别	秘密	市况	总计
编竣未发	件数		2			2

（续表）

	会员	基本	甲种	乙种	丙种	丁种	非会员	总计
待查事件	件数	63	297*3	30	10	2	13	415*3
	比较上月增	22	29				7	51
	减			2	3	2		5

	收入						支出					
收支比较	费别	补助费	会费	报告费	杂项	总计	费别	开支	调查费	设备	杂项	总计
	上月止	3,363.80	790.—	524.—		4,677.80	上月止	4,455.80		222.—		4,677.80
	本月	2,858.71	700.—	520.—		4,078.71	本月	3,733,71		345.00		4,078.71
	合计	6,222.51	1,490	1,044		8,756.51	合计	8,189.51		567.00		8,756.51
	比较上月增						比较上月增			123.—		
	减	505.09	90.—	4.—		599.09	减	722.09				599.09

备注	*1,内有委托复查保单事件65件比较上月增加20件。 *2,其中查复保单事件26件比较上月多9件。 *3,其中待查保单事件占39件。

中国征信所总分所业务统计表(1936 年 8 月)

中国征信所总分所业务统计

(中华民国弍拾五年八月份)

	会员种类	基本			特别			甲种			乙种			丙种			丁种			总数			
	总分所	总	汉	津	总	汉	津	总	汉	津	总	汉	津	总	汉	津	总	汉	津	总	汉	津	计
会员数	上月底止	20		17	3	12	2	24	2	2	8	1		33	2	2	19			107	17	23	147
	本月加入													1									
	本月退出			1																			
	本月底止	20		16	3	12	2	24	2	2	8	1		34	2	2	19			108	17	22	147

商情报告阅户		定户		试阅	赠阅	总分所参考	共计
阅户		会员	非会员				
上月止		34	11	0	45	11	101
本月	增						
	减						
本月止		34	11	0	45	11	101

	委托者		基本			特别			甲种			乙种			丙种			丁种			非会员			总数			
	总分所		总	汉	津	总	汉	津	总	汉	津	总	汉	津	总	汉	津	总	汉	津	总	汉	津	总	汉	津	共计
委托事件	上月底止		7 603		75	236	478	48	7 454	5	98	1 778	138		1 254	12	24	226	38		2 841	7	149	21 377	678	391	22 446
	本月		283		14	16	13		94		27	13	0		29	1	1	13	0		91	0	14	539	14	56	609
	本月底止		7 886		89	252	491	48	7 853	5	125	1 791	138		1 283	13	25	239	38		2 921	7	163	21 916	692	447	23 055
	比较上月	增	137		12				6		17					1							7	7		36	5
		减				10	34					31	4		72			5			18	1			38		

	总分所		总所								汉所					津所				
	报告种类		自动	情报	特别	秘密	市况	保单	小放款	共计	自动	特别	秘密	市况	共计	自动	特别	秘密	市况	共计
发出报告	上月底止		12 368	2	16 531	513	627	521	3 640	34 202	1 633	639	123	234	2 729	281	375	9	444	2 109
	本月		153		376	7	10	23	75	108	55	29	5	19	108	41	49	1	35	126
	本月底止		12 524	2	16 907	520	637	544	3 715	2 837	1 688	668	128	353	2 837	322	424	10	479	2 235
	比较上月	增				2			18	8	9		5	2	8		10		6	
		减	82		74			2				8				33		1		18

总数

	种类	自动	情报	特别	秘密	市况	保单	小放款	共计
发出报告	上月底止	15 282	2	17 545	645	1 405	521	3 640	39 040
	本月	252		454	13	64	23	75	881
	本月底止	2 235	2	17 999	658	1 469	544	3 715	39 921
	比较上月增				6	8		18	
	减	8		72			2		148

(四) 各地分所

1. 汉口分所

汉口张禹九致中国征信所函(1933年8月12日)

志威、瑞璜、培寿、耀华、仰辰老哥大鉴:

昨承寄来征信所致此间各行信及沪所之报告,均已收悉。兹将最近情形奉告于左:

一、为征信所事汉银行公会已于今午提出讨论,于原则上多数赞同。

二、已表示决意加入者,计浙实、浙兴、交通、上海、农工、聚行、金城、中国八家。

三、今日开会提出(甲)汉分所基本会员在总所方面占何地位,因总所为有限公司。(乙)汉所之盈亏归谁负责。弟以为(甲)所同汉会员地位一点可以 subscription member 答之。(乙)汉会员既为 subscription bank's 则汉所之盈亏应归总所负责。弟猜测有人以为该项事业系有"盈"可获,故出此问题。

四、其他问题待上列两题接到批示后,于下礼拜三开会再行讨论。请于即班航函赐示,以便转达。

五、关于兴信社一点,此间开会未曾提及,弟以为征信所之组织,该点最为重要,若当地各行无有认真负责客观求进之人,则不特不能设计指导负责处理,反可阻碍一切。总所成立一年,而有若是之成绩及精神,兄等主持于上,此其证也。汉埠银行界方面,除上海之钟先生、中国之甄润珊兄,弟深信可以负责主持外,他行人材不甚相熟,此事拟请兄等设法提出,庶将来汉所可成立一实际的兴信社。如兄等经严格考虑之后,认为汉所兴信社不易成立,则弟尚有一建议,请总所聘请汉行中一二人为汉所之指导干事,作为负责看华英报告者,以及设计其他所务。该点赐复时请另用私函寄。弟以汉所成立与否,成立后能否顺利进行,汉社之关系至大也。弟待下星期三开会后,即行西上创办新事业,处处须从新计划,弟深盼志威兄能来汉一次,则基础可以建立。盖弟深恐若此次进行偶一发生何种障碍,则以后再难创始,"中国货"品质不一,上海能行使者,未必能完全施用之于其他地点也。匆请

公安

弟　张禹九　拜

八月十二日

再者,尚有七家亦请去函(附样):

中央　中国实业　四明　广东　汇业局　广东　中央信托

禹九　又及

中国征信所复张禹九函(1933年8月16日)

禹九先生大鉴:

接奉十二日台函,祗悉程切。承示各点,极佩卓见。业与敝社各干事磋商一过,除已另函

奉答以便转达外，关于分社一点，此间各干事意见，最好加以组织，人的方面此间绝无成见，亦不能作任何具体的建议。但除宗、甄二君外，浦、王、周诸君似须请其领导（敝社黄、郑二君人甚热心但事务较忙）实际工作，或须宗、甄二君多多偏劳耳。如不愿组织兴信社，则何不设一指导（多多偏劳耳）委员会或监督委员会，委员由本所董事会聘请。乃器一时不能来汉，如必须有人前来，或可请仰辰一行会聘请。弟以尘羁，一时恐不能来汉追随进行，至为怅结，如必要时，或拟请仰辰兄来汉一行。中央等七行公函兹已备就，连同中行原函一并附上。敬希台察赐转，无任企幸。专复。祇请
公安

章乃器　谨启
二十二年八月十八

汉口甄润珊致中国征信所函(1933年8月16日)

仰辰我兄大鉴：

禹九兄于十四晚乘轮赴渝，尊航函已代为转寄。征信所事汉口银行公会尚有数点提出，将以公函致总所示复。

（一）既为征信所汉口分所，无组织兴信社之必要。至于入会会员银行亦不能称为基本会员，宜改为特别会员，会费仍照基本会员缴纳。

（二）分所经济与法律均由总所负责。

（三）既为分所特别会员，宜享有总所所有之调查报告权利。

（四）先以一年为度，如成绩良美，愿继续为会员。

对于征信所观念数行已能了解，尚有数行因需要之不同尚未表示。现俟赞同数行志愿书（字句稍为变通）填就后，即可组织。最好我兄或乃器兄等来汉一行，指导一切，汉口分所组织既属于兴信社管辖，一切责任当由兴信社负担。至于在汉指导事宜，兴信社可设法委托在汉三五人相助，但大都行事冗忙，无暇兼顾。一方面弟设法与之疏通，请为帮忙，一方面最好上海诸公致函其汉行，请派一负责人处理该事。上海总所能聘到浦心雅（交通）、周苍柏（上海）、赵仲宣（中国）、王毅灵（金城）数巨子为该所顾问更好。各地情形及人情之不同，不依环境进行，不易奏效。弟才薄识浅，加之行务冗繁，恐无暇兼顾。惟在可能范围之中，弟当勉力相助。专此。即请
近安

寿培、乃器、耀华、瑞璜兄均此

弟　甄润珊　拜
八月十六日

汉口郭宜生致中国征信所函(1933年8月17日)

中国征信所诸先生大鉴：

叠上两缄，计可先后递呈台察。前日此间接尊处来信，各行即于昨日在银行公会集议，决

定各节如下：

（一）汉口不组织中国兴信社分社；

（二）依照中国兴信社汉分社章程所定，改为加入中国征信所汉口分所为会员时纳入会费一百元，以后每月纳报告费五十元；

（三）此间既不组织兴信社分社，故改基本会员为特别会员；

（四）除每月规定应得之报告外，并要求供给上海方面之调查报告；

（五）特别会员期限一年后得自由退出；

（六）汉特别会员不负法律及经济上之责任。

以上各项决议，凡志愿加入中国征信所汉分所为会员之银行共同具函尊处，希望加以追认云（刻闻函稿已送各行签字内容或有更改），如何之处，俟尊处认可后，宜即可将各行签定之志愿书汇存送核。惟特别会员之章程，应如何规定，即请拟办。至此间分所所址，拟定上海银行大楼，盖各行之意，此间既为上海中国征信所分所，故不愿设于银行公会内也。先此布达。顺颂

公祺

郭宜生　谨启

八月十七号

章乃器致郭宜生函(1933年8月22日)

宜生先生大鉴：

接奉本月十八日手教，拜悉一是。吾兄在汉筹备分所，贤劳备至，无任感仰。承示各节业经董事会分别核议，除俟各行公函到沪后，再行正式函复外，兹谨将拟复要点先行录请台察。

关于筹备及指导事宜，拟由总所聘请汉口各银行经理为指导委员，组织指导委员会，另聘各行高级职员为筹备委员组织筹备委员会（开业后或再改为审核委员会）。至该两会详细章程可由各该会开会时，自行拟定，并分别推定主席或召集人。惟第一次会议似可由兄以类似秘书之地位先行召集，以利进行。附上致汉地有关各方面证明函一件暨筹备委员聘函八件，并祈检存。

再 Hankow Hereld 报记者聂世璋君曾寄来一函，兹亦抄请台阅，相机接洽。一切进行情形，仍盼时赐见示为幸。专复。即颂

旅安

章乃器　启

中华民国廿二年八月廿二日

张禹九致资耀华函(1933年8月22日)

张禹九致资耀华函（为汉口征信所事）

耀华吾兄：

此次兄等来川游历，未能招待，深为抱歉。贱恙愈后，即奉总电嘱弟东下，故弟已于十三日来此。家兄公权于十九日来汉，定于今晚去贵省游历。关于汉口设立征信所，此地银行公会曾

经提出讨论，并拟进行办理。唯弟以为中国之公会及商会等，均非“事的机关”，而乃“人的机关”，加以弟等在沪组织之征信所理应逐渐在各大商埠依次设立，不宜以各地之公会与上海公会，非属一家，而征信所亦随之而“不统一”。未识尊意以为如何。鄙意以为汉口设立征信所，应仍由吾人负责发起，其方法不外乎（一）为沪所之支所，或经理所；（二）为沪所之连所，或代理所。如实现，（一）则收支一切均由沪所负责，目前只须沪所遣派一人来汉暂驻贵行或敝行内，专管事务室内一切工作，只有收集材料等等，则暂利用两行跑外人员。如实现（二）则收支暂由汉所负责，其他办法则如（一）同。以余观察，汉口方面对于斯项工作，有认识而愿合作者，或只有贵行、浙江兴业及敝行三家，如汉所不论依（一）办，或依（二）办，成立之后，其他各行必欲加入。如他行加入，则开支方面之负担必可减轻。又一方面，如以此事作为吾人之责任，则纵其他各行不加入，其费用负责决不甚大，何况以弟预测，如贵行及浙江兴业及敝行发起组织，其他各行将来必欲加入。此事前遇陈翼祖兄，曾提出请伊向汉贵行调查课同人征求意见，并向苍伯、云表先生提出请示，（苍伯兄昨方由宜昌归，云表兄尚未返汉），弟深愿得知吾兄高见，以便去沪时与仰尧兄洽商。幸乞示知为盼。即此即请

旅安

汉口郭宜生致中国征信所函（1933年8月23日）

中国兴信社诸先生大鉴：

刻由汉银行公会交下一函，特附奉台核。

顷据中行甄润珊先生谓，此间各行议决各项于取得沪方报告一层认为一主要条件，又闻实行黄先生亦谓各行对于此层颇示坚决，如不得沪方报告，当有问题，其理由盖因此间商家与沪方商家关系极多，宜亦虑以沪方报告未必全与此间有关系，以沪方事件相托，自可代为调查之意言之。但各行则谓虽有与此间无关者，然亦可资为参考也。现此间钱业界亦有加入为会员之意，无奈均以会费过巨为怅，故钱业公会拟加入为会员。宜以为本所章程订定甲乙丙特各种会员，可由其任意加入，但甄先生谓此项团体加入为会员或不适于普通会员之规定，是否需要另订团体会员章程，又谓如此间以沪事托查，报告费应否酌加。查章程上并无外埠事件加收报告费之规定，如何，统祈裁示。再，此间上海银行董先生谓对于外商普通会员，须缓为招致，因在此草创之际，汉事件又不易调查，无充实之材料，不足以应彼等急切之需要。宜殊不能枉加主张，究应如何，亦盼赐示。现此间既无中国兴信分社之设，则将来此间事务进行之手续以及组织系统，还希明示，俾有循遵。专此，祗颂

公绥

郭宜生　谨启

八月廿三号

中国征信所复郭宜生函（1933年8月25日）

宜生先生大鉴：

顷准廿三日大函暨汉口各银行来函祗悉。关于总所分发报告一节，业将此间原来意见于廿

二日函达，计邀鉴及。除将各银行来函另行备就公函核复外，兹将尊示各点分别奉答如左：

一、普通会员会费拟照总所所定各级普通会员会费七折计算，钱庄界如愿加入，甚为欢迎，惟团体会员暂缓收受。

二、凡外埠委托总所调查，报告费不另加价。

三、汉所创设伊始，设备未周，资料尤少，故外商除自愿入会者可予收受外，暂时不必急于招揽。

四、分所在筹备期间日常事务可秉承筹备委员会办理，重要事件随时商承总所办理，或事后报告总所。

以上各点敬希台核，照此进行，一切情形并祈随时见告。汉各行经副理名单一并抄示，及缮发聘书，附奉致各行公函一封，即希察转为荷。顺颂

公安

章〇〇谨启

中华民国廿二年八月廿五日

中国征信所致汉口各银行函稿(1933年8月25日)

迳复者，接准八月廿一日贵行等联名来函，对于敝所汉口分所之原则办法四项会同决定，计(一)汉口决定暂不组织兴信分社，自无基本会员之规定；(二)各行为力予赞助起见，承认对于汉分所以特别会员名称居于赞助地位，并依照中国兴信社原定汉口基本会员纳费办法，各担付入会费一百元，每月担负经常费五十元，但不居基本会员名义；(三)前项月纳经费暂以一年度为限期，嗣后期满继续担任与否，由各行随时酌定；(四)各行享受权利应与上海基本会员同等待遇，即所有上海、汉口各地报告无论委托与否，均应按时照寄，否则临时停付月费。等因。查贵行等该项决议，敝所前准驻汉筹备员郭宜生君函告前来，当以大致均无问题，惟第四点关于发送报告书一节，略有意见。(一)查上海总所所编发之外埠行家信用调查报告书，因上海银行界需用之处尚少，故并不分送各基本会员，总所日常编发之信用调查报告书，以调查上海行家者为主，如每份均须送汉地各特别会员，恐用途甚少，而邮资极费。爰拟将上海总所所发之商家异动报告书暨市况报告书及其他与汉口有关系之信用调查报告书分送汉口各特别会员；(二)上海总所逐日分送与基本会员之信用调查报告书可分寄汉所一份存案备查，如各特别会员需要参考时，尽可自行前往借阅，或抄录，或迳与汉所商洽临时翻印、分送该项报告书，并可由汉分所另印目录分寄各特别会员；(三)汉所各特别会员如有特别委托调查事件，拟亦照上海总所例，每份收费一元，但汉所就地所制之调查报告书，应一律自动分送各特别会员各一份等语，函复在案。准函前由，当经重加核议，认为将总所所发报告书分送汉口各特别会员一节，可以照办，惟邮资一项敝所祗能负担以平价汇寄至汉所，再由汉所分送为度。如需用航邮分别递寄，则此项额外邮资，敝所限于经费，应由贵行等自行担任。至各特别会员委托调查案件，不论本埠或外埠，每件拟一律收费银一元。谅荷赞同。以后一切进行事宜，仍盼鼎力倡导，俾早实现。相应函复，请烦察照办理并祈见复。实纫公谊。此致

谨启

中华民国廿二年八月廿五日

郭宜生致中国征信所函(1933年8月26日)

乃器先生大鉴：昨奉本月廿二日复示，敬悉一一。附致甄先生等聘函八件，均已照收，容当转致。《自由西报》彭君曾一度晤谈，所附彭君原函，亦照存查。如有相需，当与接洽可乎。承示关于汉方答复各点，昨与各行略为谈及，均觉满意，即于发送报告一节，办法虽有不同之处，然原则上并无多大出入，想无问题也。兹将各行经理名单二纸抄奉台察，俟尊处正式函复各行后，即可函聘各经理担任指导。将来招集会议以及进行情形，自当续陈转告。祇颂

台祺

郭宜生启

八月廿六号

汉口银行公会会员银行经理名单

中国	赵祖武	字仲宣	交通	浦拯东	字心雅
浙江兴业	王文达	字稻坪	浙江实业	黄征藻	字卓如
上海	周苍伯		中国农业	吕志琴	字萍云
聚兴诚	杨季谦		金城	王锡文	字毅灵
盐业	吴鼎元	字新铭	大陆	俞纪琦	字仲原
中南	钱乃嵘	字林铮	中国实业	李得甫	字敬思
四明	陈　恺	字如翔	通商	王蕙卿	
广东	苏仲愚				
中央	徐继庄	字子青			

湖北省银行　现由财政厅长贾士毅　字果伯暂兼

鄂豫皖赣四省农民银行　郭外峰

邮储汇业局　陈秋山

四行储蓄会　刘　冀　字重元

中央信托公司　胡芹生

汉口分所郭宜生致中国征信所函(1933年8月29日)

慕尧先生大鉴：

此间情形想于致兴信社各函中察及。到汉匝月，会员问题尚未决定，他事无从进行。昨接所中三一九四、三一九五、三二〇七调查通知等，刻已查得两件，特先附奉。尚有中原公司一件稿于明后日亦可查竣，届时即行邮奉不误。再所中职员进所服务时，应填之志愿书及保单，或有其他需用印刷文件，祈各检赐一份，以备参考，专上。祇颂

大安

弟　郭宜生

八月廿九号

附函请转致乃器先生

诸同仁前悉之。

金慕尧致郭宜生函稿(1933年8月31日)

宜生先生大鉴:

久未晤教,遥想旅祺。　　顷奉八月二十九日华翰并附调查报告书二件,拜悉一是。尚有中原公司一份,得便恳迅赐详查示复。兹检奉总所职员志愿书及保证书式各一纸,即希察入指教。此间自潘经理提辞后,所务皆由各常务董事及吴雨霖先生与弟等会商办理,一切照常进行。知注特闻。顺颂

时绥

金〇〇拜启

中华民国廿二年八月卅壹日

章乃器致郭宜生函(1933年8月31日)

宜生先生大鉴:

接奉八月二十九日华翰,祗悉一是。兹另行缮奉致各行公函一件,即希台核。该函答复各行要点,与前函略有出入,如探悉各行意见,对该函内容可以接受,即可送发。如不能接受,则仍将前函发出。一切敬祈与中行甄润珊先生面商决定,相机办理为荷,原八月二十九日寄奉航邮函一件,计荷收悉。专此。即请

旅祺

章〇〇谨启

中华民国廿二年八月卅壹日

中国征信所致汉口分所函(1933年9月4日)

宜生先生大鉴:

接奉二日大教,祗领种切。承示各行对第四项分送报告书,仍坚持前议,并认付所需邮资,自可照办。惟逐日分发报告书用何种邮件递寄(平信快件非航空),拟电各行自行分别认定。本所当暂为垫付,每三个月向收一次。除俟各行公函到所,再行正式核复外,请先将此意转知。现查汉所开始筹备以来,忽忽匝月,一切事务,至希迅速进行,以便早观厥成。此间不日拟派石岑如君来汉襄理办事。特此函复。顺颂

时绥

章〇〇谨启

中华民国廿二年九月四日

郭宜生致中国征信所函(1933年9月4日)

乃器先生大鉴:

本月二日寄上一缄,谅可先邀台鉴。昨与中行赵先生谈及此间会员问题,想已不致再生枝

节，对于寄发基本会员报告，其邮费已由各行自动担认，此层想得尊处核准实施也。现弟即拟着手进行筹备事务。惟前据八月廿二日尊示关于筹备及指导事宜，拟由总所聘请汉口各银行经理为指导委员，组织指导委员会，另聘各行高级职员为筹备委员，组织筹备委员会。开业后或再改为审核委员会。但据各方意见，谓此间情形略有不同，各行不愿以银行名义组织征信事业，故亦不愿担任征信所何项名义。且筹备委员或审核委员未能普及，各行恐给他行话柄，但于组织事务，由中国、上海、浙实、浙兴等行从旁协助，自无不可。故前寄下公函未得诸先生之同意前，尚未能一一转致。因之筹备委员会亦无从召集。现闻中行赵先生即日来沪，此中情形赵先生当能道及也。再，弟意对于筹备事务，首当确定预算，以后进行一切，方有标准。用将现状之下草拟开办费及经常费预算各一份，即请核夺示复，以便遵照。专此。祗颂

公祺

弟　郭宜生　启

九月四日

以会员十五行入会费 \$1 500——以 \$800——编造开办费

预算表如下：

1. 装修 …… \$100
2. 卷箱 …… \$90
3. 文件抽屉柜（一只）…… \$30
4. 书橱（一只）…… \$20
5. 写字台（五张）…… \$75
6. 椅子（五张）…… \$20
7. 马鞍桌（三只）…… \$10
8. 橙子（五只） …… \$6
9. 茶几（一只） …… \$4
10. 圆桌或方桌（一只）…… \$8
11. 沙发（二只） …… \$30
12. 铁箱（一只） …… \$30
13. 电话押柜及装费 …… \$80
14. 钟（一只） …… \$10
15. 账簿文具印刷 …… \$100
16. 油印机 …… \$20
17. 参考用书籍 …… \$30
18. 杂项 …… \$20
19. 开幕日费用 …… \$100
20. 未列入预算内费用 …… \$17

合计 800 元

以会员十五行每月报告费收入 $750，以 $500——为标准编造月支经常费。预算如下：

1. 薪资 …… $280

调查员二人，事务员二人，特约调查员四人，工役信差各一人（经理薪水由总所支给）

2. 膳费 …… $50

3. 租金 …… $50

4. 邮电费 …… $20

5. 水、电、电话 …… $20

6. 杂志、报章 …… $20

7. 车资 …… $15

8. 文具印刷 …… $20

9. 杂支 …… $15

10. 未列入预算费用 …… $10

合计 $500

郭宜生致中国征信所函（1933 年 9 月 7 日）

乃器先生大鉴：

昨奉本月四日来示，敬悉种切。昨日各行对于尊处复函，再行讨论，均无问题，关于寄发沪方何项报告应用何种邮递，均已议定。惟尊处拟定之汉口分所特别会员志愿书，多数并无意见，但有谓志愿书应改为合同者，所定条款第六节，颇有异辞。并谓合同须依照此间银行公会八月廿一日致尊处公函各节为准。现会员问题既已交由银行公会解决，当亦不得不容纳各方意见。现共同决定致尊处一函已缮就，日内即可寄上。公会中每星期叙会二次，作事又迂回曲折，致多稽延。现弟为从速进行起见，拟于后日（星期六叙会之时）即至公会与各行进行商订合同事，其内容均照八月廿一日公函，及参酌尊处所拟特别会员志愿书拟就。兹附上一份，即祈台核。届时如何决定，当另函奉达。专此。祇颂

公绥

弟　郭宜生　谨启

九月七日

合同（稿）

立合同事：现汉口〇〇〇〇银行为赞助征信事业起见，自民国　年　月　日起加入中国征信所股份有限公司汉口分所为特别会员。对于左开各条，均经双方同意，并愿意遵守。此据。

计开：

一、特别会员于入会时缴纳入会费国币壹百元，并每月缴纳报告费国币五十元，每三个月预付一次。

（二、前项报告费暂以一年为限。）

二、特别会员除委托征信所调查之事件，每份缴纳报告费国币一元，外埠一元五角，凡征

信所日常自动分送之各项市况或信用调查报告书，不另收费。

三、征信所上海总所之各项市况报告书及信用调查报告书，及上海总所分送各基本会员之报告书，应随时送与特别会员，不另收费。但自上海寄至汉口之邮费，由各特别会员自行负担。

四、征信所必要时得请求特别会员供给关于市况及商家信用程度之消息。

五、特别会员接受征信所报告书后，除用作商业上之参考外，不得作其他用途。

六、本合同以自双方签定之日起，一年为有效期间，期满时本合同任何一方如须终止本合同时，应于期满前三个月通知对方，否则继续有效。

立合同　代表人

中国征信所股份有限公司汉口分所

见议　代表人

中华民国　年　月　日

附中国征信所股份有限公司汉口分所章程一份[①]

中国征信所致郭宜生函(1933年9月12日)

宜生先生大鉴：

接展七日及九日台函，均经拜悉。汉各行公函亦于十一日到所。承示特别会员合同草案经加审核，尚无不妥。可即照所附缮清本条文，由本所授权执事代表签订。兹附奉委任书及复各行公函各一件。敬希察收，分别存转。现定下月一日开幕甚佳。此间日上拟派石岑如君来汉襄办一切，薪水拟定五十元，往返川资自备，并绝对不准挪借公款。统祈台洽，迅速进行为荷。专此。即颂

公安

章〇〇启

中华民国廿二年九月拾贰日

中国征信所关于汉口分所秘书的任命书(1933年9月11日)

兹任郭宜生君为本所汉口分所秘书，并规定职权如左：

一、对内主持分所一切事务，遇有重大事宜，随时申请总所核示。

二、对外代表本所签订关于本所营业章程所列各种通常营业之契约合同。

三、收受并签发各种关于业务之信札文件。

四、任免分所职员，但须即时陈报总所备案。职位较重者，并须先请总所裁夺。

五、不得以本所名义对外担保及为本所营业范围以外之任何负担。

六、在报纸刊物发表关于本所业务之稿件，须先经总所核准。

七、诉讼事宜须先经总所核准。

---

① 原件散佚。

右交郭宜生君收执

常务董事

中华民国二十二年九月十一日

中国征信所汉口分所合同稿(1933年)

立合同

汉口　为赞助征信事业起见,兹加入中国征信所股份有限公司汉口分所为特别会员。经双方同意,签订左列条款,相约遵守。恐后无凭,立此合同存照。

计开:

一、特别会员于入会时缴纳入会费国币一百元,并每月缴纳报告费国币五十元,每三个月预付一次。

二、特别会员除委托征信所调查之事件,每份缴纳报告费国币一元、外埠一元五角外,凡征信所日常自动分送之各项市况或信用调查报告书不另收费。

三、征信所上海总所分送各基本会员之报告书,应随时送与特别会员,不另收费。但自上海寄至汉口之邮费,由各特别会员自行负担。

四、征信所遇必要时得请求特别会员供给关于市况及商家信用程度之消息。

五、特别会员接受征信所报告书后,除用作商业上之参考外,不得作其他用途。

六、特别会员对各项报告书之内容应严守秘密。

七、本合同以自双方签定之日起一年为有效期间,期满时本合同中任何一方如须终止本合同时,应于期满前三个月通知对方,否则继续有效。

代表人:

立合同　中国征信所股份有限公司汉口分所代表人:

见议:

附中国征信所股份有限公司汉口分所营业章程一份

汉口各银行致中国征信所函(1933年9月8日)

迳复者,接准八月三十一日贵所复函,以前次敝行等所提对汉分所原则办法四项均可照办,惟关于第四项发送报告书一节,尊提意见三项,微有不同。兹经敝行等磋商,认为上海基本会员所享权利,对于汉地特别会员,仍以同等待遇为原则,若因逐日分寄报告邮资极费问题,则此项邮资可由汉地特别会员担任,为灵通消息免除周折起见,所有上海基本会员日常所得报告,务希一律直接分寄特别会员,不必由汉分所钞印。其邮寄方法暂时定为下列三种:(一)商家异动报告及紧急市况报告均用飞机快寄;(二)日常市况报告照平常信件寄;(三)普通信用报告照新闻纸类寄,倘将来有须变更邮寄方式时,由各行随时迳与贵所协定。至尊函所谓特别委托调查事件,照例每份收费壹元,自应遵办。准函前因,相应函复,即希贵所查照酌定见复是盼。再,志愿书手续拟请改为另定合同,其条文即照彼此往来函内所举办法分条列入,并希洽照。此致

中国征信所

中国银行　交通银行
浙江兴业银行　聚兴诚银行
盐业银行　金城银行
四明银行　上海银行
浙江实业银行　中国实业银行
大陆银行　广东银行
中南银行　中国农业银行
中国通商银行

中华民国二十二年九月八日

中国征信所复函稿(1933年9月12日)

迳复者,接奉本月八日台函,嘱将上海基本会员日常所得报告一律分寄特别会员,其邮寄方法暂定:(一)商家异动报告及紧急市况报告均用飞机快寄;(二)日常市况报告照平常信件寄;(三)普通信用报告照新闻纸类寄,至特别委托调查事件,每份收费一元。志愿书拟请改为合同,其余文件即照彼此往来函内所举办法各条列入等由。具征赞助征信热忱,倡导之至意,钦仰莫名。惟信用调查报告书因涉及商家盈虚,事关秘密,如照新闻纸类递寄,恐有不妥。爰拟亦用平信,所费有限,计荷赞同。特别委托事项,除特殊情形外,在汉口者每次收费一元,汉口以外各地,每次收费一元五角。至特别会员合同,已函知郭宜生君代表签订。相应函复,请烦察照为荷。此致

所启

中华民国廿二年九月拾贰日

中国征信所致郭宜生函(1933年10月3日)

宜生先生大鉴:

接展九月二十七日台函,并附特别会员志愿书十五份,敬均拜悉。总所逐日所发报告书业自十月二日起(一日为星期日),依照以前商定之递寄办法交邮送发。贵处暨各特别会员印刷品已全部印竣,前日寄上之一部分(清单已随前函寄上),因大部系表格被邮局拒绝照印刷品快递,故改用包裹寄上,为时较缓。兹再寄上数种(清单附上),即希察入。惟此种印刷品汉地谅不乏可以承印之店家,以后似可就近付印,不必转托此间代印。因辗转邮寄,不特耗资极巨,抑且时日延滞,殊失敏捷之本旨。计荷赞同,正式开幕究定何日,现下筹备进行若何,一切统祈详赐示知为荷。顺颂

公安

金○○敬启

中华民国廿二年十月三日

寄发汉所印刷品清单

中文章程	二百本
海关进出口贸易报告	二本
统计表	四种
工厂英文调查表	一百份
商号英文调查表	一百份
贩售商号调查表	一百份
制造工厂调查表	五百份
个人详细调查表	五百份

郭宜生致章乃器函(1933年10月5日)

乃器先生台鉴：

上月廿七日寄上合同十五份，谅必早邀台核。前尊处致各行公函请推举数人审核报告一节，未能同意，闻各行已决定由公会迳复尊处矣。此间各行对于征信事业虽不乏热心者扶助，但多数均抱冷观态度，甚或讥讽挑剔。弟亦惟有抱定宗旨，不计成败，与诸同事共同戮力而矣。目下所最感困难者，即调查员对于采访消息，素无经验，所编报告是否确实，均须从旁再加探询，废时实多。现分所已于一号成立，并已送发报告，今日即向各特别会员收取入会费及报告费。开幕日期及进行事务，已于上月廿七日晚邀集赵、黄、甄、沈、董、汪、郑、宗诸君一度叙餐，报告一切，并决定于双十节正式开幕，又请诸君代为聘请各业顾问。现内部事务均已布置妥当，各人员履历及分配工作已另函呈达总所。惟叔屏兄介绍之郑维理君未列入预算之内，此层前曾呈达左右，不知能否核准。以事务而论，弟因对外事务较繁，势不能专做内部工作，人手亦觉缺乏，各特别会员除十五行外，邮汇局已经函邀入会，合同亦已送去。据谓俟批准后再行接洽。他如中央银行、省银行、四省农民银行等，均已接洽，中央或能加入为会员也。聂世璋君，弟原拟请其担任特约调查及书译英文信札报告之职，目下尚无外国会员，故亦未有英文文件往还，拟暂先请其担任洋行方面调查，并婉言现在初创之际，开支极俭，月仅致送车马费念元。聂君谓只廿元耶，勿乃太耗我之光阴也。弟以其欲望过奢，无法延揽，闻其在《自由西报》月薪百元，此外尚有上海《时事新报》通信兼职。至聂君性情，似觉稍为暴躁耳。专此，祇请

台安

弟　郭宜生　谨启

十月五日

石岑如兄嘱笔道候。

郭宜生致金慕尧函(1933年10月5日)

慕尧先生大鉴：

九月廿七日奉上芜札及合同十五纸，谅邀台察。印刷品点收无误，此外并收到钱业月报、银行周报各一期，中国实业杂志一册，海关贸易统计进出口各一册，中文章程二百本、统计表四种、工商半月刊两册。此间遵中行赵经理意旨，定十月十日开幕，但自一日起，已正式开始办

公，报告亦经开始编发，各会员入会费及报告费尚未缴来。日内即拟前往收取。职员除弟与石君外，尚有三人，另雇勤务两名，聂世璋君因希望过奢，未能妥洽。兹附奉职员履历表及职务分配单一份，即祈台察。关于以后办事方针，尚乞随时指示，俾资遵循而图进展。无任企幸。
专颂
公绥

弟　郭宜生　谨启
十月五日

附职员履历及职务分配单一份。

此函正拟寄发时适十月三日，尊示递到，已敬希。

郭宜生　秘书

石岑如　担任文书，编缮校对，经发报告，编管档卷，收发登录，各项簿籍开单（如委查事件通知单收费通知单等）及其他杂务（如编器物目录保管文具书籍等）

郑维理　字调青　年卅三岁，浙江人，浙江森林学校毕业，曾在工商界服务十年。担任会计及汇编经济新闻（浙实郑介绍）

调查员

姚次安　湖北汉阳人，年卅六岁，新昌商业专门学校毕业，历充湖北省营业税局调查员暨工厂管理员等职务（上海银行董介绍）。

林守宽　湖北汉阳人，年卅岁，历充恒益钱庄上街、汉阳万春和万春盛万春昌等上街（上海银行宗介绍）。

俞志侠　现任新德钱庄副理（中行介绍）。

胡砚农　现任公论日报经济新闻编辑（上海银行董、宗及中国农工银行胡介绍）。

勤务

黎范九　送信

周吉臣　印刷

中国征信所致郭宜生函（1933年10月7日）

宜生先生大鉴：

接展十月五日来函及致章乃器先生函示一件，附职员履历及职务分配表一纸，祇悉种切。汉所已开始办公，编发报告书，极佩画筹。惟报告书副本每种亦应检寄总所一份，以资存查。十月十日开幕因外界均须休业，未审有无不便，尚希卓裁。以后逐日所办业务，亦应编制统计寄下备查。所用帐册谅已规画就绪，逐月损益及资产负债情形，应于下月五日前制表报告总所，以便合并结算。总所前垫付账款，兹特开单寄奉，即祈划归开办费项下（借方），并转入总所往来户（贷方）项下作为对总所之负债。调查员现下尚须添人否，此间开办调查员训练班，学员罗疑君有意来汉襄办调查事务，罗君湖北人，对汉口情形尚称熟悉，能否予以试用，并恳察酌见示。现除特别会员十五家外，俟内部布置就绪，应即着手征求普通会员加入。花旗银行前曾函询总所调查汉口商家办法，似可先派人前往接洽，聂君或可另外磋商，对内代书英文文件，对外再负接洽洋商会员责任，如洋商会员能得相当数目，即可将其待遇提高。郑维理君如确有需要，自可追加预算，予以聘用。十日开幕情形，并乞一并详赐示知为荷。顺颂
公安

诸同事均此致念

弟　金慕尧　拜启

中华民国廿二年拾月七日

郭宜生致金慕尧函(1933年10月12日)

慕尧先生大鉴：

本月七日大函及代付款项清单均已收到，敬悉种切。此间业于国庆日正式开幕，事先由所柬邀市商会各委员、各银行各同业公会主席及新闻界莅临参观。是日来宾到有市商会主席暨三委员及各行代表约五六十人，由所备茶点款客。罗疑君既有意来汉极佳，惟目下人手暂可敷用，如以后事务稍繁，当于必要时再行奉邀。至于征求洋商会员及普通会员一节，一俟办有成绩，当即着手进行。郑维理君确有需要拟即正式聘用，薪水若干尚盼酌示。聂君希望太奢，且极爱惜光阴，如托其出外接洽而无成效，则所中碍难给酬，彼必怨怼觖望，似非妥善办法。容俟此间事务稍暇，与之商量后再行奉告。此间各会员对于所中编发报告，颇为满意，委托调查事件已有十数起。关于推派代表审阅报告一节，已有复函递到，托为转寄。兹将该函及此间开幕广告等一并奉上，即祈台察。此间报告拟每星期六寄奉一次，以节邮资。关于此间资产负债账目，当遵照于每月五日以前制表报告，并此奉闻。专颂
公绥

弟　郭宜生　谨启

中华民国廿二年拾月拾贰日

中国征信所汉口分所开幕通告(《汉口新闻报》)

敬启者，敝所以提倡经济合作，促进社会繁荣为宗旨，办理经济及工商信用调查，传布市场消息等业务，总所设于上海，服务社会，颇见成效。兹为推广征信事业起见，爰在汉口设立分所，业经筹备就绪，定于十月十日正式开幕。倘承光临指导，曷胜感荷。特此通告。

中国征信所汉口分所　谨启

所址：保华街中国银行二楼

电话：三二九四

电报挂号：国内有线及无线一〇一〇

中国征信所汉口分所敬谢来宾启事

前日敝所开幕，渥荷高轩莅止，不吝指教，并辱厚贶，珠玉缤纷，隆情稠叠，感谢莫名。诚恐招待未周，尚希原谅。用伸谢悃，恕不另柬。

中国征信所汉口分所郭宜生致章乃器函(1933年12月19日)

乃器学长兄台鉴：

昨由林屏兄交下手示，拜悉一一。倬云兄在校时与弟同班，现已多年不见，如其能来此帮忙，极为欢迎，即请就道可乎。此间调查人员，前由聚兴诚银行友人介绍，胡君谟安已言定担任内外部工作，月薪暂定四十元。胡君留日习商科多年，曾在报界及机关任职，但其外勤工作亦未见满意。调查人才，殊难物色也。至此间会员数，除国货银行已加入为特别会员外，中央银行已加入为普通甲种会员，礼和洋行已加入为丁种会员，现尚有大孚银行，已往谈数次，大概亦可加入为甲种会员，花旗银行继续合同已经签订，但公会会员银行于六个月期满后，不知当有问题否。前仰辰先生来汉时，谈及兼办文具或印刷业务，以谋自立之途，意至美善，弟亦已道听各行文具消费数目，大概每年均在千元左右，总计数额无多，印刷业务则较繁复，当先有精确计划方可着手。尊意以为如何？请与仰辰先生一谈。此间所办行名簿现已付印，下月即可出书。惟因事属初创，时间又甚局促，调查编辑均欠完善，销行亦无把握，现预定刊印五百本，广告价目则因市面关系定价极低，已兜得广告七百余元，大均可达八百元之数，封面全面只乙百五十元之广告费。自今尚无定户，可怜实甚！书价每本预定一元，但印数过少，成本每册约在一元二角左右，预计收支可能相抵，难有盈余也。弟在此一切办事，颇承各董事体谅，殊深感幸，惟以未能多得此间各会员之指导，办事实有孤掌难鸣之概。当希时赐教益，俾有遵循。专复。祇颂

大安

弟　郭宜生启

十二月十九号

中国征信所汉口分所郭宜生致章乃器函(1934年)

乃器学长兄台鉴：

日前奉一月廿八日台函，备悉一一。倬云兄长于文辞，头脑亦尚清楚，惟作事迟缓，外部工作因其离汉稍久，情形较为生疏。据其自愿，最好担任编订工作，故以编制定期商情报告相托，每星期一次，材料由所中报告及新闻纸等类搜集。尚有石君所管之档案工作，收由倬云兄负责，月薪五十元，为数虽非厚，然所中待遇〔向〕来较菲薄，已属较高薪水，当须有相当成绩，使人心服，不然则遗人话柄。当其来汉之初，弟已言之与吾兄，所说公平待人之意，亦觉不定，而今至其旅资一层，并未向其提过，惟石君对之言曰，当其来汉时，川资由所中支给二十元等语。倬云兄不解实情，贸然要求，弟已复称王壮涛君亦从绍兴来汉，所中并未支给川资，故不能例外。然其过实究于石君之多言生事。倬云兄来所，石君实甚妒之，一则因其失所要挟，二则因恐去而代之，三则无法要求加薪，殊不知此中种种，全属错觉。倬云分其工作，益增其疑，故谓枯坐无事，试问其每日应办之事，是否每日清了。吾兄所言良工无遗材，诚非虚语。弟不敢自诩良工，惟愿追随吾兄之后，尽力行之，庶不负吾兄爱我之厚。石君办事能力甚佳，故弟极愿用其所长，惜彼思想不正，错觉太多，此次以加薪之函相示，见其态度已转形积极矣。在弟平心而论，所中调查效能实鲜进步，报告固或缺乏，外勤人材难于物色。弟已言非一次，欲觅一较为满意

者，曾托多数银钱界友人，已承介绍数人，均未能满意而复之。然调查之事，弟觉中外均少全材，只有比较熟悉商情者，或比较头脑清楚者，取而用之。此间会员增加不多，委托事件亦少，人材未能尽量收罗，故一时难见殊效。又以为征信事业之进步，应侧重方法，尽量收集资料，方能逐渐臻于完善精确之境。汉地社会知识微薄，征信所之资料求之于此种社会，满意之资料，何能立时而得。故前在银行公会议订合同时，谓继续六个月之时间而能有如何满意之效果，恐非易举，方知征信事业万难急就。王毅露主席即谓所订六个月合同，并非敷衍文章，请转告贵总所如你们不办，我们银行仍须办之，不过希望办得有进步耳。但六个月后之情形如何，各行均未有何表示。现闻王毅露先生行将调往天津，此间金城经理一席，将由沪行李副理继任，将来公会主席当不知何属，如属交行浦心雅或不致再有麻烦也。此间工作计划，对于调查方面，拟多用各业特约调查，视报告之多寡而定报酬，如此或可多增报告数量，充实档案材料。如欲求得万能人材，已属失败之试验。现在已增发各业报告书提要及商品市价成交数量统计两种。本年一月份起，又拟每星期编制商情报告一种（即倬云兄担任之工作），行名簿早经编就交印，与印刷所订立合同，于一月十五号交书，现已延迟两星期，尚未出版，交涉多次，印刷所亦无办法。可恶之至。总所所发每日商情，一部分银行尚属欢迎，大陆更感兴趣。欲言不尽。专复。敬颂
年釐

弟　郭宜生　谨启

除夕灯下

2. 天津分所

资耀华致中国征信所函(1934年11月30日)

迳复者，十一月廿八日大函敬悉。关于津地贵所拟筹备分所一事，此间各行事先并未接洽妥当。华因来津未久，行中诸事甚忙，本拟摒当就绪后，再进行津所事务。待有相当程度时再专函尊处，派人前来洽办。乃日前洪君提先莅至，华始进谒中行，卞行长并在上星期六天津银行公会聚餐会初次提出讨论，华坚决主张采用基本会员方式。现经卞君热心介绍之结果，基本会员已有十四家会员银行，无全体加入之可能。而经费多寡亦须待明日（星期六）再经一度聚餐会议始可解决。想以后不致更有何问题。恐劳注念，特此先达。再者，此事并非洪君措置失当，实以事先缺乏布置，故未免临时疏通耳。此致
中国征信所

天津上海商业储蓄银行资耀华　上

十一月三十日

资耀华致中国征信所函(1934年12月7日)

子伟、仰辰、瑞璜三兄钧鉴：

征信所事昨已开成立大会，表面上似乎毫无问题，但将来成绩如何则难预料。此地与上海不

同，未能开诚合作，因此形成都要管而都不管之局面。此种情形，若征信所所长能负责做事，不如上海初办时有利用该机关之野心，则将来或无问题。否则，恐不能无问题也。盖现在银行只负出资之责，一切悉任征信所自由办理，当然得人则兴，失人则亡。关系不可能不巨也。草此。敬问
大安

弟　华　拜上

十二月七号

鄙意如下：拟请加入复信。津征信所事请耀华兄偏劳，多为指导。所方如能尽力，稍有成效，人必知之。前总所创设亦有此种情形，想所稔知。沪上同人必为津所后盾。

瑞璜

中国征信所致资耀华函(1934 年 12 月 13 日)

天津上海银行

耀华我兄大鉴：

七日手教敬悉。洪启英兄亦有信来，以津所推选干事等提议已被打消。各行仅各推派代表二人，以临行方前往访问云云。诚如我兄所言，将形成“都要管而都不管之局面”。津所初有眉目，因无论银行方面不能望已毫无问题，即内部组织用人行政以及将来会员之征求业务之扩展。在在均须有人指导匡助，否则绝难收善果。征信所自由办理，事实上万不可能，弟等于此惟有重申前请，即恳我兄就近多多负责指示，如能常往就膳，尤为佳妙。弟等虽居上海，就力所能及必为津所后盾，他日如有成效，当甚为社会人士之所共见。基础之固，或非过难，惟偏劳者我兄耳。专复。顺颂
公绥

廿三年十二月十三日

天津分所致中国征信所函(1934 年 11 月 24 日)

乃器、仰辰先生大鉴：

今日公会叙餐，出席银行十二家(按公会会员共十七家)，当由卞主席提出筹设天津中国征信所分所案，少数会员以至于此事似尚有未前知者。英当将总所组织业务暨会员分类情形略予解释。讨论结果，以各会员均须商之各该当局，未有若何具体决定。大势所趋，或须仿照汉口分所方式。惟名义则改称基本会员。下周一起英将分访各行当局，征求同意，前途若何，尚无把握。接洽结果，容再函陈。专奉。敬颂
公绥

后学　洪启英拜上

十一月廿四日

中国征信所致天津分所函稿(1934 年 11 月 28 日)

启英先生大鉴：

廿四日致章、祝二董事函已收到转呈。津方情形前据祝君谓已全部接洽就绪，由银行公会

负责办理云云。今据来信所闻，谓尚须逐家接洽，则其中显示已别生枝节。台端初莅津，人地生疏，一切望秉承资耀华、束云章二君行事，弗铺扬，弗贪近功。虽有障碍，当不难望盼之也。进行情形如何，请随时见告。专此。顺颂

公绥

廿三年十一月廿八日

天津分所洪启英函(1934年11月28日)

师良吾兄大鉴：

刻诵惠函，祇悉种切。弟抵津后当即往访卞、资两先生，借悉此间筹设分所并非银行公会负责，仍须仿照汉口办法，向各行征求加入为特别会员。今日公会聚餐，席间讨论此事，以各代表事先未有所知，并无若何具体决定。下星期英当分访各行局邀请加入，前途若何，尚无把握。据资先生云，此次筹设津所，以事先未向各行接洽进行，或须延缓。若俟至明春着手，则事当易办。但现已势成骑虎，惟有努力干去。携来宜定章则等，现尚未至需用时期，将来自当与卞、资两先生妥为商酌。弟奉派来津，总所精神寄于一身，一切措置当以审慎出之。诸望释虑。当前问题，厥为如何使各行均能加入，是为津所之生命线，此而解决一切，始能次第进行。收支预算当俟会员问题告一段落后函奉。日前交奉卞君审阅之每月经常开支预算，或须稍有变更，拟暂时不能奉上。弟来津之先，所怀疑于经费一层者，今悉成一问题。但事在人为，困难终得解决。接洽结果如何，容再奉告。此间航信仅星期三、五、日可以发送，平日转达以快信较为迅捷。台函于二十二日发出，迟至廿四日晚九时方行收到矣。专奉。顺颂

公绥

弟　启英　拜上

中国征信所天津分所洪启英致章乃器函(1934年11月29日)

乃器先生大鉴

接诵赐书，敬悉种切。嘱查名单，以此间中西报载亦仅宣布蒋胡二人，事后追查稍费时日。经向关系当局访问，仅得十余人：蒋梦麟、胡适之、梅贻琦、顾毓琇、邓庆润、李锐（津市社会局科长）、时文周（前河北省党委）、张伯苓、杨翊周（津法商学院院长）、李案（平市教育局科长）、李燕、徐福明、周炳琳、张贻惠、傅斯年、胡振之等。据此间西文报载名单上总数达一百三十人，弟亦无从证实。日来津市华商情形至形纷乱，失意军阀、汉奸、浪人群出活动，某方更雇失业游民百余人，衣以制服，供应武器，日给酬金五百，唆使从事暴动。当局目睹情形，只消极防守，竟不敢拘捕一人，现状大类热河事变前形势。昨日自榆关开津日军七百人，用意不明，路局所有车辆已为日军监视，声称非有同数车辆自南开来时，不准开动南下。津市上空日机终日翱翔，人心甚形恐慌，前途演变，殊难逆料。新华大楼自南满铁道会社租入后，以彼方不守纪律、一味专横，租方群感不安。日来常有武装日军进出，经新华当局交涉后，已允重兵器不再携入。二十五日该社工业科长等三人来所，委托调查华北工厂十一件，彼方调查用意，自在商业性质以外，弟在本所业务上似无拒绝理由，故已予接受，将来编制报告，拟将扼要处略去，借为我国工业稍

留元气耳。专复，敬颂

公绥

后学　洪启英　拜上

十一月二十九日

天津分所致中国征信所函(1934年11月29日)

乃器、仰辰先生大鉴：

英本日分访中国、交通、浙兴、大陆、上海、新华、中实等行当局，接洽加入为会员事宜。除中实表示须俟四行全体加入后，方允签字外，其余八家均已盖章赞同。惟分访各行必须循序以进，否则鲜克有效。例如中交不签字于前，四行等决无率先倡导可能，而四行等未加入前，其他诸行亦难望有圆满结果。现国历年关在迩，各行往往类皆碌于行务，偶或往访不晤。基于上述原因，惟在坚守以待此接洽会员取得进行，兹斯迟缓之主因也。基本会员章程日前与资先生商过，以此间一般商人头脑较汉口尤觉守旧，顾会员权利须得格外优越，现决采取基本会员方式，而纳费则照特别会员。业经英参照两项章程拟就，交由中行卞经理暨资先生审阅，内设置审查委员会一条经中行删去。兹将草章校样附奉察阅。俟基本会员数得相当数额后，当付大会表决。至现与各行接洽签字者，仅征求名单一纸，将来根据此单再行分发入会书，签约收费。明日英再当分访其他各行，结果容俟续陈。专奉。顺颂

公绥

后学　洪启英　拜上

十一朋廿九日

中国征信所天津分所基本会员入会志愿书

中国征信所天津分所基本会员入会志愿书

立志愿书 　　　　银行今赞同中国征信所天津分所宗旨，照章加入为基本会员，所有应尽义务应享权利俱如本志愿书背面所印简章之规定。此证。 基本会员 代表 中华民国二十三年　　　　月　　　　日

中国征信所天津分所基本会员简章

第一条　基本会员限于华商金融机关。

第二条　基本会员于入会时应纳入会费一百元，并每月报告费五十元，每三个月付款一次。

第三条　基本会员应享下列权利：

甲、　征信所所有逐日发出报告书均分送基本会员，不另取费。

乙、　基本会员得随时调阅征信所档案材料，不另取费。

丙、　基本会员专托征信所调查事件，每件仅纳手续费一元，并得尽先办理。

丁、　征信所如有出版物如统计专刊等，均须分送基本会员，不另取费。

戊、　关于商行倒闭新创改组消息，及商品市况，征信所应随时报告基本会员，不另取费。

己、　基本会员得免费索取上海方面信用调查报告书。

庚、　基本会员订购上海总所每日商情报告及工商行名录得享五折优待。

第四条　基本会员应于可能范围内尽量供给征信所各项资料。

第五条　各基本会员银行应推定重要职员二人为出席征信所代表，各该行经理为当然代表。

第六条　基本会员代表每月举行常会一次。

第七条　本简章如有未尽事宜得提出常会，由大多数会员之同意修改之。

天津分所致中国征信所函(1934年11月30日)

乃器、仰辰先生大鉴：

今日接洽会外银行八家，计签字加入为基本会员者，中央、国华、中国国货、河北省银行等四家，明华俟经理批准大致不成问题。中农、四行准备库、边业在考虑中。兹将业经签字各行列左：

中国、交通、新华、盐业、金城、北洋保商

浙兴、中孚、大陆、中实、大中、

中垦、中央、中国国货、国华、河北省

上海、中南(以经理离津尚未签字但预测不成问题)

以上共计十八家(可有十九或二十家之希望)

明日下午举行基本会员大会，讨论章程等问题。英一切措置事前均商之中行高襄理友梅(以束云章先生公务殊忙，由卞经理指定高君参与筹设津分所事宜)及资先生，诸祈释虑。举会结果，当再函陈。专奉。顺颂

公绥

后学　洪启英拜上

廿三年十一月三十日

总所每日商情报告，此间有一致好评，将来或可推销。

天津分所致总所函(1934年12月2日)

乃器、仰辰先生大鉴：

今日各行签字加入者，计金城、北洋保商、中孚、中国实业、中国垦业、大中等六家，连昨日

签字六家，共十二家，尚有盐业及中南二家以经理离津暂时不能解决，但预料可不成问题，连前合计十四家，公会会员共十七家，除四家已无问题外，尚有东莱、大生、殖业等三家，东莱表示考虑，大生或无希望，殖业则范围过小，事实上无力负担。会外银行计有中央、四行储蓄会、中国国货、边业、河北、中国农工、国华、明华共八家，将于明日前往接洽。预计至少当有三家可加入。星期六下午拟召集基本会员大会，将章程付众表决，举会结果，容再函陈。此间连日奇寒，户外温度在零下，南人骤来北地，初殊苦之，现亦习焉。会员问题解决后，人事一层至为重要。英在沪时虽征求陈光谋君意见，陈君初诺而终辞，英意犹属之，敢请吾公再予劝导(待遇可增十元)，务须以公为重，勉成其行。俟英星期一(十二月三日)航空信抵沪后，即嘱其束装就道，是所至祷。专奉。顺颂

公绥

后学洪启英拜上

天津分所所中国征信所函(1934年12月3日)

乃器、仰辰先生大鉴：

本月一日举行第一次基本会员大会，出席代表二十人(代表十八家，本日中南已签字)。中行卞经理以事缺席，由交行钟经理主席。当将基本会员简章付众讨论，中实提议第二条所载基本会员应纳每月报告费五十元，将来应逐渐减少，国华提议第三条内所载基本会员等托征信所调查事件纳手续费一元，应予取消。讨论结果，众以开办一二年内需费非夥，尽照原章办理，将来视经济情形再行斟酌修改简章。宣读毕，无异议通过。英遂提出总所设有干事、设计及审查委员会，津所似应仿照办理案，多数表示赞同，当以时间已晏，须俟本星期三(五日)举行第一次常会时从长讨论云。征求基本会员至是已告一段落，当前急务厥为内部筹备工作，办事人员至感急需(常会时决定当日为分所成立期，一月一日为开幕期)。英前函恳派陈光谋来津襄助，至望即日就道(以二三日内即须向各会员签约收费)。此外油印及理订报告书等需熟手工役一名(总所工役内最好能调根九来津，海道旅费约八元)。此间公会方面已约定一名专任递送报告书，但内部工役无满意者。兹将津所每月经常开支及开办费预算附奉察阅。专奉。顺颂

公绥

后学　洪启英　拜上

十二月三日晨

陈君至望即日起程为要(行李切勿过重，英前带印刷纸张过磅加费达十余元)

天津分所致总所函(1934年12月9日)

师良兄大鉴：

两奉大函，均已拜悉。先后所提各节，兹分复如下：

一、总所垫款自当归还，惟此间各会员虽发言津所开办时经济方面总所亦应负担少许，此盖仅闻总所业务之发展，而未知经济情形之尚未称十分乐观所致。为避免烦言计，英意可采用分期归还办法，本月归还弍百元，嗣后每月百元，至二月底可偿清，不识君意以为何如。

二、华文打字机如能适用，望即嘱吴君带来，该价若干，当于本月底一次偿还。

三、工役洪祥准即饬其来津。

四、仰辰先生所荐舒君何日来津，祈示。

五、总所原有报告书可暂勿补，将来俟必要时当再函告。惟今后每日所发报告书及商情报告须逐日寄来一份存津所，备各基本会员调阅。

六、每日商情报告当俟开幕后向各会员揽售。英在沪时章先生虽云分所基本会员定阅揽售五元（每月），是否确定，祈示。

此外有向台端陈述者四点：

一、津所内部工作人员除吴、舒二君外，此间行方亦有二人。

二、调查员拟就总所登报招请应征人中遴选，希将各该应征人之试稿一并寄下，以凭甄拔。

三、津所基本会员前已征约十八家，惟日前第一次常会卞主席宣布取消干事及两委员，会后中有数家颇有异议。但当场并未发言。席散后有表示退出者。翌日国货银行电话致英，以总行来函谓汉所该分行未准其加入，津分行未能独异，当即退出。英以事出仓卒，颇生疑窦。当访该行经理，晤谈之下，悉系实情。英睹此情景，恐迁延生变，故决不待吴君来津，于昨日分向各行收费，结果除中国实业银行、河北省银行稍用辞费外，尚幸均能如数收足。当即悉数存入中行。故现刻基本会员仅十七家耳。明华银行去过四次，均以经理赴沪未得要领。不识将来可能补足十八家缺否耶（按卞主席所以提出取消干事及两委员者，以风闻有数家银行颇思染指干事之席，恐以征信所关系引起各行竞争冲突故也）。

四、基于第三点原因，此间基本会员，英不敢以为可以久恃。故将来惟有努力征求普通会员，庶几可以奠定津所基础。关于此层，英有请求者，即凡上海各洋行之津分行，嗣后若函上海总所，委托总所调查津商号而将报告书经由津分所直接寄递该津行者（汉口西门子分行系如此办理），嗣后万望总所切勿应之，否则津地各洋行概不必加入津所为会员，仅由沪总行与总所关系即能达其调查津商号之目的。如此则津分所欲在津征求洋商会员，借以巩固其基础，嘎乎难矣。但若沪洋行委托调查津商号，而报告书仍由总所递送该沪行者，是与委查外埠商号无异，自不在此例。余俟续陈。专颂

公绥

弟　启英　拜上

十二月九日

天津分所洪启英致总所函（1935年6月25日）

师良兄：

接奉津字四十三及四十四号大函，敬悉一是。尊处普字报告一部分仅存原稿达二千余号，若重行缮打，时间、人事两不经济。兹已与此间会员谈过，俟将来需要时，随时函索可也。

六月底遵办商情报告邮费，敝处系按每日一角七分计算，于月终向各户收取，与尊处结单相较约有数分之差，以后商情报告邮费至请每月开单一次，借便核对。总分所往来帐清单，嗣

后按月寄奉，每月业务统计及每日业务统计，俟印就表格后，当即遵办，按期寄奉。

此间现以每日需用腊纸较多，嗣后拟请每月增购一匣，共计七匣。

函示嗣后津汉沪三埠市场发生变化，均用电报通知，敝处自当遵办。现已向电报局举行挂号，一俟办竣，当将号码函告，以便通报。

华北局势在一周前颇有一触即发之势，华界日有日军巡行示威，省府及公安局且被自由闯入侦察。旋因我方委曲求全，承认彼方所提要求而告无事。计已履行者，如撤消河北省全省各地党部，撤消政整会政训处，停闭保定军官学校，撤换河北省主席及天津市长，撤退五十一军，取消蓝衣社，取缔反日运动等。最近复以察哈尔事件，又告紧张。宋哲元因而去职。秦德纯继任代主席甫四日即上辞呈。前途能否圆满解决，亦属疑问。闻日人所提要求，尚有撤消北平军政分会，取缔抗日教育，要求华北各大学聘请日人为顾问，驻校监察。周前平津各大学校长连袂赴京，即为此事向教部请示，结果未有所闻。惟南开大学有不久赠由政府接办之说。现北平军分会主席何应钦南下有日，势不再北来，其眷属行李亦已挂车南运。据闻日军司令访何交涉时，曾击桌指斥何氏，至此不得不走。商业方面以受市面萧条及时局恐慌两重影响，万分凋敝，实力不济者纷纷倒闭，内容充实者亦皆力事收缩，不敢扩张，华商然，洋商亦然。津所普通会员不能常有增加，斯为主因。欲求业务之长足发展，恐尚须视大局为定耳。特此函达，顺颂

公绥

附奉：日计表乙纸　同人月薪表乙纸　商情报告定户乙纸

会员表乙纸　邮费结单乙纸

弟　洪启英　谨启

中华民国廿四年六月廿五日

中国征信所天津分所一年半之业务概况(1936 年 10 月 15 日)

民国二十五年十月十五日

中国征信所天津分所成立一年半来之业务概况

成立经过

上海中国征信所创立之四年，而有设立天津分所之议。先是上海中国银行祝仰辰君乘北来观察之便，以征信所董事名义，向天津银行界接洽筹设本市分所事宜，此间银行多数表示赞助。祝君南返后，即与征信所全体董事商议，决即进行，当派由沪所副秘书洪启英君来津筹备，分头接洽，历时一月，计加入为基本会员者有中央、中国、交通、大陆、金城、中南、盐业、浙江兴业、中国实业、国华、上海、中国垦业、河北省、大中、中孚、新华、北洋保商等十七家银行，十二月一日假银行公会举行基本会员大会，计出席基本会员代表十七人，分所秘书一人，当通过基本会员章程，并决议以十二月一日为征信所成立期，一月一日为开幕期。自十二月一日起，从事内部筹备，若工作人员之招聘，各项设备之置办，工作计划之拟订，各业机关之联络等，至一月一日正式开幕。

招考调查员

信用调查事业在我国尚属初创，故担任此项工作之人才，殆无内行可资招聘，适当人才，实

难其选。盖调查人员必须具备下列条件：一、商业经验；二、流利口才；三、诚挚态度；四、机变能力；五、耐苦精神；六、商事常识。此六者缺其一，不得谓为能胜调查之任。本所为选拔真才计，于十二月十五日登报招考调查员，二十日举行考试，计应考者一百五十余人，二十四日举行口试，与试者五十余人，经评判结果，正取三人备取三人焉。

聘请顾问及通讯员

以天津区域之广，各业商行之多，欲就三数调查员求其收效之圆满，自是难事。盖一调查机关，尤其信用调查机关，工作之得有良好成绩，除内部工作人员及基本外勤人员之努力外，必有赖于外界之援助，及多量外勤人员之协作。本所有鉴于此，故于开幕后二月内，先后聘定各业名誉顾问五十余人，用资调查随时访问，及遇有疑难案件时之请益，所聘率为社会有声人物，彼辈与各业关系至广，足为本所助也。此外商号创歇市场情形瞬息千变，其攸关工商信用至深且巨，任信用调查工作者，自属分内之事，第斯非业外人所能胜其任。基本调查员纵欲设法探访，特终日奔走，辗转刺探，充其量日能调查二三业，所获消息亦只皮表事实，欲图囊括各业消息，各号内幕变化，自非求之业中人不为功。本所有鉴于此，因有招请各业兼职特约通讯员之举，计先后登报六次，录取人员六十余人，自是情报工作稍具基础矣。

工作概况

信用调查主要之点，厥为对方营业盈亏，经济情形与乎主体人之能力及行为，设此数项而无法获得真切消息，则所制报告，将失却其全部价值。第征信所所必欲探知之点，适为对方最所忌讳之点，故从事探访，其迂折艰难，实有甚于报馆访员之探访新闻者。盖现时一般商号对于征信所之认识尚浅，调查员招其拒阻，自意中事，故本所成立初期常惴惴以惧，虑工作之不能顺利进行也。虽然举办一事，挫折为必经之阶，吾人自不敢自甘暴弃，以堕其业，惟为埋头苦干而已，初期工作所遭逢之困难，适如上述。迨半载后，各方认识渐清，被查商号一反拒绝故态，社会一般亦减先前怀疑心理，迄兹一年有半，前途进行，尚有赖于继续努力。而观于今日各方对于本所态度之好转，要足使吾人稍稍自慰也。现本所工作可别为七：一、各业商号调查；二、各种工厂调查；三、市况调查；四、工商情报访问；五、每月工商业异动调查；六、各业个人调查；七、各种保单调查。自成立迄今一年半中，计发出工商调查报告书一千三百八十三件，特别报告书二百九十三件，市况报告书五百零四件，英文报告书二百件，发出份数共计四万二千五百份。兹将发出工商调查报告书按照业别分列如左。

金融　一九八件

五金玻璃　四九件

珠宝古玩　一件

绸缎　七七件

钟表眼镜　九件

珠宝古玩　一件

皮毛革　五六件

颜料油漆　四三件

木行　八件

纱花　三一件
医药　四六件
车行　三七件
进出口　九六件
书籍文具　二四件
货栈　五〇件
杂货　二八件
纸庄　三三个
转运　一九件
灰煤栈　一四件
印刷　一二件
报关　一件
米面庄　五〇件
百货商店　三件
旅馆　二件
酿造　一六件
洋广货　三五件
橡胶　三件
茶庄　八一件
鞋帽　一二件
煤　油　九件
酒菜馆　五件
电料　一五件
麻袋　□六件
茶食糖果　四件
乐器行　九件
棉毛织物　二五件
饮料　二件
照相　五件
针织　八件
染织　二件
干鲜果　五件
服装　二件
烟草　一五件
押当　九件
洗染　二件

保险一四件

纺织　二五件

打包　一件

居间承揽　八件

面粉厂　六件

公用事业　八件

承揽工程　五件

铜铁机器　一三件

娱乐场　三件

重工业　二四件

造胰　一九件

杂类　四九件

轻工业　一八件

磁窑　一四件

工业原料　三件

房地产　五件

档案材料

调查报告书之内容，果有恃乎外勤人员之努力，第既得材料之分类编目，归档保藏，尤称重要。盖一调查机关创办之始，一切材料均须作原始调查，迨夫数载乃于数十载后，材料越集越多，册页越积越繁，设不条分析缕析，采用科学编目方法，分类保藏，则必至凌乱如纸篓，宝贵资料，将无从利用。是过去工作，将等虚掷，且永无基础可言。故欧美各国征信机关，对于资料之保管，特设专部，择头脑清晰办事精细者，使主其事，且历久不易其职，其重视可知矣。本所成立甫一载有半，档案材料虽尚不能如预期之丰富，第调查所得材料，截至现在止，已有工商行号二千余件，个人三千余件，市况一千余件，报纸材料四十余册，分类归档工作，已日致繁重。本所鉴于旧法部首检字，手续至繁，耗时亦久，故采用商务印书馆王云五氏发明四角号码检字法，每一报告书编成一号，取标题首字四角为分子，次字二角及次字以下各字一角合并为分母，例如中国征信所，其首字四角号码为5000，次字左上角及右上角为60，第三字左上角为2，第四字左上角为2，第五字左上角为7，其全部号码为5000/6022.7，如是则报告书纵多至数十万份，同号码者亦将绝鲜，而检阅材料，尤称迅捷焉。

会员

本所基本会员有中央、中国、交通等十七家银行，已详前节，此外工商界加入为普通会员者亦达十家。值兹本所草创伊始，服务尚未普遍，一方国内信用制度，尚甚幼稚之际，吾人对此二十七家会员，不敢谓为过少。要之征信事业为促进工商繁荣机能之一，而工商繁荣亦为征信业务推展之因，二者实相互为因，征信所业务推展之迟缓，自无用其过虑，吾人深冀津市商业由本所之成立，而渐臻繁荣，而本所前途亦因工商业之繁荣，而趋发扬光大也。

过去感想

本所一年来经历，所常私心窃虑者，厥为社会一般对于本所之怀疑，本所进行调查，逐感受重大困难，实则外界之疑均属过虑。盖一商号之信用，其决定标准凡有三义，一资力，二能力，三行为，所谓三 C 主义者是也。设一商号资力殊充实。而主体人经商能力及行为至低劣，则其营业之失败，无待蓍龟，故资力雄厚者，其信用未必即高。反之设一商号资力殊薄弱，而主体人经商能力及行为为人称道，则人无不乐予通融往来，其营业发展为必然之结果，故资力薄弱者，其信用未必即低。明乎此，则商号对于本身内容，非特无用其守秘，实有欲使社会通晓之必要。征信所乃为唯一沟通机关，各商号允宜欢迎之不遑，复何怀疑之足有哉。

未来展望

在现在信用制度未臻完备之我国，欲求征信事业之急激进展，自属难事。虽然自去年以来，商业票据已在盛倡，政府颁布币制改革命令，金融组织益增健全，信用制度之渐趋进步，可期而待。征信所在现时虽不能充分表现其效能，而来日需要，实未可限量，证之欧美征信事业发达之现状而明甚。

最后，吾人欲为各界告者，工商界放款贷货，对于对方之偿债能力，必先有充分之认识，庶几不致蒙受无谓损失。虽然商事错综繁复，仅察事态之一面而忽其全面，则每易为事态所蒙蔽。设有一商号焉，其资产总值为四万元，向某银行透支二万元，向某工厂赊货值一万五千元，向某批发家赊货值一万五千元，该商号负债总额显已逾其清偿能力矣。而在各家以缺乏互通声气之故，犹深信其货款之安全无碍，一旦该号发生变化，各家咸蒙其害。故工商界欲谋货款之安全，相互联络，实甚必要。然而各家在营业竞争上，对同业有未能一一公开者，且各家往来户多自数十家至数百家，一一遍询，事实有所难能，征信所为专司调查机关，地位超然，各家向之委查，自较便利，在营业进展上，实有甚大裨益也。

(五) 中国兴信社会议记录①

中国兴信社第 52 次社员大会记录(1938 年 7 月 29 日)

中国兴信社第五十二次社员大会记录

时间：二十七年七月二十九日下午六时半

地点：银行公会银行俱乐部

出席者：陈苏孙(交通)　缪镛楼(国华)　王家栋(中实)　章午翌(上海)　曾之屏(浙江地方)　韩闻痌(江苏)　孙瑞璜(新华)　施博群(四行)　杨彭年(浙实)　郦象春(中央信托)　孙代

主席：孙瑞璜

记录：吴中凡

一、开会

① 此处系中国兴信社第 52、56～71 次会议记录。第 1～51、53～55 次会议记录上海市档案馆馆藏缺佚。

二、主席报告

诸位代表，今天本席所报告的事项，简单的分三点报告于次。(一)经济方面，六月份兴信社及征信所经济情形，请各位参阅兴信社及征信所各项账略。征信所六月份收入，计普通会员会费七百三十元，报告费三百三十余元，连兴信社拨付辅助费千元，共收入二千余元。而本月份开支，虽为二千五百余元，但除去临时奖励金及预付警捐外，实数较上月无大增减，兴信社六月份收入，仅基本会员会费二百四十元，因是项会费，系每三月一收，故本月收入不多，至是月支出，仍为拨付征信所补助费一千元而已。(二)工作方面，征信所最近调查工作，已较前增多，除基本会员及各洋行继续委托调查外，最近银行复以存户遗失存单之保人，委托本所调查，是以调查事件日多，本所发出之报告亦逐见增加。(三)职员方面，最近所中同事，因生活程度日高，低微收入，不足维持生活，曾数请所方予以补救，查本所同事薪给，战前原为二十余元至一百元不等，战后因所方紧缩，遂一律改为二十、三十、四十、五十四级，当时各同事以时值非常，咸能谅解，最近始以生活程度高涨，同事生活日趋困难，不得以请求补救，所请亦系实情。至言所中经济情形，尚称不恶，但董事方面意见，总希在此时期，所中能多积聚资金，基础即愈能巩固，同事生活亦愈有保障。惟为顾及目前同事生活，而同时又顾及所方基础起见，最好决定一两全办法，请诸位发表高见，付诸讨论。

三、决议

每月发给同事生活津贴，其数目酌量情形规定。

四、散会

中国兴信社第56次社员大会记录(1939后4月28日)

中国兴信社第五十六次社员大会记录

日期：二十八年四月二十八日(星期五)下午六时半

地点：银行俱乐部

出席者：王勖甫(邮汇局)　郦象春(中央信托)勖代　孙瑞璜(新华)　王家栋(中实)　曾之屏(浙江地方)　杨彭年(浙实)　吕惠宗(交通)　韩闻痌(江苏)　周伯长(上海)　陈子绳(中一)　赵叔馨(交通)吕代　宋作楠(新华)　孔绥蘅(浙实)

主席：孔绥蘅　记录：吴中凡

一、开会

二、秘书报告

诸位代表，过去二月来本所情形，一仍其旧，并无特殊事件发生，故今天报告的非常简单。一、关于业务方面：近来委托调查案件逐渐增多，每日平均约有十二三件，内以基本会员及洋商委托居多。惟基本会员委托事件，大半系调查保人，本所之保人报告，向例只发委查，不发基本，故每日本所发出报告甚多，而各基本会员所得之报告，并无显著增加，工作因亦未能全部表现。二、关于经济方面：兴信社二三月份收入会费，共一千二百元，支出征信所补助费，共二千八百余元，银行存款，有一万零五百余元，征信所二三月份收入，因发行经济日报，报告费增加三五百元，二三月份开支亦各增三四百元，每月收支，尚能平衡。三、关于分所方面，重庆分所早经成立，其组织系统，现经董事会决定，隶属于总所之下，惟为便于监督及管理起见，将请重庆各银行代表组织一指导监督团体，就近代为办理。

三、散会

附收支报告〈略〉[1]

中国兴信社第57次社员大会记录(1939年6月23日)

中国兴信社第五十七次社员大会记录

日期：二十八年六月二十三日(星期五)下午六时半

地点：银行俱乐部

出席者：周伯长(上海) 王家栋(中实) 祝文华(中实) 曾之屏(浙江地方) 袁景仪(交通) 陈子绳(中一) 孙瑞璜(新华) 施博群(四行) 潘仰尧(四行) 宋作楠(新华) 高子久(中国)

列席者：祝隆意 吴中凡

主席：王家栋

记录：吴中凡

一、开会 主席宣告开会，请祝秘书报告所务情形

二、秘书报告

诸位代表，半年来本所业务情形，大体言之，较去年同期颇有进展。(一)会员方面，去年普通会员退出者多，加入者绝无，但今年会员，加入者则比退出者为多，故普通会员总数，较之去年颇有增加。(二)工作方面，本所战前所有工作，除行名录外，现已次第恢复，而职员战前原为五六十人，现只二十余人，故工作较为繁重。最近本所复适应工商界人士之需要，及推进职员工作起见，拟筹备恢复征信工商行名录，该书在战前每年出版一次，成绩尚佳，以后继续出版，营业当有把握，惟近以外汇关系，纸价飞涨，成本或须提高。(三)经济方面，请各位参阅收支报告，兴信社四五两月收入社费，共四千余元，支出辅助费二千九百余元，五月底银行结存共一万一千六百余元。征信所收支情形，四月份一千四百余元，五月份收入二千余元，内普通会费一项，五月份较四月份约增加一倍之多，四月份开支为二千三百余元，五月份因有警捐、纸张、文具等支出，开支增至二千六百九十余元，此系一次支出，下月开支当可减少。(四)分所方面，重庆分所，业已成立数月，本可顺利进行，惟自重庆遭轰炸后，市面冷落，分所业务，遂亦暂告停顿。以上系本所业务报告。此外本所职工，因最近物价高涨，生活维艰，恳请救济。又筹备复刊之征信工商行名录，如何进行，统请各位讨论。

三、决议

(一) 每月薪金总额增加一百元，视薪给低微办事勤劳者分别加薪。

(二) 六月底提出一千元为职员临时补助费，视职员工作效能之高低分别发给。

(三) 征信工商行名录进行方针，交由常务同事会讨论。

---

[1] 所附收支报告已散佚。下同。

四、散会

附收支报告

中国兴信社第58次社员大会记录(1939年8月25日)

中国兴信社第五十八次社员大会记录

日期：二十八年八月二十五日(星期五)下午六时半

地点：银行俱乐部

出席者：祝文华(中实) 缪镛楼(国华) 杨彭年(浙实) 唐仁育(国华) 施博群(四行) 潘仰尧(四行) 曾之屏(浙地方) 陈子绳(中一) 吕惠宗(交通) 袁景仪(交通) 高子久(中国)

列席者：祝隆意 吴中凡

主席：缪镛楼

一、开会 主席宣告开会，请祝秘书报告。

二、秘书报告

诸位代表，两月来本所情形，无大变动，兹简单报告于下：(一)经济方面，请各位参阅六、七两月收支报告，兴信社六月份社费，已在四月间收清，故是月并无社费收入。支出方面，仅征信所补助费一项，共九百五十八元。七月份社费收入，有三千八百四十元，支出除补助征信所一千五百余元外，并垫付一九四零年行名录印刷费二千元。征信所六月份收入，计会费报告费等共一千一百余元，各项开支，有三千六百四十三元，内有职员临时津贴一千元系在本月支出，故开支较上月为多。七月份收入共二千八百零四元，因普通会员会费在本月到期者较多，有一千三百四十元，收入总数，遂较上月增加，支出方面，普通开支与上月无异，约二千余元，另有一九四零年行名录垫款一百六十三元，系垫付行名录文具印刷等费用，再征信所资产负债表内，资产项下有渝所往来一项，计二千一百四十一元，系垫付重庆分所筹备及开办费用，损益表内利益类下有英文经济日报费一项，共二千四百二十六元，系自本年二月起至六月底止其收之报费，查该报发行迄今，方五阅月，照目前报费收入计算，每月平均可有五百元收入。(二)工作方面，本所调查工作，照常进行，惟自八月一日起，因开始编印一九四〇年行名录一书，故对于该书广告及编辑事宜，亦同时积极进行，中经二十五日之努力，至八月二十五日止，广告收入，共五千一百另三元七角五分，内应收未收款项四千八百九十七元七角半，已收款项二百零六元，书款收入，共二千一百零一元，内应收未收款项六百七十四元，已收款项一千四百二十元，总共营业收入计七千二百零四元七角五分，目前离出版时期尚有三四月之久，照现在成绩观之，达到预定一万五千元至二万元广告之标准，并非难事。此次本所征求广告，多承各代表热心帮助，至为感激，今后仍希望各位继续介绍，以利进行。(三)分所方面，重庆分所，因最近重庆屡遭轰炸，调查无法进行，业经分所干事会决定，并呈准总所暂停营业，俟将来该地市面恢复，再行复业，目前分所秘书，业已辞职，现仅留职员一人，保管分所一切财产。以上各项报告，诸位如有意见，请提出指正。

三、散会

附收支报告

中国兴信社第59次社员大会记录(1939年12月22日)

中国兴信社第五十九次会员大会记录

日期:二十八年十二月二十二日(星期五)下午六时半

地点:银行俱乐部

出席者:周伯长(上海) 施博群(四行) 赵叔馨(交通) 潘仰尧(四行) 曾之屏(浙地方) 唐仁育(国华) 杨彭年(浙实) 宋作楠(新华) 祝文华(中实)

列席者:祝隆意 吴中凡

主席:施博群 记录:吴中凡

一、开会

二、主席致辞

诸位代表,本社董事孙瑞璜先生,此次因病未能出席,本社应请祝秘书代表全体社员备函慰问。关于最近征信所情形,现在请祝秘书报告。

三、秘书报告

各位代表,本社已四月未曾开会,四月来征信所情形,可分经济工作两方面报告。(一)经济方面,本所经济情形,尚属良好,各位可参阅各月收支报告,八月份收入,普通会费报告费等,约二千一百余元,收兴信社补助费约二千四百余元,开支为二千五百余元,此外垫付一九四〇年行名录印刷文具等费用,约二千三百七十余元,九月份因普通会员到期者多,故连其他报告费收入,约有二千六百九十元。开支方面,因有预付警捐、纸费及汇划贴水等,较上月增加四百余元,为二千九百余元,因本月份银行有存款,故未支用补助费,十月份收入平平,收入为一千一百余元,支用补助费一千五百六十元,开支约为二千八百元,十一月份收入,增至一千八百余元,支出约二千七百元,亦因银行结存,未用兴信社之补助费。(二)工作方面,信用调查及中英文商情日报,仍旧继续进行,一九四〇年行名录,亦在加紧编辑之中,行名录营业收入,包括广告费及预约书价等,截至目前止,已达一万三千五百五十四元八角五分,预计在出版前可达到一万五千元之数,至行名录开工印刷费约八千元,佣金约三四千元,编辑费约数百元,照目前情形,收支和平,出版后,部分书价收入,即系本所盈利,故此次办行名录成绩,实较往年为佳。以上报告,各位如有疑问,请提出讨论。

四、决议

1. 基本会员会费及各项报告费,概收法币。

2. 普通会员报告费增加百分之四五十,详细办法,另行决定。

3. 拨给年终奖励金二千元,视职员薪额及考绩,决定多寡。

4. 自明年一月起,员工一律加给生活津贴二成半。

五、散会

附收支报告

中国兴信社第60次社员大会记录(1940年4月26日)

中国兴信社第六十次社员大会记录

日期：二十九年四月二十六日(星期五)下午六时半

地点：银行俱乐部

出席者：杨彭年(浙实) 孔绶衡(浙实) 陈子绳(中一) 陈苹子(中央) 郦象春(中信) 钱其凤(中信) 高子久(中国) 缪镛楼(国华) 祝文华(中实) 王宗培(浙兴) 周伯长(上海) 施博群(四行)

列席者：祝隆意 吴中凡

主席：施博群 记录：吴中凡

一、开会

主席宣布开会，请祝秘书报告。

二、秘书报告

诸位代表，最近本所业务情形，现分三方面报告：(一)工作方面，调查案件仍较战前减少，平均每日十件左右，内以洋商委托较多，华商较少，国外如英美德等国，亦有委查，但件数不多。(二)经济方面，去年十二月至本年三月收支情形，请诸位参阅各月收支报告，内中应特别说明者，即十二月及一二两月开支，均较平常增加，盖十二月份有职员奖励金之支出，一月份有职员升工及生活津贴之支给，二月份又有添购五百元报纸费用，实际除去此项特别支出外，开支与以前仍不相上下。目前经济情形，截至二十五日止，征信所存银行四，四五一·七〇元，兴信社定期存款有一〇，八一六元，活期有四，六八三·九元，总共存银行有一万九千余元，经济尚称宽裕。(三)行名录方面，征信工商行名录业于二月底出版，广告成绩，甚为满意，营业收入，总共一六，八三二·四五元。截至昨日止，除已收一三，九七九·八五元外，尚有未收二，八五二·六〇元。开支数目，印刷费为七千元，已付出五千元，佣金薪金等共三，二五〇·七七元，总共已付开支八，二五〇·七七元，照目前收支情形观之，可净余五，七二九·〇八元，尚有未付印刷费一千元，将来可以未收广告费二千余元抵付。目前行名录又已竣事，以后开支毫无，尚有存书八百本，如能陆续售出，书价收入，即可全数作为盈余。

以上报告完毕，此外附带有两点希望。(一)目前物价高涨，影响开支甚大，本所开支，已减至最低限度，以后惟有发展业务，以谋开源之道，希望各代表以后能多多指教。(二)今年纸价飞涨，印刷成本加重，明年行名录出版，必生困难，深望各代表早为策划，俾明年可以提前出版。

三、散会

附收支报告

中国兴信社第61次社员大会记录(1940年6月28日)

中国兴信社第六十一次社员大会记录

日期：民国二十九年六月二十八日(星期五)下午七时

地点：银行俱乐部

出席者：孙瑞璜(新华)　施博群(四行)　缪镛楼(国华)　周伯长(上海)　曾之屏(浙地方)

列席者：祝隆意　蒋立群

主席：孙瑞璜

记录：蒋立群

一、开会　主席宣布开会，请祝秘书报告。

二、祝秘书报告

诸位代表，最近二个月本所情形，可简单的分三方面报告如下：

甲，营业方面，欧战扩大以后，本所营业影响尚微，洋商委查未减，工作进行照常，且因德国领事署及花旗银行委查特种事件，报告费收入有增无减，伦敦征信所委托代收账款，亦有相当佣金收入。

乙，收支方面，关于本所最近经济情形，请参阅收支报告。四月份收支均见增加，收入总数约一万二千余元，内报告费一千一百余元，会费七百元，经济日报二百余元，行名录广告费八千余元，行名录书价二千一百余元。开支因有特种稿费，亦增至三千七百余元。五月份收入较四月份大减，总数约三千余元，盖行名录广告费大都收完，仅有一千二百余元，行名录书价三百三十九元，会费到期较少，计四百八十元，报告费约近五百元，经济日报四百余元，开支方面因有添制工役号衣、购买纸张及增加同人生活津贴百分之十五，故未见减少，仍约三千七百余元，大致四五两月份经常收支，相差不多。表面视之，本所最近经常收支，似不适合，但事实上因有种种原因，如有临时特种调查费之收入，出版行名录之盈余，及下半年会费收入较多等等，每能酌盈补虚，使收支平衡，观乎四五两月份经常收支相差甚巨，而丝毫未受兴信社之补助费，可为明证。至本月二十七日为止，兴信社存银行定期一万余元，活期三千余元，征信所存银行一千二百余元，共计一万五千余元，经济状况尚称良好，惟以后开支，因纸张工资等费用增加，有节节上升趋势，例如最近接房东通知，七月底租约到期，加租百分之五十(由每月一三四元加至二百元)冬天另加煤费五十元，现正在交涉酌减中。

丙，行名录方面，本届行名录成绩较历年为佳，共计收入广告费及书费一万六千余元，除去印刷费及其他必要开支外，目前已盈余五千余元，未售完之书尚有六七百本，如全部售完，均属盈余。最近数月，所中收入不敷支出，幸有行名录方面盈余，弥补不少。惟下届行名录印刷费，因纸价腾贵，较去年增加殊多，最近由美灵登估价，印刷二千本须二万六千余元，一千五百本须二万一千余元，去年印刷二千本仅七千元，下届几增三倍之巨，此外编辑等费用尚未列入，虽谓成本增加，广告费及书价均可随之增高，但广告费书价过分增高，对于兜揽广告及推销书籍，较为困难，故下届行名录之宜否继续出版，实一问题，请诸位代表多多发表意见。

三、决议事项

甲，下届行名录暂停出版，努力推销未售完书籍，并筹备出版中文本上海工商业汇编。

乙，追认孙董事长核准所中同人请求，自五月份起增加生活津贴一成半，连前共计四成。

丙，生活程度日高，所中开支随之增加，对于基本会员会费及报告费，应否酌量要求增加，请祝秘书加以研究。

丁，拨给所中同人半年特别奖励金一千五百元，分配办法以薪额及考绩为标准。

四、散会

附四五月份收支报告

中国兴信社第62次社员大会记录(1940年10月4日)

中国兴信社第六十二次社员大会记录

日期：民国二十九年十月四日(星期五)下午七时

地点：银行俱乐部

出席者：王勖甫(邮汇局) 孙瑞璜(新华) 杨彭年(浙实) 陈子绳(中一) 曾之屏(浙地方) 袁景仪(交通) 唐仁育(国华) 韩文痌(江苏) 陈鸣一(新华) 吴中凡(新华) 高子久(中国) 章镜明(中信局) 凌召明(中信局) 周伯长(上海)

列席者：祝隆意 蒋立群

主席：周伯长

记录：蒋立群

一、开会

主席宣布开会，先请祝秘书报告最近所务情形。

二、祝秘书报告

诸位代表，最近数个月所中情形，可分数方面报告余下：

甲，收支概况——六七八三个月收支概况，请阅收支报告，六月份收入总数为四千七百余元，经常收入计二千八百二十余元，内会费三百七十元，报告费二千一百余元，经济日报约三百元，本月份较五月份经常收入增加一千四百余元，原因有一笔外国委托调查费收入，临时收入有行名录广告费及书价约四百元，兴信社补助费一千四百四十二元，开支总数为四千余元，较五月份约增三百余元，内除薪水津贴二千六百元，房租电话电灯费三百元，印刷费二百八十五元，白报纸二百五十五元，仓租八十五元，同事张君逝世恤金一百元外，其余为零星开支。七月份收入总数为四千八百余元，内经常收入占二千七百余元，与六月份相仿，惟本月份会费收入，因逢收费时期，增至一千三百元，兴信社又补助一千九百余元，开支总数为五千二百余元，较六月份为增一千二百元，此盖有发给职工半年奖励金一千五百元之故。八月份收入总数为八千三百余元，内经常收入估二千三百余元，经常日报激增至九百五十余元，会费续收到一千余元，兴信社补助费五千九百余元，内四千余元系预付印刷一九四一年行名录之用，开支总数为一千七百余元，内临时开支多付巡捕捐一百十六元八角，其余均为经常支出。

乙，出版情形——去年行名录总收入共一万七千余元，除开支外，约盈余五六千元，今年(一九四一年版)继续出版，印刷费增至九千元，现正在积极筹备中。自九月一日起至九月三十日止，广告已兜到五千余元，书款已收二千余元，未收九百元，总计收入已有八千余元，与去年同期相仿，惟今年因一切开支增加，预料成绩恐不及去年耳。

本所今年除行名录外，又决定新出版《华商股票手册》一书，此事系由孙董事长主动，经信托同人联欢会通过，委托本所编辑发行，将来华商股票市场成立后，该书需要必旺。该书内容包括各公司名称、地址、营业性质、注册机构、日期、简史、股份数额、历年市价、近年派息情形及发行公司债券等项，现亦在积极筹备中，大约二个月内即可出版，每册定价八元，预约五元。惟该书最宜在六月底或七月初出版，今年时间较晚，其中是否应予补充之处(如附录各公司董事监察人名单及决算表)，请各位代表多多指教。

三、孙董事长报告

顷闻祝秘书报告，本人有数点应加补充。

甲，上次大会决议下届行名录暂停出版，盖当时鉴于下届行名录印刷费激增，为避免冒险，故有是项决议，嗣由美灵登数次减低估价，经祝秘书与本人考虑以后，始决定继续出版，应请大会追认。

乙，信托同人联欢会，鉴于华商股票，近年渐被人所注意，将来为互通声气，及提倡华商股票交易起见，有推进委员会之设立，惟事前须搜集各公司资料，以供参考，本人当即提议，谓搜集股票资料一事，如委托本所办理，可收事半功倍之效，当由该会接受，决议委托本所编辑《华商股票手册》一书，此为本所筹备出版该书之缘起，亦请大会予以追认。余意该书资料宝贵，定价不妨稍昂，惟对于信托同人联欢会会员，或可给予优待折扣，再该书同时难免他人亦有出版，本所宜先人一着，庶几将来销路较有把握也。

丙，顷阅收支报告，目前本所收支尚能适合，六月底兴信社存银行一万三千余元，征信所存银行二千余元，共计一万六千余元，八月底兴信社存银行九千余元，征信所存银行二千余元，共计一万一千余元，表面上似较六月份减少四千余元，惟其中有下届行名录垫款四千余元，将来营业收入，可以收回，故本所一万五千元之基金，未有移动，所中一项经常收入，稍有上落，平均每月普通会员会费九百余元，报告费一千余元，经济日报五百七十余元，共计二千余元，其他临时收入不计，开支项下，六七八三个月共计一万三千余元，除去七月份临时发给职工半年奖励金一千五百元外，平均每月开支为三千八百余元，除经常收入二千余元，每月欠一千七百余元，不敷之数，除由兴信社在基本会员会费收入项下，每月平均补助一千五百元外，每月尚短少二百余元，此数乃将所中临时收入弥补，至于近数个月所中开支所以增加，乃因职工增发生活补贴及房租点费捐税纸张等种种开支增加之故，今后希望在可能范围内，尽量节省开支，更希望今年出版之行名录及华商股票手册收入良好，则本所经济状况渐佳，对于职工待遇亦可逐渐改进也。

四、决议事项

甲，追认出版一九四一年征信工商行名录及华商股票手册二书。

乙，近来米价高涨，所中职工生活困苦，自十月份起每人增加饭贴六元(连前共计十六元)，惟以三个月为期。

丙，华商股票手册中附录各公司董监事名单，因目前环境关系，暂缓加入。

五、散会

附六七八月份收支报告

中国兴信社第63次社员大会记录(1940年12月26日)

中国兴信社第六十三次社员大会记录

日期：民国二十九年十二月二十六日(星期四)下午六时半

地点：银行俱乐部

出席者：袁景仪(交通)　孙瑞璜(新华)　吴中凡(新华)　高子久(中国)　王宗培(浙兴)　缪镛楼(国华)　陈其鹿(中央)　曾之屏(浙地方)　孔绶蘅(浙实)　周伯长(上海)　韩闻痌(江苏)　王勗甫(邮汇局)　陈子绳(中一)

列席者：祝隆意　蒋立群

主席：王宗培

记录：蒋立群

一、开会　主席宣布开会，请祝秘书报告。

二、祝秘书报告

甲，收支状态——九月份三种经常收入(会费、报告费、经济日报)共计一千七百余元，临时收入(一九四零年与一九四一年行名录广告费及书价)共计二千九百余元，经常开支三千五百余元，本月份因现金较多，兴信社未拨补助费。十月份经常收入增至三千余元，临时收入有兴信社补助费一千四百五十一元，杂收益九百余元，开支为四千二百余元，内多付房租(冬天煤费)五十元，报纸三百七十四元，印刷费二百三十一元，故较九月份增加。十一月份收入减少，计经常收入一千八百余元，临时收入有兴信社补助费一千四百零九元六角，杂收益六百余元，开支为四千五百余元，较十月份约增加三百元，内多付报纸三百余元，档案夹三百六十元，巡捕捐一百五十余元。截至十一月底止，征信所存银行一千四百余元，兴信社存银行一万零八百余元，两共一万二千余元，以上九、十、十一三个月每月经常收入平均约一千九百元，开支约四千一百元(全年平均每月开支约三千二三百元)，不敷之数，以临时收入弥补。

乙，出版情形：A、一九四一年版行名录——今年收支均较去年增加，截至十二月十四日为止，广告收入项下，应收未收款项为一万零一百八十四元七角五分，已收款项为二百六十七元，合计一万零五百五十一元七角五分；书款收入项下，应收未收款项一千六百二十一元，已收款项三千四百零八元，合计五千零三十一元，总共收入一万五千五百八十二元七角五分，预科出版后连销售在内，约有二万元收入。开支项下，计印刷费九千元，(未付尚有五千)，连佣金及其他必要开支，所有广告费及预约书价，足以相抵，将来出版后书价收入，全属纯益，预计约有五六千元。B、华商股票手册——已于本月十六日出版，广告费及书价收入，已有二千余元，开支不到一千元，(印刷费六百余元)，目下已余一千元，余书二百多本，如能售完，则盈余总数可达二千余元。

以上收支报告，诸位代表如有问题，请予指教。现再将战前后本所工作及经济情形，试作比较，战前每天发普字报告多至三四十份，战后委查减少，逐见激减，惟其他工作依然进行，出版物除商情报告及行名录仍继续外，又多出英文经济日报及华商股票手册两种，战前每月开支约四千五百元，现约四千元，收入则战后较增。

上次大会决议，职工每月增加饭贴六元（由十元加至十六元），以三个月为期，今已到期，应否继续，请再讨论。

三、决议事项

甲，职工饭贴增加六元，再继续六个月。

乙，今后努力使本所商业化，一切以赢利为目的，希望全体同人积极开源，于本所及个人开辟一经济出路，年终所获盈余，当酌成分派各同事，以为鼓励。至其详细办法，请祝秘书拟就，提交下次大会讨论。

丙，职工年终奖励金，根据各人月薪及津贴，发给一个月。

丁，自明年一月份起，每月提出二百五十元作为加薪与津贴，其分配办法以劳绩为标准。

四、散会

中国兴信社第64次社员大会记录(1941年8月19日)

中国兴信社第六十四次社员大会记录

（因人数不足改开谈话会）

日期：三十年八月十九日（星期二）下午六时半

地址：银行俱乐部

出席者：孙瑞璜（新华）　周伯长（上海）　罗郁铭（浙兴）

王宗培（浙兴）　曾之屏（浙地方）　高子久（中国）

列席者：祝隆意　蒋立群

主席：孙瑞璜

记录：蒋立群

一、开会

主席宣布，近日天雨，各代表出席不多，不能正式开会，故改开谈话会，现请祝秘书报告所中情形。

二、祝秘书报告

甲，工作方面，一切照常进行，一九四一年行名录已于今年二月底出版，共盈余三千余元，《华商股票手册》早于去年十二月出版，共盈余一千余元，两项盈余均以贴补开支，今年因纸张昂贵，行名录印刷估价，竟超过去年总收入，在目前所中经济不宽裕之环境下，实难继续出版，所中收入不敷须另谋开源之道。

乙，收支方面，自去年十二月至本年六月，所中收支状况，请诸位参阅收支报告，平均每月经常收入约二千元，经常开支约四千五百元，不敷之数，除以基本会员会费一千三百余元，及杂收益一二百元抵冲外，每月须短少一千余元。至于现金状况，去年十二月底，征信所及兴信社银行存款与现金共结存一万零五百余元，本年六月底共结存九千四百余元，两相比较，计缺少约一千余元，如无行名录与股票手册盈余贴补，现金短少当不止此，据目前情形而论，所中每月开支至少尚缺一千余元，以所有现金结存，仅能维持八九个月之久，际此物价步高之时，所中今后开支，当有增无减，既不能节流，似须另筹开源之法，此点务请各位代表多多指教。

收支报告分析(略)

三、讨论

甲,物价高涨,所中收支不敷,基本会员会费似有增加之必要,此点留待下次社员大会讨论。

乙,下次开会时,请祝秘书拟就所中收支预算。

中国兴信社第65次社员大会记录(1940年9月24日)

中国兴信社第六十五次社员大会记录

日期:民国三十年九月二十四日(星期三)下午六时半

地址:银行俱乐部

出席者:王宗培(浙兴)、周伯长(上海)、陈其鹿(中央)、曾之屏(浙地方)、刘念孝(企业)、郑宜振(企业)、朱鹤群(企业)、袁景仪(交通)、吴中凡(新华)、孙瑞璜(新华)、吕惠宗(交通)、缪镛楼(国华)、孔绶蘅(浙实)、朱协卿(中实)、高子久(中国)、祝文华(中实)、陈子绳(中一)

列席者:祝隆意 蒋立群

主席:孙瑞璜

记录:蒋立群

一、宣布开会

二、主席致辞

诸位代表,上次会议因逢天雨,代表出席不多,嗣改开谈话会,此次特提早举行。首先应向诸位报告者,即今日开会,有两家新会员参加,一为中国企业银行,代表为刘念孝、郑宜振、朱鹤群三先生,一为中贸银行,代表为朱协卿先生,本席乐为介绍,并表示非常欢迎。兹因新会员代表初次出席,谨将本会性质略加说明,查兴信社社员大会,即为基本会员代表大会,基本会员均属华商银行,不啻为中国征信所之股东,基本会员入会以后,每家得派代表一人或数人,出席社员大会,最近规定每逢二个月开会一次,如临时有事,得开临时会议,本会为征信所之最高组织,后者之一切进行,胥由本会决定,其职权如同董事会。今天讨论事项,有增加基本会员会费问题,增加职工待遇问题,及改进征信所工作问题等,兹先请祝秘书报告,然后再付讨论。

三、祝秘书报告

诸位代表,今天有新会员代表首次参加,本人愿将征信所所做工作,略加说明。本所办理以下业务:

(一)供给信用报告——接受会员及非会员之委托,调查工厂商号个人之身家事业财产信用,委查者如系华商,则发中文报告,如系洋商,则发英文报告。此项信用报告(个人报告除外),每日发于基本会员,会费与报告费为本所之经常收入。(二)商品价格调查。(三)市场情形调查。(四)出版刊物,如中文商情报告,英文经济日报,行名录,人名录,华商股票手册等。(五)其他附属业务,如代收账款,介绍国内外厂商等。本所目前因受战事影响,范围较前紧缩,但各项工作仍照常进行,今后业务之发展,尚有待诸位代表之扶助与指导。

至于本所经常状况,最近二个月收支报告及每月收支预算,业已印发各代表,请予参阅,上次开会时,曾报告本所经济状况欠佳,今观七八两月份收入报告,似乎差强人意,现金且较前增加，考其原因，盖本所乃成立于下半年其时普通会员入会较众，收入亦较多，故七八两月份之收入，仅能表示该两月之情形，不能作为全年之标准，上次开会时，承嘱本人草拟收支预算，现已拟就，请各代表参阅讨论，目下本所已入不敷出，将来如物价续增，困难当更甚于前，再本所职工待遇微薄，无法维持生活，本人敬建议社员大会，于讨论预算案时，乘机予以调整焉。

四、讨论事项

甲，增加基本会员会费案

决议：自本年十月份起，基本会员会费由每月八十元恢复至原定之一百元，再加“附加费”六十元。

乙，调查报告费应否同时增加案

决议：酌量增加，至应加多少，请祝秘书草拟办法，交常务董事会讨论决定。

丙，改善职工待遇案

决议：交常务董事会讨论决定。

丁，如何增加信用报告案

决议：除请祝秘书通知调查部职员努力工作外，恢复调查会议，并推举周伯长、王宗培、祝文华、陈子绳四先生随时出席指导。

戊，本届行名录应否继续出版案

决议：请祝秘书于最短期内草拟预算，交常务董事会讨论决定。

巳，征求新会员案

决议：新兴银行众多，尽量征求基本会员及普通会员，对于金融业尤可征求为特别普通会员，酌收费用，供给信用报告。

庚，常务董事施博群先生缺席，添请周伯长先生参加常务董事会议案

决议：通过。

五、散会

附七八两月份收支报告及每月收支预算

中国兴信社第66次社员大会记录(1944年11月23日)

中国兴信社第六十六次社员大会记录

日期：民国三十三年十一月二十二日(星期三)下午四时

地点：银行俱乐部

出席者：罗郁铭(浙兴)　张良栋(中国棉业)　周伯长(上海)　陈子绳(中一)　缪镛楼(国华)　孔授蘅(浙实)　孙瑞璜(新华)　高子久(中国)　潘仰尧(四行)　祝文华(中实)

列席者：祝隆意

主　席：孙瑞璜

记　录：祝隆意

一、宣布开会

二、主席报告

诸位代表，本会已多时未开，今天又得与诸位在此聚会，心中非常高兴。征信所处目前之战事环境中，因各方面之需要减少，及调查手续进行之困难关系，致编发信用报告工作已大为减少。且最近物价高涨不已，开支逐月增加，如欲整顿工作，必须一笔经费。目前征信所之维持，全赖所出版之《征信日报》之广告及报费收入，其他一切情形再请祝秘书详细报告。现在所要与诸君讨论解决者，即以后中国征信所之隶属问题，因中国征信所过去在名义上，虽为银行附属事业之一，在事实上与银行公会尚未发生正式之联系。关于此点敝人曾与银行公会及银行准备会当局会商，原则上表示赞同，且最近财政部有公文到会，规定凡银行公会之附属事业均应呈报当局登记，是故征信所拟函请银行准备会于呈请财政部登记时，将中国征信所列为准备会事业之一，同时并请准备会指派委员，共组中国征信所委员会，以便管理中国征信所以后之一切业务。依此法则，中国征信所隶属及组织问题均得解决矣。

三、祝秘书报告

甲、工作方面

中国征信所主要工作为调查工厂、商号、个人之身家事业财产信用，编发报告书，以供各会员及委托者在营业上作参考之用。以前此项工作颇为紧张，且征信所之经常开支亦完全靠会费及信用报告费之收入。惟太平洋战事发生后，环境突变，各业不振，一般经济渐受统制，金融业放款亦逐步紧缩，最近尤甚。加之因生活困难关系，征信所历年所培植训练之调查人才，亦逐渐分散，以至征信所最主要之信用调查工作已大为减少，目前仅有极少数之个人调查及银行商店之保单复查工作略缀而已。

中国征信所之次要工作为出版刊物，以前曾有中文每日商情报告、英文经济日报、征信工商名录、人名录、华商股票手册等之发行。关于出版刊物中，除中文每日商情报告(现更名为《征信日报》)尚继续发行，其他均因环境及成本等关系而不得不停刊。发行《征信日报》在事实上现几为征信所之全部工作。《征信日报》之报费及广告费收入，亦变完全为征信所全部开支之来源(参阅每月收支预算)。《征信日报》领有宣传部及本市警察局之登记执照，征信所之全部人员均分配于《征信日报》之采访、编辑、排印、校对，兜揽送报、收账、会计事物等工作方面。

乙、经济方面

征信所账目向系每月结算，现一切收付传票等尚待整理，本所中经济情形请参阅每月收支预算表，所列各项收支与目前实际情形大致相符，依照预算本已入不敷出(每月差额为五万元)，惟今年上半年蒙银行准备会于去年盈余项下发赠本所二十万元，本所除以一部分购买股票(现略有盈余)外，另一部分买进白报纸二十令。惟该项报纸存货已于最近数月中陆续贴补用去一大半矣。所买进之股票现如售出约可得十万元，再加上银行存款及本月份应收未收与应付未付款项之差额，共约为四五万元，以之购买白报纸，本所白报纸存货约可用三四个月。惟以后物价仍有继续上涨可能，且本所职工待遇向来微薄，人力方面支出尚待调整。以后征信所之维持，其困难当更甚于今。

丙、人事方面

征信所现有秘书一人，职员六人，练习生一人，工役二人，印刷工人四人，供给十四人，平均每人每月薪津总收入不过七千元。在物价高涨声中，职工生活未能安定，工作效能因之减低，系难免之事实。

丁、资产方面

中国征信所之资产情形请参阅资产状况表。

四、讨论事项

甲、为求健全中国征信所组织起见，拟请银行准备会于呈请财政部登记时将中国征信所列为准备会事业之一，以免将来中国征信所在名义上及隶属方面发生问题。并请准备会指派委员共组中国征信所委员会，以便管理中国征信所以后之一切业务。议决通过。

乙、征信所基本会员会费共系每月二百元，按此尚系三年前之收费办法，迄今仍收此数。为求弥补征信所开支起见，拟自本年十月份起，基本会员会费增加至每月一千元，仍按向例由浙江实业银行每三月代收一次，所有本年十、十一及十二月份会费除去已收之六百元外，再补收二千四百元。决议通过。

散会

附 一、中国征信所资产状况表

二、中国征信所每月收支预算表

中国兴信社第67次社员大会记录(1946年1月25日)

中国兴信社第六十七次社员大会记录

日 期：民国三十五年一月二十五日(星期五)下午一时

地 点：银行俱乐部

出席者：宋秉伦(中南) 陈淼生(盐业) 周德孙(四行储蓄会) 周伯长(上海) 吴承禧(浙兴) 张熙(浙兴) 缪镛楼(国华) 周楠(国华) 袁力僴(大陆) 郑鸿彦(金城) 孙瑞璜(浙实) 陈裕祺(大陆) 陈子绳(中一) 许公庶(中贸) 孔绶蘅(浙实) 郑叔屏(浙实) 刘念仁(中国企业) 骆清华(通商) 江兆虎(通商) 吴宝义(聚兴诚)

列席者：祝隆意

主席：孙瑞璜

记录：蒋立群

一 宣布开会

二 主席致词

诸位代表，本社曾于本月十二日召开谈论会，讨论本社及中国征信所进行事宜，原则上已一致赞成，继续进行。今日特举行各银行代表大会，正式讨论通过。惟今日出席各代表中，有少数系初次出席，对于本社及中国征信所之组织简史容或不甚明了，兹再略事叙述。查在一二八战后，本市各大银行鉴于信用调查工作之重要，他方面并为各银行道义上之结合起见，由每家银行推派代表一人至两人，共同组织中国兴信社，随时研讨关于信用调查方面之各项问题。后为对外推广营业，乃于民国二十一年六月成立中国征信所，故中国兴信社含有研究性质，中国征信所则含有实施及营业性质。中国兴信社设有干事数人，中国征信所设有董事及监察各数人，均由中国兴信社社员代表大会产生。抗战发生以后，迄未改选。至于中国征信所业务概况，在战前颇为发达，除办理信用调查及出版事业外，并与世界各国著名信用所互相联络。战后因环境关系，本所调查工作进行困难，收入锐减，于是实行紧缩。历年来由所中同人全力维持，勉强保存原有机构，俾拥有十五年历史之中国征信所，不致中断，至为不易。兹者工商业渐上轨道，征信所需要迫切，爰经本社于上次召开谈论会，加以讨论。当时均赞成将中国征信所恢复原状，并力图扩充事业。尚请今日出席各代表，多多发表意见，并不吝加以指教。

三、祝秘书报告

甲、中国征信所过去概况

查中国征信所为本市各大华开银行所发起创办，成立于民国二十一年夏季，迄今已有十四年历史，其主要业务为调查各业团体及个人资产信用以供给各发起人及其他会员作业务上参考之用，其次要业务为出版中英文每日商情报告，以报道市场及一般经济消息，并发行中英文行名录、人名录、股票手册等其他附属工作，为代理复查银行、钱庄、公司、商店职员保单及代收账款。八一三战事发生以前，本所业务颇为发达，收支可以相抵，除基本会员二十余银行外，本市中外金融工商团体加入为普通会员者，不下一百余家，每日接受委托调查案件约五十余起，查复报告亦尽量逐日供给各基本会员银行作为参考，及充实信用档案之用。职工人数约六七十名，并在天津、汉口设立分所，在其他各大城市设有特约调查员，十余年来积聚各业团体及个人档卷约五万单位，并与国外各大征信机关取得联络，互通音信，互相委托调查，其中与美国邓白征信所 Dun & Bradstraet, lnc(全事业规模最大历史最久之征信所)关系尤深，时有电报及航信往来，除信用调查案件外，尚互相介绍中美两方面进出口商，以促进其发生贸易关系。

八一三战事发生后，全国金融工商各业均受打击，而本市尤甚，银钱工商信用紧缩，本所业务大受影响，收入顿减，迫不得已乃采取紧缩政策，裁员减薪，将一部分办公房屋退租，借以减少负担，勉强维持。迨至三十年十二月八日太平洋战争爆发以后，环境更见恶劣，所方业务不但无法发展，且有朝不保夕之势，幸赖同人含辛茹苦不惜薪金收入之低微，只求维持本所机构以待光明之来临。值兹胜利实现，河山光复，一切复员工作正在积极展开，金融工商事业将重复旧观，而征信事业之需要亦将日渐迫切，爰特草拟复兴中国征信所工作计划，供各代表之参考，尚希指正为荷。

乙、中国征信所今后复兴计划

（一）经费问题　查历年来中国征信所工作之进行中所最为困难者，厥为经费问题。征信事业并非营利事业，乃为金融工商界服务之机关，凡利用征信调查报告者，其所得之功效或无形代价，实无法以币值数字加以估计。在八一三事变前，各基本会员所付本所会费每月八十元，数目虽不大，然在当时亦为极大补助，估计占本所经常总开支约有百分之五十。最近数年中情形突变，由基本会员方面所得仅占总开支百分之三。时至今日，不进则退，进则应应积极设法，使经费有着，工作得以开展。退则即将资产变卖，遣散同人，惟已有多年历史之征信机关一旦解散，实深可惜。究应如何办法，尚请本所各发起人及赞助人郑重讨论(关于经费请参阅预算表)。

（二）基本问题　本所最初创办时期，本无基金，亦无所谓实际收足资本，故过去工作进行，常感经济周转不灵之苦，使工作效率减低，一切应付困难，如能于此次整理复兴时期，筹得一笔基金，方便运用使之生产，庶几于万不得已亦可以动用其利益部分。

（三）人事问题　战前本所人员太多，目前则又感觉嫌少，现值复兴开始之初，不拟过事铺张，在尽量节流，不用冗员，及实际工作需要等原则下，拟聘用职工人员总数最少十人，最多不过十五六人。

（四）工作问题　征信所可作之事甚多，现即恢复下列数种工作。（一）信用调查　此乃征信所最主要使命，对于报告书之质与量方面，当随时研求改进，此点尚请各位随时指教。（二）出版，本所原置有小型印刷所一间，以前调查报告书及商情日报均由本所自印，现仍拟利用之，以刊行《征信所报》日刊一种，以报道每日经济消息及市场动态。惟日刊印刷纸张成本甚巨，是否可改为三日刊或周刊，尚有研究之必要。《征信所报》外界知者颇多，继续可出版，与外界保持多年之联系。其他刊物如《人名录》、《行名录》、《股票手册》等将来亦可视事实之需要陆续发行。（三）国外往来，美国及英国（尤以前者为甚）现急欲向华发展贸易，而我国之进口商亦极愿与国外发生贸易关系，将来本所调查及介绍业务必转战前为多。

四、讨论事项

（一）中国征信所工作如何推进案

决议：自二月份起继续办理原有信用调查及征信所报出版业务，并逐渐恢复其他工作。

（二）中国征信所收支预算案

决议：照（乙）表审核通过

（三）基本会员费何时开始征收案

决议：每家基本会员银行应纳中国征信所每年会费国币十万元，先付本年一、二月份，由中国征信所备函径向各会员收取，以后每隔二个月收取一次。

（四）改选本社干事暨中国征信所董事监察人案

决议：暂缓改选

（五）推请代表指导中国征信所信用调查工作案

决议：推选周伯长（上海）、张熙（浙兴）、宋秉伦（中南）三位先生随时指导。

附中国征信所每月收支预算表

中国兴信社第68次社员大会记录(1946年6月12日)

中国兴信社第六十八次社员大会记录

日　期：民国三十五年六月十二日（星期三）下午四时

地　点：银行俱乐部

出席者：宋秉伦（中南）　陈淼生（盐业）　朱祖林（国华）　周伯长（上海）　张熙（浙兴）　严挹谦（大陆）　周德孙（四行）　曹翰藩（聚兴诚）　孙瑞璜（新华）　吴中凡（新华）　郑叔屏（浙实）　郑鸿彦（金城）

主　席：孙瑞璜

一、宣布开会

二、主席致辞：诸位代表，中国兴信社自今年一月二十五日开会以来，迄今已四月有余，今日与中国征信所董事会合并开会，似将中国征信所最近工作状况作一报告，并商讨今后进行计划。查中国征信所自经上次社员大会决定恢复业务后，即遵照社员大会批示方针，努力推进工作，现在业务方面，偏重于征信所报晨、午两刊之发行，至于信用调查工作，则因限于人力物力，尚未积极推进，以后当设法注重信用调查，庶与征信所之宗旨相合。兹阅征信所五个月来之收支报告，经济情形已较前大见改善，暂时可不必再加重各银行之负担，此实为一可喜之现象。惟今后关于征信所工作应如何推动，尚请诸位代表不吝指教，提出讨论。兹再请祝秘书报告所中详细情形。

三、祝秘书报告

诸位代表，中国征信所自本年初复兴以来，迄今已九个月，一月份办理筹备装修及整理事宜，实际工作乃自二月份开始，信用调查逐渐推动，数月间接受国内外函询及委托调查案件甚多，不下数百件，均陆续次第查复，委托本所调查者尤以美国邓白征信所（Dun & Bradstreet）最多，时有函电往返，询问及答复关于国内进出口商行业务资本信誉等事项。至于会员银行方面委托者，以调查个人案件居多，想系保人关系。依照今年新规定，凡会员银行委托案件，每月在十件以下者，并不收费，惟以后调查案件，势必逐渐增加，人手有感觉不够分配之苦，故在经济可能范围内，拟添请调查人员，以资应付。在出版方面，《征信所报》午刊十月十一日起开始发行，每日中午报导当日上午各种重要商情，因系创举，外界订阅尚见踊跃，三月五日起又恢复出版《征信所报》晨刊，晨刊之特点在工商消息方面，内中包括征信资料，可供各方面参考，所有晨、午两刊，均照送各基本会员银行代表，不另收费。所方调查之关于个人报告及各工商单位之信用报告，未便在所报上发表者，均归档以供参考。总之，征信所之主要工作为信用调查，纯以服务为目的，出版系附属事业，现因有利可图，姑且办之，惟本所所办之出版事业，对于征信业务亦有密切之关系，与一般通讯社性质不同，至于本所经济方面，目前每月开支不到五百万元，收入除基本会员会费一百四十万元外，其余三百万元，大部分为报费及广告费，本所现有职工共十七人，应做事务甚多，且永远做不了，以后欲求扩充，势非添人不可，盖一切事在人为也。关于今后所方进行方针，尚请各位研究指教。

四、讨论事项

（甲）今后信用调查、应求质与量同时改进。

（乙）所中调查员过少，应相机物色是项人才。

（丙）为增加本所各方面力量，似可征求新会员。

附中国征信所一至五月份报告。

中国兴信社第69次社员大会记录（1947年4月14日）

中国兴信社第六十九次社员大会纪录

日　期：民国三十六年四月十四日（星期一）下午三时

地　点：银行俱乐部

出席者：缪镛楼（国华）　孙瑞璜（新华）　张熙（浙兴）　宋秉伦（中南）　袁同人（大陆）　陈子绳（中一）　陈淼生（盐业）　周德孙（四行）　吴中凡（新华）　周伯长（上海）　郑叔屏（浙实）

主　席：孙瑞璜

记　录：蒋立群

一、宣布开会

二、主席致词：诸位代表，中国兴信社自去年六月十二日开会以来，已有十个月未开会，去年底拟召开会议，因其时征信所工作繁忙，结算账目不及，故迟至今日始能实行。在战事期间，征信所因环境所限，业务未能发展，幸赖同人之努力，勉予维持，颇不容易。一年以来，一切工作已上轨道，而外界对于征信所之需要亦渐见殷切，惟本所目前基础尚未十分巩固，今后欲求发扬光大，与人竞争，尚须加倍努力，兹请祝秘书报告所中情形，再讨论其他问题。

三、祝秘书报告：诸位代表，本所自战后复员以来，已有年余，各方面工作进行，尚称顺利，外界对于征信事业，兴趣亦较战前浓厚，将来发展，希望无穷，堪以告慰。本所经济素不宽裕，职员待遇向极菲薄，且去年下半年一度受市面不景气影响，收入减少，经济发生恐慌，今年工商略见起色，难关度过。目前收入逐渐增加，经济比较宽裕，惟仍不可视为根基已臻稳固，基金无着，以后难免有危机发生，且欲加强工作，扩大事业范围，处处需要雄厚之资金，本所已有十五年历史，档案丰富，主要经济基础立定，以后可作之事甚多，事业发展不成问题。兹就目前情况及将来计划略为报告，并加说明：

甲、目前情况：

（一）人事方面——本所现有工作人员，共计职员十二名，练习生一名，印刷工人四名，茶役兼信差报差四名，共二十一人，应付目前工作，颇为勉强。回忆八一三战前，本所有职工总数七十人左右，可知目今各职工事务相当繁重，以后工作逐渐展开，添聘人员，实属急不容缓。

（二）工作方面——现信用调查工作及出版工作已次第扩大，每月发出委托调查报告一百余件，委托调查渐见踊跃，调查人员尚感不够应付，添加人员以调查员最为急迫，采访、编辑、出版工作较忙，大部分职工，每天须做日夜工，方可应付。

（三）收支方面——近月来收支已大见好转、每月《征信所报》晨刊报费收入约六百万元，《征信午报》报费收入亦约六百万元，两种刊物广告费收入共有五百万元，再加普通会员会费，报告费，基本会员会费，共二百余万元，合计每月收入约二千万元，以之应付目前一切开支，尚有余裕。惟以后情形如何，难以预测。支出中以人事方面开支最大，每月日夜工薪津、车费、佣金、稿费、伙食费占全部支出约百分之九十，其他开支有限。

（四）会员方面——证券交易所于去年九月起加入本所为会员，该所对于职工保单及申请上市各公司，均委托本所调查。又中国工商协会最近亦加入本所为会员，该会系孔祥熙先生所主办，秘书长为中国实业银行经理王祖廉先生，该会专从事工商业之研究调查统计出版等工作，因知本所资料丰富，故与本所接洽妥当，随时利用本所资料供其参考，每月津贴本所二百万元。

乙、将来计划

（一）行名簿——战前本所年出中英文行名簿一册，定名《征信工商行名录》，颇受各界赞许，收益亦佳，年有盈余，对于所方经济不无小补。今日印刷、工资、纸张费用异常浩大，估计一切成本，非有雄厚现金垫款，风险过大，不敢尝试。惟外界颇有向本所问询出版行名簿事，足证战后工商业变动极多，行名簿实有极大需要。兹作简略预算，以资参考，是否可办，将完全视垫款有无着落而定。

A. 支出方面：排印工及纸张——七千万元

调查编辑费用——三千万元

零星印刷品邮票文具杂费等——一千万元

垫款利息——四千万元

共计一万五千万元

B. 收入方面：销售——一万万元（有把握）

广告——一万万元（无把握）

共计二万万元　　净盈五千万元

（二）华股手册——稿件现已交付印刷所，原拟本月内出版，现因广告不多，出版或稍迟缓。

（三）信用调查——最近即拟添聘调查员二位，以资应付各方委托调查事件，正在物色人材中。

（四）《征信所报》晨刊、午刊——拟发动推销，增加定户及广告，以裕收入。

（五）基本会费——本所经多年维持，已具相当根基，以后应做工作甚多，唯一缺点即在经济力量薄弱，目前所入可付支出，已颇不易，今后希望各基本会员加强协助，则本所当可依照预定计划，逐步推进工作。按自去年一月复员以来，每家基本会员银行月付会费十万元，当时对于所务进行，确有极大帮助，惟十余月来，物价生活指数增加何止十倍，目前基本会费每月仍为十万元，而本所所有出版物，按日奉送各基本会员银行四份，不另收费，且各基本会员每月得免费委托调查报告十件，现本所对外报费晨午刊均为月三万元，外界委托调查每报告亦收费三万元，以后尚须增加，依此计算，若基本会员尽量利用本所服务，则每月十万元之总代价，似极低微，拟请酌量增加，俾充实本所经济基础。

四、讨论事项

（一）推进本所调查工作案

议决：目前各银行委查日多，所中调查员实嫌太少，应添调查员若干人，加紧信用调查工作，用以符合征信所应负之使命。

（二）筹备出版一九四八年行名簿案

议决：通过，请祝秘书计划办理。

（三）出版华股手册

议决：设法提早出版。

（四）恢复组织调查委员会案

议决：通过，推选周伯长、孔绶衡、宋秉伦、吴中凡、王恭瑛、张熙六位先生为委员、每日轮流至所中指导，并推周伯长先生为召集人。

（五）增加基本会员会费案

议决：自本年三月份起，每家基本会员银行会费，由每月十万元增至三十万元。

（六）改选中国兴信社干事及中国征信所董事监察人案

甲、推选孙瑞璜（新华） 周德孙（四行） 孔绶蘅（浙实） 周伯长（上海） 袁同人（大陆）五人为中国兴信社干事。

乙、推选周伯长（上海） 袁同人（大陆） 陈子绳（中一） 宋秉伦（中南） 周德孙（四行） 徐国懋（金城） 孔绶衡（浙实） 吴承喜（浙兴） 孙瑞璜（新华） 袁尹村（聚兴诚） 陈淼生（监业）等十一人为中国征信所董事，并互推周伯长、袁同人、周德孙、孔绶蘅、孙瑞璜五人为常务董事，孙瑞璜兼任董事长。

丙、推选刘念仁（中国企业） 朱协卿（中贸） 缪镛楼（国华）三人为中国征信所监察人。

中国兴信社第70次社员大会记录(1948年5月10日)

中国兴信社第七十次社员大会记录

日 期：民国卅七年五月十日（星期一）下午四时

地 点：银行俱乐部

出席者：缪镛楼（国华） 周伯长（上海） 陈淼生（监业） 邹敬湛（浙兴） 周德孙（四行） 孙瑞璜（新华） 袁同人（大陆） 谢伯棠（浙实） 宋秉伦（中南） 陈鸣一（新华） 吴中凡（新华） 陈子绳（中一） 徐国懋邢代（金城）

主 席：孙瑞璜

记 录：蒋立群

一、宣布开会

二、主席致词 诸位代表，中国兴信社自去年四月间开会以来，迄已年余，今天召开社员大会，拟将过去一年中工作概况作一报告。过去一年中，因时局依然不安，货币一再贬值，物价节节高涨，外界对于征信所信用调查，需要不广，征信所经济基础薄弱，故在业务方面，不得不斟酌实际情形，暂时变通。目前征信所工作，偏重出版《征信所报》晨午两刊，信用调查反居次要地位，前者与调查工作不无联带关系，幸赖此大宗收入，维持所中一切开支。惟征信所乃以办理信用调查为主要业务，目前虽受时局影响，不能依照既定方针，发展本身业务，但今后仍希在可能范围内，尽量为银行服务，一俟时局好转，再行加紧推进信用调查工作，各位代表如有高见，请予赐教。今天开会所欲讨论之问题，除检讨征信所业务方针外，尚有二点，一为基本会员会费，自去年一月起调整为每月三十万元后，至年底为止，未有调整，今因物价已涨多倍，似有讨论调整之必要。二为征信所监察人任期已满，照章应行改选。兹请祝秘书报告所中过去及最近情形。

三、祝秘书报告 主席、诸位代表，关于征信所一年来经济情形，请参阅各月收支报告，惟其中所列每月收入与支出账目，仅能表示过去情形，目前进出数额较大，以四月份状况为标准，本所各项收入与开支，大致如下：收入方面，晨刊报费每月约一亿一千万元，午刊报费约一亿五千万元，广告费晨刊约九千五百万元，午刊约八千五百万元，其它收入不多，总共每月收入约四亿四五千万元。开支方面，最大项目为职工薪津，月约一亿余元，其次为午晚膳费，约七千万元，再次为纸张，约五千万元，其他为广告佣金四千万元，房租水电一千五百万元，电话二千五百万元，车费二千万元，杂项开支二千万元，收支两项尚能相低。五月份预算，可能照以上平均增加三成左右，以上系本所经济情形之大概。在工作方面：目前因环境关系，无疑的已以出版报导业务为主体，信用调查工作反不能发展，各方委托调查案件，为数不多，银行及证交方面时有委托，工商界委查事件甚少，律师方面颇希望本所能尽量供给调查报告，但所托事件恒超出信用调查范围以外，且律师于接受本所报告后，屡用作法律上之证件，一方面虽可讨好于人，另一方面亦易开罪于人，故本所对于此种委托案件，不得不谨慎从事，在不超出信用调查范围以外，方始接受调查。再关于经济情形，附带报告一事，即截至去年底为止，基本会费每月为三十万元，前为十万元，战后仅调整一次，本年一月份迄今，基本会费尚未收取，目前物价高昂，生活指数按月上涨，希望各位代表考虑调整基本会费。本所现有职工二十一名，按照薪津支出总数，平均每月所得仅为一千万元，似嫌太少，希望基本会费增加以后，同人待遇亦可稍予调整，间接可以提高工作效率。以上为本所过去及现在大概情形，请各位代表对于发展本所业务及服务范围，多多指教。

四、讨论事项

（一）关于中国征信所今后业务方针案

决议：暂时维持现状，俟时局好转后再图发展。

（二）增加基本会员会费案

决议：自本年一月份起至六月份止，每家基本会费由每月三十万增至一百万元，自七月份起至十二月份止，每月增至二百万元，一年会费一次支付，用以购买白报纸。

（三）改选中国征信所监察人案

决议：仍推刘念仁（中国企业） 朱协卿（中贸） 缪镛楼（国华）三人连任。

中国兴信社第71次社员大会记录(1949年8月2日)

中国兴信社第七十一次社员大会记录

日　期：民国卅八年八月二日（星期二）下午四时

地　点：银行俱乐部

出席者：孔绶蘅（浙实） 周伯长（上海） 周德孙（联合） 袁同人（大陆） 袁尹屯（聚兴诚） 张熙（浙兴） 缪镛楼（国华） 陈子绳（中一） 陈淼生（监业） 周德孙代

列席者：祝隆意 蒋立群

一、宣布开会 董事长孙瑞璜先生因事未出席，公推周德孙先生为主席。

二、主席致词

诸位代表先生：今天中国兴信社举行第七十一次社员大会，除报告中国征信所过去一年中营业情形及账略外，并讨论决定中国征信所在目前情势下如何处置办法。根据祝秘书的报告，和默察当前的环境，欲希望中国征信所继续推进业务，非常困难，故势非被迫暂时停顿不可，但如何办理结束工作，诸如遣散职工，保管所中现有资产等问题，有待本会今日决定一个具体办法，各位代表先生和祝秘书如有意见，请提出共同讨论。

三、祝秘书报告

主席、各位代表先生：上海自解放以来，已有二个多月，中国征信所自五月二十六日起，即因当时战事影响，业务陷于停顿。六月初本市局势渐趋安定，于是准备复业，但因军管会命令所有出版刊物，须一律办理登记，本所原有发行征信所报晨午两刊，乃遵照当局规定，填表申请登记，但迄今已届二月，文管会登记证尚未发下，因此胜利以后视为本所主要经济来源之出版工作，迄今未能恢复。自六月份起，本所即无业务收入，同人薪给亦告断绝，依照情形观察，出版登记证似无发下希望，即能发下，将来业务收入，亦难维持开支。至于信用调查工作，胜利以后久已形同停顿，今后恐更无法推动进行。回溯中国征信所由银行界热心人士发起组织以来，已有十七年历史，自八一三抗战开始至胜利以后，其间历经艰难困苦，幸有孙董事长及各位热心的银行代表先生赞助指导，和同人的努力拥护，终于能够克服困难，而维持到目前为止。但现在社会环境已经转变，一切进入新的阶段，本所又面临前所未有的难关，依照目前的事实而论，上海金融工商各业普遍发生困难，而本所又无业务上的收入，欲求继续维持下去，颇为困难。惟对于本所的今后方针，须有待我基本会员银行代表共同商讨决定。所中职工共有十八人，上月本人曾接到同人方面来信，备述本所停业以来生活困难情形，请求所方设法救济。本人曾将此意转达孙董事长，孙先生表示十分同情。故今日召开银行代表大会，请各位代表先生多多帮忙，若本所不得已而必须办理结束，遣散职工，则请各银行在可能范围内，在经济方面多多协助，俾所中同人借此维持若干时期，同人当然感激不尽。顺便声明一点，基本会员会费，本年份尚未收过，如承各银行发给补助费，或仍以收取会费方式，或用其他名义，均无不可，请各代表讨论决定。又去年三月至今年六月止，所中账目，业已印就，请各代表审阅。

四、讨论事项

（一）中国征信所因业务无法推进，应否暂时办理结束案。

决议：即日起办理结束，俟将来环境许可时，再行设法恢复。

（二）规定补助中国征信所经费案

决议：由本会拨付中国征信所补助费三千六百折实单位，作为遣散职工经费。上项补助费由十四家会员银行平均摊认，计每家二百五十七折实单位。

（三）如何保管中国征信所资产案

决议：除将一部分资产变值拨还上项遣散职工经费外，其余资产请祝秘书编造资产目录，再行决定保管办法。

（附）民国卅七年三月份至卅八年六月份中国征信所收支报告。

二、中国征信所信用调查

（一）信用调查方法

中国征信所推进调查工作方案(1933年2月6日)

推进调查工作方法

（二十二年二月六日干事会提出全案（秘密），关于指示调查员各点，由本所摘录通知之）

第一章　关于充实及改革报告书内容者

一、初步报告书之作成应有左列两种资料：

甲、特派调查员之报告；

乙、向特约顾问探访所得之意见。

二、最后报告书须再加入左列两种资料：

甲、售货及往来商号对于被调查者之意见；

乙、银行钱庄之意见。

三、特约顾问拟尽量扩充，以期普及于主要各业。

四、报告书内之商品来源一项，须加填对于被调查者售货之厂号名称，以便作成第二条甲项之意见，其厂号名称对外不必须发表。

五、前条所述厂号名称及往来银行钱庄名称，特派调查员须于作报告书以前，尽先报告，俾可及早派员探访第二条甲、乙两项之意见。

六、报告书内之组织一项，如系公司组织必须注明何种公司，及注册年月日。

七、设立年月不可写几年以前，须写某年某月，不确定者可于其上加大约二字。

八、股东及职员之年龄，最好改为生于何年，否则第二次重编报告时，必须注意于原调查年月，加以修改。

第二章　关于策进服务之迅速者

一、市场消息瞬息万变，商业应付首贵敏捷，故迅速二字必须努力促成，兹暂定标准如左：

甲、急要委查事项须于五日内答复；

乙、普通委查事项须于十日内答复；

丙、延迟委查事项须于二十日内答复。

二、普通委查事项调查员须于七日内作成报告书，其认为无法调查者，须于三日内声明理由，交还原件以便分配于其他调查员。

三、报告书审查及编发，除有特种情形外，不得逾期三日。

四、关于被调查者货款往来及银钱业往来之意见，应由调查员在五日内先将往来户名单交出，以便派员尽先探访。

五、会员一次送来委查事件过多者，应作函询问何家应尽先调查，其复函声明须尽先调查之各件，列入普通委查事项，其未列入延迟委查事项、委查书已注明“急要”字样者，列入急要委查事项。

六、对于现在积压之委查事件，应根据上述顺序，定期清理。

第三章　关于组织情报网者

一、情报网之组织分为地段与分业之两方面。

二、地段之情报网拟将本市分为若干区，每区由调查员一人负责。

三、分业情报网以各业特约顾问及特约调查员组织之，对于特约顾问不愿作定期报告者，派员按期访问，以便取得需要之资料。

四、情报之内容以左列各点为主体：

甲、新开之工厂商号；

乙、歇闭之工厂商号；

丙、改组之工厂商号；

丁、工厂商号之迁移；

戊、工厂商号之失火；

己、工厂商号房屋之建筑；

庚、各业重要人物之升调、疾病、死亡及破产；

申、其他重要事项。

五、情报暂定每星期收集一次，重大事宜随时报告。

六、将来调查员有余闲时，应由管卷员将日久未有的续报之档案，列举商号及地址分发各调查员，按期调查，以期档案资料之新鲜。

中国征信所关于“组织情报网办法”的通知(1933年5月12日)

迳启者，查本所组织情报网办法，前经第三十九次所务会议议决通过，兹定于本月十五日起施行，抄奉该办法及各调查员承查业别及帮别表等。以后关于已经认定之各业及各帮，应由各该调查员负责承查报告。特函查照办理为荷。此致

○○先生

潘文安谨启　五月十二日

中国征信所组织情报网办法

(民国廿二年四月廿二日第三十九次所务会议通过)

一、本所为求明悉商界变动灵通市场消息起见组织情报网。

二、情报网由本所各常任调查员及特约调查员组织之。

三、各调查员应认定各业中之一业或数业，其已经认定之各该业中，如有变迁情形应由各该调查员负责查访报告。

四、情报范围暂定如左：

（一）各业之近况；

（二）各业中各家内部之纠纷；

（三）各业中各家重要人员之升迁疾病及死亡；

（四）各种商品市况及价格升降之变迁；

（五）各业中各家之盈亏及信用变迁情形；

（六）各业中各家之创立、改组、合并及解散；

（七）各业中各家之股东会议情形；

（八）其他事项。

五、本所为便利调查起见，就各业中富有经验及熟悉情形者酌聘特约顾问一人或数人。

六、各调查员对于认定之各业情形，除自行查访外，应常川往访各该业之特约顾问，采访消息。

七、每一行业经调查员一人以上认定查访者，关于该业之情形由该调查员等共同负责调查。

八、各调查员对于并非自己认定之行业，如探悉重要情报时亦应报告。

九、各调查员认定承查之行业，本所平时分配调查案件时，亦得酌量以之为标准。

中国征信所每月统计调查业别表(1933 年 9 月 5 日)

每月统计调查业别支配表

（二十二年九月五日调查会议通过）

任天树　1. 西药　2. 毛冷　3. 洋纸　4. 眼镜钟表业

王立方　1. 茶业　2. 华洋杂货　3. 百货　4. 糖　5. 南北货海味

潘经芳　1. 织绸业　2. 绸缎业　3. 丝号　4. 颜料　5. 丝厂

褚光　1. 机器　2. 搪瓷　3. 毛织　4. 针织

王柏芳　1. 豆米杂粮　2. 南市钱庄　3. 银行

魏竺铨　1. 北市钱庄

孙颖川　1. 丝厂　2. 印刷所　3. 书店

秦光裕　1. 保险　2. 进出口　3. 织布厂

曹燮卿　1. 橡胶　2. 皮革

张维阳　1. 五金

涂玖生(特约)　1. 卷烟厂　2. 金号银号　3. 汇兑号

谢鄂常(同上)　1. 面粉厂

顾兆林(同上)　1. 纱厂　2. 纱号

中国征信所搜集及编制按月商家变迁状况统计办法(1933年10月)

搜集及编制按月商家变迁状况统计办法　廿二年十月修正

一、本所为求明悉商界变动灵通市场消息起见,编制按月商家变迁状况统计。

二、统计范围包括商家之新创、改组及闭歇等三项。

三、新创商家之统计内容,应包括左列各点:

(一) 店号

(二) 地址

(三) 开幕日期

(四) 营业种类

(五) 资本

(六) 组织

(七) 主要人员

四、改组商家之统计内容,应包括左列各点:

(一) 改组前名称

(二) 改组后名称

(三) 地址

(四) 改组日期

(五) 营业种类

(六) 改组后之资本

(七) 前后之主要人员

(八) 改组原因

(九) 改组情形

五、闭歇商家之统计内容,应包括左列各点:

(一) 商号

(二) 地址

(三) 营业种类

(四) 闭歇日期

(五) 主要人员

(六) 闭歇原因

(七) 清理情形

六、统计资料除本所内部随时由报章杂志及其他刊物搜集外,由各常任调查员及特约调查员按照认定之行业分别采访之。

七、日报每日圈剪后,凡有关该项统计之资料,应由剪报员汇交主管员核阅摘录后分别归卷,其他刊物资料由主管员随时搜集之。

八、各调查员就各自认定之行业，随时采访资料，依照印就表格，逐项填注，交由主管员汇存。

九、调查员应将统计资料于次月五日前交齐。

十、每月统计应于次月十日发表。

中国征信所商业团体股东会情形报告书程式(1933年10月)

商业团体股东会情形调查报告书程式(第十三次调查会议通过)

股东会次数(第某次股东会及常会或临时会等)

日期(开会之年　月　日)

地点(开会场所)

出席股东数(人数及代表股权数)

主席(开会时推何人为主席)

报告(去年营业经过情形盈亏状况及其他重要事实)

决议案(重要决议案之摘要)

选举结果(董事及监察人改选后之名单及各人之个人调查)

决算表(资产负债表损益计算书盈余分配案等)

备考(不属于上述各项之事项)

中国征信所调查报告书注意事项(1933年10月)

调查报告书注意事项

中华民国二十二年十月修正

一、行名：调查员应根据行名簿、电话簿及调查时访问或目睹所得之商行名称书明报告书上，尤须写出其整个之名称，如商务印书馆股份有限公司，须完全写出股份有限等字，不可疏漏。

二、地址：须书明门牌号数及路名，如在弄堂内须查明弄堂及店面门牌号数，如有分号、支店、工厂及分办事处等，亦须分别查明。

三、注册：股份有限公司法律规定须向实业部及地方主管机关注册，调查报告书上应注明其注册之机关、日期及资本。

四、重要人员：凡独资商号之店主及经、协理，合伙商号之股东及经、协理，有限公司之大股东、董事、监察人及经、协理，厂家之厂长、工程师及各部主任等，应查明其姓氏及简史。

五、履历：凡商行、厂家之重要人员，应查明其任职年月，过去略历，尤须注意其所办事业，兼任职务，财产之方式及数额暨信誉，至有限公司之普通股东则不必叙入。凡行厂重要人员人数过多者，其履历应另立重要人员简史一项，附于篇末。

六、专名：凡人或地之有特定英文名称(如 Sincere Co., Ltd.)者应予该名下注明，以便翻译时有所依据。

七、简史：叙述简史应查明其最初在何时为何人所创办，曾否改组、推盘、让渡、合并、迁移、更名等情。

八、盈亏：叙述商业行号之盈亏，应比较其最近五年之盈亏状况，如能根据该行之营业报告书作成详表更佳。

九、消息来源：调查员于编制报告书时，对于所得各项资料，应注明其消息来源，关于信用优劣一点，尤须注明，如据银行钱庄意见、厂家意见、同业意见等。

十、数量单位：报告书中如有关于某种数字之记述，应将其单位注明如“两”、“元”、“担”等。

十一、复查报告：编制复查报告书时，应参阅档案内旧报告，按照报告书程式将所得新资料逐项记入，所有旧报告原有之资料不必再叙，籍节编审时间。如发觉与旧报告有矛盾之处，应立即重查，以昭核实。如发现旧报告资料有错误时，应于复查报告书上指出更正。

十二、商家与行庄往来之存欠数目，调查员应查明其确数。

十三、商家及行庄往来之存欠数目，编审员应依照下列各点书写：

甲、百位书作三位数字，千为四位，万为五位；

乙、数目之大小分为高中低等三档，一二三为低档，四五六为中档，七八九为高档；

举例：某号与某行往来可欠二万五千元，应书作可欠低档五位元数。

中国征信所调查员服务指导(1933 年 10 月)

调查员服务指导

一、调查员之工作分经常调查与特派调查两种，经常调查由各调查员先认查各业中之一业或数业，随时报告消息，特派调查由秘书临时指派之。

二、经常调查范围如左：

（甲）该业近况

（乙）该业中各商家之内部纠纷情形

（丙）该业中各商家重要人员之升迁疾病及死亡

（丁）该业中各种商品之进出口数量及市价升降之原因

（戊）该业中各商家之盈亏状况及信用变迁

（已）该业中逐月创立合并改组或解散之商家

（庚）该业中各商家之股东会议情形

（辛）其他事项

三、经常调查资料之来源除调查员另有门径外，应于左列各方面采访之：

（甲）特约专业顾问

（乙）特约专家顾问

（丙）同业公会

（丁）该业商家

（戊）政府机关及公共团体(附录五)

（己）报章杂志

（庚）其他方面

四、调查员将经常报告书编竣后，应随时送交秘书核发，准第二条己项之资料，得由调查员随时搜集后，于下月五日以前汇交秘书核发。

五、特派调查范围如左：

甲、商家信用

（子）初次调查　初次调查范围依照附录一至四之规定；

（丑）复查　补充初次调查所遗漏之点并增入初次调查后新发生之事实；

乙、市场消息

（子）过去回顾

（丑）现在情形

（寅）未来展望

（卯）特殊变化之因果

（辰）其他

丙、商品产销

（子）种类

（丑）用途

（寅）市价

（卯）产地及产量

（辰）制造情形

（己）消费区域及数量

（午）销售方法

（未）运输情形

（申）主要市场

（酉）经销商家

（戌）国内外贸易

（亥）其他

六、特派调查之资料除调查员另有门径外应于左列各方面采访之：

甲、商家信用

一、间接的

（子）特约专业顾问

（丑 ）同业公会

（寅）往来商家

（卯）往来行庄

（辰）同业商家

（己）其他方面

二、直接的

（子）直接访问

（丑）营业报告及其他刊物

（寅）其他方面

乙、市场消息

（子）特约专家顾问

（丑）特约专业顾问

（寅）同业公会

（卯）各业领袖

（辰）政府机关及公共团体

（己）报章杂志及其他经济刊物

（午）其他方面

丙、商品产销

（子）特约专业顾问

（丑）特约专家顾问

（寅）同业公会

（卯）政府机关及公共团体

（辰）制造商家

（己）经售商家

（午）交易所

（未）报章杂志及其他经济刊物

（申）其他方面

七、特派调查案件应于左列限期内编就报告书送交秘书核发。

甲、紧要案件三日内

乙、普通案件七日内

丙、特殊案件十五日内

八、调查员对于指派调查案件如认为进行困难或无从进行者，应于接到调查事件通知单后三日内，将不能进行之理由用书面报告秘书，以便另行委员调查。

九、调查员如遇复杂案件，预计不能如期调查完竣者，应于限期内先作简单报告书，随后仍于最短期间内补编详细报告书。

十、调查员对于指派调查工作如不能依限办竣而事前并未声述理由者，当由秘书遵报董事会核办处分。

中国征信所调查员承查业别帮别表(1933年)

各调查员承查业别及帮别表

姓名	承查业别	承查帮别
任天树	钟表、眼镜、呢绒、棉布、洋纸、海味、西药、银行、进口、毛冷、五金、铜锡、纱厂、火柴、电料、文具、颜料、玻璃、砖灰、珠宝、皮革、搪瓷、铁、外国、木器、绸缎、建筑、纸烟厂、百货公司、房地产、工业原料、湖州帮电织	
王立方	糖、华洋杂货、铁行、颜料、电料、五金、茶叶、西药、工业原料	山东帮、各路客帮
潘经芳	西药、颜料、煤、热水瓶、草帽、保险、牛乳、丝茧、建筑、湖州帮绸厂	
郭宜生	出版、印刷、食物、五金	
褚光	针织、驼绒、机器、毛织、公用、制帽、搪瓷	
潘福申	麻袋、油墨、杂粮、油漆、橡胶、茶、制罐	
秦光裕	棉布、呢绒、呢绒匹头、大小五金、钱庄、铜铁器、进出口、印刷、木材、保险、水鲜	
王柏芳	钱庄、杂粮(南市)、木行(南市)、面粉、蛋、棉花(南市)、交易所	
孙颖川	丝厂、糖果、肥皂	
张维阳	皮货、钟表、卷烟、糖果、纸盒	
魏竺铨	钱庄	
谢鄂常	豆米行、面粉厂、杂粮油饼、内地面粉厂	
顾兆林	纱厂、纱号	
曹夔卿	人造丝、纱线、木、钟表、汽车零件、木制品、玻璃料器、化妆品	

中国征信所编《事业职业分类表》(1933年10月)

事业职业分类表

(中国征信所编制　中华民国廿二年十月)

甲、特种事业

一、金融

1. 银行,2. 银公司,3. 信托公司,4. 储蓄会,5. 钱庄,6. 汇兑号,7. 典当,8. 交易所,9. 其他

二、交通运输

1. 铁道,2. 航运,3. 船舶出租,4. 航空,5. 旅行社,6. 报关,7. 转运,8. 搬运,9. 驳卸,10. 打包,11. 汽车出租,12. 人力车出租,13. 其他

三、公用

1. 电气,2. 自来水,3. 煤气,4. 电话,5. 电车,6. 公共汽车,7. 其他

四、仓库

1. 码头，2. 堆栈，3. 关栈，4. 冷藏，5. 其他

五、保险

1. 水火意外，2. 人寿，3. 信用，4. 其他

六、地产建筑

1. 地产，2. 营造，3. 经租，4. 凿井，5. 卫生装置，6. 装璜，7. 其他

七、居间承揽

1. 交易所经纪人，2. 拍卖行，3. 船舶经纪，4. 掮客牙仲，5. 打捞，6. 广告，7. 其他（报关、转运及营造原属承揽业务因已列入上文二、六两项故此处从略）

八、自由职业

1. 律师，2. 会计师，3. 医师，4. 化验师，5. 工程师，6. 估价专家，7. 公证人，8. 其他

九、旅馆乐场

1. 旅馆，2. 饮食店，3. 舞场，4. 狗马竞赛，5. 俱乐部，6. 戏馆，7. 电影院，8. 其他

十、清洁洗涤

1. 清洁，2. 消毒，3. 洗染，4. 洗衣，5. 浴室，6. 理发店，7. 其他

乙、制造工业

一、钢铁机器

1. 炼钢，2. 造船，3. 机器，4. 铁工，5. 翻砂，6. 其他

二、化学

1. 造酸，2. 造碱，3. 块碱，4. 肥皂，5. 洋烛，6. 火柴，7. 火酒，8. 制药，9. 油漆，10. 化妆品，11. 印染，12. 其他

三、纤维

1. 棉纱，2. 棉织，3. 缫丝，4. 丝织，5. 毛纺毛织，6. 制麻，7. 人造丝，8. 造纸，9. 其他

四、饮食品

1. 碾米，2. 面粉，3. 面包，4. 酿酒，5. 汽水果露，6. 饼干罐头，7. 卷烟，8. 酱油，9. 调味品，10. 制蛋，11. 其他

五、建筑材料

1. 水泥，2. 玻璃片，3. 钢窗，4. 砖瓦，5. 其他

六、电气材料

1. 灯泡，2. 开关，3. 灯头，4. 电线，5. 电木，6. 电筒，7. 电池，8. 年红灯，9. 无线电用具，10. 其他

七、家具器皿

1. 木器，2. 藤竹器，3. 箱箧，4. 铜铁床，5. 陶瓷器，6. 玻璃器，7. 搪瓷，8. 钢精器皿，9. 铜锡器，10. 钟表，11. 眼镜，12. 金银首饰，13. 赛璐珞，14. 毛刷，15. 梳篦，16. 席，17. 伞，18. 刀剪，19. 热水瓶，20. 煤，21. 仪器文具，22. 医药用品，23. 运动器具，24. 玩具，25. 唱机，26. 乐器，27. 镜框，28. 金木，29. 蓬，30. 旗帜，31. 其他

八、衣着

1. 成衣，2. 军服，3. 制帽，4. 鞋靴，5. 衫袜，6. 领带，7. 钮扣，8. 花边，9. 发网，10. 其他

九、印刷出版

1. 新闻杂志，2. 印刷铸字，3. 油墨，4. 钉书，5. 照相，6. 影片，7. 灌音，8. 其他

十、杂工业

1. 猪鬃整染，2. 制革，3. 制肠，4. 橡胶制品，5. 榨油，6. 电渡，7. 制罐，8. 坩埚，9. 煤球，10. 线绳，11. 纸匣纸袋，12. 其他

丙、贩卖商业

一、国际贸易

1. 进出口行，2. 其他

二、国内贸易

1. 客帮，2. 坐庄，3. 水客，4. 山客，5. 其他

三、批发

1. 豆米行，2. 杂粮行，3. 糖行，4. 油行，5. 酒行，6. 蛋行，7. 鱼行，8. 冰鲜行，9. 地货水果行，10. 药行，11. 山货行，12. 茶栈，13. 盐栈，14. 腌腊，15. 牛羊猪，16. 纸行，17. 煤炭行，18. 烟叶行，19. 工业原料，20. 颜料，21. 花纱，22. 木行，23. 铁行，24. 五金，25. 砖瓦，26. 矿灰，27. 黄砂石子，28. 蒲包麻袋，29. 其他

四、零售

1. 百货店，2. 南北货，3. 洋广杂货，4. 粮食，5. 外国伙食，6. 糖食，7. 茶叶，8. 绸缎，9. 呢绒布匹，10. 鞋帽，11. 衫袜，12. 女鞋，13. 估衣，14. 钟表眼镜，15. 柴炭，16. 板木，17. 砖灰，18. 文具书籍，19. 笔墨，20. 纸张笺扇，21. 汽车零件，22. 五金，23. 玻璃，24. 料器，25. 运动器具，26.. 古董，27. 香烛，28. 烟丝，29. 香粉，30. 丝线，31. 中药，32. 参燕，33. 唱机唱片，34. 电料，35. 其他

丁、农矿牧畜

一、种植

1. 花园，2. 菜圃，3. 农场，4. 苗圃，5. 其他

二、饲养

1. 牛奶棚，2. 鸡场，3. 猪场，4. 养蜂场，5. 蚕种场，6. 其他

三、采矿

1. 煤，2. 铁，3. 锑，4. 锡，5. 锰，6. 其他

中国征信所调查员致章乃器建议函(1933年11月29日)

子伟先生董长左右：

启者，查本所成立年余，报告已发三千有奇，各报告书重要人员记载亦有四五千人左右。此项人员既为某公司或某业或各业上重要分子，故其身家信用亦在本所应切注意之列。鄙意最好由本所就各业分类指查某某等若干人身家信用如何，嘱调查员设法与各业中上中阶级职员结交，便中探询。例如调查钱新之个人身家信用，似应设法托人介绍与四行储蓄会文书上会

计上高级办事员(不必要与主任相识,有时与主任来往反而消息得到有限)及上海交通银行会计股高级办事员相识,对于钱新之身家信用一切,随时随地或可知一二。至于如何办法入手,应由调查部主任详细研究考虑,并拟具进行方法,陈送尊处核准办理。至于此项个人身家近况应作为自动报告分送基本会员或留作委查报告之资料,似应由执事自行裁酌之可也。区区鄙见,是否可行,尚乞裁夺为荷。专此。即颂
公绥

谨启

廿二、十一、廿九、

中国征信所实施情报办法(1934年4月14日)

实施情报办法

民国二十三年四月十四日

一、本所为使会员易于明悉商界变动及市场消息起见,举办情报。

二、情报调查责成常任及特约调查员进行之。

三、各调查员应就各业中认定数业,凡该数业中如发生变迁情形应负责查访,随时报告。

四、情报之范围规定如左:

(一)各商家内部新发生之纠纷;

(二)各商家重要人员之升迁及死亡;

(三)各商号之新创改组及闭歇。

五、情报报告书依照委查事件记分,即每情报一份作算三分。

六、调查员访得消息后,应立即用书面或电话报告秘书。

七、秘书接到此项报告,认为有采用价值后,应责成内部人员于二小时内完成一切编缮工作,随即分送各会员。

八、各调查员对于非本人认定之行业,如探得重要消息,亦应立即报告。

九、凡一人以上同时查得同样消息,其先缴到者得尽先采用,但后缴到者亦得酌予给分。

十、各调查员对于认定之各业情形,除随时自行查访外,应常川往访各业特约顾问采访消息。

十一、情报规定专送基本会员及特别会员,但若所报商号先前曾经普通会员或非会员委查者,该委查人亦应致送一份。

十二、情报消息除编发临时报告外,仍须编入每月异动统计。

十三、本办法如有本〔未〕尽事宜,得随时修正之。

中国征信所编制调查报告书程式(1937年6月1日)

(一)编制信用调查报告书程式

名称:

提要:包括营业种类(说明营业之性质如制造或贩卖某种商品等)、设立年月、注册年月、

资本数额、事业现值、组织（如独资、合伙或各种公司组织等）主要人员姓名（合伙股东应全列）营业及盈亏大略、财政状况大略及信誉。

地址：发行所、总店、分店（注明某埠地段及门牌号数）

制造厂：总厂、分厂

各种公积

店主股东或董事监察人姓名及略历（店主及合伙股东之财产数额、应详细查明）

经理：姓名及略历

副经理：姓名及略历

简史：将沿革作概括之叙述

设备：如基地房屋机器等之数量、价值、折旧准备、保险及职员工人之数额

原料来源：或商品来源、进货行家之名称

商品销路：其货品之运销地点，或销售于何种客帮等等

营业及盈亏：如销售方法、近三年营业额及盈亏状况

财政状况：说明存货、外存、应收账款、应付账款、借入款项、借出款项、平时周转情形等。如属公司组织，又应查明股份之数目、种类、每股金额、最近市价、近三年发给官红利情形，如发行公司债者，应查明其总额、实际发行额、利息及现负额，能索附营业报告书最佳。

往来行庄

行庄意见

商家意见

备考（不属于上述各项之情事）

（二）编制个人信用调查报告书程式

姓名

提要：包括年龄、籍贯、现任主要职务、现有财产、信誉

住址

履历：叙明学历及历任职务

品性：叙明其天性之愚智、举动之静躁、魄力之稳健或保守等

主要职业：叙明其现在日常所经营之主要事业名称，或所任主要职务等

关系事业：叙明其次要事业之名称、或所任次要职务等

亲族关系：如为何人之亲戚、何人之子侄等、将较为著名之亲族略叙数人

家庭情形：叙明其家庭之人数及父母子女辈之简单情况等

生活状况：叙明其衣食住行以及交游之情形

每年进益

每年开支

现有财产：应详细查明其动产不动产之方式及地点、估计其价值、并查明负债之多寡

信誉：社会上之信用及名誉

往来行庄：注明其有往来之银行及钱庄名称

行庄意见：往来行庄对渠之意见

备注：不属于上述各项之情事

（三）编制银行调查报告书程式

一、名称

二、提要：包括成立年月、注册年月及机关、股本总额、实收数、股份数目、每股金额、董事长经理姓名、营业及盈亏大略、财政大略、信誉

三、地址：甲、总行或总经理处；乙、分行

四、公积及准备

甲、法定公积

乙、普通公积

丙、各项准备

五、盈余滚存

六、主要人员姓名、年岁、籍贯及履历

甲、董事

乙、监察人

丙、经副理

七、简史

八、设备

甲、地基亩数及购进价格；

乙、房屋造价及折旧价格；

丙、生财买价及折旧后价格；

丁、职员人数。

九、营业政策（最近吸收存款之方法、放款之途径及其将来之方针等）

十、营业情形（最近营业情形及近三年来之比较）

甲、最近三年来存款总数之比较及活期定期所占之百分率；

乙、最近三年来放款总数之比较及信用抵押所占之百分率；

丙、最近三年来储蓄业务之消长；

丁、最近三年来其他业务之营业情形。

一一、盈亏状况：最近盈亏状况及近三年来之比较

甲、最近三年中利息收入之比较；

乙、最近三年中利息支出之比较；

丙、最近三年中各项开支之比较；

丁、最近三年中净利或净损之比较；

戊、最近三年中发给官红利情形。

一二、财政状况：应索附近三年之营业报告书

一三、同业意见

一四、备考

（廿六年六月一日修正）

中国征信所行员保证书调查表

行员　　保证书调查表

（此项保证书须粘附于各该员保证书之上以备查考）（填时请勿用铅笔）

保证人
姓名
地址
职业
注明财产若干
注明信用声誉若何
是否有担保资格
余录

调查须知

一、上列各栏除保证人一栏由总务处人事组填入外，其余各栏应由调查员填入，务求详细，不能用笼统字样。

一、保证人资格以商界有信用者个人之有财产者及殷实商号为合格。

一、调查员调查保证书时，如所调查之保证人确有担保资格者，先请保证人在原保证书上注明“照验无讹”四字并签盖与保证书相同印章于四字之下。

一、保证人职业如系公司经理或钱庄管事、商号股东，及其在公司行号担任重要职务者，并须调查其所服务之公司行号营业状况、盈亏如何详填余录栏内。

一、调查员不拘何人，均可由总务处人事组随时托其调查。

一、调查妥洽后将此项表纸送交总务处人事组。

一、保证人在他埠者，得由总务处人事组委托分支行或代理处代为调查。

调查员签字盖章处　并填年月日　　　　　经理核准

中国征信所调查行庄意见单

中国征信所调查行庄意见单　第　号

迳启者，本所兹拟编制左列户名之信用报告书，因悉该户与贵处有往来，为特恳请俯赐将往来情形查明填示，当代守秘密。此致

先生

中国征信所谨启

年　月　日

<table>
<tr><td rowspan="2">户名</td><td>中文</td><td rowspan="2">营业种类</td><td rowspan="2">地址</td></tr>
<tr><td>英文</td></tr>
<tr><td rowspan="2">存款户</td><td colspan="3">开户年月</td></tr>
<tr><td colspan="3">介绍人</td></tr>
</table>

(续表)

存款户	通常存款
	进出繁简
	有无空头支票
	备注
欠款户	开户年月
	介绍人
	抵押保证或信用
	最高限额
	最近欠数
	还款是否准期
	进出繁简
	备注

中华民国　年　月　日　　填表者

中国征信所复查保单报告书

复查保单报告书

第　号　年　月　日调查

年　月　日发出

一　保证人名称或姓名
二　营业地址
三　住址
四　执业商号名称
五　所执何种营业
六　资产约值几何
七　信誉如何
八　执此业务之年数
九　与何银行往来
十　备注

▲如系铺保三、四两项不填，惟第一项下加注经理姓名

中国征信所保证人调查报告书

保证人调查报告书

保证人姓名(如系商号应填主东或经理姓名)
营业所在地址及电话号码
执业商号之名称
商业组织所执何种营业

（续表）

经营之商号营业概况
保证人之资产约值若干
保证人之信用如何
保证人之营业名誉如何
保证人之营业所在设备如何
保证人是否与被保人联号
保证人所执业之商号约有几年
保证人与银行钱庄往来情形如何
依调查者之观察该保证人之信用程度可列入甲乙丙丁种
附记

年　月　日　调查

中国征信所往来客户调查单

往来客户调查报告书

客户名称
主东或经理姓名
客户组织是否独资或合伙抑股份有限公司或无限公司
营业所在地址及电话号码　所执何种营业
客户营业概况
客户之营业名誉如何
主东或经理之信用如何
客户之资产负债情况如何
客户与银行钱庄往来情形如何
客户营业所在之设备如何
客户业务创设有几年
依调查者之观察该客户之信用程度可列入甲乙丙丁种
附记

中国征信所调查案件限期记分方法(1935年11月1日)

调查案件限期及记分办法　廿四年十一月一日订

调查员工作通常分为二种，即信用调查及工商业情报，信用调查分为特委(初查)，复查，保单复查，信用小放款，股东会，自动，六种限期及记分办法如左：

种类	急件限期	普通案件限期	计分	查无着落案件	辽远地带查无着落案件(注)
特委(初查)	三天	七天	三分	半分	一分
复查		三天	二分	半分	一分
保单覆查		三天	二分	半分	一分
信用小放款		三天	一分半	半分	一分
股东会		三天	一分半	半分	一分
自动			一分半	半分	一分

为鼓励调查员工作及防案件积压计,订加分及扣分办法如左:

(一)加分

种类	急件(一日内查竣)	普通案件(三日内查竣)	辽远地带(注一)	辽远地带(注二)
特委(初查)	一分	一分	半分	一分
复查	一分	一分	半分	一分
保单复查	一分		半分	一分
信用小放款	半分		半分	一分
股东会			半分	一分

注一:静安寺路或善钟路以西、陆家浜以南、茂海路以东、闸北

注二:大上海、浦东

(二)扣分

调查员因不得已事故,不能将案件如期完卷者,须先声明理由,否则一律扣分。

种类	每过期三日	每过期六日
急件	一分半	三分半
普通案件	一分	二分半

附录:

1. 特殊案件,其性质不在上开范围以内者,或材料特别丰富者,记分办法由秘书临时决定之。

2. 本办法实行后,所有以前办法,即行取消。

3. 本办法有未妥处,随时修改。

中国征信所调查案件限期、记分及车费办法(1938年4月8日)

调查部调查案件限期、记分、车资办法(民国廿七年四月八日修订)

(一)限期

调查员调查案件,须照通知单上规定日期制就报告,如遇有特殊事故,不能如期完卷,应事先以书面声叙理由,否则一律作过期论。各项限期办法列后:

种类	急件限期	普通案件限期
初查	三日	七日
复查	二日	三日
保单复查	一日	三日
信用小放款	一日	三日
股东会		
自动		
市况		

(二) 记分　调查员所查报告,一律记分,籍资鼓励。办法如下:

种类	记分	查无着落案件
初查	三分	半分
复查	二分	半分
保单复查	一分	半分
信用小放款	一分	半分
股东会	一分	半分
自动	二分	
市况	六分	

以上记分办法,系以按期完卷及报告内容充实者为标准,如调查特别迅速,或异常缓慢者,定有加分及扣分办法。如报告材料丰富,或不尽不实者,另有批分办法,分列于后:

1. 加分　调查报告在限期前完卷者,照下表加分:

种类	急件(一日内查竣)	普通案件(三日内查竣)
初查	一分	一分
复查	一分	一分

2. 扣分　调查报告在限期后完卷者,照下表扣分:

种类	每过期三日	每过期六日
急件	二分	三分
普通案件	一分	二分

3. 批分　报告内容特别丰富,或异常简陋者,一律不照前表记分,须由秘书审阅后,视报告之质量,批予相当分数。

(三) 车资

调查车资,依照分数计算,每满十二分给国币一元,不足者照比例计算。

注意:

1. 调查报告如须重查者,其再查之报告不计分数。
2. 自动市况等报告,须经审查后方始记分。
3. 调查如有困难,应事先书面声明,如搁置过期,则照过期办法扣分。
4. 调查员如互转调查通知单,应事先书面声明,另定完稿期限。

5. 本办法实行后，所有以前办法即行取消。

英国征信所致各代理调查机关通函节录(1937 年)[①]

英国征信所致各代理调查机关通函节录

本所为使各代理机关彻底了解调查业务及使此项业务能顺利进行而不需要本所时加解释起见，特将新近修改之报告式样，附奉一份，籍作贵处疑难时之参考。贵处编制报告时，务请注意以下各点：

一、报告书内容，不应仅根据银行方面之资料，而应为自己调查之结果及为自己对于被调查者之审慎考虑后之意见。报告书应尽量详细，并应将委查者所需之资料包括在内。在可能时，应将被调查者之信用程度，加以主观而正确之估计，或仅回答委查者关于此点之问题。

二、调查者不得杂以私见以损其报告书之价值。

三、所有被调查厂商之名称、地址及负责人员等，不得列入报告书内，而应以另纸附之。

四、委查书共计五份，会员委查时，须将被调查者之名称、地址在五份内照样填入，但委查者之签字，则仅限第一份。委查者将此委查书保存一份以备参考，其余四份连签字者在内，则送交本所。第一份签字之委查书本所保存，其余三份，则转送代理调查机关。该机关调查完竣后，保存一份，其余二份则送回本所。本所送给委查会员一份，保存一份。因此报告书之排列缮写均需清楚明晰，文字尤须优美，否则，本所即须将整个报告重新起草及缮写也。

五、此种报告书份数既多，故用复写纸时，极须注意，因其易于上下不一致也。

六、凡代理机关遇有可疑或特别秘密性质之消息，认为须报告本所，但未审应否报告委查会员时，该代理机构可将此项消息用普通信纸缮写，送交本所。

七、凡代理机关编制报告时，关于被调查之经济地位，务请避免含混语句。盖本所报告书之价值，即在不用此等含混语句也。凡“殷实”或“资产极少”等评语，均应绝对避免。此种语句为银行所用，以代表一定之数额，而且各银行中亦各不同也，故报告书内除具体证据外，不应加入含混之评语云。

万国征信所信用调查及代收账款收费一览表

国别	信用调查报告费	代收账款手续费
美国	二先令(每份报告)	百分之五
美国	七先令六便士	详另表
坎拿大	与美国同	与美国同
南非洲	七先令	百分之十五
澳洲　纽西兰	八先令	百分之十五
南美洲	十先令六便士	百分之二十

① 原中无日期，此为编者据卷内档案所拟，仅供参考。

（续表）

国别	信用调查报告费	代收账款手续费
东非洲	九先令	百分之二十
西非洲	七先令	百分之二十
北非洲	在阿及斯、摩洛哥、翠普尼及太斯尼者收四先令六便士，在埃及者收四先令，在苏丹者收六先令	百分之十五

万国征信所代收美国账款收费一览表

账款数额	手续费
五百元以内者	百分之十五
五百元以上一千元以内者	百分之十
一千元以上者	百分之五
本所代收账款收讫后最低之手续费为一镑十五先令，在某几种区域，凡委托代收账款之数额，在十五元以内者，本所得增收手续费，凡遇此种情形，上述之最低手续费得酌量减少之。	

（二）特约顾问与特约调查员

1. 特约顾问

中国征信所聘用各业顾问函稿(1932年6月2日)

各专家顾问：

敬启者，本所开办伊始，诸事草创，益以征信事业在我国以前尚无大规模之兴办，各项设施尤少借镜，欲求收效之美满，端赖各界之赞助指导。素仰执事对于征信事业研究有素，为特敦聘先生担任专家顾问，以后尚乞时赐南针，俾资遵循。不胜感幸。此致

1.朱羲农、2.李耀时、3.金侣琴、4.徐玉书、5.陆叙为

6.郭秉文、7.盛灼三、8.潘序伦、9.刘大钧、10.戴霭庐、11.钱剑秋

所　谨启

中华民国二十一年六月二日

发文第六号

中国征信所聘用各业顾问函稿(1932年6月9日)

各顾问：

敬启者，本所开办伊始，诸事草创。盖以征信事业在我国以前尚无大规模之兴办，各项设施尤少借镜，欲□收效之美满，端赖各界之赞助指导。素仰执事对于征信事业研究有素，为特

敦聘先生担任顾问，以后尚乞特赐南针，俾资遵循。不胜感幸。此致
郑澄清、张伯方、严谔声、王汉强先生

所　谨启
中华民国二十一年六月九日
发文第十九号

中国兴信社致各社员银行函稿(1933年2月18日)

各社员银行经理先生：

迳启者，案查二月十三日第七次社员大会，章乃器先生提议本所为求消息灵敏起见，采用分段及分业采访两项办法，分段由各调查员分派认定地段。分业方面，拟再添聘各业顾问以资普遍案。决议由本所将应行聘请顾问之各业开单，分函各社员，请介绍相当人才分别充任等语记录在卷。相应检同尚待聘请顾问之各业名单，录案函达，即烦察照办理为荷。此致
〇〇银行

社　启
中华民国二十二年二月十八日

中国征信所聘用各业顾问函稿(1933年2月24日)

陈松源(棉布)王性尧(火柴)方液仙(化学工业)：

敬启者，敝所事业在我国以前尚少兴办，各项设施绝鲜借镜，欲求收效之美满，端赖贤者之指导，素仰执事对于棉布、火柴、化学工业研究有素，征信事业亦夙承关心倡导。为特敦聘执事担任该业顾问，以后关于该业市况沿乞随时赐示，俾资参证。不胜感幸。此致
陈松源、王性尧、方液仙先生

所　启
中华民国二二年二月二四日

中国征信所待聘顾问之各业(1933年)

尚待聘请顾问之各业

茶业		五金业		粮业		毛冷业	
南货业		卷烟业		出版业		印刷业	沈学文
绸缎业	汪惠成	颜料业	谢克明	火柴业	徐致一	纸业	
木器业		保险业		木材业		电料业	
建筑业	陈晓安	(安记)		搪瓷业		蛋业	毛织业
油墨业		制帽业		钢铁业		橡胶业	
古玩业		机器业		皮革业		酱业	
盐业		酒业		西药业	屠开泰	国药业	
粮果业		牛乳业		酒菜馆业		钟表业	

广告业　郑耀南、王梓濂

（章乃器）

中国征信所特约顾问表(1932 年 6 月)

中国征信所特约顾问

	姓名	机关		地址	电话
顾问	郑澄清	上海市商会商务科		河南路桥堍	40126
	张伯方	上海市商会商务科		河南路桥堍	40126
	严谔声	新声通讯社		福州路望平街	94600
专家顾问	朱羲农	国际贸易局			12704
	李权时	银行周报社		香港路四号	14003
	金侣琴	交通银行		外滩十四号	11519
	徐玉书	徐永祚会计师事务所		爱多亚路三十八号	16660
	陆叙百	陆鼎淞律师事务所		北京路一百号	16610
	郭鸿声	国际贸易协会		博物院路三号	13277
	盛灼三	国定税则委员会		三马路海关大厦	93537
	潘序伦	立信会计师事务所		宁波路一九〇号	19155
	刘大钧	主计处统计局		霞飞路兴业里六号	
	戴霭庐	大阪中国银行		日本大阪	
	钱剑秋	钱纫秋律师事务所		四川路七十二号	
	薛笃弼*				
	孙祖基*				
专业顾问	黄延芳*	房地产	浙江实业银行地产部	四川路七十四号	19483
	李伯涵*	房地产	房地产公会	北京路九十六号	12644
	朱理民	杂粮业	润德杂粮号	南市豆市街	南市 83
	蒋兰生	杂粮业	润德杂粮号	南市豆市街	南市 83
	童爱民*	公用事业	浦东电气公司	浦东张家浜	17408
	许冠群	化学工业	上海新亚化学制药厂	麦根路七一四号	33091
	叶笑山	棉布业	棉布公司	山西路二八二号	91905
	周让卿	棉业	中国棉业公司	仁记路十二号	12940
	张则民	纺织业	华商纱厂联合会	爱多亚路八十号	16578
	杨习贤*	花纱业	天潼花纱号	爱多亚路纱布交易所	17677
	黄首民	砖瓦	泰山砖瓦公司	南京路大陆商场	94305
	秦楔卿	钱业	钱业公会	宁波路九十号	94422
	沈骅臣	丝业	丝茧总公所	北山西路五七八号	14791
	蔡仁抱	丝业	恒昇公丝栈	天津路恒源里四五九号	40587
	王汉强	国货业		偷鸡桥北洪裕里八号	91894
	文性尧	火柴业	大中华火柴公司	四川路六号	
	陈松源	棉布业	天祥洋纱	广东路一号	
	方液仙	化学工业			

（注：带 * 者为原表增加或删除者）

中国征信所专业顾问一览表(1933年)

中国征信所专业顾问一览表

业别	姓名	事业	地址	电话
房地产业	黄延芳	浙江兴业银行地产部	四川路七十四号	19483
	李伯涵	房地产公会	北京路九十六号	12644
	张效良	久记木材公司或同记东栈	南市机厂街或圆明园路二三号	16270
建筑业	陈晓安	安记营造厂	梅日格路九七弄六九号	35059
	陶桂林*	陶福记营造厂	四川路六号	
公用事业	童爱民	浦东电气公司	浦东张家浜	17048
木器业	沈竹林	沈金泰木器号	北四川路一三〇一号	41537
木材业	魏若甫	道潘洋行	外滩麦加利银行楼上	17744
同上	马伯申	南市震昌木行	世□家□北首	
保险业	秦工奇	安平保险公司	天潼路五〇七号东莱银行楼上	13629
同上	潘学安	大华保险公司	北京路六十四号	13273
同上	朱如堂	宝丰保险公司	上海银行大楼	15114
电料业	胡西园	亚浦耳电器厂	辽阳路	50336
同上	叶友才	华生电器厂	南京路香粉弄 92696	
化学工业	许冠群	新亚化学医药公司	麦根路七一号	33091
颜料业	朱润章	德孚洋行	四川路六八号	16388
同上	谢克明	同上	同上	
同上	周宗良	德孚洋行	同上	
砖瓦业	黄自民	泰山砖瓦厂	南京路大陆商场	94305
化学工业	吴蕴初	天原电化厂	法租界莱市路	29523
搪瓷业	顾炳元	国产搪瓷营业所	爱多亚路	12727
同上	方剑阁	中华珐琅厂	老北门大街	
西药业	章显达	华英药房	南京路四〇六号	93750
同上	屠开泰	集成药房	南京路	91140
杂粮业	朱理民	润德杂粮号	南市豆市街	南市 83
同上	蒋兰生	同上	同上	同上
同上	杨河清	万丰米号主人杂粮交易所理事	爱多亚路三十四	
糖业	郑泽南	粮业公会主席广源杂粮号经理	法界舟山路	
棉布业	叶笑山	棉布公会	山西路二八二号	91905
同上	陈松源	天祥洋行	广东路一号	11369

（续表）

业别	姓名	事业	地址	电话
纸业	郑寿芝	江南造纸公司	爱多亚路三八号	17785
同□	刘伯森	天章造纸公司	大陆商场	92082
卷烟业	夏巨川	华品烟公司	北京路二十六号	11220
广告业	王梓廉	维罗广告公司	山东路二〇二号	92002
同上	郑耀南	联合广告公司	山东路二六〇号	90085
绸缎业	汪惠成	老九机	大陆商场	91533
同上	蔡声白	美亚织绸厂总管理处	山东路一〇号	92833
火柴业	徐致一	大中华火柴公司	四川路六号	15253
同上	王性尧	大中华火柴公司	同上	同上
印刷业	沈学文	亚洲贸易公司	四川路六六号	51414
同上	李世樑	大光明印刷公司经理	大通路新众里一一三号	31773
五金业	高馥荪	祥大源五金号副经理	百老汇路四三号	43105
棉业	周讓卿	中国棉业公司	仁记路十二号	12940
纺织业	张剑民	华商纱厂联合会	爱多亚路八十号	16578
钱业	秦楔卿	钱业公会	宁波路九十号	94022
丝业	沈骅臣	丝茧总所	北山西路五七八号	40578
同上	蔡仁抱	恒昇公丝栈	天津路恒源里四五九号	91895
国货业	王汉强		偷鸡桥北洪德里八号	
煤业	潘宜三	山西煤业公司	□□路蕉春阁茶楼	
墨油业	陈醒吾	灵生墨油公司	芝罘路三八号	93016
糖果业	洗冠生	冠生园	南条路三十五号	93987
牛乳业	马久甲	上海益植公司	江湾翔殷路三〇六八	46435
同上	尤怀中	自由农场	康脑脱路	32430
机器业	支秉渊	新中工程公司	江西路三七作号	19824
同上	胡厥文	合作五金造制公司	牛庄路七四二号	19824
制帽业	陈吉卿	华福制帽公司	河间路五十号	51492
毛冷业	陆健如	恒昌福毛冷号	兴圣街七十四号	81854
毛织业	程年彭	章华毛织公司	四川路六号	15253
橡胶业	薛福基	大中华橡胶厂	徐家汇路二〇三号	74476
钟表业	史宗堂	史惟记		94510
花纱业	穆藕初*	豫丰纱厂	爱多亚路八十号	
蛋业	陈舜耘*	牲畜检验处主任		
茶业	吴觉农*	上海商品检验局		

（编者注：带 * 号者为原表删除或增加者）

特约顾问叶笑山致中国征信所函(1932 年 6 月 11 日)

迳启者,接奉大函,承以棉布业顾问一席见属,自维驽纯,深虞有负宠命,祗以事关繁荣商业,既荷不弃,敢不勉效驰驱,以期稍益棉薄。所有棉布市况,拟请即将表件惠掷,以便转托市场同人按栏填送台察。匆此函复,余图晤陈。此致

中国征信所

潘仰尧先生

叶笑山　谨启

六月十一日

中国征信所致叶笑山函稿(1933 年 2 月 25 日)

笑山先生大鉴:日前枉顾,失迎为歉。接奉二月二十三日尊著棉布同业之新创、收歇、改组,及同业中重要人物之更迭,规模较大同业之盈亏等报告,均经拜悉,无任感纫。以后尚乞将棉布业市况消息继续尽先见示,俾供参证而增敝所报告之价值,至深企幸。专此复谢。祗颂

台绥

所启

二月廿五日

叶笑山致中国征信所函(1933 年 3 月 4 日)

敬启者,日前曾通电话,适值台端午餐,致未接谭为怅。兹附奉二月份本厂机棉布行市表二纸,至希察阅。此种行市逐日均有记载,倘台端认为需要,拟请赐示,当于下星期一上午十时趋前面洽。至于前蒙开示之四项,现拟每月报告一次或两次,未稔尊意以为如何。此致

中国征信所金秘书

潘公均此致候,恕不另启

叶笑山谨启

三月四日

中国征信所致叶笑山函稿(1933 年 3 月 4 日)

笑山先生大鉴:

日前承于电话中赐教,适值午膳,工役未经告知,致未接谈,曷胜怅歉。顷奉四日手教,并附二月份本厂棉布行市表一份,拜诵之余,具证煦值之热忱,曷胜佩仰。此项材料对于预测知棉布行市至为重要,弥足珍贵。惟敝所对于棉布业除盈亏开歇等有关信用之材料,尽力搜集外,行市一项,目前暂不需要。益以各项数字抄录颇耗时间,执事公务繁冗,拨忙调制尤感不安。故拟除敝所需用此项数字时,即行派员趋前抄录外,暂时不敢烦劳台端抄寄。至前开四项,敝所正所需用,拜恳每月赐示一次,琐琐渎神,感幸弥已。日上如荷驾临,尤所欢迎。顷仰

尧先生谈及台端惠赐本所，极为感幸，本所□当略致薄酬，以表感意。专此。祇请
公安
仰尧先生嘱笔致候

弟金慕尧　拜启
中华民国廿二年叁月四日

叶笑山致中国征信所函(1933年3月17日)

敬启者，顷承惠致车马费洋式拾元，祇领之余，感愧交萦。窃意贵所为吾国新兴之事业，负有繁荣社会，发展工商及其他重大之使命。弟得参预微末，并获交于先生，已为无上之荣幸。而自受任顾问以来，既未稍效奔走，复鲜丝毫裨补，缅怀高谊，方深歉疚。对此宠赐，万难拜受。兹谨随函奉璧，至希俯鉴微忱，准予收回迺荷。此致
中国征信所潘仰尧先生、金慕尧先生

附洋念元

叶笑山　谨启
三月七日

叶笑山致中国征信所函(1933年3月21日)

敬启者，前承任君天树向索振泰纱厂廿一年度营业报告，兹经代为觅得，送请台察。又附奉天一味母厂、利泰纺织公司、上海面粉交易所、宁波实业银行等报告五册，并希检存，借备参考。此致
中国征信所潘、金两先生均鉴

叶笑山
三月廿一日

中国征信所致叶笑山函稿(1933年3月24日)

笑山先生大鉴：

接奉本月廿一日大函，并振泰纱厂等民国廿一年度营业报告五册，均经拜悉。此项材料弥足珍贵，迭次费神搜集，具征鼎身煦植之热忱，靡深铭感。除什袭珍藏，借供参考外，特此专函申谢，即祈亮察为荷。专颂
大安

所启
中华民国二二年三月二四日

中国征信所致叶笑山函稿(1933年6月6日)

笑山先生大鉴:

接奉大作"四月份布市概况"及"棉布业各家变动情形"二文,取材精确,立论高超,拜诵之余,无任佩仰。吾公热忱提携,使敝所得有今日之成绩,高谊云情何以图报。除嗣后仍恳续赐宏文外,特此备函申谢,敬希察照为荷。此致

中华民国廿二年六月六日

叶笑山致中国征信所函(1933年7月10日)

迳启者,六月份敝会会员之新张及闭歇者,业于日前经贵所任天树君查明转报,故不重录。兹附奉棉布概况报告书一份,至祈台察是荷。此致

中国征信所仰尧先生、慕尧先生

叶笑山　谨启

七月十日

中国征信所致叶笑山函稿(1933年9月4日)

笑山先生台鉴:

敝所为窥测工商业之消长,社会经济之弛张起见,前经决定搜集商家异动统计调查资料,按月编制统计,以资参考。过去数月,屡蒙先生惠赐关于棉布业市况及号家异动报告,取材广博,编制扼要,洵属可贵。本年六月以后,未蒙继续见赐,想以公务纷繁,不遑顾此。但敝所对于此项资料,需要至殷,除七、八两月统计,敬请调查送下外,以后仍请按月赐下。至先生调查上所费一切,敝所当按月略致津贴,不足言报,聊表微忱。附奉调查表三十纸,并祈察存指正备用。烦渎清神,无任感荷。耑此。祗颂

台绥

谨启

中华民国廿二年九月四日

叶笑山中国征信所函(1933年9月8日)

敬复者,昨奉四日大函,并附下调查表卅纸,均照领悉。山因前曾抱病旬日,迨病愈又值会中举行会员大会,例须编制全年会务报告,撰拟各项提案,并草订本业业规等,以致工作较忙,久未具报,良深歉疚。迩来棉布一业,因销路日滞,市价步跌,各商号莫不亏折累累,故最近两月中,殊鲜新创者,其变动情形亦甚微少。一俟将会后各事办竣,即当查报呈核,诸希亮察为幸。前日贵所褚君委查永盛棉布号情形,除已托任天树君转达外,兹复查得该号之股东为徐贤昌(即大成水果行行主)、张云卿两人,均台州籍。又任君委查之安裕棉布号亦经查明如下:"经理沐韭庵即该号独资之股东,虽为沐浩然之子,但因频年折耗,现已缩小规模,形同掮客,其信誉亦较前大减云。"均祈分别转达是荷。此致

中国征信所
潘仰尧先生

叶笑山　谨启
九月八日

中国征信所致叶笑山函(1933年9月9日)

笑山先生大鉴：

接奉本月八日尊致潘仰尧先生台函,借悉执事前日偶抱清恙,至系下念。兹值公务贤劳,琐事奉渎,尤感歉疚。永盛、安福二家情形辱荷谆谆允告。棉布业异动统计并承允赐资料,无任佩仰。除敬候台示,以资取材外,特复申谢。顺颂
时祺

所启
中华民国廿二年九月九日

叶笑山致中国征信所函(1933年11月1日)

慕尧先生赐察：

迭承謦欬,无任佩幸,舍亲仰荷鼎力提携,尤深铭感。将来获隶仁帡,尚祈时赐指导,是所拜恳。兹附奉十月份敝会会员异动报告五份,至希台察。余匆不既。祗请
大安。

叶笑山　谨启
十一月一日

中国征信所致叶笑山函稿(1933年11月1日)

笑山先生大鉴：

前承驾顾,畅聆教益,佩慰莫名。顷奉台函,并会员异动报告五份,拜悉种切。高谊性情,至为感仰。谨此申谢。令戚茅君现拟请其于本月六日起,先行来所试充练习员,附奉所章、志愿书、保证书及职员表各一份,敬烦察转茅君依式填注,并于本月四日上午十时来所报到,随缴书表。渎神之处,容当泥首。专复。祗请
时祺

金〇〇　拜启
中华民国廿二年十一月壹日

特约顾问穆湘玥致潘仰尧函(1933年3月13日)

仰尧先生大鉴：

三月十一日大函敬悉,承约为贵所花纱业顾问,因我国工商业向来缺乏统计,恐难多所供献。惟事关增进公共信用,自当勉力追随。特此函复。即颂

大安

弟　穆湘玥　谨启

中华民国二十二年三月十三日

特约顾问蔡仁抱致潘仰尧函(1932年7月28日)

仰尧先生台鉴：

前聆教益，不胜欣佩，近复以东北救国事宜受朱客青先生之托，有所奔走，预计在本星期六当再电话约于先生驾临一谈。兹先寄上最近编辑出品报告两份，以后需该项报告仍当源源寄上。昨承于绥之先生吉驾，有失迎迓，歉甚。专肃即候

暑安

绥之、立方、天树三先生均此属之。

蔡仁抱　上

七月廿八日

上海生丝出口包数(蔡仁抱先生)

(中华民国弍拾年七月一日—中华民国弍拾壹年六月三十日)

月份	白厂丝			黄厂丝			白辑里	黄丝	总计
弍拾年	欧洲	美国	其他	欧洲	美国	其他			
七月	1 322	85	42	393	70	34	385	121	2 452
八月	986	785	25	602	170	4	595	160	3 327
九月	1 000	2 710	1	473	575	63	513	158	5 493
十月	501	2 243	5	50	300	10	115	144	3 268
十一月	134	465	41		40	52	61	45	838
十二月	204	735	42	10	240	91	122	58	1 502
弍拾壹年					50				
一月	266	435	60	20		101	188	18	1 093
二月	244	165		295	284	76	123	52	955
三月	160	125	60	110		2	214	90	1 045
四月	245	95	5	140		152	50	182	789
五月	152	25		228		94	117	164	680
六月	1 234	65	56	85		108	202	43	1 793
	6 408	7 933	337	3 406	1 729	787	2 685	950	23 235

中国征信所致蔡仁抱函稿(1932年7月28日)

仁抱先生大鉴:

敬启者,顷奉还复,欣悉我公为东北问题,宣劳党国,至深佩仰。并荷惠赐生丝出口报告,及拨冗约谈于君,尤为感谢。一俟有期,当请于君趋前面聆教益也。专此奉达,祗颂

大安

所启

中华民国廿壹年七月廿八日

特约顾问蔡仁抱致潘仰尧函(1933年1月17日)

仰尧先生大鉴:

敬启者,久未趋谈,系念良殷。顷接大札,拜悉种种。业务上之效劳极微,且纯系友谊工作,昨承贵所赐以礼券,万不敢领。用特函达,务希亮察。日内当再趋访也。专此。即请

大安

蔡仁抱(印)

特约顾问蔡声白致中国征信所函(1933年3月8日)

迳启者,顷展三月六日大函,敬谂贵所硕画周博,企展宏恢,无任敬佩。承委为绸缎业顾问一节,猥以浅陋,初不敢当,重以尊嘱,敢不随时贡献刍荛,如何垂教,曷胜感幸。此致

中国征信所

仰尧先生

弟　蔡声白　启

廿二年三月八日

特约顾问蔡声白致中国征信所函(1933年3白23日)

迳启者,承索敝公司章程等件,兹遵嘱送奉敝公司成立会议事录及章程各一份,至希察存,如荷指教一切,尤为感幸。此上

中国征信所

潘仰尧先生

弟　蔡声白　启

念二年三月念三日发

中国征信所复蔡声白函稿(1933年3月25日)

声白先生大鉴:

接奉三月廿三日台函,并贵公司成立会议事录及章程各一份,均经拜悉。除什袭珍藏,借供参考外,特此专函申谢,至祈亮察为荷。此颂

公绥

所

潘〇〇 谨启

中华民国廿二年三月廿五日

中国征信所致特约顾问李述初函稿(1933年7月)

通运生丝运输局 李述初

为请解答国外生丝市场情形

述初先生赐鉴：

敝所为上海金融业合组信用调查机关，办理调查信用，发布商情等业务，成立以来，瞬界一载，辱荷各界赞助扶掖，规模成效渐见。兹敝所为明了国外生丝市场情形及吾国丝茧状况起见，特拟定要点数项，另纸录呈，敬烦台端详赐教益，俾作南针。渎神之处，容当泥首。专此奉恳，顺颂暑安

所启

生丝市况应查要点：

一、美法两国去年全年及今年每月生丝销额；

二、我国黄白丝在美法丝市之地位若何，及合其销市应具备之品质条件若何；

三、日本去年及今年每月生丝产销额与蚕茧收获情况；

四、日本生丝最近在国际市场之推销方法；

五、江浙今年蚕茧之收获情况及每年担丝之成本预计数字；

六、近来日美生丝市场涨价原因及以后市价之推测。

2. 特约调查员

中国征信所特约调查员约言(1932年)

约言

一、特约调查员每日应于一定时间内到所接洽，如不能每日到所时，得由本所将托查事件随时送请调查，但每星期至少须到所接洽二次。

二、特约调查员除本所托查事件外，对于市场消息及工商信用有自动报告义务。

三、特约调查员对外不得用本所名义。

四、特约调查员不得收受不当之利得。

五、特约调查员应将调查事件内容据实报告，不得徇私偏袒。

六、特约调查员调查报告采用与否由本所酌定之。

七、特约调查员对调查事件应保守秘密。

八、特约调查员每月报告事件不得少于十件，但长篇报告得酌量核减。

九、特约调查员除每月由本所致送车马费外，所有调查报告之稿费视报告书内容优劣酌定之。

十、特约调查员任期暂不规定，但任何一方欲终止本聘约时，应于二星期前通知对方。

中国征信所关于调查员车马费函稿(1932年7月18日)

何躬行、胡芝轩、秦子敢、谢鄂常先生大鉴：

敬启者，本所调查员，诸赖鼎力赞襄，无任感幸，兹送上七月份车马费银二十元，即希莞纳。并乞将附单签章，交原手带下为荷。再，所有惠稿酬劳，俟月底结算后，即行奉上。专此。祗颂大安

附七月份车马费二十元

所启

中华民国廿壹年七月拾八日

发文第一〇七号

中国征信所特约调查员聘书(1932年8月19日)

应聘书　第一号

兹允任贵所特约调查员职务，并愿履行约言所开各条。此致

中国征信所经理先生

谢谔常　具(签章)

中华民国二十一年八月十九日

应聘书　第二号

兹允任贵所特约调查员职务，并愿履行约言所开各条。此致

中国征信所经理先生

何躬行　具(签章)

中华民国二十一年八月十九日

应聘书　第三号

兹允任贵所特约调查员职务，并愿履行约言所开各条。此致

中国征信所经理先生

蒋联镳　具(签章)

中华民国二十一年八月十九日

应聘书　第四号

兹允任贵所特约调查员职务，并愿履行约言所开各条。此致

中国征信所经理先生

陈儒美　具(签章)

中华民国二十一年八月十九日

应聘书　第五号

兹允任贵所特约调查员职务，并愿履行约言所开各条。此致
中国征信所经理先生

沈廷凯　具（签章）

中华民国二十一年八月十九日

应聘书　第六号

兹允任贵所特约调查员职务，并愿履行约言所开各条。此致
中国征信所经理先生

朱锭厂　具（签章）

中华民国二十一年九月二十日

中国征信所特约调查员约旨（1933年）

特约调查员约旨

一、特约调查员应认定各业中之一业或数业，负调查各该业中商家信用及市场消息之责任。

二、特约调查员每日应于一定时间内到所接洽，如不能每日到所者，得由本所将托查事件随时送请调查，但每星期至少须到所接洽二次。

三、特约调查员之工作分经常与托查两种，经常调查由各调查员就其认查各业中将消息随时报告本所，委托调查由本所随时指定之。

四、特约调查员经常调查之范围如左：

甲、该业近况；

乙、该业中各商家内部纠纷情形；

丙、该业中各商家重要人员之升迁疾病及死亡；

丁、该业中各种商品之进出口数量及市价升降之原因；

戊、该业中各商家之盈亏状况及信用变迁；

己、该业中各商家逐月创立合并改组或解散之统计；

庚、该业中各商家之股东会议情形；

辛、其他事件。

五、特约调查员委托调查之范围如左：

甲、商家信用

（子）初次调查，其调查范围另订附发。

（丑）补充初次调查所遗漏之点并增入上次调查后新发生之事实。

乙、市场消息

（子）过去回顾；

（丑）现在情形；

（寅）未来展望；

（卯）特殊变化之因果；

（辰）其他。

丙、商品产销

（子）种类；

（丑）用途；

（寅）市价；

（卯）产地及产量；

（辰）制造情形；

（巳）消费区域及数量；

（午）销售方法；

（未）运输情形；

（申）主要市场；

（酉）经销商家；

（戌）国内外贸易；

（亥）其他。

六、特约调查员对外不得用本所名义。

七、特约调查员不得收受不当之利得。

八、特约调查员应将调查事件内容据实报告，不得徇私偏袒。

九、特约调查员对于调查事件应绝对保守秘密。

十、特约调查员调查报告书之采用与否由本所酌定之。

十一、特约调查员之经常报告事件，除第四条己项之资料得随时搜集后于下月五日以前汇交本所外，其他各项应随时编就报告书，送交本所。每月总计不得少于十件，但篇幅过长者得酌量核减。

十二、特约调查员对于本所托查事件应于左列期限内编就报告书，送交本所。

甲、紧要事件三日；

乙、普通事件七日；

丙、特殊事件十五日。

十三、特约调查员除每月由本所致送车马费二十元作为经常调查之津贴外，所有托查事件之稿费，由本所视其报告书内容之优劣酌定之。

十四、特约调查员之任期暂不规定，但任何一方欲终止本聘约时，应于二星期前通知对方。

中国征信所关于常任调查员成绩评语(1933年11月15日)

常任调查员成绩评语

考核者：洪启英、金慕尧、金瑀麒

吴公谋：1. 调查法商行家尚有成绩；2. 颇有办事计划；3. 经验丰富。

汪树寒：1. 资格经验均致上乘；2. 经验丰富；3. 经验态度口才均佳。

宋崇实：1. 承查基件编制报告未见特色；2. 调查手段并不高超，报告书尤多失体；3. 所访之方面太少，致报告书资料缺乏，其编制方式尤不合本所规程。

施秉森：1. 举止失之幼稚，文理亦不见佳；2. 态度油滑，维尚勤谦；3. 文理稍差，精神尚足。

倪同甲：1. 调查案件无大成绩；2. 办事尚勤；3. 态度欠佳。

钱国谦：1. 态度口才欠佳，人尚忠实；2. 尚能勤恳，惜能力不足；3. 颇能认真办事，惜能力薄弱。

陈慕影：1. 失之拘谨；2. 缺少经验；3. 报告书太简。

特约调查员成绩评语

陈际云：1. 成绩不佳；2. 不见有何成绩（洋行——即前任上海银行职员者）。

颜定浩：1. 办事尚勤恳（即电力公司兼职者）。

张晦如：1. 颇具才干；2. 颇能自找门径（丝光染织公会兼职者）。

朱伯康：1. 办事勤恳，惜所供资料不甚中肯（都锦生丝线厂兼职者）。

杨德惠：1. 报告略多失实；2. 头脑不清，毫无可取（职指所介绍调查五金店者）。

叶瘦婷：1. 毫无成绩，理解欠缺（呢绒西服业公会兼职者）。

许　和：1. 报告书颇称翔实，所访方面亦多；2. 成绩甚好（讲话甚急起先有人说其滑头者）。

潘金根：1. 橡胶业甚熟悉，人颇勤谨；2. 成绩甚好（银行周报兼职者）。

李梦熊：1. 人干练；2. 成绩尚好（证券号兼职者）。

秦白超：1. 报告书尚佳，人亦忠实；2. 成绩甚佳，头路亦清（曾任会计师帮办者）。

中国征信所关于新聘特约调查员试用签呈意见（1933年11月23日）

本所新聘各常任及特约调查员试用将及半月，除将各人工作情形，参酌编审报告书人员之意见，略加考核，另纸陈报外，所有试用期满后，应予任免各点，谨陈管见如左：

叶瘦婷（特约），此人能力毫无，头脑不清，十月份起应予解约。

杨德慧（特约），此人供给资料语无伦次，十月份起应予解约。所有五金号查案可由练习员茅彦康君在任天树君指导下承办。

胡治中、陈慕影（常任）对于其未经认定各业之查案，绝对拒绝承办。在本所现有人手及经济情形之下，似感困难。除已严令见习并试办外，如长此故步自封，似应酌加惩处。

张如麟（特约），因能力不胜，自请解约。应否就候补各人中遴员接充。

敬候核示。

金慕尧　签呈

中华民国廿二年十一月廿三日

中国征信所关于调整调查员担任业别的通知（1933年11月）

查调查员担任情报网业别，业经十一月九日调查会议重行分配，兹将分配原案摘录于后。

各调查同仁如对于规定各业认为有变更之必须时，请即提出，以便重行考虑。此布。

计开：

任天树：毛冷号、纸厂、纸号、颜料号、木器号、钟表眼镜号

王立方：糖行、百货商店、南北货及海味号、工业原料号、茶栈及茶号、报关行

潘经芳：制帽、营造厂、热水瓶厂、牛奶棚、进出口行

褚　光：针织厂、公用事业、矿业、煤号

楼炜春：书局、印刷店

秦光裕：水鲜行、保险、进出口行

王伯芳：银行、钱庄、储蓄会、蛋行、木行

曹夔卿：制革厂、化妆品厂

孙颖川：罐头食物

魏竺铨：钱庄

胡治中：棉布号、呢绒号、汉口帮、长沙帮、天津帮、四川帮、北帮

汪耐寒：花号、纱号、进出口行、棉织厂

宋崇实：报馆、进出口行

吴公谋：保险行、储蓄会、进出口行

施秉桂：保险行、进出口行

倪同甲：糖果饼干店、进出口行

钱国谦：呢绒号、西服店

陈慕影：花号、纱号

茅寿康：棉花号、五金号

调查员胡治中致中国征信所函(1933年12月29日)

乃翁董事长台鉴：

敬陈者，职以庸才滥竽本所两月于兹，已往之成绩，自有报告可以覆按。但以职性愚钝，有负厚望也。惟原定月薪为数微薄，盖职司调查，交际既不可少，而食指累多，开支更难节约。务乞俯念下情，自明年一月份起将职之薪水酌量提高，俾资调剂。无任感荷。专此。恳请

年安

仰翁、雨翁及董事会诸公均此

职胡治中拜启

十二月廿九日

服务以来之感言

职自着手调查工作，瞬届弍月，虽甚努力，终觉无裨于实际。当时入所之初，满拟克尽厥职，无奈所得资料尚未确切，而限日完稿，势难延挨矣。所以报告书多至七八十份，但究其内容不过半数可靠耳。职谓斯言，不敢自欺欺人，至于其他调查诸君，未敢妄加臆测，然求消息准确

者，此未必俱有也！良以职在商场，迄逾念载，阅历既久，交游亦多，欲探详确消息，原易照办，特因时日短促，难免错误耳。今则本所规定：每日须有九拾分方为及格，诚谓“重于量而轻于质”矣。因此莫不穷思极想，借以塞责。加之规定分数，如委查三分、填表二分、复查二分，自动一分半，实则自动之报告，最为可靠，复查之报告，调查较难。职以为长此以往，报告书之内容可以不问而知矣。现在本所调查员已有十七八人（特约尚不在内），尽可每人派定数业，庶办事不致棘手，而问津有路，可以专心探询。不则东奔西波，徒作敷衍之文章也。职素业棉布，即使派定数业，何敢推诿？再如报告书之分数，最好以甲乙丙丁评定之。言多意长，恕难尽述，冒昧上陈，诸祈鉴察是感。下届调查会议，更乞讨论为盼。敬上

乃翁及诸公钧鉴

职　胡治中　再拜

十二月二十九日

中国征信所致中国银行国内汇兑处函稿（1934年1月）

中国银行国内汇兑处：

迳启者，兹附上大洋拾元五角，系上月份本所外埠通信员稿费，乞照附信分汇为荷。此上

谨启

九江甘棠南路二十四号	王志恒先生	一元五角
宁波鼓楼前里关	陈敏采先生	三元
无锡城中关老十三号	蒋斐先生	四元
宁波日新街邮局	屠衡甫先生	弍元

中国征信所特约调查员沈廷凯致潘仰尧函（1932年7月21日）

仰尧先生尊鉴：

前者趋谒崇阶，备承教益，荣幸奚似。廷对于调查各业状况，拜命之余，奔走已达半月，即日起可络续编成报告，由邮寄奉。本埠工商界方面，就个人闻见所及，对贵所已发生良好印象。惟调查上情形除市况外，秘、信两项消息，每不易探索，势非旁敲侧击，不足以收大效也。廷深感征信事业之兴味，愿以樗材追随吾公之后，并极十二分之力，注重斯项工作，尚拟以余暇多作文稿，为贵所宣传。此请

道安

教晚　沈廷凯　拜启

（通信处　晨报馆）

前面谈担任之各业：

烟草、橡胶、染织、棉织、搪瓷、油漆、调味品、丝织、火柴、化妆品、毛织、玻璃、电及电泡、地产

再者，廷拟自下月起遵照先生所规定时间（下午一时半至二时）于每日至贵所接洽一次，除自动报告外，倘有指定调查者，亦可照办。

仰尧先生再鉴

廷　又及

关于地产消息，颇有重要讨论之点，故虽有调查，但廷不做报告，容晤教之后，再编制是也。特闻。

中国征信所特约调查员沈廷凯致潘仰尧函(1932年8月9日)

仰尧先生大鉴：

兹专呈送奉调查书两份，至祈察收。上星期趋访，知贵体违和，近谅早占痊可矣。廷因被奸人假借报馆名义向外"诈欺取财"。初如坠五里雾中，莫名究竟。至本月七日下午三时十分，而事已水落石出。因廷对于贵所亦担任调查工作，故除由报馆登报证实被人假冒外，并由总主笔何西亚先生专函先生，证实一切。刻下冒名人，兹已报捕辑拿，由报馆提刑事讼事。一方面廷自已聘任律师，宣告一切；一方面报馆会同廷凯登报以告，奸人就逮，即可见读于报端也。兹事之经过，足见上海社会之万恶。先生闻之，亦当同声一叹乎。廷对于贵所职务言，亦有小小鄙见陈述：如果调查员有不称职、不名誉事，当然受所中最严厉之处分，如果调查员洁身自好，就事论事，有闻有报，一方面已为称职之人员，而一方面对于被调查者，当然而引起恶感，或怀恨破坏，或诬告人格，则不知贵所有何种办法，可以保障之。(刻晨报经廷一事，已谋保障职员办法。)忽忽未尽叹言，余容面罄。即颂

道安

晚　沈廷凯　拜

八月九日

中国征信所特约调查员沈廷凯报告(1932年8月15日)

仰尧先生大鉴：

承约十二日上午来所候教，以原函甫至十三日阅及，致劳空待，歉疚万分。顷送呈秘讯一则，至祈察鉴。廷前被无耻之徒窃用名义，向外招摇撞骗一事，经捕房破案之后，兹已告一结束。今有报纸广告三则剪奉，至祈台阅。又何西亚主笔有函转致，今亦附呈。廷稍暇即当晋谒崇阶，畅述一切。尊体复元否，临颖合念。耑颂

道安

晚　沈廷凯　拜

八、十五

附何西亚函一件

剪报纸一条

秘讯纸一纸

何西亚函

仰尧先生台鉴：

久疏笺候，时怀道范。敬启者，敝同事沈君廷凯诚实敦笃，勤事敬业，敝社同人均甚相知。

不意近因败类冒借名义，在外招摇，致使遭不白之冤抑者几将一周。现幸该案查究明白，果如同人所料，不特与沈君全不相涉，抑且从种种方面益足证沈君之守信无给。弟因亲办此事，故悉沈君，愈加赞许。惟自经此案传播后，沈君在各方颇有不便声辩之苦，忝叨知其情形，因敢缮函代为证明。除社方已登报，及缓日似奉访面罄外，先此奉达，敬希顾照可缧企□虔饬奥居教□。

弟　何西亚　拜启

八月十三日

本报紧要启事（剪报）

本报现据报告，近来外闻偶有少数败行文人，□□恶棍，窃用本报职员名片，冒充新生闻记者，招摇撞骗，借图索诈金钱□业，经查获一起，依法和置外，深恐尚有类似□□情事，用特公告各界，如有上项败类假借本报名义索诈任何财务时，□随时随地扭交警捕按法惩治，或来本社告密相□据实侦辑，以儆效尤而□□□，无任感祷之至。

晨报社启

沈廷凯启事（剪报）

近竟有人假廷凯名义，在外招摇撞骗，当事发之初，辱承远近友朋、各界至好，接接垂询，爱护有加。兹者，假冒人业经就逮，肇正由法查明之中，今事，既明珠，私衷大慰，为特登报奉告，并致谢枕。

陈竹林启事（剪报）

鄙人处幼受愚，假借晨报沈君廷凯名义，在外撞骗，蒙沈君及晨报当局同予鄙人以自新之机会，不加追究。鄙人悔过之余，感愧万分，除向沈君及晨报当局书面道歉外，特此登报以志感铭。

中国征信所致何西亚函稿（1932年8月16日）

晨报　何西亚

西亚先生大鉴：

久未候教，甚念贤劳。顷奉惠书，欣悉一是。沈君廷凯，服务社会，颇著热忱。最近因故受冤，幸赖先生明察，得以恢复声誉。此间对于沈君，亦极谅解，经此挫折，益可证明沈君之襟怀纯洁也。专此奉复，祗颂

大安

敬启

中华民国廿壹年八月拾六日

中国征信所特约调查员沈廷凯报告（1932年8月19日）

慕尧先生大鉴：

两接手书已悉。弟因报务忙迫异常，而近日奔走特甚。贵所签订雇约一节，自当遵命。准在今日午后五时，或明日上午十一时、下午五时趋前候教是也。

又美商汇众银公司、统一银公司之华人放款部，对于贵所工作，愿闻其详。他日或有事件奉托。请将章程(华英各一份)备好，弟来时带去转交。即颂
秋安

弟　沈廷凯　拜

八月拾九

中国征信所特约调查员沈廷凯报告(1932年8月26日)

慕尧先生大鉴：

昨晚趋访，因探闻上海印染公司章荣初已正式由董事会允许停职，新经理已经产生。商会对该公司有和缓之可能，故专诚报告。曾在所立书一草草报告，谅先此达览矣。

顷将广勤纺织公司调查事复命，函启台收。弟今下午或再来前。耑颂
秋安

弟　沈廷凯　拜

再，弟前与仰公接洽之各业，今再抄录如下：烟草、橡胶、染织、棉织、搪瓷、油漆、调味、丝织、火柴、化妆品、玻璃、电泡、化妆品。

如尊意有增删处，请示知。

中国征信所特约调查员沈廷凯报告(1932年9月9日)

慕尧吾兄阅之：

弟因以病二三日，致未及造访。前委查各件，已有十五件告竣(祗余七件未查)，即日制成报告书，奉上是也。以后营业情形一项，自当格外详述明白。三义、味中两厂之营业情形，业已复查竣事，故请将前交上之原调查书掷还，俾抄写及送奉。尚有七件，约三四天亦完全可报命矣。

对于制作调查报告，务请指示。如有不合，尽请赐以纠正。近来贤劳何如？甚念之。即颂
大安

教弟　沈廷凯　拜

九月九日

前件希在下午四时前饬送到报馆，俾得重抄之后一并如数奉上。

中国征信所特约调查员沈廷凯函(1932年9月18日)

昨接手书已读悉矣。弟两旬以还，旧疾(吐血)大发，日与药炉为伴，虽有时到报馆片刻，亦不久处，致阁下频来电话，失于迎谈，歉疚之至。人生至苦莫若于病，书此为□。书来嘱将调查报告限期复命，弟处接到共计廿二件，未调查者祗四件明日无论如何力病工作是也。其所以迟迟复命者，一则乃病，一则直接采访尤恐失真，故有待于从旁研究耳。兹接催讯，当即誊写清楚后，即行送奉，未调查者四件，明日亦决发往。惟人生抱病之苦，兄亦当能曲谅苦衷也。耑此。即颂
慕尧先生大鉴

弟　廷凯　拜上

九月十八

中国征信所调查员沈廷凯函(1932 年 9 月 28 日)

慕尧先生大鉴：

弟前日出申，刻下在舍调治。上旬病势垂危，每日呕血一痰盂之多，幸在杭州得一良医急救，始能重在人间，盖照前十天看来，已不自知能重返上海矣。对于贵处调查各件，中心抱愧万分，盖一方面贻误光阴，而弟一方面正在半途之间。弟返申之后，亟整理各稿，今先录呈数份，至祈察阅为荷。

弟出申后，报馆尚未销假，大约还有十天。故与尊处已两旬余不通音闻矣。刻暂寓派克路梅福里七百十七号半，如荷赐示，迳寄该处为荷。余稿决当扶病整理，抄奉不误。

刻病已略好，血亦渐停，惟大病之后，元气大丧矣。对于因病而迟延调查报告，实以情形上真不得已。未识能邀阁下谅鉴否乎？此后身躯大复，再当增功赎罪。即颂

大安。

弟　沈廷凯　拜

弟在晨报请假一个月，故音讯不通。此后赐示在十天内寄派克路梅福里七号半可也。

中国征信所复沈廷凯函稿(1932 年 9 月 30 日)

廷凯先生大鉴：

接奉大函并报告四份均悉。贵体违和，实宜静养，查此次报告，因历时较久，前途迭来催促，故业已另行调查编发矣。尊查各节，拟留存参考。渎神之处，容当面谢。专此奉复。即颂

大安

中华民国廿壹年九月卅日

发文第三一〇号

中国征信所复沈廷凯函稿(1932 年 10 月 3 日)

廷凯先生大鉴：

敬启者，敝所最近之委托调查者，类皆限期迫促，不容或缓，故对于专职之调查人员，额数增多，以先生所认之各业，均已有人，不敢再渎清神，所有台端之特约调查员职务，自本月(十月)起，拟不再继续。兹送上九月份(查此月中尊处之报告未足十份)式拾元，即希察及为荷。专此。祇颂

大安

中华民国廿壹年拾月叁日

发文第三一五号

中国征信所特约调查员何躬行函(1932 年 10 月 15 日)

承询大同资本额，顷访该厂朱良甫经理，据云定额银十万两云云。查该厂未入公会，资本

金各人各说，且又未呈部注册，故亦未能证实。鄙人前次报告二万两者，系根据胶业执行委员毛雨亭君所说，鄙人调查向分三种手续：一询诸公会，一询诸该厂同人亲友，一实地赴厂调查。上海各项公司十九未履行注册手续，对于资本至难详确。惟该厂虽系新厂，设备甚整齐，厂屋机器以鄙人视察所及，估计亦不过值二万两左右，或者该厂虽定资本额元十万两未必缴足，好在外面知其负无限责任，故十万二万尚无问题。至三华公司与该厂一而二二而一也，三华同人即系大同股东，大同股东亦即三华职员也。此复
金慕尧先生

何躬行　拜上

中国征信所特约调查员何躬行函(1932年10月15日)

嘱查六厂机械数和生产力，查各厂机械数尚不难知其数额，惟主要机附属机者卜要否同查，今姑一共摘奉，请参酌删改可也。至各机生产力实难详确，曾迭次走访专家，佥谓不易调查，不但事关工作秘密，即当局者也难指定某机有若干能力也。因工作物有单复、马达有快慢，如去参观外商织物机器图样，或有标准生产力载入也。除托友人章荣初先生，请其向上海印染公司精确调查外，先将丽新、连丰、光中三厂机械数等奉上，请台核。余三家星四奉上。即上
慕尧先生大鉴

何躬行　拜启
廿一年十月十五日

中国征信所致调查员何躬行函(1932年10月17日)

迳启者，兹有(一)上海印染公司(华德路高郎桥)，(二)丽新纺织漂染整理公司(上海江西路三和里)，(三)连丰染织厂(曹家渡镇)，(四)鸿章纺织染厂(麦根路五十三号)，(五)勤丰布厂(虹口保定五四六号)，(六)光中机械染织工厂(昆明路六四五)等六家。请台端将左开各项，即日调查，将报告迅速寄下为要(请在一星期内办竣)。

再，调查时需注意(一)机械部数(A. 染色机 B. 丝光机 C. 花色)；(二)一个月生产最高额(A. 染色机能力 B. 丝光机能力)；(三)经营者姓名、籍贯；(四)资本或投资额等。专此奉达，即希查照办理为荷。此致
何躬行先生

中国征信所
中华民国廿壹年拾月拾七日

中国征信所致调查员何躬行函(1932年10月20日)

躬行先生大鉴：

前由尊处送下之惠民奶粉公司报告，业已收悉。惟查委托调查者，需明悉李鼎士个人之一

切身家情形,用再函达,即希台端速行调查示复为荷。专此,顺颂
大安

所启
中华民国二十一年十月二十日

中国征信所致调查员何躬行函(1933 年 1 月 6 日)

躬行先生大鉴:

谨启者,前日奉托台端调查商业印刷厂状况,嗣接大函,借悉地址、名称不符,无从调查。敝所当向前途询问。兹据复称,该号名称为华商印刷公司,地址在岳州路同春里 J. L. 四号,敬请台端拨冗速查,早日惠复。至深企盼。专颂
公绥

所启
中华民国廿二年壹月十六日

中国征信所特约调查员何躬行函(1933 年 1 月 23 日)

大中国备考一节,虽无大关系,请守秘为是。往者搪瓷业一役,和丰银行举贵所报告,持以询诸前途,致发生交涉,在征信所立场毫不错误,惟和丰此种举动,似乎太不妥帖。盖凡知个中内幕者,必系至熟人,如此公开宣传,势必发生调查者对人恶感,故深望仰公日后设法矫正为要。连日雨雪,至难奔走,廿一年度搪瓷状况,正在汇案编辑,一俟正确,即当奉呈。岁暮诸事蝟集,未获亲领教益,无任惶悚。专上
慕尧先生大安
仰公前乞代道候

何躬行　拜启
一、二一

中国征信所致调查员何躬行函(1933 年 2 月 23 日)

迳启者,敝所事业渥荷赞助,无任感纫。近来会员中委查搪瓷机器业者甚鲋,且执事公务繁冗,一□□落酬,未敢长此奉烦。故拟自下月起,转行解除聘约,俟必要时再行借重奉订。谅荷同意,相应函达,即烦亮察为荷。此致
何躬行先生

所启
二月二十三日

调查员蔡承新致中国征信所函(1933 年 2 月 2 日)

仰尧先生大鉴:

多日未晤,殊深景企。今午在贵处取回访稿二件,并于利通公司之报告,已由祝仰辰先生

转托增补。关于朱炳文君一份，弟遍询敝处各部及虹口八仙桥办事处，均无用其名义之户头，或系改用别号或与其他商号名字相混，故不能探得真名。惟闻国货产销合作协会谢芸庭先生系与旧同事，或能就正于彼。兹将原稿附送，即祈察收。并颂

公绥

弟　蔡承新　谨启

二、二

调查员李梦熊致中国征信所函（1933年2月28日）

迳启者：证券报告往往与各银行高级职员直接发生连带关系，毁誉之处，在所难免。而鄙人又与银界人员颇多相熟，如果迳以实在名字担任贵所调查员职务，于前途发展上似多障碍。兹拟自即日起，另换“公甫”两字为鄙人在贵所之调查员名字，务请即刻通知本所关系各部，并保守秘密。不胜企祷之至。此致

葛秘书大鉴

晚　李梦熊　拜

二月廿八日

中国征信所致李梦熊函（1934年3月16日）

迳启者：兹查执事寄来调查报告，于股东及重要职员之履历往往略而不书，致于编审工作上不无困难，嗣后对于此点，务祈予以在意，即不能求其详赅，但亦烦请加诸略历，以备审查之。此致

李梦熊兄

所启

中华民国二十三年三月十六日

中国征信所致各兼任调查员函稿（1933年10月28日）

为函送志愿书条约请签字送回由。

迳启者，兹拟聘请台端为敝所兼任调查员，按照敝所兼任调查员待遇办法规定，按件给酬，每件自五角至两元，优异及特长之报告临时酌定。附奉各项规程一组，即希察存。如荷台洽，即希示复，并请认定数业承查，俾便日后委派调查案件。相应函达，即希察酌允复为荷。此致

〇〇先生

中华民国廿二年拾月廿八日

中国征信所致调查员函稿（1933年12月1日）

为改任为计件调查员由。

陈际云、叶瘦婷、许和先生大鉴：

迳启者，前荷慨任本所特约调查员，至深铭感。兹经本所所务会议决定，自本月份起，台端

职务改为计件调查员，嗣后酬金改按报告书件数计算（每件自五角至二元），不再另致经常调查津贴。倘蒙台洽，即希示复为荷。专此。并颂

大安

启

中华民国廿二年十二月壹日

调查员许和致中国征信所函（1933 年 11 月 4 日）

秘书处执事先生台鉴：

启者，三日接调查事件通知单第 3651 号，四日从事进行，该处无文安地产公司，按塘山路 809 号乃景余里，里内有房子四十三幢，里门口悬牌者有上海大东公司筹备处、国医秦永康诊所及协记成衣铺三家而已，后又从邻近及里内多方探询，亦不得要领。经过情形已由电话中报告金慕尧先生请示，嘱将通知单第 3651 号退回。兹特退上，祈查收。此请

台安

许和

十一月四日二时半

附调查事件通知单一纸

秘书处执事先生台鉴；

启者，调查事件通知单第 3690 号进行情形业已面呈，辱承金慕尧先生允许将原件退回。兹特送上该通知单。文安地产公司来函注明地址在塘山八〇九号弄内，当即再往调查，结果同前。该处实无文安地产公司之存在。耑此，即请

日祉

许和

十一月十四日

调查员叶守定致中国征信所函（1933 年 11 月 23 日）

迳启者，本月二十日接准第三七五七号调查事件通知单后，当即按照服务指导第六条规定之各方面探访，讵至今日仍无丝毫成绩，殊觉愧恧。兹将经过情形以及进行困难理由详述于后：

一、不悉该业特约顾问；

二、曾向华洋杂货联谊会、百货商店、华洋杂货、针织业同业公会等团体调查，因皆不入会，无从采取资料；

三、曾向数推销华洋杂货者（即洋杂货跑街）探问，亦无任何消息探得；

四、因不明其内部略情，更难着手，向其往来商家、往来行庄、同业商家等处进行采访，虽经向附近邻居探问，亦无确实消息。

五、通知单上尚未注明其主要人员姓名，怎能直接访问，然亦一度前去，结果等于零。

因有上述困难实无能力进行，不得已惟有请求另行推派贤能调查外，一方仍由鄙人共同负

责进行。如有资料，随时奉告之。如必须嘱鄙人调查者，则请指示其他门径及宽限日期，再当遵行也。兹准服务指导第八条之规定，理合声叙理由，备函奉达。即希查照为荷。此致
中国征信所秘书处

叶守定　启

附注：鄙人担任之“华洋杂货”业系整卖华洋杂货业者，并非如“大丰”等之零卖百货业，今特附上名单乙份存查。

中华民国廿二年十一月廿叁日

商号名称	通讯处	商号名称	通讯处
仁大昌号	公馆马路二〇号	丰泰昌号	福佑路二三七号
新泰昌号	公馆马路吉祥街口	合昌祥号	方浜路一八四号
德丰昌号	公馆马路紫来街东	同泰昌号	福佑路二八四号
大丰昌号	公馆马路六二号	振大昌号	方浜路一四五号
巨成昶号	公馆马路吉祥街西	锦绣斋号	福佑路二五四号
正大昌号	公馆马路六六号	益昌号	南市里马路三一一号
恒兴号	公馆马路一九九号	合兴号	方浜路救火会对面
源丰号	吉祥街五七号	老永顺号	邑庙内四十号
怡源号	公馆马路柴米街西	新永顺号	邑庙豫园凝辉路十九号
永泰昌号	公馆马路柴米街东	天隆号	邑庙文昌路三十号
协成昌号	公馆马路一四九号	闵仁记号	邑庙内二十二号
德康兴号	公馆马路柴米街东	义康号	福佑路二六〇号
同盛泰号	公馆马路柴米街口	源记号	邑庙路三九号
德泰祥号	火轮磨坊街明德里四号	协成号	新北门内□川弄六六号
同信昌号	兴圣街五五号	许洪泰号	福佑路二四七号
正和号	吉祥街三十一号	广泰号	城内安仁街元茂里十三号
公昌泰号	邑庙内粮厅路二十四号		

调查员胡治中致中国征信所函(1934年4月16日)

敬启者，职自上月接到四六三四调查事件通知等，上开本埠百老汇路一一九号兴隆洋行，且未注明英文名称，当即数度前往探询。遍觅不得，又问附近行号，亦云不知。惟同路九十六号有一兴隆西饭店，亦系西人所设，而且规模很大，其往来银行如花旗、麦加利等。惟恐错误，未敢贸然撰稿。如果确系该饭店，则内部情形均已查得。不则另请开明详细地址及门牌号数、西文名称，以便复查而利进行为荷。兹遵本所服务指导第五条规定，将调查迟缓及困难之处约略陈告，希转告委托者，并祈台察曷幸。专此。即请
葛秘书公绥

胡治中拜　启

中华民国廿三年四月十六日

调查员高振陆致中国征信所函(1934年12月13日)

敬启者,昨晚奉惠书,借悉一一。承询两事,敬复如左:

(一)日商日信洋行每月编制上海中英日纱存底调查,最早于下月九日发表,早〔最〕迟至下月十五日。发表时,以上海每日新闻为公布机关,华人方面消息,均由该日文报转录,此项调查,日纱由日厂日人郑重调查,中英纱由我国各厂跑街分散调查,而以汪鸿生主其成。另有在长丰纱号之杨长庚辅之。英纱怡和厂出品,则由敝友无锡人张光华任之。

闻十一月上海存纱稿已集而未发表,总数约七万四千九百余包,比前月情形,大约中国纱少五千包,日纱增一千包。

(二)棉业联合会调查上海存棉,确系星期六编成,而于星期日中国报纸发表。有时该会编印,须迟至星期六下午九时左右,才将印刷品送到,则发表于报章,不得不迟一日,但其材料,均为本星期六之最新颖者可无疑。有时日本报纸亦转录该会报告,以后此项报告早到(六时为准),则星期六列入信中,迟到则次星期一列入。

专复。顺颂

撰安

高振陆　鞠躬

十二月十三日

中国征信所致调查员刘佩华函稿(1935年1月9日)

为补充"鸿昌德厚记"报告书材料由。

迳启者,前接"鸿昌德厚记"报告书,兹将其内容方面,应行商酌之处分述如左:

1. 股东　来稿仅称王、刘两家,应将其名字履历身家信用查明。

2. 组织　来稿作"合资无限公司",查我国现行公司法,无组织是否即系合伙组织负有无限责任之意。

3. 营业及盈亏　此项在报告书中占绝对重成份,来稿独付阙如,务请查明其近三年来之每年营业额及盈亏额。并述明其营业之方式及政策与盈亏之原因。

4. 财政状况　此项亦属重要,来稿亦不备。请查明其存货之多寡,人欠欠人情形,以及经济周转状况。

以上各项在本所前寄报告书程式内均有详细说明,谅荷台洽。请即设法补充,以便编制完全报告。无任翘企。此致

刘佩华先生

中华民国廿四年一月九日

中国征信所致调查员李浪萍函稿(1935年1月)

为补充《国华报》报告书材料由

迳启者，前接《国华报》报告书，兹将其内容方面应行商酌之处分述如左：

1. 资本：请补充。

2. 组织：来稿作“独资合伙”，查独资与合伙截然两事，该报究系独资或合伙，抑另有其他组织，请查明。

3. 店主股东：首项组织查明之后，如系独资，应将店主之姓名履历身家信用查明列入，如系合伙，则应分列各股东之各项。查来稿设备项内有董事长字样，则该类组织，恐既然独资，亦非合伙，而为某种公司组织，则各董事之各项均须查明。

4. 营业及盈亏：请查明其每日销数，据此间所得消息约在一万六千份左右，未识是否可靠。每月广告费收入，约几何，报纸每门占□量，亦请列入其稿。历年盈余数甚巨，能阐明其盈余之原因否。

5. 原料：来稿谓纸张前用外货，现用温州造纸厂出品。以本所所知，实业部筹办之温州造纸厂尚未创立，应无出品。此项应请复查。

6. 设备：请查明其开支，以便计算盈虚。

以上各项请分别补充，或更正，俾资编制完全报告。无任翘企。此致

李浪萍先生

3. 招聘调查员

中国征信所招用调查员(1933年)

中国征信所招用调查员

中国征信所近以业务日繁，并在汉口筹设分所，定于下月初开幕，天津、香港等处，亦拟陆续设置分所，需用调查工作人员。现特公开征求。凡应征者应具之条件如下：

甲、资格：(一)身体健康，品貌端正，口齿清晰，性情和蔼；(二)年在二十岁以上，四十岁以下；(三)国文通顺，能操本地方言，善英文者尤佳；(四)有商业或调查经验。

乙、待遇：月薪三十元至八十元，供给午膳。

丙、兼职：已有工作者如欲兼任，□在职务亦可磋商，待遇另议。

凡有意者，可开明履历，作一简短之自荐书，能英语者并将该自荐书译成英文，投函香港路四号该所，合则邀约面谈，不合则不作复。来函绝对代守秘密云。

中国征信所为保送调查训练班学员事致各会员银行函(1933年1月11日)

各基本会员：

迳启者，敝所为养成信用调查人才起见，拟开办信用调查训练班。第一届入学试验定于本月二十日举行。贵行如有相当人才，愿受训练，可先期保送前来，并于二十日前携带四寸半身照片报名单及证明书等，至香港路四号敝所报名。相应检同章程二份，报名单十份专函送达，

即希查照办理为荷。此致

〇〇银行 所启

附章程一份报名单十份

中华民国廿二年壹月拾壹日

中国征信所信用调查员训练班章程(1933年1月)

信用调查员训练班章程①

第一条 信用调查训练班以教授信用调查之智识技能,养成信用调查之人材〔才〕为宗旨。

第二条 学员名额暂定十二人。

第三条 凡[年]龄在三十岁以下身家清白,绝无嗜好,遵照本所规定之手续,具有左列资格之一者得为学员:

(一) 本所职员;

(二) 曾在中等商业学校毕业或有同等学力者;

(三) 本所各基本会员保送者。

第四条 凡志愿加入训练班之学员,应经本所考试及格后,并觅妥保方准入学。

第五条 学员于入学前应缴纳学费银十元,中途退学者概不发还。

第六条 本训练班除本所职员担任讲授外,另请信用调查专家定期到所讲演。

第七条 训练期限暂定三个月,遇必要时得延长或缩短之。

第八条 训练时间暂定每日下午五时至七时,星期日除外,遇必要时得随时变更之。

第九条 课程暂定如左:(一)商法;(二)决算表研究*;(三)商业常识;(四)调查技术;(五)报告编制法;(六)英文会话;(七)调查实践;(八)专家讲演。

第十条 前条所列各款其时间支配如左:

(一) 第一月(一)至(六)

(二) 第二月(一)至(六)占三分之二,(七)占三分之一;

(三) 第三月(一)至(六)占三分之一,(七)占三分之二。

第十一条 学员训练期满学分及格者由本所发给证明书。

第十二条 学员训练期满成绩优良者得由本所录用或代为介绍相当职务。

第十三条 本章在经所务会议议决,定期施行。如有未尽事宜得随时提出修正之。

中国征信所致各基本会员函(1933年1月17日)

各基本会员:

迳启者,本所为试办信用调查训练班事,恐学员无多,曾于十一日函请贵行保荐相当人才应考。讵自发表以来,即已足额,保送一节请作罢论。将来如续办时,再行奉渎。诸希察照为荷。此致

中华民国二二年一月十七日

---

① 编者注:此为修改稿。眉批意见:“学费取消”“科目删去数项”。“并入报告编制法”。

中国征信所招考调查员训练班学员(《申报》)(1934年9月)

中国征信所招考调查员训练班学员

(一)资格：高中或旧制中学毕业，男性，年龄在三十以下，有相当介绍；(二)考试科目：国文、英文、笔算、常识；(三)待遇：训练期内月给津贴廿元，膳宿自理，每日上课三小时，余时在本所实习；(四)报名：九月七日起十二日止，每日上午九时至十二时，随带四寸半身照片及证明文件亲自本埠香港路五十九号银行学会址；(五)考试时间，九月十三日上午九时起，在圆明园路二百零九号沪江商学院笔试。笔试录取者，当于三日内通知定期举行口试，不录取者不复；(六)训练期间，暂定四个月，期满择优酌量录用。

中国征信所招考调查员训练班学员规则、报名书、投考证(1934年)

中国征信所招考调查员训练班学员规则

一、投考资格　投考者须具备左列资格：

(一)年龄在三十以下；(二)男性；(三)高级中学或旧制中学毕业；(四)身体健康、口齿清晰、态度温和；(五)有相当介绍人。

二、报名手续　应试者须于每日上午九时至十二时(星期日除外)亲至上海香港路五十九号二楼银行学会，填具报名书并领取投考证。

三、考试科目与日期　考试分笔试、口试二种，笔试及格者当于三日内通知，再定期举行口试。不及格者恕不作复。

笔试科目：国文、英文、算术、常识。

日期：九月三日上午九时起；地点：圆明园路二百零九号沪江商学院。

四、待遇及工作　录取后月给津贴二十元，膳宿自理。每日授课三小时，余时在本所实习。

五、训练期间　暂定四个月，期满择优酌量录用。成绩不佳品情不良者在训练期内随时开除。

六、附录　学员入所实习须有相当保证人，并须绝对服从纪律，接受高级人员指挥。

中国征信所调查员训练班学员考试报名书(须由报名人亲笔书写)

迳启者，兹因　　　　先生之介绍，应贵所训练班赏考试，特填具报名书如左：	
一、姓名	字
二、年龄	
三、籍贯	
四、学历(在何校毕业或肄业年数)	
五、经历(曾在何机关担任何种服务及在职年月)	
六、在校时对于何种学科最感兴趣	

(续表)

七、能操何种方言	
八、家中所经营之事业	
九、曾否结婚	
十、家中共有几人	
十一、须担负家庭费用若干	
十二、亲友中何人最契	
十三、最近通信处	
此致 中国征信所	
中华民国　　年　　月　　日　　　　报名人　　介绍人	

中国征信所调查员训练班投考证

中国征信所 调查员训练班		
考试地址：沪江大学商学院 考试日期：九月十三日下午 一时半至四时半	投考证	姓名
第 351 号		

考试规则

一、考试时监视员有执行考试规则之全权；

一、应试者须将考证置于案上以备察验；

一、监试员得随时察核考证；

一、监视员对于答题概不答问；

一、考试前十分钟应试者一律入场；

一、座位应照考证之号数；

一、中西笔墨均归考试者自备；

一、试卷及稿纸由本所发给应试者不得自备；

一、各科试题膳正时试卷上除国文外一律勿写题目，俱于答案前写(一)(二)(三)(四)以表之；

一、考生如有夹带、枪替、剽窃、交谈等事，察觉后其考卷作废；

一、考试时不得出外；

一、交卷时须将考卷稿纸考证及号牌交与监试员，即行出场；

一、考试将终前十分钟由监试员知照即可预备结束，闻钟声将考卷即交监视员，一律出场，迟滞者考卷作为无效。

上海私立麦伦中学推荐信(1934年9月11日)

乃器先生大鉴:

敬启者,兹有敝校高中毕业生任正震,因家庭经济关系不能升学,闻贵所正欲招考调查员,渠愿来应试。核其资格尚属相符。查该生在校时,学业操行均称优良,故乐为介绍。敬祈推爱俯予特别照拂,感同身受。耑此布悬。祇请

台安

弟　沈体兰

廿三,九,十一

上海沪江大学商学院推荐函(1934年9月10日)

执事先生台鉴:

敬启者,承嘱敝部代为物色调查人才,兹有敝校商学院同学俞君韬尚堪胜任,用特备函介绍,趋谒台端,敬祈接见面谈,是为至荷。此请

台祺

上海沪江大学职业指导部(印)

九月十日

执事先生台鉴:

敬启者,承嘱敝部代为物色调查人才,兹有敝校商学院同学曹开武尚堪胜任,用特备函介绍,趋谒台端,敬祈接见面谈,是为至荷。此请

台祺

上海沪江大学职业指导部

九月十日

中国征信所招聘外埠特约通讯员广告(1934年10月21日)

中国征信所招请外埠特约通讯员

本所拟聘用(1)北平;(2)天津;(3)青岛;(4)南京;(5)杭州;(6)广州;(7)香港等埠特约通讯员数位,担任各该埠信用调查事宜,酬报从丰,以文笔清通,熟悉各该地工商情形者为合格。有志应征者请即书亲笔函一通,并附各该地商业概况一稿(字数最少一千最多二千)函致上海圆明园路一三三号本所接洽。

南京何佑枢应聘中国征信所外埠通讯员函(1934年11月3日)

迳启者,阅报悉贵所近拟招请外埠特约通讯员多位,担任各该埠信用调查事宜,鄙人自信对于该项事宜,确有担任之能力与把握。鄙人现年廿八,籍福建闽侯,前北洋商业专门学校毕业,先后任职平闽各地商会秘书工作,对于工商界情形颇有经验。年前延中国日日新闻社聘为该社南京总社常务记者,二载于兹,日常与京中工商界人物接触,凡关于首都工商各项事宜,探

息均详，至于当地工商界情形，尤为熟悉。且敝社素为首都并国内新闻界所共认为详实而有力量者，故鄙人凡对于京中该项事宜，当时得悉后，均能以极详实之材料，用极迅速之方法，奉达贵所，当不稍延也。

何佑枢　谨启

十一月三日

复示请寄南京丰富路六十三号中国日日新闻南京总社鄙人收

附上拙作南京商业概况一篇，祈察收

南京商业概况

溯自吾国廿年秋间以来，天灾流行，人祸不息，寖至内地经济破产，人民购买力减退。九一八变起，东北沦亡，国内市场，突形缩小，国内商业，极形凋敝。南京为我国首都，影响所及，首当其的。年来京中商店亏折倒闭者，比比皆是，其能勉强维持者，营业亦多不过往年六成至八成之数，首都商业之衰落实前所未有者也。兹为明了各业概况计，将京中各业，年来盛衰之趋势，略述如下：

（一）银行业：自国府奠都南京以还，京宇下官宦云集，凡稍有拥资财者，几无不乐置房产，或出租或自居，其利益远于银行，且年来政府当道为繁荣首都市政计，大兴土木，举凡市内外之空余地皮，几全部建筑，故大部分资产，多投于此。惟此间银行营业因历年省内各县农村凋敝，人民购买力大减，世界经济复甚凋残，故各行多取稳健主义，未敢为投机交易，对于放款生意，又多方顾虑，致绝少成交。中行大部靠京中各主要行政财政及税收机关存款，中交、交通、实业、上海各行较往年相差不远。惟各行均积极扩充储蓄业务，得以吸收大量之存款，向社会投资，冀以获利也。

（二）钱业：京市钱业因受社会不景气影响，营业日舒清淡，缘钱业之盛衰，实与其他各业有牵连关系，他业萧条，则钱业当然难于发展也。

（三）银楼业：京市银楼业，大小共十数家，大者资本约有二三十万，小者亦有数万，其惟一之营业为兑换首饰，但社会经济如此凋敝之时，则兑换首饰安能望其兴旺，故营业亦甚清淡。各银楼多为盈亏，盈余者极属少数云。

（四）五金业：京市五金业向不兴旺，年来因积极建筑，发展实业，工厂相继设立，其机件原料等品，在在须要钢铁铝锡，因此五金营业日增日盛，营此业者亦随时之需要而渐增。目下首都营业此者已将及百家，资本大者一二十万，少者亦有数千元，其主要营业为政界、建筑帮、实业厂扳机件等。该业惟因汇票不定，定货成本毫无把握，使营业者难于周转，故除实力稍厚，尚可稍沾盈利外，余仅敷开销而已。

（五）绸缎业：京市绸缎业年来虽见增加，然其中能以获利者，百不得一二。揆其主因当为社会经济破产所致。该业有鉴于此，不得不将各货消本出售，聊以维持。故自秋季以后，各商店之大减价声浪，不绝于耳，稍有资本者，虽属亏折，尚暂时可维持现状，然小本业经营者，至年终因不能维持，惟收盘倒闭耳。

（六）棉织业：京市棉织业，开厂经营者，计有五六家，资本约共百数十万，然年来因市面洋货充斥，且洋货倾销之程度，常达至百分之十以上，致使本京产品大受影响，现各厂率多减产暂自维持。

（七）百货业：京市百货业，据目前统计，大小已有五百余家，资本大者多在太平路一带，该业营业方法，概以向国内各行厂庄号批发现货转售顾客，盖百货商店营业，全视国民之购买力为转移，以社会经济凋敝如此，则国民购买力，当为薄弱，因之营业远不如前。

（八）面粉业：年来首都面粉业，因价格低贱，与棉丝业同样衰落。近来又因日俄面粉之廉价倾销，势难立即恢复，销路迟滞，致存货堆积，现各厂对客商交易寥寥云。

（九）书业：京中书业，约有七十余家，多集于花牌楼一带，海上各大书局均有分店于此，中除商务、中正、开明、世界等稍能盈利外，余均勉强出入相敷，暂自维持。

（十）航业：首都航业，前自沪战影响，近复因水旱灾荒，农村经济几至破产，故各轮输运货物，大为减少，水脚暴跌，是以各公司均遭重大之损失，致营业日感困难云。

杭州楼惠琳应聘中国征信所外埠通讯员函(1934年11月11日)

敬启者，惠琳曾任《浙江商报》记者有年，对于杭市工商情形素所熟悉。去年应中国银行杭州分行之聘担任调查工作，与工商界颇多接近。顷阅沪杭各报载有贵所招请杭州等埠特约通讯员数人，担任各该埠信用调查事宜广告一则，阅悉之余，不胜雀跃。鄙人极愿于公余之暇兼任此项工作。用特撰就杭市各业概况一篇，附请指正。尚祈示复为幸。此致

中国征信所台鉴

楼惠琳　谨启

十一月十一日

通讯处杭州中国银行

附　杭市各业概况

杭州为吾国东南一大都会，近来建设猛进，水陆交通均甚便利，钱江上游金衢严各属物产均麇集于此，即西邻赣皖二省之土产，亦以杭市为散集地。浙省丝茶产量素丰，占出口之大宗，故杭市又为丝茶市场之中心，而西湖名胜，甲于全国，中外游客，络绎不绝，此亦颇能促进杭市之繁荣。惜年来农村破产，工业不振，社会经济日趋枯竭，商市受其影响，颇有萧索之感。兹将杭市重要各业实况分别概述于后。

金融业　杭市金融业本年新设者有上海绸业银行分行、大沪银行、通易信托公司（兼营银行业），增资扩充者有储丰银行，此外浙皖银行、四省农民银行、江海银行等，亦将有在杭州设立分行之说，故从表面观之，颇有蓬勃之象，而实际上各银行之经营，均感有困难。盖内地匪祸灾歉相继频仍，农村金钱流入都会，致都市银行游资充斥，值此时局不靖，农村破产，百业萧条之际，意欲投资实业，难得安全保障，故各趋于投资公债、证券及地方政府借款，惟上项投资于实业前途殊少裨益。况杭市照目前商业市况，实无再设银行之必要。至于钱业，年来受各业倒闭之影响，损失不赀，今年放款，特别审慎，营业范围较前缩小。虽目前市面尚佳，然其经营不易与银行有同感也。

信托及地产事业　杭市信托事业，有杭州中国银行、浙江建业银行、浙江地方银行兼营之

信托部，及本年新设通易信托公司，经理证券买卖、不动产买卖及经租以及一切保管事业，并收信托存款等。其经营地产事业者，除上述外，近来并有专营地产之浙江新民地产公司、江浙长兴地产公司、公平产业公司、正大产业公司，惟因杭市旧有之不动产掮客（即俗称瓦摇头）潜势力甚大，致公司方面业务不易尽量推广，故杭市地产业尚在新兴时期，未达全盛时代也。

典当业　典当为平民之唯一借贷机关，年来社会经济枯窘，取赎者少，满当货多，服装式样又竞尚时新，过时无法变卖，变卖每多亏本。去年全市十七家典当几无一不受亏折，损失之数自四千元至壹万元不等，下城忠清大街裕兴当因损失过巨，不能维持，于上月宣告清理，裕通典亦因亏耗颇多，于上月请求停业。因有关杭市贫民金融，当局未予所请。现仍暂维现状。

丝业　杭市丝业可分三类述之：A. 缫丝厂业。在市区范围以内现计有四家：(1)杭州缫丝厂，(2)庆成缫丝厂，(3)开源缫丝厂，(4)惠纶制丝所。各厂因丝价步跌，每年倍受亏耗，今年春茧虽残，所缫之丝因丝价每跌售须亏本，故多数尚未出售。自建设厅实行秋茧统制，各厂均不得自由收买鲜茧，除庆成现已停工外，其余三厂将开工代（建设厅）缫制。B. 土丝行业。该行全以贩卖土丝为业，近因人造丝充斥市上，丝厂市价步下，熟货绸缎完全采用人造丝及厂丝，生货罗纺销路微薄，土丝需要大减，当局为统制蚕丝事业，有禁缫土丝、禁收土丝之通令。因致杭市百余家丝行（民国十年时）倒闭殆尽，其中虽有少数改营厂丝，然亦不易获利，且资本充足之机户与绸厂，现均直接向上海及丝厂购买，已无须经过丝行之手。综上原因，该业恐不久全归消灭也。C. 人造丝业。起于民国十六七年，现在经营人造丝者共有三十五家之多，以兴业公司为最大。去年营业额达八十余万元，茅德源次之，约七十万元，其余自三万元至四十万元不等。惟其中以人造丝为兼营事业者约占三分之一，同业均有盈余。照目前情况，该业虽未能充分发展，亦不致如何衰落，当可平稳过去也。

绸业　杭市绸业自绸业贸易市场成立以来，一般机户与绸庄感销货收货之便利，均先后开工复业，半年以来，市价平定销路活动，最近因届时秋冬旺销之期，市面益形活跃，场内成交数每日在一千匹以上。恒丰绸庄与悦昌文宣告倒闭，虽为绸业中之大不幸，而于同业中影响尚不甚大，故今年绸业景况不若去年之惨淡也。

布业　该业因农村衰落，人民购买力薄弱，批发减少，门庄冷落，浙东皖边一带放账难收，自南星桥永裕宣告清理后，闻名全市之开泰布庄亦于上月突告倒闭，开设数十年之宏裕亦告清理，大丰、九华、大同三布厂亦因市价低落出品难销于今春先后停业。由此可见布业衰落之一斑也。

米业　杭市米业近年来因米价步低，无不遭受损失，统计去年杭市米店原有一百七十四家，本年新设者三十二家，闭歇者约计十四家，现共有一百九十二家。去年盈余者五十一家，亏耗者有九十八家，无盈亏者四十三家。本年各地亢旱成灾，米源缺乏，米价步涨，存米较多者无不获利。

茶业　杭市茶业计分茶行、茶庄二种，茶行业因本年气候关系，茶叶出产量较去年减少百分之二十，论其品质最高货不及去年中等货，营业颇为逊色。茶庄因本年香市冷落，门庄营业亦甚为清淡。

橡皮五金业　杭市为浙江交通之中心区，汽车胎及五金材料需要甚巨，杭市业此者现有大同汽车材料商行、赫金公司、南洋改组之南扬公司、浙江橡皮公司、乾泰五金号、泰记兴德生公司等十余家，业务尚称发达。惟橡皮车胎种类颇多，价格不一，因竞争关系，取利微薄。对于汽车五金较为有利可获惟省公路局所需汽车胎及其材料，多数由建设厅购料委员会向上海青年公司采办，该业亦不无影响。杭市鲜有组织完备、资本充实之汽车公司，账款收取不易，亦经营该业之苦衷也。

其他如广货业、饮食业等，无不因人民购买力薄弱受其影响，如新设之乾一商场、新新国货商场，以及大中华国货商场，均以提倡国货为号召，而营业不见若何繁盛。现国货公司正在建筑筹办，规模较大，或能别开生面也。

(三) 调查业务往来函

上海竟成造纸有限公司致中国征信所函(1932 年 6 月 7 日)

迳启者，昨日贵所开幕之期，不克恭逢其盛，殊深抱歉。惟祝贵所营业蒸蒸日上，进步无量为颂。兹拟恳调查各栈房堆存黄纸版若干吨，附奉各栈名称表，请照表调查后，迅即赐复，其费若干一并示知为荷。此致

中国征信所

竟成造纸有限公司　王叔贤

中华民国二十一年六月七日

栈房名称	黄纸版吨数(或件数)	何家堆存
浙江兴业银行堆栈		
中国垦业银行堆栈		
中国银行堆栈		
上海银行堆栈		
东莱银行堆栈		
信通洋栈		
义兴洋栈		
华丰造纸公司堆栈		
民丰造纸公司堆栈(前纱布交易所栈房)(新闸桥堍)		
大华堆栈		
大陆银行堆栈		
其他堆栈		

中国征信所复竟成造纸公司函稿(1932 年 6 月 15 日)

迳复者，接奉本月七日台函，祗聆种切。承委一节，业经派员详查，制就报告一份，专函送上，即希察收密存为荷。此致

竟成造纸公司

王叔贤先生

中华民国二十一年六月十五日

中国征信所致竟成造纸公司函稿(1932 年 6 月 15 日)

迳启者,接奉贵公司携送丙种会员入会书及志愿书各一份,无任欢迎。除所有会费洋一百元由敝所任天树君持据趋前收取,并将委查书一册面奉外,相应先行奉复,即希察照为荷。此致

竟成造纸公司

王叔贤先生

中华民国廿一年六月十五日

上海竟成造纸公司致中国征信所函(1932 年 10 月 7 日)

迳启者,顷接调查黄纸版存栈报告书,业经阅悉。惟每栈结存时期相差太远,以致统计确数颇难符合。兹因重要关系,不得不再请贵所派员调查,以九月底至今调查日止,询问各堆栈确实数目,并希迅速办理。是所至托。此致

上海征信所

上海竟成造纸有限公司　王叔贤　启

中华民国廿一年十月七日

上海竟成造纸公司致中国征信所函(1932 年 10 月 7 日)

天树先生大鉴:

许久未晤,渴念之至。启者,前托贵所调查黄纸版存栈若干,曾蒙报告。因调查存栈日期相差太远,以致不得要领。当已函询再行复查,迄今多日未见报告。特再奉问,即希迅速办理为盼。专上,即请

台安

弟　王叔贤

中华民国廿一年十月廿日

中国征信所复上海竟成造纸公司函稿(1932 年 10 月 21 日)

叔贤先生大鉴:

敬启者,前承委查黄纸版存数,兹经复查完竣,特将报告检奉,即希察收为荷。惟此项调查,颇需手续,且屡向被查者探询,易滋疑窦,以为别有用意。此后恐不易再查矣。专此奉达,顺颂

大安

附第四七二号报告一份

所启

中华民国廿一年十月廿一日

中国征信所致中国国货银行函(1932年10月19日)

中国国货银行

敬启者，敝所参考起见，请贵行惠赐民国十九、二十两年度营业报告书暨行员录各一份。相应函达，即希察照赐寄为荷。此致

中国国货银行

所启

中华民国廿一年十月十九日

迳复者，接十月十九日台函，承索敝行十九、二十两年度营业报告书暨行员录各一份。祗悉。兹附上二九、二十年度报告书各一份，至希察收。敝行行员录正在编订之中，容后补奉可也。此复

中国征信所

附件(存王柏方先生处)

中国国货银行总行启

中华民国二十一年十月二十日

中国征信所关于调换报告书事致各银行函稿(1932年12月31日)

敬启者，本月卅日所发九六一号大生纺织公司(启东第二厂)报告与事实略有出入，应加修正。请照本所报告书定章第一条之规定，敬请尊处将所有昨发之九六一号报告书与今日奉上之报告赐予调换为荷。此致

〇〇银行

所谨启

十二月卅一日

中国化学工业社为缴纳会费事致中国征信所函(1932年8月11日)

迳启者，兹奉上会员入会书及会员志愿书各一纸，并会费银洋壹百元，即祈查收，掣给收据为荷。此致

中国征信所

计附国币壹百元

中国化学工业社(印)谨启

中华民国廿一年八月十一日

中国征信所致中国化学工业社方液仙函稿(1932年8月12日)

液仙先生大鉴：

敬启者，顷奉贵社大函，并入会志愿书暨会费银壹百元，均经照收无误。渥荷盛意加入敝所，至以欣感。此后敬祈时赐箴言，借匡不逮。兹谨奉上会费收据一纸、委查书一册(自一〇一

至一二〇号)，即希检收，并将委查书收据签章掷下为幸。专此。顺颂
大安

附送会费收据一纸

委查书一册

所启

中华民国廿一年八月十二日

中国征信所致李祖范[①]函稿(1932年月10月13日)

河南路一五〇号中国化学工业社　李祖范先生

祖范先生大鉴：

敬启者，前承惠赐化妆品调查表一纸，无任感谢。现敝所已将表列各家之地址门牌及电话号数等，逐项查明。惟中有美星公司、济生工业社、东方化学工业社、华星公司、中国兄弟工业社等五家，尚未查得。因思此项调查，尊处或已有所知，用特函恳，敬希先生俯赐代查，即日示知，尤深感幸。屡渎大神，统容后谢。专此。祇颂
台绥

敬启

中华民国廿一年十月十三日

迳复者，奉函敬悉，兹将五家同业之地址、门牌及电话号码调查所得另纸附奉，至祈查照为荷。此致
中国征信所

附调查表一纸

中国化学工业社总公司经理　李祖范

中华民国廿一年十月十五日

中国化学工业社李祖范致中国征信所函(1932年12月6日)

迳启者，日前函请贵所调查上海《新闻报》、《申报》、《时事新报》、《时报》四报馆每日销数情形，承将《时事新报》一种调查见示，甚感。惟尚有申、新、时三报未蒙赐告，敬烦分别续查，在最短时间即行函复，是所企幸。此致
中国征信所

中国化学工业社总公司经理　李祖范启

中华民国廿一年十二月六日

中国征信所邀请华安保寿等公司加入为会员函稿(1933年2月6日)

敬启者，敝所以提倡社会信义，便利工商发展为职志，办理调查工商信用，传布市场消息等

① 李祖范，中国化学工业社经理。

业务。业于上年六月六日正式开幕，辱荷各银行厂商行号等热忱赞助，纷纷加入为会员。对于敝所所供各项信用及经济调查报告，颇蒙嘉许，认为正确翔实，于推广营业开拓主顾颇有裨益。久仰贵公司扶植工商造福社会，素具热忱，对于保户状况及市场消息或有感觉必须详加调查之处，如将敝所报告作为参考，则俾益营业当非浅鲜。兹附上简章及业务概要及入会志愿书各一份，敬希察存指正，倘蒙加入为会员，无任欢迎。此上

华安保寿公司

泰山保险公司

谨启

廿二、二、六

上海五洲大药房致中国征信所函(1933年3月27日)

仰尧先生大鉴：

迭承大函附报告书二份、简章及特种会员暂行办法、会员入会志愿书各一份，均收祇悉。此种征信办法在外国虽属早已举行，且极普遍，而在吾国则贵所以前及以外尚未有创办者。今得先生主持其事，俾吾国商民此后信任，不至误于趋向市场消息灵通，可除去一切经济合作困难之弊。国货前途，自必蒸蒸日上，有裨吾国实业，良非浅鲜，钦佩之至。所附报告书二份，谨遵台命，严守秘密，将来关于一切报告，自当照章办理。兹照丙种会员，填就入会志愿两书，连同年费壹百元，送请查收。希赐掣给收据并委查书，掷交来人带下为荷。耑此。敬颂

时祺

项隆勋　拜启

附入会书志愿书各壹纸，会费壹百元。

中华民国廿二年三月廿七日

中国征信所致华安水火保险公司函稿(1933年2月27日)

华安水火保险公司　傅其霖

其霖先生大鉴：

谨肃者，前由于寿椿先生示及执事对于敝所事业允赐赞助，云情高谊，拜惠靡已。所有顾问聘书稍缓即拟送奉，嗣后拜聆嘉谟，尤为欣幸。贵公司入会事，前派金慕尧君趋访，并将简章愿书等面呈指教。如荷填就掷下，无任感盼。专此。祇请

公安

中华民国廿二年贰月廿七日

中国征信所致华安水火保险公司函稿(1933年4月9日)

其霖先生大鉴：

久未承教，至念贤劳。敝所事业渥荷赞助，至感高谊。关于贵公司入会事前派金慕尧君趋

前聆教，并奉上简章志愿书等，谅荷察及。如承将志愿书入会书等签署交下，则在敝所因多一服务机会，于贵公司业务前途当亦有相当裨益也。专此布达。即颂
公绥

中国征信所　潘〇〇谨启
四月九日

华安水火保险公司致中国征信所函(1933年4月21日)

中国征信所
文安先生台鉴：

接奉台函，敬悉一是。贵所为社会服务，热忱毅力至所钦佩。惟各界委托调查事项，其调查报告是否普遍分发于各会员，各会员是否有索阅各项调查报告之权利，请即查复，俾可考虑应否入会，再行奉复为荷。此请
台安

傅其霖　启
中华民国廿二年四月廿一日

中国征信所致华安水火保险公司函稿(1933年4月22日)

华安水火保险公司　傅其霖

迳复者，接奉本月廿一日大函，祇悉种切。谬荷奖掖，愧幸奚似。承询一节，敝所为使各会员对于商场情况经常明悉起见，所有与各会员业务上有关系之调查报告，均经免费分送，以资参考。如各会员对于敝报告有参考之需要者，一经教请，亦可酌给。惟以已经敝所查过而有现成材料者为限。贵公司规模宏大，业务骏发，敝所极愿在商事调查方面努力服务，以副提倡征信事业之热忱。敬请惠然加入。无任企幸。此致

四月二二日

中国征信所致中国国货银行宋子良、张竹屿函(1933年6月2日)

子良、竹屿先生赐鉴：

敝所事业渥荷赞助合作，至为感激。兹据贵行职员何君增祥述及，贵行拟加入敝所为甲种会员，遂听之余，无任欢迎。嗣后频聆嘉谟，当可益求改进，得为贵行服务之机会，尤为荣幸。兹奉上营业章程及入会书、志愿书各二份，敬希台察，并将正张赐填后掷还，副张留存备查，无任企祷。专此。祇请
公绥

中华民国22年6月2日

中国国货银行总行复函(1933年6月5日)

迳复者，顷准大函并附下营业章程及志愿书各二份，嘱将正张填奉，副张留存备查等因。

兹照填奉正张壹纸，并附敝行签章样本壹册。至敝行代表人，凡样本中甲组职员均可代表。即希台洽，并附奉敝行入会费叁百元。统祈查收，并请给据为荷。此致
中国征信所

中国国货银行总行
中华民国二十二年六月五日

中国征信所复中国国货银行函(1933年6月5日)

迳复者，接准本月五日台函，并附签署会员入会书、志愿书各一纸，签字样本二份及会费三百元支票一纸，拜悉一是。兹掣奉收据一纸，并检同会员委查书一册，敬希察入，并将所附委查书回单一纸签章检还。嗣后贵行对于工商信用及市场消息方面需要敝所服务之处，并祈将委查书填就交下，即当遵办。相应函复，敬祈察照为荷。此致
中国国货银行

中华民国廿二年六月五日

金城银行所填中国征信所报告书批评意见表(1933年9月26日)

中国征信所报告书意见表

本所创立伊始，规模粗〔初〕具，编发成报告书容有疏漏，端赖各界先进时予纠正，俾致完善。兹特拟就左列表式一种敬希 执事于浏览本所报告书时，如发现错误或应加改进之处，随时填就掷下，俾便遵循。感纫无已。

中国征信所

名称		报告书号	
应行纠正之点			
应行复查之点			
应行补充之点	报告书附录常不注明号数，又不编公司或厂名，又不用针钳在一块，致一有错分，无从查考，例如二五三八号之仁记颜料号之附录一纸，如一时两纸分散后，莫不以附录上仁丰厂视之，此应当于附录上亦注明第＊＊号或公司厂名等，以标识明白而免误会(此种附录甚多须特别注意)		
文字斟酌之点			
其他			

中华民国二十二年九月廿六日　　金城银行展业科　王维骐　填

中国征信所复金城银行王维骐函稿(1933年9月29日)

函复王维骐报告书附录改进办法

迳复者，接奉九月廿六日尊填报告书批评意见表，以敝所所发报告书附录，类不注明号数行名，倘一分散，即无从查考，此后似拟缮明，以便查阅等因。拜悉之余，极佩卓见。查敝所对于报告书秘密报告所以必须另缮空白附页，不注明号数行名，全为避免对外责任关系。兹为便

利阅者查考起见，拟于附录上另附小纸一方，注明号数行名，俾得以后附录即或一时脱落，亦能按号查阅。是否可行之处，尚祈高明指教云。相应函复，敬希察照为荷。此致
王维骐先生

所启

中华民国廿二年九月廿九日

金城银行上海分行致中国征信所函(1933年12月19日)

迳启者，接诵第三四三五号贵所报告关于丰大号报告各节，多非事实，殊以为憾。望即注销，并须将注销文稿先得敝行同意，方能发表。嗣后无论何种事项，凡有涉及敝行者，望加以审慎，勿再摭拾浮言，以免误会。即希查照见复为荷。此致
中国征信所

金城银行上海分行启

中华民国二十二年十二月十九日

签注：

派人赴金城询问该行与丰大实际关系，并更正方式，消息来源不能泄漏。

乃器

中国银行总管理处业务调查课复中国征信所函(1934年1月30日)

迳复者，准一月四日大函托查顾客信用，兹就敝处调查所得，另纸开列，附请台核。惟此项材料，仅为联络感情，提供参考之用，敝处不敢以为正确，更不便担负任何交易上或法律上之责任，应请保守绝对秘密为要。此致
中国征信所台鉴

中国银行总管理处业务调查课　谨启

廿三年一月卅日

中国征信所致中国银行总管理处业务调查课函稿(1934年2月6日)

迳复者，顷奉来函，借悉前请转托调查之苏州赵子方君个人信用状况，因地址不详，无从调查。兹悉该君系在苏州养育巷救国里居住。用特专函奉告，敬恳贵行迅予转函该地分行，从速查复。无任感荷。此上
中国银行总管理处业务调查课

中国征信所致中国银行总管理处业务调查课函稿(1934年4月16日)

中行总处业务调查课

敬启者，兹据敝所调查员声称：贵行于一月十三日委查之百老汇路兴隆洋行一件，业经数度按址往查，遍觅不得，仅在同路九十六号有兴隆西饭店一家，不识是否即系兴隆洋行之误等因前来。据此，相应转达，仍祈将该件详确地点及西文行名等逐项开示，以利进行，不尽企感。

此致
中国银行总管理处业务调查课

中华民国二十三年四月十六日

民生公司卢作孚[1]致中国征信所函(1932年8月16日)

仰尧先生阅：

闻贵所有一煤炭情况最熟之人员，敝公司拟选买各轮需要之煤炭，拟请派情况最熟者莅商办法。至感。敬祝

健康

弟　卢作孚

八月十六日

中国征信所复卢作孚函稿(1932年8月16日)

作孚先生大鉴：

顷读尊致敝所潘经理函，获悉一是。潘经理最近一星期来因病请假，迄今尚未到所，承嘱委派熟悉煤业者趋前候教，惟现在此君亦因病请假，一俟到所，当嘱其即行前来奉访谈话也。专此奉复。顺颂

大安

所启

中华民国廿壹年八月拾六日

卢作孚复中国征信所函(1932年8月22日)

迳复者，示敬悉。煤业调查员请于明日上午十钟到十二钟莅敝公司一谈，烦转商为感。敬祝

健康

弟　卢作孚

八月二十二日

八月廿三日已遣蒋联镳往见。

读者请中国征信所调查银行股票函(1933年1月19日)

中国征信所台鉴：

谨启者，兹不揣冒昧，拟向贵所询问后列两种股票近来行市，倘蒙赐知，不胜感盼之至。再，市上如无此种股票行情，则请作罢可也。

计开：

(一) 中国银行股票(以拾股计)

---

① 卢作孚(1893～1952年)，1925年创办民生实业公司，从事轮船航运业。

（二）上海印染公司股票（以拾股计）

再者，是项询问想贵所不致向鄙人收取费用，但如需费用，请先将数目通知为荷。专此，即颂
公安

鄙人　杜昌祥　谨启

上海苏州路七号

二十二年一月十九日

中国征信所复函稿（1933 年 1 月 20 日）

迳复者，接展大函，聆悉种切。嘱查事件当可遵办。惟须依据敝所规定手续，先将委托调查签证书签署，连同调查费拾元一并惠下后，方能进行。相应函复。即烦察照办理为荷。此致
杜昌祥先生

附委托调查签证书一纸

廿二年一月二十日

读者请中国征信所调查万国储蓄会函（1937 年 2 月 18 日）

托查万国商业储蓄会各点

迳启者，久仰贵所信用素著，调查确实，无任钦佩。鄙人在万国储蓄会储蓄已六七年之久，每月储款卅六元。近阅报载，行政院取缔有奖储蓄，该会结束在即，不知确否。拟请贵所切实调查，并祈速复为荷。

一、请调查政府报载消息是否确实，有无取缔万国储蓄会决心。

一、如政府取缔有奖储蓄，该会如何结束，储户蒙损失否。

一、如政府并无取缔该会之说，该会前途如何，有无危险。

一、该会收据左角印有"印花税已经缴纳"字样，本月忽将左角裁去，不知何故，此节务祈查明示知为要。此致
中国征信所

鄙人对于贵所来函严守秘密。

姜国桀　谨启

赐函迳寄河南新乡小东街即可收到。

附汇票十元。

实业部上海鱼市场筹备委员会致中国征信所函（1934 年 11 月 5 日）

迳启者，兹敝会与某建筑公司订立工程合同，该公司提出武昌路四四六号仁信银号为保证人，按照合同规定，该保证人应具资本叁拾万元以上，内部殷实，信用昭著者方为合格。不识该仁信银号是否具上项资格。用特专函奉询，至希赐复指示为荷。此致
中国征信所

实业部上海鱼市场筹备委员会启

十一月五日

实业部上海鱼市场筹备委员致中国征信所函(1934年12月12日)

迳启者,敝会筹备之上海鱼市场房屋工程,系由新昌泰营造厂承造,照契约应由承造人提出保证人,以保证在建筑中承造人一切经济上工程上之责任,及工程完工后三年之保固。顷该承造人提出牛庄路七三七号勤裕五金号(经理于湧奎电话九三八九八号)为保证人。据称该号设于民国十四年,资本十二万元,一切款项与中汇、四明两银行往来,于日晖港徐斜路潘家木桥设有货栈等语。该勤裕号是否有资本十二万,内部是否殷实,敝会虽曾派员调查,惟尚[未]确悉其内容。用特送上手续费叁元,请烦贵所代为仔细调查,并希于两日内赐复示知为荷。此致
中国征信所

实业部上海鱼市场筹备委员会谨启

十二月十二日

实业部上海鱼市场筹备委员致中国征信所函(1934年12月14日)

迳启者,昨奉特第七四九八号大函祗悉。兹再送上调查费叁元,烦调查后开沈生记资产信用之实况,并乞于两日内赐示为荷。此致

中国征信所

实业部上海鱼市场筹备委员会谨启

十二月十四日

沈生记　　打樁包头

杨树浦路怡和纱厂对面一八四号

电话五〇五四五号

据称该号自备打樁架及发动机四十余全套价值二十余万元云。

(注)该号系新昌泰营造厂提出保证人之一。

上海印染股份有限公司致中国征信所函(1932年6月24日)

启者,仰慕贵所诚海上之唯一别无可得者也。兹因敝公司欲与上海仁记路二五号之汉中公司订购斯可达厂水管式锅炉壹座,其总价计美金壹万九千式百五拾元。照合同内载在订合同应由敝公司付彼定银二成,计应付美金四千元左右。该机炉须在七个月后方可到申,在该公司由济业银公司向敝处担保该定银之负责,但敝公司因不明了汉中公司张祖荫君及济业银公司之信誉如何。用特函陈,务乞依据贵所定章,代为详细调查,希在再短期内赐复乃荷。该项调查手续需费几何,亦乞同时知照为盼。专此,即请
中国征信所台鉴

上海印染公司谨启

中华民国二十一年六月廿四日

中国征信所复上海印染股份有限公司函稿(1932年4月21日)

上海印染公司

迳启者,日前敝所任天树君述及贵公司需要有关纺织业之报告,兹特检奉四十三份,即烦察存,借供参考,并希严守秘密。至其中如有日期过远而须加以复查之处,敬希见示,即当遵办。以后如需参阅某业报告时,请即开示,敬当续奉。相应函达,即希察照为荷。此致

附报告清单一纸,报告四十三份

四月二一日

大丰庆记纱厂

武昌裕华纺织股份有限公司

先达呢绒纺织厂

广勤纺织股份有限公司

大生纺织公司(启东第二厂)

宝兴纺织股份有限公司

恒丰纺织新局

明和纺织厂

筹备之中人余纺织厂

振新纺织股份有限公司

豫康纺织股份有限公司

湖南第一纺织厂

和丰纺织股份有限公司

永安纺织股份有限公司

勤丰纺织厂续报

利泰纺织股份有限公司

永豫和记纺织股份有限公司

复顺纺织公司

沙市纺织股份有限公司

永豫纱厂决定出盘

富安纺织公司开创立会

大通纺织公司

恒大新记纱厂

纬通合记股份有限公司

振华利记纺织股份有限公司

大生纺织公司(南通第一厂)

大生纺织公司(海门第三厂)

丰田纺织厂

申新纺织公司
崇信纺织有限公司
经纬纱厂有出售讯
溥益纱厂
振泰纺织股份有限公司
大成纺织染股份有限公司
协丰益记纺织股份有限公司
勤丰纺织厂
裕中纺织公司续报
永豫和记纺织股份有限公司停工
民丰纱厂股份公司
裕中盈记纺织公司
日华纺织株式会社
通和织布厂
富安纺织公司筹备讯

中国征信所致上海印染股份有限公司函(1933年6月30日)

谨启者,兹查遵处前缴丙种会员年费系自上年七月六日起至本年七月五日止,所有第二年度会费计银一百元,拟请俯赐惠下,无任企祷。此致
上海印染公司

谨启
廿二年六月卅日

中国征信所致上海印染股份有限公司函稿(1933年6月30日)

上海印染公司购买大丰、达丰两厂报告

敬启者,接奉本日大函,备悉一是。兹将贵公司需购之四四九三及四四一三号报告各一份随函附奉。至祈察存,并严守秘密为祷。至于来函内所列之四三八四号报告一份,因系关于贵公司本身,敝所以会员不得承购本身报告之成例,碍难遵办。惟如贵公司亟欲知该报告之内容者,不妨派员来所加以浏览,此固敝所所极表欢迎者也。方命之悬,尚祈海涵为幸。此致
上海纺织印染公司

附件

中国征信所致南洋烟公司函稿(1933年7月27日)

南洋烟公司

迳启者,敝所开业以来,于兹一载,所发工商调查报告,辱荷各会员谬加赞许,加入会员日见增多。敝所自当益用惕励,改进业务,以副各会员垂望之殷。贵公司加入敝所为甲种会员以

来，尚未蒙赐查案件，致敝所无从为贵公司服务，殊深内疚。兹为便利贵公司营业起见，奉呈与烟草业有关之商号个人报告书数份，即乞查收，并恳代守秘密。此后遇有同样报告，仍当随时送阅。贵公司如在营业上需要其他资料，务望填单赐查，敝所无不乐于应命也。此致

南洋兄弟烟草公司

所启

中华民国廿二年七月廿七日

附报告书清单一纸

报告书清单：

山东烟草股份有限公司

健身烟公司

苏德康皮丝烟号

中国昆仑烟草股份有限公司

大连烟草股份有限公司

福新烟草公司

中和烟草公司

义成烟公司

华孚烟草公司

金沙泰记烟草公司

美华烟叶公司

美星明记烟公司

乐成烟草公司

太平烟草公司

宁绍烟草公司

中国安利华赉记烟厂

华兴烟草公司

昌明烟草股份有限公司

华品烟草公司

华东烟草公司

锦华烟公司

华成烟草公司

中国克富烟草股份有限公司

中国征信所致上海邮政储蓄汇业局函稿(1932年7月24日)

上海邮政储蓄汇业局王昌林

昌林先生大鉴：

顷奉大函，敬悉一是。贵局加入敝所，无任欣幸。承委调查新泰丰等七家，敬当遵命办理，

于最短期内，将报告奉上。再同各项报告承嘱加寄一份，无□于己自可照办。专此奉复，即希台察为荷。敬颂

大安

所启

中华民国廿壹年七月廿四日

上海邮政储蓄汇业局致中国征信所函(1932年7月23日)

仰尧先生台鉴：

敝局应纳兴信社各项会费业已照数送上，谅荷台洽。敝局承寄调查报告计有二份，前一份系自第十二号起市字自第一号起、密字自第十五号起，后一份系自第六十七号起，市字自第六号起，密字自第十五号起，除前一份市字处，拟请各自第一号起分别补齐掷下，俾可首尾衔接，汇订成册。再前一份之中尚缺少六十号一份，并希补下为荷。此致，即颂

台绥

弟 王昌林 敬启

七月廿三日

中国征信所致上海邮政储金汇业局函(1932年7月25日)

上海邮政储蓄汇业局王昌林

昌林先生大鉴：

敬启者，顷奉大教，祇悉一是，承嘱补寄各项报告，兹谨检齐全份，一并奉上，即希察收为荷。专此。敬颂

大安

敬启

中华民国廿壹年七月廿五日

附奉普通报告自一号至十一号各弍份，自十二号至六十六号各一份

密字报告自一号至十四号各弍份

中国征信所致上海邮政储金汇业局函稿(1934年1月16日)

敬启者，敝所刻受上海商务印书馆之委托，复查该馆往来户如皋商务印书馆特约所保人吴漫云君之信用程度及现有财产等各项情形。为特检同原保单及空白复查报告书各一份，随函附奉，即希转托贵局如皋分局迅予代为查复。至空白报告书中图章一项内，须由吴君亲自盖印，以示继续负责。种费清神，感德靡已。此上

邮政储金汇业局

谨启

附营业保单及空白复查报告书各一纸

中华民国廿三年一月十六日

中国征信所致上海邮政储金汇业局函稿(1934年1月17日)

为请转托该局各分局调查同心庄等七商号信用状况由

迳启者,敝所兹拟调查附单所开各商号之营业状况及信用程度,用特检奉调查表七纸,敬恳贵局转函各该地分局迅赐查填,早日惠下,无任企盼。屡渎清神,感歉实深。此上

谨启

一月七日

邮政储金汇业总局营业处致中国征信所函(1934年2月17日)

前承函嘱代为调查潮州 The central agency company 营业情形,并附调查表一纸到局。当经转饬调查去后。兹据复称:查潮州 The central agency company 规模甚小,在潮安市面,极不著名,仅由其英文字面探悉为联商公司。现经详询该公司店伙,据谓:该处营业系属股份生意,并无额定资本,仅代人售物而已。前总经理沈瑞美,早已辞退他就,近由余天民继任,但余总经理身受数职,常不在店。现在营业只有牛乳及枧两项,别无大宗货品等语。兹将奉发调查表缴还,另造调查表一纸呈复鉴核等语前来。用将所造调查表及原表各一纸,备函送请察核。此致

中国征信所

附二件

邮政储金汇业总局营业处启

廿三、二、十七

邮政储金汇业总局营业处致中国征信所函(1934年3月22日)

案准贵所函托代为调查永康荣泰豫等三家营业状况,并附调查表三纸到局。当经转行调查去后。兹据永康邮局复称,遵经持表亲往各该商店调查,乃该商店等初则借口调查原因未明,不愿接受调查。嗣则自称前曾代本城公太福号向卜内门公司(上海)担保,去年公太福关闭,亏欠卜内门一万四千余元,由卜内门派员向该三家铺保交涉,即由公太福及该三保家共赔一万一千四百元了案,惟保单迄未取回,深恐卜内门事后翻悔,故认此项调查为含有恶意的作用,终不允调查。嗣经再三磋商,始允先由彼等自行致函中国征信所询明调查原因,并另函托沪商调查中国征信所组织及调查目的后,再行答复。是以一再迁延,迟至数旬。现悉沪商已有函复该商店,告以调查并无恶意,而中国征信所方面亦已复函解释调查原因,故该号等始允接受调查。惟因元新栈号终一再迁延,以故迟之又久。现该项调查表已由各该商店先后自行填妥交来,呈请查收等语。并附表三件到局。用将调查表三纸,函请查收。此致

中国征信所

邮政储金汇业总局营业处启

三月二十二日

邮政储金汇业总局营业处致中国征信所函(1934年11月2日)

案准贵局函托代为调查宜都福星玉、广集成、杨长发等商号信用程度,并附调查表三纸到局。当经转行调查去后。兹据湖北邮政管理局转据宜都邮局复称:遵往该三家商号调查,乃各该商号不允答复,随将调查表留各号研究自填,虽阅看数日,仍不允填写。推其拒绝原故,乃因内地匪患未息,均不愿轻易将财产数目宣示于人。理合将原调查表三纸,缴呈鉴核办理等语。为特将原表备函送请台察。此致

中国征信所

邮政储金汇业总局营业处启

廿三年十一、二

中国征信所致中国银行总管理处业务调查课祝仰辰函稿(1932年6月25日)

敬启者,敝所前受恒信洋行委托调查恒大洋行陈明山君之信用,惟敝所对于陈君并无材料,特将原文另纸抄录随函送上,拜恳尊处代为一查,早日示复,无任感祷。此上

中国银行总管理处业务调查课

祝仰辰先生

中华民国廿壹年六月廿五日

中国征信所致中国银行总管理处业务调查课祝仰辰函稿(1932年7月4日)

迳启者,本所前受恒信洋行委托调查绍兴恒大药行陈明山君之信用,辱承执事允为代查,曷胜感纫。兹因前途催复甚急,敬恳先生迅予代为查明见示,不胜企祷。再本所之用英文报告书及调查信用通告函格式如已印就,并乞即日检齐交下,俾资应用。渎神之处,感歉靡已。此致

祝仰辰先生

中华民国廿壹年七月四日

中国征信所致中国银行张肖梅、中央银行陈其鹿函稿(1932年7月14日)

中国银行总管理处经济研究室张肖梅

中央银行业务局陈其鹿

肖梅、其鹿先生大鉴:

敬启者,敝所创设伊始,规模稍具,一切进行,端赖旁搜博采,俾臻完善。夙稔贵处发行之"中行月刊"、"金融旬刊"编制完备,内容充实,无任钦仰。敬恳按期惠赐一份,俾资借镜,至深感荷。倘以前所出各期,尚有余存,亦乞允予惠赐,尤所感激。专此奉恳。敬颂

大安

所启

中华民国廿壹年七月拾四日

上海中国银行复中国征信所函(1932年9月8日)

迳复者，接奉台函示贵所现拟调查沪上各堆栈所存黄纸版实况，嘱将敝堆栈内所存黄纸版吨数或件数及堆存货主查明奉告等语。查敝栈现存黄纸版计民丰存式千式百七十七件，华丰存壹千六百五十二件，益丰存七十件，共存敝处堆栈叁千九百九十九件，合计九百九十九吨七五。承询特复。即希台洽。此致

中国征信所

上海中国银行启

中华民国廿一年九月八日

国产搪瓷营业所所长彭年程致中国征信所函(1932年12月29日)

迳启者，查敝所近忽据本埠各银行以接得报告，有指谪敝所内容问题，先后来所刺探，闻之深滋骇异。窃谓此种捕风捉影之辞，不知来自何所，其绝无价值可知。不意嗣经调查，此项消息竟出自贵所正式报告，而备考栏内竟载称：该所内部时生暗潮，总所长程年彭原拟扩大组织，力邀中华珐琅厂加入，中华不应，而铸丰通记搪瓷公司经理童季通认发行比额不公，啧有烦言，有退出该所之意。其余三厂亦各观望，无意合作。闻程年彭已脱离该所，目前由副所长顾炳元负责，表面虽继续营业，实则同床异梦，或将于明年春间解散云云。获悉之余，益形惶惑。按铸丰自遭一二八战乱后，厂屋被毁，爬梳整理，产品无多，恒虑不足供给，更何比额上下可言。此其报告不实者一；同业合作，为敝所长始终一贯之主张，近因久新、上海等厂，有同样之感觉，乃于公会提出集议，尚在讨论未决中，此其报告不实者二；敝所长逐日到所办事，绝无脱离影响，此其报告不实者三；敝所之设，系根据契约组织，明年业务，方在进行，更无骤然解散之理，此其报告不实者四。想贵所号称征信，以供给各业真确材料为唯一任务，敝所夙所信仰，平时且力为扶助，顾名思义，对于各项报告自应加以详慎之调查，精密之审核，庶足以副名实而符本旨。乃竟以诞妄不经、毫无根据之资料，公诸一般银行，似难免受人利用，故作片面宣传，借图破坏之重大嫌疑。为此专函布达，务希查照，究竟此项报告是何根据，迅即彻查明确，翔实答复，一面并为郑重纠正，免淆听闻。所有敝所因此获受之损害，应予保留，合并声明。此致

中国征信所

国产搪瓷营业所所长　程年彭

二一年十二月二四日

国产搪瓷营业所彭年程复中国征信所函(1932年12月26日)

仰尧先生有道：

诸事羁绊，不获时接清芬为憾，比奉手翰，祇承一一。我公襟期磊落，早所矜式。此次不幸事件之发生，其因公干繁冗，未遑寓目所致，自无疑义。目前由炳元转详颠末，益用释然。惟以彼此地位关系，不得不函请纠正，免淆视听，私心固极为谅解。用此布臆，尚希察裁为幸。专

肃。敬颂

时绥

弟　彭年程　顿首

十二月廿六日

中国征信所致商务印书馆函稿(1934年6月29日)

商务印书馆

迳启者，前承贵馆委托复查弘道书馆金汉三保人清江医院夏汉傭之营业保单一件，当早经设法调查完竣。惟原保人印鉴迄未签盖，屡经函促，亦未见复。兹因为日已久，除再函夏君催盖外，特将该报告书先行送奉。并恳请尊处同时去函敦促夏君早日在敝所完备手续。此上

商务印书馆

谨启

中华民国廿三年六月廿九日

商务印书馆致中国征信所函(1934年7月7日)

谨启者，兹送上华康公司保大任小学及卜耀廷君保泰兴中外图书馆营业保单二份，又空白复查保单报告二份，至祈检收，并希即代详细查复为荷。此致

中国征信所

商务印书馆谨启

二十三年七月七日

商务印书馆致中国征信所函(1934年7月18日)

迳启者，兹送上(一)邵文粹君保文艺商店、(二)席伯铭君保新光书局营业保单二纸及空白复查报告式纸，即祈察收，并希即为详细查复为荷。专此。谨致

中国征信所台照

商务印书馆　谨启

二十三年七月十八日

商务印书馆致中国征信所函(1934年3月10日)

中国征信所：

敝公司委托贵所复查保单，兹查尚有后列各户未蒙交下，为时已久，即请谆嘱主办人员速行查复为荷。此颂

公绥

商务印书馆谨启

廿三年三月十日

为公小学　　青树小学　　五三图书馆　　五三书局

杨永延君	徐汇明德学校	万昌书局	文宝亨
至圣义务学校	昆新书店	汤嘉记书局	文德小学
童志孚	陈天然	常熟书局	苏州经理处
无锡教育书局	常熟新中书局	泰兴中外图书馆	
清江弘道书馆	嘉定振华书局	奉贤课业用品合作社	
闵行上民合作社	庙镇小学	崇明启明书局	
启东陶斯咏	启东勤信商店	南通兴中教育用品社	
南通模范书局	公平商号		
松江益记代办处	青浦教育用品社	崇明县立中学	

以上共计保单叁拾叁份

中国征信所致商务印书馆函稿(1934年3月)

商务印书馆

为委查保单除外埠外余准一星期内查奉由。

敬启者,前蒙委查保单,本当早日缴奉,惟因下列各种原因,以致稽迟,频劳敦促,歉疚无似。

一、敝所鉴于上次保单之遗失,非变更方法不足以期周密,以致略有停顿。至于上次遗失保单之职员业经予以撤职处分。

一、因敝所行名录发行期近,昼夜赶工,致外部事务亦受影响。

一、旧历新正各商号循例休业,并有若干保人回里度岁,无从着手。

兹已严饬敝所各调查员加紧工作,清除积件,委查保单除有少数寄往外埠者外,余件准于一星期内查竣缴奉。不得已处尚祈鉴原为幸。此致

商务印书馆

中国征信所致商务印书馆函稿(1934年3月27日)

敬启者,承委查贵馆营业保单,截至本日止,大部均已查复,尚有○○○等保单十○纸,不日亦可竣事。为慎重计,此后收到贵馆委查保单,敝所拟于登记后即将原保单先行送还。报告书待调查完毕,另行缮奉。此项办法如荷同意,敝所拟即实行。请核复为祷。顺颂

公绥

中华民国廿三年三月二十七日

中国征信所致商务印书馆函稿(1934年4月12日)

迳启者,兹先送还左列贵馆营业保单四纸。计开:

保证人	保额	被担保人
无锡盛球鸣君	保额弍千元	吴淞万昌书局
裕昌磁号刘琴生君	保额壹千元	五三书店

夏广隆君　　　　　　保额叁千元　苏州商务印书馆经理处

源盛昌茅炳元君　　　保额五百元　崇明县立初级中学

希查收为盼。所有各该户报告书一俟查竣，当即奉上。此致

商务印书馆

谨启

中华民国廿三年四月十二日

商务印书馆致中国征信所函(1934年4月13日)

中国征信所大鉴：

兹托贵社复查敝馆下列各户营业保单：北新书局、四宝斋。以上共计保单贰份，附上空白报告贰张，即请察收，渎神详细复查为荷。此颂

公绥

商务印书馆　谨启

廿三年四月十三日

计开：

保证人	被担保人	保额
四宝斋　杭树权	卢鸿儒	弍千元
北新书局	民光中学	四百元

商务印书馆致中国征信所函(1934年4月23日)

迳启者，兹托贵社复查敝馆客户营业保单(户名详列另表)计叁拾份，附上空白报告单叁拾张。即请察收，渎神复查为荷。此致

中国征信所

商务印书馆　谨启

廿三年四月廿三日

营业保单保户名称

1. 李翰清君	2. 王国桢君	3. 王银镇君
4. 魏炳荣君	5. 魏炳荣君	6. 陈允鸣君
7. 顾寿卿君	8. 潘世琪君	9. 王泽如君
10. 卢炳生君	11. 王筱生君	12. 庄道中君
13. 蒋怀仁君	14. 小有天	15. 华珍公司
16. 明星绸缎局	17. 陈延龄君	18. 戴同忠君
19. 陈苞森君	20. 永隆号	21. 应橘泉君
22. 杨志刚君	23. 合兴昌制造厂	24. 李文绥君
25. 天华药房	26. 顾树声君	27. 元泰号
28. 庄宝和银楼	29. 蔡春森君	30. 郦景源君

以上共计三十户

23 年 4 月 23 日抄

商务印书馆致中国征信所函(1935 年 4 月 18 日)

迳启者,兹有二事奉渎如次,谨祈示复为荷。

(一) 贵所刊印之“工商异动报告”,敝处以前收到廿三年十一月止,自十二月起如已有出版者,均祈检寄一份,如尚未出版者,并祈示知约于何时可出版。

(二) 前托贵所特查 Kelly & Walsh, Ltd. (特第 9204 号,委查书 5299 号),承查示该公司“营业情形”项,全年营业额达七八十万元,去年因市萧条,营业较前逊色,仅有六拾万元左右。兹敝处拟更详知该公司全年营业数内“书籍杂志”占若干;“代客印刷”占若干。谨祈渎神代为查示为感。此致

中国征信所

商务印书馆谨启

廿四年四月十八日

中国征信所致商务印书馆函(1935 年 5 月 2 日)

迳启者,接奉效字三三九号大函敬悉,廿三年十二月份“工商异动报告”现已付印,不日当可奉上。本年各月统计正在研究改进方式,一俟刊行亦将补奉。承委复查之 Kelly & Walsh, Ltd. 情形不日缮奉报告,相应函复。即希查照为荷。此致

商务印书馆

所启

中华民国廿四年五月二日

商务印书馆致中国征信所函(1935 年 6 月 15 日)

迳启者,兹送奉(一)上海南市义昌号保松江益记教育用品社;(二)鲁振新保松江益记教育用品社营业保单式纸,并附空白报告书式份。敝处因急于明瞭该社信用起见,谨请从速代为调查后,即行示复为荷。再,敝处前于去年十月廿九日委托尊处调查“正心工艺社保南通模范书局”报告一份,敝馆曾先后两次函询,但迄今未蒙提及只字,深以为憾!亦祈即为查明示复为盼。此致

中国征信所

商务印书馆　谨启

廿四年六月十五日

中国征信所复商务印书馆函稿(1935 年 6 月 29 日)

为朱仰苏往址店号不明无从往查保书附还由

迳启者,承贵馆委查松江益记教育用品代办处保证人朱仰苏君信用状况,并附保证书一

件。当经派员按址往查。据称朱君所设之昇记商店现为公记运货公司，原店是否改迁，抑为歇闭无从明悉。至朱君原寓所亦无其人。据附近住户称已改迁北市。惟详细住址不明云云。理合将经过情形具复，前途如何，恳即明示。原保证书一纸，当先送还为荷。此复
商务印书馆

附保证书一件

中华民国廿四年六月廿九日

上海市铜锡同业公会致中国征信所函(1935年3月27日)

迳启者，接奉大函，嘱查本业生铜块产销状况，提问三点，兹已查有眉目，特将三点答复如下：

1. 本年上海每公吨平均卖出价格若干？

答：本年每公吨平均价格为叁百拾四元。

2. 全市每年能供给若干公吨？

答：每年约可供给四万公吨至五万公吨。

3. 平均品质若何？

答：系旧铜及杂铜化合而成，至于成分须经化验后方得详确之标准(本会感于手续不便请自行化验可也)。

贵所所询三点业已照答，请查核是盼。此致
中国征信所

上海市铜锡同业公会启
三月廿七日

上海裕济号致中国征信所函(1934年1月13日)

迳启者，刻据瞿颂嘉先生函称：贵所之调查报告内载有瞿颂嘉系敝号股东，查与事实不符，且关系彼此信誉，应请向该所声明更正，以明真相等云。窃当敝号创立之初，所做议单因循旧俗起见，曾请瞿颂嘉、华霁光两先生为见议，谅因此而发生误会。又调查报告中载有经润石君系股东之一，亦属不确。而股东陈忝漪、沈五刚(前老延龄小主)两君反不见列入。应请补加为荷。再，调查报告中所载敝号经理及资本亦有出入，敝号资本只得柒万元，经理由周芗畊君兼任，所营交易与中国银行方面只略做套头，而小公司亦无日昇牌号者。现附入者计正华一家。至敝号往来之行庄，实不止两家也。上列各点，尚希贵所分别勘误，免致讹传。实感公谊。此致
中国征信所台鉴

裕济号敬启
一月十三日

顺丰证券号致中国征信所函(1934年2月24日)

迳启者，二十二日午后三时，贵所潘君经芳忽然降临，询问是否知道外间对于顺丰号不利

之谣传。初闻之下,茫然不解,继知贵所曾以凭空之词,有密报各银行之情形,曷胜诧异。查敝号开办有年,信用昭著,营业发达,上年成绩尤佳,焉用改组。年终存放各银行之款,为数甚巨,更安用维持。乃贵所竟以毫无影响之词,不加调查,任肆妨害他人信誉。查贵所为银行调查征信之所,顾名思义,"征信"二字,责任何等重要,尚非报馆有闻必录之可比,妨害人名誉信用,律有专条,报馆亦不敢以传闻即妄加登载。今贵所负调查征信之重任,商业影响极为重大,乃仅以凭空之言,不事调查,遽以报告,于"征信"二字何解,对于银行委托调查责任上,又何解。不调查于报告之先,而询问于报告之后,又属何解。贵所之报告究属根据何种事实,抑系受人利用,有心妨害,应请明白答复为盼。此致

中国征信所

顺丰证券号启

二月二十四日

星洲日报记者致中国征信所函(1935 年 6 月 15 日)

乃器先生:

百乐门别后之第三日,弟即乘日邮轮靖国丸号于十四日归抵星洲。翌日即返馆复工。弟以离星日久,一旦归来,未免百务丛集,且因旡响先生适请例假,编辑事务益觉冗繁,遂致迟迟作书,殊深抱歉。工商征信所托带南来之书籍,业经交由广告、发行二部代为推销,大约不至绝无希望也。至代办复查事,因带来宣传品过少,无从进行。以弟之意,此事在星为一初创办者,非有宣传,当无成绩也。尚祈商之该会同人,定一宣传方案,或划定宣传经费,将所有简章以中英文印发,庶几能广事招徕。如何之处,希即裁复。匆此。即候

近祺

中国征信所同人(同此不另)

胡迈　顿首

五月廿七日

中国征信所复函稿(1935 年 6 月 25 日)

胡浪曼　新嘉坡罗敏申律五九号六一号

浪曼先生大鉴:

迳复者,接奉大函,借悉安抵星洲为慰。工商行名录承代推销,感之。将来售出后可按百分之十五作为经手人之佣金,迳请扣下,余款则请汇交中国征信所。至托为该所宣传事,一时既不易进行,自可从缓。并希台洽为荷。此复。祗颂

公绥

章乃器

中华民国廿四年六月廿五日

上海科学仪器馆吴雨霖致中国征信所函(1935年6月20日)

师良先生大鉴：

前阅谢筱初君调查报告，内有数点据弟所知，稍有不同。兹略举如下：谢君今年三十二岁，原籍广东梅县，曾在日本某中学读书，嗣随张咏霓君襄办财政事务，曾任清江(非靖江)，及吴江等处税局及沿沪宁路各县财政视察员。又谢君之父谢复初曾任侨务委员，又谢君现任开成造酸公司董事并营业经理，所存开成全部出品，概由谢君销售。又本埠美龙酒精厂、肇兴化学厂、华安颜料化学厂及天津兴华泡化碱厂等数家出品，亦由华丰工业原料公司承包销售云。为特奉告，借备参考。即颂

日绥

弟　吴雨霖　手上

24/6/20

中国征信所复吴雨霖函稿(1935年6月21日)

雨霖我兄大鉴：

奉二十日大札，承指正并补充王君报告数点至感。现已将此项资料分别编入原档，辱荷匡助，曷胜顾违。专此奉复。即颂

日绥

弟　葛师良　匆上

24年6月21日

中国征信所关于蔡仁茂玻璃号报告书交涉事件来往函(1932年9月2日)

中国征信所关于处理蔡仁茂玻璃号报告书交涉案之经过

八月廿六日慎昌洋行西人名E. Gutter者来所询问本所业务情形及入会条件等，由金慕尧君接见，双方谈话颇为接近。惟在入会之前，拟先试查数家等语。翌日有仲文龙者来所，自称系慎昌洋行保险部代表，欲加入本所为会员，惟须先试查数家方可决定。当由金慕尧君告以非会员委托调查，按照本所章程，须用书面声请方可照办。翌日接仲君来函，声请调查蔡仁茂玻璃号内容。本所接函后，翌日即接钟君电话催送报告。由金慕尧君告以来函未经慎昌洋行盖章，未便照办。钟君答以可俟报告送来时补盖。本所信以为真，即经手调查，制成报告书，照非会员待遇特派办事员陈其琳君于九月二日下午二时带同报告书、接受报告书签证书及钟君来函，亲赶赴慎昌洋行面交钟君，并嘱其在将报告书送交钟君之前，须先请其将接受报告签证书签章交回，并请钟君将原函补盖慎昌洋行图章，以昭郑重。乃陈君到达该行时，钟君本人不在，仅遇其弟，据云可由其转致乃兄，并照办手续。陈君不加置疑，遽将书件全数交彼。旋钟君本人亦至，嘱陈君随彼至某处履行手续，陈君与之共至四川路桥附近之华茶公司，拟借打电话报告本所，乃陈君电话方始接通，钟君即将听筒夺去，略谈数语后，即告陈君云因签证书已告遗失，刻得本所许可准予另行书给收据一纸，证明收到报告一份，遂用白纸书一收据，由钟君具

名连同报告费银十元交付陈君。陈君不得要领，遂即返所。九月三日接到蔡仁茂玻璃号来函质询报告书之根据。遵照兴信社干事主张，未予置复。九月十二日又接沈越声律师代表该号来函，词意同前。又因该报告内容述及蔡仁茂店主蔡仁初君身家时，涉及惇叙银行，故于九月十三日又接该行来函，词意亦同。本案经过迭经请示兴信社各干事，佥主由上海银行方面派人前往疏通，不必进行其他手续，以冀得和平解决。在本所方面，亦经与法律顾问陆鼎揆律师商酌对付办法。陆律师主张由渠与对方沈越声律师磋商，或可无事。惟因兴信社各干事仍主由上海银行出任调解，故亦未请陆律师进行磋商。微闻蔡仁茂向上海银行提出条件三项：（一）由本所说明报告之根据，（二）照该号所拟稿子发一更正报告，（三）去函道歉云。

中国征信所致钟文龙函(1932年9月2日)

文龙先生大鉴：

一昨驾顾畅承教益，佩慰莫名。兹遵嘱掣奉蔡仁茂玻璃号调查报告一份，敬希台察密存，并将接受报告签名证书签章连同报告费银十元。并交由来人带下，以符手续为荷。加入敝所为会员尤所欢迎。专此。即颂

公安

中华民国廿一年九月二日

蔡仁茂号致中国征信所函(1932年9月3日)

迳启者，顷见贵所编发特字第一八五号蔡仁茂玻璃号之报告书，其内容与事实完全不符，并有各处显构成刑法上损坏名誉及信用罪。敝号因该报告书之编发，业已大受影响，其责任当然须由贵所负之。为特专函奉达，希将贵所编发该报告事实之根据何在，及究向何人探听消息，取得上述材料之事实见复为荷。此致

中国征信所台鉴

蔡仁茂号启

中华民国廿一年九月三日

中国征信所复蔡仁茂号函(1932年9月3日)

上海公共租界天潼路一百五十号蔡仁茂

迳启者，接奉大函备悉一一。查世界征信所通例，对于所发调查报告，各会员均有保守秘密之义务，而委托调查者，亦应严守秘密，不得私自漏泄。兹敝所对于贵号调查报告，事同一例，是则关于被查者之名誉信用，毫无损碍可知。倘贵号以为所查各项或有与事实未符之处，敬希示知，俾资参考。相应复请察照是荷。此致

蔡仁茂号

启

中国征信所致钟文龙函(1932年9月6日)

文龙先生大鉴：

本月一日大驾莅所，以慎昌洋行保险部名义，嘱调查蔡仁茂玻璃号情形，当由敝所秘书金慕尧君奉告须备具正式委托函件，方可照办。二日接奉台端来函，经将报告制就，特派办事员陈其琳君送上，并请先生将原函补盖慎昌洋行保险部图章及签字，于接受报告签证书，此项手续曾经执事于电话中承诺照办。先生于接受报告书后，多方委腧，未履行上项手续，仅书一临时收据一份交陈君带下。查此项报告书，先生曾于事前一再申明系慎昌洋行保险部委托，且于未签接受报告书前，在敝所陈办事员处以不合理方式取得报告书，尤与手续不符。用特函达，即希先生迅将接受报告签证书赐签，原函补盖签章，即日一并惠下，幸免延误，以昭郑重。否则敝所当向慎昌洋行直接交涉，取还报告书。即希察照。专此

大安

中华民国廿壹年九月六日

惇叙商业储蓄银行致中国征信所函(1932年9月13日)

迳启者，顷见贵所编发特字第一八五号蔡仁茂玻璃号之报告书，其内容与事实完全不符，并牵涉敝行显构成刑法上损坏名誉及信用罪。敝行因该报告书之编发，业已大受影响，其责任当然须由贵所负之。为特专函奉达，希将贵所编发该报告事实之根据何在，及究向何人探听消息取得上述材料之事实，即日见复为荷。此致

中国征信所

惇叙商业储蓄银行　启

廿一年九月十三号

惇叙商业储蓄银行致中国征信所函(1932年9月17日)

迳启者，兹奉敝行历年营业报告十一份及章程壹份，至祈查照为荷。此致

中国征信所

惇叙商业储蓄银行　启

二十一年九月十七日

中国征信所复惇叙商业储蓄银行函稿(1932年9月17日)

惇叙商业储蓄银行

迳复者，接准本月十七日台函，并附第一届至第十一届营业报告书暨章程各一份，均经祗悉。除存卷参考外，相应备函申谢。敬希察照为荷。此致

江苏上海第二特区地方法院函请中国征信所调查赣丰商行案(1933年4月8日)

江苏上海第二特区地方法院公函　字第一七四九号

迳启者,查本院受理天福公司与赣丰商行为欠租涉讼一案,业经判决确定执行在案。兹因邓蕴山坚持非赣丰商行之股东或经理,惟仅受该商行经理邓焕章之委任,曾代理该案诉讼而已。但据天福公司则称该商行邓焕章名下之股份,已归并于邓蕴山所有,继续主持该商行者,亦为邓蕴山云云。两造各执,究竟该邓蕴山是否为商行之股东或经理,非切实查明,难以确认。查贵所为商业调查机关,对于该赣丰商行邓蕴山是否股东或经理,自能洞悉。相应函请贵所查照,即希据实见复,以凭核办。至轫公谊。此致

中国征信所

院长　应时

中华民国二十二年四月八日

中国征信所致江苏上海第二特区地方法院函(1933年4月10日)

迳复者,接准贵院第一七四九号公函,承嘱调查邓蕴山与赣丰商行之关系等因。当经派员调查去后,据复称闻该商行主办者为江西抚州人邓焕章,但已于民国十九年至福建经商,继续主持者为邓君族侄邓蕴山。闻该商行资本为国币五千元,除邓君占三分之二分,其余大都为驻在该行之庄客所分认。据传说邓焕章名下之股份暗中已归并与邓蕴山,旋以营业清淡,积欠房金,以致与房主天福公司涉讼法院。邓蕴山遂于廿二年一月间,租定法租界郑家木桥宏余坊二号房屋另立赣东商行,由季某出面。据邓蕴山对外宣称,赣丰商行完全为邓焕章经理,彼代理该行以来,赔垫数千元,尚无着落。又据另一消息,赣丰商行初亦对股东甚多,但不久因彼此发生意见,有一部分股东,将股份拆出,另设赣沪商行,另有一部分股东则设立预丰商行,于是赣丰商行股份邓氏娣侄遂占最多数。邓焕章至福建后,其股份大约已归并与其侄邓蕴山,至其他股东多系零星小户,早已卸除责任。传闻如是,究竟内容如何,尚难证实等情。据此,查敝所承办商事调查,仅据采访所得,制成报告,借供委托者之参考。至所报告者是否完全实在,则不能负责确定。准函前由,爰将该案所得消息据实声叙,聊供贵院审判是案者预之参考,务请代守秘密。相应检同敝所简章一份专函奉复,敬希察照为荷。此上

江苏上海第二特区地方法院

律师郦鳌奎致中国征信所函(1933年6月27日)

迳启者,顷据邓蕴山君来所声称,查鄙人曾充赣丰商行伙友,并非经理,亦非股东。盖该行经理系邓焕章有案可稽。不意天福公司误认鄙人为该行股东遽以莫须有之词,妄行罗织。嗣法院向中国征信所调查,该所未查确证,竟贸然复函,指鄙人为该行股东,空中楼阁,深为骇异。应请代为函达中国征信所,尅日提出确证,否则应声明得之传闻,盖此事关系鄙人利害甚大,断不能仅凭空言,遽令鄙人受无辜之累也等语。相应函达,即希示复为荷。此致

中国征信所

律师郦鳌奎

中华民国弍拾弍年陆月念柒日

中国征信所复郦鳌奎律师函稿(1933年6月28日)

上海白克路四七六号郦鳌奎律师

为函复邓蕴山与赣丰商行之关系不能负责确定由

迳复者，接准本月二十七日台函，略开：据邓蕴山君声称虽充赣丰伙友，并非经理，亦非股东，盖该行经理系邓焕章有案可稽，不意天福公司误认鄙人为该行股东，嗣法院向中国征信所调查，该所复函指鄙人为该行股东，应请代为函达中国征信所剋日提出确证，否则应声明得之传闻。嘱为示复等由。查此案敝所前准江苏上海第二特区地方法院函请调查邓蕴山与赣丰商行之关系前来，除将传闻所得消息据实函复外，并以敝所承办商业调查，仅据采访所得制成报告，借供委托者之参考。至所报告者是否完全实在，则不能负责确定。兹将关于该案所得消息据实声叙，聊供贵院审判是案者私人之参考，务请代守秘密等语函复在案。又查敝所营业章程第七及第八两条，对于编发报告书不负责任，及不能对外公开，已有明文规定，是该院似不能作为证据遽加判断。准函前由，相应检同章程一册，专函奉复。请烦察照转知为荷。此致

中华民国廿二年六月廿八日

江苏高等法院第三分院书记室公函(字第527号)(1934年5月7日)

本院受理邓蕴山与天福公司因欠租涉讼事件，据天福公司代理人陈称，贵所曾于二十二年三月十四日，代舒荣章调查赣丰商行之报告书中载："赣丰商行主办者为邓焕章，嗣至福建经商，继续主持者，为邓君族侄邓蕴山，邓焕章名下股份，暗中归并于邓蕴山，因欠房租，乃租定宏余坊二号房屋，另立赣东商行"等情。查是项记载，有无相当根据，相应函请函复过院，以资参考为荷。

中华民国廿三年五月七日

中国征信所复江苏高等法院沪第三分院函(1934年5月11日)

(并不得宣泄于第三者)

敬启者，奉钧院书记室第五二七号公函，嘱将敝所去年三月十四日所发赣丰商行报告书内所载"赣丰商行主办者为邓焕章，嗣至福建经商，继续主持者为邓君邓族侄邓蕴山，邓焕章名下股份暗中归并于邓蕴山，因欠房租，乃租定宏余坊二号之房屋另立赣东商行"等情，有无相当根据函复等因。按敝所调查报告书原以供给商业上之参考为原则，不能作法律上之证据，或其他用途。资料之来源，多由辗转采访而得，力求详确。但其应用仍须由接受报告书者，自加判断，本所不负任何责任。凡此均详载于本所章程，且按之各国征信事业惯例，亦无不合。至由何人供给消息，则以碍于业务道德，殊有未便奉告之苦。尚乞鉴谅。此上

江苏高等法院第三分院

廿三年五月十一日

三、中国征信所调查报告

(一) 中国征信所信用调查报告书(第1～45号)

中国征信所报告书　第1号(1932年6月11日)

中国征信所报告书　第壹号

新开幕之生昶庄

地址：天津路长鑫里

设立年月：民国二十一年六月五日上市

资本：二十万两

股东：邱彭年　六股　颜料商丘渭卿之子

　　　蔡宗敬　贰股　福新申新茂新公司总经理

　　　程篮六　壹股　苏州恒宇银楼股东

　　　黄静泉　壹股　元和糖行

督理：邱彭年

经理：王卓瀛

协理：王调甫　薛金权

电话：九四七八〇

该庄在去年七八月间筹备，未开幕之先已经交易放出有二十余万两，一时不易收进。本年六月五日正式开幕(此庄开业因在本所开幕前，故此补行报告)

中华民国廿壹年六月拾壹日

注[①]：一、会员委托本所调查事件，须填具本所印就之委查书方可照办。如遇紧急事件不及填写委查书，得用电报、电话或口头委托本所调查，惟随后仍须补填委查书提交本所。

二、会员不得代表第三者或将名号借与第三者委托本所调查事件。

三、会员对于应纳各种费用应准期缴楚，不得拖欠，如将来中途出会时，所有已缴或预缴之会费，不得请求退还。

四、会员如因违背本所章程、泄露秘密或因他种疏漏或误差，以致本所受损害者，应负责赔偿。

---

① 此系中国征信所调查报告书印就的格式说明。下同，不录。

中国征信所报告书　第2号(1932年6月7日)

中国征信所报告书　第贰号

昇昌总号及征昌铁行搁浅

(密)七浦路昇昌总号及苏州路征昌铁行,因受该股东周肇甫弟兄所设之无锡鼎昌与裕昌丝厂影响,因而周转不灵,以致搁浅。征昌该庄款有三十四万余,昇昌有十七万余。征昌有存货约十五万,账款二十万;昇昌将七浦路号基作抵(即周氏住址),闻无锡尚该庄款六十万云。

中华民国廿壹年六月七日

中国征信所报告书　第3号(1932年6月7日)

中国征信所报告书　第叁号

纸业近况

一

顷悉有严二陵(向业中医)与人合股开设洋纸门市店之说,其间拉拢者,乃系元记纸号股东,经理为王国桢,资本约在一万二三千两云。

二

芜湖客商胡仲记申庄,今年起做洋纸生意,代芜湖客商在上海购办洋纸。不料上月间倒闭亏空。洋纸同业久记、元记、裕升昌、兴记等货款共一万三四千两。上海纸商债权方面,急派人往芜湖料理。昨日洋纸公会接得芜湖来信,芜湖纸商均已将货款付清,惟有值一千余元货款,未被胡仲生取去。此外,则江西南昌或尚有未付货款。据纸商云,将来债权方面至多收回半数而已。

三

王子文、潘正义二人合股开设志记洋纸号,店址在天津路南香粉弄,传说资本一千元。其实只有六百元,营业范围不大,似属掮客性质。

中华民国廿壹年六月七日

中国征信所报告书　第4号(1932年6月7日)

中国征信所报告书　第肆号

呢绒市况

近来呢绒市况殊为清淡,价格日见低落。最近所售货价,较未加关税以前更廉,其最大原因,在市面不佳,销路滞钝所致。市上夏货均已经陆续到齐,惟府绸因来货拥挤,市价大跌,照原价几跌去三分之一云。

在最近期间内，市上最缺之货，为毕叽与大衣呢二种。毕叽因以前定货过多，呢绒商会大受损失，故不敢再定，以致有缺货之虞。大衣呢市上存底极少，据云今年下半年毕叽、大衣呢之价格或将增长云。

中华民国廿壹年六月七日

中国征信所报告书　第5号(1932年6月11日)

中国征信所报告书　第五号

林协记纸号

林协记纸号，在民国路，系合伙组织，资本先仅四百元，专营洋纸业务。

股东：林修良、朱世德、林翼珍

经理：由股东林修良君兼任。林君，宁波人，年岁已逾五十，曾就业于陈永兴纸号。颇勤俭，出入不乘街车。现在世界书局交通印刷所及天章纸厂均有股份，且兼做地产，与毛慎鸣君在海洲合购大宗地产，买价购产〔款〕仅十万两。当下地价已涨至一百三四十万两。近有人与林、毛二君议价收买，不知能否成就。又悉：林君曾与毛君及胡建梅君合股为茂孚洋行买办而推胡建梅君出面，负责一切。兹闻林、毛二君已经退出，归胡建梅君一人担任。又林毛二君已结秦晋之好，林君之女公子嫁与毛君之公子，已于上月间结婚。综计林君财产当在五十万两以上。

简史：该号最初开办之时，资本仅四百元(一说二千元)，旋即以营业不振而告失败。嗣后，各股东再接再厉、重整旗鼓，募集资本继续进行。欧战之前，市上适有大批有光纸存货，被林君以低价购进。讵料欧战爆发，交通阻梗、运输断绝，上海存纸大告缺乏，货价暴腾。该号因此获利甚巨，以后亦历年获利。据该业中人云，该号起先资本极少，迨至最近至少有十余万至二十万两之公积金云。近二三年来，日货大量输入，西货销场竟被夺去，以致西货市面不振，兼之先令涨落不定，更予进口商以不利。十九年度，营业成绩似欠良好。幸该号于洋纸以外兼营公积。据云尚能稍有盈余，未始非桑榆之补也。二十年度，营业亦殊平平，实因洋纸营业虽大体上成绩尚佳，惟对于定货结价不甚得宜，大都在一先令三四便士左右结定故也。

商品来源：大都经由茂孚、德记、宝华、泰来、泰和、顺亨等洋行代定。

商品销地：本街同业及印刷所外，其他如云南、四川、福建、汕头等均处向批货。

全年营业额：约在七八十万两至八九十万两

往来行庄：银行如上海银行小东门分行，以前亦有往来钱庄如致祥庄等。

信用：平

地位：上等

附录：又悉该号在前年因做公积而获利，故去年仍续做。适值公积暴跌，该号不免稍受影响，损失不小，故其内容是否殷实，尚待续探云。

中华民国廿壹年六月拾壹日

中国征信所报告书　第 6 号(1932 年 6 月 11 日)

中国征信所报告书　第陆号

永豫纱厂决定出盘

六月十日下午,永豫和记纱厂股份有限公司开股东大会,董事长徐圣禅主席,报告副总经理顾子言及常务董事刘曼若违法经营美棉投机,私用公款及擅发溢额股票,致公司损失达三十万两以上。因之金融界纷纷停止通融,且通令归还欠款。目下维持经营,甚属不易。嗣由总经理吕戴之陈述目下负债过重,支付利息,月需万两,以致成本增昂,即能勉强支持,前途亦甚黯淡。当经决议,由董事会负责将厂产出售,同时并指定徐圣禅、吕戴之及吴起涛三董事专任接洽出售事宜云。

中华民国廿壹年六月拾壹日

中国征信所报告书　第 7 号(1932 年 6 月 11 日)

中国征信所报告书　第柒号

元康纸号

元康纸号在山东路源泰里,设立已经四年,资本五千元,系合伙组织,专营粗细洋纸等业务。

股东:李鸿基,在南市开设同昌余棉布号,在市内亦有不动产,全部财产约值五万至十万元。

朱浩然,镇江人,在镇江开设盐号,亦有财产若干。

陆钟仪,见下。

蔡文清,前在久记纸号服务,因与王赍实君发生意见,乃与陆钟仪君集股开设元康纸号。由陆君介绍李鸿基,蔡君介绍李浩然共同入股。

经理:即股东陆钟仪君兼任。陆君上海人,年在二十以上,少年老成而又节俭,除嗜酒外,并无其他恶习。在引翔港公安局分所对门有祖遗房地产,向业洋纸,曾在庆成纸号习业,后升跑街。该号关歇后,改任久记纸号跑街,在元大纸号亦有股份。去年起,在顺亨洋行为式老夫。

简史:该号开设至今虽仅四年,而历年均能获利。良以营业方法,尚称稳健。近二年来注重经营日货,与日商大同洋行颇多往来,辽变以后乃改定西洋货。民国十九年以贩卖日货,因此获利一万余两。二十年上半年,三四月间,纸市大见起色,货价飞涨。该号因隔年所进廉价货物不少,故获利颇多。下半年抵货潮起,经理陆钟仪君向顺亨洋行定购报纸约有二百件,每令定价三两余。到货时,适值上海纸业缺少西洋货,价格上腾至每令六两,迨定货售罄,获利已达数千两。该号所定西洋货,其先令结价,又均在一先令八九便士左右,于汇价上亦沾利不少。民国二十年度,营业亦称顺利,比较上年大有进步,所获利益,屡有增加。商品来源:向洋行定货,顺亨、维昌、泰和、裕丰、海洲、汉记、泰来、德记、美最时及大同等洋行均有往来。

商品销地：厦门、汕头、温州、徐州、开封、芜湖、长沙、杭州、苏州等埠。

全年营业额：去年约八九十万两。

营业状况：去年获利约两万两。

往来行庄：钱庄如鼎康、顺康、春元、生大等。

信用：颇好。

地位：上中。

中华民国廿壹年六月拾叁日

中国征信所报告书　第 8 号(1932 年 6 月 13 日)

中国征信所报告书　第捌号

大康行

地址：四川路五十三号

设立年月：民国十九年下半年

资本：二万两(未收足)

组织：合伙

股东：严益卿、顾季高、汪雨荪、吴倬云

经理：严益卿，宁波人，年三十左右。其父严兆基，向在安利洋行为式老夫，又开设泰兴洋杂货号，在河南路华康呢绒号亦有股份。以前尚有与人合股开设之商店，近年因时局不靖，已陆续拆出。弟兄三人，为严益勤、严益丰、严益卿。益勤在安利洋行服务，益丰在华康呢绒号服务，近二年来已经分产。严兆基大约有十余万至二十万财产，又有地皮、房屋等不动产。

营业种类：进口

该行专做进口生意，现在以呢绒、棉布为主要货品。以前尚兼做杂货、人造丝、毛冷等一切货物，改组以后，不复再做。

货品来源：该行直接向外国订货，其中以英、德等国为最多。

货品销地：该行营业大概代客订货而取手续费，自己不做现货，并无货物存贮。该行所有主顾，如河南路一带做门市之呢绒店，其中以华康为大主顾。此外，如小东门信大祥、协大祥等门市店。所有主顾均颇殷实，惟有陶朱里(九江路)宝华祥呢绒棉布号定有府绸多件，不料因时局不靖，又受松江银行关闭影响(松江银行经理为该号大股东)，不得已经理沈志超于上月底逃逸。客家向该行所定货色亦未照出，该行因此亏损二千余两。

营业情形：该行前年开幕，但至十月方做生意。去年时局不靖、市面沉寂，故生意亦殊清淡，只有十余万两而已。

营业状况：前年开办第一年，但其营业状况亦殊平平而过，少有余利。

去年状况仍属平平，但该行开支尚省，每月仅需五百两左右。故去年营业虽小，结果仍有薄利，但亦二三千而已。自一二八事变起后，所有客家定货均未照出，甚至税饷亦未缴付，因此使该行十分困难。近数月内，将一切开支收缩，雇员薪金亦照原额减半发给。

历史：该行开办至今，约有五六年，其时系严益卿与朱克家二人合股，资本亦系二万两，各人认缴半数。但开办以后，朱君用空该行银款，故朱君名下股本名为有份实则已无矣。嗣后因先令升落无定，客家定货又不照出，该行乃大受损失，约在十万两以上。在十九年上半年宣告清理时，朱君无力担负损失，不得已统归严君负担。至十九年下半年，另行改组。除严君为大股东外，其余股东亦均在该行服务。

股东身家：顾季高：在福建路元利生布号为股东，有财产约五万两左右。

汪雨孙〔荪〕：其父曾在兵工厂服务。现在福建路天福绸缎号附有股份，有财产共十余万两，但为弟兄所共有。

吴倬云：前在隆泰钱庄为跑街，其叔父亦未隆泰庄股东。前有财产约一、二万两，但频年浪用，恐现已不多。

该行经济目下颇感困难，如与交易似宜郑重。

来往行庄：大英银行、有利银行、上海银行等。钱庄仅隆泰庄一家。

信用：普通

地位：中下

中华民国廿壹年六月拾叁日

中国征信所报告书　第9号(1932年6月14日)

中国征信所报告书　第玖号

上海玻璃业之现状

在上海之玻璃厂，以前大小共有四十余家，惟日商宝山玻璃厂，营业最为发达。自去年九一八后，华商一致不用该厂货品，以致无形停顿。迨一二八沪变起后，因所有玻璃工厂大概在闸北战线以内，被日本飞机掷弹炸毁者甚多，因此上海各工厂（如化妆品、药房、调味粉及其他工厂等）乃有玻璃瓶荒之虞。现悉在公共租界内之玻璃厂规模较大者凡三，兹撮要分述如下：

（一）晶明玻璃厂

厂址在胶州路，开设已有一年以上，即中国化学工业社所分设，资本并无定额。厂内有炉子二座，工人二百余名。

（二）益利玻璃厂

厂址在华德路，开设已有二年左右，系益利汽水公司许建佐君所创办。内有炉子三四座，工人约三百余名。

（三）中汉玻璃厂

方于今年创办，厂址在塘山路有恒路之间，即系厂主郑忠汉君住宅邻近，占地四亩半。初办时仅有炉子一座，将来拟再扩充至四五座。资本暂定五万元。其出品拟先造粗货云。

其他玻璃厂在沪变中被毁者亦正预备恢复，惜限于经济，恐非短时间内所能恢复原状。

闻上述各华商玻璃厂近正积极改良出品、推广销路以兴日商相竞争，故日商在沪之玻璃业或将因此受一打击云。

中华民国廿壹年六月拾四日

中国征信所报告书　第10号(1932年6月14日)

中国征信所报告书　第拾号

久记纸号　二一、六、一四

地址：在法租界紫来街慎兴里，系合伙组织，于民国十一年设立，资本一千元。主要营业为洋纸。

股东：胥汉臣，胥君之父春喻先生向业洋货，开设恒兴杂货号。汉臣君曾在老晋隆洋行为职员，现兼任孔士洋行西药部主任。闻胥君以前曾与友人合股开设南昌报关行，业已收歇。现在南市元成庄等均系股东。在南市药局弄有自建住宅，闻其造价为一万数千元。估其财产当在十万元以上。

王赉宝：见下。

经理：王赉宝，年逾四十，无锡人，向业洋纸。在华伦纸号为跑街时，得与胥汉臣相识，乃由胥君资助开设该号。闻王君有昆仲四人，国桢、田宝及才宝等三人，均业洋纸，其余一人则做车夫。昆仲间尚未分产。王君除久记纸号外，并开设元记纸号及竟成纸号，在元成钱庄内亦间有股份，但附在胥汉臣名下。核估王君财产当在二万两以上云。

营业状况：该号初设之时，资本只一千元，胥、王两人各占半数，但当时王君并无资财，所有该项股本亦系胥君代垫。开业以来，至今已有十一年，营业成绩，颇形良好。除有二年稍受损失外，其余均有盈余。前次抵制日货，市上盛传该号将日货混杂在西洋货内运销厦门、汕头等埠。幸未发觉，因此大获其利。近年来，该号贩卖日货依然颇多。前年获利约有一、二万两，上年(二十年)上半年亦有盈余。自下半年抵货潮兴，乃改定西洋货。一方于定货上因先令结价颇迟，一方又值货价上涨，故颇能获利。综计全年营业额当在八十万两以上。上年盈余约三万四五千两，除开支外，纯益月二万余两。

往来钱庄：如元成、同安、永孚、慎康、滋丰等庄均有往来。经向同安庄调查，据云与该号尚系去年起始有往来，平时按月存多欠少，惟所存之数亦不甚巨。而收付频繁，经济状况，似颇活泼。该号向该庄透支额，以二三千两为限云。

地位：乙等。

中国征信所报告书第11号(1932年6月11日)

中国征信所报告书　第拾壹号

杂粮业最近市况　中华民国二十一年六月十五日

杂粮一业，在沪市昔称首屈一指。而在南市豆市街一带，尤为号家最多之区。近年以来，洋米洋麦销行，各号交易愈巨，而危险愈多。兹就最近市况及是业中盈虚情形略为报告。

米市：米价最近所以日呆，原因在洋米存额甚多。统计全市所存洋米有一百五十万，七月份尚有续到西贡小绞四五十万。转瞬大熟，长江边籼即须上市。此项籼米一到，米市之下落自在意中。

麦市：沪市麦价几全随洋麦为转移，华麦反居附庸之列。最近内地新麦上市，各厂销胃极呆，货品低者在三两以内，几致无人过问。普通价格大抵在三两一钱之谱。此后各处续到新货正多，价格恐须看软，但底盘已低，较之米价相差尚远，故据一般人观察，此后麦价之跌势似属甚轻。

各号现况：杂粮业中，营业获利者故属不少，但亏耗者亦多。其原因不外三种：（一）在交易所中失败；（二）遭受倒账；（三）受时局影响。兹述如下：

源兴：经理顾缉臣，资本二万两。闻营业所耗共有四万两，已于夏历端节前停顿。

德泰兴：经理傅昌裕，资本二万五千两，连年盈利已达十万两。去年经营小麦，及为汉口股东杨某（闻只一股）所累，倒股八万两。最近又为永源倒账六万两，受亏过巨，不易支持。闻傅经理尚在汉口索账，患病甚剧。各股东为维持营业计，有垫款十万两，另换经理（前协理宋审珊有为经理之说），重振旗鼓之意。

长义：经理为陈子异，因营业失败及遭受倒账，共计在二十万两左右，几至不支。幸在浦东有栈房二处，价值尚巨，或不致一无抵当云。

因此种种，在该业稳健者之观察，目下只有脚踏实地、步步为营、不贪做生意、不经营危险事业，宁使坐吃无事，不肯冒险尝试。此亦最近该业所得之大教训也。

中国征信所报告书　第12号(1932年6月15日)

中国征信所报告书　第拾贰号

地产市况　　中华民国二十一年六月十五日

一二八沪变发生后，上海地产市场十分沉寂。但在近来，已稍活动，而以西区交易较多。兹将在该区近日所成就之地产交易，探录如下：

（一）有洪某者在大西路买进空地二亩七分，共计银二万两，其价似比前稍跌。

（二）法租界巡捕房督察长沈德福，在大西路附近，买进空地五亩，每亩价七千两。

（三）有一西人，在忆定盘路买进地皮七亩半（上有房屋），每亩价一万四千两，据云该价较以前略涨。

（四）王皋孙，为上海著名之建筑家，新近在惇信路买进地产十余亩，每亩价格，自七千两至八千两云。

中国征信所报告书　第13号(1932年6月16日)

中国征信所报告书　字第拾叁号

棉布市况　呢绒商　　二十一年六月十六日

沈案发生以后，国人抵制日货甚烈，因此日货几将绝迹。吾国棉布商乃纷纷定购西洋货，英国棉布乘机输入甚多,为数年来少有之机会云。

自停战协定签字以来,日货暗中渐形活动,尤以棉布输入为最多。所有输入日本棉布,大批改换商标,冒充西洋货。棉布商因能鉴别其真伪,然售价较西洋货为廉,易于获利,故易乐于贩卖也。

棉布近来市面殊不见佳,各埠销路呆滞,货价又复步跌,比较以前已跌落百分之三十。本街屯户,贪其价廉,稍有买进,以待日后涨价时卖出,然其数亦不甚多。

近来市上日货充斥,各种货物均有现货存贮栈内,且价格低廉,非西洋货所可与之竞争,故西洋货一时不能有与之盛之望。应向各进口商行探询。据云近来华商向欧美商行订货者,殊为寥寥。

呢绒因无日货竞争,其情况比棉布略佳,但因银根紧急,各地销路呆滞,以致市面亦无起色。所有货价,比较以前亦已跌去百分之二十云。

中国征信所报告书　第14号(1932年6月17日)

中国征信所报告书　第拾肆号

纸业消息　　二一年六月十七日

(一)永泰纸号

该号设在河南路天后宫桥左近,不日即将开幕。据云系陈林才与秦君合股开设,专营门市生意,资本传有五万元,恐非确实。

按陈林才,即以前永源泰纸号店主,专做细货生意。近年因店内缺乏干练人才,故历年积亏三五千两,不得已乃于今年收歇。但陈君在天津尚设有南货店,上海有数家印刷所,亦附有股份。闻陈君经营他项事业,均能获利,即其财产亦有四五万两以上云。秦君前在乍浦路公裕纸号为店员。

(二)协和纸号

该号设在新开河蓬布街润德里,行将于日内开幕,据说其资本为五千两,恐亦不确。该号股东,传说有兴化帮同和申庄客人刘秋亭在内,刘君垫银一千两。不知此项垫款是否即用以充作股东。

又悉江北帮大生福申庄亦有关系,但经向该业调查后,据云并无其事,股东兼经理胡耀庭,前在胜大纸号为店员,财力平常,信用亦仅普通。

闻行将开幕之纸号,除上述永泰、协和二家之外,尚有二三家,容查明后再行报告。

中国征信所报告书　第15号(1932年6月11日)

中国征信所报告书　第拾伍号

毛冷

毛冷一业近年来因金贵银贱,来本过大,以致销路锐减,去年各洋行所做定货较往年仅有半数。兹将各行所承接定货之约数，开列如下：

德记洋行　约五千件

礼和洋行　约三千件

禅臣洋行　约三千件

怡德洋行　约一千五百件

顺全隆洋行　约六百件

鲁麟洋行　约六百件

美最时洋行　约三百件至四百件

蜜蜂厂归中和洋行、怡和洋行、锦隆洋行等三家，共计约有三千余件。据云现在已经到埠者，连前年定货，已有一万二千件，尚未到埠者，约有二千件左右，大概在今年七八月间可以到齐云。

往年在此时期，双股线单股线已经发动，但今年因去年内地年成不佳，长江一带又遭水灾，缺少购买力。而上海各商行银根甚紧，钱庄又不肯放款，故市面十分清淡，即货价亦不能议定云。

查日商吉田洋行往年亦做毛冷生意，去年因抵制日货，华商均未与该行交易云。

中国征信所报告书　第16号(1932年6月18日)

中国征信所报告书　字第拾陆号

元大洋纸号　　二十一年六月十八日

地址：在河南路金隆街民国二十年设立资本三十两合伙组织

股东：王胜之　前大同洋行式老夫，当元康纸号(已见本所第七号报告)创办之初，王君欲加入股份，旋因股额已满，未得如愿。迨元康开业之后，历年获利，王君颇形懊丧。故上年王君又有创设新店之意，后与陆钟仪君相商，陆君允与合作，议定股本三千两，分为十股，由王君认四份，陆君与蔡文清各认二股(计一千二百两)，余归瞿松涛君认缴，但瞿君并无余资，系由王陆二人垫借。

瞿松涛　见下

陆钟仪　已见第七号报告

蔡文清　同上

经理：瞿松涛　吴县人，年逾三十，向做中国纸生意初为苏州同成昌申庄店员，后在新北门徐顺兴账簿号为店员，前年在方浜路慰和坊开设九大纸号。

营业种类：洋纸

商品来源：向顺亨、茂孚、信义及泰和等洋行定货。

商品销路：本埠注重用户及工厂、外埠如四川及苏州等处。

营业情形：该号开办之始原拟贩卖日货，因王君在日商大同洋行为式老夫，消息较灵，而进价亦可稍廉，讵意抵货潮兴，不能如愿，乃改向各洋行定购西洋货。闻顺亨洋行第一次所到报纸五百件，该号亦有二百件左右，到货之时适值市上缺少西洋货，价遂暴腾，该号乘机脱售获利颇巨。

盈亏状况：上年为该号开业之第一年，营业成绩颇佳，据云毛利可有八九千两。但因第一年开办，除去开办费装修费等净余仅四五千两。上年废历年底，适值沪变突起，以致未能结账，客欠亦有未曾收得者，故股东红利尚未分派。

往来钱庄：元成庄约有二千两左右，元盛庄三千两，鼎康庄三千两，致祥庄二三千两，竟成庄二千两。

按语：信用尚好，地位中等。

中国征信所报告书　第 17 号(1932 年 6 月 18 日)

中国征信所报告书　第拾柒号

中华商业公司　　六月十八日

地址：四川路四八号(以前在四川路六十六号去年迁至现址)

设立年月：民国十九年

资本：定额十万元实收三万元

股东：王阁臣　张之江　张蟾芬　徐维绘　沈锡三　李汝俭　李文翰　项绳武

组织：股份有限公司

董事：王阁臣，中国钢品公司股东兼经理

张蟾芬，商务印书馆收付签字处处长、浦东电气公司董事兼副经理

李汝俭，兆福公司股东兼经理

张之江，江苏绥靖督办

徐维绘，律师

经理：李文翰，宁波人，年逾四十。对于进口生意经验颇足，以前曾在和记洋行、福中公司、雅利央行等处为买办，颇有干才，人亦精明。

呢绒棉布部主任：谢振甫，宁波人，年五十左右，向业棉布，以前在华嘉洋行为匹头部主任，亦有数年之久，又与其友人合股在北香粉弄开设仁昶永记棉布号。经验亦富，才干颇好。

营业种类：进口。该公司专做进口生意，其经营之货物为杂货、洋纸、呢绒、棉布、文具、食物、工业原料等。最先仅做杂货、洋纸、食物等货品，呢绒棉布系在后来加入兼营者，今年起又添做工业原料。

商品来源：该公司一切货物均直接向欧美各国定购，兹分别录之如左：

呢绒棉布——英国

洋杂货——德国

洋纸——瑞典、挪威、德国、美国

文具——德国

食物——美国

工业原料——德国

商品销路：该公司营业完全系代客定货而取佣金，自己不备现货出售，惟对于所有主顾，选择颇严，故均系殷实商号。对于洋纸生意，粗细货均做，其主顾又注重工厂及印刷所，以前与商务印书馆亦有交易。

营业情形：该公司营业注重呢绒棉布洋纸及文具等货物，洋杂货因选择主顾颇严，故营业未能充分推广，食物则以新到货物，牌子未曾售出，故其生意亦殊微细，兹将去年所做各项货物之营业额，探录如左：

呢绒棉布——约二十万两

洋纸——约二十万两

洋杂货——约十万两

文具——约十万两

食物——三四万两

总计约六十万两

前年营业额约六七十万两，去年因上海市面不佳，先令涨落不定，不敢放胆多做，故去年营业额似较前年略少云。

营业状况：该公司开办未久，但因经理李文翰君经验充足，手腕敏捷，故其营业状况尚称良好，年年略可获利。兹将近二年来盈余，探录如左：

民国十九年一千余两

民国二十年约三千两

往来行庄：如中法、和丰、上海等银行均有往来，以前与大英银行亦有往来。

钱庄：股东之中，与信康庄有往来，该公司直接与钱庄往来。

备考：该公司与中华钢品公司有密切关系，因该公司之股东，多数即系中华钢品公司之股东，惟各自独立，毫不相混也。又悉该公司今年将有增加股本之说，增加若干，现尚未定。

该公司经济颇为宽舒，营业方针，亦颇稳健。开业以来，殊有进步。

按语：信用尚好，地位中等。

中国征信所报告书　第18号(1932年6月19日)

中国征信所报告书　第拾捌号

明德纱号　　　　中华民国二十一年六月十九日

地址：江西路永源里

设立：至今已八年

资本：四万两

股东：胡耀庭，美大洋行及广昌洋行买办

罗竹溪，前协隆洋行买办

郑培之，前鸿裕纱场大股东现已身故。

范华臣，兼该号经理

经理：范华臣，广东人。爱做投机，胆识颇大。

营业：各种棉纱及洋纱。

商品来源：上海各纱厂出品及英美等国定货。

营业状况：该号喜做投机事业，为数又巨，均在数十万两左右；现货交易不多，金融界见此情状，咸具戒心，不敢贸然放款，因是现下该号银根，甚为紧促。

按语：信用普通，地位中等。

中国征信所报告书　第19号(1932年6月20日)

中国征信所报告书　第拾玖号

纸市又一消息　　二十一年六月二十日

同昌纸号

该号方于今年端午节后开幕，其店址在爱多亚路(吉祥街西)培德里内，据云资本一万两。其股东为陈正有、陈子方两人。陈正有占十分之七，陈子方占十分之三。据同业云，董和甫亦有关系。因去年民众纸料公司关闭以后，于董君信用方面已受影响，故未便出面也。按陈正有君曾为民信银行经理，去年因做公债投资生意损失不少，财力方面未免空虚。陈子方，向做洋纸生意，三年前曾为建伦纸号经理，其实买卖玻璃纸最多，故同业称之为玻璃纸大王。建伦纸号失败倒闭以后，董和甫见其经验富足，乃聘其在民众纸料公司为跑街。陈君财产不多，惟其胆量颇大，又曾做投机生意，该号新开以后，陈君担任经理，同业见其以前做法似太危险，未能十分信任。

去年民众纸料公司倒闭以后，尚有多数压款未曾了理，现在该号新开以后，第一步先将民众纸料公司所押货物逐步出售。据陈子方向其同业云，该号于其售去押款货物，已获利五六千两，未免言过其实。

按语：据该业中人评判，该号经理陈子方君，胆力太大，有前事可证，如果轻举妄动，难免仍蹈前车之辙。姑记之，以观其后。

中国征信所报告书第20号(1932年6月20日)

中国征信所报告书　第贰拾号

章华毛绒纺织股份有限公司　　廿一年六月二十日

地址：制造厂浦东周家渡，发行所　上海四川路六号

设立年月：民国十八年十月

注册日期：民国十九年四月十日

资本：八十万元已收足

组织：股份有限公司

董事：刘鸿生　刘吉生　华泗泉　陈耕华　邓着先

总经理：刘鸿生君，定海人，年四十五。曾在圣约翰书院毕业后在开滦煤矿公司为职员，现为开滦售品处经理。刘君是现代大实业家，其所办事业颇多，兹特探录如下：

一、上海水泥公司

二、中华码头公司

三、大中华火柴公司

四、中国企业银行

五、鸿生火柴公司　裕生火柴公司（以上二家 ·再苏州一在九江，进来已并入大中华火柴公司内）

六、华丰搪瓷公司

七、中华煤球公司

八、元泰煤号

以上各公司均由刘君发起创办，且为大股东或兼任董事。此外如柳江煤矿公司、华东煤矿公司（前贾汪煤矿公司）、舟山轮船公司、舟山电灯公司，均附有股份。刘君非但为一大实业家，服务社会亦颇热心，而对于桑梓建设关心尤切，在其定海原籍，将前清参将衙署购买，设立定海中学。所有经常费，亦由刘君一人担任云。刘君所办事业甚多，其大概情形已如上述，仍不免挂一漏万耳。刘君今年又连任上海公共租界工部局华董，声誉甚佳，至于刘君资产究有若干，非外人所能明瞭。其不动产已购置不少，在四川路六号新建之大厦，值价最大，连地基房屋约值一百余万两。刘君原有住宅早经让渡，现正在极司非而路起购新厦。刘君才具颇佳，信用亦好。

经理：陈松源君，宁波人，年四十左右。向做棉布生意，现在天祥洋行为买办。又开设丰大洋布号，在棉布业中声誉颇好，又为上海市商会执行委员。据云陈君财产亦有三四十万两，信用颇好。以前该公司经理为李耘荪君于去年告退。

协理：王建训君，宁波人，年三十外。曾在美国留学，回国后在上海水泥公司为营业科副主任兼书记，去年调任该公司协理，才学均优，人亦诚实。信用亦尚好。

营业种类：各种毛纱及毛绒品。该公司出品如军衣呢、毛冷纱、毛毯等。凡系毛织品应有尽有，但以军衣呢占大多数云。

设备：该公司场内有纺机五座，织机五十座。所有机器大部分即系以前日晖港第一毛线厂旧货（原系官办纺织毛货，因营业不佳乃即停办，后来租与郭健侯开设第一毛线厂纺织毛线），该厂自经营未见起色，逐将基地及机器等一并出售与刘鸿生君。据云当时售价，仅有四十余万两，刘君后来售去，得价九十余万两，此系刘君个人之事，与该公司无涉也。因旧有机器不够应用，乃又向比国购买新机，闻此项新机耗资约二十余万两。

原料来源：该公司所用原料大概在中国各地收买，尤以潮州、山东、湖南等地较多。每月耗用羊毛约两千担。

出品：每日可出毛纱一千磅，呢绒约一千码左右。

员工：场内工人约有三百人，职员约有五十人。

货品销路：该公司所有出品，销售中国境内各地，上海又托河南路大纶呢绒号经售。

营业情形：该公司营业因受时局影响，未能十分发展。出品颇佳，惜国人知者尚少。销路方面未能充分推广，如去年(民国二十年)营业额仅七十万两。据云照该公司产力，每年营业额可扩充至二三百万两云。

盈亏状况：该公司去年营业状况似不见佳，年终决算营业并无余利。闻去年销路不旺，其已制就之存货甚多。

银行往来：该公司与交通银行往来最多。

意见：该公司现在营业似不十分发达，且又频年亏损，但其大股东财力充足，故经济方面甚觉宽舒，如时局平靖，将来营业定能起色。

信用：尚好。

备考：该公司筹备已久，起先取名裕华毛织厂，当注册时因国内已有同名之纺织厂，恐易混淆，乃遵令改称今名。

董事简史：刘鸿生，详前。

刘吉生，定海人，与刘鸿生先生系弟兄，在中华码头公司、上海水泥公司、中国企业银行、大中华火柴公司、华业公司搪瓷公司、中华煤球公司均系股东或兼董事，此外尚有事业不及备载。

陈耕莘：定海人，系陈箴堂之子，其父曾为公和祥码头买办，早已故世。陈君曾在壳件洋行为买办，又曾在中华码头公司为经理，在达丰染织厂、振泰纱厂、宝兴纱厂均系股东或兼董事。在劳合路又开设莘泰进出口行，在上海也有地产，共有财产约四五十万两。去年曾被绑匪绑去。

华润泉，南京人，现为上海水泥公司经理，又兼任中国企业银行及顾丽江办货处董事，此外尚有经办事业，资产在十万两以上。

邓着先：现任苏州高等工业学校校长。

中国征信所报告书　第21号(1932年6月21日)

中国征信所报告书　第贰拾壹号

通和织布厂　　二十一年六月二十一日

厂址在闸北海昌路，批发所在牯岭路三号。

设立已十五六年，开办时有股本国币五千元，现据颐泰庄云，该厂股本实有四万两，系合伙组织。

股东：施少初，兼营颜料业，在福泰、隆泰、晋泰等钱庄及联昌织布厂等，皆有股份。万洪钦，亦系颜料商。李志良，已故。

经理：管秉卿，浙江人，有财产二万两左右。

营业种类：各种布匹。

商品来源：所用粗细棉纱，前进日本货，现改用国货及英国货。

商品销售：国内各地均有。

营业情形：该厂现有俄造织机三百四五十架，职员二十余名。工人五百名左右，每日出货约一百五六十匹，全年营业额，约四十万两左右。又闻祥昌绸厂倒闭，亏欠通和厂有五万两之巨云。

盈亏状况：该厂上年上半年营业，尚称顺利，下半年自九一八后，因日纱停进，北路销货被阻，账款难收，故稍亏损。

该厂开始时规模极小，因逐年营业尚为平稳，均有盈余。故逐渐扩充。现下已有资产约十五六万两之谱。惟去年因施少初君受丝厂亏损，为数甚距，以致该厂亦被拖累云。

钱庄往来：如颐泰、汇泰、晋泰等庄，均有往来。据云所有透支，年终均已结清，现下并无钱庄欠款。

按语：信用普通，地位中等。

中国征信所报告书　第22号(1932年6月21日)

中国征信所报告书　第贰拾贰号

丰顺公报关行

地址：北行在法租界吉祥街德铭里一号，南行在豆市街业盛里五号。

设立：至今已二十余年。

资本：五千两。

股东：庄少卿，即南市聚泰豆麦行股东；高子嘉，南北慎大运输公司总经理。

经理：高子嘉

营业情形：北行报丝茧及杂货，南行报豆米杂粮等。

盈亏状况：该行创办之时，专报内河各地，营业甚旺，内容亦佳，惟南行稍形逊色，故由北行津贴。自内河厘卡裁撤后，该行颇受影响，只得改报长江各口及温台各处货运。近年时局不靖，加以长江帮报关行，竞争甚烈，故该行营业不免减色。去年九一八事变后，代垫客家水脚税款等，一时不能收回，至年终结账，仅够开支。幸南行营业尚属平稳，稍有盈余，已无须北行再行津贴矣。

按语：信用普通，地位中等。

中华民国廿一年六月廿一日

中国征信所报告书　第23号(1932年6月23日)

中国征信所报告书　第贰拾叁号

泰润兴、裕泰之股东问函　　二十一年六月廿三日

顷悉南市豆市街，泰润兴、裕泰二豆麦行股东汤椿年君(即德隆彰菸行股东)，因菸行收账，故该二豆之行股份，势必亦需拆出，但泰润兴、裕泰年来营业甚行发达，逐年均有巨额盈余，因此该行等其他股东得信后，争俗加股递补，而该行等经理亦欲分润，因此一时不能定夺。拟待

其确实补定，再行报告。

中国征信所报告书　第24号(1932年6月21日)

中国征信所报告书　第贰拾肆号

合中企业公司　United China Sepndicate Ltd.　　二一.六.二一

地址：博物院路三号

设立年月：民国二十年

资本：二十万元已经收足

组织：股份有限公司(二十年十二月改组)

董事：朱吟江　顾吉生　施博群　张颂周　陈筚琳

经理　朱文熊，嘉定人、年二十九岁，系朱吟江先生之子，曾往欧美各国游历，以前在怡和洋行木材部为职员，襄理乃父吟江先生富有财产，信用颇好，现因年老，将怡和洋行职务让与朱君管理云。

经营种类：进出口。该公司营业，进出口均做，大概现下以进口货较多云。进口货为机器、洋麦、五金、木材、染料、棉布等。其中以机器、洋麦为多，其次则为木材至五金、染料、棉布等。营业则正在试办耳。出口货为茶叶、生丝、纸烟。惟闻现下仅有茶叶正在试办。纸烟、生丝尚未开始营业。

商品来源：机器自瑞典国定来，洋麦向奥斯达利亚、加拿大定购，木材则自俄、奥二国定购，五金、染料向德国定购。

商品销路：该公司营业大概系代客定货而取佣金，如洋麦多数代福新、阜丰祥新等麦粉场定购。机器注重纺织方面，如申新等纱厂，亦有委托该公司定货。木材则久记木行、汇泰木行等，均有交易云。茶叶拟销往美国、英国，但现今尚未正式交易。

营业情形：该公司开办未久，去年新张，仅做半年生意。据云去年以洋麦生意为大宗，曾有三大轮船装来，每船装载洋麦约值五十万两，三船合计约在一百五十万两。此外，连机器、木材一共在内，共有二百万两左右云。

盈亏状况：该公司营业颇为发达，去年营业结果，仅有薄利而已。今年时局如能平靖，其营业当更有进步也。

往来银行：中国、通和、汇丰等银行，均有往来。

备考：据云该公司初创时，系试办性质，范围亦小。旋因朱吟江先生加入股本，被举为董事长，资本乃改为二十万元，如数收足云。先是该公司系合资组织，股东为朱文熊、吴达模、荣鸿三、荣伟仁、张禹九、祝仰辰诸君共有十人。至民国二十年十二月一日改为有限公司。据云张禹九、祝仰辰二君已经将股本拆出云。朱吟江先生系该公司大股东，此外如荣宗敬、吴达模等均有股份在内，故荣宗敬之侄荣耀馨与吴达模二君均在该公司机器部为职员云。该公司所用职员约二三十人，每月房租约一百七八十两。

意见：该公司财力充足。所有董事均系殷实商人，办事甚有毅力，营业前途定能发达。

附录：该公司董事名单

董事长：朱吟江，嘉定人。为久记木行、中国水泥公司、大通纱厂等股东。通和银行及上海华商电气公司董事，兼任怡和洋行木材部买办。以前曾为南市商会会长。

张颂周，嘉定人。其父经营杂粮事业。张君曾在南洋公学肄业，后在华比银行为学徒。数年后，在华俄道胜银行为跑楼，迨该行收歇后，又在上海商业储蓄银行为职员。但供职不久即入友华银行，约有二三年左右，该行旋亦停办，张君乃就大通银行之聘，担任买办，以迄于今。约三四年前，张君又兼任华大银行经理，张君对于银行事业，经验甚足，精明强干，颇有才具。在鸿升码头新新街有住宅一所，真茹暨南新村有二十亩之花园一所。

施博群，江苏人。清华学校出身，系美国留学生。返国后，曾在中南银行服务，现任四行储蓄会协理。

顾吉生，嘉定人。向业棉布，以前开设协兴棉布号，现已停办。曾为协隆洋行买办，现为茂隆洋行买办。

陈筚琳，青年行主人。又为仁亨钱庄股东，股份计一股半，现兼任国民政府建设委员会购料委员会主任。

中国征信所报告　第25号(1932年6月23日)

中国征信所报告书　第贰拾伍号

余洪记营造厂　　二十一年六月廿三日

地址：广东路三号

设立年月：至今已有在三四十年，惟在近年来进行改组

组织：合伙

股东：余松奎，弟兄三四人，松奎居长，仍继续经营营造事业。其第二弟闻在银行中服务，第三弟年幼在某营造厂学业。其住宅在山海关路，新闸路附近及大通路，仍有地产，系其祖上所遗下云。

张继光，宁波人，向做营造生意，在宁波帮建筑业中，素有声望，亦有巨额资产，但在该号内并不出面云。

唐君，未详。

孙德水，见下。

经理：孙德水，绍兴人，年在四十左右，向做营造生意，系该厂学徒出身，后担任职员，人极诚实，对其厂主，尤其忠心，即其经验，亦颇充足。有财产，在戈登路等处，尚有地皮，惟其财产究有若干，外人不甚明瞭。据其业中人云，孙君财产当在五万至十二万左右，孙君信用颇佳。

营业种类：营造业

营业情形：该厂开设至今，约有三四十年，据云尚系现在股东余松奎之祖父所创设，死后传与其子余积臣经营，其时营业逐渐发达，获利甚巨，在最旺之时，积蓄曾达三四十万两之谱。于是余君又兼营他业，如在木行钱庄等，均附入股份。讵为人忠厚，故易受人欺，旋即被累，损

失数十万两，即其附设之钱庄，亦失败收歇，幸其资产，足以抵偿债务，然其一生心血所换来之金钱，几将尽付东流，因是余君不免郁闷不乐，积久成疾，于二三年前逝世。

余积臣君故世后，其家道已渐式微，经理孙德水君，眷念旧主，不忍将其主人历尽艰苦所创办之事业，中途而废，乃由孙君招股改组，孙君亦附入股份，继续担任经理职务。

该〔厂〕以前承造之房屋颇多，难以计算，惟其较大之工程，如北四川路之邮政局、南京之金陵大学，及修建花旗银行等，均甚著名者也。

该厂营业方针，颇为稳健，选择主顾，亦颇郑重，除所有老主顾外，对于新主顾，非确有把握可以获利者，不肯轻易承接也。故近数年来故其营业颇小，并不甚大，去年承造狄思威路公共租界工部局所规划之宰牲场，工程颇大，建筑费亦有七八十万两，自去年开工以来，至今尚未竣事，闻该厂与工部局尚系第一次交易，乃由股东唐君介绍也。

所用原料如钢条等有向洋行订货，如泰广行、马尔康洋行，均有交易，水泥则向工部局购买，木料大概向汇泰木行、协生木行等购办，已交往甚久矣。

往来行庄：该厂往来银行，以四明银行往来最多，据云，汇丰银行，亦有交易。至于往来钱庄，如永丰、信裕等庄，共有十余家云。

意见：该号已经改组，现下余氏财力不及往年，但股东兼经理孙德水君，才具甚好，人又诚实谨慎，据同业评判，有孙君经理业务，颇有希望。

中国征信所报告书　第26号(1932年6月24日)

中国征信所报告书　第贰拾陆号

戴福兴铁厂　　二十一年六月廿四日

地址：北西藏路124号。

设立年月：至今约二十年。

资本：不详。该厂系个人所设立。起先仅有资本数百元，现在范围扩大，营业亦发达，闻资本可以随时增减，故无定额。

组织：独资。店主兼经理。戴杏生君，又名羲芹。该业中均称之为戴老二，无锡人，年五十一二岁，向做铁匠店主生意，其本人亦系铁匠出身，为人诚恳，又善积聚。因之现已少有财产。据云，其资产约在四五万两左右，在无锡原籍，近年亦置有地产。经向铁行探访，据云戴君对于银钱出入，信用颇好，人亦干练云。

营业种类：铁工厂。该厂出品，以铁门、铁窗等物为多数。

商品来源：该厂所用原料、如：钢、铁等系向铁行买来，北苏州路一带，与之往来者有十余家之多，如顺康、怡大、征昌、恒康及新顺泰等、均有交易。

商品销路：该厂出品为铁门铁窗等、系代各营造厂制造，其往来之营造厂，均颇有信用者，如新金记、久记、公记、张协成等营造厂，其中以久记、新金记二家营造厂之交易为数最大云。

营业情形：该厂营业，近年来殊为发达，全年营业额，约有若干，虽难探知，但就行业意见，大约至少达十万两以上。

盈亏状况：该工厂开始之时：范围不大，仅如普通之铁店，近年来代营造厂制造铁门铁窗之后，其营业乃日渐发达，且该厂所有主顾、均系信用昭著之大营造厂，不致有蒙受倒账之忧，故在近年来，每平均可获利云。

往来钱庄：该厂以前并无钱庄往来，现在闻与汇昶庄有往来云，此外尚有数家钱庄，暂难探悉。

参考：该厂由小而大，现在营业，日见发达，且年年获利。据与该厂往来之铁行云，该厂在其同业之中，亦列于上等地位，及其付账情形，均无延误失信等情。据怡大铁行云，与该厂每节常有四五千至六七千账面往来。又顺康铁行云，与该厂确有往来，惟不肯说明往来数目。闻该厂与新顺泰五金号，往来较大。又悉久记营造厂与该厂确有往来，去年委托该厂包做铁门等工程，共有一万余两，据云该厂店主信用颇好。

中国征信所报告书　第27号(1932年6月24日)

中国征信所报告书　第贰拾柒号

万源祥棉布呢绒号　　二十一年六月廿四日

地址：南京路望平街口

设立年月：民国十二年

资本：不详

组织：独资

店主：李学畅，宁波人、向业棉布，在上海河南路，开设万成永呢绒棉布号。在障川路开设万成长棉布号，在宁波路隆庆里开设万源棉布号。闻以前南京路万成长棉布号，亦系李君与其弟兄李永扬合股设立。后来营业不甚发达，李君恐被累，乃请其弟出面，在三四年前，该号因营业失败，除损失五六万两外，尚且不敷，洋行方面所有订货，均未出清，李永扬君为之忧急而死。其时大康行与该行亦有交易，该行股东兼经理严益卿君觅得证据，向李君交涉，李君不便推诿、当即如数了理，李君深恐再有他家学步严君，乃与严君订约，不许对外漏、如将此事转告他人，当由严君负责赔偿损失，订约时由律师作证云。

李君现已富有财产，据云约在五六十万左右云，在上海城内九亩田及辣斐德路曾置地产，在宁波原籍、近年来新造住宅，耗资一万余两，其对外信用颇好。

经理：孙霞琯

营业种类：棉布、呢绒。该号营业，以棉布为主，兼做呢绒及女人所用花色货品，但以少数，不论西洋货、东洋货及国货均有。在去年未抵制日货以前，该号以贩卖日货为大宗。迨抵货潮兴，不能再做。乃注重西洋货，并兼做国产货品云。

商品来源：该号所有货物大概向各洋行、或其同业买来，因该号财力充足，乃以现金收买现货，价格稍廉，非但易于获利，且可以少担风险也。闻大中华股份有限公司经售之俄罗斯花标，转托裕春、源茂盛、元泰及该号等四家，代为分售云。

商品销路：该号营业，注重门市，颇见旺盛，在平时日有一二千元生意，如在近日减价时期，每日可售至一万余元云。

营业情形：照该号营业情形，其门市一项，每年可做到五六十万元生意，其内庄亦做本街及外埠批发，每年亦有一百余万元生意。但批发一项，不由该号出面、统归万成永经售。在该号内进，亦有万成永之市招。

盈亏状况：该号营业状况，素来颇佳。因其做法稳健，而门市生意利益又较丰厚，过去数年间，大致可有盈余。去年该号因抵制日货，亦稍受影响。

往来银行：该号与上海商业储蓄、交通、宁波等银行均有往来。

往来钱庄：往来钱庄颇多，如同泰、同春、信裕、滋康、永丰、信康等庄，均有交易，闻共有十余家云。

备考：该店以前店名为大源祥棉布号，亦做门市生意。在十二年以前，因营业失败，乃将店基及其存货让渡与李学畅君，店名乃改为万源祥云。

李学畅君，年幼时亦殊贫苦，据云亦系做裁缝出身，当其开设万成永时，范围极小、资本不满二百元，店内仅有棉衣机一二架，代人缝制衣服，后来兼做棉布生意，范围渐大，且能年年获利。闻李君第一次所遇机会，为某年李君购进多量黄斜纹布，市上适有大宗军装生意，缺少此项斜纹布，李君遂得差价售出，获利颇多。后来又注重日货，贩卖颇多，每逢抵制日货之时，李君暗中贩卖更多，故以前数项抵制，均系造就李君之发财机会云。

中国征信所报告书　第28号(1932年6月25日)

中国征信所报告书　第贰拾捌号

元泰棉布呢绒号　　二十一年六月廿五日

地址：爱多亚路吉祥街口

设立年月：五十二三年

资本：不详。传说当在十万两以上。

组织：独资

店主：王晋康

经理：王晋康，宁波人，年近五十左右，向业呢绒棉布。王君在该号服务甚久、自幼即为该号学徒，从王国元君为师，迨前经理庞君故世以后，乃升任经理，而以其师弟邹梦梅君为协力，邹君后因另有高就(与人合股开设中和呢绒棉布店、邹君为股东兼经理)，乃即告退，该号遂未另觅他人继任。河南路东棋盘街华康呢绒号，亦为股东，又在永和进口行亦有股份附入。在法租界贝勒路，有自造之住宅一所，值价二三万两，又在同孚路等处，亦有地产，乃系近年所购置者。王君经验富足，才具亦佳，生平壹无嗜好，而做事谨慎，向未经营投机事业，在同业及金融界方面，信用颇好。至于其财产，大约在十万两左右云。

营业种类：该号初做时乃一缝制西装之成衣店，向来注重西装生意，后来又加入上等呢绒及妇女所用一切杂物。惟自改组以后、乃注重棉布营业云。

商品来源：该号所有货物，除向洋行定购外，多欲收买现货。据云、近年来呢绒棉布市面，均极衰落，如有现金收买，随时可以购得价廉货物。该号又经售大中华股份有限公司所售之俄罗斯花标（元泰、源茂盛、裕春、万源祥等四家经理）。至于呢绒，如喊呈、荣康等，均有交易。

商品销路：除门市外，又兼做批发，其销路除本街同业外，又销往沪杭及津沪沿线各处，以前注重门市，近年来改变方针，注意批发生意云。

营业情形：改组以来，已有三年，经店主经理王晋康整顿以后，营业日见发达，较之以前颇有进步。在沪二年来，历年营业额可达一百二三十万两，即以其经营之俄罗斯花标一项而论，每年已有七八十万两营业云。按该号系数十年老店，向来营业颇佳，但此时注重门市，兼做极少数之批发，在未改组以前全年营业大约可做三四十万至四五十万两，惟改组以后，注重批发，全年营业增至百万两以上，其进步殊速。

盈亏状况：该号在近二三年来、营业状况颇佳、如在去年年终结算，闻可有二三万两之利益云。

往来银行：该号与中国通商、上海商业储蓄、女子商业储蓄等银行往来。

往来钱庄：该号向与安妥、庚裕、承裕、安康、恒裕、志诚等庄往来。据云共有十五家。

备考：该号系魏启元君个人创设。魏君定海人，向业红帮裁缝（即缝制西装衣服者），初办时，店址在天主堂街，范围极小，除台板数块以外，无所谓资本也，充其量亦仅数百元而已，但其时西服店家极少，而其店址与黄浦滩相近，凡西人来港者，均在该号门前经过，故该号主顾独多西人，而以法人为尤众。据云，西装衣服利益优厚，即在今日，仍有二三分钱之厚利，况该号开办最早，远在五十年以前，即无同业之竞争，而工资及一切开支又省，更易获利，因是历年获利。在前清庚子年，各国军队到沪甚多，该号乘机承接生意不少，乃大获其利云。旋兼做呢绒及女人所用杂货等生意，花色齐全，式样新颖，凡爱时髦之富家女眷，无不趋之若鹜，因之营业颇为发达。老店主启元君故世后，遗产在十万两以上，由其子魏廷荣君承受，廷荣曾在中法学校毕业，又擅法语，故与法人更多往来，娶同邑朱葆三君之女，因此声望更为隆重，乃又兼任法租界工董局华董，及义勇军司令，在法租界颇有势力，法领事又信任之，后因其店址被交易所挖去，不得已乃迁至吉祥街口，地址偏西，不甚相宜，且南京路先施永安新新等百货商店，相继开设，向来富家女眷主顾均就百货商店购买，不复再来，因是颇受打击，而其营业，遂又中落矣。三四年前，魏廷荣君被匪绑去，后由匪窟逃出，然对于其所经办事业，不免灰心，遂将该号让渡与其经理王晋康君，归其独资经营，外间传说魏君仍有关系，实则已完全脱离矣。据云，该号于未改组前，因历年营业欠佳，前店主魏廷荣君亏损甚巨，约有十七八万两之谱，迨让渡后，魏君将该款结余了〔料〕清楚。以上所述。乃系该号开办以来所经过之情形。自改组以后，将其营业方针，略予变更，故其状况，亦日有进化，似较以前更为优良。据该业中人云，该号财力充足，店内存货，常在二十万两以上云。又据传说，魏廷荣君在该号内，仍有关系，因魏君有嫂，常来吵闹，向该号索取银钱，魏君不得已，乃嘱王晋康君出面耳，究竟内幕如何，十分秘密，非外人所能明了。

中国征信所报告书　第29号(1932年6月25日)

中国征信所报告书　第贰玖号

上海绸业银行近讯　　　　二十一年六月二十五

上海绸业银行,于去年九月一日先行交易,原定资本额一百万元,现只招足六十万元,行址设在宁波路。

该行董事为王延松,市商会执行委员,大新绸缎局经理;

姜麟书,大盛绸缎局经理;

潘公展,前社会局长,现晨报经理;

鲁正炳,悦昌文杭绸庄股东,兼经理泰昌庄股东;

俞国珍,前上宝银行经理。现任宁波宝业银行常务董事;

裴云卿,同春庄经理;

冯仲卿,中国银行副理;

胡熙生,怡大庄经理,永盛庄股东;

陈子明,玉器商,华盛永号;

沈琴齐,悦生绸庄;

张澹如,浙江兴业银行东南信托公司及通易银行董事

该行监察:徐寄庼,浙江兴业银行常务;程用与,老福绸庄经理;金鑑青,大新绸缎局经理、协理;田相儒,上虞县人,向业钱庄,前任信通商业储蓄银行经理;刘展安,前达源钱庄经理;骆清华,经营绸业,华成永绸庄经理,市商会执行委员。

该行自先行交易后,收受活期及定期存款,达四十万元,去年放款约六十万元,本年五月底结账。所有放款,除一二万元仍无可靠之债产外,余均收清。本月二十日,已从宁波路迁至汉口路新址,该处房屋系该行新构者,地基则租自王春安君,租期三十年,房屋建筑费,及内部卫生设备装修费共需十八万两,另购定保管箱一组,尚未运到,其价值为二万元,现下装修尚未峻工,下月(七月)六日,为该行正式开幕期云。

中国征信所报告书　第30号(1932年6月25日)

中国征信所报告书　第叁拾号

王兴昌西服号　　　　二十一年六月廿五日

地址:老店前在南京路,因翻造房屋,乃迁至牛庄路,闻候南京路新屋完工后,仍将还回。其支店在北四川路。

设立年月:至今约有二十余年

资本:不详

组织:合资

股东：王和兴、王和生

经理：王和兴、王和生

王和兴与王和生二君，系弟兄，王和兴君年四十左右，王和生年逾三十，奉化人（王氏弟兄三人，瑞兴与和兴、和生是也，瑞兴已故世）。北京路九六号友谊公司，系王君与孙允中合股设立，资本二万两，二人各占半数云。近年来在其奉化原籍，购置田地数百亩，奉化田价原廉，每亩仅值数十元而已。

王氏弟兄，尚未分产，近年来因营业发达，资产亦更为充足。据云，大约有三四十万两。经验丰富，才具亦佳，而信用亦好。惟王氏弟兄，早系西衣成衣匠出身，识字不多，智识有限，王和生君性情亦殊粗鲁云。

营业种类：呢绒，西服。

该号营业，起先注重西服，代客缝制，近来注重花色货呢绒，而对于西服一项，反不如以前注重矣。北四川路营业西服生意亦复不少云。

商品来源：所有货物，大概向洋行定购，除多数向其合股开设之友谊公司定进外，其他如宝克，天佑，味吔，公平，孔士，美最时，天丰等洋行，均有交易，大概有十余家。

商品销路：该号营业，除做门市外，兼做批发。南京路总店，门市与批发均做。门市营业，并不甚大，至于批发营业，大概另星批售，与本街同业及裁缝店居多数，至于外埠批发并不甚大。

营业情形：该号营业，在近年来颇见发达。南京路总店，营业范围颇大，全年营业额，可达三四十万两，去年比往年略见减少，大约有三十万两左右云。北四川路支店，只做门市，全年营业不大，仅有十万两左右而已。

盈亏状况：该号系一老店，最初开办以后，营业虽好，然不及近年为佳，在近五六年来，营业愈见发达，年有盈余。据云在前二三年，营业成绩颇佳，可有十万左右之盈余，去年决算，结果亦佳。

往来行号：该号与上海银行有往来，钱庄如安裕亦有往来。

备考：该号开设至今，已逾二十年，当初由王瑞兴创办，王君出身贫苦，向业红帮裁缝（即缝制西装衣服也），起先范围不大，资本亦微，王君服务勤劳，业务日有起色。迨该号稍露头角，不幸王君即因病去世，所遗职务遂归和兴、和生二人主持。

嗣后营业日见发达，而在近四五年来，更为兴盛。自国民政府成立后，蒋主席系奉化人，引用之同乡，身据要职，而该号股东王氏昆仲，以乡谊关系，与要人往还颇密，遂谋得包办大宗军装生意，据云在二年前乃为最盛时代，每年承接，可达一百万之巨，即在近年亦常有五六十万至六七十万云。

据云，该号股东王氏昆仲所做军装生意，并非用王兴昌名义出面，系另设机关，向政府承揽，但为接洽便利起见，乃在南京添设支店，其店名则仍用王兴昌云。承做军装，利息颇厚，据云该号在二三年前，获利甚巨，每年可盈余十余万两，至少亦有六七万两云。

在裕丰钱庄（元字地位资本十万两）内，王氏昆仲，亦系股东，不幸在前年倒闭，结果王氏昆仲赔出钱七万两，其时生意正在兴盛之时，即赔出巨款，于该号可不发生任何影响。该号股东王氏昆仲，又与兴泰昌木器公司股东兼经理乐振葆君合资，就泰昌木器公司余屋，添设呢绒部，资本十万元，与乐君各认半数，其门市营业亦殊茂盛云。

意见：该号由小而大，现在财力充足，营业日见发达，蒋氏在职一日，该号之大宗生意，必能继续承做，而其营业前途，当更有无限希望。现在资本虽无从查考，惟据该业中人云，该号约有存货约值二三十万两云。

中国征信所报告书　第31号(1932年6月271日)

中国征信所报告书　第叁拾壹号

大中华股份有限公司　　　　二十一年六月廿七日

地址：南京路五十号

设立年月：民国十七年

资本：额定三百万元、实收八十万元左右。

组织：股份有限公司

董事长：张澹如

董事：吴耀庭　黄季展　谢清澄　邝伯和　简琴石　王荣吉　张福运　朱希会　陈秉祥　朱云青　王道安　陈子英　韩次君　刘增

监察：梁培基　余金满

常务董事：简琴石　陈秉祥　朱希会　吴耀庭　黄季展　王道安

总理：王道安，广东人，年过而立，前香港大新公司干事，现下兼任宏业地产公司经理，对于百货生意，经验充足，才具亦佳。财产若干，外间不甚明了，信用尚好。

营业种类：进出口

该公司原拟经营百货商店业务，因房屋纠纷，迄未解决，不能进行。乃先经营进出口业务。进口货品，为花标、洋麦、水泥、人造丝、棉丝等，其中以花标为大宗。至于其他货物，为数甚少。出口货品为蛋黄、蛋白、猪发、猪油、丝绸等物，又兼做杂粮及花生、胡桃等物，但仍在筹备期间。

商品来源：该公司所有货物，如花标等，大概采自俄国。至于洋麦，则俄奥美各国均有定货。其他杂货，如洋酒、人造丝、毛冷、水泥等物，有从英德俄等国定来者。总之，其商品多数从俄国贩运来华。出口之蛋黄、蛋白、猪发、猪油、丝绸等物，大概就上海贩买。

商品销路：该公司营业，有代客定货，而取佣金者，亦有自备出售者。其经售货物，以俄国花标为大宗。此项花标，除托源茂盛、裕春、万源祥、元泰，四家棉布店代为经售外，并委托外埠及南洋布商代售。至于出口货物，多直接输往美英各国云。

营业情形：该公司自前年起，已营进出口业务。去年营业，较前年更有进步。据云，自民国二十年七月，至民国廿一年六月止，其营业额达八百万两左右，其中以进口货占大多数。而出口营业，不过十余万两而已。

盈亏状况：该公司营业，状况颇佳。开办以来，历年获利，前届结算(民国十九年七月至二十年六月底止)共获利二十万两左右云。上届营业比前届更佳，盈余当在三十万两左右。

往来银行：该公司往来银行，为中国、中兴、麦加利、通易、浙江实业、交通等银行。

备考：该公司于民国十七年筹办，当时即有创设百货商店之意。乃觅得南京路福建路口之地基（该处地产即系该公司董事长张澹如先生之产业），房屋图样，已经绘成，正在筹备建筑时，不料为该处房客、中国内衣公司、华英药房等阻止，不肯退租出屋。双方涉讼数年，以致延误，不能进行，殊为可惜。该处地基，现在已有解决办法，至民国廿四年即能收回，建造房屋。据云，在该处之地基，已由该公司售去，另由该公司向其订约，永远租与该公司云。

该公司之总店，将设在南京路福建路口。此外在北四川路、崇明路口及爱多亚路大世界对面，又拟添设分公司。在北四川路崇明路口之地基，已于去年由该公司出价一百二三十万两买进。至于爱多亚路大世界对面之地基，共计七亩左右，由该公司出面承租九十九年云。该公司在南京路总店房屋，一时恐不及建造。爰拟先从支店着手，爱多亚路租定之房屋，不日即将动工建筑云。

该公司现下资本仅收到八十万元，将来拟招足三百万元，并有招至五百万元之说。近来上海市面，殊为凋零，如欲招集巨额股款，恐非一时所能办到耳。

董事历史：董事长，张澹如，南浔人，系前浙江省主席，张静江先生介弟。向来经营盐业，现在张君兼办事业颇多。兹探录如下：浙江兴业银行股东兼董事、东南信托公司大股东兼董事、汇通信托公司股东兼董事、通易银行大股东兼董事、通运公司（该公司在博物院路专做出口营业，据云，系张君独资经营）、锦云丝织厂（该厂在兆丰路，亦系张君所创设）、大纶绸缎局股东，华中营业股份有限公司（在爱多亚路三八号，经营地产及建筑事业，张君为大股东兼董事），张君又为上海绸业银行董事，其他事业颇多。但其主要营业，大概已如上述。张君在上海有地产甚多，除南京路福建路口致富里地产外，静安寺路、嘉兴路，均有房地产。在赫德路原有老住宅一所，闻将迁往静安寺路云。张君为南浔望族，财力充足，信用亦好。

吴耀庭，广东人，向做地产生意，自设信记地产公司。

谢清澄，安南堤岸万源公司司理。

简琴石，民众烟草公司董事长。

王荣吉，杭州奋益绸厂总理。

张福运，财政部关务署督办。

朱希会，盐商。

陈秉祥，广兴船务公司总理。

朱云青，裕源纱厂总理。

陈子英，正泰铁路局局长。

韩次君，南洋沙胜、越树胶种植公司。

刘增，安南堤岸万益源米较公司总司理。

该公司营业虽形发达，但最近受时局影响，销路停滞，以致存货过多，流动资本，不免稍感缺乏耳。

大中华股份有限公司资产负债表

（民国二十年六月三十日（照例六月底结账，民二十至二十一因尚未到期故未结）—

负债类	细数	总数
流动负债		
银行抵押透支	一，六七六，七九〇，二一	
应付票据		
支付客户定货及存货部分	二八〇，一〇三，一二	
支付已定未到货部分（参看资产项下存货）	一八〇九，〇六九，三五	
总数	二，〇八九，一七二，四七	
应付帐款	一〇六，〇五六，九九	
总数		四，二〇四，〇二〇，六四
应付未付利息	九六四，二三	
应付未付费用	一四，四五九，七八	
应付未付佣金	九八，三三二，九二	
存款	一八八，三〇六，八一	
出入保证金	二九，九三七，二三	
固定负债		
押款	一一四，一七六，一六	
定期存款	九，九三〇，五三	
总数		一二四，一0六，六九
股本		
额定股本	三，〇〇〇，〇〇〇，〇〇	
未认股本	一，六九二，七九〇，〇〇	
减：		一，三〇七，二一〇，〇〇
本期纯益		二〇八，四九九，二八
合计		五，八四三，八三六，六一
资产类		
流动资产		
现金	一，七二二，四二	
银行活期存款	二一三，五六一，六五	
出货期款存银行	七三，三三三，五六	
应收票据	二九，七五〇，九七	
应收款项四三七，五〇七，九二		
坏账准备四三，七五〇，七九		

（续表）

负债类	细数	总数
减：	三九三，七五七，一三	
应收回扣	六七，四八二，六九	
应收未收利息	九，九二九，〇六	
存货		
批发所存货一八八，一九六，三七		
次货折价准备一四，八六九，九三		
减：	一七三，三二七，四四	
已定未到存货（参看负债项下应付票据一，八〇九，〇六九，三五）		
	二，三三一，八六五，三二	
香港分行存货三四九，四六八，五三		
代销品	三二，九一八，三六	
样品盘存　八，三七〇，七二		
减：百分之五十摊资一八五，三六	四，一八五，三六	
香港分行往来	九二，二九九，九八	
批发所往来	一，三八九，〇九	
暂记欠帐	五，七七一，〇一	
暂付代销品关税	四，〇〇七，八〇	
抵押借款	一，四七五，六三六，二一	
		四，七三七，六一〇，六一
递延资产		
预付保险费	一，三六五，八七	
开办费	二七，九七〇，三〇	
减百分之五十摊还	一三，九八五，一五	
		一五，三五一，〇二
固定资产		
银行定期存款	三六七，一五六，九〇	
地产	一八四，六一三，七九	
生财　一〇，二二三，六七		
减：折旧准备（百分二五）二，五五五，九二		
	七，六六七，七五	
装修　五，二六八，二五		

（续表）

负债类	细数	总数
减折旧准备(百分二五)二,六三四,一二		
批发所生财装修八,八七五,六二		
减:(百分之五十折旧)四,四三七,八一	四,四三七,八一	
在出押柜	三六四,六〇	
		五六六,八七四,九八
其他资产		
应收股款		五二四,〇〇〇,〇〇
合计		五,八四三,八三六,六一

大中华股份有限公司损益计算书

（民国十九年七月一日起至二十年六月三十日止）

收益额

余额由营业账转来　一九八,八一三,〇八元

利息收入　八七,四〇八,八三元

兑换盈余　四,二八四,〇七元

杂项收入　九七七,六七元

共计　二九一,四八三,六五

损失额

利息开支　六四,四九九,二二

董事车马费　四,五〇〇,〇〇

摊提开办费　一三,九八五,一五

本期纯益　二〇八,四九九,二八

共计　二九一,四八三,六五

中国征信所报告书　第32号(1932年6月11日)

中国征信所报告书　第叁拾贰号

光中机器染织工厂　　二十一年六月廿八日

地址：昆明路六四五号

设立年月：民国十九年

资本：银九万两

组织：股份有限公司

董事：黄檀甫(广东人)、陈元英(同上)、陈沧来(河南人)、程国采(上海人)

经理：张迭生（上海人），英国留学生，现兼鸿章纺织厂染厂主任。

营业种类：染织业

出品商标：松鹤、立风、光中

营业情形：该厂房屋，俨属自有，保有火险银四十五万两。此次沪案突起，当无直接损失，惟营业清淡，迄未恢复。该厂虽名染织工厂，实则只染不织。所有布匹，系派人往江阴一带，收买而来，月计两万匹以上。往销长江一带，及四川各帮，本埠并无发行所及批发所等之设立。其推销货品之方法，专恃一般掮客，用十天或半月期票出货，并无账欠。去年营业额达三百万两左右。厂中动力用二百马力马达一座，拖带染布机十二架、煮布机四架、浆布机二架、拉阔机一架、漂白机二架，工人计一百八十名，一律供给膳宿，按件给值。该厂除自制出品外，尚在本埠芳及、公平二洋行代染阴丹士林布云。

盈亏状况：该厂近三年营业成绩，据云以上年为最佳。

往来银行：上海商业储蓄银行提篮桥分行。

中国征信所报告书　第33号(1932年6月)

中国征信所报告书　第叁拾叁号

朱慎昌蛋行

地址：天潼路四百零二号

设立年月：已三十余年

组织：合伙

资本：二万四千元

股东：郑源兴，茂昌公司华经理，承馀顺蛋行大股东兼经理，前朱慎昌蛋行经理，虽以蛋业起家，但其致富捷径在于购置地产，现有资财约一百余万之谱；乐楚廷，亦有资产将及十万，皆存在本行；朱金水，即前东家之侄，现有该行股份十分之一。

经理：乐楚廷

协理：朱金水

营业种类：鸡蛋、鸭蛋、彩蛋、咸蛋

商品来源：长江各口岸及江北一带，为多数，内地与浦东次之。

商品销路：国内南北洋各埠，及国外小吕宋等处。

全年营业额：约一百万元

营业状况：上海经营鲜蛋行号者甚多，惟彩蛋只有三家自制，因进货后，须经过百日，方可制成出货，故非有实力，及巨大房屋堆藏，不易业此。职是之故，该行营业，甚为发达。

历史：该行初制时，系朱氏独资经营，营业颇盛。在民国十三年，朱氏身故，因无亲子，乃由侄子辈承继，不数月即起纠纷，因此停业改组，由郑、乐等集资重开，至今已有七年，营业非常发达。据云进货在五十万元内，可以不需借用庄款，实力似颇雄厚云。

往来钱庄：有鸿胜、鸿祥、顺康等三十余家钱庄往来。

往来银行：如浙江兴业、中国实业、上海、永亨、勤工、中和等十余家银行均有往来云。

中国征信所报告书　第34号(1932年6月28日)

中国征信所报告书　第叁拾肆号

鸿盛元洋布号　　二十一年六月廿八日

地址：宁波路三六三弄二号

设立年月：已十四五年

组织：独资

资本：系个人所经营、未知其确数

店主：王声远

经理：王声远，山东籍，以前为掮客出身，薄有积累，乃创办该号。

营业种类：白色东洋布

商品来源：日本货最多，本埠各日本厂家如内外、同兴、丰田等数家，均与交易。

商品销路：国内北路诸省为冠，南路次之。

营业情形：自九一八事变发生后，抵制日货，风起云涌，该号营业颇受打击。

闻该号初创时，营业尚旺，年终大致均有盈余，惟有数年，受抵制日货影响，客帮停止办货，营业不免减色，但为日无多，即仍恢复，损失不大。在民国十九年，该号营业极盛，盈余达数万两。该号自开设至今。盈余积至十余万两。去年自九一八后，日货又受抵制，南北帮销路皆阻，该行经理见此次抵货，人心坚决，恐非短时所能结束，故亦立即收缩，但存货既有二十万两，照现今市价，皆须亏本，况即愿削价出售，亦无买主，幸基础素佳，尚可维持。该号经理王君白手起家，有此成绩，已属不易云。

往来银行：有三井等数日商银行。

中国征信所报告书　第35号(1932年6月29日)

中国征信所报告书　第叁拾伍号

统原商业储蓄银行　　二十一年六月二十九日

地址：天津路(原河南路东首)

设立年月：去年筹备，今年六月二十六日开创立会。

资本：一百万元，分为一万股，每股一百元。

组织：股份有限公司

董事：余葆三：信康庄股东、连业染机场、振泰纱厂董事；

李祖焓：协隆地产公司；

徐仲麟：四明银行协理；

俞佐廷：恒巽庄股东经理；

陈绳武：前恒隆庄陈子壎君之公子，现任恒赉庄经理，百老汇路恒大祥五金号亦有股份；

楼恂如：敦徐庄及中华动工银行股东兼经理；

秦善富：敦徐庄及中华动工银行股东兼经理；

陈润水：宁波人，前恒隆庄协理。

监察人：徐伯熊：益昌庄经理；

姚德馨：中华商业储备银行经理；

向侠民：南阳华侨。

经理：陈润水：宁波人，前恒隆庄协理，该行董事已经举定如上，惟董事长一席尚未定夺。据云，大约将由余葆三君担任云。

中国征信所报告书第36号　(1932年6月29日)

中国征信所报告书　第叁拾陆号

邵万生南货号：　　　　二十一年六月二十九日

南京路邵万生南货号，开设已久，营业向来甚佳。去年为房屋问题，用去小租挖费等约达数万两，该号系邵氏同族所共有。近年来邵氏家道已渐中落，在原藉尚有田产数百亩，但所值不多云。现在店基房屋，系绍兴许氏之产业，前者许氏亦加入股份，恐即系将小租等费划作股本者。

近因时局不清，市面欠佳，该号所存货物过多(有一百万两左右)，一时不易销售。因此于经济方面，颇感困难。因此市上有邵万生不稳之传说，或系此故。

据云，日前(本月二十六日)该号经理和债权人谈话，凡与该号有往来之钱庄，均派代表前往列席。据该号经理报告，该号亏空共有十余万两，许氏既系股东，亦应共同负责。如许氏不愿继续担任，则所遗股份，可令召他人附入。惟该号所欠各款，应请债权人维持。宽以时日，陆续归账。开往来钱庄之中，以宝旭庄被欠最巨，约有一万余两。该庄刻已派人往绍兴向许氏股东接洽云。

中国征信所报告书　第37号(1932年6月29日)

中国征信所报告书　第叁拾柒号

源茂盛棉布呢绒号　　　　二十一年六月廿九日

地址：南京路

设立年月：改组以来约四五年。

资本：未详

组织：合伙

股东：沈翰卿，宁波人，向业棉布。最早曾在增泰棉布号为店员，复在台湾路满春坊正大棉布号为股东兼经理，近年亦已改组，店名更改。现在北京路祥泰洋行为买办，寅泰钱庄亦系股东(资本十一万占十一分之一)。沈君除在宁波有田地房屋等产业外,在虹口闵行路密勒路左近,亦有住宅及出租房屋,其财产已达三四十万两云。周氏,即周荫赉之子,荫赉向业棉布,死后遗产约有三四十万两,传与四子承继。余见后。秦兰生,见下。

经理:秦兰生,宁波人,年五十左右,向业棉布,其最早历史,因日久已不能探悉。秦君前在德新祥棉布号为经理,该号因股东稍有更动,乃即改名源茂盛,秦君仍为经理。秦君在该号亦附入少许股份,其才具颇佳,人亦诚实稳健,现下稍有财产,至多数万两而已。信用尚好。

营业种类:棉布、呢绒。

该号营业向来注重棉布,以前仅做西洋货,后因市上盛行东洋货,乃亦兼做。去年抵制日货后,东洋货不复再做,故现在又注重西洋货及国产棉布。

商品来源:该号因财力充足,除多数向其同业买入现货外,与各洋行亦有交易,尤以祥泰洋行为较多。其他闻以前订购东洋货颇多,如阿部市、江商、东棉等洋行均有交易。自抵制以后未再定云。

商品销路:门市兼做批发。

该号门市营业,并不甚大。每日最好可售至一千余元,少则六七百元。但其主要营业,以批发为主,杭嘉湖一带,生意颇多。此外本街同业,亦有交易,其营业佳。

营业情形:该号虽设立不久,但实则年代甚久,不过现下名义改变耳,其营业仍颇发达,与以德新祥时代并无逊色。据云,该号全年营业,约连二百万两,或且超过此数。今年沪变起后,商店罢市,在二三两月,门市营业,完全停顿。四月一日开市后,因初经兵荒,元气斲伤,内地又因去年农事歉收,银根告急,购买力大减,以致上海市面十分枯寂,该号营业,因之亦大为减色。闻今年上半年营业,仅有三四十万两。较诸往年,相差百分之五十或六十云。该号与裕泰、元泰、万源祥等经售大中华公司之俄国花标,营业亦颇发达,并闻该号自己亦有栈房云。

盈亏状况:该号营业状况,向颇良好,故能年有盈余。唯去年结算,似不甚佳。据该业中人云,去年上半年殊佳,与往年相仿,下半年抵制日货以后,该号所存日货颇多,不能脱售,因之缺损不少。闻其损失之数,达十余万两。但该号财力充足,基础坚固,即有缺损,于该号前途,不致发生影响。且其缺损之说,亦属传闻。在去年市面不景气之时,无论何种商店,决难有美满结果,意者,该号亦遭池鱼之殃耳。

历史:该号即自以前德新祥棉布号所改组,德新祥棉布号,闻设已数十年,乃周荫赉君所创设,周君谢世后,传与其儿子四人,周君与沈翰卿君为亲戚,故沈君在该号内亦附入股本。恐系后来加入者,德新祥布号旧经理,原为罗湘伯。因罗君服务年代甚久,后亦列入股东。罗君年老病故,所遗股份,由其子继承。而经理一职,则由秦兰生君接充云。在四五年前,该号之大股东周氏家庭,周荫赉君之长子亦因病去世,其妻不愿继续,故将股本拆出,因此内部发生变化,遂即另行改组。将德新祥名义取消,改取今名。至于改组以后所有股东,亦大同小异。除沈翰卿、秦兰生二君及罗氏外,周氏方面,惟二三两房,仍有关系云。闻该号财力充足,平日自己备有现金,可无需用庄款云。

往来钱庄:如寅泰、信康、同泰等庄,均有往来。

中国征信所报告书　第 38 号(1932 年 6 月 19 日)

中国征信所报告书　　第叁拾捌号

志诚永杂粮号

地址：法租界天主堂街兴业里十一号

设立年月：已四年

组织：合伙

资本：三万两

股东：张颂周，前华大银行经理，现任美商大通银行买办。

沈受天，嘉定人，年四十左右，向做杂粮生意，曾任立达面粉公司卖货员，因前经理张一涛君故世，乃由沈君继任经理，现下亦已少有财产，约达二三万两，经验富足，信用尚好。

蒋梦熊，嘉兴玉穗丰杂粮行股东兼经理。

赵献之，西门天丰米店股东，中大面粉厂职员。

于志刚，嘉兴人，年逾而立，曾任立大面粉公司司账，约有七八年之久，后因立大面粉公司出租，于君即告退，现有少有财产，但为数不大，在该号亦为股东，仅占一股，即此一股，据云尚有他人附入云。

张一涛，前永大杂粮行司账，前任该号经理，于本年五月间在店中得病身故，还有资产二三万两云。

经理：沈受天，见上。

协理：于志刚，见上。

营业种类：米、麦、豆、油杂粮等。

商品来源：本国各产区及西贡、安南、大连等埠。

商品销路：本埠及内地与南北各省。

全年营销额：约一百万两左右

营业情况：现有该号与杂粮交易所三十六号元发永及面粉交易所三十一号春记永有连带关系，故营业可望蒸蒸日上，兼以经理沈君，在该业中有悠久之阅历，故营业前途，有望发展之希望云。

往来银行：农业银行等。

往来钱庄：乾元、福泰等庄十余家。

中华民国二十一年六月廿九日

中国征信所报告书　第 39 号(1932 年 6 月 29 日)

中国征信所报告书　第卅九号

裕春棉布号　　廿一年六月廿九号

地址：北京路

设立年月：十余年

资本：不详(因系个人独资开设，随时可以增减)

组织：独资

店主：徐承勋，宁波人，年在五十以上，向业棉布，最早历史因年久不详，但在二十年以前，徐君尚颇式微，即其所设立之裕康棉布号，范围甚小，有似掮客字号。

欧战后，因运输不便，上海所有西洋货棉布，价格顿涨数倍，徐君遇此机会，得获厚利。以余利购置地产，从前以廉价买进者，及今无不利市十倍，因是财力，亦愈丰富矣。

徐君经营棉布事业，除开设裕康、裕春二棉布号外，在志诚庄(资本十万两，附股六万两，占二股半)、永聚庄(资本十万两，附股六万两，占有两股半)、益昌庄(资本十万两，均系股东附有二股)。

在上海购置地产不少，如北京路种德里、爱文义路泰德里、北河南路悦来坊及杨树浦等处，均系徐君之产业。其中，以种德里值价最大，均值十万两左右云。

徐君财力充足，据云其财产共有一百数万两，徐君经验丰足，才具亦佳，信用亦颇佳云。

营业种类：棉布。该号营业专做棉布生意，在未抵制日货以前，日货较西洋货稍多，去年抵货以来，乃注重西洋货，至于国货，该号亦兼有经营云。

商品来源：所有货物，除由洋行代向外洋定货外，亦有向各洋行或其同业买进现货云。去年，该号向日本行家定货颇多。如阿部市、东棉、吉田、伊藤等洋行，均有交易，尤以阿部市洋行为最多。

该号西洋货由和记、好时等洋行定进者较多。

去年起，经售大中华公司之俄国花标布云。

商品销路：该号营业注重拆货生意，惟亦有原箱批发交易，其销路除本埠同业外，又注重杭嘉湖及沪杭路一带各地云。

营业情形：该号与裕康棉布号系属联号，同为徐承勋君个人所设立，惟二店营业方法不同，裕康注重批发，该号则注重拆货。

该号营业范围颇大，据云，全年达可一百五十万两至二百万两，一说可达三百万两，但恐无如此之多。从前贩卖货物，当以西洋货居多。近数年来，日本棉布畅销市上，且易获利，故该号亦遂注重东洋货。去年九一八事变后，各处抵制日货，该号堆栈内所存日货甚多，均被封存不能出售，闻共计达十万两云。

旋虽该做西洋货，但今年上海战事以后，元气大伤，以致市面十分萧条，外埠生意亦不起色，今年营业亦殊平常，较诸往年，仅三分之一至四分之一云。

盈亏状况：该号店主财力充足，营业向来发达，且年有盈余。去年沈案发生后，国人抵制日货，风起云涌，积存日货，均不能贩卖，因此大受影响。据该业中人云，该号去年下半年损失达二十万两，一说损失数十万两，但该号所存日货迄今未曾售出，虽将来是盈是亏尚难臆测，惟观察江浙二省及华南各地，抵货仍甚烈，无论如何亏损恐必难免，所幸店主财力充足，即有亏损，尚不致发生困难。

往来钱庄：该号与志诚、永聚、益昌、安康等庄均有往来。

历史：该号开设已久，至今约有二十年，当时因系徐承勋个人创办，范围不大，有似掮客字号，后遇欧战突起，西洋货运输不便，价格高涨，该号得以乘机获利，然其时所得盈余至多亦不过十万至二十万两而已。徐君将在盈余项下拨款在上海购置地产，当时以廉价买进，近来无不涨价，利市数倍。因此，徐君资产亦愈积愈厚云。

中国征信所报告书　第 40 号(1932 年 6 月 29 日)

中国征信所报告书　第四十号

华丰造纸厂　　二十一年六月廿九日

地址：杭州拱宸桥小河；上海发行所：博物院路。

设立年月：民国二十年六月

资本：五十万元

组织：股份有限公司

董事：杜月笙，浦东高桥人，为上海闻人，现任中汇银行汇通信托所公司、祥新面粉公司、江浙银行董事。

金廷孙，宁波人，亦为法租界闻人，所办事业甚多，如新桥街之宁波饭店，系金君所经营，江浙银行金君亦为董事。

褚辅成，字慧僧，嘉兴人，前任浙江省议会议长，现为法学院院长，又为民丰造纸厂董事。

竺梅先，见下。

张继光，宁波人，经营营造事业，余洪记营造厂亦系股东，自身亦有营造厂。

徐圣辉，镇海人，为上海市银行理事长及中国通商银行董事。

俞佐庭，

叶荫三，上海人，系叶鸿英君之幼子，现为正大银行经理，又为骏大华行味中素厂、民生造纸厂等之股东或兼任董事。苏州浒墅关之大华造纸公司，叶君亦为大股东云。

金润庠，见下。

经理：竺梅先，宁波人，年逾四十，曾在山东办理军需事务，现任大来商业储蓄银行及民丰造纸董事兼经理，殊有财产，信用尚好。

协理：金润庠，兼任民丰造纸公司协理。

营业种类：纸版。该厂自造黄纸版与烟纸版二种，惟以黄纸板为较多云。

设备：该厂有九十八寸圆网机全部一架，该机系美货，闻即美国某纸厂拆下之旧机云，厂内基地共计一百十八亩，厂屋亦系自有，厂内工人定二百四五十名。

原料：该厂出品以黄纸板居多数，其原料多系稻草，即在产地收买。至于烟报纸所用旧纸原料，大多数在杭州收购云。

出品：该厂出品为黄纸板与烟报纸二种，因该厂尚有某种纠葛，故未注册，其出品，则用“船”为记号，与民丰造纸厂所用者相同云。

产额：该厂产额不均，每日可达二十四吨至二十六吨。

销路：该厂出品除杭州外，沿沪杭线各地均有销路，在上海销路亦属不少云。

营业情形：该厂自去年六月开工制造，半年间营业额达二十五万余。及今年受战事影响，纸市不见起色，该厂营业亦受打击。

盈亏状况：该厂营业状况尚佳，据云，去年可少有薄利。

往来行庄：该厂与大永银行往来为最多，此外，正大通商等银行及恒巽、元大等钱庄亦有往来。

历史：该厂始系杭州绅商合伙设立，原名武林，因营业不佳，同业竞争甚烈，互相跌价出售，因此亏本停业。旋由竟成造纸公司租办，改为竟成第五厂，曾由竟成造纸公司付过十二万元，作为押租，双方订明期限三年。去年浙江建设厅厅长石瑛忽欲将该厂标卖，定价仅二十八万元，竟成公司亦有收买该厂之意，奈为褚慧僧等所悉，与建设厅科长石汉雏君相商，由汉雏向其叔父石厅长介绍，当即议妥，归竺梅先、褚慧僧等承买。褚君等将武林厂买进后，遂即将该厂改组，但其时财力不足，乃与叶鸿英君幼子荫三君相商，由叶君垫付十万两，其实叶君在苏州浒墅关创设大华造纸厂，叶君既加股本，故该厂遂定名华丰，盖华字代表荫三君，而丰则代表民丰也。

现在该厂与嘉兴之民丰、浒墅开之大华因其股东皆有联带关系，故该厂与民丰、大华亦颇联络。该厂既由褚、竺、叶诸君收买之后，竟成造纸公司股东兼经理大不为然，因浙江建设厅厅长石瑛违背合同，乃向法院控诉，涉讼经年，转辗至最高法院仍未得解决，一方又引起监察院之不满，将石氏弹劾，轩然大波，不知何日方能了案也。该厂因讼事未了，至今尚未注册，故其出品仍用民丰"船"牌商标。其资本号称为五十万元云。

沪变以后，实业界元气大伤，纸市奄奄无生气，该厂产额虽多，惜乎未能售罄。据云，在上海中国银行与中国垦业银行栈内，所堆存货尚有不少，而在杭州厂内，恐亦有货船存贮云。

纸市不振，销路呆滞，该厂今年营业不免略受影响。

中国征信所报告书　第41号(1932年6月29日)

中国征信所报告书　第四十一号

上海印染公司　　　　廿一年六月廿九日

地址：工厂，华德路高郎桥；发行所，天津路五福弄馥安里。

设立年月：民国十八年

资本：六十万元

组织：股份有限公司

董事长：郁震东，浙江人，江南银行懂事，又为永兴钱庄股东(股本二十万两，郁君占一股，该钱庄去年新开，即信成庄改组)，郁君独资设立震兴公司，经营地产事业，财产在一百万两以上。

董事：傅馥卿，宁波人，向做五金生意，以前开设益康五金号，前年创设兴业国货号，订约承销该公司出品，现已集资不少，约有二三十万两云。

金有成，向业洋纸印刷，为大同源纸号、天一印刷公司股东及华成烟公司股东，与华安制盒厂亦有关系，现有财产二十万两以上，此外闻尚有其他事业。

陈芝眉前在老介福绸缎局，为洋货部主任，现在该公司任协理兼营业科主任云。

陈小蝶，杭州人，乃父陈蝶仙君，别署天虚我生。现为家庭工业社及利用造纸厂之股东，此外尚有事业，陈君在家庭工业社为重要成员。

杨清磬，为一有名之书家

田鹤祥绍兴人，向做铜锡生意，为裕丰隆铜锡号股东兼经理，但财产不多，约二三万两之下云。

周智卿，宁波人，向做五金生意，在华丰五金号为大股东。

章荣初，湖州人，详后。

陈永祥，向做杂货生意，现任该公司协理。

沈仲毅，浙江人，前任招商局营业科主任，现任汉口招商局局长。在闸北又创设一家制造双宫兰之丝厂云。

监察人：林修良，宁波人，向业洋纸，为林协记纸号股东兼经理，在世界书局交通印刷所天章纸厂均系股东。

董寄沧，宁波人，向业五金，在老顺记五金号服务甚久，前年升任该号经理。

沈楚臣：湖州人，在广东路开设栈房，在该公司有三万元股份云。

经理：章荣初，湖州人，年逾四十，向业棉布，前在五福弄开设华丰祥棉布号，与天津路之鸿丰棉布号亦有关系，据说以前在湖州双林等处，章君附入股份或独资开设之棉布号亦有七八家，民国十九年因营业失败，亏欠巨款，遂致倒闭。章君亦暂时走避。后向债权团磋商，筹还二成，料理清楚。至去年三月间，复任该公司经理，（该公司开办时，章君原任经理，因华丰祥失败告退）以前亦有财产，约在十万两左右，现下不详，经验甚足。人亦干练，信用尚好。

营业种类：印染。该公司以前仅做印染布匹生意，今年拟加扩充，自行织布云。

设备：该公司原有主体印花机器二部，（一部系八色单面印花机，一部系四色双面印花机，均系日本高田厂制造），连其他附属之瓦斯烧毛机、吹风机、绳状水汽机、榨干机、漂白干燥机、开幅机、三槽染色干燥机、热风干燥机、装钢模机、酸化机、煮浆釜连搅拌机、四十尺拉幅机、大幅水洗机、上浆机、喷雾机、轧光机、码叠面、卷布机、打牌机、印花试验机、缩小机、轧模机、硬刻机、涂胶机、洗擦机、斜纹机、单宁酸制造机等，其他附属之小机器共有六七十部，多数向日本高田厂定造，亦有向慎昌洋行、华泰公司、益康等处买来，或委托上海源兴昌、上海机器厂定造。当时所买进机器及锅炉马达等件，耗资达日金二十六万余元，其时日金每元值七钱零，故所付之价与上海银元相等。后来染工场方面又添购机器，付银十七万零。

今年拟加扩充，添置印花机器一部，均须一万一千三四百元，不日即将运到。现在预备添设纺织部、自行织布，拟添购布机五百余架，其中三百架为旧机，二百架为新机，系英国制造，需资约二十一万左右云。近日内又已置定上浆机一部，约需日金一万九千元现在又拟向汉中公司定购美国斯可达厂水管式锅炉一座，共计美金一万九千二百五十元。

基地：该公司在华德路自购基地，共有十五亩九分九厘三毛，置进时地价尚廉，仅八万六千六百余两，近年东区地价大涨，如照时价计算或比以前增加二倍以上，近来又拟收买邻近之方单地五亩四五分，该公司已愿出价一万二千五百元，尚未成交，但相差不远，不日当可实现。

房屋：该公司厂屋以平房居多，有向铃木盘进者，亦有委托沈森泰、胡镜记、钟惠记等营造厂承造者，房屋方面共值六万九千余两。

该厂现因扩充纺织部，又在添造厂房，已托载泉记营造厂承造，已经动工，约须建筑费五万九千两云。

工人：现在常有男女工人六百名，将来添设纺织部后，工人将加至一千名以上。

原料：所有坯料向天祥、和记、德记等洋行及申新纱厂、建华公司等定购，以前所有日货颇多，现已不进。

销路：该公司所有货物，除销售与本街各棉布店外，至于外埠，如长江北方内地及南洋各地，均有销售云。

营业情形：该公司去年营业因本厂经济不足、财力薄弱，不能自买坯布印染，乃由该公司股东傅馥卿君另设兴业国货号，由兴业国货号垫本收买坯布，委托该公司代为印染。自民国十九年六月起至二十年六月止，该公司公家收入仅有四十二万零五百五十两，连他项收入一万九千五百余两，共计四十四万零五十八两。

该公司与兴业公司订立合同，以一年为期，自民国十九年十一月起，至二十年十一月底止，订明印工工资，每批七钱，而原料及颜料等物，因金价腾贵，无不大涨。该公司成本每批须在九钱左右，故每批须亏损二钱左右。无奈为合同订定，不能反悔，惟有忍痛赔贴，至去年六月底结账，该公司亏损达五万三千一百余两。至去年十一月底期满，该公司董事即将该合同取消，另组振泰公司，集股五十万两，在该公司之内，以便自买坯布云。

据云，振泰公司所集资本五十万两，其中二十万两由在股各股东凑出，不足之数将该公司之基地、机器等抵押与振泰公司，再由振泰公司将其自己之不动产向人押款，本拟向上海商业储蓄银行抵押，后因条件未曾议妥，不克成就，乃再向顺康钱庄抵押，仅押到二十五万两，故振泰公司所集资本虽为五十万两，而实数仅有四十五万两也。

据云，振泰公司之大股东，即系郁震东君，郁君曾以其住宅向人抵押款项云。

自去年十一月起收回自办之后，营业日渐发达，且按月可有盈余。兹将十二月以后该公司营业额及其盈余数探录如左：

	月份	营业额	盈余
二十年	十一月	约七万左右	约一万六千两
	十二月	约二十四万两	约五万零五百两
二十一年	一月	约四十万两	约六万七千两
	二、三两月	约五十万两	约八万一千两
	四月	约四十一万两	约五万一千两
	五月	约四十五万两	约五万九千两

综观上表，该公司近来之营业情形颇为发达，且能月有余利，前途未可限量。去年兴业国

货号承包之时，在合同有效期内，其机会甚好，因前年下半年以后金价步涨，关税增加，所有货价无不暴腾，每匹自三两九钱竟涨至五两二钱半，因此兴业国货号获利甚多，共有五十万两左右，但傅馥卿为人颇狠辣，以为所订合同，可以展期，该公司决定无力可以收回自办。表面上虽说预备到期取消合同，而暗中仍大进其货，自十一月份买进，直至今年五月止，但其所进之货均系高价，不料受沪变影响，货价逐步跌落，以致大受损失，其结果仅余二十万两左右之净利，未免美中不足耳。

历史：该公司于民国十七年间由章荣初君发起筹备，至翌年春成立，当时所集资本仅二十五万元，创办后举刘翰怡、何耿星、金有成、洪沧亭、刘虎臣、刘蕴春、王应冬、陈永祥、章荣初等诸君为董事，以章君为经理，即在华德路购地造屋。又向日本定买机器。至十一月即行试车。然而二十五万元早已用罄，流动资金已无着落矣。

当时章荣初君设华丰祥棉布号，专运舶来品货物，营业颇佳。章荣初君因该公司缺少资金，乃由华丰祥棉布号代为垫款，向原丰纺织公司定购坯布，而华丰祥棉布号亦由做东西洋棉布而改做国产布匹矣。

谁料其时市上存底充足，日货八千箱，纶昌亦有八千箱，连该公司存货合计达二十余万箱(每箱六十批)。而市上需要不多，供过于求，货价步跌，每匹由四两跌至三两四钱，相差六钱左右，(该公司存有八千箱左右)于是章荣初君大受影响，亏损过巨，不能维持其经营之华丰祥棉布号，随即倒闭，亏欠仁亨志裕华钱庄款项，章君不得已亦避走他方，而该公司间接亦受影响，甚至停工二月。幸有股东杨清磐君介绍郁震东、沈仲毅、陈小蝶等诸君加入新股，所有资本亦由二十五万扩充至六十万元。重整旗鼓，继续营业。

章荣初君对于棉布生意富有经验，人又干练，为该公司之重心所寄，章君旋与债权团几经磋商，债权方面始允照欠额付还二成了结，直至去年春季方才将债务料理清楚，于三月章君复职，仍任经理。兴业国货号收买坯料后，再托该公司染印，故在去年，该公司营业仅代人印染而取印染费，范围既小，又无特殊成绩，不料承包之兴业国货号居然获利而该公司反受损失。因此一俟合同期满，决定取消，而后营业颇见发达，且能获利。闻该公司董事因其财力不甚充足，在现下市面衰落之时，如欲添招新股，又颇为难。照各董事意见，拟将其所得利益暂时不予分派，留作扩充之准备云。

往来行庄：该公司与上海、永亨等二银行及春元、大德、晋泰、顺康等钱庄往来。

备考：据金融界观察，近来印染事业颇为发达，该公司状况较以前颇有进步云。

中国征信所报告书　第42号(1932年7月4日)

中国征信所报告书　第四十二号

骏泰公司　　　　中华民国二十一年七月四日

地址：江西路三六八号，上海银行大厦三楼；分店　浙江海门、宁波、余姚

设立年月：一九二八年，至民国二十年春季改组。

资本：二万五千两

组织：独资

店主：周楚善

经理：周楚善，宁波人，年三十左右，其父在宁波合股开设瑞丰钱庄，故在宁波方面，颇有势力。

周君以前在上海纱布交易所为三十一号经纪人，至民国十八年，改营进出口生意。在同一地址又开设升丰字号。其营业与骏泰相同，亦做草帽生意。

据说，周君之父家道殷实，至少有二十万以上财产。周君人颇勤恳诚实，惜其经验与才具似嫌不足，信用尚好。

营业种类：进出口。该行现在专做出口生意，出口货物为草帽、草篮、铜器、猪鬃、猪肠等。进口仅金丝草一种。

商品来源：金丝草向小吕宋订购；

出口之草帽，由该行往海门、宁波、余姚等各产地收买。该行自己亦分设庄口。闻该行亦有向上海草帽掮客买进者。

商品销路：金丝草售与海门、宁波、余姚织帽之女工及该处草帽商，亦有备该行自用者。该行所收买之草帽，由该行直接输往英、美、法、德各国，尤以英、美为多云。

营业情形：该公司进口及出口双方兼营。当开办时，注重钟表，均向瑞士定来。因营业不甚发达，至去年已经停止。

去年又经营汽车上所用车垫、车毯及书面纸等货物。该公司直接向美国定来者居多。但去年进口生意亦不发达，全年营业仅十万两左右，并无余利，至今尚有存货未曾售去。

该公司因此注重草帽出口生意，去年草帽市面十分衰落，价格大跌。去年全年草帽营业亦仅二十余万两而已。

今年只营草帽生意，将来遇有机缘，再做进口云。

盈亏状况：该号营业状况，似不甚佳。开张以来，至今仅有四年。据云，以前经营进口货时，因市面与金价上落关系，恐亦无利可图。

去年营业状况，因草帽市面衰败，价格逐步低落，其结果似亦不佳。惟该公司所有存货不多，故其所受影响尚小，可不致受大损失也。

今年草帽市面，一时难望起色。惟该公司开支极省，店主又颇勤恳，目下虽不能获利，大约可以平平而过云。

往来银行：只交通银行一家，闻上海花旗等银行与该号有时亦有汇票等进出。

往来钱庄：现下有恒隆一家。

历史：该公司在民国十七年开办，其时系合伙组织。股东为周楚善、陈喜伯、张申之、杨文林等。陈喜伯，即四明银行陈仰和之子，现在万国储蓄会为出纳科主任；张申之，系周楚善之太亲翁，以前亦曾为银行经理（该银行已收歇），后任宁波同乡会重要职员，在宁波同乡中，声望极佳；杨文林，向做棉布，后来改业，经营草帽生意，在北京路六十四号开设汇泰行。至二十年春季改组，陈喜伯、张申之、杨文林均将股份拆出，归并与周君独资经营云。

据该业中人推断，该公司营业虽不发展，但店主周君财力颇足，其父在宁波开设钱庄牌面颇好，在海门、余姚、宁波、收买货物，乃父可以随时垫款云。

中国征信所报告书　第43号(1932年7月4日)

中国征信所报告书　第四十三号

林笙甫　　民国廿一年七月四日

籍贯：宁波

年岁：五十左右

职业：洋酒食物

林君向做洋酒食物生意，在亚尔倍路之万兴外国食物号及法租界之三兴外国食物号均系大股东。万兴、三兴二家外国食物号开设年代已久，其营业范围颇广，除大多数做本埠西人住宅生意外，又兼做本街同业及外埠批发，每家全年均有五六十万两以上之营业。一说可做至近百万元。

林君在江西路华大洋行(Oriental Product Trading Co.)亦为大股东之一，该行完全华股，专做进口生意，而尤注重外国食品。在二三年前林君又在宁波路四十号独资开设大通行Linson & Co.，专做进口生意，而尤注重外国食品。去年因时局不清、市面不佳，故其营业亦不十分起色。

林君又在法租界天文台路创设天星糖果厂，雇用工人制造巧克力糖，起先资本亦有五万元，第一年营业，未见盛旺，且稍受损失。

林君又用自己名义兼做地产生意，以前买卖亦不甚多。据云，现因时局关系，业已停止营业。在法租界亚尔倍路亦有地产，闻万兴食物店之房屋，及在东有恒路之住宅，亦系自己产业云。

以前林君与浙江实业银行无往来，浙江兴业等银行则均有往来。

林君现已富有财产，大约有二三十万两之财产。

林君为人诚实，在同业中有相当之声誉云。

中国征信所报告书　第44号(1932年7月4日)

中国征信所报告书　第肆拾肆号

振兴毛织厂　　二一年七月四日

地址：厂址徐家汇路打浦桥，发行所牛庄路一号半。

设立年月：民国十九年筹备，二十年四月成立，七月开工。

资本：二十万元

组织：合伙性质，惟闻股东中意见未孚，至今议单尚未做好云。

股东：朱葆元，向做茶业生意，开设震和茶栈，又为春元庄之股东(资本二十万两，朱君占一股)，现有财产约七八十万两以上。

顾锡元,见下。

李庆梁,向办捐税事物,现在该厂服务。

朱、顾二君各出股本九万两,李君出资二万两云。

经理:顾锡元,上海人,年近四十。以前在博物院路永兴洋行进口部为职员。据云顾君在该行服务甚久,自小即在该处为学徒。去年该厂开办后,因事物忙碌,不及兼顾,乃即告退。人颇干练,富有思想,信用尚好。

营业种类:毛织物

该厂去年开工后,即纺四股毛绒线及骆驼绒纱。今年一二月前又新发明一种雪花呢,惟出品不多。

商品来源:该厂去年纺四股毛绒线及驼绒纱,其所用原料,国货与舶品均有,因国产之羊毛质地太硬,制成毛线稍欠柔软,故用舶品居多。

舶来品羊毛,由永兴洋行向外洋定来;至国产羊毛,不论山东、四川、湖州各地所产者均用,其货物向本地羊毛商买进。

商品销路:该厂纺成四股毛绒线等物,除销售本街外,又销往天津及南洋等处。本埠去年托三友实业社代销;兴圣街各毛冷店,仅借泰群曾代为经销,但为数不多。

设备　场内有跑车四部,钢丝车十二部,共计锭子三千二百六十支,系由永兴洋行介绍从德国买来,此外又在上海机器厂定造刷毛机等附属品,机械方面共耗费十七万两左右。

该厂基地计四亩零,系向人租来,上建水泥钢骨厂房,建筑费共计七万两左右云。

工人:去年约有一百六七十至二百名,现下不过七八十名。

产品与产额:该厂去年仅有四股毛绒线及驼绒纱,因开工已迟,而其时沈案已经发生,上海市面逐潮冷落,故不敢多有出品。据云,去年开工后,仅有四五万磅出品而已。

营业情形:该厂去年开工已迟,而其四股毛绒线物质,虽不能与西洋货媲美,然初做之时,有此成绩,已属不易。但吾国国民,向来欢迎舶来品,国货虽佳,而其脑筋中常不十分满意。故该厂所纺毛绒线,当去年新张、牌子未曾做出之时,当然不易推销。据云,外埠如天津及南洋方面,销路比较尚佳。去年开工后至年底止,数个月内,仅做十万余两生意云。

今年营业之状况:毛绒线销路须在下半年方有起色,如现在多做存货,又非预备巨额资本不可,故就余暇之时,用湖州所产之茧壳丝脚,再和纱线纺成一种夹丝纱线。委托瀛洲织造厂代织一种雪花呢,与三友实业社所出二一二呢相仿,可以制成制服、校服等。现在瀛洲织造厂可织成雪花呢四十匹。闻第一批出品已为中国银行同人、国货消费合作社悉数买去。该项雪花呢,售价颇廉,便利平民,而其物质与色彩均佳,定能受人欢迎。因瀛洲厂限于产力,不能多造,故该厂将另托他厂制造,拟每日产额加至八、九十匹云。

盈亏状况　去年开工之后,货物销路不旺,市面又甚衰落,故其营业亦无起色。又据该业中人云,该厂于其所进原料方面,价格稍昂,故其营业成绩,似不甚佳,短亏一万余两云。

往来银行:该厂与中国及上海二银行,均有往来。

往来钱庄:该厂与春元及元大二家钱庄有往来。

该厂资本仅二十万两,而开办时购买机械、建筑厂屋,所费已多。至于流动资产,已感缺乏，不得已乃由股东朱、顾二君代垫云。

去年该厂因财力不足，营业不能发展，拟将厂基、房屋、机器等，向上海商业储蓄银行抵押十万元。除十万元押款外，又往来二十万元，乃为股东朱君不愿，朱君在春元庄亦有股份，情愿由春元庄随时代垫。不料自中日战争发生以后，上海市面更见衰落，春元钱庄因时局关系，无意再垫。该厂经理顾君，拟将厂基、房屋、机器等物，向中国银行抵押五万两，后因种种关系，未成事实。

现在股东朱顾二君，虽已络续垫款，但其经济方面，目下似颇困难云。

又据他方意见，如时局平靖、市面兴盛，该厂营业定能有发达希望。

中国征信所调查报告　第45号(1932年7月5日)

中国征信所报告书　第四五号

大昌毛冷号

民国廿一年七月五日

地址：前在法租界兴圣街，今年二三月间迁至紫米街。

设立年月：民国十八年

资本：二万两

股东：向该业探访，均云不知，或因该号收歇之后，代守秘密，不肯宣布，为郑重起见，当再详细调查，容后再行报告。

经理：程瑞霖，江苏洞庭山人，年四十外，向业毛冷，以前曾在陆兴昌毛冷号为店员，后在兴圣街自设瑞昌祥毛冷号，营业平常，乃让渡与张昌霖君，由张君另行合股改组。程君又在天利、瑞康、荣康等洋行为式老夫，自己并无财产，至多数千两而已，信用普通。

营业种类：毛冷。该号专做各种毛冷及毛绒线生意。

商品来源：该号所有货物，系向洋行定货，与其往来之行家，共有十家左右，如天得、宝华、美最时、茂隆、德记、顺金隆、怡和、中和、礼和、联和等洋行，均有定货。据该业中人支，该号向各洋行秘定毛冷，共有一千余件，兹探录如下：

德记洋行	二百五十件左右
宝华洋行	二百件左右
瑞康洋行	三百件左右
茂隆洋行	二百件左右
联和洋行	一百三十件
美最时洋行	三四十件
顺金隆洋行	三四十件
怡和洋行	三四十件
中和洋行	三四十件

商品销路：该号营业门市批发均做，门市营业不大，故以批发为主，至批发方面，注重长江各地，如汉口、长沙、四川等处，销路均大，此外如北方及内地本街工厂，均有交易云。

营业情形：该号营业与隆兴昌相仿，其销路亦同。因该号经理程瑞霖即系隆兴昌毛冷号出身，故其做法相仿，

据云该号开张不久，营业范围颇大，全年总额可达一百余万两，惟较隆兴昌毛冷号稍逊，然在同业中亦在上等之列。

盈亏状况：该号营业状况欠佳，自开张以后，毛冷市面，即形衰落，而先令又涨落不定，因此大受影响。当开设时，表面上虽无裂痕，然其内容早已不佳。据云开张以来，历年亏空，资本早已蚀完。去年下半年已呈外强中干之象，惟同业鉴于该号股东均系殷实商人，故不疑其中有变故发生。

沪变以后，经济更形窘迫，而该号所放出之账，约有二三万两，无法收取。因此于今年二三月间，将兴圣街所设之商店收歇，迁至紫米街，改为字号，拟缩小范围，节省开支，不料仍无办法，股东亦不愿再垫款项，不得已乃于上月间收歇。

据云该号亏空有十余万两之多，钱庄方面，所有往来款项及常期借款，约有六七万两，存款亦有四五万两，至于洋行方面定货，均未了理，恐将发生讼事，亦未可知。

往来行庄：该号收歇，实因营业不佳，历年亏空所致，并无欺诈行为，至于股东问题，该业中有人云，宝大祥钱庄经理葛丽齐，亦为股东，另一说云葛君确系无份，言人人殊，难以确定。兹为郑重起见，拟再设法详细调查，俟查明后，再行报告。

一说信泰庄之职员，亦有关系，但无从查考。

(二) 中国征信所密字调查报告书(第1～48号)

中国征信所报告　密字第1号(1932年6月1日)

中国征信所报告　密字第一号

邵万生及德隆彰不稳说之由来

市上近有邵万生及德隆彰两家稍觉不稳之风传，兹经本所调查，虽不无原因，但根本素称殷实，大体尚不致发生变化，姑就所闻撮述之。

(一) 邵万生南货号

南京路邵万生南货号，开设已久，向来营业亦颇发达。惟近年来，同业竞争甚烈，营业不及以前顺利。该号大股东许氏(系绍兴富室，有一百余万财产，闻说现在由许氏女主人掌管)，有鉴于此，拟将所有股份拆出，因此前日有该号发生不稳之风传。目下不起变化，或可设法维持下去。

(二) 德隆彰烟号

南市外鹹瓜街太平弄口德隆彰水烟号，开设已久，其水烟销路之大，为同业之冠。在以前每年所做生意，当在一百万元以上。近来纸烟风行，水烟销路大受打击，且中日战后，市面不振，所放账面有二十余万两，未能悉数收取。因此，亦有不稳之风传。据云：该号有存货水烟

三百余箱，而该号大股东汤圣裁又富有财产，或不致发生任何危险也。

中华民国廿壹年六月一日

中国征信所报告　密字第 2 号(1932 年 6 月 11 日)

中国征信所报告　密字第二号

(密)顷悉上海闻人黄金荣君近在病中，风闻于昨日请金煜律师证明，缮立遗嘱。附录黄金荣先生经办之事业：

(1) 大世界

(2) 温泉浴室

(3) 大舞台戏院(现已易人)

(4) 天蟾舞台戏院

(5) 黄金大戏院

(6) 广东大戏院

(7) 杭州饭庄

以上各家，黄君均有股份在内。

(1) 在上海国民商业银行乃系大股东。据云，有股本五六万元

(2) 在九福公司中法药房均有股份

(3) 此外，在中汇银行所占股份极少，乃系杜月笙面子关系

黄君之房地产：

辣斐德路源城里有弄堂五条；

蓝维霭路钧福里及黄金大戏院附近房屋；

漕河泾黄氏宗祠及花园；

霞飞路住宅。

中华民国廿壹年六月拾壹日

中国征信所报告　密字第 3 号(1932 年 6 月 11 日)

中国征信所报告　密字第三号

日本人着手扩充纱厂第二步计划

(密)日本人在吾国扩充棉织事业，近年来陆续开设纱厂不少，第一步已告成功。现在亟欲扩充第二步计划，将来从事于染色及印花事业。闻说内外棉纱厂 Maigai-wata Kaisha 及丰田纺织厂 Ioyo-da Cotton Spinning of Weaving Co. Ltd. 已准备各添加资本六百万元，就原有厂址余地，建造厂屋，增设印染事业。恐实行之期当不在远也。

中华民国廿壹年六月拾壹日

中国征信所报告　密字第4号(1932年6月13日)

中国征信所报告　密字第四号

市场消息(密)

华嘉洋行 Siber Hogner&Co.

地址：福州路汇丰银行房子

总行：Zurich

支行：Yokohama，Kobe，Tokio，Osaka，Shanghai

开办年月：上海支行已有十七八年

上海经理：Zagle Ed.

营业种类：进口

该行营业，以前范围颇大，但在近年来，因市面不佳，已经缩小。如在去年情形，只做棉布、呢绒、人造丝、机器、杂货、钟表等，其中以机器、人造丝占大多数，(机器约有五十万左右生意，人造丝约有四五十万，棉布、呢绒约二十万两，杂货十余万两，钟表只有五六万两。)去年全年共做一百余万两，生意云，已较往年减少。今年中日开战以后，上海市面十分沉寂，该行营业乃大受打击云。据云，该行在大阪 Osaka 支行，去年亦受损失，现今正在清理中。顷据该行内部职员传出消息，该行于近日内接到总行电报，有命上海支行停业之说，但未正式宣布。

照该行现在每月开支，约须六七千两，(房租七百两在内)开支颇大，去年营业结果，亦殊平常，仅能敷衍而已。该行设立已久，即其经济状况，亦颇充足，万一实行停业，对于外界当不致发生重大关系。

中华民国廿壹年六月拾叁日

中国征信所报告　密字第5号(1932年6月15日)

中国征信所报告　密字第五号

最近沪市黄纸版之存数(密)　中华民国二十一年六月十五日

中国银行堆栈堆存黄纸版九百五十四吨，内计：

民丰厂存二千五百十五件计六百二十八吨七五折；

华夏厂存一千二百三十一件计三百〇七吨七五折；

益丰厂存七十件计十七吨半；

浙江兴业银行堆栈堆存黄纸版三百三十八吨又三件计一千三百五十五件，又堆存灰报纸一百二十二吨计四百八十八件：内计宽成存黄纸版五十三吨一件，计二百十三件；又，灰报纸一百二十二吨，计四百八十八件；

新源昌存黄纸版二百七十一吨〇二间，计一千〇八十六件；

涌生泰存黄纸版十四吨计五十六件。

又一报告云：

该银行堆栈存竟成及大华黄纸板一千二百七十件；

上海银行堆栈堆存黄纸版四百六十八件，每件重四百斤，民丰厂堆存；

中国垦业银行堆栈堆存黄纸版五百件，华盛厂堆存；

东莱银行堆栈堆存黄纸版七十件，大华厂堆存；

金城银行堆栈堆存黄纸版八十件，大华厂堆存；

信通洋栈堆存黄纸版一千件，内计华丰厂存六百件、民丰厂存四百件。

又一报告云：

民丰厂堆存八百五十件；义兴洋栈堆存黄纸版五千件，内计华丰厂存三千件、民丰厂存二千件。

民丰造纸公司堆栈、华丰造纸公司堆栈，以上二家共计堆存黄纸版二千五百吨；大华堆栈、大华造纸厂堆栈在麦根路车站附近，一二八事件发生后已被炮火毁去，现下纸版到申，均借堆金城、信通等栈。现下栈存纸版，皆已售出，提单已交与客家。惟存货出售与否，该厂亦未悉。

大陆银行堆栈：该栈现无黄纸版堆存。

中国征信所报告　密字第6号(1932年6月14日)

中国征信所报告　密字第六号

刘锡基君逝世　　中国民国二十一年六月十四日

(密)刘锡基，年六十岁，广东人。于本月十日病故，兹将其身家事业，撮要探还如左：刘君以前在华德路有住宅一所，约值二三万两。惟因前数年被匪绑去，索取赎款，乃将该住宅变卖，现住新大沽路，其房屋闻系租赁者。

刘君在新新公司所附股份，约有四五万元，但现下该公司股票价值甚低；在福安公司内，亦有股份，但为数甚少。刘君逝世后，对于新新公司，并不产生影响，因刘君虽为该公司总理，而一切事务，均由经理李慎周君掌管，惟新新公司近来营业仍无起色，大减价期内，每日亦只售一万余元，平日只有四五千而已。又闻该公司有将改组消息。

刘君所患病症，系血压过高，兼以年老身弱之故，遂致不起。闻其遗产至多五六万两云。

中国征信所报告　密字第7号(1932年6月14日)

中国征信所报告　密字第七号

金融界消息　　中华民国廿一年六月拾四日

(密)顷自钱业中探悉关于该业之杂讯数则，确实与否，尚不可知，故志之以供参考。

一、安康、承裕、安信等三庄，承做降丝茧押款，约有二千件左右。价在市价八百五十两时作八折押进，现在已有一千件取去，照现价颇受俱损失，惟该庄等本身殷实，大致不成问题。

二、元大庄亦有丝茧押款百数十件至二百件，目前约有五六十件未取去，大概该庄不免改组，或竟停业亦未可知。

三、永聚庄闻有改组之意，新股东尚未定局。

四、汇隆庄新股东据云孙衡甫有加入二股之说。

中国征信所报告　密字第8号(1932年6月22日)

中国征信所报告　密字第八号

鼎泰、承泰、新长泰、新三北货行宣告清理之内幕　二十年六月廿二日

(密)鼎泰北货行，昨日起与承泰新北货行、长泰新北货行同时在各报发表宣告清理广告。计该行等欠庄款约三十万两，欠存项款约五十余万两。传说该行等在南京有放账四十余万两，一时不易收回。与此次宣告清理，颇有关系。

闻承泰新长泰新，均就鼎泰盈余项下，拨款设立，故连带发生影响。其往来钱庄，以致详为首，数约三万两，次为均昌、羲昌、乾元等，惟该三行股东兼经理凌励成君抵不动产五六万两，恐须短少云。

附三行股东名单及股数

(一) 鼎泰

东公记	三股	张蘭记	二股	姚紫记	二股
凌源记	二股	凌禄记	一股		

(二) 长泰新

凌砺记	三股	姚荣记	二股	王乐记	一股
孙吉记	二股	凌锦记	一股	东公记	一股

(三) 承泰新

凌□记	四股	王乐记	一股	长泰新	三股
凌衡记	一股	姚紫记	一股		

备考：传闻厚德、益昌、厚生、成孚等四家北货行，凌砺亦有股份。

附三行存欠清单(单位两)

(一) 鼎泰

行庄欠款

甲、定期

致祥	五千	鸿胜	三千	通商	三千
松江典业	二千	衡通	五千	滋丰	四千
彝泰	二千	乾元	五千	恒泰	五千
何记	五千	大源	二千	滋康	三千
同泰	五千	鼎恒	三千	宝源	五千
聚丰	五千	霖记	壹万	正丰	三千

杨嘉记　二千　珍记　壹万

恒详　三千　元亨　五千　敦裕　二千

源吉　三千　宝源　四千　藤裕记　二千

华通　五千　承泰新　一万

共计银十二万一千两

乙、活期

乾元　四千一百六十，志诚　二千八百念，均昌　一千八百九十，致祥　两千八百三十

华通　六百　客户往来　五万

共计　银六万二千三百三十两

存项　银八万六千两　洋十万二千元

合计　银二十六万九千三百三十两　洋十万二千元

(二) 长泰新

行庄欠款

甲、定期

滋康	三千九百	滋丰	三千	通商	四千四百
联通	五千七百	乾元	三千	衡通	五千七百
致祥	□千八百	鸿胜	三千	松江典业	三千
中实业	三千	恒利	二千四百	益丰	一千八百
上海	一千八百	均昌	三千	凤祥	三千
瑞康	二千	鼎恒	三千	正丰	二千
华电汽	一万	彝泰	二千	源源	二千
宝源	三千	郑昇记	二千		

共计银八万零五百两

存项：银八万八千　洋五万五千两　银十六万一千五百两

合计：洋五万五千两

(三) 承泰新

行庄欠款

甲、定期

丰记	五千	凤祥	二千	宝源	三千
聚记	三千	瑞康	二千	通商	三千
滋丰	三千	大源	二千	滋康	三千
源吉	三千	鼎恒	三千	衡通	五千
华通	五千	乾元	五千	致祥	五千

共计银　五万二千两

乙、活期

致祥　八百五十　通商　二千零六十六　乾元　六千九百六十六

均昌　二千四百八十七　志诚　三千四百十九　上海　二千二百三十八

华通　三千七百五十三　德泰新　一百十四　衡通一千一百九十四

中汇　五两

共计　银二万六千零六十四两

存项　十四万两

合计　银念一万八千零六十四两

总计　银六十四万八千八百九十四两

洋十五万七千两

中国征信所报告　密字第9号(1932年6月16日)

中国征信所报告　密字第九号

童涵春药号改组之由来　中华民国二十一年六月十六日

市上近传童涵春药号有改组之说,兹经调查,该号设在小东门内,系一百余年老店,营业向称发达,且能年年获利。该号股东经理童光甫,近因做标金受亏,损失甚巨,在五月底结账以前,已难支持。惟所欠庄款,为数不大,幸有四明银行与嘉广生药号维持,得以暂时渡过难关。现闻有改组消息,新股本有六十万两,除四明银行经理孙衡甫君及大英银行买办徐树棠君加入外,其余股东,均系南市参号业中人云。又悉该号牌子,以年有十万元之获利,故可作价四十万元。传闻如是,以后如有所得,当续行报告。

中国征信所报告　密字第10号(1932年6月15日)

中国征信所报告　密字第十号

大昌毛冷号有清理说　中华民国二十一年六月十五日

(密)顷闻法租界兴圣街大昌毛冷号,因开张以来,营业不振,经年亏蚀。近来又受时局影响,不能支持,有将收歇清理之说,惟尚未正式宣布。共欠二十余万两,其中庄款有十万两以上,多数系属长期。详情当再续报。

中国征信所报告　密字第11号(1932年7月5日)

中国征信所报告　密字第十一号

密第十一号　民国廿一年七月五日

(密)顷闻福建路永新利布号搁浅,欠银行钱庄款,有二十万两左右,存项有念余万两,其详细数目,容再续告。据云,施少初系该号大股东云。

中国征信所报告　密字第12号(1932年7月12日)

中国征信所报告　密字第十二号

金业消息　　廿一年七月十二日

森昌永金号：一〇三号经纪人，资本二万二千两。

股东：袁笙，四股，宁波源源钱庄股东；

冯孟龄，三股，冯存仁药店店主；

陈子勋，一股，前恒隆庄股东经理；

王湖笙，三股，前在宁波钱庄服务。

经理：王湖笙。

该金号营业除代客交易，为自己所做交易亦多，据云有一千条左右，均系空头。现今金价日涨，因此亏损有十万两左右。据云该号不日有改组消息。该号与恒隆、恒巽等钱庄往来，将来改组于钱庄方面，不生问题。经理王湖笙自己亦有二三十万金财力云。

恒兴金号：一二〇号经纪人。

股东：林炳炎，二股；盛家怀，二股；俞寰澄，四股；张澹如，一股；李廉波，一股。资本二万两。

经理：盛春霖。

该号除代客外，自己条子亦有不少。在金业交易所内，共有三千余条，均是空头。现今金价渐涨，因之亦亏损十万两左右，但该号股东均颇殷实，不致有意外之虞。

中国征信所报告　密字第13号(1932年7月13日)

中国征信所报告　密字第十三号

廿一年七月十三日

前日（十日）常州有一油车坊名实兴泰者，忽告搁浅，欠当地钱庄及豆麦行款共十余万两，申地亦有廿万两左右，系所买豆麦行之豆及菜子〔籽〕等款。被欠行家，闻有十余家之多，如裕泰豆麦行四万两，新丰豆麦行二万七千两，泰润豆麦行五千余两。其他如鼎泰德等数行，皆被拖欠，惟数目不详。但以上数家豆麦行，信誉素孚，不致发生若何影响。

中国征信所报告　密字第14号(1932年7月13日)

中国征信所　密字第十四号

华嘉洋行追报　　廿一年七月十三日

该行因总行亏本，有将沪行收歇之说，已见前次报告。据该行职员云，该行货物账款，由银行清理，善后事宜，将待至本月十五日以后定局。将来必有一番变化，或由该行大班自己经营，将其范围缩小云。

中国征信所报告　密字第 15 号(1932 年 7 月 21 日)

中国征信所报告　密字第十五号

天华润(毛冷兼人造丝字号)　　民国廿一年七月廿一日

该号以前,设在城内九亩地旧仓街,原系孙志荣所设立,专做洋杂货生意。在二三年前,收买兴圣街震泰毛冷号之店基存货,即迁往该处营业。自迁至兴圣街后,另改组为合伙性质,其股东除孙志荣外,有王老天(萃泰昌股东,又做标金生意),前萃泰昌什货号之账房某君,及在宁波开设银楼,又在陶朱里开设金刚瓒字号之某君。当订立议单时,有程瑞霖为见议云,王老天股份已于去年拆去。

该号营业,注重毛冷及人造丝二项。民国十九年年底,因增加关税,人造丝货价大涨,该号适有存货不少,因之获利甚巨。据云有十余万两之多,去年营业结果亦佳,可盈利一二万两云。

该行曾向德记、和记、礼和、禅臣等洋行定购毛冷,约有一二千件左右,其中尤以德记、和记二家为最多,已有一千件云。目下,毛冷市面不佳,货价日跌。如该行待货到后,将关税缴付,或将定货出清,则必大受损失,或致将近年来所获之利悉行蚀尽,且恐或不敷云。该号在今年五月底结账时,对于往来之钱庄及银行,均有存帐。现在忽一变而为欠账,其中必有变故。据同业云,大约由该号将所有存款,络续提去,改存他家。闻说以前该庄与恒巽庄向无往来。目下忽有存款三万余两,即此一端,使人更为多疑窦也。

该号往来之钱庄,为均泰、信康、永丰、众丰、顺康、怡大等,其中以均泰、永丰二庄往来较大,信康庄往来已久,恐亦不少,此外如恒利银行,亦有往来云。

闻说该号欠均泰庄往来款项,而另记他人为之担保,此事使人疑虑。当即由均泰庄经理拒绝。此外,尚有一案,该号付与毛冷公会(为防同业跌价,各家存公会银款若干,以备将来违背同业公议规则,私自跌价者,将由同业处罚)预缴之罚款银三百两,给以恒利银行七日期支票。不料该号至四日,忽与恒利银行将帐结清。呢绒公会到期往收,因系空头支票未曾收到。此事传与同业知悉,信用方面,遂大受影响。

该号股东兼经理孙志荣,目下到处向同业声称被钱庄逼迫,因此经济殊感困难。数日前,又向同业冯重生恳求托其代为帮忙。

据同业观测,该号经理孙志荣深恐将来定货到埠,须受亏损,则二年来所得余利,尽付诸东流,故诈称被钱庄逼迫,以致不能维持,将来预备停业,或一走了事耳。

该号目下虽尚未停歇,但据同业观测,恐不久必有变化。此事内容颇多黑幕,兹将近来经过状况揭晓,以告与该号有关系者,当预先留意为佳也。

中国征信所报告　密字第 16 号(1932 年 7 月 22 日)

中国征信所　密字第十六号

久成志记出口部　　廿一年七月廿二日

该号设在威海卫路,系庞竹卿个人所设立。庞君向做府绸生意,前在久成府绸号(福州路中和里)为股东,因与其他股东发生意见,乃迁出股份,自设此店,专做府绸生意,直接输往外国。

在以前营业盛旺之时,每年亦有近百万两生意。去年,因下半年市面不佳,营业减少,仅二三十万两生意而已,因此不免亏损也。

庞君之子庞润之,又名元海,去年做标金生意,投机不利,损失至二十万两以上云。该号又有存货若干,目下市面呆滞,货价跌去百分之十五至二十,故对于存货方面又不免损失。

因有以上种种原因,目下经济状况,颇为困难。

在威海卫路之住宅,已经抵押八万两,在小西门出租之房屋,亦已售去。

现在该号信用日坠,上星期向某处购买某种货物十箱,而售主不能信该号与信康、滋丰等庄往来。

与中国、上海二银行亦有往来,闻说并无信用放款云。

据其同业云,该号状况颇为危险,恐有不稳之虞。

中国征信所报告　密字第17号(1932年7月27日)

中国征信所报告　密字第十七号

天华润　续报　　廿一年七月廿七日

该号专营毛冷及人造丝二种,去年向各洋行定购毛冷,计有一千五六百件,人造丝约有六七百箱。

其往来做定货之行家共计十家,如泰来、义兴、中和、怡和、禅臣、礼和、和记、德记、安利等,其中与和记、德记二家交易为最大;次之则为礼和,约有二百数十件定货,怡和共有六十件;而中和则仅三十件而已。

现在市况衰疲,货价低落,该号因之大受影响,损失颇大。其他姑不论,如所定货到埠以后,缴付关税,即须款十余万两云。

该号股东兼经理孙志荣,有鉴于此,目下十分忧急。据云孙君拟与和记、德记二行西人磋商,凡该号所有定货,到埠之后,应缴关税,先由各洋行垫付,以待将来陆续理楚。闻和记洋行西人,或可暂允通融办理云。

该号现正准备宣告清理,万一各洋行不能通融,不愿垫付关税,则该号财力薄弱,难以负担,最后一着,惟有宣告清理,准备收歇而已。据其同业云,该号之经济状况如下:

(一)现在往来钱庄,如均泰、永丰、顺康、滋丰等,该号共欠庄款约有三四万两。

(二)又欠存项约有三四万两。

至于该号之存货,约有二三万两,但其中已有一部分抵押在外。此外,人欠该号账款亦仅一万余两。万一该号收款,宣告清理时,恐其存货与账款,不能相抵,所亏尚多云。

现在该号在同业中信用已失,外面谣言颇多,而该号股东兼经理孙志荣,平素行为欠佳,对外更无交情,故益使人怀疑也。

据其同业云,该号初营业时,仅有三千元。因买卖人造丝获利,当迁往兴圣街之前一年,已获利有二万余两，而在前年年底，因增加关税，以致货价大涨，每箱竟涨起一百余两。该号适有大宗存货，乃更大获其利，约有十余万两。后来虽由各股东将其应得利益分去，然在孙君名下，仍系富有。如该号将来果有收歇之事，然孙君自己私蓄，定有不少云。

中国征信所报告　密字第18号(1932年8月15日)

中国征信所报告　密字第十八号

新近逝世商界之要人　　廿一年八月十五日

（一）楼恂如，鄞县人，四十七岁，于半年前忽患肺炎症，历经中西名医诊治无效，于八月十一日逝世。兹探录楼君略历及经办事业如下：

楼君向做钱庄生意，以前在裕大钱庄，为店员，后任薛文泰先生所设立之益泰花厂账房，不久乃合资创设敦余钱庄。先系元字地位，在七八年前，改为汇划，楼君自任经理。

楼君又创办中华劝工银行，初为经理，后升任总理。今年新开之统原银行，楼君亦被举为董事。此外尚有与人合股开设之商店，均系情面关系，附入少许股份。

至楼君之财产，其不动产仅有上海孟纳兰路住宅一所，该屋系三上三下楼房，连地基估值七八万两。近年来在宁波原籍大校场附近新置住宅一所，估值达二三万两。此外财产多系股票，在劝工银行附入股本一万元，至于现金则殊不多云。

楼君有子三人：肯哉、肯之、肯堂等。肯哉居长，年约二十岁，现任浙江兴业银行职员。次子、三子尚在学校读书。

楼君逝世后，所余敦余庄经理职务将由协理赵松源升任。至于中华劝工银行总理职务，暂时虚悬，一时无人继任云。

（二）胡访锦，宁波人，向在法工部局为买办，又为江南银行董事，此外尚有合股开设之商店及其他事业甚多。胡君于本月初逝世，身后亏空三四十万两。闻其生前曾在某人寿保险公司保有寿险十五万两，又法工部局例有抚恤金六七万元，如将以上款项抵补欠款，恐尚不敷云。

所遗法工部局买办职务，因其子年幼，法人不能信任，乃由胡君之弟胡访鸣继任。对于所属职员，概不更动。

中国征信所报告　密字第19号(1932年8月17日)

中国征信所报告　密字第十九号

湖州钱业近讯　　廿一年八月十七日

湖州钱业自前年发生大变动后，倒闭频仍，名誉扫地。二十年春，苏州钱业公会公然以皇皇文章遍登广告，与湖州钱业永远断绝往来，至今犹引为内行之谈助，而感情依然未复也。近闻老同行正和德成庄有摇动讯，新同行（十九年上市）信大亦被牵连，并连累及本埠后马路隆庆里勤益绸庄云。

德成庄经理岑荣光为湖州钱业领袖，信大协理岑燮黎为荣光之子，所有详细情形，俟探明后续报。

中国征信所报告　密字第 20 号(1932 年 8 月 20 日)

中国征信所报告　密第二〇号

密二〇号　　　　廿一年八月十七日

顷闻源大汇兑号及源丰杂粮号均告搁浅，该二号之大股东高贺之君。该庄款计鸿丰一万五六千两、怡大八千两(闻怡大与高君往来，本属现进现出，乃因该庄账房，以记账错误，欲其拖欠)，尚有其他各庄，为款甚巨。但其庄名未详，闻高君在源来及永昌两洋杂货行均附有股份各二股云。

中国征信所报告　密字第 21 号(1932 年 9 月 13 日)

中国征信所报告　密字第二一号

清算中之大连商业储蓄银行　　　　廿一年九月十三日

本埠大连银行于昨日突然宣告停业，颇引起社会之注意。兹将经过事实及清算情形探述如左：

地址　公共租界北京路一0四号
设立　民国二十年三月九日
资本　洋五十万元
组织　股份有限公司
董事长　刘晦之　中国实业银行总经理
董　事　唐寿民　国华银行经理
　　　　魏廷荣　中法银公司总经理
　　　　王志远　隆昌钱庄经理
　　　　顾重庆　东方汇理银行买办
　　　　汪资训　义兴钱庄协理
　　　　黄季岩　大中华股份有限公司董事，又经营地产营造生意
　　　　杨赞韶　常熟大兴银行
　　　　丁介侯　已故
　　　　吴继宏　许少荣
董事兼经理　黄明道　前新华银行经理
董事兼协理　唐海珊　前系钱业出身，前任工商银行出纳、主任
监　　察　胡子兴　英商电车公司买办
　　　　　饶韬叔　国华银行协理
营业种类　普通商业银行业务兼办储蓄

简史：该行资本原定一百万元，但因时局关系，未能招足，实收仅五十万元，后因与部章抵触，乃改为额定资本五十万元云。

营业情形：该行创立后，在去年六月间，业务颇为发达，据云营业额达六百万元。不料九一八沈变突然发生，沪埠银根非常紧急，益以各种公债市价暴落，该行因向同业领用钞币关系，皆以公债票充作准备金。此中损失，据云达六七十万元之谱。又被董事数人欠巨额款项，至今尚未归还，故经济方面尚感竭蹶。在今年八月初旬，被某钱庄退回划条四万两，后由唐寿民君出来维持，该划条仍由钱庄解讫，但信用已受影响，实难继续营业，遂于昨日（十二日）起，宣告清理。该行收受储蓄存款，报载仅七万余元，该行清算人谢荣会计师亦云此数。但据熟悉内容者云，此数绝对不确，总数当达十八万余元。因储蓄部系属独立，法律限制甚严，故除由刘董事长垫款二万元外，其余十六万元由各董事监事等负责筹垫，已全部偿还。业经委托正则会计师事务所通告各存户，自九月十三日起上午十时至十二时，各携存折赴南京路大陆商场四楼正则会计师事务所支取，可无问题。该行信用往来及存项最多时约达三四百万元，现时尚有一百廿万元左右，须待清理后，方有眉目。据外间评论，只有一二成账面云。

盈亏状况：该行创立未满一年，即受公债市价低降，亏损达六七十万元，又有各董事拖欠之呆账计四十余万元，连同开办买房屋挖费及生财等，总共耗资达十五六万元云。

中国征信所报告　密字第22号(1932年9月16日)

中国征信所报告　密字第二二号

兴盛泰米行将告搁浅(参阅市字第九二号报告)　廿一年九月十六日

闸北米行因受沪战及洋米狂跌影响，大露窘状，如万余、大有恒、万盛兴等相继搁浅，前已报告。兹又有兴盛泰米行亦告搁浅。按兴盛泰之搁浅，市上尚未声扬，即其自己股东亦未完全明了其状况，惟该行经理跑街等，已不常到市，多数同业米行均不敢与其往来（现款出货者别论）。即各河埠新到米船后，经售人亦不到该行出标。同业中咸有表示不信任之状态，该行内容已早亏累殆尽，行号催出成定抵押各货，亦均延宕敷衍。表面上维未停顿，而内情则已呈搁浅之状，即存款于该行者，亦不能提取也。惟股东方面，大半为米行同业与商界中富有资财名誉之人物，倘能出而垫款维持，或可继续营业也。但据接近该行股东者云，因目下时势不佳，均无斯意。若然，则其正式停业之期，当亦不远矣。附该行概况如次：

兴盛泰米行，闸北新闸桥浜北。

资本：原额壹万两，公债及未派盈余等二万两以上。

营业：发米（近年兼洋米期现货卖买）。

经理：朱鑫荣君，号丽文，本业出身。

股东：严筱泉，万兴豫股东兼经理，又南帮米商公所代表，又祥泰木行之副经理。此外股东尚有杂粮业江西帮协大亨号某君等。

失败原因：经营洋米，及沪战影响。

中国征信所报告　密字第23号(1932年9月16日)

中国征信所报告　密字第二三号

邵万生南货号续报(见前密字第一号及普字第三六号两次报告)

廿一年九月十六日

该号所欠庄款共有十三四万两左右。股东绍兴许氏。现经人前去疏通,已允将亏空款项照数摊派,并将应付半数付出。而邵氏股东亦与钱庄方面商妥,将欠款陆续拨还。此事已可告一段落。惟将来许氏股份是否继续,乃一问题。据云该号股价约值十万元,而该号招牌名义约可值四五万元云。

中国征信所报告　密字第24号(1932年9月16日)

中国征信所报告　密字第二四号

隆泰莊发现伪钞交涉

廿一年九月十六日

本月十二日,中法工商银行向北京路清远里隆泰源记庄(元字号)收该庄九月十日期庄票一纸,记洋八万元。经该庄核对并无此票,惟该伪票面章及形式均颇逼真(年庚图印及铜版硬印,更极相同,惟隆泰源记图印、及骑缝照票对同等印,稍有不符),该庄经理应增祥以此事关系重大,即亲自往中法查询,据云系美珍珠宝号存入,款项并未取去,再至美珍查询,则云并无此事。应君乃与钱业领袖一度商议后,即往法租界霞飞路捕房存案,同时该伪票,由中法隆泰二家共同保管,此为当日情形也。翌日,由中法要求,将该伪票退还原主隆泰庄,乃将该伪票之票面上批明“此系伪票”数行,并允其所谓,将该伪票交付中法(按该庄恐多事声张后,于信誉有关)。不料下午四时后,有江一平律师代表当事人美珍号,致函隆泰庄,略云:由中法退下之贵庄庄票,票面上竟有此系伪票数行字样,据何所指,请速答复,否则依法起诉云云。

按钱业界之伪庄票问题,以前亦曾发现,惟当局者每以习惯与事实解决之,未涉及于法律问题也。此次情形尚属创闻,将来此事如何解决,容后续报。

中国征信所报告　密字第25号(1932年9月16日)

中国征信所报告　密字第二五号

同德纸号(张佩珍号)续报(见本所普字第二七六号报告)

廿一年九月十七日

据云该号店主张佩珍,因在美最时洋行为式老夫,故向该行定货独多。以前专做细货,自前年起又添做报纸、有光纸。去年及最近,所定有光纸约有七八百件,尚未出去。目今纸价日跌,除将关税付过外,每件又须亏损二十两左右。该号当然不能再向洋行出货,据说有光纸向美最时定来为最多云。

此外又有小蜡光纸一百余箱，亦未出去，每箱须亏损三十两云。

在最近期内，该号将支票向洋行出货，为美最时洋行西人拒绝，益使该号遭受困难矣。

张君个人用途颇大，性喜阔绰。去年曾为其父庆寿，邀请申商俱乐部票友堂会演剧，耗去五六千元。当时即遭其同业抨击，并云张君既有如许闲款，任意靡费，何不将其所集之单刀会会款，从速归还耶。张君与宝记纸号主人李霭东颇友善，或能予以金钱上之援助云。

中国征信所报告　密字第26号(1932年9月19日)

中国征信所报告书　密字第二六号

中国信记海陆空运输公司　　　　廿一年九月十九日

地址：总店上海南京路一七二号(山东路对面德馨里)

设立：民国廿年

资本：预定一万元已收五千元

组成：股份有限公司

董事兼经理：周肇秀，字少堂，浙江象山县人，年二十四岁，十五岁时，在定海习鱼鲞业，念岁改业运输。

董事：周菊香，肇秀之胞妹，钱进馨，肇秀之妻；周开元，周开亨，周开利，周开贞。

营业种类：海陆空代客运输

简史：周氏初设信记转运公司于定海，温州，宁波等处，民国二十年始设总公司于上海宁波路慎经里六号，请潘序伦会计师为其注册，称为有限公司，闻上海市社会局登记手续已完。南京实业部公文尚未发下，据会计师代客办理注册手续，并不于事先询查其内容之确实与否，亦不代负法律责任。该公司最近迁至南京路中国兴业银行楼上，改称为中国信号海陆空运输公司，定海，温州，宁波，仍称信记转运公司。不久均须改称中国信记海陆空运输公司。南京、安庆、九江、汉口、沙市、宜昌、万县、重庆各地已派员筹备分公司，但尚未就绪。该公司虽为有限公司，然事实上系周少堂个人经营，其董事除妻妹外，并假定同族兄弟，元亨利贞，但并无其人。周氏为人虽属年轻，而颇温和干练，家道小康。

设备：目前总公司之写字间颇宽敞，职工仅二三人，房金八十两左右，定海等分公司开支不大，各地设立分局尚未确定。一切正在筹备中云。

营业情形：该公司过去及最近之海运，确有成绩，如温州运沪之各种杂货，定海运沪之鱼鲞等货，及上海运往定海、宁波、温州等地之肥皂、橡鞋及其他各货，经年代客装货水脚费，亦有五万元左右。其所装轮船，为南市联安轮船公司各船，均在四五百吨之间。而三公司及三北宁绍并无往来。陆运尚无营业，空运方始进行，亦未代装货品。但周氏对于空运积极筹备，不稍懈怠云。

盈亏状况：周氏在温州等几处经营之信记公司，年有相当利益。但均供其发展事业之用，最近各项开支，已渐扩大。空运事业能否如愿，尚未可知云

往来行庄：中国兴业银行及隆泰钱庄(均有人介绍云)。

中国征信所报告　密字第27号(1932年9月19日)

中国征信所报告书　密字第二七号

兴康永　　廿一年九月十九日

该号设在法租界兴圣街，系新近设立，疑云即系以前天华润毛冷人造丝号之变相。

天华润毛冷人造丝号，乃系孙志荣开设(先有王老天股份后已拆出)。在前二年获利颇多，前年年底增加关税时，该号适有多数人造丝与毛冷，后因价格高涨，大获其利。但今年毛冷市面不佳，货价颇跌，该号适向洋行定货颇多，孙志荣君恐遭赔累，乃将天华润停业。而兴康永适于此时间开设，又在同一地址，故同业中对于兴康永新店颇多怀疑，乃有即系天华润变相之传说云。此种事件几成普通习惯。吾华商人每多不讲信用。为外人鄙视，即此故耳。

中国征信所报告　密字第28号(1932年9月20日)

中国征信所报告书　密字第二八号

琏璋金银首饰号　　廿一年九月二十日

地址：上海河南路三三五号(旧门牌七号)

设立：八年前

资本：银三万元整

组成：合伙

股东兼经理：卢量波，广东新会人，年三十余岁，前在时和金银首饰号服务。

股东兼副经理：何守义，广东新会人，年三十余岁。

营业种类：自制金银首饰，贩卖珠宝。

简史：该号主办人为卢量波、何守义二氏，其他股东系一般职工。今年因内容空虚不易支持，由何守义拉拢昔法租界宝裕里利生著名赌博公司股东林氏垫款六万元，或云林氏加入为股东。该号对外极守秘密。利生公司股东林姓有弟兄三四人，不知究系何人，其极有势力资财者为林少逸氏。何守义拉拢之林氏或即此君云。

商品来源：向各金银号及一般洋商定购。

商品销路：其销路以各公馆为大宗。

营业情形：该号开业后之四五年中，经营颇称发展，一般达官贵妇颇乐就该号购买珍宝物品。但在民国十八、十九、二十，三年内，各职工均以股东资格自由行动、挪空款项。其最著者为一董姓伙友，除挪用本店货款外，且骗取南京路宝星号货款，后受刑事处分，脱离该号，同时将其他不良分子大都裁汰云。

盈亏状况：以前颇有纯益，最近三年内亏损甚巨，尤以民国十九年为最。目前内部虽加整理，但以时局不靖，营业淡清，一时恐不易恢复云。

往来银行为中国农工银行。

中国征信所报告　密字第29号(1932年9月26日)

中国征信所报告　密字第二九号

上海将发现巨额押款　　　　廿一年九月廿六日

近闻实业界巨子荣宗敬，将所创各面粉厂、纱厂、各银行、暨宝业公司之股票，并自置之不动产等，抵押于美国资本家，计银二千万两，(由花旗银行出面)此事即可早日成就。旋被财政部所悉，以兹事关国体，因加阻止。乃由荣氏亲赴首都，央人陈说，以求谅解。据云现已商酌成熟，并将押款增为三千万两，不久即可签订合同。其押款利息，据云只周年七厘，期定为五年云。据云荣氏各项抵押资产总值在四千万两左右云。

中国征信所报告　密字第30号(1932年9月27日)

中国征信所报告　密字第三〇号

传说中之兴盛泰米行股东会议(参见密字第二二号报告)

廿一年九月廿七日

闸北兴盛泰米行搁浅及其亏折原因，前经详报。兹据该行股东某君云，该行在昨日(二十二日)举行股东会议及查账。其情形与上次报告时有出入，兹择要续报于下，以供参考。

兴盛泰米行之股东，共计十人，(分十股)每股原定股额规元一千五百两(后垫款数目不一)。但出面股东只六人，其余附入较有名望之股东名下也。所有股东，均为上海商界及本业内素有声望与实力者，故均有维持之意。此次股东会之召集，亦本此意。

查账之后，共欠洋行、钱庄及同业存项及一切另□等共计七万两以上。如继续营业，每人须再垫款一万两，共计十万两，以七万两偿欠债，三万两为重行开张之资本。倘不再续垫，每人亦须垫出七千两，以偿还欠人各款(人欠项下除烂账外，其可以收到者，已经列入垫款总额之外)。但各股东以时局与市面之恶劣，多主不再继续经营，但亦未决定，须再经一度集议，始可解决。查账后，发觉经理某君与账房某有通同舞弊嫌疑，因发现虚设欠户账款，及无着落之号客欠账，又有其他情事，及巨大宕款与投机买卖等情。账房某君为经理之弟，一主买卖全权，一负账钱全责。且其平日行为颇有议论处，又查账中最为股东不满意者，厥为十九年份之结彩报告账(俗称红账)。因发出各股东之结彩报告，均为有盈余近万两之多，而账内实情，则反有亏折，出入至万数千两。股东乃据以为欺伪舞弊之证据。而据经理与账房云，因隔年未售洋米与其他存货等之作价。因当时市价较高，乃按市作实，且又恐各股东灰心营业，乃故为讨好地步，并希望股东签下年续承经营云。各股东因此颇多责难，而股东会议之结果，亦因此不欢而散云。

以上所云乃该行股东片面之言，是否实在未能证实，但其同业均以此为谈助，其他股东闻此传说亦不否认云。

中国征信所报告　密字第31号(1932年10月1日)

中国征信所报告　密第三一号

久记搁浅续报(参阅第十号报告)　　廿一年十月一日

该号今年四月以前，营业尚好，约有二、三千两之利益。但此后状况不佳，每月至少损失二千余两，迄今已损失一万余两云。其损失之理由，因向洋行订货太多，共有十余万两。近数月来市面不佳，价格步跌，因此该号遂受亏损。据云，最感痛苦者，为有光纸与小蜡光二种，有光纸脱售时每件损失十余两，小蜡光每箱损失三十两左右。有光纸定货约有四五百件，小蜡光亦有八、九十件，其定货向茂孚洋行与裕丰贸易公司二家为最多。该号开支每月须一千三百两左右，房金尚廉，每月仅有九十两，职员亦仅十余人云。

该号往来钱庄为敦余、春元、安泰、同安、元成、永孚等庄。(元成庄王赉宝亦有附股一千两，附入胥君名下，故其往来无需担保。此外昌安康、同安等庄，亦无人担保，惟敦余庄乃系刘墩齐担保，春元庄由胡廷梅担保云)。

中国征信所报告　密字第32号(1932年10月1日)

中国征信所报告　密第三二号

国泰钱庄伪票交涉续闻(参照密二四号报告)　　廿一年十月一日

本所九月十六日报告，隆泰源记庄伪庄票一纸，洋八万元，发生交涉一案。迄今已近二旬，似有以不了了之之势。近隆泰庄为息事宁人，计请其法律顾问(同仁法律事务所)从事调解，只愿收回该伪票，以不事追究为条件。而美珍珠宝号，除请江一平律师代表外，闻将该伪票交与范回春(按范回春于民国十三年曾任上海县知事，亦为上海如杜黄等名人之一)。因该伪票上所盖重要图章，与真者并无差异之处，其硬印与纸张更无真伪之可辨，故此案尚在交涉中云。

中国征信所报告　密字第33号(1932年10月4日)

中国征信报报告　密第三三号

宏兴成米行有不继之谣传　　廿一年十月四日

一、总行地址在在豆市街。

二、分行宏昌地址在南会馆，兼营碾米，事业甚大，仅亚于新昌米厂。

三、分行宏昌并在薛家浜设分店，专营河下米，发售各米店。

四、资本初为二万两，继乃增加至十万两以上。历年盈余甚巨，公积金已达数十万两，为南市米行中有资产之一。

五、股东中紧要者(一)严筱泉君，万兴米行股东兼经理；(二)朱祥生君，大成米行股东兼经理。

六、经理火祥汶君，浦东人，由本业出生，有干才。

七、往来行庄共有卅多家，南市各分行、各钱庄均有往来，北市著称者亦有往来。目下共欠庄款约在卅万两以上。今年洋米步落，内容不免稍弱。

八、现在该行尚存洋米约二十万余包（一说卅万以上），但其中多数早经抛出。

九、该行曾与叶鸿英辈，股设源新洋行，专营洋米。向产地购买来申，并代理各洋行、洋米经理事，近被洋行之追出。及有存款之提取，因未能尽如人意，故有此谣。

十、该行欠债除洋商外，以行庄为最多。现行庄方面，闻已联合，议决加以援助云。

中国征信所报告　密字第34号（1932年10月12日）

中国征信所报告　密第三四号

义源吉记钱庄昨日宣告停业　　　　廿一年十月十二日

南市吉祚街元字号义源吉记钱庄，于昨日晚因周转不灵，到期庄票二万余两不能照付，即宣告停业。查该庄开设已历二十余年，平时放款，约六七十万两。经理吴芝芬，一名芝香，宁波人，年五十左右，人颇笃实，有志振兴实业。曾办纱布厂一所。该庄垫款，达五六万两。后股东宋某，不甚满意。乃于前年（十九年）拆出股份，该庄乃另招股东，并加吉记。九一八事变后，倒账有十余万两之多。今年五月底大结束后，已属勉强营业。近因各方纷纷提款，以致不能维持。现在存款方面，约有十余万两。其所欠总数约二十余万云。

中国征信所报告　密字第35号（1932年10月18日）

中国征信所报告书　密第三五号

中原火油公司　　　　廿一年十月十八日

地址：上海四川路七二号

设立：民国廿一年（尚未正式开幕）

资本：据云额定资本百万两，但实收无几。

组织：有限公司

股东：许亮臣又名良丞，福建人，年四十左右，系海军部海军司长许继祥之胞弟。许氏在福建亦系望族，许君生长美国，在美留学，专攻地质学。据云，曾得博士学位，学问颇好。中文亦有根底，曾在星加坡为官吏。许君以前曾应四川杨森之聘，建造成渝铁路。不久，杨氏失败，路亦停筑。后曾与招商局李仲公接洽借款之事，但未有结果，沧石铁道由喻雪帆等介绍，本拟由许君招股开办，因政局变化未成事实。

许君以前曾有数次为政府或要人与华侨接洽，招集股本，创办实业，均因政变而止，故社会上均不知其姓氏云。据云，最近由王正廷介绍，又有借款开筑某处铁路之说，此事或有眉目，可望成就云。以上各节，得诸传闻，无从证实。历向和丰、厦门商业、中兴等银行（闽籍银行）调查，均谓不知许君之历史，且无往来云。

严松涛，宁波人，年五十左右。以前曾为官吏，曾任江西南浔铁路工务局长及北京官银局督办，后因政局不靖，乃改营进口业。在四川路七二号开设松记洋行，至今照旧营业，但生意不大。严君与日人颇多接洽，相识之日友颇多，与东亚通商有限公司（日人所设）亦有关系。严君以前好为大言，有为大事业之志向，但少成功，资产无多，现福煦路九一一号之住所，亦系租借云。

喻雪帆，绍兴人，年五十八岁。向在政界服务，当高恩洪为交通部总长时，曾任该部稽核科科长。民国十六年，由北京回南，曾为江苏硝磺局局长。喻君有官僚习气，善逢迎，故交游颇广。又善麻衣相术，惟财力恐亦平常。而精于世故，其圆滑神气，溢于言表。现住在许良臣住宅内，并未租借房屋云。

该公司并非许亮臣自己出资。据云许君曾在南洋群岛为官吏，与南洋华侨颇多熟识，可由许君介绍华侨入股，至于该公司股东，现在究系何人，不能祥悉。现由许亮臣与严松涛二人出面。

经理：许亮臣（详前）

协理：严松涛（详前）

营业主任：喻雪帆（详前）

汽油部主任　张庆宝，宁波人，年五十左右。据云最早系西崽出身，在日本商行服务颇久。张君以前曾在南浔铁路为工头，与严松涛相熟。此次入该公司服务，亦系严君介绍云。又曾在永泰洋行、谷吉洋行、松记洋行服务。并曾做棉布生意，自设张庆记棉布号（似掮客性质）。最近又经营永福糖果公司，贩卖日本糖果云。其经济方面，似亦薄弱。

营业种类：经营火油、汽油，以火油为主。

商品来源：据云，该公司之火油、汽油系向美国买来。此项火油，以前即售与光华火油公司，现因光华火油公司已经售俄油，即由该公司继续经销，惟该英商则绝对否认此说云。据云，现在系经销而取佣金，在下月中，可有三百万加仑由美国用油桶运来。

商品销路：此项火油，拟销至中国内地各处，现已招请外埠经理，此事即由喻雪帆经营云。

最近概况：据云，该公司现在浦东高桥沙拟租地二百亩，建造油池，租价每亩每年银一百二十五两。十年后，得再续租，惟租金须照此数增加一倍。目下正与地主讨论，尚未签字。在油池未造成以前，购进之火油，概用桶装来，待油池建成后，则改用散装。据云，由美国运来之火油，须由该公司先付押柜银二百万元。该公司是否有此能力，可付二百万元押柜，并能否租借地基建造油池，现均不能证实。因该公司之组织颇为秘密，不能将其实在内容宣告他人，因之不免令人有怀疑之处云。如该公司之组织果能如其所言，而告成功，则当然系一大公司。但巨大之资本，绝非轻而易举，前途似未许乐观云。最使人怀疑者，该公司由严松涛出面，已于今年九月二十一日在上海日本领署注册。既云商品来自美国，何以不在美领署注册，而必欲在日领署注册？许亮臣又同为发起人，何以令严君一人出面？据该公司云，与汇丰、德华、上海等银行均有往来。惟向汇丰、德华调查，均否认其事，与上海银行则仅有一度押汇，往来数目极小，且属现金交易云。该公司未曾正式开幕，火油亦无定期到埠，而事前已刊印招请外埠经销火油章程，广招外埠经理。据云，销油一万箱，须付押柜银四万两，现已轰动外埠商家。颇多来沪与该公司接洽者，盖外埠商家。不知上海情形，易被诱惑云。据火油业中人云，彼公司中亦曾闻有此事。除中原之外，尚有一家亦在进行，但开设火油公司第一须先有油池，现今上海适宜造油池之处颇少，恐中原公司亦不易觅得相当地点云。

中国征信所报告　密字第36号(1932年10月22日)

中国征信所报告　密第三六号

隆泰钱庄伪庄票交涉案结束(参照密第三二号报告) 廿一年十月廿二日

本所前获隆泰源记钱庄发现伪庄票八万元交涉一案，闻已于杜月笙等从中和解，因隆泰庄给洋五千元，向对方收回伪票。故此案已了结云。

中国征信所报告　密字第37号(1932年10月22日)

中国征信所报告　密第三七号

隆茂纱厂及天隆花号搁浅说 廿一年十月廿二日

隆茂纱厂及天隆纱花号，自昨日(廿一日)传出搁浅消息以来，舆论哗然，有谓亏空过巨者，有谓营业不佳者，有谓奸人造谣希图中伤者，众口纷纭，莫衷一是，兹据探访所得，记之如下，以供参考。

查隆茂纱厂开设于华德路一八四零号，民国十八年一月九日开幕，为股份有限公司，股本银廿五万两，每股一百两，一次收足。董事为穆藕初、沈梦运、陆竹坪、陆子馨、陆志乾、杨习贤、张秉钧等，而经理一职由杨习贤君担任，于同年十二月廿七日，经工商部注册。厂中现有粗细纱锭共一万三千枚，每日出十六支及二十支纱，共廿八包，历年营业尚称不恶，惟资本薄弱，周转欠灵。有搁浅之传说。又据另一消息，隆茂纱厂已于十月二十日搁浅，廿一日晚，债权人方面，在远东饭店开会，商讨办法。闻该厂所欠外款，除中国与劝工银行两家有道契生财等确实担保外，其他如中南、金城、宝大、裕花号等欠款，共有三十万元，无法清偿云。

又查天隆纱花号，开设于爱多亚路华商纱布交易所三楼，为该所廿六号经纪人，系无限性质，经理由杨习贤君担任。据交易所方面传说，天隆因市面不宁而搁浅，惟未宣告停业。一说天隆及隆茂最近因营业状况不佳，亏空钱庄款项不少。询诸天隆职员某君，据称现天隆与隆茂均照常营业，纵欲破产亦不能告知任何人。又据杨习贤君自称，隆茂纱厂开设于华德路一八四〇号，业已四年，近因花纱问题，屡有纠葛，现已接洽就绪，照常开工营业，天隆亦仍继续营业云。

备考：

(一)隆茂纱厂房屋及机器系向日本购买，惟机器不甚适用。

(二)杨习贤君精明干练，穆藕初君极器重之。

(三)隆茂厂及天隆号，现尚照常营业，杨君本人与厂号两方均亲自主持，外间传其离沪不确。

中国征信所报告　密字第38号(1932年10月28日)

中国征信所报告　密第三八号

杨庆和久记银楼宣告清理　　　　廿一年十月廿八日

本埠南京路三九零号杨庆和久记银楼于十月廿七日突然宣告清理，承办清理事务者，为四川路四十八号江万平会计师及江一平律师，闻负债总额约？达银三十万两。所欠庄款，计志诚钱庄一万三千七两，鼎康、滋康二钱庄较少，尚有其他一二家钱庄未计其名，总计所欠庄款约四五万两，其余均为存户款项。闻该银楼全部资产核计不过十万两，其最大股东为沈问剑君，其他股东目前均无资产，故资产负债相抵，大约债权者方面仅可摊还三成。至其亏累原因，由于民国十八年，金价暴涨至八百两，最近仍七百五十陆两左右，而沈问剑氏心目中，误认金价必须回跌，是以屡做空头，屡遭失败，故该银楼清理，亦可谓沈氏固执成见，有以致之云。

中国征信所报告　密字第39号(1932年11月7日)

中国征信所报告　密第三九号报告

瑞润颜料号　　　　廿一年十一月七日

顺昌路瑞润颜料号，开设已有十余年，原系奚润新等人设立，最初营业不佳，几致不能维持。其时该号拟向恒信洋行购大宗颜料，惟须具保证七万两，奚君乃问之同乡薛巨庵，恳其代为说法，薛君情不可却，当即应允。

薛巨庵应允后，自度无力作保，乃向其堂弟薛炎生商量，担保四万两，又恳德裕参行经理徐湘凌担保二万两，丽华新周义臣担保一万两，凑足七万两，均由承保人盖章具保。翌年丽华新周义臣退保，由薛君力劝永昌工业社吴子慰担承，继而吴君又不愿承保，不得已又改老□汇张蒙功担保，此薛君为瑞润号设法担保之经过情形也。

该号奚润新因自己实力不足，乃改为合伙组织，由奚君发起，资本定为五千两，奚君担承六股，薛巨庵担承三股，薛炎生则为一股，并有□□二股，即酬答其担保之力也。当时资本虽定五千两，然各股东均未付出现金，因薛巨庵曾携有庄折二扣(一为实丰庄，一为大宛农工银行)可透支往来银五六千两，故其时经济，已见充足，故无需各股东之现金。当时各股东曾订立议单，各执一纸，更另缮一纸，存在号内，故年来各股东相安无事，薛巨庵曾用亏该号五六千云。

据云该号改组后，最初数年内营业尚佳，每年营业额约有十余万两，结果尚好，年有余利。但奚君对于各股东，始终未送红账，而股东薛炎生察知其中或有弊窦，乃请范雨律师具函向奚君追问，奚君一味搪塞，并无明白答复。

去年奚君疑恐闻薛巨庵所执议单已经遗失，乃思抵赖之策，除不承认薛巨庵为该号股东外，并须追索昔日所亏空之五六千元，因此薛君不胜忿怒，现已请律师在特区第一法院起诉，因薛君所执议单确未遗失，现已附呈送来，此事将来当有一度之争执云。

闻奚润新平日行为颇有失检处，在江阴原籍曾犯刑事案件，现在向业中信用更为薄弱云。

中国征信所报告　密字第40号(1932年11月8日)

中国征信所报告　密第四〇号

大昌毛冷号续报(参阅本所普第四五号报告)　　廿一年十一月八日

前兴圣街大昌毛冷号，因历年亏蚀达十余万两，不能维持，乃于今夏四月间收歇，其股东陆稼荪、杨福庆等拟图卸责，不再认有股东关系，而茂汇洋行因该号订货不出，向特区第一法院控诉，须令陆杨等股东担负赔偿所有损失。陆杨等股东置之不理，乃延请律师辩护，不料第一审判决大昌败诉，该号不服，又延请律师在高等分院上诉，至上月廿六日由庭长胡贻縠传集人证，到案审讯，该号经理及股东等仍不到案，胡庭长察知实系情虚，故意规避，当即判决，着大昌冷号赔偿茂汇洋行所追一切损失云。

该案将来如再上诉至最高法院，大昌毛冷号恐亦无胜诉之望。一旦执行时，恐宝华及顺全汇洋行等，亦将相机诉追，但陆稼荪近年来经营之事业，无不亏蚀。为数达七八十万两，现在仅有苏州之不动产，尚未变卖，由其叔母执管，陆君无权过问，故亦外强中干，徒有虚名。至于杨福庆经济状况亦不甚佳，恐亦不能担负赔偿之责任云。

中国征信所信用调查报告　密字第41号(1932年11月10日)

中国征信所报告　密第四一号

江南制纸有限公司　　廿一年十一月十日

地址　总店　上海曹家渡浜北光复路

分店　高资增课洲

事务所　上海爱多亚路三八号

设立　民国十四年

注册　民国十五年十月十六日北京农商部核准注册

民国十六年十一月廿五日上海特别市农工商局核准注册

民国十七年二月二十日全国注册局注册

资本　定额一百万元，已收四十万元

组织　有限公司

董事　吴耀庭　吴县人，向来经营标金，在南京路集益里股开裕丰永金号，自为经理，历年已久，因经营顺利，年获厚利，以前吴君股设之金号颇多，但近年来已逐渐停业，吴君又为上海证券物品交易所董事，正金银行买办。去年因沪变以后，曾经辞职。又为振泰(资本十六万两占三股)、福泰(资本廿万两占三股半)等钱庄股东，在东南信托公司亦有关系。

虞洽卿　镇海人，最初在瑞康盛颜料号学徒，与贝润生同事，但不久即告退。虞君为荷兰银行买办颇久。虞君后曾合股创办中华劝业银行，不幸失败停业。虞君创办三北轮船公司，兼任总经理，又合股创办上海证券交易所，而为董事长。历任上海总商会会长、淞沪商埠督办、上海公共租界华人纳税会主席、上海总商会执行委员、现任中央银行董事、上海特别市政府参议、在闸北宝山路口之升顺里，乃系虞君之产业。

张洪分　曾留学美国，这本天弗尼亚大学工学硕士、东南大学文理科主任、北平文化基金会董事会董事，曾在该厂为工务主任。孙君才学颇优，惟财产不多。

张稷臣　向在日本经营颜料生意，返国后，乃经营交易所事业，在上海证券物品交易所为职员，在该公司又担任协理职务。

监察人　陈日平　以前曾在日本经商，现在上海为会计师。

郭外峰　向在日本经商，回国后，在上海证券物品交易所为理事，又曾任招商局总办，最近由蒋总司令招往湖北，委为农村救济处处长。

董事兼经理　郑寿芝　广东人，年逾四十，初为土商，后由人介绍，在东三省军界服务，担任副官职务，获得资财颇多，于是南返经商，在交易所经营投机事业，因善逢迎，乃与吴耀庭、虞洽卿、郭外峰等相识，遂集合股份，设立此公司。郭君对于造纸，向无经验，才具亦属平常，现有财产三四十万两。据云大概系做标金投机所得云。

郑君有弟兄数人，有郑寿仁者现任香港中国银行行长，其他诸弟有在江南造纸厂内服务云。郑君岳家颇殷实，其妻亦贤淑，因郑君另有外遇，乃与之反目，幸经亲友调解，得未离婚。现住福煦路明德里，该屋系吴耀庭所有云。

营业种类　制造中国纸如连史、毛边、海月等。

简史　该公司于民国十四年创办，其时范围并不甚大，厂内有造纸机两部，系向日本购买之旧货，颇不适用。当开办后适值国人抵制日货，确为推销国货之机会，但该三机器因系旧机，不时停顿，未能如期出货，不得已乃又购办新机，惟新机装就后，抵制风潮已经平静，因此错过机会云。

该公司开办后历年亏损，据该公司自称第一年损失六万余元，第二年损失九万余元，实则为其所蚀之数，尚不止此。据云其资本早已蚀尽，且又向人告贷，该厂地基机器等抵押，其数颇大，恐一时不能清了云。

董事长吴耀庭为该公司垫款颇多，微闻吴君所垫之数，在百万两以外，或云不过六七十万两，后吴君因垫款过巨，不愿再垫，故在去年春夏之季，其状况最为危险，经理郭寿芝虽已富有，然利己心太重，竟置不顾，而董事兼协理张稷臣不忍坐视失败，乃稍垫若干，以资补救，然张君自己财力，亦殊有限，固无力多垫云。

去年抵制日货后，其营业虽见起色，每月可有二万元之利益，但此系偶然之机会云。

设备　（一）地基　在上海曹家渡之工厂，所购基地计十八亩四分三厘，原价五万九千元，现今市面发展，地价日涨，每亩约值六千元以上。高资分厂基地一百余亩，又在增课洲买进产芦洲地四千余亩，价值约七万元，当时填筑厂基，约费五千元左右，物料到仓库一幢。

（二）房产　三楼办公室一幢，物料仓库一幢，选料间二，压铡间一，煮料间一，打浆间一，制纸间二，要断整理间二，打包间一，制品仓库一幢，蒸汽动力间一，悉用洋松白铁建造，此外又有储水池、总水塔、漂粉化解池、铁工水泥烟囱一座，高资分厂内除锅炉间外，有厂屋七座，亦以洋松白铁造成，殊为坚固云。厂产建造经费约十四万一千七百余元，高资分厂房屋约值二万五千元云。

（三）机器　厂内主要造纸机器，现有一百吋圆钢阳克式机器一部，又六十五吋圆钢阳克二部，十二吋径高压煮料球二座，荷兰式打浆机八具，三十尺长蓝开休锅炉两只，奇异西屋及德法名厂制造电汽马达十六部，共计四百匹马力冷却式大机器一部，计一百五十匹马力（又有小机一部，乃系试验样品所用，现在用以制造粗纸），又十二吋寸半口径五百尺深度之大自流井一，装设高压冷气抽水机一部，每日出水一百万加仑以上。又有十六尺车床一部，八尺车床一部，十二尺刨床一部，钻床、干床等种种工具，升降机三座，又有小铁道一千五百尺，以备装运货物云。

高资分厂内装有廿八尺长蓝开休锅炉一只，五千瓦特电灯机一部，四十八匹马力蒸汽引擎一部，十二尺径高压锅煮料球三座，搬掩机一部，圆旋锯断机一部，四道轧滚机一部，剪断机一部，筛斗清理机一部，皮带运送机二部，斗式运输机一部，水压产浆机二部，水压打包机一部。该公司之阳克机均系日本旧货，价值颇廉，其上海总厂之机器价值，约值廿五万七千六百余元，装机工程约需费十三万二千三百余元，高资分厂机器具等值三万二千元左右。

（四）工人　上海总厂共有工人三百余名。

原料来源　其制纸原料现由该公司发明，用芦苇所制成之芦浆，故在高资增课洲购地四千余亩，种植芦苇，制成芦浆，每日可用芦浆三百担。该公司发明芦浆，已向国民政府工商部呈请专利，已于十八年发给专利执照，专利十年云。

该公司芦浆不敷制造时，亦向华德公司、茂孚洋行等定购外国木浆云。

出品销路　该公司出品，以连史、毛边、海月等为最多，其货物品质颇为精良，除销于本埠各纸店外，又销往长江及北方各处云。

出产力　该公司之高资公厂，专制芦浆，制成后运至总厂，以供制纸之用，然每日所出芦浆，尚不敷应用云。

以前出品以连史为大宗，将所有机器轮流开动，每日出品不及二万镑，至多不过二十件而已。

自去年九一八沈变以来，国人抵制日货，该厂连史毛边，销路大旺，每日出品竟增至二三十件（每件值银七八十两至一百两）。

该厂所产之芦浆，以三环为商标，各种连史毛边海月等纸，以福禄为商标云。

营业情形　该厂出品确为精良，可与日货颉颃，行销区域西迄成都，北达辽沈，南至百越，东连三吴，其销路之广，较胜龙章纸厂，又因原料问题，关系重要，经数年之研究，发明用芦苇制成芦浆，废物利用，厥功甚伟云。

该厂开办以后，国人竭力抵货，当时日货竟完全绝迹，该厂所产连史毛边等，由各纸商纷纷定购，以为日货之代用品，因此该厂出品，日见增加，所有机器，完全开用，每日出厂，竟由三四十件而增至二百件，然仍有不敷分配之势，其盛况为向所未有，惟恐日货一旦销售，采用倾销政策，贬值出售，以相竞争，则国货工厂又将大受打击云。

自抵制日货后，非特销路大增，即其货价，亦逐步增涨，自每令三两六七钱涨至四两八九钱及五两，至今迄未稍跌云。

去年营业额共计七八十万两左右，较往年稍有增加，今年状况更较去年稍优，或能做至百万元生意云。

盈利状况　该厂于民国十六年开办，其时虽有机器二部，但因营业未见发展，仅开机器一部，出货不多，故第一年亏耗九万余元。第二年又亏耗六万余元，去年营业上半年亦属平常，下半年抵制日货以后，乃有起色，且能获利，据云自抵货以后，每日出品增加，价格亦昂，每月可获利二万两云。

闻公司原定二月间开股东会，今年记战方殷，届时未能开会，据云或须延至明年上半年招集云。

该公司营业不佳以致亏蚀，因为重大原因，而其用人失当，关系亦大，如以前营业部长周振宏，营私舞弊，凡购办原料，或出售货物，均须渔利云。该公司在去年抵货后，营业确有进步，但因历年亏耗甚巨，恐其所得利益仍不足弥补以前之损失云。

扩充计划　该公司因历年亏本，亟思补救之策，乃于十七年第三届股东会决议，增加资本，分为二期，第一期增加至一百万元，第二期增加至二百万元，其预拟办法如左：

（一）第一期增加资本六十万元，连原有资本四十万元，合成一百万元。扩充后，拟在上海总厂，增加六十五寸制纸机一部，仍仿制国产边史毛边等纸，在高资分厂设煮料球三座，制浆机二部，用以制造芦浆。又拟在高资添购芦洲一万亩，以便多产芦苇。

（二）第二期添招一百万元，合成二百万元，拟在高资分厂，添装新式制纸机二部，及电气动力设备，以制造报纸有光纸、道令纸及包装皮纸等。

（三）制纸原料所用之苛性曹达及漂白粉等，尽系舶来品，将来拟在高资附近□桥口，设立制药工厂云。

该公司扩充计划，由各董事议决后，外界赞成者亦复不少，如贝淞孙、范回春、盛午清、周介繁、刘敏齐、林修良、张芹伯、徐永祚、陈霭竞、王敬亭等均系上海闻人，但以时局不靖，市况衰疲，招集股本颇不易易，据去第一步添招之六十万元，恐仅招足十余万元而已。

现今该公司资本约有五十余万元，但其注册之数目，未曾更改，仍为四十万元云。

往来行庄　该公司与上海商业储蓄银行、通易银行及振泰庄、鼎康庄等往来。

中国征信所信用调查报告密字第 42 号(1932 年 11 月 25 日)

密第四二号　　　　廿一年十一月廿五日

经纬纱厂有出售讯

该厂设在上海岳州路三一号，民国十三年开办，因营业不佳，于民国十八年六月，由合记公司租办，内有纱绽五千一百支，专纺废花，范围不大。据云该厂现将售与外人，售价为银一百万元。但截至现在止，尚未签订合同云。

中国征信所报告　密字第 43 号(1932 年 11 月 26 日)

中国征信所报告　密第四三号

中外浩记药房

廿一年十一月廿六日

地址：上海广东路六九号至七〇号

设立：宣统元年

资本：最初二千元

组织：独资

店主：瞿凤堦，浦东人，年六十余岁，前曾在小东门全球药房服务，其子瞿永浩年三十左右，自学校毕业后，入咪吔洋行，充写字之职，已历八年。

营业种类：西药及化妆品业

简史：该药房主办人为瞿凤堦氏，初设于福州路神仙世界对面，后迁至广东路，已历十余年。目前由瞿永浩出面，故另加浩记云。

商品来源；向咪吔等洋行购买

商品销路：销于京沪路各埠药房

营业情形：该药房向以经营配合戒烟丸药为主，尤以吗啡等毒物为大宗，但吗啡为违禁品，而瞿凤堦善于钻营，夤缘公务人员，偶遇意外，受法律制裁，则以金钱运动，颇能化险为夷。讵料民国廿年，该药房存储吗啡之所在地，忽走漏风声，将其违禁品悉数充公，瞿凤堦被拘，多方运动，未能达的。后判徒刑三年，须至民国二十二年后，刑期方满。该药房乃由瞿永浩主持，不再经营吗啡及其他违禁品等。专注意各种西药及化妆品。昔时每年营业额平均在二十万元左右，今年受时局影响，只有十分之七，其平时存货，约占银二三万元，放出贷款，在目前未能收回者，亦有二三万元云。

盈亏状况：该药房因素营吗啡，历年获利甚丰，浦东方面，置有地产甚多。目前在法租界蒲石路瞿氏有自建住宅，除本店资产外，凡京沪路各埠大小药房，瞿氏均有投资。据云，瞿氏共有资产约在十万两以上。今年该药房恐须亏蚀云。

往来行庄：为恒隆钱庄及统原银行，闻恒隆有保证放款限额银五千两云。

中国征信所调查报告密字第44号(1932年11月28日)

中国征信所报告　密第四四号

南洋兄弟烟草公司近况　　　　廿一年十一月廿八日

该公司自前经理简照南君逝世后，营业日见衰退，所遗经理一职，由其弟简玉阶君继任，协理原系简孔晤，但简君已富有财产，不愿担此重任，乃又告还，让与简英甫继任。

简英甫任该公司协理后，大权独揽，用空该公司公款达八万两，其□□亦用空缺四万两。当大用橡胶公司开业时，简英甫又借与大用橡胶公司银十五万两，其中虽无弊端，但在该公司营业未甚发达之时，此种擅自动用公司巨款，究嫌失策。

简玉阶君名为经理，大权旁落，与简英甫早存介蒂，近来据称反目，竟发现上周情事。大为愠怒。大用橡胶公司所借用该公司之款，闻已设法归还该公司，可无问题。据云内部风潮，正在酝酿中。闻孔昭英与温杏俪(即简照南夫人)联合将与简英甫交涉，使其辞职，在一星期内或将发生变化，如一旦简英甫告退，则内部职员，度不免有一番更动云。

中国征信所调查报告密字第45号(1932年11月29日)

中国征信所报告　密第四五号

香亚公司　　　　　　廿一年十一月廿九日

地址：上海南京路石路西

设立：民国十七八年间

资本：起初美金三十万元(按当时汇价约合华币十五万元)现时不详

组织：股份有限公司

经理：黄鸣岐，广东人，履历不详

营业种类：制造化妆品、贩卖毛织品

简史：该公司系美国旧金山华侨郑藻森一手创设，郑君粤人，居美已久。先在旧金山开设香亚公司，历时四年，因营业不振，复鉴于国内化妆品事业幼稚，遂于民国七八年间，迁至上海兆丰路。民九设发行所于南京路，同年复在闸北香山路建筑制造厂，资本初为美金三十万元。当时约合华币十五万元。嗣因连年亏绌，于民国十二年改组，推陈翊周为总经理，仍因营业不振，由陈君商请本埠某化学专家维持或合办，但未成事实。陈君引退后，由粤人林泽彤继任。闻刻又在改组中，新经理为黄鸣岐云。

设备：该公司发行所，门面一大间，一边陈列化妆品，一边陈列毛织品，布置尚称美丽。制造厂于今年沪战时，毁于火。

商品来源：化妆品在一二八事以前，全系自造，近因厂被焚，只制造极单纯之香雪及花露水。

毛织品如卫生衫、裤袜、手袋等，系向大丰厂批发。

商品销路：仅限于门售，并无批发。

营业情形：该公司出品不受社会欢迎，营业毫无起色，兼之郑君旅外多年，对于国内风土人情，尤多隔膜，虽改革有心，而经营乏术。陈君系茶商出身，在广东开设忠信茶栈，继任经理后，因对于化妆品事业毫无经验，经营殊非特无进步，且每况愈下。查该公司出品不精，而售价颇昂，除如意膏一种，比较有销路，每年有二万元之营业额外，其余各品，在市场上毫无地位，每年营业总额仅十五万元，尚不敷成本。闻该公司出品质量不佳，而成本极重，大都耗于装潢，极力讲求美丽悦目，一经购用，即令人失望，以是销路不广。该公司因化妆品营业，不见起色，年有亏损，于是兼营毛织品，以借补救。但毛织品营业仅限于冬季，过此即无交易。目下虽届冬令，而该公司毛织品顾主，颇为寥寥云。

盈亏状况：该公司因连年亏耗，原有资本不敷周转，曾由陈翊君垫款数次，为数颇巨，无如狂澜既倒，挽回匪易。今年一二八事变发生，香山路制造厂毁成灰烬，损失约二十万元，至斯该公司根基，完全崩溃。闻现已陷于无可奈何之境，然犹欲极力挣扎，另于某地设一小规模制造厂，专制纯化妆品如香雪、花露水等，以维持发行所之门面。现该公司为避免露破绽起见，各大小职员，均缄口如瓶，惟据熟悉内幕者言，该公司目前资本，仅三四万元，倘无新资本加入，短时期内恐将收歇云。

备考：查该公司失败原因(一)经理不得其人；(二)出品销路不畅；(三)成本过重。而此次制造厂被毁，则为深陷困境之总因云。

（更正：本所昨(廿九日)发密第四五号香亚公司报告设立年月误为民国十七八年间，应改民国七八年间。合亟更正。）

中国征信所报告　密字第46号(1932年12月5日)

中国征信所报告　密第四六号

春和永呢绒号内部纠纷之传说　　　　廿一年十二月五日

河南路春和永呢绒号，系谭景焕、洪辅元、陈国廷等合伙设立，起先资本殊小，但其时同业不多，营业逐渐发达，现竟是居同业首席。不料近来内部发生暗潮，经理洪君与协理陈君，意见甚深，互相倾轧，陈君不能安于其位，已向该号提拟折股，并拟辞职云。

该号开办迄今，历年获利颇丰，但待遇店员殊嫌苛刻，据云从未分得红利，因此引起风潮。闻该号店员陈联棠已聘请吴凯声、蔡晓白二律师与该号交涉，请求分派历年红利，此事表面上由店员出面，然暗中另有他人指使，恐将来难免涉讼云。

中国征信所报告　密字第47号(1932年12月12日)

中国征信所报告　密第四七号

洋纸业近况　　　　廿一年十二月十二日

(一) 志丰号

本埠浙江路偷鸡桥志丰号，系王梅珍开设，经营洋纸外兼做五金生意，范围向来不大，所有洋纸大概向同业批进，该号因营业不佳，已于旬前倒闭，所欠同业往来货款，计廿四家，共银一万三四千两，其中以德泰丰纸号为最大，计银一千余两，洋一千元，此外如震泰丰、生源永、益记、永记、立成、同德、永和、协兴、协成昌、元康等号亦均有欠款云。

(二) 合记号

本埠金隆街合记纸号，系董稚甫、吴翊昌、与朱某(在交通部任职员)等合股开设，聘薛长生为经理，营业范围不大，所有货物向同业批购居多，状况与掮客字号相仿。自志丰号倒闭后，同业对于范围较小者更加留意，该号营业室向来不佳，受志丰号倒闭影响，更难维持，不得已亦即倒闭。欠同业货款仅有四千余两，为数不大，计元康一千四百两、生源永七百两、永和五百两、益记四百两、协成昌三百两、协兴二百两左右，尚有其他零星欠项。

该号倒闭后，原拟将股东名姓隐匿，但股东中之董稚甫，以损失不大，不愿再失信用，乃与债权人商议，由各股东先缴六成半现款，其余三成半由经理薛长生筹立兴隆票，以待日后偿还。闻此事已经议妥云。

据云今年洋纸业市况不佳，大概亏蚀者居多，恐阴历年关以前，尚有其他变化，如达康、同德、立成等，状况亦不甚佳，难保无变化发生云。

中国征信所报告　密字第48号(1932年12月13日)

中国征信所报告　密第四八号

裕新烟草股份有限公司宣告清理　　廿一年十二月十三日

本埠法租界平济利路裕新烟草股份有限公司，开设已有三四年，所出军令牌纸烟，行销外埠尚佳，营业室颇为发达。不料近年营业渐见衰落，德丰钱庄倒闭时，又被其倒欠不少，因此不能维持，乃请金煜律师宣告清理。据云欠人之款，约有三十万两以上，而人欠之款，仅有十余万两，相抵所差尚多。日前有人往金律师处愿出一万两，购买军令牌商标，因出价太低，未曾洽妥云。

(三) 中国征信所市况报告书(第1～50号)①

中国征信所市况报告书　第1号(1932年7月7日)

中国征信所报告书　市字第一号

上海市杂粮市近讯　　廿一年七月七日

近来，上海杂粮市价渐趋下落，米、麦、豆、豆饼、高粱等类，均有跌无已，大有江河日下之势，揆厥原因，约有二种：

(一) 国内农产物产量逐年减少

(二) 外国粮食输入过多

自表面观之，此两种原因，适足以相互调剂，万无影响于市价之升降，而不知其另有故也。兹分析言之，国内农产物产量减少，其故甚多，如匪氛遍地、连年灾害，尚有一部分土地改种鸦片，又如吾国农民，保守性成，不知改良方法，及交通不便，官厅不加扶植。以上诸端，在在足以使产量减少。而所以致此之因，归根结底，不能不归于政治不良、盖政治不良，危及农村，使之整个破产。农民购买力日趋薄弱，遂使都市平日囤积者，无从销售，不得不趋于跌价者一也。次言外国粮食输入过多，夫本国粮食既感缺乏。外国粮食，能于此时源源输入，以供我国之不足，其价格自必日益增高。顾乃适得其反者，岂非矛盾之现象乎？但稍加研究，既明症结，盖我国农村已整个破产，农民奄奄一息。在事实上需要外国粮食之接济，至为迫切，奈无此购买力何。现查都市囤积粮食既多，而外洋仍源源不断运来，此不得不趋于跌落者又一也。有此两种原因，遂使各种粮食价格日趋下落，而销路呆滞如故，于是一跌再跌。本年以来，上海各杂粮行之营业，极为清淡。兹就米、麦、豆，以及豆饼、高粱等营业情形，探录如左：

---

① 上海市档案馆馆藏档案中市况报告书缺漏甚多，此处缺8、12、14、17、19、20、23、27、28、30、34～39、42、44、45、46、48、49各号。

（一）米

在本年三四月间，值混战将告结束之际，各米商获利尚厚。惟近两三周内，洋米骤跌一元二三角。瞻望前途，一时难有起色。查沪地现存洋米尚有一百五十万包，更有五十万包正在路中，不日运到。各家原有积存，又均不在少数。即以宏兴一家而言，已有二十万包之多。由此以观，恐以前之所得，不能偿未来之所失。本市经营粮食之行号，以万兴、大成、协昌德、宏兴、鼎丰等号为较多，此数家，幸信用尚好。即使受损，亦无大碍。

（二）麦

麦自价格步跌以来，因内地农户，恐于价格跌落过甚，不敷成本，大都不肯贱卖。故近日有转定之势。

（三）豆

现存大豆近千车（每车三百五十包，计司秤四百九十五担），每担跌去二三钱，亦因内地无购买力，而上海行家、又不肯放账于内地油坊，而此项存货，握在大连帮客家手中者居多，申地行家，尚属有限云。

（四）豆饼

豆饼一项，向为我国农民肥田之用，年来既受肥田粉输入之影响，近来又因雨水过多，不能应用。而农民又多无力购买。故销路大呆。目下市价每片跌去□外，故每片价格已在二元以内。惟近周以来，大连有西商采办黄豆，兼以大连海关，有被伪国劫夺之说。万一成为事实，则各卖出口势必增加税率。一般贩商中之神经过敏者，乃抢先争运致市价较前见升。

（五）高粱

现高粱市价，较之顶峰时已跌去五钱之巨，前途尚不见好。原因亦是存积过多，而销路不畅。例如向以酿酒著称之泰兴县，每年必向上海采购大批高粱，而近来亦因经济衰落之故，改为当地出产之小麦。因此，申地高粱销路为之大呆，而市价不得不跌落也。现存积者，约五百车。申地行家及大连客商各占半数。成本均在二两九钱之上，则售二两四钱，计每车须亏二百五十两云。

中国征信所市况报告书　第2号(1932年7月9日)

中国征信所报告书　市字第二号

本市豆米杂粮油饼业之厄运与现状

七月九日

本市豆米杂粮油饼业，在我国过去之商业史上，占有重要地位。执全市商业之牛耳者几近二百年（豆业兴于清乾隆年间，清末渐衰）。而后各种实业发达，洋货涌旺进口。始相形见绌。徂九八豆规银，遗迹宛在。在最近二三十年中，亦尚能维持原有状态，自沪上停战以来，乃竟有一蹶不振之象，其重要原因，有下列数项：

（一）历年来水旱虫风等灾，几遍全国。尤以去年之水灾为甚。故农产品逐年减少。例如湖南之籼米丰收年份运申者多至二百万石，歉收年份亦有五十万石以上。江西安徽亦有巨额籼米来申。津浦陇海两路沿途各地，与汉口（京汉路货均聚汉口）、九江（江西全省）安庆、芜湖等埠之大豆、杂豆、小麦、芝麻及杂粮等，例有大额来申。最近五个月中，竟完全断绝。虽有少数杂粮上市，也不足点缀市面也（湖南米去年早晚两熟均无到埠，江西亦微，安徽稍有点缀）。

（二）匪共兵乱之区域中，产品来源阻滞，销路亦完全停止，专管客帮者均受其害。上述各货不能来申者，间亦因此关系。

（三）东北事变后，在该处设有分庄者，均有若干损失。又被汇水苛捐及限制轮船（按装日轮者，货到上海无人接受，外轮水脚昂大，华轮及自放专轮赴东北装运者，又被伪国与日军为难。）等等，均以成本过大，致受损失。

（四）沪变后，金融阻滞。资本低薄而无后援之行号，相率停止营业。或观望待时，甚至去年受灾区域中缺乏粮食之接济，均不克装去，而沪上全市之存底，反见过剩。沪商受价格下跌与拆息走漏，栈租杂费之损失实属不少。

目下上海各粮存底，大约有下列之数：

大豆（黄豆青豆拼计）：一千车弱（每车三百五十二包），大连豆占半数以上。

洋米：一百七十万石。（缅甸之小绞米占十分之八以上）

各路豆饼：十余万片。（目下豆饼在季节之旺令中（俗称火饼汛）。往年市上绝少存货，随到随销，至秋始已（全沪及随近油厂出货，不在此数中）。

油：八千篓。油以豆油为主（此数尚须一度调查，因与菜油生油厂油混合之故）。

麦粉：七百万包（连同洋麦在内）。

以上为重要各品，其他如红粮、杂豆、粗粮、杂粮等数亦不少。有此巨额存货，而不易畅销，受害于供过于求之价跌外，其他间接开支各费，数亦不细，银根奇紧，该业中致无生气矣。

豆米一业，现已沦于困顿之状态，究其症结，除上述各项外，尚有下列各点亦足报告：甲，闸北、虹口、吴淞、嘉定、浏河各战区中同业及米店与零户等，凡拖欠行号之银货者已无力偿还。即未遭战祸之户，亦以被战区客户拖欠为辞，不肯清偿账款。

该同业公会因收账问题，曾再三集议，但至今依然无善法解决。第一次因原定一月底结账不能实行，改于二月五日，又改二月十日。后遵市商会调解改于五月底，届期仍未实行，又改旧历端午节，后延至六月卅日。不料仍无办法。前日遂决议于七月十日一律收齐。收不到之各户，登报声明。通告同业与之断绝交易。但据一般人观察，届时如仍无良法结束，必须再延云。

在沪战发生之初，该业目击危机，即筹议种种办法，以资救济。如自做押汇押款之拟议外，并有代同业向银行押款之议，略有成效。惟大势所趋，不能完全挽回其颓势。

近苏省府有特种营业税之征收。其办法似将已经裁去之厘卡复活，名目繁多，于该业所营油豆饼三种，均课以苛细之复税，且闻对于洋米洋粉以及其他各粮亦将进一步而征收之。豆油饼所加税额如下：

油每篓加特税四角；

豆每包加特税八分；

饼每斤加特税二分。

(已见本月五日本所第四十八号报告)

中国征信所市况报告书　第3号(1932年6月7日)

中国征信所市况报告　字第三号

纸业近况　　廿一年六月七日

一、顷悉有严二陵(向业中医)与人合股开设洋纸门市店之说,其间拉拢者,乃系元记纸号股东,经理为王国桢,资本约在一万二三千两云。

二、芜湖客商胡仲记申庄,今年起做洋纸生意,代芜湖客商在上海购办洋纸。不料上月间倒闭,亏空洋纸同业久记、元记、裕升昌、兴记等货款共一万三四千两。上海纸商债权方面,急派人往芜湖料理。昨日洋纸公会,接得芜湖来信,芜湖纸商均已将货款付清,惟有一千余元货款,来被胡仲生取去。此外,则江西南昌或尚有未付货款,据纸商云,将来债权方面至多收回半数而已。

三、王子文、潘正義二人合股开设志记洋纸号,店址在天津路南香粉弄。传说资本一千元,其实只有六百元。营业范围不大,似属掮客性质。

中国征信所市况报告书　第4号(1932年6月7日)

中国征信所市况报告　字第肆号

呢绒市况　　廿壹年六月七日

近来呢绒市况,殊为清淡,价格日见低落。最近所售货价,较未加关税以前更廉。其最大原因,在市面不佳,销路滞钝所致。市上夏货均已陆续到齐,惟府绸因来货拥挤,市价大跌,照原价几跌去三分之一云。在最近期间内,市上最缺之货,为哔几与大衣呢二种。哔几因以前定货过多,呢绒商曾大受损失,故不敢再定,以致有缺货之虞。大衣呢市上存底极少,据云今年下半年,哔几大衣呢之价格,或将增长云。

中国征信所市况报告书　第5号(1932年7月9日)

中国征信所市况报告　市字第肆[五]号

煤市近讯　　七月九日

柳江头号白煤,每吨售十五两二钱半,内地各埠及本埠菜场等用;

开平烟煤块头售每吨八两六钱,炉灶同业去路;

开平屑每吨售七两,轮船厂家需用;

京津煤每吨售十一两,销厂家轮船;

北票块煤每吨售十三两,同业去路;

北票屑每吨售九两五钱，销轮船及厂家；

博山统煤每吨售九两五钱，销轮船及厂家；

大同块煤每吨售十四两，销兵舰；

克拉子烟煤每吨售十两（日货），本埠同业去路；

松浦块煤每吨售九两二钱半（日货），本埠同业，江浙两埠同业去路；

顺田烟煤每吨售七两五钱（日货），本埠同业另售去路；

松浦屑每吨售七两（日货），小轮船小厂家等用；

山西煤，每吨售十六两五钱（国货），茶馆火炉酒馆等用；

海丰煤每吨售十六两二钱半（国货），茶馆火炉酒馆等用。

日前销路颇小，每日统共出数，不过千吨左右。各煤栈存数约十余万吨，国货居多数，日本货无多。

中国征信所市况报告书　第6号（1932年7月12日）

中国征信所市况报告　市字第六号

上海商办公用事业之近况　　中华民国廿一年七月十二日

上海之公用事业，可分为自来水、电气、电车、电话、公共汽车、长途汽车及轮渡等数种。其中有官办者，亦有商办者。兹将商办各公司最近概况，探述如左：

一、自来水

上海之自来水厂，除公共租界及法租界各一家外，华商经营者计有两家：一为闸北水电公司；一为内地自来水公司。

公司	地址	资本	经理／办事董事	营业区域
内地自来水公司	水厂　半淞园路 事务所　半淞园路	一百六十一万	姚慕莲	沪南区
闸北水电公司	水厂　殷行区剪淞桥 事务所　北四川路阿瑞里	六百万（水电两项）	朱寿丞 陆伯鸿	闸北及江湾区

以上两家水厂，开办迄今，均无盈余。虽由技术、营业两项，办事未尽完善所致，而实以（一）设备繁复，成本极重；（二）定价太低，收入过少；（三）用户尚未普装水表，浪费甚多为最大之原因。将来纵可设法补救，但获利总难期优厚耳。

二、电气

上海之电气公司，其售电种类，大致均分为灯、力、热三项。其中，除公共租界及法租界各有一家外，华商经营者，计闸北水电公司、华商电气公司、浦东电气公司、翔华电器公司、宝明电器公司、及真如电气公司等六家。兹将其最近营业情形及前途推断　分述如左：

（一）闸北水电公司

地址、资本、经理、营业区域等项见自来水项。

该公司以江湾、彭浦、闸北、引翔四区及殷行区内张华浜以南之区域与蒲松区内苏州河以北、陈家渡以东之区域为营业区域。故供电范围至为广大。益以水有扬子江、苏州河，陆有京沪、沪杭二铁道，交通之便，无与伦比。在地理上又占优势。比年以来，闸北工厂林立，市面日趋繁盛。该公司营业，因亦年有进展。将来大上海之中心区，即在于此。俟建设完成，水电需要更多，公司前途，尤有无穷希望。该公司在军工路剪淞桥，自建二万基罗瓦特发电厂一所，规模宏大，设备完善，为国人自办电厂中之巨擘。惜管理不得其法，办事殊欠认真，负债六七百万，周转颇感困难。此次又惨遭兵燹，损失七八十万。而热闹之市区，悉变瓦砾之场，营业上牺牲尤大。近有利用外资，与上海电力公司合作之说。闻经官厅防阻，各方反对，恐难成为事实云。

（二）华商电气公司

地址	资本	经理	营业区域
发电所　南市车站前路 事务所　南市车站前路 （灯务科在国货路）	四百万元	陆伯鸿	沪南区

该公司资本原为三百万元，于去年续招一百万元，现计实收四百万元，其营业区域内，市面繁盛，各户用电甚多，尤以电灯占其大部。原有机器，已不敷供给，于去年新添锅炉数台，营业颇佳，年有巨额之盈余（二十年度盈余七十九万余元）。此次日寇侵沪，该公司财产均告无恙。惟因沪南一带，举户迁避，十室九空。营业损失，闻达三四十万元。该公司基础牢固，可无大碍。惜管理陈旧，工潮迭起，总非佳兆云。

（三）浦东电气公司

地址	资本	经理	营业区域
发电所　浦东张家浜 事务所　浦东张家浜	五十万元	童季通	高桥、高行、陆行、洋泾、塘桥、杨思等六区

该公司营业区域，因有黄浦之隔，交通不便，市面未兴，故目下营业，难期迅速发展，惟将来希望甚大。概因（一）区域安全，地理上非兵家必争之地，历来承平，未遭兵燹，沪地几经战乱，浦东从未波及；（二）与浦西交通虽觉不便，而港湾甚多，运输尚称便捷；（三）地价低廉，容易吸引市民前往购地建厂；（四）民风纯笃，设厂于此，工潮当可减少。故浦东实为天然之工业区域，易于助长电气事业之发展也。再就该公司内部而论，规模虽不十分宏大，而管理得法，设备周全，办事颇有精神。在全市电厂中，可谓首屈一指。近年来营业日盛，获利渐多。公司基础，颇为牢固。中央建设委员会考核民营各电厂成绩，认该公司办理最为优良，特颁给第一号荣誉奖状，以示鼓励。现以机器不敷应用，向华商电气公司购电补充，将来拟再向闸北水电公司磋商

购电，以期电量加多，成本减轻，愈可吸收用户，推广营业云。

（四）翔华电器公司

地址	资本	经理	营业区域
发电所　物华路 事务所　物华路	二十五万元	陈似兰	引翔区及特区一部分

该公司营业区域系租自闸北水电公司，现下系向闸北水电公司购电转给，并不自行发电，范围较小，幸区域内市面繁盛，小工厂极多，故历年营业，尚能获利。唯恐仅能固守现状，再欲发展，殊非易事云。

（五）真如电气公用

地址	资本	经理	营业区域
发电所　真如镇 事务所　真如镇	三万元	甘鸿达	真如区

该公司规模甚小。区域内人口稀少，用户之最大者只暨南大学一家。沪变时，暨大损失严重，间接影响该公司之前途颇大。欲求发展，颇非易事。据专家评论，该公司及吴淞电气公司，最好均与闸北电气公司磋商合并，如独立经营，前途殊难乐观云。

（六）宝明电器公司

地址	资本	经理	营业区域
事务所　吴淞镇 发电所　吴淞镇	十三万三千六百六十元	陆伯鸿	吴淞区

该公司所处区域较逊，市面冷落。虽有数家大规模之工厂，惟以该公司规模狭小，无力供电，故皆自行备机发电。且地当淞沪要塞，为长江门户，兵家必争之地。一旦发生战争，即受重大影响。平日军事机关窃电甚多，无法稽查，损失甚重。已属难于维持。更以此次日寇侵沪，受创尤巨，已濒破产。现有华商电气公司经理陆伯鸿集资复兴之说，进行如何，未得其评。

三、电车

电车一项，华商经营者仅南市华商电气公司一家，行驶南市一带，历年营业，虽不亏本，而获利亦至微薄。良以成本过重，难期骤获厚利耳。

四、汽车

公用事业中之汽车一项，可分公共及长途两种，分述如左：

（甲）公共汽车

公共汽车公司，除外商经营者外，华商所办者计有两家：一为华商公共汽车公司；一为沪南公共汽车公司。

公司	地址	资本	经理	行驶路线
华商公共汽车公司	事务所　宝山路交通路八百八十八弄一号	十万元	雷兆鹏	闸北及江湾
沪南公共汽车公司	事务所　西门泰享里	十万元	彭吾新	沪南龙华一带

以上两公司,因成本过大、修理费及汽油之消耗太巨,故开办以来,均亏损甚巨。闻华商公共汽车公司系华商投资创设。沪南公共汽车公司,则穆恕再及屈文六等,均系大股东云。

(乙)长途汽车

长途汽车公司,市内共有四家。为上南长汽汽车公司、沪太长途汽车公司、上川交通公司及沪闵南拓长途汽车公司。

公司	地址	资本	经理	行驶路线
上南长途汽车公司	事务所　浦东周家渡	二十一万余元	穆恕再	杨思区至南汇县城
沪太长途汽车公司	事务所　大通路底	四十余万元	朱恺寿	上海至太仓县城
上川交通公司	事务所　浦东高庙	四十万元	顾伯威	陆行至川沙县城
沪闵南拓长途汽车公司	事务所　南市国货路	七万七千余元	高恩洪	上海至闵行

以上各公司,年来营业成绩均不甚佳。除有如公共汽车公司同样之原因外,尚有其他困难,如租路费及养路费负担过重,故殊难获利。闻沪太、沪闵两家所筑者为煤屑路,时有损坏,常需修理。且所燃气油,需费极昂。开办以来,仅能收支相抵。沪变之际,沪太除供应兵差外,更被日兵劫去车辆甚多。所有站台,被毁殆尽。欲求恢复,殊非易易。至上川、上南两家,尚可获利。盖一因所筑路基,覆有铁轨,不易损坏,养路费用,可以节省;二因车辆用柴油机,拖力较巨,可以任重致远,较为经济云。

五、电话

现归交通部直辖办理,内容容再调查报告。

六、轮渡

现归市公用局经营,颇为得法,年有盈余。详情容调查后再做报告。

备考:

我国凡百事业,胥落人后,急起直追,努力建设。颇有赖于国内拥有资金者之投资。惟投资于公用事业,较为稳妥而可靠。良以其供给公众日常生活所需,不可一日或缺,无贫富之分,无阶级之别,而其消费则一、且其需要,随市面之兴盛、人口之加多,常有增而无减。近年以来,内地灾害频仍,盗匪迭起,人民不能安居乐业。稍有资产者,相率迁居都市。故都市之公用事业,尤易日臻发展。此外,尚有二大特点足使公用事业易于发育滋长,日臻繁荣。即(一)营业范围限于一地,受外界之影响甚少;(二)有独占性质,可免同业之竞争。故经营公用事业而不幸失败者,要非事业本身难于措手,而多在管理不得其法。尝闻办公用事业者,尤以电气更为可靠。因其成本较自来水及电车汽车等为轻,而利益反而较溥厚也。

公共事业与金融界之关系,又有特殊之数点,简要说明如下:(一)公用事业之资本,用之于固定资产者多，其事业又随社会繁盛与公众需要而进展，危险程度较别业为轻，故投资较为安全。（二）公用事业受政府监督与取缔，其营业年限及区域一经核准，不得轻易掠夺。对于投资之安全，尤可多一保障。（三）公用事业之资本用于固定者既多，金融界贷款之期限可以较长。

中国征信所市况报告　第7号(1932年7月11日)

中国征信所市况报告　市字第七号

煤业市况

近来煤市清淡，较之去年，不啻天壤，而其价格亦较去年跌落三两左右，探究其故，大概因工厂停顿，内地销路清淡，因此市场竟无大宗交易，煤商今年受此时局影响，无不稍受亏损，其中尤以泰记号，所受损失稍大，然亦不致发生变化也。目下上海所有存煤颇多，共有二十万吨左右。据煤业中人云，此数并不为多，如市面稍有发展，当立感需求过于供也。

兹将上海存煤约数及现在市价录之于下：

博山煤	约存四五万吨	售九两半
大同煤	约存两万吨左右	售十四两另
井陉煤	约存一万吨余	售十两另五钱
中兴煤	约存六七千吨	售十三四两
北票煤	约存一万余吨	
开平煤	约存二三万吨	
柳江煤	约存四五千吨	头号售十五两次号售十二两
山西煤	约存一二千吨	售十六两外
海丰煤	约存一二千吨	头号售二十两左右，次号售十六两左右
日本货		
格拉子	约存一千五百吨	头号售十两左右
松蒲煤	约存二三千吨	售九两二钱半
顺田煤	约存五六千吨	售七两另
抚顺煤	约存六七千吨	头号售十二两，二号售九两半

目下北票与开平两种，销路为最大，凡轮船火车工厂，及窑户，均所乐用。博山煤大概备作丝厂所用，现今丝厂停工，故无大宗销路。大同煤大概备兵舰所伤用，现亦无大宗销路。井陉煤与中兴煤销路亦少，海丰煤、山西煤大概为大炉燃料，惟海丰煤又销与茶馆、菜馆，山西煤因时令关系，销路不动；海丰煤用路稍大，但无大宗销路。柳江煤销售与菜馆、面馆处，故系另〔零〕星出售，现有存货，四五千吨，散在同业手内，销路尚好。

此其大略情形。目下货价比较以前，已见跌落，设无日货大宗运来，尚能支持现状。

据云，日货福岛煤，约有三千吨，不日将到货，到时约售十一两左右。又据人云，抚顺煤将有大批到埠，日人意存垄断，故意抑价出售，如果有大批日煤运来，将来国煤销路，必大受影响，其价格尤大受打击也。

但据煤商预测，目下日货，不致有大宗运来，但日货进口，与国煤之消长关系，为时势所必然，不能免避，如果日货源源输入，恐国煤煤价，将更见低落，约降至五六钱至一两左右为度云。

日货现在上海，稍有销路，然多零星交易，销售与炒货店、浴堂、制烛工场、糟坊、菜馆等处而已，至于内地销路，仍无活动现象，因内地对于抵货运动，仍未停止，暂时尚不能畅销也。

中国征信所市况报告书　第9号(1932年6月14日)

中国征信所市况报告　字第玖号

上海玻璃业之现状

廿一年六月十四号

在上海之玻璃厂，以前大小共有四十余家，惟日商宝山玻璃厂，营业最为发达。自去年九一八后，华商一般不用该厂货品，以致无形停顿。迨一二八沪变起后，因所有玻璃工厂大概在闸北战线以内，被日本飞机掷弹炸毁者甚多。因此上海各工厂(如化妆品、药房、调味粉及其他工厂等)乃有玻璃瓶荒之虞。现悉，在公共租界内之玻璃厂规模较大者凡三，兹撮要分述如下：

(一) 晶明玻璃厂　厂址在滕州路，开设已有一年以上，即系中国化学工业社所分设，资本并无定额，厂内有炉子二座，工人二百余名。

(二) 益利玻璃厂　厂址在华德路，开设已有二年左右，系益利汽水公司许建佐君所创办，内有炉子三四座，工人约三百余名。

(三) 中汉玻璃厂　方于今年创办，厂址在塘山路有恒路之间，即系厂主郑忠汉君往宅邻近，占地四亩半。初办时仅有炉子一座，将来拟再扩充至四五座。资本暂定五万元，其出品疑先造粗货云。

其他玻璃厂，在沪变中被毁者，亦正预备恢复，惜限于经济，恐非短时间内所能恢复原状。闻上述各华商玻璃厂，近正积极改良出品、推广销路，与日商竞争。故日商在沪之玻璃业或将因此受一打击云。

中国征信所市况报告　第10号(1932年7月12日)

中国征信所市况报告　市字第拾号

草帽业近况

廿一年七月十二日

草帽为吾国之一种手工业，输往国外，已逾十载。民十五以后，营业日益发达，每年输往国外，约有一千余万两，在出口事业中亦占重要位置也。

欧美各国均有销路，尤以销往英美两国较多，从前经营草帽生意者，均系假手上海英美商行，如安利洋行、会麟洋行销额最多，为个中巨擘。但外国商行，开支颇大，凡货物进出，须经买办之手，多一次经手，即多付一次佣金，因此成本愈大，而售价愈昂。近年来吾国商人自设机关，直接与国外商家贸易，开支甚省，又无买办扣取回佣等事，售价当然比欧美商行为廉，国外商行遂乐与华商直接交易，而上海所有英美商行，自度难与华商抗衡，乃不复再营草帽生意矣。

草帽名目甚多，然其种类仅有麻帽与金丝对花帽二种。浙省宁波余姚海门等处乡妇，几十九均能编制，宁波余姚编织金丝对花帽居多，而麻帽则为海门所特产，编织之方法略同，惟其所用原料稍异耳。

麻草与金丝草，均产自小吕宋，大概由上海商行，向产地定购，货到后，运往宁波、余姚、泫门等处之草帽行，再由草帽行分给与地户（即编织之女工），托其代为编织，等织成后，按件给以工资。亦有由贩子转手给与地户，如地户稍有实力者，亦有向草帽行购买草料，以待编成后，售与贩子、或草帽行也。

在三四年内，草帽营业，盛极一时，每顶预售至三四两，按草料成本不过二元，而工资与草料相等，亦需二三元，女工编织成帽，手编迟速不同，最慢者，至多四五日，亦能织成一帽，即平均每日有六七角之工资，在乡僻之区，竟有如许商价之工资，当然视为特别生产事业，故宁波余姚海门等处妇女，不论老幼，均以编织草帽为一种副业也。

自民国十五年以后，草帽营业，日盛一日，凡经营草帽出口之商家，无不大获其利，但盛极必衰，去年草帽生意，竟一落千丈，售价亦日渐跌落，金丝草对花帽，每顶自三两外，逐步跌落，直跌至一两二三钱，目下落令之时，价格更跌，复跌至一两左右。而麻帽跌势相同，每顶自二两左右，跌至一两左右。现在又跌进一两大关，仅值七八钱而已。跌价如此之速，殊为罕见也。据草帽商云，去年草帽营业衰落，盖亦有故，第一因各国失业人数之增多，社会经济之恐慌，对于购买此项类似奢侈品，力求节省，因此，草帽销路，不免呆滞，然国内存货，则又甚多，自上海草帽商起，至产地之地户，无不贮有存货，供过于求，物价当然低落。吾国经营草帽者，乃大起恐慌，存贮愈多者，希望将其存货早日脱售，乃不得不贬价出售，以广招徕，至斯草帽营业之衰疲，几于不可收拾。

去年同业之中，尚有害群之马，如余姚草帽公司之店主，傅继良，其实力向不充足，但傅某另用一种欺诈方法，一面提高价格，向贩子或地户购买，而给以半月或一月之支票，一面向国外商行抛售，又故意抑价售出，将外国商行收取之货款以付还贩子或地户之货款，在往年草帽方面兴盛之时，尚未暴露其不良行为，然在去年市面衰落之时，遂致图穷匕见，至去年十一月间，乃即倒闭。傅某亦逃匿无踪。据云倒欠有二十余万两之巨。金融界以前见其营业兴盛，无暇探其内容之虚实，以耳代目，被其亏欠者颇多云。

余姚草帽公司既已倒闭，然同业中之害马，尚未尽除。据其同业云，华利进出口行，内容亦不殷实，如有与该行往来者，宜稍留心为佳。

照目下草帽之市价，可谓已跌至最小限度，即以麻帽而论，市价仅售一元，除去草料成本六角外，所余仅有四角，如女工编织四日能成一帽，平均每日所得工资只有一角而已。不如用当地所产之席草，编成较粗之席，价则草料成本，仅有铜元二枚，每织一顶，可得铜元十八枚，如织此种粗货，每日编成四五顶或五六顶，毫不费力，故该处之女工，现在均改编粗货，而向来所做之麻帽、金丝帽，均已停止编织矣。

草帽自去年起，既逐步跌价，而制帽所用金丝草原料，亦因之而逐渐减跌，如在以前每公斤（约重三磅二）售洋六元左右，去年起逐步跌价，到现在竟跌至一元五六角。据云，照目前价格，仅敷工人之工资，亦已跌至最小限度，如再往下跌落，宁可割下当作燃料，亦不愿再加运费而销售矣。

近来小吕宋方面，闻说所有存货，已经出清，而吾国余姚宁波等处女工，又不愿再编织草帽，将来存货，定感缺乏，至下半年草帽上市时，其价格或能回高，故已将所有麻草金丝草一切货价提高，近日来已比较以前涨起二三角（每公斤）矣。据草帽商观察，去年经营草帽者，可谓最衰落之时代，其营业额比较往年大减，然照其输出草帽之顶数，则与往年并无出入，自草帽行起，直至产地之地户止，所有存货，都已经售罄，而市价亦已跌至无可再跌之最小限度。今年下半年草帽市面，是否可以恢复至以前状况，或因缺货而反变为极盛旺之现象，现在不能预料。但各草帽商去年经受极大打击之后，无不十分谨慎从事，将来营业，定能平稳过去，决不至再有如去年之风浪也。

照目前经营草帽之商行，为数不多，兹开列如下：

名称	地址	经理	以前营业额	去年营业额
坤和		不详	不详	六七十万
盈丰行	福州路九号	马仲达	一百数十万	六七十万
汉利公司	江西路	武立侯	一百万	六七十万两
汇泰行	北京路六四号	杨又林	一百数十万	七十万两左右
联和行			不详	

以上数家，其营业范围较大。且其实力亦颇充足。

中国征信所市况报告　第11号(1932年7月13日)

中国征信所市况报告　市第拾壹号

毛冷业状况　　廿一年七月十三日

毛冷市面，近况殊不见佳，经营毛冷者，大概注重外埠批发，其中向以天津、北平、辽宁、四川等处为最大。其次则为汉口、厦门、芜湖、南昌、洛阳，及浙江之杭嘉湖各处。今年市面惨淡，毫无生色，辽宁自沈变以来，处于日人暴力之下，市面衰落，迄未恢复。去年天津方面，以一百数十两买去货物，尚有大多数堆存。现因市价低落，不得不忍痛出售，恐一时尚无办新货之意。惟四川成都方面，稍有销路，然其数目有限，恐不及往年半数。照向来习惯，如成交之后，大概给以二个月期票，在今年银根紧急之时，非有实力之商店，万万不敢余账也。

汉口、厦门、汕头等处，距离上海较近，故办货时间，亦略能迟缓，厦门、汕头至早尚需在二个月以后，才来办货。今年共产党占据漳州、蹂躏地方，影响厦门市面甚大，恐厦门一处生意，亦不及往年兴盛矣。对于本街生意，向来销与毛织物工厂为多，近来资本雄厚之大工厂，富有实力，可以直接向洋行定货，固无须再向毛冷商转买也。如系小工厂，目下状况甚为困难，亦无购买能力，因小工厂出品，专托国货字号销售，而国货商总资本有限，向以钱庄放款为后援，今年因银根奇紧，钱庄不肯通融放款，以致经济方面，感受困难，殊无力量添办货物，不得已，拟将其所有货出售。而外埠销路，又不活动，因此国货字号营业，十分清淡，间接影响及于小工厂甚大，闻说小工厂停业者，现已不少云。

毛冷商目击市面日渐衰落，纷起恐慌，凡有存货者，急欲贬价出售，故现在货价，比去年已跌去百分之十至百分之二十。设在一二月以内，各路市面再不活动，货价将愈见低落。去年向各洋行所做定货，虽比往年减少，但在七八月间之定货，陆续可以到埠，将来市上存货愈多，而货价将更见低落，恐毛冷商将大受影响云。

据云，吾国毛冷商，前因深恐下半年市面不能起色，纷纷婉商定货行家，要求将去年所定货物，本年内先装一半来华，其余半数，缓至明年再装，而外国毛冷商，尔时因所定货物，已由工厂完全制成，亦有已经装船运来，如欲定装半数，已经不及。当经西商议决，所有定货，照其所定合同，全数运华，惟到埠货物，可以通融，将半数货物报关，缴付关税。当时华商颇为满意，不料货到以后，至今多数均未报关纳税云。

中国征信所市况报告　市第13号(1932年7月13日)

中国征信所报告　市字第十三号

麻袋业状况报告书　　　　廿一年七月十三日

麻袋业，近似手工业，查麻袋为发运货物必须之物品，需用既繁，销路亦广。上海一埠，全年究有若干生意，无确实统计。惟以同业观察，至少当在五六百万两以上，或至一千万两不足也。

上海麻袋业，所有大小商店，共计两百余家，亦有大同行、小同行之区别。凡有实力能向洋行定货，或直接与行家交易者，乃为大同行。然其数不多，兹开列于下：永昌泰、恒汇泰、顺泰成、协兴太、祥源泰、协兴永、协裕泰、大顺恒、丰合兴、甬成泰、泰丰、祥和泰。至于小同行，为数甚多。其营业范围不大，仅能向内地行家收买，而售与同行而已。其范围稍大者，所需资本，至少亦须二三万两，与杂粮字号之资本相等。而小同行则其所备资本不一，如系修理旧袋之小店，其所需资本，仅需数百元而已。

麻袋业亦有公共设立之公所，其公所在大东门育材学校隔壁弄内，成立年代已久。而在各店服务之工友，另有团体组织，即永义会是也。现今为该会之领袖者，乃顺泰成店主潘子功，及协裕泰主人顾友君二人。麻袋工人所定行规颇为严密，收领学徒，限制自十三岁至十八岁为止。如有违反定章者，当受严厉之处罚云。

麻袋种类不一，分绿线、蓝线、白线、斜纹等数种，以绿线为最佳，售价亦较大。而各种麻袋之中，又有新旧区别。旧袋分一号、二号、三号三种，其等级乃视所用之次数而定。如系用过一次，麻袋上已印过一次唛头，故又名单唛。第二次将麻袋反转，在其背面又盖印一次唛头，乃又取名双唛。倘用过一二次，则其物质，似稍疲软，同业中即列为三号，其别名乃称中关袋。

麻袋均产于印度喀而喀太，袋商如欲定购新货，大概向洋行购买。然上海洋行经营麻袋生意者，寥寥无几，仅安利泰、丰德威等数行而已。此外亦有向上海日人所设立麻袋厂购买，同业中称之为本厂货，然其所用原料，仍系向印度买来。因印度所产之麻，质地坚韧耐久，非其他麻类所能及。据云，以前吾国曾向印度携来种子，试种后，所产之麻，仍不适用，因印度与吾国气候不同，恐此项麻种，不适宜于温带各地也。

至于旧袋，不论本街、内地、香港、汕头及长江各地，均有收买。现在市上所用之麻袋，当以旧袋居多数，而新袋仅占全数所用四分之一耳。凡用麻袋盛装之货品甚多，如什粮、盐、水泥、糖及水果蔬菜等什货是也，其中尤以杂粮与盐二项，需袋之数为尤多。当装运时，需用何种麻袋，当视所装载之货物，及载运路程之远近而定，亦不能预定也，如盐与糖均须一号袋，路程较近者即用二号，三号亦不妨。

麻袋销路，从前以北方为最大，如青岛、大连、营口等地，所产杂粮颇多，故其需用麻袋亦广。但近来北方销路，已被日商三井洋行一家垄断，该行直接向香港定购之后，即装轮载往北方各处，因之麻袋商大受打击。现在北方虽有时亦来上海采办，但系另〔零〕星少数交易，若与以前比较，不啻有天壤之别矣。

现今销路，除本街杂粮商、水泥厂之外，又销往外埠汉口、南京、高邮、海州及津浦线徐州、开封等处。其采办货色，种类各不相同，须视各地之需要，而有区别，但近年营业，已不及往年盛旺。今年受战事影响，百业停顿，杂粮市面又极清淡，因之上海市上蔴袋，存货堆积，而其价格亦逐步跌落。兹将现今市价与去年所售价格比较如下：

新货：

绿线：每只重二磅，去年售每千只六百五十，而现在无市。

蓝线：每只重二磅二五，无市。

白线：每只重二磅二五，无市。

斜纹：每只重二磅七五，无市。

旧货(一号单卖为标准)：

绿线：去年每千售三百九十两，现跌至二百五十两。

蓝线：去年每千售二百四十两，现跌至一百四十两。

白线：去年每千售二百四十两，现跌至一百五十两。

斜纹：去年每千售三百九十两，现跌至二百四五十两。

照上表而论，目下货价，比去年跌落三分之一，且无大宗生意。营业状况，十分清淡，与前二年比较，大不相同矣。

麻袋业中，实力最大者，如下列数家：永昌泰，二十万两左右；协兴泰，五万两左右；合兴，五万以下；恒隆泰，十万两左右；协裕泰，七八万两左右。

今年因受战事影响，周转不灵，因而停业者，有恒丰、祥和泰二家，但收歇以后，对于上行均已理清，并无拖欠云。

据麻袋中人云，近来生意，比较以前难做。从前向厂家收货时(厂家即杂粮商、碾米厂、榨油厂等处)，厂家对于麻袋情形，不甚明了，将优劣各货，混在一处，且索价亦殊便宜。但现在已甚精明，麻袋商收买时，殊觉难以对付。且近年来洋米输入，日见增加，将米卸去以后，所有旧麻袋，积聚更多，而其销路反不甚广，供过于求，故其市面，乃愈见衰落也。

中国征信所市况报告书　第15号(1932年7月15日)

中国征信所报告书　市字第十五号

上海市典业概况

廿一年七月十五日

查典业定章,凡典当在未开设以前,须有三家以上商店联保,方可开设。上海全市当铺,共计有七百家之多,具有上项资格者,总一百另二家,其余虽名曰当,实则押店耳。此一百另二家中,又有新老同行之分。所谓老同行者,计有五十余家,皆遵照合法手续,向官厅登记,担负一切应纳税率,兼加入上海市当业同业公会,取得会员资格。新同行则否,盖多开设于租界,向工部局登记纳捐,未经向内地官厅履行登记手续,因此未得同业公会会员资格,于是乃自行组织当业公会,为同业议事机关。现查上海市当业同业公会主席,为傅佐衡君(本帮),当业公会主席为郑仲屏君(潮帮),其他若闵瑞芝、骆雁云、胡春生、席微三等,均系该业中著有声望之人也。

上海市社会局规定典商登记法,分甲、乙、丙、丁四种,以资本额之大小为标准。凡资本银在二十万元以上者为甲种,十万元以上者为乙种,五万元以上者为丙种,三万元以上者为丁种。登记后,给予登记证,该项证书可适用至二十年。其登记费之征收,亦分四百元、三百元、二百五十元、二百元四等。现查上海当铺资本,无论新老同行,皆在十万元左右。然其呈报官厅登记时,大都填报资本额五六万或三四万。惟登记之后,必须缴纳营业捐,此项营业捐数目之大小,亦以资本额之大小为标准(今之营业捐即往日之典税,日后营业税实行,此项营业捐应取消)。大致丙等典商年纳一百卅元,丁等年纳一百元,现减为八成,甲乙两等当照此递加。而地居租界者遵缴租界工部局当铺营业捐,其税率以当出银万元,月纳廿元。无论新老同行典商定章,一律以十八个月为满赎期,月放五天,月取利息一分八厘,至一分六厘。往者凡属当铺,均系二分起息,自国民党主政后,党纲载明,息金一项,不得超过百分之二十。于是当息多改为一分八厘矣。比年以来,又以同业竞争故,凡当户当件满洋百元以上者,可要求减低息金。盖为竞争营业计,非此不足以广招徕也。

五十年前,上海办典业者,全为贵州帮所独占。近来则苏帮(亦名山帮)、潮帮、宁帮(宁波)、本帮,亦各有其相当地位矣。今之所谓新同行者,潮帮实居领袖地位。

现查上海当铺之独资开设者,十不得一。惟贝勒路口之永庆,为苏州贝姓所独开;福州路之源来,为南浔刘姓所独开,此外竟不多见。其中资本较大、营业较盛者,首推北海路之晋康,老西门之益丰等,其资本均在二十万元以上,惟均系合股开设云。

设以上海当业,现在之当件而论,以衣服居第一,首饰次之,用具木器又次之。金属饰物,往时甚多,自金价贵后,该物几无人持往典质矣。兹将该业历年营业额比较之,可称与年俱增。此系社会经济,愈趋枯竭之表现,似非佳象。往时为当铺主人翁者,不但须具有殷实资产,尚须有相当声望。盖当之一业,原为济贫事业,初非专为谋利计也。故凡开张之时,官厅拨存地方公款,用资周转。上海当铺中公款,先前有十万以上,由若干当铺均分之。此款本属全县义谷款银,自甲子年江浙齐卢交战,此款遂为浙卢提去,名虽暂借,迄未归还,故上海当铺中之消灭公款,自甲子年始。

民国元年至十三年，为上海当业兴盛时代。过此小当押店相继开设，物件腾贵，营业时间较长。平民感其便利，往往舍当而押，因此典业有受其影响而歇业者。迨十六年后，国内战争迭起，风鹤频惊，加以捐税奇重，工潮嚣张，而盗劫绑案复层出不穷。为当主者，本属守旧一派，经此纷扰，无不心存畏惧，若非为亲戚乡友生计问题关系，早已相继闭歇矣。当铺当件，既以衣服为最多，比年人民服装，日新月异，而上海尤甚。时尚一过，往往十不值二三，年末当铺满期之货，多数亏本，反不若押店之较能赚钱也。该押店满期，止六个月，衣服等类，经六个月时期，尚不致十分过时，且取息较大，营业自由。官厅虽有取缔押店之意，迄未实行。有此种种原因，已足使典商不能安枕矣。细核典当内容、营业收入，止一分八厘，或一分六厘，其中须付去捐税二厘，当厘、洋厘、及取厘合为四厘(定章归伙友收取)。月放五天约半厘，房金、保险费，薪水、膳食一应开支等约六厘。如收有存户者，该存款即使按月六厘起息，合计支出已一分九厘矣。况当铺中，常留现金数千元备用，此项息金，更何从着落耶？且上海当铺，十九兼收存款，年息大都六厘，此系历史关系。往时未有银行时，人民储金，往往以存入当铺为可靠。上海当铺中存户最多者，存额有至一二十万元，少者亦有十万八万不等。故上海市之典商，需用钱庄、银行款项极少，即有往来，亦皆存户而非欠户，此上海一般金融家所深知也。

中国征信所市况报告　第16号(1932年7月□日)

中国征信所报告书　市字第拾陆号

上海棉布业状况

(注：日期无)

上海棉布业，在二十年前以西洋货为主，如英之漂布及各种花色尺头。美之粗布、绒布，德、意之洋纱，俄之花布，销路均极旺，而尤以英货为最盛也。当时该业在上海之同业公会冠以洋布二字，盖市场交易纯以西洋布为主体，其发达可以想见矣。

降至今日，西洋布匹一落千丈，市场交易除少数漂布及花色货外，粗布、细布、斜纹等几乎绝迹。其所以致败之由，实有数端：(一)原料贵，(二)工资高，(三)运输费时。此外，又加以捐税佣金等等，成本既重，所定价格自必较高，且近来社会经济衰落，民生凋敝，此种情形，远非二十年前可比。故对于日用所需，力事撙节，无复当年之购买力也。而此外主要原因，实在日布与本厂布相继勃兴，攘夺销路，互争长短，而西洋布尺，遂难与抗衡。盖日货与本厂货原料既贱，工资又廉，运输简捷，大都直接在沪交货。日货花样翻新，价格低廉，适合华人购买程度，且处迎合华人心理，自然销路广阔，深入内地。本厂布在近五年内，亦有显著之进步，外货式样渐能仿造，国人提倡不遗余力，因此市场交易为之一变。日货与本厂货，跃而为交易之主体，西货遂一蹶不振矣。然本厂货之发达，较日货落后五年，且每日市场交易，日布占六成，本布仅占四成，花色相差殆尤甚焉，如花布、哔叽、色丁等花色货，本厂出品仅及日货十分之一二。

我国屡受日人种种压迫，历年来，时有抵货呼声，日货因受重大打击。爱国商人相率不进日货，故本年来，市场日货，几至绝迹情形，遂又为之一变，而纯以本布为交易之主体矣。本布既代东西布匹以兴起，自必如雨后春笋，崭如头角。然竟适得其反，慨自半年以来，市场萧条，为历来所未见，而以夏令布匹为尤甚。其原因固不止一端，如政治之不安定，以及兵变、匪患、水灾等影响尤巨，他如外汇低落，银根奇紧，种种关系，遂使各路客帮互相观望，裹足不前。综计上半年来沪批货者不及往年十分之二三，因而销路呆滞，存货日多，供过于求，价格遂致暴落不已。不特此也，沪变平定后，日货暗中颇形活跃，价格故意降低，实行其倾销政策，以饵顾主，更雇用大批华人跑街，到处兜售。商人以有利可图，乃私相交易，其数量虽一时难以统计，要亦不在本厂布下也。兹将该业营业状况分别探述于左：

上海棉布商号约有下列数种：

一，掮客字号。其范围甚小，且亦无谓资本，只须备账桌一张、招牌一方，其设备之简单，有如此者。昔年只须在洋行跑街中有一熟人，即可定货。迨货到之日，即将前后两种市价，加以划算，合算，则出货，如不合算，即将招牌脱卸，账桌收起，实行逃避，以图卸责。俟过相当时期，再另起牌号，异地悬挂。此其意存投机，贻害匪浅，实为该业之蠹。迨后即稍有不同，凡定货以后，及货运到时，须先至海关完纳税银。故无相当基础者，即不能开设。至于今日，则更大不相同矣，营斯业者，大都脚踏实地，不敢稍弄玄虚。向同业中随手买来，即行脱售，既能博得蝇头微利，于掮客二字，庶能名符其实矣，故依然可以存在也。

二，定货字号。此等字号，可分二种：（甲）门市定货，（乙）批发定货。兹先述批发定货，亦分二种：(1)做原箱者，(2)做拆货者。做原箱者，范围大，销路广，凡大江南北，及沿海各埠，均有销场。而拆货则以本埠各门市商家，及杭嘉湖一带中，以花色货居多。但因放账关系，资本亦须充分，至少须二万两，方可周转。做原箱者，资本可大可小，生意亦可伸可缩，大者数百万。拆货仅五六十万，即为顶码。年来原箱与拆货二者，均以日货为多。抵货后，乃将日货封存，改做西货。一二八后，西洋定货亦不多，此固由于金融界不肯放款，而汇兑与市价之不相吻合，实为主因也。次言门市定货，有单做门市，亦有兼做批发。其货之来源，有向东西商洋行定来者。惟现在较大之字号，除与洋行素有往来者，略有定货外，新户概不定货。然则现货从何而来，大都向同业中买进者。买进数目最大之字号，如源茂盛、日新盛、日新增、协大祥、宝大祥、协祥，惟协祥于去年定货方面亏蚀二三十万，故本年改单做字号，即单做批发，不做门市，借以缩小范围也。

上海棉布商号不下数百家，而历史较长、资本较厚，信用较著者，约有下列数家：法租界：协大祥、元昌祥、恒丰、宝大祥、成丰恒、协祥、德盛祥、裕源恒、履泰昶、日新盛、日新增，以上有做门庄兼批发者，有做定货、完货兼批发者；英租界：敦裕、渭记、陈星记、裕康、周耕记、恒康、裕春。以上数家资格较老，在欧战时，获利甚厚。现在市况不佳，营业不易，故均采取稳健主义。

鸿盛、鸿盛元、晋康、丰大、大丰、苏倪记，以上除丰大兼做西货外，余皆专做本厂白布，营业发达。

同丰、同福、源茂盛、正大，以上有做门庄兼批发者，有做定货兼批发者。

中国征信所市况报告书　第18号(1932年7月18日)

中国征信所报告书　市字第十八号

豆米业同业公会为洋米惨跌筹对策事　民国二十一年七月十八日

特于七月十二日邀集各职员及司月与专营洋米卖买之行号等，在邑庙大假山豆业萃秀堂大厅集议，到有十余家。咸以同业在三年前进洋米大失败以来，迄未苏息。去年与今年两年中，更逢大水灾与兵匪及沪变影响，损失更大。同业虽谨慎从事，但逢意外之灾祸后，今复以全世界之经济恐慌，米价惨跌，前途可虑。倘再不及早妥筹对策，则将来全体同业多蒙其害，当场议定下列诸项办法：

一、自一二八以后，新定洋米以及前定未到，总计尚有五十万石以上，商定洋行作为当地结价，不再装申，以资维护上海存米之价格。

二、已到而未向洋商打取栈单，亦拟商洋商结价。

三、在沪存米之统计，因同业与洋商囤户等隐匿不报，迄无详细数目(按全市存米有一百六十万以上，其中小绞一项，已有一百十五万包，其次为西贡，有三十万包以上，其余为三、五万及一二万不等)。但知浮存于市上而欲脱手者，有一百二十万石左右。现拟先请同业一律登记，以资得详数后，再筹通盘计划。

四、在申存米售卖，拟由公会举出公正人，公开卖出，划一价盘，杜绝私下贬价，自行破坏。

五、拟专函通知某某等行家，自后不得私下贬价而为自杀政策。

六、通告同业，今后不得再定洋米，以招失败。

七、八、以下关于行佣之取巧，不遵照同业公议章程，又有增加回佣等破坏业规行为，均当由公会纠正之。

但此次会议因未全体到齐，而在场都又复主张不一，议论纷纭，莫衷一是，结果只有商洋行结价外，再请同业将存米试行登记，并定星期日再开大会以取决之。后情如何，容再报告。

按自世界经济发生恐慌以来，我国感受痛苦尤甚。昨今两年之灾乱，几使全国工商界、实业界以及农村教育濒于破产，且有一部分，竟达于万劫不复之境。上海粮业历史悠久，百数十年来，从无如目下之困顿。今观该业同业集议情形，已可窥其大概景况。又据说，去年水灾暴发，投机者以为米价必将大涨，于是纷纷向外洋定货，而后来出于彼等意料之外，米价并未上涨，而反跌落。米商曾一度由社会局出面，与金融界接洽，商做押款，以维持米商信用。惟此种定米，虽以米商出面，而内中颇有投机者附入，故商做押款事未有结果云云。

中国征信所市况报告书第21号(1932年7月19日)

中国征信所报告书　市字第廿一号

洋米市面转机之由来　　廿一年七月十九日

今日洋米旺销三万余包，为战后以来少见之市况。其原因实系行情狂跌后引起南北浙、汉及附近各客帮之竞办，消化一旺，市面立现反动现象。

豆米业昨日在萃秀堂集议后，仍无统盘计划，只决议向市政府社会局等各机关请愿救济，对于内部决定厉行登记。

该业领袖顾馨一氏，为洋米救济事，曾向市府当局建议由积穀仓库出资购买洋米二十万包，他日以平价售出，其亏耗抵补金则由米业在米粮上每包加洋五分，倘市价高昂而售价有盈余时，则此盈余之款，储备救荒之需。此议已得各方赞同，不日即有实行说。

中国征信所市况报告书第22号(1932年7月20日)

中国征信所报告书　市字第廿二号

上海搪瓷业概况

民国廿一年七月廿日

搪瓷发明于德国，盛行于日本。我国之有搪瓷工业始于民国五年，迄今才有十六年之历史耳。其时经营是业者，人才、资本均感缺乏，殆无可讳言，故旋设旋停，什九失败。厂名既难尽举，耗资亦已不赀。经十年试验，至民国十三四年，始得规模粗具，销路渐有。至民国十五年，销路愈广，出品亦较多，中经几度抵货运动，营业更盛。是年，各厂营业均有盈余。于是，各厂大都添置机器，制造琊粉，力事扩张，苦心经营，得有今日，初非易事也。现查上海搪瓷工厂，合计有十二家，大者七，小者五。兹分别探录如左：

甲，规模较大者：

厂名	地址	发行所	商标	经理	实收资本（单位：元）
甲、规模较大者					
华丰搪瓷厂	浦东周家渡	爱多亚路六四号	如意	李直士	300,000
益丰搪瓷厂	局门路	同前	金钱	董吉甫	100,000
中华珐琊厂	南市迎勋路	老北门大街	立鹤	方剑阁	60,000
铸丰通搪瓷公司	闸北恒业路	爱多亚路六四号	三胜	童季通	300,000
兆丰珐琊厂	半淞园路陈家桥	同前	洪福	荣方舟	50,000
久新珐琊厂	制造局路	本厂	九星	顾志廉	100,000
上海搪瓷厂	一厂斜徐路	本厂	太极	一厂长江栋青	30,000
	二厂鲁班路			二厂长王荣仰	
乙、规模较小者					
协丰搪瓷厂	国货路	本厂	协丰	李廷松	5 000
徽徽珐琊厂	徽宁路	本厂	蜜蜂	李士秀	3 000
求新搪瓷厂	国货路	本厂	球星	彭森保	2 000
联营瓷牌工厂	恒丰路	爱多亚路六四号	无敌	程年彭	5 000
中南实业珐琊厂	斜徐支路	本厂	蝴蝶	金康候	1 000

搪瓷、珐琊两名称，业外人每不能明瞭，实则一而二，二而一也。查，当初凡工厂能自制琊粉者，称曰珐琊厂；不自制粉者，称曰搪瓷厂。迨后，各厂对于琊粉一项，除小厂以限于资本，不

能自制外，其他均系自制。而厂名仍一任其旧，故该业名称之不统一，亦目前亟须解决之问题也。

瑯粉一项，在各厂未能自制时，皆买自日本。后有日本人和田千太郎者，谋推销便利起见，来沪创设和田瑯粉釉药厂。未几，关于制粉秘密，即为华职员罗君学得，出而组织大钧瑯粉厂。不数年间，大钧即出盘于人。而我国各搪瓷厂因此均竭力研究瑯粉制法，而自行制造矣。惟其法仿自日本，故瑯粉原料，仍非用日货不可。自去岁抵制日货后，各厂始改用本国货以代之。惟制坯之熟铁皮，向系由英、美输入，我国尚无出品，故仍仰赖于外货也。搪瓷厂之大小，除资本额外，当以炉灶为标准，砌灶愈多，出品愈众。大约每灶每月可出价值一万元左右之货件。此外，与出口种类之多少，亦大有关系，盖每出货品一种，厂中必须具有该种货品钢型一套，其所费殊不赀也。合上海市各搪瓷厂炉灶计之，共约六十座左右。若华丰、益丰等厂各有炉灶二十座左右，出品众多，工料坚实，浸浸乎为该业之冠。铸丰因历史已久，基础稳固，不幸年来工潮迭起，损失甚重。今春沪变之役，该厂地处战区，又惨遭兵燹，虽在重振旗鼓，元气要已大伤，近闻将召集股东会核减资本云。中华以六万元资本，去年营业竟至六十万元以上，设非经理人之精敏处事，曷克臻此，其前途至无量也。久新、上海为本年新设之厂，观其经营之伟大，规划之端详，可称为后起之诤诤者。

我国搪瓷工厂，除福州有小厂一家外，其余咸集中于上海。查去年上海一埠该业营业，共计有银六百万两以上。近年，除北方尚有日货进口外，长江一带，日货搪瓷，殆将绝迹矣。查十五年前，日货搪瓷进口，年在三百万两左右。当时国人用搪瓷者，尚不及今日之广。设非该业中人之急起直追，全力抵制，则今日之上海，恐又作为日货搪瓷品之倾销场矣。

查国货搪瓷，虽不及西洋货式样之佳(此系模型关系，盖西式多用复式钢模，一型或贵至万两以上，中国工厂限于资本，未能仿造)。然较之日货，则远胜之。试以两货比较可知，国货搪瓷之粉色鲜明，涂工匀净，均非日货所能及也。

年来，该业领袖鉴于国中各制造业纷纷宣告失败，其原因大都初以竞卖而减价，偷工减料，欲求减轻成本，乃使用自杀政策，卒至货品恶劣，无人顾问。此种不正当之竞争，将使该业亦同归于尽。故于本年起，重订业规，划一价目。又恐各同业或有放盘情事发生，乃公议将各厂年放账款，移送该业公会，委托公会中派员代收，以示公开。不但各厂可省去许多手续，而全厂精神，均可转移于改良出品，推广销路上着想。如此分工合作，实开国中各同业公会之先例，是各业可取法者也。而华丰、益丰、铸丰、兆丰四厂，更于前年联合营业，共组发行部，于爱多亚路六四号定名为国产搪瓷营业所，以资本大小，定生产额多寡。二年以来，成绩卓著。惜范围仅止四厂，设能扩大范围，不但集中人才，抑且可分工制造，业精于专。如是则该业之发达，更未可限量也。

细察搪瓷一业，前途进展，方兴未艾。以货品论，用途至繁，各界咸需。以价值论，代价至廉，购买普通，且其制造推销以及存货久暂，均无时间性存在。况经久耐用，不若料器之易于碰碎，是以后该业销路之广大，当可与年俱增。将来，潜入民间，僻壤穷乡，无远弗居，则村前沽酒，陌上送餐，胥赖搪瓷器皿矣。至是搪瓷业之发达，可以想见，愿经营该业者勉之。

中国征信所市况报告书第24号(1932年7月21日)

中国征信所报告书　市字第廿四号

美国麦价惨落之回顾与我国粉麦市况之预测

民国廿一年七月廿一日

今年面粉市价,自降至二两以内,逐步狂跌,竟小至一两八钱以内。而新小麦售价,自上月初出新以来,迄无三两之价格(市价均照上海而言,外埠如无锡等处,则曾发见较高之价格也),最高杜麦为二两九钱八分,较次身骨之船货杜麦,竟小至二两五钱左右,此种价格在社会生活程度日高之时,实所罕见也。查一两七钱几分之粉价,为近十余年所未见,而三两以内之高杜麦,为亦十五年来所仅见。至于二两半之麦价,竟为民国纪元以来所未有。忆光绪廿六、七年间,曾有此价格,距今已逾卅年矣。

市价惨落之原因甚多,但最重要者为美麦惨跌与世界经济不景气,及国内灾乱与洋麦粉之充塞,均为其主因也。

美麦之惨跌,尤甚于我国。查上月廿五日支加哥电报,近期标麦七月份价四角七分又八分之三(美麦以一英斛为单位,合中国四十五斤;英衡六十磅价值以美金计),九月份为五角(现麦未见电传,照例比期货为低,大约只在四角四、五分间)。按之以前纪录,则一千八百九十六年春夏间,美麦因该国政治、财政发生艰困顿情形,价乃小至四角四分,至今已卅七、八年未曾发见矣。美麦最高价在一千九百二十年十一月(当时欧战未停,各国均缺粮之故),为三元五角,照刻下低价,乃跌小七分之六有奇,其原因除受世界经济不景气之影响外,又为该国及坎拿大、澳洲存麦太多,消费减少,过剩量之数字增加,有以致之也(去年世界剩余小麦之数字为四三,二〇〇,〇〇〇卡脱)。

我国粉麦市价已如上述,而美国市况亦复如此。且以世界剩余小麦之数额之巨,可以预测今年粉麦市况必无佳况,最低限度可说在最近三个月内必无转机(意外之事除外)。因今年美麦收获与世界各产麦区收获量,据一部分经济学家之推测,以灭种与灾害而有少收歉收之说,必须届期以事实证之也。但我测我国内之情况,则少乐观。因各消费区均被洋麦充塞,而洋麦、洋粉因世界之过剩,洋商竭其心力而贬价兜卖,日本商人为恢复其不景气,更致力于此。试观近日来华北各区,尤其是天津及东北,逐有洋粉进口外,复有新定大批洋粉,东北与津、鲁厂家复有洋粉定买,即上海各厂亦有大批洋麦存在与新定大额也。

中国之粉麦市场自逐年内战造成之结果,加之水灾外寇,已将卅多年来惨淡经营之稳固地盘摇动矣。近数年来,市价上落必须听命美、坎,贩运经营,又复仰英、日商之鼻息。民食均洋粉,厂家原料无洋麦不可,倘再如是延长若干年,则必致前功尽弃,或致一败涂地,言之甚觉悚然不安。今年因受沪战影响,各业均少生气,制粉业与麦商当然不能苟免。以目下各厂商情况而论,均无苏象,其中根基稳固与持重及遇有特种机会者,均可免于失败,其他多少要吃亏一些也。

中国征信所市况报告书第25号(1932年7月21日)

中国征信所报告书　市字第廿五号

杂粮业中之扩充营业消息　　二十一年七月二十一日

今年商业之不景气乃潮流所趋，故各业皆然，亦非我上海之豆米杂粮业独逢厄运也。查豆米杂粮油饼业中之稳健者与根基坚固者，尚能照常进行，惟有根底浅薄及受被累者，均趁此潮流而图停业与结束矣(本业内各行号及米店中，在今年停业与进退未决者为数甚多，容日后另行抄草报告)。在今年新开张者，至今尚无所闻。惟扩充营业与改组者，已有多家，正在协议中，大约在中秋节前，当即可实现云，现在已经实现者，只有宏昌一家。宏昌设在已告闭歇之德昌旧址，德昌亏欠达十万以上(银钱业、本业、客户一律在内)，已经解决，旧址店基生财等，盘与宏昌(在南市南会馆隔壁)云。宏昌为该业中宏兴行独资创立，已于上月廿一日先行成立，前日始正式开业。在宏兴初盘德昌时，业中人多欲附投，主持者概不接受，即由宏兴委派傅祥文为总理，杜鸿寿为经理。原有碾米机两部，现特加增两部，并拟在年底前再加四部，以图实行扩充兼代。近由沈君实任经理职后，特为扩充现货买卖，并经营洋米、洋麦、洋粉等之进口业云。

中国征信所市况报告书第29号(1932年7月23日)

中国征信所报告书　市字第二十九号

上海全市洋米存底统计　　二十一年七月二十三日

按三日前，本市各报本埠新闻有“米价步跌之原因”一节，内云“刻下洋米各栈存底有一百五十万之多”，又云“小绞米中次者已至九元数角”等情。兹经派员切实调查，结果与事实不符。查洋米自上月下旬步跌以来，几有一蹶不振之势，上周跌势更甚。小绞特别高货跌至九元，中次者跌至八元七角，此尚系公开价格，至于暗盘，竟有将中次小绞售至八元半左右，此与报载，当有一元之差别。

上海洋米存底向无精确之统计，兹因该业为维持价格，救济同业破产起见，一方面向市当局请求收买(即本所报告第二十一号所述，由市仓收买二、三十万包之举)；一方面着同业试行登记，并由公会中职员与米商代表先至各栈房调查目下之实在存数，此事已于二十日午后调查完毕。但该公会与同业并不宣布其存数，故各报亦不登载。兹经多方探询，将存底确数列表如下：

义泰兴栈三一五，四二六包、隆茂栈二九五，二〇七包

旗昌栈一一六，七五〇包、招商中栈八〇，四四四包

和兴栈七八，九六〇包、招商杨家渡栈七五，三三二包

元益栈七七，五〇〇包、招商华栈五五，三七八包

招商北栈三五，八四九包、太古华通栈二八，九五六包

太古公司栈二〇，五〇〇包、怡和顺泰栈二〇，〇〇〇包

公和祥栈一二,〇〇〇包、鸿升栈八,二五八包

共计十四处栈房,计存洋米一百二十二万零五百六十包。

此外,则有招商金利源栈存温合州客秈三千三百八十一包,本月内洋米新到四船共计十七万〇五百包,本月内各栈提去洋米五万五千三百二十二包。前定存远期未装及已装在途而未到者,两计有六十万包,但产地价昂,所有到期未装及尚未到期之货,均在双方商议作价了结中云。

中国征信所市况报告书　第31号(1932年7月25日)

中国征信所报告书　市字第三十一号

府绸市况　　民国廿一年七月廿五日

府绸,亦为吾国输出品之一种,销往英、美、法、德、印度、波斯、土耳其、埃及及波斯湾一带之小国,其中以美、法销路较大,英、德次之,印度、波斯又次之。各国需要之用途不同,除最细洁之上等货物供制衣服外,亦有用以制窗帘或台布者,印度方面妇人用以障身。其用途既各不相同,故吾国所产府绸之品质及每匹之长度、阔度,亦各不相同也。销往美、法、英、德者,其门面以三三吋至三四吋为最普通;如销往印度、波斯及各小国者,门面阔者自二一吋至二二吋,狭者则自一八吋至二〇吋最为通宜。至于每匹之长度,则无定规矣。更因物质之高下,又分为特、顶、头、二、三等五种云。

府绸分山东与河南二种。近年来,山东货运沪不多,大概由山东直接输出仅由上海转口而已,而河南货之运沪则较多。查上海经营府绸者,惟久成(与久成志记出口部系两家)自往产地收买;或在产地买就野丝,再分给织工代织,虽其成本稍轻,然非有实力不可,因须先垫本也。上海经营府绸之商号颇多,惟其中范围较大者为数不多,仅久成、大丰、三晋川、协丰等数家而已,其余均系小范围之字号,或自河南来之客帮,散住于各处客帮栈房也。如久成、大丰等字号,虽注重对外输出,但不能直接与外国商店往来,大概转售于上海各外国商行耳。在上海经营府绸出口生意之外国商行为数亦多,大约有十家或至廿家,其中营业稍大者,当推宝克、信孚、连纳、泰和、礼和、庚兴、高信、美大等洋行。至于吾国直接输往外国者,仅久成隆洋行与久成志记出口部二家耳。

去年上半年营业亦殊平常,不料至三月间美庄忽告活动,自三月至五月竟有二个月盛旺市面,货价亦因之暴涨,若在往年此时已经过令,万不料有如此市面也。及至下半年以后,各国均不动办,销路呆滞,为向来所未有。据云往年每年输出之数,约在七百万两以上,而去年营业大为减少,至多不过四百余万至五百余万两而已。

今年市面仍不起色,往年在此时期各地生意已经活动,现正在做抛九月之期货。不料向来销路最大之美庄毫无购买之意,价格虽廉,亦未有活动现象,法国庄口仅购极少数货物,而对于价格又须十分便宜云。

目下不但期货不能做开,即上海所存之现货,因去年未能售完,亦存积不少,现在极愿减价脱售云。照目下之价格,已较去年跌去百分之十五至百分之廿。近因各国经济同感恐慌,不景

气现象布满全球，据府绸商之意见今年一时恐无复苏之希望云。印度本为府绸畅销之市场，近来亦因市面衰落，销路大跌；且吾国又有新出之明华葛，售价更廉，印人改用明华葛以代府绸，故府绸之生意亦为之大减云。至于上海经营府绸之客商，因去年货物存积过多，经济困难，乃将其货物向人抵押，照市价作八折押去。但目下市价已低于押价，如将货物取赎，返致赔本，折去利息、栈租等费，故多不愿取赎，其状况正与丝茧商相同也。

中国征信所市况报告书　第32号(1932年7月27日)

中国征信所报告书　市字第三十二号

外商竞争下之我国棉织业市场　　　　廿一年七月廿六日

英国向以出产棉布呢绒著称，从前运销吾国独多。自欧战以后，因运输不便，大受影响，其对华贸易额，遂渐次减少。英国棉布之劲敌厥为日本，因日本离吾国甚近，运费较省，工价又廉，尤非英国所能及。凡英国所有货物，日本无不仿造，以备在吾国市场争雄。虽其物资尚不能及英货之精美，然售价低廉，为吾国人民所欢迎。然贩卖商向英洋行订货，须五六月到货，日期遥远，往往到货之时，市价已有变更，且交易概以金价为准，涨落无定，投机性尤大。如向日商订购货物，则至迟二三星期即能到埠，且在上海之日商，又常备足现货，以银盘出售，一经购定，当日到栈出货，其便利决非西洋货所能及。日人又在上海设立调查吾国商情之机关(如泗泾路之大阪贸易调查所)，刺探吾国商场之状况，倘吾国商店向英商定织新花样，一经日人探悉，彼即照样仿织，西货尚未织就到埠，而日货早已运华推销矣。近十年来，日本棉布输入吾国之数量，愈益增加，若非数度之排货运动，则输入之数，当更足惊人。据棉布商人云：近年来吾国所有棉布生意，日货几占百分之七十，已将西洋货完全打倒，而向以棉布称雄吾国市场之英商，至斯已受莫大打击。

去年九一八沈案发生以后，吾国抵制日货甚烈，而坚持日久，尤出乎日人意料之外。兹据日人报告：昭和六年所输出之棉织物，只五六四九五〇〇〇元，与昭和五年输出数八八八九四〇〇〇元，相差已有三千二百万元，照百分数比较，减少百分之三十六强，而今年上海停战以后，虽源源输入，然无大宗货物，故现在日商均犹豫惴惴以抵制为可虑也。

在上海之三井洋行，营业素极发达，惟自抵制日货以后，大有门前车马冷落之概，据在该行服务之华人云："竟有二三月未曾做丝毫生意"。在去年十二月初旬，该行棉布部职员，向棉布商云："即令抵货运动，于此时停止，尚有值二百余万两之花剪绒，因时令已过，只得存栈房，待至明年销售"。即此一项损失，已有如此之巨，由是可知日货在吾国推销势力矣。闻在去年阴历十二月间，有吾国奸商将上海日商所存各种棉布买进不少，约值数百万两云，售价颇廉，即著名之冲直贡，每码仅售一钱七八分。大概出售者均系中下等日本商行，惟大商行则未曾售去。当交易时，十分秘密，购定之货，仍贮原栈，故外人均不知晓也。

去年抵制日货以后，棉布商乃纷纷向西洋商行定货，因此上海英商又得乘机活跃，承接华商定货极多。惜吾国商人不重统计，究有定货若干，无从查考，惟英货营业发达，为近年来所罕见云。所有各种棉布定货，已陆续到沪，迨上海一二八事件发生以后，商界全体罢市御侮，外埠各处，或因隔年农收减色，或因洪水为灾，均缺少购买力。故上海市面，十分清淡，春货棉布走销不旺，据云仅售去年十分之五六，如以平时而论，则上海西洋货存底，尚不为多，定能如数销去也。

停战协定签字以后，金融依然停滞，往日财力不甚充足者，至此大感困难，因此市面一时不能有恢复之望。至于日货，现已渐呈活动之象，在小东门及法租界虹口一带之门市棉布店，现已将去年封存之日货出售，惟在英租界之大商店，因欲顾全体面，尚不敢公然出售。若以外埠而论，华北在日人势力范围以内，已不复抵制，长江各埠，如汉口、九江等处，抵制已懈，惟华南及江浙二省，抵制之烈，迄未稍衰也。

据棉布商云："棉布一项，抵制恐难持久，吾国虽有产品，但物资难与舶来品媲美，而产额又少，决不敷用。故国人仍须仰给舶来品。西洋货物资固佳，但价格太贵，似非国人购买力之所能及，不得已而求其次，则日货尚已。去年抵制日货，殊为剧烈，但在最近期间，日货已渐见活动，其输入之数，亦渐见增加云。"日人狡猾，每将其日货商标，改换英货、德货，在市上混充求售。据云，现在已有此种举动，在棉布商明知其为日货冒充，然贪其价廉易销，亦乐为贩卖云。据棉布商云，现在吾国最流行之棉货，乃为印花棉布，西洋货或比日货优美，然西人工资甚贵，成本较大，而日货印花美丽，能迎合华人之所好，故日本之印花棉布，尤为我国人所欢迎。去年抵制日货之后，棉布商不得已在上海购办丝昌厂与上海印染公司之出品，其售价尚廉，与日货相仿，故其营业亦殊发达，但上海丝昌厂与上海印染公司二家，出品有限，决难供全国之需要也。

兹将西洋货、日货及上海货各种印花棉布之价格探录如下：西洋货售四钱另，日货售二钱另，上海货售二钱另。日货与西洋货比较相差几及百分之五十。

上半年既已过去，冬季货转瞬即将上市，但冬季货以印花棉布销路为最广，而英国棉织品仅有番稠、泰西缎等数种老牌货，其销路可以保持原状，至于印花棉布，则以价昂恐难与日货抗衡也。

英国向以棉布织品著名，因受日货打击，棉织品大受影响，销货大减。去年下半年，虽曾一度兴盛，乃系偶然之机会，受抵制日货所赐耳。照现状观察，抵货举动，如不能持久，则在极短时期内，日货必将逐期发现，恢复以前之原状。但此种现象，决非西洋货之福，现在棉布商均惴惴不安，深恐一旦取消抵制后，西洋货定将受日货影响，而价格大跌，故不敢再向西洋商行定购货品，现在棉布方面亦十分衰落。

我国棉织业市场，除英、日二国，互相争长而外，尚有俄货乘间活跃。查前二年，中俄二国，因中东路问题发生交涉，彼此断绝往来，然历时不久，俄国花标乘机输入不少。俄国输入花标，统归俄国协助会运来，从前棉布商均可向该会订购。自民国十九年下半年起，大中华股份有限公司与该会订定合同，凡俄国花标统归该公司经销。是年输入不多，至翌年而大增，竟达一万余包，（每包三十匹）。据云俄国花标分十一磅与十三磅二种，十一磅十三磅各种货物内，又各有五种号码，视布身之厚薄以区别之。每匹长度不定，尺码不一，故其价格亦无定额，大约平均每包售银三百两左右云。

俄国花标，归大中华公司经售，该公司分售与本外埠布棉商，本埠分销者，计有元泰、万源祥、源茂盛、裕泰、元大等五家，该公司除托以上五家代销外，自己亦再销往各处云。俄国花标售价，比英美货为廉，大约相差百分之二五，故现在英美棉布市面，已受极大打击，将来恐更无立足之地。俄国花标因英美棉布已将打倒，无意与之竞争，其第一劲敌，乃系日货。日货虽比俄货售价稍廉，然俄货物资坚韧，远过日货。目下花标一项，俄货与日货之竞争，已届短兵相接时间，将来鹿死谁手，正难逆料也。据大中华股份有限公司重要职员意见："俄国花标，去年由该公司经销者，已达一万一二千包。今年与去年相仿，将来恐有加无已，但观察近年吾国市面不佳，民穷财尽，不景气景象早已显露。将来俄国花标输入虽多，然亦不能十分扩张，至多亦不过自一万二千包至一万五千包为止耳"云云。

中国征信所市况报告书　第33号(1932年7月27日)

中国征信所报告书　市字第卅三号

上海之毛冷存底　　廿一年七月廿七日

本市毛冷存货，现在究有若干，其实数殊难明了，兹据各方面所得消息，汇录如下：

(一) 据洋行毛冷公会，在今年三月底之报告，录之如下：

甲、上海所有之存货(连前年去年所到之货，不论存在洋行或在华商各家店内者，均包括计算)

子、单股双股：计一千八百八十一件；

丑、粗中四股：计两千三百〇一件；

寅、毛冷：计七百四十八件；

辰、夹沙双股：四百七十五件。

(注)粗中四股，乃系二种货物，粗者物质较佳，为上等货物，中者即系较次货物耳，大约上等好货，仅占十成之二三，其余均系中等货物也。拉毛，即系织造骆驼绒之原料。

乙、去年下半年，向各洋行所定之货，而在三月底以前未到者。

子、单股双股：计一千九百九十件；

丑、粗中四股：计一万七千八百三十五件；

寅、毛冷：计一千一百二十件；

卯、拉毛：计三千三百三十件；

辰、夹纱双股：计九百三十六件。自三月底以后，华商因时令已过，遂未再向各洋行定货，自今年沪战以后，市面更为枯寂。自四月以后，直至今日为止，络续到货不少，据说照所定数目，已有三分之一到埠，但为市面不景气关系，华商店家均未能如约出货。甚至货到以后，税饷亦未缴付。此种情形之商家，恐亦不少云。去年因市况衰疲，华商向各洋行所做定货不多，总计仅有二万五千余包，如在往年，当较此数增加一倍或三分之一云。

(二) 据毛冷商云，在兴圣街各毛冷店，所有四股线，不论在店内之存货，或向洋行定购而尚未出货者，其大概情形如左(至于实在存货数目，则无人可以明了其中正确内容也)：

隆兴昌：约有五六百包，最多至六七百包；

聚源祥：约有三四百包，据说已卖出一二百包；

兴申泰：约有二百包左右；

瑞昌祥：约有一百数十包；

荣茂昌：约有三四百包；

天华润：约有四五百包，该号恐有变化；

信泰祥：约有一二百包；

裕泰丰：约有一百包左右；

泰隆：约有一百余包；

义生祥：约有一二百包；

源茂永：约有一二百包；

金源茂：约有一二百包。

中国征信所市况报告书　第38号(1932年7月□日)

中国征信所报告书　市字第三十八号

调味粉业之近况

廿一年七月廿九日

从前调味粉均来自日本，日商铃木洋行之味の素，行销吾国，每年有二百万两之贸易。而近数年来，国产调味粉急起直追，出品日良，几将日货打倒，即在平日未经抵货时，劣货调味粉之每年营业额，亦仅五六十万两而已。

吾国调味粉，以天厨厂之味精发明最早，且其物质精美，色泽洁白，自非其他调味粉所能比拟，故在近五六年来，营业日见发达，每年营业额可递增二十万两云。此外，如天一味母厂之味母、根泰厂之和合粉、中国化学工业社之观音粉，均已开设有年，营业亦复不恶。而天一味母厂推销得法，营业日有进步，惟于出品方面，尚欠研究，如遇营业盛旺之时，求过于供，不及出货，每将原料偷减，以求多获利益。至于观音粉及和合粉，向来销路并不甚广也。

去年六月底以前，因销路活跃售价增高，其时天厨厂之味精，每销售价至六十元(箱内所装瓶数不同，有装六十瓶者，有装一百二十瓶者，有装二百四十瓶者，有装三百六十瓶者，有装四百八十瓶者，视瓶之大小而定)。其他各厂如天一、根泰及中国化学工业社，其定价与天厨厂相同，而对于顾客特别优待，每箱另有回扣，大约比天厨厂售价相差在四元左右，根泰厂回扣，恐尚不止此数云。自去年七月以后，因市面清淡，不得已贬价求售，乃跌至五十二元，各厂均以天厨厂为标准，亦相率跌价。

近来吾国调味粉工厂，日益增多，市面杂牌调味粉亦渐众，而其售价又参差不一，而天厨厂鉴于天一、根泰、中国化学工业社等之出品资力，均非其敌，不必与之竞争，而各小厂之杂牌调味粉于该厂营业，颇受影响。故在最近期间，已将价格减低至四十四元，照此价目，虽属无利可图，然亦不致亏本，惟杂牌调味粉售价，倘能再低于味精，则其所受影响颇大，盖天厨厂此次跌价，虽半因市面清淡，利用跌价，以广销路，而半亦拟将小厂一律打倒耳。

中国征信所市况报告书　第40号(1932年7月30日)

中国征信所报告书　市字第四〇号

西商加收华商定银　　　廿一年七月卅十日

在上海之西商，自一二八沪变以后，因市面萧条，华商购买力大减，深恐定货以后，华商不能履行其所订之合同，以致发生纠纷，乃在和明商会集议，嗣后华商如有定货，须照其所定之数目，先付定银百分之廿。后因有人反对，乃改为百分之十，经多数赞成通过。但其规则，尚未议妥，是否实行，现尚未定。

华商得此消息，殊为疑讶。如将来实行后，经济上将更见紧促，对于营业前途必多影响。日商现今深感华商抵货之苦，非特将其价格减低，而又予华商以种种便利，以便推广销路。如西商定欲先收一成定银，华商定将改买日货，故此项举动不啻为日人制造机会，有识者认为西人之自杀政策云。

中国征信所市况报告书　第41号(1932年7月30日)

中国征信所报告书　市字第四一号

最近一周之生丝市价(自七月廿五日至卅日)　民国廿一年七月卅日

我国各种丝经，自一二八事变后，惨跌情形日甚一日。在最近一周中，始见起色。其原因确因美国存底薄弱，及各种实业股份市价继续回涨，颇有续进华丝趋向，故市价日有起色。在此一周中，上海白厂经A字为六百两，B字由五百两至五百四十两，C字由四百四十两至四百七十两。上海及内地绸厂近日买进白厂之条份，大都均为廿分至廿二分者，价在四百二十两至五百两云。

又讯，日本丝在本年二月前，每担只售日金四百五十元，最近已涨至五百五十元，今日(卅日)每担骤涨至日金六百元。数日之间，骤涨四十五元之多，由此更知美国需要之迫切也。

中国征信所市况报告书　第43号(1932年8月2日)

中国征信所报告书　市字第四三号

日货最近之状况　　　廿一年八月二日

吾国抵制日货，前后已经九度，因历时甚短，日人讥谓五分钟热度。去年沈案发生，国人受此刺激，抵货运动热度颇高，且历久不衰，为日人意料所不及。故现在在沪日商，无不以抵制为可患。每与国人相见，第一即欲探问抵货之状况。其盼望取消抵制之意，不时流露于其言语间也。

至于吾国现在抵制日货之情形，其热度似已低落。日人采取倾销政策，将其货物运往华北销售，售价既廉又可赊账，予华商以种种便利。故日货之棉纱、面粉、水泥等物，竟在华北畅销，使吾国国货不能再有立足机会，其销数之大，或竟超过未抵制之前也。长江方面情形不同，如汉口已不抵制，而长沙则抵制仍烈，四川则日货已见充斥，他如芜湖、南京、镇江等处则仍难销售。以最近之情形而论，仅江、浙二省之内地各处抗日运动似仍未懈怠也。据云近一二月来，日货输入之数，日见增加，其中以棉布为最多，次之为糖、煤、水泥、洋纸等，至于海味、玩具等之进口数目，则尚不甚多云。

华商棉布业虽不敢公然购买劣货，然暗中则甚为活动。其购买方法颇为巧妙，凡华商买进货物后，仍付以钱庄庄票，但日商狡猾，大都转托外滩银行向钱庄收取以掩人耳目，故难以揭穿其内幕也。

毛货日商亦有细哔叽输入，但售价颇廉，如与西洋货比较，相差有三分之一，即每码较西洋货约低一两左右。据云所有日货多数在沪战时由其兵舰运来，偷免关税，成本自较低廉。故目下日货所售之价与西洋货其相差之数，适与其应缴关税之数目相同也。

去年抵货时，封存日货之中，当以洋纸为最少，仅值价五六万两。如照现在东汇计算，则又减为五六万元而已。洋纸同业，互相监察甚严，故现在该业中仍不敢有私买日货之事。惟日本纸商雇用华人跑街，往印刷所兜售，故亦有贪其价廉，私行买进，闻为数亦不少云。

日商于去年十一月十二月间雇用华人跑街，嘱其往制造洋铁器皿之小店兜揽白铁。其时，西洋货每片售洋一元八九角，而日货仅售一元二角，每片相差有六七角左右。各小店贪其价廉，争先购买，更有恐其售罄乃大批买进，每次购买十张或二十张不等云。

日本煤近亦陆续运华，每次二三千吨至三四千吨不等。华商暗中买进，颇见活跃。但现在天气炎热，本为市面沉寂之时，而内地抵制仍烈，不能运销，故尚无大宗交易。查现在买进之日煤，大概批售与本埠之面馆、菜馆。据煤商云，抵制日货决难持久，如日货再有大批运来，将来国煤定受影响，而其价格亦将暴落也。

吾国棉纱向来销往北方甚多。近来上海日本纱厂所产之棉纱，大概运往华北，其价格既廉，货物又复精美，而华商购买日纱，又能通融办理，缓日付款，因此，日纱乃在华北畅销无阻。而昔日专销华北之华纱，竟大受打击，几不能再有立足之地。据云上海日本纱厂随做随卖，并无存货。且闻日人因北方棉产颇多，工资又廉，拟将上海所有纱厂迁往华北云。

近来多数日货系由兵船运华，偷漏关税，其成本当然减轻。惟因未有派司之故，如欲转口运往外埠（如棉货、毛货乃丝织品、人造丝等），则扎成小包转托邮局递送，其寄费反为减少云。

吾国报关商去年抵制日货后，亦立誓不再装运日货。但近来营业清淡，不得已，遂于十日前邀集同业八十余家开会，即讨论报运日货一事。如赞成报运日货者投一白子，否则投以黑子，结果投黑子者仅二十余子而已。

以上为最近日货销路情形，其销数虽未恢复以前状况，然抵制日货之热度已大为减落，则无可讳言。此后倘国人长此不悟，坐使日货源源输入，且其售价特别低廉，对于国货前途，必受极大影响，而西洋货亦必大受打击，将来上海市场或有一度之变化也。

中国征信所市况报告书　第47号(1932年8月6日)

中国征信所报告书　市字第四十七号

本年上半年匹头市概况

二十一年八月六日

上海自一二八沪战发生后,影响所及,凡百商业,无不蒙巨大之损失。丝绸之外,匹头一业受创尤深,货价低落,几达三分之一。其间虽有数种独呈挺秀气象,而为时甚暂,倏又跌过于涨。良以实销薄弱,存货遇剩,致多数有行无市,售价愈趋愈下,竟有一蹶不振之势。半年已过,至今仍难乐观。兹将逐月贸易大概,略述于后:

二月:当废历新年之初,例有一种红盘交易,市面望高,固在意料之中。时值战事剧烈,人心惶惶,商店罢市,惊骇莫名,均无暇顾及生意。况银根奇紧,即有成交,亦非现银不可,所以全市匹头,已成停顿局面。讵时隔半月,忽本厂粗布、细布之类,一跃而动,各帮均有采办,价格上腾极速。不一星期,居然较上半年行情涨起每匹四五钱之谱,然实销数量不多,售价不能久站。至三月中,市面恶化,已跌过于涨矣。在二月间之西洋匹头交易,虽有问津成交,亦仅凤毛麟角。在执货者急谋脱售,故开价较旧盘小去四分之一到三分之一者均有之。供过于求,早酿成不良之现象,而绵延至今日,尚未转机云。

三月:西洋货仅大连帮有五六百件转口生意(转口者,西货到沪未付税饷上关栈,而报转口大连者),售价与二月份行情不相轩轾。东三省除大连外,与长江汉口各埠绝无交易。汕头帮略有动办。本厂布市面疲软,走销极稀。

四月:沪市忍痛开市,匹头市面依然萎颓,金融枯涩,反以五月底总结束,势在不行,因之各路购买力难见踊跃。仅津、烟、青等帮略有添办时令货,而无趸批交易。元芳叫庄,复见开叫,排货每星期仅一百余件,叫价受外货低落之压迫,未能独树一帜,只得随潮进退。是月,本厂货平疲,潜伏下游之势。

五月:停战协定签字后,匹头市面为之一变,十日起陆续开出大宗日货。津、青两帮均有巨额办进,半由大阪直接输送该地,半由上海日商代装出口。如十二磅日厂细布一项,上年价七两五钱,今钱五两七钱半;元色棉、直贡呢上年价三钱一分,今价二钱〇五;棉细哔叽上年价三钱八分,今价二钱九等等。奸商暗中活动,恬不知耻,佥以开盘如此便宜,必获巨利。当时本厂货销声匿迹,似入睡卧时期。西洋货幸夏货应时,无甚抵触,但大都因时令已晏,不见生气。至于呢绒市面,数月来绝无仅有,价亦下沉。

六月:上月喜气扬扬之奸商,今则颇形沮丧,良以日货市价一落千丈,不可收拾。白货如细布五两七钱半,跌至厂盘四两七八钱,花色货亦下落一二分,发财机会变为破产落场。况美棉惨跌,沪市标纱曾到卅八两,人心虚浮,众料物价跌小,尚无限量。差幸两星期后,市价由疲转平而稳。而经此一番顿挫,载沉载浮,各项匹头市面,时呈险象矣。

七月:月初为本厂货最恶劣时代。九磅布由四两五六钱跌至三两九七钱,十一磅布由四两七八钱跌至四两〇七钱,斜纹最高价七两九钱,最小价五两八钱,气象惨淡,市面摇动。西货过令,秋季货棉织品无货上市,尤甚少问津。半月后,津、烟、长江各处以本厂货价低廉,反多动办。在二十日后，各磅布均回涨三钱四钱。迨月杪采购停止，价又回落二钱左右，遂成盘旋局面。日货细布，近价□内外，呢绒货近两星期内稍稍活动。因长沙、四川、湖南等处，汇水见小，办货合算，然仅零星交易，如厚呢哔吱驼绒等云。

中国征信所市况报告书　第50号(1932年8月9日)

中国征信所报告书　市字第五〇号

本市丝市买卖报告(八月一日至六日)　　廿一年八月九日

<table>
<tr><th>丝名</th><th>等级</th><th>担数</th><th>价格</th><th>售户</th><th>进户</th><th>备注</th></tr>
<tr><td rowspan="2">山东黄厂经</td><td rowspan="2">B字</td><td rowspan="2">二十箱</td><td>五百两</td><td rowspan="2">益丰长</td><td rowspan="2">远昌洋行</td><td rowspan="2"></td></tr>
<tr><td>五百〇五两</td></tr>
<tr><td>奉天灰经</td><td>B字</td><td>五箱</td><td>二百五十二两九钱</td><td>益丰长</td><td>信孚洋行</td><td></td></tr>
<tr><td rowspan="3">丝厂挽手</td><td rowspan="3">A字</td><td rowspan="3">二百担</td><td rowspan="3">三十二两</td><td>益丰长</td><td rowspan="3">怡和洋行</td><td rowspan="7">以上是丝头市面</td></tr>
<tr><td>恒升公</td></tr>
<tr><td>同顺公</td></tr>
<tr><td rowspan="3">冲厂挽手</td><td rowspan="3">A字</td><td rowspan="3">一百五十担</td><td>二十四两半</td><td>益丰长</td><td rowspan="3">祥茂洋行</td></tr>
<tr><td rowspan="2">二十五两</td><td>恒升公</td></tr>
<tr><td>和聚栈</td></tr>
<tr><td>山东索子</td><td>C字</td><td>六十二担</td><td>十七两</td><td>和聚栈</td><td>连纳洋行</td></tr>
</table>